治安管理处罚法
适用一本通

立案管辖·证据调查·行为认定
处罚标准·文书范本

陈慧君　宗　恺　谢川豫　陈锐达　戴　锐
著

图书在版编目（CIP）数据

治安管理处罚法适用一本通：立案管辖、证据调查、行为认定、处罚标准、文书范本 / 陈慧君等著. 北京：法律出版社，2025. -- ISBN 978-7-5244-0404-0

Ⅰ. D922.145

中国国家版本馆 CIP 数据核字第 20259E3K52 号

治安管理处罚法适用一本通：立案管辖、证据调查、
行为认定、处罚标准、文书范本
ZHI'AN GUANLI CHUFA FA SHIYONG YIBENTONG:
LI'AN GUANXIA、ZHENGJU DIAOCHA、XINGWEI RENDING、
CHUFA BIAOZHUN、WENSHU FANBEN

陈慧君 等 著

策划编辑 董　昱
责任编辑 董　昱
装帧设计 苏　慰

出版发行 法律出版社	开本 710 毫米×1000 毫米 1/16
编辑统筹 法规出版分社	印张 64.5　字数 1300 千
责任校对 李慧艳　张翼羽	版本 2025 年 8 月第 1 版
责任印制 耿润瑜	印次 2025 年 8 月第 1 次印刷
经　　销 新华书店	印刷 河北晔盛亚印刷有限公司

地址：北京市丰台区莲花池西里 7 号（100073）
网址：www.lawpress.com.cn　　　　　　　销售电话：010-83938349
投稿邮箱：info@lawpress.com.cn　　　　　客服电话：010-83938350
举报盗版邮箱：jbwq@lawpress.com.cn　　 咨询电话：010-63939796
版权所有·侵权必究

书号：ISBN 978-7-5244-0404-0　　　　　　 定价：118.00 元

凡购买本社图书，如有印装错误，我社负责退换。电话：010-83938349

作者简介

陈慧君　　法学博士，中国人民公安大学治安学院治安案件课程组组长、副教授、硕士研究生导师。美国纽约州立大学奥尔巴尼分校刑事司法学院访问学者，中国人民公安大学城市安全研究中心研究员。多次参与《治安管理处罚法》修订专家论证会。主要研究方向：治安行政执法、治安基层防控、公安大数据的法制化保障。

发表论文20余篇，其中在中英文核心期刊发表10篇。主编和参编国家级及省部级教材《治安案件查处》《治安管理学》等10余部，参编《中国大百科全书》（第三版）"公安学卷·治安学分支"治安案件查处部分；主持和参与国家级和省部级等各类课题21项。获北京市课程思政名师、公安部首届全国公安院校教学技能大赛一等奖、北京高校第十一届青年教师教学基本功比赛论文二等奖、中国人民公安大学个人三等功及个人嘉奖等荣誉。

宗　恺　　法学硕士，中国人民公安大学治安学院讲师。中国人民公安大学城市安全研究中心、应急警务研究中心研究员。主要研究方向：治安学基础理论和公安行政执法。

出版专著1部、发表论文9篇，参与编写《治安案件查处》《治安秩序管理》等多部教材。参与国家级、省部级课题多项。2次荣立中国人民公安大学个人三等功、多次个人嘉奖，2022年入选北京市课程思政教学名师。

谢川豫　　法学博士，中国人民公安大学治安学院教授、博士研究生导师。主要研究方向：治安与刑事执法、社会治理。

出版专著3部；发表论文70余篇，其中发表于国内外权威期刊5篇、中文C刊7篇、核心期刊19篇；主编《治安学》《治安管理学》等教材6部，主编《中国大百科全书》（第三版）"公安学卷·治安学分支"。主持完成国家级课题2项、省部级课题3项等各类课题多项。获评公安部"公安高等教育部级教学名师"、中国人民公安大学科研突出贡献奖、中国人民公安大学个人三等功等荣誉。

陈锐达　　法学博士，中国人民公安大学治安学院讲师。主要研究方向：治安案件查处、域外治安防控、海外利益保护。

在中英文核心期刊发表论文10余篇，参与撰写专著2部；主持省部级以上课题2项，参与国家级、省部级课题多项，多次参与公安行政执法和涉外法治等领域立法咨询和论证。

戴　锐　　法学博士、博士后，中国人民公安大学治安学院副教授、硕士研究生导师。主要研究方向：治安案件查处、治安秩序管理、行业场所管理。

在《人民检察》《瞭望》《人民日报》等发表文章12篇；主持或参与国家级课题4项、省部级课题10余项；主持编写《治安秩序管理》教材，参编《中国大百科全书》（第三版）"公安学卷"、《治安管理学》、《治安案件查处》等。参与枪支管理法、户籍登记立法等立法草案调研起草工作，参与管制刀具安全标准起草制定。

参编人员

段　钢	中国人民公安大学治安学院特聘教官、北京市公安局治安管理总队五支队　一级高级警长
姜　峰	中国人民公安大学治安学院　副教授
张兆函	中国人民公安大学治安学院　讲师
董媛媛	中国人民公安大学治安学院　讲师
葛明洋	中国人民公安大学治安学院2023级博士研究生、安徽公安学院治安系　讲师
张喜彬	中国人民公安大学治安学院2023级硕士研究生、洛阳市公安局情报指挥中心　三级警长
朱立伟	中国人民公安大学2012级治安学硕士、北京市公安局海淀分局田村派出所　副所长
赵　鹏	中国人民公安大学治安学院2023级硕士研究生、兰州铁路公安局法制总队　三级警长
梁新禹	中国人民公安大学治安学院2024级硕士研究生、上海市公安局徐汇分局治安支队　三级警长

感谢以下一线公安民警为本书提供的帮助和支持

李　凯	北京市公安局海淀分局中关村派出所　副所长
高　明	四川省成都市公安局温江区分局万春派出所　副所长
李　瑶	北京市公安局海淀分局法制支队　三级警长
赵　萍	湖北省江汉油田公安局法制支队　支队长
汪　凯	湖北省江汉油田公安局广华派出所　所长
张万可	四川省成都铁路公安处法制监管支队　二级警长
肖　凯	湖南省衡阳市公安局衡南网安大队　四级警长
余睿蓉	上海市公安局文保分局沪西高校派出所　一级警员

感谢中国人民公安大学治安学院研究生林惠腾、李佩珂、王亚晖、卢柏文、孔令迪、张艺彤等同学为本书所做的资料收集工作。

编写说明

党的二十大报告强调"扎实推进依法行政",为新时代法治政府建设提供了根本遵循。《治安管理处罚法》作为维护社会治安秩序,保障公共安全,保护公民、法人和其他组织的合法权益,规范和保障公安机关及其人民警察依法履行治安管理职责的重要法律依据之一,是深化公安执法规范化的重要制度构成,是中国特色社会主义法治体系的重要组成部分。2025年的修订是该法自2005年颁布以来的第二次修改。修订明确了党的领导,将坚持综合治理写入总则,在推进国家治理体系和治理能力现代化的大背景下对治安调解制度进行了较大的调整;将百姓关切的治安违法中的正当防卫制度写入法条;设立了违反治安管理行为人认错认罚从宽制度;既加强了对未成年人的保护又完善了处理未成年人违反治安管理行为的相关规定;修订回应社会关切热点和制度衔接的需要,将违反治安管理行为由151种调整为200种。本书正是在这一重要的时代背景和修订契机下进行编写,有以下几个特色:

一、立足新法,精准解读

《治安管理处罚法》本质是一部社会秩序维护法,具有"纳民轨物、防微杜渐"的作用,从这一意义上说,《治安管理处罚法》不仅仅具有"轻罪治理"的功能,更是预防和化解社会矛盾纠纷,增进社会和谐,维护社会稳定,预防和减少犯罪发生的"防火墙"。从这一本质出发,正确理解和查处违反治安管理行为是《治安管理处罚法》适用的关键。本书立足立法原意,精准拆解违反治安管理行为,在与公安、司法等实务部门充分探讨的基础上,对违反治安管理行为进行精确界定与全面分析,尤其针对新增加的违反治安管理行为进行详尽、精准明析。本书对违反治安管理行为的研究不拘泥于传统的"法教义学"的呈现方式,更是从公安实践出发,从立案管辖到行为认定、处罚标准、典型案例等多方面对单个违反治安管理行为进行全方位的解读。

二、聚焦实务,"一站式"指引

本书的核心特色在于其结构化、实用化的内容编排与深度解析,摒弃了传统法条注

释书籍的单一视角,创造性地为每个违反治安管理行为构建了"五位一体"的"一站式"指引体系:

1. **立案标准明确**:为准确启动案件调查提供指引。

2. **管辖解析全面**:结合《公安机关办理行政案件程序规定》等配套规章,确保执法主体适格。

3. **行为认定精要**:依据2025年《治安管理处罚法》的修订,结合权威解释与实践经验,对行为的构成要件及与相关违法犯罪界限等关键认定难点进行深入剖析。

4. **处罚标准量化**:全面梳理各项处罚标准及裁量基准,提供精准量罚依据。

5. **案例释法典型**:精选贴合法律条文、反映执法难点、社会关注度高的案例,通过"以案释法"的方式生动、直观地诠释法律适用,提升理解深度。

同时,本书特别附设"关联法条"模块,无缝链接与违反治安管理行为认定相关的《民法典》《刑法》《行政处罚法》等相关法律法规规章及司法解释条文,便于读者构建完整的法律适用链条。

尤为值得一提的是,本书在重点行为解析后附录了常用法律文书的规范写作范例与制作规范提示,将理论知识与实务操作紧密结合,极大提升了本书在执法办案现场的即时参考价值。

三、应用场景多元,兼顾多用途

本书是一本旨在服务一线执法办案人员、法律实务工作者、高校和科研院所教学和研究人员的专著型工具书。全书约130万字,是目前国内研究违反治安管理行为内容翔实的推荐书,是一本集权威性、全面性、实用性与学术性于一体的综合性治安管理处罚相关法律应用大全。它的功能可以是:公安一线民警日常执法办案的"案头指南",公安院校师生深化教学研究、掌握实务技能的重要参考资料或教材,广大法律实务工作者处理治安类法律事务的必备专业智库,理论界专家学者深入研究治安管理处罚法律制度的重要学术资源。

四、汇聚专业力量,学术性和实战性并重

本书由中国人民公安大学治安学院治安案件课程组组织编写。主编团队均是长期深耕于治安案件查处一线教学和实践的专家教师,具有深厚的理论功底与丰富的实战经验,是北京市课程思政优秀团队,团队成员有3名获得省部级以上教学名师。本书邀请了北京市公安局一级高级警长段钢撰写法律文书部分,并组成了一支由一线公安民警构成的顾问团队,力求在内容上做到权威、准确、新颖、贴近实战。主编团队期望通过集体智慧的结晶,为读者呈现一部紧贴最新立法动态、深度解析执法难点、有效提升实务能力的《治安管理处罚法》领域权威案头工具书。

全书由陈慧君负责统筹校对,具体编写分工如下:

第1~7节(《治安管理处罚法》第26~32条)由陈慧君主笔

第8~17节(《治安管理处罚法》第33~42条)由陈锐达主笔

第18~28节、第35节(《治安管理处罚法》第43~53条、第60条)由谢川豫主笔

第29~34节、第36~41节(《治安管理处罚法》第54~59条、第61~66条)由戴锐主笔

第42~51节(《治安管理处罚法》第67~76条)由宗恺主笔

第52~64节(《治安管理处罚法》第77~89条)由陈慧君　陈锐达　谢川豫　姜峰主笔

文书范本由段钢主笔

本书由中国人民公安大学治安学双一流专项(2023SYL01)资助出版。

由于全书涵盖内容较多,虽经过多轮审核校订,但难免有疏漏。真诚希望广大读者提出宝贵意见和建议,并发至邮箱20050816@ppsuc.edu.cn。

编　者

2025年7月

目录

第一章 扰乱公共秩序的行为 001

第一节 《治安管理处罚法》第26条　003
1~2.（聚众）扰乱单位秩序　003
3~4.（聚众）扰乱公共场所秩序　011
5~6.（聚众）扰乱公共交通工具上的秩序　016
7~8.（聚众）妨碍交通工具正常行驶　022
9~10.（聚众）破坏选举秩序　027

第二节 《治安管理处罚法》第27条　033
11. 组织考试作弊　033
12. 为他人组织作弊提供帮助　042
13. 非法出售、提供试题、答案　050
14. 代替考试　057

第三节 《治安管理处罚法》第28条　063
15. 强行进入大型活动场内　063
16. 违规在大型活动场内燃放物品　067
17. 在大型活动场内展示侮辱性物品　071
18. 围攻大型活动工作人员　075
19. 向大型活动场内投掷杂物　078
20. 其他扰乱大型活动秩序的行为　082
21. 违规进入体育场馆、演出场馆　085

第四节 《治安管理处罚法》第29条　089
22. 虚构事实扰乱公共秩序　089
23. 投放虚假危险物质扰乱公共秩序　094
24. 扬言实施危害公共安全犯罪扰乱公共秩序　099

第五节 《治安管理处罚法》第30条 ... 104
25. 寻衅滋事 ... 104

第六节 《治安管理处罚法》第31条 ... 116
26. 组织、教唆、胁迫、诱骗、煽动他人从事邪教、会道门、非法宗教活动 ... 116
27. 利用邪教组织、会道门、迷信活动危害社会 ... 122
28. 冒用宗教、气功名义危害社会 ... 127
29. 制作、传播宣扬邪教、会道门内容的物品、信息、资料 ... 131

第七节 《治安管理处罚法》第32条 ... 140
30. 故意干扰无线电业务正常进行 ... 140
31. 拒不消除对无线电台(站)的有害干扰 ... 147
32. 未经批准设置无线电台(站) ... 152
33. 非法使用占用无线电频率从事违法活动 ... 157

第八节 《治安管理处罚法》第33条 ... 164
34. 非法侵入计算机信息系统 ... 164
35. 非法获取计算机信息系统数据 ... 170
36. 非法控制计算机信息系统 ... 176
37. 非法改变计算机信息系统功能 ... 183
38. 非法改变计算机信息系统数据和应用程序 ... 188
39. 故意制作、传播计算机破坏性程序 ... 193
40. 提供侵入、非法控制计算机信息系统程序、工具 ... 199

第九节 《治安管理处罚法》第34条 ... 205
41. 组织、领导传销活动 ... 205
42. 胁迫、诱骗他人参加传销活动 ... 211

第十节 《治安管理处罚法》第35条 ... 217
43. 扰乱国家庆祝、纪念、缅怀、公祭等重要活动秩序 ... 217
44. 从事有损纪念英雄烈士环境和氛围的活动 ... 221
45. 侵占、破坏、污损英雄烈士纪念设施 ... 226
46. 侵害英雄烈士名誉、荣誉 ... 229
47. 亵渎、否定英雄烈士事迹和精神 ... 235
48. 制作、传播、散布宣扬、美化侵略战争、侵略行为的言论、物品 ... 239

49. 在公共场所穿着、佩戴宣扬、美化侵略战争、侵略行为的服饰、标志 　243

第二章 妨害公共安全的行为 249

第十一节 《治安管理处罚法》第36条 　251
50. 非法制造、买卖、储存、运输、邮寄、携带、使用、提供、处置危险物质 　251

第十二节 《治安管理处罚法》第37条 　261
51. 危险物质被盗、被抢、丢失后不按规定报告 　261

第十三节 《治安管理处罚法》第38条 　266
52. 非法携带枪支、弹药或者管制器具 　266

第十四节 《治安管理处罚法》第39条 　271
53. 盗窃、损毁公共设施 　271
54. 移动、损毁边境、领土、领海标志设施 　275
55. 非法进行影响国(边)界线走向活动 　278
56. 非法修建有碍国(边)境管理设施 　280

第十五节 《治安管理处罚法》第40条 　283
57. 盗窃、损坏、擅自移动航空设施 　283
58. 强行进入航空器驾驶舱 　286
59. 在航空器上非法使用器具、工具 　289
60. 盗窃、损坏、擅自移动其他公共交通工具设施、设备 　292
61. 妨害安全驾驶 　297

第十六节 《治安管理处罚法》第41条 　302
62. 盗窃、损毁、擅自移动轨道交通设施、设备、机车车辆配件、安全标志 　302
63. 在轨道交通线路上放置障碍物 　306
64. 故意向列车投掷物品 　308
65. 在轨道交通沿线非法挖掘坑穴、采石取沙 　311
66. 在轨道交通线路上私设道口、平交过道 　314

第十七节 《治安管理处罚法》第42条 　318
67. 擅自进入轨道交通防护网 　318
68. 违法在轨道交通线上行走坐卧、抢越轨道 　320

第十八节 《治安管理处罚法》第43条 　323
69. 擅自安装、使用电网 　323
70. 安装、使用电网不符合安全规定 　327

71. 道路施工不设置安全防护设施	332
72. 故意损毁、移动道路施工安全防护设施	336
73. 盗窃、损毁路面公共设施	341
74. 违规升放携带明火的升空物体	347
75. 高空抛物	352
第十九节 《治安管理处罚法》第44条	**359**
76. 违反规定举办大型活动	359
第二十节 《治安管理处罚法》第45条	**365**
77. 公共场所经营管理人员违反安全规定	365
第二十一节 《治安管理处罚法》第46条	**370**
78. 违规飞行民用无人驾驶航空器、航空运动器材	370
79. 违规升放升空物体	377
80. 飞行、升放物体非法穿越国（边）境	383

第三章 侵犯人身权利、财产权利的行为 389

第二十二节 《治安管理处罚法》第47条	**391**
81. 组织、胁迫、诱骗进行恐怖、残忍表演	391
82. 强迫劳动	396
83. 非法限制人身自由	401
84. 非法侵入住宅	408
85. 非法搜查身体	413
第二十三节 《治安管理处罚法》第48条	**420**
86. 组织、胁迫未成年人有偿陪侍	420
第二十四节 《治安管理处罚法》第49条	**425**
87. 胁迫、诱骗、利用他人乞讨	425
88. 以滋扰他人的方式乞讨	429
第二十五节 《治安管理处罚法》第50条	**434**
89. 威胁人身安全	434
90. 侮辱	438
91. 诽谤	444
92. 诬告陷害	449
93. 威胁、侮辱、殴打、打击报复证人及其近亲属	454
94. 发送信息干扰正常生活	459
95. 侵犯隐私	463
96. 违规接触被侵害人	468

第二十六节 《治安管理处罚法》第51条	472
97. 殴打他人	472
98. 故意伤害	477
第二十七节 《治安管理处罚法》第52条	482
99. 猥亵	482
100. 在公共场所故意裸露身体隐私部位	487
第二十八节 《治安管理处罚法》第53条	491
101. 虐待家庭成员	491
102. 虐待被监护、看护人	495
103. 遗弃	500
第二十九节 《治安管理处罚法》第54条	505
104. 强迫交易	505
第三十节 《治安管理处罚法》第55条	511
105. 煽动民族仇恨、民族歧视	511
106. 刊载民族歧视、侮辱内容	515
第三十一节 《治安管理处罚法》第56条	520
107. 违规向他人出售或者提供个人信息	520
108. 非法获取个人信息	527
第三十二节 《治安管理处罚法》第57条	532
109. 冒领、隐匿、毁弃、倒卖、私自开拆、非法检查他人邮件、快件	532
第三十三节 《治安管理处罚法》第58条	538
110. 盗窃	538
111. 诈骗	543
112. 哄抢	547
113. 抢夺	552
114. 敲诈勒索	556
第三十四节 《治安管理处罚法》第59条	561
115. 故意损毁财物	561
第三十五节 《治安管理处罚法》第60条	565
学生欺凌	565
学校对校园欺凌违规不报告或处置	572

第四章 妨害社会管理的行为 579

第三十六节 《治安管理处罚法》第61条 581
116. 拒不执行紧急状态下的决定、命令 581
117. 阻碍执行职务 586
118. 阻碍特种车辆、专用船舶通行 592
119. 冲闯警戒带、警戒区、检查点 597

第三十七节 《治安管理处罚法》第62条 602
120. 冒充国家机关工作人员招摇撞骗 602
121. 以其他虚假身份招摇撞骗 607

第三十八节 《治安管理处罚法》第63条 612
122. 伪造、变造、买卖公文、证件、证明文件、印章 612
123. 出租、出借公文、证件、证明文件、印章供他人非法使用 617
124. 买卖、使用伪造、变造的公文、证件、证明文件、印章 622
125. 伪造、变造、倒卖有价票证、凭证 626
126. 伪造、变造船舶户牌 629
127. 买卖、使用伪造、变造的船舶户牌 634
128. 涂改船舶发动机号码 638

第三十九节 《治安管理处罚法》第64条 643
129. 驾船擅自进入、停靠国家管制的水域、岛屿 643

第四十节 《治安管理处罚法》第65条 649
130. 非法以社会组织名义活动 649
131. 被撤销登记的社会组织继续活动 653
132. 擅自经营需公安机关许可的行业 656
133. 被取缔后又擅自经营需公安机关许可的行业 662

第四十一节 《治安管理处罚法》第66条 666
134. 煽动、策划非法集会、游行、示威 666

第四十二节 《治安管理处罚法》第67条 671
135. 不按规定登记住宿人员信息 671
136. 为身份不明、拒绝登记身份信息的人提供住宿服务 676
137. 不制止住宿人员带入危险物质 680
138. 明知住宿人员是犯罪嫌疑人不报 687
139. 明知住宿人员利用旅馆犯罪不报 693

第四十三节 《治安管理处罚法》第68条 700
140. 将房屋出租给身份不明、拒绝登记身份信息的人 700
141. 不按规定登记承租人信息 704

142. 明知承租人利用房屋犯罪不报告　　709

第四十四节　《治安管理处罚法》第69条　　716
143. 娱乐场所和特种行业经营者不依法登记信息　　716

第四十五节　《治安管理处罚法》第70条　　723
144. 非法安装、使用、提供窃听、窃照专用器材　　723

第四十六节　《治安管理处罚法》第71条　　729
145. 违法承接典当物品　　729
146. 典当发现违法犯罪嫌疑人、赃物不报　　733
147. 违法收购废旧专用器材　　738
148. 收购赃物、有赃物嫌疑的物品　　743
149. 收购国家禁止收购的其他物品　　747

第四十七节　《治安管理处罚法》第72条　　752
150. 隐藏、转移、变卖、擅自使用、损毁依法扣押、查封、冻结、扣留、先行登记保存的财物　　752
151. 伪造、隐匿、毁灭证据　　757
152. 提供虚假证言　　761
153. 谎报案情　　765
154. 窝藏、转移、代销赃物　　770
155. 违反监督管理规定　　774

第四十八节　《治安管理处罚法》第73条　　780
156. 违反禁止令或者职业禁止决定　　780
157. 拒不执行告诫书　　785
158. 违反禁止接触措施　　790

第四十九节　《治安管理处罚法》第74条　　795
159. 脱逃　　795

第五十节　《治安管理处罚法》第75条　　800
160. 故意损坏文物、名胜古迹　　800
161. 违法实施危及文物安全的活动　　804

第五十一节　《治安管理处罚法》第76条　　809
162. 偷开他人机动车　　809
163. 无证驾驶、偷开航空器、机动船舶　　813

第五十二节　《治安管理处罚法》第77条　　818
164. 破坏、污损坟墓　　818
165. 毁坏、丢弃尸骨、骨灰　　823

166. 违法停放尸体　828

第五十三节　《治安管理处罚法》第78条　834
167~168. 卖淫、嫖娼　834
169. 拉客招嫖　839

第五十四节　《治安管理处罚法》第79条　843
170. 引诱、容留、介绍卖淫　843

第五十五节　《治安管理处罚法》第80条　848
171. 制作、运输、复制、出售、出租淫秽物品　848
172. 传播淫秽信息　853

第五十六节　《治安管理处罚法》第81条　859
173. 组织播放淫秽音像　859
174. 组织淫秽表演　863
175. 进行淫秽表演　866
176. 参与聚众淫乱　870
177. 为淫秽活动提供条件　873

第五十七节　《治安管理处罚法》第82条　878
178. 为赌博提供条件　878
179. 赌博　884

第五十八节　《治安管理处罚法》第83条　890
180. 非法种植毒品原植物　890
181. 非法买卖、运输、携带、持有毒品原植物种苗　895
182. 非法运输、买卖、储存、使用罂粟壳　899

第五十九节　《治安管理处罚法》第84条　904
183. 非法持有毒品　904
184. 提供毒品　909
185. 吸毒　914
186. 胁迫、欺骗开具麻醉药品、精神药品　918
187. 违规进入娱乐场所、接触涉及毒品违法犯罪人员　922

第六十节　《治安管理处罚法》第85条　926
188. 引诱、教唆、欺骗、强迫他人吸毒　926
189. 容留他人吸毒　929
190. 介绍买卖毒品　935

第六十一节　《治安管理处罚法》第86条　940
191. 非法生产、经营、购买、运输用于制毒物品　940

第六十二节 《治安管理处罚法》第87条 — 945
　192. 为吸毒、赌博、卖淫、嫖娼人员通风报信 — 945
　193. 为吸毒、赌博、卖淫、嫖娼人员提供条件 — 949

第六十三节 《治安管理处罚法》第88条 — 954
　194. 制造噪声干扰正常生活 — 954

第六十四节 《治安管理处罚法》第89条 — 960
　195. 饲养动物干扰他人正常生活 — 960
　196. 放任动物恐吓他人 — 964
　197. 违规出售、饲养危险动物 — 967
　198. 违规出售、饲养危险动物伤害他人 — 972
　199. 未对动物采取安全措施，致使动物伤害他人 — 976
　200. 驱使动物伤害他人 — 979

附 录
文书范本 985

常用治安凭证式法律文书范本与制作规范 — 987
　Ⅰ 《接受证据清单》 — 988
　Ⅱ 《行政案件立案登记表》 — 991
　Ⅲ 《行政案件立案/不予立案告知书》 — 993
　Ⅳ 《传唤证》 — 995
　Ⅴ 《检查证》 — 997
　Ⅵ 《检查笔录》 — 999
　Ⅶ 《治安案件调解笔录》 — 1001
　Ⅷ 《治安调解协议书》 — 1002
　Ⅸ 《行政处罚告知笔录》 — 1005
　Ⅹ 《当场处罚决定书》 — 1007
　Ⅺ 《行政处罚决定书》 — 1010
　Ⅻ 《收缴/追缴物品清单》 — 1013
　ⅩⅢ 《治安拘留执行回执》 — 1015
　ⅩⅣ 《担保人保证书》 — 1017

附件：《治安管理处罚法》新旧条文对照表*

* 为节约版面，读者可扫描下方二维码，免费查阅、下载对照表。

第一章
扰乱公共秩序的行为

第一节 《治安管理处罚法》第26条

1~2.（聚众）扰乱单位秩序*

现行规定

《治安管理处罚法》

第26条第1款第1项、第2款 有下列行为之一的，处警告或者五百元以下罚款；情节较重的，处五日以上十日以下拘留，可以并处一千元以下罚款：

（一）扰乱机关、团体、企业、事业单位秩序，致使工作、生产、营业、医疗、教学、科研不能正常进行，尚未造成严重损失的；

聚众实施前款行为的，对首要分子处十日以上十五日以下拘留，可以并处二千元以下罚款。

立案与管辖

（一）立案标准

违法嫌疑人有扰乱机关、团体、企业、事业单位秩序，致使工作、生产、营业、医疗、教学、科研不能正常进行，尚未造成严重损失的行为即达到立案标准。这里的严重损失是指由于工作、生产、营业、医疗、教学、科研无法进行而导致的严重损失，而不是泛指任何损失。造成严重损失即达到刑事案件的立案标准。

（二）管辖

扰乱单位秩序案件一般由违法行为地的公安机关管辖。

违法行为地包括违法行为发生地和违法结果发生地。违法行为发生地，一般指的是扰乱单位秩序行为的实施地以及开始地、途经地、结束地等与扰乱单位秩序行为有关的地点；扰乱单位秩序行为有连续、持续或者继续状态的，连续、持续或者继续实施的地方都属于违法行为发生地。违法结果发生地，通常指的是机关、团体、企业、事业单位所在地。

扰乱单位秩序行为由违法行为人居住地公安机关管辖更为适宜的，可以由违法行为人居住地公安机关管辖。例如，某些进京信访人存在扰乱单位秩序行为，由违法行为人居住地的公安机关管辖更为适宜。

---

* 全书将违反治安管理行为依次编号。其中，此处的行为包含"扰乱单位秩序""聚众扰乱单位秩序"两个行为，故编号是1~2两个编号。全书同。

证据收集

（一）证据规格

扰乱单位秩序行为的调查和证据收集重点在于证明客观行为存在及其表现，以及对正常工作、生产、营业、医疗、教学和科研秩序造成的扰乱后果。应注意该行为尚未造成严重损失，尚不够刑事处罚，因而对违法行为后果的认定尤为重要。在一个完整的扰乱单位秩序行为事实和损害结果认定中，需要收集的证据规格如下：

1. 违法嫌疑人陈述和申辩。

（1）违法嫌疑人的基本情况；（2）违法行为的动机和目的；（3）作案时间、地点、人员、起因、经过、手段、方式、危害后果；（4）作案工具及来源、下落；（5）结伙作案的，违法嫌疑人的数量、身份、当天穿着，预谋、结伙聚合的过程、相互关系、地位，以及各违法嫌疑人相互关系、相互印证情况。

2. 被侵害人陈述和其他证人证言。

（1）被侵害人（单位）陈述。行为人实施扰乱机关、团体、企事业单位行为的时间、地点、经过、起因、目的、手段、后果，物品损失，是否致使工作、生产、营业、医疗、教学、科研不能正常进行，违法嫌疑人的数量、身份及体貌特征，各违法嫌疑人在违法行为中的地位和作用。（2）被侵害单位出具的报案材料。（3）其他证人证言。违法事实、情节、物品损失、人员受伤情况及其他后果，各违法嫌疑人在违法行为中的地位和作用。

3. 物证、书证。

作案工具、被损坏的财物等物证和照片、损坏财物的价格证明。

4. 鉴定意见。

伤情鉴定、损坏财物的价格认定、违法嫌疑人的精神病鉴定。

5. 视听资料、电子数据。

（1）现场音视频、视频监控资料；（2）能够证明违法行为的聊天信息、图片；（3）现场执法视频。

6. 勘验、检查笔录，现场笔录。

现场勘查笔录、现场图、现场照片、提取的痕迹物证等。

7. 辨认笔录。

证人及相关当事人对违法嫌疑人的辨认，违法嫌疑人之间互相辨认以及对作案工具的辨认。

8. 其他证据材料。

（1）证明违法嫌疑人身份的材料和违法犯罪记录。如人口信息、户籍证明、身份证、工作证、专业或技术等级证复印件等；法院判决书、行政处罚决定书、释放证明书等有效法律文件。（2）抓获经过、处警经过等。

（二）注意事项

1. 注重对行为危害后果的取证。构成扰乱单位秩序的行为，必须对单位的正常办公、营业等秩序造成一定影响,这是扰乱单位秩序行为与一般过激行为的主要区别,也是行为人是否应受处罚的关键。在案件办理过程中,执法人员可以对单位工作人员、现场群众等进行调查询问,取得对该单位正常活动造成危害后果的证据。

2. 注重及时收集、制作视听资料。聚众扰乱秩序类案件,因涉案人员众多,现场情况比较混乱,各违法行为人实施的具体行为也不尽相同,如果不及时收集、制作直观的视听资料,往往容易出现混淆,甚至遗漏违法行为人的情况,从而难以查清案件事实。在案件办理过程中,执法人员应及时收集单位办公场所内的视频监控录像,同时在出警时运用执法记录仪固定现场证据,对每一名违法行为人的具体行为都能一目了然,客观反映案件事实经过和影响后果。

3. 注重对重点证据的收集。聚众扰乱秩序类案件参与人员较多,现场较为混乱,如果不注重有针对性地收集证据,往往容易出现询问不到位的情况,从而很难查清案件事实。在办案过程中,执法人员应重点抓住聚众行为组织者、参与者和具体行为等关键点,进行有针对性的询问,使同案陈述相互印证,并结合现场监控录像及出警时的执法记录情况,以及现场查获的作案工具等来确定每一名违法行为人的具体行为。通过相互印证和辨认等方式确定行为的主要责任人等。

🛡 行为认定

(一)对扰乱单位秩序行为的认定

主要从以下四个方面进行认定:

1. 行为侵害的客体:社会秩序,即正常的工作、生产、营业、医疗、教学和科研秩序。违法行为侵害对象是机关、团体、企业、事业单位。扰乱行为必须造成一定的社会后果,即实施扰乱单位正常秩序的行为,不听劝阻,致使工作、生产、营业、医疗、教学、科研不能正常进行。如果行为人经有关人员劝阻后,停止扰乱行为,没有造成影响和损失的,则可不予处罚。本行为的违法后果标准是尚未造成严重损失,即没有造成停产停业或者重大经济损失等。

2. 行为的客观方面:本行为在客观上表现为针对机关、团体、企业、事业单位实施的对其正常工作、生产、营业、医疗、教学和科研秩序造成侵扰的行为。行为手段包括暴力手段和非暴力手段。使用暴力手段实施的扰乱行为主要有:(1)在机关、团体、企业、事业单位内打砸办公用品、办公设施,损毁文件材料等;(2)纠缠机关、团体、企业、事业单位的工作人员等。使用非暴力手段实施的扰乱行为主要包括:(1)在机关、团体、企业、事业单位内静坐、起哄、辱骂、大声喧哗等;(2)堵门,擅自封堵机关、团体、企业、事业单位的出入通道;(3)非法占据机关、团体、企业、事业单位的工作场所等。[①]

需要注意的是,构成本违法行为的客观表现还可依据其他法律法规的特殊规定来认定,如扰乱矿区和勘查作业区生产、工作秩序的行为,扰乱煤矿矿区秩序的行为,扰乱军事设施安

[①] 参见孙茂利主编:《违反公安行政管理行为名称释义与实务指南(2021年版)》,中国民主法制出版社2021年版,第35-36页。

全和使用效能的行为,扰乱集体企业秩序的行为等。

3.行为的实施主体:既可以是个人行为,也可以是群体行为。其中,聚众扰乱单位秩序的行为一般指3人或3人以上。在认定过程中,要区分参与者与一般围观者,不能将围观者认定为参与者。聚众扰乱单位秩序行为只处罚首要分子。

4.行为的主观方面:故意。一些人为了谋取自身利益,或因提出的要求未得到满足,就实施扰乱单位秩序的行为。这些行为造成单位秩序混乱、工作无法正常进行的后果,具有一定的社会危害性,必须予以制止,并且依照《治安管理处罚法》的规定予以处罚。

(二)机关、团体、企业、事业单位的界定

现行法律法规对机关、团体、企业、事业单位的范围没有明确规定。一般而言,机关包括各级国家权力机关(立法机关)、行政机关、监察机关、司法机关和军事机关以及党的机关、政协机关。上述机关的直属机构、临时协调机构也视为国家机关。团体包括人民团体和社会团体,社会团体以民政部门的登记为准。企业包括公司和其他企业,以营业执照的记载为准。事业单位以各级人民政府编制管理机关的登记或者备案为准。①

《民法典》对我国法人的分类,可以为单位的认定提供依据。(1)营利法人包括依法成立的有限责任公司、股份有限公司和其他企业法人等,可以涵盖本法规定的企业。(2)非营利法人包括事业单位、社会团体、基金会、社会服务机构等,可以涵盖本法规定事业单位和团体,对于基金会和社会服务机构的办公场所实施的扰乱工作秩序的行为,可以适用本法。(3)特别法人包括机关法人、农村集体经济组织法人、城镇农村的合作经济组织法人、基层群众性自治组织法人等,可以涵盖本法规定的机关。对于村民委员会和居民委员会等基层群众性自治组织法人,根据《公安机关执行〈中华人民共和国治安管理处罚法〉有关问题的解释(二)》的规定,"对扰乱居(村)民委员会秩序的行为,应当根据其具体表现形式,如侮辱、诽谤、殴打他人、故意伤害、故意损毁财物等,依照《治安管理处罚法》的相关规定予以处罚"。对于在农村集体经济组织、城镇农村的合作经济组织办公场所实施的扰乱工作秩序的行为,可以适用《治安管理处罚法》的规定予以处罚。(4)非法人组织包括个人独资企业、合伙企业、不具有法人资格的专业服务机构等,可以涵盖本法规定的企业。

(三)与单位职工"无理取闹"和"过激"行为的区分

扰乱单位秩序行为是一种违反治安管理行为,在实践中通常表现为一些人为满足自身利益(包括合理的、不合理的)或提出的要求得不到满足,而采取的较为极端的行为,如静坐示威、拦截进出单位车辆、在单位内肆意哄闹、损毁单位的财物等,其社会影响较大,应当受到治安行政处罚。而单位职工的"无理取闹"行为主要是本单位职员对内部一些问题的处理不满而采取的在单位内吵闹、发牢骚、无事生非等过激行为,但这些行为并不足以影响工作、生产

---

① 参见孙茂利主编:《违反公安行政管理行为名称释义与实务指南(2021年版)》,中国民主法制出版社2021年版,第36页。

的正常进行,并且通过说服教育,一般能够制止,不会造成社会影响或其他后果,因而不需要给予治安行政处罚。

当然,如果单位职工的"无理取闹"进一步发展,导致单位秩序不能正常进行,并造成一定社会影响的,则可构成违反治安管理行为,应给予相应的治安行政处罚。

(四)与"聚众扰乱社会秩序罪"的区分

聚众扰乱社会秩序罪(《刑法》第290条第1款),是指聚众扰乱社会秩序,情节严重,致使工作、生产、营业和教学、科研、医疗无法进行,造成严重损失的行为。扰乱单位秩序行为与聚众扰乱社会秩序罪主要有以下区别:

1. 情节不同。扰乱单位秩序行为并不一定有聚众情节,而构成聚众扰乱社会秩序罪必须有"聚众"情节,即首要分子纠集特定或者不特定之多数人于一定地点,共同扰乱社会秩序。与扰乱单位秩序行为相比,聚众扰乱社会秩序罪的情节较重并且"造成严重损失"。

2. 危害程度不同。扰乱单位秩序行为是致使单位的工作、生产秩序"不能正常进行",尚未造成严重损失;聚众扰乱社会秩序罪导致的危害后果严重,致使工作生产"无法进行",即工作、生产、营业和教学、科研基本停止或者瘫痪。

3. 实施主体不同。扰乱单位秩序行为既可能由个体实施,也可能是群体共同实施,凡是达到责任年龄的参加者,均是扰乱单位秩序的行为人,但在实施治安管理处罚时,对聚众的首要分子的处罚更为严厉;而聚众扰乱社会秩序的犯罪行为必须由群体共同实施破坏行为,通常是"首要分子"煽动和组织、由其他成员参与聚众扰乱社会秩序的行为,但构成聚众扰乱社会秩序罪并依法应当追究刑事责任的,仅是实施扰乱社会秩序的"首要分子"或"积极参加者",其他普通参加者不构成犯罪行为,但可以按扰乱单位秩序行为予以治安管理处罚。

(五)与"聚众冲击国家机关罪"的区分

聚众冲击国家机关罪(《刑法》第290条第2款),是指聚众冲击国家机关,致使国家机关工作无法进行,造成严重损失的行为。扰乱单位秩序行为与聚众冲击国家机关罪主要有以下区别:

1. 侵犯的客体不同。扰乱单位秩序行为侵犯的客体既有国家机关的工作秩序,又有社会团体、企业、事业单位的秩序;而聚众冲击国家机关罪侵犯的客体仅仅是国家机关正常的工作秩序。

2. 危害程度不同。扰乱单位秩序行为是致使单位的工作、生产秩序"不能正常进行",但"尚未造成严重损失";聚众冲击国家机关罪是致使国家机关的工作"无法进行",并且"造成严重损失",其社会危害性较大。

3. 情节和手段不同。扰乱单位秩序行为情节较轻,通常有围堵机关、团体、企业、事业单位或者在单位门前静坐、示威,或者在单位内故意喧闹、强占办公室、破坏办公物品等情节;而聚众冲击国家机关罪采用的是"聚众冲击"国家机关的手段,如纠集多人强行进入、聚众实施强行冲闯、围堵大门通道、围攻、辱骂工作人员,强占办公场所,投掷石块杂物等冲击国家立法机关、行政机关、司法机关、军事机关以及中国共产党的各级机关、中国人民政治协商会议的各级机关,情节比较恶劣。

4.实施主体不同。扰乱单位秩序行为既可能由个体实施,也可能是群体共同实施,凡是达到责任年龄的参加者,均是扰乱单位秩序的行为人;而聚众冲击国家机关罪是群体共同实施的冲击国家机关行为,构成聚众冲击国家机关罪并依法应当追究其刑事责任的,仅是实施扰乱社会秩序的"首要分子"或"积极参加者",其他普通参加者不构成犯罪行为,但可以按扰乱单位秩序行为予以治安管理处罚。

处罚标准

本行为设置一般情形和情节较重两个层次的处罚,其中一般情形的处罚为警告或罚款,情节较重的处罚为拘留并可加处罚款。对于"情节较重"情形的认定,应当结合行为人的动机、手段、目的、行为的次数和造成的后果等综合考虑。①

表1 扰乱单位秩序行为处罚标准

处罚档次	处罚标准	裁量基准
一般情形	处警告或者500元以下罚款	/
情节较重	处5日以上10日以下拘留,可以并处1000元以下罚款	①以暴力、威胁等方法扰乱单位秩序的 ②扰乱单位秩序,经执法人员劝阻拒不离开的 ③造成交通拥堵、人员受伤、财物损失等危害后果或者较大社会影响的 ④积极参与聚众扰乱单位秩序的 ⑤持械扰乱单位秩序的 ⑥其他情节较重的情形

案例及解析

【基本案情】 张某多次在某市社区居民自发组织的会上告知参会人员,若有施工队伍到本地施工,要团结一致对施工队伍进行阻止,直到安置问题得到满意处理。某日,社区居民何某、江某、文某等十余人见该市自来水公司工人在社区安置房对面工地施工,便按照张某在会上的要求,以当地安置问题未得到满意处理为由,阻止施工队施工,致使施工不能正常进行约30分钟。②

---

① 参见柯良栋主编:《治安管理处罚法释义与实务指南(2014年版)》,中国人民公安大学出版社2014年版,第258页。
② 改编自四川省广安市前锋区人民法院行政判决书,(2018)川1603行初236号。

本案中张某的行为应当如何定性?

【解析】本案查处的难点在于张某的行为应当认定为聚众扰乱单位秩序行为还是聚众扰乱公共场所秩序行为。扰乱公共场所秩序和扰乱单位秩序的行为均属于扰乱公共秩序的行为,但两者在侵害对象和侵害客体上有所差异。在侵害对象上,扰乱公共场所秩序行为侵害对象主要是车站、港口、码头、机场、商场、公园、展览馆或者其他公共场所,依据《治安管理处罚法》第26条第1款第2项的规定处罚。扰乱单位秩序行为侵害对象是机关、团体、企业、事业单位。在侵害客体上,扰乱公共场所秩序行为侵害的客体是公共场所正常的活动秩序,而扰乱单位秩序行为侵害的客体是机关、团体、企业、事业单位正常的工作、生产、营业、医疗、教学和科研秩序等。本案中张某的行为应当定性为聚众扰乱公共场所秩序行为。

关联法条

1.《刑法》(2023年修正)

第290条 【聚众扰乱社会秩序罪】聚众扰乱社会秩序,情节严重,致使工作、生产、营业和教学、科研、医疗无法进行,造成严重损失的,对首要分子,处三年以上七年以下有期徒刑;对其他积极参加的,处三年以下有期徒刑、拘役、管制或者剥夺政治权利。

【聚众冲击国家机关罪】聚众冲击国家机关,致使国家机关工作无法进行,造成严重损失的,对首要分子,处五年以上十年以下有期徒刑;对其他积极参加的,处五年以下有期徒刑、拘役、管制或者剥夺政治权利。

【扰乱国家机关工作秩序罪】多次扰乱国家机关工作秩序,经行政处罚后仍不改正,造成严重后果的,处三年以下有期徒刑、拘役或者管制。

【组织、资助非法聚集罪】多次组织、资助他人非法聚集,扰乱社会秩序,情节严重的,依照前款的规定处罚。

2.《公安机关执行〈中华人民共和国治安管理处罚法〉有关问题的解释(二)》(2007年)

六、关于扰乱居(村)民委员会秩序和破坏居(村)民委员会选举秩序行为的法律适用问题

对扰乱居(村)民委员会秩序的行为,应当根据其具体表现形式,如侮辱、诽谤、殴打他人、故意伤害、故意损毁财物等,依照《治安管理处罚法》的相关规定予以处罚。

对破坏居(村)民委员会选举秩序的行为,应当依照《治安管理处罚法》第二十三条①第一款第五项的规定予以处罚。

3.《关于公安机关处置信访活动中违法犯罪行为适用法律的指导意见》(2013年修订)

一、对扰乱信访工作秩序违法犯罪行为的处理

1.违反《信访条例》第十六条、第十八条规定,越级走访,或者多人就同一信访事项到信访接待场所走访,拒不按照《信访条例》第十八条第二款的规定推选代表,经有关国家机关工作人员劝阻、批评和教育无效的,依据《信访条例》第四十七条第二款规定,公安机关予以警告、训诫或者制止;符合《治安管理处罚法》第二十三条第一款第一项、第二款规定的,以扰乱单位秩序、聚众扰乱单位秩序依法予以治安

---

① 对应2025年《治安管理处罚法》第26条。

管理处罚。

2. 违反《信访条例》第十四条、第十五条、第三十四条和第三十五条规定，拒不通过法定途径提出投诉请求，不依照法定程序请求信访事项复查、复核，或者信访诉求已经依法解决，仍然以同一事实和理由提出投诉请求，在信访接待场所多次缠访，经有关国家机关工作人员劝阻、批评和教育无效的，依据《信访条例》第四十七条第二款规定，公安机关予以警告、训诫或者制止；符合《治安管理处罚法》第二十三条①第一款第一项规定的，以扰乱单位秩序依法予以治安管理处罚。

3. 在信访接待场所滞留、滋事，或者将年老、年幼、体弱、患有严重疾病、肢体残疾等生活不能自理的人弃留在信访接待场所，经有关国家机关工作人员劝阻、批评和教育无效的，依据《信访条例》第四十七条第二款规定，公安机关予以警告、训诫或者制止；符合《治安管理处罚法》第二十三条第一款第一项规定的，以扰乱单位秩序依法予以治安管理处罚。

4. 在信访接待场所摆放花圈、骨灰盒、遗像、祭品，焚烧冥币，或者停放尸体，不听有关国家机关工作人员劝阻、批评和教育，扰乱信访工作秩序，符合《治安管理处罚法》第二十三条第一款第一项、第六十五条第二项规定的，以扰乱单位秩序、违法停放尸体依法予以治安管理处罚。

5. 煽动、串联、胁迫、诱使他人采取过激方式表达诉求，扰乱信访工作秩序，符合《治安管理处罚法》第二十三条第一款第一项、第二款规定的，以扰乱单位秩序、聚众扰乱单位秩序依法予以治安管理处罚。

四、对妨害社会管理秩序违法犯罪行为的处理

1. 在国家机关办公场所周围实施静坐，张贴、散发材料，呼喊口号，打横幅，穿着状衣、出示状纸，扬言自伤、自残、自杀等行为或者非法聚集，经有关国家机关工作人员劝阻、批评和教育无效的，依据《信访条例》第四十七条第二款规定，公安机关予以警告、训诫或者制止，收缴相关材料和横幅、状纸、状衣等物品；符合《治安管理处罚法》第二十三条第一款第一项、第二款规定的，以扰乱单位秩序、聚众扰乱单位秩序依法予以治安管理处罚；符合《刑法》第二百九十条第一款规定的，对非法聚集的首要分子和其他积极参加者以聚众扰乱社会秩序罪追究刑事责任；聚集多人围堵、冲击国家机关，扰乱国家机关正常秩序，符合《刑法》第二百九十条第二款规定的，对首要分子和其他积极参加者以聚众冲击国家机关罪追究刑事责任。

2. 在车站、码头、商场、公园、广场等公共场所张贴、散发材料，呼喊口号，打横幅，穿着状衣、出示状纸，或者非法聚集，以及在举办文化、体育等大型群众性活动或者国内、国际重大会议期间，在场馆周围、活动区域或者场内实施前述行为，经劝阻、批评和教育无效的，依据《信访条例》第四十七条第二款规定，公安机关予以警告、训诫或者制止，收缴相关材料和横幅、状纸、状衣等物品；符合《治安管理处罚法》第二十三条第一款第二项、第二款或者第二十四条②第一款第一项、第三项、第五项规定的，以扰乱公共场所秩序、聚众扰乱公共场所秩序或者强行进入大型活动场所内、在大型活动场所内展示侮辱性物品、向大型活动场所内投掷杂物依法予以治安管理处罚；聚众扰乱公共场所秩序，抗拒、阻碍国家治安管理工作人员依法执行职务，情节严重，符合《刑法》第二百九十一条规定的，对首要分子以聚众扰乱公共场所秩序罪追究刑事责任。

---

① 对应2025年《治安管理处罚法》第26条。下同。
② 对应2025年《治安管理处罚法》第28条。

4.在外国使领馆区、国际组织驻华机构所在地实施静坐、张贴、散发材料、呼喊口号、打横幅、穿着状衣、出示状纸等行为或者非法聚集的,应当立即制止,根据《人民警察法》第八条规定,迅速带离现场,并收缴相关材料和横幅、状纸、状衣等物品;符合《治安管理处罚法》第二十三条第一款第一项、第二款规定的,以扰乱公共场所秩序、聚众扰乱公共场所秩序依法予以治安管理处罚;符合《刑法》第二百九十条第一款规定的,对首要分子和其他积极参加者以聚众扰乱社会秩序罪追究刑事责任。

6.实施跳河、跳楼、跳桥,攀爬建筑物、铁塔、烟囱、树木,或者其他自伤、自残、自杀行为,制造社会影响的,应当积极组织解救;符合《治安管理处罚法》第二十三条第一款第一项、第二项规定的,以扰乱单位秩序、扰乱公共场所秩序依法予以治安管理处罚;符合《刑法》第二百九十条第一款规定的,对首要分子和其他积极参加者以聚众扰乱社会秩序罪追究刑事责任;符合《刑法》第二百九十一条规定的,对首要分子以聚众扰乱公共场所秩序罪追究刑事责任。

3~4.(聚众)扰乱公共场所秩序

现行规定

《治安管理处罚法》

第26条第1款第2项、第2款 有下列行为之一的,处警告或者五百元以下罚款;情节较重的,处五日以上十日以下拘留,可以并处一千元以下罚款:

(二)扰乱车站、港口、码头、机场、商场、公园、展览馆或者其他公共场所秩序的;

聚众实施前款行为的,对首要分子处十日以上十五日以下拘留,可以并处二千元以下罚款。

立案与管辖

(一)立案标准

违法嫌疑人有扰乱车站、港口、码头、机场、商场、公园、展览馆或者其他公共场所秩序的行为,尚不够刑事处罚的,即可立案。公共场所是相对于企事业单位、私人住所等而言的,它是人们自由往来并进行社会活动的场所,如车站、港口、码头、机场等公共交通场所,商场、市场等购物场所,公园、展览馆等观光观览场所,影剧院、歌舞厅、游泳场等娱乐休闲场所等。

(二)管辖

扰乱公共场所秩序案件一般由违法行为地的公安机关管辖。

违法行为地包括违法行为发生地和违法结果发生地。违法行为发生地,一般指的是扰乱公共场所秩序行为的实施地以及开始地、途经地、结束地等与扰乱公共场所秩序行为有关的地点;扰乱公共场所秩序行为有连续、持续或者继续状态的,连续、持续或者继续实施的地方都属于违法行为发生地。违法结果发生地,通常指的是产生具体危害后果的公共场所所在地。

扰乱公共场所秩序行为由违法行为人居住地公安机关管辖更为适宜的,可以由违法行为人居住地公安机关管辖。

证据收集

（一）证据规格

扰乱公共场所秩序行为的调查和证据收集重点在于证明客观行为存在及其表现,以及对公共场所秩序造成的扰乱后果。调查该类案件需注意是一人还是多人实施违法行为。若是多人共同实施违法行为,是否存在组织、策划、指挥者,行为人之间的关系以及各自作用对于量罚有着重要的意义。在调查取证时,根据具体的案件情况,主要收集以下证据:

1. 违法嫌疑人陈述和申辩。

（1）违法嫌疑人的基本情况;（2）违法行为的动机和目的;（3）作案时间、地点、人员、起因、经过、手段、方式、公共场所秩序混乱的危害后果;（4）作案工具及来源、下落;（5）结伙作案的,各违法嫌疑人的数量、身份、当天穿着,预谋、结伙聚合的过程、相互关系、地位及各自的作用;（6）公共场所管理者是否对违法嫌疑人进行劝阻,嫌疑人是否听从劝阻。

2. 被侵害人陈述和其他证人证言。

（1）被侵害人（单位）陈述,违法嫌疑人实施违法行为的时间、地点、经过、起因、目的、手段、公共场所秩序混乱的危害后果,损失,是否对违法嫌疑人进行过劝阻,嫌疑人是否听从劝阻,违法嫌疑人的数量、身份及体貌特征,各违法嫌疑人在违法行为中的地位和作用。（2）被侵害人（单位）出具的书面材料,违法人员的违法行为以及造成公共场所秩序受到损害的后果。（3）证人证言,违法事实、情节、损失、人员受伤情况及其他后果,各违法嫌疑人在违法行为中的地位和作用。

3. 物证、书证。

作案工具、被损坏的财物、损坏财物的价格证明。

4. 鉴定意见。

伤情鉴定、损坏财物的价格认定、违法嫌疑人的精神病鉴定。

5. 视听资料、电子数据。

（1）现场音视频、视频监控资料;（2）能够证明违法行为的聊天信息、图片;（3）民警现场执法视频。

6. 勘验笔录、检查笔录、现场笔录。

现场勘查笔录、现场图、现场照片、提取的痕迹物证等。

7. 辨认笔录。

证人及相关当事人对违法嫌疑人的辨认、嫌疑人之间互相辨认以及对作案工具的辨认。

8. 其他证据材料。

（1）证明违法嫌疑人身份的材料和违法犯罪记录。如人口信息、户籍证明,身份证、工作证、专业或技术等级证复印件等;法院判决书、行政处罚决定书、释放证明书等有效法律文件。

(2)抓获经过、处警经过、归案情况说明等。

(二)注意事项

1. 注意对扰乱公共场所秩序后果的取证。扰乱公共场所秩序一般会造成人员围观、起哄闹事等,影响公共场所正常秩序(如火车站正常进出站秩序)。在调查取证时,应当侧重于对秩序造成混乱的取证。

2. 注意对公共场所秩序维护者劝阻违法行为人的过程的取证。如果公共场所秩序维护者对违法嫌疑人进行劝阻,违法行为人立即停止违法行为,主动消除影响,可以考虑对违法嫌疑人不予处罚或者从轻减轻处罚。若违法嫌疑人不听劝阻,执意实施违法行为,则应当作出正常幅度内的处罚。

3. 对聚众扰乱公共场所秩序的,注意准确认定首要分子。应当根据违法嫌疑人陈述和申辩、被侵害人陈述、证人证言等证据,准确认定聚众实施违法行为时起组织、策划、指挥作用的人员。

4. 注重对违法嫌疑人主观动机证据的收集。在区分扰乱公共场所秩序与寻衅滋事违法行为时,应重点审查违法嫌疑人主观动机:前者具有扰乱秩序的故意,动机多样,包括表达诉求、发泄不满等;后者则具有寻求刺激、逞强耍横、无事生非、藐视法纪等动机。

行为认定

(一)对扰乱公共场所秩序行为的认定

主要从以下四个方面进行认定:

1. 本行为侵害的客体是公共场所秩序。这里的"公共场所"是指车站、港口、码头、机场、商场、公园、展览馆或者其他公共场所等。其他公共场所,主要是指礼堂、公共食堂、游泳池、浴池、宾馆、饭店等供不特定多数人随时出入、停留、使用的场所。

2. 本行为在客观方面表现为(聚众)扰乱公共场所的秩序,尚不够刑事处罚的行为。扰乱行为一般有以下几种:在公共场所故意(聚众)起哄闹事、肆意谩骂;在人群聚集地进行煽动性演讲、游说、静坐示威;冲击会场、影剧院、展览会、运动场等公共场所;阻止、抗拒有关工作人员维护公共场所秩序;等等。

3. 扰乱公共场所秩序行为的主体可以是个人,也可以是群体。聚众扰乱单位秩序的行为一般指3人或3人以上。聚众扰乱公共场所秩序行为的主体是组织、纠集多人实施扰乱公共场所秩序行为的首要分子,即在聚众扰乱公共场所秩序中起组织、策划、指挥作用的主要人员。

4. 本行为在主观方面表现为故意,过失不构成本行为。

(二)与扰乱单位秩序行为的区别

扰乱公共场所秩序与扰乱单位秩序在行为表现上较为相似,行为人都是通过起哄闹事、肆意谩骂、砸毁财物等行为扰乱一定区域内的正常工作、生活的秩序。二者的主要区别是行为发生地点和侵犯的客体不同:扰乱公共场所秩序行为发生在公共场所,扰乱公共场所秩序侵害的是公共场所正常的活动秩序,而扰乱单位秩序行为发生在单位所在的场所,侵害的是机关、团体、企事业单位正常的工作、生产秩序。

（三）聚众扰乱公共场所秩序行为与聚众扰乱公共场所秩序罪的区别

聚众扰乱公共场所秩序罪（《刑法》第291条），是指聚众扰乱车站、码头、民用航空站、商场、公园、影剧院、展览会、运动场或者其他公共场所秩序，抗拒、阻碍国家治安管理工作人员依法执行职务，情节严重的行为。聚众扰乱公共场所秩序行为与聚众扰乱公共场所秩序罪的区别在于：

1. 从参与者来看，单人或者多人均可构成扰乱公共场所秩序行为；而聚众扰乱公共场所秩序罪必须是参与者人数众多，达到聚众的程度。所谓聚众，是指3人以上（含3人）。

2. 从行为方式来看，聚众扰乱公共场所秩序罪必须具有抗拒、阻碍国家治安管理工作人员依法执行职务的情节，此情节较为恶劣，依法构成犯罪行为；虽然实施了聚众扰乱公共场所秩序行为，但没有抗拒、阻碍国家治安管理工作人员依法执行职务的，仅构成扰乱公共场所秩序的违反治安管理行为。

3. 在行为主体方面，在扰乱公共场所秩序行为中，首要分子及普通参与人员均可构成扰乱公共场所秩序行为，只是在处罚上，应对首要分子予以严厉的处罚；而聚众扰乱公共场所秩序罪的犯罪主体仅限于起组织、策划作用的首要分子，对一般参与人员可按扰乱公共场所秩序行为予以治安管理处罚。

处罚标准

本行为设置一般情形和情节较重两个层次的处罚，其中一般情形的处罚为警告或罚款，情节较重的处罚为拘留并可加处罚款。对于"情节较重"情形的认定，应当结合行为人的动机、手段、目的、行为的次数和造成的后果等综合考虑。[①]

表2 扰乱公共场所秩序行为处罚标准

处罚档次	处罚标准	裁量基准
一般情形	处警告或者500元以下罚款	/
情节较重	处5日以上10日以下拘留，可以并处1000元以下罚款	①以暴力、威胁等方法扰乱公共场所秩序的 ②扰乱公共场所秩序，经执法人员劝阻拒不离开的 ③造成交通拥堵、人员受伤、财物损失等危害后果或者较大社会影响的 ④积极参与聚众扰乱公共场所秩序的 ⑤持械扰乱公共场所秩序的 ⑥其他情节较重的情形

---

① 参见柯良栋主编：《治安管理处罚法释义与实务指南（2014年版）》，中国人民公安大学出版社2014年版，第258页。

案例及解析

案例 1

【基本案情】丁某持当日上海南站至嘉兴站列车车票至上海南站候车室,到达检票口时该次列车已停止检票。在铁路工作人员告知列车已停检且应到售票处改签的情况下,丁某不听劝阻强行闯入检票口,在检票通道内对在岗值勤检票员及前来劝阻的铁路工作人员反复纠缠、拉扯。上述行为挤占了进站通道,造成部分旅客未经检票而进站,并引发他人聚集围观,拉扯过程中一名铁路工作人员的手部受伤。车站派出所接到报警后指派民警到场,传唤丁某到所接受调查。[1]

请问丁某的行为应当如何认定?

【解析】铁路公安机关对丁某及相关在场人员的询问笔录、现场监控视频资料等证据材料可以证明,丁某在明知所乘车次已经停检并被告知应到售票处改签的情况下,强行冲闯上海南站候车室检票口,对在岗值勤和前来劝阻的工作人员反复纠缠、拉扯,以致发生挤占进站通道、检票岗位失控、客运作业漏检等结果,干扰了车站正常作业程序和旅客进站秩序。此类强行冲闯火车站检票口的行为应认定为扰乱公共场所秩序的违法行为。

案例 2

【基本案情】"110"接报警称"有一男子要跳河,人已站到大桥护栏外了,他正在喝酒,请快来救援"。辖区派出所民警火速赶往现场,同时将情况通报"119"中心、市"120"中心。民警赶到现场时,张某站在桥中护栏外饮酒,准备跳河,引发了大量围观,情况十分危急,经民警耐心劝解及安抚,成功将其安全救助到桥面,并送到派出所内安置。经查,张某当天中午与父亲吵架后便独自一人开始饮酒,走路至大桥后便爬到了桥中护栏外。酒醒后的张某称自己没有轻生想法,是饮酒后为寻求心理刺激而假装跳河。[2]

对违法行为人张某的行为如何认定?

【解析】本案争议焦点在于行为定性:应认定为扰乱公共场所秩序行为还是聚众扰乱公共场所秩序行为。实践中有一类行为即所谓跳楼秀、跳桥秀,这类行为通常是行为人为实现某种目的,而采取假装跳楼、跳桥等手段,吸引众人围观的案件。行为人并不是真心自杀,只是为了引起他人的注意,达到自己的其他目的。应当注意,这种行为虽然客观上引起了多数人的聚集,但是这里围观的人并不是被聚集起来扰乱社会秩序的人,对于这类行为不应当认定为聚众扰乱公共场所秩序行为,而应认定为扰乱公共场所秩序行为。

---

[1] 改编自上海市第三中级人民法院行政判决书,(2019)沪 0112 行初 392 号。
[2] 《【以案释法】治安管理处罚篇(第八期)——张某寻求刺激翻越大桥护栏饮酒因扰乱公共场所秩序而被罚》,载微信公众号"平安乌海"2023 年 12 月 29 日,https://mp.weixin.qq.com/s/dsHeqKesUgM_aIqgIJ0Uaw。

关联法条

1.《刑法》(2023 年修正)

第291条 【聚众扰乱公共场所秩序、交通秩序罪】聚众扰乱车站、码头、民用航空站、商场、公园、影剧院、展览会、运动场或者其他公共场所秩序,聚众堵塞交通或者破坏交通秩序,抗拒、阻碍国家治安管理工作人员依法执行职务,情节严重的,对首要分子,处五年以下有期徒刑、拘役或者管制。

2.《军事设施保护法》(2021 年修订)

第60条 有下列行为之一的,适用《中华人民共和国治安管理处罚法》第二十三条的处罚规定:

(一)非法进入军事禁区、军事管理区或者驾驶、操控航空器在陆地、水域军事禁区上空低空飞行,不听制止的;

(二)在军事禁区外围安全控制范围内,或者在没有划入军事禁区、军事管理区的军事设施一定距离内,进行危害军事设施安全和使用效能的活动,不听制止的;

(三)在军用机场净空保护区域内,进行影响飞行安全和机场助航设施使用效能的活动,不听制止的;

(四)对军事禁区、军事管理区非法进行摄影、摄像、录音、勘察、测量、定位、描绘和记述,不听制止的;

(五)其他扰乱军事禁区、军事管理区管理秩序和危害军事设施安全的行为,情节轻微,尚不够刑事处罚的。

5~6.(聚众)扰乱公共交通工具上的秩序

现行规定

《治安管理处罚法》

第26条第1款第3项、第2款 有下列行为之一的,处警告或者五百元以下罚款;情节较重的,处五日以上十日以下拘留,可以并处一千元以下罚款:

(三)扰乱公共汽车、电车、城市轨道交通车辆、火车、船舶、航空器或者其他公共交通工具上的秩序的;

聚众实施前款行为的,对首要分子处十日以上十五日以下拘留,可以并处二千元以下罚款。

立案与管辖

(一)立案标准

违法嫌疑人有扰乱公共汽车、电车、城市轨道交通车辆、火车、船舶、航空器或者其他公共交通工具上的秩序的行为,尚不够刑事处罚的,即可立案。本行为不需要产生一定的危害后果。违法行为人侵犯的是公共交通工具上的秩序,如公共汽车车厢内、火车车厢内。如果不是在公共交通工具上发生的扰乱公共交通工具上的秩序行为不能以本行为立案。这里的城市轨道交通,涵盖了地铁、轻轨、单轨、市域快轨等多种类型。

(二)管辖

扰乱公共交通工具上的秩序案件一般由违法行为地的公安机关管辖。

违法行为地包括违法行为发生地和违法结果发生地。违法行为发生地,一般指的是扰乱公共交通工具上的秩序行为的实施地以及开始地、途经地、结束地等与扰乱公共交通工具上的秩序行为有关的地点;扰乱公共交通工具上的秩序行为有连续、持续或者继续状态的,连续、持续或者继续实施的地方都属于违法行为发生地。实践中,如果违法行为是在公共交通工具行进中发生,通常由公共交通工具停靠地的公安机关进行管辖,必要时,始发地、途经地、到达地公安机关也可以管辖。

扰乱公共交通工具上的秩序行为由违法行为人居住地公安机关管辖更为适宜的,可以由违法行为人居住地公安机关管辖。

证据收集

(一)证据规格

扰乱公共交通工具上的秩序行为的调查和证据收集重点在于证明客观行为存在及其表现,以及对正常的公共汽车、电车、城市轨道交通车辆、火车、船舶、航空器或者其他公共交通工具上造成的扰乱秩序后果。在调查取证时,根据具体的案件情况,主要收集以下证据:

1. 违法嫌疑人陈述和申辩。

(1)违法嫌疑人的基本情况;(2)违法行为的动机和目的;(3)作案时间、地点、人员、起因、经过、手段、方式、公共交通工具秩序混乱的危害后果;(4)作案工具及来源、下落;(5)结伙作案的,各违法嫌疑人的数量、身份、当天穿着,预谋、结伙聚合的过程、相互关系、地位及各自的作用;(6)公共场所管理者是否对违法嫌疑人进行劝阻,嫌疑人是否听从劝阻。

2. 被侵害人陈述和其他证人证言。

(1)被侵害人(单位)陈述,违法嫌疑人实施违法行为的时间、地点、经过、起因、目的、手段、公共交通工具秩序混乱的危害后果,损失,是否对违法嫌疑人进行过劝阻,嫌疑人是否听从劝阻,违法嫌疑人的数量、身份及体貌特征,各违法嫌疑人在违法行为中的地位和作用。(2)被侵害人(单位)出具的书面材料,违法人员的违法行为以及造成公共交通工具秩序混乱的危害后果和损失。(3)证人证言,违法事实、情节、损失、人员受伤情况及其他后果,各违法嫌疑人在违法行为中的地位和作用。

3. 物证、书证。

作案工具、被损坏的财物、损坏财物的价格证明。

4. 鉴定意见。

伤情鉴定、损坏财物的价格认定、违法嫌疑人的精神病鉴定。

5. 视听资料、电子数据。

(1)现场音视频、视频监控资料;(2)能够证明违法行为的聊天信息、图片;(3)民警现场执法视频。

6. 勘验、检查笔录,现场笔录。

现场勘查笔录、现场图、现场照片、提取的痕迹物证等。

7. 辨认笔录。

证人及相关当事人对违法嫌疑人的辨认,嫌疑人之间互相辨认以及对作案工具的辨认。

8. 其他证据材料。

(1)证明违法嫌疑人身份的材料和违法犯罪记录。如人口信息、户籍证明,身份证、工作证、专业或技术等级证复印件等;法院判决书、行政处罚决定书、释放证明书等有效法律文件。(2)抓获经过、处警经过、归案情况说明等。

(二)注意事项

1. 注重视频证据的收集。视频证据是最为直接、客观、真实的证据,在调查该类案件时,要注重对车厢内视频监控、执法记录仪以及公共交通工具上其他人员摄录视频的收集,才能客观还原案件事实经过,为案件的定性和量罚奠定基础。

2. 注意对公共交通工具的认定。常见公共交通工具有公共汽车、电车,地铁、轻轨、有轨电车,轮渡,客运列车,民用航空器,客运汽车等。

3. 注意对违法行为发生地的调查取证。本违法行为发生地是正在运营的公共交通工具上,而不是发生在道路、铁路、桥梁、航道、街道上。

4. 注意对扰乱公共交通工具上的秩序的取证。扰乱公共交通工具上的秩序,一般会造成交通工具内人员围观、起哄闹事、影响交通工具内正常乘坐秩序。例如,"霸座"行为,一方面会破坏公共交通工具内按票号乘坐相应座位的秩序,另一方面会引起人员围观、起哄闹事等,引起公共交通工具内秩序混乱。因此,在调查取证时,应当侧重于对秩序造成混乱的取证。

5. 注意对公共交通工具上的秩序维护者劝阻违法行为人的过程的取证。如果公共交通工具上的秩序维护者对违法嫌疑人进行劝阻,违法行为人立即停止违法行为,主动消除影响,可以考虑对违法嫌疑人不予处罚或者减轻处罚。若违法嫌疑人不听劝阻,执意实施违法行为,则应当作出正常幅度内的处罚。

6. 对聚众扰乱公共交通工具上的秩序的,注意准确认定首要分子。应当根据违法嫌疑人陈述和申辩、被侵害人陈述、证人证言等证据,准确认定聚众实施违法行为时,起组织、策划、指挥作用的人员。

7. 注重对违法嫌疑人主观动机证据的收集。在区分扰乱公共场所秩序与寻衅滋事违法行为时,应重点审查违法嫌疑人主观动机:前者具有扰乱秩序的故意,动机多样,包括表达诉求、发泄不满等;后者则具有寻求刺激、逞强耍横、无事生非、藐视法纪等动机。

行为认定

（一）对扰乱公共交通工具上的秩序行为的认定

主要从以下四个方面进行认定：

1. 行为侵犯的客体是公共交通工具的运行秩序和公共交通工具上的秩序，而不是私人交通工具上的秩序，也不是一般的交通管理秩序。本行为中所称的公共交通工具是指为不特定的多数人提供运送服务的各种车辆、轮船、航空器等正在运营中的机动性交通工具。其核心认定标准包括以下内容：一是面向不特定社会公众开放。这是"公共性"的根本体现，公共交通工具的服务对象必须是不特定的多数人，而非特定的群体或者个人。二是提供公共运输服务。公共交通工具的核心功能是提供有偿或者无偿的载客运输服务，满足公众的出行需求。三是由特定的主体运输管理。公共交通工具通常由取得相应资质的公共运输企业或机构进行运营和管理。包括公共汽车、电车、城市轨道交通车辆火车、大型和中型出租车、船舶、地铁、民用航空飞行器等正在运行中的公共交通工具。小型出租车，停放在车库内或停留在车站、码头待用的公共交通工具不属于本行为中的公共交通工具。虽不具有营业执照，但实际从事旅客运输的大、中型交通工具，以及单位班车、校车等交通工具，可以认定为公共交通工具，但是旅游包车一般不认定为公共交通工具。

2. 行为的客观方面表现为扰乱公共交通工具上的秩序，影响了公共交通工具的正常运行，但尚未造成严重后果。公共交通工具上的秩序包括乘车秩序、行使秩序、运营秩序等。例如，《城市公共汽车和电车客运管理规定》要求乘客在乘车时需遵循一系列的行为规范，如果违反了这些行为规范，如争抢座位引发秩序混乱、挤蹭引发口角纠纷、在车厢内肆意喧哗、推搡乘客或司乘人员，扰乱交通工具上的秩序的，可以按照本行为予以处罚。

3. 扰乱公共交通工具上的秩序行为的主体可以是个体，也可以是群体。聚众扰乱公共交通工具上的秩序行为的主体是组织、纠集多人实施扰乱公共交通工具上的秩序行为的首要分子，即在聚众扰乱公共交通工具上的秩序中起组织、策划、指挥作用的主要人员。聚众，是指3人以上（含3人）。

4. 行为人在主观上具有扰乱公共交通工具上的秩序的故意，过失不构成此行为。

（二）与聚众扰乱交通秩序罪的区别

聚众扰乱交通秩序罪（《刑法》第291条），是指聚众堵塞交通或者破坏交通秩序，抗拒、阻碍国家治安管理工作人员依法执行职务，情节严重的行为。扰乱公共交通工具上的秩序行为与聚众扰乱交通秩序罪的主要区别是：

1. 侵犯的客体不同。扰乱公共交通工具上的秩序行为侵犯的是公共交通工具上的秩序；而聚众扰乱交通秩序罪侵犯的是国家对交通的管理秩序。前者行为的发生地是在公共交通工具上；后者则既可以发生在交通工具上，也可以发生在公路、铁路、桥梁、航道、街道上。

2. 行为主体不同。扰乱公共交通工具上的秩序行为既可由单人实施，也可以由群体共同实施，只是在处罚上，应对聚众扰乱公共交通工具上的秩序行为的首要分子予以严厉的处罚。

聚众扰乱交通秩序罪在实施行为的人数上，必须是多人共同实施并达到"聚众"的程度，从而对交通秩序造成严重破坏。但构成聚众扰乱交通秩序罪的主体，仅是组织、策划、指挥该行为的首要分子，一般的参与人员可按扰乱公共交通工具上的秩序行为予以治安管理处罚。

3. 情节不同。只要具有扰乱公共交通工具上的秩序的情节，即构成扰乱公共交通工具上的秩序行为。构成聚众扰乱交通秩序罪必须具有抗拒、阻碍国家治安管理工作人员依法执行职务的情节，即如果国家治安管理工作人员到扰乱交通秩序的现场依法执行职务时，行为人能够听从劝阻并及时停止其扰乱交通秩序的行为，则不构成犯罪，如果不听劝阻并抗拒、阻碍国家治安管理工作人员依法执行职务，则构成犯罪。

4. 行为后果不同。扰乱公共交通工具上的秩序行为尚未造成严重后果，而聚众扰乱交通秩序罪致使交通秩序受到严重破坏，其危害后果比较严重，应当予以刑事处罚。

（三）与破坏交通工具罪的区别

破坏交通工具罪（《刑法》第116条、第119条第1款），是指破坏火车、汽车、电车、船只、航空器，足以使其发生倾覆、毁坏危险，危害交通运输安全的行为。扰乱公共交通工具上的秩序行为与破坏交通工具罪的区别在于：

1. 侵犯的客体不同。扰乱公共交通工具上的秩序行为侵犯的客体是公共交通工具上的秩序及公共交通工具的运行秩序；破坏交通工具罪侵犯的客体是交通运输的安全。

2. 行为的客观方面不同。扰乱公共交通工具上的秩序行为的客观方面表现为扰乱了公共交通工具上的秩序，影响了公共交通工具的正常运行，但尚未造成严重后果；破坏交通工具罪在客观方面，必须具有破坏交通工具足以使火车、汽车、电车、船只、飞机、航空器发生倾覆、毁坏危险的行为。例如，破坏交通工具，足以导致车辆翻车、火车出轨、船只翻沉、飞机坠落等危险，或者使交通工具受到严重破坏或者完全毁灭，因而不能继续使用或者安全行驶。

（四）与第40条第3款妨害安全驾驶行为的区别

2025年修订后的《治安管理处罚法》第40条增加了妨害安全驾驶行为，具体是：以抢控驾驶操纵装置、拉扯、殴打驾驶人员等方式，干扰公共交通工具正常行驶的。与本行为的区别在于：（1）侵犯的客体。本行为侵犯的客体是公共秩序；第40条第3款的干扰公共交通工具正常行驶行为侵犯的客体是公共安全。（2）客观表现和后果。本行为扰乱公共交通工具上的秩序，行为后果仅造成一定的秩序混乱；而第40条第3款干扰公共交通工具正常行驶行为也可能发生在公共交通工具上，其行为后果不仅造成扰序，最终干扰了公共交通工具正常行驶，对行驶的安全产生了影响。

🛡 处罚标准

本行为设置一般情形和情节较重两个层次的处罚，其中一般情形的处罚为警告或罚款，情节较重的处罚为拘留并可加处罚款。对于"情节较重"情形的认定，应当结合行为人的动机、手段、目的、行为的次数和造成的后果等综合考虑。①

表3 扰乱公共交通工具上的秩序行为处罚标准

处罚档次	处罚标准	裁量基准
一般情形	处警告或者500元以下罚款	/
情节较重	处5日以上10日以下拘留，可以并处1000元以下罚款	①在公共交通工具上无理取闹，严重影响公共交通工具运行秩序的 ②在非停靠站点强行下车，或者拉扯驾驶员、乘务员，致使公共交通工具减速或者停行的 ③造成交通拥堵、人员受伤、财物损失等危害后果或者较大社会影响的 ④积极参与聚众扰乱公共交通工具上的秩序的 ⑤积极参与聚众实施妨碍交通工具正常行驶行为的 ⑥其他情节较重的情形

案例及解析

【基本案情】张某在人民医院站乘坐公交车，车辆行驶至物资局公交站停车后，张某欲在公交车前门下车。公交车司机告知其乘客需从前门上车、后门下车后，张某执意要在前门下车。司机遂将前车门关闭，张某大怒，在公交车司机驾驶台旁破口大骂，致使车上其他乘客滞留长达10分钟，引来周围大量群众围观，造成交通拥堵和不良的社会影响。

张某的行为应如何认定？

【解析】本案中，张某不遵守公交车上乘客前门上车、后门下车的规定，拒不从后门下车，并辱骂公交车司机，其行为属于扰乱公共交通工具上的秩序行为，又因该行为致使公交车停行及车上其他乘客滞留长达10分钟，严重影响公共交通工具运行秩序，且引来大量群众围观，造成交通拥堵和不良的社会影响，属于情节较重的情形。

关联法条

1.《刑法》（2023年修正）

第116条　【破坏交通工具罪】破坏火车、汽车、电车、船只、航空器，足以使火车、汽车、电车、船只、航空器发生倾覆、毁坏危险，尚未造成严重后果的，处三年以上十年以下有期徒刑。

第119条第1款　【破坏交通工具罪】【破坏交通设施罪】【破坏电力设备罪】【破坏易燃易爆设备罪】破坏交通工具、交通设施、电力设备、燃气设备、易燃易爆设备，造成严重后果的，处十年以上有期徒刑、无期徒刑或者死刑。

---

① 参见柯良栋主编：《治安管理处罚法释义与实务指南（2014年版）》，中国人民公安大学出版社2014年版，第258页。

2.《民用航空安全保卫条例》(2011 年修订)

第 34 条　违反本条例第十四条的规定或者有本条例第十六条、第二十四条第一项、第二十五条所列行为，构成违反治安管理行为的，由民航公安机关依照《中华人民共和国治安管理处罚法》有关规定予以处罚；有本条例第二十四条第二项所列行为的，由民航公安机关依照《中华人民共和国居民身份证法》有关规定予以处罚。

7～8.(聚众)妨碍交通工具正常行驶

现行规定

《治安管理处罚法》

第 26 条第 1 款第 4 项、第 2 款　有下列行为之一的，处警告或者五百元以下罚款；情节较重的，处五日以上十日以下拘留，可以并处一千元以下罚款：

(四)非法拦截或者强登、扒乘机动车、船舶、航空器以及其他交通工具，影响交通工具正常行驶的；

聚众实施前款行为的，对首要分子处十日以上十五日以下拘留，可以并处二千元以下罚款。

立案与管辖

(一)立案标准

违法嫌疑人有非法拦截或者强登、扒乘机动车、船舶、航空器以及其他交通工具，影响交通工具正常行驶，尚不够刑事处罚的行为即可立案。本行为不以危害结果发生为必要条件。这里的交通工具，不仅包括公共交通工具，还包括私人使用的交通工具。机动车，是指以动力装置驱动或者牵引，上道路行驶的供人员乘用或者用于运送物品以及进行工程专项作业的轮式车辆。船舶，是指各类机动、非机动船舶以及其他水上移动装置，但是船舶上装备的救生艇筏和长度小于 5 米的艇筏除外。其他交通工具包括火车、地铁列车等交通工具。

(二)管辖

妨碍交通工具正常行驶案件一般由违法行为地的公安机关管辖。

违法行为地包括违法行为发生地和违法结果发生地。违法行为发生地，一般指的是妨碍行为的实施地以及开始地、途经地、结束地等与妨碍行为有关的地点；妨碍行为有连续、持续或者继续状态的，连续、持续或者继续实施的地方都属于违法行为发生地。实践中，妨碍交通工具正常行驶案件通常由交通工具停靠地的公安机关管辖。

妨碍交通工具正常行驶行为由违法行为人居住地公安机关管辖更为适宜的，可以由违法行为人居住地公安机关管辖，必要时，始发地、途经地、到达地公安机关也可以管辖。

证据收集

(一)证据规格

妨碍交通工具正常行驶行为的调查和证据收集重点在于证明客观上非法拦截或者强登、扒乘机动车、船舶、航空器以及其他交通工具,以及造成的危害后果。在调查取证时,根据具体的案件情况,主要收集以下证据:

1. 违法嫌疑人陈述和申辩。

(1)违法嫌疑人的基本情况;(2)违法行为的动机和目的;(3)作案时间、地点、人员、起因、经过、手段、方式、交通工具不能正常行驶的危害后果;(4)作案工具及来源、下落;(5)结伙作案的,违法嫌疑人的数量、身份、当天穿着、预谋、结伙聚合的过程、相互关系、地位及各自的作用。

2. 被侵害人陈述和其他证人证言。

(1)被侵害人(单位)陈述,违法嫌疑人实施违法行为的时间、地点、经过、起因、目的、手段、后果、损失,是否对违法嫌疑人进行过劝阻,嫌疑人是否听从劝阻,违法嫌疑人的数量、身份及体貌特征,各违法嫌疑人在违法行为中的地位和作用。(2)被侵害人(单位)出具的书面材料,违法人员的违法行为以及造成的后果和损失。(3)证人证言,违法事实、情节、损失、人员受伤情况及其他后果,各违法嫌疑人在违法行为中的地位和作用。

3. 物证、书证。

作案工具、被损坏的财物、损坏财物的价格证明。

4. 鉴定意见。

伤情鉴定、损坏财物的价格认定、违法嫌疑人的精神病鉴定。

5. 视听资料、电子数据。

(1)行车记录仪视频、视频监控资料;(2)能够证明违法行为的聊天信息、图片;(3)民警现场执法视频。

6. 勘验、检查笔录,现场笔录。

现场勘查笔录、现场图、现场照片、提取的痕迹物证等。

7. 辨认笔录。

证人及相关当事人对违法嫌疑人的辨认,嫌疑人之间互相辨认以及对作案工具的辨认。

8. 其他证据材料。

(1)证明违法嫌疑人身份的材料和违法犯罪记录。如人口信息、户籍证明,身份证、工作证、专业或技术等级证复印件等;法院判决书、行政处罚决定书、释放证明书等有效法律文件。(2)抓获经过、处警经过、归案情况说明等。

(二)注意事项

1. 应当注意对妨碍交通工具正常行驶行为后果的调查取证,如交通工具未按照预计的时间点始发,造成交通工具晚点,或者没有按照正常的行驶方式行驶等。

2. 妨碍交通工具正常行驶行为有多种表现形式，注意不同行为的取证重点不同。例如，非法拦截行为的取证重点为非法，如为了治病救人的拦截不能认定为非法。强登行为取证重点为未经过车主同意。扒乘的取证重点为秘密乘车。

行为认定

（一）对妨碍交通工具正常行驶行为的认定

主要从以下四个方面进行认定：

1. 本行为侵犯的客体是机动车、船舶、航空器以及其他交通工具的正常行驶秩序。本行为侵犯的对象是交通工具。

2. 本行为在客观方面表现为非法拦截或者强登、扒乘机动车、船舶、航空器以及其他交通工具，影响交通工具正常行驶的行为。其中，非法拦截，是指没有正当理由或者合法的依据随意拦截机动车、船舶、航空器以及其他交通工具，阻碍其正常行驶的行为。强登是指没有得到车主同意而使用威胁或其他方式强行登车；扒乘是指乘车主不备而秘密乘车的行为。

3. 妨碍交通工具正常行驶行为的主体是自然人，可以是个人，也可以是群体。聚众妨碍交通工具正常行驶行为一般指3人或3人以上。聚众妨碍交通工具正常行驶行为的主体是在聚众妨碍交通工具正常行驶中起组织、策划、指挥作用的首要分子。

4. 本行为在主观方面表现为故意，过失不构成本行为。

（二）与道路交通安全违法行为的区别

根据《道路交通安全法》的规定，道路交通安全违法行为是指机动车驾驶人、行人、乘车人、非机动车驾驶人违反道路交通安全法律、法规关于道路通行规定的行为。扰乱公共交通工具秩序行为与道路交通安全违法行为主要有以下区别：

1. 侵犯的客体不同。扰乱公共交通工具秩序行为侵犯的客体是公共交通正常行驶的秩序及其运行秩序，除在道路上运行的公共交通工具的秩序外，还包括在铁路、水上、空中运行的公共交通工具的秩序；而道路交通安全违法行为侵犯的客体是交通安全，并且仅仅是道路交通中的交通安全，不包括铁路、水上、空中的交通安全。

2. 行为主体参与交通活动的角色不同。妨碍交通工具正常行驶行为的主体是交通活动中的乘客之外的人；道路交通安全违法行为的主体是参与到交通秩序中、关涉交通安全的人，包括机动车驾驶人、非机动车驾驶人、行人、乘车人等。

3. 主观方面不同。妨碍交通工具正常行驶行为的主观方面由故意构成，过失不能构成此行为；道路交通安全违法行为的主观方面既可以是故意，过失也可以构成此行为。

（三）与扰乱公共交通工具上的秩序行为的区别

两者的主要区别在于：(1) 侵犯的客体不同。妨碍交通工具正常行驶行为侵犯的是交通工具的正常行驶秩序，侧重保护的是交通工具的行驶秩序；而扰乱公共交通工具上的秩序行为侵犯的是公共交通工具上的秩序，虽然也可能影响到交通工具的正常行驶，但更侧重于保护公共交通工具上的管理秩序。(2) 侵犯的对象不尽相同。妨碍交通工具正常行驶行为针对的是交通工具,包括公共交通工具和私人使用的交通工具;而扰乱公共交通工具上的秩序行为针对的对象只限于公共交通工具。

(四)与《道路交通安全法》中非法拦截机动车行为的区别

《道路交通安全法》第99条第1款第8项规定了非法拦截机动车行为。妨碍交通工具正常行驶行为与非法拦截机动车行为的主要区别在于:(1)侵犯的对象不尽相同。妨碍交通工具正常行驶行为侵犯的对象是交通工具,包括机动车、船舶、航空器以及其他交通工具;而非法拦截机动车行为侵犯的对象只限于机动车辆。(2)侵犯的客体不同。妨碍交通工具正常行驶行为侵犯的客体是交通工具的正常行驶秩序;而非法拦截机动车行为侵犯的客体是道路交通安全秩序。(3)后果要件不同。以非法拦截方式妨碍交通工具正常行驶行为的后果是影响行为人非法拦截的交通工具的正常行驶;而要构成非法拦截机动车行为,则必须造成交通严重阻塞或者较大财产损失的后果。(4)行为的客观表现不同。《治安管理处罚法》规定的妨碍交通工具正常行驶行为表现为非法拦截或者强登、扒乘机动车、船舶、航空器以及其他交通工具,影响交通工具正常行驶;而《道路交通安全法》所规定的非法拦截机动车行为必须具有"不听劝阻",并造成交通严重阻塞或者较大财产损失的后果。(5)处罚主体及法律依据不同。妨碍交通工具正常行驶行为的处罚主体是县级以上公安机关,处罚依据是《治安管理处罚法》第26条第1款第4项;而非法拦截机动车行为的处罚主体是公安机关交通管理部门,处罚依据是《道路交通安全法》第99条第1款第8项和第2款。①

(五)聚众妨碍交通工具正常行驶行为与聚众扰乱交通秩序罪的区别

二者的主要区别在于:(1)侵犯的客体不完全相同。聚众妨碍交通工具正常行驶行为侵犯的客体是交通工具的正常行驶秩序;而聚众扰乱交通秩序罪侵犯的客体是交通秩序。(2)客观方面表现不同。聚众妨碍交通工具正常行驶行为在客观方面表现为组织、纠集多人,实施非法拦截或者强登、扒乘机动车、船舶、航空器以及其他交通工具的行为;而聚众扰乱交通秩序罪在客观方面则主要表现为组织、纠集多人,堵塞交通或者破坏交通秩序,抗拒、阻碍国家治安管理工作人员依法执行职务的行为。(3)情节和危害后果不同。聚众妨碍交通工具正常行驶行为属于未造成严重后果、情节较轻的聚众行为;而聚众扰乱交通秩序罪在聚众扰乱交通秩序时,必须具有抗拒、阻碍国家治安管理工作人员依法执行职务的情节,且必须达到情节严重的程度,如交通秩序受到严重破坏,造成严重经济损失等。②

(六)与第40条第3款妨害安全驾驶行为的区别

2025年修订后的《治安管理处罚法》第40条增加了妨害安全驾驶行为,具体是:以抢控驾驶操纵装置、拉扯、殴打驾驶人员等方式,干扰公共交通工具正常行驶的。与本行为的区别

---

① 参见孙茂利主编:《违反公安行政管理行为名称释义与实务指南(2021年版)》,中国民主法制出版社2021年版,第41页。
② 参见柯良栋主编:《治安管理处罚法释义与实务指南(2014年版)》,中国人民公安大学出版社2014年版,第272页。

在于：(1)侵犯的客体。本行为侵犯的客体是公共秩序；第40条第3款干扰公共交通工具正常行驶行为侵犯的客体是公共安全。(2)侵犯的对象。本行为侵犯的对象是交通工具；而第40条第3款干扰公共交通工具正常行驶行为侵犯的是公共交通工具。(3)客观表现和后果。本行为在行为表现上是非法拦截或者强登、扒乘机动车、船舶、航空器以及其他交通工具，其行为后果仅造成一定的秩序混乱，影响了交通工具正常行驶；而第40条第3款干扰公共交通工具正常行驶行为发生在公共交通工具使用中，干扰了公共交通工具正常行驶，对行驶的安全产生了影响。

🛡 处罚标准

本行为设置一般情形和情节较重两个层次的处罚，其中一般情形的处罚为警告或罚款，情节较重的处罚为拘留并可加处罚款。对于"情节较重"情形的认定，应当结合行为人的动机、手段、目的、行为的次数和造成的后果等综合考虑。①

表4　妨碍交通工具正常行驶行为处罚标准

处罚档次	处罚标准	裁量基准
一般情形	处警告或者500元以下罚款	/
情节较重	处5日以上10日以下拘留，可以并处1000元以下罚款	①在公共交通工具上无理取闹，严重影响公共交通工具运行秩序的
		②在非停靠站点强行下车，或者拉扯驾驶员、乘务员，致使公共交通工具减速或者停行的
		③造成交通拥堵、人员受伤、财物损失等危害后果或者较大社会影响的
		④积极参与聚众扰乱公共交通工具上的秩序的
		⑤积极参与聚众实施妨碍交通工具正常行驶行为的
		⑥其他情节较重的情形

🛡 案例及解析

【基本案情】张某因对房屋补偿不满，在村口非法拦截施工车辆，导致多辆施工车无法正常通行达半小时。派出所民警到达现场后对张某进行释法和教育。张某认识到自己的错误，对其违法行为供认不讳。

请问张某的行为应当如何定性？

【解析】本案中，张某已经获得合理的房屋补偿，但其希望进一步通过闹事得到更多的补偿，这种没有正当理由拦截施工车辆，致多辆施工车无法正常通行的行为，应认定为妨碍交通

---

① 参见柯良栋主编：《治安管理处罚法释义与实务指南(2014年版)》，中国人民公安大学出版社2014年版，第258页。

工具正常行驶行为,但尚未达到情节较重的情形。在实践中,如果张某提出的补偿诉求合理,只是想通过非法拦截施工车辆保护自己的合法权益,则公安机关可以酌情不予处罚。

关联法条

1.《刑法》(2023年修正)

第291条 【聚众扰乱公共场所秩序、交通秩序罪】聚众扰乱车站、码头、民用航空站、商场、公园、影剧院、展览会、运动场或者其他公共场所秩序,聚众堵塞交通或者破坏交通秩序,抗拒、阻碍国家治安管理工作人员依法执行职务,情节严重的,对首要分子,处五年以下有期徒刑、拘役或者管制。

2.《道路交通安全法》(2021年修正)

第99条第1款第8项 有下列行为之一的,由公安机关交通管理部门处二百元以上二千元以下罚款:

(八)非法拦截、扣留机动车辆,不听劝阻,造成交通严重阻塞或者较大财产损失的。

9~10.(聚众)破坏选举秩序

现行规定

《治安管理处罚法》

第26条第1款第5项、第2款 有下列行为之一的,处警告或者五百元以下罚款;情节较重的,处五日以上十日以下拘留,可以并处一千元以下罚款:

(五)破坏依法进行的选举秩序的。

聚众实施前款行为的,对首要分子处十日以上十五日以下拘留,可以并处二千元以下罚款。

立案与管辖

(一)立案标准

违法嫌疑人以威胁、欺骗、贿赂、伪造选举文件、虚报选举票数等非法手段破坏依法进行的选举秩序,尚不够刑事处罚的行为即达到立案标准。这里的依法进行的选举指的是依据法律法规进行的选举。

(二)管辖

破坏选举秩序案件一般由违法行为地的公安机关管辖。

违法行为地包括违法行为发生地和违法结果发生地。违法行为发生地,一般指的是破坏行为的实施地以及开始地、途经地、结束地等与破坏行为有关的地点;破坏行为有连续、持续或者继续状态的,连续、持续或者继续实施的地方都属于违法行为发生地。

破坏选举秩序行为由违法行为人居住地公安机关管辖更为适宜的,可以由违法行为人居住地公安机关管辖。

证据收集

(一)证据规格

破坏选举秩序行为的调查和证据收集重点在于证明客观上以威胁、欺骗、贿赂、伪造选举文件、虚报选举票数等手段扰乱或妨害选举,以及造成的危害后果。在调查取证时,根据具体的案件情况,主要收集以下证据:

1. 违法嫌疑人陈述和申辩。

(1)违法嫌疑人的基本情况;(2)违法行为的动机和目的;(3)作案时间、地点、人员、起因、经过、手段、方式、危害后果;(4)作案工具及来源、下落;(5)结伙作案的,违法嫌疑人的数量、身份、当天穿着、预谋、结伙聚合的过程、相互关系、地位及各自的作用。

2. 被侵害人陈述和其他证人证言。

(1)被侵害人(单位)出具的书面材料,违法人员的违法行为以及造成的后果和损失。(2)证人证言,证人与违法嫌疑人之间的关系,实施违法行为的时间、地点、经过、起因、目的、手段、后果、损失,是否使用威胁、欺骗、贿赂等行为,违法嫌疑人的数量、身份及体貌特征,各违法嫌疑人在违法行为中的地位和作用。

3. 物证、书证。

(1)实施破坏选举秩序行为的工作、获取或者行贿受贿的财物,被损坏的选举设施,以及能够证明破坏选举秩序情况的其他物品或者照片。(2)伪造的选民证、选票、候选人的情况资料等选举文件,虚报选举票数的结果。

4. 鉴定意见。

伤情鉴定、损坏财物的价格认定、违法嫌疑人的精神病鉴定。

5. 视听资料、电子数据。

(1)视频监控资料;(2)能够证明违法行为的聊天信息、图片;(3)民警现场执法视频。

6. 勘验、检查笔录,现场笔录。

现场勘查笔录、现场图、现场照片、提取的痕迹物证等。

7. 辨认笔录。

证人及相关当事人对违法嫌疑人的辨认,嫌疑人之间互相辨认以及对作案工具的辨认。

8. 其他证据材料。

(1)证明违法嫌疑人身份的材料和违法犯罪记录。如人口信息、户籍证明、身份证、工作证、专业或技术等级证复印件等;法院判决书、行政处罚决定书、释放证明书等有效法律文件。(2)抓获经过、处警经过、归案情况说明等。

(二)注意事项

1. 要注重收集主观故意的证据。该违法行为在主观方面表现为故意,并且具有破坏选举工作、妨害选民和代表自由行使选举权和被选举权的目的。因工作失误而妨害选举活动的,如误计选票数、误漏合格的选民,因对被选举人有意见而提出异议,致使选举会场秩序暂时混乱或者选举活动暂时中止的行为,不构成本行为。

2.注意对不同破坏选举行为调查取证。破坏选举行为有多种表现方式,注意不同破坏方式的证据收集重点。

🛡 行为认定

(一)对破坏选举秩序行为的认定

主要从以下四个方面进行认定:

1.本行为侵犯的客体是依法进行的选举活动的正常秩序。所谓依法进行的选举活动,是指依照《全国人民代表大会组织法》《全国人民代表大会和地方各级人民代表大会选举法》《地方各级人民代表大会和地方各级人民政府组织法》《村民委员会组织法》《城市居民委员会组织法》等法律、法规进行的选举活动。选举活动,包括选民登记、提出候选人、投票选举、补选、罢免等整个选举过程。

2.本行为在客观方面表现为破坏依法进行的选举秩序,尚不够刑事处罚的行为。破坏选举秩序,是指以各种方法扰乱、妨害整个选举活动的正常进行。破坏选举的方式既可以表现为积极的作为,如以暴力妨害,也可以表现为消极的不作为,如故意漏登选民名单。破坏选举的方式主要包括:(1)暴力手段,即对选民、代表及有关工作人员采取殴打、捆绑等人身伤害的手段,或者捣乱选举场所,砸毁选举设施;(2)威胁手段,即以暴力伤害、毁坏财产、揭露隐私、破坏名誉等相要挟,对选民、代表及有关工作人员实施精神强制;(3)欺骗手段,即虚构事实,散布、扩散各种谣言或隐瞒事实真相,以混淆视听;(4)贿赂手段,即利用金钱、财物或其他物质利益甚至女色勾引、收买选民、代表或有关工作人员;(5)伪造选举文件,即伪造选民证、选票、候选人的情况资料等选举文件;(6)虚报选举票数,即对选民、代表的投票总数、赞成票数、反对票数、弃权票数等进行以少报多或以多报少的虚假报告;(7)其他手段,如撕毁选民名单、候选人情况资料,在选民名单、候选人名单、选票上涂写侮辱性词句,对与自己有不同意见的选民、代表进行打击报复;等等。[①]

3.行为实施主体一般是自然人,既可以是个人行为,也可以是群体行为。其中,聚众破坏选举秩序行为一般指3人或3人以上。

4.本行为在主观方面表现为故意,并且具有破坏选举工作、妨害选民和代表自由行使选举权和被选举权的目的。

(二)与破坏选举罪的区别

破坏选举罪(《刑法》第256条),是指在选举各级人民代表大会代表和国家机关领导人员时,以暴力、威胁、欺骗、贿赂、伪造选举文件、虚报选举票数等手段破坏选举或者妨害选民

---

① 参见孙茂利主编:《违反公安行政管理行为名称释义与实务指南(2021年版)》,中国民主法制出版社2021年版,第42页。

和代表自由行使选举权和被选举权,情节严重的行为。破坏选举秩序行为与破坏选举罪的区别如下:

1. 两者侵犯的客体不同。破坏选举秩序行为侵犯的客体比破坏选举秩序罪更广泛。破坏选举秩序行为侵犯的客体包括所有依法进行的选举秩序,既包括选举各级人民代表大会代表和国家机关领导人员的选举秩序,也包括选举政协委员、选举村民委员会组成人员等选举活动的秩序;而破坏选举罪侵犯的客体仅指各级人民代表大会代表和国家机关领导人员的选举活动,不包括其他选举活动。

2. 情节的轻重和造成的后果不同。我国《刑法》第256条规定,在选举各级人民代表大会代表和国家机关领导人员时,以暴力、威胁、欺骗、贿赂、伪造选举文件、虚报选举票数等手段破坏选举或者妨害选民和代表自由行使选举权和被选举权,情节严重的,处3年以下有期徒刑、拘役或者剥夺政治权利。其中,情节严重主要指破坏选举手段恶劣、后果严重或者造成恶劣影响等情况,往往造成选举活动无法正常进行或者选举结果严重不真实等后果。例如:以暴力、胁迫、欺骗、贿赂等非法手段强迫或者不让选民投某人的票,或者强行宣布合法选举无效的;在选举期间对控告、检举在选举中营私舞弊或者违法乱纪行为的公民进行压制、打击报复,情节严重的;以暴力破坏选举场所或者选举设备,聚众冲击选举场所或者在选举进行中故意扰乱选举会场秩序,情节恶劣的;等等。但是,如果情节不恶劣,没有造成严重后果,如破坏选举的行为没有造成选举活动彻底瘫痪,没有致使选举结果严重违背民意,没有造成重大不良社会、政治影响,则不构成破坏选举罪,可视情节以违反治安管理行为惩处。注意,是否使用暴力或威胁的手段不是罪与非罪的本质区别,破坏选举行为也可以采用暴力或者威胁的方式。

处罚标准

本行为设置一般情形和情节较重两个层次的处罚,其中一般情形的处罚为警告或罚款,情节较重的处罚为拘留并可加处罚款。对于"情节较重"情形的认定,应当结合行为人的动机、手段、目的、行为的次数和造成的后果等综合考虑。[①]

表5 破坏选举秩序行为处罚标准

处罚档次	处罚标准	裁量基准
一般情形	处警告或者500元以下罚款	/

[①] 参见柯良栋主编:《治安管理处罚法释义与实务指南(2014年版)》,中国人民公安大学出版社2014年版,第258页。

续表

处罚档次	处罚标准	裁量基准
情节较重	处5日以上10日以下拘留,可以并处1000元以下罚款	①使用暴力、威胁等方法干扰他人选举的
		②采取撕毁他人选票、毁坏票箱或者破坏其他选举设备等行为干扰选举秩序的
		③伪造选举文件的
		④积极参与聚众破坏选举秩序的
		⑤其他情节较重的情形

案例及解析

【基本案情】某镇某村村级换届选举中,村民拟将王某乙推选为该村村委会副主任候选人。王某乙的哥哥王某甲想在本次选举中帮助王某乙,于是用手机微信给自己的另一个弟弟王某丙发语音信息,想请王某丙让其妻子的亲戚等人为王某乙投票,但误将语音信息发送到该村的村民微信群中,被群内的成员收听到。次日,村干部将该信息及时向分管村级换届选举的镇领导汇报后,镇政府便向派出所报案。受案后,办案民警立即将王某甲传唤至派出所进行调查。经查,王某甲主动承认了自己在该村微信群内发送了拉取选票的事实,对自己的违法事实供认不讳。王某甲在微信群内发送信息拉取选票的情况,干扰了镇村级换届选举工作的正常开展,致使该村村委会副主任、村委委员的候选人推选结果未按原计划选举完成,其行为严重影响了镇村级换届选举工作秩序的正常进行。

王某甲的行为应当如何认定?

【解析】王某甲在微信群内发送信息拉取选票的行为是典型的拉票行为。拉票行为是在法律规定的投票、选举活动中组织、怂恿、诱使他人投票、表决,它侵犯的客体是公民的选举权利和国家的选举制度。王某甲的行为干扰了镇村级换届选举工作的正常进行,导致未在原计划时间内完成选举,应当认定为破坏选举秩序行为。

关联法条

1.《刑法》(2023年修正)

第256条 【破坏选举罪】在选举各级人民代表大会代表和国家机关领导人员时,以暴力、威胁、欺骗、贿赂、伪造选举文件、虚报选举票数等手段破坏选举或者妨害选民和代表自由行使选举权和被选举权,情节严重的,处三年以下有期徒刑、拘役或者剥夺政治权利。

2.《全国人民代表大会和地方各级人民代表大会选举法》(2020年修正)

第58条 为保障选民和代表自由行使选举权和被选举权,对有下列行为之一,破坏选举,违反治安管理规定的,依法给予治安管理处罚;构成犯罪的,依法追究刑事责任:

(一)以金钱或者其他财物贿赂选民或者代表,妨害选民和代表自由行使选举权和被选举权的;

（二）以暴力、威胁、欺骗或者其他非法手段妨害选民和代表自由行使选举权和被选举权的；

（三）伪造选举文件、虚报选举票数或者有其他违法行为的；

（四）对于控告、检举选举中违法行为的人，或者对于提出要求罢免代表的人进行压制、报复的。

国家工作人员有前款所列行为的，还应当由监察机关给予政务处分或者由所在机关、单位给予处分。

以本条第一款所列违法行为当选的，其当选无效。

第59条　主持选举的机构发现有破坏选举的行为或者收到对破坏选举行为的举报，应当及时依法调查处理；需要追究法律责任的，及时移送有关机关予以处理。

3.《村民委员会组织法》(2018年修正)

第17条　以暴力、威胁、欺骗、贿赂、伪造选票、虚报选举票数等不正当手段当选村民委员会成员的，当选无效。

对以暴力、威胁、欺骗、贿赂、伪造选票、虚报选举票数等不正当手段，妨害村民行使选举权、被选举权，破坏村民委员会选举的行为，村民有权向乡、民族乡、镇的人民代表大会和人民政府或者县级人民代表大会常务委员会和人民政府及其有关主管部门举报，由乡级或者县级人民政府负责调查并依法处理。

第二节 《治安管理处罚法》第27条

11. 组织考试作弊

> 现行规定

《治安管理处罚法》

第27条第1项 在法律、行政法规规定的国家考试中,有下列行为之一,扰乱考试秩序的,处违法所得一倍以上五倍以下罚款,没有违法所得或者违法所得不足一千元的,处一千元以上三千元以下罚款;情节较重的,处五日以上十五日以下拘留:

(一)组织作弊的;

> 立案与管辖

(一)立案标准

违法嫌疑人在法律、行政法规规定的国家考试中,通过策划、指挥、招募或其他方式系统性组织他人实施作弊,扰乱正常考试秩序,尚不够刑事处罚的行为,即达到立案标准。这里的"尚不够刑事处罚"是指违法行为不符合《刑法》第284条之一"组织考试作弊罪"的构成要件,未造成重大后果或社会影响。

(二)管辖

组织考试作弊案件一般由违法行为地的公安机关管辖。

违法行为地包括违法行为发生地和违法结果发生地。违法行为发生地,一般是指组织考试作弊行为的实施地以及开始地、途经地、结束地等与组织考试作弊行为有关的地点,如作弊团伙组建地、作弊器材存储地、替考人员培训地,网络组织行为的服务器所在地、通讯群组运营地、电子指令发出地。组织考试作弊行为有连续、持续或者继续状态的,如跨多场考试组织作弊,连续、持续或者继续实施的地方都属于违法行为发生地。违法结果发生地,通常是指直接受组织考试作弊行为干扰的国家考试考点所在地,以实际考场为认定依据。

组织考试作弊行为由违法嫌疑人居住地公安机关管辖更为适宜的,可以由违法行为人居住地公安机关管辖。

> 证据收集

(一)证据规格

组织考试作弊行为的调查和证据收集侧重于两个方面,一方面是对于手机、无线耳机、银行流水明细、微信聊天记录等客观证据的收集;另一方面是组织考试作弊嫌疑人的陈述和申辩、交钱参与作弊考生的证人证言。在调查取证时,根据具体的案件情况,主要收集以下证据:

1. 违法嫌疑人陈述和申辩。

(1)违法嫌疑人的基本情况;(2)违法行为的动机和目的;(3)作案时间、地点、人员、起因、经过、手段、方式、危害后果;(4)作案工具及来源、下落;(5)结伙作案的,违法嫌疑人的数量、身份、当天穿着,预谋、结伙聚合的过程、相互关系、各自地位和作用。

2. 证人证言。

交钱参与作弊考生与违法嫌疑人之间的关系,实施考试作弊行为的时间、地点、经过、起因、目的、手段、后果,组织考试作弊违法嫌疑人的数量、身份及体貌特征,各违法嫌疑人在违法行为中的地位和作用。

3. 物证、书证。

(1)实施考试作弊行为的手机、无线耳机、智能笔、手表等具有获取、记录、传递、接收、存储试题、答案等功能的工具实物或者照片;(2)考试主管部门关于组织考试作弊行为认定的报告、考试通知、准考证、考试违纪确认表;(3)嫌疑人违法所得的现金。

4. 鉴定意见。

(1)技术鉴定,对涉案的电子设备、通讯工具的技术鉴定,确认其是否具有作弊功能或是否被用于作弊;(2)笔迹鉴定,对异常试卷上的笔迹进行鉴定,以确定是否为同一人书写或存在代考情况。

5. 视听资料、电子数据。

(1)考场视频监控资料;(2)转账交易记录;(3)能够证明违法行为的聊天信息、图片;(4)民警现场执法视频。

6. 勘验、检查笔录,现场笔录。

扣押物品的现场笔录和扣押清单等。

7. 辨认笔录。

证人及相关当事人对违法嫌疑人的辨认,嫌疑人之间互相辨认以及对作案工具的辨认。

8. 其他证据材料。

(1)证明违法嫌疑人身份的材料和违法犯罪记录。如人口信息、户籍证明,以及身份证、工作证、专业或技术等级证复印件等;法院判决书、行政处罚决定书、释放证明书等有效法律文件。(2)抓获经过、处警经过、归案情况说明等。

(二)注意事项

注意证据链条的完整性。组织考试作弊违法行为一般系多人共同违法,有违法所得等情况,案情和人员关系相对复杂,在查处此类案件中证据需要构成一个严密的证据链条,以证实涉案人员确实有计划、有组织地进行了考试舞弊活动。物证包括无线耳机、智能笔、作弊手表和异常试卷、答题卡。书证则包括微信聊天记录、交易流水记录、准考证与身份证明等。

🛡 行为认定

(一)对组织考试作弊行为的认定

主要从以下四个方面进行认定：

1.行为侵犯的客体是社会公共秩序中的国家考试秩序,具体表现为双重法益侵害。核心法益是国家考试的正常秩序;衍生法益是社会诚信体系基础及公共资源配置的公正性。组织考试作弊行为具有较严重的社会危害性,且其危害具有全局性,是对国家考试制度根基的危害。

2.行为的客观方面是在法律、行政法规规定的国家考试中,通过策划、指挥、招募或其他方式系统性组织他人实施作弊,扰乱正常考试秩序,尚不够刑事处罚的行为。在核心行为特征上,组织考试作弊行为的本质是构建并操控作弊实施体系。实践中常见的有三类行为模式:一是策划指挥型。例如,制定作弊方案、组建层级化团伙、指挥作弊全流程动态调整。二是资源整合型。例如,统一采购或定制作弊器材、搭建专用通讯网络、建立资金结算渠道。三是产业链运营型。例如,长期以"助考"为名经营作弊业务,形成"试题窃取—答案生产—考场实施—成绩异议处理"的闭环产业链。在危害结果要件上,组织考试作弊行为不要求对考试秩序造成实际混乱,仅要求对考试秩序构成潜在威胁即可。

3.行为的实施主体包括自然人、团伙及单位三类。一是自然人,该类主体通常通过技术手段或资源整合,独自完成策划、指挥、执行全流程,形成小微规模作弊体系。二是团伙,是指由2名以上成员构成的作弊团伙,存在层级分工与协同作案特征。通常包括组织者,即团伙发起人及实际控制人,掌控资金分配与重大决策;策划者,设计作弊方案、规避查处策略;实施者,分管窃题、传题、器材管理等不可替代环节的负责人。三是单位,是指法人或非法人组织以机构名义实施作弊的,如培训机构开设"保过班"。对其实行双罚制,即对单位进行处罚,对直接负责的主管人员和其他直接责任人员进行处罚。例如,某教育公司以"VIP协议班"名义,打着"报名调剂""保录包过""不过退款"的旗号,组织考研作弊,需要对该公司、直接负责的主管人员及其他直接责任人员进行处罚。

4.行为的主观方面是故意。包括直接故意和间接故意。一是直接故意。即行为人明知其策划、指挥的作弊活动会破坏国家考试秩序,仍积极追求该结果发生。包括对作弊违法性的明确认知,如知悉考场纪律禁止作弊;对危害结果的主动促成,如设计规避监考方案、制定作弊应急预案。在治安管理处罚中,若行为人测试信号屏蔽器性能并制定备用通讯方案,就应认定为故意。二是间接故意。行为人对作弊规模或危害持放任态度。例如,向不特定考生开放作弊平台接入,不限制使用人数。应当注意的是,虽然《治安管理处罚法》第27条第1项未规定特定目的作为构成要件,只要行为人故意实施组织考试作弊行为,扰乱考试秩序,即符合违法行为构成要件中的主观方面。但是实践中,行为人通常伴有营利、破坏考试制度(如黑客为证明考试漏洞而组织作弊)、不正当竞争(如培训机构为提升行业排名组织学员作弊)等特定目的。在治安管理处罚中，应当关注这些特定目的，将其作为处罚裁量的参考。

（二）对"法律、行政法规规定的国家考试"的认定

"法律、行政法规规定的国家考试"，是指依照法律、行政法规的明文规定所组织的国家考试，具体包括以下三类：一是法律直接规定的国家考试。根据2019年9月2日公布的《最高人民法院、最高人民检察院关于办理组织考试作弊等刑事案件适用法律若干问题的解释》第1条的规定，"法律规定的国家考试"，仅限于全国人民代表大会及其常务委员会制定的法律所规定的考试。二是行政法规规定的国家考试，仅指国务院颁布的行政法规所规定的考试。三是法律、行政法规直接授权的国家考试，是指法律、行政法规明确授权中央或者地方主管部门以及行业组织规定的国家考试制度。例如，若某部法律中未对国家考试作出直接规定，但明确规定由相关国家机关制定有关制度，相关国家机关据此制定了部门规章对国家考试作出规定，则该考试仍应认定为法律、行政法规规定的国家考试。[①] 而且该类考试与上述两类考试在组织主体级别、考试地域范围、考试影响力等方面均具有同质性。

具言之，"法律规定的国家考试"包括：(1)普通高等学校招生考试、研究生招生考试、高等教育自学考试、成人高等学校招生考试等国家教育考试；(2)中央和地方公务员录用考试；(3)国家统一法律职业资格考试、国家教师资格考试、注册会计师全国统一考试、会计专业技术资格考试、资产评估师资格考试、医师资格考试、执业药师职业资格考试、注册建筑师考试、建造师执业资格考试等专业技术资格考试；(4)其他依照法律、行政法规由中央或者地方主管部门以及行业组织的国家考试。"行政法规规定的国家考试"包括如《护士条例》《注册建筑师条例》《中国人民解放军文职人员条例》等国务院颁布的行政法规中规定的考试。

在认定时，应当注意以下几点：一是上述考试涉及的特殊类型招生、特殊技能测试、面试等考试，属于"法律、行政法规规定的国家考试"。二是显然法律、行政法规规定的国家考试，并不限于由国家统一组织的考试。三是未经授权，地方性法规、部门规章、行业组织自发设立的考试不属于该范畴，如行为人在某民办培训机构设定的结业考试中组织作弊，并不构成治安违法。

（三）与本条其他款项所规定"为他人组织作弊提供帮助行为""非法出售、提供试题、答案行为""代替考试行为"的区别

组织考试作弊行为，与为他人组织作弊提供帮助行为，非法出售、提供试题、答案行为，代替考试行为的核心区别在于：

1. 行为客观表现。组织考试作弊行为是故意构建作弊体系，包括策划指挥、资源整合、产业链运营等，具有行为复合性、体系控制力，如对作弊全流程具有启动权、调整权、终止权。其他违法行为是协助、辅助，具有限定性。为他人组织作弊提供帮助行为，通常是响应组织者需求，提供工具或辅助服务，未参与作弊方案整体设计或人员调度；非法出售、提供试题、答案行为，通常是单向提供作弊内容资源，不涉及作弊过程控制，未建立题库获取、解析、分发体系；代替考试行为

---

① 参见李立众编：《刑法一本通：中华人民共和国刑法总成》（第17版），法律出版社2024年版，第662页。

通常限于身份替换的物理行为,无组织性或资源整合,如未组织他人替考或建立"枪手"库。

2. 责任主体交叉时的处理规则。在一个考试作弊的组织里,可以是一人组织,负责考试作弊的整个环节;也可能是多人组织,其中人员分工复杂。对于一人组织的行为,即便行为人从事了"为他人组织作弊提供帮助行为""非法出售、提供试题、答案行为""代替考试行为"各个行为,也以组织作弊行为论处。对于多人组织行为,多个行为人对组织作弊行为有共同意思表示,但是其中部分人员的行为仅涉及《治安管理处罚法》第27条规定的"为他人组织作弊提供帮助行为""非法出售、提供试题、答案行为""代替考试行为"中的一种行为,对作弊全流程不具有启动权、调整权、终止权,应当以单独的违法行为论处,不以组织作弊行为论处。一般来说,组织作弊行为仅处罚考试作弊的发起者、实际组织者、策划者,即具有实际启动权、调整权、终止权的人员。

(四)与组织考试作弊罪的区分

组织考试作弊罪(《刑法》第284条之一第1款)是指在法律规定的国家考试中组织作弊的行为。本罪的保护法益是法律规定的国家考试中的考试方式与过程的公正。[①] 组织考试作弊行为与组织考试作弊罪的主要区别是:

1. 侵犯的客体。组织考试作弊行为侵犯的客体既有法律规定的国家考试秩序,也有行政法规规定的国家考试秩序。但是组织考试作弊罪侵犯的客体只有法律规定的国家考试秩序。如前所述,这里的"法律"应作狭义解释,即仅指由全国人大及其常委会制定的法律。[②] 刑法中将组织考试作弊犯罪限于"法律规定的国家考试",并非意味着对这些考试范围之外的其他考试中作弊的行为都不予追究。对其中某些行为,可以依照《刑法》第253条之一侵犯公民个人信息罪,第280条第1款伪造、变造、买卖国家机关公文、证件、印章罪,第282条第1款非法获取国家秘密罪,第284条非法使用窃听、窃照专用器材罪,第288条扰乱无线电通讯管理秩序罪等规定追究刑事责任。同理,治安管理处罚中,行为人在法律、行政法规规定之外的考试中有相关作弊行为,可以依照《治安管理处罚法》第63条第1项伪造、变造、买卖公文、证件、证明文件、印章行为,第70条非法安装、使用、提供窃听、窃照专用器材行为,第32条第3项未经批准设置无线电台(站)行为等追究责任。

2. 危害程度。组织考试作弊行为不要求对考试秩序造成实际混乱,仅要求对考试秩序造成潜在威胁。组织考试作弊罪通常对国家考试秩序的侵害较大,易引发公众对人才选拔机制

[①] 参见张明楷:《刑法学》(第6版),法律出版社2021年版,第1369页。

[②] 《刑法修正案(九)》在立法审议过程中,曾采用"国家规定的考试"等表述作为规制范围。若依此表述,则需涵盖法律、行政法规设定的各类考试,其范围过宽、类型繁杂。鉴于增设组织考试作弊罪的核心目的在于维护社会诚信体系、惩治严重失信行为,对考试范围予以明确限定具有必要性,此举亦彰显刑法的谦抑性原则。反之,若不加限制地将所有考试纳入刑法保护范畴,将导致本罪罪圈过度扩张,模糊刑事打击的焦点目标。经立法机关审慎权衡,最终通过的《刑法修正案(九)》采用"法律规定的国家考试"的严格表述。典型如《公务员法》规范的公务员录用考试、《高等教育法》确立的研究生招生考试等。此项限定从考试层级效力维度,将大量影响力较低的地方性考试排除于刑法规制之外,使刑法谦抑性价值得以充分体现。

的信任危机。例如，组织考试作弊引发高考推迟或启用备用试题。

3. 情节和手段。组织考试作弊行为通常具有手段简单、规模有限的特点。例如，行为人通过传递答案纸条、使用普通通讯工具协调作弊，组织人次较少，作弊范围限于单考场或单区域。组织考试作弊罪在实践中具有高科技化、产业化的特点。例如，甲使用仿生窃听设备、AI答题程序等专用作弊器材，跨省组织作弊，形成"伪造、变造身份证件—窃题—答题—传答案—分赃"全链条犯罪网络。

（五）与《教育法》第 80 条第 1 项（见关联法条）的衔接

《治安管理处罚法》与《教育法》关于组织考试作弊行为的衔接，主要体现在以下方面：

1. 法律定位与规制范围。《教育法》作为特别法，第 80 条第 1 项专门针对国家教育考试中的组织考试作弊行为，范围限定在《教育法》第 21 条所规定的"国务院教育行政部门确定种类，并由国家批准的实施教育考试的机构承办"的考试。《治安管理处罚法》作为一般法，主要适应法律、行政法规规定的国家考试，包含了《教育法》的考试种类。两个条文都有关于组织作弊行为规定，根据《立法法》第 103 条的规定，"同一机关制定的法律、行政法规、地方性法规、自治条例和单行条例、规章，特别规定与一般规定不一致的，适用特别规定；新的规定与旧的规定不一致的，适用新的规定"。因此，应当适用《治安管理处罚法》的相关规定。

2. 处罚梯度。《治安管理处罚法》和《教育法》关于组织考试作弊行为的处罚梯度具有一致性，均包括财产罚和人身罚。特别需要注意的是，《教育法》专门规定了对国家机关工作人员依法追加处分，《治安管理处罚法》无专门规定，必要时需要援引《公务员法》。

处罚标准

本行为设置一般情形和情节较重两个层次的处罚，一般情形的处罚为罚款，情节较重的处罚为拘留。对于"情节较重"情形的认定，应当结合行为人的动机、手段、目的、行为的次数和造成的后果等综合考虑。

表 6　组织考试作弊行为处罚标准

处罚档次	处罚标准	裁量基准
一般情形	处违法所得 1 倍以上 5 倍以下罚款，没有违法所得或者违法所得不足 1000 元的，处 1000 元以上 3000 元以下罚款	/

续表

处罚档次	处罚标准	裁量基准
情节较重	处5日以上15日以下拘留	①在普通高等学校招生考试、研究生招生考试、公务员录用考试中组织考试作弊的
		②导致考试推迟、取消或者启用备用试题的
		③考试工作人员组织考试作弊的
		④组织考生跨省、自治区、直辖市作弊的
		⑤多次组织考试作弊的
		⑥组织30人次以上作弊的
		⑦违法所得30万元以上的
		⑧其他情节较重的情形

案例及解析

【基本案情】某市从事护士执业资格考试培训工作的甲为牟取暴利,在网上发布考试包过等广告招揽考生,通过有偿组织考生作弊的方式牟利。甲先后招揽了乙、丙、丁、戊等人加入其作弊团伙,还购买了微型窃听、窃看、窃照等设备。每次考试前甲将窃听、窃看设备交给考生,将窃照设备交给丙;再由丙报名参考后将窃照设备放置在其皮带卡扣内以躲避考场安检。丙进入考场拍摄考题传输给甲,乙则按照甲的安排制作试题答案,丁在考场外架设信号发射器将制作好的答案传输给考场内的考生,戊在考场外负责接应和应急机动。五人在考场内外协作配合,组织考生作弊。

本案中,对甲、乙、丙、丁、戊的行为分别应该如何定性?

【解析】本案查处的难点在于:一是甲的行为应当认定为组织考试作弊行为还是组织考试作弊罪。区分二者的核心在于,前者包括行政法规规定的国家考试,后者仅限于法律规定的国家考试。护士执业资格考试的设定依据是《护士条例》,其属于国务院制定的行政法规,不属于法律。护士执业资格考试不满足组织考试作弊罪的构成要件"法律规定的国家考试"。本案中,甲故意通过策划、指挥、招募的方式系统性组织他人实施作弊,扰乱正常考试秩序,符合组织考试作弊行为的构成要件,对甲的行为应当定性为组织考试作弊行为,受治安管理处罚。

二是对乙"制作试题答案"的行为如何认定,是属于非法出售、提供试题、答案行为,还是为他人组织作弊提供帮助行为。一方面,非法出售、提供试题、答案的行为方式仅限于"出售"或"提供",其核心是试题、答案的流通环节,而非制作环节,不能任意扩大其规制范畴。例如,行为人意外获得试题,并根据试题制作了答案,但并未将答案进行流通,这个行为并未对考试秩序造成影响,不存在法益侵害,不能认定为非法出售、提供试题、答案行为。另一方面,本案中乙"制作试题答案"的行为符合为他人组织作弊提供帮助行为的构成要件。乙根据偷拍试题制作答案的行为属于典型的技术性帮助,破坏国家考试秩序;该行为已实质推动作弊进程,其制作完成的答案系作弊实施的关键要素,与危害结果具有直接因果关系;乙作为自然人独立完成答案制作并获取违法收益,符合技术性帮助主体的特征,应独立承担法律责任;乙长期参与作弊团伙活动,明知试题来源非法仍制作答案牟利,对行为违法性及破坏考试秩序的后果存在直接故意。因此,本案中对乙"制作试题答案"的行为应当认定为为他人组织作弊提供帮助行为。

三是对丙、丁的行为是否认定为非法出售、提供试题、答案行为。本案中,丙和丁作为组织考试作弊中的关键实施者,其"拍摄考题""传输答案"的行为符合非法出售、提供试题、答案行为的构成要件。(1)从客观方面分析,丙利用窃照设备拍摄考场内实时试题并传输至场外,该行为属于技术窃取型非法提供试题。其通过隐蔽手段非法获取处于保密状态的试题内容,所传输真题与实际考试具有实质关联性,且行为发生于考试结束前,符合非法出售、提供试题、答案行为的准确性及时效性要件。丁架设信号发射器向场内考生传输答案的行为构成传播交易型非法提供答案,其通过专用设备建立定向传递渠道,所提供答案系根据真题制作并具有实质指导性,传输时点亦在考试进程中,破坏国家考试保密秩序与公平机制。(2)从主观方面分析,丙、丁长期参与作弊团伙并从中牟利,明知其行为直接服务于考试作弊目的;丙使用伪装设备规避安检偷拍试题,丁操作专业发射器传输答案,均体现对违法性的主动认知及对危害结果的积极追求;二人对试题答案的保密属性、功能用途及传输时效均有明确认识。因此,对丙、丁的行为应当认定为非法出售、提供试题、答案行为。

四是对戊的行为是否认定为为他人组织作弊提供帮助行为。本案中,戊的接应与机动行为破坏了考试秩序管理中的风险防控机制,损害了国家考试工具管制秩序;其行为属于典型的资源性帮助,即通过提供人力资源支持,为作弊活动提供关键辅助保障;戊作为自然人,其利用个人行为能力提供局部支持,并通过分成获得违法收益;戊长期参与作弊团伙活动,明知接应行为系维持作弊系统运行的关键环节,仍积极实施,对破坏考试秩序存在明确认知。因此,应当将戊的行为认定为为他人组织作弊提供帮助行为。

综上所述,甲的行为应当认定为组织考试作弊行为;乙和戊的行为应当认定为为他人组织作弊提供帮助行为;丙和丁的行为应当认定为非法出售、提供试题、答案行为。近年来,受经济利益驱使,伴随无线通讯技术的迅猛发展,考试作弊的组织化、团伙化程度越来越高,跨地域、大规模、非接触式的有组织的作弊活动逐步涌现,相关违法犯罪行为愈加隐蔽。少数考试培训机构为牟利,大肆向考生提供所谓"助考"服务,诱导考生作弊。围绕考试作弊,逐渐形成了各种违法犯罪活动相互依赖、分工严密的利益链条,严重损害社会诚信和公平正义,必须依法惩治,对情节严重、造成严重后果或恶劣社会影响的作弊行为,更应依法从严打击。

关联法条

1.《刑法》(2023年修正)

第284条之一 【组织考试作弊罪】在法律规定的国家考试中,组织作弊的,处三年以下有期徒刑或者拘役,并处或者单处罚金;情节严重的,处三年以上七年以下有期徒刑,并处罚金。

【组织考试作弊罪】为他人实施前款犯罪提供作弊器材或者其他帮助的,依照前款的规定处罚。

【非法出售、提供试题、答案罪】为实施考试作弊行为,向他人非法出售或者提供第一款规定的考试的试题、答案的,依照第一款的规定处罚。

【代替考试罪】代替他人或者让他人代替自己参加第一款规定的考试的,处拘役或者管制,并处或者单处罚金。

2.《教育法》(2021年修正)

第79条 考生在国家教育考试中有下列行为之一的,由组织考试的教育考试机构工作人员在考试现场采取必要措施予以制止并终止其继续参加考试;组织考试的教育考试机构可以取消其相关考试资格或者考试成绩;情节严重的,由教育行政部门责令停止参加相关国家教育考试一年以上三年以下;构成违反治安管理行为的,由公安机关依法给予治安管理处罚;构成犯罪的,依法追究刑事责任:

(一)非法获取考试试题或者答案的;

(二)携带或者使用考试作弊器材、资料的;

(三)抄袭他人答案的;

(四)让他人代替自己参加考试的;

(五)其他以不正当手段获得考试成绩的作弊行为。

第80条 任何组织或者个人在国家教育考试中有下列行为之一,有违法所得的,由公安机关没收违法所得,并处违法所得一倍以上五倍以下罚款;情节严重的,处五日以上十五日以下拘留;构成犯罪的,依法追究刑事责任;属于国家机关工作人员的,还应当依法给予处分:

(一)组织作弊的;

(二)通过提供考试作弊器材等方式为作弊提供帮助或者便利的;

(三)代替他人参加考试的;

(四)在考试结束前泄露、传播考试试题或者答案的;

(五)其他扰乱考试秩序的行为。

3.《最高人民法院、最高人民检察院关于办理组织考试作弊等刑事案件适用法律若干问题的解释》(法释〔2019〕13号)

第1条 刑法第二百八十四条之一规定的"法律规定的国家考试",仅限于全国人民代表大会及其常务委员会制定的法律所规定的考试。

根据有关法律规定,下列考试属于"法律规定的国家考试":

(一)普通高等学校招生考试、研究生招生考试、高等教育自学考试、成人高等学校招生考试等国家教育考试;

(二)中央和地方公务员录用考试;

(三)国家统一法律职业资格考试、国家教师资格考试、注册会计师全国统一考试、会计专业技术资格考试、资产评估师资格考试、医师资格考试、执业药师职业资格考试、注册建筑师考试、建造师执业资格考试等专业技术资格考试；

（四）其他依照法律由中央或者地方主管部门以及行业组织的国家考试。

前款规定的考试涉及的特殊类型招生、特殊技能测试、面试等考试，属于"法律规定的国家考试"。

第2条　在法律规定的国家考试中，组织作弊，具有下列情形之一的，应当认定为刑法第二百八十四条之一第一款规定的"情节严重"：

（一）在普通高等学校招生考试、研究生招生考试、公务员录用考试中组织考试作弊的；

（二）导致考试推迟、取消或者启用备用试题的；

（三）考试工作人员组织考试作弊的；

（四）组织考生跨省、自治区、直辖市作弊的；

（五）多次组织考试作弊的；

（六）组织三十人次以上作弊的；

（七）提供作弊器材五十件以上的；

（八）违法所得三十万元以上的；

（九）其他情节严重的情形。

4.《国家教育考试违规处理办法》(2012年修正)

第6条　考生违背考试公平、公正原则，在考试过程中有下列行为之一的，应当认定为考试作弊：

（一）携带与考试内容相关的材料或者存储有与考试内容相关资料的电子设备参加考试的；

（二）抄袭或者协助他人抄袭试题答案或者与考试内容相关的资料的；

（三）抢夺、窃取他人试卷、答卷或者胁迫他人为自己抄袭提供方便的；

（四）携带具有发送或者接收信息功能的设备的；

（五）由他人冒名代替参加考试的；

（六）故意销毁试卷、答卷或者考试材料的；

（七）在答卷上填写与本人身份不符的姓名、考号等信息的；

（八）传、接物品或者交换试卷、答卷、草稿纸的；

（九）其他以不正当手段获得或者试图获得试题答案、考试成绩的行为。

12. 为他人组织作弊提供帮助

> **现行规定**

《治安管理处罚法》

　　第27条第2项　在法律、行政法规规定的国家考试中，有下列行为之一，扰乱考试秩序的，处违法所得一倍以上五倍以下罚款，没有违法所得或者违法所得不足一千元的，处一千元以上三千元以下罚款；情节较重的，处五日以上十五日以下拘留：

(二)为他人组织作弊提供作弊器材或者其他帮助的;

立案与管辖

(一)立案标准

违法嫌疑人在法律、行政法规规定的国家考试中,通过提供考试作弊器材等方式为组织作弊提供帮助或者便利,破坏考试秩序,尚不够刑事处罚的行为,即达到立案标准。这里的尚不够刑事处罚是指违法行为不符合《刑法》第284条之一"组织考试作弊罪"的构成要件,未造成重大后果或社会影响。

(二)管辖

为他人组织作弊提供帮助案件一般由违法行为地的公安机关管辖。

违法行为地包括违法行为发生地和违法结果发生地。违法行为发生地,一般是指为他人组织作弊提供帮助行为的实施地以及开始地、途经地、结束地等与行为相关的地点。例如,作弊器材生产地或组装地,如制造窃听设备的工厂所在地;作弊器材存储地或交付地,如仓库、快递收发点;帮助行为实施地,如作弊培训场地、资金交接地点、网络帮助平台的服务器所在地、通讯群组运营管理地、帮助指令发出终端所在地。为他人组织作弊提供帮助行为有连续、持续或者继续状态的,连续、持续或者继续实施的地方都属于违法行为发生地。违法结果发生地,通常是指实际使用作弊器材或帮助服务的国家考试考点所在地,以实际考场为认定依据。

为他人组织作弊提供帮助行为由违法行为人居住地公安机关管辖更为适宜的,可以由违法行为人居住地公安机关管辖。

证据收集

(一)证据规格

为他人组织作弊提供帮助行为的调查和证据收集侧重于违法行为人对组织考试作弊提供具体的帮助行为的手段和方式。在调查取证时,根据具体的案件情况,主要收集以下证据:

1. 违法嫌疑人陈述和申辩。

(1)违法嫌疑人的基本情况;(2)违法行为的动机和目的;(3)实施作弊帮助行为的时间、地点、人员、起因、经过、手段、方式、危害后果;(4)作案工具及来源、下落;(5)结伙作案的,共同违法嫌疑人的数量、身份、当天穿着、预谋、结伙聚合的过程、相互关系、各自地位和作用。

2. 证人证言。

交钱参与作弊考生实施考试作弊行为的时间、地点、经过、起因、目的、手段、后果,组织考试作弊违法嫌疑人的数量、身份及体貌特征,各违法嫌疑人在违法行为中的地位和作用。

3. 物证、书证。

(1)实施考试作弊行为的手机、无线耳机、智能笔、手表等工具实物或者照片;(2)考试主管部门关于组织考试作弊行为认定的报告、考试通知、准考证、考试违纪确认表;(3)嫌疑人违法所得的现金。

4. 鉴定意见。

（1）技术鉴定，对涉案的电子设备、通讯工具的技术鉴定，确认其是否具有作弊功能或是否被用于作弊；（2）笔迹鉴定，对异常试卷上的笔迹进行鉴定，以确定是否为同一人书写或存在代考情况。

5. 视听资料、电子数据。

（1）考场视频监控资料；（2）转账交易记录；（3）能够证明违法行为的聊天信息、图片；（4）民警现场执法视频。

6. 勘验、检查笔录，现场笔录。

扣押物品的现场笔录和扣押清单等。

7. 辨认笔录。

证人及相关当事人对违法嫌疑人的辨认，嫌疑人之间互相辨认以及对作案工具的辨认。

8. 其他证据材料。

（1）证明违法嫌疑人身份的材料和违法犯罪记录。如人口信息、户籍证明，以及身份证、工作证、专业或技术等级证复印件等；法院判决书、行政处罚决定书、释放证明书等有效法律文件。（2）抓获经过、处警经过、归案情况说明等。

（二）注意事项

1. 为他人组织作弊提供帮助行为的认定。从实践来看，提供下列帮助行为，可以认定为"为他人组织作弊提供帮助行为"：（1）为组织者运送作弊学生，安排替考者住宿；（2）设立用于实施考试作弊的网站、通讯群组，发布有关考试作弊的信息；（3）帮助安排作弊考点、考场或者考位；（4）帮助控制考场视频监控系统和无线通讯信号屏蔽系统；（5）帮助传递考试试题、答案、作弊器材或者通信设备；（6）帮助违规招录监考人员；（7）帮助更换答题卡；（8）其他为实施组织考试作弊提供帮助的行为。

2. 注意对违法行为人主观故意的证据的收集，认定嫌疑人具有知道他人组织作弊还为其提供帮助的主观故意，从而依据主客观相一致原则认定违法行为。

3. 注意对电子数据的提取，部分国外聊天软件具有删除好友即删除所有聊天记录功能，或者删除聊天记录后无法恢复数据，因此，要加强电子数据提取的及时性，避免案件关键证据损毁。

🛡 行为认定

（一）对为他人组织作弊提供帮助行为的认定

主要从以下四个方面进行认定：

1. 行为侵害的客体是社会公共秩序中的国家考试秩序，具体表现为双重法益侵害。核心法益是国家考试工具管制秩序。通过提供作弊器材，如信号接收器、仿生窃听设备等，或其他帮助服务，如资金结算、场地支持等，破坏考试秩序。衍生法益是国家考试的公平性和社会诚信体系的完整性。

2. 行为的客观方面表现为在法律、行政法规规定的国家考试中,通过提供考试作弊器材等方式为组织考试作弊提供帮助或者便利,破坏考试秩序,尚不够刑事处罚的行为。(1)行为模式。为他人组织作弊提供帮助行为大体可分为以下三类:一是物理性帮助,是指提供实体作弊器材的行为,包括生产、销售、出租具有作弊功能的设备。例如,定制仿生学接收器,如伪装成纽扣、橡皮擦;改装电子设备,如在计算器内植入信号接收模块;提供骨传导耳机等避开考场安检的工具。二是技术性帮助,是指通过技术手段为作弊提供支持,包括开发作弊软件,如自动答题程序;架设通讯中继平台,如 VPN 翻墙服务;提供反查处方案,如破解考场信号屏蔽系统等。三是资源性帮助,是指提供作弊实施的辅助资源,包括提供资金结算渠道,如虚拟货币洗钱;提供物流运输服务,如跨区域递送器材;场地支持,如租赁仓库存储作弊设备等。(2)危害结果要件。为他人组织作弊提供帮助行为仅要求实质推动作弊的实现,并不要求造成考场混乱等实际危害后果,即帮助行为应具备实质性和关联性。一是实质性,即帮助行为已进入实施阶段,单纯口头提议或心理支持不构成违法。例如,甲仅是口头表示支持乙实施组织考试作弊,并未为乙提供其他帮助,不构成违法。二是关联性,即帮助行为与作弊结果的发生之间存在因果关系。

3. 行为的实施主体包括自然人、团伙及单位三类。一是自然人,该类主体大体可分为技术型自然人和资源型自然人。技术型自然人是指行为人通过个体技能提供作弊技术支持,例如,电子工程师在家将普通耳机改装为骨传导接收器,或程序员独立开发规避考场监控的通讯程序。其核心特征表现为全流程自主完成,即从器材设计、生产到销售均由单人操作;违法收益直接汇入个人账户;电子证据集中于单一设备。资源型自然人是指行为人利用个体资源为组织考试作弊提供辅助支持,例如,房东将闲置仓库出租用于存储作弊器材,或私人借贷者向作弊组织提供短期资金周转。其行为具有单次性与局部性,通常仅针对特定环节提供帮助和交易记录呈现碎片化。二是团伙,是指由 2 名以上成员构成的帮助组织考试作弊的团伙,成员关系通常是扁平化协作,无严格层级控制。三是单位,是指法人或非法人组织以机构名义为组织作弊提供帮助的。对此,应区分两种情形:一种是单位系统性参与,实行双罚制,即对单位进行处罚,对直接负责的主管人员和其他直接责任人员进行处罚。例如,某公司开设隐蔽生产线定制作弊器材,需要对该公司、直接负责的主管人员及其他直接责任人员进行处罚。另一种是个人滥用单位资源,为组织作弊提供帮助,实行单罚制。例如,某物流公司主管私自利用公司车辆运输作弊器材,此时仅追究个人责任。

4. 行为的主观方面为故意,包括直接故意和间接故意。一是直接故意。行为人明知其为组织考试作弊提供帮助的行为会破坏国家考试秩序,仍积极追求该结果发生。包括对行为违法性的明确认知,如知悉所提供物品或服务的作弊用途;对危害结果的主动促成,如针对作弊需求定制作弊器材。二是间接故意。行为人对帮助行为可能被用于组织作弊持放任态度,虽未积极追求,但未采取规避措施。例如,在售卖窃照器材时,对方明确表示需要用于考试中的窃照器材,对于提供窃照器材的行为人可以认定为间接故意,按照为组织考试作弊提供帮助行为进行处罚。应当注意的是,虽然《治安管理处罚法》第27条第2项未将特定目的作为构成要件,只要行为人故意实施为他人组织作弊提供帮助行为,破坏考试秩序,即符合违法行为构成要件中的主观方面,但是实践中,行为人通常伴有营利(如开发作弊软件收取授权使用费)、人情帮助(为亲友组织作弊提供场地或资金)等特定目的。在治安管理处罚中,应当关注这些特定目的,将其作为处罚裁量的参考。

(二)对"作弊器材"的认定

为了实现行刑衔接,对"作弊器材"的认定,应当根据2019年9月2日公布的《最高人民法院、最高人民检察院关于办理组织考试作弊等刑事案件适用法律若干问题的解释》第3条的规定,即"作弊器材"是指具有避开或者突破考场防范作弊的安全管理措施,获取、记录、传递、接收、存储考试试题、答案等功能的程序、工具,以及专门设计用于作弊的程序、工具。是否属于"作弊器材"难以确定的,依据省级以上公安机关或者考试主管部门出具的报告,结合其他证据作出认定;涉及专用间谍器材,窃听、窃照专用器材,"伪基站"等器材的,依照相关规定作出认定。

(三)与组织考试作弊行为的区别

为他人组织作弊提供帮助行为与组织考试作弊行为的区别在于:

1. 行为表现。组织考试作弊行为是故意构建作弊体系,包括策划指挥、资源整合、产业链运营等,具有行为复合性、体系控制力,对作弊全流程具有启动权、调整权、终止权。为他人组织作弊提供帮助行为具有从属性、可替代性、工具依赖性。从属性是指帮助行为依附于既有的作弊组织体系,可能参与也可能不参与作弊方案设计或人员调度。例如,器材供应商仅按组织者要求的参数定制设备,不介入考场内作弊实施。可替代性是指行为人提供的帮助通常具有市场化特征,同一服务可由不同主体提供。如作弊耳机可从多个渠道采购,提供者不具有唯一性。工具依赖性是指帮助行为需实际被用于作弊才构成违法。若器材未被启用,则不满足危害结果要件。应当注意的是,组织考试作弊行为属于正犯行为;为他人组织作弊提供帮助行为属于帮助行为,《治安管理处罚法》第27条第2项的规定并非典型的帮助犯的正犯化[①],只有同时满足帮助行为客观存在、正犯行为实际发生两个构成要件,才认定成为他人组织作弊提供帮助行为。例如,如果乙为甲组织作弊提供了作弊器材,但甲并未实施组织考试作弊行为,不存在任何法益侵害与危险,则对乙的行为不能以违法论处。只有当甲利用乙提供的作弊器材组织他人作弊时,才能认定乙的行为构成为他人组织作弊提供帮助行为。[②]

[①] "帮助犯的正犯化"是刑法理论中关于立法技术性质的表述,特指立法者通过成文法将特定帮助行为独立规定为犯罪,使其脱离共犯从属性原理的约束,直接作为正犯(实行犯)定罪量刑的立法模式。在认定违法行为时借用此表述,法理基础主要是:治安管理处罚法以维护秩序为首要目标,坚持谦抑性原则,避免对未产生危害的预备行为过度干预。

[②] 参见张明楷:《刑法学》(第6版),法律出版社2021年版,第1370页。

2.侵害的主要法益。二者虽然都是对国家考试秩序的侵害,但是二者在侵害客体的核心和危害结果存在差异。(1)侵害客体。为他人组织考试作弊提供帮助行为侵害的是国家考试工具管制秩序;组织考试作弊行为是对整个国家考试秩序和国家考试制度根基的侵害。(2)危害结果。前者间接破坏考试监管工具的有效性;后者直接瓦解考试流程的公正性、权威性。

（四）与组织考试作弊罪的区分

组织考试作弊罪(《刑法》第284条之一第2款)是指在法律规定的国家考试中组织作弊的行为。本罪的保护法益是法律规定的国家考试中的考试方式与过程的公正。[①] 为他人组织作弊提供帮助行为与组织考试作弊罪的主要区别是：

1.侵犯的客体。为他人组织作弊提供帮助行为侵犯的客体既有法律规定的国家考试秩序,也有行政法规规定的国家考试秩序。但是组织考试作弊罪侵犯的客体只有法律规定的国家考试秩序。如前所述,这里的"法律"应作狭义解释,即仅指由全国人大及其常委会制定的法律。

2.危害程度。为他人组织作弊提供帮助行为仅要求实质推动作弊的实现,并不要求造成考场混乱等实际危害后果。组织考试作弊罪中的为他人组织作弊提供帮助,不仅要求实质推动作弊的实现,而且其正犯行为通常会带来实际危害后果,其社会危害性较大,会引发公众对人才选拔机制的信任危机。例如,组织考试作弊引发高考推迟或启用备用试题。在治安管理处罚中,行为危害程度的确定,一方面需要根据为组织作弊提供帮助的程度;另一方面需要结合其正犯行为,如组织考试作弊行为的危害程度。

3.情节和手段。为他人组织作弊提供帮助行为通常具有手段简单、规模有限的特点。例如,行为人通过提供改装耳机、微型摄像头等基础作弊器材,提供小额资金支持购买器材等单一环节,为规模有限的组织考试作弊提供帮助。组织考试作弊罪在实践中具有高科技化、产业化的特点。例如,甲为乙(组织考试作弊的组织者)提供仿生窃听设备、AI答题程序等专用作弊器材,帮助其跨省组织作弊。

4.责任主体。为他人组织作弊提供帮助行为的责任主体是所有提供帮助者,包括为组织作弊活动提供器材、场所、资金等帮助的实施者和参加者。组织考试作弊罪仅追究关键帮助提供者的责任,其他的普通帮助者不构成犯罪行为,但可以按为他人组织作弊提供帮助行为予以治安管理处罚。例如,甲受雇佣运送作弊器材,需要根据其情节和危害程度判断是受刑罚处罚,还是受治安管理处罚。

（五）与《教育法》第80条第2项的衔接

《治安管理处罚法》与《教育法》关于为他人组织作弊提供帮助行为的衔接,主要体现在以下方面：

[①] 参见张明楷：《刑法学》(第6版),法律出版社2021年版,第1369页。

1. 法律定位与规制范围。《教育法》作为特别法,第 80 条第 2 项专门针对国家教育考试中的为他人组织作弊提供帮助行为,范围限定在《教育法》第 21 条所规定的"国务院教育行政部门确定种类,并由国家批准的实施教育考试的机构承办"。《治安管理处罚法》作为一般法,主要适应法律、行政法规规定的国家考试,包含了《教育法》的考试种类。两个条文都有为他人组织作弊提供帮助行为规定,根据《立法法》第 103 条的规定,"同一机关制定的法律、行政法规、地方性法规、自治条例和单行条例、规章,特别规定与一般规定不一致的,适用特别规定;新的规定与旧的规定不一致的,适用新的规定"。因此,应当适用《治安管理处罚法》的相关规定。

2. 处罚梯度。《治安管理处罚法》和《教育法》关于为他人组织作弊提供帮助行为的处罚梯度具有一致性,均包括财产罚和人身罚。特别需要注意的是,《教育法》专门规定了对国家机关工作人员依法追加处分,《治安管理处罚法》无专门规定,必要时需要援引《公务员法》。

🛡 处罚标准

本行为设置一般情形和情节较重两个层次的处罚,一般情形的处罚为罚款,情节较重的处罚为拘留。对于"情节较重"情形的认定,应当结合行为人的动机、手段、目的、行为的次数和造成的后果等综合考虑。参照《最高人民法院、最高人民检察院关于办理组织考试作弊等刑事案件适用法律若干问题的解释》,根据部分地区公安实践,可以根据下表认定"情节较重"。

表 7 为他人组织作弊提供帮助行为处罚标准

处罚档次	处罚标准	裁量基准
一般情形	处违法所得 1 倍以上 5 倍以下罚款,没有违法所得或者违法所得不足 1000 元的,处 1000 元以上 3000 元以下罚款	/
情节较重	处 5 日以上 15 日以下拘留	①为普通高等学校招生考试、研究生招生考试、公务员录用考试中的组织作弊提供帮助的 ②导致考试推迟、取消或者启用备用试题的 ③考试工作人员为作弊提供帮助或者便利的 ④多次为作弊提供帮助或者便利的 ⑤提供作弊器材 50 件以上的 ⑥违法所得 30 万元以上的 ⑦其他情节较重的情形

🛡 案例及解析

【基本案情】 某市从事护士执业资格考试培训工作的甲为牟取暴利,在网上发布考试包过等广告招揽考生,通过有偿组织考生作弊的方式牟利。甲先后招揽了乙、丙、丁、戊等人加入其作弊团伙,并从小明那里购买了微型窃听、窃看、窃照等设备。在购买时,小明询问甲关于设备的用途,甲说:"家里孩子要考试,想帮帮他。"小明没有继续追问。甲在每次考试前将窃听、窃看设备交给考生,将窃照设备交给丙;再由丙报名参考后将窃照设备放置在其皮带卡扣内以躲避考场安检。丙进入考场拍摄考题传输给甲,乙则按照甲的安排制作试题答案,丁在考场外架设信号发射器将制作好的答案传输给考场内的考生,戊在考场外负责接应和应急机动。五人在考场内外协作配合,组织考生作弊。

本案中对小明的行为应该如何定性?如果甲没有实施组织考试作弊行为,对小明的行为应当如何定性?

【解析】本案查处的难点在于:其一,小明的行为是否构成组织考试作弊罪。组织考试作弊罪的构成要件是"法律规定的国家考试"。护士执业资格考试的设定依据是《护士条例》,其属于国务院制定的行政法规,不属于法律。因此,小明的行为不构成组织考试作弊罪。其二,小明的行为是认定成组织考试作弊行为,还是为他人组织作弊提供帮助行为。首先,判断小明的行为是否满足为组织考试提供帮助行为构成要件的关键是,小明对甲组织考试作弊行为是否存在故意。本案中,小明在得知甲关于设备用途时,应当预见设备可能被用于组织作弊,对其持放任态度,虽未积极追求但未采取规避措施,满足行为主观方面的构成要件。其次,一方面,为他人组织作弊提供帮助行为具有从属性、可替代性、工具依赖性。甲可以找小明购买作弊器材,也可以找其他人购买作弊器材,如果甲未使用小明的作弊器材,而是使用了其他人的作弊器材,则对小明的行为不能以违法论处。另一方面,根据组织考试作弊行为的整体性原则,判断小明在组织考试作弊行为中的地位,以及是否参与组织考试作弊。从小明和甲的对话来看,小明并未完全知晓甲要实施组织考试作弊行为,并未参与到组织考试作弊行为的实施中,只是为甲组织考试作弊提供作弊器材。因此,应当将小明的行为认定成为他人组织作弊提供帮助行为。其三,如果甲没有实施组织考试作弊行为,小明的行为如何定性。组织考试作弊行为属于正犯行为;为他人组织作弊提供帮助行为属于帮助行为,第 27 条第 2 项的规定并非典型的帮助犯的正犯化,只是帮助犯的正犯化,只有同时满足帮助行为客观存在、正犯行为实际发生两个构成要件,才认定成为他人组织作弊提供帮助行为。因此,如果甲未实施组织考试作弊行为,对小明的行为不能以违法论处。

关联法条

本部分关联法条参见"组织考试作弊"行为的关联法条。

13. 非法出售、提供试题、答案

现行规定

《治安管理处罚法》

第27条第3项 在法律、行政法规规定的国家考试中,有下列行为之一,扰乱考试秩序的,处违法所得一倍以上五倍以下罚款,没有违法所得或者违法所得不足一千元的,处一千元以上三千元以下罚款;情节较重的,处五日以上十五日以下拘留:

(三)为实施考试作弊行为,向他人非法出售、提供考试试题、答案的;

立案与管辖

(一)立案标准

违法嫌疑人在法律、行政法规规定的国家考试中,为实施考试作弊行为,向他人非法出售、提供试题、答案,破坏考试秩序,尚不够刑事处罚的行为,即达到立案标准。这里的尚不够刑事处罚是指违法行为不符合《刑法》第284条之一"非法出售、提供试题、答案罪"的构成要件,未造成重大后果或社会影响。

(二)管辖

非法出售、提供试题、答案案件一般由违法行为地的公安机关管辖。

违法行为地包括违法行为发生地和违法结果发生地。违法行为发生地,一般是指非法出售、提供试题、答案行为的实施地及开始地、途经地、结束地等与行为相关的地点。例如,试题、答案的制作地或编辑地,如电子文档篡改场所、印刷窝点;试题、答案的存储地或交付地,如存放仓库、快递收发点、网络云盘服务器所在地;出售、提供行为的直接实施地,如线下交易地点、资金结算场所。非法出售、提供试题、答案行为有连续、持续或继续状态的,相关环节涉及的地点均属于违法行为发生地。违法结果发生地,是指非法试题、答案实际被获取或使用的国家考试考点所在地,以实际考场为认定依据。

非法出售、提供试题、答案行为由违法行为人居住地公安机关管辖更为适宜的,可以由违法行为人居住地公安机关管辖。

证据收集

(一)证据规格

非法出售、提供试题、答案行为的调查和证据收集主要在于,查清违法行为人非法出售、提供试题、答案的客观行为以及获利、造成的危害后果。在调查取证时,根据具体的案件情况,主要收集以下证据:

1. 违法嫌疑人陈述和申辩。

(1)违法嫌疑人的基本情况;(2)违法行为的动机和目的;(3)实施非法出售、提供试题、答案行为的时间、地点、人员、起因、经过、手段、方式、危害后果、获利;(4)作案工具及来源、下落;(5)试题、答案的来源;(6)结伙作案的,违法嫌疑人的数量、身份、当天穿着,预谋、结伙聚合的过程、相互关系、各自地位和作用。

2. 证人证言。

考生购买试题、答案的时间、地点、经过、起因、目的、手段、后果,组织考试作弊违法嫌疑人的数量、身份及体貌特征,各违法嫌疑人在违法行为中的地位和作用。

3. 物证、书证。

(1)实施考试作弊行为的电脑、发射器、接收器、手机、无线耳机、智能笔、手表等工具实物或者照片;(2)考试主管部门关于组织考试作弊行为认定的报告、考试通知、准考证、考试违纪确认表;(3)嫌疑人违法所得的现金。

4. 鉴定意见。

(1)技术鉴定,对涉案的电子设备、通讯工具的技术鉴定,确认其是否具有作弊功能或是否被用于作弊;(2)笔迹鉴定,对异常试卷上的笔迹进行鉴定,以确定是否为同一人书写或存在代考情况。

5. 视听资料、电子数据。

(1)考场视频监控资料;(2)转账交易记录;(3)能够证明违法行为的聊天信息、图片;(4)民警现场执法视频。

6. 勘验、检查笔录,现场笔录。

扣押物品的现场笔录和扣押清单等。

7. 辨认笔录。

证人及相关当事人对违法嫌疑人的辨认;嫌疑人之间互相辨认以及对作案工具的辨认。

8. 其他证据材料。

(1)同案人陈述和申辩。提供作弊帮助行为的具体时间、地点、人员、手段、方式、违法所得。(2)证明违法嫌疑人身份的材料和违法犯罪记录。如人口信息、户籍证明,以及身份证、工作证、专业或技术等级证复印件等;法院判决书、行政处罚决定书、释放证明书等有效法律文件。(3)抓获经过、处警经过、归案情况说明等。

(二)注意事项

1. 非法出售、提供试题、答案行为的认定。从执法实践来看,以下行为属于"非法出售、提供试题、答案行为":(1)非法出售或提供原始试题、答案;(2)网络平台非法流转行为,即设立网站、通讯群组、应用程序等平台,专门用于交易、传播试题或答案;(3)考前考中传递行为,即在考试开始前或考试过程中,通过即时通讯工具、隐蔽设备等向考场内考生传递试题答案;(4)存储介质交付行为,即将试题、答案存储于U盘、加密电子设备、纸质载体等介质中交付购买方;(5)协助答案扩散行为,即在考试期间协助作弊团伙向多名考生转发、播报试题答案;(6)违规接触涉密材料行为,即利用参与考试命题、印刷、押运、保管等工作的职务便利,向他人泄露试题或答案;(7)其他非法出售、提供试题、答案的行为,即任何以出售、赠与、交换等方式,向他人流转试题或答案,且该行为被用于考试作弊的情形。

2. 注意对违法行为人非法出售、提供的试题或答案这一关键证据的固定。若是提供纸质试题、答案,要及时采取证据保全措施,最好采取扣押措施,将证据保管在公安机关;若是发送电子数据,则应当按照电子数据提取规定,固定发送和接收的微信号、IP地址、网络聊天账户所有人信息等关键证据。

3. 注意对非法出售、提供试题、答案时间点证据的收集。出售、提供试题、答案的行为应在考试前或者考试过程中,考试结束后出售、提供试题、答案的,不成立本违法行为。即使有些国家考试事后并不公布试题与答案,事后出售或者提供该试题或者答案的,也不应当以本违法行为论处。非法出售、提供试题、答案时间点,是证明违法嫌疑人构成本违法行为的关键。

🛡 行为认定

(一)对非法出售、提供试题、答案行为的认定

主要从以下四个方面进行认定:

1. 行为侵害的客体是社会公共秩序中的国家考试秩序,具体表现为双重法益侵害。核心法益是国家考试内容保密秩序。试题、答案作为国家考试的核心保密要素,其非法流转直接破坏命题保密制度、试卷保管规程及信息传输管控体系。例如,考前泄露尚未启封的试卷内容,使本应绝对封闭的命题链条出现泄密缺口,导致考试安全防线失效。衍生法益是国家考试的实质公平性与制度公信力。

2. 行为的客观方面表现为在法律、行政法规规定的国家考试中,为实施考试作弊行为,向他人非法出售、提供试题、答案,破坏考试秩序,尚不够刑事处罚的行为。非法出售、提供试题、答案行为的本质是破坏考试内容保密性的非法流转行为。实践中,常见的有源头泄露型、技术窃取型、传播交易型三种行为模式。一是源头泄露型,行为人利用接触保密试题或答案的职务或机会非法出售、提供试题、答案。例如,命题专家通过加密邮件出售未启封的试题。二是技术窃取型,通过技术手段破解保密系统获取试题、答案,并在国家考试结束之前向他人出售、提供。例如,行为人入侵国家考试平台数据库下载试题包,在国家考试结束之前,向他人出售、提供。三是传播交易型,非法搭建试题、答案交易渠道并实施交付行为。例如,行为人设立"考前密卷"付费群组分发还未举行的国家考试的答案。(1)核心行为特征。非法出售、提供试题、答案行为应当具有准确性和时效性。准确性是指试题答案与实际考试内容具有实质关联关系,如出售、提供真题完整版或片段,出售、提供权威参考答案。时效性是指行为时点与考试进程形成必要关联,要求在国家考试结束之前出售、提供;考后出售、提供试题答案一般不处罚。(2)危害结果要件。非法出售、提供试题、答案行为不要求试题、答案被实

际使用或造成物理性考场混乱,只要行为对考试秩序产生实质侵害风险,即符合"破坏考试秩序"这一危害结果要件。例如,在国家考试举行之前发现,试题、答案脱离法定管控渠道,带来内容失控风险,即使考试正常进行,仍构成违法。

3. 行为的实施主体包括自然人、团伙及单位三类。一是自然人,是指具备完全责任能力的个人可独立构成非法出售、提供试题、答案行为的实施主体。此类主体通常依赖专业技能或利用信息不对称,独立完成试题、答案的获取和传播。二是团伙,是指由2名以上成员构成的非法出售、提供试题、答案团伙,存在协同作案特征。典型的是链条式团伙,即按试题、答案流转环节分工。三是单位,是指法人或非法人组织以机构名义非法出售、提供试题、答案的。对此,应区分两种情形:一种是单位系统性参与,实行双罚制,即对单位进行处罚,对直接负责的主管人员和其他直接责任人员进行处罚。例如,某培训公司以"押题班"出售真题,需要对该公司、直接负责的主管人员及其他直接责任人员进行处罚。另一种是个人滥用单位资源,实施非法出售、提供试题、答案行为,实行单罚制。例如,考试中心职员私自窃取国家考试试卷进行出售,此时仅追究职员个人责任。

4. 行为的主观方面是故意。主观上行为人明知其出售、提供的试题、答案将用于实施考试作弊。包括直接故意、间接故意、特定目的。一是直接故意。行为人明知行为会破坏考试秩序,仍积极追求试题、答案被用于作弊的结果。包括违法性认知,即明知国家禁止非法出售、提供试题、答案,如通过非法途径获得试题、答案;功能性认知,即明知试题、答案内容与真题具有实质关联,可直接用于考场作弊,如标注阅卷标准答案;时效性认知,即明知出售、提供试题、答案的时间在国家考试结束之前。二是间接故意。行为人放任试题、答案被用于考试作弊的可能性,未履行合理规避义务。三是特定目的。需要证明行为人出售、提供试题、答案是为了实施考试作弊行为。

(二)对"试题、答案"的认定

非法出售、提供试题、答案行为中的"试题、答案"应当满足与国家考试的实质关联性,例如,试题、答案与法律、行政法规规定的国家考试内容存在客观对应关系,包括真题片段或完整版;标准答案;高度近似的模拟答案,即使存在部分虚假也不影响违法行为的认定。在治安管理处罚中,公安机关在必要时可对试题、答案出具鉴定报告。若行为人谎称试题、答案真实有效,以高价出售给考生,但试题、答案与国家考试内容无实质关联,则可能构成诈骗行为,而不认定为非法出售、提供试题、答案行为。

(三)与非法出售、提供试题、答案罪的区分

非法出售、提供试题、答案罪(《刑法》第284条之一第3款)是指为实施考试作弊行为,向他人非法出售或者提供法律规定的国家考试的试题、答案的行为。[1] 非法出售、提供试题、答案行为与非法出售、提供试题、答案罪的主要区别是:

---

[1] 参见张明楷:《刑法学》(第6版),法律出版社2021年版,第1370页。

1. 侵犯的客体。非法出售、提供试题、答案行为侵犯的客体是法律、行政法规规定的国家考试秩序，包括国家考试内容保密秩序和国家考试的实质公平性与制度公信力，涉及全国人大及其常委会制定的法律以及国务院行政法规规定的国家考试。非法出售、提供试题、答案罪侵犯的客体仅限于法律规定的国家考试秩序，即全国人大及其常委会制定的法律明文设立的国家考试，行政法规设定的考试不在该罪保护范围内。

2. 危害程度。非法出售、提供试题、答案行为的危害结果表现为破坏考试保密秩序但未造成严重后果。例如，个别考生使用答案作弊但未引发成绩大面积作废。非法出售、提供试题、答案罪要求破坏考试保密秩序且造成严重后果。例如，试题、答案大规模扩散，导致考试延期或启用备用卷。

3. 情节和手段。非法出售、提供试题、答案行为通常具有手段简单、规模有限的特征。例如，通过社交软件零星出售过往真题，个人私下传递单科答案。非法出售、提供试题、答案罪则表现为高技术性、产业化、跨区域作案。例如，利用黑客技术入侵考试平台窃取试题，搭建自动化交易平台销售答案，组织专业团队编辑、加密答案适配作弊器材，形成"窃题—加工—销售—洗钱"犯罪链条。

4. 责任主体。非法出售、提供试题、答案行为的责任主体覆盖所有参加者，包括试题、答案的源头泄露者、中介销售者、终端传递者，以及其他参加者。例如，泄露试题的命题专家、转发答案的学生、收取费用的群管理员均需以违法论处。非法出售、提供试题、答案罪仅追究关键环节的核心行为主体，包括试题、答案的源头泄露者、规模化销售组织者、技术支持者。例如，在某从事非法出售、提供试题、答案的机构中，兼职人员甲只负责答疑，对甲的行为通常以违法论处，而不以犯罪论处。

（四）与《教育法》第80条第4项的衔接

《治安管理处罚法》与《教育法》关于非法出售、提供试题、答案行为的衔接，主要体现在以下方面：

1. 法律定位与规制范围。《教育法》作为特别法，第80条第4项专门针对国家教育考试中的泄露、传播试题、答案行为，范围限定在《教育法》第21条所规定的"国务院教育行政部门确定种类，并由国家批准的实施教育考试的机构承办"。《治安管理处罚法》作为一般法，主要适应法律、行政法规规定的国家考试，包含了《教育法》的考试种类。两个条文都有关于提供试题和答案行为规定，根据《立法法》第103条的规定，"同一机关制定的法律、行政法规、地方性法规、自治条例和单行条例、规章，特别规定与一般规定不一致的，适用特别规定；新的规定与旧的规定不一致的，适用新的规定"。因此，应当适用《治安管理处罚法》的相关规定。

2. 处罚梯度。《治安管理处罚法》和《教育法》关于非法出售、提供试题、答案行为的处罚梯度具有一致性，均包括财产罚和人身罚。特别需要注意的是，《教育法》专门规定了对国家机关工作人员依法追加处分，《治安管理处罚法》无专门规定，必要时需要援引《公务员法》。

处罚标准

本行为设置一般情形和情节较重两个层次的处罚,一般情形的处罚为罚款,情节较重的处罚为拘留。对于"情节较重"情形的认定,应当结合行为人的动机、手段、目的、行为的次数和造成的后果等综合考虑。参照《最高人民法院、最高人民检察院关于办理组织考试作弊等刑事案件适用法律若干问题的解释》,根据部分地区公安实践①,认定"情节较重"。

表8　非法出售、提供试题、答案行为处罚标准

处罚档次	处罚标准	裁量基准
一般情形	处违法所得1倍以上5倍以下罚款,没有违法所得或者违法所得不足1000元的,处1000元以上3000元以下罚款	/
情节较重	处5日以上15日以下拘留	①导致考试推迟、取消或者启用备用试题的
		②考试工作人员在考试结束前泄露、传播考试试题或者答案的
		③多次在考试结束前泄露、传播考试试题或者答案的
		④向30人次以上在考试结束前泄露、传播考试试题或者答案的
		⑤违法所得30万元以上的
		⑥其他情节较重的情形

案例及解析

【基本案情】某市从事护士执业资格考试培训工作的甲为牟取暴利,在网上发布考试包过等广告招揽考生,通过有偿组织考生作弊的方式牟利。甲在网上看到,乙宣称自己有后天要举办的护士执业资格考试的试题和答案。甲和乙取得联系,问乙试题和答案的来源。乙说:"我是此次护士执业资格考试命题组的专家。"甲信以为真,高价从乙那里购买了试题和答案,并将试题和答案提前卖给考生小李。

本案中,对甲、乙的行为如何定性?如果乙提供的试题和答案是虚假的,其行为如何定性?如果考生小李并未提前看试题和答案,对乙的行为如何定性?

---

① 例如,根据《北京市公安局关于印发单位内部治安管理行政处罚裁量基准的通知》规定:"(四)违反《教育法》第八十条第(四)项规定,在考试结束前泄露、传播考试试题或者答案的,其行为属于基础裁量A档。依据《教育法》第八十条的规定,上述违法行为的裁量幅度为'有违法所得的,由公安机关没收违法所得,并处违法所得1倍以上5倍以下罚款;情节严重的,处5日以上15日以下拘留'。以下情形属于'情节严重':导致考试推迟、取消或者启用备用试题的;考试工作人员在考试结束前泄露、传播考试试题或者答案的;多次在考试结束前泄露、传播考试试题或者答案的;向30人次以上在考试结束前泄露、传播考试试题或者答案的;违法所得30万元以上的;其他情节严重的情形。"

【解析】1. 甲的行为应当认定为组织作弊行为还是组织考试作弊罪,抑或非法出售、提供试题、答案行为?区分组织作弊行为和组织考试作弊罪的核心在于,前者包括行政法规规定的国家考试,后者仅限于法律规定的国家考试。护士执业资格考试的设定依据是《护士条例》,其属于国务院制定的行政法规,不属于法律。护士执业资格考试不满足非法出售、提供试题、答案罪的构成要件"法律规定的国家考试"。甲的行为应当认定为组织作弊行为还是非法出售、提供试题、答案行为呢?本案中,甲一人组织了整个作弊行为,其行为是一个完整的组织行为,包括网上发布信息招揽考生、找试题和答案、联系考生等多个环节。在单一行为人构成的作弊案件中,对该人应当认定为组织作弊行为更为妥当。如果是多个行为人构成的作弊案件,对于其中虽参与了组织策划,但是仅负责实施如提供作弊器材,非法出售、提供试题、答案行为或者代替考试行为中一个环节的,应当以其具体的违法行为予以认定,不认定为组织作弊行为。本案中,乙明知甲可能实施考试作弊(甲高价购买试题和答案),仍向甲非法出售试题和答案,破坏考试秩序,对乙的行为应当定性为非法出售、提供试题、答案行为,受治安管理处罚。

2. 若"试题、答案"是虚假的,是否影响非法出售、提供试题、答案行为的认定呢?非法出售、提供试题、答案行为中的"试题、答案"应当满足与国家考试的实质关联性。即指试题、答案与法律、行政法规规定的国家考试内容存在客观对应关系,包括真题片段或完整版;标准答案;高度近似的模拟答案,即使存在部分虚假也不影响违法行为的认定。在治安管理处罚中,公安机关在必要时可对试题、答案出具鉴定报告。若行为人谎称试题、答案真实有效,以高价出售给考生,但试题、答案与国家考试内容无实质关联,则可能构成诈骗行为,而不认定为非法出售、提供试题、答案行为。

3. 考生小李未实际使用非法获取的试题和答案,是否影响非法出售、提供试题、答案行为的认定。非法出售、提供试题、答案行为属于行为犯,其危害结果要件不要求试题、答案被实际使用或造成物理性考场混乱,只要行为对考试秩序产生实质侵害风险,即符合"破坏考试秩序"。深究其原因,规制非法出售、提供试题、答案行为的立法目的在于提前阻断作弊风险,故只要试题、答案脱离法定管控渠道,即构成法益侵害。因此,考生小李未实际使用非法获取的试题和答案,不影响非法出售、提供试题、答案行为的认定。

关联法条

本部分关联法条参见"组织考试作弊"行为的关联法条。

14. 代替考试

现行规定

《治安管理处罚法》

第27条第4项 在法律、行政法规规定的国家考试中,有下列行为之一,扰乱考试秩序的,处违法所得一倍以上五倍以下罚款,没有违法所得或者违法所得不足一千元的,处一千元以上三千元以下罚款;情节较重的,处五日以上十五日以下拘留:

(四)代替他人或者让他人代替自己参加考试的。

立案与管辖

(一)立案标准

违法嫌疑人在法律、行政法规规定的国家考试中,通过身份冒用方式顶替参考或安排他人顶替参考,扰乱正常考试秩序,尚不够刑事处罚的行为,即达到立案标准。这里的尚不够刑事处罚是指违法行为不符合《刑法》第284条之一"代替考试罪"的构成要件,未造成重大后果或社会影响。

(二)管辖

代替考试案件一般由违法行为地的公安机关管辖。违法行为地包括违法行为发生地和违法结果发生地。违法行为发生地,是指代替考试行为的预谋地、身份交换地、考场进入地及相关行为实施地,如身份证明材料交接地点、替考者与被替考者合意达成地、前往考场的交通工具出发地及途经地、考场外围等候区域等与行为直接关联的场所。违法行为具有连续、持续状态的,相关行为实施地均属违法行为发生地。违法结果发生地,通常是指实际实施代替考试行为的国家考试考点所在地,以替考行为发生的具体考场为认定依据。

代替考试行为由违法行为人居住地公安机关管辖更为适宜的,可以由违法行为人居住地公安机关管辖。

证据收集

(一)证据规格

代替考试行为的调查和证据收集主要在于,查清代替他人考试或者让他人代替自己参加考试的客观行为以及获利、造成的危害后果。在调查取证时,根据具体的案件情况,主要收集以下证据:

1.违法嫌疑人陈述和申辩。

(1)违法嫌疑人的基本情况;(2)违法行为的动机和目的;(3)实施代替考试或让他人代

替自己参加考试行为的时间、地点、考试名称、代替考试的方式、危害后果、费用支付、违法所得以及密谋商议过程;(4)作案工具及来源、下落;(5)结伙作案的,违法嫌疑人的数量、身份,预谋、结伙聚合的过程、相互关系、各自地位和作用。

2.证人证言。

监考人员挡获替考人员的情况。

3.物证、书证。

(1)身份证、准考证、手机、成绩单、录取通知书等物品的实物或者照片;(2)考试主管部门关于代替考试行为认定的报告、考试违纪确认表。

4.鉴定意见。

试卷上的笔迹的鉴定。

5.视听资料、电子数据。

(1)考场视频监控资料;(2)转账记录;(3)能够证明违法行为的聊天信息;(4)民警现场执法视频。

6.勘验、检查笔录,现场笔录。

现场勘验笔录和现场照片、扣押物品的现场笔录和扣押清单等。

7.辨认笔录。

证人及相关当事人对违法嫌疑人的辨认,嫌疑人之间互相辨认以及对作案工具的辨认。

8.其他证据材料。

(1)现场指认照片。(2)证明违法嫌疑人身份的材料和违法犯罪记录。如人口信息、户籍证明,以及身份证、工作证、专业或技术等级证复印件等;法院判决书、行政处罚决定书、释放证明书等有效法律文件;违法犯罪查询记录。(3)抓获经过、处警经过、归案情况说明等。

(二)注意事项

1.注意收集应考人和替考人形成违法行为合意的证据,从而证明两人的主观故意,证明两方对向犯的关系。但是应注意,代替考试行为不一定都是对向关系,如行为人指使他人为第三人代考,第三人不知情,那么行为人构成代替他人考试的教唆犯。

2.注意收集替考人进入考场的证据,如考试签到表、身份证验证记录、考场内使用答题工具时留下的指纹痕迹等证据。

3.注意辨认笔录的制作,要安排监考人员对替考人进行辨认,确定替考的违法事实。

行为认定

(一)对代替考试行为的认定

主要从以下四个方面进行认定:

1.行为侵害的客体是社会公共秩序中的国家考试秩序,具体表现为双重法益侵害。核心法益是国家考试身份核验秩序;衍生法益是社会人才评价体系的公信力及考试资源分配的公平性。代替考试行为通过虚构考生身份关系破坏考试基础规则,挑战考试制度的权威性,具有较严重的社会危害性。

2.行为的客观方面是在法律、行政法规规定的国家考试中,通过身份冒用方式实施代替他人参加考试或安排他人代替自己参加考试,扰乱正常考试秩序,尚不够刑事处罚的行为。一是行为人代替他人参加考试,是指冒名顶替应当参加考试的人去参加考试,包括携带应考者的真实证件参加考试;携带伪造、变造的应考者的证件参加考试;替考者与应考者一同入场考试,但互填对方的考试信息等。二是行为人让他人代替自己参加考试,主要是指使他人冒名顶替自己参加考试。让他人代替自己参加考试的方式多种多样,如发布广告寻找替考者、委托他人寻找替考者、向替考者支付定金等。三是行为人代替他人或者让他人代替自己参加的考试必须是法律、行政法规规定的国家考试。① (1) 在行为方式上,主要包含三类实施形态。物理替代型,即使用伪造变造证件,如修改照片的准考证、冒用他人身份证进入考场;生物特征规避型,利用技术手段欺骗核验系统,如佩戴仿生面具或指纹膜通过验证;协同掩护型,由被替考者完成身份核验后离场,替考者实际参与考试。(2) 在危害结果要件上,代替考试行为不要求对考试秩序造成实际混乱,仅要求对考试秩序构成潜在威胁。考虑到实践中代替考试的情形较为复杂,所涉考试的类型有所不同,不区分情形一律定罪处罚过于严苛。在刑法适用过程中,根据宽严相济刑事政策的要求,《最高人民法院、最高人民检察院关于办理组织考试作弊等刑事案件适用法律若干问题的解释》第7条规定,对于行为人犯罪情节较轻,确有悔罪表现,综合考虑行为人替考情况以及考试类型等因素,认为符合缓刑适用条件的,可以宣告缓刑;犯罪情节轻微的,可以不起诉或者免予刑事处罚;情节显著轻微危害不大的,不以犯罪论处。在治安管理处罚中,对于代替考试行为应当综合实际情况,可以考虑情节轻微的,不予处罚。

3.行为的实施主体包括自然人、团伙及单位三类。一是自然人。替考者与被替考者合谋,形成共犯关系,可谓对向性的共同正犯。各自的行为具有独立性,各自以代替考试行为论处。二是团伙。团伙主体的认定需证明双方存在犯意联络与行为配合。被替考者不知情,替考者与他人合谋。例如,被替考者丙因生病住院不能参加考试,丙的父亲乙让甲代替丙参加考试,但丙并不知情。此时,甲是代替考试,乙不是"让他人代替自己参加考试",而是"代替他人参加考试"的教唆犯,为特定的应考人寻找替考人的,成立本行为的共犯。为了代替考试而伪造、变造身份证件的,成立牵连犯,从一重处罚。在治安管理处罚中,通过通讯记录证实共谋过程、资金往来及证件交接痕迹来证明主体之间的合意。三是单位。当法人或非法人组织系统性实施替考行为时,如培训机构组建职业"枪手"团队,应当实行双罚制,即对单位进行处罚,对直接负责的主管人员和其他直接责任人员进行处罚。例如,教育公司以"代考保过"服务招揽考生,并代替考生参加考试,需处罚该公司、法定代表人及具体业务负责人,以及考生本人。

---

① 参见陈兴良、刘树德、王芳凯编:《注释刑法全书》,北京大学出版社2022年版,第1576页。

4. 行为的主观方面是替考者与被替考者均具有直接故意。双方必须明知身份冒用会破坏考试秩序，仍积极追求该结果的发生。核心认知要素包括，对身份虚假性的明确认知，如被替考者主动提供证件并指导规避核验；对危害后果的积极追求，如替考者为获取报酬而追求通过考试。应当注意，一是代替考试行为的成立并不以被替考者知情为必要条件，被替考者是否知情不影响对替考行为本身的违法性认定，但直接影响责任承担对象。例如，若被替考者不知情，则其不构成"让他人代替自己考试"，无须担责。二是虽然《治安管理处罚法》第27条第4项未规定营利目的、资格获取目的等特定目的为构成要件，只要行为人故意实施代替考试行为，扰乱考试秩序，即符合违法行为构成要件中的主观方面，但在治安管理处罚中，应当通过通讯记录、资金流水等证据查明，并将其作为处罚裁量的重要参考因素。

（二）与组织考试作弊行为的核心区别

区别于组织考试作弊行为，代替考试行为在客观方面表现为个体身份关系的非法置换，而非系统性作弊网络的构建；在危害结果上主要体现为国家考试身份核验机制的功能失效；在主体方面必须存在双向合意的共犯结构，需重点锁定双向故意的一致性。上述区别决定了代替考试案件查处应当重点提取身份核验异常记录、生物特征比对差异、双向联络证据等核心要素。

（三）与代替考试罪的区分

代替考试罪（《刑法》第284条之一第4款）是指代替他人或者让他人代替自己参加法律规定的国家考试的行为。[1] 本罪的保护法益是法律规定的国家考试参加者身份的真实性。代替考试行为与代替考试罪的主要区别是：

1. 侵犯客体。代替考试行为侵犯的客体包括法律和行政法规规定的国家考试秩序，主要是国家考试身份核验秩序，其规制范围具有广义性。而代替考试罪侵犯的客体仅限于全国人大及其常委会制定的法律所规定的国家考试中考生身份的真实性。

2. 危害程度。代替考试行为的社会危害性表现为对国家考试秩序的破坏，但"尚未造成严重后果"。通常造成个体性管理混乱，例如，单场考试身份核验失败、个别考生成绩无效。代替考试罪不仅要求实质性破坏国家考试秩序，而且要求"造成严重后果"，其社会危害性较大。例如，导致省级以上考试启用备用卷，引发区域性成绩复核，造成重大考试延期。

3. 情节和手段。代替考试行为多表现为偶发性、低技术含量的个体身份置换，如考生间临时互换准考证、使用简单变造证件入场。代替考试罪通常具有职业化、链条化特征。在手段上呈现高科技规避倾向，如定制仿生面具欺骗人脸识别系统；在规模上形成组织化运作，如"枪手"中介平台跨省调度替考人员；在后果上引发身份核验机制的系统性失效，如单次考试查获替考人员多人。

---

[1] 参见张明楷：《刑法学》（第6版），法律出版社2021年版，第1371页。

（四）与《教育法》第 79 条第 4 项和第 80 条第 3 项（见关联法条）的衔接

1. 法律规范的效力位阶与适用范围。《教育法》作为教育行政特别法，其第 79 条第 4 项专门规制应考者"让他人代替自己参加考试"的行为，第 80 条第 3 项则针对第三方"代替他人参加考试"的行为主体，两个条款的效力范围严格限定于《教育法》第 21 条界定的国家教育考试范畴。《治安管理处罚法》作为一般法，主要适应法律、行政法规规定的国家考，包含了《教育法》的考试种类。两个条文都有关于替考行为的规定，根据《立法法》第 103 条的规定，"同一机关制定的法律、行政法规、地方性法规、自治条例和单行条例、规章，特别规定与一般规定不一致的，适用特别规定；新的规定与旧的规定不一致的，适用新的规定"。因此，应当适用《治安管理处罚法》的相关规定。

2. 责任主体采取二元区分机制，在法律适用层面形成分类处置规则。对于应考者实施"让他人代替自己参加考试"的行为，适用《教育法》第 79 条处置程序，由教育考试机构采取终止考试、取消考试成绩并处 1 年至 3 年禁考的行政处理措施，构成治安违法的移送公安机关给予治安处罚。需特别说明，《治安管理处罚法》对替考者与被替考者实行同责原则，例如在公务员考试等非教育类考试中，公安机关应对双向主体同步处以罚款或拘留。国家机关工作人员参与替考的，除上述处罚外还应依据《公务员法》追究政务处分责任。

3. 行刑衔接的程序协同。国家教育考试替考案件应当遵循阶梯式处置流程。由教育考试机构在考试现场即时终止替考行为，作出取消考试成绩及禁考处罚的行政决定；对于符合治安处罚要件的案件，教育行政部门应在固定生物特征比对异常记录、身份核验等矛盾证据后移送公安机关；公安机关依据违法情节、危害程度，适用《治安管理处罚法》第 27 条第 4 项的处罚；涉嫌刑事犯罪的则移送司法机关追究代替考试罪责任。非教育类国家考试中的替考案件，由公安机关根据《治安管理处罚法》规定，直接启动调查程序并协调相关考试主管部门提供考场监控、核验日志等关键证据，按照《治安管理处罚法》第 27 条第 4 项进行处罚。

🛡 处罚标准

本行为设置一般情形和情节较重两个层次的处罚。其中，一般情形处罚为罚款，情节较重处罚为拘留。

对于"情节较重"情形的认定，应当结合行为人的动机、手段、目的、行为的次数和造成的后果等综合考虑。参考《最高人民法院、最高人民检察院关于办理组织考试作弊等刑事案件适用法律若干问题的解释》，根据部分地区公安实践[①]，认定"情节较重"。

---

① 例如，根据《北京市公安局关于印发单位内部治安管理行政处罚裁量基准的通知》规定："（三）违反《教育法》第八十条第（三）项规定，代替他人参加考试的，其行为属于基础裁量 A 档。依据《教育法》第八十条的规定，上述违法行为的裁量幅度为'有违法所得的，由公安机关没收违法所得，并处违法所得 1 倍以上 5 倍以下罚款；情节严重的，处 5 日以上 15 日以下拘留'。以下情形属于'情节严重'：进入考场前，扰乱考场秩序的；多次实施代替他人参加考试的；其他情节严重的情形。"

表9 代替考试行为处罚标准

处罚档次	处罚标准	裁量基准
一般情形	处违法所得1倍以上5倍以下罚款,没有违法所得或者违法所得不足1000元的,处1000元以上3000元以下罚款	/
情节较重	处5日以上15日以下拘留	①进入考场前,扰乱考场秩序的 ②多次实施代替他人参加考试的 ③使用伪造、变造国家机关证件的 ④组织化职业替考的 ⑤造成考试重新启用备用卷的 ⑥其他情节较重的情形

案例及解析

【基本案情】某市护士执业资格考试考点查获替考事件。中介乙长期在护理交流群发布"护考包过"广告。考生甲,某社区卫生服务中心护理人员,为获取执业资格,主动联系乙,并通过乙以2万元报酬雇用医学院教授丙(2年内实施了4次替考)代替参考。丙使用植入甲生物信息的仿生指纹膜(甲主动提供)通过考场核验系统,但在实践操作考试中因静脉穿刺手法远超报名资料记载的"临床经验"水平引发质疑。经指纹复核及监控轨迹比对,确认为替考。

甲、乙、丙的行为如何定性?

【解析】本案查处的难点在于:一是考试性质如何认定。护士执业资格考试系依据国务院《护士条例》第7条设立的行政许可类考试,属于行政法规规定的国家考试范畴。根据《治安管理处罚法》第27条第4项的规定,该考试秩序受该法条规制。因《护士条例》非全国人大及其常委会制定的法律,本案不涉及《刑法》第284条之一第4款的代替考试罪。二是主体责任如何划分。考生甲构成"让他人代替自己参加考试"的违法行为。其行为特征表现为主动联络中介、支付对价、提供个人生物识别信息,符合《治安管理处罚法》第27条第4项的构成要件。替考者丙实施"代替他人参加考试"行为,其使用仿生指纹膜突破核验系统的技术手段,结合2年内多次替考的事实,符合"情节较重"的认定标准。中介乙应当认定为代替考试行为的共犯,按共同违法行为追究责任;若查明其长期经营职业替考中介业务(涉及法律规定的国家考试),则可能涉嫌组织考试作弊罪,应移送刑事立案侦查。

关联法条

本部分关联法条参见"组织考试作弊"行为的关联法条。

第三节 《治安管理处罚法》第 28 条

15. 强行进入大型活动场内

现行规定

《治安管理处罚法》

第 28 条第 1 款第 1 项 有下列行为之一,扰乱体育、文化等大型群众性活动秩序的,处警告或者五百元以下罚款;情节严重的,处五日以上十日以下拘留,可以并处一千元以下罚款:

(一)强行进入场内的;

立案与管辖

(一)立案标准

违法嫌疑人有强行进入面向社会公众举办的文化、体育等大型群众性活动举办场所,扰乱大型群众性活动秩序,尚未造成严重后果的行为即可立案。这里的大型群众性活动场所,根据《大型群众性活动安全管理条例》的规定,是指法人或者其他组织面向社会公众举办的每场次预计参加人数达到1000人以上的下列活动:体育比赛活动;演唱会、音乐会等文艺演出活动;展览、展销等活动;游园、灯会、庙会、花会、焰火晚会等活动;人才招聘会、现场开奖的彩票销售等活动。

(二)管辖

强行进入大型活动场内案件一般由违法行为地的公安机关管辖。

违法行为地包括违法行为发生地和违法结果发生地。违法行为发生地,一般指的是强行进入行为的实施地以及开始地、结束地等与强行进入行为有关的地点。实践中,违法行为地,通常指的是大型活动举办地。

强行进入大型活动场内行为由违法行为人居住地公安机关管辖更为适宜的,可以由违法行为人居住地公安机关管辖。

证据收集

(一)证据规格

强行进入大型活动场内行为的调查和证据收集重点在于,证明违法嫌疑人客观行为存在及其表现,以及对大型群众性活动秩序造成的扰乱后果。应注意该行为应是尚未造成严重损

失,尚不够刑事处罚的行为,因而对违法行为后果的认定尤为重要。主要收集的证据规格如下:

1.违法嫌疑人陈述和申辩。

(1)违法嫌疑人的基本情况;(2)违法行为的动机和目的;(3)作案时间、地点、人员、起因、经过、手段、方式、危害后果;(4)作案工具及来源、下落;(5)结伙作案的,违法嫌疑人的数量、身份、当天穿着、预谋、结伙聚合的过程、相互关系、地位,以及各违法嫌疑人相互关系、相互印证情况。

2.被侵害人陈述和其他证人证言。

(1)被侵害人(单位)陈述:行为人实施强行进入大型活动场内行为的时间、地点、经过、起因、目的、手段、后果,物品损失,是否致使大型群众性活动不能正常进行,违法嫌疑人的数量、身份及体貌特征,各违法嫌疑人在违法行为中的地位和作用;(2)被侵害单位出具的报案材料;(3)其他证人证言:违法事实、情节、物品损失、人员受伤情况及其他后果,各违法嫌疑人在违法行为中的地位和作用;(4)被侵害单位存在设定一定的条件,确定与其他参与者之间的权利义务关系,并确定入场的条件及凭证,没有此类凭证即不得入场的证明;(5)被侵害单位已事先公示安全检查要求的证明。

3.物证、书证。

作案工具、被损坏的财物等物证和照片、损坏财物的价格证明。

4.鉴定意见。

伤情鉴定、损坏财物的价格认定、嫌疑人的精神病鉴定。

5.视听资料、电子数据。

(1)现场音视频、视频监控资料;(2)能够证明违法行为的聊天信息、图片;(3)现场执法视频。

6.勘验、检查笔录,现场笔录。

现场勘查笔录、现场图、现场照片、提取的痕迹物证等。

7.辨认笔录。

证人及相关当事人对违法嫌疑人的辨认、嫌疑人之间互相辨认以及对作案工具的辨认。

8.其他证据材料。

(1)证明违法嫌疑人身份的材料和违法犯罪记录。如人口信息、户籍证明,以及身份证、工作证、专业或技术等级证复印件等;法院判决书、行政处罚决定书、释放证明书等有效法律文件。(2)抓获经过、处警经过等。

(二)注意事项

1.注重对大型活动的取证。构成强行进入大型活动场内的行为,是指不符合主办方等有关方面确定的入场条件而强行进入场内,包括但不限于违法行为人不购买门票或者入场券,并且不听工作人员的制止,强行进入场内观看比赛或者其他活动,或者不服从安全检查工作人员的安全检查,不按要求寄存包裹而强行进入场内以及其他强行进入场内的情形。因此在案件办理过程中,民警要注意收集主办方等有关方面是否事先设定一定的条件,确定与其他参与者之间的权利义务关系,并确定入场的条件及凭证,没有此类凭证即不得入场的规定以及是否事先公示安全检查的要求。由政府组织的大型公共事务活动不属于本条规定的大型活动,民警要注意区分。

2. 注重及时收集、制作视听资料。强行进入大型活动场内行为,因入口或检票处现场人员较多,行为发生时容易引发混乱,各违法行为人实施的具体行为也不尽相同,如果不及时收集、制作直观的视听资料,往往容易出现混淆甚至遗漏违法行为人的情况,从而难以查清案件事实。在案件办理过程中,民警应及时收集大型活动场内的视频监控录像,同时在出警时运用执法记录仪固定现场证据,对每一名违法行为人的具体行为都能一目了然,客观反映案件事实经过和影响后果。

🛡 行为认定

(一)对强行进入大型活动场内行为的认定

主要从以下四个方面进行认定:

1. 本行为侵犯的客体是大型群众性活动的正常秩序。大型群众性活动秩序是公共场所秩序的一种,扰乱大型活动秩序不以扰乱公共场所秩序行为论处,而是作为特别的秩序予以保护。

2. 本行为在客观方面表现为:强行进入大型群众性活动举办场所,扰乱正常活动秩序,尚未造成严重后果的行为。强行进入场内,是不符合主办方等有关方面确定的入场条件而强行进入场内的情形,具体是指行为人不购买门票或者入场券,并且不听工作人员的制止,强行进入场内观看比赛或者进行其他活动;或者虽持有票证,但不服从安全检查工作人员的安全检查,而强行进入场内以及其他强行进入场内的情形。实践中要注意把握"强行进入场内"的客观表现,以将该行为与普通逃票行为进行区别。

3. 行为的实施主体一般是自然人。

4. 本行为在主观方面表现为故意,过失不构成本行为。

(二)实践中适用责令禁止观看同类比赛措施

对因扰乱体育比赛、文艺演出活动秩序被处以行政拘留处罚的,可以同时责令其6个月至1年内不得进入体育场馆观看同类比赛。(1)适用的对象。只能针对因扰乱体育比赛秩序或者文艺演出活动秩序被处以行政拘留处罚的行为人。(2)是否适用责令禁止观看同类比赛,要由公安机关根据行为人的主观恶性或者违法行为的严重程度来综合权衡。(3)适用的程序。一般情况下,应与行政拘留处罚同时作出。

🛡 处罚标准

本行为设置"一般情形"和"情节严重"两个层次的处罚。其中"一般情形"的处罚为警告或罚款,"情节严重"的处罚为拘留并可加处罚款。对于"情节严重"情形的认定,应当结合行为人的动机、手段、目的、行为的次数和造成的后果等综合考虑。[①]

表10 强行进入大型活动场内行为处罚标准

处罚档次	处罚标准	裁量基准
一般情形	处警告或者500元以下罚款	/
情节严重	处5日以上10日以下拘留,可以并处1000元以下罚款	①采取暴力、威胁等方法强行进入活动场内的 ②造成人员受伤、财物损失、秩序混乱等危害后果或者较大社会影响的 ③其他情节严重的情形

案例及解析

【基本案情】某日下午14时左右,会展中心A馆南门入口处,已购票的粉丝正在安保人员引导下有序排队,凭票接受安检后入场。王某(男,22岁)未持有本次活动门票,企图从安检通道强行闯入场内。保安员刘某第一时间发现并阻止,告知其"请出示门票"并指出通道旁的购票指引牌。王某无视劝阻,情绪激动,声称"我是铁粉,必须进去送礼物",强行推开保安刘某的手臂,低头冲过安检门,不顾另一名保安李某的拦截,撞开临时设置的警戒隔离带,向场馆内跑去。现场安保负责人见状,立即通过对讲机报警并向场馆内安保人员通报情况。接到报警后,正在场馆外巡逻的属地派出所民警迅速赶到南门入口,将其带回派出所。

请问王某的行为应认定为什么行为?

【解析】王某明知需凭票入场,且被安保人员明确劝阻,仍故意采用暴力方式,推搡保安,冲破警戒带,强行闯入。该行为直接破坏了正常的入口安检秩序,引发了入口处的混乱和短暂停顿,影响了其他持票观众的入场秩序。王某的行为应当认定为强行进入大型活动场内行为。

关联法条

《大型群众性活动安全管理条例》(2007年)

第9条 参加大型群众性活动的人员应当遵守下列规定:

(一)遵守法律、法规和社会公德,不得妨碍社会治安、影响社会秩序;

(二)遵守大型群众性活动场所治安、消防等管理制度,接受安全检查,不得携带爆炸性、易燃性、放射性、毒害性、腐蚀性等危险物质或者非法携带枪支、弹药、管制器具;

(三)服从安全管理,不得展示侮辱性标语、条幅等物品,不得围攻裁判员、运动员或者其他工作人员,不得投掷杂物。

---

① 参见柯良栋主编:《治安管理处罚法释义与实务指南(2014年版)》,中国人民公安大学出版社2014年版,第258页。

第21条 承办者或者大型群众性活动场所管理者违反本条例规定致使发生重大伤亡事故、治安案件或者造成其他严重后果构成犯罪的,依法追究刑事责任;尚不构成犯罪的,对安全责任人和其他直接责任人员依法给予处分、治安管理处罚,对单位处1万元以上5万元以下罚款。

第23条 参加大型群众性活动的人员有违反本条例第九条规定行为的,由公安机关给予批评教育;有危害社会治安秩序、威胁公共安全行为的,公安机关可以将其强行带离现场,依法给予治安管理处罚;构成犯罪的,依法追究刑事责任。

16. 违规在大型活动场内燃放物品

现行规定

《治安管理处罚法》

第28条第1款第2项 有下列行为之一,扰乱体育、文化等大型群众性活动秩序的,处警告或者五百元以下罚款;情节严重的,处五日以上十日以下拘留,可以并处一千元以下罚款:

(二)违反规定,在场内燃放烟花爆竹或者其他物品的;

立案与管辖

(一)立案标准

违法嫌疑人有违反规定在体育、文化等大型群众性活动场内燃放烟花爆竹或者其他物品,扰乱大型群众性活动秩序,尚不够刑事处罚的行为即可立案。这里的违反规定,指的是法律、法规、自治条例和单行条例、规章以及各级人民政府和政府工作部门的有关规定。

(二)管辖

违规在大型活动场内燃放物品案件一般由违法行为地的公安机关管辖。

违法行为地包括违法行为发生地和违法结果发生地。违法行为发生地,一般指的是燃放行为的实施地以及开始地、结束地等与燃放行为有关的地点。实践中,违法行为地,通常指的是大型活动举办地。

违规在大型活动场内燃放物品行为由违法行为人居住地公安机关管辖更为适宜的,可以由违法行为人居住地公安机关管辖。

证据收集

(一)证据规格

违规在大型活动场内燃放物品行为的调查和证据收集重点在于,证明客观行为存在及其表现,以及对大型群众性活动秩序造成的扰乱后果。应注意该行为尚未造成严重后果,尚不够刑事处罚,因而对违法行为后果的认定尤为重要。在一个完整的违规在大型活动场内燃放

物品行为事实和损害结果认定中,主要收集的证据规格如下:

1. 违法嫌疑人陈述和申辩。

(1)违法嫌疑人的基本情况;(2)违法行为的动机和目的;(3)作案时间、地点、人员、起因、经过、手段、方式、危害后果;(4)作案工具及来源、下落;(5)结伙作案的,违法嫌疑人的数量、身份、当天穿着,预谋、结伙聚合的过程、相互关系、地位,以及各违法嫌疑人相互关系、相互印证情况。

2. 被侵害人陈述和其他证人证言。

(1)被侵害人(单位)陈述:行为人实施违规在大型活动场内燃放物品行为的时间、地点、经过、起因、目的、手段、后果,物品损失,是否致使大型群众性活动不能正常进行,违法嫌疑人的数量、身份及体貌特征,各违法嫌疑人在违法行为中的地位和作用。(2)被侵害单位出具的报案材料。(3)其他证人证言:违法事实、情节、物品损失、人员受伤情况及其他后果,各违法嫌疑人在违法行为中的地位和作用。(4)被侵害单位已事先公示活动期间不允许携带易燃易爆物品的证明。

3. 物证、书证。

作案工具、被损坏的财物等物证和照片、损坏财物的价格证明。

4. 鉴定意见。

伤情鉴定、损坏财物的价格认定、易燃易爆物品鉴定、嫌疑人的精神病鉴定。

5. 视听资料、电子数据。

(1)现场音视频、视频监控资料;(2)能够证明违法行为的聊天信息、图片;(3)现场执法视频。

6. 勘验、检查笔录,现场笔录。

现场勘查笔录、现场图、现场照片、提取的痕迹物证等。

7. 辨认笔录。

证人及相关当事人对违法嫌疑人的辨认,嫌疑人之间互相辨认以及对作案工具的辨认。

8. 其他证据材料。

(1)证明违法嫌疑人身份的材料和违法犯罪记录。如人口信息、户籍证明,身份证、工作证、专业或技术等级证复印件等;法院判决书、行政处罚决定书、释放证明书等有效法律文件。(2)抓获经过、处警经过等。

(二)注意事项

1. 注意到场后迅速控制现场,迅速扑灭正在燃放的物品,第一时间消除燃放物品引发的后果,确保群众安全。如烟花爆竹点燃后,木炭粉、硫磺粉、金属粉末等在氧化剂等的作用下,迅速燃烧,产生有害气体及大量粉尘,致使燃放现场硝烟弥漫。在大型活动场内擅自燃放烟花爆竹等物品容易引发火灾或者导致大型活动秩序混乱,从而危及公共安全,可能发生群死群伤的事件,民警到现场后要第一时间采取措施,积极消除危害后果,确保群众安全。

2. 注重第一时间收集现场易燃易爆物品的残骸。本行为在客观上表现为违反规定,在场内燃放烟花爆竹或者其他物品。爆竹的主要成分是黑火药,含有硫磺、木炭粉、硝酸钾,有的还含有氯酸钾以及其他成分等。所谓烟花爆竹之外的其他物品,主要是指燃放后可能造成环境污染,留下安全隐患,干扰文化、体育等大型群众性活动正常进行的物品,如燃烧报纸、扫帚、横幅、标语等。由于燃烧物品行为多为室外,燃烧后的残骸易受天气、大风等自然条件影响,容易丢失,民警到达现场后,应第一时间安排人员收集现场燃放物品后的残骸,为后续处理固定证据。

3. 注重燃放物品行为是否违反当地有关禁燃烟花爆竹的相关规定。由于燃放鞭炮而引起火灾,炸伤手臂、面部或眼睛的事故屡见不鲜,各地对于燃放烟花爆竹均有特定规定,如果大型活动举办地设有对于禁燃烟花爆竹的其他行政法规,应考虑是否存在其他违反行政法规的行为。

4. 注重是否符合大型活动相关规定的取证。民警要注意取证该活动是否符合《大型群众性活动安全管理条例》中对于大型群众性活动的定义,是否超过规定人数,是否有安全许可。

🛡 行为认定

(一)对违规在大型活动场内燃放物品行为的认定

主要从以下四个方面进行认定:

1. 本行为侵犯的客体是大型群众性活动的正常秩序。大型群众性活动秩序是公共场所秩序的一种,扰乱大型活动秩序不以扰乱公共场所秩序行为论处,而是作为特别的秩序予以保护。

2. 本行为在客观方面表现为:违反规定,在体育、文化等大型群众性活动场内燃放烟花爆竹或者其他物品,扰乱大型群众性活动秩序,尚不够刑事处罚的行为。这里的违反规定,指的是法律、法规、自治条例和单行条例、规章以及各级人民政府和政府工作部门的有关规定。烟花爆竹之外的其他物品,主要是指燃放后可能造成环境污染,留下安全隐患,干扰文化、体育等大型群众性活动正常进行的物品,如燃烧衣服、报纸、扫帚、横幅、标语等。

3. 本行为的主体一般是自然人。

4. 本行为的主观方面必须是故意,过失不构成本行为。

(二)与放火罪的区别

放火罪(《刑法》第114条和第115条),是指故意引起火灾,危害公共安全的行为。违规在大型活动内燃放物品行为与放火罪之间的区别是:(1)侵犯的客体不同。违规在大型活动场内燃放物品行为侵犯的客体是大型活动场所秩序;放火罪侵犯的客体是公共安全。(2)行为的客观表现不同。违规在大型活动场内燃放物品行为中燃放的物品一般是不会对公共安全产生危害的物品,报纸、扫帚、横幅、标语,燃放后火势较小。而放火罪燃放行为会直接产生危害公共安全的后果。首先,要将所有客观事实作为判断资料,如行为本身的危险性、对象物本身的性质、结构、价值,对象物周围的状况,对象物与周围可燃物的距离,行为时的气候、风力、气温等。其次,要根据客观的因果法则判断,对象物燃烧的行为是否足以形成在时间上或空间上失去控制的燃烧状态。对于放火烧毁现在有人居住或者现有人在内的建筑物、矿井等对象的,一般均可认定为危害公共安全。① 如果行为人在大型活动举行过程中自焚,应以放火罪论处。

处罚标准

本行为设置"一般情形"和"情节严重"两个层次的处罚。其中"一般情形"的处罚为警告或罚款,"情节严重"的处罚为拘留并可加处罚款。对于"情节严重"情形的认定,应当结合行为人的动机、手段、目的、行为的次数和造成的后果等综合考虑。②

表11 违规在大型活动场内燃放物品行为处罚标准

处罚档次	处罚标准	裁量基准
一般情形	处警告或者500元以下罚款	/
情节严重	处5日以上10日以下拘留,可以并处1000元以下罚款	①不听现场安保人员或者工作人员制止的 ②造成人员受伤、财物损失、秩序混乱等危害后果或者较大社会影响的 ③严重影响活动正常进行的 ④其他情节严重的情形

案例及解析

【基本案情】 在一场大型足球赛开场后不久,客队球迷王某在指定看台区违规燃放多支手持式"冷烟花"。燃放产生的大量白色刺鼻烟雾迅速弥漫,导致周边看台能见度急剧下降,引发部分观众恐慌、移动和短暂混乱,严重干扰了现场观赛秩序与比赛氛围。公安机关迅速锁定并控制王某。

请问王某的行为如何定性?

【解析】 "冷烟花"实际点燃后产生大量白色刺鼻烟雾,其本质仍属于明令禁止带入和燃放的"其他物品",王某燃放行为严重影响了大型活动的正常进行,应当认定为违规在大型活动场内燃放物品行为。

关联法条

《刑法》(2023年修正)

第114条 【放火罪】【决水罪】【爆炸罪】【投放危险物质罪】【以危险方法危害公共安全罪】放火、决水、爆炸以及投放毒害性、放射性、传染病病原体等物质或者以其他危险方法危害公共安全,尚未造成

---

① 参见张明楷:《刑法学》(第6版),法律出版社2021年版,第884页。
② 参见柯良栋主编:《治安管理处罚法释义与实务指南(2014年版)》,中国人民公安大学出版社2014年版,第258页。

严重后果的,处三年以上十年以下有期徒刑。

第115条 【放火罪】【决水罪】【爆炸罪】【投放危险物质罪】【以危险方法危害公共安全罪】放火、决水、爆炸以及投放毒害性、放射性、传染病病原体等物质或者以其他危险方法致人重伤、死亡或者使公私财产遭受重大损失的,处十年以上有期徒刑、无期徒刑或者死刑。

【失火罪】【过失决水罪】【过失爆炸罪】【过失投放危险物质罪】【过失以危险方法危害公共安全罪】过失犯前款罪的,处三年以上七年以下有期徒刑;情节较轻的,处三年以下有期徒刑或者拘役。

17. 在大型活动场内展示侮辱性物品

现行规定

《治安管理处罚法》

第28条第1款第3项 有下列行为之一,扰乱体育、文化等大型群众性活动秩序的,处警告或者五百元以下罚款;情节严重的,处五日以上十日以下拘留,可以并处一千元以下罚款:

(三)展示侮辱性标语、条幅等物品的;

立案与管辖

(一)立案标准

违法嫌疑人在举办体育、文化等大型群众性活动的场所内有展示侮辱性标语、条幅等物品,扰乱大型群众性活动的正常秩序,尚不够刑事处罚的行为即可立案。注意这里的侮辱性通常是指物品带有贬损性、歧视性或攻击性的内容,会对他人的心理和情感造成伤害,侵害他人的名誉权,损害他人人格尊严。还包括在大型文化、体育等活动中展示侮辱国家、民族尊严的标语、条幅、画像、服装等物品的行为。

(二)管辖

在大型活动场内展示侮辱性物品案件一般由违法行为地的公安机关管辖。

违法行为地包括违法行为发生地和违法结果发生地。违法行为发生地,一般指的是展示行为的实施地以及开始地、结束地等与展示行为有关的地点。实践中,违法行为地,通常指的是大型活动举办地。

在大型活动场内展示侮辱性物品行为由违法行为人居住地公安机关管辖更为适宜的,可以由违法行为人居住地公安机关管辖。

证据收集

(一)证据规格

在大型活动场内展示侮辱性物品行为的调查和证据收集重点在于,证明客观行为存在及其表现,以及对大型群众性活动秩序造成的扰乱后果。应注意该行为尚未造成严重损失,尚不够刑事处罚,因而对违法行为后果的认定尤为重要。在一个完整的在大型活动场内展示侮辱性物品的行为事实和损害结果认定中,主要收集的证据规格如下:

1. 违法嫌疑人陈述和申辩。

(1)违法嫌疑人的基本情况;(2)违法行为的动机和目的;(3)作案时间、地点、人员、起因、经过、手段、方式、危害后果;(4)作案工具及来源、下落;(5)结伙作案的,违法嫌疑人的数量、身份、当天穿着,预谋、结伙聚合的过程、相互关系、地位,以及各违法嫌疑人相互关系、相互印证情况。

2. 被侵害人陈述和其他证人证言。

(1)被侵害人(单位)陈述:行为人实施在大型活动场内展示侮辱性物品行为的时间、地点、经过、起因、目的、手段、后果,物品损失,是否致使大型群众性活动不能正常进行,违法嫌疑人的数量、身份及体貌特征,各违法嫌疑人在违法行为中的地位和作用。(2)被侵害单位出具的报案材料。(3)其他证人证言:违法事实、情节、物品损失、人员受伤情况及其他后果,各违法嫌疑人在违法行为中的地位和作用。

3. 物证、书证。

作案工具、被损坏的财物等物证和照片、损坏财物的价格证明。

4. 鉴定意见。

伤情鉴定、损坏财物的价格认定、嫌疑人的精神病鉴定。

5. 视听资料、电子数据。

(1)现场音视频、视频监控资料;(2)能够证明违法行为的聊天信息、图片;(3)现场执法视频。

6. 勘验、检查笔录,现场笔录。

现场勘查笔录、现场图、现场照片、提取的痕迹物证等。

7. 辨认笔录。

证人及相关当事人对违法嫌疑人的辨认,嫌疑人之间互相辨认以及对作案工具的辨认。

8. 其他证据材料。

(1)证明违法嫌疑人身份的材料和违法犯罪记录。如人口信息、户籍证明,以及身份证、工作证、专业或技术等级证复印件等;法院判决书、行政处罚决定书、释放证明书等有效法律文件。(2)抓获经过、处警经过等。

(二)注意事项

1. 注重到达现场后第一时间消除不良影响,恢复正常秩序。本行为在客观上表现为在大型群众性活动场内展示侮辱性标语、条幅等物品。为了活跃气氛,表达自己对参赛选手的支持、对赛事的喜爱等,体育活动等大型活动的参与者通常会在大型活动的现场悬挂各种标语、条幅等物品,有时赛事的组织者也会悬挂标语、条幅。但行使自己的权利和自由的时候,不得损害他人的合法权利和自由,在大型活动的举办场所不应当展示侮辱性标语、条幅等物品。

实践中,此种行为多发生在足球比赛等大型活动中,展示侮辱性标语、条幅等易影响比赛等大型活动的正常进行,引发骚乱,同时也对他人的人格权造成了侵害。民警到场后,要第一时间消除不良影响,维持活动正常秩序。

2. 注重及时收集、制作视听资料。在大型活动场内展示侮辱性物品的行为发生时,容易造成现场混乱,各违法行为人展示侮辱性物品的行为方式也不尽相同,如果不及时收集、制作直观的视听资料,往往容易出现混淆甚至遗漏违法行为人的情况,从而难以查清案件事实。在案件办理过程中,民警应及时收集大型活动场内的视频监控录像,同时在出警时运用执法记录仪固定现场证据,对每一名违法行为人的具体行为都能一目了然,客观反映案件事实经过和影响后果。

3. 注重对侮辱性物品的收集。民警到达现场后,违法行为人可能会立即采取损毁甚至吞咽侮辱性物品行为,民警到达现场后要第一时间控制住违法行为人的侮辱性物品,以防证据缺失。

4. 注重是否符合大型活动相关规定的取证。民警要注意取证该活动是否符合《大型群众性活动安全管理条例》中对于大型活动的定义,是否超过规定人数,是否有安全许可。

🛡 行为认定

(一)对在大型活动场内展示侮辱性物品行为的认定

主要从以下四个方面进行认定:

1. 本行为侵犯的客体是大型群众性活动的正常秩序。大型群众性活动秩序是公共场所秩序的一种,扰乱大型活动秩序不以扰乱公共场所秩序行为论处,而是作为特别的秩序予以保护。

2. 本行为在客观方面表现为在举办文化、体育等大型群众性活动的场所内展示侮辱性标语、条幅等物品,扰乱大型群众性活动的正常秩序,尚不够刑事处罚的行为。展示,是指以文字、图片、动画等方式让特定或者不特定的多人知悉、看到侮辱性标语、条幅等物品。这里注意所展示的物品必须带有侮辱性质,例如,含有地域歧视、性别歧视、球队歧视等内容,对相关人员的名誉权构成一定侵害。还包括在大型文化、体育等活动中展示侮辱国家、民族尊严的标语、条幅、画像、服装等物品的行为。

3. 本行为的主体既可以是自然人,也可以是单位。

4. 本行为在主观方面必须是故意。

(二)与侵害英雄烈士名誉、荣誉行为和制作、传播、散布宣扬、美化侵略战争、侵略行为的言论、物品行为的区别

2025年《治安管理处罚法》新增的第35条中有两项规定:第一,以侮辱、诽谤或者其他方式侵害英雄烈士的姓名、肖像、名誉、荣誉,损害社会公共利益的行为应予处罚;第二,制作、传播、散布宣扬、美化侵略战争、侵略行为的言论或者图片、音视频等物品,扰乱公共秩序的行为应予处罚。对于这两种行为,如果是通过展示物品的方式发生在大型活动中,属于想象竞合,应当从一重处罚,不以在大型活动场内展示侮辱性物品行为论处。如果行为侮辱了英雄烈士,则以侵害英雄烈士名誉、荣誉行为论处;如果行为涉及传播、散布宣扬、美化侵略战争、侵略行为的言论、物品,则以其具体行为表现认定。

处罚标准

本行为设置"一般情形"和"情节严重"两个层次的处罚。其中"一般情形"的处罚为警告或罚款,"情节严重"的处罚为拘留并可加处罚款。对于"情节严重"情形的认定,应当结合行为人的动机、手段、目的、行为的次数和造成的后果等综合考虑。

表12 在大型活动场内展示侮辱性物品行为处罚标准

处罚档次	处罚标准	裁量基准
一般情形	处警告或者500元以下罚款	/
情节严重	处5日以上10日以下拘留,可以并处1000元以下罚款	①不听现场安保人员或者工作人员制止的
		②在大型文化、体育等活动中展示侮辱国家、民族尊严的标语、条幅、画像、服装等物品的
		③造成人员受伤、财物损失、秩序混乱等危害后果或者较大社会影响的
		④引发运动员、观众及场内其他人员冲突的
		⑤严重影响活动正常进行的
		⑥其他情节严重的情形

案例及解析

【基本案情】在某市体育中心举办的足球友谊赛进行期间,执勤民警在巡逻中发现,在主队A省队所在的北看台区域,一名中年男性球迷刘某将其携带入场的一条自制红色横幅展开并高举。该横幅上清晰印有攻击客队某明星球员黄某,具有强烈人身侮辱性质的语句,内容为"黄某是××"。此举立刻引发周围大量客队球迷及部分主队球迷的不满,现场出现推搡和口角,秩序一度混乱,存在引发更大规模冲突的风险。现场安保人员及执勤民警迅速介入,第一时间要求刘某立即收起该横幅,但刘某拒不配合,继续展示该侮辱性物品。民警果断采取措施,将其强制带离现场至公安机关处理。

请问刘某的行为应当如何认定?

【解析】本案中,刘某在球赛现场展示对对方球员具有侮辱性的标语,这与一般的侮辱行为不同,这一侮辱性标语是展示在大型活动场所中,不仅产生了对黄某名誉权的侵害,更是产生了其他危害后果,扰乱了大型活动的正常进行。因此,刘某的行为不能认定为普通的侮辱行为,而应认定为在大型活动场内展示侮辱性物品行为。

关联法条

本部分关联法条参见"强行进入大型活动场内"行为的关联法条。

18. 围攻大型活动工作人员

现行规定

《治安管理处罚法》

第 28 条第 1 款第 4 项 有下列行为之一,扰乱体育、文化等大型群众性活动秩序的,处警告或者五百元以下罚款;情节严重的,处五日以上十日以下拘留,可以并处一千元以下罚款:

(四)围攻裁判员、运动员或者其他工作人员的;

立案与管辖

(一)立案标准

违法嫌疑人在体育、文化等大型群众性活动中有围攻裁判员、运动员或者其他工作人员,扰乱大型群众性活动秩序,尚不够刑事处罚的行为即可立案。围攻行为一般表现为辱骂、推搡等较为轻微的治安违法行为,如果违法嫌疑人有明显的伤人故意,在事实上也造成了致人重伤或者死亡的后果,则构成刑事犯罪。

(二)管辖

围攻大型活动工作人员案件一般由违法行为地的公安机关管辖。

违法行为地包括违法行为发生地和违法结果发生地。违法行为发生地,一般指的是围攻行为的实施地以及开始地、结束地等与围攻行为有关的地点。实践中,违法行为地,通常指的是大型活动举办地。

围攻大型活动工作人员行为由违法行为人居住地公安机关管辖更为适宜的,可以由违法行为人居住地公安机关管辖。

证据收集

(一)证据规格

围攻大型活动工作人员行为的调查和证据收集重点在于,证明客观行为存在及其表现,以及对大型群众性活动秩序造成的扰乱后果。应注意该行为尚未造成严重损失,尚不够刑事处罚,因而对违法行为后果的认定尤为重要。在一个完整的围攻大型活动工作人员的行为事实和损害结果认定中,主要收集的证据规格如下:

1. 违法嫌疑人陈述和申辩。

(1)违法嫌疑人的基本情况;(2)违法行为的动机和目的;(3)作案时间、地点、人员、起因、经过、手段、方式、危害后果;(4)作案工具及来源、下落;(5)结伙作案的,违法嫌疑人的数量、身份、当天穿着、预谋、结伙聚合的过程、相互关系、地位,以及各违法嫌疑人相互关系、相互印证情况。

2. 被侵害人陈述和其他证人证言。

(1)被侵害人(单位)陈述:行为人实施围攻大型活动工作人员的行为的时间、地点、经过、起因、目的、手段、后果,物品损失,是否致使大型群众性活动不能正常进行,违法嫌疑人的数量、身份及体貌特征,各违法嫌疑人在违法行为中的地位和作用。(2)被侵害单位出具的报案材料。(3)其他证人证言:违法事实、情节、物品损失、人员受伤情况及其他后果,各违法嫌疑人在违法行为中的地位和作用。

3. 物证、书证。

作案工具、被损坏的财物等物证和照片、损坏财物的价格证明。

4. 鉴定意见。

伤情鉴定、损坏财物的价格认定、嫌疑人的精神病鉴定。

5. 视听资料、电子数据。

(1)现场音视频、视频监控资料;(2)能够证明违法行为的聊天信息、图片;(3)现场执法视频。

6. 勘验、检查笔录,现场笔录。

现场勘查笔录、现场图、现场照片、提取的痕迹物证等。

7. 辨认笔录。

证人及相关当事人对违法嫌疑人的辨认,嫌疑人之间互相辨认以及对作案工具的辨认。

8. 其他证据材料。

(1)证明违法嫌疑人身份的材料和违法犯罪记录。如人口信息、户籍证明,以及身份证、工作证、专业或技术等级证复印件等;法院判决书、行政处罚决定书、释放证明书等有效法律文件。(2)抓获经过、处警经过等。

(二)注意事项

1. 注意第一时间控制现场局面,保护工作人员安全,确保大型活动正常进行。围攻裁判员、运动员或者其他工作人员还可能引发更大范围的混乱,造成更为严重的后果。故民警到达现场后,要第一时间制止行为的继续发生,确保工作人员的人身安全和大型活动的正常进行。

2. 注重及时收集、制作视听资料。围攻大型活动工作人员行为的"围攻"是指众人包围、攻击他人的行为,现场一般较为混乱,人员分散,如果不及时收集、制作直观的视听资料,往往容易出现混淆甚至遗漏违法行为人的情况,从而难以查清案件事实。在案件办理过程中,民警应及时收集大型活动场内的视频监控录像,同时在出警时运用执法记录仪固定现场证据,对每一名违法行为人的具体行为都能一目了然,客观反映案件事实经过和影响后果。

行为认定

（一）对围攻大型活动工作人员行为的认定

主要从以下四个方面进行认定：

1. 本行为侵犯的客体是大型群众性活动的正常秩序。围攻裁判员、运动员或者其他工作人员，是一种比较严重的扰乱大型群众性活动秩序行为，直接影响到体育比赛等大型群众性活动的正常进行。

2. 本行为在客观方面表现为在文化、体育等大型群众性活动中围攻裁判员、运动员或者其他工作人员，扰乱大型群众性活动秩序，尚不够刑事处罚的行为。围攻，是指出于伤害目的对现场工作人员实施包围、攻击行为，且必须是两人或两人以上进行的对现场工作人员的包围、攻击行为。在大型活动中围攻工作人员时常会伴有殴打或者辱骂行为，应当视具体的殴打或者辱骂情节，与本行为从一重进行处罚。

3. 本行为的主体一般是自然人，单位不构成本行为主体。

4. 本行为在主观方面必须是故意，过失不构成本行为。

（二）与结伙殴打他人的区别

《治安管理处罚法》第51条第2款规定了对结伙殴打、伤害他人的处罚。围攻大型活动工作人员行为与结伙殴打、伤害他人行为的区别在于：(1) 主观不同。结伙殴打有明确的结伙意图，而围攻行为不具有明确的共同故意，主要是行为人在大型活动现场临时起意。(2) 侵犯的客体和行为表现不同。结伙殴打主要侵害的是人身权，主要的行为表现是殴打。而围攻大型活动工作人员行为在行为表现上不限于殴打，还有可能是辱骂，不仅可能侵犯人身权、名誉权，更是扰乱了大型活动秩序。

处罚标准

本行为设置"一般情形"和"情节严重"两个层次的处罚。对于"情节严重"情形的认定，应当结合行为人的动机、手段、目的、行为的次数和造成的后果等综合考虑。[1]

表13 围攻大型活动工作人员行为处罚标准

处罚档次	处罚标准	裁量基准
一般情形	处警告或者500元以下罚款	/

---

[1] 参见柯良栋主编：《治安管理处罚法释义与实务指南（2014年版）》，中国人民公安大学出版社2014年版，第258页。

续表

处罚档次	处罚标准	裁量基准
情节严重	处5日以上10日以下拘留;可以并处1000元以下罚款	①不听现场安保人员或者工作人员制止的 ②造成人员受伤、财物损失、秩序混乱等危害后果或者较大社会影响的 ③引发运动员、观众及场内其他人员冲突的 ④严重影响活动正常进行的 ⑤其他情节严重的情形

案例及解析

【基本案情】A市足球俱乐部与B市足球俱乐部举行淘汰赛。根据裁判员报告、比赛监督报告、视频记录显示,当比赛进行到第78分钟时,B市足球俱乐部官员刘某在看台上大声指责、辱骂裁判员及上前劝阻的赛区工作人员。半场休息时,刘某推搡裁判员胸部,裁判员以暴力行为向其出示红牌。随后,裁判员在安保人员护送下返回休息室,行至通道口台阶时,刘某绕过安保人员,从背后推击裁判员。球场一片混乱,后派出所出警。

对于刘某的行为应如何认定?

【解析】由于体育赛事具有一定的对抗性,观众、裁判、工作人员和双方队员之间往往伴有挑衅推搡、辱骂等冲突行为。这种行为是否一旦发生就予以处罚?答案是否定的。公安机关在对此类行为进行查处时,要根据冲突引发的原因、行为方式、行为结果等多方面进行综合判断。只有轻微的推搡、辱骂行为,经过制止后不再犯的一般不予处罚。刘某反复指责、攻击裁判员,在被出示红牌后仍不停止其行为,导致了球场混乱结果的发生,能否认定为围攻大型活动工作人员?答案是否定的。围攻大型活动工作人员应当是两人以上的围攻,本案中刘某虽然有攻击行为,但没有其他行为人,因此不应认定为围攻裁判员或其他工作人员行为,而是认定为其他扰乱大型活动秩序行为。

关联法条

本部分关联法条参见"强行进入大型活动场内"行为的关联法条。

19.向大型活动场内投掷杂物

现行规定

《治安管理处罚法》

第28条第1款第5项 有下列行为之一,扰乱体育、文化等大型群众性活动秩序的,处警

告或者五百元以下罚款;情节严重的,处五日以上十日以下拘留,可以并处一千元以下罚款:

(五)向场内投掷杂物,不听制止的;

立案与管辖

(一)立案标准

违法嫌疑人有在体育、文化等大型群众性活动场内投掷杂物,不听制止,扰乱大型群众性活动秩序,尚不够刑事处罚的行为即可立案。这里注意,违法嫌疑人如果仅有投掷杂物的行为,没有产生任何危害后果,不构成本行为。违法嫌疑人有投掷杂物的行为,不听制止,才构成本行为。

(二)管辖

向大型活动场内投掷杂物案件一般由违法行为地的公安机关管辖。

违法行为地包括违法行为发生地和违法结果发生地。违法行为发生地,一般指的是投掷行为的实施地以及开始地、结束地等与投掷行为有关的地点。实践中,违法行为地,通常指的是大型活动举办地。

向大型活动场内投掷杂物行为由违法行为人居住地公安机关管辖更为适宜的,可以由违法行为人居住地公安机关管辖。

证据收集

(一)证据规格

向大型活动场内投掷杂物行为的调查和证据收集重点在于,证明客观行为存在及其表现,以及对大型群众性活动秩序造成的扰乱后果。应注意该行为尚未造成严重损失,尚不够刑事处罚,因而对违法行为后果的认定尤为重要。在一个完整的向大型活动场内投掷杂物的行为事实和损害结果认定中,主要收集的证据规格如下:

1.违法嫌疑人陈述和申辩。

(1)违法嫌疑人的基本情况;(2)违法行为的动机和目的;(3)作案时间、地点、人员、起因、经过、手段、方式、危害后果;(4)作案工具及来源、下落;(5)结伙作案的,违法嫌疑人的数量、身份、当天穿着,预谋、结伙聚合的过程、相互关系、地位,以及各违法嫌疑人相互关系、相互印证情况。

2.被侵害人陈述和其他证人证言。

(1)被侵害人(单位)陈述:行为人实施向大型活动场内投掷杂物的行为的时间、地点、经过、起因、目的、手段、后果,物品损失,是否致使大型群众性活动不能正常进行,违法嫌疑人的数量、身份及体貌特征,各违法嫌疑人在违法行为中的地位和作用。(2)被侵害单位出具的报案材料。(3)其他证人证言:违法事实、情节、物品损失、人员受伤情况及其他后果,各违法嫌疑人在违法行为中的地位和作用。

3.物证、书证。

作案工具、被损坏的财物等物证和照片、损坏财物的价格证明。

4. 鉴定意见。

伤情鉴定、损坏财物的价格认定、嫌疑人的精神病鉴定。

5. 视听资料、电子数据。

(1)现场音视频、视频监控资料;(2)能够证明违法行为的聊天信息、图片;(3)现场执法视频。

6. 勘验、检查笔录,现场笔录。

现场勘查笔录、现场图、现场照片、提取的痕迹物证等。

7. 辨认笔录。

证人及相关当事人对违法嫌疑人的辨认、嫌疑人之间互相辨认以及对作案工具的辨认。

8. 其他证据材料。

(1)证明违法嫌疑人身份的材料和违法犯罪记录。如人口信息、户籍证明,以及身份证、工作证、专业或技术等级证复印件等;法院判决书、行政处罚决定书、释放证明书等有效法律文件。(2)抓获经过、处警经过等。

(二)注意事项

1. 注意第一时间对投掷杂物的行为进行制止,控制现场局面,对于不听从制止的,依法进行治安管理处罚,确保表演人员、运动员或工作人员的人身安全和大型活动的正常进行。

2. 注重及时收集、制作视听资料。向大型活动场内投掷杂物的行为,实践中一般多为群体性,各违法行为人实施的具体行为也不尽相同,如果不及时收集、制作直观的视听资料,往往容易出现混淆甚至遗漏违法行为人的情况,从而难以查清案件事实。在案件办理过程中,民警应及时收集大型活动场内的视频监控录像,同时在出警时运用执法记录仪固定现场证据,对每一名违法行为人的具体行为都能一目了然,客观反映案件事实经过和影响后果。

3. 注意收集违法行为人不听制止的相关证据。本行为在客观上表现为:向大型群众性活动场内投掷杂物,不听制止。在大型活动进行中,有的参与者可能会基于各种动机往场内投掷矿泉水瓶、食品等杂物,如表达对裁判的不满、不满意某球员的表现等。但不论是出于何种动机,这种行为都会威胁他人的人身安全,妨碍体育比赛等大型活动的秩序,干扰大型活动的正常进行。因此,对于向场内投掷杂物的行为。赛事的组织者和在现场维持秩序的人员应当及时制止。对于不听制止的,应当根据本法的规定,给予治安管理处罚。如若当即停止,则不予以处罚。

4. 注重是否符合大型活动相关规定的取证。民警要注意取证该活动是否符合《大型群众性活动安全管理条例》中对于大型活动的定义,是否超过规定人数,是否有安全许可。

行为认定

(一)向大型活动场内投掷杂物行为的认定

1. 本行为侵犯的客体是大型群众性活动的正常秩序。大型群众性活动秩序是公共场所秩序的一种,扰乱大型活动秩序不以扰乱公共场所秩序行为论处,而是作为特别的秩序予以保护。

2. 本行为在客观方面表现为在体育、文化等大型群众性活动场内投掷杂物,不听制止,扰乱大型群众性活动秩序,尚不够刑事处罚的行为。

3. 本行为的主体一般是自然人。

4. 本行为在主观方面必须是故意,过失不构成本行为。

(二)杂物的认定

"杂物"一般认为是与活动无关,且可能造成人身安全危害或者干扰活动正常进行的物品。杂物的范围可以包括硬质杂物、软质杂物。硬质杂物一般是指质地坚硬,对人身危害大的杂物,如石块、玻璃瓶、金属罐、打火机、电池、冷冻水瓶(注水后成硬块)、质地坚硬的鞋子等。软质杂物一般来说是质地柔软,不太会产生人身危害的杂物,如纸团、食物、衣服、彩带、传单、标语等。通常情况下带入大型活动场所的物品有严格的限制,但是不排除行为人有违规带入的情形。如果投掷的杂物是不会对人身产生伤害的物品,只是干扰了大型活动的正常进行,可以认定为本行为。但是如果投掷的物品显然带有一定的伤害性,如硬质杂物,则要根据其投掷的主观目的以及产生的危害后果判断是构成本行为还是构成犯罪,不排除构成故意伤害行为。本行为成立的要件之一是违法嫌疑人不听制止,如果听取了制止放弃投掷行为,则不构成本行为。

处罚标准

本行为设置"一般情形"和"情节严重"两个层次的处罚。其中"一般情形"的处罚为警告或罚款,"情节严重"的处罚为拘留并可加处罚款。对于"情节严重"情形的认定,应当结合行为人的动机、手段、目的、行为的次数和造成的后果等综合考虑。

表 14 向大型活动场内投掷杂物行为处罚标准

处罚档次	处罚标准	裁量基准
一般情形	处警告或者 500 元以下罚款	/
情节严重	处 5 日以上 10 日以下拘留,可以并处 1000 元以下罚款	①造成人员受伤、财物损失、秩序混乱等危害后果或者较大社会影响的 ②引发运动员、观众及场内其他人员冲突的 ③严重影响活动正常进行的 ④其他情节严重的情形

案例及解析

【基本案情】某足球联赛第 20 轮比赛中,A 市队主场对 B 市球队。由于主场失利,个别球迷情绪激动,在比赛结束 B 市球员离场时,为宣泄不满情绪,球场男球迷赵某将自己的一只鞋投掷到内场,将现场执勤民警砸成轻微伤,看台执勤警力将赵某当场抓获。

请问赵某的行为应当如何认定?

【解析】本案对赵某的行为是否以"向大型活动场内投掷杂物行为"定性成为争议的焦

点。向大型活动场内投掷杂物行为的认定中,违法嫌疑人应当有不听制止的行为表现,而在本案中,并没有人制止赵某。赵某在球赛中投掷了自己的鞋子,鞋子质地坚硬,赵某在投掷鞋子之前就应当对行为可能产生的危害后果有预见,但是轻信能够避免,造成了一定的人身伤害,可以考虑治安管理处罚,以其他扰乱大型活动秩序行为予以处罚。如果造成重伤甚至死亡,则可以认定为刑法中的过失致人重伤或死亡罪。

关联法条

本部分关联法条参见"强行进入大型活动场内"行为的关联法条。

20. 其他扰乱大型活动秩序的行为

现行规定

《治安管理处罚法》

第28条第1款第6项 有下列行为之一,扰乱体育、文化等大型群众性活动秩序的,处警告或者五百元以下罚款;情节严重的,处五日以上十日以下拘留,可以并处一千元以下罚款:

(六)扰乱大型群众性活动秩序的其他行为。

立案与管辖

(一)立案标准

违法嫌疑人在体育、文化等大型群众性活动中,实施了除强行进入场内、违规在场内燃放烟花爆竹或者其他物品、在场内展示侮辱性物品、围攻工作人员和向场内投掷杂物以外的行为,扰乱大型群众性活动秩序,尚不够刑事处罚的行为即可立案。

(二)管辖

其他扰乱大型活动秩序案件一般由违法行为地的公安机关管辖。

违法行为地包括违法行为发生地和违法结果发生地。违法行为发生地,一般指的是违法行为的实施地以及开始地、途经地、结束地等与违法行为有关的地点。实践中,违法行为地,通常指的是大型活动举办地。

其他扰乱大型活动秩序行为由违法行为人居住地公安机关管辖更为适宜的,可以由违法行为人居住地公安机关管辖。

证据收集

(一)证据规格

其他扰乱大型活动秩序行为的调查和证据收集重点在于,证明客观行为存在及其表现,以及对大型群众性活动秩序造成的扰乱后果。应注意该行为尚未造成严重损失,尚不够刑事处罚,因而对违法行为后果的认定尤为重要。在一个完整的其他扰乱大型活动秩序的行为事实和损害结果认定中,主要收集的证据规格如下:

1.违法嫌疑人陈述和申辩。

(1)违法嫌疑人的基本情况;(2)违法行为的动机和目的;(3)作案时间、地点、人员、起因、经过、手段、方式、危害后果;(4)作案工具及来源、下落;(5)结伙作案的,违法嫌疑人的数量、身份、当天穿着、预谋、结伙聚合的过程、相互关系、地位,以及各违法嫌疑人相互关系、相互印证情况。

2.被侵害人陈述和其他证人证言。

(1)被侵害人(单位)陈述:行为人实施其他扰乱大型活动秩序的行为的时间、地点、经过、起因、目的、手段、后果,物品损失,是否致使大型群众性活动不能正常进行,违法嫌疑人的数量、身份及体貌特征,各违法嫌疑人在违法行为中的地位和作用。(2)被侵害单位出具的报案材料。(3)其他证人证言:违法事实、情节、物品损失、人员受伤情况及其他后果,各违法嫌疑人在违法行为中的地位和作用。

3.物证、书证。

作案工具、被损坏的财物等物证和照片、损坏财物的价格证明。

4.鉴定意见。

伤情鉴定、损坏财物的价格认定、嫌疑人的精神病鉴定。

5.视听资料、电子数据。

(1)现场音视频、视频监控资料;(2)能够证明违法行为的聊天信息、图片;(3)现场执法视频。

6.勘验、检查笔录,现场笔录。

现场勘查笔录、现场图、现场照片、提取的痕迹物证等。

7.辨认笔录。

证人及相关当事人对违法嫌疑人的辨认、嫌疑人之间互相辨认以及对作案工具的辨认。

8.其他证据材料。

(1)证明违法嫌疑人身份的材料和违法犯罪记录。如人口信息、户籍证明,以及身份证、工作证、专业或技术等级证复印件等;法院判决书、行政处罚决定书、释放证明书等有效法律文件。(2)抓获经过、出警经过等。

(二)注意事项

1.注重其他行为的认定。本行为在客观上表现为除强行进入场内、违反规定在场内燃放烟花爆竹或者其他物品、在场内展示侮辱性物品、围攻工作人员、向场内投掷杂物不听制止以外的其他扰乱大型群众性活动秩序的行为。例如,不听制止,跳入场内追逐裁判员、运动员;在场内大声喧哗,不听制止,扰乱大型活动秩序;在大型活动场内起哄闹事,扰乱大型活动秩序;破坏大型活动场内设施,影响大型活动正常进行等。

2.注重是否符合大型活动相关规定的取证。执法人员要注意取证该活动是否符合《大型群众性活动安全管理条例》中对于大型活动的定义,是否超过规定人数,是否有安全许可。

行为认定

其他扰乱大型活动秩序行为的认定,主要从以下四个方面进行认定:

1. 本行为侵犯的客体是大型群众性活动的正常秩序。
2. 本行为在客观方面表现为在体育、文化等大型群众性活动中,实施了除强行进入场内、违规在场内燃放烟花爆竹或者其他物品、在场内展示侮辱性物品、围攻工作人员和向场内投掷杂物以外的其他扰乱大型群众性活动秩序,妨碍大型群众性活动正常进行,尚不够刑事处罚的行为。其他扰乱大型群众性活动秩序的行为,包括在大型群众性活动场内起哄滋事、煽动观众不满情绪,追逐运动员、裁判员等行为。
3. 本行为的主体一般是自然人。
4. 本行为在主观方面必须是故意,过失不构成本行为。

处罚标准

本行为设置"一般情形"和"情节严重"两个层次的处罚。其中"一般情形"的处罚为警告或罚款,"情节严重"的处罚为拘留并可加处罚款。对于"情节严重"情形的认定,应当结合行为人的动机、手段、目的、行为的次数和造成的后果等综合考虑。

表15 其他扰乱大型活动秩序的行为处罚标准

处罚档次	处罚标准	裁量基准
一般情形	处警告或者500元以下罚款	/
情节严重	处5日以上10日以下拘留,可以并处1000元以下罚款	①不听现场安保人员或者工作人员制止的 ②造成人员受伤、财物损失、秩序混乱等危害后果或者较大社会影响的 ③引发运动员、观众及场内其他人员之间冲突的 ④严重影响活动正常进行的

案例及解析

【基本案情】杜某与其姐姐、弟媳一起到体育场观看《乡约》节目的现场录制,现场有特邀嘉宾、特约观众和现场观众1600余人。杜某不听现场民警的劝阻,坐在嘉宾席第一排前面的地上观看节目。晚12时许,当节目进行到尾声嘉宾正在讲话时,杜某突然跳上舞台,在舞台上独舞,导致《乡约》节目现场录制中断。杜某被维持现场秩序的执勤民警带离现场至公安局接受调查。

对杜某的行为应当如何认定?

【解析】杜某在文化节目录制现场突然跳上舞台,导致本在直播的大型活动不得不中断,并致使现场秩序混乱,扰乱了大型活动秩序。杜某的行为应当认定为其他扰乱大型活动秩序的行为。

关联法条

本部分关联法条参见"强行进入大型活动场内"行为的关联法条。

21. 违规进入体育场馆、演出场馆

现行规定

《治安管理处罚法》

第28条第2款 因扰乱体育比赛、文艺演出活动秩序被处以拘留处罚的,可以同时责令其六个月至一年以内不得进入体育场馆、演出场馆观看同类比赛、演出;违反规定进入体育场馆、演出场馆的,强行带离现场,可以处五日以下拘留或者一千元以下罚款。

立案与管辖

(一)立案标准

违法嫌疑人因实施扰乱体育比赛、文艺演出活动秩序被处以行政拘留处罚,同时责令其6个月至1年内不得进入体育场馆、演出场馆观看同类比赛、演出,嫌疑人在禁止期限内,有违反规定进入体育场馆、演出场馆的行为即达到立案标准。

(二)管辖

违规进入体育场馆、演出场馆行为案件一般由违法行为地的公安机关管辖。

违法行为地包括违法行为发生地和违法结果发生地。违法行为发生地,一般指的是违规进入体育场馆、演出场馆行为的实施地以及开始地、途经地、结束地等与违规进入体育场馆、演出场馆行为有关的地点。违法结果发生地,通常指的是违规进入体育场馆、演出场馆行为造成社会秩序混乱所在地。在此违法行为中,行为发生地与结果发生地高度重合。

违规进入体育场馆、演出场馆行为由违法行为人居住地公安机关管辖更为适宜的,可以由违法行为人居住地公安机关管辖。

证据收集

(一)证据规格

违反规定进入体育场馆、演出场馆的行为的调查和证据收集重点在于证明客观行为存在及其表现,应注意该行为尚未造成严重损失,尚不够刑事处罚,因而对违法行为后果的认定尤为重要。在一个完整的违反规定进入体育场馆、演出场馆的行为事实和损害结果认定中,主要收集的证据规格如下:

1. 违法嫌疑人陈述和申辩。

(1)违法嫌疑人的基本情况;(2)违法行为的动机和目的;(3)问明作案时间、地点、人员、起因、经过、手段、方式、危害后果;(4)问明作案工具及来源、下落;(5)结伙作案的,问明违法嫌疑人的数量、身份、当天穿着、预谋、结伙聚合的过程、相互关系、地位,以及各违法嫌疑人相互关系、相互印证情况。

2. 被侵害人陈述和其他证人证言。

(1)被侵害人(单位)陈述,问明行为人实施违反规定进入体育场馆、演出场馆的行为的时间、地点、经过、起因、目的、手段、后果,物品损失,违法嫌疑人的数量、身份及体貌特征,各违法嫌疑人在违法行为中的地位和作用。(2)被侵害单位出具的报案材料。(3)其他证人证言,问明违法事实、情节、物品损失、人员受伤情况及其他后果,各违法嫌疑人在违法行为中的地位和作用。

3. 物证、书证。

作案工具(如伪造、冒用的门票、证件等)、被损坏的财物等物证和照片、损坏财物的价格证明。

4. 鉴定意见。

伤情鉴定、损坏财物的价格鉴证、嫌疑人的精神病鉴定。

5. 视听资料、电子数据。

(1)现场音视频、视频监控资料;(2)能够证明违法行为的聊天信息、图片;(3)现场执法视频。

6. 勘验、检查笔录,现场笔录。

现场勘查笔录、现场图、现场照片、提取的痕迹物证等。

7. 辨认笔录。

证人及相关当事人对违法嫌疑人的辨认;嫌疑人之间互相辨认以及对作案工具的辨认。

8. 其他证据材料。

(1)证明违法嫌疑人身份的材料和违法犯罪记录,如人口信息、户籍证明、身份证、工作证、专业或技术等级证复印件等;法院判决书、行政处罚决定书、释放证明书等有效法律文件。(2)抓获经过、处警经过等。

(二)注意事项

1. 注意收集违法嫌疑人明知其行为违反禁止性规定,依然进入的证据。本行为的构成要求违法嫌疑人应有扰乱大型活动秩序的先行治安违法行为且被处以拘留,并且有禁止令的前提条件。

2. 注意排除合理怀疑。如行为人因紧急情况(如急救、避险)进入,需核实是否具有正当理由。

行为认定

(一)对违规进入体育场馆、演出场馆行为的认定

主要从以下四个方面进行认定：

1. 本行为侵犯的客体是公共秩序和大型群众性活动的正常秩序。
2. 本行为在客观方面表现为行为人违反公安机关作出的禁止其在6个月至1年内进入体育场馆、演出场馆的行政处罚决定,尚不够刑事处罚的行为。本行为的构成以违法嫌疑人应有扰乱大型活动秩序的先行治安违法行为,已经被处以拘留且下发了禁止令为前提条件。
3. 本行为的主体是个人,单位不能构成此行为。
4. 本行为在主观方面表现为故意。

(二)如何发现违规进入体育场馆、演出场馆的嫌疑人

体育场馆、演出场馆工作人员可以通过查验身份证和购票信息,通过比对人、证、票是否一致,查获违规进入体育场馆、演出场馆的嫌疑人。

(三)禁止令的执行

在体育活动或者演出活动购票结束以后,公安机关可以对购票人员进行身份背景核查,发现有在禁止令期限内购票的人员,公安机关可以将相关信息推送活动主办方,监督主办方予以退票处理,从而实现禁止令的执行。

处罚标准

本行为只设置"一般情形"一个处罚档次。

表16 违规进入体育场馆、演出场馆行为处罚标准

处罚档次	处罚标准
一般情形	5日以下拘留或者1000元以下罚款

案例及解析

【基本案情】某年5月,观众李某(男,28岁)因不满主办方临时取消热门曲目,在演唱会现场投掷矿泉水瓶,经现场工作人员多次制止,李某仍执意继续抛掷矿泉水瓶,并带头高喊"退票！退票！",造成演唱会现场秩序混乱,后被民警强行带离现场。公安机关依据《治安管理处罚法》第28条第1款第5项之规定处以行政拘留5日,并被责令"禁止进入演出场馆1年"。同年10月,某市体育馆举办知名歌手演唱会,演唱会当日,李某通过"黄牛"进入场馆,并在舞台区挥舞"黑幕退票"标语,被安保人员发现后,由民警依法将其强行带离现场。

对李某的行为应当如何定性?

【解析】本案中,李某在舞台区挥舞"黑幕退票"标语的行为并没有造成太大的危害后果,可以不予处罚。但是李某违反了禁止性规定进入演出场馆,应认定为违规进入体育场馆、演出场馆行为。

第四节 《治安管理处罚法》第29条

22. 虚构事实扰乱公共秩序

现行规定

《治安管理处罚法》

第29条第1项 有下列行为之一的,处五日以上十日以下拘留,可以并处一千元以下罚款;情节较轻的,处五日以下拘留或者一千元以下罚款:

(一)故意散布谣言,谎报险情、疫情、灾情、警情或者以其他方法故意扰乱公共秩序的;

立案与管辖

(一)立案标准

违法嫌疑人故意散布谣言、谎报险情、疫情、灾情、警情或者以其他方法故意扰乱公共秩序,尚不够刑事处罚的行为即达到立案标准。违法嫌疑人有故意散布谣言;或者谎报险情、疫情、灾情、警情;或者以其他虚构事实的方法扰乱公共秩序的行为之一即构成此行为。

(二)管辖

虚构事实扰乱公共秩序案件一般由违法行为地的公安机关管辖。

违法行为地包括违法行为发生地和违法结果发生地。违法行为发生地,一般指的是虚构事实扰乱公共秩序行为的实施地以及开始地、途经地、结束地等与虚构事实扰乱公共秩序行为有关的地点;虚构事实扰乱公共秩序行为有连续、持续或者继续状态的,连续、持续或者继续实施的地方都属于违法行为发生地。违法结果发生地,通常指的是虚构事实扰乱公共秩序行为造成的社会秩序混乱所在地。

虚构事实扰乱公共秩序行为由违法行为人居住地公安机关管辖更为适宜的,可以由违法行为人居住地公安机关管辖。

如果违法嫌疑人利用网络散布谣言,虚构事实扰乱公共秩序,用于实施违法行为的网站服务器所在地、网络接入地以及网站建立者或者管理者所在地,违法过程中违法行为人使用的网络及其运营者所在地公安机关都可以管辖。

证据收集

(一)证据规格

虚构事实扰乱公共秩序行为的调查和证据收集重点在于证明客观行为存在及其表现,以及对公共秩序造成的扰乱后果,应注意该行为尚未造成严重损失,尚不够刑事处罚,因而对违法行为后果的认定尤为重要。在一个完整的虚构事实扰乱公共秩序的行为事实和损害结果认定中,主要收集的证据规格如下:

1. 违法嫌疑人的陈述和申辩。

(1)违法嫌疑人的基本情况;(2)违法行为的动机和目的;(3)问明作案时间、地点、人员、起因、经过、手段、方式、危害后果;(4)问明虚构的事实及来源,以及传播方式;(5)结伙作案的,问明违法嫌疑人的数量、身份、当天穿着、预谋、结伙聚合的过程、相互关系、地位,以及各违法嫌疑人相互关系、相互印证情况。

2. 被侵害人陈述和其他证人证言。

(1)被侵害人(单位)陈述。问明行为人实施虚构事实扰乱公共秩序的行为的时间、地点、经过、起因、目的、手段、后果、物品损失、造成的混乱程度,是否干扰单位的正常工作,违法嫌疑人的数量、身份及体貌特征,各违法嫌疑人在违法行为中的地位和作用。(2)被侵害单位出具的报案材料。(3)其他证人证言。问明违法事实、情节、物品损失、造成的混乱程度,是否干扰单位的正常工作,人员受伤情况及其他后果,各违法嫌疑人在违法行为中的地位和作用。

3. 物证、书证。

载有谎报的险情、疫情、灾情、警情的载体,被损坏的财物等物证和照片,干扰单位正常工作的证明。

4. 鉴定意见。

伤情鉴定、损坏财物的价格认定、嫌疑人的精神病鉴定。

5. 视听资料、电子数据。

(1)现场音视频、视频监控资料;(2)能够证明违法行为的聊天信息、图片;(3)现场执法视频。

6. 勘验、检查笔录,现场笔录。

现场勘查笔录、现场图、现场照片、提取的痕迹物证等。

7. 辨认笔录。

证人及相关当事人对违法嫌疑人的辨认;嫌疑人之间互相辨认以及对作案工具的辨认。

8. 其他证据材料。

(1)证明违法嫌疑人身份的材料和违法犯罪记录,如人口信息、户籍证明、身份证、工作证、专业或技术等级证复印件等;法院判决书、行政处罚决定书、释放证明书等有效法律文件。(2)抓获经过、处警经过等。

(二)注意事项

1. 注意对主观"故意"的证据收集。首先,过失不构成本行为。即违法嫌疑人明知自己散布的是虚假事实而进行散布、谎报等行为,其捏造事实的动机可能是为了故意制造社会混乱,破坏社会的和谐与稳定;出于报复,给某些单位施加压力;出于精神空虚,为了看热闹等。违法嫌疑人的动机不影响本行为的构成,可以作为给予其处罚轻重的依据之一。其次,是否有主观故意,是谎报险情、疫情、灾情、警情行为与误报行为的主要区别。前者在主观上只能由故意构成;后者在主观上不具有故意,是由于错误判断或者听信他人的传言以致误报,更不具有制造混乱的目的。

2. 注意对危害后果相关证据的收集。在本行为中,危害后果是处罚的重要考量因素之一,违法行为虽然造成轻微危害后果,但能及时采取措施、消除不良影响的属于情节较轻的情形。

行为认定

(一)对虚构事实扰乱公共秩序行为的认定

主要从以下四个方面进行认定:

1. 本行为侵犯的客体是公共秩序中的国家机关正常工作秩序。

2. 本行为在客观方面表现为散布谣言或者谎报险情、疫情、灾情、警情或者以其他方法故意扰乱公共秩序,尚不够刑事处罚。(1)散布谣言,是指捏造并散布、传播没有事实根据的谎言,或者明知是没有事实根据的信息而散布、传播,以迷惑不明真相的群众。其中,散布、传播行为可以发生在现实空间中,也可以发生在信息网络空间中,包括通信网络、互联网等。例如,制造并在互联网上散布、传播将要发生地震、战争、商品短缺、传染病疫情等不实信息。(2)谎报险情、疫情、灾情、警情,是指编造火灾、水灾、地震、塌方、传染病暴发、刑事、治安案(事)件等虚假险情、疫情、警情等信息,并向有关职能部门和行政管理机关报告的行为。(3)以其他虚构事实方法故意扰乱公共秩序的行为,可以包括网络直播"假自杀"吸引人群围观;恶意启动消防警报造成恐慌等行为,其核心在于通过其他虚构事实的方法"故意扰乱公共秩序"。

3. 本行为的实施主体是自然人。

4. 本行为的主观方面是故意,过失不构成本行为。对道听途说的虚假险情、疫情、灾情、警情等,如果行为人是由于认识有误、主观判断能力低下而信以为真,并向有关单位、机关报告,即便影响了有关单位、机关的工作秩序,也不构成本行为。

(二)对"险情、疫情、灾情、警情"的界定

《治安管理处罚法》第29条第1项规定的"险情、疫情、灾情、警情"均具有"公共安全或者公共秩序受紧迫威胁"的核心特征,因此区别于一般性社会管理事务。

1. 险情。险情是指自然因素、人为原因或设备设施故障等导致的,正在发生或具有高度现实紧迫性可能发生的,对人民生命、财产安全和社会公共安全构成即时且严重威胁的危险状态或事件。常见的如:山体滑坡前兆、危化品泄漏、重大交通事故现场、建筑物严重倾斜、大型公共设施突发故障等。

2. 疫情。疫情是指由法定传染病病原体或新发突发不明原因疾病引起的,在人群中发生、传播并可能持续扩散,对公众健康构成严重威胁的公共卫生事件状态;其法律认定依据主要为国家卫生行政部门依法发布的传染病疫情信息或公共卫生事件预警等级;其本质是健康风险的群体性、扩散性与社会恐慌性的结合;主要包括《传染病防治法》规定的甲类、乙类传染病暴发流行,以及国务院依法确定并公布的其他需要采取紧急应对措施的公共卫生事件。

3. 灾情。灾情是指自然灾害如地震、洪水、台风、干旱、森林火灾,或重大人为事故如特大火灾、爆炸、核泄漏等造成破坏性后果的既成事实状态,其特征是已导致人员伤亡、财产严重损失、基础设施损毁、生产生活秩序大面积中断或生态环境重大破坏。

4. 警情。警情是指需要公安机关维护社会秩序,保障公共安全,保护公民、法人和其他组织的合法权益等执法活动的情况。

"险情、灾情"的认定常需参考应急管理、自然资源、卫健等部门发布的权威信息;"疫情"以卫健部门公告为准;"警情"则以公安机关接处警记录及现场判断为依据。

(三)与编造、故意传播虚假恐怖信息罪的区分

编造、故意传播虚假恐怖信息罪(《刑法》第291条之一第1款)指的是故意编造爆炸威胁、生化威胁、放射威胁等恐怖信息,或者明知是编造的恐怖信息而故意传播,严重扰乱社会秩序的行为。两者的区别主要是:(1)虚构事实的内容。本行为虚构的事实包括编造、传播各种谣言,谎报险情、疫情、灾情、警情等,在其编造、传播的谣言中既包括恐怖信息,也包括其他信息;而编造、故意传播虚假恐怖信息罪所编造、传播的信息仅指有关恐怖活动的虚假信息,以及与突发传染病疫情等灾害有关的恐怖信息。《最高人民法院关于审理编造、故意传播虚假恐怖信息刑事案件适用法律若干问题的解释》第6条规定,虚假恐怖信息,是指以发生爆炸威胁、生化威胁、放射威胁、劫持航空器威胁、重大灾情、重大疫情等严重威胁公共安全的事件为内容,可能引起社会恐慌或者公共安全危机的不真实信息。(2)情节和后果。本行为扰乱公共秩序的情节和后果都不严重,是一种行为犯;而严重扰乱社会秩序的后果是编造、故意传播虚假恐怖信息罪的构成要件。

(四)与编造、故意传播虚假信息罪的区分

编造、故意传播虚假信息罪(《刑法》第291条之一第2款)指的是编造虚假的险情、疫情、灾情、警情,在信息网络或者其他媒体上传播,或者明知是上述虚假信息,故意在信息网络或者其他媒体上传播,严重扰乱社会秩序的行为。两者的主要区别在于:(1)虚构事实的内容。本行为虚构的事实包括各种谣言;编造、故意传播虚假信息罪中的虚假信息仅限于虚假的险情、疫情、灾情、警情。(2)行为后果。本行为是行为犯,危害后果不是必要条件;编造、故意传播虚假信息罪必须达到严重扰乱社会秩序的后果。

(五)本行为中的"谎报警情"行为与《治安管理处罚法》第72条第2项规定中的"谎报案情"行为的区别

《治安管理处罚法》第29条第1项规定中的"谎报警情",主要是指编造治安事件、治安警情等情况,或者明知是虚假的警情,却通过拨打"110"等方式向公安机关报案,属于扰乱公共秩序的行为。《治安管理处罚法》第72条第2项规定中的"谎报案情",是指在行政机关执法

办案活动中,案件当事人故意向其举报、投诉或者提供并不存在或者未发生的违法事实,从而影响行政机关依法办案,属于妨害社会管理的行为。

(六)"在信息网络上散布谣言,没有造成现实社会中的具体危害后果"行为的认定

从信息网络发展的现状看,网上网下已密不可分,且网络空间属于公共空间,网络秩序也是社会公共秩序的重要组成部分。散布谣言的目的与扰乱公共秩序相关,不是仅针对个人的辱骂;散布的谣言与公共秩序相关,可能扰乱公共秩序。没有物理的、具体的危害后果不等同没有危害。因此,编造谣言,或者明知是编造的谣言,在信息网络上散布,或者组织、指使他人在信息网络上散布,即使没有造成现实社会中的具体危害后果,也可以适用《治安管理处罚法》第29条第1项处罚。①

处罚标准

本行为设置一般情形和情节较轻两个层次的处罚。

表17 虚构事实扰乱公共秩序行为处罚标准

处罚档次	处罚标准	裁量基准
一般情形	处5日以上10日以下拘留,可以并处1000元以下罚款	/
情节较轻	处5日以下拘留或1000元以下罚款	①影响范围较小,未造成危害后果的 ②虽然造成轻微危害后果,但能及时采取措施,消除不良影响的 ③其他情节较轻的情形

案例及解析

【基本案情】某县公安局在网上巡查工作中,发现"今日头条"App上有一篇本地网民发布的标题为"近日,一起恶性强奸案件在某市引起了广泛关注"的文章,引发网民关注,全网累计浏览2800余次、点赞70次、评论36条。县公安局组织对网文内容的真实性开展核实工作,认定该文章系网络谣言。公安机关受案调查后将文章发布者李某依法传唤至公安机关接受讯问。李某对自己为增加网络关注度、获取流量收益,使用ChatGPT人工智能书写软件编造谣言并在网络上发布的违法行为供认不讳。

对李某的行为该如何定性?

【解析】本案中,李某的行为已构成虚构事实扰乱公共秩序违反治安管理的行为。首先,李某具有扰乱公共秩序的主观故意。其次,李某实施了编造散布谣言的违法行为。ChatGPT

---

① 参见孙茂利主编:《违反公安行政管理行为名称释义与实务指南(2021年版)》,中国民主法制出版社2021年版,第58页。

人工智能软件作为智能编辑辅助工具,其自身并不自主产生内容信息,而是按照使用者输入的指令编写内容、输出信息,对信息的来源和真实性并不进行甄别核实。本案中,文章虽然是由 ChatGPT 人工智能软件生成。但生成的指令是由李某输入,所生成文章的内容表达的是李某输入指令的意思。因此,ChatGPT 根据李某指令生成谣言文章,实质上是李某本人编造谣言的行为。最后,李某编造、散布谣言违法行为依法应当予以处罚。李某将 ChatGPT 生成的谣言文章上传网络平台后,全网累计浏览 2800 余次、点赞 70 次、评论 36 条,客观上已造成扰乱网络社会公共秩序的危害后果,其行为虽未达到刑事立案追诉标准,但已构成违反治安管理的行为。

关联法条

1.《刑法》(2023 年修正)

第 291 条之一 【投放虚假危险物质罪】【编造、故意传播虚假恐怖信息罪】投放虚假的爆炸性、毒害性、放射性、传染病病原体等物质,或者编造爆炸威胁、生化威胁、放射威胁等恐怖信息,或者明知是编造的恐怖信息而故意传播,严重扰乱社会秩序的,处五年以下有期徒刑、拘役或者管制;造成严重后果的,处五年以上有期徒刑。

【编造、故意传播虚假信息罪】编造虚假的险情、疫情、灾情、警情,在信息网络或者其他媒体上传播,或者明知是上述虚假信息,故意在信息网络或者其他媒体上传播,严重扰乱社会秩序的,处三年以下有期徒刑、拘役或者管制;造成严重后果的,处三年以上七年以下有期徒刑。

2.《最高人民法院、最高人民检察院、公安部、司法部关于依法惩治妨害新型冠状病毒感染肺炎疫情防控违法犯罪的意见》(法发〔2020〕7 号)

编造虚假的疫情信息,在信息网络或者其他媒体上传播,或者明知是虚假疫情信息,故意在信息网络或者其他媒体上传播,严重扰乱社会秩序的,依照刑法第二百九十一条之一第二款的规定,以编造、故意传播虚假信息罪定罪处罚。

23. 投放虚假危险物质扰乱公共秩序

现行规定

《治安管理处罚法》

第 29 条第 2 项 有下列行为之一的,处五日以上十日以下拘留,可以并处一千元以下罚款;情节较轻的,处五日以下拘留或者一千元以下罚款:

(二)投放虚假的爆炸性、毒害性、放射性、腐蚀性物质或者传染病病原体等危险物质扰乱公共秩序的;

立案与管辖

(一)立案标准

违法嫌疑人投放虚假的爆炸性、毒害性、放射性、腐蚀性物质或者传染病病原体等危险物质扰乱公共秩序,尚不够刑事处罚的行为即达到立案标准。违法嫌疑人投放虚假的危险物质扰乱公共秩序如果造成严重后果,或者投放真实的危险物质扰乱公共秩序,则构成刑事案件。

(二)管辖

投放虚假危险物质扰乱公共秩序案件一般由违法行为地的公安机关管辖。

违法行为地包括违法行为发生地和违法结果发生地。违法行为发生地,一般指的是投放虚假危险物质扰乱公共秩序行为的实施地以及开始地、途经地、结束地等与投放虚假危险物质扰乱公共秩序行为有关的地点;投放虚假危险物质扰乱公共秩序行为有连续、持续或者继续状态的,连续、持续或者继续实施的地方都属于违法行为发生地。违法结果发生地,通常指的是投放虚假危险物质扰乱公共秩序行为造成的社会秩序混乱所在地。

投放虚假危险物质扰乱公共秩序行为由违法行为人居住地公安机关管辖更为适宜的,可以由违法行为人居住地公安机关管辖。

证据收集

(一)证据规格

投放虚假危险物质扰乱公共秩序行为的调查和证据收集重点,在于证明客观行为存在及其表现,以及对社会公共秩序造成的扰乱后果。应注意该行为尚未造成严重损失,尚不够刑事处罚,因而对违法行为后果的认定尤为重要。在一个完整的投放虚假危险物质扰乱公共秩序行为事实和损害结果认定中,主要收集的证据规格如下:

1.违法嫌疑人的陈述和申辩。

(1)违法嫌疑人的基本情况;(2)违法行为的动机和目的;(3)问明作案时间、地点、人员、起因、经过、手段、方式、危害后果;(4)问明作案工具及来源、下落;(5)结伙作案的,问明违法嫌疑人的数量、身份、当天穿着、预谋、结伙聚合的过程、相互关系、地位,以及各违法嫌疑人相互关系、相互印证情况。

2.被侵害人陈述和其他证人证言。

(1)被侵害人(单位)陈述,问明行为人实施投放虚假危险物质扰乱公共秩序行为的时间、地点、经过、起因、目的、手段、是否由该虚假危险物质引起的恐慌造成物品损失、人员受伤情况及其他后果,违法嫌疑人的数量、身份及体貌特征,各违法嫌疑人在违法行为中的地位和作用。(2)被侵害单位出具的报案材料。(3)其他证人证言。问明违法事实、情节、是否由该虚假危险物质引起的恐慌造成物品损失、人员受伤情况及其他后果,各违法嫌疑人在违法行为中的地位和作用。

3. 物证、书证。

作案工具(虚假危险物质)、被损坏的财物等物证和照片、损坏财物的价格证明。

4. 鉴定意见。

伤情鉴定、损坏财物的价格鉴证、嫌疑人的精神病鉴定、投放的"危险物质"鉴定意见。

5. 视听资料、电子数据。

(1)现场音视频、视频监控资料;(2)能够证明违法行为的聊天信息、图片;(3)现场执法视频。

6. 勘验、检查笔录,现场笔录。

现场勘查笔录、现场图、现场照片、提取的痕迹物证等。

7. 辨认笔录。

证人及相关当事人对违法嫌疑人的辨认;嫌疑人之间互相辨认以及对作案工具的辨认。

8. 其他证据材料。

(1)证明违法嫌疑人身份的材料和违法犯罪记录,如人口信息、户籍证明、身份证、工作证、专业或技术等级证复印件等;法院判决书、行政处罚决定书、释放证明书等有效法律文件。(2)抓获经过、处警经过等。

(二)注意事项

1. 注重对"投放虚假危险物质"中的"虚假"相关证据的收集。本行为证据收集以科学鉴定意见为核心,综合考察违法嫌疑人的主观意图和行为表现,尤其是伪装性、误导性,参考被侵害人和社会的反应,最终通过证据(最重要的是物证、书证和鉴定意见等构成证据链条)来证明行为人存在明知是假而故意投放制造恐慌的行为。

2. 注意对投放的物质进行鉴定。本行为必须是实施了投放虚假危险物质的行为,如用干燥剂等普通白色粉末冒充炭疽热病毒给有关人员、单位投寄;用自制的假手榴弹等爆炸装置冒充真实的爆炸物品放置于有关单位、人员的办公室;给他人注射虚假的传染病病毒液体;等等。

行为认定

(一)对投放虚假危险物质扰乱公共秩序行为的认定

主要从以下四个方面进行认定:

1. 本行为侵犯的客体是社会公共秩序,同时对公众安全心理造成影响。

2. 本行为的客观方面表现为明知是虚假的爆炸性、毒害性、放射性、腐蚀性物质或者传染病病原体等危险物质,通过邮寄、放置、丢弃等方式,将虚假的爆炸性、毒害性、放射性、腐蚀性物质或者传染病病原体等危险物质置于他人或者公众面前,或者他人生活、工作场所周围,扰乱公共秩序,尚不够刑事处罚的行为。

3. 本行为的实施主体是自然人,单位不能构成本行为的主体。

4. 本行为的主观方面是故意。行为人明知是虚假的危险物质,而故意予以投放。过失投放虚假危险物质的,不能构成本行为。行为人的目的往往是制造恐怖,造成公众恐慌情绪。现实中,有些人投放虚假危险物质的目的仅是"恶作剧""开个玩笑"。本行为的构成不以行为人的目的来认定,只要造成或者可能造成危害后果,即可进行处罚。

(二)危险物质的认定

危险物质指的是爆炸性、毒害性、放射性、腐蚀性物质或者传染病病原体等物质。

1. 爆炸性物质。爆炸性物质是指在瞬间能发生剧烈的化学反应,放出大量的高温高压气体,对周围介质产生巨大的破坏作用的物质。根据其特性和用途可以分为:起爆药,如雷汞;猛炸药,如 TNT;火药,如黑火药、无烟火药等;烟火剂,主要包括照明剂、燃烧剂及烟幕剂等;起爆器材和其他爆炸制品,起爆器材包括雷管、导火索、导爆索等,其他爆炸制品包括各种弹药和烟花爆竹等。

2. 毒害性物质。毒害性物质是指少量或微量进入人体或动物机体内会迅速发生中毒反应,很快致人或动物死亡的物品。通常把致死量在 1 克以下的有毒物品叫作剧毒物品。它们进入有机体后,通过物理化学作用,破坏机体的正常功能,引起生理障碍、组织损坏,导致病变,甚至致死。

3. 放射性物质。放射性物质是指通过原子核裂变能够自发地放出射线,发生放射性衰变的物质。在衰变过程中放出的主要射线有 α 射线、β 射线、γ 射线等。放射性物质有着广泛的应用领域,但如果使用不当或防护不当,不仅会使人体、环境遭受放射性照射污染,还会被犯罪分子利用,成为作案的工具。

4. 腐蚀性物质。腐蚀性物质是指能够灼伤皮肤引起表层红肿、腐烂,误食则会迅速破坏肠胃等组织器官,严重的可在短时间内导致死亡,或者对其他物品造成腐蚀损坏,导致治安事故或生产事故的物质。常见的腐蚀性物质有硫酸、盐酸、硝酸等。

5. 传染病病原体。传染病病原体是指能够引起传染病发生的细菌、病毒等病原体物质。引起传染病的病原体包括病毒、细菌、真菌、衣原体、支原体、螺旋体等。常见的传染病病原体有乙肝病毒、炭疽菌病毒、结核杆菌、艾滋病病毒等。[1]

(三)对投放"虚假的危险物质"主观的认定

实践中的疑问集中于:既然投放的是虚假危险物质,如何能有"爆炸性、毒害性、放射性、腐蚀性和传染病病原体"的区分。"虚假的危险物质"关键在于"不具有实际危险性",但它"被伪装"、"被宣称"或"客观呈现"为具有危险性。因此,公安机关获取可疑物质后,必须第一时间委托具有资质的司法鉴定机构进行科学鉴定。实践中,有些行为人会辩解,声称自己并不具有"明知"的故意。如何认定行为人"明知"是虚假的危险物质而进行投放是关键,可以从行为人以下的主观表述与行为方式进行认定:(1)行为人的宣称。行为人在投放时或投

---

[1] 参见孙茂利主编:《违反公安行政管理行为名称释义与实务指南(2021 年版)》,中国民主法制出版社 2021 年版,第 58 页。

放前后是否有明确的语言或文字声明,如在信函、邮件、短信、网络上,宣称该物质是什么危险物质,如宣称"这是炭疽粉末""这是炸弹"。(2)投放方式。投放方式本身是否强烈暗示其危险性。例如,在公共场所放置精心伪装成炸弹的装置,事后经鉴定只是空壳模型加电子表,但是其外表具有极强的欺骗性;用专用容器、防毒装置等包装"毒物",事后鉴定实际是普通粉末;在信件上标注"危险""生物武器"等字样。(3)即使没有明说,但行为方式导致他人有合理理由相信是危险物质,如故意制造神秘、紧张氛围,模仿恐怖袭击手法等。

(四)投放"真实的、但危险性不大的物质"的行为认定

实践中,行为人如果投放了"真实的、但危险性不大的物质",该如何认定呢?例如,投放确实含有轻微毒性的物质,如少量过期农药,但其含量、状态明显不足以造成所称的"大规模毒害";或是虽然带有细菌病毒,但只是常见的,如流感病毒,且其数量和传播方式并不构成《传染病防治法》意义上的"病原体";或者该物质虽然可爆炸,如某种玩具鞭炮,但其威力明显属于娱乐性质,不可能造成其声称或足以引起公众恐慌的破坏力。一般认为,这种投放"真实的、但危险性不大的物质"行为不具备刑法上的危害性,可以不予刑事处罚。但是其投放的物品具有相当程度的欺骗性,可以考虑以投放虚假危险物质行为予以认定。

(五)与投放虚假危险物质罪的区分

投放虚假危险物质罪(《刑法》第291条之一第1款)指的是投放虚假的爆炸性、毒害性、放射性、传染病病原体等物质,严重扰乱社会秩序的行为。两者的主要区别在于造成后果的严重程度不同。如果行为严重扰乱社会秩序,如引发社会恐慌、公共秩序混乱,或者造成较大经济损失、人员伤亡的,则构成犯罪。否则,则构成本行为。

🛡 处罚标准

本行为设置一般情形和情节较轻两个层次的处罚。

表18 投放虚假危险物质扰乱公共秩序行为处罚标准

处罚档次	处罚标准	裁量基准
一般情形	处5日以上10日以下拘留,可以并处1000元以下罚款	/
情节较轻	处5日以下拘留或1000元以下罚款	①影响范围较小,未造成危害后果的 ②虽然造成轻微危害后果,但能及时采取措施,消除不良影响的 ③其他情节较轻的情形

🛡 案例及解析

【基本案情】李某某行至某市人民大道某市政府东门值班室,将随身携带的一只拎包放置于值班室窗外的窗台上,后至广场治安派出所,对民警扬言其刚将一只装有自制炸弹的拎包

放在市政府门口。民警闻讯即将李某某控制。同时民警接到市政府值班保安报警称,在东门值班室窗外的窗台上发现一只不明拎包。公安机关即派出消防特警赶赴现场处置。武警对现场拉起警戒线,并有特警防爆车将该拎包运至湖边。经消防特警排爆处置后发现,该黑色拎包内装有数十斤黄沙和若干编织袋等物品。经公安局物证鉴定中心检验鉴定:送检物品中没有爆炸类装置物品。

李某某的行为应该如何定性?

【解析】本案的核心在于对于李某某的行为定为投放虚假危险物质的行为还是投放虚假危险物质罪。本案中,李某某对投放虚假爆炸性物质具有明确的认知,其自称投放的是"炸弹",应当认定为投放虚假的爆炸物。从行为后果看,李某某投放的是虚假的爆炸性物质,且已经严重扰乱社会秩序,引发公安机关、武警、政府等多部门联动进行处置,其行为已构成投放虚假危险物质罪,不应认定为投放虚假危险物质行为。

关联法条

《刑法》(2023年修正)

第291条之一第1款 【投放虚假危险物质罪】【编造、故意传播虚假恐怖信息罪】投放虚假的爆炸性、毒害性、放射性、传染病病原体等物质,或者编造爆炸威胁、生化威胁、放射威胁等恐怖信息,或者明知是编造的恐怖信息而故意传播,严重扰乱社会秩序的,处五年以下有期徒刑、拘役或者管制;造成严重后果的,处五年以上有期徒刑。

24. 扬言实施危害公共安全犯罪扰乱公共秩序

现行规定

《治安管理处罚法》

第29条第3项 有下列行为之一的,处五日以上十日以下拘留,可以并处一千元以下罚款;情节较轻的,处五日以下拘留或者一千元以下罚款:

(三)扬言实施放火、爆炸、投放危险物质等危害公共安全犯罪行为扰乱公共秩序的。

立案与管辖

(一)立案标准

违法嫌疑人有扬言实施放火、爆炸、投放危险物质等危害公共安全犯罪行为扰乱公共秩序,尚不够刑事处罚的行为即达到立案标准。"扬言"指的是在公开场合宣称从事某种违法行为,包括现实生活中和网络上。

(二)管辖

扬言实施危害公共安全犯罪扰乱公共秩序行为案件一般由违法行为地的公安机关管辖。

违法行为地包括违法行为发生地和违法结果发生地。违法行为发生地,一般指的是扬言实施危害公共安全犯罪扰乱公共秩序行为的实施地以及开始地、途经地、结束地等与扬言实施危害公共安全犯罪扰乱公共秩序行为有关的地点;扬言实施危害公共安全犯罪扰乱公共秩序行为有连续、持续或者继续状态的,连续、持续或者继续实施的地方都属于违法行为发生地。违法结果发生地,通常指的是扬言实施危害公共安全犯罪扰乱公共秩序行为造成的社会秩序混乱所在地。

扬言实施危害公共安全犯罪扰乱公共秩序行为由违法行为人居住地公安机关管辖更为适宜的,可以由违法行为人居住地公安机关管辖。违法嫌疑人在网络上扬言的,用于实施违法行为的网站服务器所在地、网络接入地以及网站建立者或者管理者所在地,违法过程中违法行为人使用的网络及其运营者所在地公安机关均可以管辖。

证据收集

(一)证据规格

扬言实施危害公共安全犯罪扰乱公共秩序行为的调查和证据收集重点在于,证明客观行为存在及其表现,对公众安全心理的影响,以及造成社会秩序混乱的状况。应注意该行为尚不够刑事处罚,因而对违法行为后果的认定尤为重要。在一个完整的扬言实施危害公共安全犯罪扰乱公共秩序行为事实和损害结果认定中,需要收集的证据规格如下:

1. 违法嫌疑人的陈述和申辩。

(1)违法嫌疑人的基本情况;(2)违法嫌疑人的动机和目的;(3)作案时间、地点、人员、起因、经过、手段、方式、危害后果;(4)作案工具及来源、下落;(5)结伙作案的,问明违法嫌疑人的人数、身份、穿着,预谋、结伙聚合的过程、相互关系、地位,以及各违法嫌疑人相互关系、相互印证情况。

2. 证人证言。

问明违法事实、情节、物品损失、人员受伤情况、社会秩序混乱情况、采取的应对措施情况、对公众安全心理的影响及其他后果,各违法嫌疑人在违法行为中的地位和作用等。

3. 物证、书证。

(1)物证。手机、电脑等作案工具,易燃物、爆炸物、危险物质等物证。(2)书证。"12345"接话记录、接警记录等书证。

4. 鉴定意见。

易燃物、爆炸物等危险物质及嫌疑人精神状况等鉴定意见。

5. 视听资料、电子数据。

(1)网页、博客、微博、朋友圈、贴吧等网络平台发布的信息;手机短信、电子邮件、即时通信、通信群组等网络应用服务的通信信息;身份认证信息、通信记录等信息;文档、图片、音视频等电子文件。(2)录音带、录像带等视听资料。

6.勘验、检查笔录,现场笔录。

现场勘查笔录、现场图、现场照片、提取的痕迹物证等。

7.辨认笔录。

证人及相关当事人对违法嫌疑人的辨认;嫌疑人之间互相辨认以及对作案工具的辨认。

8.其他证据材料。

(1)证明违法嫌疑人身份的材料和违法犯罪记录,如人口信息、户籍证明、身份证、工作证、专业或技术等级证复印件等;法院判决书、行政处罚决定书、释放证明书等有效法律文件。(2)抓获经过、处警经过等。

(二)注意事项

1.注重对行为危害后果的取证。扬言实施危害公共安全犯罪扰乱公共秩序行为与一般过激行为的主要区别在于是否影响公众安全心理和正常的社会秩序,这也是违法嫌疑人是否应受处罚的关键。因此,要全面客观收集违法行为对公众安全心理和社会秩序造成影响的证据。

2.注重对在网络上扬言实施危害公共安全犯罪扰乱公共秩序行为的取证。相比较传统的打电话、发短信等扬言行为,网络具有传播信息快、受众群体广等特点,更容易影响公众安全心理,造成社会秩序混乱。办案民警应当及时提取违法嫌疑人在微信、抖音、快手、微博、小红书等互联网社交应用工具上发布扬言实施放火、爆炸、投放危险物质等的文字、视频、图片等证据,并收集点赞、收藏、评论、转发等电子数据信息,以此作为认定违法行为的相关证据。

行为认定

(一)对扬言实施危害公共安全犯罪扰乱公共秩序行为的认定

主要从以下四个方面进行认定:

1.本行为侵犯的客体是公共秩序,同时对公众安全心理造成影响。

2.本行为的客观方面表现为扬言实施放火、爆炸、投放危险物质等危害公共安全犯罪扰乱公共秩序,尚不够刑事处罚的行为。这里的危害公共安全犯罪应当是《刑法》中所有危害公共安全犯罪的行为,其中:放火,是指故意纵火焚烧公私财物,严重危害公共安全的行为;爆炸,是指故意引起爆炸物爆炸,危害公共安全的行为;投放危险物质,是指向公共饮用水源、食品或者公共场所设施投放能够致人死亡或者严重危害人体健康的毒害性、放射性、腐蚀性物质或传染病病原体等物质的行为。扬言实施,是指以公开表达的方式使人相信其将实施上述行为。例如,在公共场所宣称,或者向大众媒体宣称,或者向有关部门宣称,或者在信息网络上宣传等。扬言,既可以是口头的,也可以是书面的,如通过书信、电子邮件等,但并未实施放火、爆炸、投放危险物质等危害公共安全犯罪行为。只要是扬言实施放火、爆炸、投放危险物质等危害公共安全犯罪行为,即可影响公众安全心理,带来公共秩序的混乱,客观上使公共秩序遭到破坏。

3. 本行为的实施主体是个人，单位不能构成本行为的主体。

4. 本行为的主观方面是故意。行为人对扬言的内容有明确的认知，其主观目的就是造成一定程度的公众恐慌，达到自己的其他目的。

（二）扬言行为的认定

对于扬言行为的认定应当以具有公开性为必要要件。在微信朋友圈或者微信群中扬言，应当认定为具备公开性。实践中，以下行为不应当认定为扬言行为：(1) 明显具有戏谑、开玩笑的语境，如同事间开玩笑的行为。(2) 仅对身边人倾诉且内容未扩散，如在家中负气说"要去炸政府"。(3) 内容在客观上不可能实现，如声称"用打火机点燃太平洋"。(4) 普通的情绪宣泄，如某些人因为天气预报不准，在公众场合声称"真想炸了气象台"。

（三）《刑法》中的危害公共安全犯罪行为类型

本行为中可能涉及《刑法》中的危害公共安全犯罪行为包括：放火罪；决水罪；爆炸罪；投放危险物质罪；以危险方法危害公共安全罪；破坏交通工具罪；破坏交通设施罪；破坏电力设备罪；破坏易燃易爆设备罪；破坏广播电视设施、公用电信设施罪；劫持航空器罪；劫持船只、汽车罪；暴力危及飞行安全罪；盗窃、抢夺枪支、弹药、爆炸物、危险物质罪；抢劫枪支、弹药、爆炸、危险物质罪等。

（四）与"编造、故意传播虚假恐怖信息罪"的区分

编造、故意传播虚假恐怖信息罪（《刑法》第291条之一第1款），是指编造爆炸威胁、生化威胁、放射威胁等恐怖信息，或者明知是编造的恐怖信息而故意传播，严重扰乱社会秩序的行为。两者的主要区别是：

1. 客观方面。扬言实施放火、爆炸、投放危险物质等行为在客观方面表现为公开表达将要实施放火、爆炸、投放危险物质等行为，而编造、故意传播虚假恐怖信息罪在客观方面表现为编造爆炸威胁、生化威胁、放射威胁等恐怖信息或故意传播明知是编造的恐怖信息。

2. 危害程度。扬言实施危害公共安全犯罪扰乱公共秩序行为尚未严重扰乱社会秩序，不需要追究刑事责任。编造、故意传播虚假恐怖信息罪导致的危害后果严重，严重扰乱社会秩序。关于"严重扰乱社会秩序"的认定，在《最高人民法院关于审理编造、故意传播虚假恐怖信息刑事案件适用法律若干问题的解释》（法释〔2013〕24号）、《最高人民法院、最高人民检察院关于办理妨害预防、控制突发传染病疫情等灾害的刑事案件具体应用法律若干问题的解释》（法释〔2003〕8号）、《最高人民检察院关于依法严厉打击编造、故意传播虚假恐怖信息威胁民航飞行安全犯罪活动的通知》（高检发侦监字〔2013〕5号）中有相应的规定。

🛡 处罚标准

本行为设置一般情形和情节较轻两个层次的处罚。

表 19　扬言实施危害公共安全犯罪扰乱公共秩序行为处罚标准

处罚档次	处罚标准	裁量基准
一般情形	处5日以上10日以下拘留,可以并处1000元以下罚款	/
情节较轻	处5日以下拘留或者1000元以下罚款	①影响范围较小,未造成危害后果的 ②虽然造成轻微危害后果,但能及时采取措施,消除不良影响的 ③其他情节较轻的情形

案例及解析

【基本案情】李某某因反映其拆房款不公平问题,与民警王某用手机微信沟通时,发送语音声称"要到北京,要扔个手雷。十年了,我的事情动静要弄大点"。同日上午,李某某与社区街道办主任孙某微信沟通时,发送语音声称"……我现在就给你透露,我要搞点大动作,扔个手雷啥的"。同日下午,李某某在国家信访局网站登记留言,内容为:"我已上访十年,我反映的问题事实清楚,为什么得不到公平公正的解决,难道说非要逼得我精神崩溃,去扔个手雷,政府才能出面解决吗?"

对李某某的行为该如何认定?

【解析】扬言实施是指以公开表达的方式使人相信其将实施某行为。本案中,李某某在与公职人员王某、孙某通过微信沟通时,声称去"扔手雷",对这个行为能否认定为扬言实施爆炸行为呢?答案是不宜认定。民众向政府相关工作人员反映问题时常会带有个人情绪,为了宣泄不满,往往口不择言。这时要综合整体情况,不能一概将这种宣泄情绪的行为认定为违法行为。但是,李某某在国家信访局网站上的公开留言表明要去"扔手雷",以此威胁相关部门处理他的信访诉求,已经构成以公开表达的方式使人相信其将实施去"扔手雷"的行为,因而可以认定为扬言实施危害公共安全犯罪扰乱公共秩序行为。

关联法条

《刑法》(2023年修正)

第291条之一第1款　【编造、故意传播虚假恐怖信息罪】……编造爆炸威胁、生化威胁、放射威胁等恐怖信息,或者明知是编造的恐怖信息而故意传播,严重扰乱社会秩序的,处五年以下有期徒刑、拘役或者管制;造成严重后果的,处五年以上有期徒刑。

第五节 《治安管理处罚法》第30条

25. 寻衅滋事

现行规定

《治安管理处罚法》

第30条 有下列行为之一的,处五日以上十日以下拘留或者一千元以下罚款;情节较重的,处十日以上十五日以下拘留,可以并处二千元以下罚款:
(一)结伙斗殴或者随意殴打他人的;
(二)追逐、拦截他人的;
(三)强拿硬要或者任意损毁、占用公私财物的;
(四)其他无故侵扰他人、扰乱社会秩序的寻衅滋事行为。

立案与管辖

(一)立案标准

违法嫌疑人在公共场所或者其他场所蔑视国家法律、社会道德,为寻求刺激、发泄情绪、逞强耍横等,无事生非,实施结伙斗殴或者随意殴打他人,追逐、拦截他人,强拿硬要或者任意损毁、占用公私财物以及其他无故侵扰他人、扰乱社会秩序的行为,扰乱公共秩序,尚不够刑事处罚的行为即达到立案标准。这里的公共秩序既包括现实生活中的公共秩序也包括网络空间的公共秩序。

(二)管辖

寻衅滋事案件一般由违法行为地的公安机关管辖。

违法行为地包括违法行为发生地和违法结果发生地。违法行为发生地,一般指的是寻衅滋事行为的实施地以及开始地、途经地、结束地等与寻衅滋事行为有关的地点;寻衅滋事行为有连续、持续或者继续状态的,连续、持续或者继续实施的地方都属于违法行为发生地。违法结果发生地,通常指的是寻衅滋事行为造成社会秩序混乱所在地。

寻衅滋事案件由违法行为人居住地公安机关管辖更为适宜的,可以由违法行为人居住地公安机关管辖。

针对或者利用网络实施的寻衅滋事行为,用于实施违法行为的网站服务器所在地,网络接入地以及网站建立者或者管理者所在地,被侵害的网络及其运营者所在地,违法过程中违法行为人、被侵害人使用的网络及其运营者所在地,被侵害人被侵害时所在地,以及被侵害人财产遭受损失地公安机关都可以管辖。

🛡 证据收集

（一）证据规格

寻衅滋事行为的调查和证据收集重点在于证明客观行为存在及其表现,造成社会秩序混乱的状况,以及被侵害人人身权利遭受侵害的状况。应注意该行为尚不够刑事处罚,因而对违法行为后果的认定尤为重要。在一个完整的寻衅滋事行为事实和损害结果认定中,需要收集的证据规格如下：

1.违法嫌疑人的陈述和申辩。

(1)违法嫌疑人的基本情况;(2)违法行为的动机和目的;(3)问明作案时间、地点、人员、起因、经过、手段、方式、危害后果;(4)问明作案工具及来源、下落;(5)结伙作案的,问明违法嫌疑人的数量、身份、当天穿着,预谋、结伙聚合的过程、相互关系、地位,以及各违法嫌疑人相互关系、相互印证情况。

2.被侵害人陈述和其他证人证言。

(1)被侵害人陈述。问明行为人实施寻衅滋事行为的时间、地点、经过、起因、目的、手段、后果,物品损毁,人员受伤,公众秩序混乱情况,违法嫌疑人的数量、身份及体貌特征,制作询问笔录。(2)证人证言。问明行为人实施寻衅滋事行为的时间、地点、经过、起因、目的、手段、后果,物品损毁,人员受伤,公众秩序混乱情况,违法嫌疑人的数量、身份及体貌特征,制作询问笔录。

3.物证、书证。

(1)物证。管制器具等作案工具,被损毁的物品等。(2)书证。现场图、现场照片、病历等。

4.鉴定意见。

人体损伤程度伤情鉴定、物品损毁价格鉴证等。

5.电子数据、视听资料。

(1)电子数据。网页、博客、微博、朋友圈、贴吧等网络平台发布的信息;手机短信、电子邮件、即时通信、通讯群组等网络应用服务的通信信息及人员数量信息;身份认证信息、通信记录等信息;文档、图片、音视频、电子文档、图片、音视频浏览、点赞、评论、转发信息等。(2)视听资料。录音带、录像带等。

6.勘验、检查笔录,现场笔录。

现场勘查笔录、现场图、现场照片、提取的痕迹物证等。

7.辨认笔录。

证人及相关当事人对违法嫌疑人的辨认,嫌疑人之间互相辨认以及对作案工具的辨认。

8.其他证据材料。

(1)证明违法嫌疑人身份的材料和违法犯罪记录,如人口信息、户籍证明、身份证、工作证、专业或技术等级证复印件等,法院判决书、行政处罚决定书、释放证明书等有效法律文件。
(2) 抓获经过、处警经过等。

(二) 注意事项

1. 注重对行为危害后果的取证。构成寻衅滋事行为会同时造成正常社会秩序的混乱和其他权利如人身权利、财产权利的侵害,这是寻衅滋事行为与非法限制人身自由、殴打他人、故意伤害、抢夺、故意毁损财物等违法行为的主要区别,也是行为人是否应受处罚的关键。因此,在案件办理过程中,执法人员可以对公共秩序混乱状况和其他权利受侵害的状况等危害后果进行重点调查。

2. 注重对嫌疑人目的动机的取证。嫌疑人实施寻衅滋事行为一般符合无事生非、无理取闹的特征,其目的动机表现在为逞强耍横、寻求刺激、发泄情绪、争风吃醋、取乐他人等。这与非法限制人身自由、殴打他人、故意伤害、抢夺、故意毁损财物等行为不同,后者具有明确的侵犯人身权利和财产权利的特定目的动机。因此,要准确认定寻衅滋事行为,就需要对嫌疑人目的动机进行着重调查。

◆ 行为认定

(一) 对寻衅滋事行为的认定

主要从以下四个方面进行认定:

1. 行为侵犯的客体是公共秩序。行为侵害的法益根据行为方式的不同有所差异。结伙斗殴或者随意殴打他人行为侵害的法益是与公共秩序相关联的个人的身体安全;追逐、拦截他人行为侵害的法益是公民在公共生活、公共活动中的行动自由;强拿硬要或者任意损毁、占用公私财物行为侵害的法益是与财产有关的社会生活的安宁或平稳;其他无故侵扰他人、扰乱社会秩序的寻衅滋事行为侵害的法益是他人在社会生活中的自由与安全。

2. 行为的客观方面表现为在公共场所或者其他场所为寻求刺激、发泄情绪、逞强耍横等,无事生非,实施结伙斗殴或者随意殴打他人,追逐、拦截他人,强拿硬要或者任意损毁、占用公私财物以及其他无故侵扰他人、扰乱社会秩序等。主要包括随意殴打他人,即没有任何理由殴打不特定的人;在公共场所起哄闹事,造成公共场所秩序混乱;出于取乐、寻求精神刺激等目的,在公共场所无事生非,制造事端,扰乱公共秩序;利用信息网络辱骂可影响公众安全心理,带来公共秩序的混乱,客观上使公共秩序遭到破坏。①

3. 行为的实施主体是自然人,单位不能构成本行为的主体。

4. 行为的主观方面是故意。

(二) 结伙斗殴的认定及其与结伙殴打的区别

结伙斗殴主要是指行为人出于私仇旧怨、争夺地盘、争风吃醋或者其他动机,多人结伙,

---

① 参见孙茂利主编:《违反公安行政管理行为名称释义与实务指南(2021 年版)》,中国民主法制出版社 2021 年版,第 61-62 页。

互相殴打或伤害的行为。这种行为具有明显的团伙性和暴力性,对社会秩序和公共安全构成威胁。根据《公安机关执行〈中华人民共和国治安管理处罚法〉有关问题的解释(二)》第 8 条的规定,"结伙"是指两人(含两人)以上。

"结伙斗殴"与"结伙殴打"在《治安管理处罚法》中是两个不同的行为,其区别在于行为的互相性和侵害客体。"结伙斗殴"特指双方或多方人员出于争强好胜、报复等动机,在公共场所互相进行攻击的行为,其核心在于"互殴",行为的本质是扰乱社会公共秩序,属于寻衅滋事行为的一种,双方参与者都可能被处罚,严重者可能构成"聚众斗殴罪"。而"结伙殴打"则是指单方纠集多人共同对特定的一个或少数受害者进行打击、伤害的行为,其核心在于"单方施暴",行为主要侵害的是特定个人的身体健康权,根据造成的伤害后果,可能构成殴打他人的治安违法或故意伤害罪等刑事犯罪。

(三)随意殴打他人的认定及其与殴打他人的区别

随意殴打他人是指出于耍威风、取乐等目的,无故无理殴打相识或者素不相识的人。关于"随意"的判断,可以参照"双重置换规则",即只有在把被害人置换为其他人时行为人仍会滋事、把行为人置换为其他人时其他人不会滋事并符合有关客观表现时,才能认定随意的存在。① 刑法理论与司法实践常常喜欢用是否"事出有因"来判断是否随意。如果事出有因,就不是随意;如果事出无因,就是随意。但是,任何故意犯罪行为都不可能是无缘无故的。事实上,殴打行为是否随意,并不是一种纯主观的判断,而是基于客观事实作出的判断。殴打行为是否"随意"不是单纯以行为人的动机作为判断资料,而是必须同时考虑其他相关要素。②

"随意殴打他人"与"殴打他人"有着本质的区别。前者是寻衅滋事行为的一种表现形式,后者是独立的违反治安管理行为。二者的关键区别在于:"随意殴打他人"的核心在于行为的"随意性"和"滋事性",即行为人出于寻求刺激、发泄情绪、逞强耍横或填补精神空虚等动机,无特定起因、无明确个人恩怨、临时起意或不讲道理地对相对不特定的对象,如路人、不特定顾客、服务人员等实施殴打。这种行为主要是为了显示威风、挑衅规则或无事生非,其本质是严重扰乱社会公共秩序。即使伤害后果轻微,如只构成了轻微伤,未达到刑事犯罪的伤情标准,但只要情节恶劣,如在公共场所多次、针对多人、造成秩序严重混乱,就可能达到刑事立案标准。例如,寻衅滋事致 1 人以上轻伤或者 2 人以上轻微伤的即可定寻衅滋事罪。

"殴打他人"则是指行为人出于明确具体的原因,如报复、泄愤、解决特定纠纷、阻挠行为等,针对特定的一个或少数对象实施的伤害行为。其目标具有明确的指向性和起因性。这种行为侵害的是特定个人的身体健康权,其法律定性和处罚依据主要取决于造成的伤害后果或情节恶劣程度,可分别依据《治安管理处罚法》第 51 条"殴打他人"或《刑法》第 234 条"故意伤害罪"进行处罚。

---

① 参见陈兴良主编:《刑法各论精释》,人民法院出版社 2015 年版,第 992－993 页。
② 参见张明楷:《刑法学》(下册)(第 6 版),法律出版社 2021 年版,第 1398 页。

(四)追逐、拦截他人的认定

追逐,一般是指妨碍他人停留在一定场所的行为;拦截,一般是指阻止他人转移场所的行为。主观上,行为人是出于取乐、耍威风、寻求精神刺激等目的,无故、无理追赶、拦挡他人。追逐、拦截他人的对象可以是不特定的人,如在公共场所随意选择目标进行追逐拦截;也可以是特定的人,如只要在公共场所看见某个特定对象就进行追逐、拦截。

(五)强拿硬要和任意损毁、占用公私财物的认定及其与任意损毁公私财物的区别

强拿硬要,是违背他人意志强行取得他人财物的行为,既可以表现为夺取财物,也可以表现为迫使他人交付财物。对其中的财物宜作广义解释,即包括财产性利益。例如,乘坐出租车后,迫使对方免除出租车费用的行为,也宜解释为强拿硬要行为。强拿硬要行为,虽然具有一定的强制性,但不需要达到足以压制被害人反抗的程度。任意损毁公私财物,是指任意使公私财物的使用价值减少或者丧失的一切行为。任意与随意的意义相近,但其程度低于随意的要求,侧重于说明行为不具有合法根据与理由。就损毁财物而言,任意意味着行为违背被害人的意志。占用公私财物,是指不当、非法使用公私财物的一切行为。任意不仅是对损毁公私财物的限制,也是对占用公私财物的限制。占用公私财物的行为必须具有不正当性,但并不要求行为人具有非法占有目的。①

任意损毁公私财物与故意损毁公私财物的区别。在《治安管理处罚法》中,任意损毁公私财物认定为寻衅滋事行为,故意损毁公私财物是独立的违反治安管理行为。二者区别在于:任意损毁公私财物的核心在于行为的"任意性"和"滋事性",即行为人出于寻求刺激、发泄情绪、逞强耍横等动机,无特定缘由或无针对性地随意破坏财物。这种行为主要扰乱的是社会公共秩序,其本质是对公共规则和社会安全感的公然挑衅与破坏。即使财物损失不大,只要行为情节严重,如在公共场所、手段恶劣、造成恐慌,就可能受罚。而故意损毁公私财物的核心在于行为的"目的性",即行为人基于特定原因,如报复、泄愤、解决纠纷等,有明确目标地破坏特定权利人的财物。这种行为直接侵害的是特定主体的财产所有权,其本质是针对特定财产权利的侵犯,处罚的关键在于被毁坏财物的价值或情节的严重程度。

(六)其他无故侵扰他人、扰乱社会秩序的认定

实践中如何理解"无故"是一个难点。根据《最高人民法院、最高人民检察院关于办理寻衅滋事刑事案件适用法律若干问题的解释》第1条的规定:(1)行为人为寻求刺激、发泄情绪、逞强耍横等,无事生非,实施《刑法》第293条规定的行为的,应当认定为"寻衅滋事"。(2)行为人因日常生活中的偶发矛盾纠纷,借故生非,实施《刑法》第293条规定的行为的,应当认定为"寻衅滋事",但矛盾系由被害人故意引发或者被害人对矛盾激化负有主要责任的除外。(3)行为人因婚恋、家庭、邻里、债务等纠纷,实施殴打、辱骂、恐吓他人或者损毁、占用他人财物等行为的,一般不认定为"寻衅滋事",但经有关部门批评制止或者处理处罚后,继续实施前

---

① 参见张明楷:《刑法学》(下册)(第6版),法律出版社2021年版,第1398页。

列行为,破坏社会秩序的除外。由此可见,在刑事司法中,寻衅滋事罪包括了"无事生非"和"借故生非"两种。前者如在街上看见一个人不顺眼,即上前进行殴打,可以认定为"无事生非";后者如因插队引发矛盾,插队人只要有恶意扩大事态、借机发泄或逞强耍横的意图,超出合理解决矛盾的范围,例如恶意殴打被插队人,可以认定为"借故生非"。但是,在治安管理处罚中,类似插队、碰撞、邻座噪声等因偶发矛盾引发的纠纷经常可见,双方时有推搡行为或者殴打行为,不能一概认定为寻衅滋事,而是应该综合考量行为的主观目的、行为方式和危害后果进行判断。

需要注意的是,这里扰乱的社会秩序包括了网络空间的秩序。根据《最高人民法院、最高人民检察院关于办理利用信息网络实施诽谤等刑事案件适用法律若干问题的解释》第5条的规定,利用信息网络辱骂、恐吓他人,情节恶劣,破坏社会秩序的,依照《刑法》第293条第1款第2项的规定,以寻衅滋事罪定罪处罚。编造虚假信息,或者明知是编造的虚假信息,在信息网络上散布,或者组织、指使人员在信息网络上散布,起哄闹事,造成公共秩序严重混乱的,依照《刑法》第293条第1款第4项的规定,以寻衅滋事罪定罪处罚。因此,在实践中在网络空间有如上行为,不够寻衅滋事罪的处罚的,可以进行治安管理处罚。

(七)与寻衅滋事罪的区分

寻衅滋事罪(《刑法》第293条)指的是在公共场所无事生非,起哄捣乱,无理取闹,殴打伤害无辜,肆意挑衅,横行霸道,破坏社会秩序的行为。[①] 寻衅滋事行为与寻衅滋事罪的主要区别在于:

1. 客观行为不同。二者在行为表现上有细微的区别,寻衅滋事行为包括:(1)结伙斗殴或者随意殴打他人的;(2)追逐、拦截他人的;(3)强拿硬要或者任意损毁、占用公私财物的;(4)其他无故侵扰他人、扰乱社会秩序的。寻衅滋事罪包括:(1)随意殴打他人,情节恶劣的;(2)追逐、拦截、辱骂、恐吓他人,情节恶劣的;(3)强拿硬要或者任意损毁、占用公私财物,情节严重的;(4)在公共场所起哄闹事,造成公共场所秩序严重混乱的。寻衅滋事罪没有"其他"行为这一口袋条款,行为仅限于上述四种。

2. 情节或危害后果不同。寻衅滋事罪一般来说情节应当达到恶劣、严重的程度或者造成公共场所秩序严重混乱。根据《最高人民法院、最高人民检察院关于办理寻衅滋事刑事案件适用法律若干问题的解释》第2~4条的规定,随意殴打他人,破坏社会秩序,具有下列情形之一的,应当认定为《刑法》第293条第1款第1项规定的"情节恶劣":(1)致1人以上轻伤或者2人以上轻微伤的;(2)引起他人精神失常、自杀等严重后果的;(3)多次随意殴打他人的;(4)持凶器随意殴打他人的;(5)随意殴打精神病人、残疾人、流浪乞讨人员、老年人、孕妇、未成年人,造成恶劣社会影响的;(6)在公共场所随意殴打他人,造成公共场所秩序严重混乱的;(7)其他情节恶劣的情形。未达到如上标准的可以认定为寻衅滋事行为。

---

① 参见陈兴良、刘树德、王芳凯编:《注释刑法全书》,北京大学出版社2022年版,第1641页。

追逐、拦截、辱骂、恐吓他人，破坏社会秩序，具有下列情形之一的，应当认定为《刑法》第293条第1款第2项规定的"情节恶劣"：(1)多次追逐、拦截、辱骂、恐吓他人，造成恶劣社会影响的；(2)持凶器追逐、拦截、辱骂、恐吓他人的；(3)追逐、拦截、辱骂、恐吓精神病人、残疾人、流浪乞讨人员、老年人、孕妇、未成年人，造成恶劣社会影响的；(4)引起他人精神失常、自杀等严重后果的；(5)严重影响他人的工作、生活、生产、经营的；(6)其他情节恶劣的情形。未达到如上标准的可以认定为寻衅滋事行为。

强拿硬要或者任意损毁、占用公私财物，破坏社会秩序，具有下列情形之一的，应当认定为《刑法》第293条第1款第3项规定的"情节严重"：(1)强拿硬要公私财物价值1000元以上，或者任意损毁、占用公私财物价值2000元以上的；(2)多次强拿硬要或者任意损毁、占用公私财物，造成恶劣社会影响的；(3)强拿硬要或者任意损毁、占用精神病人、残疾人、流浪乞讨人员、老年人、孕妇、未成年人的财物，造成恶劣社会影响的；(4)引起他人精神失常、自杀等严重后果的；(5)严重影响他人的工作、生活、生产、经营的；(6)其他情节严重的情形。未达到如上标准的可以认定为寻衅滋事行为。

3. 处罚衔接不同。寻衅滋事罪是情节犯，行为人实施寻衅滋事行为达到刑事立案追诉标准，即可按寻衅滋事罪追究刑事责任。对于尚未达到上述立案追诉标准的，或者人民检察院认为犯罪嫌疑人的寻衅滋事犯罪情节轻微，依照《刑法》规定不需要判处刑罚或者免除刑罚的案件，可以不起诉的，可按寻衅滋事行为予以治安管理处罚。①

(八)本行为中结伙斗殴行为与聚众斗殴罪的区别

聚众斗殴罪(《刑法》第292条)是指聚集多人攻击对方身体或者相互攻击对方身体的行为。两者的主要区别在于：

1. 行为主体不同。聚众斗殴罪的主体是聚众斗殴的首要分子和其他积极参加者。根据《刑法》第97条的规定，首要分子是指在聚众犯罪中起组织、策划、指挥作用的犯罪分子，即在聚众犯罪中起核心作用的人。对于首要分子的认定，并不要求组织、策划、指挥作用三者同时具备，只要具备其中之一，即可认定为首要分子。组织，主要是指将其他犯罪人纠集在一起。策划，主要是指制订犯罪活动方案、实施计划。指挥，主要是指在犯罪的各个阶段指使、命令其他犯罪人实施犯罪行为等。聚众斗殴罪的主体必须有首要分子，可能是一人也可能是数人。积极参加者，是指积极、主动参加聚众斗殴犯罪的人，或者在其中起重要作用的人，其作用要弱于组织、策划、指挥者。结伙斗殴行为的主体是结伙斗殴的所有参加者。

2. 行为主体数量不同。聚众斗殴罪的特征之一是聚众，是指在首要分子的组织、策划、指挥下，聚集特定或者不特定的多人同时同地参加违法犯罪活动。聚众斗殴罪具有不同于其他聚众犯罪的特点，斗殴至少有两方，因此，其聚众是指至少一方达到3人以上。也就是说，斗

---

① 参见孙茂利主编：《违反公安行政管理行为名称释义与实务指南(2021年版)》，中国民主法制出版社2021年版，第65页。

殴一方在3人以上,并符合聚众斗殴罪其他构成要件的,方可认定为构成聚众斗殴罪,而人数在3人以下的另一方则不构成该罪。结伙斗殴中的结伙,是指2人(含2人)以上。也就是说,在结伙斗殴中至少斗殴一方要在2人以上。

3. 客观表现不同。聚众斗殴罪在客观方面表现为纠集众人结伙斗殴,其行为主体具有组织、策划、指挥或者积极参加聚众斗殴的行为。结伙斗殴行为的主体是斗殴行为的所有参加者,没有组织、策划和指挥者。对在聚众斗殴行为中不起主要作用的一般参加者,可以结伙斗殴行为予以治安管理处罚。

4. 造成后果不同。结伙斗殴行为对社会造成的影响要比聚众斗殴罪对社会造成的影响小。①

(九)本行为中强拿硬要与《治安管理处罚法》第54条规定的强迫交易行为的区别

两者的客观方面都可能表现为强买强卖等行为,但细究之下会发现有以下不同:

1. 客观表现不同。强迫交易行为一般具有民事交易的形式表现,而寻衅滋事行为中的强拿硬要一般不具备民事交易的形式表现。

2. 侵犯客体不同。寻衅滋事行为中的强拿硬要侵犯的是正常的社会管理秩序,而强迫交易行为侵犯的是正常的商品市场交易秩序。

3. 主观目的不同。寻衅滋事行为中强拿硬要行为是为了寻欢作乐、逞强耍横、无事生非,而强迫交易行为是为了谋取非法经济利益。

4. 行为主体不同。寻衅滋事行为中强拿硬要的主体只包括自然人,而强迫交易的主体既包括自然人,也包括单位。

(十)本行为中强拿硬要与《治安管理处罚法》第58条规定的抢夺、敲诈勒索行为的区别

寻衅滋事行为中强拿硬要虽然与抢夺、敲诈勒索行为有许多相似之处,但仍表现出诸多不同之处,主要区别在于:

1. 侵犯客体不同。寻衅滋事行为中的强拿硬要行为侵犯的客体是正常社会管理秩序,而抢夺、敲诈勒索行为侵犯的客体是公私财产所有权。

2. 主观目的不同。区分寻衅滋事行为中的强拿硬要行为与抢夺、敲诈勒索行为的重要界限在于行为人主观动机。行为人在实施寻衅滋事行为中的强拿硬要行为时,具有寻求刺激或者取乐他人等不健康的动机,反映出来的是无事生非、无理取闹的心理态度,但行为人实施抢夺、敲诈勒索行为时,其主观目的就是取得被侵害人的财物,明显有别于寻衅滋事行为中的强拿硬要的主观动机。

处罚标准

本行为设置一般情形和情节较重两个层次的处罚。

---

① 参见孙茂利主编:《违反公安行政管理行为名称释义与实务指南(2021年版)》,中国民主法制出版社2021年版,第62-63页。

表 20　寻衅滋事行为处罚标准

处罚档次	处罚标准	裁量基准
一般情形	处 5 日以上 10 日以下拘留或 1000 元以下罚款	/
情节较重	处 10 日以上 15 日以下拘留,可以并处 2000 元以下罚款	①纠集多人或者多次参加寻衅滋事的
		②持械寻衅滋事的
		③造成人员受伤、公共场所秩序混乱,或者造成较大社会影响的
		④追逐、拦截他人并有侮辱性语言、挑逗性动作或者以暴力相威胁的
		⑤驾驶机动车、非机动车、其他交通工具,或者持械追逐、拦截他人的
		⑥强拿硬要或者任意损毁、占用公私财物价值达到有关司法解释认定构成《刑法》第 293 条第 1 款第 3 项规定的"情节严重"标准的 50% 以上的
		⑦在公共场所、公共交通工具上实施寻衅滋事行为,造成较大社会影响的
		⑧利用信息网络教唆、煽动实施扰乱公共秩序违法活动的
		⑨编造虚假信息,或者明知是编造的虚假信息,在信息网络上散布,或者组织、指使人员在信息网络上散布,起哄闹事的
		⑩一次实施两种以上寻衅滋事行为的
		⑪其他情节较重的情形

案例及解析

案例 1

【**基本案情**】违法行为人李某通宵在某夜宵店饮酒。在酒精的作用下,李某的情绪变得极不稳定,说话声音过大。邻桌女子张某对此表达了强烈的不满,要求李某说话声音小一点,李某情绪一下激动起来,两人发生了激烈言语冲突。在争吵过程中,李某自觉丢了面子,为了给自己找回所谓的"颜面",作势要打张某,逼迫张某向自己道歉,后被其他顾客拦下。李某对张某并没有实质伤害行为,在张某道歉后,李某作罢。

李某的行为应当如何认定?

【**解析**】本案的焦点在于:1. 李某是否为无故生非,构成寻衅滋事。2. 对于李某的行为认定为寻衅滋事行为还是寻衅滋事罪。第一个问题,李某的行为是否为无故生非,构成寻衅滋事,在实践中有争议。综合全案来看,李某是公共秩序混乱的根源,而后其不仅不收敛自己的行为,反而变本加厉,以作势殴打要求恐吓张某道歉,其行为可以认定为无故生非,构成寻衅滋事。第二个问题,对李某的行为应当认定为寻衅滋事行为。根据《最高人民法院、最高人民检察院关于办理寻衅滋事刑事案件适用法律若干问题的解释》,恐吓他人,破坏社会秩序,具有下列情形之一的,应当认定为《刑法》第293条第1款第2项规定的"情节恶劣":(1)多次恐吓他人,造成恶劣社会影响的;(2)持凶器恐吓他人的;(3)恐吓精神病人、残疾人、流浪乞讨人员、老年人、孕妇、未成年人,造成恶劣社会影响的;(4)引起他人精神失常、自杀等严重后果的;(5)严重影响他人的工作、生活、生产、经营的;(6)其他情节恶劣的情形。本案中,李某的行为不具有情节恶劣的情形,公安机关可以予以寻衅滋事的治安管理处罚。

案例2

【基本案情】网民王某因与某商家产生消费纠纷,王某认为商家没有为其提供售后服务,而商家举证已经过了售后服务期限。为泄私愤,王某遂使用电脑P图软件,在多个互联网平台伪造并传播谣言视频,起哄闹事,很多不明所以的网民纷纷跟帖点赞,要求严惩商家,对商家造成恶劣影响。

对王某的行为该如何认定?

【解析】根据《最高人民法院、最高人民检察院关于办理利用信息网络实施诽谤等刑事案件适用法律若干问题的解释》第5条第2款的规定,编造虚假信息,在信息网络上散布,起哄闹事,造成公共秩序严重混乱的,以寻衅滋事罪定罪处罚。在本案中,王某编造虚假信息并恶意传播的行为虽没有造成公共秩序的严重混乱,但是已经扰乱了网络公共秩序,可以寻衅滋事行为进行治安管理处罚。

关联法条

1.《刑法》(2023年修正)

第293条 【寻衅滋事罪】有下列寻衅滋事行为之一,破坏社会秩序的,处五年以下有期徒刑、拘役或者管制:

(一)随意殴打他人,情节恶劣的;

(二)追逐、拦截、辱骂、恐吓他人,情节恶劣的;

(三)强拿硬要或者任意损毁、占用公私财物,情节严重的;

(四)在公共场所起哄闹事,造成公共场所秩序严重混乱的。

纠集他人多次实施前款行为,严重破坏社会秩序的,处五年以上十年以下有期徒刑,可以并处罚金。

第292条 【聚众斗殴罪】聚众斗殴的,对首要分子和其他积极参加的,处三年以下有期徒刑、拘役或者管制;有下列情形之一的,对首要分子和其他积极参加的,处三年以上十年以下有期徒刑:

(一)多次聚众斗殴的;

(二)聚众斗殴人数多,规模大,社会影响恶劣的;

(三)在公共场所或者交通要道聚众斗殴,造成社会秩序严重混乱的;

(四)持械聚众斗殴的。

【故意伤害罪】【故意杀人罪】聚众斗殴,致人重伤、死亡的,依照本法第二百三十四条、第二百三十二条的规定定罪处罚。

2.《最高人民法院、最高人民检察院关于办理寻衅滋事刑事案件适用法律若干问题的解释》(法释〔2013〕18 号)

第 1 条　行为人为寻求刺激、发泄情绪、逞强耍横等,无事生非,实施刑法第二百九十三条规定的行为的,应当认定为"寻衅滋事"。

行为人因日常生活中的偶发矛盾纠纷,借故生非,实施刑法第二百九十三条规定的行为的,应当认定为"寻衅滋事",但矛盾系由被害人故意引发或者被害人对矛盾激化负有主要责任的除外。

行为人因婚恋、家庭、邻里、债务等纠纷,实施殴打、辱骂、恐吓他人或者损毁、占用他人财物等行为的,一般不认定为"寻衅滋事",但经有关部门批评制止或者处理处罚后,继续实施前列行为,破坏社会秩序的除外。

3.《最高人民法院、最高人民检察院关于办理利用信息网络实施诽谤等刑事案件适用法律若干问题的解释》(法释〔2013〕21 号)

第 5 条第 2 款　编造虚假信息,或者明知是编造的虚假信息,在信息网络上散布,或者组织、指使人员在信息网络上散布,起哄闹事,造成公共秩序严重混乱的,依照刑法第二百九十三条第一款第(四)项的规定,以寻衅滋事罪定罪处罚。

4.《国防教育法》(2024 年修订)

第 39 条　寻衅滋事,扰乱国防教育工作和活动秩序的,或者盗用国防教育名义骗取钱财的,由有关主管部门给予批评教育,并予以制止;造成人身、财产或者其他损害的,应当依法承担相应的民事责任;构成违反治安管理行为的,依法给予治安管理处罚。

5.《教育法》(2021 年修正)

第 72 条第 1 款　结伙斗殴、寻衅滋事,扰乱学校及其他教育机构教育教学秩序或者破坏校舍、场地及其他财产的,由公安机关给予治安管理处罚;构成犯罪的,依法追究刑事责任。

6.《疫苗管理法》(2019 年)

第 93 条第 1 款　编造、散布虚假疫苗安全信息,或者在接种单位寻衅滋事,构成违反治安管理行为的,由公安机关依法给予治安管理处罚。

7.《精神卫生法》(2018 年修正)

第 80 条第 1 款　在精神障碍的诊断、治疗、鉴定过程中,寻衅滋事,阻挠有关工作人员依照本法的规定履行职责,扰乱医疗机构、鉴定机构工作秩序的,依法给予治安管理处罚。

8.《英雄烈士保护法》(2018 年)

第 27 条第 2 款　亵渎、否定英雄烈士事迹和精神,宣扬、美化侵略战争和侵略行为,寻衅滋事,扰乱公共秩序,构成违反治安管理行为的,由公安机关依法给予治安管理处罚;构成犯罪的,依法追究刑事责任。

9.《铁路法》(2015 年修正)

第 55 条　在列车内,寻衅滋事,扰乱公共秩序,危害旅客人身、财产安全的,铁路职工有权制止,铁路公安人员可以予以拘留。

10.《民用航空安全保卫条例》(2011 年修订)

第 25 条第 3 项　航空器内禁止下列行为:

(三)打架、酗酒、寻衅滋事;

11.《乡村医生从业管理条例》(2003年)

第47条 寻衅滋事、阻碍乡村医生依法执业,侮辱、诽谤、威胁、殴打乡村医生,构成违反治安管理行为的,由公安机关依法予以处罚;构成犯罪的,依法追究刑事责任。

12.《医疗事故处理条例》(2002年)

第59条 以医疗事故为由,寻衅滋事、抢夺病历资料,扰乱医疗机构正常医疗秩序和医疗事故技术鉴定工作,依照刑法关于扰乱社会秩序罪的规定,依法追究刑事责任;尚不够刑事处罚的,依法给予治安管理处罚。

第六节 《治安管理处罚法》第 31 条

26. 组织、教唆、胁迫、诱骗、煽动他人从事邪教、会道门、非法宗教活动

现行规定

《治安管理处罚法》

第 31 条第 1 项 有下列行为之一的,处十日以上十五日以下拘留,可以并处二千元以下罚款;情节较轻的,处五日以上十日以下拘留,可以并处一千元以下罚款:

(一)组织、教唆、胁迫、诱骗、煽动他人从事邪教活动、会道门活动、非法的宗教活动……扰乱社会秩序、损害他人身体健康的;

立案与管辖

(一)立案标准

违法嫌疑人有实施组织、教唆、胁迫、诱骗、煽动他人从事邪教、会道门、非法宗教活动,扰乱社会秩序、损害他人身体健康,尚不够刑事处罚的行为即达到立案标准。本行为不要求实际产生损害他人身体健康的危害后果,只要违法行为有产生损害他人身体健康的可能性即可立案。

(二)管辖

组织、教唆、胁迫、诱骗、煽动从事邪教、会道门、非法宗教活动案件一般由违法行为地的公安机关管辖。

违法行为地包括违法行为发生地和违法结果发生地。违法行为发生地,一般指的是组织、教唆、胁迫、诱骗、煽动他人从事邪教、会道门、非法宗教活动行为的实施地以及开始地、途经地、结束地等与组织、教唆、胁迫、诱骗、煽动他人从事邪教、会道门、非法宗教活动行为有关的地点;组织、教唆、胁迫、诱骗、煽动他人从事邪教、会道门、非法宗教活动行为有连续、持续或者继续状态的,连续、持续或者继续实施的地方都属于违法行为发生地。违法结果发生地,通常指的是组织、教唆、胁迫、诱骗、煽动他人从事邪教、会道门、非法宗教活动行为造成社会秩序混乱所在地。

组织、教唆、胁迫、诱骗、煽动他人从事邪教、会道门、非法宗教活动行为由违法行为人居住地公安机关管辖更为适宜的,可以由违法行为人居住地公安机关管辖。

证据收集

(一)证据规格

组织、教唆、胁迫、诱骗、煽动他人从事邪教、会道门、非法宗教活动行为的调查和证据收集重点在于证明客观行为存在及其表现,造成社会秩序混乱的状况以及损害他人身体健康的情况。应注意该行为尚不够刑事处罚,因而对违法行为后果的认定尤为重要。在一个完整的组织、教唆、胁迫、诱骗、煽动他人从事邪教、会道门、非法宗教活动行为事实和损害结果认定中,需要收集的证据规格如下:

1. 违法嫌疑人的陈述和申辩。

(1)违法嫌疑人的基本情况;(2)违法行为的动机和目的;(3)作案时间、地点、人员、起因、经过、手段、方式、危害后果;(4)作案工具及来源、下落;(5)结伙作案的,问明违法嫌疑人的数量、身份、当天穿着,预谋、结伙聚合的过程、相互关系、地位,以及各违法嫌疑人相互关系、相互印证情况。

2. 被侵害人陈述和其他证人证言。

(1)被侵害人陈述。问明行为人实施组织、教唆、胁迫、诱骗、煽动他人从事邪教、会道门、非法宗教活动行为的时间、地点、经过、起因、目的、手段、后果、人员受伤,公众秩序混乱情况,违法嫌疑人的数量、身份及体貌特征,制作询问笔录。(2)证人证言。问明行为人实施组织、教唆、胁迫、诱骗、煽动他人从事邪教、会道门、非法宗教活动行为的时间、地点、经过、起因、目的、手段、后果,物品损毁,人员受伤,公众秩序混乱情况,违法嫌疑人的数量、身份及体貌特征,制作询问笔录。

3. 物证、书证。

(1)物证。手机、电脑、无线电台(站)等作案工具等。(2)书证。传单、喷图、图片、标语、报纸、书籍、刊物、横幅、条幅等书证。

4. 鉴定意见。

人体损伤程度伤情鉴定、物品损毁价格鉴证等。

5. 电子数据、视听资料。

(1)网页、博客、微博、朋友圈、贴吧等网络平台发布的信息;手机短信、电子邮件、即时通信、通讯群组等网络应用服务的通信信息及人员数量信息;身份认证信息、通信记录等信息;文档、图片、音视频、电子文档、图片、音视频浏览、点赞、评论、转发信息等电子文件。(2)录音带、录像带等视听资料。

6. 勘验、检查笔录,现场笔录。

现场勘查笔录、现场图、现场照片、提取的痕迹物证等。

7. 辨认笔录。

证人及相关当事人对违法嫌疑人的辨认,嫌疑人之间互相辨认以及对作案工具的辨认。

8.其他证据材料。

(1)证明违法嫌疑人身份的材料和违法犯罪记录,如人口信息、户籍证明、身份证、工作证、专业或技术等级证复印件等,法院判决书、行政处罚决定书、释放证明书等有效法律文件。

(2)抓获经过、处警经过等。

(二)注意事项

1.注重对"组织、教唆、胁迫、诱骗、煽动"违法行为的调查。本违法行为只处罚实施组织、教唆、胁迫、诱骗、煽动从事邪教、会道门、非法宗教活动的违法行为人,对被组织者、被教唆者、被胁迫者、被诱骗者、被煽动者不予治安处罚,因此,在案件调查中,要准确识别违法行为。

2.注重对违法行为"扰乱社会秩序""损害他人身体健康"证据的收集。本行为不以"扰乱社会秩序""损害他人身体健康"为行为构成的必要要件,但是如果产生了相关的危害后果,应当即时固定证据,作为处罚裁量的依据。

行为认定

(一)对组织、教唆、胁迫、诱骗、煽动他人从事邪教、会道门、非法宗教活动行为的认定

主要从以下四个方面进行认定:

1.本行为侵犯的客体是社会秩序,尤其是社会秩序中的宗教信仰与管理秩序。其侵害的法益还包括了公民的人身健康权。

2.本行为在客观方面表现为组织、教唆、胁迫、诱骗、煽动他人从事邪教、会道门、非法宗教活动,扰乱社会秩序,损害他人身体健康,尚不够刑事处罚。组织,是指行为人召集、网罗他人从事邪教、会道门、非法宗教活动。教唆,是指行为人通过劝说、请求等方式唆使他人参加邪教、会道门、非法宗教活动。胁迫,是指行为人通过暴力威胁或者精神威胁迫使他人参加邪教、会道门、非法宗教活动。诱骗,是指行为人通过利诱、欺骗等手段拉拢他人参加邪教、会道门、非法宗教活动。煽动,是指行为人通过语言、文字鼓动他人从事邪教、会道门、非法宗教活动。

本行为只要造成"扰乱社会秩序"和"损害他人身体健康"危害后果之一即可予以认定。实际上,行为人只要实施了"组织、教唆、胁迫、诱骗、煽动"的违法行为,即可认为已经扰乱了社会秩序;如果违法行为进一步可能产生的危害后果之一是损害他人身体健康,即构成本行为,不以一定发生损害他人身体健康这一损害结果为必要要件。

3.行为的实施主体是自然人或单位。

4.本行为在主观方面表现为故意。

(二)邪教活动、会道门活动、非法宗教活动的界定

根据《刑法》等有关法律法规规定,如果行为人所从事的是邪教组织操纵的非法活动,即可认定为邪教活动。根据《最高人民法院、最高人民检察院关于办理组织、利用邪教组织破坏法律实施等刑事案件适用法律若干问题的解释》第1条的规定,邪教组织,是指冒用宗教、气功或者以其他名义建立,神化、鼓吹首要分子,利用制造、散布迷信邪说等手段蛊惑、蒙骗他

人、发展、控制成员,危害社会的非法组织。与宗教组织相比,因其无固定的组织名称、活动场所、经典和信仰,其发展教徒、筹集活动经费、传教方式是反社会的、反道德的,是邪恶的,故称之为邪教组织。一般情况下,邪教组织主要从事下列非法活动:一是传播反动思想,攻击我国宪法确立的国家制度,蒙骗、控制大量群众,干扰行政、司法、教育等工作,破坏社会主义法治秩序;二是进行非法宗教迷信活动,搞所谓"寻主""升天"活动,蛊惑群众放弃工作、生产、学习,扰乱正常社会秩序;三是组织、教唆、胁迫、诱骗、煽动他人进行绝食、自焚,或者利用迷信的方式给他人"治病",损害他人的身体健康。

会道门活动,是会道门组织操纵的非法活动。会道门是我国封建迷信活动组织的总称,如我国历史上曾经出现的一贯道、九宫道、哥老会、先天道、后天道等组织。这些带有封建迷信色彩或者反社会性质的会道门组织,新中国成立后曾经被彻底取缔,但近年来在有些地方又死灰复燃,秘密进行一些破坏社会秩序的活动。[①] 能否认定为会道门,应当看行为人是否有结社的目的。

非法宗教活动,指的是违反了《宗教事务条例》等相关规定进行的宗教活动。根据《宗教事务条例》的规定,合法的宗教活动应当遵循以下规定:(1)信教公民的集体宗教活动,一般应当在宗教活动场所内举行,由宗教活动场所、宗教团体或者宗教院校组织,由宗教教职人员或者符合本宗教规定的其他人员主持,按照教义教规进行。(2)非宗教团体、非宗教院校、非宗教活动场所、非指定的临时活动地点不得组织、举行宗教活动,不得接受宗教性的捐赠。(3)非宗教团体、非宗教院校、非宗教活动场所不得开展宗教教育培训,不得组织公民出境参加宗教方面的培训、会议、活动等。(4)跨省、自治区、直辖市举行超过宗教活动场所容纳规模的大型宗教活动,或者在宗教活动场所外举行大型宗教活动,应当由主办的宗教团体、寺观教堂在拟举行日的30日前,向大型宗教活动举办地的设区的市级人民政府宗教事务部门提出申请。(5)禁止在宗教院校以外的学校及其他教育机构传教、举行宗教活动、成立宗教组织、设立宗教活动场所。(6)宗教团体、宗教院校和寺观教堂按照国家有关规定可以编印、发送宗教内部资料性出版物。出版公开发行的宗教出版物,按照国家出版管理的规定办理。(7)超出个人自用、合理数量的宗教类出版物及印刷品进境,或者以其他方式进口宗教类出版物及印刷品,应当按照国家有关规定办理。(8)从事互联网宗教信息服务,应当经省级以上人民政府宗教事务部门审核同意后,按照国家互联网信息服务管理有关规定办理。(9)互联网宗教信息服务的内容应当符合有关法律、法规、规章和宗教事务管理的相关规定。违反上述规定的,均有可能构成非法宗教活动。

(三)与组织、利用会道门、邪教组织、利用迷信破坏法律实施罪的区分

组织、利用会道门、邪教组织、利用迷信破坏法律实施罪(《刑法》第300条第1款),是指

[①] 参见孙茂利主编:《违反公安行政管理行为名称释义与实务指南(2021年版)》,中国民主法制出版社2021年版,第65-66页。

组织、利用会道门、邪教组织或者利用迷信破坏国家法律、行政法规实施的行为。根据《最高人民法院、最高人民检察院关于办理组织、利用邪教组织破坏法律实施等刑事案件适用法律若干问题的解释》第2条的规定,组织、利用邪教组织,破坏国家法律、行政法规实施,具有下列情形之一的,应当依照《刑法》第300条第1款的规定,以组织、利用会道门、邪教组织、利用迷信破坏法律实施罪定罪处罚:"(一)建立邪教组织,或者邪教组织被取缔后又恢复、另行建立邪教组织的;(二)聚众包围、冲击、强占、哄闹国家机关、企业事业单位或者公共场所、宗教活动场所,扰乱社会秩序的;(三)非法举行集会、游行、示威,扰乱社会秩序的;(四)使用暴力、胁迫或者以其他方法强迫他人加入或者阻止他人退出邪教组织的;(五)组织、煽动、蒙骗成员或者他人不履行法定义务的;(六)使用'伪基站''黑广播'等无线电台(站)或者无线电频率宣扬邪教的;(七)曾因从事邪教活动被追究刑事责任或者二年内受过行政处罚,又从事邪教活动的;(八)发展邪教组织成员五十人以上的;(九)敛取钱财或者造成经济损失一百万元以上的;(十)以货币为载体宣扬邪教,数量在五百张(枚)以上的;(十一)制作、传播邪教宣传品,达到下列数量标准之一的:1.传单、喷图、图片、标语、报纸一千份(张)以上的;2.书籍、刊物二百五十册以上的;3.录音带、录像带等音像制品二百五十盒(张)以上的;4.标识、标志物二百五十件以上的;5.光盘、U盘、储存卡、移动硬盘等移动存储介质一百个以上的;6.横幅、条幅五十条(个)以上的。(十二)利用通讯信息网络宣扬邪教,具有下列情形之一的:1.制作、传播宣扬邪教的电子图片、文章二百张(篇)以上,电子书籍、刊物、音视频五十册(个)以上,或者电子文档五百万字符以上、电子音视频二百五十分钟以上的;2.编发信息、拨打电话一千条(次)以上的;3.利用在线人数累计达到一千以上的聊天室,或者利用群组成员、关注人员等账号数累计一千以上的通讯群组、微信、微博等社交网络宣扬邪教的;4.邪教信息实际被点击、浏览数达到五千次以上的。(十三)其他情节严重的情形。"

组织、教唆、胁迫、诱骗、煽动实施邪教、会道门、非法宗教活动行为与组织、利用会道门、邪教组织、利用迷信破坏法律实施罪的区别主要是:(1)行为方式不同。组织、教唆、胁迫、诱骗、煽动实施邪教、会道门、非法宗教活动行为的行为方式是组织他人从事邪教、会道门、非法宗教活动,或者以教唆、胁迫、诱骗、煽动方式使本来没有从事邪教、会道门、非法宗教活动的人参加并从事邪教、会道门、非法宗教活动,其行为重点是"组织、教唆、胁迫、诱骗、煽动他人从事邪教活动、会道门活动、非法的宗教活动"。而组织、利用会道门、邪教组织、利用迷信破坏法律实施罪的行为方式是以组织、利用会道门、邪教组织或者利用迷信破坏国家法律、行政法规的实施,其重点是"破坏国家法律、行政法规实施的"。(2)危害后果不同。对于组织、教唆、胁迫、诱骗、煽动从事邪教、会道门、非法宗教活动情节恶劣,或者后果严重的,应依照《刑法》追究刑事责任。未达到上述《最高人民法院、最高人民检察院关于办理组织、利用邪教组织破坏法律实施等刑事案件适用法律若干问题的解释》中犯罪行为的入罪标准的,根据行为人违法行为的主客观进行综合考量,可以依照《治安管理处罚法》给予治安管理处罚。①

处罚标准

本行为设置一般情形和情节较轻两个层次的处罚。

表21 组织、教唆、胁迫、诱骗、煽动他人从事邪教、会道门、非法宗教活动行为处罚标准

处罚档次	处罚标准	裁量基准
一般情形	处10日以上15日以下拘留,可以并处2000元以下罚款	/
情节较轻	处5日以上10日以下拘留,可以并处1000元以下罚款	①危害后果较轻,并及时改正的 ②违法活动涉及数量或者数额未达到有关司法解释认定构成《刑法》第300条第1款规定的"情节较轻"标准10%的 ③其他情节较轻的情形

案例及解析

【基本案情】冯某某因其子患慢性疾病,在西安某医院就诊期间被陌生男子李某蛊惑,称"信仰'三赎基督'(系国家明令取缔的邪教组织)可通过祷告祛病消灾,无须医疗"。冯某某为给儿子"治病",遂多次在家中以"祷告会"形式组织集会,撰写"神迹见证"材料宣扬邪教,并诱骗他人称"信教可治百病"。后冯某某主动联系邻居刘某某,利用其独居且身患高血压的困境,多次上门灌输"服药无用,唯有信教才能痊愈"等言论,向刘某某发放邪教宣传册,教授祷告咒语,煽动其加入邪教,停止服药、拒绝就医。刘某某携带邪教材料外出准备传播时,被县巡逻民警发现其形迹可疑遂进行盘查并传唤。经询问,刘某某如实供述冯某某教唆其参与邪教活动的事实,后李某也被抓获。

对三人的行为应当如何认定?

【解析】1. 本案中,李某蛊惑冯某某加入邪教,从事邪教活动,经公安机关调查,如果其诱骗加入邪教的人数低于50人,应当进行治安管理处罚,认定为诱骗他人从事邪教活动行为。如果人数高于50人(包括本数),应当认定为组织、利用会道门、邪教组织、利用迷信破坏法律实施罪。

2. 本案中,冯某某有两个违法行为:一是宣扬邪教,向刘某某发放邪教宣传册;二是煽动刘某某加入邪教,且煽动其停止服药、拒绝就医。冯某某的第一个行为是否构成《治安管理处罚法》第31条第3项传播宣扬邪教资料行为?答案是否定的,应当认为这一违法行为与后一

---

① 参见孙茂利主编:《违反公安行政管理行为名称释义与实务指南(2021年版)》,中国民主法制出版社2021年版,第66-67页。

违法行为为牵连关系,宣扬的目的是煽动其入教,冯某某的行为应当认定为煽动他人从事邪教活动行为。

3.本案中,刘某某携带邪教材料传播的行为应当认定为传播宣扬邪教资料行为。

在实践中,加入邪教这一行为应不应当受到治安管理处罚呢?按《治安管理处罚法》的立法原意,单纯加入邪教的行为不具有可罚性,但实际上,一旦加入邪教,行为人或多或少都会参与邪教的其他活动,应当根据其具体的行为表现进行认定。

关联法条

1.《刑法》(2023年修正)

第300条 【组织、利用会道门、邪教组织、利用迷信破坏法律实施罪】组织、利用会道门、邪教组织或者利用迷信破坏国家法律、行政法规实施的,处三年以上七年以下有期徒刑,并处罚金;情节特别严重的,处七年以上有期徒刑或者无期徒刑,并处罚金或者没收财产;情节较轻的,处三年以下有期徒刑、拘役、管制或者剥夺政治权利,并处或者单处罚金。

【组织、利用会道门、邪教组织、利用迷信致人重伤、死亡罪】组织、利用会道门、邪教组织或者利用迷信蒙骗他人,致人重伤、死亡的,依照前款的规定处罚。

犯第一款罪又有奸淫妇女、诈骗财物等犯罪行为的,依照数罪并罚的规定处罚。

2.《最高人民法院、最高人民检察院关于办理组织、利用邪教组织破坏法律实施等刑事案件适用法律若干问题的解释》(法释〔2017〕3号)

第7条第1款 组织、利用邪教组织,制造、散布迷信邪说,蒙骗成员或者他人绝食、自虐等,或者蒙骗病人不接受正常治疗,致人重伤、死亡的,应当认定为刑法第三百条第二款规定的组织、利用邪教组织"蒙骗他人,致人重伤、死亡"。

第9条第1款 组织、利用邪教组织破坏国家法律、行政法规实施,符合本解释第四条规定情形,但行为人能够真诚悔罪,明确表示退出邪教组织、不再从事邪教活动的,可以不起诉或者免于刑事处罚。其中,行为人系受蒙蔽、胁迫参加邪教组织的,可以不作为犯罪处理。

27.利用邪教组织、会道门、迷信活动危害社会

现行规定

《治安管理处罚法》

第31条第1项 有下列行为之一的,处十日以上十五日以下拘留,可以并处二千元以下罚款;情节较轻的,处五日以上十日以下拘留,可以并处一千元以下罚款:

(一)……利用邪教组织、会道门、迷信活动,扰乱社会秩序、损害他人身体健康的;

立案与管辖

(一)立案标准

违法嫌疑人有利用邪教组织、会道门、迷信活动危害社会行为,扰乱社会秩序、损害他人身体健康,尚不够刑事处罚的行为即达到立案标准。本行为不要求实际产生损害他人身体健康的危害后果,只要违法行为有产生损害他人身体健康的可能性即可立案。

(二)管辖

利用邪教组织、会道门、迷信活动危害社会案件一般由违法行为地的公安机关管辖。

违法行为地包括违法行为发生地和违法结果发生地。违法行为发生地,一般指的是利用邪教组织、会道门、迷信活动危害社会行为的实施地以及开始地、途经地、结束地等与利用邪教组织、会道门、迷信活动危害社会行为有关的地点;利用邪教组织、会道门、迷信活动危害社会行为有连续、持续或者继续状态的,连续、持续或者继续实施的地方都属于违法行为发生地。违法结果发生地,通常指的是利用邪教组织、会道门、迷信活动危害社会行为造成社会秩序混乱所在地。

利用邪教组织、会道门、迷信活动危害社会行为由违法行为人居住地公安机关管辖更为适宜的,可以由违法行为人居住地公安机关管辖。

证据收集

(一)证据规格

利用邪教组织、会道门、迷信活动危害社会行为的调查和证据收集重点在于证明客观行为存在及其表现,造成社会秩序混乱的状况以及损害他人身体健康的情况。应注意该行为尚不够刑事处罚,因而对违法行为后果的认定尤为重要。在一个完整的利用邪教组织、会道门、迷信活动危害社会行为事实和损害结果认定中,需要收集的证据规格如下:

1. 违法嫌疑人的陈述和申辩。

(1)违法嫌疑人的基本情况;(2)违法行为的动机和目的;(3)作案时间、地点、人员、起因、经过、手段、方式、危害后果;(4)作案工具及来源、下落;(5)结伙作案的,问明违法嫌疑人的数量、身份、当天穿着,预谋、结伙聚合的过程、相互关系、地位,以及各违法嫌疑人相互关系、相互印证情况。

2. 被侵害人陈述和其他证人证言。

(1)被侵害人陈述。问明行为人实施利用邪教组织、会道门、迷信活动危害社会行为的时间、地点、经过、起因、目的、手段、后果,人员受伤,公众秩序混乱情况,违法嫌疑人的数量、身份及体貌特征,制作询问笔录。(2)证人证言。问明行为人实施利用邪教组织、会道门、迷信活动危害社会行为的时间、地点、经过、起因、目的、手段、后果,物品损毁,人员受伤,公众秩序混乱情况,违法嫌疑人的数量、身份及体貌特征,制作询问笔录。

3. 物证、书证。

（1）物证。作案工具、侵害结果等。（2）书证。宣扬邪教、会道门、迷信活动的书籍、传单等。

4. 鉴定意见。

人体损伤程度伤情鉴定、物品损毁价格鉴证等。

5. 电子数据、视听资料。

（1）网页、博客、微博客、朋友圈、贴吧等网络平台发布的信息；手机短信、电子邮件、即时通信、通讯群组等网络应用服务的通信信息及人员数量信息；身份认证信息、通信记录等信息；文档、图片、音视频、电子文档、图片、音视频浏览、点赞、评论、转发信息等电子文件。（2）录音带、录像带等视听资料。

6. 勘验、检查笔录，现场笔录。

现场勘查笔录、现场图、现场照片、提取的痕迹物证等。

7. 辨认笔录。

证人及相关当事人对违法嫌疑人的辨认，嫌疑人之间互相辨认以及对作案工具的辨认。

8. 其他证据材料。

（1）证明违法嫌疑人身份的材料和违法犯罪记录，如人口信息、户籍证明，身份证、工作证、专业或技术等级证复印件等，法院判决书、行政处罚决定书、释放证明书等有效法律文件。（2）抓获经过、处警经过等。

（二）注意事项

注重对行为结果的调查。"迷信"是人们在认识事物水平低下的情况下，对自然界和社会现象缺少正确的理解和认识而产生的盲目信仰、崇拜某种自然力量、虚构的鬼神等认识。我国各地、各民族之间风俗习惯不一，文化具有多样性，在对利用迷信活动危害社会这一违法行为调查中，要充分考虑到地域、民族之间风俗习惯的差异，注重对"危害社会"这一结果的调查，不能将当地群众实施的风俗习惯活动与本违法行为混淆。

行为认定

（一）对利用邪教组织、会道门、迷信活动危害社会行为的认定

主要从以下四个方面进行认定：

1. 本行为侵犯的客体是社会秩序，尤其是社会秩序中的宗教信仰与管理秩序。其侵害的法益还包括了公民的人身健康权。

2. 本行为在客观方面表现为利用邪教组织、会道门、迷信活动，扰乱社会秩序、损害他人身体健康，尚不够刑事处罚。迷信是在生产力低下、文化落后、群众知识缺乏的封建社会产生的作为科学的对立物出现的一种信奉鬼神的唯心主义的宿命论，其信仰、崇拜和活动的形式带有浓厚的封建色彩。本行为表现包括：利用邪教组织、会道门、迷信活动聚众冲击国家机关、企业、事业单位；利用邪教组织、会道门、迷信活动传播迷信反动思想，攻击我国宪法确立的国家制度;利用邪教组织、会道门、迷信活动蛊惑群众放弃工作、生产、学习,扰乱正常的社会秩序;利用邪教组织、会道门、迷信活动制造、散布邪说,蒙骗其成员或者其他人实施绝食、自残、自虐等行为或者阻止病人进行正常的治疗;利用迷信、巫术等给他人治病,损害他人身体健康;等等。

本行为在适用中存在争议,即本行为是否一定要同时造成了"扰乱社会秩序""损害他人身体健康"的危害后果才予以认定。实际上,行为人只要利用邪教组织、会道门、迷信活动实施了违法行为,即已经扰乱了社会秩序,造成了一定的危害后果;如果违法行为进一步可能产生的危害后果之一是损害他人身体健康,即构成本行为,不以一定发生损害他人身体健康这一损害结果为必要要件。

3. 行为的实施主体是个人或单位。

4. 本行为在主观方面表现为故意。

(二) 与组织、教唆、胁迫、诱骗、煽动从事邪教、会道门、非法宗教活动行为的区别

二者的区别在于:

1. 行为目的不同。组织、教唆、胁迫、诱骗、煽动从事邪教、会道门、非法宗教活动行为,其主要目的是扩大邪教、会道门、非法宗教活动的影响,发展成员;而本行为主要目的是利用邪教、会道门和迷信进行其他非法活动。例如,甲在社区诱骗其他居民参与某邪教,称该邪教可以"祷告治病",该行为可以认定为诱骗实施邪教活动行为。乙告诉邪教信徒停用胰岛素,称"祷告可治愈糖尿病",最终导致该信徒昏迷,该行为应认定为本行为。

2. 客观行为不同。本行为主要是指利用邪教、会道门和迷信的行为;而组织、教唆、胁迫、诱骗、煽动从事邪教、会道门、非法宗教活动行为不包括迷信行为。除此之外,本行为是利用邪教的教义、会道门的门规或者迷信使得他人轻信做出扰乱社会秩序、损害健康的行为;而组织、教唆、胁迫、诱骗、煽动从事邪教、会道门、非法宗教活动行为其核心在于有"组织、教唆、胁迫、诱骗、煽动"的行为。

(三) 与组织、利用会道门、邪教组织、利用迷信致人重伤、死亡罪的区别

组织、利用会道门、邪教组织、利用迷信致人重伤、死亡罪(《刑法》第 300 条第 2 款)指的是犯罪行为人组织、利用会道门、邪教组织、利用迷信致人重伤、死亡的行为。根据《最高人民法院、最高人民检察院关于办理组织、利用邪教组织破坏法律实施等刑事案件适用法律若干问题的解释》的规定:组织、利用邪教组织,制造、散布迷信邪说,蒙骗成员或者他人绝食、自虐等,或者蒙骗病人不接受正常治疗,致人重伤、死亡的,应当认定为组织、利用邪教组织"蒙骗他人,致人重伤、死亡"。组织、利用邪教组织,制造、散布迷信邪说,组织、策划、煽动、胁迫、教唆、帮助其成员或者他人实施自杀、自伤的,以故意杀人罪或者故意伤害罪定罪处罚。邪教组织人员以自焚、自爆或者其他危险方法危害公共安全的,以放火罪、爆炸罪、以危险方法危害公共安全罪等定罪处罚。

二者的区别主要在于行为的后果上,利用邪教组织、会道门、迷信活动危害社会行为对他

人的身体健康可能产生一定的危害,但是危害后果并未发生或者并不严重,一般来说重伤以下可以进行治安管理处罚。而组织、利用会道门、邪教组织、利用迷信致人重伤、死亡罪一定产生了严重的危害,已经达到重伤、死亡的程度。

处罚标准

本行为设置一般情形和情节较轻两个层次的处罚。

表22 利用邪教组织、会道门、迷信活动危害社会行为处罚标准

处罚档次	处罚标准	裁量基准
一般情形	处10日以上15日以下拘留,可以并处2000元以下罚款	/
情节较轻	处5日以上10日以下拘留,可以并处1000元以下罚款	①危害后果较轻,并及时改正的 ②违法活动涉及数量或者数额未达到有关司法解释认定构成《刑法》第300条第1款规定的"情节较轻"标准10%的 ③其他情节较轻的情形

案例及解析

【基本案情】张某在某镇东环路西侧违规搭建供棚,设置"九道门",以"入道可治病消灾"为宣传噱头招揽民众。县政府部门排查发现该窝点并报警。经查,李某因其子患癫痫病多年,多次前往该供棚,通过烧香、跪拜、供奉水果等方式祈求"治愈儿子",并听信了张某只要心诚"入道可治病消灾"的说法,让其子完全中止正规医疗,致使其子病情恶化,多次出现癫痫持续状态送医抢救。后证实张某虽未收取钱财,但反复灌输"诚心入道比吃药管用",甚至提供所谓"神水"(来源不明的符水)替代药物。

张某的行为应当如何认定?

【解析】本案中,张某成立的"九道门",是否构成会道门?答案是否定的。一般认为,会道门的成立应当有明确的结社意图,但是本案中,张某并不具有此意图,因而张某的行为认定为迷信活动更为妥当。张某的行为应当认定为利用迷信活动危害社会行为。

关联法条

本部分关联法条参见"组织、教唆、胁迫、诱骗、煽动他人从事邪教、会道门、非法宗教活动"行为的关联法条。

28.冒用宗教、气功名义危害社会

现行规定

《治安管理处罚法》

第31条第2项 有下列行为之一的,处十日以上十五日以下拘留,可以并处二千元以下罚款;情节较轻的,处五日以上十日以下拘留,可以并处一千元以下罚款:

(二)冒用宗教、气功名义进行扰乱社会秩序、损害他人身体健康活动的;

立案与管辖

(一)立案标准

违法嫌疑人有冒用宗教、气功名义进行扰乱社会秩序、损害他人身体健康活动的,尚不够刑事处罚的行为即达到立案标准。

(二)管辖

冒用宗教、气功名义危害社会案件一般由违法行为地的公安机关管辖。

违法行为地包括违法行为发生地和违法结果发生地。违法行为发生地,一般指的是冒用宗教、气功名义危害社会行为的实施地以及开始地、途经地、结束地等与冒用宗教、气功名义危害社会行为有关的地点;冒用宗教、气功名义危害社会行为有连续、持续或者继续状态的,连续、持续或者继续实施的地方都属于违法行为发生地。违法结果发生地,通常指的是冒用宗教、气功名义危害社会行为造成社会秩序混乱所在地。

冒用宗教、气功名义危害社会行为由违法行为人居住地公安机关管辖更为适宜的,可以由违法行为人居住地公安机关管辖。

证据收集

(一)证据规格

冒用宗教、气功名义危害社会行为的调查和证据收集重点在于证明客观行为存在及其表现,造成社会秩序混乱的状况以及损害他人身体健康的情况。应注意该行为尚不够刑事处罚,因而对违法行为后果的认定尤为重要。在一个完整的冒用宗教、气功名义危害社会行为事实和损害结果认定中,需要收集的证据规格如下:

1.违法嫌疑人的陈述和申辩。

(1)违法嫌疑人的基本情况;(2)违法行为的动机和目的;(3)作案时间、地点、人员、起因、经过、手段、方式、危害后果;(4)作案工具及来源、下落;(5)结伙作案的,问明违法嫌疑人的数量、身份、当天穿着、预谋、结伙聚合的过程、相互关系、地位,以及各违法嫌疑人相互关系、相互印证情况。

2. 被侵害人陈述和其他证人证言。

(1)被侵害人陈述。问明行为人实施冒用宗教、气功名义危害社会行为的时间、地点、经过、起因、目的、手段、后果,人员受伤,公众秩序混乱情况,违法嫌疑人的数量、身份及体貌特征,制作询问笔录。(2)证人证言。问明行为人实施冒用宗教、气功名义危害社会行为的时间、地点、经过、起因、目的、手段、后果,物品损毁,人员受伤,公众秩序混乱情况,违法嫌疑人的数量、身份及体貌特征,制作询问笔录。

3. 物证、书证。

(1)物证。作案工具、侵害结果等。(2)书证。宣扬宗教、气功的书籍、传单等。

4. 鉴定意见。

人体损伤程度伤情鉴定、物品损毁价格鉴证等。

5. 电子数据、视听资料。

(1)网页、博客、微博客、朋友圈、贴吧等网络平台发布的信息;手机短信、电子邮件、即时通信、通讯群组等网络应用服务的通信信息及人员数量信息;身份认证信息、通信记录等信息;文档、图片、音视频,电子文档、图片、音视频浏览、点赞、评论、转发信息等电子文件。(2)录音带、录像带等视听资料。

6. 勘验、检查笔录,现场笔录。

现场勘查笔录、现场图、现场照片、提取的痕迹物证等。

7. 辨认笔录。

证人及相关当事人对违法嫌疑人的辨认,嫌疑人之间互相辨认以及对作案工具的辨认。

8. 其他证据材料。

(1)证明违法嫌疑人身份的材料和违法犯罪记录,如人口信息、户籍证明、身份证、工作证、专业或技术等级证复印件等,法院判决书、行政处罚决定书、释放证明书等有效法律文件。(2)抓获经过、处警经过等。

(二)注意事项

注重对违法行为和损害结果的调查。《宪法》第36条第1款规定,中华人民共和国公民有宗教信仰自由。气功是一种中国传统的保健、养生、祛病的方法,我国法律保障公民合法信教和身心锻炼。冒用宗教、气功名义危害社会行为的可罚性在于其借助宗教或气功名义,实施的是危害社会的行为,并且可能造成一定的损害后果,因此需要着重调查冒用行为和损害结果。

行为认定

(一)对冒用宗教、气功名义危害社会行为的认定

主要从以下四个方面进行认定:

1. 本行为侵犯的客体是社会秩序,尤其是社会秩序中的宗教信仰与管理秩序。其侵害的法益还包括了公民的人身健康权。

2.本行为在客观方面表现为冒用宗教、气功名义进行扰乱社会秩序、损害他人身体健康的活动,尚不够刑事处罚。冒用宗教、气功名义,是指行为人打着宗教、气功的幌子,以所谓教义、传教和教会之名,行迷信活动或者其他非法活动之实,扰乱社会秩序,损害他人身体健康。主要包括:冒用宗教、气功名义传播迷信反动思想,攻击我国宪法确立的国家制度;冒用宗教、气功名义蛊惑群众放弃工作、生产、学习,扰乱正常的社会秩序;冒用宗教、气功名义制造、散布邪说,蒙骗其成员或者其他人实施绝食、自残、自虐等行为或者阻止病人进行正常的治疗;利用迷信、巫术等给他人治病,损害他人身体健康;等等。本行为不要求在事实上一定造成扰乱社会秩序、损害他人身体健康的危害后果,只要存在危害可能性,即构成本行为。应当注意,这里冒用的宗教和气功应当是我国允许存在的合法的宗教和气功。

3.行为的实施主体是个人或单位。

4.本行为在主观方面表现为故意。

(二)邪教与宗教的区别

邪教和宗教的区别在于:

1.合法性。《宗教事务条例》第7条规定:"宗教团体的成立、变更和注销,应当依照国家社会团体管理的有关规定办理登记。宗教团体章程应当符合国家社会团体管理的有关规定。宗教团体按照章程开展活动,受法律保护。"由此可见,合法的宗教应当依登记设立,并且具有章程。而邪教不具备以上成立的条件,从根本上是非法组织。

2.活动宗旨。宗教团体的活动宗旨是遵守宪法、法律、法规和规章,践行社会主义核心价值观,维护国家统一、民族团结、宗教和睦与社会稳定。而邪教活动主要是冒用宗教、气功或者以其他名义建立,神化、鼓吹首要分子,利用制造、散布迷信邪说等手段蛊惑、蒙骗他人,发展、控制成员,危害社会。

(三)对冒用宗教、气功名义,严重损害他人身体健康的处罚

冒用宗教、气功名义危害社会的违反治安管理行为,属于情节轻微、危害后果不严重的行为。如果行为人冒用宗教、气功名义看病行医,造成他人身体受到严重损害或者死亡,则不应以违反治安管理行为论处,而应根据《刑法》的有关规定追究其刑事责任。[1]

处罚标准

本行为设置一般情形和情节较轻两个层次的处罚。

---

[1] 参见孙茂利主编:《违反公安行政管理行为名称释义与实务指南(2021年版)》,中国民主法制出版社2021年版,第69页。

表23 冒用宗教、气功名义危害社会行为处罚标准

处罚档次	处罚标准	裁量基准
一般情形	处10日以上15日以下拘留,可以并处2000元以下罚款	/
情节较轻	处5日以上10日以下拘留,可以并处1000元以下罚款	①危害后果较轻,并及时改正的 ②违法活动涉及数量或者数额未达到有关司法解释认定构成《刑法》第300条第1款规定的"情节较轻"标准10%的 ③其他情节较轻的情形

案例及解析

【基本案情】杨某长期以"宗教气功大师"身份在短视频平台直播,宣称"通过灵修能量可治愈癌症、渐冻症等绝症"。杨某通过直播实施了以下违法行为:伪装宗教仪式,在直播间设置佛龛、太极图等道具,虚构所谓"开光气功疗法",要求患者支付"功德金"(单次66元至1888元不等)换取"远程发功";唆使3名癌症患者停止化疗,购买其高价"灵符水"(实际成分为普通糖水)服用,并谎称"肿瘤正在能量净化";对1名抑郁症患者谎称"被厉鬼缠身",分7次骗取"驱邪法事费"共计5.2万元。

杨某的行为应当如何认定?

【解析】本案的核心焦点在于是认定杨某冒用宗教、气功名义危害社会行为还是诈骗罪。杨某的确有冒用宗教、气功名义,夸大宗教和气功的正常功效的行为,但是其主观目的是非法占有他人财物,且用虚构宗教气功功效,夸大事实的方法,骗取他人公私财物。在行为后果上造成了他人的身体健康的损害,但是其行为本质依然是诈骗,且数额达到诈骗罪的入罪门槛,应当以诈骗罪予以定罪。对他人人身健康的伤害程度应当作为量刑考量因素。

实践中,冒用宗教、气功名义往往是违法行为人的手段之一,如本案中为了实施诈骗行为冒用宗教、气功。《治安管理处罚法》第31条第2项规定的冒用宗教、气功名义进行扰乱社会秩序、损害他人身体健康活动的行为,如果与其他行为产生竞合,则应当以处罚较重的行为进行认定。

关联法条

本部分关联法条参见"组织、教唆、胁迫、诱骗、煽动他人从事邪教、会道门、非法宗教活动"行为的关联法条。

29. 制作、传播宣扬邪教、会道门内容的物品、信息、资料

现行规定

《治安管理处罚法》

第 31 条第 3 项 有下列行为之一的,处十日以上十五日以下拘留,可以并处二千元以下罚款;情节较轻的,处五日以上十日以下拘留,可以并处一千元以下罚款:

(三)制作、传播宣扬邪教、会道门内容的物品、信息、资料的。

立案与管辖

(一)立案标准

违法嫌疑人有制作、传播宣扬邪教、会道门内容的物品、信息、资料,尚不够刑事处罚的行为,即达到立案标准。这里的尚不够刑事处罚是指违法行为不符合《刑法》第 300 条第 1 款规定的组织、利用会道门、邪教组织、利用迷信破坏法律实施罪的构成要件。

(二)管辖

制作、传播宣扬邪教、会道门内容的物品、信息、资料案件,一般由违法行为地的公安机关管辖。

违法行为地包括违法行为发生地和违法结果发生地。违法行为发生地,主要指制作、传播行为的实施地及与之密切相关的起始地、途经地与结束地等。例如:宣扬邪教、会道门内容的物品,如书籍、音像制品、标识的制作地或印刷地;上述物品的存储地或交付地,如仓库、物流集散点;宣扬邪教、会道门内容的信息、资料的编辑、合成地;信息、资料传播行为的实施地,如散发传单的现场、张贴宣传品的地点;网络传播平台的关键节点所在地,包括用于传播的服务器所在地、通讯群组,如聊天群、论坛的运营管理地、上传或发布信息指令的终端设备所在地。若制作、传播行为呈现连续、持续或继续状态,则所有涉及该状态的地点均属于违法行为发生地。违法结果发生地,是指宣扬邪教、会道门内容的物品、信息、资料实际被接收、阅览、获取或进一步传播扩散的地点,如物品的派发接收地、信息被点击浏览或下载的终端所在地、资料被展示的场所等。

制作、传播宣扬邪教、会道门内容的物品、信息、资料行为由违法行为人居住地公安机关管辖更为适宜的,可以由违法行为人居住地公安机关管辖。

证据收集

(一)证据规格

制作、传播宣扬邪教、会道门内容的物品、信息、资料行为的调查和证据收集重点在于证

明客观行为存在及其表现造成社会秩序混乱的状况。应注意该行为尚不够刑事处罚,因而对违法行为后果的认定尤为重要。在一个完整的制作、传播宣扬邪教、会道门内容的物品、信息、资料行为事实和损害结果认定中,需要收集的证据规格如下:

1. 违法嫌疑人的陈述和申辩。

(1)违法嫌疑人的基本情况;(2)违法行为的动机和目的;(3)作案时间、地点、人员、起因、经过、手段、方式、危害后果;(4)作案工具及来源、下落;(5)结伙作案的,问明违法嫌疑人的数量、身份、当天穿着,预谋、结伙聚合的过程、相互关系、地位,以及各违法嫌疑人相互关系、相互印证情况。

2. 被侵害人陈述和其他证人证言。

(1)被侵害人陈述。问明行为人实施制作、传播宣扬邪教、会道门内容的物品、信息、资料行为的时间、地点、经过、起因、目的、手段、后果,人员受伤,公众秩序混乱情况,违法嫌疑人的数量、身份及体貌特征,制作询问笔录。(2)证人证言。问明行为人实施制作、传播宣扬邪教、会道门内容的物品、信息、资料行为的时间、地点、经过、起因、目的、手段、后果,公众秩序混乱情况,违法嫌疑人的数量、身份及体貌特征,制作询问笔录。

3. 物证、书证。

(1)物证。手机、电脑、无线电台(站)等作案工具等物证。(2)书证。传单、喷图、图片、标语、报纸、书籍、刊物、横幅、条幅等书证。

4. 鉴定意见。

人体损伤程度伤情鉴定、物品损毁价格鉴证等。

5. 电子数据、视听资料。

(1)网页、博客、微博客、朋友圈、贴吧等网络平台发布的信息;手机短信、电子邮件、即时通信、通讯群组等网络应用服务的通信信息及人员数量信息;身份认证信息、通信记录等信息;文档、图片、音视频、电子文档、图片、音视频浏览、点赞、评论、转发信息等电子文件。(2)录音带、录像带等视听资料。

6. 勘验、检查笔录,现场笔录。

现场勘查笔录、现场图、现场照片、提取的痕迹物证等。

7. 辨认笔录。

证人及相关当事人对违法嫌疑人的辨认,嫌疑人之间互相辨认以及对作案工具的辨认。

8. 其他证据材料。

(1)证明违法嫌疑人身份的材料和违法犯罪记录,如人口信息、户籍证明、身份证、工作证、专业或技术等级证复印件等,法院判决书、行政处罚决定书、释放证明书等有效法律文件。(2)抓获经过、处警经过等。

(二)注意事项

制作、传播宣扬邪教、会道门内容的物品、信息、资料行为的认定,需结合具体行为方式及社会危害性综合判断。在执法实践中,下列行为可依法认定为该违法行为:(1)制作类行为。包括:印制、复制、编写宣扬邪教、会道门内容的书籍、传单、音像制品、电子文件等物品或信息资料;利用印刷设备、刻录工具、数字编辑软件等制作相关非法内容。(2)实体传播行为。包括:在公共场所散发、张贴、悬挂、展示宣扬邪教、会道门内容的传单、海报、横幅、标识等物品;通过邮寄、物流、面对面交付等方式扩散相关实体资料。(3)网络传播行为。包括:利用互联网平台(如网站、论坛、社交应用、通讯群组)上传、转发、分享宣扬邪教、会道门内容的文字、图片、音频、视频等信息;创建或运营专门用于扩散此类内容的网络群组、频道、存储空间。(4)技术辅助行为。包括:为规避监管而使用加密工具、翻墙软件、匿名网络等技术手段传播非法信息;提供服务器托管、域名解析、内容分发等技术支持以维持传播渠道。(5)组织化传播行为。包括:系统性地组织线下集会、讲座、培训等活动,分发或演示宣扬邪教、会道门内容的资料;建立层级化的传播网络并指挥成员实施扩散行为。(6)载体伪装行为。包括将非法内容隐藏于普通出版物、文创产品、日常用品中,如将邪教标语印制于文具、服饰,或使用隐喻、暗语、代码等形式进行隐蔽传播。(7)其他实质等同行为。任何以制作、编辑、存储、发布、转发、散播等直接或间接方式,致使宣扬邪教、会道门内容的物品、信息、资料得以产生或流传的行为。

🛡 行为认定

(一)对制作、传播宣扬邪教、会道门内容的物品、信息、资料行为的认定

主要从以下四个方面进行认定:

1.行为侵犯的客体是社会公共秩序,具体表现为对双重法益的损害。核心法益是社会公共思想秩序与国家意识形态安全,邪教与会道门内容通过歪曲正统信仰、鼓吹极端教义、煽动反社会价值观,直接破坏公众理性认知体系,侵蚀社会主流价值根基;衍生法益涉及社会管理秩序与公共安全,此类内容易诱发非法聚集、群体对抗执法等事件,干扰正常社会治理,甚至为暴力犯罪提供思想工具。其危害具有显著的渗透性与扩散性,不仅扰乱个体精神秩序,更对国家文化安全和社会稳定构成系统性威胁。

2.行为的客观方面表现为制作或传播宣扬邪教、会道门内容的物品、信息、资料,并实际扰乱社会秩序。具体可从行为模式与危害后果两个层面展开。行为模式涵盖制作与传播宣扬两类核心活动。制作行为包括直接生产、编辑、复制实体物品或电子资料,如设立地下印刷点批量印制邪教典籍,或利用数字工具编写内含会道门密语的电子文件;传播宣扬行为包括实体扩散、网络扩散及隐蔽传播。本行为不以产生危害后果为要件。对涉案物品是否属于邪教、会道门宣传品难以确定的,可以委托地市级以上公安机关出具认定意见。

3.行为的实施主体包括自然人、团伙及单位三类。一是自然人,指独立实施全流程的个体,如自行编写邪教文稿并通过个人社交账号发布,其特征为无组织分工、违法工具集中于自有设备、违法收益直接归个人所有。二是团伙,指由2名以上成员构成的组织,其分工通常包括策划者、制作者、传播者及资金支持者,各环节形成紧密协作的违法链条。三是单位,是以

法人或非法人组织名义实施的,如文化公司假借"学术研究"印刷会道门典籍,或科技公司开发内置邪教内容的应用程序。应当注意的是,对单位违法实行双罚制,即对单位进行处罚,对直接负责的主管人员和其他直接责任人员进行处罚。

4. 行为的主观方面是故意。包括直接故意与间接故意。一是直接故意,指明知内容性质违法仍积极追求制作或传播结果。例如,在知悉某组织是邪教组织的情况下,仍刻意在学校周边散发其宣传品。二是间接故意,指行为人对危害后果持放任态度。例如,网络平台管理者放任用户上传邪教视频而未采取处置措施。虽然《治安管理处罚法》第 31 条第 3 项未规定以特定目的作为构成要件,只要行为人故意实施制作、传播宣扬邪教、会道门内容的物品、信息、资料行为,扰乱社会公共秩序,即符合违法行为构成要件中的主观方面,但是实践中,行为人通常伴有营利目的(如兜售"赎罪券")、政治目的(如煽动颠覆政权)、精神控制目的(如建立个人权威体系)等特定目的。在案件查处中,应当关注这些特定目的,将其作为处罚裁量的参考。

(二)与组织、利用会道门、邪教组织、利用迷信破坏法律实施罪的区分

组织、利用会道门、邪教组织、利用迷信破坏法律实施罪(《刑法》第 300 条第 1 款),是指组织、利用会道门、邪教组织或者利用迷信破坏国家法律、行政法规实施的行为。① 制作、传播宣扬邪教、会道门内容的物品、信息、资料行为与组织、利用会道门、邪教组织、利用迷信破坏法律实施罪的主要区别是:

1. 侵犯的客体不同。制作、传播宣扬邪教、会道门内容的物品、信息、资料行为侵害的客体是社会公共秩序,主要表现为传播行为对公众理性认知体系与社会管理秩序的干扰,如歪曲主流价值观、诱发群体性不安定因素等。组织、利用会道门、邪教组织、利用迷信破坏法律实施罪侵害的客体是国家法律、行政法规的实施秩序,其危害直接指向国家立法与行政权威的贯彻效力,如利用邪教组织聚众冲击国家机关。

2. 情节和手段不同。制作、传播宣扬邪教、会道门内容的物品、信息、资料行为,通常表现为个体化、非组织性的制作传播。例如,个人多次在家中印制传单并零星张贴,或利用私人社交账号转发邪教视频。行为人通常使用普通通讯工具,传播范围未形成跨区域影响。组织、利用会道门、邪教组织、利用迷信破坏法律实施罪,在实践中通常具有严密组织架构与规模化运作的特点。例如:建立邪教分支机构发展层级化成员;使用"伪基站"覆盖区域广播邪教信息;形成"内容制作—加密传输—资金结算"犯罪产业链;跨省设立地下印刷点批量生产非法出版物。根据《最高人民法院、最高人民检察院关于办理组织、利用邪教组织破坏法律实施等刑事案件适用法律若干问题的解释》第 2 条的规定,组织、利用邪教组织,破坏国家法律、行政法规实施,具有下列情形之一的,应当依照《刑法》第 300 条第 1 款的规定,以组织、利用会道门、邪教组织、利用迷信破坏法律实施罪定罪处罚:"(十一)制作、传播邪教宣传品,达到下列

---

① 参见张明楷:《刑法学》(下册)(第 6 版),法律出版社 2021 年版,第 1411 - 1412 页。

数量标准之一的:1.传单、喷图、图片、标语、报纸一千份(张)以上的;2.书籍、刊物二百五十册以上的;3.录音带、录像带等音像制品二百五十盒(张)以上的;4.标识、标志物二百五十件以上的;5.光盘、U盘、储存卡、移动硬盘等移动存储介质一百个以上的;6.横幅、条幅五十条(个)以上的。(十二)利用通讯信息网络宣扬邪教,具有下列情形之一的:1.制作、传播宣扬邪教的电子图片、文章二百张(篇)以上,电子书籍、刊物、音视频五十册(个)以上,或者电子文档五百万字符以上、电子音视频二百五十分钟以上的;2.编发信息、拨打电话一千条(次)以上的;3.利用在线人数累计达到一千以上的聊天室,或者利用群组成员、关注人员等账号数累计一千以上的通讯群组、微信、微博等社交网络宣扬邪教的;4.邪教信息实际被点击、浏览数达到五千次以上的。"例如,制作邪教传单1000份以上、运营成员超1000人的通讯群组扩散邪教内容,或引发非法游行示威造成国家机关瘫痪等严重后果。如果尚未达到刑事案件的入罪标准,可以进行治安管理处罚。

3.危害程度不同。制作、传播宣扬邪教、会道门内容的物品、信息、资料行为的危害性限于扰乱社会公共秩序,但未实际破坏法律实施,如制作邪教宣传册仅在小范围散发。组织、利用会道门、邪教组织、利用迷信破坏法律实施罪,要求实际破坏法律实施,具有较大的社会危害性。

4.责任主体不同。制作、传播宣扬邪教、会道门内容的物品、信息、资料行为的责任主体涵盖所有直接实施者,包括独立制作传播的个人、协助散发的参与者及情节轻微的组织协助者。组织、利用会道门、邪教组织、利用迷信破坏法律实施罪,重点追究组织者、策划者及核心技术支持者的责任,如邪教组织头目、跨区域活动协调人、邪教网络平台搭建者,对于受蒙蔽参与传播且情节较轻的普通成员,可依法不予追究刑事责任,视其情节和危害程度予以治安处罚。

(三)对多次制作、传播宣扬邪教、会道门内容的物品、信息、资料行为的认定

对多次制作、传播宣扬邪教、会道门内容的物品、信息、资料行为未经处理的,数量或者数额累计计算。制作、传播宣扬邪教、会道门内容的物品、信息、资料涉及不同种类或者形式的,可以根据《最高人民法院、最高人民检察院关于办理组织、利用邪教组织破坏法律实施等刑事案件适用法律若干问题的解释》规定的不同数量标准的相应比例折算后累计计算。

处罚标准

本行为设置一般情形和情节较轻两个层次的处罚。

表24 制作、传播宣扬邪教、会道门内容的物品、信息、资料行为处罚标准

处罚档次	处罚标准	裁量基准
一般情形	处10日以上15日以下拘留,可以并处2000元以下罚款	/

续表

处罚档次	处罚标准	裁量基准
情节较轻	处5日以上10日以下拘留，可以并处1000元以下罚款	①危害后果较轻，并及时改正的
		②违法活动涉及数量或者数额未达到有关司法解释认定构成《刑法》第300条第1款规定的"情节较轻"标准10%的
		③其他情节较轻的情形

案例及解析

【基本案情】 某市个体印刷店经营者甲(35岁)为牟利，承接客户乙制作20份"灵修手册"的印刷订单。印刷前甲查阅手册内容，发现含"末世降临""脱离政府管束"等非常规表述，遂询问用途。乙称："社区读书会内部资料，探讨传统文化。"甲虽心存疑虑但未深究，按标准收取费用完成印制。乙取得手册后，在公园、菜市场等地向中老年人散发10份，剩余10份被公安机关查获。经鉴定，手册内容宣扬已被取缔的邪教组织教义。

甲和乙的行为应当如何定性？

【解析】 1. 甲的行为是认定为制作宣扬邪教内容的资料行为，还是组织、利用会道门、邪教组织、利用迷信破坏法律实施罪？从行为性质来看，甲作为印刷服务提供者，其行为限于承接订单并完成物理生产，未参与邪教内容创作或传播策划，不符合《刑法》第300条第1款组织、利用邪教组织所要求的控制性、组织性特征。其行为满足制作宣扬邪教内容的资料行为的构成要件。具体而言，甲通过物理印刷将电子文稿转化为20份实体手册，完成制作行为的完整实施，满足行为的客观方面。本案中，甲提供的印刷服务在违法链条中是帮助行为，其可罚性依附于正犯(乙)传播行为的实施，手册内容经鉴定属国家明令取缔的邪教教义，且乙已实际散发10份至公共场所，达到扰乱社会秩序的危险状态，满足行为侵害的客体。甲作为具备完全责任能力的自然人，发现"末世降临""脱离政府管束"等异常表述时应当预见违法可能，却未履行合理审查义务继续印制，构成间接故意，满足行为的主体和主观方面。从危害程度来看，涉案手册制作量仅20份，显著低于刑事立案标准；实际散发10份虽造成局部秩序扰动，但未引发群体性事件或阻碍法律实施，未达刑事犯罪的社会危害程度要求。因此，甲的行为应认定为制作宣扬邪教内容的资料行为。

2. 乙的行为是认定为传播宣扬邪教内容的资料行为，还是组织、利用会道门、邪教组织、利用迷信破坏法律实施罪？从行为性质来看，乙委托甲印制邪教手册并散发的行为，本质系个体化传播活动，其既未建立邪教组织架构，亦未利用邪教组织破坏法律实施。参照《刑法》第300条第1款及相关司法解释，构成组织、利用会道门、邪教组织、利用迷信破坏法律实施罪，需满足"组织性控制"与"破坏法律实施"双重要件。本案中，乙仅实施印制与零星散发行为，缺乏对邪教组织的实际控制力，也未达到"破坏法律实施"所要求的后果。乙的行为满足传播宣扬邪教内容的资料行为的构成要件。具体而言，乙委托印制并散发邪教手册的行为，满足行为的客观方面;手册内容经鉴定属国家明令取缔的邪教教义,且乙已实际散发10份至公共场所,达到扰乱社会秩序的危险状态,满足行为侵害的客体;乙作为具备完全责任能力的自然人,委托甲印刷邪教手册并散发时,是希望传播邪教组织相关内容,具有直接故意,满足行为的主体和主观方面。从危害程度来看,乙散发行为虽扰乱公园、菜市场秩序,但制作、散发20份手册低于刑事立案门槛。因此,乙的行为应认定为传播宣扬邪教内容的资料行为。

关联法条

1.《刑法》(2023年修正)

第300条 【组织、利用会道门、邪教组织、利用迷信破坏法律实施罪】组织、利用会道门、邪教组织或者利用迷信破坏国家法律、行政法规实施的,处三年以上七年以下有期徒刑,并处罚金;情节特别严重的,处七年以上有期徒刑或者无期徒刑,并处罚金或者没收财产;情节较轻的,处三年以下有期徒刑、拘役、管制或者剥夺政治权利,并处或者单处罚金。

【组织、利用会道门、邪教组织、利用迷信致人重伤、死亡罪】组织、利用会道门、邪教组织或者利用迷信蒙骗他人,致人重伤、死亡的,依照前款的规定处罚。

犯第一款罪又有奸淫妇女、诈骗财物等犯罪行为的,依照数罪并罚的规定处罚。

2.《最高人民法院、最高人民检察院关于办理组织、利用邪教组织破坏法律实施等刑事案件适用法律若干问题的解释》(法释〔2017〕3号)

为依法惩治组织、利用邪教组织破坏法律实施等犯罪活动,根据《中华人民共和国刑法》《中华人民共和国刑事诉讼法》有关规定,现就办理此类刑事案件适用法律的若干问题解释如下:

第1条 冒用宗教、气功或者以其他名义建立,神化、鼓吹首要分子,利用制造、散布迷信邪说等手段蛊惑、蒙骗他人,发展、控制成员,危害社会的非法组织,应当认定为刑法第三百条规定的"邪教组织"。

第2条 组织、利用邪教组织,破坏国家法律、行政法规实施,具有下列情形之一的,应当依照刑法第三百条第一款的规定,处三年以上七年以下有期徒刑,并处罚金:

(一)建立邪教组织,或者邪教组织被取缔后又恢复、另行建立邪教组织的;

(二)聚众包围、冲击、强占、哄闹国家机关、企业事业单位或者公共场所、宗教活动场所,扰乱社会秩序的;

(三)非法举行集会、游行、示威,扰乱社会秩序的;

(四)使用暴力、胁迫或者以其他方法强迫他人加入或者阻止他人退出邪教组织的;

(五)组织、煽动、蒙骗成员或者他人不履行法定义务的;

(六)使用"伪基站""黑广播"等无线电台(站)或者无线电频率宣扬邪教的;

(七)曾因从事邪教活动被追究刑事责任或者二年内受过行政处罚,又从事邪教活动的;

(八)发展邪教组织成员五十人以上的;

(九)敛取钱财或者造成经济损失一百万元以上的;

(十)以货币为载体宣扬邪教,数量在五百张(枚)以上的;

(十一)制作、传播邪教宣传品,达到下列数量标准之一的:

1. 传单、喷图、图片、标语、报纸一千份(张)以上的；
2. 书籍、刊物二百五十册以上的；
3. 录音带、录像带等音像制品二百五十盒(张)以上的；
4. 标识、标志物二百五十件以上的；
5. 光盘、U盘、储存卡、移动硬盘等移动存储介质一百个以上的；
6. 横幅、条幅五十条(个)以上的。

(十二)利用通讯信息网络宣扬邪教，具有下列情形之一的：

1. 制作、传播宣扬邪教的电子图片、文章二百张(篇)以上，电子书籍、刊物、音视频五十册(个)以上，或者电子文档五百万字符以上、电子音视频二百五十分钟以上的；
2. 编发信息、拨打电话一千条(次)以上的；
3. 利用在线人数累计达到一千以上的聊天室，或者利用群组成员、关注人员等账号数累计一千以上的通讯群组、微信、微博等社交网络宣扬邪教的；
4. 邪教信息实际被点击、浏览数达到五千次以上的。

(十三)其他情节严重的情形。

第5条 为了传播而持有、携带，或者传播过程中被当场查获，邪教宣传品数量达到本解释第二条至第四条规定的有关标准的，按照下列情形分别处理：

(一)邪教宣传品是行为人制作的，以犯罪既遂处理；
(二)邪教宣传品不是行为人制作，尚未传播的，以犯罪预备处理；
(三)邪教宣传品不是行为人制作，传播过程中被查获的，以犯罪未遂处理；
(四)邪教宣传品不是行为人制作，部分已经传播出去的，以犯罪既遂处理，对于没有传播的部分，可以在量刑时酌情考虑。

第6条 多次制作、传播邪教宣传品或者利用通讯信息网络宣扬邪教，未经处理的，数量或者数额累计计算。

制作、传播邪教宣传品，或者利用通讯信息网络宣扬邪教，涉及不同种类或者形式的，可以根据本解释规定的不同数量标准的相应比例折算后累计计算。

第7条第1款 组织、利用邪教组织，制造、散布迷信邪说，蒙骗成员或者他人绝食、自虐等，或者蒙骗病人不接受正常治疗，致人重伤、死亡的，应当认定为刑法第三百条第二款规定的组织、利用邪教组织"蒙骗他人，致人重伤、死亡"。

第9条第1款 组织、利用邪教组织破坏国家法律、行政法规实施，符合本解释第四条规定情形，但行为人能够真诚悔罪，明确表示退出邪教组织、不再从事邪教活动的，可以不起诉或者免予刑事处罚。其中，行为人系受蒙蔽、胁迫参加邪教组织的，可以不作为犯罪处理。

第10条 组织、利用邪教组织破坏国家法律、行政法规实施过程中，又有煽动分裂国家、煽动颠覆国家政权或者侮辱、诽谤他人等犯罪行为的，依照数罪并罚的规定定罪处罚。

第11条 组织、利用邪教组织，制造、散布迷信邪说，组织、策划、煽动、胁迫、教唆、帮助其成员或者他人实施自杀、自伤的，依照刑法第二百三十二条、第二百三十四条的规定，以故意杀人罪或者故意伤害罪定罪处罚。

第 12 条　邪教组织人员以自焚、自爆或者其他危险方法危害公共安全的,依照刑法第一百一十四条、第一百一十五条的规定,以放火罪、爆炸罪、以危险方法危害公共安全罪等定罪处罚。

第 13 条　明知他人组织、利用邪教组织实施犯罪,而为其提供经费、场地、技术、工具、食宿、接送等便利条件或者帮助的,以共同犯罪论处。

第 14 条　对于犯组织、利用邪教组织破坏法律实施罪、组织、利用邪教组织致人重伤、死亡罪,严重破坏社会秩序的犯罪分子,根据刑法第五十六条的规定,可以附加剥夺政治权利。

第 15 条　对涉案物品是否属于邪教宣传品难以确定的,可以委托地市级以上公安机关出具认定意见。

第七节 《治安管理处罚法》第32条

30. 故意干扰无线电业务正常进行

现行规定

《治安管理处罚法》

第32条第1项 违反国家规定,有下列行为之一的,处五日以上十日以下拘留;情节严重的,处十日以上十五日以下拘留:

(一)故意干扰无线电业务正常进行的;

立案与管辖

(一)立案标准

违法嫌疑人有违反国家规定,故意干扰无线电业务正常进行或者故意干扰军用无线电设施正常工作,尚不够刑事处罚的行为即可立案。这里的国家规定指的是全国人民代表大会及其常务委员会制定的有关保护无线电业务的相关法律和决定,国务院制定的行政法规、规定的行政措施、发布的决定和命令。过失不构成本行为。

(二)管辖

故意干扰无线电业务正常进行案件一般由违法行为地的公安机关管辖。

违法行为地包括违法行为发生地和违法结果发生地。违法行为发生地,一般指的是干扰行为的实施地以及开始地、途经地、结束地等与干扰行为有关的地点;干扰行为有连续、持续或者继续状态的,连续、持续或者继续实施的地方都属于违法行为发生地。违法结果发生地,通常指的是故意干扰无线电业务正常进行行为造成社会秩序混乱所在地。实践中,干扰行为和危害后果可能涉及多个地点,从固定证据的角度看,由违法嫌疑人实施干扰行为地的公安机关管辖更为适宜。

故意干扰无线电业务正常进行行为由违法行为人居住地公安机关管辖更为适宜的,可以由违法行为人居住地公安机关管辖。

证据收集

(一)证据规格

对故意干扰无线电业务正常进行行为的调查和证据收集,重点在于证明客观行为的存在及其具体表现,造成社会秩序混乱的状况。由于该行为尚不够刑事处罚,因而对违法行为后

果的认定尤为重要。在一个完整的故意干扰无线电业务正常进行行为事实和损害结果认定中,需要收集的证据规格如下:

1. 违法嫌疑人陈述和申辩。

(1)违法嫌疑人的基本情况;(2)违法行为的动机和目的;(3)作案时间、地点、人员、起因、经过、手段、方式、危害后果;(4)作案工具及来源、下落;(5)结伙作案的,违法嫌疑人的数量、身份、当天穿着,预谋、结伙聚合的过程、相互关系、地位,以及各违法嫌疑人相互关系、相互印证情况。

2. 被侵害人陈述和其他证人证言。

(1)被侵害人陈述:行为人实施故意干扰无线电业务正常进行行为的时间、地点、经过、起因、目的、手段、后果,公众秩序混乱情况,制作询问笔录。(2)证人证言:行为人实施故意干扰无线电业务正常进行行为的时间、地点、经过、起因、目的、手段、后果,公众秩序混乱情况,违法嫌疑人的数量、身份及体貌特征,制作询问笔录。

3. 物证、书证。

(1)物证:手机、电脑、对讲机、无线电台(站)等作案工具等。(2)书证:无线电台执照、无线电台管理制度等。

4. 鉴定意见。

对违法嫌疑人使用的发射设备(如黑广播、车载干扰器)进行查封,委托司法鉴定机构确认。

5. 视听资料、电子数据。

(1)网页、博客、微博客、朋友圈、贴吧等网络平台发布的信息;手机短信、电子邮件、即时通讯、通讯群组等网络应用服务的通信信息及人员数量信息;身份认证信息、通信记录等信息;文档、图片、音视频等电子文件。(2)录音带、录像带等视听资料。

6. 勘验、检查笔录,现场笔录。

现场勘查笔录、现场图、现场照片、提取的痕迹物证等。

7. 辨认笔录。

证人及相关当事人对违法嫌疑人的辨认,嫌疑人之间互相辨认以及对作案工具的辨认。

8. 其他证据材料。

(1)证明违法嫌疑人身份的材料和违法犯罪记录。如人口信息、户籍证明、身份证、工作证、专业或技术等级证复印件等;法院判决书、行政处罚决定书、释放证明书等有效法律文件。(2)抓获经过、处警经过等。

(二)注意事项

1. 注意收集违法行为人"主观故意"的证据。一方面,违法嫌疑人的陈述和申辩是最直接的证据,违法嫌疑人明知自己的行为会发生干扰他人或单位无线电业务正常进行,仍然希望或者放任自己行为,最终导致无线电业务无法正常进行的后果。另一方面,可以通过证人证言认定,违法嫌疑人曾向证人表述其主观故意,或者证人进行劝阻,违法行为人执意要实施干扰无线电业务正常进行。

2. 注意对干扰的时间、造成的后果以及干扰对象的类型等影响处罚裁量相关证据的收集。

行为认定

(一)对故意干扰无线电业务正常进行行为的认定

主要从以下四个方面进行认定:

1. 本行为侵犯的客体是国家对无线电业务的正常管理秩序。国家对无线电业务进行严格管理,核心原因在于无线电频谱是有限的国家战略资源,其有序使用直接关系到国家安全、公共利益和经济发展。目前无线电技术广泛应用于通信、交通、航空航天、气象、医疗、广电、科研及公共安全等领域,是现代社会发展的重要技术支撑。无线电业务的管理秩序是社会公共秩序的重要组成部分。我国《民法典》第252条明确规定:无线电频谱资源属于国家所有。

2. 本行为在客观方面表现为违反国家规定,故意干扰无线电业务正常进行,或者故意干扰军用无线电设施正常工作,尚不够刑事处罚的行为。国家规定,指的是全国人民代表大会及其常务委员会制定的有关保护无线电业务的相关法律和决定,国务院制定的行政法规、规定的行政措施、发布的决定和命令;主要是指《无线电管理条例》《无线电管制规定》《民用机场管理条例》等相关规定。行为的表现可以是:使用的无线电台(站)不符合无线电管理技术标准及有关规定,明知会对合法无线电业务产生干扰,继续使用的;在无线电发射中注入伪信号,故意进行欺骗式的干扰;通过劣质电子设备,如充电器等,发射杂散信号,故意干扰航空频段;等等。现实干扰的载体是多样的,如对讲机、大功率无绳电话或者"伪基站"等。

3. 本行为的主体包括单位和个人。单位违反治安管理的,对其直接负责的主管人员和其他直接责任人员依照相关规定处罚。

4. 本行为在主观方面表现为故意,过失不构成本行为。行为人的主观目的是对正常的无线电业务进行干扰,包括直接故意和间接故意。直接故意是行为人明知自己的行为会发生干扰无线电业务的危害结果,并且希望这种结果发生的心理态度。例如,明知自己使用的是铁路调度的无线电频率,但是就是为了对其进行干扰,继续频繁使用。间接故意是行为人明知自己的行为可能发生危害社会的结果,而采取放任的态度任其发生。例如,行为人明知铁路调度的无线电频率,使用与之相同的频率,知道可能会产生干扰无线电业务的危害后果,仍然继续使用。

(二)无线电业务的界定

根据2023年7月施行的《中华人民共和国无线电频率划分规定》,官方定义的无线电业务已达43种。包括:(1)无线电通信业务;(2)固定业务;(3)卫星固定业务;(4)航空固定业务;(5)卫星间业务;(6)空间操作业务;(7)移动业务;(8)卫星移动业务;(9)陆地移动业务;(10)卫星陆地移动业务;(11)水上移动业务;(12)卫星水上移动业务;(13)港口操作业务;

(14)船舶移动业务;(15)航空移动业务;(16)航空移动(R)业务[1];(17)航空移动(OR)业务[2];(18)卫星航空移动业务;(19)卫星航空移动(R)业务;(20)卫星航空移动(OR)业务;(21)广播业务;(22)卫星广播业务;(23)无线电测定业务;(24)卫星无线电测定业务;(25)无线电导航业务;(26)卫星无线电导航业务;(27)水上无线电导航业务;(28)卫星水上无线电导航业务;(29)航空无线电导航业务;(30)卫星航空无线电导航业务;(31)无线电定位业务;(32)卫星无线电定位业务;(33)气象辅助业务;(34)卫星地球探测业务;(35)卫星气象业务;(36)标准频率和时间信号业务;(37)卫星标准频率和时间信号业务;(38)空间研究业务;(39)业余业务;(40)卫星业余业务;(41)射电天文业务;(42)安全业务;(43)特别业务。

(三)与"非法使用占用无线电频率从事违法活动"的区别

《治安管理处罚法》第32条第3项增加了"非法使用占用无线电频率从事违法活动"的处罚。随着无线电技术的普遍应用,非法使用、占用无线电频率,从事违法活动的行为日益突出,例如通过伪基站诈骗或者使用无线电进行考试作弊等,因此需要法律进一步加强对这类行为的处罚。这一行为与本行为的区别在于:(1)客观行为。非法使用占用无线电频率从事违法活动行为方式仅限于非法使用、占用无线电频率;而故意干扰无线电业务正常进行行为的行为表现不限于非法使用、占用无线电频率,可以有其他行为方式。(2)主观目的。本行为的主观目的是故意干扰无线电业务正常进行,其目的是破坏现有的无线电通讯秩序;而非法使用占用无线电频率从事违法活动行为目的是从事违法活动,非法使用、占用无线电频率只是行为的手段,但是在客观上也造成对无线电业务的干扰。

(四)与扰乱无线电通讯管理秩序罪的区别

扰乱无线电通讯管理秩序罪(《刑法》第288条)指自然人或者单位违反国家规定,擅自设置、使用无线电台(站),或者擅自使用无线电频率,干扰无线电通讯秩序,情节严重的行为。扰乱无线电通讯管理秩序罪与本行为有以下区别:

1.行为表现。根据《刑法》第288条的规定,扰乱无线电通讯管理秩序罪的具体行为方式是法定的,包括:擅自设置、使用无线电台(站)行为;擅自使用无线电频率,干扰无线电通讯秩序行为。故意干扰无线电业务正常进行行为没有行为方式限制,凡对正常无线电业务产生了干扰,均可构成。根据《最高人民法院、最高人民检察院关于办理扰乱无线电通讯管理秩序等刑事案件适用法律若干问题的解释》第1条的规定,具有下列情形之一的,应当认定为《刑法》第288条第1款规定的"擅自设置、使用无线电台(站),或者擅自使用无线电频率,干扰无线电通讯秩序":(1)未经批准设置无线电广播电台(以下简称"黑广播"),非法使用广播电视专

---

[1] 供主要与沿国内或国际民航航线的飞行安全和飞行正常有关的通信使用的航空移动业务。在此,R为route的缩写。

[2] 供主要是国内或国际民航航线以外的通信使用的航空移动业务,包括那些与飞行协调有关的通信。在此,OR为航路外off-route的缩写。

用频段的频率的;(2)未经批准设置通信基站(以下简称"伪基站"),强行向不特定用户发送信息,非法使用公众移动通信频率的;(3)未经批准使用卫星无线电频率的;(4)非法设置、使用无线电干扰器的;(5)其他擅自设置、使用无线电台(站),或者擅自使用无线电频率,干扰无线电通讯秩序的情形。

2. 危害后果。扰乱无线电通讯管理秩序罪属于结果犯。只有干扰无线电通讯秩序,情节严重的,才构成犯罪。有故意干扰的行为但未达到情节严重的,可以故意干扰无线电业务正常进行行为予以治安管理处罚。根据《最高人民法院、最高人民检察院关于办理扰乱无线电通讯管理秩序等刑事案件适用法律若干问题的解释》第2条的规定,以下情形应当认定为"情节严重":(1)影响航天器、航空器、铁路机车、船舶专用无线电导航、遇险救助和安全通信等涉及公共安全的无线电频率正常使用的;(2)自然灾害、事故灾难、公共卫生事件、社会安全事件等突发事件期间,在事件发生地使用"黑广播""伪基站"的;(3)举办国家或者省级重大活动期间,在活动场所及周边使用"黑广播""伪基站"的;(4)同时使用3个以上"黑广播""伪基站"的;(5)"黑广播"的实测发射功率500瓦以上,或者覆盖范围10公里以上的;(6)使用"伪基站"发送诈骗、赌博、招嫖、木马病毒、钓鱼网站链接等违法犯罪信息,数量在5000条以上,或者销毁发送数量等记录的;(7)雇佣、指使未成年人、残疾人等特定人员使用"伪基站"的;(8)违法所得3万元以上的;(9)曾因扰乱无线电通讯管理秩序受过刑事处罚,或者2年内曾因扰乱无线电通讯管理秩序受过行政处罚,又实施《刑法》第288条规定的行为的;(10)其他情节严重的情形。

(五)通过"未经批准设置无线电广播电台、通信基站等无线电台(站)"的方式故意干扰无线电业务正常进行行为的认定

现实中,如果行为人通过"未经批准设置无线电广播电台、通信基站等无线电台(站)"的方式故意干扰无线电业务正常进行行为,同时构成了《治安管理处罚法》第32条第1项和第3项规定的违法行为,属于牵连行为,应当认定为故意干扰无线电业务正常进行行为。

● 处罚标准

本行为设置"一般情形"和"情节严重"两个层次的处罚。对于"情节严重"情形的认定,应当结合行为人的动机、手段、目的、行为的次数和造成的后果等综合考虑。

表25　故意干扰无线电业务正常进行行为处罚标准

处罚档次	处罚标准	裁量基准
一般情形	处5日以上10日以下拘留	/

续表

处罚档次	处罚标准	裁量基准
情节严重	处10日以上15日以下拘留	①造成较重危害后果或者较大社会影响的 ②对事关国家安全、公共安全、国计民生的无线电业务、无线电台(站)进行干扰的 ③长时间故意干扰无线电业务正常进行或者对正常运行的无线电台(站)产生有害干扰的 ④违法所得达到有关司法解释认定构成《刑法》第288条第1款规定的"情节严重"标准50%以上的 ⑤其他情节严重的情形

案例及解析

【基本案情】王某为满足个人通讯便利及模仿警务调度的猎奇心理,在明知市公安交警专用无线电频率受法律保护、严禁非法占用的情况下,通过网购渠道购得无型号核准代码的改装对讲机1部,并擅自将设备频率非法设定为交警指挥调度频段。此后,王某多次在交通晚高峰及夜间时段,在其居住的小区附近持续使用该对讲机占用警务通信频道,导致交警路面指挥系统多次出现通讯中断、指令混淆等异常状况,严重干扰了公共安全无线电业务的正常秩序。市无线电管理局在日常监测中发现异常信号源,经与公安机关联合调查,锁定干扰源位于王某住宅小区。后公安机关当场查获正在操作对讲机的王某,并依法扣押其使用的黑色改装对讲机1部及相关调试工具。

王某的行为应当如何认定?

【解析】本案的争议焦点是王某的行为应当认定为《治安管理处罚法》第32条第1项的故意干扰无线电业务正常进行行为,还是第3项的非法使用占用无线电频率从事违法活动行为。在实践中,故意干扰无线电业务正常进行的也可以通过非法使用、占用无线电频率的方式进行。因此,行为人如果有非法使用、占用无线电频率的行为,根据其行为目的进行认定,如果其目的是故意干扰无线电业务,并没有从事其他违法活动,则以故意干扰无线电业务正常进行行为认定,但是从事上述行为的目的是从事违法活动,例如非法占用的目的是实施诈骗,则以非法使用、占用无线电频率论处。本案中,王某在明知市公安交警专用无线电频率受法律保护、严禁非法占用的情况下仍然多次使用,构成故意干扰无线电业务正常进行行为,由于其非法使用、占用无线电频率后未从事其他违法活动,不应认定为非法使用占用无线电频率从事违法活动行为。

关联法条

1.《刑法》(2023年修正)

第288条 【扰乱无线电通讯管理秩序罪】违反国家规定,擅自设置、使用无线电台(站),或者擅自使用无线电频率,干扰无线电通讯秩序,情节严重的,处三年以下有期徒刑、拘役或者管制,并处或者单处罚金;情节特别严重的,处三年以上七年以下有期徒刑,并处罚金。

单位犯前款罪的,对单位判处罚金,并对其直接负责的主管人员和其他直接责任人员,依照前款的规定处罚。

2.《无线电管理条例》(2016年修订)

第6条　任何单位或者个人不得擅自使用无线电频率,不得对依法开展的无线电业务造成有害干扰,不得利用无线电台(站)进行违法犯罪活动。

第14条　使用无线电频率应当取得许可,但下列频率除外:

(一)业余无线电台、公众对讲机、制式无线电台使用的频率;

(二)国际安全与遇险系统,用于航空、水上移动业务和无线电导航业务的国际固定频率;

(三)国家无线电管理机构规定的微功率短距离无线电发射设备使用的频率。

第15条　取得无线电频率使用许可,应当符合下列条件:

(一)所申请的无线电频率符合无线电频率划分和使用规定,有明确具体的用途;

(二)使用无线电频率的技术方案可行;

(三)有相应的专业技术人员;

(四)对依法使用的其他无线电频率不会产生有害干扰。

第27条　设置、使用无线电台(站)应当向无线电管理机构申请取得无线电台执照,但设置、使用下列无线电台(站)的除外:

(一)地面公众移动通信终端;

(二)单收无线电台(站);

(三)国家无线电管理机构规定的微功率短距离无线电台(站)。

第73条　违反本条例规定,使用无线电发射设备、辐射无线电波的非无线电设备干扰无线电业务正常进行的,由无线电管理机构责令改正,拒不改正的,没收产生有害干扰的设备,并处5万元以上20万元以下的罚款,吊销无线电台执照;对船舶、航天器、航空器、铁路机车专用无线电导航、遇险救助和安全通信等涉及人身安全的无线电频率产生有害干扰的,并处20万元以上50万元以下的罚款。

3.《业余无线电台管理办法》(2024年)

第6条　设置、使用业余无线电台,应当向无线电管理机构提出申请,取得业余无线电台执照。

遇有危及国家安全、公共安全、生命财产安全等紧急情况,可以不经批准临时设置、使用业余无线电台,但应当在48小时内向电台所在地的无线电管理机构报告,并在紧急情况消除后及时关闭。

第7条　设置、使用业余无线电台,应当具备以下条件:

(一)熟悉无线电管理规定;

(二)具有相应的操作技术能力,依照本办法通过相应的操作技术能力验证;

(三)使用的无线电发射设备依法取得型号核准(型号核准证载明的频率范围包含业余业务频段),或者使用的自制、改装、拼装等未取得型号核准的无线电发射设备符合国家标准和国家无线电管理规定,且无线电发射频率范围仅限于业余业务频段。

4.《无线电台执照管理规定》(2009 年)

第 6 条 设置、使用无线电台(站)的单位和个人,应当向无线电管理机构提交书面申请和必要的技术资料,经审查批准并按照国家有关规定缴纳频率占用费后领取无线电台执照。

5.《无线电频率使用许可管理办法》(2017 年)

第 15 条 使用无线电频率,应当遵守国家无线电管理的有关规定和无线电频率使用许可证的要求,接受、配合无线电管理机构的监督管理。

6.《最高人民法院关于审理扰乱电信市场管理秩序案件具体应用法律若干问题的解释》(法释〔2000〕12 号)

第 5 条 违反国家规定,擅自设置、使用无线电台(站),或者擅自占用频率,非法经营国际电信业务或者涉港澳台电信业务进行营利活动,同时构成非法经营罪和刑法第二百八十八条规定的扰乱无线电通讯管理秩序罪的,依照处罚较重的规定定罪处罚。

7.《最高人民法院关于审理危害军事通信刑事案件具体应用法律若干问题的解释》(法释〔2007〕13 号)

第 6 条第 4 款 违反国家规定,擅自设置、使用无线电台、站,或者擅自占用频率,经责令停止使用后拒不停止使用,干扰无线电通讯正常进行,构成犯罪的,依照刑法第二百八十八条的规定定罪处罚;造成军事通信中断或者严重障碍,同时构成刑法第二百八十八条、第三百六十九条第一款规定的犯罪的,依照处罚较重的规定定罪处罚。

31. 拒不消除对无线电台(站)的有害干扰

现行规定

《治安管理处罚法》

第 32 条第 2 项 违反国家规定,有下列行为之一的,处五日以上十日以下拘留;情节严重的,处十日以上十五日以下拘留:

(二)对正常运行的无线电台(站)产生有害干扰,经有关主管部门指出后,拒不采取有效措施消除的;

立案与管辖

(一)立案标准

违法嫌疑人有违反国家规定,对正常运行的无线电台(站)产生有害干扰,经有关主管部门指出后,拒不采取有效措施消除,或者对军用无线电设施产生有害干扰,拒不按照有关主管部门的要求改正,尚不够刑事处罚的行为即可立案。这里的国家规定指的是全国人民代表大会及其常务委员会制定的有关保护无线电业务的相关法律和决定,国务院制定的行政法规、规定的行政措施、发布的决定和命令。过失不构成本行为。这里的"有关主管部门"是指无线电管理部门。

（二）管辖

拒不消除对无线电台(站)的有害干扰案件一般由违法行为地的公安机关管辖。

违法行为地包括违法行为发生地和违法结果发生地。违法行为发生地，一般指的是干扰行为的实施地以及开始地、途经地、结束地等与干扰行为有关的地点；干扰行为有连续、持续或者继续状态的，连续、持续或者继续实施的地方都属于违法行为发生地。违法结果发生地，通常指的是干扰无线电(台)正常运行造成社会秩序混乱所在地。实践中，干扰行为和危害后果可能涉及多个地点，从固定证据的角度看，由违法嫌疑人实施干扰行为地的公安机关管辖更为适宜。

拒不消除对无线电台(站)的有害干扰行为由违法行为人居住地公安机关管辖更为适宜的，可以由违法行为人居住地公安机关管辖。

证据收集

（一）证据规格

拒不消除对无线电台(站)的有害干扰行为的调查和证据收集，重点在于证明客观行为存在有害干扰，造成社会秩序混乱的状况。由于该行为尚不够刑事处罚，因而对违法行为后果的认定尤为重要。在一个完整的拒不消除对无线电台(站)的有害干扰行为事实和损害结果认定中，需要收集的证据规格如下：

1. 违法嫌疑人陈述和申辩。

（1）违法嫌疑人的基本情况；(2)违法行为的动机和目的；(3)作案时间、地点、人员、起因、经过、手段、方式、危害后果；(4)作案工具及来源、下落；(5)结伙作案的，违法嫌疑人的数量、身份、当天穿着、预谋、结伙聚合的过程、相互关系、地位，以及各违法嫌疑人相互关系、相互印证情况。

2. 被侵害人陈述和其他证人证言。

（1）被侵害人陈述：行为人实施对正常运行的无线电台(站)业务进行干扰行为的时间、地点、经过、起因、目的、手段、后果，秩序混乱情况，制作询问笔录。(2)证人证言：行为人拒不消除对无线电台(站)的有害干扰行为的时间、地点、经过、起因、目的、手段、后果，公众秩序混乱情况，违法嫌疑人的数量、身份及体貌特征，制作询问笔录。

3. 物证、书证。

（1）物证：手机、电脑、对讲机、无线电台(站)等作案工具等。(2)书证：无线电台执照、无线电台管理制度等。

4. 鉴定意见。

对违法嫌疑人使用的发射设备(如黑广播、车载干扰器)进行查封，委托司法鉴定机构确认。

5. 视听资料、电子数据。

（1）网页、博客、微博客、朋友圈、贴吧等网络平台发布的信息；手机短信、电子邮件、即时通讯、通讯群组等网络应用服务的通信信息及人员数量信息;身份认证信息、通信记录等信息;文档、图片、音视频等电子文件。(2)录音带、录像带等视听资料。

6. 勘验、检查笔录,现场笔录。

现场勘查笔录、现场图、现场照片、提取的痕迹物证等。

7. 辨认笔录。

证人及相关当事人对违法嫌疑人的辨认,嫌疑人之间互相辨认以及对作案工具的辨认。

8. 其他证据材料。

(1)证明违法嫌疑人身份的材料和违法犯罪记录。如人口信息、户籍证明,身份证、工作证、专业或技术等级证复印件等;法院判决书、行政处罚决定书、释放证明书等有效法律文件。(2)抓获经过、处警经过等。

(二)注意事项

1. 注意"有害干扰"这一危害后果相关证据的收集。本行为的认定前提是已经产生了实际的有害干扰,需要围绕危害后果在勘验检查笔录、现场笔录中及时收集固定相关证据,需要鉴定的及时鉴定。

2. 在收集违法嫌疑人"拒不采取有效措施消除"证据时,应当注意对违法嫌疑人主观故意相关证据的收集。同时本条强调的是采取有效措施,如果违法嫌疑人表面采取措施,但措施并未真正执行或并无效果,公安机关要及时固定相关证据。

🛡 行为认定

(一)对拒不消除对无线电台(站)的有害干扰行为的认定

1. 本行为侵犯的客体是国家对无线电业务的正常管理秩序。国家对无线电业务进行严格管理,核心原因在于无线电频谱是有限的国家战略资源,其有序使用直接关系到国家安全、公共利益和经济发展。目前无线电技术广泛应用于通信、交通、航空航天、气象、医疗、广电、科研及公共安全等领域,是现代社会发展的重要技术支撑。无线电业务的管理秩序是社会公共秩序的重要组成部分。我国《民法典》第252条明确规定:无线电频谱资源属于国家所有。

2. 本行为在客观方面表现为违反国家规定,并非故意对正常运行的无线电台(站)进行干扰,但是事实上产生了有害干扰的结果,经有关主管部门指出后,拒不采取有效措施消除,尚不够刑事处罚的行为。如果行为人对无线电(台)进行故意干扰,则构成故意干扰无线电业务正常进行行为。国家规定,指的是全国人民代表大会及其常务委员会制定的有关保护无线电业务的相关法律和决定,国务院制定的行政法规、规定的行政措施、发布的决定和命令;主要是指《无线电管理条例》《无线电管制规定》等相关规定。无线电台(站),是指正在运行的经过主管部门批准的合法的无线电台(站)。所谓主管部门,主要是指国家无线电管理机构或者无线电台(站)所在地的无线电管理部门。从实践中发生的干扰事件来看,对无线电台(站)的有害干扰,绝大多数是由于非法使用无线通信设备或使用违规产品造成的。工业和信息化部制定的《无线电频率使用许可管理办法》《业余无线电台管理办法》规定,任何单位或者个人都必须在国家允许的范围内使用无线电台(站)和无线电频率。实践中,对无线电台(站)的有害干扰,绝大多数是由于非法使用无线电发射设备或者使用违规产品造成的。常见的违法行为有:安装寻呼发射设备、无线接入通信网、对讲机、有线电视放大器、私设电台等对无线电台(站)产生有害干扰的;自行改变无线电台(站)核定工作项目,如增加发射功率、占用带宽过大,对无线电台(站)产生有害干扰的;使用不符合国家技术标准的工、科、医设备及其他辐射无线电波的设备而对无线电台(站)产生有害干扰的。

对正常运行的无线电台(站)产生有害干扰的行为,只有在经过有关主管部门指出后仍然拒不采取有效措施消除的,公安机关才能予以处罚。对未经有关主管部门指出,或者有关主管部门指出后已采取有效措施消除的,公安机关则不宜认定为拒不消除对无线电台(站)的有害干扰行为。对正常运行的无线电台(站)产生有害干扰的行为,如果行为人主观是故意,可以故意干扰无线电业务正常进行行为论处。"有关主管部门指出",一般是指主管部门作出行政处罚或者责令其停止干扰行为的决定。在具体操作中,有关主管部门应向公安机关出具相应的文字或文书决定,且提供认定行为人实施了有害干扰的证据材料。"拒不采取有效措施"应以公安机关对开展案件调查时行为人的现实状态来认定。如果在调查时行为人已经采取了有效措施消除,则可不予处罚。

3. 本行为的主体包括单位和个人。单位违反治安管理的,对其直接负责的主管人员和其他直接责任人员依照本法的规定处罚。

4. 本行为在主观方面表现为故意,过失不构成本行为。直接故意可以表现为行为人已经知晓行为对正常运行的无线电台(站)产生有害干扰,经有关部门指出后依然不采取有效措施消除的。间接故意可以表现为行为人已经知晓行为对正常运行的无线电台(站)产生有害干扰,经有关部门指出后采取的措施并不真正起作用,放任有害干扰继续发生的。

(二)与故意干扰无线电业务正常进行行为的区别

二者都对无线电业务进行了干扰,侵犯的客体都是国家对无线电业务的正常管理秩序。二者的主要区别在于:

1. 侵犯对象不同。拒不消除对无线电台(站)的有害干扰行为侵犯的对象是无线电台(站);而故意干扰无线电业务正常进行行为侵犯的对象要宽泛得多,包括所有的无线电业务。

2. 客观方面不同。拒不消除对无线电台(站)的有害干扰行为对无线电台(站)的干扰行为不是故意的,但是产生危害后果后,经有关主管部门指出后,"拒不采取有效措施消除干扰",因此以"拒不采取有效措施消除干扰"为前提条件;而故意干扰无线电业务正常进行行为则无此前提条件,只要行为人实施了故意干扰无线电业务的行为即可。

(三)与扰乱无线电通讯管理秩序罪的区别

扰乱无线电通讯管理秩序罪(《刑法》第288条)指自然人或者单位违反国家规定,擅自设置、使用无线电台(站),或者擅自使用无线电频率,干扰无线电通讯秩序,情节严重的行为。二者主要区别在于:

1. 行为表现不同。扰乱无线电通讯管理秩序罪只适用于擅自设置、使用无线电台(站)，或者擅自占用频率行为。拒不消除对无线电台(站)的有害干扰行为则没有范围限制，凡对无线电台(站)产生有害干扰，经指出后拒不消除的，均可构成违反治安管理行为。

2. 危害后果不同。扰乱无线电通讯管理秩序罪属结果犯，只有造成"情节严重"危害后果的，才能构成犯罪。根据《最高人民法院、最高人民检察院关于办理扰乱无线电通讯管理秩序等刑事案件适用法律若干问题的解释》第2条的规定，以下情形应当认定为"情节严重"：(1)影响航天器、航空器、铁路机车、船舶专用无线电导航、遇险救助和安全通信等涉及公共安全的无线电频率正常使用的；(2)自然灾害、事故灾难、公共卫生事件、社会安全事件等突发事件期间，在事件发生地使用"黑广播""伪基站"的；(3)举办国家或者省级重大活动期间，在活动场所及周边使用"黑广播""伪基站"的；(4)同时使用3个以上"黑广播""伪基站"的；(5)"黑广播"的实测发射功率500瓦以上，或者覆盖范围10公里以上的；(6)使用"伪基站"发送诈骗、赌博、招嫖、木马病毒、钓鱼网站链接等违法犯罪信息，数量在5000条以上，或者销毁发送数量等记录的；(7)雇佣、指使未成年人、残疾人等特定人员使用"伪基站"的；(8)违法所得3万元以上的；(9)曾因扰乱无线电通讯管理秩序受过刑事处罚，或者2年内曾因扰乱无线电通讯管理秩序受过行政处罚，又实施《刑法》第288条规定的行为的；(10)其他情节严重的情形。而拒不消除对无线电台(站)的有害干扰行为不要求造成严重后果，只要存在指出违法行为后拒不消除的，即可进行处罚。

(四)与未经批准设置无线电台(站)行为的关联

本行为认定中对正常运行的无线电台(站)产生有害干扰的行为排除了"未经批准设置无线电广播电台、通信基站等无线电台(站)"这种方式，因为这种方式单独构成了一个违法行为，即未经批准设置无线电台(站)行为。主管机关发现后应当立即报案，由公安机关介入进行治安管理处罚。如果行为人以其他方式对正常运行的无线电台(站)产生有害干扰，主管机关可以指出，拒不采取有效措施消除的才以本行为予以认定。

处罚标准

本行为设置一般情形和情节严重两个层次的处罚。对于"情节严重"情形的认定，应当结合行为人的动机、手段、目的、行为的次数和造成的后果等综合考虑。

表26　拒不消除对无线电台(站)的有害干扰行为处罚标准

处罚档次	处罚标准	裁量基准
一般情形	处5日以上10日以下拘留	/

续表

处罚档次	处罚标准	裁量基准
情节严重	处10日以上15日以下拘留	①造成较重危害后果或者较大社会影响的
		②对事关国家安全、公共安全、国计民生的无线电业务、无线电台(站)进行干扰的
		③长时间对正常运行的无线电台(站)产生有害干扰的
		④违法所得达到有关司法解释认定构成《刑法》第288条第1款规定的"情节严重"标准50%以上的
		⑤其他情节严重的情形

案例及解析

【基本案情】某港务局铁路运输公司的列车调度专用频率受到严重干扰,对港口的安全生产造成严重威胁。某省无线电管理局立即指挥调度某市无线电管理局的监测执法人员,迅速赶赴现场,通过实地监听、监测,发现干扰源为某建筑工地非法使用的十余部对讲机,某市无线电管理局依法收缴了该十余部对讲机,并责令工地停止使用类似对讲机。但1个月后,该工地负责人又购买了一批对讲机,发放给施工管理人员使用,再次使该铁路运输公司专用频率受到干扰。

该单位的行为应如何定性?

【解析】根据我国相关法律规定,对讲机的使用有功率限制和频段限制,超出功率使用或者超出规定使用的频段均属于违法。在本案中,工地使用的对讲机已经对列车调度专用频率造成严重干扰,说明对讲机没有按照规定在合法的频段使用,工地已经存在违法行为的情况下,经责令改正却没有采取有效措施消除,拒不改正的,构成拒不消除对无线电台(站)的有害干扰行为。

关联法条

本部分关联法条参见"故意干扰无线电业务正常进行"行为的关联法条。

32. 未经批准设置无线电台(站)

现行规定

《治安管理处罚法》

第32条第3项　违反国家规定,有下列行为之一的,处五日以上十日以下拘留;情节严

重的,处十日以上十五日以下拘留;

(三)未经批准设置无线电广播电台、通信基站等无线电台(站)的……

立案与管辖

(一)立案标准

违法嫌疑人有未经批准设置无线电广播电台、通信基站等无线电台(站)的行为即可立案。根据国家规定,任何单位或者个人不得擅自使用无线电频率,不得对依法开展的无线电业务造成有害干扰,不得利用无线电台(站)进行违法犯罪活动。设置、使用无线电台(站)除特殊情况外应当向无线电管理机构申请取得无线电台执照;使用无线电频率一般情况下应当取得许可。

(二)管辖

未经批准设置无线电台(站)案件一般由违法行为地的公安机关管辖。

违法行为地包括违法行为发生地和违法结果发生地。违法行为发生地,一般指的是非法设置行为的实施地以及开始地、途经地、结束地等与非法行为有关的地点;非法设置行为有连续、持续或者继续状态的,连续、持续或者继续实施的地方都属于违法行为发生地。实践中,非法设置行为发生地和从事违法行为的地点可能是多个地点,从固定证据的角度看,由非法设置行为发生地的公安机关管辖更为适宜。

未经批准设置无线电台(站)行为由违法行为人居住地公安机关管辖更为适宜的,可以由违法行为人居住地公安机关管辖。

证据收集

(一)证据规格

未经批准设置无线电台(站)案件的调查和证据收集,重点在于证明存在非法设置行为。由于该行为尚不够刑事处罚,因而对违法行为后果的认定尤为重要。在一个完整的未经批准设置无线电台(站)行为事实和损害结果认定中,需要收集的证据规格如下:

1. 违法嫌疑人陈述和申辩。

(1)违法嫌疑人的基本情况;(2)违法行为的动机和目的;(3)作案时间、地点、人员、起因、经过、手段、方式、危害后果;(4)作案工具及来源、下落;(5)结伙作案的,违法嫌疑人的数量、身份、当天穿着、预谋、结伙聚合的过程、相互关系、地位,以及各违法嫌疑人相互关系、相互印证情况。

2. 被侵害人陈述和其他证人证言。

(1)被侵害人陈述:行为人实施未经批准设置无线电台(站)行为及违法行为的时间、地点、经过、起因、目的、手段、后果,秩序混乱情况,制作询问笔录。(2)证人证言:行为人实施违法行为的时间、地点、经过、起因、目的、手段、后果,公众秩序混乱情况,违法嫌疑人的数量、身份及体貌特征,制作询问笔录。

3. 物证、书证。

(1)物证:手机、电脑、对讲机、无线电台(站)等作案工具等。(2)书证:无线电台执照、无线电台管理制度等。

4. 鉴定意见。

对违法嫌疑人使用的发射设备(如黑广播、车载干扰器)进行查封,委托司法鉴定机构确认。

5. 视听资料、电子数据。

(1)网页、博客、微博客、朋友圈、贴吧等网络平台发布的信息;手机短信、电子邮件、即时通讯、通讯群组等网络应用服务的通信信息及人员数量信息;身份认证信息、通信记录等信息;文档、图片、音视频等电子文件。(2)录音带、录像带等视听资料。

6. 勘验、检查笔录,现场笔录。

现场勘查笔录、现场图、现场照片、提取的痕迹物证等。

7. 辨认笔录。

证人及相关当事人对违法嫌疑人的辨认,嫌疑人之间互相辨认以及对作案工具的辨认。

8. 其他证据材料。

(1)证明违法嫌疑人身份的材料和违法犯罪记录。如人口信息、户籍证明,身份证、工作证、专业或技术等级证复印件等;法院判决书、行政处罚决定书、释放证明书等有效法律文件。(2)抓获经过、处警经过等。

(二)注意事项

1. 注意收集"未经批准"相关证据。一般来说,国家对无线电台(站)和无电线频率的使用采用许可制,只有在少数情况下,如民用无线电有固定的频率,才不需要许可。因此要根据案件的综合情况,注意收集其是否取得许可的证据。

2. 注意本行为产生实际危害后果相关证据的收集,危害后果会影响行为的处罚档次。

行为认定

(一)对未经批准设置无线电台(站)行为的认定

1. 本行为侵犯的客体是国家对无线电业务的正常管理秩序。国家对无线电业务进行严格管理,核心原因在于无线电频谱是有限的国家战略资源,其有序使用直接关系到国家安全、公共利益和经济发展。目前无线电技术广泛应用于通信、交通、航空航天、气象、医疗、广电、科研及公共安全等领域,是现代社会发展的重要技术支撑。无线电业务的管理秩序是社会公共秩序的重要组成部分。我国《民法典》第252条明确规定:无线电频谱资源属于国家所有。

2. 本行为在客观方面表现为:未经批准设置无线电广播电台、通信基站等无线电台(站)的行为。未经批准设置、使用无线电台(站),是指行为人违反国家有关无线电台(站)设置方面的管理规定,未经申请、未办理设置无线电台(站)的审批手续或者未领取电台执照而设置、使用无线电台(站),其核心是"未取得许可"。《无线电管理条例》第 27 条规定:"设置、使用无线电台(站)应当向无线电管理机构申请取得无线电台执照,但设置、使用下列无线电台(站)的除外:(一)地面公众移动通信终端;(二)单收无线电台(站);(三)国家无线电管理机构规定的微功率短距离无线电台(站)。"

3. 本行为的主体包括单位和个人。单位违反治安管理的,对其直接负责的主管人员和其他直接责任人员依照本法的规定处罚。

4. 本行为在主观方面表现为故意,过失不构成本行为。

(二)对本行为中"未经批准设置无线电广播电台、通信基站等无线电台(站)行为"的认定

《最高人民法院、最高人民检察院关于办理扰乱无线电通讯管理秩序等刑事案件适用法律若干问题的解释》第 1 条包括了"擅自设置、使用无线电台(站),或者擅自使用无线电频率,干扰无线电通讯秩序"行为,即"擅自设置"和"擅自使用"两种行为,根据这一解释,擅自设置行为可以表现为:(1)未经批准设置无线电广播电台(即"黑广播")的;(2)未经批准设置通信基站(即"伪基站")的;(3)未经批准使用卫星无线电频率的;(4)非法设置无线电干扰器的;(5)其他擅自设置无线电台(站),干扰无线电通讯秩序的情形。在治安管理处罚中,可以参考以上解释对"未经批准设置"行为进行认定。

(三)与扰乱无线电通讯管理秩序罪的区别

扰乱无线电通讯管理秩序罪(《刑法》第 288 条)指自然人或者单位违反国家规定,擅自设置、使用无线电台(站),或者擅自使用无线电频率,干扰无线电通讯秩序,情节严重的行为。二者的主要区别在于:

1. 行为表现不同。扰乱无线电通讯管理秩序罪既包括非法设置行为,也包括非法使用占用行为。而本行为仅是擅自设置行为。

2. 危害后果不同。扰乱无线电通讯管理秩序罪属结果犯,只有造成"情节严重"这一严重后果,才能构成犯罪。根据《最高人民法院、最高人民检察院关于办理扰乱无线电通讯管理秩序等刑事案件适用法律若干问题的解释》第 2 条的规定,以下情形认定为"情节严重":(1)影响航天器、航空器、铁路机车、船舶专用无线电导航、遇险救助和安全通信等涉及公共安全的无线电频率正常使用的;(2)自然灾害、事故灾难、公共卫生事件、社会安全事件等突发事件期间,在事件发生地使用"黑广播""伪基站"的;(3)举办国家或者省级重大活动期间,在活动场所及周边使用"黑广播""伪基站"的;(4)同时使用 3 个以上"黑广播""伪基站"的;(5)"黑广播"的实测发射功率 500 瓦以上,或者覆盖范围 10 公里以上的;(6)使用"伪基站"发送诈骗、赌博、招嫖、木马病毒、钓鱼网站链接等违法犯罪信息,数量在 5000 条以上,或者销毁发送数量等记录的;(7)雇佣、指使未成年人、残疾人等特定人员使用"伪基站"的;(8)违法所得 3 万元以上的;(9)曾因未经批准设置无线电台(站)受过刑事处罚,或者 2 年内曾因未经批准设置无线电台(站)受过行政处罚,又实施《刑法》第 288 条规定的行为的;(10)其他情节严重的

情形。实践中,未达到上述刑事案件立案标准"情节严重"的10种情形的,可以进行治安管理处罚。

处罚标准

本行为设置一般情形和情节严重两个层次的处罚。未经批准设置无线电台(站)行为是2025年修订《治安管理处罚法》时新增的违法行为。对于"情节严重"情形的认定,应当结合行为人的动机、手段、目的、行为的次数和造成的后果等综合考虑。

表27 未经批准设置无线电台(站)行为处罚标准

处罚档次	处罚标准	裁量基准
一般情形	处5日以上10日以下拘留	/
情节严重	处10日以上15日以下拘留	①造成较重危害后果或者较大社会影响的 ②非法设置后从事违法活动时间较长的 ③违法所得达到有关司法解释认定构成《刑法》第288条第1款规定的"情节严重"标准50%以上的 ④其他情节严重的情形

案例及解析

【基本案情】某快捷酒店经营者张某为节省成本,未经无线电管理部门审批,擅自在酒店楼顶安装大功率无线电基站,用于内部对讲机调度和WiFi信号覆盖。运营两周后,周边居民手机信号受到干扰。经无线电管理机构监测,确认该基站发射频率干扰了当地的通讯信号。公安机关立案调查。

对张某的行为应当如何认定?

【解析】本案中,张某的行为违反《无线电管理条例》的行政许可制度,未经审批私自架设基站,造成了手机信号的干扰,构成未经批准设置无线电台(站)行为。《治安管理处罚法》将"未经批准设置无线电台(站)行为"作为一个单独的违法行为予以确立,其立法目的是加大对这种非法设置无线电台(站)行为的查处。因此,现实中,一旦发现这种情况,公安机关可以直接认定处罚。

关联法条

本部分关联法条参见"故意干扰无线电业务正常进行"行为的关联法条。

33. 非法使用占用无线电频率从事违法活动

▌现行规定

《治安管理处罚法》

第 32 条第 3 项 违反国家规定,有下列行为之一的,处五日以上十日以下拘留;情节严重的,处十日以上十五日以下拘留:

(三)……非法使用、占用无线电频率,从事违法活动的。

▌立案与管辖

(一)立案标准

违法嫌疑人有非法使用、占用无线电频率,从事违法活动的行为即可立案。根据国家规定,任何单位或者个人不得擅自使用无线电频率,不得对依法开展的无线电业务造成有害干扰,不得利用无线电台(站)进行违法犯罪活动。使用无线电频率一般情况下应当取得许可,但是本行为的立案前提不是未经许可而非法使用、占用无线电频率,而是通过非法使用占用,从事了其他违法活动。

(二)管辖

非法使用、占用无线电频率从事违法活动案件一般由违法行为地的公安机关管辖。

违法行为地包括违法行为发生地和违法结果发生地。违法行为发生地,一般指的是非法使用占用行为的实施地以及开始地、途经地、结束地等与非法行为有关的地点;非法使用占用行为有连续、持续或者继续状态的,连续、持续或者继续实施的地方都属于违法行为发生地。实践中,非法使用占用行为发生地和从事违法行为的地点可能是多个地点,从固定证据的角度看,由非法使用占用行为发生地的公安机关管辖更为适宜。

非法使用占用无线电频率从事违法活动行为由违法行为人居住地公安机关管辖更为适宜的,可以由违法行为人居住地公安机关管辖。

▌证据收集

(一)证据规格

非法使用、占用无线电频率从事违法活动案件的调查和证据收集重点在于证明客观行为存在非法使用占用行为,从事了违法活动,应注意该行为尚不够刑事处罚,因而对违法行为后果的认定尤为重要。在一个完整的非法使用占用无线电频率从事违法活动行为事实和损害结果认定中,需要收集的证据规格如下:

1. 违法嫌疑人陈述和申辩。

(1)违法嫌疑人的基本情况;(2)违法行为的动机和目的;(3)作案时间、地点、人员、起因、经过、手段、方式、危害后果;(4)作案工具及来源、下落;(5)结伙作案的,问明违法嫌疑人的数量、身份、当天穿着,预谋、结伙聚合的过程,以及各违法嫌疑人地位及相互关系、相互印证情况。

2. 被侵害人陈述和其他证人证言。

(1)被侵害人陈述,问明行为人实施非法使用占用无线电频率从事违法活动行为及违法行为的时间、地点、经过、起因、目的、手段、后果,秩序混乱情况,制作询问笔录。(2)证人证言,问明行为人实施违法行为的时间、地点、经过、起因、目的、手段、后果,公众秩序混乱情况,违法嫌疑人的数量、身份及体貌特征,制作询问笔录。

3. 物证、书证。

(1)物证。手机、电脑、对讲机、无线电台(站)等作案工具等物证。(2)书证。无线电台执照、无线电台管理制度等书证。

4. 鉴定意见。

对违法嫌疑人使用的发射设备(如黑广播、车载干扰器)进行查封,委托司法鉴定机构确认。

5. 视听资料、电子数据。

(1)网页、博客、微博客、朋友圈、贴吧等网络平台发布的信息;手机短信、电子邮件、即时通信、通讯群组等网络应用服务的通信信息及人员数量信息;身份认证信息、通信记录等信息;文档,图片,音视频等电子文件。(2)录音带、录像带等视听资料。

6. 勘验、检查笔录,现场笔录。

现场勘查笔录、现场图、现场照片、提取的痕迹物证等。

7. 辨认笔录。

证人及相关当事人对违法嫌疑人的辨认;嫌疑人之间互相辨认以及对作案工具的辨认。

8. 其他证据材料。

(1)证明违法嫌疑人身份的材料和违法犯罪记录,如人口信息、户籍证明、身份证、工作证、专业或技术等级证复印件等;法院判决书、行政处罚决定书、释放证明书等有效法律文件。(2)抓获经过、处警经过等。

(二)注意事项

1. 注意收集"非法使用占用"等相关证据。一般来说,国家对无线电频率的使用采用许可制,只有在少数情况下,例如民用无线电有固定的频率,才不需要许可。因此要根据案件的综合情况,注意收集其是否为非法使用占用。

2. 注意本行为实际存在两个违法行为,非法使用、占用无线电频率是手段行为,从事违法活动是目的行为,应当固定两个行为的证据。

🛡 行为认定

(一)对非法使用占用无线电频率从事违法活动行为的认定

1.本行为侵犯的客体是国家对无线电业务的正常管理秩序。国家对无线电业务进行严格管理,核心原因在于无线电频谱是有限的国家战略资源,其有序使用直接关系到国家安全、公共利益和经济发展。目前无线电技术广泛应用于通信、交通、航空航天、气象、医疗、广电、科研及公共安全等领域,是现代社会发展的重要技术支撑。无线电业务的管理秩序是社会公共秩序的重要组成部分。我国《民法典》第252条明确规定:"无线电频谱资源属于国家所有。"

2.本行为在客观方面表现为非法使用、占用无线电频率,从事违法活动的行为。非法使用占用无线电频率从事违法活动的行为,指的是违反国家有关无线电使用的管理规定,未经批准获得使用权而使用或者占用无线电频率的行为。根据《无线电管理条例》第6条的规定,任何单位或者个人不得擅自使用无线电频率,不得对依法开展的无线电业务造成有害干扰,不得利用无线电台(站)进行违法犯罪活动。第14条规定:"使用无线电频率应当取得许可,但下列频率除外:(一)业余无线电台、公众对讲机、制式无线电台使用的频率;(二)国际安全与遇险系统,用于航空、水上移动业务和无线电导航业务的国际固定频率;(三)国家无线电管理机构规定的微功率短距离无线电发射设备使用的频率。"行为人非法使用无线电频率,包括行为人的无线电台(站)本身属于未经批准而设置的,也包括行为人的无线电台(站)虽经依法批准设立,但在使用过程中,违反国家有关无线电使用的管理规定,擅自改变主管部门为其指配的频率而非法使用其他频率的情形。

现实中,随着无线电技术的发展,通过非法使用占用无线电频率进行违法行为也越发严重。例如实践中,通过非法架设伪基站群发诈骗短信;在国家重要考试中,使用违法无线电设备传送答案;私自架设调频广播电台,违法播放虚假医药广告、非法集资信息等。对这类行为应当加大治安管理处罚的力度。应当注意的是,本行为主要是对社会公共秩序造成了危害,如果非法使用占用无线电频率进行违法活动的行为,同时构成了其他违法行为,应当以处罚较重的行为进行处罚,构成犯罪的以犯罪论处。

3.本行为的主体包括单位和个人。单位违反治安管理的,对其直接负责的主管人员和其他直接责任人员依照《治安管理处罚法》的规定处罚。

4.本行为在主观方面表现为故意,过失不构成本行为。

(二)对本行为中"非法使用、占用无线电频率"行为的认定

《最高人民法院、最高人民检察院关于办理扰乱无线电通讯管理秩序等刑事案件适用法律若干问题的解释》第1条包括了"擅自设置、使用无线电台(站),或者擅自使用无线电频率,干扰无线电通讯秩序"行为,即"擅自设置"和"擅自使用"两种行为,根据这一解释,擅自使用行为可以表现为:(1)非法使用广播电视专用频段的频率的;(2)非法使用公众移动通信频率的;(3)未经批准使用卫星无线电频率的;(4)非法使用占用、使用无线电干扰器的;

(5)其他擅自使用无线电频率,干扰无线电通讯秩序的情形。因此在治安管理处罚中,可以参考这一司法解释对"非法使用占用"进行认定。

(三)与扰乱无线电通讯管理秩序罪的区别

扰乱无线电通讯管理秩序罪(《刑法》第288条)指自然人或者单位违反国家规定,擅自设置、使用无线电台(站),或者擅自使用无线电频率,干扰无线电通讯秩序,情节严重的行为。二者的主要区别在于:

1.客观表现。扰乱无线电通讯管理秩序罪既包括非法设置行为,也包括非法使用占用行为。而本行为仅是非法使用占用行为。

2.危害后果。扰乱无线电通讯管理秩序罪属结果犯,只有造成"情节严重"这一严重后果,才能构成犯罪。根据《最高人民法院、最高人民检察院关于办理扰乱无线电通讯管理秩序等刑事案件适用法律若干问题的解释》第2条,以下认定为"情节严重":(1)影响航天器、航空器、铁路机车、船舶专用无线电导航、遇险救助和安全通信等涉及公共安全的无线电频率正常使用的;(2)自然灾害、事故灾难、公共卫生事件、社会安全事件等突发事件期间,在事件发生地使用"黑广播""伪基站"的;(3)举办国家或者省级重大活动期间,在活动场所及周边使用"黑广播""伪基站"的;(4)同时使用3个以上"黑广播""伪基站"的;(5)"黑广播"的实测发射功率500瓦以上,或者覆盖范围10公里以上的;(6)使用"伪基站"发送诈骗、赌博、招嫖、木马病毒、钓鱼网站链接等违法犯罪信息,数量在5000条以上,或者销毁发送数量等记录的;(7)雇佣、指使未成年人、残疾人等特定人员使用"伪基站"的;(8)违法所得3万元以上的;(9)曾因扰乱无线电通讯管理秩序受过刑事处罚,或者2年内曾因扰乱无线电通讯管理秩序受过行政处罚,又实施《刑法》第288条规定的行为的;(10)其他情节严重的情形。实践中,如果未达到上述刑事案件立案标准"情节严重"的10种情形的,可以进行治安管理处罚。

🛡 处罚标准

本行为设置"一般情形"和"情节严重"两个层次的处罚。非法使用占用无线电频率从事违法活动行为是2025年修订的《治安管理处罚法》新增的违法行为。对于"情节严重"情形的认定,应当结合行为人的动机、手段、目的、行为的次数和造成的后果等综合考虑。

表28 非法使用占用无线电频率从事违法活动行为处罚标准

处罚档次	处罚标准	裁量基准
一般情形	处5日以上10日以下拘留	/

续表

处罚档次	处罚标准	裁量基准
情节严重	处10日以上15日以下拘留	①造成较重危害后果或者较大社会影响的
		②非法设置后从事违法活动时间较长的
		③违法所得达到有关司法解释认定构成《刑法》第288条第1款规定的"情节严重"标准50%以上的
		④其他情节严重的情形

案例及解析

【基本案情】 某村村民李某在无线电设台许可的情况下,通过网络渠道购买伪基站设备(主机1台、信号放大器2组、控制电脑1台),擅自在村中自家宅院内架设非法电台系统,为某境外赌博网站群发"XX赌场在线投注"的广告短信,以获取一定的报酬。公安机关发现李某累计发放短信1000条,获利200元。

对李某的行为应当如何认定?

【解析】 本案中李某设置伪基站,是典型的未经批准设置通信基站行为。李某非法设置的目的是从事宣传境外赌场的违法行为,前后行为是牵连关系,因此对李某的行为应当认定为非法使用占用无线电频率从事违法活动行为。本案中,如果李某发放的短信数量在5000条以上,或者销毁发送数量等记录;或者违法所得达30000元以上的,应当以扰乱无线电通讯管理秩序罪论处。

关联法条

1.《刑法》(2023年修正)

第288条【扰乱无线电通讯管理秩序罪】 违反国家规定,擅自设置、使用无线电台(站),或者擅自使用无线电频率,干扰无线电通讯秩序,情节严重的,处三年以下有期徒刑、拘役或者管制,处或者单处罚金;情节特别严重的,处三年以上七年以下有期徒刑,并处罚金。

单位犯前款罪的,对单位判处罚金,并对其直接负责的主管人员和其他直接责任人员,依照前款的规定处罚。

2.《无线电管理条例》(2016年修订)

第14条 使用无线电频率应当取得许可,但下列频率除外:

(一)业余无线电台、公众对讲机、制式无线电台使用的频率;

(二)国际安全与遇险系统,用于航空、水上移动业务和无线电导航业务的国际固定频率;

(三)国家无线电管理机构规定的微功率短距离无线电发射设备使用的频率。

第15条 取得无线电频率使用许可,应当符合下列条件:

(一)所申请的无线电频率符合无线电频率划分和使用规定,有明确具体的用途;

(二)使用无线电频率的技术方案可行;

（三）有相应的专业技术人员；
（四）对依法使用的其他无线电频率不会产生有害干扰。

第 27 条　设置、使用无线电台（站）应当向无线电管理机构申请取得无线电台执照，但设置、使用下列无线电台（站）的除外：

（一）地面公众移动通信终端；

（二）单收无线电台（站）；

（三）国家无线电管理机构规定的微功率短距离无线电台（站）。

第 73 条　违反本条例规定，使用无线电发射设备、辐射无线电波的非无线电设备干扰无线电业务正常进行的，由无线电管理机构责令改正，拒不改正的，没收产生有害干扰的设备，并处 5 万元以上 20 万元以下的罚款，吊销无线电台执照；对船舶、航天器、航空器、铁路机车专用无线电导航、遇险救助和安全通信等涉及人身安全的无线电频率产生有害干扰的，并处 20 万元以上 50 万元以下的罚款。

3.《最高人民法院、最高人民检察院关于办理扰乱无线电通讯管理秩序等刑事案件适用法律若干问题的解释》(法释〔2017〕11 号)

第 1 条　具有下列情形之一的，应当认定为刑法第二百八十八条第一款规定的"擅自设置、使用无线电台（站），或者擅自使用无线电频率，干扰无线电通讯秩序"：

（一）未经批准设置无线电广播电台（以下简称"黑广播"），非法使用广播电视专用频段的频率的；

（二）未经批准设置通信基站（以下简称"伪基站"），强行向不特定用户发送信息，非法使用公众移动通信频率的；

（三）未经批准使用卫星无线电频率的；

（四）非法设置、使用无线电干扰器的；

（五）其他擅自设置、使用无线电台（站），或者擅自使用无线电频率，干扰无线电通讯秩序的情形。

第 2 条　违反国家规定，擅自设置、使用无线电台（站），或者擅自使用无线电频率，干扰无线电通讯秩序，具有下列情形之一的，应当认定为刑法第二百八十八条第一款规定的"情节严重"：

（一）影响航天器、航空器、铁路机车、船舶专用无线电导航、遇险救助和安全通信等涉及公共安全的无线电频率正常使用的；

（二）自然灾害、事故灾难、公共卫生事件、社会安全事件等突发事件期间，在事件发生地使用"黑广播""伪基站"的；

（三）举办国家或者省级重大活动期间，在活动场所及周边使用"黑广播""伪基站"的；

（四）同时使用三个以上"黑广播""伪基站"的；

（五）"黑广播"的实测发射功率五百瓦以上，或者覆盖范围十公里以上的；

（六）使用"伪基站"发送诈骗、赌博、招嫖、木马病毒、钓鱼网站链接等违法犯罪信息，数量在五千条以上，或者销毁发送数量等记录的；

（七）雇佣、指使未成年人、残疾人等特定人员使用"伪基站"的；

（八）违法所得三万元以上的；

（九）曾因扰乱无线电通讯管理秩序受过刑事处罚，或者二年内曾因扰乱无线电通讯管理秩序受过行政处罚，又实施刑法第二百八十八条规定的行为的；

(十)其他情节严重的情形。

第6条　擅自设置、使用无线电台(站),或者擅自使用无线电频率,同时构成其他犯罪的,按照处罚较重的规定定罪处罚。

明知他人实施诈骗等犯罪,使用"黑广播""伪基站"等无线电设备为其发送信息或者提供其他帮助,同时构成其他犯罪的,按照处罚较重的规定定罪处罚。

4.《最高人民法院关于审理扰乱电信市场管理秩序案件具体应用法律若干问题的解释》(法释〔2000〕12号)

第5条　违反国家规定,擅自设置、使用无线电台(站),或者擅自占用频率,非法经营国际电信业务或者涉港澳台电信业务进行营利活动,同时构成非法经营罪和刑法第二百八十八条规定的扰乱无线电通讯管理秩序罪的,依照处罚较重的规定定罪处罚。

5.《最高人民法院关于审理危害军事通信刑事案件具体应用法律若干问题的解释》(法释〔2007〕13号)

第6条第4款　违反国家规定,擅自设置、使用无线电台、站,或者擅自占用频率,经责令停止使用后拒不停止使用,干扰无线电通讯正常进行,构成犯罪的,依照刑法第二百八十八条的规定定罪处罚;造成军事通信中断或者严重障碍,同时构成刑法第二百八十八条、第三百六十九条第一款规定的犯罪的,依照处罚较重的规定定罪处罚。

第八节 《治安管理处罚法》第 33 条

34. 非法侵入计算机信息系统

现行规定

《治安管理处罚法》
第 33 条第 1 项　有下列行为之一,造成危害的,处五日以下拘留;情节较重的,处五日以上十五日以下拘留:
(一)违反国家规定,侵入计算机信息系统……

立案与管辖

(一)立案标准

本行为即违反国家有关保护计算机安全和信息网络安全的相关规定,实施侵入计算机信息系统的行为。本行为要求造成一定危害后果才予立案。如果仅是未经允许,"擅自"进入计算机信息网络或使用计算机信息网络资源,则应视危害结果而定。本条所指的"国家规定",是指全国人民代表大会及其常务委员会制定的有关保护计算机安全和信息网络安全的法律和决定,国务院制定的行政法规、规定的行政措施、发布的决定和命令。

(二)管辖

针对或者利用网络实施的违法行为,可以由用于实施违法行为的网站服务器所在地、网络接入地以及网站建立者或者管理者所在地,被侵害的网络及其运营者所在地,违法过程中违法行为人、被侵害人使用的网络及其运营者所在地,被侵害人被侵害时所在地,以及被侵害人财产遭受损失地的公安机关管辖。实践中,公安机关通过被侵害人主动报案或在日常管理中主动发现相关违法行为后,对满足管辖条件的案件及时、有效行使管辖权。

证据收集

(一)证据规格

在一个完整的非法侵入计算机信息系统行为的认定中,需要收集的基本证据规格如下:
1. 违法嫌疑人陈述与申辩。
(1)违法嫌疑人基本情况;(2)作案动机、目的;(3)被侵害计算机的基本特性,计算机来源、所有权情况,配置情况,联网端口信息资料,密码,购买、使用情况,有多少台相关的计算机系统受到侵害,发现被侵害的时间、地点,受损害信息的范围、程度;(4)侵入对象是否明确,运用何种技术、软件、设备、网络实施的违法行为,相关的技术、软件、设备、网络的来源、特征;(5)其他能够证明计算机系统遭受侵入的情况。

2. 被侵害人陈述、证人证言。

(1)违法嫌疑人计算机技术、设备、网络情况,被侵害计算机的基本情况、受损情况、发现的时间和地点,被非法侵入的计算机系统的前后区别;(2)运用何种技术、软件、设备、网络实施的违法行为,相关的技术、软件、设备、网络的来源、特征。

3. 物证、书证。

作案工具实物和照片。

4. 视听资料。

收集为实施非法侵入计算机信息系统行为而准备工具或实施违法行为的视听资料。

5. 现场勘验、检查笔录。

(1)扣押、收缴相关物品;(2)勘查双方计算机终端;(3)必要时,提取计算机终端的痕迹,做痕迹鉴定。

6. 鉴定意见。

查明计算机系统受侵害的原因,物证痕迹与当事人是否对应。

7. 违法嫌疑人购买作案工具地点的业主证言、辨认笔录。

8. 辨认笔录。

被侵害人、证人对违法嫌疑人的辨认。

9. 其他证据材料。

(1)证明违法嫌疑人身份的材料,如户籍证明、身份证、工作证、专业或技术等级证复印件等。有前科劣迹的,应调取法院判决书、行政处罚决定书、释放证明书等有效法律文件。(2)抓获经过、处警经过、报案材料等。

(二)注意事项

1. 对侵害对象属于计算机信息系统的识别。计算机信息系统,是指具备自动处理数据功能的系统,包括计算机、网络设备、通信设备、自动化控制设备等。根据《计算机信息系统安全保护条例》第2条的规定,计算机信息系统,是指由计算机及其相关的和配套的设备、设施(含网络)构成的,按照一定的应用目标和规则对信息进行采集、加工、存储、传输、检索等处理的人机系统。根据《最高人民法院、最高人民检察院关于办理危害计算机信息系统安全刑事案件应用法律若干问题的解释》第11条的规定,该解释所称"计算机信息系统"是指具备自动处理数据功能的系统,包括计算机、网络设备、通信设备、自动化控制设备等。上述规定可作为确定计算机系统的参考标准,如移动终端、手机App、车载导航设备等均可能被认定为计算机信息系统。

需要注意,本行为侵入的计算机信息系统是国家事务、国防建设、尖端科学技术领域的计算机系统以外的计算机系统,如企业、社会团体等单位的不涉及尖端科学技术的计算机系统。

如果涉及侵入国家事务、国防建设、尖端科学技术领域的计算机系统,则应作为刑事案件立案管辖。根据《最高人民法院、最高人民检察院关于办理危害计算机信息系统安全刑事案件应用法律若干问题的解释》第 10 条的规定,对于是否属于"国家事务、国防建设、尖端科学技术领域的计算机信息系统"难以确定的,应当委托省级以上负责计算机信息系统安全保护管理工作的部门检验。公安执法机关在办案过程中对是否属于国家计算机信息系统难以确定的,可以委托省级以上负责计算机信息系统安全保护管理工作的部门检验,并根据检验结论结合案件具体情况进行认定,存在涉及国家计算机信息系统的,应及时做好行刑衔接工作。

2.注重审查行为人是否具备访问计算机信息系统的权限。非法侵入行为,主要针对不具有访问特定信息系统权限,或未经批准、授权而访问该计算机信息系统的行为。因此,办案机关在审查当事人是否构成对涉案计算机信息系统的非法侵入时,应注重审查行为人的资质和权限,并保存相关证明材料。在行为人访问特定计算机信息系统并造成数据损失等危害后果的情况下,如果行为人具备相关访问权限,也不能认定为非法侵入计算机信息系统行为,但可能构成非法改变计算机信息系统功能等其他违法行为。

🛡 行为认定

(一)对非法侵入计算机信息系统行为的认定

主要从以下四个方面进行认定:

1.行为侵害的客体:计算机信息系统安全。该行为影响了计算机信息系统的正常运行,并造成一定危害后果,但尚未造成严重后果。

2.行为的客观方面:本行为在客观上表现为违反国家规定,非法侵入计算机信息系统的具体行为,此类行为由作为构成。违反国家规定是指违反国家有关保护计算机安全和信息网络安全的法律或行政法规,如《网络安全法》《数据安全法》《计算机信息系统安全保护条例》《计算机信息网络国际联网管理暂行规定》《互联网上网服务营业场所管理条例》《计算机信息网络国际联网安全保护管理办法》等。

非法侵入计算机信息系统的行为,是指无权访问特定信息系统的人非法侵入该计算机信息系统,或者有权访问特定计算机信息系统的用户未经批准、授权或者未办理手续而擅自访问该信息系统或者系统内部资源的行为。现实中的非法侵入行为主要指前者。例如,利用所掌握的计算机知识、技术,以非法手段获取进入指令后,冒充合法使用者进入特定的计算机信息系统,或者擅自将自己的计算机与某些特定的计算机信息系统联网而进入特定的计算机信息系统等。侵入行为要造成一定的危害才能给予处罚,如因非法入侵造成被侵入系统单位的商业秘密泄露、数据丢失等。

3.行为的实施主体:行为的主体既可以是自然人,也可以是法人(单位)。

4.行为的主观方面:行为人主观上必须出于故意,即明知其行为违反国家规定,仍故意侵入计算机信息系统。过失不能构成此行为。

(二) 对未经允许进入计算机信息网络或者使用计算机信息网络资源行为的处罚

《计算机信息网络国际联网安全保护管理办法》第 6 条第 1 项规定,任何单位和个人未经允许不得进入计算机信息网络或者使用计算机信息网络资源。实施上述行为的,根据该办法第 20 条的规定,由公安机关给予警告,有违法所得的,没收违法所得,对个人可以并处 5000 元以下的罚款,对单位可以并处 1.5 万元以下的罚款;情节严重的,并可以给予 6 个月以内停止联网、停机整顿的处罚,必要时可以建议原发证、审批机构吊销经营许可证或者取消联网资格;构成违反治安管理行为的,依照治安管理处罚法的规定处罚;构成犯罪的,依法追究刑事责任。因此,"擅自"进入计算机信息网络或者使用计算机信息网络资源虽造成危害但尚未构成违反治安管理行为的,依据《计算机信息网络国际联网安全保护管理办法》第 20 条的规定予以处罚。

(三) 与非法侵入计算机信息系统罪的区分

非法侵入计算机信息系统罪,是指违反国家规定,侵入国家事务、国防建设、尖端科学技术领域的计算机信息系统的行为。

非法侵入计算机信息系统行为与非法侵入计算机信息系统罪在客观表现上均为违反国家规定,侵入了有关的计算机信息系统,主观方面也均为故意,其主要区别在于:

第一,行为侵犯的对象不同。非法侵入计算机信息系统的治安违法行为侵犯的对象包括受我国法律、法规保护的所有计算机信息系统。非法侵入计算机信息系统罪侵犯的对象必须是国家事务、国防建设、尖端科学技术领域的计算机信息系统。因为这些重要部门的计算机信息系统安全对于保护各种国家秘密、国防秘密、尖端科学技术秘密不受侵犯,对于维护正常的社会秩序起着非常重要的作用。因此,非法侵入除国家事务、国防建设、尖端科学技术领域之外的其他计算机信息系统,并造成危害、尚未构成犯罪的,构成治安违法行为,依照《治安管理处罚法》予以处罚,但非法侵入国家事务、国防建设、尖端科学技术领域的计算机信息系统的行为则构成犯罪。

第二,行为造成的后果不同。非法侵入计算机信息系统行为要求造成危害后果才予以处罚。非法侵入计算机信息系统罪属于行为犯,只要实施了非法侵入的行为即构成犯罪。

🛡 处罚标准

在可处罚的条件上,2025 年修订的《治安管理处罚法》增加"造成危害"的法定后果,即实施了相关行为但没有造成危害后果的,则不予处罚。本行为设置一般情形和情节较重两个层次的处罚。

表 29 非法侵入计算机信息系统行为处罚标准

处罚档次	处罚标准	裁量基准
一般情形	5 日以下拘留	/

续表

处罚档次	处罚标准	裁量基准
情节较重	5日以上15日以下拘留	①造成被侵入系统单位的商业秘密、公民个人信息泄露、数据丢失等较大危害的
		②侵入国家机关、涉密单位、防范恐怖袭击重点目标单位或者治安保卫重点单位的计算机信息系统,造成危害的
		③其他情节较重的情形

需要注意,公安执法机关在查处此类行为时需处理与《网络安全法》等特别法的关系,做好法律适用衔接。根据《网络安全法》第27条的规定,任何个人和组织不得从事非法侵入他人网络、干扰他人网络正常功能、窃取网络数据等危害网络安全的活动。违反该条规定,从事危害网络安全活动,尚不构成犯罪的,根据《网络安全法》第63条第1款,由公安机关没收违法所得,除处5日以下拘留外,还可以并处5万元以上50万元以下罚款;情节较重的,处5日以上15日以下拘留,可以并处10万元以上100万元以下罚款。

如果是单位实施此类行为,除对其直接负责的主管人员和其他直接责任人员进行规定处罚外;对单位,依照其他法律、行政法规的规定予以处罚。根据《网络安全法》第63条第2款的规定,单位实施本行为的,由公安机关没收违法所得,处10万元以上100万元以下罚款,并对直接负责的主管人员和其他直接责任人员依照《网络安全法》第63条第1款的规定处罚。此外,根据该法第63条第3款的规定,从事危害网络安全行为受到治安管理处罚的人员,5年内不得从事网络安全管理和网络运营关键岗位的工作。相较于《计算机信息网络国际联网安全保护管理办法》第20条规定,《网络安全法》规定的处罚幅度更大,实践中公安机关执法时应根据《网络安全法》的规定予以处罚。

案例及解析

【基本案情】 林某利用CAIN软件获取了某省教育管理信息中心所属的该省普通高中学籍管理系统的用户名和密码,并登录该系统、查看相关信息,由于操作失误导致该系统自动升级并采取多项安全响应措施,严重影响了该省高中学生的学籍管理工作。[1]

对林某的行为应该如何定性?

【解析】 林某通过外部软件获取网站密码并故意非法进入计算机信息系统,破坏了计算机信息系统安全且对该系统正常工作产生影响,造成了危害后果,符合非法侵入计算机信息系统行为的构成要件。本案查处的难点在于林某的行为构成非法侵入计算机信息系统的治安违法行为,还是非法侵入计算机信息系统罪,其核心在于受侵害的计算机信息系统是否属于"国家事务、国防建设、尖端科学技术领域的计算机信息系统"。

---

[1] 改编自江苏省南京市鼓楼区人民法院刑事判决书,(2011)鼓刑初字第123号。

从体系解释角度来看,对刑事犯罪侵犯的计算机信息系统中的"国家事务""国防建设""尖端科学技术领域"在重要性的认定上属于同一层次。换言之,即使受侵害的计算机信息系统属于涉及政府事务的工作系统,如果其重要性无法与国防建设、尖端科学技术领域的重要性相匹配,则不应认定为属于国家事务的计算机信息系统。因此,对"国家事务"概念的内涵及外延应从严把握,仅限于处理国家层面的内部治理和外交事务的计算机信息系统。对于地方国家权力机关的政务公开或网络办公系统,不应当认定为国家事务的计算机信息系统。①

林某侵入计算机信息系统属于省级行政管理部门的网络办公系统,其在重要性上难以认定为国家事务的计算机信息系统,因而可以根据《治安管理处罚法》以非法侵入计算机信息系统的违法行为予以处罚。因该行为严重影响相关工作,可酌情适用加重处罚。

关联法条

1.《刑法》(2023 年修正)

第 285 条第 1 款 【非法侵入计算机信息系统罪】违反国家规定,侵入国家事务、国防建设、尖端科学技术领域的计算机信息系统的,处三年以下有期徒刑或者拘役。

2.《最高人民法院、最高人民检察院关于办理危害计算机信息系统安全刑事案件应用法律若干问题的解释》(法释〔2011〕19 号)

第 1 条 非法获取计算机信息系统数据或者非法控制计算机信息系统,具有下列情形之一的,应当认定为刑法第二百八十五条第二款规定的"情节严重":

(一)获取支付结算、证券交易、期货交易等网络金融服务的身份认证信息十组以上的;

(二)获取第(一)项以外的身份认证信息五百组以上的;

(三)非法控制计算机信息系统二十台以上的;

(四)违法所得五千元以上或者造成经济损失一万元以上的;

(五)其他情节严重的情形。

实施前款规定行为,具有下列情形之一的,应当认定为刑法第二百八十五条第二款规定的"情节特别严重":

(一)数量或者数额达到前款第(一)项至第(四)项规定标准五倍以上的;

(二)其他情节特别严重的情形。

明知是他人非法控制的计算机信息系统,而对该计算机信息系统的控制权加以利用的,依照前两款的规定定罪处罚。

第 10 条 对于是否属于刑法第二百八十五条、第二百八十六条规定的"国家事务、国防建设、尖端科学技术领域的计算机信息系统"、"专门用于侵入、非法控制计算机信息系统的程序、工具"、"计算机病毒等破坏性程序"难以确定的,应当委托省级以上负责计算机信息系统安全保护管理工作的部门检验。司法机关根据检验结论,并结合案件具体情况认定。

---

① 蔡智玉:《非法侵入计算机信息系统罪的认定》,载《人民法院报》2017 年 11 月 1 日。转引自张建忠主编:《妨害社会管理秩序犯罪办案指引》,中国检察出版社 2022 年版,第 73 页。

3.《网络安全法》(2016年)

第27条 任何个人和组织不得从事非法侵入他人网络、干扰他人网络正常功能、窃取网络数据等危害网络安全的活动；不得提供专门用于从事侵入网络、干扰网络正常功能及防护措施、窃取网络数据等危害网络安全活动的程序、工具；明知他人从事危害网络安全的活动的，不得为其提供技术支持、广告推广、支付结算等帮助。

第63条 违反本法第二十七条规定，从事危害网络安全的活动，或者提供专门用于从事危害网络安全活动的程序、工具，或者为他人从事危害网络安全的活动提供技术支持、广告推广、支付结算等帮助，尚不构成犯罪的，由公安机关没收违法所得，处五日以下拘留，可以并处五万元以上五十万元以下罚款；情节较重的，处五日以上十五日以下拘留，可以并处十万元以上一百万元以下罚款。

单位有前款行为的，由公安机关没收违法所得，处十万元以上一百万元以下罚款，并对直接负责的主管人员和其他直接责任人员依照前款规定处罚。

违反本法第二十七条规定，受到治安管理处罚的人员，五年内不得从事网络安全管理和网络运营关键岗位的工作；受到刑事处罚的人员，终身不得从事网络安全管理和网络运营关键岗位的工作。

35. 非法获取计算机信息系统数据

▍现行规定

《治安管理处罚法》

第33条第1项 有下列行为之一，造成危害的，处五日以下拘留；情节较重的，处五日以上十五日以下拘留：

（一）违反国家规定，……获取计算机信息系统中存储、处理或者传输的数据……的；

▍立案与管辖

（一）立案标准

本行为即违反国家有关保护计算机安全和数据安全的规定，通过侵入计算机信息系统，或采取其他技术手段获取计算机信息系统中存储、处理或传输数据的行为。本行为应当造成一定危害后果才予立案。如果仅是未经允许，"擅自"进入计算机信息网络或使用计算机信息网络资源，则应视危害结果而定。本条所指的"国家规定"，是指全国人民代表大会及其常务委员会制定的有关保护计算机安全和数据安全的法律和决定，国务院制定的行政法规、规定的行政措施、发布的决定和命令。

（二）管辖

针对或者利用网络实施的违法行为，可以由用于实施违法行为的网站服务器所在地、网络接入地以及网站建立者或者管理者所在地，被侵害的网络及其运营者所在地，违法过程中违法行为人、被侵害人使用的网络及其运营者所在地，被侵害人被侵害时所在地，以及被侵害人财产遭受损失地的公安机关管辖。实践中,公安机关通过被侵害人主动报案或在日常管理中主动发现相关违法行为后,对满足管辖条件的案件及时、有效行使管辖权。

证据收集

(一)证据规格

在一个完整的非法获取信息系统数据行为的认定中,需要收集的基本证据规格如下:

1.违法嫌疑人陈述与申辩。

(1)违法嫌疑人基本情况;(2)作案动机、目的;(3)被侵害计算机的基本特性,计算机来源、所有权情况,配置情况,联网端口信息资料,密码,购买、使用情况,有多少台相关的计算机系统受到侵害,发现被侵害的时间、地点;(4)非法获取的数据内容、范围及受损害的程度;(5)非法获取的数据是否明确,运用何种技术、软件、设配、网络实施的违法行为,相关的技术、软件、设配、网络的来源、特征;(6)其他能够证明计算机信息系统数据被非法获取的情况。

2.被侵害人陈述、证人证言。

(1)违法嫌疑人计算机技术、设备、网络情况,被侵害计算机信息系统数据的基本情况、受损情况、发现的时间和地点;(2)运用何种技术、软件、设备、网络实施的违法行为,相关的技术、软件、设配、网络的来源、特征。

3.物证、书证。

作案工具实物和照片。

4.视听资料。

收集为实施非法获取计算机信息系统数据行为而准备工具或实施违法行为的视听资料。

5.现场勘验、检查笔录。

(1)扣押、收缴相关物品;(2)勘查双方计算机终端;(3)必要时,提取计算机终端的痕迹,做痕迹鉴定。

6.鉴定意见。

查明计算机系统受侵害的原因,物证痕迹与当事人是否对应。

7.违法嫌疑人购买作案工具地点的业主证言、辨认笔录。

8.辨认笔录。

被侵害人、证人对违法嫌疑人的辨认。

9.其他证据材料。

(1)证明违法嫌疑人身份的材料,如户籍证明、身份证、工作证、专业或技术等级证复印件等。有前科劣迹,应调取法院判决书、行政处罚决定书、释放证明书等有效法律文件。(2)抓获经过、出警经过、报案材料等。

(二)注意事项

对侵害对象属于计算机信息系统的识别。计算机信息系统,是指具备自动处理数据功能的系统,包括计算机、网络设备、通信设备、自动化控制设备等。根据《计算机信息系统安全保护条例》第2条的规定,计算机信息系统,是指由计算机及其相关的和配套的设备、设施(含网络)构成的,按照一定的应用目标和规则对信息进行采集、加工、存储、传输、检索等处理的人机系统。根据《最高人民法院、最高人民检察院关于办理危害计算机信息系统安全刑事案件应用法律若干问题的解释》第11条的规定,该解释所称"计算机信息系统"是指具备自动处理数据功能的系统,包括计算机、网络设备、通信设备、自动化控制设备等。上述规定可作为确定计算机系统的参考标准,如移动终端、手机App、车载导航设备等均可能被认定为计算机信息系统。

本行为侵害的对象仅限于计算机信息系统以及正在使用中的计算机信息系统中存储、处理、传输的数据,脱离计算机信息系统存放的计算机数据,如光盘、移动硬盘中的计算机数据不是本行为的保护对象,但是光盘、移动硬盘等载具在使用过程中被获取、控制了其中数据,则该数据应属于本行为规定的传输的数据,也属于本条调整的对象。

需要注意,本行为侵入的计算机信息系统是国家事务、国防建设、尖端科学技术领域的计算机系统以外的计算机系统,如企业、社会团体等单位的不涉及尖端科学技术的计算机系统。如果涉及侵入国家事务、国防建设、尖端科学技术领域的计算机系统,则应作为刑事案件立案管辖。根据《最高人民法院、最高人民检察院关于办理危害计算机信息系统安全刑事案件应用法律若干问题的解释》第10条,对于是否属于"国家事务、国防建设、尖端科学技术领域的计算机信息系统"难以确定的,应当委托省级以上负责计算机信息系统安全保护管理工作的部门检验。公安执法机关在办案过程中对是否属于国家计算机信息系统难以确定的,可以委托省级以上负责计算机信息系统安全保护管理工作的部门检验,并根据检验结论结合案件具体情况进行认定,存在涉及国家计算机信息系统的,应及时做好行刑衔接工作。

行为认定

(一)对非法获取计算机信息系统数据行为的认定

1.行为侵害的客体:计算机信息系统安全。该行为影响了计算机信息系统的正常运行,造成数据泄漏等危害后果,但尚未造成严重后果。

2.行为的客观方面:本行为在客观上表现为违反国家规定,非法获取数据的行为,此类行为由作为构成。违反国家规定是指违反国家有关保护计算机安全和信息数据安全的法律或行政法规,如《网络安全法》《数据安全法》《计算机信息系统安全保护条例》《计算机信息网络国际联网管理暂行规定》《互联网上网服务营业场所管理条例》《计算机信息网络国际联网安全保护管理办法》等。

非法获取计算机信息系统数据的行为,是指以侵入计算机系统的方式或采用其他技术手段,获取计算机信息系统中存储、处理或者传输的数据。非法获取数据的具体方式包括窃取、偷取、骗取等行为,如通过传播木马病毒骗取目标执行该程序以盗取密码等各种数据资料,通过网站上的广告页面、App上的转链接等骗取客户的信任,让其输入自己的账号密码等来获取数据。"储存"的数据是指储存在计算机系统存储介质中的文件;处理的数据是指计算机系统正在运行处理的信息,如在电脑中编辑的文件等;传输的数据是指计算机系统之间传递的信息,如通过微信、QQ、云盘等传输、交换中的数据或者信息。

3.行为的实施主体:行为的主体既可以是自然人,也可以是法人(单位)。

4.行为的主观方面:行为人主观上必须出于故意,即明知其行为违反国家规定,仍故意获取计算机信息系统数据。过失不能构成此行为。

(二)与非法获取计算机信息系统数据罪的区分

非法获取计算机信息系统数据罪,是指违反国家规定,侵入国家事务、国防建设、尖端科学技术领域以外的计算机信息系统或采用其他技术手段,获取该计算机信息系统中存储、处理或者传输数据的行为。

非法获取计算机信息系统数据行为与非法获取计算机信息系统数据罪在客观表现上均为违反国家规定,非法获取了计算机信息系统中的数据,行为在主观方面也均为故意,行为对象均为国家事务、国防建设、尖端科学技术领域之外的其他计算机信息系统中存储、处理或传输的数据。

二者的主要区别在于:

行为造成的后果不同。非法获取计算机信息系统数据的行为要求造成危害后果才予以处罚。非法获取计算机信息系统数据罪则要求情节严重才构成犯罪,否则仅构成治安违法行为。根据《最高人民法院、最高人民检察院关于办理危害计算机信息系统安全刑事案件应用法律若干问题的解释》第1条的规定,非法获取计算机信息系统数据的犯罪行为,下列情形应当认定为"情节严重":①获取支付结算、证券交易、期货交易等网络金融服务的身份认证信息10组以上的;②获取第1项以外的身份认证信息500组以上的;③非法控制计算机信息系统20台以上的;④违法所得5000元以上或者造成经济损失10000元以上的;⑤其他情节严重的情形。

(三)与非法获取个人信息行为的区分

根据《治安管理处罚法》第56条第2款,窃取或者以其他方法非法获取个人信息的,处10日以上15日以下拘留;情节较轻的,处5日以下拘留。该行为与非法获取计算机信息系统数据行为存在竞合,即当非法获取的计算机信息系统中的数据属于公民个人信息时,存在应适用哪一行为进行处罚的问题。由于非法获取计算机信息系统数据导致公民个人信息泄漏属于该行为的加重情节,应适用5日以上15日以下的拘留,公安机关在执法办案中应根据行为对公民个人隐私造成侵害等实际情形进行综合分析,结合非法获取个人信息行为的处罚幅度,考虑适用10日以上的较重处罚。

🛡 处罚标准

在可处罚的条件上,2025年修订的《治安管理处罚法》增加"造成危害"的法定后果,即如果实施了相关行为但没有造成危害后果的,则不予处罚。本行为分为"一般情形"和"情节较重"两种处罚档次。

表30　非法获取计算机信息系统数据行为处罚标准

处罚档次	处罚标准	裁量基准
一般情形	5日以下拘留	/
情节较重	5日以上15日以下拘留	①造成被非法获取数据的计算机信息系统所属单位的商业秘密、公民个人信息泄露、数据丢失等较大危害的
		②获取国家机关、涉密单位、防范恐怖袭击重点目标单位或者治安保卫重点单位的计算机信息系统数据,造成危害的
		③其他情节较重的情形

需要注意,公安执法机关在查处此类行为时需处理与《网络安全法》等特别法的关系,做好法律适用衔接。根据《网络安全法》第27条,任何个人和组织不得从事非法侵入他人网络、干扰他人网络正常功能、窃取网络数据等危害网络安全的活动。违反该条规定,从事危害网络安全活动,尚不构成犯罪的,根据《网络安全法》第63条第1款,由公安机关没收违法所得,除处5日以下拘留外,还可以并处5万元以上50万元以下罚款;情节较重的,处5日以上15日以下拘留,可以并处10万元以上100万元以下罚款。

如果单位实施此类行为,除对其直接负责的主管人员和其他直接责任人员进行处罚外;对单位,依照其他法律、行政法规的规定予以处罚。根据《网络安全法》第63条第2款规定,单位实施本行为的,由公安机关没收违法所得,处10万元以上100万元以下罚款,并对直接负责的主管人员和其他直接责任人员依照《网络安全法》第63条第1款的规定处罚。此外,根据该法第63条第3款,从事危害网络安全行为受到治安管理处罚的人员,5年内不得从事网络安全管理和网络运营关键岗位的工作。相较于《计算机信息网络国际联网安全保护管理办法》第20条规定,《网络安全法》规定的处罚幅度更大,实践中公安机关执法时应根据《网络安全法》的规定予以处罚。

案例及解析

【基本案情】黄某将其梦幻西游账号以13220元的价格卖给某市信息技术有限公司。为牟取更多款项,黄某以向官网恶意申诉的方式找回游戏账号并重新出售给第三方。

对黄某的行为应该如何定性?

【解析】本案查处的难点在于非法获取计算机信息系统数据行为与盗窃行为的区别。两者在侵害对象和侵犯的客体上有所差异。在侵害的对象上,非法获取计算机信息系统数据侵犯的对象主要是计算机信息系统中存储、处理或者传输的数据。盗窃行为侵犯的对象是公私财物。在侵害的客体上,非法获取计算机系统数据行为侵害的客体是计算机信息系统的安全;而盗窃行为侵害的客体是公司财产的所有权。网络账号是数据的一种,可以视为网络虚拟财产。现有执法实践一般把以非法占有为目的将已转让的虚拟财产秘密窃回的行为定性为盗窃。综上所述,黄某的行为应当定性为盗窃,而非非法获取计算机信息系统数据。

关联法条

1.《刑法》(2023年修正)

第285条第2款 【非法获取计算机信息系统数据、非法控制计算机信息系统罪】违反国家规定,侵入前款规定以外的计算机信息系统或者采用其他技术手段,获取该计算机信息系统中存储、处理或者传输的数据,或者对该计算机信息系统实施非法控制,情节严重的,处三年以下有期徒刑或者拘役,并处或者单处罚金;情节特别严重的,处三年以上七年以下有期徒刑,并处罚金。

2.《最高人民法院、最高人民检察院关于办理危害计算机信息系统安全刑事案件应用法律若干问题的解释》(法释〔2011〕19号)

第1条 非法获取计算机信息系统数据或者非法控制计算机信息系统,具有下列情形之一的,应当认定为刑法第二百八十五条第二款规定的"情节严重":

(一)获取支付结算、证券交易、期货交易等网络金融服务的身份认证信息十组以上的;

(二)获取第(一)项以外的身份认证信息五百组以上的;

(三)非法控制计算机信息系统二十台以上的;

(四)违法所得五千元以上或者造成经济损失一万元以上的;

(五)其他情节严重的情形。

实施前款规定行为,具有下列情形之一的,应当认定为刑法第二百八十五条第二款规定的"情节特别严重":

(一)数量或者数额达到前款第(一)项至第(四)项规定标准五倍以上的;

(二)其他情节特别严重的情形。

明知是他人非法控制的计算机信息系统,而对该计算机信息系统的控制权加以利用的,依照前两款的规定定罪处罚。

第10条 对于是否属于刑法第二百八十五条、第二百八十六条规定的"国家事务、国防建设、尖端科学技术领域的计算机信息系统"、"专门用于侵入、非法控制计算机信息系统的程序、工具"、"计算机病毒等破坏性程序"难以确定的,应当委托省级以上负责计算机信息系统安全保护管理工作的部门检验。司法机关根据检验结论,并结合案件具体情况认定。

3.《网络安全法》(2016年)

第27条 任何个人和组织不得从事非法侵入他人网络、干扰他人网络正常功能、窃取网络数据等危害网络安全的活动;不得提供专门用于从事侵入网络、干扰网络正常功能及防护措施、窃取网络数据等危害网络安全活动的程序、工具;明知他人从事危害网络安全的活动的,不得为其提供技术支持、广告推广、支付结算等帮助。

第63条 违反本法第二十七条规定,从事危害网络安全的活动,或者提供专门用于从事危害网络安全活动的程序、工具,或者为他人从事危害网络安全的活动提供技术支持、广告推广、支付结算等帮助,尚不构成犯罪的,由公安机关没收违法所得,处五日以下拘留,可以并处五万元以上五十万元以下罚款;情节较重的,处五日以上十五日以下拘留,可以并处十万元以上一百万元以下罚款。

单位有前款行为的,由公安机关没收违法所得,处十万元以上一百万元以下罚款,并对直接负责的主管人员和其他直接责任人员依照前款规定处罚。

违反本法第二十七条规定,受到治安管理处罚的人员,五年内不得从事网络安全管理和网络运营关键岗位的工作;受到刑事处罚的人员,终身不得从事网络安全管理和网络运营关键岗位的工作。

4.《计算机信息系统安全保护条例》(2011年修订)

第7条　任何组织或者个人,不得利用计算机信息系统从事危害国家利益、集体利益和公民合法利益的活动,不得危害计算机信息系统的安全。

第20条　违反本条例的规定,有下列行为之一的,由公安机关处以警告或者停机整顿:

(一)违反计算机信息系统安全等级保护制度,危害计算机信息系统安全的;

(二)违反计算机信息系统国际联网备案制度的;

(三)不按照规定时间报告计算机信息系统中发生的案件的;

(四)接到公安机关要求改进安全状况的通知后,在限期内拒不改进的;

(五)有危害计算机信息系统安全的其他行为的。

第24条　违反本条例的规定,构成违反治安管理行为的,依照《中华人民共和国治安管理处罚法》的有关规定处罚;构成犯罪的,依法追究刑事责任。

5.《计算机信息网络国际联网安全保护管理办法》(2011年修订)

第6条　任何单位和个人不得从事下列危害计算机信息网络安全的活动:

(一)未经允许,进入计算机信息网络或者使用计算机信息网络资源的;

(二)未经允许,对计算机信息网络功能进行删除、修改或者增加的;

(三)未经允许,对计算机信息网络中存储、处理或者传输的数据和应用程序进行删除、修改或者增加的;

(四)故意制作、传播计算机病毒等破坏性程序的;

(五)其他危害计算机信息网络安全的。

第20条　违反法律、行政法规,有本办法第五条、第六条所列行为之一的,由公安机关给予警告,有违法所得的,没收违法所得,对个人可以并处5000元以下的罚款,对单位可以并处1.5万元以下的罚款;情节严重的,并可以给予6个月以内停止联网、停机整顿的处罚,必要时可以建议原发证、审批机构吊销经营许可证或者取消联网资格;构成违反治安管理行为的,依照治安管理处罚法的规定处罚;构成犯罪的,依法追究刑事责任。

36. 非法控制计算机信息系统

现行规定

《治安管理处罚法》

第33条第1项　有下列行为之一,造成危害的,处五日以下拘留;情节较重的,处五日以上十五日以下拘留:

(一)违反国家规定,……对计算机信息系统实施非法控制的;

立案与管辖

(一)立案标准

非法控制计算机信息系统行为,即违反国家有关保护计算机安全和信息网络安全的规定,实施对计算机信息系统实施非法控制的行为。本行为应当造成一定危害后果才予立案。如果仅是未经允许,"擅自"进入计算机信息网络或使用计算机信息网络资源,则应视危害结果而定。本条所指的"国家规定",是指全国人民代表大会及其常务委员会制定的有关保护计算机安全和信息网络安全的法律和决定,国务院制定的行政法规、规定的行政措施、发布的决定和命令。

(二)管辖

针对或者利用网络实施的违法行为,可以由用于实施违法行为的网站服务器所在地、网络接入地以及网站建立者或者管理者所在地,被侵害的网络及其运营者所在地,违法过程中违法行为人、被侵害人使用的网络及其运营者所在地,被侵害人被侵害时所在地,以及被侵害人财产遭受损失地的公安机关管辖。实践中,公安机关通过被侵害人主动报案或在日常管理中主动发现相关违法行为后,对满足管辖条件的案件及时、有效行使管辖权。

证据收集

(一)证据规格

在一个完整的非法控制计算机信息系统行为的认定中,需要收集的基本证据规格如下:

1. 违法嫌疑人陈述与申辩。

(1)违法嫌疑人基本情况;(2)作案动机、目的;(3)被侵害计算机的基本特性,计算机来源、所有权情况,配置情况,联网端口信息资料,密码,购买、使用情况,有多少台相关的计算机系统受到侵害,发现被侵害的时间、地点,受损害信息的范围、程度;(4)控制对象是否明确,运用何种技术、软件、设配、网络实施的违法行为,相关的技术、软件、设配、网络的来源、特征;(5)其他能够证明计算机系统遭受控制的情况。

2. 被侵害人陈述、证人证言。

(1)违法嫌疑人计算机技术、设备、网络情况,被侵害计算机的基本情况、受损情况、发现的时间和地点,被非法控制的计算机系统的前后区别;(2)运用何种技术、软件、设备、网络实施的违法行为,相关的技术、软件、设配、网络的来源、特征。

3. 物证、书证。

作案工具实物和照片。

4. 视听资料。

收集为实施非法控制计算机信息系统行为而准备工具或实施违法行为的视听资料。

5. 现场勘验、检查笔录。

(1)扣押、收缴相关物品;(2)勘查双方计算机终端;(3)必要时,提取计算机终端的痕迹,做痕迹鉴定。

6. 鉴定意见。

查明计算机系统受侵害的原因,物证痕迹与当事人是否对应。

7. 违法嫌疑人购买作案工具地点的业主证言、辨认笔录。

8. 辨认笔录。

被侵害人、证人对违法嫌疑人的辨认。

9. 其他证据材料。

(1)证明违法嫌疑人身份的材料,如户籍证明、身份证、工作证、专业或技术等级证复印件等。有前科劣迹,应调取法院判决书、行政处罚决定书、释放证明书等有效法律文件。(2)抓获经过、出警经过、报案材料等。

(二)注意事项

对侵害对象属于计算机信息系统的识别。计算机信息系统,是指具备自动处理数据功能的系统,包括计算机、网络设备、通信设备、自动化控制设备等。根据《计算机信息系统安全保护条例》第 2 条的规定,计算机信息系统,是指由计算机及其相关的和配套的设备、设施(含网络)构成的,按照一定的应用目标和规则对信息进行采集、加工、存储、传输、检索等处理的人机系统。根据《最高人民法院、最高人民检察院关于办理危害计算机信息系统安全刑事案件应用法律若干问题的解释》第 11 条的规定,该解释所称"计算机信息系统"是指具备自动处理数据功能的系统,包括计算机、网络设备、通信设备、自动化控制设备等。上述规定可作为确定计算机系统的参考标准,如移动终端、手机 App、车载导航设备等均可能被认定为计算机信息系统。

需要注意,本行为侵入的计算机信息系统是国家事务、国防建设、尖端科学技术领域的计算机系统以外的计算机系统,如企业、社会团体等单位的不涉及尖端科学技术的计算机系统。如果涉及侵入国家事务、国防建设、尖端科学技术领域的计算机系统,应作为刑事案件立案管辖。根据《最高人民法院、最高人民检察院关于办理危害计算机信息系统安全刑事案件应用法律若干问题的解释》第 10 条,对于是否属于"国家事务、国防建设、尖端科学技术领域的计算机信息系统"难以确定的,应当委托省级以上负责计算机信息系统安全保护管理工作的部门检验。公安执法机关在办案过程中对是否属于国家计算机信息系统难以确定的,可以委托省级以上负责计算机信息系统安全保护管理工作的部门检验,并根据检验结论结合案件具体情况进行认定,存在涉及国家计算机信息系统的,应及时做好行刑衔接工作。

🛡 行为认定

(一)对非法控制计算机信息系统行为的认定

主要从以下四个方面进行认定:

1. 行为侵害的客体:计算机信息系统安全。该行为影响了计算机信息系统的正常运行,并造成一定危害后果,但尚未造成严重后果。

2.行为的客观方面:本行为在客观上表现为违反国家规定,对计算机信息系统实施非法控制等具体行为,此类行为由作为构成。违反国家规定是指违反国家有关保护计算机安全和数据安全的法律或行政法规,如《网络安全法》《数据安全法》《计算机信息系统安全保护条例》《计算机信息网络国际联网管理暂行规定》《互联网上网服务营业场所管理条例》《计算机信息网络国际联网安全保护管理办法》等。

非法控制计算机信息系统的行为,是指使用技术手段使计算机系统脱离所有权人的掌控,处于行为人的掌控之中,由行为人作出指令控制计算机系统的行为。例如,病毒软件就是通过使用户电脑,导致蓝屏、频繁重启以及系统硬盘数据文件被破坏等现象。此类病毒的某些变种可以通过局域网进行传播,进而感染局域网内所有计算机系统,最终导致企业局域网瘫痪,无法正常使用。需要注意,对非法控制的认定不要求违法行为人对他人计算机信息系统的全部控制,只要存在部分控制或实际控制,能够对他人的计算机信息系统发出指令即可。

3.行为的实施主体:行为的主体既可以是自然人,也可以是法人(单位)。

4.行为的主观方面:行为人主观上必须出于故意,即明知其行为违反国家规定,仍故意侵入计算机信息系统。过失不能构成此行为。

(二)与非法控制计算机信息系统罪的区分

非法控制计算机信息系统罪,是指违反国家规定,侵入国家事务、国防建设、尖端科学技术领域的计算机信息系统以外的计算机信息系统,或采取其他技术手段,对该计算机信息系统实施非法控制的行为。非法控制计算机信息系统行为与非法控制计算机信息系统罪在客观表现上均为违反国家规定,非法控制了计算机信息系统,行为在主观方面也均为故意,行为对象均为国家事务、国防建设、尖端科学技术领域之外的其他计算机信息系统。

其主要区别在于行为造成的后果不同。非法控制计算机信息系统行为要求造成危害后果才予以处罚。非法控制计算机信息系统罪则要求情节严重才构成犯罪,否则仅构成治安违法行为。根据《最高人民法院、最高人民检察院关于办理危害计算机信息系统安全刑事案件应用法律若干问题的解释》第1条,非法控制计算机信息系统的犯罪行为,下列情形应当认定为"情节严重":(1)获取支付结算、证券交易、期货交易等网络金融服务的身份认证信息10组以上的;(2)获取第1项以外的身份认证信息500组以上的;(3)非法控制计算机信息系统20台以上的;(4)违法所得5000元以上或者造成经济损失10000元以上的;(5)其他情节严重的情形。

处罚标准

在可处罚的条件上,2025年修订的《治安管理处罚法》增加"造成危害"的法定后果,即如果实施了相关行为但没有造成危害后果,则不予处罚。本行为分为"一般情形"和"情节较重"两种处罚档次。

表31 非法控制计算机信息系统行为处罚标准

处罚档次	处罚标准	裁量基准
一般情形	5日以下拘留	/
情节较重	5日以上15日以下拘留	①造成被控制系统单位的商业秘密、公民个人信息泄露、数据丢失等较大危害的
		②控制国家机关、涉密单位、防范恐怖袭击重点目标单位或者治安保卫重点单位的计算机信息系统,造成危害的
		③其他情节较重的情形

需要注意,公安执法机关在查处此类行为时需处理与《网络安全法》等特别法的关系,做好法律适用衔接。根据《网络安全法》第27条,任何个人和组织不得从事非法侵入他人网络、干扰他人网络正常功能、窃取网络数据等危害网络安全的活动。违反该条规定,从事危害网络安全活动,尚不构成犯罪的,根据《网络安全法》第63条第1款,由公安机关没收违法所得,除处5日以下拘留外,还可以并处5万元以上50万元以下罚款;情节较重的,处5日以上15日以下拘留,可以并处10万元以上100万元以下罚款。

如果单位实施此类行为,除对其直接负责的主管人员和其他直接责任人员进行规定处罚外;对单位,依照其他法律、行政法规的规定予以处罚。根据《网络安全法》第63条第2款规定,单位实施本行为的,由公安机关没收违法所得,处10万元以上100万元以下罚款,并对直接负责的主管人员和其他直接责任人员依照第63条第1款的规定处罚。此外,根据该法第63条第3款,从事危害网络安全行为受到治安管理处罚的人员,5年内不得从事网络安全管理和网络运营关键岗位的工作。相较于《计算机信息网络国际联网安全保护管理办法》第20条规定,《网络安全法》规定的处罚幅度更大,实践中公安机关执法时应根据《网络安全法》的规定予以处罚。

案例及解析

【基本案情】 计算机专业的学生张某在互联网上偶然发现一个存在安全防护漏洞的网站后台,且该网站内储存有大量视频网站、音乐App、外卖平台会员兑换码。张某设计了木马程序并将其植入该网站后台进行控制,获取目标网站后台浏览、增加、删除、发送、修改等操作权限,将各大平台的会员兑换码发送到自己手机账号绑定的平台上,成功免费兑换了各大平台的会员,为自己节省了100多元的会员费。

本案中对张某的行为应该如何定性?

【解析】 本案查处的核心在于非法控制计算机信息系统行为与非法控制计算机信息系统罪的区别。两者的主要区别在于行为的结果不同,前者要求造成危害后果,后者则要求情节严重才符合入罪标准。对于情节严重的认定,应根据《最高人民法院、最高人民检察院关于办理危害计算机信息系统安全刑事案件应用法律若干问题的解释》第1条的规定予以认定。本案中,张某非法通过向互联网后台植入木马程序的方式实现对后台会员兑换码发放对象的控制,属于非法控制计算机信息系统的行为,其违法行为的目的仅在于使自己收到更多的会员兑换码,造成该网站平台的经济损失,但违法数额较小且尚未导致其他严重危害后果,尚未达到刑事案件的立案标准,应以非法控制计算机信息系统行为予以治安管理处罚。

关联法条

1.《刑法》(2023年修正)

第285条第2款 【非法获取计算机信息系统数据、非法控制计算机信息系统罪】违反国家规定,侵入前款规定以外的计算机信息系统或者采用其他技术手段,获取该计算机信息系统中存储、处理或者传输的数据,或者对该计算机信息系统实施非法控制,情节严重的,处三年以下有期徒刑或者拘役,并处或者单处罚金;情节特别严重的,处三年以上七年以下有期徒刑,并处罚金。

2.《最高人民法院、最高人民检察院关于办理危害计算机信息系统安全刑事案件应用法律若干问题的解释》(法释〔2011〕19号)

第1条 非法获取计算机信息系统数据或者非法控制计算机信息系统,具有下列情形之一的,应当认定为刑法第二百八十五条第二款规定的"情节严重":

(一)获取支付结算、证券交易、期货交易等网络金融服务的身份认证信息十组以上的;

(二)获取第(一)项以外的身份认证信息五百组以上的;

(三)非法控制计算机信息系统二十台以上的;

(四)违法所得五千元以上或者造成经济损失一万元以上的;

(五)其他情节严重的情形。

实施前款规定行为,具有下列情形之一的,应当认定为刑法第二百八十五条第二款规定的"情节特别严重":

(一)数量或者数额达到前款第(一)项至第(四)项规定标准五倍以上的;

(二)其他情节特别严重的情形。

明知是他人非法控制的计算机信息系统,而对该计算机信息系统的控制权加以利用的,依照前两款的规定定罪处罚。

第10条 对于是否属于刑法第二百八十五条、第二百八十六条规定的"国家事务、国防建设、尖端科学技术领域的计算机信息系统"、"专门用于侵入、非法控制计算机信息系统的程序、工具"、"计算机病毒等破坏性程序"难以确定的,应当委托省级以上负责计算机信息系统安全保护管理工作的部门检验。司法机关根据检验结论,并结合案件具体情况认定。

3.《网络安全法》(2016年)

第27条 任何个人和组织不得从事非法侵入他人网络、干扰他人网络正常功能、窃取网络数据等危害网络安全的活动;不得提供专门用于从事侵入网络、干扰网络正常功能及防护措施、窃取网络数据等危害网络安全活动的程序、工具;明知他人从事危害网络安全的活动的,不得为其提供技术支持、广告推广、支付结算等帮助。

第63条 违反本法第二十七条规定,从事危害网络安全的活动,或者提供专门用于从事危害网络安全活动的程序、工具,或者为他人从事危害网络安全的活动提供技术支持、广告推广、支付结算等帮助,尚不构成犯罪的,由公安机关没收违法所得,处五日以下拘留,可以并处五万元以上五十万元以下罚款;情节较重的,处五日以上十五日以下拘留,可以并处十万元以上一百万元以下罚款。

单位有前款行为的,由公安机关没收违法所得,处十万元以上一百万元以下罚款,并对直接负责的主管人员和其他直接责任人员依照前款规定处罚。

违反本法第二十七条规定,受到治安管理处罚的人员,五年内不得从事网络安全管理和网络运营关键岗位的工作;受到刑事处罚的人员,终身不得从事网络安全管理和网络运营关键岗位的工作。

4.《计算机信息系统安全保护条例》(2011年修订)

第7条 任何组织或者个人,不得利用计算机信息系统从事危害国家利益、集体利益和公民合法利益的活动,不得危害计算机信息系统的安全。

第20条 违反本条例的规定,有下列行为之一的,由公安机关处以警告或者停机整顿:

(一)违反计算机信息系统安全等级保护制度,危害计算机信息系统安全的;

(二)违反计算机信息系统国际联网备案制度的;

(三)不按照规定时间报告计算机信息系统中发生的案件的;

(四)接到公安机关要求改进安全状况的通知后,在限期内拒不改进的;

(五)有危害计算机信息系统安全的其他行为的。

第24条 违反本条例的规定,构成违反治安管理行为的,依照《中华人民共和国治安管理处罚法》的有关规定处罚;构成犯罪的,依法追究刑事责任。

5.《计算机信息网络国际联网安全保护管理办法》(2011年修订)

第6条 任何单位和个人不得从事下列危害计算机信息网络安全的活动:

(一)未经允许,进入计算机信息网络或者使用计算机信息网络资源的;

(二)未经允许,对计算机信息网络功能进行删除、修改或者增加的;

(三)未经允许,对计算机信息网络中存储、处理或者传输的数据和应用程序进行删除、修改或者增加的;

(四)故意制作、传播计算机病毒等破坏性程序的;

(五)其他危害计算机信息网络安全的。

第20条 违反法律、行政法规,有本办法第五条、第六条所列行为之一的,由公安机关给予警告,有违法所得的,没收违法所得,对个人可以并处5000元以下的罚款,对单位可以并处1.5万元以下的罚款;情节严重的,并可以给予6个月以内停止联网、停机整顿的处罚,必要时可以建议原发证、审批机构吊销经营许可证或者取消联网资格;构成违反治安管理行为的,依照治安管理处罚法的规定处罚;构成犯罪的,依法追究刑事责任。

37. 非法改变计算机信息系统功能

现行规定

《治安管理处罚法》

第33条第2项 有下列行为之一,造成危害的,处五日以下拘留;情节较重的,处五日以上十五日以下拘留:

(二)违反国家规定,对计算机信息系统功能进行删除、修改、增加、干扰的;

立案与管辖

(一)立案标准

违反国家有关保护计算机信息系统安全的规定,对计算机信息系统功能进行删除、修改、增加、干扰,造成计算机信息系统不能正常运行的行为,造成一定危害后果即达到立案标准。本条所指的"国家规定"是指全国人民代表大会及其常务委员会制定的有关保护计算机信息系统安全的法律和决定,国务院制定的行政法规、规定的行政措施、发布的决定和命令。

(二)管辖

针对或者利用网络实施的违法行为,可以由用于实施违法行为的网站服务器所在地、网络接入地以及网站建立者或者管理者所在地,被侵害的网络及其运营者所在地,违法过程中违法行为人、被侵害人使用的网络及其运营者所在地,被侵害人被侵害时所在地,以及被侵害人财产遭受损失地的公安机关管辖。实践中,公安机关通过被侵害人主动报案或在日常管理中主动发现相关违法行为,对满足管辖条件的案件及时、有效行使管辖权。

证据收集

(一)证据规格

在一个完整的非法改变计算机信息系统功能行为的认定中,需要收集的基本证据规格如下:

1. 违法嫌疑人陈述与申辩。

(1)违法嫌疑人基本情况;(2)作案动机、目的;(3)被侵害计算机的基本特性,计算机来源、所有权情况,配置情况,联网端口信息资料,密码,购买、使用情况,有多少台相关的计算机系统受到侵害,发现被侵害的时间、地点,受损害信息的范围、程度;(4)改变对象是否明确,运用何种技术、软件、设备、网络实施的违法行为,相关的技术、软件、设备、网络的来源、特征;(5)其他能够证明计算机系统功能遭受改变的情况。

2. 被侵害人陈述、证人证言。

(1)违法嫌疑人计算机技术、设备、网络情况,被删除、修改、增加、干扰计算机功能的基本情况、受损情况、发现的时间和地点,被改变的计算机系统功能的前后区别;(2)运用何种技术、软件、设备、网络实施的违法行为,相关的技术、软件、设备、网络的来源、特征。

3. 物证、书证。

作案工具实物和照片。

4. 视听资料。

收集为实施非法改变计算机信息系统功能行为而准备工具或实施违法行为的视听资料。

5. 现场勘验、检查笔录。

(1)扣押、收缴相关物品;(2)勘查双方计算机终端;(3)必要时,提取计算机终端的痕迹,做痕迹鉴定。

6. 鉴定意见。

查明计算机系统受侵害的原因,物证痕迹与当事人是否对应。

7. 违法嫌疑人购买作案工具地点的业主证言、辨认笔录。

8. 辨认笔录。

被侵害人、证人对违法嫌疑人的辨认。

9. 其他证据材料。

(1)证明违法嫌疑人身份的材料,如户籍证明、身份证、工作证、专业或技术等级证复印件等。有前科劣迹,应调取法院判决书、行政处罚决定书、释放证明书等有效法律文件。(2)抓获经过、处警经过、报案材料等。

(二)注意事项[①]

对于违反国家规定,对计算机信息系统功能进行删除、修改、增加、干扰,造成危害后果的,需要证明行为人对被侵害人的计算机信息系统功能实施了删除、修改、增加、干扰的行为,并造成了被侵害人的计算机信息系统不能正常运行。重点审查以下证据:

1. 行为人实施删除、修改、增加、干扰行为的证据。行为人的操作日志,包括其实施行为的 IP 地址、网络活动记录。

2. 被侵害人计算机信息系统不能正常运行的证据。被侵害人被删除、修改、增加、干扰的计算机信息系统的基本情况,包括被侵害人公司的营业执照,被侵害的服务器、IP 地址、域名等,以及被删除、修改、增加、干扰造成不能正常运行的情况:被侵害的网络日志,被攻击过的服务器 IP 地址,攻击记录,攻击造成的后果情况(服务器不能正常运行或者用户量急剧减少)等,被侵害人的情况说明。

行为认定

(一)对非法改变计算机信息系统功能行为的认定

主要从以下四个方面进行认定:

1. 行为侵害的客体:计算机信息系统的安全。该行为影响了计算机信息系统的正常运行

[①] 参见张建忠主编:《妨害社会管理秩序犯罪办案指引》,中国检察出版社2022年版,第90-106页。

或者造成其不能正常运行，造成一定危害后果，但尚未造成严重后果。

2. 行为的客观方面：违反国家规定，对计算机信息系统功能进行删除、修改、增加、干扰，造成计算机信息系统不能正常运行的行为，可称为破坏计算机信息系统功能的行为。通常表现为违反计算机信息系统安全保护、计算机软件保护法规等国家规定，对计算机中按照一定的应用目的和规则进行采集、加工、储存、传输、检索信息的功用和能力予以删除、修改、增加、干扰，使计算机信息系统失去正常功能，不能运行或者不能按照原来设计的要求运行。

违反国家规定，是指违反国家有关保护计算机安全的规定，主要是指《计算机信息系统安全保护条例》。删除，是指将原有的计算机信息系统功能去掉，使之不能正常运转。修改，是指对原有的计算机信息系统功能进行改动，使之不能正常运转。增加，是指在原有的计算机信息系统里增加某种功能，致使原有的功能受到影响或者遭到破坏，无法正常运转。干扰，是指用删除、修改、增加以外的其他方法，破坏计算机信息系统功能，使之不能正常运转。

3. 行为的实施主体：行为的主体既可以是自然人，也可以是法人。

4. 行为的主观方面：行为人主观上必须出于故意，即明知自己的行为违反国家规定，将使计算机信息系统不能正常运行或者影响其正常运行，仍希望或放任这种破坏结果的发生。过失不能构成此行为。

（二）与破坏计算机信息系统罪的区别

破坏计算机信息系统罪，是指违反国家规定，对计算机信息系统功能进行删除、修改、增加、干扰，造成计算机信息系统不能正常运行，后果严重的；违反国家规定，对计算机信息系统中存储、处理或者传输的数据和应用程序进行删除、修改、增加的操作，后果严重的；故意制作、传播计算机病毒等破坏性程序，影响计算机系统正常运行，后果严重的。

非法改变计算机信息系统功能（《治安管理处罚法》第33条第2项）、非法改变计算机信息系统数据和应用程序（《治安管理处罚法》第33条第3项）以及故意制作、传播计算机破坏性程序的行为（《治安管理处罚法》第33条第4项）均属于破坏计算机信息系统的行为。破坏计算机信息系统行为与破坏计算机信息系统罪在客观表现、主观故意方面均相同，二者的区别仅在于行为导致的后果是否严重：造成严重后果的，构成犯罪行为；造成一定危害后果但尚未造成严重后果的，构成违反治安管理的行为。后果严重一般是指国家重要计算机信息系统功能受到破坏，或给国家、集体和个人造成重大经济损失，或造成恶劣影响等。

（三）与非法侵入计算机信息系统行为的区别

如果非法侵入计算机信息系统后，又对计算机信息系统功能进行删除、修改、增加、干扰，造成计算机信息系统不能正常运行，以及非法侵入计算机信息系统后，又故意制作、传播计算机病毒等破坏性程序，影响计算机信息系统正常运行，由于两行为之间有吸收关系，即后行为吸收非法侵入的行为，因而，应认定为破坏计算机信息系统行为。

（四）对非法侵入计算机信息系统后又改变计算机信息系统功能行为的认定

行为人违反国家规定，侵入计算机信息系统后，又对计算机信息系统功能进行删除、修改、增加、干扰,造成计算机信息系统不能正常运行的行为,可以认定为非法改变计算机信息系统功能行为。

(五)对未经允许改变计算机信息系统功能,尚未构成违反治安管理行为的处罚

《计算机信息网络国际联网安全保护管理办法》第6条第2项规定,任何单位和个人未经允许不得对计算机信息网络功能进行删除、修改或者增加。实施上述行为的,根据该办法第20条的规定,由公安机关给予警告,有违法所得的,没收违法所得,对个人可以并处5000元以下的罚款,对单位可以并处1.5万元以下的罚款;情节严重的,并可以给予6个月以内停止联网、停机整顿的处罚,必要时可以建议原发证、审批机构吊销经营许可证或者取消联网资格;构成违反治安管理行为的,依照治安管理处罚法的规定处罚;构成犯罪的,依法追究刑事责任。

处罚标准

在可处罚的条件上,2025年修订的《治安管理处罚法》增加"造成危害"的法定后果,即实施了相关行为但没有造成危害后果的,则不予处罚。本行为设置一般情形和情节较重两个层次的处罚。

表32 非法改变计算机信息系统功能行为处罚标准

处罚档次	处罚标准	裁量基准
一般情形	5日以下拘留	/
情节较重	5日以上15日以下拘留	①违法所得或者造成经济损失达到有关司法解释认定构成《刑法》第286条第1款规定的"后果严重"标准的50%以上的① ②破坏计算机信息系统功能,造成计算机信息系统主要软件或者硬件功能不能恢复的 ③虽未达到前两项规定之一的情形,但多次对计算机信息系统功能进行删除、修改、增加、干扰的 ④其他情节较重的情形

需要注意,公安执法机关在查处此类行为时需处理与《网络安全法》等特别法的关系,做好法律适用衔接。根据《网络安全法》第27条的规定,任何个人和组织不得从事非法侵入他人网络、干扰他人网络正常功能、窃取网络数据等危害网络安全的活动。违反该条规定,从事

---

① 《最高人民法院、最高人民检察院关于办理危害计算机信息系统安全刑事案件应用法律若干问题的解释》第4条规定:"破坏计算机信息系统功能、数据或者应用程序,具有下列情形之一的,应当认定为刑法第二百八十六条第一款和第二款规定的'后果严重':(一)造成十台以上计算机信息系统的主要软件或者硬件不能正常运行的;(二)对二十台以上计算机信息系统中存储、处理或者传输的数据进行删除、修改、增加操作的;(三)违法所得五千元以上或者造成经济损失一万元以上的;(四)造成为一百台以上计算机信息系统提供域名解析、身份认证、计费等基础服务或者为一万以上用户提供服务的计算机信息系统不能正常运行累计一小时以上的;(五)造成其他严重后果的。"

危害网络安全活动,尚不构成犯罪的,根据《网络安全法》第 63 条第 1 款,由公安机关没收违法所得,除处 5 日以下拘留外,还可以并处 5 万元以上 50 万元以下罚款;情节较重的,处 5 日以上 15 日以下拘留,可以并处 10 万元以上 100 万元以下罚款。

如果单位实施此类行为,除对其直接负责的主管人员和其他直接责任人员进行处罚外;对单位,依照其他法律、行政法规的规定予以处罚。根据《网络安全法》第 63 条第 2 款规定,单位实施本行为的,由公安机关没收违法所得,处 10 万元以上 100 万元以下罚款,并对直接负责的主管人员和其他直接责任人员依照《网络安全法》第 63 条第 1 款的规定处罚。此外,根据该法第 63 条第 3 款,从事危害网络安全行为受到治安管理处罚的人员,5 年内不得从事网络安全管理和网络运营关键岗位的工作。相较于《计算机信息网络国际联网安全保护管理办法》第 20 条规定,《网络安全法》规定的处罚幅度更大,实践中公安机关执法时应根据《网络安全法》的规定予以处罚。

案例及解析

【基本案情】李某在淘宝网上通过购买非法解禁证书破解其大疆无人机限高限飞禁区程序,并使用破解的无人机超限飞行。公安机关以涉嫌非法改变计算机信息系统功能为由对李某作出行政处罚决定。李某不服决定,向法院起诉,主张本案中非法修改计算机信息功能的行为系由淘宝店家的服务方提供,并非李某实施。李某在与淘宝店家沟通时,店家多次表明该行为系"官方解禁""证书解禁",李某对其违法行为没有主观过错,且未造成危害后果。[1]

对李某的主张应如何认定?

【解析】本案中,李某明知破解无人机禁飞限制属于违法行为,仍主动向不具备资质的商家购买破解服务,存在改变计算机信息系统功能的主观故意。其使用破解后的无人机进行超限飞行不仅破坏了无人机管理秩序,还对社会公共安全造成威胁。因其行为尚未造成严重后果,故可以非法改变计算机信息系统功能的违反治安管理的行为对李某予以处罚。针对本案李某的抗辩理由,分析如下:

1.针对违法行为"未造成危害后果"的主张。无人机限高有其合理性:一方面是为了保障飞行安全,避免无人机飞行过高与其他飞行器相撞,引发事故;另一方面是为了保护公民隐私,防止搭载摄像头的无人机拍摄、监视他人隐私生活。此外,无人机飞行超高可能会干扰城市无线电通信、雷达等设备的正常使用。因此,擅自强行解除无人机限高程序将对个人隐私、公共安全和利益造成侵害,涉嫌违法犯罪。

2.针对行为人"没有主观过错"的主张。李某知晓大疆无人机解禁需要官网下载申请表,找相关机关单位盖章后,网上递交申请,等待批复后导入电子证书。但是该淘宝店铺并未公示其具有"官方解禁""证书解禁"的权限证明,李某也没有向该淘宝店家索要相关资质证明。此外,李某通过该淘宝店家购买的是相关原厂配件寄修维修的商品,但实际上,李某是根据淘

---

[1] 改编自山东省临沂市中级人民法院行政判决书,(2023)鲁 13 行终 411 号。

宝店家要求,下载有关软件,由淘宝店家远程操控实施无人机解禁服务,可见其不具备主观过错的主张不能成立。

> **关联法条**

1.《刑法》(2023年修正)

第286条 【破坏计算机信息系统罪】违反国家规定,对计算机信息系统功能进行删除、修改、增加、干扰,造成计算机信息系统不能正常运行,后果严重的,处五年以下有期徒刑或者拘役;后果特别严重的,处五年以上有期徒刑。

2.《网络安全法》(2016年)

第27条 任何个人和组织不得从事非法侵入他人网络、干扰他人网络正常功能、窃取网络数据等危害网络安全的活动;不得提供专门用于从事侵入网络、干扰网络正常功能及防护措施、窃取网络数据等危害网络安全活动的程序、工具;明知他人从事危害网络安全的活动的,不得为其提供技术支持、广告推广、支付结算等帮助。

第63条 违反本法第二十七条规定,从事危害网络安全的活动,或者提供专门用于从事危害网络安全活动的程序、工具,或者为他人从事危害网络安全的活动提供技术支持、广告推广、支付结算等帮助,尚不构成犯罪的,由公安机关没收违法所得,处五日以下拘留,可以并处五万元以上五十万元以下罚款;情节较重的,处五日以上十五日以下拘留,可以并处十万元以上一百万元以下罚款。

单位有前款行为的,由公安机关没收违法所得,处十万元以上一百万元以下罚款,并对直接负责的主管人员和其他直接责任人员依照前款规定处罚。

违反本法第二十七条规定,受到治安管理处罚的人员,五年内不得从事网络安全管理和网络运营关键岗位的工作;受到刑事处罚的人员,终身不得从事网络安全管理和网络运营关键岗位的工作。

38. 非法改变计算机信息系统数据和应用程序

> **现行规定**

《治安管理处罚法》

第33条第3项 有下列行为之一,造成危害的,处五日以下拘留;情节较重的,处五日以上十五日以下拘留:

(三)违反国家规定,对计算机信息系统中存储、处理、传输的数据和应用程序进行删除、修改、增加的;

> **立案与管辖**

(一)立案标准

违反国家有关保护计算机信息系统和数据安全的规定,对计算机信息系统中存储、处理、传输的数据和应用程序进行删除、修改、增加的行为,造成一定危害后果即达到立案标准。本条所指的"国家规定"是指全国人民代表大会及其常务委员会制定的有关保护计算机信息系统和数据安全的法律和决定,国务院制定的行政法规、规定的行政措施、发布的决定和命令。

(二)管辖

针对或者利用网络实施的违法行为,可以由用于实施违法行为的网站服务器所在地、网络接入地以及网站建立者或者管理者所在地,被侵害的网络及其运营者所在地,违法过程中违法行为人、被侵害人使用的网络及其运营者所在地,被侵害人被侵害时所在地,以及被侵害人财产遭受损失地的公安机关管辖。实践中,公安机关通过被侵害人主动报案或在日常管理中主动发现相关违法行为,对满足管辖条件的案件及时、有效行使管辖权。

证据收集

(一)证据规格

在一个完整的非法改变计算机信息系统数据和应用程序行为的认定中,需要收集的基本证据规格如下:

1. 违法嫌疑人陈述与申辩。

(1)违法嫌疑人基本情况;(2)作案动机、目的;(3)被侵害计算机的基本特性,计算机来源、所有权情况,配置情况,联网端口信息资料,密码,购买、使用情况,有多少台相关的计算机系统受到侵害,发现被侵害的时间、地点,受损害信息的范围、程度;(4)改变对象是否明确,运用何种技术、软件、设备、网络实施的违法行为,相关的技术、软件、设备、网络的来源、特征;(5)其他能够证明计算机系统数据和应用程序遭受改变的情况。

2. 被侵害人陈述、证人证言。

(1)违法嫌疑人计算机技术、设备、网络情况,被删除、修改、增加、干扰计算机功能的基本情况、受损情况、发现的时间和地点,被改变的计算机信息系统数据和应用程序的前后区别;(2)运用何种技术、软件、设备、网络实施的违法行为,相关的技术、软件、设备、网络的来源、特征。

3. 物证、书证。

作案工具实物和照片。

4. 视听资料。

收集为实施非法改变的计算机信息系统数据和应用程序行为而准备工具或实施违法行为的视听资料。

5. 现场勘验、检查笔录。

(1)扣押、收缴相关物品;(2)勘查双方计算机终端;(3)必要时,提取计算机终端的痕迹,做痕迹鉴定。

6. 鉴定意见。

查明计算机系统受侵害的原因,物证痕迹与当事人是否对应。

7. 违法嫌疑人购买作案工具地点的业主证言、辨认笔录。

8. 辨认笔录。

被侵害人、证人对违法嫌疑人的辨认。

9. 其他证据材料。

(1)证明违法嫌疑人身份的材料,如户籍证明、身份证、工作证、专业或技术等级证复印件等。有前科劣迹,应调取法院判决书、行政处罚决定书、释放证明书等有效法律文件。(2)抓获经过、处警经过、报案材料等。

(二)注意事项[①]

对于违反国家规定,对计算机信息系统中存储、处理、传输的数据和应用程序进行删除、修改、增加的操作,重点审查以下证据:行为人删除、修改、增加数据和应用程序的日志情况;如果使用软件程序,软件程序的鉴定报告;对行为人实施犯罪行为的计算机和被害人的被侵害的计算机信息系统进行勘验的勘验笔录;被侵害人的情况说明、聊天记录等。

行为认定

(一)对非法改变计算机信息系统数据和应用程序行为的认定

主要从以下四个方面进行认定:

1. 行为侵害的客体:计算机信息系统的安全。该行为影响了计算机信息系统的正常运行,或导致其不能正常运行,并造成一定危害后果,但尚未造成严重后果。

2. 行为的客观方面:违反国家规定,对计算机信息系统中存储、处理、传输的数据和应用程序进行删除、修改、增加的行为,可称为破坏计算机信息系统数据和应用程序的行为。通常表现为违反国家规定,对计算机信息系统中实际处理的一切有意义的文字、符号、声音、图像等内容的组合以及用户按计算机数据库授予的子模式的逻辑结构、书写方式进行数据操作运算的程序予以全部或部分删除、修改、增加。

违反国家规定,是指违反国家有关保护计算机安全的规定,主要是指《计算机信息系统安全保护条例》。删除,是指将计算机信息系统中存储、处理、传输的数据和应用程序全部或者一部分删除。修改,是指将计算机信息系统中存储、处理、传输的数据和应用程序进行改动。增加,是指在计算机信息系统中增加新的数据和应用程序。

3. 行为的实施主体:行为的主体既可以是自然人,也可以是法人(单位)。

4. 行为的主观方面:行为人主观上必须出于故意,即行为人明知自己的行为违反国家规定,将使计算机信息系统不能正常运行或者影响其正常运行,仍希望或放任这种破坏结果的发生。过失不能构成此行为。

(二)对非法侵入计算机信息系统后又实施非法改变计算机信息系统数据和应用程序行为的认定

行为人违反国家规定,侵入计算机信息系统后,又对计算机信息系统中存储、处理、传输

[①] 参见张建忠主编:《妨害社会管理秩序犯罪办案指引》,中国检察出版社2022年版,第90-106页。

的数据和应用程序进行删除、修改、增加,造成计算机信息系统不能正常运行的行为,可以认定为非法改变计算机信息系统数据和应用程序行为。但是,非法侵入计算机信息系统后,既对计算机信息系统功能进行改变,又对计算机信息系统中存储、处理、传输的数据和应用程序进行改变的,则应当以非法改变计算机信息系统功能和非法改变计算机信息系统数据和应用程序两个违法行为分别处罚,合并执行。

(三)对未经允许对计算机信息系统功能进行删除、修改或者增加,尚未构成违反治安管理行为的处罚

《计算机信息网络国际联网安全保护管理办法》第6条第3项规定,任何单位和个人未经允许不得对计算机信息网络中存储、处理或者传输的数据和应用程序进行删除、修改或者增加。实施上述行为的,根据该办法第20条的规定,由公安机关给予警告,有违法所得的,没收违法所得,对个人可以并处5000元以下的罚款,对单位可以并处1.5万元以下的罚款;情节严重的,并可以给予6个月以内停止联网、停机整顿的处罚,必要时可以建议原发证、审批机构吊销经营许可证或者取消联网资格;构成违反治安管理行为的,依照治安管理处罚法的规定处罚;构成犯罪的,依法追究刑事责任。

🛡 处罚标准

在可处罚的条件上,2025年修订的《治安管理处罚法》增加"造成危害"的法定后果,即实施了相关行为但没有造成危害后果的,则不予处罚。本行为设置一般情形和情节较重两个层次的处罚。

表33 非法改变计算机信息系统数据和应用程序行为处罚标准

处罚档次	处罚标准	裁量基准
一般情形	5日以下拘留	/
情节较重	5日以上15日以下拘留	①造成被非法获取数据的计算机信息系统所属单位的商业秘密、公民个人信息泄露、数据丢失等较大危害的
		②违法所得或者造成经济损失达到有关司法解释认定构成《刑法》第286条第2款规定的"后果严重"标准的50%以上的①
		③虽未达到前两项规定之一的情形,但多次对数据和应用程序进行删除、修改、增加的
		④其他情节较重的情形

---

① 《最高人民法院、最高人民检察院关于办理危害计算机信息系统安全刑事案件应用法律若干问题的解释》第4条规定:"破坏计算机信息系统功能、数据或者应用程序,具有下列情形之一的,应当认定为刑法第二百八十六条第一款和第二款规定的'后果严重':(一)造成十台以上计算机信息系统的主要软件或者硬件不能正常运行的;(二)对二十台以上计算机信息系统中存储、处理或者传输的数据进行删除、修改、增加操作的;(三)违法所得五千元以上或者造成经济损失一万元以上的;(四)造成为一百台以上计算机信息系统提供域名解析、身份认证、计费等基础服务或者为一万以上用户提供服务的计算机信息系统不能正常运行累计一小时以上的;(五)造成其他严重后果的。"

需要注意，公安执法机关在查处此类行为时需处理与《网络安全法》等特别法的关系，做好法律适用衔接。根据《网络安全法》第 27 条的规定，任何个人和组织不得从事非法侵入他人网络、干扰他人网络正常功能、窃取网络数据等危害网络安全的活动。违反该条规定，从事危害网络安全活动，尚不构成犯罪的，根据《网络安全法》第 63 条第 1 款，由公安机关没收违法所得，除处 5 日以下拘留外，还可以并处 5 万元以上 50 万元以下罚款；情节较重的，处 5 日以上 15 日以下拘留，可以并处 10 万元以上 100 万元以下罚款。

如果是单位实施此类行为，除对其直接负责的主管人员和其他直接责任人员进行处罚外；对单位，依照其他法律、行政法规的规定予以处罚。根据《网络安全法》第 63 条第 2 款的规定，单位实施本行为的，由公安机关没收违法所得，处 10 万元以上 100 万元以下罚款，并对直接负责的主管人员和其他直接责任人员依照《网络安全法》第 63 条第 1 款的规定处罚。此外，根据该法第 63 条第 3 款的规定，从事危害网络安全行为受到治安管理处罚的人员，5 年内不得从事网络安全管理和网络运营关键岗位的工作。相较于《计算机信息网络国际联网安全保护管理办法》第 20 条规定，《网络安全法》规定的处罚幅度更大，实践中公安机关执法时应根据《网络安全法》的规定予以处罚。

案例及解析

案例 1

【基本案情】向某委托他人改装其双桥汽车车载 GPS 终端数据，利用短信发送篡改指令的方式改变车载 GPS 终端实时速度数据，以期逃避运输管理部门的监测。

对于向某的行为应如何定性？

【解析】本案涉及非法改变计算机信息系统数据和应用程序行为的认定。本案中，向某主观上具有改变 GPS 系统终端数据以逃避监管的故意。其借助发送篡改指令的方式对事实数据进行修改的行为虽尚未造成严重后果，但破坏了公路交通管理秩序，对公路交通安全造成威胁，应认定为非法改变计算机信息系统数据和应用程序行为予以治安管理处罚。

案例 2

【基本案情】沈某在某游戏公司任职期间，利用其运营游戏的管理权限，未经授权擅自修改后台数据，为游戏玩家账户添加游戏币，并向玩家收取钱款。[①]

对沈某的行为应如何定性？

【解析】本案涉及非法改变计算机信息系统数据和应用程序与其他违法犯罪行为的区分。涉案游戏币具备财产的特征，属于财产犯罪中的财物。沈某利用其在任职游戏公司负责充值返利等职务上的便利，使用公司配发的管理账号登录游戏系统并违规向玩家账户添加游戏币，其行为构成职务侵占罪。由于沈某系利用本人职权登录游戏后台系统无须上级审批，其未对计算机系统实施侵入，也未采用其他技术手段拦截数据等，因此，沈某的行为不构成非法

[①] 改编自吴金水主编：《类案裁判方法精要》（第 3 辑），人民法院出版社 2024 年版，第 42 页。

改变计算机信息系统数据。

关联法条

1.《刑法》(2023 年修正)

第 286 条第 2 款 【破坏计算机信息系统罪】违反国家规定,对计算机信息系统中存储、处理或者传输的数据和应用程序进行删除、修改、增加的操作,后果严重的,依照前款的规定处罚。

2.《网络安全法》(2016 年)

第 27 条 任何个人和组织不得从事非法侵入他人网络、干扰他人网络正常功能、窃取网络数据等危害网络安全的活动;不得提供专门用于从事侵入网络、干扰网络正常功能及防护措施、窃取网络数据等危害网络安全活动的程序、工具;明知他人从事危害网络安全的活动的,不得为其提供技术支持、广告推广、支付结算等帮助。

第 63 条 违反本法第二十七条规定,从事危害网络安全的活动,或者提供专门用于从事危害网络安全活动的程序、工具,或者为他人从事危害网络安全的活动提供技术支持、广告推广、支付结算等帮助,尚不构成犯罪的,由公安机关没收违法所得,处五日以下拘留,可以并处五万元以上五十万元以下罚款;情节较重的,处五日以上十五日以下拘留,可以并处十万元以上一百万元以下罚款。

单位有前款行为的,由公安机关没收违法所得,处十万元以上一百万元以下罚款,并对直接负责的主管人员和其他直接责任人员依照前款规定处罚。

违反本法第二十七条规定,受到治安管理处罚的人员,五年内不得从事网络安全管理和网络运营关键岗位的工作;受到刑事处罚的人员,终身不得从事网络安全管理和网络运营关键岗位的工作。

39. 故意制作、传播计算机破坏性程序

现行规定

《治安管理处罚法》

第 33 条第 4 项 有下列行为之一,造成危害的,处五日以下拘留;情节较重的,处五日以上十五日以下拘留:

(四)故意制作、传播计算机病毒等破坏性程序的;

立案与管辖

(一)立案标准

故意制作、传播计算机病毒等破坏性程序,影响计算机信息系统正常运行,造成一定危害后果但尚不够刑罚处罚即达到立案标准。

(二)管辖

针对或者利用网络实施的违法行为,可以由用于实施违法行为的网站服务器所在地、网

络接入地以及网站建立者或者管理者所在地、被侵害的网络及其运营者所在地、违法过程中违法行为人、被侵害人使用的网络及其运营者所在地、被侵害人被侵害时所在地，以及被侵害人财产遭受损失地的公安机关管辖。实践中，公安机关通过被侵害人主动报案或在日常管理中主动发现相关违法行为，对满足管辖条件的案件及时、有效行使管辖权。

证据收集

(一)证据规格

在一个完整的故意制作、传播计算机破坏性程序行为的认定中，需要收集的基本证据规格如下：

1.违法嫌疑人陈述与申辩。

(1)违法嫌疑人基本情况；(2)作案动机、目的；(3)被侵害计算机的基本特性，计算机来源、所有权情况，配置情况，联网端口信息资料，密码，购买、使用情况，有多少台相关的计算机系统受到侵害，发现被侵害的时间、地点，受损害信息的范围、程度；(4)制作和传播的对象是否明确，运用何种技术、软件、设备、网络实施的违法行为，相关的技术、软件、设备、网络的来源、特征；(5)其他能够证明计算机系统遭受破坏的情况。

2.被侵害人陈述、证人证言。

(1)违法嫌疑人计算机技术、设备、网络情况，被破坏计算机功能的基本情况、受损情况、发现的时间和地点，被破坏的计算机信息系统的前后区别；(2)运用何种技术、软件、设备、网络实施的违法行为，相关的技术、软件、设备、网络的来源、特征。

3.物证、书证。

作案工具实物和照片。

4.视听资料。

收集为实施非法故意制作、传播计算机破坏性程序行为而准备工具或实施违法行为的视听资料。

5.现场勘验、检查笔录。

(1)扣押、收缴相关物品；(2)勘查双方计算机终端；(3)必要时，提取计算机终端的痕迹，做痕迹鉴定。

6.鉴定意见。

查明计算机系统受侵害的原因，物证痕迹与当事人是否对应。

7.违法嫌疑人购买作案工具地点的业主证言、辨认笔录。

8.辨认笔录。

被侵害人、证人对违法嫌疑人的辨认。

9.其他证据材料。

(1)证明违法嫌疑人身份的材料，如户籍证明、身份证、工作证、专业或技术等级证复印件等。有前科劣迹，应调取法院判决书、行政处罚决定书、释放证明书等有效法律文件。(2)抓获经过、处警经过、报案材料等。

（二）注意事项

对于故意制作、传播计算机病毒等破坏性程序,影响计算机系统正常运行的,重点审查以下证据:计算机病毒等破坏性程序的鉴定报告、被影响计算机信息系统的勘验笔录、被害人情况说明等。[①]

🛡 行为认定

（一）对故意制作、传播计算机破坏性程序行为的认定

主要从以下四个方面进行认定:

1. 行为侵害的客体:计算机信息系统的安全。该行为影响了计算机信息系统的正常运行,或导致其不能正常运行,并造成一定危害后果,但尚未造成严重后果。

2. 行为的客观方面:故意制作、传播计算机病毒等破坏性程序,影响计算机信息系统正常运行的行为,可称为故意制作、传播计算机病毒等破坏性程序行为。

故意制作、传播计算机病毒等破坏性程序通常表现为:故意输入计算机病毒,危害计算机信息系统安全;故意向他人提供含有计算机病毒的文件、软件、媒体;明知有计算机病毒而故意销售、出租、附赠含有计算机病毒的媒体等。

计算机病毒,是指破坏计算机功能,或者毁坏计算机信息系统内存储的数据,影响计算机使用,并可自我复制的一组计算机指令或程序代码。破坏性程序,是指隐藏在可执行程序中或者数据文件中,在计算机内部运行的一种干扰程序。制作计算机病毒,是指计算机操作者故意设计、制作一种具有破坏性的计算机指令或者代码。传播计算机病毒,是指将上述病毒以各种方式输入计算机,使计算机信息系统不能正常运行,或者将计算机中存储的数据变更、删除、毁损、分解,最终使计算机信息系统失灵或崩溃。本行为的后果较轻,尚不构成刑事处罚。

3. 行为的实施主体:行为的主体既可以是自然人,也可以是法人(单位)。

4. 行为的主观方面:行为人主观上必须出于故意,即明知自己的行为违反国家规定,将使计算机信息系统不能正常运行或者影响其正常运行,仍希望或放任这种破坏结果的发生。过失不能构成此行为。

（二）对非法侵入计算机信息系统后又故意制作、传播计算机病毒等破坏性程序行为的认定

非法侵入计算机信息系统后,又故意制作、传播计算机病毒等破坏性程序,影响计算机信息系统正常运行的,由于两行为之间有吸收关系,即后行为吸收非法侵入的行为,因而,应认定为破坏计算机信息系统行为。但是,如果非法侵入计算机信息系统后,既对计算机信息系统功能进行改变,又制作或传播计算机病毒等破坏性程序,则应当以非法改变计算机信息系

[①] 参见张建忠主编:《妨害社会管理秩序犯罪办案指引》,中国检察出版社2022年版,第90-106页。

统功能和故意制作、传播计算机破坏性程序两个违法行为分别处罚,合并执行。

(三)对未经允许故意制作、传播计算机破坏性程序,尚未构成违反治安管理行为的处罚

《计算机信息网络国际联网安全保护管理办法》第 6 条第 4 项规定,任何单位和个人未经允许不得故意制作、传播计算机病毒等破坏性程序。实施上述行为的,根据该办法第 20 条的规定,由公安机关给予警告,有违法所得的,没收违法所得,对个人可以并处 5000 元以下的罚款,对单位可以并处 1.5 万元以下的罚款;情节严重的,并可以给予 6 个月以内停止联网、停机整顿的处罚,必要时可以建议原发证、审批机构吊销经营许可证或者取消联网资格;构成违反治安管理行为的,依照治安管理处罚法的规定处罚;构成犯罪的,依法追究刑事责任。

🛡 处罚标准

在可处罚的条件上,2025 年修订的《治安管理处罚法》增加"造成危害"的法定后果,即实施了相关行为但没有造成危害后果的,则不予处罚。本行为设置一般情形和情节较重两个层次的处罚。

表 34　故意制作、传播计算机破坏性程序行为处罚标准

处罚档次	处罚标准	裁量基准
一般情形	5 日以下拘留	/
情节较重	5 日以上 15 日以下拘留	①故意制作、传播计算机病毒等破坏性程序,造成 5 台以上计算机信息系统受感染的 ②违法所得或者造成经济损失达到有关司法解释认定构成《刑法》第 286 条第 3 款规定的"后果严重"标准的 50% 以上的① ③虽未达到前两项规定之一的情形,但多次故意制作、传播计算机病毒的 ④其他情节较重的情形

需要注意,公安执法机关在查处此类行为时需处理与《网络安全法》等特别法的关系,做好法律适用衔接。根据《网络安全法》第 27 条,任何个人和组织不得从事非法侵入他人网络、干扰他人网络正常功能、窃取网络数据等危害网络安全的活动。违反该条规定,从事危害网络安全活动,尚不构成犯罪的,根据《网络安全法》第 63 条第 1 款,由公安机关没收违法所得,除处 5 日以下拘留外,还可以并处 5 万元以上 50 万元以下罚款;情节较重的,处 5 日以上 15

---

① 《最高人民法院、最高人民检察院关于办理危害计算机信息系统安全刑事案件应用法律若干问题的解释》第 6 条规定:"故意制作、传播计算机病毒等破坏性程序,影响计算机系统正常运行,具有下列情形之一的,应当认定为刑法第二百八十六条第三款规定的'后果严重':(一)制作、提供、传输第五条第(一)项规定的程序,导致该程序通过网络、存储介质、文件等媒介传播的;(二)造成二十台以上计算机系统被植入第五条第(二)、(三)项规定的程序的;(三)提供计算机病毒等破坏性程序十人次以上的;(四)违法所得五千元以上或者造成经济损失一万元以上的;(五)造成其他严重后果的。"

日以下拘留,可以并处 10 万元以上 100 万元以下罚款。

如果是单位实施此类行为,除对其直接负责的主管人员和其他直接责任人员进行规定处罚外;对单位,依照其他法律、行政法规的规定予以处罚。根据《网络安全法》第 63 条第 2 款的规定,单位实施本行为的,由公安机关没收违法所得,处 10 万元以上 100 万元以下罚款,并对直接负责的主管人员和其他直接责任人员依照《网络安全法》第 63 条第 1 款的规定处罚。此外,根据该法第 63 条第 3 款,从事危害网络安全行为受到治安管理处罚的人员,5 年内不得从事网络安全管理和网络运营关键岗位的工作。相较于《计算机信息网络国际联网安全保护管理办法》第 20 条规定,《网络安全法》规定的处罚幅度更大,实践中公安机关执法时应根据《网络安全法》的规定予以处罚。

案例及解析

案例 1

【基本案情】许某利用其个人网站发布其编写的 exe 后缀的程序供下载,该程序能将被感染的计算机的资料隐藏,使计算机系统不能正常运行。经国家计算机病毒应急处理中心认定,该程序为计算机病毒。根据该中心统计,截至发案前,共接到来自全国各地的该病毒及其变种感染报告 10 例。许某在其上传到网上的程序中设置了"硬盘资料丢失了,必须修复丢失资料,则需汇款 100 元至指定银行账户,以获得正版软件序列号"的警示语,向被感染的计算机用户勒索款项,获取非法所得共 2658 元。[①]

对许某的行为应如何认定?

【解析】本案涉及故意制作、传播计算机破坏性程序行为的认定及其与破坏计算机信息系统罪的区分。本案中,许某具有传播计算机病毒,违法获取利益的主观故意,其制作并传播的病毒程序在下载后会对计算机造成破坏,既危害计算机安全,又给受害者造成经济损失等危害后果。对于该行为是否构成《刑法》第 286 条第 3 款规定的犯罪,应看该行为是否造成严重后果。根据《最高人民法院、最高人民检察院关于办理危害计算机信息系统安全刑事案件应用法律若干问题的解释》第 6 条第 1 款的规定,故意制作、传播计算机病毒等破坏性程序,影响计算机系统正常运行,造成严重后果的情形包括:(1)制作、提供、传输第 5 条第 1 项规定的程序,导致该程序通过网络、存储介质、文件等媒介传播的;(2)造成 20 台以上计算机系统被植入第 5 条第 2、3 项规定的程序的;(3)提供计算机病毒等破坏性程序 10 人次以上的;(4)违法所得 5000 元以上或者造成经济损失 10000 元以上的;(5)造成其他严重后果的。由于许某的破坏性程序的传播范围及其违法所得尚未达到刑事案件立案标准,故可以故意制作、传播计算机破坏性程序行为予以治安管理处罚。

案例 2

【基本案情】张某为赚取广告费用,对存在防护漏洞的目标服务器进行检索、筛查后植入

---

① 改编自广东省广州市中级人民法院刑事判决书,(2007)穗中法刑一终字第 310 号。

木马程序予以控制,获取操作权限后添加赌博网站关键字并设置自动跳转,以提高赌博网站广告被搜索引擎命中的概率。①

对张某的行为应如何认定?

【解析】本案涉及故意制作、传播计算机破坏性程序行为与非法控制计算机信息系统行为的区别。张某通过对目标服务器植入木马程序予以控制,后修改、增加计算机信息系统功能性数据以实现对目标网站的非法控制,进而上传赌博网页链接,其行为虽然会影响受害网站,但并不会造成其不能正常运行,故不属于破坏计算机信息系统的相关行为,应认定为非法控制计算机信息系统的行为。

关联法条

1.《刑法》(2023年修正)

第286条第3款 【破坏计算机信息系统罪】故意制作、传播计算机病毒等破坏性程序,影响计算机系统正常运行,后果严重的,依照第一款的规定处罚。

2.《最高人民法院、最高人民检察院关于办理危害计算机信息系统安全刑事案件应用法律若干问题的解释》(法释〔2011〕19号)

第5条 具有下列情形之一的程序,应当认定为刑法第二百八十六条第三款规定的"计算机病毒等破坏性程序":

(一)能够通过网络、存储介质、文件等媒介,将自身的部分、全部或者变种进行复制、传播,并破坏计算机系统功能、数据或者应用程序的;

(二)能够在预先设定条件下自动触发,并破坏计算机系统功能、数据或者应用程序的;

(三)其他专门设计用于破坏计算机系统功能、数据或者应用程序的程序。

3.《网络安全法》(2016年)

第27条 任何个人和组织不得从事非法侵入他人网络、干扰他人网络正常功能、窃取网络数据等危害网络安全的活动;不得提供专门用于从事侵入网络、干扰网络正常功能及防护措施、窃取网络数据等危害网络安全活动的程序、工具;明知他人从事危害网络安全的活动的,不得为其提供技术支持、广告推广、支付结算等帮助。

第63条 违反本法第二十七条规定,从事危害网络安全的活动,或者提供专门用于从事危害网络安全活动的程序、工具,或者为他人从事危害网络安全的活动提供技术支持、广告推广、支付结算等帮助,尚不构成犯罪的,由公安机关没收违法所得,处五日以下拘留,可以并处五万元以上五十万元以下罚款;情节较重的,处五日以上十五日以下拘留,可以并处十万元以上一百万元以下罚款。

单位有前款行为的,由公安机关没收违法所得,处十万元以上一百万元以下罚款,并对直接负责的主管人员和其他直接责任人员依照前款规定处罚。

违反本法第二十七条规定,受到治安管理处罚的人员,五年内不得从事网络安全管理和网络运营关键岗位的工作;受到刑事处罚的人员,终身不得从事网络安全管理和网络运营关键岗位的工作。

---

① 改编自吴金水主编:《类案裁判方法精要》(第3辑),人民法院出版社2024年版,第42页。

4.《计算机信息系统安全保护条例》(2011 年修订)

第 23 条　故意输入计算机病毒以及其他有害数据危害计算机信息系统安全的,或者未经许可出售计算机信息系统安全专用产品的,由公安机关处以警告或者对个人处以 5000 元以下的罚款、对单位处以 1.5 万元以下的罚款;有违法所得的,除予以没收外,可以处以违法所得 1 至 3 倍的罚款。

第 24 条　违反本条例的规定,构成违反治安管理行为的,依照《中华人民共和国治安管理处罚法》的有关规定处罚;构成犯罪的,依法追究刑事责任。

5.《计算机病毒防治管理办法》(2000 年)

第 6 条　任何单位和个人不得有下列传播计算机病毒的行为:

(一)故意输入计算机病毒,危害计算机信息系统安全;

(二)向他人提供含有计算机病毒的文件、软件、媒体;

(三)销售、出租、附赠含有计算机病毒的媒体;

(四)其他传播计算机病毒的行为。

40. 提供侵入、非法控制计算机信息系统程序、工具

现行规定

《治安管理处罚法》

第 33 条第 5 项　有下列行为之一,造成危害的,处五日以下拘留;情节较重的,处五日以上十五日以下拘留:

(五)提供专门用于侵入、非法控制计算机信息系统的程序、工具,或者明知他人实施侵入、非法控制计算机信息系统的违法犯罪行为而为其提供程序、工具的。

立案与管辖

(一)立案标准

本行为调整的是侵入、非法控制计算机信息系统行为的帮助行为。行为人提供专门用于侵入、非法控制计算机信息系统的程序、工具,或者明知他人实施侵入、非法控制计算机信息系统的违法犯罪行为而为其提供程序、工具,造成一定危害后果,即达到立案标准。

(二)管辖

针对或者利用网络实施的违法行为,可以由用于实施违法行为的网站服务器所在地、网络接入地以及网站建立者或者管理者所在地,被侵害的网络及其运营者所在地,违法过程中违法行为人、被侵害人使用的网络及其运营者所在地,被侵害人被侵害时所在地,以及被侵害人财产遭受损失地的公安机关管辖。实践中,公安机关通过被侵害人主动报案或在日常管理中主动发现相关违法行为,对满足管辖条件的案件及时、有效行使管辖权。

证据收集

(一)证据规格

在一个完整的提供侵入、非法控制计算机信息系统程序、工具行为的认定中,需要收集的基本证据规格如下:

1. 违法嫌疑人的陈述和申辩。

(1)违法嫌疑人基本情况;(2)作案动机、目的;(3)被侵害计算机的基本特性,计算机来源、所有权情况,配置情况,联网端口信息资料,密码,购买、使用情况,有多少台相关的计算机系统受到侵害,发现被侵害的时间、地点,受损害信息的范围、程度;(4)侵入、非法控制对象是否明确,运用何种技术、软件、设备、网络实施的违法行为,相关的技术、软件、设备、网络的来源、特征;(5)其他能够证明计算机系统遭受侵入、非法控制的情况。

2. 被侵害人陈述、证人证言。

(1)违法嫌疑人计算机技术、设备、网络情况,被侵害计算机的基本情况、受损情况、发现的时间和地点,被侵入、非法控制的计算机系统的前后区别;(2)运用何种技术、软件、设备、网络实施的违法行为,相关的技术、软件、设备、网络的来源、特征。

3. 物证、书证。

作案工具实物和照片。

4. 视听资料。

收集为实施侵入、非法控制计算机信息系统行为而准备工具或实施违法行为的视听资料。

5. 现场勘验、检查笔录。

(1)扣押、收缴相关物品;(2)勘查双方计算机终端;(3)必要时,提取计算机终端的痕迹,做痕迹鉴定。

6. 鉴定意见。

查明计算机系统受侵害的原因,物证痕迹与当事人是否对应。

7. 违法嫌疑人购买作案工具地点的业主证言、辨认笔录。

8. 辨认笔录。

被侵害人、证人对违法嫌疑人的辨认。

9. 其他证据材料。

(1)证明违法嫌疑人身份的材料,如户籍证明、身份证、工作证、专业或技术等级证复印件等。有前科劣迹,应调取法院判决书、行政处罚决定书、释放证明书等有效法律文件。(2)抓获经过、处警经过、报案材料等。

(二)注意事项

对于提供侵入、非法控制计算机信息系统程序、工具的行为,影响计算机系统正常运行的,重点审查以下证据:行为人是否明知他人正在实施侵入、非法控制计算机信息系统的违法行为的证据,如具备相应证据,则行为人已构成违法。至于涉案程序、工具的功能、作用在所不问,即使是合法的中立技术或程序亦可归入。

对于专门用于侵入、非法控制计算机信息系统的程序、工具的用途应依法认定,必要时可委托专业部门或者司法鉴定机构进行鉴定。

🛡 行为认定

(一)对提供侵入、非法控制计算机信息系统程序、工具的认定

主要从以下四个方面进行认定:

1. 行为侵害的客体:计算机信息系统安全。需要注意的是,该行为所指的计算机信息系统既包括国家事务、国防建设、尖端科学技术领域的计算机系统,也包括其他计算机系统。为侵入国家事务、国防建设、尖端科学技术领域的计算机信息系统犯罪提供帮助的,情节严重的依据《刑法》规定予以定罪处罚,尚未达到刑事处罚程度的,对行为人予以治安管理处罚。

2. 行为的客观方面:该行为在客观上表现为提供专门用于侵入、非法控制计算机信息系统的程序、工具,或者明知他人实施侵入、非法控制计算机信息系统的违法犯罪行为而为其提供程序、工具,此类行为由作为构成。

"提供"包括出售等有偿提供,也包括提供免费下载等行为;包括直接提供给他人,也包括在网上供他人下载等。根据规定,为他人提供实施侵入、非法控制计算机信息系统的程序、工具的行为包括两种情形:

(1)提供专门用于侵入、非法控制计算机信息系统的程序、工具。这是指行为人所提供的程序、工具只能用于实施非法侵入、非法控制计算机信息系统。例如,为他人提供专门用于窃取网上银行账号的"网银木马"程序。由于所提供程序、工具的用途本身足以表明该程序工具的违法性,进而表明行为人主观上对其所提供程序将被用于非法侵入、控制他人计算机信息系统的情况是明知的,因此提供侵入、非法控制计算机信息系统的专用程序或工具,造成危害后果,但尚未构成刑事犯罪的,即可适用《治安管理处罚法》予以处罚。

对于"专门用于侵入、非法控制计算机信息系统的程序、工具",可以参考《最高人民法院、最高人民检察院关于办理危害计算机信息系统安全刑事案件应用法律若干问题的解释》第 2 条的规定来确定,即包含下列情形:①具有避开或者突破计算机信息系统安全保护措施,未经授权或者超越授权获取计算机信息系统数据的功能的;②具有避开或者突破计算机信息系统安全保护措施,未经授权或者超越授权对计算机信息系统实施控制的功能的;③其他专门设计用于侵入、非法控制计算机信息系统、非法获取计算机信息系统数据的程序、工具。

根据《最高人民法院、最高人民检察院关于办理危害计算机信息系统安全刑事案件应用法律若干问题的解释》第 10 条的规定,对于是否属于"专门用于侵入、非法控制计算机信息系统的程序、工具"难以确定的,"应当委托省级以上负责计算机信息系统安全保护管理工作的部门检验。司法机关根据检验结论,并结合案件具体情况认定"。

（2）行为人明知他人实施侵入、非法控制计算机信息系统的违法犯罪行为而为其提供程序、工具。这是指从行为人所提供的程序、工具既可以用于非法用途,也可以用于合法用途,即仅凭程序、工具本身的性质尚不能完全确定行为人所实施行为的违法性。在这种情况下,行为人是否构成犯罪,需要考虑其主观方面对其行为的性质是否有明确的认识。明知而故犯并导致危害结果的,应当依照本条的规定予以追究。对确实不知他人将其所提供的程序、工具用于实施非法侵入、非法控制计算机信息系统的违法犯罪行为的,不构成违法。

3. 行为的实施主体:行为的主体既可以是自然人,也可以是法人。

4. 行为的主观方面:行为人主观上必须出于故意,无论所提供的用于实施侵入、非法控制计算机信息系统的程序、工具是否为专用程序、工具,均要求行为人明知其行为构成帮助非法侵入、非法控制计算机信息系统的行为并故意为之。过失不能构成此行为。

（二）与提供侵入、非法控制计算机信息系统程序、工具罪的区别

提供侵入、非法控制计算机信息系统程序、工具罪是指自然人或者单位提供专门用于侵入、非法控制计算机信息系统的程序、工具或者明知他人实施侵入、非法控制计算机信息系统的违法犯罪行为而为其提供程序、工具,情节严重的行为。

提供侵入、非法控制计算机信息系统程序、工具治安违法行为与提供侵入、非法控制计算机信息系统程序、工具罪在客观表现和主观故意方面均相同,二者的主要区别在于行为导致的后果:造成严重后果的,构成犯罪行为;造成一定危害后果但尚未造成严重后果或存在其他严重情节的,构成违反治安管理的行为。根据《最高人民法院、最高人民检察院关于办理危害计算机信息系统安全刑事案件应用法律若干问题的解释》第3条第1款的规定,应认定为"情节严重"的情形包括:(1)提供能够用于非法获取支付结算、证券交易、期货交易等网络金融服务身份认证信息的专门性程序、工具5人次以上的;(2)提供第1项以外的专门用于侵入、非法控制计算机信息系统的程序、工具20人次以上的;(3)明知他人实施非法获取支付结算、证券交易、期货交易等网络金融服务身份认证信息的违法犯罪行为而为其提供程序、工具5人次以上的;(4)明知他人实施第3项以外的侵入、非法控制计算机信息系统的违法犯罪行为而为其提供程序、工具20人次以上的;(5)违法所得5000元以上或者造成经济损失10000元以上的;(6)其他情节严重的情形。

处罚标准

在可处罚的条件上,2025年修订的《治安管理处罚法》增加"造成危害"的法定后果,即如果实施了相关行为但没有造成危害后果,则不予处罚。本行为设置一般情形和情节较重两个层次的处罚。对于"情节较重"的范围,可以参照非法侵入计算机信息系统行为案件的加重情节和《最高人民法院、最高人民检察院关于办理危害计算机信息系统安全刑事案件应用法律若干问题的解释》第3条规定的"情节严重"标准来确定。

表35 提供侵入、非法控制计算机信息系统程序、工具行为处罚标准

处罚档次	处罚标准	裁量基准
一般情形	5日以下拘留	
情节较重	5日以上15日以下拘留	①造成被侵入系统单位的商业秘密、公民个人信息泄露、数据丢失等较大危害的
		②侵入国家机关、涉密单位、防范恐怖袭击重点目标单位或者治安保卫重点单位的计算机信息系统,造成危害的
		③违法所得或者造成经济损失达到有关司法解释认定构成《刑法》第285条第3款规定的"情节严重"标准的50%以上的
		④其他情节较重的情形

需要注意,公安执法机关在查处此类行为时需处理与《网络安全法》等特别法的关系,做好法律适用衔接。根据《网络安全法》第27条,任何个人和组织不得从事非法侵入他人网络、干扰他人网络正常功能、窃取网络数据等危害网络安全的活动;不得提供专门用于从事侵入网络、干扰网络正常功能及防护措施、窃取网络数据等危害网络安全活动的程序、工具;明知他人从事危害网络安全的活动的,不得为其提供技术支持、广告推广、支付结算等帮助。违反该条规定,从事危害网络安全活动,尚不构成犯罪的,根据《网络安全法》第63条第1款,由公安机关没收违法所得,除处5日以下拘留外,还可以并处5万元以上50万元以下罚款;情节较重的,处5日以上15日以下拘留,可以并处10万元以上100万元以下罚款。

如果是单位实施此类行为,除对其直接负责的主管人员和其他直接责任人员进行处罚外;对单位,依照其他法律、行政法规的规定予以处罚。根据《网络安全法》第63条第2款规定,单位实施本行为的,由公安机关没收违法所得,处10万元以上100万元以下罚款,并对直接负责的主管人员和其他直接责任人员依照第63条第1款的规定处罚。此外,根据该法第63条第3款,从事危害网络安全行为受到治安管理处罚的人员,5年内不得从事网络安全管理和网络运营关键岗位的工作。相较于《计算机信息网络国际联网安全保护管理办法》第20条规定,《网络安全法》规定的处罚幅度更大,实践中公安机关执法时应根据《网络安全法》的规定予以处罚。

🛡 案例及解析

【基本案情】徐某制作并销售针对某外卖App平台使用的软件牟利。用户使用该软件可以修改手机信息,以此不断获取该外卖平台的首单优惠。经鉴定,该软件篡改了其他应用程序获取系统信息处理过程中的数据,具有破坏性。[1]

对于徐某的行为应如何认定?

---

[1] 改编自吴金水主编:《类案裁判方法精要》(第3辑),人民法院出版社2024年版,第41页。

【解析】本案考察非法改变计算机信息系统数据和应用程序与提供侵入、非法控制计算机信息系统程序、工具行为的区别。徐某通过向用户提供违法软件，用以修改用户手机信息，使外卖平台获取错误的用户信息，从而错误发出优惠待遇。在该行为中，受侵害的计算机信息系统由某外卖平台手机 App 用户端、该平台服务器端及相关网络传输设备组成，而软件的功能在于对外卖平台手机 App 所需调取的手机信息事先进行修改，实际并未删除、修改、增加外卖平台系统中传输的数据，因此，徐某的行为仅构成提供侵入计算机信息系统程序、工具的行为，而不构成非法改变计算机信息系统数据和应用程序行为。对于该行为是否构成刑事犯罪的立案标准，应依据《最高人民法院、最高人民检察院关于办理危害计算机信息系统安全刑事案件应用法律若干问题的解释》，通过徐某提供软件的次数、违法所得的金额等来判断。

关联法条

1.《刑法》(2023 年修正)

第285条第3款　【提供侵入、非法控制计算机信息系统程序、工具罪】提供专门用于侵入、非法控制计算机信息系统的程序、工具，或者明知他人实施侵入、非法控制计算机信息系统的违法犯罪行为而为其提供程序、工具，情节严重的，依照前款的规定处罚。

2.《网络安全法》(2016 年)

第27条　任何个人和组织不得从事非法侵入他人网络、干扰他人网络正常功能、窃取网络数据等危害网络安全的活动；不得提供专门用于从事侵入网络、干扰网络正常功能及防护措施、窃取网络数据等危害网络安全活动的程序、工具；明知他人从事危害网络安全的活动的，不得为其提供技术支持、广告推广、支付结算等帮助。

第63条　违反本法第二十七条规定，从事危害网络安全的活动，或者提供专门用于从事危害网络安全活动的程序、工具，或者为他人从事危害网络安全的活动提供技术支持、广告推广、支付结算等帮助，尚不构成犯罪的，由公安机关没收违法所得，处五日以下拘留，可以并处五万元以上五十万元以下罚款；情节较重的，处五日以上十五日以下拘留，可以并处十万元以上一百万元以下罚款。

单位有前款行为的，由公安机关没收违法所得，处十万元以上一百万元以下罚款，并对直接负责的主管人员和其他直接责任人员依照前款规定处罚。

违反本法第二十七条规定，受到治安管理处罚的人员，五年内不得从事网络安全管理和网络运营关键岗位的工作；受到刑事处罚的人员，终身不得从事网络安全管理和网络运营关键岗位的工作。

第九节 《治安管理处罚法》第 34 条

41. 组织、领导传销活动

现行规定

《治安管理处罚法》

第 34 条第 1 款 组织、领导传销活动的,处十日以上十五日以下拘留;情节较轻的,处五日以上十日以下拘留。

立案与管辖

(一)立案标准

本行为是指组织、领导以推销商品、提供服务等经营活动为名,要求参加者以缴纳费用或者购买商品、服务等方式获得加入资格,并按照一定顺序组成层级,直接或者间接以发展人员的数量作为计酬或者返利依据,引诱、胁迫参加者继续发展他人参加,骗取财物,扰乱经济社会秩序的传销活动的行为。

根据《最高人民法院、最高人民检察院、公安部关于办理组织领导传销活动刑事案件适用法律若干问题的意见》(公通字〔2013〕37 号)的规定,"以推销商品、提供服务等经营活动为名,要求参加者以缴纳费用或者购买商品、服务等方式获得加入资格,并按照一定顺序组成层级,直接或者间接以发展人员的数量作为计酬或者返利依据,引诱、胁迫参加者继续发展他人参加,骗取财物,扰乱经济社会秩序的传销组织,其组织内部参与传销活动人员在三十人以上且层级在三级以上的,应当对组织者、领导者追究刑事责任。组织、领导多个传销组织,单个或者多个组织中的层级已达三级以上的,可将在各个组织中发展的人数合并计算。组织者、领导者形式上脱离原传销组织后,继续从原传销组织获取报酬或者返利的,原传销组织在其脱离后发展人员的层级数和人数,应当计算为其发展的层级数和人数"。上述所称"以上"包括本数。因此,对于未达到该传销组织层级及人数要求的组织、领导传销活动的行为,应认定为治安违法行为,依据《治安管理处罚法》予以处罚。

(二)管辖

实施组织、领导传销活动的行为由传销活动所在地的公安机关管辖,包括传销活动的发生地、连续、持续或者继续实施的地方,以及传销活动危害结果的发生地等。该行为的处罚对象为传销活动的组织者和领导者,由违法行为人居住地公安机关管辖更为适宜的,可以由传销活动组织者和领导者居住地公安机关管辖。

证据收集

(一)证据规格

在一个完整的组织、领导传销活动行为的认定中,需要收集的基本证据规格如下:

1. 违法嫌疑人的陈述和辩解。

(1)违法嫌疑人基本情况。

(2)违法嫌疑人开展传销活动的方式:①以推销商品的名义传销的,推销商品的种类、名称、特征、宣传的功效及实际功效,推销商品的价格及实际价值。②以提供服务的名义传销的,提供服务的种类、具体内容、宣传的功效及实际功效,提供服务的价格及实际价值。③以混合实体经营和虚拟经营为名义传销的,实体经营和虚拟经营的情况。

(3)违法嫌疑人发起、策划、操纵传销活动的时间、地点、具体过程及参与人员。

(4)参与者获得加入传销组织资格的条件:①缴纳相应的费用,如入会费、加盟费、许可费、培训费等;②购买价格与价值不对等的商品或服务;③取得专卖、代理、特许加盟经营、自愿连锁经营、网络销售、连锁销售、民间互助理财、纯资本运作等资格;④取得会员卡、职业培训、原始股基金等资格。

(5)参与者计酬或返利的标准:①直接发展人员的计酬或返利标准;②间接发展人员的计酬或返利标准。

(6)参与者获得报酬或返利的实际来源:是否来自下线缴纳的入门费用或购买商品、服务的费用。

(7)参加者缴纳费用、购买商品或服务费用、支付报酬或返利的支付方式;转账支付的,收取费用及支付费用的账户情况。

(8)参与者加入传销组织、发展下线、获得报酬或返利、对被发展人员的管理等有无相关制度或规定,及制度或规定的具体内容。

(9)传销网络的构建模式,直接或间接上下线之间的关系。

(10)违法嫌疑人、传销参与者发展下线的层级顺序,已发展的层级数量,及直接或间接发展的下线人数。

(11)违法嫌疑人有无对参加者就加入传销组织、发展下线、获得报酬或返利、行业前景等内容进行宣传、培训,及宣传、培训的时间、地点、具体内容。

(12)违法嫌疑人在组织宣传或培训过程中,有无编造、歪曲国家政策,有无虚构、夸大经营、投资、服务项目及盈利前景,有无掩饰计酬、返利真实来源。

(13)违法嫌疑人在传销活动中所起的作用:①起发起、策划、操纵作用;②承担管理、协调等职责;③承担宣传、培训等职责;④对传销活动的实施、传销组织的建立、扩大等起关键作用,是否曾因组织、领导传销活动受过刑事处罚,是否1年以内因组织、领导传销活动受过行政处罚,又直接或者间接发展参与传销活动人员,发展的人数及层级数。

(14)犯罪嫌疑人非法获利数额、分赃的方式及赃物的去向。

(15)单位涉嫌违法的情况。①单位的成立时间、地点、注册资本及变更情况、生产经营资质。②单位的决策机构、决策程序、有决策资格的人员。③单位主要负责人(董事长、总经理、实际控制人等)及变更情况。④形成犯罪决定的时间、形式、过程,具体参与决策的人员。⑤其他直接参与违法行为人员(经营管理人员、财会人员、职工、聘任或雇佣人员)的职责分工及具体实施的行为。⑥以单位的名义实施犯罪的情况。⑦为单位谋取非法利益的情况。

2. 被害人陈述。

(1)被害人基本情况。

(2)被骗参与传销活动的过程及遭受损害的情况。包括:①被害人获取传销信息的途径(通过广播、电视、报纸、网络等媒体宣传;亲朋好友等其他参加传销组织人员以电话、QQ、微信、短信、书信等方式告知)、时间、地点、信息的具体内容。②被害人被骗参加传销组织的时间、地点及接待人员。③传销组织对被害人获得参加传销组织资格的条件,缴纳费用、购买商品或服务的价格、数额,获得资格等的规定。④传销组织对被害人进行面对面宣传、培训的时间、地点、参与人员及具体内容。⑤被害人在被宣传、培训后的认识(对商品、服务功效或价值的认识;对"行业前景"的认识;对计酬或返利的认识;对国家政策的认识;对直接或间接发展下线的认识等)。⑥被害人缴纳费用、购买商品或服务的具体情况(实际缴纳费用的数额;支付资金的方式;取得的具体资格)。⑦传销网络的构建模式,直接或间接上下线之间的关系。⑧传销组织内部人员分工及所起的作用。⑨被害人造成损害的情况。

3. 证人证言。

通过询问参与传销活动的行为人(单位)的财务人员、主管人员、工作人员,及参加传销组织并发展下线的人员,调查了解:(1)传销组织宣传商品、服务及其他传销信息的方式。(2)参加传销组织的条件,缴纳费用、购买商品或服务的价格、数额及对应的资格。(3)传销参加者发展下线的方式。(4)传销组织承诺的计酬或返利标准,及计酬或返利资金来源。(5)传销组织对传销参加者及发展的下线面对面宣传、培训的次数、时间、地点、参与人员及具体内容。(6)传销网络的构建模式,直接或间接上下线之间的关系。(7)传销组织收取传销参与者所缴纳费用、购买商品或服务费用的方式及费用的去向。(8)传销组织内部人员分工及所起的作用。

4. 物证。

(1)被查获的组织、领导传销活动的商品及照片。(2)骗取的资金及利用骗取的资金购置的财物及照片。(3)其他与传销活动有关的作案工具(银行卡、印章等)及照片。

5. 书证。

(1)与推销商品、服务有关的宣传单、宣传手册,及商品、服务功效的证明文件。(2)传销组织对加入组织的人员进行宣传、培训的资料。(3)传销组织收取费用、支付报酬或返利,及其他经营活动的账本、记账凭证、票据。

6. 其他证据材料。

(1)证明违法嫌疑人身份的材料,如户籍证明、身份证、工作证、专业或技术等级证书复印件等。违法嫌疑人有前科劣迹的,应调取法院判决书、行政处罚决定书、释放证明书等有效法律文件。(2)抓获经过、处警经过、报案材料等。

(二)注意事项

参考《最高人民法院、最高人民检察院、公安部关于办理组织领导传销活动刑事案件适用法律若干问题的意见》的规定,办理组织、领导传销活动案件中,确因客观条件的限制无法逐一收集参与传销活动人员的言词证据的,可以结合依法收集并查证属实的缴纳、支付费用及计酬、返利记录,视听资料,传销人员关系图,银行账户交易记录,互联网电子数据,鉴定意见等证据,综合认定参与传销的人数、层级数等违法事实。

行为认定

(一)对组织、领导传销活动的认定

主要从以下四个方面进行认定:

1. 行为侵害的客体:经济秩序和社会公共秩序。该行为扰乱经济活动的正常运行秩序,对公民的财产安全造成损害甚至危及生命安全,扰乱公共秩序但尚未造成严重后果,尚未构成刑事犯罪。

2. 行为的客观方面:本行为的实行行为是组织、领导诈骗型传销活动,故参与传销组织不成立本行为。本行为所调整的传销活动在客观上为诈骗型传销,即该活动不是真正销售商品,只是以发展人员的数量作为计酬或者返利依据。[①] 根据《禁止传销条例》第7条对传销的列举式规定,存在"拉人头"、"收取入门费"和"团队计酬"三种传销方式。"拉人头"是指组织者或者经营者通过发展人员,要求被发展人员发展其他人员加入,对发展的人员以其直接或者间接滚动发展的人员数量为依据计算和给付报酬;"收取入门费"是指组织者或者经营者通过发展人员,要求被发展人员缴纳费用或者以认购商品等方式变相缴纳费用,取得加入或者发展其他人员加入的资格;"团队计酬"是指组织者或者经营者通过发展人员,要求被发展人员发展其他人员加入,形成上下线关系,并以下线的销售业绩为依据计算和给付上线报酬。

但在《刑法》第224条之一关于传销的概念中,只规定了"拉人头"和"收取入门费"的传销形式,并未规定具有经营内容的"团队计酬"的传销形式。参考《最高人民法院、最高人民检察院、公安部关于办理组织领导传销活动刑事案件适用法律若干问题的意见》,形式上采取"团队计酬"方式,但实质上属于"以发展人员的数量作为计酬或者返利依据"的传销活动,应当以组织、领导传销活动罪定罪处罚。因此,组织、领导传销活动属于诈骗手段,其行为本身还是诈骗。

3. 行为的实施主体:组织、领导传销活动的主体既可以是自然人,也可以是法人(单位)。参考《最高人民法院、最高人民检察院、公安部关于办理组织领导传销活动刑事案件适用法律若干问题的意见》,下列人员可以认定为传销活动的组织者、领导者:(1)在传销活动中起发

[①] 参见张明楷:《刑法学》,法律出版社2021年版,第1089页。

起、策划、操纵作用的人员;(2)在传销活动中承担管理、协调等职责的人员;(3)在传销活动中承担宣传、培训等职责的人员;(4)曾因组织、领导传销活动受过刑事处罚,或者一年以内因组织、领导传销活动受过行政处罚,又直接或者间接发展参与传销活动人员在15人以上且层级在3级以上的人员;(5)其他对传销活动的实施、传销组织的建立、扩大等起关键作用的人员。以单位名义实施组织、领导传销活动犯罪的,对于受单位指派,仅从事劳务性工作的人员,一般不予追究违法责任。

4.行为的主观方面:行为人在主观上必须由故意构成,即以非法占有为目的,过失不能构成此行为。至于传销活动的组织、领导者实际上是否骗取到了财物,不影响本行为的构成。

(二)与组织、领导传销活动罪的区分

组织、领导传销活动罪(《刑法》第224条之一)是指组织、领导以推销商品、提供服务等经营活动为名,要求参加者以缴纳费用或者购买商品、服务等方式获得加入资格,并按照一定顺序组成层级,直接或者间接以发展人员的数量作为计酬或者返利依据,引诱、胁迫参加者继续发展他人参加,骗取财物,扰乱经济社会秩序的传销活动的行为。组织、领导传销活动行为是组织、领导传销活动尚未达到犯罪程度、危害性较轻的治安违法行为,而组织、领导传销活动罪则以非法骗取财物为目的、严重破坏经济社会秩序的犯罪行为,两者的区分在于:

1.侵害的客体。组织、领导传销活动行为主要侵害的是公共秩序和市场经济秩序,但尚未对公民的财产权益或整个经济社会的秩序造成严重侵害。组织、领导传销活动罪侵害的客体既包括社会主义市场经济秩序,即市场交易秩序和公平竞争秩序,以及社会管理秩序,还包括公私财产安全,其在危害程度上明显大于组织、领导传销活动的治安违法行为。

2.客观方面。组织、领导传销活动罪的入罪标准是组织内部参与传销活动人员达到30人以上且层级在3级以上。对于未达到该传销组织层级及人数的组织、领导传销活动的行为,应认定为治安违法行为。

3.主观方面。组织、领导传销活动的犯罪行为与治安违法行为均要求违法行为人具有主观上的故意,但组织、领导传销活动罪要求行为人具有"骗取财物"的非法占有目的;组织、领导传销活动的治安违法行为则不要求行为人具有非法占有财物的直接故意。

(三)与诈骗行为的区别

组织、领导传销活动的行为作为传销诈骗行为,其与诈骗行为之间存在特别法与普通法的竞合关系,应依据组织、领导传销活动的行为予以处罚。

(四)实施本行为时又实施了其他违法行为的认定

实施组织、领导传销活动的行为,并实施故意伤害、非法拘禁、敲诈勒索、妨害公务、聚众扰乱社会秩序、聚众冲击国家机关、聚众扰乱公共场所秩序、交通秩序等行为构成违法的,依照相关法律法规予以处罚。

例如,(1)非法限制人身自由。传销人员利用各种方法手段,对被害人实施身体强制,使被害人的行动自由受到限制,情节较轻,尚不构成犯罪的。在方式上,如捆绑、隔离、扣留身份证,以扣押财物、变相扣押财物或者看管等方式控制他人活动范围,规定他人要将自己的行动情况向其报告等。(2)招摇撞骗。传销人员冒充国家机关工作人员或者以其他虚假身份招摇撞骗,尚不构成犯罪的。(3)阻碍执行职务。传销人员阻碍国家机关工作人员依法执行职务,尚不构成犯罪的。(4)扰乱单位、公共场所、公共交通工具秩序,妨碍交通工具正常行驶;聚众扰乱单位、公共场所、公共交通工具秩序,聚众妨碍交通工具正常行驶。公安、工商等行政机关依法查处传销活动,传销人员以上访为由,扰乱单位、公共场所秩序,尚不构成犯罪的。(5)不按规定登记承租人信息。房屋出租人将房屋出租给无身份证件的传销人员居住的,或者不按规定登记承租人姓名、身份证件种类和号码,尚不构成犯罪的。(6)殴打他人、故意伤害。传销人员有殴打他人、伤害他人行为,尚不构成犯罪的。(7)明知承租人利用出租屋犯罪不报告。房屋出租人明知承租人利用出租房屋进行传销犯罪活动,不向公安机关报告,尚不构成犯罪的。(8)非法扣押他人居民身份证。组织传销人员非法扣押他人居民身份证的。

处罚标准

本行为是2025年修订的《治安管理处罚法》新增的违法行为,其处罚分为两档,分别是一般情形和情节较轻。对于情节较轻的情形,可以根据组织、领导参与传销活动人员数量,直接或者间接收取参与传销活动人员缴纳的传销资金数额,对传销人员身心健康造成的后果以及其他社会影响等方面,综合确定。

表36 组织、领导传销活动行为处罚标准

处罚档次	处罚标准	裁量基准
一般情形	处10日以上15日以下拘留	/
情节较轻	处5日以上10日以下拘留	①组织、领导参与传销活动人员数量 ②直接或者间接收取参与传销活动人员缴纳的传销资金数额 ③对传销人员身心健康造成的后果 ④其他社会影响程度

案例及解析

【基本案情】东某在某微信小程序通过店长招募、二级分销的模式销售文旅相关产品,分别设置了普通店长、代言人、体验官及合伙人会员等级。小程序的"店长"由推荐关系而形成了上下线的层级架构,并能通过小程序生成注册邀请码发展下线会员,形成上下线关系,以下线推广业绩为依据计算和给付上线报酬,发放佣金,进行多层次复式计酬。[①]

对东某的行为应如何认定?

[①] 改编自济宁市公安局经济开发区分局行政处罚决定书,济公经开(网)行罚决字[2024]57号。

【解析】根据《禁止传销条例》第 7 条第 3 项的规定,组织者或者经营者通过发展人员,要求被发展人员发展其他人员加入,形成上下线关系,并以下线的销售业绩为依据计算和给付上线报酬,牟取非法利益的,构成传销行为。《治安管理处罚法》于 2025 年修订前,构成组织、领导传销活动罪的传销人员,由公安机关进行刑事立案侦查,不存在由公安机关作出行政处罚的情形。2025 年修订的《治安管理处罚法》完善了传销案件的行刑衔接规定,本案应当认定为组织、领导传销活动行为,可以由公安机关进行处罚。

关联法条

1.《刑法》(2023 年修正)

第 224 条之一 【组织、领导传销活动罪】组织、领导以推销商品、提供服务等经营活动为名,要求参加者以缴纳费用或者购买商品、服务等方式获得加入资格,并按照一定顺序组成层级,直接或者间接以发展人员的数量作为计酬或者返利依据,引诱、胁迫参加者继续发展他人参加,骗取财物,扰乱经济社会秩序的传销活动的,处五年以下有期徒刑或者拘役,并处罚金;情节严重的,处五年以上有期徒刑,并处罚金。

2.《禁止传销条例》(2005 年)

第 2 条 本条例所称传销,是指组织者或者经营者发展人员,通过对被发展人员以其直接或者间接发展的人员数量或销售业绩为依据计算和给付报酬,或者要求被发展人员以交纳一定费用为条件取得加入资格等方式牟取非法利益,扰乱经济秩序,影响社会稳定的行为。

第 7 条 下列行为,属于传销行为:

(一)组织者或者经营者通过发展人员,要求被发展人员发展其他人员加入,对发展的人员以其直接或者间接滚动发展的人员数量为依据计算和给付报酬(包括物质奖励和其他经济利益,下同),牟取非法利益的;

(二)组织者或者经营者通过发展人员,要求被发展人员交纳费用或者以认购商品等方式变相交纳费用,取得加入或者发展其他人员加入的资格,牟取非法利益的;

(三)组织者或者经营者通过发展人员,要求被发展人员发展其他人员加入,形成上下线关系,并以下线的销售业绩为依据计算和给付上线报酬,牟取非法利益的。

42. 胁迫、诱骗他人参加传销活动

现行规定

《治安管理处罚法》

第 34 条第 2 款 胁迫、诱骗他人参加传销活动的,处五日以上十日以下拘留;情节较重的,处十日以上十五日以下拘留。

立案与管辖

（一）立案标准

本行为是指以胁迫、诱骗等手段促使他人参与传销活动，以推销商品、提供服务等经营活动为名，要求参加者以缴纳费用或者购买商品、服务等方式获得加入资格，并按照一定顺序组成层级，直接或者间接以发展人员的数量作为计酬或者返利依据，引诱、胁迫参加者继续发展他人参加，骗取财物，扰乱经济社会秩序。

（二）管辖

实施胁迫、诱骗他人参加传销活动的行为由传销活动所在地的公安机关管辖，包括传销活动的发生地，连续、持续或者继续实施胁迫、诱骗他人参加传销活动行为的地方，以及传销活动危害结果的发生地等。该行为的处罚对象为传销活动的胁迫和诱骗者，由违法行为人居住地公安机关管辖更为适宜的，可以由上述主体居住地公安机关管辖。

证据收集

（一）证据规格

在一个完整的胁迫、诱骗他人参加传销活动行为的认定中，需要收集的基本证据规格如下：

1.违法嫌疑人的陈述和辩解。

（1）违法嫌疑人基本情况。

（2）违法嫌疑人开展传销活动的方式：①以推销商品的名义传销的，推销商品的种类、名称、特征、宣传的功效及实际功效，推销商品的价格及实际价值。②以提供服务的名义传销的，提供服务的种类、具体内容、宣传的功效及实际功效，提供服务的价格及实际价值。③以混合实体经营和虚拟经营为名义传销的，实体经营和虚拟经营的情况。

（3）犯罪嫌疑人发起、策划、操纵传销活动的时间、地点、具体过程及参与人员。

（4）参与者获得加入传销组织资格的条件：①缴纳相应的费用，如入会费、加盟费、许可费、培训费；②购买价格与价值不对等的商品或服务；③取得专卖、代理、特许加盟经营、自愿连锁经营、网络销售、连锁销售、民间互助理财、纯资本运作等资格；④取得会员卡、职业培训、原始股基金等资格。

（5）参与者计酬或返利的标准：①直接发展人员的计酬或返利标准；②间接发展人员的计酬或返利标准。

（6）参与者获得报酬或返利的实际来源：是否来自下线缴纳的入门费用或购买商品、服务的费用。

（7）参加者缴纳费用、购买商品或服务费用、支付报酬或返利的支付方式；转账支付的，收取费用及支付费用的账户情况。

（8）参与者获得加入传销组织资格、发展下线、获得报酬或返利、对被发展人员的管理等有无相关制度或规定,及制度或规定的具体内容。

(9)传销网络的构建模式,直接或间接上下线之间的关系。

(10)违法嫌疑人、传销参与者发展下线的层级顺序,已发展的层级数量,及直接或间接发展的下线人数。

(11)违法嫌疑人有无对参加者就加入传销组织、发展下线、获得报酬或返利、行业前景等内容进行宣传、培训,及宣传、培训的时间、地点、具体内容。

(12)违法嫌疑人在组织宣传或培训活动过程中,有无编造、歪曲国家政策,有无虚构、夸大经营、投资、服务项目及盈利前景,有无掩饰计酬、返利真实来源。

(13)违法嫌疑人在传销活动中所起的作用:①起发起、策划、操纵作用;②承担管理、协调等职责;③承担宣传、培训等职责;④对传销活动的实施、传销组织的建立、扩大等起关键作用,是否曾因组织、领导传销活动受过刑事处罚,是否一年以内因组织、领导传销活动受过行政处罚,又直接或者间接发展参与传销活动人员,发展的人数及层级数。

(14)犯罪嫌疑人非法获利数额、分赃的方式及赃物的去向。

(15)单位涉嫌违法的情况。①单位的成立时间、地点、注册资本及变更情况、生产经营资质。②单位的决策机构、决策程序、有决策资格的人员。③单位主要负责人(董事长、总经理、实际控制人等)及变更情况。④形成犯罪决定的时间、形式、过程,具体参与决策的人员。⑤其他直接参与违法活动人员(经营管理人员、财会人员、职工、聘任或雇佣人员)的职责分工及具体实施的行为。⑥以单位的名义实施犯罪的情况。⑦为单位谋取非法利益的情况。

2. 被害人陈述。

(1)被害人基本情况。

(2)被骗参与传销活动的过程及遭受损害的情况。包括:①被害人获取传销信息的途径(通过广播、电视、报纸、网络等媒体宣传;亲朋好友等其他参加传销组织人员以电话、QQ、微信、短信、书信等方式告知)、时间、地点、信息的具体内容。②被害人被骗参加传销组织的时间、地点及接待人员。③传销组织对被害人获得参加传销组织资格的条件,缴纳费用、购买商品或服务的价格、数额,获得资格等的规定。④传销组织对被害人进行面对面宣传、培训的时间、地点、参与人员及具体内容。⑤被害人在被宣传、培训后的认识(对商品、服务功效或价值的认识;对"行业前景"的认识;对计酬或返利的认识;对国家政策的认识;对直接或间接发展下线的认识等)。⑥被害人缴纳费用、购买商品或服务的具体情况(实际缴纳费用的数额;支付资金的方式;取得的具体资格)。⑦传销网络的构建模式,直接或间接上下线之间的关系。⑧传销组织内部人员分工及所起的作用。⑨被害人造成损害的情况。

3. 证人证言。

通过询问参与传销活动的行为人(单位)的财务人员、主管人员、工作人员,及参加传销组织并发展下线的人员,调查了解:(1)传销组织宣传商品、服务及其他传销信息的方式。(2)参加传销组织的条件,缴纳费用、购买商品或服务的价格、数额及对应的资格。(3)传销参加者发展下线的方式。(4)传销组织承诺的计酬或返利标准,及计酬或返利资金来源。(5)传销组织对传销参加者及发展的下线面对面宣传、培训的次数、时间、地点、参与人员及具体内容。(6)传销网络的构建模式,直接或间接上下线之间的关系。(7)传销组织收取传销参与者所缴纳费用、购买商品或服务费用的方式及费用的去向。(8)传销组织内部人员分工及所起的作用。

4. 物证。

(1)被查获的组织、领导传销活动的商品及照片。

(2)骗取的资金及利用骗取的资金购置的财物及照片。

(3)其他与传销活动有关的作案工具(银行卡、印章等)及照片。

5. 书证。

(1)与推销商品、服务有关的宣传单、宣传手册,及商品、服务功效的证明文件。

(2)传销组织对加入组织的人员进行宣传、培训的资料。

(3)传销组织收取费用、支付报酬或返利,及其他经营活动的账本、记账凭证、票据。

6. 其他证据材料。

(1)证明违法嫌疑人身份的材料,如户籍证明、身份证、工作证、专业或技术等级证书复印件等。违法嫌疑人有前科劣迹的,应调取法院判决书、行政处罚决定书、释放证明书等有效法律文件。

(2)抓获经过、处警经过、报案材料等。

(二)注意事项

参考《最高人民法院、最高人民检察院、公安部关于办理组织领导传销活动刑事案件适用法律若干问题的意见》的规定,办理胁迫、诱骗他人参加传销活动案件,确因客观条件的限制无法逐一收集参与传销活动人员的言词证据的,可以结合依法收集并查证属实的缴纳、支付费用及计酬、返利记录,视听资料,传销人员关系图,银行账户交易记录,互联网电子数据,鉴定意见等证据,综合认定参与传销的人数、层级数等违法事实。

🛡 行为认定

(一)胁迫、诱骗他人参加传销活动的认定

主要从以下四个方面进行认定:

1. 行为侵害的客体:经济秩序和社会公共秩序。该行为扰乱经济活动的正常运行秩序,对公民的财产安全造成损害甚至危及生命安全,扰乱公共秩序但尚未造成严重后果,尚未构成刑事犯罪。

2. 行为的客观方面:本行为的实行行为是胁迫、诱骗他人参加传销活动,故参与传销活动不成立本行为。本行为所调整的传销活动在客观上为诈骗型传销,即该活动不是真正传销商品,只是以发展人员的数量作为计酬或者返利依据。① 根据《禁止传销条例》第 7 条对传销的列举式规定,存在"拉人头"、"收取入门费"和"团队计酬"三种传销方式。"拉人头"是指组织者或者经营者通过发展人员,要求被发展人员发展其他人员加入,对发展的人员以其直接或者间接滚动发展的人员数量为依据计算和给付报酬;"收取入门费"是指组织者或者经营者通过发展人员,要求被发展人员缴纳费用或者以认购商品等方式变相缴纳费用,取得加入或者发展其他人员加入的资格;"团队计酬"是指组织者或者经营者通过发展人员,要求被发展人员发展其他人员加入,形成上下线关系,并以下线的销售业绩为依据计算和给付上线报酬。

但在《刑法》第 224 条之一关于传销的概念中,只规定了"拉人头"和"收取入门费"的传销形式,并未规定具有经营内容的"团队计酬"的传销形式。参考《最高人民法院、最高人民检察院、公安部关于办理组织领导传销活动刑事案件适用法律若干问题的意见》,形式上采取"团队计酬"方式,但实质上属于"以发展人员的数量作为计酬或者返利依据"的传销活动,应当以组织、领导传销活动罪定罪处罚。因此,组织、领导传销活动属于诈骗手段,其行为本身还是诈骗。

3. 行为的实施主体:组织、领导传销活动的主体既可以是自然人,也可以是法人。

4. 行为的主观方面:行为人在主观上必须由故意构成,过失不能构成此行为。

(二)实施本行为时同时构成其他违法行为的认定

实施胁迫、诱骗他人参加传销活动的行为,并实施故意伤害、非法拘禁、敲诈勒索等行为构成违法的,依照相关法律法规予以处罚。

例如,(1)非法限制人身自由。传销人员利用各种方法手段,对被害人实施身体强制,使被害人的行动自由受到限制,情节较轻,尚不构成犯罪的。在方式上,如捆绑、隔离、扣留身份证,以扣押财物、变相扣押财物或者看管等方式控制他人活动范围,规定他人要将自己的行动情况向其报告等。(2)招摇撞骗。传销人员冒充国家机关工作人员或者以其他虚假身份招摇撞骗,尚不构成犯罪的。(3)殴打他人、故意伤害。传销人员有殴打他人、伤害他人等行为,尚不构成犯罪的。(4)非法扣押他人居民身份证。组织传销人员非法扣押他人居民身份证的。

🛡 处罚标准

本行为是 2025 年修订的《治安管理处罚法》新增的违法行为,其在裁量基准上划分为两档,分别是一般情形和情节较重。对于情节较重的情形,可以根据组织、领导参与传销活动人员数量,直接或者间接收取参与传销活动人员缴纳的传销资金数额,对传销人员身心健康造成的后果以及其他社会影响等方面,综合确定。

---

① 参见张明楷:《刑法学》(下册),法律出版社 2021 年版,第 1089 页。

表 37　胁迫、诱骗他人参加传销活动行为处罚标准

处罚档次	处罚标准	裁量基准
一般情形	处 5 日以上 10 日以下拘留	/
情节较重	处 10 日以上 15 日以下拘留	①组织、领导参与传销活动人员数量 ②直接或者间接收取参与传销活动人员缴纳的传销资金数额 ③对传销人员身心健康造成的后果 ④其他社会影响程度

案例及解析

【基本案情】某地民间互助小额保本理财项目采取拉人头的方式发展下线。参与人员采取谎言邀约的方式,以帮助介绍工作、旅游、承揽工程等名义将亲戚朋友从外地骗到当地。其中,张某杰是张某玲的表弟,其以介绍对象为由将张某玲带到某地并诱导张某玲通过注册该理财项目赚钱。后事情败露,张某玲用于投资该项目的钱全部无法取出。张某杰告诉张某玲,只要拉到另外 10 个人注册理财项目,就可以向其上级领导申请允许张某玲退出该项目。[①]

对张某杰的行为应当如何认定?

【解析】本案的核心在于胁迫、诱骗他人参加传销活动行为的认定。根据《禁止传销条例》第 7 条第 1 项,"组织者或者经营者通过发展人员,要求被发展人员发展其他人员加入,对发展的人员以其直接或者间接滚动发展的人员数量为依据计算和给付报酬(包括物质奖励和其他经济利益,下同),牟取非法利益"的行为属于传销行为。本案中,张某杰先将张某玲发展成其下线,再通过诱骗的方式引导张某玲继续发展下线,告知张某玲只有发展下线才能退出该传销活动,其行为已构成诱骗他人参加传销活动。对于尚未达到刑事立案标准的行为,应予以治安管理处罚。

关联法条

本部分关联法条参见"组织、领导传销活动"行为的关联法条。

[①] 改编自青岛市西海岸新区市场监督管理局行政处罚决定书,青黄市监处罚〔2022〕1756 号。

第十节 《治安管理处罚法》第 35 条

43.扰乱国家庆祝、纪念、缅怀、公祭等重要活动秩序

现行规定

《治安管理处罚法》

第 35 条第 1 项 有下列行为之一的,处五日以上十日以下拘留或者一千元以上三千元以下罚款;情节较重的,处十日以上十五日以下拘留,可以并处五千元以下罚款:

(一)在国家举行庆祝、纪念、缅怀、公祭等重要活动的场所及周边管控区域,故意从事与活动主题和氛围相违背的行为,不听劝阻,造成不良社会影响的;

立案与管辖

(一)立案标准

本行为是指在国家举行庆祝、纪念、缅怀、公祭等重要活动的场所及周边管控区域,从事与活动主题和氛围相违背的行为,经劝阻拒绝改正,扰乱国家庆祝、纪念、缅怀、公祭等重要活动秩序,对社会公共秩序造成损害但尚未构成犯罪的行为,经劝阻拒绝改正且扰乱社会秩序即达到立案标准。

(二)管辖

扰乱国家庆祝、纪念、缅怀、公祭等重要活动秩序的违法行为,由违法行为地的公安机关管辖,违法行为地包括违法行为发生地和违法结果发生地。由违法行为人居住地公安机关管辖更为适宜的,可以由违法行为人居住地公安机关管辖。

证据收集

(一)证据规格

在一个完整的扰乱国家庆祝、纪念、缅怀、公祭等重要活动秩序行为的认定中,需要收集的基本证据规格如下:

1.违法嫌疑人陈述和申辩。

(1)问明违法嫌疑人的基本情况。(2)问明实施违法行为的动机、目的;对实施违法行为可能产生的不良社会影响的明知和放任。(3)问明实施违法行为的时间、地点、人数、方式、经过、危害结果等;实施违法行为所使用的工具来源及去向。(4)结伙作案的,问明违法嫌疑人的数量、分工以及各违法嫌疑人之间的关系、相互印证情况。

2. 证人证言。

(1)证人的基本情况。(2)发案时间、地点、人数、方式、起因、经过,危害结果等;实施违法行为所使用工具的特征等。(3)违法嫌疑人实施违法行为对公共场所秩序造成的影响和危害后果。

3. 物证、书证。

实施违法行为所使用的物品实物及照片。

4. 视听资料。

监控录像、录音、电子数据等。

5. 勘验、检查笔录。

现场勘查笔录、现场图、现场照片、提取的痕迹等。

6. 辨认笔录。

证人对违法嫌疑人的辨认。

7. 其他证据材料。

(1)违法嫌疑人(自然人)的年龄、身份证据材料,包括户籍证明、工作证、专业或技术等级证;如有前科劣迹,应调取法院判决书、行政处罚决定书、释放证明书等有效法律文件。(2)抓获经过、处警经过、报案材料等。

(二)注意事项

针对扰乱国家庆祝、纪念、缅怀、公祭等重要活动秩序的行为,其具有可归责性的前提是行为人经劝阻后拒不改正。因此,执法人员在取证过程中,还应保留对行为人进行劝阻的相关书面证据或视听资料。

行为认定

(一)对扰乱国家庆祝、纪念、缅怀、公祭等重要活动秩序行为的认定

主要从以下四个方面进行认定:

1. 行为侵害的客体:国家庆祝、纪念、缅怀、公祭等重要活动,是对弘扬民族精神和社会主义核心价值观的、具有重要象征意义或历史纪念意义的事件开展的公开活动,是铭记历史、增强民族凝聚力、传承民族精神的重要载体,维护国家历史尊严和民族情感的社会公共秩序是本行为保护的主要法益。因此,本行为侵害的客体是社会公共秩序,具体而言是对国家和民族历史具有重要象征意义的庆祝、纪念、缅怀、公祭等重要活动的保护秩序。

2. 行为的客观方面:本行为的对象是国家庆祝、纪念、缅怀、公祭等重要活动。国家庆祝、纪念、缅怀、公祭活动是传承历史、弘扬爱国主义精神的重要方式,但并非所有活动都构成此类活动,而应结合活动的性质、目的及重要程度进行综合判断。例如,在国庆节、中国人民抗日战争胜利纪念日、中国共产党成立纪念日、中国人民解放军建军节举行的庆祝活动,汶川地震全国哀悼日等重大灾难纪念日举行的全国哀悼活动,在南京大屠杀死难者国家公祭日、烈士纪念日、清明节举行的公祭活动等。

重要活动的场所及周边管控区域，主要包括该活动的主场地，以及为该活动提供服务保障周边相关管控区域。周边管控区域通常由市政主管部门等相关部门向社会公布，划定管控范围、时间和相关活动的限制等内容，如限行、禁飞等。相关部门根据职能分工以显著标识标注管控区域，或人为现场引导。

对于从事与活动主题和氛围相违背的行为，需根据重要活动的主题、内容等进行综合判断，如在公祭场所开展娱乐活动或与纪念活动无关的活动，破坏公祭活动的庄严肃穆的氛围，不听劝阻，行为结果是造成了不良的社会影响。

3.行为的实施主体：本行为的主体是一般主体，即达到法定责任年龄、具备责任能力的自然人。

4.行为的主观方面：行为人在主观上必须出于故意，即行为人明知其行为违反国家关于庆祝、纪念、缅怀、公祭等重要活动的规定且不听劝阻，行为动机不影响行为的认定。过失不能构成本行为，如果行为人在国家举行庆祝、纪念、缅怀、公祭等重要活动的场所及周边管控区域从事与活动主题和氛围相违背的行为，经劝阻后及时停止相关活动，则不具有可归责性。

（二）与从事有损纪念英雄烈士环境和氛围的活动行为的区别

一是行为侵害的客体不同。扰乱国家庆祝、纪念、缅怀、公祭等重要活动秩序的行为是对国家和历史具有重要象征意义的活动所形成的社会公众共同关注、纪念或缅怀历史并培养爱国主义精神的社会氛围的损害，从事有损纪念英雄烈士环境和氛围的活动行为是针对传承和弘扬英雄烈士精神和情感的破坏。两者均是对社会公共利益的损害，但侧重点不同。

二是行为的客观方面不同。扰乱国家庆祝、纪念、缅怀、公祭等重要活动秩序是在相关活动场所及周边管控区域实施的行为，包括在英雄纪念设施所在地及受保护范围内实施的行为。从事有损纪念英雄烈士环境和氛围的活动的行为地是英雄纪念设施所在地及受保护范围。

（三）与《治安管理处罚法》第28条扰乱大型活动秩序行为的区别

一是行为侵害的客体不同。大型活动是指在特定的时间、空间所进行的，有众多人员参加的，具有一定影响的有益的社会活动，包括大型文化活动、大型体育活动、大型商贸活动、大型会议等，活动主题不限于庆祝、纪念、缅怀或公祭，其侵害客体为大型活动的正常秩序。扰乱国家庆祝、纪念、缅怀、公祭等重要活动秩序行为侵害的客体是铭记历史、增强民族凝聚力、传承和弘扬民族精神的社会公共利益。

二是行为的客观方面不同。扰乱大型活动秩序行为的客观方面包括强行进入场内，违反规定在场内燃放烟花爆竹或者其他物品，展示侮辱性标语、条幅等物品，围攻裁判员、运动员或者其他工作人员，向场内投掷杂物且不听制止等行为。扰乱国家庆祝、纪念、缅怀、公祭等重要活动秩序行为强调在活动场所及周边管控区域实施与活动主题和氛围相违背的行为。此外，行为人只要实施了扰乱大型活动秩序行为即构成违法，但行为人实施扰乱国家庆祝、纪念、缅怀、公祭等重要活动秩序的行为以工作人员或执法人员的制止为前提，且要求造成了不良的社会影响。

处罚标准

本行为设置"一般情形"和"情节较重"两个层次的处罚。在"一般情形"中拘留或罚款是任选其一,而在"情节较重"中均适用拘留,并可以附带罚款。对"情节较重"的认定可以通过行为人的主观纠错意识、行为次数及其产生的社会危害程度综合确定。

表38 扰乱国家庆祝、纪念、缅怀、公祭等重要活动秩序行为处罚标准

处罚档次	处罚标准	裁量基准
一般情形	处5日以上10日以下拘留或者1000元以上3000元以下罚款	/
情节较重	处10日以上15日以下拘留,可以并处5000元以下罚款	①经多次劝阻拒不改正的 ②利用信息网络传播相关活动造成影响范围扩大的 ③引发民族矛盾、宗教矛盾或者群体性事件的 ④其他情节较重的情形

案例及解析

【基本案情】范某在多个微信群内散布省委书记即将在国家公祭日来到烈士陵园参加纪念活动的信息,煽动群成员非法聚集反映信访诉求。国家公祭日当天,范某及群内成员李某等人在革命烈士陵园附近聚集喧闹、拉横幅等,不听劝阻,导致公祭活动无法正常进行。

范某、李某等人的行为应该如何定性?

【解析】本案查处的难点主要在于扰乱公共场所秩序行为与扰乱国家公祭等重要活动秩序行为的区别。在行为侵害的客体上,前者主要包括公共场所的安全、稳定和有序运行,后者则主要为维护国家历史尊严和民族情感的社会公共秩序。在行为的客观方面,前者只要实施该行为但尚未造成严重损失即构成违法,后者强调经劝阻后仍继续实施该行为,并造成严重社会影响。范某等人的行为针对的是正在进行的公祭活动,其行为与国家公祭行为无关,对公祭活动的顺利开展造成直接影响,应认定为扰乱国家庆祝、纪念、缅怀、公祭等重要活动秩序的违法行为。对范某的处罚幅度还应考虑其在网络散布相关信息、组织并主导相关违法活动等情节。

关联法条

1.《刑法》(2023年修正)

第299条 【侮辱国旗、国徽、国歌罪】在公共场合,故意以焚烧、毁损、涂划、玷污、践踏等方式侮辱中华人民共和国国旗、国徽的,处三年以下有期徒刑、拘役、管制或者剥夺政治权利。

在公共场合,故意篡改中华人民共和国国歌歌词、曲谱,以歪曲、贬损方式奏唱国歌,或者以其他方

式侮辱国歌,情节严重的,依照前款的规定处罚。

2.《烈士公祭办法》(2023年修订)

第19条 对影响烈士公祭活动的,或者在烈士纪念设施保护范围内从事有损纪念烈士环境和气氛的活动的,烈士纪念设施保护单位应当及时劝阻;不听劝阻的,由县级以上地方人民政府退役军人工作主管部门按照职责规定给予批评教育,责令改正。

第21条 违反本办法规定,构成违反治安管理行为的,依法给予治安管理处罚;构成犯罪的,依法追究刑事责任。

44. 从事有损纪念英雄烈士环境和氛围的活动

现行规定

《治安管理处罚法》

第35条第2项 有下列行为之一的,处五日以上十日以下拘留或者一千元以上三千元以下罚款;情节较重的,处十日以上十五日以下拘留,可以并处五千元以下罚款:

(二)在英雄烈士纪念设施保护范围内从事有损纪念英雄烈士环境和氛围的活动,不听劝阻的……

立案与管辖

(一)立案标准

本行为是指在英雄烈士纪念设施保护范围内从事相关活动,损害纪念英雄烈士的环境和氛围,经劝阻拒绝改正,损害社会公共利益的行为。扰乱英雄烈士纪念设施保护秩序即达到立案标准。

(二)管辖

从事有损纪念英雄烈士环境和氛围的活动的违法行为,由违法行为地的公安机关管辖,违法行为地包括违法行为发生地和违法结果发生地。由违法行为人居住地公安机关管辖更为适宜的,可以由违法行为人居住地公安机关管辖。

证据收集

(一)证据规格

在一个完整的从事有损纪念英雄烈士环境和氛围的活动行为的认定中,需要收集的基本证据规格如下:

1.违法嫌疑人陈述与申辩。

(1)问明违法嫌疑人的基本情况。(2)问明作案手段、危害后果:从事有损纪念英雄烈士环境和氛围活动的内容、形式、规模及其影响。(3)问明作案工具及来源。(4)结伙作案的,问明是否有预谋过程以及各违法行为人相互关系、相互印证情况。(5)有无前科。

2. 被侵害人陈述。

问明英雄烈士纪念设施保护单位,了解发案时间、地点、经过;对纪念英雄烈士环境和氛围的破坏程度、社会影响及恢复正常秩序的难度。

3. 证人证言。

询问现场目击证人,制作询问笔录。

4. 物证、书证。

(1)处警经过,证明违法嫌疑人身份的证件,如户籍证明、身份证、工作证、与原籍联系的电话记录。(2)扣押、收缴的作案工具,并制作照片附卷。

5. 现场勘查。

制作现场勘查照片,有条件的可现场录像。

6. 辨认笔录。

被侵害人、其他证人对嫌疑人进行辨认,制作辨认笔录。

7. 视听资料。

能够证明案件事实的视听资料,如监控录像等,应当及时调取。

(二)注意事项

针对在英雄烈士纪念设施保护范围内从事有损纪念英雄烈士环境和氛围的活动,其具有可归责性的前提是行为人经劝阻后拒不改正。因此,执法人员在取证过程中,还应保留对行为人进行劝阻的相关书面证据或视听资料。

行为认定

(一)对从事有损纪念英雄烈士环境和氛围的活动行为的认定

主要从以下四个方面进行认定:

1. 行为侵害的客体:英雄烈士纪念设施是保护英烈遗骸遗物、记录英烈事迹、弘扬英烈精神的核心载体,对于弘扬民族精神和社会主义核心价值观具有重要的象征意义。传承和弘扬英烈精神的社会公共利益是本行为保护的主要法益。因此,本行为侵害的客体是社会公共秩序,即英雄烈士纪念设施的保护秩序。

从英雄烈士纪念设施的内涵来看,本行为所保护的客体包括英雄烈士纪念设施保护良好氛围、崇尚英烈的国家意志以及社会教育与文化传承的社会公共秩序。一是英雄烈士纪念设施保护区域的良好氛围。英雄烈士纪念设施及其保护区域是英雄烈士事迹和历史故事的物质载体,是获取爱国主义精神感受和熏陶的重要场所,其庄严、肃穆和崇高的环境和氛围应予维持。二是崇尚英烈的国家意志。英雄烈士纪念设施不仅是烈士遗骸的安息之地,更是国家褒扬烈士牺牲和奉献精神所在,具有崇高性和神圣性。三是社会教育与文化传承的社会公共秩序。英雄烈士纪念设施的精神价值和文化功能既依存于英雄烈士纪念设施实体又具有超越英雄烈士纪念设施本身的意义,即以史言物进行意义阐释和解读,通过语言文字媒介实现思想、观念和文化传承,在外部体现为安葬、祭扫、凭吊、缅怀等活动。英雄烈士纪念设施空间不仅要接受家属、战友和后人祭拜,还要举办国家公祭等仪式,成为社会公众接受爱国主义和红色教育的固定场所。①

2. 行为的客观方面:本行为的对象是英雄烈士纪念设施。本行为在客观上表现为,在英雄烈士纪念设施保护范围内从事有损纪念英雄烈士环境和氛围的活动,如开展广场舞等相关娱乐活动商业营销活动、悬挂侮辱性标语或其他与英雄烈士纪念活动无关的活动,破坏英雄烈士纪念设施内部庄严肃穆的氛围。例如,根据《烈士纪念设施保护管理办法》第18条的规定,烈士纪念设施保护单位和管理单位应保证设施设备外观完整、题词碑文字迹清晰,保持庄严、肃穆、清净的环境和氛围,为社会公众提供良好的瞻仰和教育场所。

3. 行为的实施主体:本行为的主体是一般主体,即达到法定责任年龄、具备责任能力的自然人。

4. 行为的主观方面:行为人在主观上必须出于故意,即行为人明知其行为违反国家关于英雄烈士纪念设施保护的规定且不听劝阻,行为动机不影响行为的认定。过失不能构成本行为。如果行为人在英雄烈士纪念设施保护范围内从事有损纪念英雄烈士环境和氛围的活动,经劝阻后及时停止相关活动,则不具有可归责性。

(二)英雄烈士纪念设施的范围界定

对英雄烈士纪念设施作出明确规定的法律是《英雄烈士保护法》。根据该法第2条第2款的规定,"近代以来,为了争取民族独立和人民解放,实现国家富强和人民幸福,促进世界和平和人类进步而毕生奋斗、英勇献身的英雄烈士,功勋彪炳史册,精神永垂不朽"。由此可见,该法所保护的英雄烈士主要为在近代以来已经英勇牺牲的烈士。根据《烈士褒扬条例》第8条第1款,牺牲的下列公民被评定为烈士:(1)在依法查处违法犯罪行为、执行国家安全工作任务、执行反恐怖任务、执行特勤警卫任务、执行突发事件应急处置与救援任务中牺牲的;(2)抢险救灾或者其他为了抢救、保护国家财产、集体财产、公民生命财产牺牲的;(3)在执行外交任务或者国家派遣的对外援助、维持国际和平、执法合作任务中牺牲的;(4)在执行武器装备科研试验任务中牺牲的;(5)其他牺牲情节特别突出,堪为楷模的。根据《军人抚恤优待条例》第8条第1款、第2款的规定,下列情形下牺牲的军人被评定为烈士:(1)对敌作战牺牲,或者对敌作战负伤在医疗终结前因伤牺牲的;(2)因执行任务遭敌人或者犯罪分子杀害,或者被俘、被捕后不屈遭敌人杀害或者被折磨牺牲的;(3)为抢救和保护国家财产、集体财产、公民生命财产或者执行反恐怖任务和处置突发事件牺牲的;(4)因执行军事演习、战备航行飞行、空降和导弹发射训练、试航试飞任务以及参加武器装备科研试验牺牲的;(5)在执行外交任务或者国家派遣的对外援助、维持国际和平任务中牺牲的;(6)其他牺牲情节特别突出,堪

---

① 参见时立荣、白乙涵:《新中国成立以来我国烈士纪念设施内涵的政策变化与发展》,载《社会建设》2022年第6期。

为楷模的;(7)军人在执行对敌作战、维持国际和平、边海防执勤或者抢险救灾等任务中失踪、被宣告死亡的,按照烈士对待。

根据《英雄烈士保护法》第7条第1款的规定,国家建立并保护英雄烈士纪念设施,纪念、缅怀英雄烈士。根据《烈士纪念设施保护管理办法》第2条的规定,烈士纪念设施是指在中华人民共和国境内按照国家有关规定为纪念缅怀英烈专门修建的烈士陵园、烈士墓、烈士骨灰堂、烈士英名墙、纪念堂馆、纪念碑亭、纪念塔祠、纪念塑像、纪念广场等设施。

可见,英雄烈士纪念设施主要是指由国家建立的,旨在纪念和缅怀已经牺牲、去世的英雄烈士的设施。在此类设施保护范围内从事有损纪念英雄烈士环境和氛围的活动,或侵占、破坏、污损此类设施的,适用本条规定予以办理。为健在的英雄模范人物设立的纪念设施,则不属于本条规定的调整范围。

此外,还应当注意区分英雄烈士纪念设施与红色资源,前者是后者的组成部分。英雄烈士纪念设施具有国家认可或认定的牺牲褒扬特性,用以铭记、缅怀和尊崇英雄烈士为国家、人民和民族作出的牺牲和贡献。而其他红色资源一般不绝对地体现牺牲褒扬的特点,如烈士生前工作过、居住过的革命事迹地点、革命老区和红军长征沿线的红色文化遗存等具有党史、军史、革命史和建设史的场所均可能成为红色资源。

处罚标准

本行为设置"一般情形"和"情节较重"两个层次的处罚。在"一般情形"中拘留或罚款是任选其一,而在"情节较重"中均适用拘留,并可以附带罚款。对"情节较重"的认定可以通过行为人的主观纠错意识、行为次数及其产生的社会危害程度综合确定。

表39 从事有损纪念英雄烈士环境和氛围的活动行为处罚标准

处罚档次	处罚标准	裁量基准
一般情形	处5日以上10日以下拘留或者1000元以上3000元以下罚款	/
情节较重	处10日以上15日以下拘留,可以并处5000元以下罚款	①经多次劝阻拒不改正的 ②引发民族矛盾、宗教矛盾或者群体性事件的 ③其他情节较重的情形

案例及解析

【基本案情】某烈士陵园系某位抗日民族英雄墓,该烈士陵园所属的村为英雄村。20世纪80年代民政部批准该民族英雄为革命烈士。至今,该烈士陵园先后被列入国家级抗战纪念设施、遗址名录。某电视剧因以该烈士为原型创作,一经播出引发大量观众的喜爱,吸引了短视频博主张某到该烈士陵园拍摄视频、直播卖货,经陵园劝阻后,张某仍继续开展直播,并组织大批网友前来开展所谓敬奉革命先烈的活动,事后留下的垃圾也使该陵园的生态环境受影响。

对张某的行为应如何定性？

【解析】本案所涉烈士陵园是抗日民族英雄的墓，属于受国家保护的英雄烈士纪念设施，该陵园及其周边地区的环境均受保护。张某到该陵园从事直播卖货的商业行为明显破坏了英雄烈士纪念设施的保护氛围，系对英雄烈士纪念意义的亵渎，应予劝阻。本案查处的关键在于公安机关是否首先对张某予以劝阻，以及张某是否停止相关行为。由后续的案情可知，张某在经劝阻后仍继续直播，并且造成了更大的不良影响，破坏了烈士陵园庄严、清净的纪念氛围，应根据其行为的影响及严重程度对张某予以治安行政处罚。

关联法条

1.《英雄烈士保护法》（2018年）

第10条第2款　任何组织和个人不得在英雄烈士纪念设施保护范围内从事有损纪念英雄烈士环境和氛围的活动，不得侵占英雄烈士纪念设施保护范围内的土地和设施，不得破坏、污损英雄烈士纪念设施。

第27条第1款　在英雄烈士纪念设施保护范围内从事有损纪念英雄烈士环境和氛围的活动的，纪念设施保护单位应当及时劝阻；不听劝阻的，由县级以上地方人民政府负责英雄烈士保护工作的部门、文物主管部门按照职责规定给予批评教育，责令改正；构成违反治安管理行为的，由公安机关依法给予治安管理处罚。

第28条　侵占、破坏、污损英雄烈士纪念设施的，由县级以上人民政府负责英雄烈士保护工作的部门责令改正；造成损失的，依法承担民事责任；被侵占、破坏、污损的纪念设施属于文物保护单位的，依照《中华人民共和国文物保护法》的规定处罚；构成违反治安管理行为的，由公安机关依法给予治安管理处罚；构成犯罪的，依法追究刑事责任。

2.《烈士褒扬条例》（2024年修订）

第43条　任何组织和个人不得在烈士纪念设施保护范围内从事与纪念烈士无关或者有损烈士形象、有损纪念烈士环境和氛围的活动。

第64条　在烈士纪念设施保护范围内从事与纪念烈士无关或者有损烈士形象、有损纪念烈士环境和氛围的活动的，烈士纪念设施保护单位应当及时劝阻；不听劝阻的，由县级以上地方人民政府退役军人工作主管部门给予批评教育，责令改正。

3.《烈士纪念设施保护管理办法》（2022年修订）

第2条　本办法所称烈士纪念设施，是指在中华人民共和国境内按照国家有关规定为纪念缅怀英烈专门修建的烈士陵园、烈士墓、烈士骨灰堂、烈士英名墙、纪念堂馆、纪念碑亭、纪念塔祠、纪念塑像、纪念广场等设施。

第32条　烈士纪念设施保护范围内的土地和设施受法律保护，任何组织和个人不得在烈士纪念设施保护范围内从事与纪念英烈无关或者有损纪念英烈环境和氛围的活动，不得侵占烈士纪念设施保护范围内的土地和设施，不得破坏、污损烈士纪念设施。

第33条　在烈士纪念设施保护范围内从事有损纪念英烈环境和氛围活动的，烈士纪念设施保护单位和管理单位应当及时劝阻;不听劝阻的,由县级以上人民政府退役军人工作主管部门会同有关部门按照职责规定给予批评教育,责令改正。

第34条 非法侵占烈士纪念设施保护范围内的土地、设施,破坏、污损烈士纪念设施,或者在烈士纪念设施保护范围内为不符合安葬条件的人员修建纪念设施、安葬或安放骨灰或者遗体的,由所在地县级以上人民政府退役军人工作主管部门责令改正,恢复原状、原貌;造成损失的,依法承担民事责任。

45.侵占、破坏、污损英雄烈士纪念设施

现行规定

《治安管理处罚法》

第35条 有下列行为之一的,处五日以上十日以下拘留或者一千元以上三千元以下罚款;情节较重的,处十日以上十五日以下拘留,可以并处五千元以下罚款:

(二)……侵占、破坏、污损英雄烈士纪念设施的;

立案与管辖

(一)立案标准

本行为是指侵占、破坏、污损英雄烈士纪念设施,损害社会公共利益的行为。对英雄烈士纪念设施造成毁损、扰乱英雄烈士纪念设施保护秩序即达到立案标准。

(二)管辖

侵占、破坏、污损英雄烈士纪念设施的违法行为,由违法行为地的公安机关管辖,违法行为地包括违法行为发生地和违法结果发生地。由违法行为人居住地公安机关管辖更为适宜的,可以由违法行为人居住地公安机关管辖。违法行为地包括违法行为发生地和违法结果发生地。

证据收集

在一个完整的侵占、破坏、污损英雄烈士纪念设施行为的认定中,需要收集的基本证据规格如下:

1.违法嫌疑人陈述与申辩。

(1)问明违法嫌疑人的基本情况。(2)问明作案手段、危害后果:实施侵占、破坏、污损英雄烈士纪念设施所用工具、手段及损害程度。(3)问明作案工具及来源。(4)结伙作案的,问明是否有预谋过程以及各违法行为人相互关系、相互印证情况。(5)有无前科。

2.被侵害人陈述。

问明英雄烈士纪念设施保护单位,了解发案时间、地点、经过;被损毁英雄烈士纪念设施的特征、价值、来源、新旧程度、被损坏程度。

3. 证人证言。

询问现场目击证人,制作询问笔录。

4. 物证、书证。

(1)出警经过,证明违法嫌疑人身份的证件,如户籍证明、身份证、工作证、与原籍联系的电话记录。(2)扣押、收缴的作案工具,并制作照片附卷。

5. 鉴定意见。

被损毁英雄烈士纪念设施的价值认定,并将结论告知或送达行为人和受害人。

6. 勘查、检查笔录。

制作现场勘查照片,有条件的可现场录像。

7. 辨认笔录。

被侵害人、其他证人对嫌疑人进行辨认,制作辨认笔录。

8. 视听资料。

能够证明案件事实的视听资料,应当及时调取。

行为认定

(一)对侵占、破坏、污损英雄烈士纪念设施行为的认定

主要从以下四个方面进行认定:

1. 行为侵害的客体:英雄烈士纪念设施是保护英烈遗骸遗物、记录英烈事迹、弘扬英烈精神的核心载体,对于弘扬民族精神和社会主义核心价值观具有重要的象征意义。传承和弘扬英烈精神的社会公共利益是本行为保护的主要法益。虽然针对英雄烈士纪念设施的破坏和污损可能导致财产损失,但其结果均对国家培育和弘扬英烈精神和社会主义核心价值观的社会公共利益造成侵害。因此,本行为侵害的客体是社会公共秩序,即英雄烈士纪念设施的保护秩序。

从英雄纪念设施的内涵来看,本行为所保护的客体包括英雄烈士纪念设施的完整性、崇尚英烈的国家意志以及社会教育与文化传承的社会公共秩序。一是英雄烈士纪念设施的完整性。英雄烈士纪念设施是实物、事实、事迹的史证,以墓、碑等形制保存,是开展褒扬纪念工作的实物载体,应确保其物理价值上的完整性。二是崇尚英烈的国家意志。英雄烈士纪念设施不仅是烈士遗骸的安息之地,更是国家褒扬烈士牺牲和奉献精神所在,具有崇高性和神圣性。三是社会教育与文化传承的社会公共秩序。英雄烈士纪念设施的精神价值和文化功能既依存于英雄烈士纪念设施实体又具有超越英雄烈士纪念设施本身的意义,即以史言物进行意义阐释和解读,通过语言文字媒介实现思想、观念和文化传承,在外部体现为安葬、祭扫、凭吊、缅怀等活动。英雄烈士纪念设施空间不仅要接受家属、战友和后人祭拜,还要举办国家公祭等仪式,成为社会公众接受爱国主义和红色教育的固定场所。[①]

---

① 参见时立荣、白乙涵:《新中国成立以来我国烈士纪念设施内涵的政策变化与发展》,载《社会建设》2022年第6期。

2.行为的客观方面:本行为的对象是英雄烈士纪念设施。本行为在客观上表现为侵占、破坏、污损英雄烈士纪念设施的行为,如占用英雄烈士纪念设施及园区用于商业开发或非用于英雄烈士保护目的的建设、对英雄烈士纪念设施进行涂鸦、刻画、砸砍、污染等。

3.行为的实施主体:本行为的主体是一般主体,即达到法定责任年龄、具备责任能力的自然人。

4.行为的主观方面:行为人在主观上必须出于故意,即行为人明知其行为违反国家关于英雄烈士纪念设施保护的规定仍实施该行为,行为动机不影响行为的认定。过失不能构成本行为。

(二)与破坏、污损坟墓行为的区别

第一,侵害客体不同。破坏、污损坟墓行为侵害的法益是社会管理秩序和社会风俗风化,并可能涉及死者的人格权和死者家属的精神情感,而侵占、破坏、污损英雄烈士纪念设施行为侵犯的是弘扬和传承英烈精神的社会公共利益。

第二,行为对象不同。破坏、污损坟墓行为侵害的对象是除英雄烈士的坟墓之外的普通坟墓,而侵占、破坏、污损英雄烈士纪念设施行为侵害的对象是英雄烈士纪念设施,包括英雄烈士的坟墓及其他纪念设施。

(三)与故意损坏文物、名胜古迹及违法实施危及文物安全活动的区别

被侵占、破坏、污损的英雄烈士纪念设施同时被认定为文物的,根据特别法优先于一般法的原则,应适用《文物保护法》的相关规定予以处罚。《文物保护法》规定适用《治安管理处罚法》予以处罚的,则应根据违法行为的客观事实及其危害程度,适用有关故意损坏文物、名胜古迹或违法实施危及文物安全活动的处罚规定。

处罚标准

本行为设置"一般情形"和"情节较重"两个层次的处罚。在"一般情形"中拘留或罚款是任选其一,而在"情节较重"中均适用拘留,并可以附带罚款。对"情节较重"的认定可以通过行为人的主观纠错意识、行为次数及其产生的社会危害程度综合确定。

表40 侵占、破坏、污损英雄烈士纪念设施行为处罚标准

处罚档次	处罚标准	裁量基准
一般情形	处5日以上10日以下拘留或者1000元以上3000元以下罚款	/
情节较重	处10日以上15日以下拘留,可以并处5000元以下罚款	①破坏、污损程度较严重的 ②引发民族矛盾、宗教矛盾或者群体性事件的 ③其他情节较重的情形

案例及解析

【基本案情】王某某为发泄个人不满情绪,两次携羊角锤到某市长青公园烈士纪念碑,共敲击纪念碑前的烈士雕像右侧腿部及脚踝处二十余下,造成烈士雕像损坏。

本案中,王某某的行为应该如何定性?

【解析】本案查处的难点在于对故意损毁公私财物行为与破坏英雄烈士纪念设施行为的区分。两者在侵害的对象和侵害的客体上有所差异。在侵害的对象上,故意损毁公私财物行为侵害的对象主要是公私财物,破坏英雄烈士纪念设施行为侵害的对象是英雄烈士纪念设施。根据《烈士纪念设施保护管理办法》第2条的规定,烈士纪念设施是指在中华人民共和国境内按照国家有关规定为纪念缅怀英烈专门修建的烈士陵园、烈士墓、烈士骨灰堂、烈士英名墙、纪念堂馆、纪念碑亭、纪念塔祠、纪念塑像、纪念广场等设施。在侵害的客体上,故意损毁公私财物行为侵害的客体是公私财物的所有权等财产权利,破坏英雄烈士纪念设施行为侵害的客体是英雄烈士的名誉、荣誉和保护英雄烈士的名誉、荣誉的社会公共秩序。依据2025年修订的《治安管理处罚法》第35条第2项的规定,本案应当定性为扰乱英雄烈士纪念设施保护秩序的行为。

关联法条

本部分关联法条参见"从事有损纪念英雄烈士环境和氛围的活动"行为的关联法条。

46. 侵害英雄烈士名誉、荣誉

现行规定

《治安管理处罚法》

第35条第3项 有下列行为之一的,处五日以上十日以下拘留或者一千元以上三千元以下罚款;情节较重的,处十日以上十五日以下拘留,可以并处五千元以下罚款:

(三)以侮辱、诽谤或者其他方式侵害英雄烈士的姓名、肖像、名誉、荣誉,损害社会公共利益的;

立案与管辖

(一)立案标准

本行为是指以侮辱、诽谤或者其他方式侵害英雄烈士的姓名、肖像、名誉、荣誉,损害社会公共利益,尚不构成犯罪的行为,对社会公共秩序造成破坏即达到立案标准。

(二)管辖

侵害英雄烈士名誉和荣誉的违法行为,由违法行为地的公安机关管辖,违法行为地包括违法行为发生地和违法结果发生地;由违法行为人居住地公安机关管辖更为适宜的,可以由违法行为人居住地公安机关管辖。利用网络实施的侵害英雄烈士名誉、荣誉的违法行为,由用于实施违法行为的网站服务器所在地、网络接入地以及网站建立者或者管理者所在地,违法过程中违法行为人使用的网络及其运营者所在地的公安机关管辖。

证据收集

(一)证据规格

在一个完整的侵害英雄烈士名誉、荣誉行为的认定中,需要收集的基本证据规格如下:

1. 违法嫌疑人陈述与申辩。

(1)问明违法嫌疑人的基本情况。(2)问明作案的动机和目的,是否故意公然贬低英雄烈士人格,破坏英雄烈士名誉、荣誉。(3)问明作案手段、危害后果、用何方式(包括用照片、大小字报、漫画、编造谣言等),造成的影响等。(4)结伙作案的,问明违法嫌疑人的数量、身份及体貌特征,预谋、结伙聚合的过程、地位及具体分工,以及各违法嫌疑人相互关系、相互印证情况。

2. 证人证言。

问明发案时间、地点、经过、违法事实情节,造成后果严重程度,违法嫌疑人实施违法行为的方式、内容、在场人员等。

3. 物证、书证。

侮辱性的照片、大小字报、漫画等;字条、书信、病历等。

4. 视听资料。

录像、录音等。

5. 鉴定意见。

笔迹鉴定等。

6. 勘验、检查笔录,辨认笔录。

现场勘查图、现场照片等,证人、被侵害人对违法嫌疑人的辨认。

7. 其他证据材料。

(1)证明违法嫌疑人身份的材料,如户籍证明、身份证、工作证、专业或技术等级证复印件等;如有前科劣迹,应调取法院判决书、行政处罚决定书、释放证明书等有效法律文件。

(2)抓获经过、处警经过、报案材料等。

(二)注意事项

本行为注重对社会公共秩序的损害,尤其是英雄烈士名誉、荣誉等社会公共利益,与一般侮辱、诽谤行为相区别,应注重考察行为造成的社会影响。

行为认定

(一)对侵害英雄烈士名誉、荣誉行为的认定

主要从以下四个方面进行认定:

1.行为侵害的客体:英雄烈士的事迹及精神是传承和弘扬爱国主义、培育和践行社会主义核心价值观、实现中华民族伟大复兴的强大精神动力,其外在表现为公众对英雄烈士的崇敬感情和对其精神的集体心理认同和尊重,是影响国家稳定的社会公众心理。因此,社会公共利益是本行为主要侵害的法益。英雄烈士的姓名和肖像具有代表社会主义核心价值观和爱国主义精神的象征意义,对此类私人权利的侵害同样构成对社会公共秩序的侵害。本行为对社会公共秩序造成了一定危害后果,但尚未造成严重后果。

2.行为的客观方面:本行为的对象是英雄烈士,即近代以来,为了争取民族独立和人民解放,实现国家富强和人民幸福,促进世界和平和人类进步而毕生奋斗、英勇献身的英雄烈士,且主要为故去的烈士,但在特殊情况下也可能适用于在世的英雄。本行为在客观上表现为对英雄烈士的侮辱、诽谤以及其他对侵害英雄烈士姓名、肖像、名誉和荣誉的行为。根据《英雄烈士保护法》的规定,本行为具体包括:歪曲、丑化、亵渎、否定英雄烈士事迹和精神;在公共场所、互联网或者利用广播电视、电影、出版物等,以侮辱、诽谤或者其他方式侵害英雄烈士的姓名、肖像、名誉、荣誉;将英雄烈士的姓名、肖像用于或者变相用于商标、商业广告,损害英雄烈士的名誉、荣誉。

侮辱,是指对英雄烈士予以轻蔑的价值判断的表示;诽谤,是指散布捏造的事实,侵害英雄烈士的名誉、荣誉,如亵渎、否定英雄烈士事迹和精神,通过宣扬、美化侵略战争和侵略行为贬损英雄烈士的名誉、荣誉,或者通过其他方式丑化、诋毁英雄烈士等。对英雄烈士事迹和精神展开研究,揭示事实真相的行为,不成立违法行为。①

3.行为的实施主体:本行为的主体是一般主体,即达到法定责任年龄、具备责任能力的自然人。

4.行为的主观方面:行为人在主观上必须出于故意,即行为人明知其行为违反国家关于英雄烈士保护的规定,侵害英雄烈士姓名、肖像、名誉、荣誉,行为动机不影响行为的认定。过失不能构成本行为。

(二)英雄烈士范围的界定

《英雄烈士保护法》第2条第2款规定,"近代以来,为了争取民族独立和人民解放,实现国家富强和人民幸福,促进世界和平和人类进步而毕生奋斗、英勇献身的英雄烈士,功勋彪炳史册,精神永垂不朽"。从该法的立法精神看,该法所保护的英雄烈士主要为在近代以来已经英勇牺牲的烈士。《最高人民法院、最高人民检察院、公安部关于依法惩治侵害英雄烈士名誉、荣誉违法犯罪的意见》同样采纳这一定义。该意见指出,英雄烈士的时代范围主要为"近代以来",重点是中国共产党、人民军队和中华人民共和国历史上的英雄烈士。英雄烈士既包括个人,也包括群体;既包括有名英雄烈士,也包括无名英雄烈士。经依法评定为烈士的,应当认定为英雄烈士;已牺牲、去世,尚未评定为烈士,但其事迹和精神为我国社会普遍公认的英雄模范人物或者群体,可以认定为英雄烈士。

---

① 参见张明楷:《刑法学》,法律出版社2021年版,第1411页。

英雄烈士主要指已经牺牲、去世的烈士。对侮辱、诽谤或者以其他方式侵害健在的英雄模范人物或者群体名誉、荣誉的行为，适用《治安管理处罚法》有关侮辱、诽谤的一般规定追究责任。但是，参考《最高人民法院、最高人民检察院、公安部关于依法惩治侵害英雄烈士名誉、荣誉违法犯罪的意见》，被侵害英雄烈士群体中既有已经牺牲的烈士，也有健在的英雄模范人物的，可以统一适用侵害英雄烈士名誉、荣誉的条款予以认定。可见，在特殊情况下，活着的英雄如《国家勋章和国家荣誉称号法》等规定的国家、党和军队最高荣誉的获得者，也可能被列入英雄烈士的范围，从而实现对侵害其名誉、荣誉的行为的综合评价。

（三）与侵害英雄烈士名誉、荣誉罪的区分

侵害英雄烈士名誉、荣誉罪（《刑法》第299条之一），是指侮辱、诽谤或者以其他方式侵害英雄烈士的名誉、荣誉，损害社会公共利益，情节严重的行为。两者的主要区分在于客观方面。侵害英雄烈士名誉、荣誉行为表现为以侮辱、诽谤或其他方式，侵害英雄烈士的姓名、肖像、名誉或荣誉，不要求造成严重后果。而侵害英雄烈士名誉、荣誉罪表现为以侮辱、诽谤或其他方式，侵害英雄烈士的名誉或荣誉，必须达到情节严重才构成犯罪，如大规模传播、引发群体性事件、被境外势力利用等。

（四）与侮辱、诽谤行为的区分

第一，保护法益不同。侮辱、诽谤行为的保护法益是个人的名誉，即个人法益，而侵害英雄烈士名誉、荣誉行为的保护法益是双重的，既保护个人法益也保护社会公共法益，即集体法益。

第二，行为对象不同。侮辱、诽谤行为的行为对象是一般人，而侵害英雄烈士名誉、荣誉行为的行为对象是特定的英雄烈士。

第三，行为方式不同。侮辱、诽谤行为的行为方式是公然侮辱或捏造事实诽谤，而侵害英雄烈士名誉、荣誉行为的行为方式，除了侮辱或诽谤外，还包括其他方式。①

（五）与寻衅滋事行为的区分

根据2025年修订的《治安管理处罚法》第30条第4项的规定，其他无故侵扰他人、扰乱社会秩序的寻衅滋事行为，属于可以处罚的违法行为。此类行为主要包括出于取乐、寻求精神刺激等目的，在公共场所无事生非，制造事端，扰乱公共秩序，或利用信息网络辱骂、恐吓他人，破坏社会秩序等行为。寻衅滋事行为与侵害英雄烈士名誉、荣誉行为具有一定重合之处，但两者是一般法条与特殊法条的关系。寻衅滋事行为的对象是不特定的他人，既包括英雄烈士，也包括普通公民。因此，对于针对英雄烈士实施的行为，应适用特殊法条，即以侵害英雄烈士名誉、荣誉的违法行为予以处罚。

（六）与从事有损纪念英雄烈士环境和氛围的活动及侵占、破坏、污损英雄烈士纪念设施行为的区分

对于在英雄烈士纪念设施保护范围内从事有损纪念英雄烈士环境和氛围的活动，不听劝

---

① 参见李勇、董砺欧：《侵害英雄烈士名誉、荣誉罪的基本构造及司法适用》，载《中国检察官》2022年第10期。

阻,或者侵占、破坏、污损英雄烈士纪念设施的行为,是否同时构成侵害英雄烈士名誉、荣誉的行为,不能一概而论,应做具体分析。单纯实施有损英雄烈士纪念环境和氛围的行为或侵占、破坏、污损英雄烈士纪念设施的行为,主要妨碍对英雄烈士的瞻仰、悼念,可以直接依据2025年修订的《治安管理处罚法》第35条第2项的规定予以处罚。但是,如果破坏、污损英雄烈士纪念设施的行为是针对英雄烈士的画像、图片、雕塑等纪念设施进行的带有侮辱性质的涂画,那么应认定为侵害英雄烈士姓名、肖像、名誉、荣誉行为。[①]

🛡 处罚标准

本行为设置一般情形和情节较重两个层次的处罚。在一般情形的处罚中拘留与罚款是任选其一的,而在情节较重的处罚中必须适用拘留,并可以附带罚款。

对于"情节较重"的范围,可以参考《最高人民法院、最高人民检察院、公安部关于依法惩治侵害英雄烈士名誉、荣誉违法犯罪的意见》等规定,结合行为方式,根据英雄烈士的人数、相关信息的数量、传播方式、传播范围、传播持续时间、相关信息实际被点击、浏览、转发次数,引发的社会影响、危害后果以及行为人前科情况等综合判断。

此外,当行为人通过网络发布侮辱、诽谤英雄烈士名誉、荣誉的言论时,其行为不仅损害了社会公共利益,而且违反了信息网络管理秩序,因而应当参照《最高人民法院、最高人民检察院关于办理利用信息网络实施诽谤等刑事案件适用法律若干问题的解释》第2条的规定,根据相关言论的传播范围、持续时间、相关信息实际被点击、浏览、转发次数和危害结果,并结合案情将行为时间(是否为烈士纪念日)、粉丝数量(是否为微博大V)、行为次数(是否1年内多次实施)等作为评价因素,以准确评价侵害英雄烈士名誉、荣誉行为的法益侵害程度。[②]

表41 侵害英雄烈士名誉、荣誉行为处罚标准

处罚档次	处罚标准	裁量基准
一般情形	处5日以上10日以下拘留或者1000元以上3000元以下罚款	/
情节较重	处10日以上15日以下拘留,可以并处5000元以下罚款	①通过网络发布侮辱、诽谤言论的,同一诽谤信息实际被点击、浏览次数达到一定数量以上,或者被转发次数达到一定数量以上的 ②给英雄烈士的名誉、荣誉造成较大影响的 ③针对多名英雄烈士实施的 ④其他情节较重的情形

---

① 参见余敏等:《侵害英雄烈士名誉、荣誉罪法律适用探讨》,载《人民检察》2022年第6期。
② 参见李冠煜、石晓南:《论侵害英雄烈士名誉、荣誉罪的保护法益》,载《中南大学学报(社会科学版)》2023年第2期。

案例及解析

【基本案情】 张某平时就对政府公务员群体心存怨恨，某日因到政府部门办理相关事务时未能顺利办结而怀恨在心，随后张某在名为"不知名地下组织"的微信群内发信息辱骂、诋毁英雄烈士。①

张某的行为应该如何定性？

【解析】 本案查处的难点在于对公然侮辱他人行为与以侮辱的方式侵害英雄烈士的姓名、肖像、名誉、荣誉行为的区分。两者在侵犯的客体上有所差异。在侵害的客体上，公然侮辱他人行为侵害的客体是他人的人格尊严和名誉权，而以侮辱的方式侵害英雄烈士的姓名、肖像、名誉、荣誉行为侵害的客体是英雄烈士的姓名、肖像、名誉、荣誉和社会公共利益。依据《治安管理处罚法》第35条第3项的规定，张某的行为应当定性为以侮辱、诽谤或者其他方式侵害英雄烈士的姓名、肖像、名誉、荣誉，损害社会公共利益的行为。

关联法条

1.《刑法》(2023年修正)

第299条之一 【侵害英雄烈士名誉、荣誉罪】侮辱、诽谤或者以其他方式侵害英雄烈士的名誉、荣誉，损害社会公共利益，情节严重的，处三年以下有期徒刑、拘役、管制或者剥夺政治权利。

2.《民法典》(2020年)

第185条 侵害英雄烈士等的姓名、肖像、名誉、荣誉，损害社会公共利益的，应当承担民事责任。

3.《英雄烈士保护法》(2018年)

第22条 禁止歪曲、丑化、亵渎、否定英雄烈士事迹和精神。

英雄烈士的姓名、肖像、名誉、荣誉受法律保护。任何组织和个人不得在公共场所、互联网或者利用广播电视、电影、出版物等，以侮辱、诽谤或者其他方式侵害英雄烈士的姓名、肖像、名誉、荣誉。任何组织和个人不得将英雄烈士的姓名、肖像用于或者变相用于商标、商业广告，损害英雄烈士的名誉、荣誉。

公安、文化、新闻出版、广播电视、电影、网信、市场监督管理、负责英雄烈士保护工作的部门发现前款规定行为的，应当依法及时处理。

第23条 网信和电信、公安等有关部门在对网络信息进行依法监督管理工作中，发现发布或者传输以侮辱、诽谤或者其他方式侵害英雄烈士的姓名、肖像、名誉、荣誉的信息的，应当要求网络运营者停止传输，采取消除等处置措施和其他必要措施；对来源于中华人民共和国境外的上述信息，应当通知有关机构采取技术措施和其他必要措施阻断传播。

网络运营者发现其用户发布前款规定的信息的，应当立即停止传输该信息，采取消除等处置措施，防止信息扩散，保存有关记录，并向有关主管部门报告。网络运营者未采取停止传输、消除等处置措施的，依照《中华人民共和国网络安全法》的规定处罚。

第26条 以侮辱、诽谤或者其他方式侵害英雄烈士的姓名、肖像、名誉、荣誉，损害社会公共利益

---

① 改编自咸宁市公安局温泉分局行政处罚决定书，温分公（岔）行罚决字〔2023〕471号。

的,依法承担民事责任;构成违反治安管理行为的,由公安机关依法给予治安管理处罚;构成犯罪的,依法追究刑事责任。

4.《最高人民法院、最高人民检察院、公安部关于依法惩治侵害英雄烈士名誉、荣誉违法犯罪的意见》(2022年)

一、关于英雄烈士的概念和范围

根据英雄烈士保护法第二条的规定,刑法第二百九十九条之一规定的"英雄烈士",主要是指近代以来,为了争取民族独立和人民解放,实现国家富强和人民幸福,促进世界和平和人类进步而毕生奋斗、英勇献身的英雄烈士。

司法适用中,对英雄烈士的认定,应当重点注意把握以下几点:

(一)英雄烈士的时代范围主要为"近代以来",重点是中国共产党、人民军队和中华人民共和国历史上的英雄烈士。英雄烈士既包括个人,也包括群体;既包括有名英雄烈士,也包括无名英雄烈士。

(二)对经依法评定为烈士的,应当认定为刑法第二百九十九条之一规定的"英雄烈士";已牺牲、去世,尚未评定为烈士,但其事迹和精神为我国社会普遍公认的英雄模范人物或者群体,可以认定为"英雄烈士"。

(三)英雄烈士是指已经牺牲、去世的英雄烈士。对侮辱、诽谤或者以其他方式侵害健在的英雄模范人物或者群体名誉、荣誉,构成犯罪的,适用刑法有关侮辱、诽谤罪等规定追究刑事责任,符合适用公诉程序条件的,由公安机关依法立案侦查,人民检察院依法提起公诉。但是,被侵害英雄烈士群体中既有已经牺牲的烈士,也有健在的英雄模范人物的,可以统一适用侵害英雄烈士名誉、荣誉罪。

二、关于侵害英雄烈士名誉、荣誉罪入罪标准

根据刑法第二百九十九条之一的规定,侮辱、诽谤或者以其他方式侵害英雄烈士的名誉、荣誉,损害社会公共利益,情节严重的,构成侵害英雄烈士名誉、荣誉罪。

司法实践中,对侵害英雄烈士名誉、荣誉的行为是否达到"情节严重",应当结合行为方式,涉及英雄烈士的人数,相关信息的数量、传播方式、传播范围、传播持续时间,相关信息实际被点击、浏览、转发次数,引发的社会影响、危害后果以及行为人前科情况等综合判断。根据案件具体情况,必要时,可以参照适用《最高人民法院、最高人民检察院关于办理利用信息网络实施诽谤等刑事案件适用法律若干问题的解释》(法释〔2013〕21号)的规定。

侵害英雄烈士名誉、荣誉,达到入罪标准,但行为人认罪悔罪,综合考虑案件具体情节,认为犯罪情节轻微的,可以不起诉或者免予刑事处罚;情节显著轻微危害不大的,不以犯罪论处;构成违反治安管理行为的,由公安机关依法给予治安管理处罚。

47. 亵渎、否定英雄烈士事迹和精神

现行规定

《治安管理处罚法》

第35条第4项 有下列行为之一的,处五日以上十日以下拘留或者一千元以上三千元

以下罚款;情节较重的,处十日以上十五日以下拘留,可以并处五千元以下罚款:

(四)亵渎、否定英雄烈士事迹和精神……的;

立案与管辖

(一)立案标准

本行为是指以任何形式亵渎、否定英雄烈士事迹和精神,尚不构成犯罪的行为,对社会公共秩序造成破坏即达到立案标准。

(二)管辖

亵渎、否定英雄烈士事迹和精神的违法行为,由违法行为地的公安机关管辖;由违法行为人居住地公安机关管辖更为适宜的,可以由违法行为人居住地公安机关管辖。利用网络实施的上述违法行为,由用于实施违法行为的网站服务器所在地、网络接入地以及网站建立者或者管理者所在地,违法过程中违法行为人使用的网络及其运营者所在地的公安机关管辖。

证据收集

(一)证据规格

在一个完整的亵渎、否定英雄烈士事迹和精神行为的认定中,需要收集的基本证据规格如下:

1. 违法嫌疑人陈述与申辩。

(1)问明违法嫌疑人的基本情况。(2)问明作案的动机和目的,是否故意公然亵渎、否定英雄烈士事迹和精神。(3)问明作案手段、危害后果,用何方式(包括用照片、大小字报、漫画、编造谣言、通过网络传播等),造成的影响等。(4)结伙作案的,问明违法嫌疑人的数量、身份及体貌特征,预谋、结伙聚合的过程、地位及具体分工,以及各违法嫌疑人相互关系、相互印证情况。

2. 证人证言。

问明发案时间、地点、经过、违法事实情节、造成后果严重程度、违法嫌疑人实施违法行为的方式、内容、在场人员等。

3. 物证、书证。

(1)亵渎、否定英雄烈士事迹和精神的照片、大小字报、漫画、书籍等。(2)字条、书信、病历等。(3)权威历史档案、官方文献等可以证明行为人言论与历史事实冲突的证据。

4. 视听资料。

录像、录音等。

5. 鉴定意见。

笔迹鉴定等。

6. 勘验、检查笔录、辨认笔录。

现场勘查图、现场照片等,证人对违法嫌疑人的辨认。

7.其他证据材料。

(1)证明违法嫌疑人身份的材料,如户籍证明、身份证、工作证、专业或技术等级证复印件等;如有前科劣迹,应调取法院判决书、行政处罚决定书、释放证明书等有效法律文件。(2)抓获经过、处警经过、报案材料等。

(二)注意事项

本行为注重对社会公共秩序的扰乱,应重点考察行为造成的社会影响。在通过网络发布亵渎、否定英雄烈士事迹和精神,或者宣扬、美化侵略战争、侵略行为的言论的情况下,应当关注以下几方面:通过截屏、录屏、服务器日志,固定网络发帖、评论、转发记录;统计点击量、转发量、评论数等,以证明影响力;对违法音视频资料保存原始文件及元数据,如拍摄时间、地点、设备信息等。证据的固定对本行为的认定至关重要,应避免该条款的滥用导致对正当言论的误读,对正常的学术讨论和艺术表达应谨慎认定。

🛡 行为认定

(一)对亵渎、否定英雄烈士事迹和精神的认定

主要从以下四个方面进行认定:

1.行为侵害的客体:本行为侵害的客体是社会公共秩序,即英雄烈士保护秩序。英雄烈士的事迹及精神是传承和弘扬爱国主义,培育和践行社会主义核心价值观,是实现中华民族伟大复兴的强大精神动力,其外在表现为公众对英雄烈士的崇敬感情和对其精神的集体心理认同和尊重,是影响国家稳定的社会公众心理。

2.行为的客观方面:本行为的对象之一是英雄烈士,即近代以来,为了争取民族独立和人民解放,实现国家富强和人民幸福,促进世界和平和人类进步而毕生奋斗、英勇献身的英雄烈士,且主要为故去的烈士,但在特殊情况下也可能适用于在世的英雄。本行为在客观上表现为对英雄烈士精神的亵渎和否定,如对英雄烈士的事迹或贡献予以否定或予以轻蔑的价值判断。

3.行为的实施主体:本行为的主体既可以是自然人,也可以是法人(单位)。

4.行为的主观方面:行为人在主观上必须出于故意,即行为人明知其行为违反国家关于英雄烈士保护的规定或与弘扬民族精神和社会主义核心价值观相违背,侵害英雄烈士名誉、荣誉或对公共秩序造成损害,行为动机不影响行为的认定。

(二)与侵害英雄烈士名誉、荣誉行为的区别

本行为与侵害英雄烈士名誉、荣誉的行为存在行为侵害客体的竞合,即均对传承和弘扬爱国主义精神、培育和践行社会主义核心价值观的民族精神和民族情感造成损害。但两者在行为结果上存在一定差异。侵害英雄烈士名誉、荣誉的行为系行为人通过侮辱、诽谤或其他方式,对英雄烈士进行污蔑和贬损,或对其姓名和肖像进行变相使用而损害其名誉或荣誉,其行为结果是对社会公共利益造成损害,对该行为违法性的评价主要取决于是否实施了该行为。亵渎、否定英雄烈士事迹和精神的行为强调对英雄烈士历史事迹带有恶意的否定评价或

严重偏离事实的批判,其行为结果是扰乱社会公共秩序,尤其是对未成年人等群体造成误导等不良后果,对该行为违法性的评价主要取决于其是否造成扰乱社会秩序的后果。

🛡 处罚标准

本行为设置一般情形和情节较重两个层次的处罚。在一般情形的处罚中拘留与罚款是任选其一的,而在情节较重的处罚中必须适用拘留,并可以附带罚款。

对于"情节较重"的范围,可以结合行为方式,涉及英雄烈士的人数,相关违法信息或物品的数量、传播方式、传播范围、传播持续时间,相关信息实际被点击、浏览、转发次数,引发的社会影响、危害后果以及行为人前科情况等综合判断。

此外,当行为人通过网络发布亵渎、否定英雄烈士事迹和精神言论时,其行为不仅损害了社会公共利益,而且违反了信息网络管理秩序,因而应当参照《最高人民法院、最高人民检察院关于办理利用信息网络实施诽谤等刑事案件适用法律若干问题的解释》第 2 条的规定,根据相关言论的传播范围、持续时间,实际被点击、浏览、转发次数和危害结果,并结合案情将行为时间(是否为烈士纪念日)、粉丝数量(是否为微博大 V)、行为次数(是否 1 年内多次实施)等作为评价因素,以准确评价该行为的法益侵害程度。①

表 42　亵渎、否定英雄烈士事迹和精神行为处罚标准

处罚档次	处罚标准	裁量基准
一般情形	处 5 日以上 10 日以下拘留或者 1000 元以上 3000 元以下罚款	/
情节较重	处 10 日以上 15 日以下拘留,可以并处 5000 元以下罚款	①通过网络发布相关言论的,同一信息实际被点击、浏览次数达到一定数量以上,或者被转发次数达到一定数量以上的 ②针对多名英雄烈士实施或给英雄烈士的名誉、荣誉造成较大影响的 ③在敏感地点或特殊历史时期或纪念日实施相关行为并产生恶劣影响的 ④其他情节较重的情形

🛡 案例及解析

【基本案情】 某反映抗美援朝战争时期中国人民志愿军英勇事迹和历史故事的电影上映后,因对该电影中饰演志愿军的某知名演员不满,徐某截取该演员饰演角色的相关片段进行

---

① 参见李冠煜、石晓南:《论侵害英雄烈士名誉、荣誉罪的保护法益》,载《中南大学学报(社会科学版)》2023 年第 2 期。

恶搞并制作相关视频,将所饰演的人物与现实中原型相结合,并附上"原来志愿军都是小白脸"等引导式语言,引起网友对志愿军故事的错误联想和讨论,以及对志愿军精神的质疑。

对徐某的行为应该如何定性?

【解析】网民徐某为博取关注和发泄个人私欲,在网络平台发布针对在抗战中牺牲的中国人民志愿军的不当言论,使原本针对电影和演员的客观批判转变为个人情绪的宣泄和对志愿军历史和精神的否认和亵渎,在网络上广泛传播后,引发公众广泛戏谑、讨论,造成恶劣社会影响。该行为构成亵渎、否定英雄烈士事迹和精神,应根据《治安管理处罚法》的规定予以行政处罚,且由于该行为在网络传播并产生了较为广泛的社会影响,应适用情节较重的处罚。

关联法条

《英雄烈士保护法》(2018年)

第27条第2款　亵渎、否定英雄烈士事迹和精神,宣扬、美化侵略战争和侵略行为,寻衅滋事,扰乱公共秩序,构成违反治安管理行为的,由公安机关依法给予治安管理处罚;构成犯罪的,依法追究刑事责任。

48. 制作、传播、散布宣扬、美化侵略战争、侵略行为的言论、物品

现行规定

《治安管理处罚法》

第35条　有下列行为之一的,处五日以上十日以下拘留或者一千元以上三千元以下罚款;情节较重的,处十日以上十五日以下拘留,可以并处五千元以下罚款:

(四)……制作、传播、散布宣扬、美化侵略战争、侵略行为的言论或者图片、音视频等物品,扰乱公共秩序的;

立案与管辖

(一)立案标准

本行为是指制作、传播、散布宣扬、美化侵略战争、侵略行为的言论或者图片、音视频等物品,扰乱公共秩序,尚不构成犯罪的行为,对社会公共秩序造成破坏即达到立案标准。

(二)管辖

制作、传播、散布宣扬、美化侵略战争、侵略行为的言论、物品的违法行为,由违法行为地的公安机关管辖;由违法行为人居住地公安机关管辖更为适宜的,可以由违法行为人居住地公安机关管辖。利用网络实施的上述违法行为,由用于实施违法行为的网站服务器所在地、

网络接入地以及网站建立者或者管理者所在地,违法过程中违法行为人使用的网络及其运营者所在地的公安机关管辖。

证据收集

(一)证据规格

在一个完整的制作、传播、散布宣扬、美化侵略战争、侵略行为的言论、物品行为的认定中,需要收集的基本证据规格如下:

1. 违法嫌疑人陈述与申辩。

(1)问明违法嫌疑人的基本情况。(2)问明作案的动机和目的,是否故意美化侵略战争、侵略行为。(3)问明作案手段、危害后果,用何方式(包括用照片、大小字报、漫画、编造谣言等),造成的影响等。(4)结伙作案的,问明违法嫌疑人的数量、身份及体貌特征,预谋、结伙聚合的过程、地位及具体分工,以及各违法嫌疑人相互关系、相互印证情况。

2. 证人证言。

问明发案时间、地点、经过,违法事实情节,造成后果严重程度,违法嫌疑人实施违法行为的方式、内容、在场人员等。

3. 物证、书证。

(1)宣扬、美化侵略战争、侵略行为的言论或者物品的照片、大小字报、漫画、书籍等。(2)字条、书信、病历等。(3)权威历史档案、官方文献等可以证明行为人言论与历史事实冲突的证据。

4. 视听资料。

录像、录音等。

5. 鉴定意见,勘验、检查笔录,辨认笔录。

笔迹鉴定,现场勘查图、现场照片,证人对违法嫌疑人的辨认等。

6. 其他证据材料。

(1)证明违法嫌疑人身份的材料,如户籍证明、身份证、工作证、专业或技术等级证复印件等;如有前科劣迹,应调取法院判决书、行政处罚决定书、释放证明书等有效法律文件。(2)抓获经过、处警经过、报案材料等。

(二)注意事项

本行为注重对社会公共秩序的扰乱,应重点考察行为造成的社会影响。在通过网络发布宣扬、美化侵略战争、侵略行为的言论的情况下,应当关注以下几方面:通过截屏、录屏、服务器日志,固定网络发帖、评论、转发记录;统计点击量、转发量、评论数等,以证明影响力;对违法音视频资料保存原始文件及元数据,如拍摄时间、地点、设备信息等。证据的固定对本行为的认定至关重要,应避免该条款的滥用导致对正当言论的误读,对正常的学术讨论和艺术表达应谨慎认定。

行为认定

(一)对制作、传播、散布宣扬、美化侵略战争、侵略行为的言论、物品行为的认定

主要从以下四个方面进行认定:

1.行为侵害的客体:本行为侵害的客体是社会公共秩序,其包含两个方面,分别是英雄烈士保护秩序以及对侵略战争、侵略行为正确认识的价值观秩序。

中华民族近代以来经历的侵略战争给中华民族精神和民族情感带来了沉重的打击,对侵略战争或侵略行为的否定具有相对明确的社会共识。本行为所保护的是中国人民反对侵略战争和纪念近代中国人民为抗击侵略战争所做的牺牲以及铭记历史的社会价值,包括凝结着中华各族人民对和平、民主和民族团结共同的崇高价值追求的社会公共秩序。宣扬、美化侵略战争、侵略行为对社会公共秩序造成了一定危害后果,但尚未造成严重后果。

2.行为的客观方面:本行为的对象是历史事件或国家行为,即制作并公开传播、散布宣扬、美化侵略战争、侵略行为的言论或物品。对历史上的侵略战争展开研究,揭示事实真相的行为不成立违法行为,但对于世界范围内公认的侵略战争和侵略行为,如第二次世界大战期间纳粹德国侵入其他国家的战争、日本对中国的侵略战争等确定的历史事实加以美化,包括制作书籍、视频、网络帖子等宣扬其正当性的内容,则具有明确的违法性。

3.行为的实施主体:本行为的主体既可以是自然人,也可以是法人。

4.行为的主观方面:行为人在主观上必须出于故意,即行为人明知其行为违反国家关于弘扬民族精神和社会主义核心价值观相违背,对公共秩序造成损害,行为动机不影响行为的认定。

(二)与煽动民族仇恨、民族歧视和刊载民族歧视、侮辱内容行为的区别

宣扬、美化侵略战争、侵略行为与煽动民族仇恨、民族歧视和刊载民族歧视、侮辱内容行为均涉及危害社会公共秩序和民族精神,但在侵害客体、行为对象及行为后果上存在区别。一是在侵害客体上,宣扬、美化侵略战争、侵略行为是对正确的历史观、民族尊严、社会公共秩序及英雄烈士名誉的扭曲和侵害,煽动民族仇恨、民族歧视和刊载民族歧视、侮辱内容行为则是对民族平等、民族团结、社会和谐的破坏。二是在行为对象上,前者是针对历史事件或国家行为,如日本侵华战争等;后者是针对现实中的民族群体,如针对汉族与少数民族、中华民族与外国民族等。三是在行为后果上,前者扭曲历史记忆、伤害民族情感、损害国家形象,可能助长军国主义或极端思想传播;后者破坏民族关系,可能引发现实冲突或社会撕裂。换言之,前者保护历史真实性,后者防范可能引发的现实冲突。

处罚标准

本行为设置"一般情形"和"情节较重"两个层次的处罚。在"一般情形"中拘留或罚款是任选其一,而在"情节较重"中均适用拘留,并可以附带罚款。对于"情节较重"的范围,可以结合行为方式,相关违法信息或物品的数量、传播方式、传播范围、传播持续时间,相关信息实际被点击、浏览、转发次数,引发的社会影响、危害后果以及行为人前科情况等综合判断。

此外,当行为人通过网络发布宣扬、美化侵略战争、侵略行为的言论时,其行为不仅损害了社会公共利益,而且违反了信息网络管理秩序,因而应当参照《最高人民法院、最高人民检察院关于办理利用信息网络实施诽谤等刑事案件适用法律若干问题的解释》第2条的规定,根据相关言论的传播范围、持续时间、实际被点击、浏览、转发次数和危害结果,并结合案情将行为时间(是否为烈士纪念日)、粉丝数量(是否为微博大V)、行为次数(是否1年内多次实施)等作为评价因素,以准确评价该行为的法益侵害程度。[1]

表43　制作、传播、散布宣扬、美化侵略战争、侵略行为的言论、物品行为处罚标准

处罚档次	处罚标准	裁量基准
一般情形	处5日以上10日以下拘留或者1000元以上3000元以下罚款	/
情节较重	处10日以上15日以下拘留,可以并处5000元以下罚款	①通过网络发布相关言论的,同一信息实际被点击、浏览次数达到一定数量以上,或者被转发次数达到一定数量以上的 ②违法物品数量较大的 ③在敏感地点或特殊历史时期或纪念日实施相关行为并产生恶劣影响的 ④其他情节较重的情形

案例及解析

【基本案情】某公司在某电商平台对外销售"哈达原味波子弹珠汽水碳酸饮料",并在商品页面中发布含有"在二战期间,清凉的弹珠汽水极受日本海军喜爱,甚至在军舰上都有生产弹珠汽水的设备。1895年日本统治台湾,这种饮料传入台湾、香港"的广告宣传内容。

某公司的行为应该如何定性?

【解析】本案焦点在于某公司出于广告宣传的目的设计的广告语是否成立宣扬、美化侵略战争的主观故意。该公司为推销商品,发布宣扬二战时期日本侵略者的军队和侵占台湾的侵略历史的广告宣传内容,有损国家尊严,对社会公众造成误导,存在主观故意,可以定性为制作、传播、散布宣扬、美化侵略战争、侵略行为的言论,扰乱公共秩序的行为。公安机关应当对此作出处罚决定,无须考虑该公司的具体行为动机。此外,根据《广告法》第9条第4项的规定,广告不得损害国家的尊严或者利益,泄露国家秘密,因而该行为还构成对市场监督管理法律法规的违反。

---

[1] 参见李冠煜、石晓南:《论侵害英雄烈士名誉、荣誉罪的保护法益》,载《中南大学学报(社会科学版)》2023年第2期。

49. 在公共场所穿着、佩戴宣扬、美化侵略战争、侵略行为的服饰、标志

现行规定

《治安管理处罚法》

第 35 条第 5 项 有下列行为之一的，处五日以上十日以下拘留或者一千元以上三千元以下罚款；情节较重的，处十日以上十五日以下拘留，可以并处五千元以下罚款：

（五）在公共场所或者强制他人在公共场所穿着、佩戴宣扬、美化侵略战争、侵略行为的服饰、标志，不听劝阻，造成不良社会影响的。

立案与管辖

（一）立案标准

本行为是指主动或强迫他人在公共场所穿着、佩戴宣扬、美化侵略战争、侵略行为的服饰、标志，不听劝阻且造成不良社会影响的行为，对社会公共秩序造成损害即达到立案标准。其中，宣扬、美化侵略战争、侵略行为的服饰、标志是指具有支持战争的指向性或暗示性文字、符号、图片、花纹、设计风格等明显违背正确的历史观和价值观的服饰或任何公开物品上的标志。

（二）管辖

在公共场所穿着、佩戴宣扬、美化侵略战争、侵略行为的服饰、标志的违法行为，由违法行为地的公安机关管辖，由违法行为人居住地公安机关管辖更为适宜的，可以由违法行为人居住地公安机关管辖。

证据收集

（一）证据规格

在一个完整的在公共场所穿着、佩戴宣扬、美化侵略战争、侵略行为的服饰、标志行为的认定中，需要收集的基本证据规格如下：

1.违法嫌疑人陈述与申辩。

（1）问明违法嫌疑人的基本情况。（2）问明作案的动机和目的，是否故意宣扬、美化侵略战争、侵略行为。（3）问明作案手段、危害后果，用何方式（公开穿着、佩戴违法服饰、标志的场所或网络平台等），造成的影响等。（4）结伙作案的，问明违法嫌疑人的数量、身份及体貌特征，预谋、结伙聚合的过程、地位及具体分工，以及各违法嫌疑人相互关系、相互印证情况。

2.证人证言。

问明发案时间、地点、经过、违法事实情节、造成后果严重程度，违法嫌疑人的行为方式、

内容、在场人员等。

3. 物证、书证。

(1)宣扬、美化侵略战争、侵略行为的服饰、标志。(2)权威历史档案、官方文献、图片资料等可以证明行为人穿着、佩戴的服饰、标志构成宣扬或美化侵略战争、侵略行为的证据。

4. 视听资料。

录像、录音等。

5. 鉴定意见。

笔迹鉴定等。

6. 勘验、检查笔录,辨认笔录。

现场勘查图、现场照片等,证人对违法嫌疑人的辨认。

7. 其他证据材料。

(1)证明违法嫌疑人身份的材料,如户籍证明、身份证、工作证、专业或技术等级证复印件等;如有前科劣迹,应调取法院判决书、行政处罚决定书、释放证明书等有效法律文件。(2)抓获经过、处警经过、报案材料等。

(二)注意事项

本行为注重对社会公共秩序的扰乱,应重点考察行为造成的社会影响。在通过网络公开发布或展示宣扬、美化侵略战争、侵略行为的服饰或标志的情况下,应当注意以下几方面:通过截屏、录屏、服务器日志,固定网络发帖、评论、转发记录;统计点击量、转发量、评论数等,以证明影响力;对违法音视频资料保存原始文件及元数据,如拍摄时间、地点、设备信息等。证据的固定对本行为的认定至关重要,应避免该条款的滥用导致对人身自由和合理艺术表达的限制。

行为认定

(一)对在公共场所穿着、佩戴宣扬、美化侵略战争、侵略行为的服饰、标志行为的认定

主要从以下四个方面进行认定:

1. 行为侵害的客体:本行为侵害的客体是社会公共秩序。中华民族近代以来经历的侵略战争给中华民族精神和民族情感带来了沉重的打击,对侵略战争或侵略行为的否定具有相对明确的社会共识。本行为所保护的是中国人民反对侵略战争和纪念近代中国人民为抗击侵略战争所做的牺牲以及铭记历史的社会价值,包括凝结着中华各族人民对和平、民主和民族团结共同的崇高价值追求的社会公共秩序。在公共场所穿着、佩戴宣扬、美化侵略战争、侵略行为的服饰、标志,对社会公共秩序造成了不良影响,可能引发公众强烈反感、群体抗议或社会对立,扰乱正常公共秩序,但尚未造成严重后果。此外,强制他人在公共场所穿着、佩戴宣扬、美化侵略战争、侵略行为的服饰、标志的行为,其本身还侵犯了他人的人身自由和意志自治。

2. 行为的客观方面:本行为的具体表现是本人或强迫他人公开穿着、佩戴宣扬、美化侵略战争、侵略行为的服饰、标志,如日本军国主义时期的旭日旗、纳粹符号、殖民侵略军队制服、

印有"大东亚共荣圈""侵略有功"等文字的服饰。公开性包括在街道、广场、公园、网络直播等线上线下公共空间实施该行为,扩大了该行为的影响力。行为人经劝阻后继续实施该行为,行为的结果是造成了不良的社会影响。

3. 行为的实施主体:本行为的主体是一般主体,即达到法定责任年龄、具备责任能力的自然人。生产制作宣扬、美化侵略战争、侵略行为服饰或标志的法人(单位)可能构成制作、传播、散布宣扬、美化侵略战争、侵略行为的言论或者物品的违法行为。

4. 行为的主观方面:行为人在主观上必须出于故意,即行为人明知相关服饰或标志的象征意义但仍故意在公共场所展示。如果行为人辩称其不知相关服饰或标志的象征意义,则需结合其认知能力、文化背景等综合判断,过失不能构成此行为。行为动机不影响该行为的认定,即无须以煽动侵略为直接目的,只要存在美化侵略的故意即可构成违法,常见的动机包括吸引眼球、博取流量、表达极端政治立场等。

(二)与制作、传播、散布宣扬、美化侵略战争、侵略行为的言论、物品行为的区别

一是行为的客观方面不同。在公共场所或者强制他人在公共场所穿着、佩戴宣扬、美化侵略战争、侵略行为的服饰、标志行为主要针对穿着、佩戴或强制他人穿着、佩戴的行为,而制作、传播、散布宣扬、美化侵略战争、侵略行为的言论、物品行为主要处罚制作、传播、散布相关言论或物品的行为。

二是行为的实施主体通常具有上下游的关联性,即穿着、佩戴宣扬、美化侵略战争、侵略行为的服饰、标志的行为人以及生产制作佩戴宣扬、美化侵略战争、侵略行为的服饰、标志的单位均构成非法。

处罚标准

本行为设置一般情形和情节较重两个层次的处罚。在基础罚中拘留与罚款是任选其一的,而在加重罚中必须适用拘留,并可以附带罚款。

对于"情节较重"的范围,可以结合行为方式,如相关违法服饰、标志的数量,公开传播的方式及范围,传播持续时间,引发的社会影响、危害后果以及行为人前科情况等综合判断。

此外,当行为人通过网络发布和传播穿着、佩戴宣扬、美化侵略战争、侵略行为的服饰、标志的视频时,其行为不仅损害了社会公共利益,而且违反了信息网络管理秩序,因而应当参照《最高人民法院、最高人民检察院关于办理利用信息网络实施诽谤等刑事案件适用法律若干问题的解释》第2条的规定,根据相关视频的传播范围、持续时间,实际被点击、浏览、转发次数和危害结果,并结合案情将行为时间(是否为烈士纪念日)、粉丝数量(是否为微博大V)、行为次数(是否1年内多次实施)等作为评价因素,以准确评价该行为的法益侵害程度。[1]

---

[1] 参见李冠煜、石晓南:《论侵害英雄烈士名誉、荣誉罪的保护法益》,载《中南大学学报(社会科学版)》2023年第2期。

表44 在公共场所穿着、佩戴宣扬、美化侵略战争、侵略行为的服饰、标志行为处罚标准

处罚档次	处罚标准	裁量基准
一般情形	处5日以上10日以下拘留或者1000元以上3000元以下罚款	/
情节较重	处10日以上15日以下拘留，可以并处5000元以下罚款	①通过网络发布相关视频或网络直播，同一视频或直播实际被点击、浏览次数达到一定数量以上，或者被转发次数达到一定数量以上的 ②违法服饰、标志数量较大、参与人数较多、传播范围较广的 ③在敏感地点或特殊历史时期或纪念日实施相关行为并产生恶劣影响的 ④屡教不改或组织多人集体实施的 ⑤其他情节较重的情形

案例及解析

【基本案情】王某结婚，韩某作为其朋友，为了取乐，于王某结婚前在网上购买伪日本军服，后于王某结婚当日在王某的家门口穿着该日本军服并拍照录像，还强迫王某穿着该服装在中央大街招摇，并被他人采取扔鸡蛋、倒酱油的方式进行喧闹，造成混乱。

韩某的行为应该如何定性？

【解析】本案查处的难点在于对扰乱公共场所秩序行为与在公共场所或者强制他人在公共场所穿着、佩戴宣扬、美化侵略战争、侵略行为的服饰、标志行为的区分。两者在行为的客观方面和侵害的客体上有所差异。在行为的客观方面，扰乱公共场所秩序行为表现为扰乱车站、港口、码头、机场、商场、公园、展览馆或者其他公共场所秩序，包括在公共场所故意违反公共行为规则，聚众起哄闹事；进行非法游行或者静坐示威，造成交通阻塞，秩序混乱；阻止、抗拒有关工作人员维护公共场所秩序等。在公共场所穿着、佩戴宣扬、美化侵略战争、侵略行为的服饰、标志行为则表现为在公共场所或者强制他人在公共场所穿着、佩戴宣扬、美化侵略战争、侵略行为的服饰、标志。在侵害的客体上，扰乱公共场所秩序行为侵害的客体是公共场所秩序，而在公共场所或者强制他人在公共场所穿着、佩戴宣扬、美化侵略战争、侵略行为的服饰、标志，造成不良社会影响行为侵害的客体是国家尊严和利益、社会公共秩序。依据《治安管理处罚法》第35条第5项的规定，本案中，韩某的行为应当定性为在公共场所穿着、佩戴宣扬、美化侵略战争、侵略行为的服饰、标志，造成不良社会影响的行为。

关联法条

《刑法》(2023年修正)

第120条之五 【强制穿戴宣扬恐怖主义、极端主义服饰、标志罪】以暴力、胁迫等方式强制他人在

公共场所穿着、佩戴宣扬恐怖主义、极端主义服饰、标志的,处三年以下有期徒刑、拘役或者管制,并处罚金。

第120条之六 【非法持有宣扬恐怖主义、极端主义物品罪】明知是宣扬恐怖主义、极端主义的图书、音频视频资料或者其他物品而非法持有,情节严重的,处三年以下有期徒刑、拘役或者管制,并处或者单处罚金。

第二章
妨害公共安全的行为

第十一节 《治安管理处罚法》第36条

50. 非法制造、买卖、储存、运输、邮寄、携带、使用、提供、处置危险物质

现行规定

《治安管理处罚法》

第36条 违反国家规定,制造、买卖、储存、运输、邮寄、携带、使用、提供、处置爆炸性、毒害性、放射性、腐蚀性物质或者传染病病原体等危险物质的,处十日以上十五日以下拘留;情节较轻的,处五日以上十日以下拘留。

立案与管辖

(一)立案标准

本行为是指违反国家对爆炸性、毒害性、放射性、腐蚀性物质或者传染病病原体等危险物质的管制规定,制造、买卖、储存、运输、邮寄、携带、使用、提供、处置爆炸性、毒害性、放射性、腐蚀性物质或者传染病病原体等危险物质,尚不够刑事处罚的行为。本条所指的"国家规定"系指全国人民代表大会及其常务委员会制定的有关爆炸性、毒害性、放射性、腐蚀性物质或者传染病病原体等危险物质管制的法律和决定,国务院制定的行政法规、规定的行政措施、发布的决定和命令。

此类行为涉及的违反治安管理行为种类较多,包括以非法制造、非法买卖、非法储存等9种方法违反治安管理,而危险物质又包括爆炸性、毒害性、放射性、腐蚀性物质和传染病病原体等5类危险物质。因而,非法制造、买卖、储存、运输、邮寄、携带、使用、提供、处置危险物质行为可以细分为45种具体的违反治安管理行为。只要违反国家规定实施其中一种涉及危险物质的行为,即达到立案标准。

(二)管辖

违反国家规定,制造、买卖、储存、运输、邮寄、携带、使用、提供、处置爆炸性、毒害性、放射性、腐蚀性物质或者传染病病原体等危险物质的行为由违法行为地的公安机关管辖;由违法行为人居住地公安机关管辖更为适宜的,可以由违法行为人居住地公安机关管辖。

违法行为地包括违法行为发生地和违法结果发生地,其中,违法行为发生地包括危险物质的制造地、交易地、储存地、运输开始地、运输途经地、运输结束地、邮寄地、携带途经地、使

用地、提供地或处置地等与具体违法行为有关的地点；违法结果发生地包括危险物质的实际取得地、藏匿地、转移地、使用地或销售地等。

如果涉案行为发生在铁路列车、火车站、轮船、港口、码头工作区域、民航飞机、机场或进出口关境，则由铁路、交通、民航公安机关或海关缉私机构管辖。

证据收集

(一)证据规格

在一个完整的非法制造、买卖、储存、运输、邮寄、携带、使用、提供、处置爆炸性、毒害性、放射性、腐蚀性物质或者传染病病原体等危险物质的行为的认定中，需要收集的基本证据规格如下：

1.违法嫌疑人的陈述与申辩。

(1)违法嫌疑人的基本情况；(2)发案时间、地点、起因、手段和制造、买卖、储存、运输、邮寄、携带、使用、提供、处置危险物质过程；(3)问明作案动机和目的，以确定其主观故意；(4)共同作案的，问明其他人的情况，在案件中所处的地位、所起的作用，分清主次，区分责任，还要注意相互印证；(5)单位违法的，询问主管领导和直接责任人是否明知在制造、买卖、储存、运输、邮寄、携带、使用、提供、处置危险物质过程中的相关的规定，为何没有执行相关规定，单位主管人员和直接责任人员如何集体决策及决策内容，是否明知相关行为的社会危害性；(6)危险物质的种类、来源、管理以及制造、买卖、储存、运输、邮寄、携带、使用、提供、处置情况；(7)认错认罚情况。

2.被侵害人的陈述、证人证言。

(1)被侵害人的陈述,问明侵害时间、地点以及损害程度,是什么危害物质致伤的；(2)证人证言,问明制造、买卖、储存、运输、邮寄、携带、使用、提供、处置危险物质的过程、细节、后果等情况。

3.物证、书证。危险物质的实物和照片；作案工具的实物和照片。

4.鉴定意见。

法医鉴定、物价鉴定、危险物质鉴定等。

5.勘验、检查笔录。

现场笔录、现场勘查笔录、现场图、现场照片、现场提取的痕迹物证等。

6.辨认笔录。

被侵害人、证人对违法嫌疑人的辨认，违法嫌疑人对危险物质的辨认。

7.其他证据材料。

(1)证明违法嫌疑人身份的材料,如户籍证明、身份证、工作证、专业或技术等级证复印件等。违法嫌疑人有前科劣迹的,应调取法院判决书、行政处罚决定书、释放证明书等有效法律文件。(2)抓获经过、处警经过、报案材料等。

(二)注意事项

对爆炸性、毒害性、放射性、腐蚀性物质或者传染病病原体等危险物质的认定,应以法律法规规定的范围和科学鉴定报告为前提,不能随意扩大其范围。取证时需采取防辐射、防生物污染措施,避免对执法人员或公众造成二次危害,并联合环保、卫生部门或专业机构参与对危险物质的检测、处置。

🛡 行为认定

(一)对非法制造、买卖、储存、运输、邮寄、携带、使用、提供、处置危险物质的行为的认定

主要从以下四个方面进行认定:

1.行为侵害的客体:公共安全和国家对爆炸性、毒害性、放射性、腐蚀性物质或者传染病病原体等危险物质的管理制度。该行为对社会公共安全造成威胁,不要求造成一定危害后果。

2.行为的客观方面:行为在客观上表现为违反国家有关规定,制造、买卖、储存、运输、邮寄、携带、使用、提供、处置危险物质的行为,但尚不够刑事处罚。尚不够刑事处罚,即行为的情节和后果没有达到构成犯罪的程度;如果情节恶劣或者造成的危害后果严重,则可能构成犯罪行为。

(1)非法制造。指违反国家规定,未经国家有关部门批准或者许可,私自以各种方法生产爆炸性、毒害性、放射性、腐蚀性物质或者传染病病原体等危险物质的行为。

(2)非法买卖。指违反国家法律法规对爆炸性、毒害性、放射性、腐蚀性物质或者传染病病原体等危险物质的管制规定,未经国家有关部门批准,擅自购买或者销售上述危险物质的行为,包括未经批准购买或销售危险物质,购买或销售超出国家有关部门批准的种类或数量范围的危险物质。

(3)非法储存。指违反国家规定,未经国家有关部门批准,私自收藏或者存放爆炸性、毒害性、放射性、腐蚀性物质或者传染病病原体等危险物质的行为。

(4)非法运输。指违反国家法律法规关于运输爆炸性、毒害性、放射性、腐蚀性物质或者传染病病原体等危险物质的规定,通过交通工具运送危险物质的行为。

(5)非法邮寄。指违反国家有关规定,通过邮寄方式把爆炸性、毒害性、放射性、腐蚀性物质或者传染病病原体等危险物质寄往目的地的行为。

(6)非法携带。指违反国家有关规定,将少量爆炸性、毒害性、放射性、腐蚀性物质或者传染病病原体等危险物质从一地带到另一地或者进入公共场所的行为。

(7)非法使用。指违反国家有关规定,在生产、科研或者日常生活过程中使用爆炸性、毒害性、放射性、腐蚀性物质或者传染病病原体等危险物质的行为。

(8)非法提供。指违反国家有关规定,将爆炸性、毒害性、放射性、腐蚀性物质或者传染病病原体等危险物质出借或者赠与他人或者单位的行为。

(9)非法处置。指违反国家有关规定,将爆炸性、毒害性、放射性、腐蚀性物质或者传染病病原体等危险物质进行销毁或者做其他处理的行为。如果对危险物质处置不当,则对自然环境、社会的公共安全都会产生严重的影响。[①]

本条所指的违反国家规定,主要指在生产制造方面,未经主管部门批准和向县、市以上公安机关备案,擅自设厂生产爆炸性、毒害性、放射性、腐蚀性物质和培养传染病病原体等危险物质;或者厂房建筑和生产设备不符合防火、防爆、防毒、防辐射等安全要求,又不采取相应的安全措施;或者违反安全操作规程进行生产等。国家关于危险物质管理的法律法规和部门规章包括《传染病防治法》《放射性污染防治法》《民用爆炸物品安全管理条例》《烟花爆竹安全管理条例》《危险化学品安全管理条例》《放射性同位素与射线装置安全和防护条例》《医疗废物管理条例》《剧毒化学品购买和公路运输许可证件管理办法》等。

3. 行为的实施主体:行为的实施主体既可以是自然人,也可以是单位。

4. 行为的主观方面:行为在主观上必须是故意,即明知是爆炸性、毒害性、放射性、腐蚀性物质和传染病病原体等危险物质而非法制造、买卖、储存、运输、邮寄、携带、使用、提供或者处置的。过失不能构成此行为。

(二)危险物质的定义

《治安管理处罚法》与我国《刑法》所称的危险物质略有不同。《治安管理处罚法》中所称的"危险物质",包括爆炸性、毒害性、放射性、腐蚀性物质和传染病病原体等5类物质;而非法制造、买卖、运输、储存危险物质罪所针对的"危险物质"仅包括毒害性、放射性和传染病病原体等3类物质,将爆炸性、腐蚀性物品归类为"危险物品",如非法携带枪支、弹药、管制刀具、危险物品危及公共安全罪;刑法将涉及爆炸性、腐蚀性物品的犯罪行为与涉及毒害性、放射性和传染病病原体等物质的犯罪行为分别设定到不同的罪名中,详见下表。

《治安管理处罚法》与《刑法》对危险物质的定义区分

违法行为	《治安管理处罚法》	《刑法》	其他犯罪客观要件
制造(生产)、买卖、运输、储存	爆炸性、毒害性、放射性、腐蚀性物质或者传染病病原体等危险物质	枪支、弹药、爆炸物	
		毒害性、放射性物质或传染病病原体等物质	
		爆炸性、易燃性、放射性、毒害性、腐蚀性物品	发生重大事故,造成严重后果
携带		爆炸性、易燃性、放射性、毒害性、腐蚀性物品	进入公共场所或者公共交通工具

[①] 参见孙茂利主编:《违反公安行政管理行为名称释义与实务指南(2021年版)》,中国民主法制出版社2021年版,第83-84页。

续表

违法行为	《治安管理处罚法》	《刑法》	其他犯罪客观要件
邮寄		枪支、弹药、爆炸物	
		毒害性、放射性物质或传染病病原体等物质	
使用		爆炸性、易燃性、放射性、毒害性、腐蚀性物品	发生重大事故，造成严重后果
提供		无	
处置		有放射性的废物、含传染病病原体的废物、有毒物质或者其他有害物质	严重污染环境

区别罪与非罪时，应当从行为的情节和危害后果上加以区别：行为的情节轻微，尚未造成严重后果的，构成违反治安管理行为；如果行为的情节恶劣，对公共安全的危险性大，或者造成严重的危害后果，则可能构成犯罪行为。

（三）与非法制造、买卖、运输、邮寄、储存爆炸物罪和非法制造、买卖、运输、储存危险物质罪的区分

一是对危险物质的界定不同（详见上表）。

二是情节和危害后果不同。非法制造、买卖、运输、储存危险物质的行为是否构成犯罪，主要看该行为是否符合《最高人民检察院、公安部关于公安机关管辖的刑事案件立案追诉标准的规定（一）》的规定。依之，非法制造、买卖、运输、储存毒害性、放射性、传染病病原体等物质，危害公共安全，应予立案追诉的情形包括：造成人员重伤或者死亡的；造成直接经济损失10万元以上的；非法制造、买卖、运输、储存毒鼠强、氟乙酰胺、氟乙酰钠、毒鼠硅、甘氟原粉、原液、制剂50克以上，或者饵料2000克以上的；造成急性中毒、放射性疾病或者造成传染病流行、暴发的；造成严重环境污染的；造成毒害性、放射性、传染病病原体等危险物质丢失、被盗、被抢或者被他人利用进行违法犯罪活动的；其他危害公共安全的情形。

非法制造、买卖、运输、邮寄、储存爆炸物的行为是否构成犯罪，主要根据《最高人民法院关于审理非法制造、买卖、运输枪支、弹药、爆炸物等刑事案件具体应用法律若干问题的解释》的规定来确定，入罪情形包括：非法制造、买卖、运输、邮寄、储存爆炸装置的；非法制造、买卖、运输、邮寄、储存炸药、发射药、黑火药1000克以上或者烟火药3000克以上、雷管30枚以上或者导火索、导爆索30米以上的；具有生产爆炸物品资格的单位不按照规定的品种制造，或者具有销售、使用爆炸物品资格的单位超过限额买卖炸药、发射药、黑火药10000克以上或者烟火药30000克以上、雷管300枚以上或者导火索、导爆索300米以上的；多次非法制造、买卖、运输、邮寄、储存弹药、爆炸物的；虽未达到上述最低数量标准，但具有造成严重后果等其他恶劣情节的。此外，根据该司法解释第9条第1款，因筑路、建房、打井、整修宅基地和土地等正常生产、生活需要,以及因从事合法的生产经营活动而非法制造、买卖、运输、邮寄、储存爆炸物,数量达到该司法解释第1条规定的标准,没有造成严重社会危害,并确有悔改表现的,可依法从轻处罚;情节轻微的,可以免除处罚。

(四)与危险物品肇事罪的区分

一是行为对象的范围不同。本行为的对象是爆炸性、毒害性、放射性、腐蚀性物质或者传染病病原体等危险物质,危险物品肇事罪针对的是爆炸性、易燃性、放射性、毒害性、腐蚀性物品。

二是行为的主观方面不同。本行为的主观方面是故意,危险物品肇事罪的主观方面是过失。

三是行为主体不同。本行为的主体是一般主体,包括自然人和单位;而危险物品肇事罪的主体是依照国家规定取得制造、使用、运输、储存爆炸性、易燃性、放射性、毒害性、腐蚀性物品资格的人。例如,医疗、科研、教学机构和生产厂家,如果在生产、储存、运输、使用危险物品中违反管理规定,发生重大事故,造成严重后果的,则应当以危险物品肇事罪定罪处罚。

四是行为构成标准不同。本行为只要行为人实施相关活动,就达到处罚条件,无须造成严重后果。而是否构成危险物品肇事罪,主要看该行为是否达到《最高人民检察院、公安部关于公安机关管辖的刑事案件立案追诉标准的规定(一)》的规定。依之,违反爆炸性、易燃性、放射性、毒害性、腐蚀性物品的管理规定,在生产、储存、运输、使用中发生重大事故,应予立案追诉的情形包括:造成死亡1人以上,或者重伤3人以上;造成直接经济损失50万元以上;其他造成严重后果的情形。

🛡 处罚标准

本行为设置一般情形和情节较轻两个层次的处罚。其中,一般情形的处罚为处10日以上15日以下拘留,只要实施了相关行为即达到处罚条件,不以造成危害后果为前提;情节较轻的处罚为5日以上10日以下拘留。

表45 非法制造、买卖、储存、运输、邮寄、携带、使用、提供、处置危险物质行为处罚标准

处罚档次	处罚标准	裁量基准
一般情形	处10日以上15日以下拘留	/
情节较轻	处5日以上10日以下拘留	①违反国家规定,制造、买卖、储存、运输、携带危险物质数量较少或者未达到有关刑事立案追诉标准10%的
		②违反国家规定,制造、买卖、储存、运输危险物质造成直接经济损失未达到有关刑事立案追诉标准10%的

续表

处罚档次	处罚标准	裁量基准
		③违反国家规定,处置危险物质数量未达到有关司法解释认定构成《刑法》第338条规定的"严重污染环境"标准10%的
		④违反国家规定,处置危险物质违法所得或者致使公私财产损失未达到有关司法解释认定构成《刑法》第338条规定的"严重污染环境"标准10%的
		⑤其他情节较轻的情形

如果是单位实施此类行为,除对其直接负责的主管人员和其他直接责任人员依照《治安管理处罚法》第36条的规定处罚外,还对单位依照其他法律、行政法规的规定予以处罚。

案例及解析

【基本案情】李某和赵某在某居民楼内通过气球吸食"笑气",经邻居举报后被公安机关依法抓获。

对李某和赵某的行为应该如何定性?

【解析】本案查处的难点在于毒品与危险化学品的认定。"笑气"学名"一氧化二氮",是《危险化学品目录》中列明的危险化学品。虽然长期吸食"笑气"具有成瘾性且会对吸食者身心健康造成严重损害,但尚未被纳入法定的毒品种类。"笑气"对人体具有毒害性,应当认定为毒害性危险物质。使用"笑气"的行为应由公安机关依据2025年修订的《治安管理处罚法》第36条认定为非法使用危险物质的行为。

关联法条

1.《刑法》(2023年修正)

第125条 【非法制造、买卖、运输、邮寄、储存枪支、弹药、爆炸物罪】非法制造、买卖、运输、邮寄、储存枪支、弹药、爆炸物的,处三年以上十年以下有期徒刑;情节严重的,处十年以上有期徒刑、无期徒刑或者死刑。

【非法制造、买卖、运输、储存危险物质罪】非法制造、买卖、运输、储存毒害性、放射性、传染病病原体等物质,危害公共安全的,依照前款的规定处罚。

单位犯前两款罪的,对单位判处罚金,并对其直接负责的主管人员和其他直接责任人员,依照第一款的规定处罚。

第130条 【非法携带枪支、弹药、管制刀具、危险物品危及公共安全罪】非法携带枪支、弹药、管制刀具或者爆炸性、易燃性、放射性、毒害性、腐蚀性物品,进入公共场所或者公共交通工具,危及公共安全,情节严重的,处三年以下有期徒刑、拘役或者管制。

第136条 【危险物品肇事罪】违反爆炸性、易燃性、放射性、毒害性、腐蚀性物品的管理规定,在生产、储存、运输、使用中发生重大事故,造成严重后果的,处三年以下有期徒刑或者拘役;后果特别严重的,处三年以上七年以下有期徒刑。

第338条 【污染环境罪】违反国家规定,排放、倾倒或者处置有放射性的废物、含传染病病原体的废物、有毒物质或者其他有害物质,严重污染环境的,处三年以下有期徒刑或者拘役,并处或者单处罚金;情节严重的,处三年以上七年以下有期徒刑,并处罚金;有下列情形之一的,处七年以上有期徒刑,并处罚金:

(一)在饮用水水源保护区、自然保护地核心保护区等依法确定的重点保护区域排放、倾倒、处置有放射性的废物、含传染病病原体的废物、有毒物质,情节特别严重的;

(二)向国家确定的重要江河、湖泊水域排放、倾倒、处置有放射性的废物、含传染病病原体的废物、有毒物质,情节特别严重的;

(三)致使大量永久基本农田基本功能丧失或者遭受永久性破坏的;

(四)致使多人重伤、严重疾病,或者致人严重残疾、死亡的。

有前款行为,同时构成其他犯罪的,依照处罚较重的规定定罪处罚。

2.《传染病防治法》(2025年修订)

第31条 疾病预防控制机构、医疗机构的实验室和从事病原微生物实验的单位,应当遵守有关病原微生物实验室生物安全的法律、行政法规规定,符合国家规定的条件和技术标准,建立严格的管理制度,对传染病病原体和样本按照规定的措施实行严格管理,严防传染病病原体的实验室感染和扩散。

3.《放射性污染防治法》(2003年)

第53条 违反本法规定,生产、销售、使用、转让、进口、贮存放射性同位素和射线装置以及装备有放射性同位素的仪表的,由县级以上人民政府环境保护行政主管部门或者其他有关部门依据职权责令停止违法行为,限期改正;逾期不改正的,责令停产停业或者吊销许可证;有违法所得的,没收违法所得;违法所得十万元以上的,并处违法所得一倍以上五倍以下罚款;没有违法所得或者违法所得不足十万元的,并处一万元以上十万元以下罚款;构成犯罪的,依法追究刑事责任。

4.《消防法》(2021年修正)

第62条 有下列行为之一的,依照《中华人民共和国治安管理处罚法》的规定处罚:

(一)违反有关消防技术标准和管理规定生产、储存、运输、销售、使用、销毁易燃易爆危险品的;

(二)非法携带易燃易爆危险品进入公共场所或者乘坐公共交通工具的;

(三)谎报火警的;

(四)阻碍消防车、消防艇执行任务的;

(五)阻碍消防救援机构的工作人员依法执行职务的。

5.《放射性同位素与射线装置安全和防护条例》(2019年修订)

第52条 违反本条例规定,生产、销售、使用放射性同位素和射线装置的单位有下列行为之一的,由县级以上人民政府生态环境主管部门责令停止违法行为,限期改正;逾期不改正的,责令停产停业或者由原发证机关吊销许可证;有违法所得的,没收违法所得;违法所得10万元以上的,并处违法所得1倍以上5倍以下的罚款;没有违法所得或者违法所得不足10万元的,并处1万元以上10万元以下的罚款:

(一)无许可证从事放射性同位素和射线装置生产、销售、使用活动的;

(二)未按照许可证的规定从事放射性同位素和射线装置生产、销售、使用活动的；

(三)改变所从事活动的种类或者范围以及新建、改建或者扩建生产、销售、使用设施或者场所,未按照规定重新申请领取许可证的；

(四)许可证有效期届满,需要延续而未按照规定办理延续手续的；

(五)未经批准,擅自进口或者转让放射性同位素的。

6.《放射性物品运输安全管理条例》(2009 年)

第 62 条　通过道路运输放射性物品,有下列行为之一的,由公安机关责令限期改正,处 2 万元以上 10 万元以下的罚款；构成犯罪的,依法追究刑事责任：

(一)未经公安机关批准通过道路运输放射性物品的；

(二)运输车辆未按照指定的时间、路线、速度行驶或者未悬挂警示标志的；

(三)未配备押运人员或者放射性物品脱离押运人员监管的。

7.《民用爆炸物品安全管理条例》(2014 年修订)

第 44 条　非法制造、买卖、运输、储存民用爆炸物品,构成犯罪的,依法追究刑事责任；尚不构成犯罪,有违反治安管理行为的,依法给予治安管理处罚。

违反本条例规定,在生产、储存、运输、使用民用爆炸物品中发生重大事故,造成严重后果或者后果特别严重,构成犯罪的,依法追究刑事责任。

违反本条例规定,未经许可生产、销售民用爆炸物品的,由民用爆炸物品行业主管部门责令停止非法生产、销售活动,处 10 万元以上 50 万元以下的罚款,并没收非法生产、销售的民用爆炸物品及其违法所得。

违反本条例规定,未经许可购买、运输民用爆炸物品或者从事爆破作业的,由公安机关责令停止非法购买、运输、爆破作业活动,处 5 万元以上 20 万元以下的罚款,并没收非法购买、运输以及从事爆破作业使用的民用爆炸物品及其违法所得。

民用爆炸物品行业主管部门、公安机关对没收的非法民用爆炸物品,应当组织销毁。

第 49 条　违反本条例规定,有下列情形之一的,由民用爆炸物品行业主管部门、公安机关按照职责责令限期改正,可以并处 5 万元以上 20 万元以下的罚款；逾期不改正的,责令停产停业整顿；情节严重的,吊销许可证：

(一)未按照规定在专用仓库设置技术防范设施的；

(二)未按照规定建立出入库检查、登记制度或者收存和发放民用爆炸物品,致使账物不符的；

(三)超量储存、在非专用仓库储存或者违反储存标准和规范储存民用爆炸物品的；

(四)有本条例规定的其他违反民用爆炸物品储存管理规定行为的。

第 51 条　违反本条例规定,携带民用爆炸物品搭乘公共交通工具或者进入公共场所,邮寄或者在托运的货物、行李、包裹、邮件中夹带民用爆炸物品,构成犯罪的,依法追究刑事责任；尚不构成犯罪的,由公安机关依法给予治安管理处罚,没收非法的民用爆炸物品,处 1000 元以上 1 万元以下的罚款。

8.《危险化学品安全管理条例》(2013 年修订)

第 87 条第 2 款　在邮件、快件内夹带危险化学品,或者将危险化学品谎报为普通物品交寄的,依法给予治安管理处罚；构成犯罪的,依法追究刑事责任。

第88条　有下列情形之一的，由公安机关责令改正，处5万元以上10万元以下的罚款；构成违反治安管理行为的，依法给予治安管理处罚；构成犯罪的，依法追究刑事责任：

（一）超过运输车辆的核定载质量装载危险化学品的；

（二）使用安全技术条件不符合国家标准要求的车辆运输危险化学品的；

（三）运输危险化学品的车辆未经公安机关批准进入危险化学品运输车辆限制通行的区域的；

（四）未取得剧毒化学品道路运输通行证，通过道路运输剧毒化学品的。

9.《烟花爆竹安全管理条例》(2016年修订)

第36条　对未经许可生产、经营烟花爆竹制品，或者向未取得烟花爆竹安全生产许可的单位或者个人销售黑火药、烟火药、引火线的，由安全生产监督管理部门责令停止非法生产、经营活动，处2万元以上10万元以下的罚款，并没收非法生产、经营的物品及违法所得。

对未经许可经由道路运输烟花爆竹的，由公安部门责令停止非法运输活动，处1万元以上5万元以下的罚款，并没收非法运输的物品及违法所得。

非法生产、经营、运输烟花爆竹，构成违反治安管理行为的，依法给予治安管理处罚；构成犯罪的，依法追究刑事责任。

第41条　对携带烟花爆竹搭乘公共交通工具，或者邮寄烟花爆竹以及在托运的行李、包裹、邮件中夹带烟花爆竹的，由公安部门没收非法携带、邮寄、夹带的烟花爆竹，可以并处200元以上1000元以下的罚款。

10.《医疗废物管理条例》(2011年修订)

第47条　医疗卫生机构、医疗废物集中处置单位有下列情形之一的，由县级以上地方人民政府卫生行政主管部门或者环境保护行政主管部门按照各自的职责责令限期改正，给予警告，并处5000元以上1万元以下的罚款；逾期不改正的，处1万元以上3万元以下的罚款；造成传染病传播或者环境污染事故的，由原发证部门暂扣或者吊销执业许可证件或者经营许可证件；构成犯罪的，依法追究刑事责任：

（一）在运送过程中丢弃医疗废物，在非贮存地点倾倒、堆放医疗废物或者将医疗废物混入其他废物和生活垃圾的；

（二）未执行危险废物转移联单管理制度的；

（三）将医疗废物交给未取得经营许可证的单位或者个人收集、运送、贮存、处置的；

（四）对医疗废物的处置不符合国家规定的环境保护、卫生标准、规范的；

（五）未按照本条例的规定对污水、传染病病人或者疑似传染病病人的排泄物，进行严格消毒，或者未达到国家规定的排放标准，排入污水处理系统的；

（六）对收治的传染病病人或者疑似传染病病人产生的生活垃圾，未按照医疗废物进行管理和处置的。

11.《剧毒化学品购买和公路运输许可证件管理办法》(2005年)

第20条　未申领《剧毒化学品购买凭证》《剧毒化学品准购证》《剧毒化学品公路运输通行证》，擅自购买、通过公路运输剧毒化学品的，由公安机关依法采取措施予以制止，处以一万元以上三万元以下罚款；对已经购买了剧毒化学品的，责令退回原销售单位；对已经实施运输的，扣留运输车辆，责令购买、使用和承运单位共同派员接受处理；对发生重大事故，造成严重后果的，依法追究刑事责任。

第十二节 《治安管理处罚法》第37条

51. 危险物质被盗、被抢、丢失后不按规定报告

现行规定

《治安管理处罚法》

第37条 爆炸性、毒害性、放射性、腐蚀性物质或者传染病病原体等危险物质被盗、被抢或者丢失,未按规定报告的,处五日以下拘留;故意隐瞒不报的,处五日以上十日以下拘留。

立案与管辖

(一)立案标准

危险物质被盗、被抢、丢失后不按规定报告行为,是指制造、储存、运输、买卖、使用爆炸性、毒害性、放射性、腐蚀性物质或者传染病病原体等危险物质过程中,发现危险物质被盗、被抢或者丢失,未按规定报告的行为。根据国家有关法律、法规的规定,生产、储存、运输、买卖、使用危险物质过程中,若发现危险物质被盗、被抢或者丢失,应当按照有关规定及时上报有关部门,便于有关部门尽早得知信息,及时采取有关措施,避免危险物质对公共安全造成更大的危害。本行为不要求产生实际危害后果即达到立案标准。

(二)管辖

爆炸性、毒害性、放射性、腐蚀性物质或者传染病病原体等危险物质被盗、被抢或者丢失未按规定报告的行为,由违法行为地的公安机关管辖;由违法行为人居住地公安机关管辖更为适宜的,可以由违法行为人居住地公安机关管辖。

违法行为地包括违法行为发生地和违法结果发生地,其中,违法行为发生地包括危险物质的被盗地、被抢地或丢失前所在地等。

如果涉案行为发生在铁路列车、火车站、轮船、港口、码头工作区域、民航飞机、机场或进出口关境,则应由铁路、交通、民航公安机关或海关缉私机构管辖。

证据收集

(一)证据规格

在一个完整的危险物质被盗、被抢、丢失后不按规定报告行为的认定中,需要收集的基本证据规格如下:

1.违法嫌疑人的陈述与申辩。

(1)违法嫌疑人基本情况;(2)实施违法行为的动机、目的;(3)危险物质被盗、被抢、丢失的时间、地点、起因、经过、后果等;(4)违法嫌疑人是否明知有按规定报告的义务而不向公安机关或其他主管部门报告。

2.证人证言。

询问知情人危险物质被盗、被抢、丢失后不按规定报告的具体情节。

3.物证、书证。

生产、销售、运输危险物质许可证件、营业执照、工商注册登记等实物或照片。

4.鉴定意见。

危险物质鉴定等。

5.视听资料。

监控录像、录音、电子数据等。

6.勘验、检查笔录。

现场勘查图、现场照片等。

7.辨认笔录。

证人及其他当事人对违法嫌疑人的辨认。

8.其他证据材料。

(1)违法嫌疑人(单位)的身份材料,包括企业法人的营业执照、法人工商注册登记证明、法人单位性质证明、单位代码等。

(2)违法嫌疑人(自然人)的身份材料,包括户籍证明、身份证、工作证等;有前科的,调取法院判决书、行政处罚决定书、释放证明书等有效法律文件。法定代表人、直接负责的主管人员、其他直接责任人员在单位的任职、职责、权限等证明材料。

(3)抓获经过、处警经过、报案材料等。

(二)注意事项

1.对爆炸性、毒害性、放射性、腐蚀性物质或者传染病病原体等危险物质的认定,应以法律法规规定的范围和科学鉴定报告为前提,不能随意扩大其范围。取证时需采取防辐射、防生物污染措施,避免对执法人员或公众造成二次危害,并联合环保、卫生部门或专业机构参与对危险物质的检测、处置。

2.可以通过法律规定、培训记录、安全警示告知书、行业规范等,证明责任人明知应履行报告义务。

行为认定

(一)对危险物质被盗、被抢、丢失后不按规定报告行为的认定

主要从以下四个方面进行认定:

1.行为侵害的客体:公共安全和国家对爆炸性、毒害性、放射性、腐蚀性物质或者传染病

病原体等危险物质的管理制度。该行为对社会公共安全造成威胁,不要求造成一定危害后果。

2. 行为的客观方面:发现危险物质被盗、被抢或者丢失,但未按规定报告有关部门。所谓未按规定报告,是指未按照有关法律、法规规定的报告时间、报告方式报告危险物质的被盗、被抢或者丢失情况,或者未向应当报告的部门报告。例如,《民用爆炸物品安全管理条例》第41条规定"储存民用爆炸物品应当遵守下列规定:……(四)民用爆炸物品丢失、被盗、被抢,应当立即报告当地公安机关";又如,《放射性污染防治法》第33条第1款规定:"生产、销售、使用、贮存放射源的单位……发生放射源丢失、被盗和放射性污染事故时,有关单位和个人必须立即采取应急措施,并向公安部门、卫生行政部门和环境保护行政主管部门报告。"

3. 行为的实施主体:行为的实施主体既可以是自然人,也可以是单位。

4. 行为的主观方面:该行为既可以由故意构成,也可以由过失构成。该行为的故意,是指行为人发现危险物质被盗、被抢或者丢失后,明知应当上报有关部门,但未上报的;该行为的过失,是指行为人发现危险物质被盗、被抢或者丢失后,本应知道应当报告有关部门,但由于业务不熟,不知道应当上报或如何上报,因而未按规定报告有关部门。

(二)与丢失枪支不报罪的区别

一是行为主体不同。本行为的主体是一般主体,主要为从事危险物质生产、销售、运输、使用或处置的单位及直接负责的主管人员;而丢失枪支不报罪的行为主体是依法配备公务用枪的人员。

二是行为对象不同。本行为的行为对象是爆炸性、毒害性、放射性、腐蚀性物质或者传染病病原体等危险物质;而丢失枪支不报罪的行为对象仅指公务用枪。

三是行为后果不同。本行为不要求造成严重后果即可处罚;而丢失枪支不报罪的入罪标准应根据《最高人民检察院、公安部关于公安机关管辖的刑事案件立案追诉标准的规定(一)》的规定来确定,符合立案追诉条件的情形包括:丢失的枪支被他人使用造成人员轻伤以上伤亡事故的;丢失的枪支被他人利用进行违法犯罪活动的;其他造成严重后果的情形。

处罚标准

本行为设置一般情形和情节较重两个层次的处罚。其中,一般情形的处罚为处5日以下拘留,只要实施了相关行为即达到处罚条件,不以造成危害后果为前提条件;情节较重的处罚为5日以上10日以下拘留,适用于故意隐瞒不报的情形。

表46 危险物质被盗、被抢、丢失后不按规定报告行为处罚标准

处罚档次	处罚标准	裁量基准
一般情形	处5日以下拘留	/
情节较重	处5日以上10日以下拘留	明知爆炸性、毒害性、放射性、腐蚀性物质或者传染病病原体等危险物质被盗、被抢或者丢失,且明知有报告义务但故意隐瞒不报

如果是单位实施此类行为,除对其直接负责的主管人员和其他直接责任人员进行规定处罚外,还对单位依照其他法律、行政法规的规定予以处罚,如根据《烟花爆竹安全管理条例》第39条,对企业主要负责人处5000元以上2万元以下的罚款,对丢失的物品予以追缴。

案例及解析

【基本案情】 在某矿区,张某将用于爆破的雷管过失踢入爆孔后,未按处置规定报告给公安机关,该矿区所属公司法人代表史某得知事实后,决定以技术手段将踢入爆孔的雷管"殉爆"。史某使用起爆器操作,按照雷管注册的方式选择单发手工输入掉入爆孔中的雷管条码,手动进入起爆程序,张某使用自己的民爆手机App操作,起爆成功后将该雷管的条码信息通过民爆手机App上传至民爆系统,故意隐瞒雷管丢失真相。

对于张某、史某以及该公司的行为应如何认定?

【解析】 依据《民用爆炸物品安全管理条例》,民用爆炸物品是指用于非军事目的、列入民用爆炸物品品名表的各类火药、炸药及其制品和雷管、导火索等点火、起爆器材。民用爆炸物品属于爆炸类危险物质。依据2025年修订的《治安管理处罚法》和《民用爆炸物品安全管理条例》,本案应当认定为危险物质丢失后不按规定报告行为,且存在隐瞒不报的故意。因此,本案对张某和史某分别以事故直接责任人和单位直接负责的主管人员身份处以行政拘留处罚,对二人所属公司处以罚款;情节严重的,吊销其许可证。

关联法条

1.《刑法》(2023年修正)

第129条 【丢失枪支不报罪】依法配备公务用枪的人员,丢失枪支不及时报告,造成严重后果的,处三年以下有期徒刑或者拘役。

2.《放射性污染防治法》(2003年)

第33条 生产、销售、使用、贮存放射源的单位,应当建立健全安全保卫制度,指定专人负责,落实安全责任制,制定必要的事故应急措施。发生放射源丢失、被盗和放射性污染事故时,有关单位和个人必须立即采取应急措施,并向公安部门、卫生行政部门和环境保护行政主管部门报告。

公安部门、卫生行政部门和环境保护行政主管部门接到放射源丢失、被盗和放射性污染事故报告后,应当报告本级人民政府,并按照各自的职责立即组织采取有效措施,防止放射性污染蔓延,减少事故损失。当地人民政府应当及时将有关情况告知公众,并做好事故的调查、处理工作。

3.《放射性同位素与射线装置安全和防护条例》(2019年修订)

第51条 违反本条例规定,县级以上人民政府生态环境主管部门和其他有关部门有下列行为之一的,对直接负责的主管人员和其他直接责任人员,依法给予行政处分;构成犯罪的,依法追究刑事责任:

(一)缓报、瞒报、谎报或者漏报辐射事故的;

(二)未按照规定编制辐射事故应急预案或者不依法履行辐射事故应急职责的。

4.《民用爆炸物品安全管理条例》(2014年修订)

第41条第4项 储存民用爆炸物品应当遵守下列规定:

(四)民用爆炸物品丢失、被盗、被抢,应当立即报告当地公安机关。

第50条 违反本条例规定,民用爆炸物品从业单位有下列情形之一的,由公安机关处2万元以上10万元以下的罚款;情节严重的,吊销其许可证;有违反治安管理行为的,依法给予治安管理处罚:

(一)违反安全管理制度,致使民用爆炸物品丢失、被盗、被抢的;

(二)民用爆炸物品丢失、被盗、被抢,未按照规定向当地公安机关报告或者故意隐瞒不报的;

(三)转让、出借、转借、抵押、赠送民用爆炸物品的。

5.《危险化学品安全管理条例》(2013年修订)

第23条第1款 生产、储存剧毒化学品或者国务院公安部门规定的可用于制造爆炸物品的危险化学品(以下简称易制爆危险化学品)的单位,应当如实记录其生产、储存的剧毒化学品、易制爆危险化学品的数量、流向,并采取必要的安全防范措施,防止剧毒化学品、易制爆危险化学品丢失或者被盗;发现剧毒化学品、易制爆危险化学品丢失或者被盗的,应当立即向当地公安机关报告。

6.《烟花爆竹安全管理条例》(2016年修订)

第15条 生产烟花爆竹的企业,应当对黑火药、烟火药、引火线的保管采取必要的安全技术措施,建立购买、领用、销售登记制度,防止黑火药、烟火药、引火线丢失。黑火药、烟火药、引火线丢失的,企业应当立即向当地安全生产监督管理部门和公安部门报告。

第39条 生产、经营、使用黑火药、烟火药、引火线的企业,丢失黑火药、烟火药、引火线未及时向当地安全生产监督管理部门和公安部门报告的,由公安部门对企业主要负责人处5000元以上2万元以下的罚款,对丢失的物品予以追缴。

第十三节 《治安管理处罚法》第38条

52. 非法携带枪支、弹药或者管制器具

现行规定

《治安管理处罚法》

第38条 非法携带枪支、弹药或者弩、匕首等国家规定的管制器具的,处五日以下拘留,可以并处一千元以下罚款;情节较轻的,处警告或者五百元以下罚款。

非法携带枪支、弹药或者弩、匕首等国家规定的管制器具进入公共场所或者公共交通工具的,处五日以上十日以下拘留,可以并处一千元以下罚款。

立案与管辖

（一）立案标准

非法携带枪支、弹药或者管制器具行为是指非法携带枪支、弹药或者弩、匕首等国家规定的管制器具,或者非法携带以上器具进入公共场所或者公共交通工具,尚不够刑事处罚的行为。

（二）管辖

非法携带枪支、弹药或者管制器具的行为,由违法行为地的公安机关管辖;由违法行为人居住地公安机关管辖更为适宜的,可以由违法行为人居住地公安机关管辖。如果非法携带的行为发生在铁路列车、火车站、轮船、港口、码头工作区域、民航飞机、机场或进出口关境,则由铁路、交通、民航公安机关或海关缉私机构管辖。

证据收集

（一）证据规格

在一个完整的非法携带枪支、弹药或者管制器具行为的认定中,需要收集的基本证据规格如下:

1.违法嫌疑人的陈述与申辩。

（1）违法嫌疑人基本情况。（2）携带枪支、弹药或者管制器具是否具有主观故意,动机和目的。（3）违法事实情节:情节是否恶劣;是否进入公共场所;是否造成场所秩序混乱。（4）作案手段、危害后果。（5）涉案工具及来源。（6）认错认罚情况。

2.证人证言。

（1）违法事实情节:情节是否恶劣;造成社会、场所的混乱程度。（2）作案手段、危害后

果。(3)发现枪支、弹药或者管制器具的情况,携带人的情况。

3. 物证、书证。

枪支、弹药或者管制器具的实物和照片。

4. 认定结论。

枪支、弹药或者管制器具的认定结论。

5. 辨认笔录。

证人对违法嫌疑人的辨认。

6. 视听资料。

违法嫌疑人携带枪支、弹药或者管制器具进入公共场所监控视频;民警执法记录仪拍摄查获违法嫌疑人携带枪支、弹药或者管制器具过程的视频。

7. 其他证据材料。

(1)证明违法嫌疑人身份的材料,如户籍证明、身份证、工作证、专业或技术等级证复印件等;如有前科劣迹,应调取法院判决书、行政处罚决定书、释放证明书等有效法律文件。(2)抓获经过、处警经过、报案材料等。

(二)注意事项

取证过程中需对违法行为的对象,即枪支、弹药或者管制刀具予以扣押,并根据法律法规规定的标准进行科学鉴定,确定是否属于本条调整的枪支、弹药或管制器具。

"枪支",根据《枪支管理法》第46条,是指以火药或者压缩气体等为动力,利用管状器具发射金属弹丸或者其他物质,足以致人伤亡或者丧失知觉的各种枪支。包括军用手枪、步枪、冲锋枪、机枪,射击运动所用的各种枪支,狩猎用的膛线枪、散弹枪、火药枪、麻醉动物用的注射枪和发射金属弹丸的气枪等。

"弹药"是指上述枪支使用的子弹、火药等。

"管制器具"是一个广义的概念,包括管制刀具和弩。"管制刀具",根据公安部《管制刀具认定标准》,是指匕首、三棱刀、弹簧刀(跳刀)及其他相类似的单刃、双刃、三棱尖刀,以及其他刀尖角度大于60°,刀身超过220毫米的各类单刃、双刃及多刃刀具。"弩",在古代是一种攻击性、杀伤力都很强的兵器。经过现代科技改进后的弩具有便于携带、射程远、精度高等特点。进口弩还分手枪式、步枪式、冲锋枪式等多种式样。弩具有枪支、管制刀具的部分功能和特性,属于危险物品,如不严加控制和管理,极易被犯罪分子利用,危害公共安全。

对于枪支、弹药或管制器具的认定,应通过公安机关或鉴定机构出具的枪支弹药或管制器具鉴定书,作为判定涉案对象是否违法的依据。

🛡 **行为认定**

(一)对非法携带枪支、弹药或者管制器具行为的认定

主要从以下四个方面进行认定:

1. 行为侵害的客体:公共安全和国家对枪支、弹药或者管制器具的管理制度。本行为对社会公共安全构成威胁，不要求造成一定危害后果即构成违法。

2.行为的客观方面：行为在客观方面有非法携带行为，即非法携带枪支、弹药或者弩、匕首等国家规定的管制器具，或者携带上述器具进入公共场所或者公共交通工具。携带，是指将枪支、弹药或者管制器具带在身上或者置于身边，使其处于现实的支配之下的行为，包括随身携带或者放入行李、包裹中托运，公开携带或秘密携带。对于携带枪支、弹药或管制器具进入公共场所，要求违法行为人携带外出，单纯的持有和保存无法认定构成本行为。

根据《枪支管理法》的规定，公务人员配备公务用枪，单位或者个人配置民用枪支，必须由公安部门审核，并发给相应的持枪证件，方可配带枪支。不具有持枪证件的人携带枪支的，或者在特定地区，按规定应当将所带枪支交当地公安机关或指定单位保存，但未予保存、擅自携带的，为非法携带行为。根据《公安部关于对少数民族人员佩带刀具乘坐火车如何处理问题的批复》的规定，任何人不得非法制造、销售、携带和私自保存管制刀具。少数民族人员只能在民族自治地区佩带、销售和使用藏刀、腰刀、靴刀等民族刀具；在非民族自治地区，只要少数民族人员所携带的刀具属于管制刀具范围，公安机关就应当严格按照相应规定予以管理。少数民族人员违反《铁路法》和《铁路安全管理条例》携带管制刀具进入车站、乘坐火车的，由公安机关依法予以没收，但在本少数民族自治地区携带具有特别纪念意义或者比较珍贵的民族刀具进入车站的，可以由携带人交其亲友带回或者交由车站派出所暂时保存并出具相应手续，携带人返回时领回；对不服从管理，构成违反治安管理行为的，依法予以治安处罚；构成犯罪的，依法追究其刑事责任。

3.行为的实施主体：本行为的主体只能为自然人。

4.行为的主观方面：故意和过失均可以构成本行为。明知是枪支、弹药或者管制器具而携带，即为主观上的故意。疏忽大意的过失也可以构成本行为。例如，公民在少数民族自治地方购买具有民族特色的刀具作为纪念品，但在乘坐飞机时忘记将刀具放进托运行李托运的，是过失构成本行为。过失构成本行为且没有导致危害公共安全的严重后果的，可以视为情节轻微，在量罚时予以区别。又如，某些特定的地区和场所按照规定不准携带枪支时，持枪人员应当将所带枪支交当地公安机关或指定单位保存，如果行为人因一时忘记而违反上述规定，也是一种过失。

（二）与非法携带枪支、弹药、管制刀具、危险物品危及公共安全罪的区别

非法携带枪支、弹药或者管制器具行为与非法携带枪支、弹药、管制刀具、危险物品危及公共安全罪，在客观方面都有非法携带行为，两者的区别在于：

1.非法携带的物品范围不同。首先，《治安管理处罚法》第38条规定的非法携带的物品中不包括管制器具以外的危险物品，《治安管理处罚法》将非法携带危险物品行为规定在了第36条。其次，《刑法》第130条的规定没有涉及弩，而《治安管理处罚法》中非法携带的对象包括弩。

2.在构成违反治安管理行为与构成犯罪行为中，非法携带的物品范围交叉的有枪支、弹药、管制刀具,即是说,非法携带枪支、弹药、管制刀具既可以构成违反治安管理行为,也可能构成犯罪行为,罪与非罪的区别在于两点:

第一,看行为的主观方面:《治安管理处罚法》设定的非法携带枪支、弹药、管制器具行为,故意和过失均可构成;但《刑法》设定犯罪行为只能由故意构成,即行为人必须明知是枪支、弹药、管制刀具而携带,并明知自己进入了公共场所或者公共交通工具的,才成立此罪。因而,凡是主观上出于过失的,只能构成违反治安管理行为。

第二,如果非法携带枪支、弹药、管制器具的行为是出于故意,则要看非法携带的行为是否危及公共安全,并且情节是否严重。如果非法携带枪支、弹药、管制刀具进入公共场所或者公共交通工具,危及公共安全,情节严重的,构成犯罪行为,反之,构成违反治安管理行为。根据《最高人民法院关于审理非法制造、买卖、运输枪支、弹药、爆炸物等刑事案件具体应用法律若干问题的解释》的规定,具有下列情形之一的,属于"情节严重":(1)携带枪支或者手榴弹的;(2)携带爆炸装置的;(3)携带炸药、发射药、黑火药 500 克以上或者烟火药 1000 克以上、雷管 20 枚以上或者导火索、导爆索 20 米以上的;(4)携带的弹药、爆炸物在公共场所或者公共交通工具上发生爆炸或者燃烧,尚未造成严重后果的;(5)具有其他严重情节的。

处罚标准

本行为设置一般情形、情节较轻、特殊情形三个层次的处罚。公开实施本行为且情节严重的,则可直接构成刑事犯罪。

表47 非法携带枪支、弹药或者管制器具行为处罚标准

处罚档次	处罚标准	裁量基准
一般情形	处 5 日以下拘留,可以并处 1000 元以下罚款	/
情节较轻	处警告或者 500 元以下罚款	①非法携带弹药,经告知,主动交出的
		②以收藏、留念、赠送为目的,携带属于管制刀具的各类武术刀、工艺刀、礼品刀,未造成危害后果的
		③其他情节较轻的情形
特殊情形	处 5 日以上 10 日以下拘留,可以并处 1000 元以下罚款	非法携带枪支、弹药或者弩、匕首等国家规定的管制器具进入公共场所或者公共交通工具的

案例及解析

【基本案情】高某欲在某机场乘坐当日航班。在安检通道接受安全检查过程中,安检员在高某随身携带的挎包内发现 1 枚疑似弹药的物品。该物品为黄铜色金属材质,长度约为 5.5 厘米,有弹头、弹壳和底火,底部有"811 78"字样。经鉴定,该疑似弹药物为枪弹。

高某的行为应如何定性?

【解析】根据《枪支管理法》第46条的规定,枪支是指以火药或者压缩气体等为动力,利用管状器具发射金属弹丸或者其他物质,足以致人伤亡或者丧失知觉的各种枪支,具体包括军用的手枪、步枪、冲锋枪、机枪,射击运动所用的各种枪支,狩猎用的膛线枪、霰弹枪、火药枪、钢珠枪、麻醉动物用的注射枪,能发射金属弹丸的气枪等。弹药是指枪弹、炮弹、手榴弹、地雷等具有杀伤能力或其他特殊作用的爆炸物品,也包括各种土制爆炸物品及爆炸装置。本案中,该疑似弹药物被鉴定为枪弹,依据《治安管理处罚法》第38条的规定,该行为应认定为非法携带枪支、弹药或者管制器具行为。

关联法条

1.《刑法》(2023年修正)

第130条 【非法携带枪支、弹药、管制刀具、危险物品危及公共安全罪】非法携带枪支、弹药、管制刀具或者爆炸性、易燃性、放射性、毒害性、腐蚀性物品,进入公共场所或者公共交通工具,危及公共安全,情节严重的,处三年以下有期徒刑、拘役或者管制。

2.《枪支管理法》(2015年修正)

第44条第1款第2项、第2款 违反本法规定,有下列行为之一的,由公安机关对个人或者单位负有直接责任的主管人员和其他直接责任人员处警告或者十五日以下拘留;构成犯罪的,依法追究刑事责任:

(二)在禁止携带枪支的区域、场所携带枪支的;

有前款第(一)项至第(三)项所列行为的,没收其枪支,可以并处五千元以下罚款;有前款第(五)项所列行为的,由公安机关、工商行政管理部门按照各自职责范围没收其仿真枪,可以并处制造、销售金额五倍以下的罚款,情节严重的,由工商行政管理部门吊销营业执照。

第十四节 《治安管理处罚法》第39条

53. 盗窃、损毁公共设施

现行规定

《治安管理处罚法》

第39条第1项 有下列行为之一的,处十日以上十五日以下拘留;情节较轻的,处五日以下拘留:

(一)盗窃、损毁油气管道设施、电力电信设施、广播电视设施、水利工程设施、公共供水设施、公路及附属设施或者水文监测、测量、气象测报、生态环境监测、地质监测、地震监测等公共设施,危及公共安全的;

立案与管辖

(一)立案标准

盗窃、损毁公共设施行为是指盗窃、损毁油气管道设施、电力电信设施、广播电视设施、水利工程设施、公共供水设施、公路及附属设施或者水文监测、测量、气象测报、生态环境监测、地质监测、地震监测等公共设施的行为,造成危害但尚未构成刑事犯罪即达到立案标准。

(二)管辖

盗窃、损毁公共设施行为,由违法行为地的公安机关管辖;由违法行为人居住地公安机关管辖更为适宜的,可以由违法行为人居住地公安机关管辖。如果盗窃、损毁的公共设施位于铁路列车、火车站、轮船、港口、码头工作区域、民航飞机、机场,则由铁路、交通、民航公安机关管辖。

证据收集

(一)证据规格

在一个完整的盗窃、损毁公共设施行为的认定中,需要收集的基本证据规格如下:

1. 违法嫌疑人的陈述和申辩。

(1)违法嫌疑人基本情况;(2)作案时间、地点、手段、动机、目的、预谋和实施过程;(3)窃取的公共设施数量、品种、规格和型号,应与被侵害人所述基本相符;(4)赃款、赃物的下落,进行销赃、窝赃、用赃的人员、地点;(5)作案工具的来源及下落;(6)有无其他违法犯罪行为;(7)是否明知盗窃的是公共设施;(8)公共设施是否正在使用;(9)认错认罚情况。

2. 被侵害人(或被害单位负责人)陈述。

被盗窃的时间、地点、经过;如何发现被盗窃的;被盗窃公共设施的数量、特征、种类、购买时间及价值;公共设施是否正在使用;公共设施的用途;公共设施被盗窃后造成的公共损害的程度,是否危及公共安全。

3. 证人证言。

证人看见的盗窃或者损毁公共设施行为的过程。

4. 物证、书证。

(1)赃款、赃物、作案工具的实物和照片;(2)证明被盗窃物品的价值的证据,购物发票、收据等。

5. 鉴定意见。

物价鉴定。

6. 勘验、检查笔录,现场笔录。

现场勘查笔录、现场图、现场照片、提取的痕迹物证等。

7. 视听资料。

现场的影像、视频监控资料。

8. 其他证据材料。

(1)证明违法嫌疑人身份的材料,如户籍证明、身份证、工作证、专业或技术等级证复印件等;如有前科劣迹,应调取法院判决书、行政处罚决定书、释放证明书等有效法律文件。(2)抓获经过、处警经过、报案材料等。

(二)注意事项

本行为在调查取证过程中还需注意如下事项:第一,需通过权属证明、设计图纸、主管部门备案文件等,确认受损设施属于法律保护的"公共设施",证明其公共服务属性。

第二,由于本行为处罚危害公共安全但尚未产生实际严重危害后果的行为,因此需注重对行为潜在危害风险的评估,包括委托专业机构评估设施进一步毁损的风险以及可能对公共服务功能实现产生的影响。

🛡 行为认定

(一)对盗窃、损毁公共设施行为的认定

主要从以下四个方面进行认定:

1. 行为侵害的客体:本行为虽然表现为盗窃、损毁公共财物,但侵害的客体并不是财产权利,而是公共安全。

2. 行为的客观方面:本行为的客观方面表现为盗窃、损毁公共设施,危及公共安全,但尚未对公共安全产生实质危害后果。

(1)盗窃是指以非法占有为目的,秘密窃取公私财物的行为。(2)损毁是指破坏物品、设施的完整性,使其失去正常的使用价值和功能的行为。(3)油气管道设施包括石油、天然气、煤气管道设施等。(4)电力设施包括发电、供电和变电设备以及输电线路等电力设施。(5)电信设施是指传递国际互联网络信息的各种设施,包括光缆、网线、电报设施等。(6)广播电视设施是指广播电台、电视台、电视转播台等节目发射设施、节目传送设施、节目监测设施等。(7)水利工程设施包括堤防、水闸、护岸、抽水站、排水渠系等防洪工程。(8)公共供水设施包括取水口、水源地泵站等取水设施,水厂、过滤池、消毒设备等净水设施,公共输配水管道、管墩、支墩等构成的输配水管网。(9)公路及附属设施包括路基与路面、桥梁、隧道、涵洞等基础设施以及交通安全标志、收费站、服务区、养护站、排水设施、绿化带等附属设施。(10)水文监测、测量、气象测报、生态环境监测、地质监测、地震监测设施包括水文监测站的各种设备、设施,气象测报的气象探测设施,气象信息传输设施,大型气象专用技术装备等。

3. 行为的实施主体:本行为的实施主体只能是自然人。

4. 行为的主观方面:本行为的主观方面既可以是故意,也可以是过失。故意,即明知自己盗窃、损毁公共设施的行为会对公共安全造成威胁的结果,希望或者放任这种结果的发生;过失,即不知自己所盗窃、损毁之物为特殊的公共设施,不知自己盗窃、损毁的行为可能危及公共安全。

(二)与破坏电力设备罪、破坏易燃易爆设备罪、过失损坏电力设备罪、过失损坏易燃易爆设备罪、破坏广播电视设施、公用电信设施罪、过失损坏广播电视设施、公用电信设施罪等相关犯罪行为的区分

区别盗窃、损毁公共设施行为与相关犯罪行为的关键在于是否产生危害后果。如果盗窃、损毁的公共设施对该设施功能不起主要作用,盗窃和损毁后公共设施仍能正常使用,但已产生危及公共安全的潜在风险,构成违反治安管理行为;如果盗窃、损毁的公共设施是该设施的主要或者重要部件,盗窃、损毁后,导致公共设施被破坏或损坏,使公共设施不能发挥正常作用,对公共安全造成实际危害,构成相应的犯罪行为。

在主观方面,故意或过失均可以构成盗窃、损毁公共设施的违反治安管理行为;而在相关的犯罪行为中,主观上的故意或过失分别成立两种犯罪行为,但是要构成过失犯罪,必须危害公共安全、造成严重后果。

🛡 处罚标准

本行为设置一般情形和情节较轻两个层次的处罚。对于"情节较轻"的认定标准,可以结合当事人纠错的主动性、造成损害的公共设施价值等要素进行综合考量。

表48　盗窃、损毁公共设施行为处罚标准

处罚档次	处罚标准	裁量基准
一般情形	处10日以上15日以下拘留	/

续表

处罚档次	处罚标准	裁量基准
情节较轻	处5日以下拘留	①及时采取补救措施,尚未造成危害后果的
		②盗窃、损毁公共设施的价值较小,且不足以造成危害后果的
		③其他情节较轻的情形

案例及解析

【基本案情】黄某在某高速收费站外广场进口合流端处,未经审批擅自进行施工,对高速公路设施造成破坏。①

黄某的行为应该如何定性?

【解析】在2026年1月1日新修订的《治安管理处罚法》施行之前,针对黄某对高速公路设施造成破坏的行为,依据《公路法》第52条第1款和《公路安全保护条例》第25条的相关规定,由高速公路行政执法机构处罚。2025年修订的《治安管理处罚法》第39条第1项增加对"公路及附属设施"的盗窃、损毁行为的处罚。因此,在2025年《治安管理处罚法》施行后,本案可以认定为盗窃、损毁公共设施行为,由公安机关作出处罚决定。

关联法条

1.《刑法》(2023年修正)

第117条 【破坏交通设施罪】破坏轨道、桥梁、隧道、公路、机场、航道、灯塔、标志或者进行其他破坏活动,足以使火车、汽车、电车、船只、航空器发生倾覆、毁坏危险,尚未造成严重后果的,处三年以上十年以下有期徒刑。

第118条 【破坏电力设备罪】【破坏易燃易爆设备罪】破坏电力、燃气或者其他易燃易爆设备,危害公共安全,尚未造成严重后果的,处三年以上十年以下有期徒刑。

第119条 【破坏交通工具罪】【破坏交通设施罪】【破坏电力设备罪】【破坏易燃易爆设备罪】破坏交通工具、交通设施、电力设备、燃气设备、易燃易爆设备,造成严重后果的,处十年以上有期徒刑、无期徒刑或者死刑。

【过失损坏交通工具罪】【过失损坏交通设施罪】【过失损坏电力设备罪】【过失损坏易燃易爆设备罪】过失犯前款罪的,处三年以上七年以下有期徒刑;情节较轻的,处三年以下有期徒刑或者拘役。

第124条 【破坏广播电视设施、公用电信设施罪】破坏广播电视设施、公用电信设施,危害公共安全的,处三年以上七年以下有期徒刑;造成严重后果的,处七年以上有期徒刑。

【过失损坏广播电视设施、公用电信设施罪】过失犯前款罪的,处三年以上七年以下有期徒刑;情节较轻的,处三年以下有期徒刑或者拘役。

---

① 改编自福建省泉州高速公路行政执法支队三大队行政处罚决定书,闽交执泉高三(2023)罚字第66号。

2.《防洪法》(2016年修正)

第60条 违反本法规定,破坏、侵占、毁损堤防、水闸、护岸、抽水站、排水渠系等防洪工程和水文、通信设施以及防汛备用的器材、物料的,责令停止违法行为,采取补救措施,可以处五万元以下的罚款;造成损坏的,依法承担民事责任;应当给予治安管理处罚的,依照治安管理处罚法的规定处罚;构成犯罪的,依法追究刑事责任。

3.《水法》(2016年修正)

第72条第1项 有下列行为之一,构成犯罪的,依照刑法的有关规定追究刑事责任;尚不够刑事处罚,且防洪法未作规定的,由县级以上地方人民政府水行政主管部门或者流域管理机构依据职权,责令停止违法行为,采取补救措施,处一万元以上五万元以下的罚款;违反治安管理处罚法的,由公安机关依法给予治安管理处罚;给他人造成损失的,依法承担赔偿责任:

(一)侵占、毁坏水工程及堤防、护岸等有关设施,毁坏防汛、水文监测、水文地质监测设施的;

54. 移动、损毁边境、领土、领海标志设施

现行规定

《治安管理处罚法》

第39条第2项 有下列行为之一的,处十日以上十五日以下拘留;情节较轻的,处五日以下拘留:

(二)移动、损毁国家边境的界碑、界桩以及其他边境标志、边境设施或者领土、领海基点标志设施的;

立案与管辖

(一)立案标准

移动、损毁边境、领土、领海标志设施行为是指移动、损毁国家边境的界碑、界桩以及其他边境标志、边境设施或者领土、领海基点标志设施的行为,造成危害但尚未构成刑事犯罪即达到立案标准。

(二)管辖

移动、损毁边境、领土、领海标志设施行为,由违法行为地的公安机关管辖,违法行为地包括违法行为发生地和违法结果发生地;由违法行为人居住地公安机关管辖更为适宜的,可以由违法行为人居住地公安机关管辖。

证据收集

(一)证据规格

在一个完整的移动、损毁边境、领土、领海标志设施行为的认定中,需要收集的基本证据

规格如下：

1. 违法嫌疑人的陈述和申辩。

(1)违法嫌疑人基本情况；(2)作案时间、地点、手段、动机、目的、预谋和实施过程；(3)移动、损毁国家边境的界碑、界桩以及其他边境标志、边境设施或者领土、领海基点标志设施的数量、品种、规格和型号，应与被害人所述基本相符；(4)作案工具的来源及下落；(5)有无其他违法犯罪行为；(6)是否明知移动、损毁的是国家边境的界碑、界桩以及其他边境标志、边境设施或者领土、领海基点标志设施；(7)有无受他人指使或命令；(8)认错认罚情况。

2. 被移动、损毁的边境、领土、领海标志设施管理人员陈述被移动、损毁的时间、地点、经过；如何发现移动、损毁的；被移动、损毁边境、领土、领海标志设施的数量、特征、种类、设立时间；边境、领土、领海标志设施的用途。

3. 证人证言。

违法嫌疑人移动、损毁边境、领土、领海标志设施的行为过程。

4. 物证、书证。

(1)作案工具的实物和照片；(2)被移动、损毁边境、领土、领海标志设施的实物和照片。

5. 勘验、检查笔录，现场笔录。

现场勘查笔录、现场图、现场照片、提取的痕迹物证等。

6. 视听资料。

现场的影像、视频监控资料。

7. 其他证据材料。

(1)证明违法嫌疑人身份的材料，如户籍证明、身份证、工作证、专业或技术等级证复印件等；如有前科劣迹，应调取法院判决书、行政处罚决定书、释放证明书等有效法律文件。(2)抓获经过、处警经过、报案材料等。

(二)注意事项

边境、领土、领海标志设施是国家主权的标志，在对非法移动、损毁此类标志设施的行为开展调查取证时，应注重对此类标志设施原初位置及原初样貌的比较。对于边境标志设施，可以通过调取自然资源部、外交部或边防管理部门出具的界碑、界桩编号档案、坐标定位文件，确认其是否属于国家法定边境标志设施及非法变动情况。对于领海基点标志设施，可以参考国务院或自然资源部批准的海洋划界文件。领海基点系指为划定领海基线所选定的地理位置坐标点，领海基点标志则是设立在这些基点实际地理位置上的永久性的物理标志物，如在海岸或岛屿上选定的位置修建的石碑、灯塔等带有国家标识或测量标志的永久性构筑物。

如果案件涉及跨越国境线取证或外交敏感区域，需与外交主管部门协同办理。

行为认定

（一）对移动、损毁边境、领土、领海标志设施行为的认定

主要从以下四个方面进行认定：

1. 行为侵害的客体：本行为虽然表现为移动、损毁了有关物品，但行为侵犯的客体并不是财产权利。由于移动、损毁边境、领土、领海标志设施的行为可能导致边境界限不清，领土、领海的标志不明，从而可能对公共安全构成威胁，因而本行为侵犯的客体是公共安全。

2. 行为的客观方面：本行为的客观方面表现为移动、损毁国家边境的界碑、界桩以及其他边境标志、边境设施或者领土、领海基点标志设施，但情节尚不严重，尚不够刑事处罚。

3. 行为的实施主体：本行为的实施主体只能是自然人。

4. 行为的主观方面：本行为的主观方面既可以是故意，也可以是过失。

（二）与破坏界碑、界桩罪，破坏永久性测量标志罪的区别

破坏界碑、界桩罪和破坏永久性测量标志罪，是指故意破坏国家边境的界碑、界桩或者永久性测量标志的行为。它们与移动、损毁边境、领土、领海标志设施行为的区别在于：

1. 行为的情节是否恶劣，后果是否严重。如果使国家边境的界碑、界桩或者永久性测量标志丧失或者改变其应有功能，构成破坏界碑、界桩罪或者破坏永久性测量标志罪；如果未使边境标志设施丧失或改变其应有功能，仅对其功能的使用造成了一定影响，构成违反治安管理行为。

2. 破坏界碑、界桩罪，破坏永久性测量标志罪必须由故意构成，而移动、损毁边境、领土、领海标志设施行为在主观上既可能是故意，也可以是过失。

处罚标准

本行为设置一般情形和情节较轻两个层次的处罚。对于"情节较轻"的认定标准，可以结合当事人纠错的主动性，造成损害的边境、领土、领海标志设施价值及复原难度等要素进行综合考量。

表49 移动、损毁边境、领土、领海标志设施行为处罚标准

处罚档次	处罚标准	裁量基准
一般情形	处10日以上15日以下拘留	/
情节较轻	处5日以下拘留	①及时采取补救措施，尚未造成危害后果的
		②边境、领土、领海标志设施价值较小、复原成本较低的
		③其他情节较轻的情形

案例及解析

【基本案情】张某前往我国某界碑南侧边境铁丝网，使用角磨机破坏边境铁丝网后，钻过铁丝网企图非法出境，后被巡逻人员发现并抓获。

张某的行为应如何认定？

【解析】本案的核心在于非法出入境行为与移动、损毁边境、领土、领海标志设施的竞合关系。在本案中，张某破坏边境铁丝网的行为与其非法出境的行为存在牵连关系。张某非法出境的行为违反了《出境入境管理法》第71条的规定，以非法出境为目的而破坏边境铁丝网的行为又违反了《治安管理处罚法》的规定。因此，张某实际存在两个违法行为，分别是非法出境的行为以及损毁边境标志设施的行为，应分别予以处罚。

关联法条

《刑法》(2023年修正)

第323条 【破坏界碑、界桩罪】【破坏永久性测量标志罪】故意破坏国家边境的界碑、界桩或者永久性测量标志的，处三年以下有期徒刑或者拘役。

55. 非法进行影响国(边)界线走向活动

现行规定

《治安管理处罚法》

第39条第3项 有下列行为之一的，处十日以上十五日以下拘留；情节较轻的，处五日以下拘留：

(三)非法进行影响国(边)界线走向的活动……的。

立案与管辖

(一)立案标准

非法进行影响国(边)界线走向活动行为是指违反国家国(边)境管理法律法规，从事了非法进行影响国(边)界线走向的活动，尚不够刑事处罚的行为。只要非法从事了上述活动，即达到立案标准，不需要产生一定的危害后果。

(二)管辖

非法进行影响国(边)界线走向活动的行为，由违法行为地的公安机关管辖，违法行为地包括违法行为发生地和违法结果发生地；由违法行为人居住地公安机关管辖更为适宜的，可以由违法行为人居住地公安机关管辖。

证据收集

(一)证据规格

在一个完整的非法进行影响国(边)界线走向活动行为的认定中，需要收集的基本证据规格如下：

1.违法嫌疑人的陈述和申辩。

(1)违法嫌疑人基本情况;(2)作案时间、地点、手段、动机、目的、预谋和实施过程;(3)作案工具的来源及下落;(4)有无其他违法犯罪行为;(5)是否明知其行为会对国(边)界线的走向造成影响;(6)认错认罚情况。

2.证人证言。

违法嫌疑人非法进行影响国(边)界线走向活动行为的行为过程。

3.物证、书证。

作案工具的实物和照片。

4.勘验、检查笔录,现场笔录。

现场勘查笔录、现场图、现场照片、提取的痕迹物证等。

5.视听资料。

现场的影像、视频监控资料。

6.其他证据材料。

(1)证明违法嫌疑人身份的材料,如户籍证明、身份证、工作证、专业或技术等级证书复印件等;如有前科劣迹,应调取法院判决书、行政处罚决定书、释放证明书等有效法律文件。(2)抓获经过、处警经过、报案材料等。

(二)注意事项

在对非法进行影响国(边)界线走向活动行为进行调查取证的过程中,需注意对国(边)界线实际走向进行核实,核查行为人是否取得边境地区活动许可。如果该行为是借自然灾害(如洪水冲毁界河堤坝)实施,还需通过水文气象数据、工程质量鉴定等证明人为加剧了国(边)界线走向的改变速度。

行为认定

主要从以下四个方面对非法进行影响国(边)界线走向活动行为进行认定:

1.行为侵害的客体:本行为侵犯的客体是公共安全,包括国家主权安全。

2.行为的客观方面:本行为在客观上表现为非法进行影响国(边)界线走向的活动,尚不够刑事处罚,如在国(边)界河非法进行采矿、挖沙等活动,导致河流改道而影响国(边)界线走向等情形。

3.行为的实施主体:本行为的主体既可以是自然人,也可以是法人(单位)。

4.行为的主观方面:本行为在主观上既可能出于故意,也可以出于过失。

处罚标准

本行为设置一般情形和情节较轻两个层次的处罚。对于"情节较轻"的认定标准,可以结合当事人纠错的主动性、对受影响的国(边)界线进行恢复的难度等要素予以综合考量。

表50　非法进行影响国(边)界线走向活动行为处罚标准

处罚档次	处罚标准	裁量基准
一般情形	处10日以上15日以下拘留	/
情节较轻	处5日以下拘留	①及时采取补救措施,尚未造成危害后果的
		②受影响的国(边)界线走向恢复成本较低的
		③其他情节较轻的情形

如果单位实施此类行为,对其直接负责的主管人员和其他直接责任人员进行处罚,对单位依照其他法律、行政法规的规定予以处罚。

◆ 案例及解析

【基本案情】李某在某界河景区使用挖掘机在河边堆路,并将废弃砂石倒入河中。

李某的行为应如何定性?

【解析】李某未经允许在界河边进行堆路并将砂石倒入河中的行为可能对该界河的水文特征造成影响,进而影响该界河的走向,从而对国(边)界线走向造成影响,构成非法进行影响国(边)界线走向活动的违法行为。

56. 非法修建有碍国(边)境管理设施

◆ 现行规定

《治安管理处罚法》

第39条第3项　有下列行为之一的,处十日以上十五日以下拘留;情节较轻的,处五日以下拘留:

(三)非法……修建有碍国(边)境管理的设施的。

◆ 立案与管辖

(一)立案标准

非法修建有碍国(边)境管理设施行为是指违反国家国(边)境管理法律法规,非法进行影响国(边)界线走向的活动,尚不够刑事处罚的行为。只要非法从事了上述活动,即达到立案标准,不需要产生一定的危害后果。

(二)管辖

非法修建有碍国(边)境管理设施行为,由违法行为地的公安机关管辖,违法行为地包括违法行为发生地和违法结果发生地;由违法行为人居住地公安机关管辖更为适宜的,可以由违法行为人居住地公安机关管辖。

🛡 证据收集

(一)证据规格

在一个完整的非法修建有碍国(边)境管理设施行为的认定中,需要收集的基本证据规格如下:

1.违法嫌疑人的陈述和申辩。

(1)违法嫌疑人基本情况;(2)作案时间、地点、手段、主观故意、动机、目的、预谋和实施过程;(3)作案工具的来源及下落;(4)有无其他违法犯罪行为;(5)是否明知其行为会对国(边)境管理造成阻碍;(6)认错认罚情况。

2.证人证言。

违法嫌疑人实施非法修建有碍国(边)境管理设施行为的过程。

3.物证、书证。

(1)作案工具的实物和照片;(2)非法修建有碍国(边)境管理设施的实物和照片;(3)相关部门关于非法修建有碍国(边)境管理设施的书面证明。

4.勘验、检查笔录,现场笔录。

现场勘查笔录、现场图、现场照片、提取的痕迹物证等。

5.视听资料。

现场的影像、视频监控资料。

6.其他证据材料。

(1)证明违法嫌疑人身份的材料,如户籍证明、身份证、工作证、专业或技术等级证复印件等;如有前科劣迹,应调取法院判决书、行政处罚决定书、释放证明书等有效法律文件。(2)抓获经过、处警经过、报案材料等。

(二)注意事项

在对非法修建有碍国(边)境管理设施行为进行调查取证的过程中,需注意核查行为人是否取得边境地区施工许可。如果该行为是通过设置电子干扰类设施(如屏蔽边境监控信号)来实施的,还需检测相关电磁频谱数据,证明其对边防通信、侦查设备的实际影响。

🛡 行为认定

对非法修建有碍国(边)境管理设施行为主要从以下四个方面进行认定:

1.行为侵害的客体:本行为侵犯的客体是公共安全,包括国家主权安全。

2.行为的客观方面:本行为在客观上表现为非法修建有碍国(边)境管理设施的行为。例如,修建有关设施影响、妨碍了边防巡逻路、边境铁丝网(铁栅栏)、边境监控设备、边境管理辅助标志以及边防直升机起降场、边防船艇停泊点的使用和管理。

3.行为的实施主体:本行为的实施主体既可以是自然人,也可以是法人(单位)。

4.行为的主观方面:本行为在主观上既可能出于故意,也可以出于过失。

处罚标准

本行为设置一般情形和情节较轻两个层次的处罚。对于"情节较轻"的认定标准,可以结合当事人纠错的主动性、对既有国(边)境管理设施的损害程度等要素予以综合考量。

表51 非法修建有碍国(边)境管理设施行为处罚标准

处罚档次	处罚标准	裁量基准
一般情形	处10日以上15日以下拘留	/
情节较轻	处5日以下拘留	①及时采取补救措施,尚未造成危害后果的
		②对既有国(边)境管理设施造成的损害较小
		③其他情节较轻的情形

如果单位实施此类行为,对其直接负责的主管人员和其他直接责任人员进行规定处罚外,对单位依照其他法律、行政法规的规定予以处罚。

案例及解析

【基本案情】段某召集王某、李某等人在某路段边界线中国一侧进行铺路,私自修建一条通往邻国某寨子的便道。

对段某等人的行为应如何定性?

【解析】段某未经允许私自在边境线上修路,妨碍了国家对边境的依法控制和管理,构成非法修建有碍国(边)境管理设施的违法行为。

第十五节 《治安管理处罚法》第 40 条

57. 盗窃、损坏、擅自移动航空设施

▎现行规定▎

《治安管理处罚法》
第 40 条第 1 款 盗窃、损坏、擅自移动使用中的航空设施……的,处十日以上十五日以下拘留。

▎立案与管辖▎

（一）立案标准
盗窃、损坏、擅自移动航空设施行为是指盗窃、损坏、擅自移动使用中的航空设施的行为,威胁飞行安全但尚未构成刑事犯罪即达到立案标准。

（二）管辖
盗窃、损坏、擅自移动航空设施行为由违法行为地的公安机关管辖;由违法行为人居住地公安机关管辖更为适宜的,可以由违法行为人居住地公安机关管辖。对于民航管理机构管理的机场工作区域以及民航系统的机关、厂、所、队等单位内和民航飞机上发生的盗窃、损坏、擅自移动使用中的航空设施的行为,由属地民航公安机关管辖。在飞行中的航空器内发生的案件,一般由该航空器最初降落地的公安机关管辖。

▎证据收集▎

（一）证据规格
在一个完整的盗窃、损坏、擅自移动航空设施行为的认定中,需要收集的基本证据规格如下:
1.违法嫌疑人的陈述和申辩。
(1)违法嫌疑人基本情况;(2)作案时间、地点、手段、动机、目的、预谋和实施过程;(3)盗窃、损坏、擅自移动航空设施的数量、品种、规格和型号,应与被侵害人所述情况基本相符;(4)赃款、赃物的下落,进行销赃、窝赃、用赃的人员、地点;(5)作案工具的来源及下落;(6)有无其他违法犯罪行为;(7)是否明知盗窃、损坏、擅自移动的是航空设施。
2.被侵害人(或被害单位负责人、具体负责的工作人员)陈述航空设施被盗窃、损坏、擅自移动的时间、地点、经过;如何发现航空设施被盗窃、损坏、擅自移动的;被盗窃、损坏、擅自移

动航空设施的数量、特征、种类、购买时间及价值;航空设施的用途;航空设施被盗窃、损坏、擅自移动后会造成的公共损害程度,是否危及飞行安全。

3. 证人证言。

陈述目击被盗窃、损坏、擅自移动行为的时间、地点、经过。

4. 物证、书证。

(1)赃款、赃物、作案工具的实物和照片;(2)证明被盗窃、损坏、擅自移动的航空设施价值的证据,如发票、收据等。

5. 鉴定意见。

被盗物品的价格认定。

6. 勘验、检查笔录,现场笔录。

现场勘查笔录、现场图、现场照片、提取的痕迹物证等。

7. 视听资料。

现场的影像、视频监控资料,现场制作的视听资料。

8. 其他证据材料。

(1)证明违法嫌疑人身份的材料,如户籍证明、身份证、工作证、专业或技术等级证书复印件等;(2)违法嫌疑人有前科劣迹的,应调取法院判决书、行政处罚决定书、释放证明书等有效法律文件;(3)抓获经过、处警经过、报案材料等。

(二)注意事项

在对盗窃、损坏、擅自移动航空设施行为进行调查取证时还需注意以下两点:

1. 对被盗窃、损坏或擅自移动的航空设施的属性和功能进行确认。包括涉案设施属于使用中的航空设施,如导航设备、跑道灯光、雷达、通信基站、气象传感器等,对于其他专业性设施还需由民航技术部门出具功能说明,证明其对飞行安全的直接影响。通过机场运行日志、设备维护记录,确认案发时设施处于正常运行状态,排除故障或检修期间的非使用状态。

2. 对影响或威胁飞行安全的风险进行评估和确认。包括调取黑匣子、空管雷达记录,证明设施损坏导致航班复飞、备降或紧急处置等直接后果;尚未造成直接后果的,需量化设施损坏对航班起降、航路导航的影响,被盗窃、损坏零部件的唯一性及替代修复周期等。

🛡 行为认定

(一)对盗窃、损坏、擅自移动航空设施行为的认定

主要从以下四个方面进行认定:

1. 行为侵害的客体:行为虽然表现为盗窃、损坏或擅自移动了航空设施,但行为侵犯的客体并不是财产权利,而是公共安全,即航空器的飞行安全。

2. 行为的客观方面:本行为在客观方面表现为盗窃、损坏、擅自移动使用中的航空设施。"使用中的航空设施"是指正在使用的保证航空器安全飞行的设施,既包括正在作业中的航空设施,也包括已经交付使用,随时可以执行任务的航空设施,如机场跑道、停机坪、航空器起落

的指挥系统、导航设施、机场监控装备、机场灯塔等。如果该航空设施已经废弃,或者尚未投入使用,或者正处于修理状态的,则不属于"使用中的航空设施"。"盗窃"是指以非法占有为目的,秘密窃取使用中的航空设施的行为。"损毁"是指破坏使用中的航空设施的完整性,使其失去正常的使用价值和功能的行为。

3. 行为的实施主体:行为的主体只能是自然人。
4. 行为的主观方面:行为的主观方面必须是故意,过失不能构成此行为。

(二)与破坏交通设施罪的区分

一是行为侵害的对象不同。盗窃、损坏、擅自移动航空设施行为侵害的对象仅限于航空设施;而破坏交通设施罪侵害的对象不仅包括航空设施,还包括道路交通设施、水上运输交通设施、铁路设施等其他的交通设施。

二是行为的后果不同。本行为的后果是影响航空运输安全,但尚未造成航空器倾覆、毁坏的事实,也没有造成倾覆、毁坏的危险,危害程度较轻;而破坏交通设施罪的后果必须具有足以使交通工具发生倾覆、毁坏的现实可能和危险,危害公共安全。

处罚标准

本行为仅设置一个处罚幅度,但可以根据行为的严重程度在法定处罚幅度内确定拘留期限。

表52 盗窃、损坏、擅自移动航空设施行为处罚标准

处罚档次	处罚标准	裁量基准
一般情形	处10日以上15日以下拘留	/
	处10日以上15日以下拘留较高幅度的处罚	①造成人员受伤或者财物损失等危害后果的 ②盗窃、损坏、擅自移动多个航空设施的 ③其他情节较重的情形

案例及解析

【基本案情】袁某在乘坐上海飞往北京首都机场的航班途中,擅自移动飞机后舱门手柄,导致驾驶舱后舱舱门警示灯报警。[①]

对袁某的行为应该如何定性?

【解析】本案中袁某擅自移动正在飞行中的民用飞机设施,依据《治安管理处罚法》第40条第1款认定为擅自移动航空设施的违法行为。本案还涉及在航空器内发生的案件的管辖问题。在飞行中的航空器内发生的案件,一般由该航空器最初降落地的公安机关管辖,因此

---

① 改编自首都机场公安局行政处罚决定书,首机公行罚决字〔2020〕50064号。

本案由首都机场公安局作出处罚决定。

关联法条

1.《刑法》(2023 年修正)

第 117 条　【破坏交通设施罪】破坏轨道、桥梁、隧道、公路、机场、航道、灯塔、标志或者进行其他破坏活动,足以使火车、汽车、电车、船只、航空器发生倾覆、毁坏危险,尚未造成严重后果的,处三年以上十年以下有期徒刑。

2.《民用航空法》(2021 年修正)

第 197 条　盗窃或者故意损毁、移动使用中的航行设施,危及飞行安全,足以使民用航空器发生坠落、毁坏危险的,依照刑法有关规定追究刑事责任。

58. 强行进入航空器驾驶舱

现行规定

《治安管理处罚法》

第 40 条第 1 款　……强行进入航空器驾驶舱的,处十日以上十五日以下拘留。

立案与管辖

(一)立案标准

强行进入航空器驾驶舱行为是指强行进入航空器驾驶舱,威胁飞行安全但尚未构成刑事犯罪的行为,实施该行为即达到立案标准。

(二)管辖

强行进入航空器驾驶舱行为由违法行为地的公安机关管辖;由违法行为人居住地公安机关管辖更为适宜的,可以由违法行为人居住地公安机关管辖。强行进入飞行中的航空器驾驶舱的行为,由航空器最初降落地的民航公安机关管辖。

证据收集

(一)证据规格

在一个完整的强行进入航空器驾驶舱行为的认定中,需要收集的基本证据规格如下:

1.违法嫌疑人的陈述和申辩。

(1)违法嫌疑人基本情况;(2)作案时间、地点、手段、动机、目的、预谋和实施过程;(3)作案工具(如有)的来源及下落;(4)有无其他违法犯罪行为。

2.被侵害人(或被害单位负责人、具体负责的工作人员)陈述行为人强行进入航空器驾驶舱的行为造成的公共损害程度,是否危及飞行安全。

3. 证人证言。

目击违法嫌疑人强行进入航空器驾驶舱行为的时间、地点、经过以及造成的后果。

4. 物证。

作案工具(如有)的实物和照片。

5. 勘验、检查笔录，现场笔录。

现场勘查笔录、现场图、现场照片、提取的痕迹物证等。

6. 视听资料。

现场的影像、视频监控资料。

7. 其他证据材料。

(1)证明违法嫌疑人身份的材料,如户籍证明、身份证、工作证、专业或技术等级证书复印件等;(2)违法嫌疑人有前科劣迹的,应调取法院判决书、行政处罚决定书、释放证明书等有效法律文件;(3)抓获经过、处警经过、报案材料等。

（二）注意事项

对于强行进入航空器驾驶舱行为的调查取证,应注意对影响或威胁飞行安全的风险进行评估和确认。包括调取黑匣子、空管雷达记录,证明强行进入驾驶舱的行为导致航班复飞、备降或紧急处置等直接后果;尚未造成直接后果的(未实际干扰飞行且及时被制止的行为,如拍打舱门未造成损坏),需固定机组处置记录、乘客证言等证据。

行为认定

（一）对强行进入航空器驾驶舱行为的认定

主要从以下四个方面进行认定：

1. 行为侵害的客体：公共安全,即航空器的飞行安全。

2. 行为的客观方面：本行为在客观方面表现为强行进入航空器驾驶舱的行为。驾驶舱是航空器的要害部位,是航空器驾驶员操作飞行的重要部位,禁止非工作人员进入,行为人却不听劝阻,强行进入航空器的驾驶舱。

3. 行为的实施主体：行为的主体只能是自然人。

4. 行为的主观方面：行为的主观方面必须是故意,过失不能构成此行为。

（二）与劫持航空器罪的区别

劫持航空器罪是指以暴力、胁迫或者其他方法劫持航空器的行为,其与强行进入航空器驾驶舱行为的区别如下：

一是行为目的的不同。强行进入航空器驾驶舱行为的目的多种多样,但不一定具有劫持航空器的目的;而劫持航空器罪必须以劫持航空器为目的。

二是行为的客观方面不同。劫持航空器罪在客观上表现为以暴力、胁迫或者其他方法劫持航空器的行为。劫持,是指劫夺航空器、由犯罪人直接驾驶或者操作航空器,或者强迫航空器驾驶、操作人员按照犯罪人的意志驾驶、操作航空器,从而控制航空器的起飞、航行线路、速度与降落地点。而强行进入航空器驾驶舱行为在客观上并没有实施控制航空器的行为。

三是行为的情节与后果均不同。劫持航空器罪不仅有暴力、胁迫等情节,而且导致危害飞行安全,危及航空器中人员的生命、健康和财产安全,危及整个航空飞行秩序的后果,是严重的危害公共安全的犯罪。而强行进入航空器驾驶舱行为的情节和危害后果均较轻。

(三)与暴力危及飞行安全罪的区别

暴力危及飞行安全罪是指对飞行中的航空器上的人员使用暴力,危及飞行安全的行为。强行进入航空器驾驶舱行为与暴力危及飞行安全罪在主观上都是由故意构成,二者的区别在于:

一是行为发生的空间状态不同。暴力危及飞行安全罪必须是发生于飞行中的航空器上,在航空器还没有装载完毕时,或者在航空器降落后打开机舱门前对航空器上的人员使用暴力的,不成立此罪;而强行进入航空器驾驶舱行为既可以发生于飞行中的航空器上,也可以发生于正在使用但尚未飞行的航空器上,例如航空器正在装载或卸载时。

二是行为的情节有所不同。构成暴力危及飞行安全罪的,必须有"暴力"情节,即不法对人行使有形力的一切行为;而强行进入航空器驾驶舱行为不一定使用暴力。

三是行为的危害后果不同。暴力危及飞行安全的行为,必须导致危及飞行安全的后果;而强行进入航空器驾驶舱行为不一定已经危及飞行的安全问题,但已经违反了保障航空设施安全、飞行安全的规定,对飞行安全形成妨害,可能危及飞行安全。

(四)与扰乱公共交通工具上的秩序行为的区别

根据《治安管理处罚法》第26条第1款第3项,扰乱公共交通工具上秩序的行为场所包括航空器。违法行为人不听劝阻强行进入航空器驾驶舱的行为同样表现出对航空器上公共秩序的扰乱,但它与扰乱公共交通工具上的秩序行为的区别在于行为侵犯的客体不同:强行进入航空器驾驶舱行为侵犯的客体是公共安全;而扰乱公共交通工具上秩序行为侵犯的客体是公共交通工具上的秩序。

处罚标准

本行为仅设置一个处罚幅度,但可以根据行为的严重程度在法定处罚幅度内确定拘留期限。

表53 强行进入航空器驾驶舱行为处罚标准

处罚档次	处罚标准	裁量基准
一般情形	处10日以上15日以下拘留	/
	处10日以上15日以下拘留较高幅度的处罚	①造成人员受伤或者财物损失等危害后果的
		②使用暴力强行进入航空器驾驶舱的
		③其他情节较重的情形

案例及解析

【基本案情】由于雾霾，一架从广州飞往哈尔滨的航班备降到沈阳。该航班重新起飞后又因天气原因返航沈阳，最终航班取消。部分乘客拒绝下机，其中张某闯入驾驶舱与副驾大吵，被劝出后再次破门而入。①

对于张某的行为应如何认定？

【解析】张某强行进入飞机驾驶舱是飞机降落后在地面上实施的，在尚未造成其他严重后果的情况下，依据《治安管理处罚法》第40条第1款，构成强行进入航空器驾驶舱行为，由飞机降落地沈阳机场公安机关予以行政拘留。

关联法条

《刑法》（2023年修正）

第121条 **【劫持航空器罪】**以暴力、胁迫或者其他方法劫持航空器的，处十年以上有期徒刑或者无期徒刑；致人重伤、死亡或者使航空器遭受严重破坏的，处死刑。

第123条 **【暴力危及飞行安全罪】**对飞行中的航空器上的人员使用暴力，危及飞行安全，尚未造成严重后果的，处五年以下有期徒刑或者拘役；造成严重后果的，处五年以上有期徒刑。

59. 在航空器上非法使用器具、工具

现行规定

《治安管理处罚法》

第40条第2款 在使用中的航空器上使用可能影响导航系统正常功能的器具、工具，不听劝阻的，处五日以下拘留或者一千元以下罚款。

立案与管辖

（一）立案标准

在航空器上非法使用器具、工具行为是指在使用中的航空器上使用可能影响导航系统正常功能的器具、工具，不听劝阻的行为，威胁飞行安全但尚未构成刑事犯罪即达到立案标准。

（二）管辖

在航空器上非法使用器具、工具行为由违法行为地的公安机关管辖；由违法行为人居住地公安机关管辖更为适宜的，可以由违法行为人居住地公安机关管辖。对于在民航管理机构管理的机场工作区域以及民航系统的机关、厂、所、队等单位内和民航飞机上发生的非法使用

---

① 改编自满洲里市公安局行政处罚决定书，满公（北屯）行罚决字〔2022〕736号。

器具、工具的行为,由属地民航公安机关管辖。在飞行中的航空器内非法使用器具、工具的行为,由航空器最初降落地的民航公安机关管辖。

证据收集

(一)证据规格

在一个完整的在航空器上非法使用器具、工具行为的认定中,需要收集的基本证据规格如下:

1. 违法嫌疑人的陈述和申辩。

(1)违法嫌疑人基本情况;(2)作案时间、地点、手段、动机、目的、预谋和实施过程;(3)非法使用的器具、工具的数量、品种、规格和型号,应与被害人所述情况基本相符;(4)非法使用的器具、工具的来源;(5)有无其他违法犯罪行为;(6)是否明知非法使用的器具、工具可能影响航空器导航系统正常功能。

2. 被侵害人(或被害单位负责人、具体负责的工作人员)陈述的非法使用的器具、工具对航空器导航系统正常功能可能造成的影响程度,是否危及飞行安全。

3. 证人证言。

同一航空器上的乘客陈述的案发的时间、地点、经过以及造成的危害后果。

4. 物证。

非法使用的器具、工具的实物和照片。

5. 勘验、检查笔录,现场笔录。

现场勘查笔录、现场图、现场照片、提取的痕迹物证等。

6. 视听资料。

现场的影像、视频监控资料。

7. 其他证据材料。

(1)证明违法嫌疑人身份的材料,如户籍证明、身份证、工作证、专业或技术等级证书复印件等;(2)违法嫌疑人有前科劣迹的,应调取法院判决书、行政处罚决定书、释放证明书等有效法律文件;(3)抓获经过、处警经过、报案材料等。

(二)注意事项

1. 对器具、工具对航空器导航系统造成的危害性进行认定。委托专业机构检测器具、工具的相关参数,如电磁发射参数,确认其干扰导航系统的可能性;对电子设备,如改装手机、无人机遥控器提取固件数据,分析是否搭载恶意干扰程序;核查设备是否通过民航认证,排除合法使用可能,如医疗电子设备;调取安检记录,确认行为人故意逃避安检或谎报物品用途,如将干扰器伪装为充电宝。

2. 对干扰行为与行为人不听劝阻的证据进行固定。提取客舱摄像头画面、机组执勤记录仪音频,捕捉行为人使用器具、工具的具体动作及机组多次口头或书面警告的证据,收集空乘人员关于制止过程的详细陈述。

🛡 行为认定

（一）对在航空器上非法使用器具、工具行为的认定

主要从以下四个方面进行认定：

1. 行为侵害的客体：公共安全，即航空器的飞行安全。

2. 行为的客观方面：本行为在客观方面表现为在使用中的航空器上使用可能影响导航系统正常功能的器具、工具，且不听劝阻。"使用中的航空器"是指正在进行商业飞行的民用飞机、飞艇等航空器，而不包括停放在机场停机坪或者正在维修的航空器。器具、工具包括手机等通信工具以及个人电脑等能产生无线电、电磁干扰的器具、工具。在航空器起飞前，乘务人员要求关闭手机、电子游戏机、个人电脑等可能影响航空器导航系统正常功能的器具、工具后，行为人仍不听劝阻执意使用或者经劝阻后又继续使用，尚未造成严重后果的，属于违反治安管理的行为；如果造成了严重后果，如已经干扰了航空器的正常飞行、航空器的通信受到干扰或者中断、使航空器处于危险的状态，就构成了犯罪行为。

3. 行为的实施主体：行为的主体只能是自然人。

4. 行为的主观方面：行为的主观方面必须是故意，过失不能构成此行为。

（二）与扰乱公共交通工具上的秩序行为的区别

根据《治安管理处罚法》第 26 条第 1 款第 3 项，扰乱公共交通工具上的秩序行为场所包括航空器。违法行为人不听劝阻在航空器上非法使用器具、工具行为表现出对航空器上公共秩序的扰乱，但它与扰乱公共交通工具上的秩序行为的区别在于行为侵犯的客体不同：在航空器上非法使用器具、工具行为侵犯的客体是公共安全；而扰乱航空器上公共秩序行为侵犯的客体是公共交通工具上的秩序。

🛡 处罚标准

本行为设置一个处罚幅度。

表 54　在航空器上非法使用器具、工具行为处罚标准

处罚档次	处罚标准
一般情形	处 5 日以下拘留或者 1000 元以下罚款

🛡 案例及解析

【基本案情】在哈尔滨飞往北京的某航班起飞后，乘客张某仍在使用手机，机组人员要求其关闭手机，但张某拒绝配合。后经多次劝说，张某仍然拒绝关闭手机，最终安全员强行将张某手机关闭。[①]

---

① 参见胡洪江等：《【提醒】多名旅客在首都机场被警方拘留！他们都干了这件事……》，载微信公众号"人民日报"2017 年 2 月 9 日，https://mp.weixin.qq.com/s/XNwBiPsOxaS6-EsM6DVG-w。

对于张某的行为应如何定性？

【解析】在航空器起飞前机组人员要求关闭手机等可能影响航空器导航系统正常功能的器具、工具后，张某仍不听劝阻执意使用，后被强制关闭，尚未造成严重后果，属于违反治安管理的行为。本案应依据《治安管理处罚法》第40条第2款认定为在使用中的航空器上非法使用可能影响导航系统正常功能的器具、工具的行为予以处罚。正在使用中的航空器是指正在进行商业飞行的民用飞机、飞艇等航空器，而不包括停放在机场停机坪或者正在维修的航空器。可能影响导航系统正常功能的器具、工具，包括手机、寻呼机等通讯工具以及其他能产生无线电干扰的器具、工具。严重后果是指已经干扰了航空器的正常飞行，通信受到干扰或者中断，使航空器处于危险的状态。

60. 盗窃、损坏、擅自移动其他公共交通工具设施、设备

现行规定

《治安管理处罚法》

第40条第3款 盗窃、损坏、擅自移动使用中的其他公共交通工具设施、设备……，干扰公共交通工具正常行驶的，处五日以下拘留或者一千元以下罚款；情节较重的，处五日以上十日以下拘留。

立案与管辖

（一）立案标准

违法嫌疑人实施盗窃、损坏、擅自移动使用中的其他公共交通工具设施、设备，妨碍公共交通工具正常行驶的行为，造成公共安全危险但尚未构成刑事犯罪即达到立案标准。本行为所称"其他公共交通工具设施、设备"，系指除了《治安管理处罚法》第40条第1款规定的使用中的航空设施以外的公共交通工具上的设施、设备。

（二）管辖

盗窃、损坏、擅自移动其他公共交通工具设施、设备行为由违法行为地的公安机关管辖；由违法行为人居住地公安机关管辖更为适宜的，可以由违法行为人居住地公安机关管辖。如果盗窃、损坏、擅自移动其他公共交通工具设施、设备行为发生在铁路列车、火车站、轮船、港口、码头工作区域，则由铁路、交通公安机关管辖。

证据收集

（一）证据规格

在一个完整的盗窃、损坏、擅自移动其他公共交通工具设施、设备行为的认定中，需要收

集的基本证据规格如下：

1.违法嫌疑人的陈述和申辩。

(1)违法嫌疑人基本情况;(2)作案时间、地点、手段、动机、目的、预谋和实施过程;(3)盗窃、损坏、擅自移动使用中的公共交通工具设施、设备的数量、品种、规格和型号,应与被害人所述情况基本相符;(4)赃款、赃物的下落;(5)作案工具的来源及下落;(6)有无其他违法犯罪行为;(7)是否明知盗窃、损坏、擅自移动的是使用中的公共交通工具设施、设备。

2.被侵害人(或被害单位负责人、具体负责的工作人员)陈述公共交通工具设施、设备被盗窃、损坏、擅自移动的时间、地点、经过;如何发现公共交通工具设施、设备被盗窃、损坏、擅自移动的;被盗窃、损坏、擅自移动的公共交通工具设施、设备的数量、特征、种类、购买时间及价值;公共交通工具设施、设备的用途;公共交通工具设施、设备被盗窃、损坏、擅自移动后会造成公共损害的程度,是否危及公共安全。

3.证人证言。

同一交通工具上的乘客陈述的案发时间、地点、经过以及造成的危害后果。

4.物证、书证。

(1)赃款、赃物、作案工具的实物和照片;(2)证明被盗窃、损坏、擅自移动的公共交通工具设施、设备的价值的证据,如发票、收据等。

5.鉴定意见。

物价鉴定报告。

6.勘验、检查笔录,现场笔录。

现场勘查笔录、现场图、现场照片、提取的痕迹物证等。

7.视听资料。

现场的影像、视频监控资料,现场制作的视听资料。

8.其他证据材料。

(1)证明违法嫌疑人身份的材料,如户籍证明、身份证、工作证、专业或技术等级证书复印件等;(2)违法嫌疑人有前科劣迹的,应调取法院判决书、行政处罚决定书、释放证明书等有效法律文件;(3)抓获经过、处警经过、报案材料等。

(二)注意事项

1.对于盗窃、损坏、擅自移动使用中的其他公共交通工具设施、设备的行为开展的调查取证,应注重对设施、设备属性与功能的科学鉴定,对功能损害和安全风险进行评估。影响其他公共交通工具安全的关键设施包括方向盘、刹车系统、车门控制装置、导航设备、应急逃生工具(安全锤、灭火器)等;服务设施包括票务系统、监控摄像头、座椅固定装置等。执法办案机关可以委托交通运输部门或专业机构检测设施、设备的损坏程度及其是否影响运行安全,如刹车失灵风险、车门开启异常等,以及其唯一性与替代修复难度。

2.对盗窃、损坏、擅自移动其他公共交通工具设施、设备行为开展的调查取证,还应注重评估行为对公共安全造成的风险及其程度。对于行为产生的实际后果,即如果因交通工具设施、设备的丢失、损坏或移位导致交通工具无法使用,引发碰撞、侧翻,需要交警部门出具的责任认定书、医院出具的伤情报告或尸检结果以确定实际危害后果。对于行为造成的潜在风险,评估行为对车辆控制能力的削弱程度,收集因混乱导致的踩踏、跳车等次生危害证据等。

行为认定

(一)对盗窃、损坏、擅自移动其他公共交通工具设施、设备行为的认定

主要从以下四个方面进行认定:

1. 行为侵害的客体是公共安全。行为虽然表现为盗窃、损坏、擅自移动使用中的其他公共交通工具设施、设备,但行为侵犯的客体并不是财产权利,而是公共安全,即公共交通工具的运行安全。

2. 行为的客观方面表现为盗窃、损坏、擅自移动使用中的其他公共交通工具设施、设备,妨碍公共交通工具驾驶。注意本行为在危害后果上应造成对公共交通工具正常行驶的妨碍和干扰,对于不影响公共交通工具正常行驶的盗窃、损坏、擅自移动公共交通工具设施、设备的行为,如盗窃、损坏、擅自移动公交车上的告示牌、拉手环、座椅等,可以根据盗窃、毁坏财物等相关规定予以处罚。

(1)"盗窃"是指以非法占有为目的,秘密窃取使用中的其他公共交通工具设施、设备的行为。

(2)"损坏"是指破坏使用中的其他公共交通工具设施、设备的完整性,使其失去正常的使用价值和功能的行为。

(3)"公共交通工具"是指从事旅客运输的各种公共汽车,大、中型出租车,火车,轨道交通,轮船,飞机等,不含小型出租车。对虽不具有营业执照,但实际从事旅客运输的大、中型交通工具,以及单位班车、校车等交通工具,可以认定为公共交通工具。"其他公共交通工具"指除航空器以外的公共交通工具。对使用中的其他公共交通工具设施、设备实施的盗窃、损坏或擅自移动的行为,根据《治安管理处罚法》第40条第3款予以处罚。

(4)"使用中"是指交通工具处于运营状态,如车辆或船舶处于载客运行、停靠上下客或待命发车(船)状态,不包括交通工具入库检修、长期停运或报废的状态。

3. 行为的主体只能是自然人。

4. 行为的主观方面必须是故意,过失不能构成此行为。

(二)与破坏交通工具罪的区分

《刑法》第116条规定的破坏交通工具罪系指破坏火车、汽车、电车、船只、航空器,足以使火车、汽车、电车、船只、航空器发生倾覆、毁坏危险,尚未造成严重后果的行为。本行为与破坏交通工具罪的区别在于:

1. 行为侵害的对象。一方面,盗窃、损坏、擅自移动其他公共交通工具设施、设备行为侵害的对象不包括航空器的设施、设备;破坏交通工具罪侵害的对象包括航空器。另一方面,盗窃、损坏、擅自移动其他公共交通工具设施、设备行为是对公共交通工具的设施、设备,即部件的侵害;破坏交通工具罪不仅针对交通工具的部件,还包括对其整体的破坏。

2.行为的客观表现。盗窃、损坏、擅自移动其他公共交通工具设施、设备行为在客观上表现为盗窃、损坏或移动的行为;破坏交通工具罪强调违法行为人的破坏行为,包括对交通工具的物理性破坏或功能性破坏。

3.行为的危害后果。盗窃、损坏、擅自移动其他公共交通工具设施、设备行为的后果是影响公共交通工具正常行驶,但尚未造成使交通工具发生倾覆、毁坏的事实,也没有造成倾覆、毁坏的危险,危害程度较轻;而破坏交通工具罪的后果必须具有足以使交通工具发生倾覆、毁坏的现实可能和危险,危害公共安全。

处罚标准

本行为设置一般情形和情节较重两个层次的处罚。其中,一般情形的处罚为处5日以下拘留或1000元以下罚款,只要实施了相关行为即达到处罚条件,不以造成危害后果为前提;情节较重的处罚为处5日以上10日以下拘留。对于"情节较重"的范围,可以参考《最高人民法院、最高人民检察院、公安部关于依法惩治妨害公共交通工具安全驾驶违法犯罪行为的指导意见》的规定来确定,即应综合考虑公共交通工具行驶速度、通行路段情况、载客情况、妨害安全驾驶行为的严重程度及对公共交通安全的危害大小、行为人认罪悔罪表现等因素,全面准确评判。

表55　盗窃、损坏、擅自移动其他公共交通工具设施、设备行为处罚标准

处罚档次	处罚标准	裁量基准
一般情形	处5日以下拘留或者1000元以下罚款	/
情节较重	处5日以上10日以下拘留	①盗窃、损坏、擅自移动多个设施、设备的 ②造成财物损失等危害后果或者较大社会影响的 ③其他情节较重的情形

案例及解析

【基本案情】张某与其女友一起乘坐地铁,张某为了给其女友展示健身效果,将地铁上的拉环当成吊环,双手拉拽将身体悬吊于拉环上试图做引体向上,导致其中一个拉环断裂,张某摔倒在地。

对于张某的行为应如何定性?

【解析】本案查处的核心在于盗窃、损坏、擅自移动其他公共交通工具设施、设备行为与故意毁损公私财物行为的区分。张某明知地铁拉环并非运动健身器材,无法承受超额重量,仍执意悬挂其上并进行拉拽等动作,导致拉环毁损。拉环属于地铁交通工具上的设备,但其毁

损不会影响地铁的正常行驶,而盗窃、损坏、擅自移动其他公共交通工具设施、设备行为要求相关行为对公共交通工具的正常行驶造成干扰,故应根据《治安管理处罚法》第59条规定以故意毁损公私财物行为对张某的行为进行定性并作出处罚。

关联法条

1.《刑法》(2023年修正)

第116条 【破坏交通工具罪】破坏火车、汽车、电车、船只、航空器,足以使火车、汽车、电车、船只、航空器发生倾覆、毁坏危险,尚未造成严重后果的,处三年以上十年以下有期徒刑。

2.《最高人民法院、最高人民检察院、公安部关于依法惩治妨害公共交通工具安全驾驶违法犯罪行为的指导意见》(2019年)

一、准确认定行为性质,依法从严惩处妨害安全驾驶犯罪

(一)乘客在公共交通工具行驶过程中,抢夺方向盘、变速杆等操纵装置,殴打、拉拽驾驶人员,或者有其他妨害安全驾驶行为,危害公共安全,尚未造成严重后果的,依照刑法第一百一十四条的规定,以以危险方法危害公共安全罪定罪处罚;致人重伤、死亡或者使公私财产遭受重大损失的,依照刑法第一百一十五条第一款的规定,以以危险方法危害公共安全罪定罪处罚。①

实施前款规定的行为,具有以下情形之一的,从重处罚:

1. 在夜间行驶或者恶劣天气条件下行驶的公共交通工具上实施的;
2. 在临水、临崖、急弯、陡坡、高速公路、高架道路、桥隧路段及其他易发生危险的路段实施的;
3. 在人员、车辆密集路段实施的;
4. 在实际载客10人以上或者时速60公里以上的公共交通工具上实施的;
5. 经他人劝告、阻拦后仍然继续实施的;
6. 持械袭击驾驶人员的;
7. 其他严重妨害安全驾驶的行为。

实施上述行为,即使尚未造成严重后果,一般也不得适用缓刑。

……

(四)对正在进行的妨害安全驾驶的违法犯罪行为,乘客等人员有权采取措施予以制止。制止行为造成违法犯罪行为人损害,符合法定条件的,应当认定为正当防卫。

(五)正在驾驶公共交通工具的驾驶人员遭到妨害安全驾驶行为侵害时,为避免公共交通工具倾覆或者人员伤亡等危害后果发生,采取紧急制动或者躲避措施,造成公共交通工具、交通设施损坏或者人身损害,符合法定条件的,应当认定为紧急避险。

---

① 随着2021年施行的《刑法修正案(十一)》新增"妨害安全驾驶罪"作为第133条之二,对行驶中的公共交通工具的驾驶人员使用暴力或者抢控驾驶操纵装置,干扰公共交通工具正常行驶,危及公共安全的,成立妨害安全驾驶罪。该指导意见与之相抵触部分的自然失效,不再认定为以危险方法危害公共安全罪。参见张明楷:《刑法学》,法律出版社2021年版,第934-935页。

61. 妨害安全驾驶

现行规定

《治安管理处罚法》

第 40 条第 3 款 ……以抢控驾驶操纵装置、拉扯、殴打驾驶人员等方式,干扰公共交通工具正常行驶的,处五日以下拘留或者一千元以下罚款;情节较重的,处五日以上十日以下拘留。

立案与管辖

(一)立案标准

违法嫌疑人有以抢控驾驶操纵装置、拉扯、殴打驾驶人等方式妨碍公共交通工具正常行驶的行为,实施上述行为造成公共安全危险但尚未构成刑事犯罪即达到立案标准。

(二)管辖

妨害安全驾驶行为由违法行为地的公安机关管辖;由违法行为人居住地公安机关管辖更为适宜的,可以由违法行为人居住地公安机关管辖。如果破坏公共交通工具、妨害安全驾驶行为发生在铁路列车、火车站、轮船、港口、码头工作区域、民航飞机、机场等地,则由铁路、交通、民航公安机关管辖。在飞行中的航空器内发生的妨害安全驾驶的行为,由航空器最初降落地的民航公安机关管辖。

证据收集

(一)证据规格

在一个完整的妨害安全驾驶行为的认定中,需要收集的基本证据规格如下:

1. 违法嫌疑人员陈述和申辩。

(1)违法嫌疑人基本情况;(2)作案时间、地点、手段、动机、目的、预谋和实施过程;(3)妨碍公共交通工具驾驶的具体行为,如抢控驾驶操纵装置、拉扯、殴打驾驶人等;(4)赃款、赃物的下落;(5)作案工具的来源及下落;(6)有无其他违法犯罪行为;(7)是否明知该公共交通工具正在正常行驶。

2. 被侵害人(或被害单位负责人、具体负责的工作人员)陈述违法嫌疑人妨碍公共交通工具正常行驶的具体行为过程,如抢控驾驶操纵装置、拉扯、殴打驾驶人等。

3. 证人证言。

同一交通工具上的乘客陈述的案发时间、地点、经过以及造成的危害后果。

4. 物证、书证。

作案工具的实物和照片。

5.勘验、检查笔录,现场笔录。

现场勘查笔录、现场图、现场照片、提取的痕迹物证等。

6.视听资料。

现场的影像、视频监控资料,现场制作的视听资料等。

7.其他证据材料。

(1)证明违法嫌疑人身份的材料,如户籍证明、身份证、工作证、专业或技术等级证书复印件等;(2)违法嫌疑人有前科劣迹的,应调取法院判决书、行政处罚决定书、释放证明书等有效法律文件;(3)抓获经过、处警经过、报案材料等。

(二)注意事项

1.对以抢控驾驶操纵装置、拉扯、殴打驾驶人等方式干扰公共交通工具正常行驶行为开展的调查取证,应注重对妨碍驾驶行为的证据固定。包括提取车内摄像头、行车记录仪画面及数据,如急刹车、异常转向的记录;记录冲突时间线、行为人动作细节,如抢夺方向盘角度、击打部位等;提取方向盘、操纵杆上的指纹、DNA;对拉扯导致的司机外伤如抓痕、淤青等进行法医鉴定并拍照存档。

2.对破坏公共交通工具、妨碍安全驾驶的行为开展的调查取证,还应注重评估行为对公共安全造成的风险及程度。对于行为产生的实际后果,即如果因此类行为引发碰撞、侧翻,需要交警部门出具的责任认定书、医院出具的伤情报告或尸检结果以确定实际危害后果。对于行为造成的潜在风险,评估行为对车辆控制能力的削弱程度,收集因混乱导致的踩踏、跳车等次生危害证据等。

行为认定

(一)对妨害安全驾驶行为的认定

主要从以下四个方面进行认定:

1.行为侵害的客体是公共安全。行为虽然表现为抢控驾驶操纵装置、拉扯、殴打驾驶人员等,但行为侵犯的客体并不是人身或财产权利,而是公共安全,即公共交通工具的运行安全。

2.行为的客观方面:本行为在客观方面表现为以抢控驾驶操纵装置、拉扯、殴打驾驶人等方式妨碍公共交通工具驾驶。"公共交通工具"是指从事旅客运输的各种公共汽车,大、中型出租车,火车,轨道交通,轮船,飞机等,不含小型出租车。对虽不具有营业执照,但实际从事旅客运输的大、中型交通工具,以及单位班车、校车等交通工具,可以认定为公共交通工具。

3.行为的主体只能是自然人。

4.行为的主观方面必须是故意,过失不能构成此行为。

(二)与扰乱公共交通工具上的秩序行为的区分

1.行为侵害的客体。妨害安全驾驶行为侵害的客体是公共交通工具的行驶安全,即公共安全;而扰乱公共交通工具上秩序行为侵害的客体是公共交通工具的正常运营秩序,即社会管理秩序。

2.行为的客观表现。妨害安全驾驶行为具体表现为以抢控驾驶操纵装置、拉扯、殴打驾驶人等方式妨碍公共交通工具驾驶;而扰乱公共交通工具上秩序的行为具体表现为霸占座位、大声喧哗、拒不购票、辱骂乘务员等行为。

3.行为的危害后果。妨害安全驾驶行为要求具有造成公共安全危害的风险;而扰乱公共交通工具上秩序的行为强调扰乱秩序且行为人不听劝阻,不要求产生实际安全风险。

（三）妨害安全驾驶行为与妨害安全驾驶罪的区分

妨害安全驾驶行为是以抢控驾驶操纵装置、拉扯、殴打驾驶人等方式妨碍公共交通工具驾驶,尚未构成刑事犯罪的行为。妨害安全驾驶罪是指对行驶中的公共交通工具的驾驶人员使用暴力或者抢控驾驶操纵装置,干扰公共交通工具正常行驶,危及公共安全的行为。2025年修订后的《治安管理处罚法》第40条第3款实现了妨害安全驾驶行为与妨害安全驾驶罪的行刑衔接。两者的区别在于：

1.行为的客观表现。妨害安全驾驶行为是违法行为人以抢控驾驶操纵装置、拉扯、殴打驾驶人等方式妨碍公共交通工具驾驶;构成妨害安全驾驶罪的行为不仅包括抢控驾驶操纵装置,还包括暴力方式,其范围相对较广,不限于拉扯和殴打驾驶人等。

2.行为的危害后果。妨害安全驾驶行为不要求违法行为对安全驾驶造成实际妨害,只要对驾驶人实施可能影响安全驾驶的行为,尚未造成严重后果的,即可以妨害安全驾驶行为予以处罚。而妨害安全驾驶罪要求行为危及公共安全,如因影响安全驾驶而造成人员伤亡等严重危害后果。

处罚标准

本行为设置"一般情形"和"情节较重"两个层次的处罚,其中一般情形为处5日以下拘留或1000元以下罚款,只要实施了相关行为即达到处罚条件,不以造成危害后果为前提;情节较重为处5日以上10日以下拘留。对于"情节较重"的范围,可以参考《最高人民法院、最高人民检察院、公安部关于依法惩治妨害公共交通工具安全驾驶违法犯罪行为的指导意见》的规定来确定,即应综合考虑公共交通工具行驶速度、通行路段情况、载客情况、妨害安全驾驶行为的严重程度及对公共交通安全的危害大小、行为人认罪悔罪表现等因素,全面准确评判。

表56　妨害安全驾驶行为处罚标准

处罚档次	处罚标准	裁量基准
一般情形	处5日以下拘留或者1000元以下罚款	/

续表

处罚档次	处罚标准	裁量基准
情节较重	处5日以上10日以下拘留	①妨碍公共交通工具驾驶，经劝阻拒不停止的 ②造成交通拥堵、人员受伤、财物损失等危害后果或者较大社会影响的 ③其他情节较重的情形

案例及解析

【基本案情】李某乘坐公交车，在公交车行驶在道路中间时要求下车，因该路段不是公交车站点，公交车司机未停车，后李某对司机进行谩骂撕扯，导致公交车无法正常行驶。

对于李某的行为应如何定性？

【解析】李某通过对公交车司机进行谩骂撕扯等行为影响公交车正常行驶，对公交车的行驶及乘客安全造成潜在威胁，根据《治安管理处罚法》第40条第3款应以妨碍安全驾驶行为对李某予以处罚。李某行为情节严重或产生危害后果的，则可能构成妨害安全驾驶罪。

关联法条

1.《刑法》(2023年修正)

第133条之二 【妨害安全驾驶罪】对行驶中的公共交通工具的驾驶人员使用暴力或者抢控驾驶操纵装置，干扰公共交通工具正常行驶，危及公共安全的，处一年以下有期徒刑、拘役或者管制，并处或者单处罚金。

前款规定的驾驶人员在行驶的公共交通工具上擅离职守，与他人互殴或者殴打他人，危及公共安全的，依照前款的规定处罚。

有前两款行为，同时构成其他犯罪的，依照处罚较重的规定定罪处罚。

2.《最高人民法院、最高人民检察院、公安部关于依法惩治妨害公共交通工具安全驾驶违法犯罪行为的指导意见》(2019年)

一、准确认定行为性质，依法从严惩处妨害安全驾驶犯罪

(一)乘客在公共交通工具行驶过程中，抢夺方向盘、变速杆等操纵装置，殴打、拉拽驾驶人员，或者有其他妨害安全驾驶行为，危害公共安全，尚未造成严重后果的，依照刑法第一百一十四条的规定，以以危险方法危害公共安全罪定罪处罚；致人重伤、死亡或者使公私财产遭受重大损失的，依照刑法第一百一十五条第一款的规定，以以危险方法危害公共安全罪定罪处罚。[①]

实施前款规定的行为，具有以下情形之一的，从重处罚：

1.在夜间行驶或者恶劣天气条件下行驶的公共交通工具上实施的；

---

① 随着2021年施行的《刑法修正案(十一)》新增"妨害安全驾驶罪"作为第133条之二，对行驶中的公共交通工具的驾驶人员使用暴力或者抢控驾驶操纵装置，干扰公共交通工具正常行驶，危及公共安全的，成立妨害安全驾驶罪。该指导意见与之相抵触部分的自然失效，不再认定为以危险方法危害公共安全罪。参见张明楷：《刑法学》，法律出版社2021年版，第934—935页。

2. 在临水、临崖、急弯、陡坡、高速公路、高架道路、桥隧路段及其他易发生危险的路段实施的；

3. 在人员、车辆密集路段实施的；

4. 在实际载客10人以上或者时速60公里以上的公共交通工具上实施的；

5. 经他人劝告、阻拦后仍然继续实施的；

6. 持械袭击驾驶人员的；

7. 其他严重妨害安全驾驶的行为。

实施上述行为，即使尚未造成严重后果，一般也不得适用缓刑。

……

（四）对正在进行的妨害安全驾驶的违法犯罪行为，乘客等人员有权采取措施予以制止。制止行为造成违法犯罪行为人损害，符合法定条件的，应当认定为正当防卫。

（五）正在驾驶公共交通工具的驾驶人员遭到妨害安全驾驶行为侵害时，为避免公共交通工具倾覆或者人员伤亡等危害后果发生，采取紧急制动或者躲避措施，造成公共交通工具、交通设施损坏或者人身损害，符合法定条件的，应当认定为紧急避险。

第十六节 《治安管理处罚法》第41条

62.盗窃、损毁、擅自移动轨道交通设施、设备、机车车辆配件、安全标志

现行规定

《治安管理处罚法》

第41条第1项 有下列行为之一的,处五日以上十日以下拘留,可以并处一千元以下罚款;情节较轻的,处五日以下拘留或者一千元以下罚款:

(一)盗窃、损毁、擅自移动铁路、城市轨道交通设施、设备、机车车辆配件或者安全标志的;

立案与管辖

(一)立案标准

盗窃、损毁、擅自移动轨道交通设施、设备、机车车辆配件、安全标志行为,是指盗窃、损毁或者擅自移动铁路、城市轨道交通设施、设备、机车车辆配件或者安全标志的行为,威胁轨道运输安全但尚未构成刑事犯罪即达到立案标准。

(二)管辖

盗窃、损毁、擅自移动轨道交通设施、设备、机车车辆配件、安全标志行为由违法行为地的公安机关管辖。由违法行为人居住地公安机关管辖更为适宜的,可以由违法行为人居住地公安机关管辖。

在列车上、火车站工作区域内,损毁、移动铁路设施等可能影响铁路运输安全、盗窃铁路设施的行政案件,由铁路公安机关管辖。必要时,可以移送主要违法行为发生地的铁路或者地方公安机关管辖。

证据收集

在一个完整的盗窃、损毁、擅自移动轨道交通设施、设备、机车车辆配件、安全标志行为的认定中,需要收集的基本证据规格如下:

1.违法嫌疑人的陈述和申辩。

(1)违法嫌疑人基本情况;(2)作案时间、地点、手段、动机、目的、预谋和实施过程;(3)盗窃、损毁、擅自移动轨道交通设施、设备、机车车辆配件、安全标志的数量、品种、规格和型号,

应与被害人所述基本相符;(4)赃款、赃物的下落,进行销赃、窝赃、用赃的人员、地点;(5)作案工具(如有)的来源及下落;(6)有无其他违法犯罪行为;(7)有无共案犯、帮助犯。

2. 被害单位负责人陈述轨道交通设施、设备、机车车辆配件、安全标志被盗窃、损毁、擅自移动的时间、地点、经过;如何发现被盗窃、损毁、擅自移动的;被盗窃、损毁、擅自移动轨道交通设施、设备、机车车辆配件、安全标志的数量、特征、种类、购买时间及价值;轨道交通设施、设备、机车车辆配件、安全标志的用途;轨道交通设施、设备、机车车辆配件、安全标志被盗窃、损毁、擅自移动后会造成的公共损害程度,是否危及交通运输安全。

3. 证人证言。

4. 物证、书证。

(1)赃款、赃物、作案工具的实物和照片;(2)证明被盗窃、损毁、擅自移动的轨道交通设施、设备、机车车辆配件、安全标志价值的证据,如发票、收据等。

5. 鉴定结论意见。

物价鉴定。

6. 勘验、检查笔录,现场笔录。

现场勘查笔录、现场图、现场照片、提取的痕迹物证等。

7. 视听资料。

现场的影像、视频监控资料,现场制作的视听资料。

8. 其他证据材料。

(1)证明违法嫌疑人身份的材料,如户籍证明、身份证、工作证、专业或技术等级证复印件等;(2)若有前科劣迹,应调取法院判决书、行政处罚决定书、释放证明书等有效法律文件;(3)抓获经过、处警经过、报案材料等。

🛡 行为认定

(一)对盗窃、损毁、擅自移动轨道交通设施、设备、机车车辆配件、安全标志行为的认定

主要从以下四个方面进行认定:

1. 行为侵害的客体:行为虽然表现为盗窃、损毁、擅自移动轨道交通设施、设备、机车车辆配件、安全标志,但行为侵犯的客体并不是财产权利,而是公共安全,即铁路和城市轨道交通运行安全、行车安全。

2. 行为的客观方面:本行为在客观方面表现为盗窃、损毁、擅自移动轨道交通设施、设备、机车车辆配件、安全标志的行为。如果盗窃、损毁或者擅自移动仓库中或者已经废弃不用的铁路设施、设备、机车车辆配件或者安全标志,则不构成本行为。

铁路设施、设备、机车车辆配件和安全标志包括铁路钢轨、夹板、扣件等,机车的安全阀、电缆、闸瓦钎、拉杆等,信号灯、信号机变压器等。根据交通运输部《城市轨道交通设施设备运行维护管理办法》(交运规〔2024〕9号),城市轨道交通设施设备包括地铁、轻轨的设施设备,单轨、磁浮、有轨电车等参照执行。其中,城市轨道交通设施是指投入运营的土建设施及附属软硬件监测设备,包括桥梁、隧道、轨道、路基、车站、控制中心和车辆基地等。城市轨道交通设备是指投入运营的各类机械、电气、自动化设备及软件系统,包括车辆、通风空调与供暖、给水与排水、供电、通信、信号、自动售检票、综合监控、环境与设备监控、乘客信息、门禁、站台门、车辆基地检修设备、工程车和相关检测监测设备等。

3. 行为的实施主体:行为的主体只能是自然人。

4. 行为的主观方面:行为的主观方面必须是故意,至于行为人是否意识到其行为可能危及铁路安全、是否具有妨害铁路安全的目的,不是构成本行为的必要条件。如果行为人过失实施了危害行为,则不能构成此行为。

(二)与破坏交通设施罪的区分

破坏交通设施罪是指破坏轨道、桥梁、隧道、公路、机场、航道、灯塔、标志或者进行其他破坏活动,足以使火车、汽车、电车、船只、航空器发生倾覆、毁坏危险或者造成严重后果的行为。它与妨害轨道交通运行安全行为的区别在于:

一是行为指向的对象不同。构成破坏交通设施罪的行为不仅包括破坏铁路设施,还包括道路设施、水上运输设施、航空设施等;而妨害轨道交通运行安全行为所指向的对象仅是铁路或城市轨道交通设施。

二是行为造成的危害程度不同。破坏交通设施罪必须足以使火车、汽车、电车、船只、航空器发生倾覆、毁坏危险或者造成严重后果;而妨害轨道交通运行安全行为仅仅产生影响铁路、城市轨道交通安全的效果,没有产生使列车发生倾覆、毁坏危险的后果,其危害程度较轻。

🛡 处罚标准

本行为设置一般情形和情节较轻两个层次的处罚。其中,一般情形的处罚为处 5 日以上 10 日以下拘留,可以并处 1000 元以下罚款,只要实施了相关行为即达到处罚条件,不以造成危害后果为前提;情节较轻的处罚为 5 日以下拘留或者 1000 元以下罚款。

表 57　盗窃、损毁、擅自移动轨道交通设施、设备、机车车辆配件、安全标志行为处罚标准

处罚档次	处罚标准	裁量基准
一般情形	处 5 日以上 10 日以下拘留,可以并处 1000 元以下罚款	/
情节较轻	处 5 日以下拘留或者 1000 元以下罚款	①及时采取补救措施,尚未造成危害后果的 ②盗窃、损毁设施、设备的价值较小,且不足以造成危害后果的 ③其他情节较轻的情形

案例及解析

【基本案情】 韩某因携带违禁物品，被劝离地铁站时与站内工作人员发生纠纷后不满，为发泄情绪故意用砖头砸向地铁站口铁栅栏门及玻璃幕墙。

对韩某的行为应该如何定性？

【解析】 本案的核心在于2025年修订《治安管理处罚法》新增违法行为的法律适用问题。本案发生在地铁站，即城市轨道交通沿线，韩某故意破坏地铁口铁栅栏门及玻璃幕墙的行为构成对城市轨道交通设备的故意毁损，依据《治安管理处罚法》第41条第1项应予以治安行政处罚。铁路部门还可以要求韩某就设备的修复及地铁运营损失承担民事赔偿责任。

关联法条

1.《刑法》(2023年修正)

第117条 【破坏交通设施罪】破坏轨道、桥梁、隧道、公路、机场、航道、灯塔、标志或者进行其他破坏活动，足以使火车、汽车、电车、船只、航空器发生倾覆、毁坏危险，尚未造成严重后果的，处三年以上十年以下有期徒刑。

2.《铁路法》(2015年修正)

第62条 盗窃铁路线路上行车设施的零件、部件或者铁路线路上的器材，危及行车安全的，依照刑法有关规定追究刑事责任。

第67条 违反本法规定，尚不够刑事处罚，应当给予治安管理处罚的，依照治安管理处罚法的规定处罚。

3.《城市公共交通条例》(2024年)

第36条第1款第5项 任何单位和个人不得实施下列危害城市公共交通运营安全的行为：

(五)故意损坏或者擅自移动、遮挡城市公共交通站牌、安全警示标志、监控设备、安全防护设备；

4.《城市轨道交通运营管理规定》(2018年)

第33条 禁止下列危害城市轨道交通运营设施设备安全的行为：

(一)损坏隧道、轨道、路基、高架、车站、通风亭、冷却塔、变电站、管线、护栏护网等设施；

(二)损坏车辆、机电、电缆、自动售检票等设备，干扰通信信号、视频监控设备等系统；

(三)擅自在高架桥梁及附属结构上钻孔打眼，搭设电线或者其他承力绳索，设置附着物；

(四)损坏、移动、遮盖安全标志、监测设施以及安全防护设备。

第53条 违反本规定第三十三条、第三十四条，运营单位有权予以制止，并由城市轨道交通运营主管部门责令改正，可以对个人处以5000元以下的罚款，对单位处以3万元以下的罚款；违反治安管理规定的，由公安机关依法处理；构成犯罪的，依法追究刑事责任。

63. 在轨道交通线路上放置障碍物

现行规定

《治安管理处罚法》

第41条第2项 有下列行为之一的,处五日以上十日以下拘留,可以并处一千元以下罚款;情节较轻的,处五日以下拘留或者一千元以下罚款:

(二)在铁路、城市轨道交通线路上放置障碍物……的;

立案与管辖

(一)立案标准

在轨道交通线路上放置障碍物行为,是指在铁路、城市轨道交通线路上放置障碍物的行为,威胁轨道运输安全但尚未构成刑事犯罪即达到立案标准。

(二)管辖

在轨道交通线路上放置障碍物行为由违法行为地的公安机关管辖。由违法行为人居住地公安机关管辖更为适宜的,可以由违法行为人居住地公安机关管辖。

在列车上、火车站工作区域内,以及在铁路线路上放置障碍物或者损毁、移动铁路设施等可能影响铁路运输安全的行政案件,由铁路公安机关管辖。必要时,可以移送主要违法行为发生地的铁路或者地方公安机关管辖。

证据收集

在一个完整的在轨道交通线路上放置障碍物行为的认定中,需要收集的基本证据规格如下:

1. 违法嫌疑人的陈述和申辩。

(1)违法嫌疑人基本情况;(2)作案时间、地点、手段、动机、目的、预谋和实施过程;(3)障碍物的来源、类型、尺寸、制作材料等;(4)有无其他违法犯罪行为;(5)实施在轨道交通线路上放置障碍物行为的主观目的。

2. 被害单位负责人陈述在轨道交通线路上放置障碍物行为的主要过程,该行为造成的公共损害程度,是否危及交通运输安全,造成的危害后果。

3. 证人证言。

目击危害行为的时间、地点、经过。

4. 物证、书证。

障碍物的实物和照片。

5.勘验、检查笔录,现场笔录。

现场勘查笔录、现场图、现场照片、提取的痕迹物证等。

6.视听资料。

现场的影像、视频监控资料,现场制作的视听资料。

7.其他证据材料。

(1)证明违法嫌疑人身份的材料,如户籍证明、身份证、工作证、专业或技术等级证复印件等;(2)若有前科劣迹,应调取法院判决书、行政处罚决定书、释放证明书等有效法律文件;(3)抓获经过、处警经过、报案材料等。

行为认定

(一)对在轨道交通线路上放置障碍物行为的认定

主要从以下四个方面进行认定:

1.行为侵害的客体:公共安全,即铁路和城市轨道交通运行安全、行车安全。

2.行为的客观方面:本行为在客观方面表现为在铁路、城市轨道交通线路上放置障碍物。

3.行为的实施主体:行为的主体只能是自然人。

4.行为的主观方面:行为的主观方面必须是故意,至于行为人是否意识到其行为可能危及铁路安全、是否具有妨害铁路安全的目的,不是构成本行为的必要条件。如果行为人由于过失实施了危害行为,则不能构成此行为。例如,在铁路线路上行走时遗失物品在铁路线路上的,虽然也可能危害铁路安全,但由于铁路线路上的障碍物是过失形成的,因而不构成本行为。

(二)与破坏交通设施罪的区分

一是行为方式不同。在轨道交通线路上放置障碍物行为只是在铁路、城市轨道交通线路上放置障碍物,行为方式单一;而破坏交通设施罪是破坏轨道、桥梁、隧道、公路、机场、航道、灯塔、标志或者进行其他破坏活动,危害公共安全,其行为方式多种多样,包括在铁路线路上放置障碍物。

二是行为危害程度不同。如果在铁路、城市轨道交通线路上放置障碍物的行为未使列车发生倾覆、毁坏的危险,就构成违反治安管理行为;反之则构成犯罪。

处罚标准

本行为设置一般情形和情节较轻两个层次的处罚。其中,一般情形的处罚为处5日以上10日以下拘留,可以并处1000元以下罚款,只要实施了相关行为即达到处罚条件,不以造成危害后果为前提;情节较轻的处罚为5日以下拘留或者1000元以下罚款。

表 58　在轨道交通线路上放置障碍物行为处罚标准

处罚档次	处罚标准	裁量基准
一般情形	处 5 日以上 10 日以下拘留,可以并处 1000 元以下罚款	/
情节较轻	处 5 日以下拘留或者 1000 元以下罚款	①在列车到来前及时采取补救措施,危害后果没有发生的 ②不足以对行车安全和旅客人身安全造成影响的 ③其他情节较轻的情形

案例及解析

【基本案情】某铁路有限公司清扫员张某临时起意,故意在其工作所在铁路沿线三开道岔内放置石块,影响该三开道岔正常闭合。

对于张某的行为应如何认定?

【解析】本行为在客观方面表现为在铁路线路上放置障碍物,轻则延误列车时间,重则造成车毁人亡的事故。障碍物包括石头、木头等物品。本行为是行为犯,只要在铁路线路上放置障碍物,就构成了本行为。如果造成了严重的后果,则应追究刑事责任。

关联法条

1.《刑法》(2023 年修正)

第 117 条　【破坏交通设施罪】破坏轨道、桥梁、隧道、公路、机场、航道、灯塔、标志或者进行其他破坏活动,足以使火车、汽车、电车、船只、航空器发生倾覆、毁坏危险,尚未造成严重后果的,处三年以上十年以下有期徒刑。

2.《城市公共交通条例》(2024 年)

第 36 条第 1 款第 4 项　任何单位和个人不得实施下列危害城市公共交通运营安全的行为:

(四)向城市公共交通车辆投掷物品或者在城市轨道交通线路上放置障碍物;

64. 故意向列车投掷物品

现行规定

《治安管理处罚法》

第 41 条第 2 项　有下列行为之一的,处五日以上十日以下拘留,可以并处一千元以下罚款;情节较轻的,处五日以下拘留或者一千元以下罚款:

(二)……故意向列车投掷物品的;

立案与管辖

(一)立案标准

故意向列车投掷物品行为,是指故意向列车投掷物品,危及铁路行车安全,尚不够刑事处罚的行为。只要实施该行为即达到立案标准,不需要产生一定的危害后果。

(二)管辖

故意向列车投掷物品行为由违法行为地的公安机关管辖。由违法行为人居住地公安机关管辖更为适宜的,可以由违法行为人居住地公安机关管辖。

在列车上、火车站工作区域内,以及在铁路线上故意向列车投掷物品等可能影响铁路运输安全的行政案件,由铁路公安机关管辖。必要时,可以移送主要违法行为发生地的铁路或者地方公安机关管辖。

证据收集

在一个完整的故意向列车投掷物品行为的认定中,需要收集的基本证据规格如下:

1. 违法嫌疑人的陈述和申辩。

(1)违法嫌疑人基本情况;(2)作案时间、地点、手段、动机、目的、预谋和实施过程;(3)向列车投掷物品的来源、类型、尺寸、制作材料等;(4)有无其他违法犯罪行为;(5)故意向列车投掷物品行为的主观目的。

2. 被害单位负责人陈述向列车投掷物品的主要过程,该行为造成的公共损害程度,是否危及交通运输安全。

3. 证人证言。

4. 物证、书证。

障碍物的实物和照片。

5. 勘验、检查笔录,现场笔录。

现场勘查笔录、现场图、现场照片、提取的痕迹物证等。

6. 视听资料。

现场的影像、视频监控资料,现场制作的视听资料。

7. 其他证据材料。

(1)证明违法嫌疑人身份的材料,如户籍证明、身份证、工作证、专业或技术等级证复印件等;(2)若有前科劣迹,应调取法院判决书、行政处罚决定书、释放证明书等有效法律文件;(3)抓获经过、处警经过、报案材料等。

行为认定

(一)对故意向列车投掷物品行为的认定

主要从以下四个方面进行认定:

1. 行为侵害的客体:公共安全,即铁路和城市轨道交通运行安全、行车安全。

2. 行为的客观方面：本行为在客观方面表现为故意向列车投掷物品，危及铁路行车安全，尚不够刑事处罚的行为。列车，是指正在行驶中的列车（如铁路列车、地下轨道列车、城市轨道列车），包括在车站临靠、停留的列车。如果是向停运或者正在修理的列车投掷物品，则不构成本行为，但可能构成其他行为，如故意损毁财物等。

3. 行为的实施主体：行为的主体只能是自然人。

4. 行为的主观方面：行为的主观方面必须是故意，至于行为人是否意识到其行为可能危及铁路安全、是否具有妨害铁路安全的目的，不是构成本行为的必要条件。如果行为人过失实施了危害行为，则不能构成此行为。

（二）与破坏交通工具罪的区分

破坏交通工具罪，是指故意破坏火车、汽车、电车、船只、航空器，足以使其发生倾覆、毁坏危险的行为。故意向列车投掷物品行为与破坏交通工具罪的区别在于：

一是行为方式不同。故意向列车投掷物品行为只是向正在行驶的列车投掷物品，行为方式单一。而破坏交通工具罪要求实施了破坏行为，通常是指对交通工具的整体或者重要部件的破坏，包括物理性破坏与功能性破坏。物理性破坏是指采取物理上毁损交通工具的方法，导致交通工具的功能丧失或者减损；功能性破坏是指采取物理毁损以外的方法，导致交通工具的功能丧失或者减损。不影响交通运输安全的行为不包括在内。劫持火车、电车的行为也使火车、电车发生倾覆、毁坏危险，故应将劫持火车、电车的行为视为破坏交通工具罪的破坏行为。[①]

二是行为危害程度不同。故意向列车投掷物品行为未使列车发生倾覆、毁坏的危险，破坏交通工具罪所指的破坏行为使列车发生倾覆、毁坏危险。

处罚标准

行为设置一般情形和情节较轻两个层次的处罚。其中，一般情形的处罚为处5日以上10日以下拘留，可以并处1000元以下罚款，只要实施了相关行为即达到处罚条件，不以造成危害后果为前提；情节较轻的处罚为5日以下拘留或者1000元以下罚款。

表59　故意向列车投掷物品行为处罚标准

处罚档次	处罚标准	裁量基准
一般情形	处5日以上10日以下拘留，可以并处1000元以下罚款	/
情节较轻	处5日以下拘留或者1000元以下罚款	①不足以对行车安全和旅客人身安全造成影响的 ②未造成机车车辆损坏、旅客人身伤害的 ③其他情节较轻的情形

[①] 参见张明楷：《刑法学》，法律出版社2021年版，第894页。

案例及解析

【基本案情】 侯某为达到个人目的,骑电动自行车来到京广线沿线,用捡拾的石块、砖头等投掷线路上过往的旅客列车,造成多班次旅客列车玻璃破损,并导致列车乘客马某手臂及面部被击碎的玻璃划伤出血。

对于侯某的行为应如何定性?

【解析】 由于火车的行驶速度快,向列车投掷物品是高度危险的行为,容易造成他人伤害、列车设备损坏。本行为是行为犯,只要故意向列车投掷物品,就构成了治安违法行为。如果造成了严重的后果,如导致列车紧急制动,发生倾覆、毁坏等风险,则可能构成破坏交通工具罪。

65. 在轨道交通沿线非法挖掘坑穴、采石取沙

现行规定

《治安管理处罚法》

第41条第3项 有下列行为之一的,处五日以上十日以下拘留,可以并处一千元以下罚款;情节较轻的,处五日以下拘留或者一千元以下罚款:

(三)在铁路、城市轨道交通线路、桥梁、隧道、涵洞处挖掘坑穴、采石取沙的;

立案与管辖

(一)立案标准

在轨道交通沿线非法挖掘坑穴、采石取沙行为,是指在铁路、城市轨道交通线路、桥梁、隧道、涵洞处挖掘坑穴、采石取沙的行为。该行为危及铁路行车安全,只要实施该行为即达到立案标准。

(二)管辖

在轨道交通沿线非法挖掘坑穴、采石取沙行为由违法行为地的公安机关管辖。由违法行为人居住地公安机关管辖更为适宜的,可以由违法行为人居住地公安机关管辖。在铁路线上非法挖掘坑穴、采石取沙等可能影响铁路运输安全的行政案件,由铁路公安机关管辖。必要时,可以移送主要违法行为发生地的铁路或者地方公安机关管辖。

证据收集

在一个完整的在轨道交通沿线非法挖掘坑穴、采石取沙行为的认定中,需要收集的基本证据规格如下:

1. 违法嫌疑人的陈述和申辩。

(1)违法嫌疑人基本情况;(2)作案时间、地点、手段、动机、目的、预谋和实施过程;(3)有

无其他违法犯罪行为;(4)非法挖掘坑穴、采石取沙行为的主观目的。

2.被害单位负责人陈述在轨道交通沿线非法挖掘坑穴、采石取沙的主要过程,该行为造成的公共损害程度,是否危及交通运输安全。

3.证人证言。

4.物证、书证。

非法挖掘坑穴、采石取沙工具的实物和照片。

5.鉴定意见。

造成铁路、城市轨道交通线路、桥梁、隧道、涵洞功能损害的鉴定意见。

6.勘验、检查笔录,现场笔录。

现场勘查笔录、现场图、现场照片、提取的痕迹物证等。

7.视听资料。

现场的影像、视频监控资料,现场制作的视听资料。

8.其他证据材料。

(1)证明违法嫌疑人身份的材料,如户籍证明、身份证、工作证、专业或技术等级证复印件等;(2)若有前科劣迹,应调取法院判决书、行政处罚决定书、释放证明书等有效法律文件;(3)抓获经过、处警经过、报案材料等。

行为认定

(一)对在轨道交通沿线非法挖掘坑穴、采石取沙行为的认定

1.行为侵害的客体:公共安全,即铁路和城市轨道交通运行安全、行车安全。

2.行为的客观方面:本行为在客观方面表现为在铁路、城市轨道交通线路、桥梁、隧道、涵洞处挖掘坑穴、采石取沙的行为。

根据《铁路法》第46条的规定,以下行为未经铁路运输企业同意并采取安全防护措施的,可以成立本行为:在铁路线路和铁路桥梁、涵洞两侧一定距离内,修建山塘、水库、堤坝,开挖河道、干渠,采石挖砂,打井取水,影响铁路路基稳定或者危害铁路桥梁、涵洞安全的;或者在铁路线路上架设电力、通讯线路,埋置电缆、管道设施,穿凿通过铁路路基的地下坑道。

根据《铁路安全管理条例》规定,以下行为尚未造成严重后果的,可以认定为本行为:在铁路桥梁跨越处河道上下游的划定范围内采砂、淘金;未经铁路运输企业同意或者未签订安全协议,在铁路线路安全保护区内取土、挖砂、挖沟、采空作业;未经批准在铁路线路两侧各1000米范围内从事露天采矿、采石或者爆破作业;在地下水禁止开采区或者限制开采区抽取地下水;在铁路桥梁跨越处河道上下游各1000米范围内围垦造田、拦河筑坝、架设浮桥或者修建其他影响铁路桥梁安全的设施;在铁路桥梁跨越处河道上下游禁止采砂、淘金的范围内采砂、淘金。

3.行为的实施主体:行为的主体既可以是自然人,也可以是单位。

4.行为的主观方面:行为的主观方面必须是故意,至于行为人是否意识到其行为可能危及铁路安全,是否具有妨害铁路安全的目的,不是构成本行为的必要条件。

(二) 与破坏交通设施罪的区分

一是行为方式不同。在轨道交通沿线非法挖掘坑穴、采石取沙行为的行为方式较为单一,只是非法挖掘坑穴、采石取沙;而破坏交通设施罪是破坏轨道、桥梁、隧道、公路、机场、航道灯塔、标志或者进行其他破坏活动,危害公共安全,其行为方式多种多样。

二是行为危害程度不同。如果在铁路线路、桥梁、隧道、涵洞处非法挖掘坑穴、采石取沙的行为未使列车发生倾覆、毁坏的危险,就构成违反治安管理行为;反之则构成犯罪。

处罚标准

行为设置一般情形和情节较轻两个层次的处罚。其中,一般情形的处罚为处5日以上10日以下拘留,可以并处1000元以下罚款,只要实施了相关行为即达到处罚条件,不以造成危害后果为前提;情节较轻的处罚为5日以下拘留或者1000元以下罚款。

表60　在轨道交通沿线非法挖掘坑穴、采石取沙行为处罚标准

处罚档次	处罚标准	裁量基准
一般情形	处5日以上10日以下拘留,可以并处1000元以下罚款	/
情节较轻	处5日以下拘留或者1000元以下罚款	①及时采取补救措施,尚未造成危害后果的 ②不足以影响铁路路基稳定或者危害铁路桥梁、隧道、涵洞安全的 ③其他情节较轻的情形

案例及解析

【基本案情】辛某伙同蔡某、姚某,在某铁路沿线,采用挖掘机挖等方式非法采石,被公安机关当场查获。

对于辛某等人的行为应如何定性?

【解析】本行为在客观方面表现为在铁路线路、桥梁、隧道、涵洞处非法挖掘坑穴、采石取沙,危及铁路安全。根据《铁路法》的规定,在铁路线路和铁路桥梁、涵洞两侧一定距离内,修建山塘、水库、堤坝,开挖河道、干渠,采石挖砂,打井取水,影响铁路路基稳定或者危害铁路桥梁、涵洞安全的,由县级以上地方人民政府责令停止建设或者采挖、打井等活动,限期恢复原状或者责令采取必要的安全防护措施。在铁路线路上架设电力、通讯线路,埋置电缆、管道设施,穿凿通过铁路路基的地下坑道,必须经铁路运输企业同意,并采取安全防护措施。违反上述规定但尚未造成严重后果的,构成治安违法行为,根据2025年《治安管理处罚法》第41条的规定,构成在轨道交通沿线非法挖掘坑穴、采石取沙的违法行为。

关联法条

1.《铁路法》(2015年修正)

第46条第1款、第2款　在铁路线路和铁路桥梁、涵洞两侧一定距离内,修建山塘、水库、堤坝,开挖河道、干渠,采石挖砂,打井取水,影响铁路路基稳定或者危害铁路桥梁、涵洞安全的,由县级以上地方人民政府责令停止建设或者采挖、打井等活动,限期恢复原状或者责令采取必要的安全防护措施。

在铁路线路上架设电力、通讯线路,埋置电缆、管道设施,穿凿通过铁路路基的地下坑道,必须经铁路运输企业同意,并采取安全防护措施。

2.《铁路安全管理条例》(2013年)

第38条　禁止在铁路桥梁跨越处河道上下游的下列范围内采砂、淘金:

(一)跨河桥长500米以上的铁路桥梁,河道上游500米,下游3000米;

(二)跨河桥长100米以上不足500米的铁路桥梁,河道上游500米,下游2000米;

(三)跨河桥长不足100米的铁路桥梁,河道上游500米,下游1000米。

第89条第1款　未经铁路运输企业同意或者未签订安全协议,在铁路线路安全保护区内建造建筑物、构筑物等设施,取土、挖砂、挖沟、采空作业或者堆放、悬挂物品,或者违反保证铁路安全的国家标准、行业标准和施工安全规范,影响铁路运输安全的,由铁路监督管理机构责令改正,可以处10万元以下的罚款。

第91条第1项、第2项　有下列行为之一的,分别由铁路沿线所在地县级以上地方人民政府水行政主管部门、国土资源主管部门或者无线电管理机构等依照有关水资源管理、矿产资源管理、无线电管理等法律、行政法规的规定处罚:

(一)未经批准在铁路线路两侧各1000米范围内从事露天采矿、采石或者爆破作业;

(二)在地下水禁止开采区或者限制开采区抽取地下水;

66. 在轨道交通线路上私设道口、平交过道

现行规定

《治安管理处罚法》

第41条第4项　有下列行为之一的,处五日以上十日以下拘留,可以并处一千元以下罚款;情节较轻的,处五日以下拘留或者一千元以下罚款:

(四)在铁路、城市轨道交通线路上私设道口或者平交过道的。

立案与管辖

(一)立案标准

在轨道交通线路上私设道口、平交过道行为,是指在铁路、城市轨道交通线路上私设道口或者平交过道的行为。该行为危及铁路行车安全,只要实施该行为即达到立案标准。

（二）管辖

在轨道交通线路上私设道口、平交过道行为由违法行为地的公安机关管辖。由违法行为人居住地公安机关管辖更为适宜的，可以由违法行为人居住地公安机关管辖。在铁路线上私设道口、平交过道等可能影响铁路运输安全的行政案件，由铁路公安机关管辖。必要时，可以移送主要违法行为发生地的铁路或者地方公安机关管辖。

证据收集

在一个完整的在轨道交通线路上私设道口、平交过道行为的认定中，需要收集的基本证据规格如下：

1. 违法嫌疑人的陈述和申辩。

（1）违法嫌疑人基本情况；（2）作案时间、地点、手段、动机、目的、预谋和实施过程；（3）有无其他违法犯罪行为；（4）私设道口、平交过道行为的主观目的。

2. 被害单位负责人陈述在轨道交通线路上私设道口、平交过道的主要过程，该行为造成的公共损害程度，是否危及交通运输安全。

3. 证人证言。

4. 物证、书证。

在轨道交通线路上私设道口、平交过道工具的实物和照片。

5. 勘验、检查笔录，现场笔录。

现场勘查笔录、现场图、现场照片、提取的痕迹物证等。

6. 视听资料。

现场的影像、视频监控资料，现场制作的视听资料。

7. 其他证据材料。

（1）证明违法嫌疑人身份的材料，如户籍证明、身份证、工作证、专业或技术等级证复印件等；（2）若有前科劣迹，应调取法院判决书、行政处罚决定书、释放证明书等有效法律文件；（3）抓获经过、处警经过、报案材料等。

行为认定

（一）对在轨道交通线路上私设道口、平交过道行为的认定

1. 行为侵害的客体：公共安全，即铁路和城市轨道交通运行安全、行车安全。

2. 行为的客观方面：本行为在客观方面表现为在铁路、城市轨道交通线路上私设道口或者平交过道的行为。在铁路线路上私设道口或者平交过道会影响列车的行车安全，容易发生事故，造成人员伤亡。私设，是指没有经过有关部门批准而擅自在铁路线路上设立道口或者平交过道。根据《铁路法》第47条的规定，禁止擅自在铁路线路上铺设平交道口和人行过道。《铁路安全管理条例》第46条规定，设置或者拓宽铁路道口、铁路人行过道，应当征得铁路运输企业的同意。违反上述规定，尚未造成危害后果的，可以成立本行为。

3.行为的实施主体:行为的主体既可以是自然人,也可以是单位。

4.行为的主观方面:行为的主观方面必须是故意。

(二)与破坏交通设施罪的区分

一是行为方式不同。在轨道交通线路上私设道口、平交过道的行为方式较为单一;而破坏交通设施罪是破坏轨道、桥梁、隧道、公路、机场、航道灯塔、标志或者进行其他破坏活动,危害公共安全,其行为方式多种多样,包括在轨道交通线路上私设道口、平交过道的行为。

二是行为危害程度不同。如果在轨道交通线路上私设道口、平交过道的行为未使列车发生倾覆、毁坏的现实危险,就构成违反治安管理行为;反之则构成犯罪。

处罚标准

行为设置一般情形和情节较轻两个层次的处罚。其中,一般情形的处罚为处5日以上10日以下拘留,可以并处1000元以下罚款,只要实施了相关行为即达到处罚条件,不以造成危害后果为前提;情节较轻的处罚为5日以下拘留或者1000元以下罚款。

表61 在轨道交通线路上私设道口、平交过道行为处罚标准

处罚档次	处罚标准	裁量基准
一般情形	处5日以上10日以下拘留,可以并处1000元以下罚款	/
情节较轻	处5日以下拘留或者1000元以下罚款	①及时采取补救措施,尚未造成危害后果的 ②不足以对行车安全造成影响的 ③其他情节较轻的情形

案例及解析

【基本案情】周某为个人厂房进出车方便,私自在厂房附近铁路两侧用水泥混凝土铺设两个斜道。

对于周某的行为应如何定性?

【解析】周某在客观上实施了在铁路线路上私设平交过道的行为,尚未造成严重后果,属于治安违法行为,应依据2025年《治安管理处罚法》第41条第4项关于在轨道交通线路上私设道口、平交过道行为的规定予以处罚。

关联法条

1.《铁路法》(2015年修正)

第47条第1款 禁止擅自在铁路线路上铺设平交道口和人行过道。

第68条 擅自在铁路线路上铺设平交道口、人行过道的,由铁路公安机关或者地方公安机关责令

限期拆除,可以并处罚款。

2.《铁路安全管理条例》(2013年)

第46条 设置或者拓宽铁路道口、铁路人行过道,应当征得铁路运输企业的同意。

第十七节 《治安管理处罚法》第 42 条

67. 擅自进入轨道交通防护网

现行规定

《治安管理处罚法》

第 42 条 擅自进入铁路、城市轨道交通防护网……,影响行车安全的,处警告或者五百元以下罚款。

立案与管辖

（一）立案标准

擅自进入轨道交通防护网行为,是指擅自进入铁路、城市轨道交通防护网,影响行车安全的行为。该行为只要存在影响轨道行车安全的情形即予以立案。

（二）管辖

擅自进入轨道交通防护网行为由违法行为地的公安机关管辖。由违法行为人居住地公安机关管辖更为适宜的,可以由违法行为人居住地公安机关管辖。

在火车站工作区域内,以及在铁路沿线上的其他区域擅自进入铁路防护网等可能影响铁路运输安全的行政案件,由铁路公安机关管辖。必要时,可以移送主要违法行为发生地的铁路或者地方公安机关管辖。

证据收集

在一个完整的擅自进入轨道交通防护网行为的认定中,需要收集的基本证据规格如下:

1. 违法嫌疑人的陈述和申辩。

（1）违法嫌疑人基本情况;（2）作案时间、地点、手段、动机、目的、预谋和实施过程;（3）作案工具（如有）的来源及下落;（4）有无其他违法犯罪行为;（5）擅自进入轨道交通防护网行为的主观目的。

2. 被害单位负责人陈述违法嫌疑人擅自进入铁路、城市轨道交通防护网的时间、地点、经过,擅自进入铁路、城市轨道交通防护网对运行安全造成的危险程度,造成列车晚点停车的具体情况,或被侵害单位出具的情况说明。

3. 证人证言。

4. 物证、书证。

作案工具(如有)的实物和照片。

5.勘验、检查笔录,现场笔录。

现场勘查笔录、现场图、现场照片、提取的痕迹物证等。

6.视听资料。

现场的影像、视频监控资料,现场制作的视听资料。

7.其他证据材料。

(1)证明违法嫌疑人身份的材料,如户籍证明、身份证、工作证、专业或技术等级证复印件等;(2)有前科劣迹,应调取法院判决书、行政处罚决定书、释放证明书等有效法律文件;(3)抓获经过、处警经过、报案材料等。

行为认定

主要从以下四个方面对擅自进入轨道交通防护网行为进行认定:

1.行为侵害的客体:公共安全,即铁路和城市轨道交通行车安全。

2.行为的客观方面:本行为在客观方面表现为擅自进入铁路、城市轨道交通防护网的行为,给轨道行车安全带来风险。铁路、城市轨道交通防护网是铁路部门为了防止行人、牲畜进入铁路而设置的防护网,其目的是维护列车的行车安全和保护人民群众的生命、财产安全。

3.行为的实施主体:行为的主体只能是自然人。

4.行为的主观方面:行为的主观方面必须是故意。至于行为人是否意识到其行为可能危及列车运行安全,是否具有妨害列车运行安全的目的,不是构成本行为的必要条件。

处罚标准

本行为的处罚结果为警告或处500元以下罚款,只要实施了相关行为即达到处罚条件,不以造成实际危害后果为前提。

表62　擅自进入轨道交通防护网行为处罚标准

处罚档次	处罚标准
一般情形	处警告或者500元以下罚款

案例及解析

【基本案情】杨某在某地铁站台候车时不慎将手机掉进地铁运营轨道,后翻越站台屏蔽门进入地铁运营轨道捡拾手机,后被民警当场抓获。[1]

对杨某的行为应该如何定性?

---

[1] 改编自公共交通安全保卫分局四惠站派出所行政处罚决定书,京公公交(四)行罚决字〔2024〕50001号。

【解析】杨某擅自进入地铁交通轨道防护网,其行为客观上对地铁运行安全带来危险,影响行车安全。尽管行为发生时列车并未进站,但该行为仍具有危险性。根据2025年《治安管理处罚法》第42条,可以认定为擅自进入轨道交通防护网的行为并予以处罚。

关联法条

1.《铁路安全管理条例》(2013年)

第77条第8项　禁止实施下列危害铁路安全的行为:

(八)擅自进入铁路线路封闭区域或者在未设置行人通道的铁路桥梁、隧道通行;

2.《城市公共交通条例》(2024年)

第36条第3项　任何单位和个人不得实施下列危害城市公共交通运营安全的行为:

(三)擅自进入城市轨道交通线路、车辆基地、控制中心、列车驾驶室或者其他禁止非工作人员进入的区域;

68. 违法在轨道交通线上行走坐卧、抢越轨道

现行规定

《治安管理处罚法》

第42条　……火车、城市轨道交通列车来临时在铁路、城市轨道交通线路上行走坐卧、抢越铁路、城市轨道,影响行车安全的,处警告或者五百元以下罚款。

立案与管辖

(一)立案标准

违法在轨道交通线上行走坐卧、抢越轨道行为是指在火车、城市轨道交通列车来临时,在铁路、城市轨道交通线路上行走坐卧、抢越铁路、城市轨道,影响行车安全的行为。该行为只要"存在影响轨道行车安全"的情形即予以立案,但应注意"火车、城市轨道交通列车来临时"这一时间节点。

(二)管辖

违法在轨道交通线上行走坐卧、抢越轨道行为由违法行为地的公安机关管辖。由违法行为人居住地公安机关管辖更为适宜的,可以由违法行为人居住地公安机关管辖。

在火车站工作区域内以及在铁路沿线上,违法在铁路线路上行走坐卧、抢越铁路等可能影响铁路运输安全的行政案件,由铁路公安机关管辖。必要时,可以移送主要违法行为发生地的铁路或者地方公安机关管辖。

🛡 证据收集

在一个完整的违法在轨道交通线上行走坐卧、抢越轨道行为的认定中,需要收集的基本证据规格如下:

1. 违法嫌疑人的陈述和申辩。

(1)违法嫌疑人基本情况;(2)作案时间、地点、手段、动机、目的、预谋和实施过程;(3)作案工具(如有)的来源及下落;(4)有无其他违法犯罪行为;(5)在轨道交通线上行走坐卧、抢越轨道行为的主观目的。

2. 被害单位负责人陈述违法嫌疑人在铁路、城市轨道交通线路上行走坐卧,抢越铁路、城市轨道的时间、地点、经过,在铁路、城市轨道交通线路上行走坐卧,抢越铁路、城市轨道对运行安全造成的危险程度。

3. 证人证言。

4. 勘验、检查笔录、现场笔录。

现场勘查笔录、现场图、现场照片、提取的痕迹物证等。

5. 视听资料。

现场的影像、视频监控资料,现场制作的视听资料。

6. 其他证据材料。

(1)证明违法嫌疑人身份的材料,如户籍证明、身份证、工作证、专业或技术等级证复印件等;(2)若有前科劣迹,应调取法院判决书、行政处罚决定书、释放证明书等有效法律文件;(3)抓获经过、处警经过、报案材料等。

🛡 行为认定

主要从以下四个方面对违法在轨道交通线上行走坐卧、抢越轨道行为进行认定:

1. 行为侵害的客体:公共安全,即铁路和城市轨道交通运行安全、行车安全。

2. 行为的客观方面:本行为在客观方面表现为在火车、城市轨道交通列车来临时,在铁路、城市轨道交通线路上行走坐卧,抢越铁路、城市轨道,给轨道行车安全带来风险。

认定本行为时,应当注意本行为"火车、城市轨道交通列车来临时"这一时间构成要件。即本行为处罚的对象是在火车、城市轨道交通列车来临时在铁路、城市轨道交通线路上行走坐卧,抢越铁路、城市轨道的行为人;对于火车、城市轨道交通列车没有来临时,在铁路、城市轨道交通线路上行走坐卧的,则不应处罚,但发现该行为可予以劝阻,铁路、城市轨道交通主管部门工作人员可以对其开展批评教育。[①]

3. 行为的实施主体:行为的主体只能是自然人。

---

① 参见孙茂利主编:《违反公安行政管理行为名称释义与实务指南(2021年版)》,中国民主法制出版社2021年版,第112页。

4.行为的主观方面:行为的主观方面必须是故意,至于行为人是否意识到其行为可能危及列车运行安全,是否具有妨害列车运行安全的目的,不是构成本行为的必要条件。

处罚标准

本行为的处罚结果为警告或处 500 元以下罚款,只要实施了相关行为即达到处罚条件,不以造成实际危害后果为前提。

表63 违法在轨道交通线上行走坐卧、抢越轨道行为处罚标准

处罚档次	处罚标准
一般情形	处警告或者 500 元以下罚款

案例及解析

【基本案情】孟某在某无人看守铁路道口,以坐在铁轨上的方式,对行驶的火车进行拦截,造成火车停驶近 2 个小时。①

对孟某的行为应如何认定?

【解析】孟某的行为在客观方面表现为在铁路上行走坐卧的行为,孟某对火车进行拦截说明在铁路上行走坐卧发生在火车来临时,构成《治安管理处罚法》第 42 条规定的违法行为。孟某的行为轻则延误列车时间,重则造成车毁人亡的事故,造成火车停驶时间过长可能适用加重处罚。

关联法条

1.《铁路法》(2015 年修正)

第 51 条　禁止在铁路线路上行走、坐卧。对在铁路线路上行走、坐卧的,铁路职工有权制止。

第 58 条第 2 款　违章通过平交道口或者人行过道,或者在铁路线路上行走、坐卧造成的人身伤亡,属于受害人自身的原因造成的人员伤亡。

2.《铁路安全管理条例》(2013 年)

第 77 条第 7 项、第 8 项　禁止实施下列危害铁路安全的行为:

(七)在铁路线路上行走、坐卧或者在未设道口、人行过道的铁路线路上通过;

(八)擅自进入铁路线路封闭区域或者在未设置行人通道的铁路桥梁、隧道通行;

---

① 改编自北京市公安局石景山分局行政处罚决定书,京公石(迁)行罚决字〔2022〕50003 号。

第十八节 《治安管理处罚法》第43条

69. 擅自安装、使用电网

现行规定

《治安管理处罚法》

第43条第1项 有下列行为之一的,处五日以下拘留或者一千元以下罚款;情节严重的,处十日以上十五日以下拘留,可以并处一千元以下罚款:
(一)未经批准,安装、使用电网的……

立案与管辖

(一)立案标准

违法嫌疑人有未经相关部门批准,擅自安装、使用电网,危及公共安全,尚不够刑事处罚的行为即达到立案标准。本行为系危险犯,不要求有损害后果,尚未造成严重后果的,一般不以犯罪论处。

(二)管辖

擅自安装、使用电网的案件一般由违法行为地的公安机关管辖。

违法行为地包括违法行为发生地和违法结果发生地。违法行为发生地是违法嫌疑人擅自安装、使用电网的行为地点。违法结果发生地,是擅自安装、使用电网行为导致违法对象被侵害地,以及擅自安装、使用电网的违法所得的实际取得地、藏匿地、转移地、使用地、销售地。如果由违法嫌疑人居住地管辖更为适宜,可以由违法嫌疑人居住地管辖。

证据收集

(一)证据规格

1.违法嫌疑人的陈述和申辩。

(1)询问违法嫌疑人的基本情况。(2)询问违法嫌疑人擅自安装、使用电网的时间、地点、起因,具体操作过程,违法所得情况。(3)询问违法嫌疑人安装、使用电网的主观目的和动机,是否明知安装、使用电网应当符合安全规定,是否明知安装、使用电网可能导致危害后果。(4)询问安装、使用电网时所适用的增压器、逆电器、电池等作案工具的型号、数量、颜色以及来源、下落。(5)询问违法嫌疑人安装、使用电网的行为是否具备相关资格或证明文件,以证明违法嫌疑人系未经电力管理部门或相关机构授权的情况下私自搭建电网;是否属于基建工地、农田水利、市政建设等非永久性用电单位擅自改变用电类别并向外转供电的,情节较轻;是否存在私自使用公用设施用电的,如公用路灯、交通信号灯等。(6)询问行为发生地周边是否有监控等,现场是否有其他违法行为,比如殴打、威胁、辱骂等。

2. 被侵害人陈述。

(1)询问被侵害人受到的实际侵害和损失。如果违法嫌疑人擅自安装、使用电网,导致被侵害人的身体受到伤害或者财物受损,应进行伤情和受损财物价值价格鉴证。(2)询问是否知道违法嫌疑人的基本情况,违法嫌疑人安装、使用电网的时间、地点、经过和后果情况。(3)询问违法嫌疑人安装、使用的电网布置情况,相关设备的特征、数量等。(4)询问现场是否还有其他的目击者、知情者等情况,是否有与案件有关的视音频等,现场是否有其他违法行为,比如殴打、威胁、辱骂等。

3. 证人证言。

(1)询问证人的基本情况,与违法嫌疑人、被侵害人的关系等,询问违法嫌疑人的基本情况;(2)询问发现违法嫌疑人擅自安装、使用电网的时间、地点、具体过程、作案工具等情况;(3)询问是否与违法嫌疑人谈论过安装、使用电网应当经有关部门批准,询问违法嫌疑人是否知晓安装、使用电网应符合安全规定;(4)询问现场人员的受伤情况、财物损毁情况;(5)询问证人是否有与案件有关的视频电子数据等。

4. 伤情鉴定、价格鉴证。

违法嫌疑人擅自安装、使用电网,导致被侵害人的身体受伤轻微的,可以不做伤情鉴定,但是,以下情况需要做伤情鉴定:(1)被侵害人受伤程度较重,可能构成轻伤以上伤害程度的;(2)被侵害人要求作伤情鉴定的;(3)违法嫌疑人、被侵害人对伤害程度有争议的。

违法嫌疑人擅自安装、使用电网,导致被侵害人的财物受损,根据当事人提供的购买发票等票据能够认定价值,或者价值明显不够刑事立案标准且双方无争议的,公安机关可以不进行价格鉴证。但如果违法嫌疑人对涉案物品的价值存在异议,且有正当理由要求公安机关进行价格鉴证的,公安机关应当进行价格鉴证。

5. 物证、书证。

工具、设备以及违法所得,包括电池、逆变器、逆电器、增压器、捕鱼器、铁丝等。

6. 勘验、检查笔录。

制作对涉嫌擅自安装、使用电网的房屋的检查笔录,擅自安装使用电网行为的现场勘验笔录。

7. 视听资料、电子数据。

(1)擅自安装、使用电网行为发生地周边的视频监控;

(2)调取被侵害人、证人等提供的监控视频及照片;

(3)购置增压器、逆电器、电线等物品的交易转账记录。

8.其他证据材料。

（1）证明违法嫌疑人身份的材料和违法犯罪记录。包括户籍证明、前科查询证明等；法院判决书、行政处罚决定书、释放证明文书等有效法律文件。

（2）抓获经过、处警经过、到案经过等。

（二）注意事项

擅自安装、使用电网是一种以危险方法危害公共安全的行为，与以危险方法危害公共安全罪都属于危险犯，都不要求有危害结果的发生，办案中应注意这两个行为之间的区别。两行为区分的关键在于是否足以危害公共安全，这需要结合违法嫌疑人的动机、手段、行为次数，以及行为发生地的环境来判断，包括人员活动是否密集，牲畜是否容易受到伤害，附近是否有易燃易爆危险物品等。如果行为造成人员重伤或死亡，或者公私财产重大损失，则可能构成以危险方法危害公共安全罪。

🛡 行为认定

（一）对擅自安装、使用电网行为的认定

主要从以下四个方面进行认定：

1.行为侵犯的客体是公共安全，即擅自安装、使用电网的行为，妨害或者可能妨害不特定多数人的生命、健康和公私财产以及社会生产、工作和公共生活的安全。

2.行为的客观方面表现为未经批准，擅自安装、使用电网，危及公共安全，尚不够刑事处罚的行为。一般意义上的电网，是用金属线连接，用以使电流通过的拦截物。擅自安装、使用电网行为属于行为犯，一旦实施，即容易导致不知情的人员（包括无辜路人、儿童、甚至野生动物）或牲畜误触，使其瞬间遭受严重电击伤害甚至死亡，或引发火灾等次生灾害，有潜在的公共安全隐患且不可控。

3.行为的实施主体既可以是个人，也可以是单位。单位违反本行为规定的，根据《治安管理处罚法》第18条的规定，对其直接负责的主管人员和其他直接责任人员依照本法的规定处罚。

4.行为的主观方面是故意，即违法嫌疑人明知安装、使用电网的行为是未经相关部门批准，可能对公共安全造成威胁，仍擅自安装、使用电网，放任危害结果的发生。

（二）"私拉电网"与"私拉电线"的区分

未经批准，安装、使用电网的行为也称为"私拉电网"行为，它与私拉电线行为容易混淆。私拉电线是私拉电网中的基础行为。电网的组成，除了电线以外，还有发电设备、变电装置、配电线路、控制开关等，需批准安装使用，以免不必要的电击损伤。两种行为都违反了电力安全和管理的相关法规，对公共安全构成严重威胁。但两者在侵害客体和行为表现方面有本质区别。私拉电网是一种危险行为，可能会导致他人触电伤亡等严重后果，无论是在公共场所还是私人区域设置，都可能对不特定的人员造成威胁。私拉电网行为侵害的客体是公共安全，即不特定多数人的生命、健康或者重大公私财产的安全。私拉电线是指未经申请和批准，擅自连接电力设备的行为。私拉电线行为侵害的客体较为复杂,可能包括公共安全和公私财物所有权等。如果私拉电线的行为存在安全隐患,如居民私拉电线为电动车充电,容易引发火灾、触电等,威胁到不特定多数人的生命、健康和重大财产安全,则侵害了公共安全。如果是为了偷电而私拉电线,如绕过电表接线使电表停止运行,达到窃取电力的目的,则侵犯了电力公司的电力所有权,符合盗窃罪的构成要件。若未经屋主允许,私自在其房屋钻墙拉公用电线,还可能侵犯屋主对房屋的所有权、使用权等物权。

(三)与"以危险方法危害公共安全罪"的区分

以危险方法危害公共安全罪(《刑法》第114条、第115条),是指放火、决水、爆炸以及投放毒害性、放射性、传染病病原体等物质或者以其他危险方法危害公共安全,尚未造成严重后果或致人重伤、死亡或者使公私财产遭受重大损失的行为。擅自安装、使用电网本身也是一种以危险方法危害公共安全的行为,其与以危险方法危害公共安全罪的界限主要表现在是否足以危害公共安全。

两者都是危险犯,不要求造成实害后果,只要行为人故意实施了放火、决水、爆炸、投放危险物质以外的危险方法,并且足以威胁不特定的多数人的人身和财产安全,就构成犯罪,应当立案追究。对于情节显著轻微、危害不大,不足以危害公共安全,不构成犯罪的,不予立案。用私设电网防盗、防野兽损坏庄稼等,如果尚未造成严重后果,一般不以犯罪论处,可以按《治安管理处罚法》第43条第1项进行处罚。

🛡 处罚标准

本行为设置了一般情形和情节严重两个幅度的处罚。对于"情节严重"情形的认定,应当结合行为人的动机、手段、目的、行为次数、行为地点和造成的后果等综合考量。

表64 擅自安装、使用电网行为处罚标准

处罚档次	处罚标准	裁量基准
一般情形	处5日以下拘留或者1000元以下罚款	/
情节严重	处10日以上15日以下拘留,可以并处1000元以下罚款	①在人畜活动较多的区域或者存储易燃易爆危险物品的场所附近安装、使用电网的 ②造成人员受伤或者财物损失等危害后果的 ③其他情节严重的情形

🛡 案例及解析

【基本案情】由于某县少数村民有违法私设"电猫"猎取野兽的习惯,县公安局组织派出所民警加强打击"电猫"的宣传和线索摸排。某日,该局某派出所民警在摸排时,发现王某有疑似安装电网的迹象。民警立即依法对涉嫌安装、使用电网的王某的房屋进行检查,当场查获升压器1台,并发现有钢筋柱、竹桩、铁丝、塑料皮套等安装"电猫"的辅助材料。

在固定相关证据、依法扣押相关物品,并责令王某拆除电网消除安全隐患后,县公安局对王某企图利用电网电捕野兽的行为该如何处理?

【解析】王某的行为应当认定为擅自安装、使用电网行为。所谓擅自安装、使用电网行为,是指未经主管部门批准,安装和使用电网的行为。本案中,王某在野兽出没地带架设电网,利用升压电力设备将触网的野兽电击致死,俗称"电猫"。"电猫"在电捕野兽时,可能无差别地捕杀受保护的野生动物,同时极易伤害进山劳作的群众,危害群众生命财产安全。王某的行为显然危及公共安全,具有社会危害性,构成擅自安装、使用电网的违反治安管理行为。

关联法条

1.《刑法》(2023 年修正)

第 114 条　【放火罪】【决水罪】【爆炸罪】【投放危险物质罪】【以危险方法危害公共安全罪】放火、决水、爆炸以及投放毒害性、放射性、传染病病原体等物质或者以其他危险方法危害公共安全,尚未造成严重后果的,处三年以上十年以下有期徒刑。

第 115 条　【放火罪】【决水罪】【爆炸罪】【投放危险物质罪】【以危险方法危害公共安全罪】放火、决水、爆炸以及投放毒害性、放射性、传染病病原体等物质或者以其他危险方法致人重伤、死亡或者使公私财产遭受重大损失的,处十年以上有期徒刑、无期徒刑或者死刑。

【失火罪】【过失决水罪】【过失爆炸罪】【过失投放危险物质罪】【过失以危险方法危害公共安全罪】过失犯前款罪的,处三年以上七年以下有期徒刑;情节较轻的,处三年以下有期徒刑或者拘役。

第 341 条第 2 款　【非法狩猎罪】违反狩猎法规,在禁猎区、禁猎期或者使用禁用的工具、方法进行狩猎,破坏野生动物资源,情节严重的,处三年以下有期徒刑、拘役、管制或者罚金。

2.《野生动物保护法》(2022 年修订)

第 24 条第 1 款　禁止使用毒药、爆炸物、电击或者电子诱捕装置以及猎套、猎夹、捕鸟网、地枪、排铳等工具进行猎捕,禁止使用夜间照明行猎、歼灭性围猎、捣毁巢穴、火攻、烟熏、网捕等方法进行猎捕,但因物种保护、科学研究确需网捕、电子诱捕以及植保作业等除外。

3.《电力设施保护条例》(2011 年修订)

第 4 条第 1 款　电力设施受国家法律保护,禁止任何单位或个人从事危害电力设施的行为。任何单位和个人都有保护电力设施的义务,对危害电力设施的行为,有权制止并向电力管理部门、公安部门报告。

70. 安装、使用电网不符合安全规定

现行规定

《治安管理处罚法》

第 43 条第 1 项　有下列行为之一的,处五日以下拘留或者一千元以下罚款;情节严重

的,处十日以上十五日以下拘留,可以并处一千元以下罚款:

(一)……安装、使用电网不符合安全规定的;

立案与管辖

(一)立案标准

已经取得安装、使用电网批准或同意的单位或者个人,有安装、使用电网不符合安全规定的行为即达到立案标准。本违法行为系危险犯,违法主体主要为重要军事设施、重要厂矿、监狱等单位。这些单位经批准或者同意后可以安装电网,但必须符合安全规定,不得对公共安全造成危害。

(二)管辖

安装、使用电网不符合安全规定的案件一般由违法行为地的公安机关管辖。

违法行为地包括违法行为发生地和违法结果发生地。违法行为发生地是违法嫌疑人不符合规定的安装、使用电网的行为地点。违法结果发生地是安装、使用电网不符合规定的行为导致危害结果的实际发生地。一般以安装、使用的电网的所在地的公安机关管辖为宜。安装、使用电网的部位涉及军队营区的,由军队保卫部门负责移交并配合当地公安机关查处。对管辖有争议的,公安机关应当与有关军队保卫部门进行协商,必要时可由双方的上级机关协商解决。

证据收集

(一)证据规格

1.违法嫌疑人的陈述和申辩。

(1)询问违法嫌疑人的基本情况。(2)询问安装、使用电网不符合安全规定行为发生的时间、地点、具体经过,具体表现形式,周边是否有监控。(3)询问违法嫌疑人是否具备安装、使用电网的相关资格或证明文件,是否经过所在地公安机关审核批准,是否向供电部门申请安装;电网安装完毕之后,是否经过原批准的公安机关安全检查。(4)询问违法嫌疑人安装、使用电网未遵守相关安全规定的主观意图,包括是否明知安装、使用电网不符合安全管理规定,询问不符合安全规定的细节,比如是否使用不合格的电线、设备,违规接线,未设置警示标识和安全防护措施等。(5)询问安装电网过程中及使用电网后是否有专门的安全管理,有无制定安全措施,是否对电网进行定期检查,是否及时排除安全隐患等。(6)询问安装电网前后是否主动报告当地街道办事处、乡镇政府以及政府有关部门并通知附近居民委员会、村民委员会,是否向附近群众宣传防止误触电网的安全知识。(7)询问安装电网后,是否造成人员伤亡和公私财物损失,询问具体伤亡及损失情况。

2.被侵害人陈述。

(1)询问被侵害人受到的实际侵害和损失。违法嫌疑人安装、使用电网不符合安全规定,导致被侵害人的身体受到伤害或者财物受损,询问受伤情况和受损财物价值。(2)询问发现违法嫌疑人未按规定安装、使用电网行为发生的时间、地点、具体过程。(3)询问是否发现现场有目击者、知情者,是否发现违法嫌疑人等情况。(4)询问是否拍摄了与案件有关的视音频等。

3. 物证、书证。

收集可能与电网安装和使用相关的增压器、电瓶、电线、金属丝、捕猎器等工具和材料。检查电网安装是否经过电力管理部门的审批,收集相关审批文件。检查电网是否配备必要安全标识,收集相关标识的照片或文件。收集电网的安装记录,包括安装时间、安装人员、安装方式等。相关法律法规文件或者政府文件对安装、使用电网的安全管理的规定。

4. 勘验、检查笔录。

测量电网的电压和电流,判断其是否超过安全标准。

拍摄现场照片和视频,记录所安装、使用的电网的具体位置、安装方式、使用状态等,制作勘验、检查笔录。

5. 证人证言。

询问报警人等有关证人,制作询问笔录,了解安装、使用电网不符合安全规定的行为开始的时间、地点、原因。

6. 鉴定意见。

(1)委托电力专家对电网的安全性进行鉴定,确定其是否符合安全规定。(2)违法嫌疑人安装、使用电网不符合安全规定导致被侵害人的身体受伤轻微的,可以不做伤情鉴定,但是,以下情况需要做伤情鉴定:一是被侵害人受伤程度较重,可能构成轻伤以上伤害程度的;二是被侵害人要求作伤情鉴定的;三是违法嫌疑人、被侵害人对伤害程度有争议的。(3)违法嫌疑人安装、使用电网导致被侵害人的财物受损,根据当事人提供的购买发票等票据能够认定价值,或者价值明显不够刑事立案标准且双方无争议的,公安机关可以不进行价格鉴证。但违法嫌疑人对涉案物品的价值存在异议,且有正当理由要求公安机关进行价格鉴证的,公安机关应当进行价格鉴证。

7. 视听资料、电子数据。

收集周边监控录像以及违法嫌疑人、被侵害人、相关证人等自行拍摄的视频、照片等证据。

8. 其他证据材料。

(1)证明违法嫌疑人身份的材料和违法犯罪记录,包括户籍证明、前科查询证明等;法院判决书、行政处罚决定书、释放证明书等有效法律文件。(2)抓获经过、处警经过等。

(二)注意事项

1. 安装、使用电网不符合安全规定行为的认定,应当注意收集单位和个人主观的意思表示,查明是否存在明知安装、使用电网不符合安全管理规定,仍放任不管的行为。对于个人安装、使用电网的行为,尤其要注意当地是否明令禁止个人安装、使用电网。对于单位安装、使用电网的行为,则需要结合施工的过程、施工负责人的参与情况综合认定行为的主观方面。

2.注意收集当地关于安装、使用电网行为安全规定的相关文件,查明在安装、使用电网的过程中,是否依照该相关文件安装使用。由于每个地方关于安装、使用电网的规定有差异,应当注意管辖权与法律法规是否冲突的情形。

行为认定

（一）对安装、使用电网不符合安全规定行为的认定

主要从以下四个方面进行认定：

1.行为侵犯的客体是公共安全。安装、使用电网不符合安全规定,可能会对不特定的人和财产造成危害,如人员触电伤亡、引发火灾等,从而危及公共安全。

2.本行为在客观方面表现为安装、使用电网不符合安全规定,危及公共安全,尚不够刑事处罚的行为。一些特殊单位,如重要军事设施、重要厂矿、监狱等,经过批准或者同意可以安装、使用电网。但是必须符合安全规定,不得对公共安全造成危害。

3.行为的实施主体既可以是单位也可以是个人,主要是已经取得批准或者同意安装、使用电网的单位或者个人。单位违反本行为规定的,根据《治安管理处罚法》第18条的规定,对其直接负责的主管人员和其他直接责任人员依照本法的规定处罚。

4.行为的主观方面表现为故意,即对安装、使用电网不符合安全规定持放任危害后果发生的心理态度。

（二）对安装、使用电网符合的"安全规定"的界定

安装、使用电网不符合安全规定,是指行为人在安装、使用电网时,违反国家对电网安装、使用的安全规定。例如：地网须安设内、外刺线护网,其高度不得低于1.5米；电网四周明显处应设置警示牌和红色警示灯；电源控制室须设报警装置,电源开关设专门保护装置,并有人监视；低压电网电压不超过250伏,高压电网电压不超过3000伏；按规定的时间送电运行；禁止用电网捕鱼、狩猎、捕鼠、灭害,等等。①

处罚标准

本行为设置了一般情形和情节严重两个幅度的处罚。对于"情节严重"情形的认定,应当结合行为人的动机、手段、目的、行为次数、行为地点和造成的后果等综合考量。

表65　安装、使用电网不符合安全规定行为处罚标准

处罚档次	处罚标准	裁量基准
一般情形	处5日以下拘留或者1000元以下罚款	/

---

① 参见孙茂利主编：《违反公安行政管理行为名称释义与实务指南(2021年版)》,中国民主法制出版社2021年版,第114页。

续表

处罚档次	处罚标准	裁量基准
情节严重	处10日以上15日以下拘留,可以并处1000元以下罚款	①在人畜活动较多的区域或者存储易燃易爆危险物品的场所附近安装、使用电网的
		②造成人员受伤或者财物损失等危害后果的
		③其他情节严重的情形

案例及解析

【基本案情】某农场向当地电力管理部门申请安装电网,并提供了详细的安装方案和安全措施。电力管理部门审核后批准了该农场的申请,该农场完成了电网安装。某日,农场工人李某在日常巡视时,不慎触电受伤,被紧急送往医院救治。经诊断,李某身体多处受电击伤,属轻微伤。经现场勘查发现,该农场电网高度未达到安全标准,周围未设置安全警示标识。

公安机关调查后,对直接负责安装和维护电网的农场管理人员赵某的行为应当如何认定?

【解析】安装、使用电网不符合安全规定的行为,即使已经取得相关部门批准的情况下,也会受到相应的处罚。根据当地的法律法规,安装使用电网需要在周围设置安全警示标识,电网的高度也未达到安全标准,公安机关可以责令停止使用或拆除电网,并对单位负责人或直接责任人给予行政处罚,致人伤亡,后果严重,触犯刑法的,依法追究刑事责任。因此,对直接负责安装和维护电网的农场管理人员赵某应当认定为安装、使用电网不符合安全规定行为。

关联法条

1.《刑法》(2023年修正)

第233条 【过失致人死亡罪】过失致人死亡的,处三年以上七年以下有期徒刑;情节较轻的,处三年以下有期徒刑。本法另有规定的,依照规定。

2.《电力法》(2018年修正)

第32条 用户用电不得危害供电、用电安全和扰乱供电、用电秩序。

对危害供电、用电安全和扰乱供电、用电秩序的,供电企业有权制止。

第65条 违反本法第三十二条规定,危害供电、用电安全或者扰乱供电、用电秩序的,由电力管理部门责令改正,给予警告;情节严重或者拒绝改正的,可以中止供电,可以并处五万元以下的罚款。

71. 道路施工不设置安全防护设施

现行规定

《治安管理处罚法》

第43条第2项 有下列行为之一的,处五日以下拘留或者一千元以下罚款;情节严重的,处十日以上十五日以下拘留,可以并处一千元以下罚款:

(二)在车辆、行人通行的地方施工,对沟井坎穴不设覆盖物、防围和警示标志的……

立案与管辖

(一)立案标准

违法嫌疑人在车辆、行人通行的地方施工,对沟井坎穴有不设覆盖物、防围和警示标志,危及公共安全,尚不够刑事处罚的行为可达到立案标准。本行为系危险犯,不要求实害结果的发生。在道路施工中,施工单位必须遵守相关安全规定,履行安全警示义务,设置必要的安全警示标志和防护设施,以保护公共安全。

(二)管辖

道路施工不设置安全防护设施的案件以违法行为地的公安机关管辖为主。违法行为地包括违法行为发生地和违法结果发生地,包括道路施工行为地、违法对象被侵害地。由施工单位所在地公安机关管辖更为适宜的,可以由施工单位所在地公安机关管辖。

证据收集

(一)证据规格

1. 违法嫌疑人的陈述和申辩。

(1)询问违法嫌疑人或施工单位的基本情况,共同违法嫌疑人的情况;(2)询问施工的时间、地点、原因、施工进度及具体施工过程,未设置安全防护设施的情况,现场是否有人员伤亡、财物损失等情况;(3)询问道路施工是否经过相关部门批准或备案,包括建设项目的批准、核准或备案文件和规划相关文件;(4)有共同违法嫌疑人的,需要询问分工情况,询问施工负责人的情况;(5)询问施工道路是否有人员通行、人流量情况;(6)询问现场是否发生殴打、辱骂等其他违法行为。

2. 被侵害人陈述、证人证言。

(1)询问被侵害人、证人的基本情况。(2)询问现场人员是否有受伤、财物损失,伤情、财物损失情况,是否需要伤情鉴定等。(3)询问违法嫌疑人的基本情况、施工人数、施工负责人或现场指挥人员情况,道路施工没有设置安全防护设施的时间、地点及现场情况。(4)询问施工现场的人员通行情况,人流量情况。

3. 物证、书证。

(1)施工单位的施工许可文件,确认其是否已经取得合法的施工许可。(2)施工安全措施方案。调取施工单位的施工日志,施工期间的各项工作内容和安全措施执行情况。(3)被侵害人有人员伤亡的,及时调取医院病历。

4. 勘验、检查笔录。

记录现场勘验、检查的时间、地点、未设置安全防护设施的情况。

拍摄施工区域整体照片,显示施工区域的概貌,包括是否有明显的安全警示标志和必要的安全防护措施。

5. 伤情鉴定、价格鉴证。

被侵害人身体受到伤害,并具有以下情形时,公安机关应当进行伤情鉴定:(1)被侵害人受伤程度较重,可能构成轻伤以上伤害程度的;(2)被侵害人要求作伤情鉴定的;(3)违法嫌疑人、被侵害人对伤害程度有争议的。

被侵害人的财物受损,根据当事人提供的购买发票等票据能够认定价值,或者价值明显不够刑事立案标准且双方无争议的,公安机关可以不进行价格鉴证。但违法嫌疑人对涉案物品的价值存在异议,且有正当理由要求公安机关进行价格鉴证的,公安机关应当进行价格鉴证。

6. 视听资料、电子数据。

查看施工附近是否有监控,及时调取、拷贝监控视频。

7. 辨认笔录。

证人及相关当事人对违法嫌疑人的辨认,嫌疑人之间互相辨认以及对作案工具的辨认。

8. 其他证据材料。

(1)证明违法嫌疑人身份的材料和违法犯罪记录,包括户籍证明、前科查询证明等,法院判决书、行政处罚决定书、释放证明文书等有效法律文件。

(2)抓获经过、处警经过、到案经过等。

(二)注意事项

本行为系施工单位实施的,需要查明施工单位是否具有合法的施工资质,以及是否获得了相关的批准或备案文件。这包括建设项目的批准、核准或备案文件和规划相关文件。本行为系自然人实施的,需要区分现场施工人员与施工负责人或现场指挥人员。施工负责人是指在施工中负责施工管理和组织工作的人员,负责整个施工过程的计划、组织、协调和控制。而现场指挥人员是指在施工现场负责现场安全管理,进行指挥和调度的人员,如设置施工标志、围栏,指挥和疏导因施工而受堵的车辆等。在收集证据时,需要调查他们各自的职责和在事件中的具体行为,以及是否有共同违法故意。这涉及他们是否共同知晓并同意不设置覆盖物、防围的行为,以及是否意识到这种行为可能带来的安全隐患。

🛡 行为认定

（一）对道路施工不设置安全防护设施行为的认定

主要从以下四个方面进行认定：

1. 本行为侵犯的客体是公共安全，侵犯对象是车辆和行人通行的施工的地点。

2. 本行为在客观方面表现为在车辆、行人通行的地方施工，对沟井坎穴不设覆盖物、防围和警示标志，危及公共安全，尚不够刑事处罚的行为。国家法律法规对道路施工设置安全保护设施有明确规定。本行为的危害性在于可能导致车辆、行人陷入或者跌入沟井坎穴，造成财产损失或者人身伤害。至于是否实际发生了上述危害后果，不影响本行为的成立，即只要实施了上述行为，就可以给予治安管理处罚。如果发生了车毁人亡的严重后果，则按照《刑法》的有关规定追究刑事责任。

3. 本行为的主体既可以是个人，也可以是单位。

4. 本行为的主观方面是故意，即违法嫌疑人明知对道路施工不设置安全防护设施可能会发生危害社会的结果，仍放任这种结果发生的心理态度。

（二）道路养护公司在施工路段虽设置了警示标识，但因警示标识脱落造成损失的，是否构成本行为？

施工单位未在来车方向安全距离处设置安全警示标志，违反安全保障义务，当发生事故给他人造成人身、财产损失时应当承担赔偿责任。但道路养护公司作为道路养护施工单位，在施工路段虽设置了警示标识，但因警示标识脱落，未进行及时更换，也未采取相应的安全防护设施而引发事故，一般不认定为治安违法行为，需依据《民法典》的无过错责任原则承担赔偿责任。若受害人也具有相应过错（如饮酒驾驶等情形），可依法减轻道路养护公司的责任。

（三）道路施工未设置安全防护设施，已被市政工程行政主管部门或者其他有关部门依据《城市道路管理条例》处以罚款的，公安机关能否再进行处罚，是否违背"一事不再罚"？

《行政处罚法》第29条规定了行政处罚的"一事不再罚"原则，即对当事人的同一个违法行为，不得给予两次以上罚款的行政处罚。同一个违法行为违反多个法律规范应当给予罚款处罚的，按照罚款数额高的规定处罚。违法嫌疑人在道路施工过程中未设置安全防护设施的，如果已经被市政工程行政主管部门或者其他有关部门依据《城市道路管理条例》处以罚款，公安机关进行处罚的时候，可以根据《治安管理处罚法》第43条第2项进行行政拘留处罚，但不再作出罚款处罚。

🛡 处罚标准

本行为设置了一般情形和情节严重两个幅度的处罚，一般情形和情节严重均设置了拘留和罚款的处罚。公安机关应结合违法嫌疑人的主观恶性、认错态度、危害后果、执行情况，视情采取行政拘留或者罚款。如果发生了车毁人亡的严重后果，则按照《刑法》的有关规定追究刑事责任。对于"情节较重"情形的认定，应当结合行为人的动机、手段、目的、行为的次数和造成的后果等综合考虑。

表66 道路施工不设置安全防护设施行为处罚标准

处罚档次	处罚标准	裁量基准
一般情形	处5日以下拘留或者1000元以下罚款	/
情节严重	处10日以上15日以下拘留,可以并处1000元以下罚款	①造成人员受伤或者财物损失等危害后果的 ②多次实施,或者对多个沟井坎穴不设覆盖物、防围和警示标志 ③其他情节严重的情形

案例及解析

【基本案情】某日夜间,市民刘先生骑电动车被路中间的一个路坎别倒,右胳膊被划伤,电动车也摔坏了。刘先生立即报警,派出所民警到达后,帮助刘先生进行了简单包扎,并在现场取证。民警发现,别倒刘先生的是井盖旁的一个小土坑,土坑里挖出的渣土堆在一边,晚上光线不好,路过的时候很难注意到。次日,派出所民警找到了路面施工负责人王某。经过询问查明,王某负责该路面附属设施的加固工作,施工当天,工人将井盖附近的路面刨开,但是没有按照相关规定设置围栏、警示标志,才导致经过的市民刘先生摔伤。

根据《治安管理处罚法》的规定,派出所对违法嫌疑人王某的行为应当如何认定?

【解析】在本案中,路面施工负责人王某未按照《建设工程安全生产管理条例》的规定,在施工现场设置必要的安全警示标志和防护设施,导致市民刘先生受伤和财产损失。根据《治安管理处罚法》的规定,王某的行为构成了道路施工不设置安全防护设施行为,但由于未造成重大安全事故,尚不够刑事处罚,因此公安机关依法对王某作出了行政拘留,并处罚款的行政处罚。此案件强调施工单位在施工过程中必须遵守安全生产法律法规,设置必要的安全防护设施,以保障公共安全和他人合法权益。

关联法条

1.《道路交通安全法实施条例》(2017年修订)

第35条 道路养护施工单位在道路上进行养护、维修时,应当按照规定设置规范的安全警示标志和安全防护设施。道路养护施工作业车辆、机械应当安装示警灯,喷涂明显的标志图案,作业时应当开启示警灯和危险报警闪光灯……

道路施工需要车辆绕行的,施工单位应当在绕行处设置标志;不能绕行的,应当修建临时通道,保证车辆和行人通行。需要封闭道路中断交通的,除紧急情况外,应当提前5日向社会公告。

2.《建设工程安全生产管理条例》(2003年)

第62条第3项 违反本条例的规定,施工单位有下列行为之一的,责令限期改正;逾期未改正的,责令停业整顿,依照《中华人民共和国安全生产法》的有关规定处罚款;造成重大安全事故,构成犯罪

的,对直接责任人员,依照刑法有关规定追究刑事责任;

(三)未在施工现场的危险部位设置明显的安全警示标志,或者未按照国家有关规定在施工现场设置消防通道、消防水源、配备消防设施和灭火器材的;

3.《安全生产法》(2021年修正)

第35条　生产经营单位应当在有较大危险因素的生产经营场所和有关设施、设备上,设置明显的安全警示标志。

4.《城市道路管理条例》(2019年修订)

第42条第2项　违反本条例第二十七条规定,或者有下列行为之一的,由市政工程行政主管部门或者其他有关部门责令限期改正,可以处以2万元以下的罚款;造成损失的,应当依法承担赔偿责任:

(二)未在城市道路施工现场设置明显标志和安全防围设施的;

第43条　违反本条例,构成犯罪的,由司法机关依法追究刑事责任;尚不构成犯罪,应当给予治安管理处罚的,依照治安管理处罚法的规定给予处罚。

72.故意损毁、移动道路施工安全防护设施

现行规定

《治安管理处罚法》

第43条第2项　有下列行为之一的,处五日以下拘留或者一千元以下罚款;情节严重的,处十日以上十五日以下拘留,可以并处一千元以下罚款:

(二)……故意损毁、移动覆盖物、防围和警示标志的;

立案与管辖

(一)立案标准

违法嫌疑人有故意损毁、移动在车辆、行人通行的施工现场设置的覆盖物、防围和警示标志,危及公共安全,尚不够刑事处罚的行为即达到立案标准。本行为系危险犯,即不要求危害公共安全的结果发生。

(二)管辖

故意损毁、移动道路施工安全防护设施案件,以违法行为发生地的公安机关,即故意损毁、移动道路施工安全防护设施行为发生地的公安机关管辖为主。如果由违法行为人居住地管辖更为适宜,则可以由违法行为人居住地管辖。

证据收集

(一)证据规格

故意损毁、移动道路施工安全防护设施行为案件中认定故意损毁、移动道路施工安全防

护设施行为事实的存在,需要收集的证据规格如下:

1. 违法嫌疑人的陈述与申辩。

(1)询问违法嫌疑人的基本情况;(2)询问故意损毁、移动道路施工安全防护设施行为发生的时间、地点、具体操作经过;(3)询问实施违法行为的主观目的和动机,是否明知故意损毁、移动道路施工安全防护设施可能导致危害结果的发生;(4)询问安全防护设施的移动、损毁情况,涉案财物的价值,作案工具来源及下落。

2. 被侵害人陈述。

(1)询问发现违法行为的时间、地点、具体过程;(2)询问是否因被损毁、被移动道路施工安全防护设施而受到身体伤害或者财物损失,是否需要价格鉴证;(3)询问道路施工中设置安全防护设施的时间、地点。

3. 证人证言。

(1)询问证人的基本情况,与当事人的关系等,询问违法嫌疑人的基本情况;(2)询问发现道路施工安全防护设施被故意移动、损毁的时间、地点、具体过程、作案工具等情况;(3)询问现场的人员受伤情况、财物损毁情况;(4)询问证人是否有与案件有关的视频、电子数据等。

4. 物证、书证。

被损毁的道路施工安全防护设施残骸、碎片,被移动的道路施工安全防护设施。

5. 勘验、检查笔录。

记录现场勘验检查的时间、地点,被损毁、移动的安全防护设施的情况。

6. 视听资料、电子数据。

查看现场是否有监控,及时调取拷贝监控视频。

7. 辨认笔录。

违法行为人对违法行为实施地点进行辨认,并制作辨认笔录。

8. 其他证据材料。

(1)证明违法嫌疑人身份的材料和违法犯罪记录,包括户籍证明、前科查询证明等;法院判决书、行政处罚决定书、释放证明文书等有效法律文件。(2)抓获经过、处警经过、到案经过等。

(二)注意事项

在寻衅滋事行为的认定中,有的寻衅滋事者也可能损毁、移动道路施工安全防护设施,因而应注意故意损毁、移动道路施工安全防护设施行为与寻衅滋事行为的区别,主要应从侵犯客体、主观动机、行为对象和客观表现上进行区分(详见"行为认定"部分)。

🛡 行为认定

(一)对故意损毁、移动道路施工安全防护设施行为的认定

主要从以下四个方面进行认定:

1. 本行为侵犯的客体是公共安全。本行为侵犯的对象是在车辆、行人通行的施工现场设置的覆盖物、防围和警示标志。

2. 本行为在客观方面表现为故意损毁、移动在车辆、行人通行的施工现场设置的覆盖物、防围和警示标志，危及公共安全，尚不够刑事处罚的行为。损毁，是指使施工现场设置的覆盖物、防围、警示标志的功能发生部分或者全部改变的行为。移动，是指将施工现场设置的覆盖物、防围和警示标志从一个地方移至另一个地方，从而不能准确表明施工现场需要警示的沟井坎穴的位置。本行为的危害性在于可能导致车辆、行人陷入或者跌入沟井坎穴，造成财产损失或者人员伤亡。只要实施了上述行为，就可以依法给予治安管理处罚。是否实际发生了损害后果，不影响本行为的成立。如果发生了严重的损害后果，则按照《刑法》的有关规定追究刑事责任。[1]

3. 本行为的实施主体既可以是个人，也可以是单位。单位违反本行为规定的，根据《治安管理处罚法》第18条的规定，对其直接负责的主管人员和其他直接责任人员依照本法的规定处罚。

4. 本行为的主观方面是故意，即违法嫌疑人明知损毁、移动道路施工安全防护设施行为可能会发生危害社会的结果，希望或者仍放任这种危害结果发生的心理态度。

（二）与"过失以危险方法危害公共安全罪"的区分

过失以危险方法危害公共安全罪（《刑法》第115条第2款）是指过失使用放火、决水、爆炸、投放危险物质以外的危险方法危害公共安全，造成他人重伤、死亡或者使公私财产遭受重大损失的行为。与本行为的区别主要体现在主观方面和客观危害后果两个方面。

1. 主观方面。故意损毁、移动道路施工安全防护设施行为的主观方面为故意，即行为人明知自己的行为会发生危害社会的结果，并且希望或者放任这种结果发生。过失以危险方法危害公共安全罪的主观方面为过失，包括过于自信的过失和疏忽大意的过失。行为人对其使用其他危险方法可能发生的危害公共安全的严重后果已经预见，但轻信能够避免；或者应当预见严重后果可能发生，因为疏忽大意而没有预见，以致发生严重后果。

2. 客观危害后果。故意损毁、移动道路施工安全防护设施行为的危害性在于可能导致车辆、行人陷入或者跌入沟井坎穴，造成财产损失或者人员伤亡，但不一定要求已经造成了严重后果。过失以危险方法危害公共安全罪的客观方面必须同时具备以下三个特征：实施了以其他危险方法危害公共安全的行为；已经造成了危害公共安全的严重后果，致不特定的多数人重伤、死亡或者使公私财产遭受严重损失；严重后果必须是以其他危险方法危害公共安全的行为所造成。

（三）与故意损毁财物罪的区分

故意损毁、移动道路施工安全防护设施，破坏了安全防护设施的功能，与故意损毁财物罪的行为方式存在相似性。具体区分如下：

1. 侵犯的客体不同。故意损毁财物罪侵犯的客体是公私财物的所有权。它涉及的是财

---

[1] 参见孙茂利主编：《违反公安行政管理行为名称释义与实务指南（2021年版）》，中国民主法制出版社2021年版，第116页。

物本身的价值和使用价值的损害,不涉及公共安全。故意损毁、移动道路施工安全防护设施行为侵犯的客体除了财物所有权外,还可能涉及公共安全。因为这些安全防护设施的设置是为了防止行人和车辆发生危险,损毁这些设施可能会直接危及不特定多数人的生命、健康和财产安全。

2. 行为对象不同。故意损毁财物罪的行为对象是国家、单位或者他人所有的财物,包括不动产和动产。故意损毁、移动道路施工安全防护设施的行为对象是特定的,即道路施工中设置的覆盖物、防围和警示标志等安全防护设施。两者属于一般和特殊的关系,在法律适用上,优先适用特别法条,即以故意移动、损毁安全防护设施处罚。

（四）与寻衅滋事的区分

故意损毁、移动道路施工安全防护设施,与寻衅滋事中的任意损毁公私财物的行为存在相似性,但是二者是性质不同的行为。故意损毁、移动道路施工安全防护设施是妨害公共安全的行为,而寻衅滋事是指在公共场所无事生非、起哄闹事,造成公共秩序严重混乱的行为。二者主要有以下区别:

1. 侵犯客体不同。故意损毁、移动道路施工安全防护设施行为侵犯的客体是公共安全,即不特定多数人的生命、健康或者重大公私财产的安全,该行为可能导致车辆、行人陷入或者跌入沟井坎穴,造成财产损失或者人员伤亡。寻衅滋事行为侵犯的客体是社会公共秩序,是对正常社会生活秩序和公共生活环境的破坏。

2. 行为对象不同。故意损毁、移动道路施工安全防护设施行为的对象,是在车辆、行人通行的施工现场设置的覆盖物、防围和警示标志等特定设施。寻衅滋事行为的对象具有不特定性,可以是不特定的人,也可以是不特定的公私财物,如在公共场所任意损毁他人财物,这里的财物并非特指道路施工安全防护设施,范围更为广泛。

3. 主观动机不同。故意损毁、移动道路施工安全防护设施的行为人主观上通常是故意,常常是有预谋地实施针对道路施工安全防护设施实施损毁或移动行为。寻衅滋事的行为人主观上多是为了寻求刺激、发泄情绪、逞强耍横等,通过实施相关行为来满足其不正常的心理需求,可能恰巧在滋事过程中随意损毁、移动了道路施工安全防护设施,但行为人事前并无预谋,主观上具有较强的随意性。

4. 客观表现不同。故意损毁、移动道路施工安全防护设施行为表现为对施工现场防护设施的损毁或移动,如拆除警示标志、挪动防护栏等。寻衅滋事行为则表现为在公共场所起哄闹事,造成公共场所秩序严重混乱,或者任意损毁、占用公私财物等,行为方式更为多样,并不限于损毁、移动道路施工安全防护设施。

处罚标准

在车辆、行人通行的公共道路或行人通行区域的施工现场,通常车辆和行人流量较大,对沟井坎穴设置覆盖物、防围和警示标志目的在于避免可能导致的危害后果。行为人故意损毁、移动该安全防护设施,危害了公共安全,是否实际发生了危害后果,不影响本行为的成立,即只要实施了上述行为,就可以给予治安管理处罚。对于"情节严重"情形的认定,应当结合行为人的动机、手段、目的、行为的次数和造成的后果等综合考虑。

表67 故意损毁、移动道路施工安全防护设施行为处罚标准

处罚档次	处罚标准	裁量基准
一般情形	处5日以下拘留或者1000元以下罚款	/
情节严重	处10日以上15日以下拘留,可以并处1000元以下罚款	①造成人员受伤或者财物损失等危害后果的 ②损毁、移动多个设施、标志的 ③其他情节严重的情形

案例及解析

【基本案情】某日晚,王某某因安装燃气管道施工需要,伙同工人石某某,驾车前往萧山区河庄街道江东开发区江东一路延伸段工程施工工地,取走事主沈某放置在道路施工现场的警示牌2块,后又驾车伙同石某某前往江东开发区江东五路与青六路交叉口电力施工工地,取走事主叶某某放置在道路施工现场的警示牌1块和警示灯2个,随后又驾车伙同石某某前往河庄街道左十四线公路维护施工工地,取走事主戚某某放置在道路施工现场的警示灯2个,并将上述安全防护设施用于自己位于河庄大道与江东大道交叉口的燃气管道施工工地上并进行施工。后在公安机关调查取证期间,王某某已将上述警示牌、警示灯等道路施工安全防护设施返还相应当事人。

王某某和石某某的行为应当如何定性?

【解析】王某某与石某某共同移动多个警示灯、警示牌等防护标志,足以危害公共安全,构成《治安管理处罚法》第43条第2项故意损毁、移动道路施工安全防护设施的行为。在情节上,王某某与石某某先后移动3个不同工地现场的道路施工安全防护设施的警示牌(共3块)和警示灯(共4个),符合认定为"情节严重"的量化标准:"移动多个设施、标志。"调查取证期间,王某某主动归还警示牌、警示灯等道路施工安全防护设施,且未发生危害后果,根据《治安管理处罚法》第20条第2项的规定,主动消除或者减轻违法后果的,公安机关从轻、减轻或者不予处罚。

关联法条

1.《刑法》(2023年修正)

第115条 【放火罪】【决水罪】【爆炸罪】【投放危险物质罪】【以危险方法危害公共安全罪】放火、决水、爆炸以及投放毒害性、放射性、传染病病原体等物质或者以其他危险方法致人重伤、死亡或者使公私财产遭受重大损失的,处十年以上有期徒刑、无期徒刑或者死刑。

【失火罪】【过失决水罪】【过失爆炸罪】【过失投放危险物质罪】【过失以危险方法危害公共安全罪】过失犯前款罪的,处三年以上七年以下有期徒刑;情节较轻的,处三年以下有期徒刑或者拘役。

第117条 【破坏交通设施罪】破坏轨道、桥梁、隧道、公路、机场、航道、灯塔、标志或者进行其他破坏活动,足以使火车、汽车、电车、船只、航空器发生倾覆、毁坏危险,尚未造成严重后果的,处三年以上十年以下有期徒刑。

2.《公路法》(2017年修正)

第83条 阻碍公路建设或者公路抢修,致使公路建设或者抢修不能正常进行,尚未造成严重损失的,依照《中华人民共和国治安管理处罚法》的规定处罚。

损毁公路或者擅自移动公路标志,可能影响交通安全,尚不够刑事处罚的,适用《中华人民共和国道路交通安全法》第九十九条的处罚规定。

拒绝、阻碍公路监督检查人员依法执行职务未使用暴力、威胁方法的,依照《中华人民共和国治安管理处罚法》的规定处罚。

73.盗窃、损毁路面公共设施

现行规定

《治安管理处罚法》

第43条第3项 有下列行为之一的,处五日以下拘留或者一千元以下罚款;情节严重的,处十日以上十五日以下拘留,可以并处一千元以下罚款:

(三)盗窃、损毁路面井盖、照明等公共设施的;

立案与管辖

(一)立案标准

违法嫌疑人有盗窃、损毁正在使用中的路面井盖、照明等公共设施,危及公共安全,尚不够刑事处罚的行为即达到立案标准。盗窃,是指以非法占有为目的,秘密窃取路面公共设施的行为。损毁,是指破坏路面公共设施的完整性,使其失去正常使用价值和功能的行为。盗窃、损毁路面公共设施行为不仅侵犯了国家的财产所有权,而且还可能导致车辆、行人陷入或者跌入井坑,造成财产损失或者人身伤害的后果。

(二)管辖

盗窃、损毁路面公共设施案件一般由违法行为地的公安机关管辖。违法行为地包括违法行为发生地和违法结果发生地,即原被盗窃、损毁的路面公共设施所在地。由违法行为人居住地或销赃地管辖更为适宜的,可以由违法行为人居住地或销赃地管辖。多个公安机关都有管辖权的,由最初受理的公安机关管辖。必要时,可以由主要违法行为地公安机关管辖。管辖权发生争议的,报请共同的上级公安机关指定管辖。

证据收集

(一)证据规格

1.违法嫌疑人的陈述和申辩。

(1)询问违法嫌疑人的基本情况。(2)询问违法嫌疑人实施盗窃、损毁行为的具体过程,包括发生的时间、地点,具体经过,实施盗窃、损毁行为的起因,盗窃、损毁路面公共设施的数量、规格和型号等。(3)询问违法嫌疑人盗窃、损毁路面公共设施的主观故意和动机。(4)询问赃款、赃物的下落。(5)询问作案工具及来源、下落。(6)结伙作案的,询问违法嫌疑人的人数、身份、当天穿着、预谋、结伙聚合以及分工实施的过程,各违法嫌疑人相互关系、相互印证情况。(7)询问有无其他违法犯罪行为。

2.被侵害人陈述、证人证言。

(1)询问被侵害人的基本情况,以及是否有身体受伤或财物受损情况;(2)询问路面公共设施被盗窃、损毁的具体情况,包括数量、特征、型号及价格证明材料;(3)询问盗窃、损毁行为发生的时间、地点及具体过程;(4)询问是否有相关监控视频;(5)询问是否有其他目击者、知情者,是否发现嫌疑人等情况;(6)询问销赃点(废品收购站)嫌疑人出售路面公共设施的数量、特征、价值等,以及嫌疑人体貌特征,是否有监控视频。

3.物证。

查明被盗窃、损毁的路面公共设施,及时进行证据保全;违法嫌疑人盗窃、损毁路面公共设施所使用的工具设备以及运输车辆等。

4.鉴定意见。

被盗窃、损毁的路面公共设施进行价格鉴证。

5.视听资料、电子数据。

被盗窃、损毁路面公共设施所在地周边的视频监控;违法嫌疑人销赃时,收购站的监控视频;销赃电子转账记录。

6.勘验检查笔录、现场笔录。

(1)现场检查笔录。现场勘察检查被盗窃、损毁路面公共设施的危害情况,制作检查笔录。(2)现场指认笔录。违法嫌疑人对盗窃、损毁路面公共设施的地点的现场指认。

7.辨认笔录。

收购店负责人对前往销赃的违法嫌疑人的辨认笔录,相关证人对于违法嫌疑人的辨认笔录。

8.其他证据材料。

(1)证明违法嫌疑人身份的材料和违法犯罪记录,包括户籍证明、前科查询证明等;法院判决书、行政处罚决定书、释放证明书等有效法律文件。(2)抓获经过、处警经过等。

(二)注意事项

盗窃、损毁路面公共设施行为与盗窃罪、故意毁坏财物罪、破坏交通设施罪等在行为表现上具有很高的相似性。应注意收集涉案财物价值的相关证据，是否达到盗窃罪、故意毁坏财物罪的刑事立案追诉标准，比如故意损毁路面公共设施行为造成的财物损失是否达到5000元以上，是否达到3次以上，是否纠结3人以上公然损毁公私财物等。还要注意搜集危害后果严重程度的相关证据，是否足以使交通工具发生倾覆、毁坏危险，以及是否达到破坏交通设施罪的刑事立案追诉标准。

行为认定

（一）对盗窃、损毁路面公共设施行为的认定

主要从以下四个方面进行认定：

1. 本行为侵犯的客体是公共安全，侵犯的对象是正在使用中的路面井盖、照明等公共设施。本行为不仅侵犯了公共财产所有权，还可能导致车辆、行人陷入或者跌入井坑，造成财产损失或者人身伤害。

2. 本行为在客观方面表现为盗窃、损毁正在使用中的路面井盖、照明等公共设施。"路面井盖、照明等公共设施"包括自来水、热力、排污等管道井盖，路灯、广场照明灯具以及消防栓、铁箅子、路口交通设施等其他公共设施。"等公共设施"，是指其他供社会公众使用的，遭到破坏会给公共安全带来不利影响的公共设施。

3. 行为主体是达到责任年龄、具有责任能力的自然人。

4. 行为的主观方面是故意。

（二）路面公共设施的界定

本行为的行为对象是正在使用中的路面公共设施，包括路面井盖、照明等公共设施，还包括自来水、热力、排污等管道井盖，路灯、广场照明灯具以及消防栓、铁箅子、路口交通设施等其他公共设施。盗窃、损毁正在使用中的油气管道设施、电力电信设施、水利防汛工程设施等公共设施，以盗窃、损毁公共设施行为来认定。其中公共设施具体包括油气管道设施、电力电信设施、广播电视设施、水利防汛工程设施、公共供水设施、公路及附属设施或者水文监测、测量、气象测报、生态环境监测、地质监测、地震监测等公共设施。油气管道设施包括石油、天然气、煤气管道设施等。电力设施包括发电、供电和变电设备以及输电线路等电力设施。电信设施包括电报设施、电话设施和互联网络设施。电报设施，是指邮政部门发送电报的设施；电话设施，是指公用电话的电话交换设备、通讯线路等设施；互联网络设施，是指传递国际互联网络信息的各种设施，包括光缆、网线等。广播电视设施，是指广播电台、电视台、电视转播台等节目的发射设施、节目传送设施、节目监测设施等。水利防汛工程设施包括堤防、水闸、护岸、抽水站、排水渠等防洪工程。水文监测、测量、气象测报、生态环境监测、地质监测、地震监测设施包括水文监测站的各种设备、设施，气象测报的气象探测设施、气象信息专用传输设施、大型气象专用技术装备等。供排水管道包括原水管道及城市供水、排水管道。

（三）与盗窃行为、盗窃罪的区分

"盗窃路面公共设施"与"盗窃行为"、"盗窃罪"均有"盗窃"二字，但他们不是同一类型的违法或犯罪行为,主要区别在于侵犯的客体不同。"盗窃路面公共设施"虽然有"盗窃"二字,但《治安管理处罚法》未将其视为普通的盗窃行为,而是在妨害公共安全行为的类型中设立此行为,是因为盗窃路面公共设施如井盖、照明设施等,不仅侵犯了财产所有权,还造成公共安全的危险。路面公共设施的缺损可能导致行人跌落、受伤甚至死亡,其社会危害性超越了一般盗窃行为。行为人应当知晓路面公共设施被盗窃后可能导致车辆、行人陷入危险,引发交通事故,危及不特定多数人的生命、健康和财产安全,仍然实施盗窃行为,其侵害了公共安全这一重要法益。《治安管理处罚法》将盗窃路面公共设施单独列为妨害公共安全行为,体现了法律对公共安全的高度重视,通过明确规制此类行为,强化对公共安全的保护力度。如果盗窃行为情节严重或者盗窃数额较大,则构成盗窃罪,依据《刑法》第264条处理。盗窃路面公共设施的危害后果足以使交通工具发生倾覆、毁坏危险,尚未造成严重后果的,依照《刑法》第117条的规定,以破坏交通设施罪定罪处罚;造成严重后果的,依照《刑法》第119条第1款的规定,处10年以上有期徒刑、无期徒刑或者死刑。

(四)与破坏交通设施罪的区分

破坏交通设施罪,是指故意破坏轨道、桥梁、隧道、公路、机场、航道、灯塔、标志或者进行其他破坏活动,足以使火车、汽车、电车、船只、航空器发生倾覆、毁坏危险的行为。

1. 行为对象不同。盗窃、损毁路面公共设施行为针对的是路面公共设施,范围较广,包括路灯、井盖、公交站台设施等;而破坏交通设施罪涉及的是交通设施,如铁轨、公路上的交通标志、桥梁等用于保障交通运输安全的特定设施。

2. 危害后果不同。盗窃、损毁路面公共设施行为可能使行人或车辆因路面公共设施缺损而跌落、受伤或发生交通事故;而破坏交通设施罪是破坏轨道、桥梁、隧道、标志等正在使用中的交通设施,足以使搭载众多乘客的火车、汽车、船只、航空器等交通工具发生倾覆、毁坏危险,有导致重大人员伤亡的危险,其公共安全的危险巨大,因而应追究刑事责任。

(五)与故意损毁公私财物行为、故意毁坏财物罪的区分

损毁路面公共设施行为与故意损毁公私财物行为的区分,主要体现在:

1. 行为对象不同。故意损毁公私财物行为的对象广泛;而损毁路面公共设施的行为对象主要是路面公共设施,如井盖、路灯、交通指示牌等。

2. 侵犯客体不同。损毁路面公共设施行为侵害的是公私财产安全和公共安全;而一般意义上的故意损毁公私财物侵害的仅仅是公私财产安全。公共安全是损毁路面公共设施行为更突出、更关键的侵害对象,立法通过设立专门条款,将盗窃路面公共设施行为区别于普通的盗窃行为,能更有效地维护公共安全。

损毁路面公共设施行为与故意毁坏财物罪的区分,主要体现在危害后果上,故意毁坏财物罪要求毁坏公私财物达到数额较大或者有其他严重情节。根据《最高人民检察院、公安部关于公安机关管辖的刑事案件立案追诉标准的规定(一)》第33条的规定,故意毁坏公私财物立案追诉标准为"(一)造成公私财物损失五千元以上的;(二)毁坏公私财物三次以上的;

(三)纠集三人以上公然毁坏公私财物的;(四)其他情节严重的情形"。

(六)与过失以危险方法危害公共安全罪的区分

1. 主观方面不同。盗窃、损毁路面公共设施行为通常是故意为之。行为人明知自己在盗窃或者损毁路面公共设施,并且希望或者放任危害后果的发生。过失以危险方法危害公共安全罪是过失犯罪。行为人应当预见自己的行为可能会危害公共安全,但是因为疏忽大意没有预见,或者已经预见而轻信能够避免,最终导致危害公共安全的后果。

2. 客观方面不同。一是在盗窃、损毁路面公共设施的行为方式上,区别重点在于盗窃、损毁路面公共设施行为是对路面公共设施的盗窃或者破坏。例如,偷走马路上的井盖、损坏路灯等行为,主要针对设施本身。而过失以危险方法危害公共安全罪可能不是直接针对路面公共设施进行破坏。比如,行为人在运输危险化学品时,因疏忽大意发生泄漏,危害了公共安全;或者在道路施工过程中,因过失未设置明显警示标志,致使车辆、行人发生危险等。二是在危害后果上,盗窃、损毁路面公共设施行为的危害后果可能多种多样。既可能只是造成公共设施的损坏和财产损失,也可能因设施损坏而危及公共安全(如井盖丢失导致行人坠落受伤)。而过失以危险方法危害公共安全罪属于结果犯,不同于以危险方法危害公共安全罪,只有造成严重后果才能以该罪论处,即必须是实际造成了危害公共安全的后果(如导致人员伤亡、公私财产重大损失等),才构成此罪。

🛡 处罚标准

盗窃、损毁路面井盖、照明等公共设施的行为,其危害性在于可能导致车辆、行人陷入或者跌入沟井坎穴,造成财产损失或者人身伤害。至于是否实际发生了上述危害后果,不影响本行为的成立,即只要实施了上述行为,就可以给予治安管理处罚。如果发生了车毁人亡的严重后果,则按照《刑法》的有关规定追究刑事责任。对于"情节严重"情形的认定,应当结合行为人的动机、手段、目的、行为的次数和造成的后果等综合考虑。

表68 盗窃、损毁路面公共设施行为处罚标准

处罚档次	处罚标准	裁量基准
一般情形	处5日以下拘留或者1000元以下罚款	/
情节严重	处10日以上15日以下拘留,可以并处1000元以下罚款	①造成人员受伤或者财物损失等危害后果的
		②盗窃、损毁多个设施的
		③其他情节严重的情形

🛡 案例及解析

【基本案情】 某村地处偏远,人车稀少。为改善夜间出行条件,镇政府统一规划,在村内乡道沿线新安装了一批太阳能路灯。某日晚,村民王某步行回家途中,发现其中一盏路灯正好设置在邻居家门口,而自家门前仍无照明设施,遂心生不满与嫉妒。当晚深夜,王某携带棍棒

将该处路灯灯罩击碎,导致灯具无法正常使用。次日清晨,村民发现路灯受损后报警,派出所民警立即到场调查并依法取证。

王某行为如何定性?

【解析】王某因嫉妒蓄意损毁路灯,主观恶意明显,具有明显的报复动机。其损毁对象为镇政府统一规划建设,属于公共设施。王某的行为直接导致照明设施无法正常使用,影响周边村民夜间通行安全,其行为违反《治安管理处罚法》第43条第3项规定,构成损毁路面公共设施行为。此外,结合本案情节进一步说明,本案案发地点位于偏远山村,夜间人车稀少,且路灯系新安装照明设施,王某损毁行为危险程度不高,也达不到足以造成车辆倾覆的程度,不符合以危险方法危害公共安全罪和破坏交通设施罪的构成要件。该太阳能路灯虽已损坏,但涉案灯罩等部件价值未达到《刑法》规定的故意毁坏财物罪起刑点,不构成刑事犯罪。

关联法条

1.《刑法》(2023年修正)

第117条 **【破坏交通设施罪】**破坏轨道、桥梁、隧道、公路、机场、航道、灯塔、标志或者进行其他破坏活动,足以使火车、汽车、电车、船只、航空器发生倾覆、毁坏危险,尚未造成严重后果的,处三年以上十年以下有期徒刑。

2.《最高人民法院、最高人民检察院、公安部关于办理涉窨井盖相关刑事案件的指导意见》(高检发〔2020〕3号)

……为依法惩治涉窨井盖相关犯罪,切实维护公共安全和人民群众合法权益,提升办案质效,根据《中华人民共和国刑法》等法律规定,提出以下意见。

一、盗窃、破坏正在使用中的社会机动车通行道路上的窨井盖,足以使汽车、电车发生倾覆、毁坏危险,尚未造成严重后果的,依照刑法第一百一十七条的规定,以破坏交通设施罪定罪处罚;造成严重后果的,依照刑法第一百一十九条第一款的规定处罚。

过失造成严重后果的,依照刑法第一百一十九条第二款的规定,以过失损坏交通设施罪定罪处罚。

二、盗窃、破坏人员密集往来的非机动车道、人行道以及车站、码头、公园、广场、学校、商业中心、厂区、社区、院落等生产生活、人员聚集场所的窨井盖,足以危害公共安全,尚未造成严重后果的,依照刑法第一百一十四条的规定,以以危险方法危害公共安全罪定罪处罚;致人重伤、死亡或者使公私财产遭受重大损失的,依照刑法第一百一十五条第一款的规定处罚。

过失致人重伤、死亡或者使公私财产遭受重大损失的,依照刑法第一百一十五条第二款的规定,以过失以危险方法危害公共安全罪定罪处罚。

三、对于本意见第一条、第二条规定以外的其他场所的窨井盖,明知会造成人员伤亡后果而实施盗窃、破坏行为,致人受伤或者死亡的,依照刑法第二百三十四条、第二百三十二条的规定,分别以故意伤害罪、故意杀人罪定罪处罚。

过失致人重伤或者死亡的,依照刑法第二百三十五条、第二百三十三条的规定,分别以过失致人重伤罪、过失致人死亡罪定罪处罚。

四、盗窃本意见第一条、第二条规定以外的其他场所的窨井盖,且不属于本意见第三条规定的情形,数额较大,或者多次盗窃的,依照刑法第二百六十四条的规定,以盗窃罪定罪处罚。

故意毁坏本意见第一条、第二条规定以外的其他场所的窨井盖,且不属于本意见第三条规定的情形,数额较大或者有其他严重情节的,依照刑法第二百七十五条的规定,以故意毁坏财物罪定罪处罚。

74. 违规升放携带明火的升空物体

现行规定

《治安管理处罚法》

第 43 条第 4 项 有下列行为之一的,处五日以下拘留或者一千元以下罚款;情节严重的,处十日以上十五日以下拘留,可以并处一千元以下罚款:

(四)违反有关法律法规规定,升放携带明火的升空物体,有发生火灾事故危险,不听劝阻的;

立案与管辖

(一)立案标准

违法嫌疑人有违反有关法律法规规定,升放携带明火的升空物体,有发生火灾事故危险,不听劝阻的行为即可达到立案标准。升空物体,主要是指"孔明灯"。"孔明灯"是利用热空气上升原理制成的可飘浮灯笼。孔明灯的主体由轻质的竹篾或铁丝等材料扎成框架,通常为圆形、椭圆形或方形。外面糊上薄而轻且具有一定耐热性的纸张,形成一个密封的袋状结构。底部中央固定装有固体酒精等燃料的容器,燃料点燃后,加热灯内空气,使孔明灯内空气密度小于外界空气密度,从而产生浮力,使孔明灯升空。受多种因素影响,孔明灯的漂浮高度通常为 300 米至 1000 米,少数情况下会达到更高高度。升放携带明火的孔明灯会对飞机起降、高层建筑、高压电线、油库等产生安全威胁,极易引起安全事故和火灾,存在较大的安全隐患。

需要注意的是,本行为以违法嫌疑人"不听劝阻"为前提,如果经劝阻后立即停止升放行为,则不构成治安违法行为。

(二)管辖

违规升放携带明火的升空物体案件原则上由违法行为地的公安机关管辖。违法行为地包括违法行为发生地和违法结果发生地。违法行为发生地,一般指的是违规升放携带明火的升空物体行为的实施地以及开始地、途经地、结束地等与该行为有关的地点。违规升放携带明火的升空物体的行为有连续、持续或者继续状态的,连续、持续或者继续实施的地方都属于违法行为发生地。违法结果发生地,通常指的是携带明火的孔明灯升空后产生危害结果的地方。

违规升放携带明火的升空物体案件由违法行为人居住地公安机关管辖更为适宜的,可以由违法行为人居住地公安机关管辖。

证据收集

(一)证据规格

1. 违法嫌疑人的陈述和申辩。

(1)违法嫌疑人的基本情况。(2)违法嫌疑人违规升放携带明火的升空物体行为发生的时间、地点、具体过程;如何点燃升空物体,违规升放携带明火的升空物体的行为是否造成人身伤亡及财物损失;升放时的天气情况,如风向风速等。(3)违法嫌疑人违规升放携带明火的升空物体行为的主观目的和动机;是否经过相关部门审批;经劝阻,仍旧故意实施升放携带明火的升空物体的原因。(4)携带明火的升空物体的名称、型号、特征、颜色等。(5)携带明火的升空物体的来源、下落。(6)是否接受过禁止燃放孔明灯的安全宣传教育。(7)结伙作案的,询问违法嫌疑人的人数、身份、当天穿着、预谋、结伙聚合以及分工实施的过程,各违法嫌疑人相互关系、相互印证情况。

2. 被侵害人陈述。

(1)被侵害人的基本情况,受到的实际侵害和损失;如果被侵害人的身体受到伤害或者财物受损,应继续询问受伤情况和受损财物价值。(2)被侵害人看到及受到侵害时所处的具体位置。(3)违法嫌疑人的基本情况,违规升放携带明火的升空物体行为发生的时间、地点、具体升放过程。(4)违法嫌疑人不听劝阻的过程等。(5)现场的目击者、知情者的情况。(6)是否有与案件有关的音视频等。

3. 证人证言。

(1)证人的基本情况,与违法嫌疑人的关系。(2)违法嫌疑人升放携带明火的升空物体行为实施的时间、地点;违法嫌疑人的体貌特征。(3)相关工作人员的劝阻过程,以及违法嫌疑人不听劝阻的过程等。(4)如是其他部门工作人员移交线索,向工作人员询问本行为发生的时间、地点、案发过程,以及进行劝阻的时间、地点、具体过程,是否有执法音视频等。

4. 物证、书证。

用于升放的升空物体、打火机等点火设备,购买升空物体的收据或发票。

5. 伤情鉴定、价格鉴证。

被侵害人身体受到伤害,并具有以下情形时,公安机关应当进行伤情鉴定:(1)被侵害人受伤程度较重,可能构成轻伤以上伤害程度的;(2)被侵害人要求作伤情鉴定的;(3)违法嫌疑人、被侵害人对伤害程度有争议的。

被侵害人的财物受损,根据当事人提供的购买发票等票据能够认定价值,或者价值明显不够刑事立案标准且双方无争议的,公安机关可以不进行价格鉴证。但如果违法嫌疑人对涉案物品的价值存在异议,且有正当理由要求公安机关进行价格鉴证的,公安机关应当进行价格鉴证。

6. 视听资料、电子数据。

监控视频、违法嫌疑人购置升空物体的消费记录或转账记录,购买监控视频等;公安机关等政府机关人员进行劝阻的记录、执法记录仪音视频等。

7.勘验检查、辨认笔录、现场笔录。

现场勘验检查笔录,违法嫌疑人的辨认笔录,现场指认笔录等。

8.其他证据材料。

(1)证明违法嫌疑人身份的材料和违法犯罪记录,包括户籍证明、前科查询证明等,法院判决书、行政处罚决定书、释放证明书等有效法律文件。

(2)抓获经过、处警经过等。

(二)注意事项

1.注意当地的法律法规关于升放升空物体(如孔明灯)的特定区域规定。本行为的构成,需要具备两个条件:一是行为人违规升放携带明火的升空物体行为违反了当地有关安全管理规定、特定区域禁止升放升空物体的规定;二是经相关工作人员劝阻,仍不停止实施,继续升放的。"劝阻"行为作为本行为的前置构成要件,意在创设行为违法的缓冲期,告知行为人升放升空物体的行为违反了相关法律法规,如果仍继续实施可能面临治安处罚。

2.注意"劝阻"行为的证据收集工作。"劝阻"行为作为本行为生效的前置条件,需要有执法记录仪、违法嫌疑人的陈述和辩解、证人证言等其他证据材料进行印证。

行为认定

(一)对违规升放携带明火的升空物体行为的认定

主要从以下四个方面进行认定:

1.本行为侵害的客体是公共安全。个人或单位在非指定区域或未获许可的情况下,违规升放携带明火的升空物体,对不特定多数人的生命、财产或社会秩序会造成现实或潜在的威胁。

2.本行为的客观方面表现为违反有关法律法规规定,升放携带明火的升空物体。

3.本行为的实施主体可以是自然人,也可以是单位。

4.本行为的主观方面是故意。违法嫌疑人违反有关法律法规规定,明知升放携带明火的升空物体有发生火灾事故危险,不听劝阻,仍放任这种结果发生。

(二)如何认定本行为"有发生火灾事故危险"?

有发生火灾事故危险,是指违规升放携带明火的升空物体因升放区域、升放时间等不符合安全规定,对飞机起降、高层建筑、高压电线、油库等产生安全威胁,有引起安全事故和火灾事故的危险。以孔明灯举例,结合目前各省市关于禁止燃放孔明灯的通告,可以将"有发生火灾事故危险"的区域归纳为:(1)城区内或行政区域内;(2)加油加气站、油田企业周边、油库、油气罐(站)等易燃易爆危险品储存场所、可燃物资仓库、森林防火重点区等场所一定范围内;(3)高压供电设备、通信设施、山林等一定范围内;(4)党政机关、广播、电视、电信等重点保卫单位,学校、医院、宾馆、饭店、商场、车站、公共娱乐场所等人员密集场所和堆垛周边,有外墙保温材料的在建建筑物周边,全市文物保护单位周边,输变电设施安全保护区,交通要道、十字路口和其他消防安全重点单位周边;(5)机场净空保护区域以及铁路线路两侧一定区域内。

（三）与放火罪的区分

放火罪（《刑法》第114条）是指故意引起火灾，危害公共安全的行为。违规升放携带明火的升空物体的行为与放火罪的交叉点在于"引起火灾"。但是，放火罪和违规升放携带明火的升空物体行为不同，两者的区别是：

1. 引起火灾的直接性或间接性不同。放火罪是行为人主动点燃特定物品，直接导致火灾。违规升放携带明火的升空物体行为不一定引发火灾，如果引发火灾，也是风险源（携带明火的升空物体）被释放后间接引发的火灾。

2. 行为的主观方面不同。放火罪的主观方面是故意，包括直接故意和间接故意；而违规升放携带明火的升空物体行为的主观方面因行为人的认知不同而有两种情况：一种是行为人明知违规升放携带明火的升空物体有引发火灾的可能，却放任这种可能性发生，行为人在主观上为间接故意。另一种是行为人能够预见到升放携带明火的升空物体行为可能引发火灾，但是升空物体上携带的明火燃料极少，行为人认为燃料很快就会被燃尽或被风吹灭，轻信能够避免发生火灾，在这种情况下，行为人的主观方面是过于自信的过失。

3. 危害后果不同。违规升放携带明火的升空物体行为仅有导致火灾的危险。如果导致火灾，侵害的是不特定区域的安全；如果火灾危害后果较为严重，可能构成失火罪。放火罪是在特定区域针对特定财物制造的火灾。且在危害后果的严重程度上有轻重之分。

（四）与"失火罪"的区分

失火罪（《刑法》第115条第2款），是指过失引起火灾，危害公共安全，致人重伤、死亡或者使公私财产遭受重大损失的行为。根据《最高人民检察院、公安部关于公安机关管辖的刑事案件立案追诉标准的规定（一）》第1条第1款的规定，关于失火罪的立案追诉标准为"（一）造成死亡一人以上，或者重伤三人以上的；（二）造成公共财产或者他人财产直接经济损失五十万元以上的；（三）造成十户以上家庭的房屋以及其他基本生活资料烧毁的；（四）造成森林火灾，过火有林地面积二公顷以上，或者过火疏林地、灌木林地、未成林地、苗圃地面积四公顷以上的；（五）其他造成严重后果的情形"。因违规升放携带明火的升空物体导致以上严重后果的火灾事故的，应根据行为人主观上是故意还是过失，认定为放火罪或失火罪，并追究相应的刑事责任。

违规升放携带明火的升空物体行为不要求一定发生火灾事故，有发生火灾事故的危险即可构成此行为。引发火灾后，由于及时扑灭而没有产生危害后果，或者造成的损失轻微的，仍不构成犯罪，但可以认定为情节严重，根据《治安管理处罚法》第43条的规定，"情节严重的，处十日以上十五日以下拘留，可以并处一千元以下罚款"。

处罚标准

本行为设置了一般情形和情节严重两个层次的处罚。对于"情节严重"情形的认定，结合行为人的动机、手段、目的、行为的次数、不听劝阻的程度和造成的后果等综合考虑。

表 69　违规升放携带明火的升空物体行为处罚标准

处罚档次	处罚标准	裁量基准
一般情形	处 5 日以下拘留或者 1000 元以下罚款	/
情节严重	处 10 日以上 15 日以下拘留,可以并处 1000 元以下罚款	①造成人员受伤或者财物损失等危害后果的 ②造成现场秩序混乱等危害后果或者较大社会影响的 ③其他情节严重的情形

案例及解析

【基本案情】A 村有人燃放孔明灯。附近村民发现并叫来村委会工作人员劝阻,指出孔明灯可能引发火灾或坠落伤人,但两人以"传统习俗无须干涉"为由拒绝停止燃放。后燃放的孔明灯被发现坠落在 B 村一户居民房顶,尚未引发火灾,但孔明灯金属支架砸碎屋顶瓦片,导致屋内渗水,房主支付维修费 800 元、清理费 200 元,共计经济损失 1000 元。经公安机关查明,该孔明灯由 A 村陈某伟(男,22 岁)和陈某宁(男,24 岁)二人制作并违规燃放。

两人的行为应当如何定性?

【解析】在公共场所燃放孔明灯且不听劝阻的行为,根据 2012 年《治安管理处罚法》多以扰乱公共场所秩序进行处罚,而从 2025 年开始,根据 2025 年修订后的《治安管理处罚法》第 43 条第 4 项的规定,陈某伟和陈某宁违规升放孔明灯,不听村委会工作人员劝阻,导致 B 村一户居民财物损失 1000 元,应认定为违规升放携带明火的升空物体行为,且属于情节严重的情形,处 10 日以上 15 日以下拘留,可以并处 1000 元以下罚款。

关联法条

1.《刑法》(2023 年修正)

第 115 条　【放火罪】【决水罪】【爆炸罪】【投放危险物质罪】【以危险方法危害公共安全罪】放火、决水、爆炸以及投放毒害性、放射性、传染病病原体等物质或者以其他危险方法致人重伤、死亡或者使公私财产遭受重大损失的,处十年以上有期徒刑、无期徒刑或者死刑。

【失火罪】【过失决水罪】【过失爆炸罪】【过失投放危险物质罪】【过失以危险方法危害公共安全罪】过失犯前款罪的,处三年以上七年以下有期徒刑;情节较轻的,处三年以下有期徒刑或者拘役。

2.《消防法》(2021 年修正)

第 63 条第 2 项　违反本法规定,有下列行为之一的,处警告或者五百元以下罚款;情节严重的,处五日以下拘留:

(二)违反规定使用明火作业或者在具有火灾、爆炸危险的场所吸烟、使用明火的。

第 64 条第 2 项　违反本法规定,有下列行为之一,尚不构成犯罪的,处十日以上十五日以下拘留,可以并处五百元以下罚款;情节较轻的,处警告或者五百元以下罚款:

(二)过失引起火灾的;

75.高空抛物

现行规定

《治安管理处罚法》

第43条第5项 有下列行为之一的,处五日以下拘留或者一千元以下罚款;情节严重的,处十日以上十五日以下拘留,可以并处一千元以下罚款:

(五)从建筑物或者其他高空抛掷物品,有危害他人人身安全、公私财产安全或者公共安全危险的。

立案与管辖

(一)立案标准

违法嫌疑人有从建筑物或者其他高空抛掷物品,有危害他人人身安全、公私财产安全或者公共安全危险,尚不够刑事处罚的行为即可达到立案标准。抛掷物品,是指向外投、扔、丢弃物品的行为,不包括刮风、下雨等导致物品高空坠落的民事侵权行为。本行为是危险犯,不要求发生危害公共安全的结果。

(二)管辖

从建筑物或者其他高空抛掷物品的案件一般由违法行为地的公安机关管辖。

违法行为地包括违法行为发生地和违法结果发生地。违法行为发生地是指高空抛物行为实施的地点。违法结果发生地是指高空抛物导致危害结果发生的地点。本行为虽然不要求有实害结果,但如果有危害结果且情节轻微,则可以构成本行为。由违法行为人居住地管辖更为适宜的,可以由违法行为人居住地管辖。

证据收集

(一)证据规格

1.违法嫌疑人的陈述和申辩。

(1)违法嫌疑人的基本情况。(2)抛掷物品的时间、地点、具体过程、主观目的和动机、起因。(3)高空抛掷物品的次数,每次抛掷物品的数量,抛掷物品的楼层及高度。(4)抛掷的物品的名称、数量、材质、体积、大小、重量、颜色、尖锐程度、下降速度、来源及下落等。(5)抛掷物品的地点周边有无人员经过,人员是否密集;抛掷物品时有无其他人员劝阻。(6)之前是否因高空抛物受过刑事处罚或者行政处罚。(7)抛掷行为是否造成人员伤亡、财物损失;人员伤亡和财物损失情况。

2. 被侵害人陈述、证人证言。

(1)被侵害人、证人的基本情况,案发时所处的位置。(2)被侵害人、证人受到的实际侵害和损失。如果被侵害人的身体受到伤害或者财物受损,应继续询问受伤情况和受损财物价值。(3)高空抛物的时间、地点、具体过程,物品是否系自然坠落,物品坠落的楼层及高度,被抛掷物品的名称、数量、材质、体积、大小、重量、颜色、尖锐程度、下降速度等。(4)是否看到高空抛物的嫌疑人以及其体貌特征;嫌疑人高空抛物时,是否有人员劝阻。(5)违法嫌疑人高空抛物的次数,每次抛掷物品的数量,抛掷物品的楼层及高度。(6)周边人员是否密集,有无人员伤亡、财物损失,以及是否要做伤情鉴定、价格鉴证。(7)物业服务企业等建筑物管理人有无采取必要的安全保障措施。(8)周边是否有监控,附近居民是否有监控,现场是否还有其他在场人员。

3. 物证、书证。

(1)抛掷的物品、被损毁的财物、现场其他痕迹物证。(2)医疗记录、病历、物业投诉记录、警方处警记录、物业安全保障措施采取记录、抛掷物品购置记录及支付记录。

4. 勘验、检查笔录。

(1)检查高空抛掷物品现场的情况,包括物品落地的位置、周围环境等。(2)现场检查笔录,包括可能的抛掷点、窗户状态等。

5. 伤情鉴定、价格鉴证。

被侵害人身体受到伤害,并具有以下情形时,公安机关应当进行伤情鉴定:(1)被侵害人受伤程度较重,可能构成轻伤以上伤害程度的;(2)被侵害人要求做伤情鉴定的;(3)违法嫌疑人、被侵害人对伤害程度有争议的。

被侵害人的财物受损,根据当事人提供的购买发票等票据能够认定价值,或者价值明显不够刑事立案标准且双方无争议的,公安机关可以不进行价格鉴证。但违法嫌疑人对涉案物品的价值存在异议,且有正当理由要求公安机关进行价格鉴证的,公安机关应当进行价格鉴证。

6. 视听资料、电子数据。

周边监控录像,违法嫌疑人或附近居民家中安装的监控视频、录像、照片等。

7. 其他证据材料。

(1)证明违法嫌疑人身份的材料和违法犯罪记录,如人口信息、前科查询证明、户籍证明、身份证、工作证、专业或技术等级证复印件等;法院判决书、行政处罚决定书、释放证明书等有效法律文件。(2)抓获经过、处警经过等。

(二)注意事项

高空抛物行为证据调查和收集的重点是查明高空抛物行为人。高空抛物行为是《民法典》《刑法》和《治安管理处罚法》共同规制的行为,除了追究行为人治安违法、刑事犯罪的责任外,还需要追究高空抛物行为主体的民事侵权责任。根据《民法典》第1254条第1款规定,经调查难以确定具体侵权人的,除能够证明自己不是侵权人的外,由可能加害的建筑物使用人给予补偿。所以公安机关在案件初始阶段应重点收集证据,尽量查明实施高空抛物的行为人。

行为认定

(一)对高空抛物行为的认定

主要从以下四个方面进行认定:

1. 本行为侵犯的客体是公共安全。违反治安管理的高空抛物行为对公共安全有一定现实危险性,不要求实际危害结果的发生。

2. 本行为的客观方面表现为从建筑物或者其他高空抛掷物品,有危害他人人身安全、公私财产安全或者公共安全危险的行为。条文对"高空"没有作限定,但此处的"高空"并非飞行和航空领域所指的高空,而是指"距地面较高的空间"。对建筑物应作事实层面的理解,建筑物二层以上的高度,[1]都可视为从建筑物抛掷物品。对于建筑物以外的其他高空,对抛掷行为现实危险性的判断应与建筑物具有相当性。

3. 本行为实施的主体是自然人。

4. 本行为的主观方面是故意,即行为人明知自己从建筑物或其他高空抛掷物品的行为会妨害公共安全,仍希望或放任这种结果的发生。例如,因家庭矛盾、酒后发泄情绪等故意从所居住的高层建筑物向窗外抛掷物品。过失将物品从高处掉落的,不构成本行为,对他人造成伤害的,可追究行为人的民事侵权责任。

(二)对高空抛物情节严重的认定

本行为的处罚设置了两个幅度,即一般情形和情节严重。两种情形的前提都是有危害他人人身安全、公私财产安全或者公共安全的现实危险性,区别在于是否产生轻微的实际损害结果,以及产生实际损害结果的可能性。

"一般情形"中,高空抛物行为未产生实际损害结果,且产生实际损害结果的可能性极低,具体可以参考以下几个方面:(1)所抛掷物品质量非常轻,在物理层面不存在造成人身伤害或财产损失的可能性。(2)抛掷区域没有危害对象,如抛掷区域不存在人员经过的可能性。(3)经过公安机关现场勘验检查,根据抛掷的时间段、地点、人员流动性等判断几乎不存在危害他人人身安全、公私财产安全或者公共安全的现实危险性。

"情节严重"可以根据有无实际损害结果,分为两种情形:(1)虽未产生实际损害结果,但有产生实际损害结果的可能性。这需要结合抛掷物的重量、大小、尖锐程度等,以及抛掷区域的人员流动性、抛掷的时间段、抛掷的高度等环境因素来判断抛掷行为是否有可能产生实际损害结果。例如:下午4点钟从三楼往下抛掷一袋装有果皮残渣的厨余垃圾,从抛掷物的重量、大小、尖锐程度、抛掷高度来看均不具有杀伤性,不构成《刑法》中的"高空抛物罪";从抛

---

[1] 参见张明楷:《刑法学》,法律出版社2021年版,第1393页。

掷地点来看,楼下是小区人员活动的地方,虽然此次高空抛物行为未砸到人,但是有产生实际损害结果的可能性。(2)产生了实际损害结果,但实际损害结果极其轻微,如造成一定的财物损失或轻微的人员伤害,但达不到刑事立案追诉标准。

（三）与高空抛物罪的区分

高空抛物罪(《刑法》第291条之二),是指从建筑物或者其他高空抛掷物品,情节严重的行为。高空抛物行为与高空抛物罪的区别在于抛掷行为是否造成实际危害结果、造成的实际损害结果是否严重以及造成严重实际损害结果的可能性等方面。可以从抛掷物的种类特性、所处建筑高度、地面环境、抛物次数、主观动机、造成的实际危害以及危害风险程度等因素进行综合的判断。

1. 主观方面。从高空抛物行为的主观恶性程度能反映出情节是否严重。行为人故意从高空抛掷大型、尖锐等具有一定杀伤性的物品,多次从高空抛掷物品,在他人劝阻后仍然坚持高空抛物,被处罚后仍高空抛物的,说明行为人主观恶性较大,应以高空抛物罪定罪量刑。

2. 行为表现。实施抛物行为的场合及行为本身的危险程度体现出情节是否严重。例如,行为人在人员密集场所、建筑物进出口或人流高峰期实施高空抛物,使多人处于危险之中,可能造成严重的实际危害结果;又如,从较高楼层抛掷物品,尤其是抛掷生物、尖锐物、有毒有害物、高温液体等危险物品,一旦砸中人员或物品,可能造成严重的人身伤害或财产损失等严重实际损害后果,应以高空抛物罪论处。

3. 危害后果。从危害后果的严重程度可以认定情节是否严重。应受治安管理处罚的高空抛物行为应是尚未对公共安全产生现实危害,尚未产生严重的实际损害结果。高空抛物罪在现实中也不要求产生实际的损害后果,而是其行为造成严重损害后果的可能性大。例如,在闹市区高空抛物,引起群众恐慌、混乱,导致正常的社会管理秩序、公共活动秩序受到严重干扰等,应以高空抛物罪论处。

（四）对高空抛物之"物"的理解

高空抛物之"物"与侵犯财产罪中的"物"含义明显不同,高空抛物之"物"不必具有经济价值性,只要从高空抛下,在接触地面时仍具备有体性即可。高空抛物之"物"原则上是指固体物,气体、羽毛以及从高空抛洒的少量粉末状物体,并不能带来公共安全的危险,因而应排除在外。一些高密度、腐蚀性、毒害性、高温液体从高处抛下仍能造成公共安全危险的可能性,因而,高空抛物之"物"可以是液体,固体物的具体种类,包括但不限于酒瓶、石块、烟头、果皮、金属物品、建筑材料等。

（五）对"建筑物""其他高空"的界定

"建筑物",是指人工建造的固定构筑物,既包括居住建筑、公共建筑,也包括构筑物。其中,居住建筑是指供人们居住使用的建筑;公共建筑是指供人们购物、办公、学习、医疗、娱乐、体育活动等使用的建筑,如商店、办公楼、影视剧、体育馆、医院等;"构筑物"是指不具备、不包含或不提供人类居住功能的人工建筑,如桥梁、堤坝、隧道、水塔、电塔、纪念碑、围墙、水泥杆等。

"其他高空"是指距离地面有一定高度的空间,如飞机、热气球、脚手架、井架、施工电梯、吊装机械等。①

(六)抛掷物、坠落物法律适用规则的区分

高空抛物中的抛掷物系违法嫌疑人故意从高空抛出,而坠落物是物品因刮风、下雨等非人为因素造成的坠落。在法律适用规则方面,抛掷物因涉及公共安全、社会管理和私人侵害等,需要公法与私法的共同规制。而坠落物因不存在物品权利人的主观故意,应受民法调整,即建筑物及其搁置物、悬挂物发生脱落、坠落造成他人损害的,所有人、管理人或者使用人不能证明自己没有过错的,需要承担侵权责任;有其他责任人的,所有人、管理人或者使用人赔偿后可以向其他责任人主张追偿权。

(七)高空抛物行为中,找不到抛物者,如何处理?

关于高空抛物行为人无法确定的情形,如经过调查,仍无法确定抛物者,则无法认定承担责任的违法行为主体,也无法确定行为人主观心态及责任能力,不符合适用治安管理处罚有关规定的条件。在民事责任方面,根据《民法典》第1254条的规定,高空抛物造成他人损害的,难以确定具体侵权人时,根据"公平原则",除能够证明自己不是侵权人外,由可能加害的建筑物使用人给予补偿。

(八)与以危险方法危害公共安全罪的区分

以危险方法危害公共安全罪(《刑法》第114条),是指故意使用放火、决水、爆炸、投放危险物质以外的危险方法危害公共安全的行为。当高空所抛之物的落地点是公共场所,对公共安全造成一定危害后果的,能否构成以危险方法危害公共安全罪呢?区分高空抛物行为与以危险方法危害公共安全罪,首先要区分高空抛物罪与以危险方法危害公共安全罪。高空抛物罪的法条表述采用"行为+情节严重"的表述方式。根据《最高人民法院关于依法妥善审理高空抛物、坠物案件的意见》的规定,高空抛物行为符合"其他危险方法"属性且"危害公共安全",给不特定多数人的生命或者重大公私财产造成侵害的危险时,应以"以危险方法危害公共安全罪"定罪处罚;若高空抛物行为手段虽具有相当的危险性,但结合案发时间、地点等因素尚不足以危害公共安全时,则应以高空抛物罪定罪处罚。二者的区别在于高空抛物罪侵犯的客体是社会管理秩序中的公共秩序,而以危险方法危害公共安全罪侵犯的客体是公共安全。因而,高空抛物行为导致人员受伤和财物损失的,应结合现场的人员受伤及物品损失情况来确定。虽然情节严重,但对公共安全的危害较小,以高空抛物罪定罪处罚。总体而言,当高空抛物行为与其他犯罪行为发生竞合时,依照处罚较重的规定追究法律责任。

🛡 处罚标准

本行为设置了一般情形和情节严重两个层次的处罚。其中"情节严重"的情形,应结合行为发生的具体过程、有无他人劝阻、主行为人主观恶性、抛掷物品高度、危害后果、抛掷物品的

---

① 参见陈兴良、刘树德、王芳凯编:《注释刑法全书》,北京大学出版社2022年版,第1632页。

次数以及所抛掷物品的大小、重量、体积、材质等因素综合评定。

表70　高空抛物行为处罚标准

处罚档次	处罚标准	裁量基准
一般情形	处5日以下拘留或者1000元以下罚款	/
情节严重	处10日以上15日以下拘留，可以并处1000元以下罚款	①造成轻微人员受伤或者财物损失等危害后果的 ②造成现场秩序混乱等危害后果或者较大社会影响的 ③多次实施抛物行为 ④其他情节严重的情形

案例及解析

【基本案情】某日凌晨1点，赵某某因与家人争吵情绪激动，将一罐未喝完的碳酸饮料（重约300克）从三楼阳台抛下。抛掷物坠落至小区公共步道，未造成人身伤害，但导致地面饮料飞溅污染公共区域。这一幕被对面楼层的王某看见，并报告给物业。物业保安通过监控锁定抛物楼层后报警。公安机关接警后立即立案，两名执法人员上门调查，赵某某承认抛物行为系故意发泄情绪。

在调取物业监控录像、现场勘验、相关证人证言后，公安机关对赵某某的行为应如何定性？

【解析】"高空抛物"作为"头顶上的安全"问题，是社会广泛关注的焦点问题，该行为具有现实危险性，并不要求造成实际危害后果，应结合抛掷物的重量、大小、尖锐程度等，以及抛掷区域的人员流动性、抛掷的时间段、抛掷的高度等环境因素，判断赵某某的行为对公共安全、对他人人身安全、公私财产安全是否造成危害以及造成危害的可能性。赵某某因家庭矛盾，故意将碳酸饮料（重约300克）从三楼阳台扔下，抛掷物坠落至小区公共步道，该步道有人员经过的可能性。赵某某明知有危害他人人身安全、公私财产安全或者公共安全的危险，仍故意实施抛物行为，但是鉴于抛掷时间为凌晨，对人身和公私财物损害可能性小，且未造成人身伤害；抛掷物质量较轻，且抛掷楼层较矮，可能造成的危害性不大，可以进行治安管理处罚。根据《治安管理处罚法》的规定，赵某某的行为应定性为高空抛物行为。

关联法条

1.《刑法》(2023年修正)

第291条之二　【高空抛物罪】从建筑物或者其他高空抛掷物品，情节严重的，处一年以下有期徒刑、拘役或者管制，并处或者单处罚金。

有前款行为，同时构成其他犯罪的，依照处罚较重的规定定罪处罚。

第134条第1款　【重大责任事故罪】在生产、作业中违反有关安全管理的规定，因而发生重大伤亡事故或者造成其他严重后果的,处三年以下有期徒刑或者拘役;情节特别恶劣的,处三年以上七年以下有期徒刑。

第235条 【过失致人重伤罪】过失伤害他人致人重伤的,处三年以下有期徒刑或者拘役。本法另有规定的,依照规定。

2.《民法典》(2020年)

第1254条第1款 禁止从建筑物中抛掷物品。从建筑物中抛掷物品或者从建筑物上坠落的物品造成他人损害的,由侵权人依法承担侵权责任;经调查难以确定具体侵权人的,除能够证明自己不是侵权人的外,由可能加害的建筑物使用人给予补偿。可能加害的建筑物使用人补偿后,有权向侵权人追偿。

3.《最高人民法院关于依法妥善审理高空抛物、坠物案件的意见》(法发〔2019〕25号)

二、依法惩处构成犯罪的高空抛物、坠物行为,切实维护人民群众生命财产安全

5.准确认定高空抛物犯罪。对于高空抛物行为,应当根据行为人的动机、抛物场所、抛掷物的情况以及造成的后果等因素,全面考量行为的社会危害程度,准确判断行为性质,正确适用罪名,准确裁量刑罚。

故意从高空抛弃物品,尚未造成严重后果,但足以危害公共安全的,依照刑法第一百一十四条规定的以危险方法危害公共安全罪定罪处罚;致人重伤、死亡或者使公私财产遭受重大损失的,依照刑法第一百一十五条第一款的规定处罚。为伤害、杀害特定人员实施上述行为的,依照故意伤害罪、故意杀人罪定罪处罚。

7.准确认定高空坠物犯罪。过失导致物品从高空坠落,致人死亡、重伤,符合刑法第二百三十三条、第二百三十五条规定的,依照过失致人死亡罪、过失致人重伤罪定罪处罚。在生产、作业中违反有关安全管理规定,从高空坠落物品,发生重大伤亡事故或者造成其他严重后果的,依照刑法第一百三十四条第一款的规定,以重大责任事故罪定罪处罚。

第十九节 《治安管理处罚法》第44条

76. 违反规定举办大型活动

> **现行规定**

《治安管理处罚法》

第44条 举办体育、文化等大型群众性活动,违反有关规定,有发生安全事故危险,经公安机关责令改正而拒不改正或者无法改正的,责令停止活动,立即疏散;对其直接负责的主管人员和其他直接责任人员处五日以上十日以下拘留,并处一千元以上三千元以下罚款;情节较重的,处十日以上十五日以下拘留,并处三千元以上五千元以下罚款,可以同时责令六个月至一年以内不得举办大型群众性活动。

> **立案与管辖**

(一)立案标准

违法嫌疑人在举办体育、文化等大型群众性活动时,违反有关规定,有发生安全事故危险,经公安机关责令改正而拒不改正或者无法改正的行为,即达到立案标准。"违反有关规定"指的是违反大型群众性活动安全管理的法律、法规、自治条例和单行条例、规章以及各级人民政府和政府工作部门的有关规定。"有发生安全事故危险"包括举办大型群众性活动的场所房屋建筑结构、消防安全设施、疏散通道及出口设置、人员容纳量等方面不符合安全规定,可能导致倒塌、火灾等事故,以及因出口不畅造成人员伤亡等情形,这种危险是一种现实可能性。

(二)管辖

违反规定举办大型活动行为由违法行为地的公安机关管辖为主。违法行为地包括违法行为发生地和违法结果发生地。违法行为发生地,一般为大型群众性活动的举办地。违法结果发生地包括违法对象被侵害地,违法所得的实际取得地、藏匿地、转移地、使用地、销售地。有违法结果发生的,也可由违法结果发生地的公安机关管辖。

由违法行为人居住地公安机关管辖更为适宜的,可以由违法行为人居住地公安机关管辖。违法行为人的居住地,包括举办大型活动的组织者和承办者所在地。

证据收集

（一）证据规格

1.违法嫌疑人的陈述和申辩。

(1)大型活动组织者或承办者的基本情况；(2)举办的大型活动的基本情况，包括活动时间、地点、类型、主题、活动日程、持续时间，是否属于影剧院、音乐厅、公园、娱乐场所等在其日常业务范围内举办的活动；(3)是否有公安机关等相关部门许可，是否变更了活动的时间、地点、内容、举办规模，变更事项是否经过公安机关同意；(4)实际进入场地的人数以及活动场所能容纳的核准人数，售出的门票数量；(5)场地及其附属设施是否符合安全标准，消防设施是否符合法定要求，是否制定安全保卫工作方案；(6)人员伤亡、财物损毁情况，造成的经济损失情况；(7)公安机关是否责令改正以及责令整改的情况，公安机关责令改正而拒不改正或者无法改正的原因。

2.证人证言。

(1)证人的基本情况；证人的身份情况，是大型群众性活动的参与者还是活动承办方或场地管理方的工作人员；(2)如果证人是大型群众性活动的参与者，询问其参与活动的内容，包括活动时间、地点、类型、主题、活动日程、持续时间；(3)如果证人是活动承办方或场地管理方的相关工作人员，询问公安机关责令改正后，活动承办者、场地管理者整改或未整改的具体情况。

3.物证、书证。

(1)举办大型活动的申请材料，安全保卫工作方案，公安机关等相关部门的许可材料，活动应急预案；(2)公安机关责令改正通知书；(3)现场财物损毁情况，与经济损失有关的物证等，与人员伤亡有关的物品等；(4)涉案财物，如过期的消防器材、老化的电线等能够证明不符合安全标准和法定要求的物品；(5)大型活动广告、推送等宣传材料。

4.视听资料、电子数据。

(1)活动现场周边视频监控，包括能够记录活动真实情况和参与人数的视频及照片，能够记录导致人员伤亡、财物损毁、经济损失的相关视频及照片；(2)公安机关责令改正的执法记录视频；(3)公安机关网上审批许可记录；(4)现场被侵害人、证人提供的照片、视频等。

5.勘验、检查笔录。

(1)举办大型活动不符合安全标准和法定要求的现场勘验检查笔录；(2)公安机关责令改正后，违法嫌疑人拒不改正、不能改正的现场勘验检查笔录。

6.伤情鉴定、价格鉴证。

违规举办大型活动，导致被侵害人的身体受伤轻微的，可以不做伤情鉴定，但是，以下情况需要做伤情鉴定：(1)被侵害人受伤程度较重，可能构成轻伤以上伤害程度的；(2)被侵害人要求做伤情鉴定的；(3)违法嫌疑人、被侵害人对伤害程度有争议的。

违规举办大型活动，导致被侵害人的财物受损，根据当事人提供的购买发票等票据能够认定价值,或者价值明显不够刑事立案标准且双方无争议的,公安机关可以不进行价格鉴证。但违法嫌疑人对涉案物品的价值存在异议,且有正当理由要求公安机关进行价格鉴证的,公安机关应当进行价格鉴证。

7.其他证据材料。

(1)证明违法嫌疑人身份的材料和违法犯罪记录,如人口信息、户籍证明、身份证、工作证、专业或技术等级证复印件等;法院判决书、行政处罚决定书、释放证明书等有效法律文件。

(2)抓获经过、处警经过等。

(二)注意事项

公安机关对于违反规定举办大型活动行为的证据搜集与调查工作,应当注意:一方面,要全面、细致且合法地收集各类相关证据,包括但不限于活动现场的照片、视频、音频资料,以及相关人员的身份信息、安全保卫及应急方案、入场券销售记录、现场设备设施情况等,确保证据链的完整性和可靠性,为后续的案件处理提供坚实的法律依据。另一方面,必须高度重视大型活动现场秩序的维护工作。在证据搜集的现场,安排充足且训练有素的警力,设置合理的警戒区域,疏导围观群众,避免因调查行为引发的拥挤、混乱甚至冲突等情况,确保现场的安全与稳定,保障群众的生命财产安全,使证据搜集与现场秩序维护工作有条不紊地同步推进,从而高效、妥善地处理此类违反规定举办大型活动的案件,维护社会的公共安全与正常秩序。

还需要注意的是,本行为的构成要件中包含了公安机关责令改正而活动举办方拒不改正的行为,即公安机关作出责令改正措施是构成本行为的前置条件。因此,公安机关在发现活动举办方违反规定有安全事故的危险时,应当以书面形式责令其改正,防止告知不当导致处罚的前置条件不充分,影响处罚的有效实施。

🛡 行为认定

(一)对违反规定举办大型活动行为的认定

主要从以下四个方面进行:

1.行为侵犯的客体是公共安全和国家关于大型群众性活动的安全管理制度。

2.行为的客观方面表现为举办体育、文化等大型群众性活动,违反有关规定,有发生安全事故的危险,经公安机关责令改正而拒不改正或者无法改正的,尚不够刑事处罚。

3.行为的实施主体是体育、文化等大型群众性活动的组织者,包括主办者和承办者,既可以是个人,也可以是单位。承办者是依照法定程序成立的法人或者其他组织,对其承办活动的安全负责,承办者的主要负责人为大型群众性活动的安全责任人。

4.行为的主观方面为故意。行为人明知在举办体育、文化等大型群众性活动时存在发生安全事故危险的情形,经公安机关责令改正而拒不改正或者无法改正,且对这种危险持希望或放任的心理状态。

(二)对大型活动的认定

根据《大型群众性活动安全管理条例》第 2 条的规定,大型群众性活动,是指法人或者其他组织面向社会公众举办的每场次预计参加人数达到1000人以上的下列活动：(1)体育比赛活动；(2)演唱会、音乐会等文艺演出活动；(3)展览、展销等活动；(4)游园、灯会、庙会、花会、焰火晚会等活动；(5)人才招聘会、现场开奖的彩票销售等活动。影剧院、音乐厅、公园、娱乐场所等在其日常业务范围内举办的活动，不适用该条例的规定。

(三)对"有发生安全事故危险"的认定

"有发生安全事故危险"是指大型群众性活动没有按照安全工作方案进行，没有落实安全责任或者安全措施，存在发生安全事故的现实可能性。根据《大型群众性活动安全管理条例》等有关规定，举办体育、文化等大型群众性活动，违反有关规定，一般表现为：

1. 承办方未按照公安机关大型群众性活动方案及大型群众性安全工作方案承办大型群众性活动的。例如，承办者擅自变更大型群众性活动的时间、地点、内容或者擅自扩大大型群众性活动的举办规模。

2. 承办方未按照《大型群众性活动安全管理条例》第7条的规定落实具体安全事项的。

3. 大型群众性活动的场所管理者未按照《大型群众性活动安全管理条例》第8条的规定落实具体安全事项的。

(四)与大型群众性活动重大安全事故罪的区分

大型群众性活动重大安全事故罪(《刑法》第135条之一)，是指举办大型群众性活动违反安全管理规定，因而发生重大伤亡事故或者造成其他严重后果的行为。违反规定举办大型活动行为与大型群众性活动重大安全事故罪的区别主要体现在两个方面：

1. 主观方面。违反规定举办大型活动行为的主观方面是故意，大型群众性活动重大安全事故罪的主观方面只能是过失。

2. 情节和后果。根据《最高人民检察院、公安部关于公安机关管辖的刑事案件立案追诉标准的规定(一)》第11条规定，举办大型群众性活动违反安全管理规定，涉嫌下列情形之一的，应予立案追诉：(1)造成死亡1人以上，或者重伤3人以上；(2)造成直接经济损失50万元以上的；(3)其他造成严重后果的情形。而尚未达到立案追诉标准的，以本行为依法予以查处。

(五)与《大型群众性活动安全管理条例》第20条第1款规定的承办者擅自变更大型群众性活动的时间、地点、内容或者擅自扩大大型群众性活动的举办规模行为的界限

两者区别主要是：(1)主体不同。承办者擅自变更大型群众性活动的时间、地点、内容或者擅自扩大大型群众性活动的举办规模行为的主体是大型群众性活动的承办者；而违反规定举办大型活动行为的主体是体育、文化等大型群众性活动的组织者包括主办者和承办者。(2)客观方面的表现不同。擅自变更大型群众性活动的时间、地点、内容或者擅自扩大大型群众性活动的举办规模行为的客观方面表现为擅自变更大型群众性活动的时间、地点、内容，或者擅自扩大大型群众性活动的举办规模。而违反规定举办大型活动行为在客观方面表现为举办体育、文化等大型群众性活动违反有关规定，如超过核准人数；场所及其附属设施不符合

安全标准,存在安全隐患;没有制订安全保卫工作方案等,有发生安全事故的危险,经公安机关责令改正而拒不改正或者无法改正,但尚不够刑事处罚。如果大型群众性活动的承办者擅自变更大型群众性活动的时间、地点、内容,或者擅自扩大大型群众性活动的举办规模,有发生安全事故危险的,应当以违反规定举办大型活动定性。

承办者擅自变更大型群众性活动的时间、地点、内容或者擅自扩大大型群众性活动的举办规模的,对大型群众性活动承办单位的处罚适用《大型群众性活动安全管理条例》第20条第1款。公安机关在这种情况下,会对承办者下发责令改正的通知,对有发生安全事故危险的,如果承办者拒不改正或者无法改正,公安机关可以依据《治安管理处罚法》对承办者继续进行治安管理处罚。根据《行政处罚法》第29条的规定:"对当事人的同一个违法行为,不得给予两次以上罚款的行政处罚。同一个违法行为违反多个法律规范应当给予罚款处罚的,按照罚款数额高的规定处罚。"《大型群众性活动安全管理条例》第20条第1款规定的是罚款的处罚,而《治安管理处罚法》第44条规定的是拘留和并处罚款的处罚。因此公安机关可以依据《治安管理处罚法》作出拘留的治安管理处罚,同时依据《大型群众性活动安全管理条例》第20条作出罚款的行政处罚。

🛡 处罚标准

本行为设定了一般情形和情节较重两个档次的处罚。情节较重的行为,应当从发生安全事故的危险是否较大或较为紧迫,拒不改正的态度是否恶劣,以及是否造成危害后果等方面综合考虑。

表71 违反规定举办大型活动行为处罚标准

处罚档次	处罚标准	裁量基准
一般情形	处5日以上10日以下拘留,并处1000元以上3000元以下罚款	/
情节较重	处10日以上15日以下拘留,并处3000元以上5000元以下罚款,可以同时责令6个月至1年以内不得举办大型群众性活动	①有发生重大安全事故危险或者危险较为紧迫必须马上改正,但举办方无视公安机关管理,拒不改正的
		②因拒不改正或无法改正被公安机关责令停止活动后,仍不停止活动、不组织疏散的
		③造成一定社会影响或者危害后果,但尚未达到刑事立案标准的
		④其他情节较重的情形

🛡 案例及解析

【基本案情】某日下午2时,A公司在Z区人民广场举办无人机表演活动,该活动已事先获得公安机关的安全许可。活动按时举行,现场观演气氛高涨,遂A公司的活动负责人王某要求无人机操作员继续表演。2时35分,在现场维护秩序的Z区公安分局治安大队李警官发现仍无结束表演的迹象,遂询问A公司的活动负责人王某,王某称看现场气氛准备再表演30分钟。李警官要求活动负责人王某立即改正,严格按照申请的活动时间进行,并告知王某,在广场附近有两所小学将在下午3时30分放学,如果无人机表演活动延时结束,散场人群将与接孩子的家长产生交通拥堵。但是,王某执意要求无人机操作员继续操作表演。于是,Z区公安分局治安大队依法责令停止无人机表演活动,立即疏散观演群众;对A公司直接负责人员王某处以5日拘留,并处3000元罚款。

王某的行为应当如何定性?

【解析】在公安机关要求A公司王某改正延长表演时间的行为,并告知延时结束将导致交通堵塞后果的情况下,王某仍不改正,其行为违反了《治安管理处罚法》第44条的规定,应当认定为违反规定举办大型活动行为。Z区公安分局治安大队依法采取强制措施,责令其停止活动,并立即疏散观演群众,维护了现场秩序,符合《治安管理处罚法》第44条的规定。

关联法条

1.《刑法》(2023年修正)

第135条之一 【大型群众性活动重大安全事故罪】举办大型群众性活动违反安全管理规定,因而发生重大伤亡事故或者造成其他严重后果的,对直接负责的主管人员和其他直接责任人员,处三年以下有期徒刑或者拘役;情节特别恶劣的,处三年以上七年以下有期徒刑。

2.《大型群众性活动安全管理条例》(2007年)

第20条 承办者擅自变更大型群众性活动的时间、地点、内容或者擅自扩大大型群众性活动的举办规模的,由公安机关处1万元以上5万元以下罚款;有违法所得的,没收违法所得。

未经公安机关安全许可的大型群众性活动由公安机关予以取缔,对承办者处10万元以上30万元以下罚款。

3.《消防法》(2021年修正)

第20条 举办大型群众性活动,承办人应当依法向公安机关申请安全许可,制定灭火和应急疏散预案并组织演练,明确消防安全责任分工,确定消防安全管理人员,保持消防设施和消防器材配置齐全、完好有效,保证疏散通道、安全出口、疏散指示标志、应急照明和消防车通道符合消防技术标准和管理规定。

第二十节 《治安管理处罚法》第 45 条

77. 公共场所经营管理人员违反安全规定

现行规定

《治安管理处罚法》

第 45 条 旅馆、饭店、影剧院、娱乐场、体育场馆、展览馆或者其他供社会公众活动的场所违反安全规定,致使该场所有发生安全事故危险,经公安机关责令改正而拒不改正的,对其直接负责的主管人员和其他直接责任人员处五日以下拘留;情节较重的,处五日以上十日以下拘留。

立案与管辖

(一)立案标准

旅馆、饭店、影剧院、娱乐场、体育场馆、展览馆或者其他供社会公众活动的场所的经营管理人员,违反安全规定,有致使该场所有发生安全事故危险,经公安机关责令改正而拒不改正,尚不够刑事处罚的行为的即达到立案标准。其他供社会公众活动的场所,包括歌舞厅、桑拿按摩店、茶馆、酒吧、网吧等。"违反安全规定"指违反有关旅馆、饭店、影剧院、娱乐场、体育场馆、展览馆等场所管理中涉及安全规定的法律、法规、自治条例和单行条例、规章以及各级人民政府和政府工作部门的有关规定。

(二)管辖

公共场所经营管理人员违反安全规定的行为,一般由违法行为地的公安机关管辖,违法行为地包括违法行为发生地和违法结果发生地。违法行为发生地,即该公共场所的经营所在地。造成违法结果的,违法结果发生地的公安机关也可以管辖。由公共场所经营管理人员居住地公安机关管辖更为适宜的,可以由该居住地的公安机关管辖。

证据收集

(一)证据规格

1.违法嫌疑人的陈述和申辩。

(1)询问违法嫌疑人的基本情况:在场所担任的职务及职责;(2)违反的安全规定的具体内容;违反安全规定行为发生的时间、地点、原因等;违法嫌疑人的主观目的和动机;(3)公安机关责令改正的情况,包括违法嫌疑人是否收到了公安机关出具的《责令整改通知书》,责令改正的期限,场所采取的改正措施等;(4)公安机关责令改正而拒不改正的原因,是否知道有关安全规定,是否知道违反有关的安全规定;(5)是否明知有发生安全事故的危险;(6)有无人员伤亡或财物损失,作为公共场所的经营者、管理者是否尽到安全保障义务;(7)是否曾因违反安全规定被责令改正或受到过行政处罚。

2.证人证言。

(1)证人基本情况:证人的身份,是到场所参与活动的人员还是场所管理方的工作人员;(2)如果证人是到场所参与活动的人员,询问其参与的活动内容、时间、地点、类型、主题;(3)如果证人是场所管理方的工作人员,则询问公安机关责令改正后,场所进行的整改情况,或未整改的具体情况。

3.伤情鉴定、价格鉴证。

因公共场所经营管理人员违反安全规定,导致被侵害人的身体受伤轻微的,可以不做伤情鉴定,但是,以下情况需要做伤情鉴定:一是被侵害人受伤程度较重,可能构成轻伤以上伤害程度的;二是被侵害人要求作伤情鉴定的;三是违法嫌疑人、被侵害人对伤害程度有争议的。

因公共场所经营管理人员违反安全规定,导致被侵害人的财物受损,根据当事人提供的购买发票等票据能够认定价值,或者价值明显不够刑事立案标准且双方无争议的,公安机关可以不进行价格鉴证。但如果违法嫌疑人对涉案物品的价值存在异议,且有正当理由要求公安机关进行价格鉴证的,公安机关应当进行价格鉴证。

4.物证、书证。

(1)有关违反安全规定的物品,如过期的消防设备、堵塞的消防通道、损坏的安全出口标志等,遭受损失的物品;(2)公安机关发出的责令改正通知书及其回执、场所的安全管理记录、安全检查记录等。

5.勘验、检查、辨认笔录,现场笔录。

公安机关对违反安全规定行为的现场勘验笔录,以及责令整改期限结束后违法嫌疑人未整改的检查笔录;记录安全隐患具体位置、内容的现场照片和视频等。

对涉案物品的辨认笔录等。

6.视听资料、电子数据。

(1)现场拍摄的照片、视频等,包括公共场所内监控录像;(2)被侵害人、证人自行拍摄的视频、照片等证据。

7.其他证据材料。

(1)证明违法嫌疑人身份的材料和违法犯罪记录,如人口信息、户籍证明、身份证、工作证、专业或技术等级证复印件等,法院判决书、行政处罚决定书、释放证明书等有效法律文件;(2)抓获经过、处警经过等。

(二)注意事项

公共场所经营管理人员违反安全规定行为的证据收集与调查工作,需要注意本行为不要求危害后果实际发生,只要公安机关检查人员认为场所经营管理人员违反有关安全规定的行为,导致发生安全事故的危险,即可认定本行为。

还需要注意的是本行为的构成要件中包含了公安机关责令改正而场所经营管理人员拒不改正的行为,即公安机关作出责令改正措施为构成本行为的前置条件。因此,公安机关在发现场所违反规定有发生安全事故的危险时,应当以书面形式告知,防止因告知不当、处罚的前置条件不充分,影响处罚的有效实施。

行为认定

(一)对公共场所经营管理人员违反安全规定行为的认定

主要从以下四个方面进行:

1. 行为侵犯的客体是公共安全。

2. 行为在客观方面表现为旅馆、饭店、影剧院、娱乐场、体育场馆、展览馆或者其他供社会公众活动的场所的经营管理人员,违反安全规定,致使该场所有发生安全事故危险,经公安机关责令改正而拒不改正,尚不够刑事处罚的行为。构成本行为必须同时满足三个方面:(1)违法嫌疑人违反安全规定,包括违反法律、法规、自治条例和单行条例、规章以及各级人民政府和政府工作部门的有关公共场所安全管理的规定,如《娱乐场所管理条例》《旅馆业治安管理办法》《互联网上网服务营业场所管理条例》等。(2)有发生安全事故危险。例如,违反规定使用明火,在营业期间封堵或者锁闭安全疏散通道、安全出口等。(3)经公安机关责令改正而拒不改正。经公安机关通知,随即对安全隐患进行改正的,不构成本行为。

公安机关在日常的监督检查中,发现上述场所的经营管理人员违反相关的管理规定,致使上述场所有发生安全事故危险的,以书面形式告知场所经营管理人员,责令其限期整改、消除隐患的情形。在实践中需要注意的是,公安机关责令改正,是公共场所经营管理人员构成本行为的其中一个必须环节,因此,应当以书面形式告知,防止因告知不当、处罚的前置条件不充分,影响处罚的有效实施。拒不改正,是指接到公安机关的整改通知后,在规定的整改期限内,拒绝改正或者不按公安机关的要求改正的行为。经公安机关责令改正,随即对安全隐患进行改正的,不构成本行为。

3. 本行为的主体是特殊主体,即旅馆、饭店、影剧院、娱乐场、体育场馆、展览馆或者其他供社会公众活动的场所的经营管理人员和有直接管理责任的管理人员,如饭店的经理、总经理等,一般的管理人员不能作为本行为的责任主体。

4. 行为人的主观方面是故意。公共场所经营管理人员在该公共场所有发生安全事故危险时,经公安机关责令改正,仍希望或放任这种事故危险发生的主观心态。

(二)"安全规定"的认定

"安全规定"指的是有关旅馆、饭店、影剧院、娱乐场、体育场馆、展览馆等场所管理中涉及安全规定的法律、法规、自治条例和单行条例、规章以及各级人民政府和政府工作部门的有关规定。旅馆、饭店、影剧院、娱乐场、体育场馆、展览馆或者其他供社会公众活动的公共场所需要遵循的安全规定,体现在诸多条例的条款当中,其中包括《旅馆业治安管理办法》《娱乐场所管理条例》《娱乐场所治安管理办法》《互联网上网服务营业场所管理条例》《消防法》《公共娱乐场所消防安全管理规定》等。

(三)对居住的出租房屋能否认定为"其他供社会公众活动的场所"

房屋如果出租给单位或个人用来进行社会公众活动,违反安全规定,致使该场所有发生安全事故危险,经公安机关责令改正而拒不改正的,应按《治安管理处罚法》第45条的规定予以处罚;如果出租的房屋是用来居住,则不适用本条的规定。

处罚标准

对公共场所经营管理人员违反安全规定的行为设定了一般情形和情节较重两个档次的处罚,处罚种类均是拘留处罚。对于"情节较重"情形的认定,应当结合行为人的动机、手段、目的、行为的次数和造成的后果等综合考虑。

表72　公共场所经营管理人员违反安全规定行为处罚标准

处罚档次	处罚标准	裁量基准
一般情形	处5日以下拘留	/
情节较重	处5日以上10日以下拘留	①造成现场秩序混乱等危害后果或者较大社会影响的
		②造成人员受伤或者财物损失等危害后果的
		③其他情节较重的情形

案例及解析

【基本案情】某日,某区治安大队、某派出所民警联合区消防救援大队对某宾馆进行日常安全检查时,发现该宾馆存在五个安全隐患问题:一是货物占用安全出口,妨碍疏散;二是室内消火栓部分水枪水带损坏,个别水泵检测损坏;三是灭火器为2千克,应为4千克;四是电线部分未穿阻拦管防护;五是住宿楼层存放灌装有液化气的气罐。联合检查组工作人员立即责令宾馆经营人胡某进行整改,并下发《责令整改通知书》,责令一周内整改。一周后,某区治安大队、某派出所民警对该宾馆安全隐患整改情况进行检查,发现该宾馆经营人胡某拒不整改安全隐患且继续经营,占用安全出口的货物未进行清理,存放有液化气的气罐仍然放置在住宿楼层。

对该宾馆经营人胡某的行为如何定性?

【解析】胡某作为宾馆负责人,其行为符合《治安管理处罚法》第45条规定行为的构成要件。从场所性质看,该宾馆属于旅馆类,是"供社会公众活动的场所"。从现实危险看,液化气罐存放于住宿楼层可能引发爆炸,安全出口堵塞阻碍逃生,消防设施失效影响灭火,以上均构成现实且紧迫的安全事故风险。公安机关下发《责令整改通知书》,该宾馆占用安全出口、存放液化气罐的关键隐患未做任何整改,且宾馆仍在营业,属于拒绝整改的情形。胡某的行为构成《治安管理处罚法》第45条规定的公共场所经营管理人员违反安全规定的违法行为。

关联法条

1.《民法典》(2020年)

第1198条　宾馆、商场、银行、车站、机场、体育场馆、娱乐场所等经营场所、公共场所的经营者、管理者或者群众性活动的组织者，未尽到安全保障义务，造成他人损害的，应当承担侵权责任。

因第三人的行为造成他人损害的，由第三人承担侵权责任；经营者、管理者或者组织者未尽到安全保障义务的，承担相应的补充责任。经营者、管理者或者组织者承担补充责任后，可以向第三人追偿。

2.《旅馆业治安管理办法》(2022年修订)

第11条　严禁旅客将易燃、易爆、剧毒、腐蚀性和放射性等危险物品带入旅馆。

3.《娱乐场所治安管理办法》(2008年)

第46条　娱乐场所及其从业人员违反本办法规定的其他行为，《娱乐场所管理条例》已有处罚规定的，依照规定处罚；违反治安管理的，依照《中华人民共和国治安管理处罚法》处罚；构成犯罪的，依法追究刑事责任。

4.《互联网上网服务营业场所管理条例》(2024年修订)

第34条　互联网上网服务营业场所经营单位违反本条例的规定，有下列行为之一的，由公安机关给予警告，可以并处15000元以下的罚款；情节严重的，责令停业整顿，直至由文化行政部门吊销《网络文化经营许可证》：

(一)利用明火照明或者发现吸烟不予制止，或者未悬挂禁止吸烟标志的；

(二)允许带入或者存放易燃、易爆物品的；

(三)在营业场所安装固定的封闭门窗栅栏的；

(四)营业期间封堵或者锁闭门窗、安全疏散通道或者安全出口的；

(五)擅自停止实施安全技术措施的。

第二十一节 《治安管理处罚法》第 46 条

78. 违规飞行民用无人驾驶航空器、航空运动器材

现行规定

《治安管理处罚法》

第 46 条第 1 款 违反有关法律法规关于飞行空域管理规定,飞行民用无人驾驶航空器、航空运动器材……情节较重的,处五日以上十日以下拘留。

立案与管辖

(一)立案标准

违法嫌疑人违反有关法律法规关于飞行空域管理规定,飞行民用无人驾驶航空器、航空运动器材,情节较重,尚不够刑事处罚的行为即达到立案标准。飞行空域管理规定,是指《无人驾驶航空器飞行管理暂行条例》《民用无人驾驶航空器运行安全管理规则》以及地方性立法、各级人民政府和政府工作部门发布的关于飞行空域的规定。民用无人驾驶航空器是指除用于执行军事、海关、警察飞行任务外的没有机载驾驶员、自备动力系统的航空器。航空运动器材,类似于航空体育运动器材,是指开展航空体育运动使用的降落伞、滑翔伞、动力伞、牵引伞、悬挂滑翔翼、动力悬挂滑翔机、航空航天模型(无人机)等,以及飞行模拟舱(器)、牵引绞盘设备收索机等相关配套设备。本行为只有达到情节较重才予以处罚。

(二)管辖

违规飞行民用无人驾驶航空器、航空运动器材案件一般由违法行为地的公安机关管辖。违法行为地包括违法行为发生地和违法结果发生地。违法行为发生地,包括飞行行为的实施地以及开始地、途经地、结束地等与飞行行为有关的地点,飞行行为有连续、持续或者继续状态的,飞行行为连续、持续或者继续实施的地方都属于违法行为发生地;违法结果发生地,包括飞行行为导致的行为对象被侵害地。

由实施飞行行为的违法行为人的居住地公安机关管辖更为适宜的,可以由违法行为人居住地公安机关管辖。移交违法行为人居住地公安机关管辖的行政案件,违法行为地公安机关在移交前应当及时收集证据,并配合违法行为人居住地公安机关开展调查取证工作。

证据收集

(一)证据规格

1.违法嫌疑人的陈述和申辩。

(1)询问飞行活动的单位或者个人的基本情况,询问操控人员的基本情况以及有无相关资质证书。(2)询问飞行民用无人驾驶航空器、航空运动器材飞行的具体过程,包括时间、地点、高度、速度和空域范围。(3)询问飞行物品的基本信息。①如果是无人驾驶航空器,应当查明无人驾驶航空器的类型、数量、主要性能指标、登记管理信息和产品识别码,是否属于常规农用无人驾驶航空器的正常作业。主要性能指标包括空机重量、最大飞行真高、最大飞行速度、最大起飞重量。②如果是航空运动器材,应当查明具体的型号及相关特征。③飞行物品来源。(4)询问适航许可的情况。行为人操作中型、大型民用无人驾驶航空器飞行的,应询问是否向国务院民用航空主管部门申请并取得了适航许可;进行微型、轻型、小型民用无人驾驶航空器的飞行、组装、拼装活动,无须取得适航许可,应询问是否符合产品质量法律法规的有关规定以及有关强制性国家标准。(5)询问民用无人驾驶航空器所有者是否依法进行了实名登记。(6)询问飞行活动是否属于经营性飞行活动,有无投保责任保险;若是小型、中型、大型无人驾驶航空器,从事非经营性飞行活动,也应当询问是否投保责任保险。(7)询问行为人对飞行区域是否属于管制区域的了解情况,附近管制空域的范围。(8)询问因飞行造成的损害情况。

2.被侵害人陈述、证人证言。

(1)询问被侵害人、证人的基本情况;(2)询问飞行行为发生的时间、地点、经过,飞行物品的具体类型、颜色、大小、型号、飞行高度、数量等;(3)询问被侵害人人身伤害、财物损失情况,是否需要做伤情鉴定、价格鉴证等;(4)询问现场有无目击者、知情者,是否发现嫌疑人等情况;(5)询问是否有拍摄的与案件相关的视频、照片。

3.物证、书证。

(1)飞行的物品及遥控器等随附物品;(2)受损失的物品;(3)操控飞行的相关资格证书;(4)飞行活动批准文件。

4.勘验、检查、辨认笔录。

现场勘验笔录;现场检查笔录;辨认笔录。

5.视听资料、电子数据。

(1)周边视频监控资料,无人机拍摄的照片、视频;(2)被侵害人、证人拍摄的照片、视频等;(3)航空器、飞行器的飞行记录。

6.伤情鉴定、价格鉴证。

违法嫌疑人违规飞行民用无人驾驶航空器、航空运动器材,导致被侵害人的身体受伤轻微的,可以不做伤情鉴定,但是,以下情况需要做伤情鉴定:(1)被侵害人受伤程度较重,可能构成轻伤以上伤害程度的;(2)被侵害人要求作伤情鉴定的;(3)违法嫌疑人、被侵害人对伤害程度有争议的。

违法嫌疑人违规飞行民用无人驾驶航空器、航空运动器材，导致被侵害人的财物受损，根据当事人提供的购买发票等票据能够认定价值，或者价值明显不够刑事立案标准且双方无争议的，公安机关可以不进行价格鉴证。但如果违法嫌疑人对涉案物品的价值存在异议，且有正当理由要求公安机关进行价格鉴证的，公安机关应当进行价格鉴证。

7. 其他证据材料。

（1）证明违法嫌疑人身份的材料和违法犯罪记录。例如：人口信息、户籍证明、身份证、工作证、专业或技术等级证复印件等；法院判决书、行政处罚决定书、释放证明书等有效法律文件。（2）抓获经过、处警经过等。

（二）注意事项

对于违反有关法律法规规定，飞行民用无人驾驶航空器、航空运动器材，情节严重的行为，公安机关在证据收集与调查工作中应当注意：

1. 核清管制空域的范围，以及临时设置的管制空域范围。

2. 违法嫌疑人的适航许可资格认定。

3. 在认定危害结果时，需要注意危害结果必须是飞行行为造成。如果以飞行的手段从事其他违法犯罪行为，如窥探国家秘密、商业秘密、个人隐私，危害国家安全的，以其从事的违法犯罪行为定性处罚。

4. 审慎地进行责任划分，包括产品质量缺陷责任、飞行管理责任、民事赔偿责任等。

行为认定

（一）违规飞行民用无人驾驶航空器、航空运动器材行为的认定

主要从以下四个方面进行认定：

1. 行为侵犯的客体是公共安全和国家空中交通管理秩序。

2. 行为的客观方面表现为违反有关法律法规关于飞行空域管理规定，飞行民用无人驾驶航空器、航空运动器材。"有关法律法规"主要包括《民用航空法》《无人驾驶航空器飞行管理暂行条例》《民用无人驾驶航空器运行安全管理规则》以及地方相关的规范性文件。

3. 行为的实施主体既可以是单位，也可以是个人。

4. 行为的主观方面是故意。违法嫌疑人明知违反有关法律法规关于飞行空域管理规定，仍故意飞行民用无人驾驶航空器、航空运动器材。故意通过操控飞行物实施伤害、损毁财物、侵犯隐私、获取国家秘密、商业秘密等危害结果的，则操控飞行物只是实施其他违法犯罪的手段，应以其从事的违法犯罪行为定性处罚。

（二）对"飞行空域"的界定

飞行空域是指无人驾驶航空器能够飞行的、不受管制的空域，也称为适飞空域。民用无人驾驶航空器空域分为民用无人驾驶航空器管制空域和微型、轻型、小型民用无人驾驶航空器适飞空域。根据《无人驾驶航空器飞行管理暂行条例》第19条第1~3款的规定，国家根据需要划设无人驾驶航空器管制空域（即管制空域）。真高120米以上空域、空中禁区、空中限制区以及周边空域，军用航空超低空飞行空域，以及下列区域上方的空域应当划设为管制空域：(1)机场以及周边一定范围的区域；(2)国界线、实际控制线、边境线向我方一侧一定范围的区域；(3)军事禁区、军事管理区、监管场所等涉密单位以及周边一定范围的区域；(4)重要军工设施保护区域、核设施控制区域、易燃易爆等危险品的生产和仓储区域，以及可燃重要物资的大型仓储区域；(5)发电厂、变电站、加油(气)站、供水厂、公共交通枢纽、航电枢纽、重大水利设施、港口、高速公路、铁路电气化线路等公共基础设施以及周边一定范围的区域和饮用水水源保护区；(6)射电天文台、卫星测控(导航)站、航空无线电导航台、雷达站等需要电磁环境特殊保护的设施以及周边一定范围的区域；(7)重要革命纪念地、重要不可移动文物以及周边一定范围的区域；(8)国家空中交通管理领导机构规定的其他区域。管制空域的具体范围由各级空中交通管理机构按照国家空中交通管理领导机构的规定确定，由设区的市级以上人民政府公布，民用航空管理部门和承担相应职责的单位发布航行情报。

管制空域，还包括遇有特殊情况临时设定的管制空域，比如为保障国家重大活动以及其他大型活动或保障执行军事任务或者反恐维稳、抢险救灾、医疗救护等其他紧急任务，空中交通管理机构按照国家有关规定确定有关空域的水平、垂直范围和使用时间，设定临时的管制空域。

(三)"情节较重"的认定

违反有关法律法规关于飞行空域管理规定，飞行民用无人驾驶航空器、航空运动器材的行为，情节较重的才构成违反治安管理行为，对"情节较重"应从行为危险性、危害后果、主观恶意等方面理解：

一是行为危险性。当违反飞行空域管理规定，飞行无人驾驶航空器或航空运动器材对公共安全产生现实威胁时，即构成"情节较重"。例如：在政治核心区、重大交通枢纽、大型活动现场等人群密集区飞行无人驾驶航空器、航空运动器材的；侵入机场净空区、军事禁区或核电站上空的；故意规避监管，屏蔽定位信号、伪造识别码的；在高压线、化工园区等危险区域飞行的。

二是危害后果，即造成实质性损害或秩序混乱。例如，操控无人驾驶航空器失误造成人员受到轻微伤，或者导致轻微的财产损失的，或者引发公共场所秩序混乱如导致景区人员恐慌躲避等。

三是主观恶意，即故意违规或不听劝阻。例如：明知属于禁飞区仍强行起飞的；被处罚后再次违规飞行民用无人驾驶航空器、航空运动器材的；经公安机关或体育行政部门劝阻或责令停止飞行，但仍继续飞行的。

(四)与"操控民用无人驾驶航空器、航空运动器材在管制空域内飞行"行为的区别

违规飞行民用无人驾驶航空器、航空运动器材行为与"操控民用无人驾驶航空器、航空运动器材在管制空域内飞行"行为的区别主要在于是否"情节较重"。"操控民用无人驾驶航空

器、航空运动器材在管制空域内飞行"行为可以依《无人驾驶航空器飞行管理暂行条例》第51条第2款的规定予以处罚:"违反本条例规定,未经批准操控微型、轻型、小型民用无人驾驶航空器在管制空域内飞行……由公安机关责令停止飞行,可以处500元以下的罚款;情节严重的,没收实施违规飞行的无人驾驶航空器,并处1000元以上1万元以下的罚款。"

《治安管理处罚法》生效后,对于"操控民用无人驾驶航空器、航空运动器材在管制空域内飞行"且情节较重的,依《治安管理处罚法》第46条第1款的规定,"处五日以上十日以下拘留"。

(五)操控无人驾驶航空器实施飞行活动,应当遵守的避让规则及禁止性行为

《无人驾驶航空器飞行管理暂行条例》第33条规定,操控无人驾驶航空器实施飞行活动,应当遵守下列避让规则:(1)避让有人驾驶航空器、无动力装置的航空器以及地面、水上交通工具;(2)单架飞行避让集群飞行;(3)微型无人驾驶航空器避让其他无人驾驶航空器;(4)国家空中交通管理领导机构规定的其他避让规则。

第34条规定,禁止利用无人驾驶航空器实施下列行为:(1)违法拍摄军事设施、军工设施或者其他涉密场所;(2)扰乱机关、团体、企业、事业单位工作秩序或者公共场所秩序;(3)妨碍国家机关工作人员依法执行职务;(4)投放含有违反法律法规规定内容的宣传品或者其他物品;(5)危及公共设施、单位或者个人财产安全;(6)危及他人生命健康,非法采集信息,或者侵犯他人其他人身权益;(7)非法获取、泄露国家秘密,或者违法向境外提供数据信息;(8)法律法规禁止的其他行为。

(六)"无人驾驶航空器"的类型

无人驾驶航空器按照性能指标分为微型、轻型、小型、中型和大型。其中:

1.微型无人驾驶航空器,是指空机重量小于0.25千克,最大飞行真高不超过50米,最大平飞速度不超过40千米/小时,无线电发射设备符合微功率短距离技术要求,全程可以随时人工介入操控的无人驾驶航空器。

2.轻型无人驾驶航空器,是指空机重量不超过4千克且最大起飞重量不超过7千克,最大平飞速度不超过100千米/小时,具备符合空域管理要求的空域保持能力和可靠被监视能力,全程可以随时人工介入操控的无人驾驶航空器,但不包括微型无人驾驶航空器。

3.小型无人驾驶航空器,是指空机重量不超过15千克且最大起飞重量不超过25千克,具备符合空域管理要求的空域保持能力和可靠被监视能力,全程可以随时人工介入操控的无人驾驶航空器,但不包括微型、轻型无人驾驶航空器。

4.中型无人驾驶航空器,是指最大起飞重量不超过150千克的无人驾驶航空器,但不包括微型、轻型、小型无人驾驶航空器。

5.大型无人驾驶航空器,是指最大起飞重量超过150千克的无人驾驶航空器。

(七)对于民用无人驾驶航空器操控员的操控资格的认定

根据《无人驾驶航空器飞行管理暂行条例》的规定,对民用无人驾驶航空器操控员的操控

资格,可参照如下表格界定:

民事行为能力类别	是否需要具备民用无人驾驶航空器操控员执照	是否可以操作民用无人驾驶航空器(限定类型)
无民事行为能力	不能申领执照	只能操控"微型"的,且需要有执照的完全民事行为能力人现场指导
限制民事行为能力	不能申领执照	只能操控"微型、轻型"的,且需要有执照的完全民事行为能力人现场指导
完全民事行为能力	不需要执照	可以操控"微型、轻型"的
	需要执照	除了可以操控"微型、轻型"的,还可以操控"小型、中型、大型的"
	从事常规农用无人驾驶航空器作业飞行,不需要具备执照	应当由农用无人驾驶航空器系统生产者按照国务院民用航空、农业农村主管部门规定的内容进行培训和考核,并取得操作证书
	操控轻型民用无人驾驶航空器在管制空域内飞行,不需要具备执照	须按照国务院民用航空主管部门的规定经培训合格

(八)与重大飞行事故罪的区分

重大飞行事故罪(《刑法》第131条),是指航空人员违反规章制度,致使发生重大飞行事故,造成严重后果的行为。违反航空规章制度,是指违反《民用航空法》及航空业内部关于航空的相关制度。

两者的区别主要在于:

1.行为主体不同。违规飞行民用无人驾驶航空器、航空运动器材行为的主体是已取得操控无人驾驶航空器的资格,并进行了实名登记的人和单位。重大飞行事故罪的行为主体为从事民用航空活动的空勤人员和地面人员。空勤人员包括驾驶员、飞行机械人员、乘务员。地面人员包括民用航空器维修人员、空中交通管制员、飞行签派员、航空电台通信员。

2.行为后果不同。违规飞行民用无人驾驶航空器、航空运动器材行为不要求发生实际侵害后果,只要违法嫌疑人操控民用无人驾驶航空器、航空运动器材飞行在管制区域外,情节严重的,即可认定为本行为。重大飞行事故罪,要求造成严重后果。

(九)与"过失以危险方法危害公共安全罪"的区分

过失以危险方法危害公共安全罪(《刑法》第115条第2款),是指过失使用放火、决水、爆炸、投放危险物质以外的危险方法危害公共安全,致人重伤、死亡或者使公私财产遭受重大损失的行为。两者的区别在于:

1.主观方面不同。违规飞行民用无人驾驶航空器、航空运动器材行为为故意,过失以危险方法危害公共安全罪为过失。

2.危害后果的轻重不同。过失以危险方法危害公共安全罪的危害后果需要达到重伤、死亡或者使公私财产遭受重大损失的程度。违规飞行民用无人驾驶航空器、航空运动器材行为造成的危害,如果超过必要限度,应以"过失以危险方法危害公共安全罪"定罪处罚;造成的人员伤害、财物损失较小,不认为是犯罪的,应以本行为进行处罚。

处罚标准

本行为设置了一种处罚情形,即处5日以上10日以下拘留。对于情节较重的情形,需要结合飞行物品的数量、飞行的高度、范围、人身伤害程度、财物损失、造成的社会影响等综合认定。

表73 违规飞行民用无人驾驶航空器、航空运动器材行为处罚标准

处罚档次	处罚标准	裁量基准
情节较重	处5日以上10日以下拘留	①飞行民用无人驾驶航空器、航空运动器材对公共安全产生现实威胁的
		②飞行民用无人驾驶航空器、航空运动器材进入管制空域,或者不听有关部门(如公安机关、体育行政部门)劝阻仍继续飞行的
		③造成人员受到轻微伤或轻微财物损失的,或者引发公共场所秩序混乱的
		④其他情节较重的情形

案例及解析

【基本案情】北京市城区内某居民小区附近有一个公园,很多居民在此休闲娱乐。最近,公园管理员发现有人频繁在公园上空飞行民用无人驾驶航空器(无人机),影响了居民的正常生活和安全。市民李女士在公园散步时,突然被一架无人机从空中掉下的部件砸伤,导致其受轻微伤。李女士随即报警,公安机关迅速介入调查。经调查,该部件系王某在飞行无人机时操作不当而掉落。

王某的行为应当如何认定?

【解析】北京市城区内是无人机禁飞区域,王某明知违规仍故意飞行,导致零部件掉落砸伤居民的行为,根据《治安管理处罚法》第46条的规定,应认定为违规飞行民用无人驾驶航空器、航空运动器材行为,处5日以上10日以下拘留。

关联法条

1.《刑法》(2023年修正)

第114条 【放火罪】【决水罪】【爆炸罪】【投放危险物质罪】【以危险方法危害公共安全罪】放火、决水、爆炸以及投放毒害性、放射性、传染病病原体等物质或者以其他危险方法危害公共安全,尚未造成严重后果的,处三年以上十年以下有期徒刑。

第115条 【放火罪】【决水罪】【爆炸罪】【投放危险物质罪】【以危险方法危害公共安全罪】放火、决水、爆炸以及投放毒害性、放射性、传染病病原体等物质或者以其他危险方法致人重伤、死亡或者使公

私财产遭受重大损失的,处十年以上有期徒刑、无期徒刑或者死刑。

【失火罪】【过失决水罪】【过失爆炸罪】【过失投放危险物质罪】【过失以危险方法危害公共安全罪】过失犯前款罪的,处三年以上七年以下有期徒刑;情节较轻的,处三年以下有期徒刑或者拘役。

第131条 【重大飞行事故罪】航空人员违反规章制度,致使发生重大飞行事故,造成严重后果的,处三年以下有期徒刑或者拘役;造成飞机坠毁或者人员死亡的,处三年以上七年以下有期徒刑。

2.《无人驾驶航空器飞行管理暂行条例》(2023年)

第19条第4款、第5款 未经空中交通管理机构批准,不得在管制空域内实施无人驾驶航空器飞行活动。

管制空域范围以外的空域为微型、轻型、小型无人驾驶航空器的适飞空域(以下简称适飞空域)。

第42条 无人驾驶航空器违反飞行管理规定、扰乱公共秩序或者危及公共安全的,空中交通管理机构、民用航空管理部门和公安机关可以依法采取必要技术防控、扣押有关物品、责令停止飞行、查封违法活动场所等紧急处置措施。

第51条第2款 违反本条例规定,未经批准操控微型、轻型、小型民用无人驾驶航空器在管制空域内飞行,或者操控模型航空器在空中交通管理机构划定的空域外飞行的,由公安机关责令停止飞行,可以处500元以下的罚款;情节严重的,没收实施违规飞行的无人驾驶航空器,并处1000元以上1万元以下的罚款。

3.《航空体育运动管理办法》(2024年修订)

第14条 从事航空体育运动的单位和人员开展飞行活动,应当按照规定向空中交通管理部门申请空域,获准后方可实施飞行。

第29条 从事航空体育运动的单位和人员违反本办法第九条、第十二条、第十三条、第十四条、第十六条规定的,由所在地体育行政部门责令改正。拒不改正的,根据情节轻重,给予警告、通报批评、罚款等处罚,构成犯罪的依法追究刑事责任。法律法规另有规定的,从其规定。

79. 违规升放升空物体

现行规定

《治安管理处罚法》

第46条第1款 违反有关法律法规关于飞行空域管理规定,……升放无人驾驶自由气球、系留气球等升空物体,情节较重的,处五日以上十日以下拘留。

立案与管辖

(一)立案标准

违法嫌疑人违反有关法律法规关于飞行空域管理规定,升放无人驾驶自由气球、系留气球等升空物体,情节严重,尚不够刑事处罚的行为即达到立案标准。无人驾驶自由气球,是指无动力驱动、无人操纵、轻于空气、总质量大于4千克自由飘移的充气物体。系留气球,是指系留于地面物体上、直径大于1.8米或者体积容量大于3.2立方米、轻于空气的充气物体。前述气球不包括热气球、系留式观光气球等载人气球。公安机关对于升放无人驾驶自由气球、系留气球等升空物体的行为的管辖,仅限于升放活动导致危害结果的行为,以维护公共安全。

（二）管辖

违规升放升空物体案件一般由违法行为地的公安机关管辖为主。违法行为地包括违法行为发生地和违法结果发生地。违法行为发生地,包括违规升放升空物体行为的实施地以及开始地、途经地、结束地等与升放行为有关的地点,违规升放升空物体行为有连续、持续或者继续状态的,连续、持续或者继续实施的地方都属于违法行为发生地;违法结果发生地,包括违规升放升空物体行为对象被侵害地等。

由实施违规升放升空物体行为的违法行为人的居住地公安机关管辖更为适宜的,可以由违法行为人居住地公安机关管辖。移交违法行为人居住地公安机关管辖的行政案件,违法行为地公安机关在移交前应当及时收集证据,并配合违法行为人居住地公安机关开展调查取证工作。

证据收集

（一）证据规格

1. 违法嫌疑人的陈述和申辩。

（1）违规升放升空物体行为的单位或个人的基本情况,操控人员的基本情况以及有关资质证书,是否具备升放气球资质证。

（2）升放活动的基本情况。具体包括升放活动发生的时间、地点及具体过程等,气球的类型、数量、用途和识别标志,升放地点和计划回收区,预计升放和回收（结束）的时间,预计飘移方向、上升的速度和最大高度。

（3）升放物品的情况。升放无人驾驶自由气球的,需要询问相关特征,包括颜色、大小、总质量等特征。升放系留气球的,需要询问颜色、大小、直径、体积容量等,询问是否系留牢固于地面物体上,系留气球升放的高度;系留气球升放的高度超过地面50米的,需要查明是否加装快速放气装置,并设置识别标志。

（4）固定系留气球的地面物体情况。询问用于固定系留气球的地面物体是否牢固、安全,固定绳索及装置是否牢固、安全等。

（5）升放升空物体发生危害后果的时间、地点、经过、起因,违法嫌疑人的主观目的,升空地点是否为适飞区域。

（6）升放活动是否经过批准,有无按照批准要求升放;有无按照规定设置识别标志;无人驾驶自由气球非正常运行或系留气球意外脱离系留的,有无及时报告有关飞行管制部门和当地气象主管机构。

(7)危害后果情况,包括被侵害人的人身伤害、财物损失等。

2. 被侵害人陈述、证人证言。

(1)询问被侵害人、证人基本情况,与违法嫌疑人的关系等。

(2)违法嫌疑人升放无人驾驶自由气球、系留气球等升空物体的情况,包括时间、地点、经过。

(3)升放物品的情况。升放无人驾驶自由气球的,需要询问相关特征,包括颜色、大小、总质量等。升放系留气球的,需要询问颜色、大小、直径、体积容量等,询问是否系留牢固于地面物体上,系留气球升放的高度;对于系留气球升放的高度超过地面50米的,是否了解其加装快速放气装置,是否看到其识别标志。

(4)固定系留气球的地面物体情况。询问用于固定系留气球的地面物体是否牢固、安全,固定绳索及装置是否牢固、安全等。

(5)被侵害人受害情况,包括受到的具体危害、损失情况等,是否需要伤情鉴定、价格鉴证等。

(6)升放活动是否经过批准,有无按照批准要求升放;有无设置识别标志;无人驾驶自由气球非正常运行或系留气球意外脱离系留的,有无及时报告有关飞行管制部门和当地气象主管机构。

(7)现场其他围观人员及证人情况。

(8)是否有录像、拍照。

3. 物证、书证。

(1)升放气球资质证申请表、作业人员登记表;(2)升放气球的器材和设备清单;(3)升放气球资质证;(4)现场升放的无人驾驶自由气球、系留气球等升空物体;(5)受损的伤害痕迹及受损物品。

4. 勘验、检查、辨认笔录。

升放现场检查笔录;伤害现场的检查笔录;涉案物品的辨认笔录等。

5. 伤情鉴定、价格鉴证。

因违法嫌疑人违规升放升空物体,导致被侵害人的身体受伤轻微的,可以不做伤情鉴定,但是,以下情况需要做伤情鉴定:(1)被侵害人受伤程度较重,可能构成轻伤以上伤害程度的;(2)被侵害人要求做伤情鉴定的;(3)违法嫌疑人、被侵害人对伤害程度有争议的。

因违法嫌疑人违规升放升空物体,导致被侵害人的财物受损,根据当事人提供的购买发票等票据能够认定价值,或者价值明显不够刑事立案标准且双方无争议的,公安机关可以不进行价格鉴证。但如果违法嫌疑人对涉案物品的价值存在异议,且有正当理由要求公安机关进行价格鉴证的,公安机关应当进行价格鉴证。

6. 视听资料、电子数据。

监控视频、现场拍摄的视频照片、升空物品自身携带的飞行记录等。

7. 其他证据资料。

(1)证明违法嫌疑人身份的材料和违法犯罪记录。例如：人口信息、户籍证明、身份证、工作证、专业或技术等级证复印件等；法院判决书、行政处罚决定书、释放证明书等有效法律文件。(2)抓获经过、处警经过等。

(二)注意事项

1. 违规升放无人驾驶自由气球、系留气球等升空物体行为的调查与证据收集工作应注意与气象主管机构的协同处置。若违反规定，未经批准擅自升放的、未按照批准的申请升放的、未按照规定设置识别标志的、未及时报告升放动态或者系留气球意外脱离时未按照规定及时报告的以及在规定的禁止区域内升放的，由气象主管机构或者有关部门按照职责分工责令改正，给予警告；情节严重的，处1万元以上5万元以下罚款；造成重大事故或者严重后果的，依照《刑法》关于重大责任事故罪或者其他罪的规定，依法追究刑事责任。

2. 公安机关对于违规升放无人驾驶自由气球、系留气球等升空物体行为的管辖，仅限于因升放活动导致危害结果的行为，维护公共安全。升放未获批准、未经许可、产品质量不达标等违法行为，由其他部门予以处置。

行为认定

(一)对违规升放升空物体行为的认定

主要从以下四个方面进行认定：

1. 行为侵犯的客体是公共安全和国家空中交通管理秩序。

2. 行为的客观方面表现为违反有关法律法规规定，升放无人驾驶自由气球、系留气球等升空物体，造成危害。法律规定对升放气球单位实行资质认定制度。未按规定取得《升放气球资质证》的单位不得从事升放气球活动。进行升放无人驾驶自由气球或者系留气球活动，必须经设区的市级以上气象主管机构会同有关部门批准。升放无人驾驶自由气球，应当在拟升放2天前持相关批准文件向当地飞行管制部门提出升放申请；飞行管制部门应当在拟升放1天前作出批准或者不予批准的决定，并通知申请人。升放气球活动必须在许可机构批准的范围内进行，禁止在依法划设的机场范围内和机场净空保护区域内升放无人驾驶自由气球或者系留气球，但是国家另有规定的除外。

3. 行为的实施主体既可以是单位，也可以是个人。

4. 行为的主观方面是故意，即违法嫌疑人明知违反有关法律法规关于飞行空域管理规定，仍故意违规升放升空物体。

(二)本行为中"情节较重"的认定

违反有关法律法规关于飞行空域管理规定，升放无人驾驶自由气球、系留气球等升空物体，情节较重的才构成违反治安管理行为，对"情节较重"应从行为危险性、危害后果、主观恶意等方面理解：

1. 行为危险性。当违反飞行空域管理规定，升放无人驾驶自由气球、系留气球等升空物体对公共安全产生现实威胁时,即构成"情节较重"。例如:在政治核心区、重大交通枢纽、大型活动现场等人群密集区升放无人驾驶自由气球、系留气球等升空物体的;升空物体侵入机场净空区、军事禁区或核电站上空的;在高压线、化工园区等危险区域飞行的。

2. 危害后果,即造成实质性损害或秩序混乱。例如,升放无人驾驶自由气球、系留气球等升空物体造成人员受伤或者财产损失,或者引发公共场所秩序混乱的。

3. 主观恶意,即故意违规或不听劝阻。例如:明知属于管制空域仍强行升放无人驾驶自由气球、系留气球等升空物体;被处罚后再次违规升放无人驾驶自由气球、系留气球等升空物体的;经有关部门劝阻或责令停止升放无人驾驶自由气球、系留气球等升空物体,但仍继续的。

（三）升放无人驾驶自由气球的法定程序

升放无人驾驶自由气球,需要向设区的市级以上气象主管机构会同有关部门申请批准。

（四）升放系留气球的高度

根据《通用航空飞行管制条例》第37条第2、3款的规定,系留气球升放的高度不得高于地面150米,但是低于距其水平距离50米范围内建筑物顶部的除外。系留气球升放的高度超过地面50米的,必须加装快速放气装置,并设置识别标志。

（五）申请升放气球资质的单位应当具备的条件

《升放气球管理办法》第7条规定,申请升放气球资质的单位应当具备下列条件:(1)有独立的法人资格;(2)有固定的工作场所,危险气体的运输、使用和存放必须符合国家规定;(3)有4名以上作业人员,其中至少有1名具有相关专业中级以上技术职称的人员;(4)有必需的器材和设备;(5)有健全的安全保障制度和措施。

（六）申请从事升放活动的审批流程及监督、事故处置流程

根据《通用航空飞行管制条例》《升放气球管理办法》的有关规定,申请从事升放活动的审批流程及监督、事故处置流程如下图:

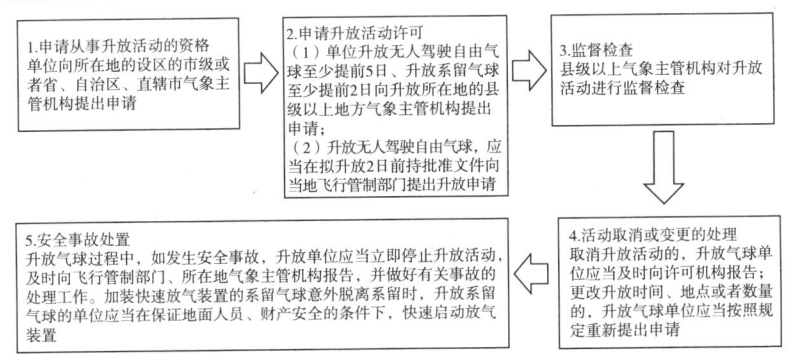

1. 申请从事升放活动的资格
单位向所在地的设区的市级或者省、自治区、直辖市气象主管机构提出申请

2. 申请升放活动许可
（1）单位升放无人驾驶自由气球至少提前5日、升放系留气球至少提前2日向升放所在地的县级以上地方气象主管机构提出申请;
（2）升放无人驾驶自由气球,应当在拟升放2日前持批准文件向当地飞行管制部门提出升放申请

3. 监督检查
县级以上气象主管机构对升放活动进行监督检查

4. 活动取消或变更的处理
取消升放活动的,升放气球单位应当及时向许可机构报告;更改升放时间、地点或者数量的,升放气球单位应当按照规定重新提出申请

5. 安全事故处置
升放气球过程中,如发生安全事故,升放单位应当立即停止升放活动,及时向飞行管制部门、所在地气象主管机构报告,并做好有关事故的处理工作。加装快速放气装置的系留气球意外脱离系留时,升放系留气球的单位应当在保证地面人员、财产安全的条件下,快速启动放气装置

（七）升放气球安全重大事故隐患判定标准

升放气球安全重大事故隐患判定标准如下:(1)未取得《升放气球资质证》,从事升放气球活动的。(2)未经批准擅自升放气球的。(3)未按照批准的申请升放气球的。(4)在规定

的禁止区域内升放气球的。(5)系留气球升放的高度高于地面150米的(低于距其水平距离50米范围内建筑物顶部的除外)。(6)升放高度超过地面50米的系留气球未加装快速放气装置的。(7)异常升放动态未及时报告的或者系留气球意外脱离时未按照规定及时报告的。

🛡 处罚标准

违规升放升空物体行为设置了一种处罚情形,即处5日以上10日以下拘留。情节较重的情形,需要结合升放的无人驾驶自由气球、系留气球等升空物体的数量、飞行的高度、范围、人身伤害程度、财物损失、造成的社会影响等综合认定。

表74　违规升放升空物体行为处罚标准

处罚档次	处罚标准	裁量基准
情节较重	处5日以上10日以下拘留	①在管制空域升放无人驾驶自由气球、系留气球等升空物体对公共安全产生现实威胁的
		②故意升放无人驾驶自由气球、系留气球等升空物体进入管制空域,或者不听有关部门(如公安机关、体育行政部门)劝阻仍继续飞行的
		③造成人员伤害或财物损失或者引发公共场所秩序混乱的
		④符合《通用航空飞行管制条例》第38条可能危及飞行安全的情形:"升放的无人驾驶自由气球或者系留气球中发生下列可能危及飞行安全的情况时,升放单位、个人应当及时报告有关飞行管制部门和当地气象主管机构:(一)无人驾驶自由气球非正常运行的;(二)系留气球意外脱离系留的;(三)其他可能影响飞行安全的异常情况。加装快速放气装置的系留气球意外脱离系留时,升放系留气球的单位、个人应当在保证地面人员、财产安全的条件下,快速启动放气装置。"
		⑤其他情节较重的情形

📋 案例及解析

【基本案情】近日,某街道综合行政执法队在巡查时,发现马路边某饭店正在举行开业店庆,门口升放了2个系留气球。经查,2个系留气球直径均为2.3米,内充氢气,与厨房和高压线距离较近,且食客中存在吸烟者,一旦发生爆炸,后果将不堪设想。遂报警。公安机关赶赴现场,与行政执法队开展联合巡查。经调查,饭店经营者王某表示:"气球是朋友送来的,不知道里面装的是什么气体。"在被告知系留气球不能随便放、得先经有关部门审批后,王某拆除了2个系留气球并进行放气处理。

王某的行为应当如何认定?

【解析】本案中,王某未经批准,违规升放系留气体。经过批评教育,当事人立即进行整改,拆除了2个系留气球并进行放气处理,未造成安全事故,王某的行为不构成"情节较重",因而不能按照《治安管理处罚法》第46条第1款的规定予以处罚。

升放无人驾驶自由气球、系留气球等升空物体为商业庆典活动重点宣传形式,但未经批准擅自升放气球给航空飞行、火灾爆炸等领域带来安全隐患。系留气球容易与高大建筑物、树木、架空电线、通信线和其他障碍物发生碰撞、摩擦和缠绕,或者意外脱离,导致安全事故发生。任何部门、单位或个人在各类庆典等活动中使用系留气球,必须依法办理行政许可审批手续后,由具备相关资质的单位升放。

关联法条

1.《通用航空飞行管制条例》(2003年)

第32条 无人驾驶自由气球和系留气球的分类、识别标志和升放条件等,应当符合国家有关规定。

第33条 进行升放无人驾驶自由气球或者系留气球活动,必须经设区的市级以上气象主管机构会同有关部门批准。具体办法由国务院气象主管机构制定。

第34条 升放无人驾驶自由气球,应当在拟升放2天前持本条例第三十三条规定的批准文件向当地飞行管制部门提出升放申请;飞行管制部门应当在拟升放1天前作出批准或者不予批准的决定,并通知申请人。

第36条 升放无人驾驶自由气球,应当按照批准的申请升放,并及时向有关飞行管制部门报告升放动态;取消升放时,应当及时报告有关飞行管制部门。

第37条 升放系留气球,应当确保系留牢固,不得擅自释放。

系留气球升放的高度不得高于地面150米,但是低于距其水平距离50米范围内建筑物顶部的除外。

系留气球升放的高度超过地面50米的,必须加装快速放气装置,并设置识别标志。

第39条 禁止在依法划设的机场范围内和机场净空保护区域内升放无人驾驶自由气球或者系留气球,但是国家另有规定的除外。

2.《升放气球管理办法》(2020年)

第13条 升放气球活动实行许可制度。

升放气球单位升放无人驾驶自由气球至少提前五日、升放系留气球至少提前两日向升放所在地的县级以上地方气象主管机构(以下简称许可机构)提出申请,并按要求如实填写升放气球作业申报表。

80. 飞行、升放物体非法穿越国(边)境

现行规定

《治安管理处罚法》

第46条第2款 飞行、升放前款规定的物体非法穿越国(边)境的,处十日以上十五日以下拘留。

立案与管辖

(一)立案标准

违法嫌疑人违反有关法律法规关于飞行空域管理规定,实施了飞行民用无人驾驶航空器、航空运动器材,或者升放无人驾驶自由气球、系留气球等升空物体,非法穿越国(边)境的行为,即达到立案标准。本行为系行为犯,不要求危害结果的发生,即可构成本行为。

(二)管辖

飞行、升放物体非法穿越国(边)境案件一般由违法行为地的公安机关管辖,即非法穿越国(边)境行为发生地的公安机关管辖。

由实施飞行、升放物体非法穿越国(边)境行为的违法行为人的居住地公安机关管辖更为适宜的,可以由违法行为人居住地公安机关管辖。移交违法行为人居住地公安机关管辖的行政案件,违法行为地公安机关在移交前应当及时收集证据,并配合违法行为人居住地公安机关开展调查取证工作。

证据收集

(一)证据规格

1. 违法嫌疑人的陈述和申辩。

(1)违法嫌疑人的基本情况。

(2)飞行、升放物体非法穿越国(边)境行为发生的时间、地点、经过;违法嫌疑人的主观动机和目的;涉及境外飞行的民用无人驾驶航空器,是否依法进行国籍登记;飞行区域是否属于管制空域。

(3)飞行、升放行为是否经过相关部门批准许可,进行飞行或升放活动的单位或者个人、操控人员的基本情况以及有关资质证书。

(4)飞行或升放的物品的基本信息。无人驾驶航空器的类型、数量、主要性能指标、登记管理信息和产品识别码。主要性能指标包括空机重量、最大飞行真高、最大飞行速度、最大起飞重量,还包括为飞行准备的起飞、降落和备降机场(场地),预计飞行开始、结束时刻、进出空域方法。升放的无人驾驶自由气球的相关特征,包括颜色、大小、总质量等;升放的系留气球的颜色、大小、直径、体积容量等,是否系留牢固于地面物体上,系留气球升放的高度;系留气球升放的高度超过地面50米的,需要查明是否加装快速放气装置,并设置识别标志。

2. 被侵害人陈述、证人证言。

(1)相关证人的基本情况;(2)飞行、升放物体非法穿越国(边)境行为发生的时间、地点、经过,飞行物品的类型、颜色、大小、型号等能够判明飞行物品的基本特征;(3)是否拍摄有飞行物品非法穿越国(边)境的视频或照片;(4)有无造成人员伤亡、财物损失;(5)现场其他目睹人员情况。

3. 物证、书证。

(1)飞行、升放的物品及遥控器等相关配件;(2)相关资质证书、批准文件;(3)设定管制空域的相关文件。

4. 勘验、检查、辨认笔录。

(1)国(边)境线附近的现场检查笔录;(2)案发现场的检查笔录;(3)人身检查笔录;(4)证人对违法嫌疑人的辨认笔录。

5. 视听资料、电子数据。

监控视频、飞行记录、飞行物品拍摄的视频;证人提供的视频、照片。

6. 其他证据资料。

(1)证明违法嫌疑人身份的材料和违法犯罪记录。例如:人口信息、户籍证明,身份证、工作证、专业或技术等级证复印件等;法院判决书、行政处罚决定书、释放证明书等有效法律文件。(2)抓获经过、处警经过等。

(二)注意事项

飞行、升放物体非法穿越国(边)境行为的证据收集与调查工作,需要注意与其他相关部门的协调配合。一般情况下,国界线、实际控制线、边境线向我方一侧一定范围的区域为管制空域,在管制空域内飞行未经许可的行为,需要根据相关法律规定,由其他部门进行处罚,公安机关对于飞行民用无人驾驶航空器、航空运动器材,或者升放无人驾驶自由气球、系留气球等升空物体非法穿越国(边)境行为,单独进行处罚。

行为认定

(一)对飞行、升放物体非法穿越国(边)境行为的认定

主要从以下四个方面进行认定:

1. 行为侵犯的客体是公共安全、国家空中交通管理秩序以及国(边)境管理秩序。

2. 行为的客观方面表现为违反有关法律法规规定,飞行民用无人驾驶航空器、航空运动器材,或者升放无人驾驶自由气球、系留气球等升空物体,穿越国(边)境。

3. 行为的实施主体既可以是单位,也可以是个人。

4. 行为的主观方面是故意。行为人明知飞行、升放的物品会发生穿越或已经穿越国(边)境的结果,并且希望或者放任这种结果发生。

(二)国(边)境的界定

根据我国的国情,国(边)境,是指国境和边境。国境,即国家与国家之间的疆界;边境,一般是指我国内地与香港、澳门,我国大陆与台湾等地区的交界。这里需要注意的是,国(边)境包括两重含义:一是地理上的实际国(边)境;二是法律上的国(边)境。法律上的国(边)境主要通过国家在对外开放口岸和指定口岸对出入境人员设置的边防检查来体现。只有经过边防检查才构成法律上的出入境,相关人员即使已经进入我国领土,在未经过边防检查前,仍属未入境;一旦通过了边防检查,尽管暂时尚未离开中国领土,也被视已经出境。本行为规定的是飞行物品非法穿越国(边)境,仅指地理上的实际国(边)境。违法嫌疑人涉嫌偷渡国(边)境的,依据《出境入境管理法》单独进行处置。

(三)与"偷越国(边)境罪"的区别

飞行、升放升空物体非法穿越国(边)境行为与偷越国(边)境罪具有以下区别:

1.行为的直接对象不同。在飞行、升放升空物体非法穿越国(边)境行为中,穿越国(边)境的是升空物体而非"人"。而在"偷越国(边)境罪"中,自然人违反国(边)境管理法规,自身非法出入国(边)境。前者是物体越境,后者是人员越境。

2.违法情节与危害后果不同。对于飞行、升放升空物体非法穿越国(边)境行为,只要实施了导致升空物体非法穿越国(边)境的行为即可处罚,不要求产生实际危害后果或达到"情节严重"。而构成"偷越国(边)境罪"则必须达到"情节严重"的程度,如多次偷越、结伙偷越、造成恶劣影响等,其危害在于侵犯国家边境管理主权和领土安全。

处罚标准

本行为只设置了一种处罚。同时,涉及境外飞行的民用无人驾驶航空器未依法进行国籍登记的,根据《无人驾驶航空器飞行管理暂行条例》的规定,由民用航空管理部门责令改正,处1万元以上10万元以下的罚款。

表75 飞行、升放物体非法穿越国(边)境行为处罚标准

处罚档次	处罚标准
一般情形	处10日以上15日以下拘留

案例及解析

【基本案情】某勘测测绘公司是一家从事地理信息获取与分析的公司,主要业务包括利用无人机对山区、矿区等区域进行航拍,获取地表影像数据,用于地质灾害隐患排查等工作。王某系该公司一名从事无人机测绘的技术人员,持有民用无人机驾驶执照。某日,王某按公司安排前往接近边境的山区对一处废弃矿区进行航拍测绘。在完成公司航拍任务后,王某因对边境另一侧的地形环境感到好奇,未经任何批准,擅自使用自己私下组装的一台小型无人机,从边境一侧起飞,飞越边境线进入邻国境内,拍摄了一些地形照片及视频资料。边境巡逻人员发现后,立即报警,公安机关依法对其无人机飞行轨迹进行了取证,确认无人机存在非法越境飞行行为。

王某的行为应当如何定性?

【解析】根据《无人驾驶航空器飞行管理暂行条例》第19条第2款规定,国界线、实际控制线、边境线向我方一侧一定范围的区域为管制区域,未经空中交通管理机构批准,不得在管制空域内实施无人驾驶航空器飞行活动。该案中,王某为规避监管,使用自行组装无人机,在未获批准的情况下,擅自操作无人机越过国界线进入他国空域拍摄照片,违反空域管理规定,构

成非法飞行行为。从行为动机看,王某虽系个人好奇,主观上无恶意泄露国家机密、间谍等目的,但仍明知是穿越国界线而飞行,其行为构成《治安管理处罚法》第46条第2款的飞行升空物体非法穿越国(边)境行为。

关联法条

《刑法》(2023年修正)

第322条 【偷越国(边)境罪】违反国(边)境管理法规,偷越国(边)境,情节严重的,处一年以下有期徒刑、拘役或者管制,并处罚金;为参加恐怖活动组织、接受恐怖活动培训或者实施恐怖活动,偷越国(边)境的,处一年以上三年以下有期徒刑,并处罚金。

第323条 【破坏界碑、界桩罪】【破坏永久性测量标志罪】故意破坏国家边境的界碑、界桩或者永久性测量标志的,处三年以下有期徒刑或者拘役。

第三章
侵犯人身权利、财产权利的行为

第二十二节 《治安管理处罚法》第47条

81. 组织、胁迫、诱骗进行恐怖、残忍表演

现行规定

《治安管理处罚法》

第47条第1项 有下列行为之一的,处十日以上十五日以下拘留,并处一千元以上二千元以下罚款;情节较轻的,处五日以上十日以下拘留,并处一千元以下罚款:

(一)组织、胁迫、诱骗不满十六周岁的人或者残疾人进行恐怖、残忍表演的;

立案与管辖

(一)立案标准

违法嫌疑人对不满16周岁的未成年人、残疾人,以组织、胁迫或诱骗等方法,迫使其进行恐怖、残忍表演,从而对未成年人或残疾人的身心健康造成损害,尚不够刑事处罚的行为即达到立案标准。

让未成年人、残疾人进行恐怖、残忍表演本身,给未成年人和残疾人的身心健康带来伤害。为了保护未成年人、残疾人,违法嫌疑人只要实施了组织、胁迫、诱骗未成年人、残疾人进行恐怖、残忍表演行为即构成此行为,包括尚未表演的、已经表演但损害后果情节轻微的情形。如果表演行为对未成年人、残疾人造成身体上的伤害,伤害后果比较严重的,应依法追究刑事责任。

(二)管辖

本行为由违法行为地的公安机关管辖,违法行为地包括违法行为发生地和违法结果发生地。违法行为发生地,包括组织、胁迫、诱骗未成年人、残疾人进行恐怖、残忍表演行为的实施地以及开始地、途经地、结束地等与违法行为有关的地点。违法结果发生地,包括违法行为对象被侵害地等。

由违法行为人居住地公安机关管辖更为适宜的,可以由违法行为人居住地公安机关管辖。移交违法行为人居住地公安机关管辖的行政案件,违法行为地公安机关在移交前应当及时收集证据,并配合违法行为人居住地公安机关开展调查取证工作。几个公安机关都有权管辖的行政案件,由最初受理的公安机关管辖;必要时,可以由主要违法行为地公安机关管辖。

证据收集

（一）证据规格

1.违法嫌疑人的陈述和申辩。

（1）违法嫌疑人的基本情况，包括违法嫌疑人的数量、其他违法嫌疑人情况、相互关系、分工情况等；组织、胁迫、诱骗不满16周岁的未成年人、残疾人进行残忍、恐怖表演的主观目的和动机。（2）残忍、恐怖表演的节目内容，残忍、恐怖表演是否已进行，表演过程，表演的时间、地点、持续时间、观看人员聚集情况，门票售出情况及实际观看人数。（3）利用互联网发布表演视频或直播表演的，需详细询问具体的视频、直播内容是否涉及残忍、恐怖表演；视频发布或直播的时间、地点；视频发布数量、直播次数；线上观看人数和次数；账号平台及账号信息；是否存在打赏等违法所得。（4）组织、胁迫、诱骗行为发生的时间、地点、具体过程，被组织、胁迫、诱骗的不满16周岁的未成年人、残疾人的人员信息、数量及户籍、监护人等基本信息。（5）不满16周岁的未成年人、残疾人与违法嫌疑人的关系，是否存在拐卖、拐卖后收买的情况。（6）残疾人的残疾状况，是否有残疾证，致残的原因及残疾程度。（7）是否有其他威胁、殴打、故意伤害、侮辱、虐待、拐卖等可能涉及的违法行为。

2.被侵害人陈述。

（1）被侵害人基本信息，包括户籍信息、监护人情况等。（2）违法嫌疑人的基本情况，包括姓名、称谓、数量、相互关系、分工情况，被侵害人与违法嫌疑人的关系、认识过程。（3）是否存在被组织、胁迫、诱骗进行恐怖、残忍表演的情形；被组织、胁迫、诱骗的具体过程，包括时间、地点、手段等。（4）恐怖、残忍表演的时间、地点、持续时间、演出过程及具体表演内容，节目单、门票等信息；利用互联网发布视频或通过直播的形式表演的，需询问视频发布、拍摄或直播的时间、地点、账号平台和账号信息等；是否有违法所得。（5）表演人员中是否存在被拐卖、收买后拐卖的情况；拐卖或收买后拐卖的具体过程，包括时间、地点、拐卖方式等。（6）是否有残疾，其他表演者是否有残疾，有无残疾证，致残的具体过程，与违法嫌疑人的关系。（7）因表演行为导致的身体伤害、精神伤害情况；是否需要作伤情鉴定、精神损害鉴定。（8）违法嫌疑人是否有故意伤害、非法拘禁、侮辱、虐待等其他违法行为。（9）是否有相关的录像、照片、拍摄视频等证据材料。

3.证人证言。

（1）证人的基本信息，案发时所处的位置；与违法嫌疑人、被侵害人的关系。（2）是否存在组织、胁迫、诱骗未满16周岁的未成年人、残疾人进行残忍、恐怖表演的情况；表演现场是否发生以暴力手段胁迫表演者进行表演的行为；是否有拐卖妇女、儿童的嫌疑。（3）获取残忍、恐怖演出信息的途径，有无节目单、门票等演出相关材料；线上观看的，询问发布残忍、恐怖表演视频或直播残忍、恐怖表演的账号信息和平台信息。（4）残忍、恐怖表演的基本情况，包括具体表演过程及表演内容；线下表演的，还需要询问表演行为发生的时间、地点；利用互联网观看残忍、恐怖表演的，询问在线观看的时间、人数及次数，询问看到的残忍、恐怖表演的视频个数、直播次数及看到的表演内容;是否打赏及是否看到有人打赏。(5)表演者的基本情况,包括人员数量、姓名、年龄、性别、体貌特征、身体伤害情况、残疾情况等。(6)现场是否发现违法嫌疑人、违法嫌疑人的人数、分工情况、体貌特征等,表演者与违法嫌疑人的关系、相互称谓。(7)是否有故意伤害、非法拘禁、侮辱、虐待表演人员等其他违法行为。(8)是否拍摄有相应的录像、照片等;通过网络途径看到残忍、恐怖表演视频的,是否有录制的视频或截图等材料。

4. 物证、书证。

(1)用于残忍、恐怖表演的相关道具和设备,如刀剑、斧头、锤子、铁钉等;(2)演出宣传材料,如海报、传单、节目单、门票等;(3)残疾证、病历;(4)违法嫌疑人或违法单位的财务出账、入账记录,表演活动的收支明细表,购买表演道具、场地租赁等的收据或发票。

5. 鉴定意见。

伤情鉴定、精神损害鉴定。

6. 勘验、检查笔录,辨认笔录。

(1)表演现场的检查笔录;(2)被组织、胁迫、诱骗的未满16周岁的未成年人、残疾人生活的场所的检查笔录;(3)人身检查笔录;(4)对违法嫌疑人辨认笔录。

7. 视听资料、电子数据。

(1)电子网页版的宣传海报等宣发信息;(2)监控录像、证人等拍摄的录像、照片等;(3)违法嫌疑人、被侵害人等之间的手机聊天记录、转账记录等电子数据;(4)网上发布的残忍、恐怖表演视频、音频及图片资料;(5)直播收入数据。

8. 其他证据材料。

(1)证明违法嫌疑人身份的材料和违法犯罪记录,如人口信息、户籍证明、身份证、工作证、专业或技术等级证书复印件等;法院判决书、行政处罚决定书、释放证明书等有效法律文件。(2)抓获经过、处警经过等。

(二)注意事项

组织、胁迫、诱骗不满16周岁的人或者残疾人进行恐怖、残忍表演的行为的证据收集与调查工作,需要注意构成刑事犯罪的可能性,包括故意伤害罪,组织淫秽表演罪,拐卖妇女、儿童罪,收买被拐卖的妇女、儿童罪等。

行为认定

(一)对组织、胁迫、诱骗进行恐怖、残忍表演行为的认定

主要从以下四个方面进行:

1. 本行为侵害的客体是未成年人、残疾人的人身权利。侵害对象是未成年人、残疾人。其中,未成年人是指不满16周岁的未成年人;残疾人是指存在视力、听力、言语、肢体、智力、精神或多重功能损伤,其心理、生理或人体结构功能受限的群体。

2. 本行为的客观方面表现为组织、胁迫、诱骗不满16周岁的未成年人或者残疾人进行恐怖、残忍表演,尚不够刑事处罚的行为。组织,通常表现为召集、招募、雇佣等方式;胁迫,即威胁、强迫,胁迫者通过语言威胁、心理恐吓、体罚、冻饿等方式强迫被胁迫者违背真实意愿而进行恐怖、残忍表演;诱骗,通常表现为用诱惑、欺骗等手段。恐怖表演是指以展示人身暴力侵害为主题的表演活动,如模拟肢解人体、刀斩活体、器官分离等血腥场景。残忍表演是指对表演者施加强制性身体摧残的演出形式,包括但不限于吞咽利器、生食活蛇、车辆碾压人体、重锤击颅、铁钉穿刺鼻腔等危险行为。

3.本行为的实施主体既可以是个人,也可以是单位。

4.本行为的主观方面是故意。行为人明知其组织、胁迫或诱骗行为会导致不满16周岁的未成年人或残疾人身心健康受损,仍积极追求或放任该结果的发生。

(二)与故意伤害罪的区分

故意伤害罪(《刑法》第234条)是指故意非法损害他人身体健康的行为。

本行为在行为表现上可能具有伤害情节。两者的区别在于危害后果和主观目的。危害后果上,组织、胁迫、诱骗进行恐怖、残忍表演的行为致使未成年人、残疾人身体伤害程度达到轻伤以上的,以故意伤害罪追究刑事责任。达不到故意伤害罪立案追诉标准的,以本行为予以治安管理处罚。主观目的上,本行为的主观目的是通过损害不满16周岁的未成年人、残疾人身心健康的方式,以恐怖、残忍表演获取钱财。故意伤害罪的主观目的是使他人身体遭受损害。

(三)与组织淫秽表演罪的区分

组织淫秽表演罪(《刑法》第365条)是以策划、招募、强迫、雇用、引诱、提供场地、提供资金等手段,组织进行淫秽表演行为。立案追诉标准是:(1)组织表演者进行裸体表演的;(2)组织表演者利用性器官进行淫秽性表演的;(3)组织表演者半裸体或者变相裸体表演并通过语言、动作具体描绘性行为的;(4)其他组织进行淫秽表演应予追究刑事责任的情形。本行为中的淫秽表演,是指露骨宣扬色情内容的表演,如展示女性乳房、展示表演者的性器官或性交行为。

组织淫秽表演罪系行为犯,只要组织表演者进行了淫秽表演,即可构成犯罪。与本行为的区别在于表演者和表演内容的区别,本行为是指不满16周岁的未成年人、残疾人的恐怖、残忍表演行为,组织淫秽表演罪是任何自然人的淫秽表演行为,而组织未成年人进行淫秽表演是构成组织淫秽表演罪的情节严重情形。

(四)与"拐卖妇女、儿童罪""收买被拐卖的妇女、儿童罪"的区分

拐卖妇女、儿童罪(《刑法》第240条)是指以出卖为目的,拐骗、绑架、收买、贩卖、接送、中转妇女的行为。收买被拐卖的妇女、儿童罪(《刑法》第241条)是指故意用金钱或其他财物收买被拐卖的妇女、儿童的行为。

本行为的行为方式包括组织、强迫和诱骗,如果被组织、强迫、诱骗进行残忍、恐怖表演行为的儿童、残疾妇女是被拐卖或被拐卖后收买的,可能构成拐卖妇女、儿童罪或收买被拐卖的妇女、儿童罪。这种情况下,本行为与拐卖妇女、儿童罪,收买被拐卖的妇女、儿童罪构成手段

与目的的牵连,按照"想象竞合择一重"的原则,以拐卖妇女、儿童罪或收买被拐卖的妇女、儿童罪追究刑事责任。

(五)与组织残疾人、儿童乞讨罪的区分

组织残疾人、儿童乞讨罪(《刑法》第262条之一)是指以暴力、胁迫手段组织残疾人或者不满14周岁的未成年人乞讨的行为。从行为特征上看,组织、胁迫、诱骗进行恐怖、残忍表演行为的核心是"表演",以视觉冲击吸引观众付费,伤害是表演的附属结果。组织残疾人、儿童乞讨罪的核心是"乞讨",直接索取财物,暴力手段用于迫使被侵害人持续乞讨,伤害是控制手段。从对象范围看,组织、胁迫、诱骗进行恐怖、残忍表演为不满16周岁的人或者残疾人;组织残疾人、儿童乞讨罪的对象为不满14周岁的人或者残疾人;从行为目的看,组织、胁迫、诱骗进行恐怖、残忍表演是通过表演牟利;组织残疾人、儿童乞讨的目的是直接乞财。

🛡 处罚标准

本行为设置了一般情形和情节较轻两个层次的处罚,两个层次处罚中均设置了行政拘留和罚款。行为人实施了组织、胁迫、诱骗未满16周岁的未成年人或残疾人进行恐怖、残忍表演的行为,情节严重可能构成犯罪的,依法追究刑事责任。

对于"情节较轻"情形的认定,应当结合行为人的动机、手段、目的、行为的次数和造成的后果等综合考虑。但是,因组织、胁迫、诱骗不满16周岁的未成年人或者残疾人进行恐怖、残忍表演,造成危害后果的,不适用"情节较轻"的处罚。

表76 组织、胁迫、诱骗进行恐怖、残忍表演行为处罚标准

处罚档次	处罚标准	裁量基准
一般情形	处10日以上15日以下拘留,并处1000元以上2000元以下罚款	/
情节较轻	处5日以上10日以下拘留,并处1000元以下罚款	①未使用暴力方法,且对他人身心健康影响较小的,但将相关表演视频在信息网络上散布的除外
		②经被侵害人要求或者他人劝阻及时停止,且后果轻微的
		③其他情节较轻的情形

🛡 案例及解析

【基本案情】某地一马戏团经营不善,生意惨淡。为吸引观众、提升票房收入,马戏团老板李某以高薪为诱,招募年仅15岁的未成年人王某参与表演,并安排其出演"刀劈活人""吞宝剑"等恐怖、残忍节目。在第一天演出过程中,王某准备上台表演时,心生恐惧,提出中止演出。李某不仅拒绝王某请求,且以"中途退出需赔偿票房损失"相威胁,要求其继续演出。王某上台后,现场有观众注意到表演者是未成年人,出于担忧报警并劝阻演出。李某见状立即

叫停表演,王某短暂休息后身体无碍。公安机关接警后赶到现场,依法开展调查取证。

李某的行为应如何定性?

【解析】本案中,马戏团老板李某在明知王某为未成年人的情况下,仍组织其参与恐怖、残忍节目表演,对未成年人身心健康造成伤害。从行为性质看,通过高薪招募未满16周岁未成年人从事恐怖、残忍等表演,属于组织行为。在未成年人身体不适时,仍以经济赔偿为由威胁其继续演出,属于胁迫行为,违反《治安管理处罚法》第47条第1项规定,应认定为组织、胁迫、诱骗进行恐怖、残忍表演的行为。虽然演出在观众劝阻和报警后及时停止,但未进行表演不影响该行为成立;李某在劝阻后,能够及时停止,且后果轻微,属于情节较轻的行为,公安机关可依法酌情从轻处罚。

关联法条

1.《反恐怖主义法》(2018年修正)

第79条 组织、策划、准备实施、实施恐怖活动,宣扬恐怖主义,煽动实施恐怖活动,非法持有宣扬恐怖主义的物品,强制他人在公共场所穿戴宣扬恐怖主义的服饰、标志,组织、领导、参加恐怖活动组织,为恐怖活动组织、恐怖活动人员、实施恐怖活动或者恐怖活动培训提供帮助的,依法追究刑事责任。

2.《营业性演出管理条例》(2020年修订)

第25条第8项 营业性演出不得有下列情形:

(八)表演方式恐怖、残忍,摧残演员身心健康的;

3.《残疾人保障法》(2018年修正)

第67条 违反本法规定,侵害残疾人的合法权益,其他法律、法规规定行政处罚的,从其规定;造成财产损失或者其他损害的,依法承担民事责任;构成犯罪的,依法追究刑事责任。

82.强迫劳动

现行规定

《治安管理处罚法》

第47条第2项 有下列行为之一的,处十日以上十五日以下拘留,并处一千元以上二千元以下罚款;情节较轻的,处五日以上十日以下拘留,并处一千元以下罚款:

(二)以暴力、威胁或者其他手段强迫他人劳动的;

立案与管辖

(一)立案标准

用人单位或个人违反有关劳动法律法规,以暴力、威胁或者其他手段强迫他人劳动,尚不够刑事处罚的行为即达到立案标准。本行为系行为犯,只要违法嫌疑人违反劳动法律法规,实施了以暴力、威胁等手段强迫他人劳动的行为,即可构成强迫劳动。强迫他人劳动,情节显著轻微的,可构成本行为。强迫未成年人、残疾人劳动的,属于强迫劳动罪的情节较重情形。

(二)管辖

强迫劳动的行为,一般由违法行为地公安机关管辖。违法行为地包括违法行为发生地和违法结果发生地,包括强迫他人劳动行为的实施地以及开始地、途经地、结束地等与违法行为有关的地点。

由违法行为人居住地公安机关管辖更为适宜的,可以由违法行为人居住地公安机关管辖。移交违法行为人居住地公安机关管辖的行政案件,违法行为地公安机关在移交前应当及时收集证据,并配合违法行为人居住地公安机关开展调查取证工作。几个公安机关都有权管辖的行政案件,由最初受理的公安机关管辖;必要时,可以由主要违法行为地公安机关管辖。

证据收集

(一)证据规格

1.违法嫌疑人的陈述和申辩。

(1)违法嫌疑人的基本情况;用人单位强迫他人劳动的,需要查明单位的注册情况、营业执照情况、法人、单位机构框架、负责人的具体分工及相互关系。(2)违法嫌疑人的目的和动机;与被侵害人的关系。(3)强迫劳动的具体过程,包括行为发生的时间、地点、劳动内容、持续时间、强迫方式、危害后果;是否有违法所得情况,具体数额及分配情况。(4)有无限制人身自由、侮辱、殴打、敲诈勒索、威胁、恐吓、强奸、猥亵等其他违法行为;具体行为对象和行为过程,包括时间、地点、方式、次数、危害后果等。(5)人员管理制度、住宿安排、伙食情况、购买保险的情况、每日劳动时长、工作休假情况。(6)被强迫劳动人员的情况,包括来路、人员基本信息、数量、体貌特征、身体健康状况、精神状态、劳动起止时间、劳动内容、有无反抗、身体伤害情况、精神损害情况;是否有未成年人、身体残疾或精神残疾人员。(7)劳动报酬支付情况,包括具体数额、结算方式等的约定情况和具体支付情况;是否按时支付,有无拖欠;工资支付记录;被强迫劳动的人员是否索要过报酬。

2.被侵害人陈述。

(1)被侵害人基本情况,包括被强迫劳动的人员信息、数量、体貌特征、身体健康状况、精神状态、劳动起止时间、劳动内容、有无反抗、身体伤害情况、精神损害情况;是否有未成年人、身体残疾或精神残疾人员。(2)违法嫌疑人的基本情况,包括基本信息、人员数量、体貌特征、相互关系及分工情况;与违法嫌疑人的关系;如果是单位强迫劳动,需要询问单位的注册情况、营业执照情况、法人、单位机构框架等基本信息。(3)被强迫劳动的情况,包括涉及的人员数量及具体人员信息、体貌特征、相互关系,被强迫劳动的时间、地点、起因、强迫方式、每日劳动时长、工作休假情况。(4)劳动报酬结算情况,包括具体数额、结算方式等的约定情况和具体支付情况;是否按时结算,有无拖欠,是否主动要求结算报酬。(5)有无限制人身自由、侮辱、殴打、敲诈勒索、威胁、恐吓、强奸、猥亵等其他违法行为;具体行为对象和行为过程,包括时间、地点、方式、危害后果等;身体伤害情况、精神损害情况,是否需要做伤情鉴定、精神损害鉴定。(6)人员管理制度、住宿安排、伙食情况、社保、购买保险的情况、每日劳动时长、工作休假情况。(7)有无拍摄相关的视频、音频及照片。

3.证人证言。

(1)证人的基本情况,与违法嫌疑人、被侵害人的关系;违法嫌疑人的基本信息,包括相互关系及分配情况、体貌特征;被侵害人的人员数量、体貌特征;用人单位强迫劳动的,询问用人单位的基本信息。(2)是否有强迫未成年人、残疾人劳动的情况。(3)强迫劳动的起止时间、地点、起因、强迫方式、劳动内容、有无报酬等。(4)被强迫劳动的人的生活状况,食宿安排情况,有无限制人身自由、侮辱、殴打、敲诈勒索、威胁、恐吓、强奸、猥亵等其他违法行为。

4.物证、书证。

(1)用工单位工资单、银行工资转账记录、劳动合同等。(2)用人单位的营业执照、工作制度、考核记录、劳动者人员信息登记表等。(3)劳动工具和设备,如铁链、锁具、监控设备等。(4)被侵害人病历。

5.伤情鉴定、价格鉴证、精神障碍鉴定。

因强迫劳动,被侵害人的身体受伤轻微的,可以不做伤情鉴定,但是,以下情况需要做伤情鉴定:(1)被侵害人受伤程度较重,可能构成轻伤以上伤害程度的;(2)被侵害人要求做伤情鉴定的;(3)违法嫌疑人、被侵害人对伤害程度有争议的。

因强迫劳动,被侵害人的财物受损,根据当事人提供的购买发票等票据能够认定价值,或者价值明显不够刑事立案标准且双方无争议的,公安机关可以不进行价格鉴证。但如果违法嫌疑人对涉案物品的价值存在异议,且有正当理由要求公安机关进行价格鉴证,公安机关应当进行价格鉴证。

因强迫劳动,精神状况受损的,应视情做精神障碍鉴定。

6.勘验、检查、辨认笔录,现场笔录。

(1)强迫劳动行为发生地的现场检查;被强迫劳动人员的住宿饮食场所的现场检查。(2)被侵害人的人身检查笔录。(3)被侵害人、证人等对违法嫌疑人的辨认笔录。

7.视听资料、电子数据。

(1)用人单位及周边的监控资料。(2)被侵害人、证人等拍摄的视频、音频、照片等。(3)与强迫劳动过程有关的聊天记录;报酬转账记录等。

8.其他证据材料。

(1)证明违法嫌疑人身份的材料和违法犯罪记录,如人口信息、户籍证明、身份证、工作证、专业或技术等级证书复印件等;法院判决书、行政处罚决定书、释放证明书等有效法律文件。(2)抓获经过、处警经过等。

(二)注意事项

强迫劳动行为的证据收集与调查工作,重点是查清强迫的方式与劳动的内容。以暴力、威胁等方式强迫被侵害人劳动的,需要区分强迫劳动的手段行为是否能够包含在"暴力、威胁或其他方式"内。比如,强迫劳动过程中发生的猥亵、强奸等与强迫劳动没有关联的行为,需视为独立的违法或犯罪行为进行调查处理。另外,还需要注意与强迫劳动罪的界限。强迫劳动罪系行为犯,与本行为类似,情节显著轻微,不认为是犯罪的,构成本行为。

🛡 行为认定

(一)对于强迫劳动的行为

主要从以下四个方面进行认定:

1. 本行为侵犯的客体是人身自由权利和劳动权。

2. 本行为在客观方面表现为违反有关劳动法律法规,以暴力、威胁或者其他手段,强迫他人劳动,尚不够刑事处罚的行为。暴力,是指用殴打、体罚、捆绑等对人身实施打击和强制的行为。威胁,是指以扬言伤害、禁闭、没收押金或者集资款等方式相要挟,迫使他人满足其要求的行为。其他手段,是指暴力、威胁手段以外的达到强迫他人劳动目的的手段。例如,我国《劳动法》第 96 条第 1 项规定的以非法限制人身自由的手段强迫劳动的情形。强迫他人劳动,是指行为人违背他人的意愿,采取殴打、体罚、恐吓、限制人身自由等手段迫使他人延长劳动时间或者超体力进行劳动,或者强迫他人劳动而不给或只给少量报酬[①]。

3. 本行为的实施主体一般是单位和个人。单位主要是指用人单位,根据《劳动法》第 2 条和《就业服务与就业管理规定》第 2 条的规定,用人单位,是指在中华人民共和国境内的企业、个体经济组织、民办非企业单位等组织,以及招用与之建立劳动关系的劳动者的国家机关、事业单位、社会团体。个人也可以构成本行为的主体,如传销组织头目组织传销人员无偿为他人提供劳务;农场主雇佣并强制残疾人为其从事农业生产活动等。

4. 本行为主观方面为故意。

(二)与强迫劳动罪的区分

强迫劳动罪(《刑法》第 244 条),是指用人单位或个人以暴力、威胁或者限制人身自由的方法强迫他人劳动,或者明知他人以暴力、威胁或者限制人身自由的方法强迫他人劳动,而为其招募、运送人员或者以其他方式协助他人劳动的行为,即强迫劳动罪包含两种情形,一是直接强迫劳动,二是协助强迫劳动。

关于强迫劳动罪的立案追诉标准,《刑法修正案(八)》在罪状上取消了"情节严重"的规定。两者的主要区别在于行为方式和情节不同。(1)行为方式。本行为的行为方式除包括暴力、威胁或者限制他人人身自由的方式外,还包括其他能够达到强迫他人劳动目的的手段和方法,如利用他人的需求、弱点或困境等强迫他人劳动。而强迫劳动罪的行为方式仅包括暴力、威胁或者限制人身自由的方式。(2)行为的情节。强迫劳动罪可以立案追诉的情形包括

[①] 参见孙茂利主编:《违反公安行政管理行为名称释义与实务指南(2021 年版)》,中国民主法制出版社 2021 年版,第 125 页。

以暴力、威胁或者限制人身自由的方法强迫他人劳动,或者明知他人以暴力、威胁或者限制人身自由的方法强迫他人劳动而为其招募、运送人员或者有其他协助强迫他人劳动行为。

需要注意的是,强迫劳动罪的情节是否严重,不影响构成强迫劳动罪,强迫未成年人劳动,无论未成年人的人数多少,均属于强迫劳动罪的情节严重情形。以暴力、威胁或者限制人身自由的方式强迫他人劳动的行为,在情节轻微、危害不大,不认为是犯罪的情况下,以本行为予以治安管理处罚。

(三)《劳动法》第 96 条第 1 项与本条规定的关系

《劳动法》第 96 条第 1 项规定,用人单位以暴力、威胁或者非法限制人身自由的手段强迫劳动的,由公安机关对责任人员处以 15 日以下拘留、罚款或者警告;构成犯罪的,对责任人员依法追究刑事责任。《劳动法》的该项规定与《治安管理处罚法》第 47 条第 2 项规定属于法条竞合。

《劳动法》对上述行为规定的拘留、罚款或者警告是择一适用的处罚,并不是"并处"关系,且拘留和罚款均未明确具体的处罚幅度。而在 2025 年《治安管理处罚法》生效后,对用人单位以暴力、威胁或者非法限制人身自由的手段强迫劳动,尚不够刑事处罚的,其行为应当定性为"强迫劳动",适用 2025 年《治安管理处罚法》第 47 条的规定。

处罚标准

本行为设置了一般情形和情节较轻两个层次的处罚,均设置了拘留并处罚款的处罚。对于"情节较轻"情形的认定,应当结合行为人的动机、手段、目的、行为的次数和造成的后果等综合考虑。

表 77　强迫劳动行为处罚标准

处罚档次	处罚标准	裁量基准
一般情形	处 10 日以上 15 日以下拘留,并处 1000 元以上 2000 元以下罚款	/
情节较轻	处 5 日以上 10 日以下拘留,并处 1000 元以下罚款	①经被侵害人要求或者他人劝阻及时停止,且后果轻微的 ②强迫他人劳动系以劳务抵偿合法债务,且劳动强度较低的 ③其他情节较轻的情形

案例及解析

【基本案情】王某承包某建筑工地楼房的泥水粉刷工程,雇用黄某、杨某、李某三人施工。开工初期,因工作强度大、加班频繁、工资偏低,黄某选择离职。为保证工期,王某强行要求剩余两名工人每日从早上 7 时工作至晚上 11 时,工作期间不得擅自离岗。李某提出身体吃不消、拒绝继续加班,王某随即对其进行辱骂,并以"若不听从安排,将扣除全部工资"相威胁。在持续三天的高强度劳动下,李某身心俱疲,被迫报警求助。

王某的行为如何定性?

【解析】根据《劳动法》第 36 条规定,国家实行劳动者每日工作时间不超过 8 小时、平均每周工作时间不超过 44 小时的工时制度。本案中,王某在劳动者非自愿情形下,以威胁、辱骂、扣除工资等手段,强迫劳动者在极度疲惫、超出正常劳动强度的条件下继续工作,剥夺了其自主劳动权利,严重侵害人身自由,其行为违反《治安管理处罚法》第 47 条第 2 项规定,应当认定为强迫劳动行为。区分强迫劳动犯罪行为与强迫劳动违法行为的关键在于,强迫行为是否足以使劳动者陷入不能自由选择的境地,本案中王某未对劳动者人身自由进行限制,强迫劳动持续时间较短,且未造成轻伤以上后果,因而不构成《刑法》第 244 条强迫劳动罪。

关联法条

1.《刑法》(2023 年修正)

第 244 条　【强迫劳动罪】以暴力、威胁或者限制人身自由的方法强迫他人劳动的,处三年以下有期徒刑或者拘役,并处罚金;情节严重的,处三年以上十年以下有期徒刑,并处罚金。

明知他人实施前款行为,为其招募、运送人员或者有其他协助强迫他人劳动行为的,依照前款的规定处罚。

单位犯前两款罪的,对单位判处罚金,并对其直接负责的主管人员和其他直接责任人员,依照第一款的规定处罚。

2.《劳动法》(2018 年修正)

第 32 条第 2 项　有下列情形之一的,劳动者可以随时通知用人单位解除劳动合同:

(二)用人单位以暴力、威胁或者非法限制人身自由的手段强迫劳动的;

第 96 条　用人单位有下列行为之一,由公安机关对责任人员处以十五日以下拘留、罚款或者警告;构成犯罪的,对责任人员依法追究刑事责任:

(一)以暴力、威胁或者非法限制人身自由的手段强迫劳动的;

(二)侮辱、体罚、殴打、非法搜查和拘禁劳动者的。

3.《劳动合同法》(2012 年修正)

第 88 条第 1 项　用人单位有下列情形之一,依法给予行政处罚;构成犯罪的,依法追究刑事责任;给劳动者造成损害的,应当承担赔偿责任:

(一)以暴力、威胁或者非法限制人身自由的手段强迫劳动的;

83. 非法限制人身自由

现行规定

《治安管理处罚法》

第 47 条第 3 项　有下列行为之一的,处十日以上十五日以下拘留,并处一千元以上二千

元以下罚款;情节较轻的,处五日以上十日以下拘留,并处一千元以下罚款:

(三)非法限制他人人身自由……的。

立案与管辖

(一)立案标准

违法嫌疑人使用各种方法和手段,违背他人意愿,非法限制他人人身自由,尚不够刑事处罚的行为即达到立案标准。人身自由是自然人在法律范围内,按照自己的意志和利益决定自己身体行动、不受他人或组织非法剥夺的自由。公民的人身自由不受侵犯,禁止非法剥夺或者限制公民的人身自由,除公安机关、国家安全机关、检察机关、人民法院外,其他任何机关、团体或者个人都无权对公民进行拘留、逮捕或者变相剥夺、限制人身自由。

(二)管辖

非法限制人身自由行为,一般由违法行为地管辖。违法行为地包括违法行为发生地和违法结果发生地,一般指的是非法限制人身自由的实施地、开始地、途经地、结束地等与非法限制人身自由行为有关的地点。非法限制人身自由属于持续犯,属于有连续、持续或者继续状态的违法行为,凡连续、持续或者继续实施的地点都属于违法行为地。

非法限制人身自由行为如果由违法嫌疑人居住地公安机关管辖更为适宜的,可以由违法嫌疑人居住地公安机关管辖。如果违法行为涉及多个地区,可以由共同的上级公安机关指定管辖。

证据收集

(一)证据规格

1.违法嫌疑人的陈述和申辩。

(1)违法嫌疑人的基本情况,是否为行政执法或司法工作人员。(2)非法限制人身自由的起止时间、地点、经过、手段以及是否有预谋。(3)非法限制人身自由的次数。(4)非法限制人身自由的目的和动机。(5)实施非法限制人身自由的手段,如扣留、锁闭、捆绑、看守、监管等方法;以及是否有其他限制人身自由的手段,包括监视,限制外出,限制活动区域,限制参加某些活动,若外出要求"请假"等。(6)非法限制人身自由时,是否伴随有殴打、辱骂的情节。(7)非法限制人身自由的工具的来源、下落。(8)被侵害人与违法嫌疑人的关系,被侵害人的精神状况、身体和精神伤害情况等。(9)结伙作案的,询问违法嫌疑人的数量、人员分工、身份及体貌特征、是否预谋、结伙聚合的过程、地位,以及各违法嫌疑人相互关系、相互印证情况。(10)有无他人知晓其非法限制人身自由的违法行为。

2.被侵害人陈述。

(1)被侵害人的基本情况,与违法嫌疑人的关系,违法嫌疑人的基本情况、身份及体貌特征。(2)限制行为发生的起止时间、地点、起因、经过。(3)被非法限制人身自由的人数、次数以及是否有殴打、辱骂的情节。(4)违法嫌疑人限制其人身自由的手段。(5)作案工具的特征、来源、下落。(6)是否要求作伤情鉴定。(7)在场人员的身份、体貌特征等。

3.证人证言。

(1)证人的基本情况。(2)违法嫌疑人、被侵害人的基本情况、身份及体貌特征。(3)行为发生的起止时间、起因、具体经过。(4)被侵害人的人身损害情况、精神状况。(5)违法嫌疑人非法限制人身自由的手段,作案工具的特征、来源、下落等。(6)证人获得案件信息的来源,证人所处位置及与违法嫌疑人、被侵害人之间的关系等。

4.物证、书证。

(1)限制人身自由所用的锁链、手铐等工具;现场痕迹。(2)伪造的传唤证、拘留证或逮捕证等;债务欠条等书证。

5.鉴定意见。

伤情鉴定。非法限制人身自由,导致被侵害人的身体受伤轻微的,可以不做伤情鉴定,但是,以下情况需要做伤情鉴定:(1)被侵害人受伤程度较重,可能构成轻伤以上伤害程度的;(2)被侵害人要求做伤情鉴定的;(3)违法嫌疑人、被侵害人对伤害程度有争议的。

精神障碍鉴定,笔迹鉴定等。

6.视听资料、电子数据。

案件现场及周边视频监控;现场制作的视频资料,违法嫌疑人手机聊天记录。

7.勘验、检查、辨认笔录,现场笔录。

现场勘查笔录、现场图、现场照片等;被侵害人、证人对违法嫌疑人的辨认笔录;现场辨认笔录。

8.其他证据材料。

(1)证明违法嫌疑人身份的材料,如户籍证明、身份证、工作证、专业技术登记证书复印件等;有前科劣迹的,应调取法院判决书、行政处罚决定书或释放证明书等有效法律文件,并制作前科查询证明。

(2)抓获经过、处警经过、报案材料等。

(二)注意事项

1.在行为主体方面应当注意违法嫌疑人的身份特征,是否为司法工作人员;注意被侵害人的身份特征,是否为人大代表。

2.非法限制人身自由行为与非法拘禁行为在客观表现上极度相似。应着重审查非法限制人身自由的行为是否达到刑事立案追诉标准。应当重点收集非法限制人身自由起止时间、次数、手段是否恶劣、危害结果是否严重、是否伴随殴打、辱骂等加重情节的证据。

行为认定

(一)对非法限制人身自由行为的认定

主要从以下四个方面进行认定:

1.本行为侵犯的客体是他人的人身自由权利。行为侵犯对象是享有人身权利的自然人,包括违法犯罪嫌疑人和一般公民,且不受国籍影响。

2.本行为的客观方面表现为违反法律规定,对被侵害人身体实施强制,并足以使被侵害人人身自由受到限制,尚不够刑事处罚的行为。本行为表现为非法性,如果公民被依法采取限制或者剥夺人身自由的处罚和强制措施,不构成本行为。非法限制人身自由的方法多种多样,既可以是拘禁的方法,也可以是捆绑、禁闭、监禁、限制他人活动范围等非法剥夺、限制或者变相剥夺、限制他人行动自由的方法。

3.本行为的实施主体既可以是个人,也可以是单位。如果公安机关、国家安全机关、检察机关、人民法院及其工作人员未依法定程序和手续,擅自实施限制他人人身自由措施,也构成本行为。

4.本行为的主观方面是故意。行为人明知限制他人人身自由是非法的,会造成一定的危害后果,仍然实施该行为,至于出于何种动机,不影响本行为的构成。

(二)人身自由的界定

本行为侵害的法益是人身自由,具体来讲包括两种情形,即人的身体活动的自由和人的身体移动的自由。仅束缚手或脚,使其丧失身体活动的自由,也构成本行为。具体来讲分为三个类型:一是监禁,行为人将被侵害人关押、控制在一定场所的行为;二是控制身体移动,如以暴力、胁迫等手段迫使不得离开;三是使被侵害人丧失四肢活动的自由。另外需要注意的是,非法限制人身自由的行为,属于实害犯;行为人仅口头威胁,并未采取实际限制他人人身自由行动的,不构成本行为。

(三)与非法拘禁罪的区分

非法拘禁罪(《刑法》第238条第1款),是指以拘禁或者以其他方法非法剥夺他人人身自由的行为。非法限制人身自由行为是对非法拘禁罪的衔接与兜底,它与非法拘禁罪的主要区别在于情节和危害后果,非法限制人身自由的情节和危害后果未达到犯罪程度的,可以认定为本行为。危害后果的认定,可以综合考量非法限制人身自由的手段、时长、伤害后果等。

根据《最高人民检察院关于渎职侵权犯罪案件立案标准的规定》,国家机关工作人员利用职权实施的非法拘禁罪的立案追诉标准包括以下情形:(1)非法剥夺他人人身自由24小时以上的;(2)非法剥夺他人人身自由,并使用械具或者捆绑等恶劣手段,或者实施殴打、侮辱、虐待行为的;(3)非法拘禁,造成被拘禁人轻伤、重伤、死亡的;(4)非法拘禁,情节严重,导致被拘禁人自杀、自残造成重伤、死亡,或者精神失常的;(5)非法拘禁3人次以上的;(6)司法工作人员对明知是没有违法犯罪事实的人而非法拘禁的;(7)其他非法拘禁应予追究刑事责任的情形。据此,可引鉴为非法拘禁罪的立案追诉标准。最高人民法院、最高人民检察院、公安部、司法部印发的《关于办理黑恶势力犯罪案件若干问题的指导意见》第18条规定:"黑恶势力有组织地多次短时间非法拘禁他人的,应当认定为《刑法》第二百三十八条规定的'以其他方法非法剥夺他人人身自由'。非法拘禁他人三次以上、每次持续时间在四小时以上,或者非法拘禁他人累计时间在十二小时以上的,应以非法拘禁罪定罪处罚。"

达不到以上刑事立案追诉标准的,可以认定为非法限制人身自由的违反治安管理行为,予以治安管理处罚。

(四)保安员限制他人人身自由的,如何适用法律

《保安服务管理条例》第45条第1款第1项规定,保安员限制他人人身自由的,由公安机关予以训诫;情节严重的,吊销其保安员证;违反治安管理的,依法给予治安管理处罚;构成犯罪的,依法追究刑事责任。

保安员限制他人人身自由是否构成违法或犯罪,主要应根据被限制人身自由的人是否实施了违法犯罪的先前行为,并结合保安员的动机和目的、行为方式以及危害后果等方面进行综合判断。

1.被侵害人是否实施了违法犯罪可疑的先前行为。如果保安员实施限制人身自由的行为是基于制止、抓获正在进行违法、犯罪行为的被侵害人,保安员在制止和抓获违法犯罪嫌疑人并向公安机关报警之后,在等待公安民警到达现场的合理时间内,采取措施阻止违法犯罪嫌疑人离开现场,对其进行一定程度的人身控制,没有超出必要限度的,属于正当履行保安职责和行使公民扭送权利,不构成违法;如果保安员用比较过激的方式如捆绑、将嫌疑人关押在封闭场所,但并未延迟报警,未导致嫌疑人实际伤害,其行为过当,依据《保安服务管理条例》第45条第1款第1项的规定,由公安机关对保安员予以训诫。如果保安员迟迟不报警,将嫌疑人关押在封闭场所,限制其人身自由,即构成《治安管理处罚法》第47条第3项非法限制人身自由行为。

保安员不具有行政执法权,但有公民扭送权和正当防卫权。当保安员发现、制止违法犯罪行为时,可以依法行使公民扭送权或正当防卫权,但应严守法律授权的边界。保安员应控制行为的强度、时长,遵循"最低限度、立即报警、全程记录、及时移交"的规范。

保安员的权利及其边界

法律依据	保安员的权利	保安员的权利边界
《刑事诉讼法》第84条	公民扭送权:任何公民对正在实行犯罪或者在犯罪后即时被发觉的;通缉在案的;越狱逃跑的;正在被追捕的人可扭送公安机关或司法机关处理	仅限现行犯、通缉犯、越狱犯、正在被追捕的嫌疑人,必须立即扭送公安机关或司法机关不得自行拘禁
《保安服务管理条例》第29条第2款	保安员应当及时制止发生在服务区域内的违法犯罪行为,对制止无效的违法犯罪行为应当立即报警,同时采取措施保护现场	明确禁止超越权限限制他人人身自由,仅允许为制止违法犯罪行为采取必要的临时控制措施
《民法典》第181条、《刑法》第20条、《治安管理处罚法》第19条	正当防卫权:为了免受正在进行的不法侵害可采取必要的防卫措施	防卫措施需与侵害程度相当,超过必要限度需担责

2. 保安员的动机、目的。如果保安员是为制止正在发生的违法犯罪行为,或者为了防止违法犯罪嫌疑人逃跑而在合理时间内采取合理手段限制其人身自由,则不构成违法行为。如果保安员单纯基于报复或故意伤害的目的实施限制他人人身自由的行为,应追究保安员的治安违法责任,情节严重或后果严重构成犯罪的,追究其刑事责任。

3. 保安员采取的手段。为制止正在发生的违法犯罪行为,或者为了防止违法犯罪嫌疑人逃跑,保安员采取控制违法犯罪嫌疑人人身自由的强度与方式必须是最低限度,如口头制止、站立阻拦或徒手约束;如果使用手铐、电棍,则超过了必要限度。

4. 限制人身自由的时间是否合理。保安员在控制违法犯罪嫌疑人后立即报警,在警方到达前的合理时限内控制嫌疑人的,不构成违法行为;如果保安员迟迟不报警,故意拘禁嫌疑人,则构成治安违法行为,情节严重或后果严重构成犯罪的,追究其刑事责任。

处罚标准

本行为设置了一般情形和情节较轻两个档次的处罚,均设置了拘留并处罚款的处罚。对于"情节较轻"情形的认定,应当结合行为人的动机、手段、目的、行为的次数和造成的后果等综合考虑。

表78 非法限制人身自由行为处罚标准

处罚档次	处罚标准	裁量基准
一般情形	处10日以上15日以下拘留,并处1000元以上2000元以下罚款	/
情节较轻	处5日以上10日以下拘留,并处1000元以下罚款	未使用殴打、捆绑、侮辱等恶劣手段,且未造成人身伤害或者其他较重危害后果,取得被侵害人谅解

案例及解析

【基本案情】张某(女)与宋某(男)曾是情侣关系,因性格不合,在交往期间多次发生争吵,最终决定分手并断绝联系。分手后次日,张某前往宋某住处取回个人物品,恰逢宋某下班回家。见到张某后,宋某情绪激动,要求复合,张某明确表示拒绝后欲离开。宋某随即强行拉住张某胳膊并扣住行李,阻止其离开,持续一个多小时。其间,张某多次要求离开未果,最终无奈报警求助。公安机关接警后到场,依法进行取证处理。

宋某的行为如何定性?

【解析】本案中,宋某在张某明确要求离开的情况下,仍然采取拉扯、阻拦等方式,持续限制其人身自由,时间达一个多小时,已构成对人身自由权的侵犯,根据《治安管理处罚法》第47条第3项的规定,应当认定为非法限制人身自由行为;考虑到宋某的行为动机、持续时间以及未造成严重后果等情节,可依法认定为情节较轻。

关联法条

1.《宪法》(2018年修正)

第37条　中华人民共和国公民的人身自由不受侵犯。

任何公民,非经人民检察院批准或者决定或者人民法院决定,并由公安机关执行,不受逮捕。

禁止非法拘禁和以其他方法非法剥夺或者限制公民的人身自由,禁止非法搜查公民的身体。

2.《刑法》(2023年修正)

第238条　【非法拘禁罪】非法拘禁他人或者以其他方法非法剥夺他人人身自由的,处三年以下有期徒刑、拘役、管制或者剥夺政治权利。具有殴打、侮辱情节的,从重处罚。

第244条第1款、第2款　【强迫劳动罪】以暴力、威胁或者限制人身自由的方法强迫他人劳动的,处三年以下有期徒刑或者拘役,并处罚金;情节严重的,处三年以上十年以下有期徒刑,并处罚金。

明知他人实施前款行为,为其招募、运送人员或者有其他协助强迫他人劳动行为的,依照前款的规定处罚。

3.《民法典》(2020年)

第1011条　以非法拘禁等方式剥夺、限制他人的行动自由,或者非法搜查他人身体的,受害人有权依法请求行为人承担民事责任。

4.《民事诉讼法》(2023年修正)

第120条　采取对妨害民事诉讼的强制措施必须由人民法院决定。任何单位和个人采取非法拘禁他人或者非法私自扣押他人财产追索债务的,应当依法追究刑事责任,或者予以拘留、罚款。

5.《最高人民法院、最高人民检察院、公安部、司法部关于办理黑恶势力犯罪案件若干问题的指导意见》(法发〔2018〕1号)

第18条　黑恶势力有组织地多次短时间非法拘禁他人的,应当认定为《刑法》第二百三十八条规定的"以其他方法非法剥夺他人人身自由"。非法拘禁他人三次以上、每次持续时间在四小时以上,或者非法拘禁他人累计时间在十二小时以上的,应以非法拘禁罪定罪处罚。

6.《最高人民法院关于对为索取法律不予保护的债务非法拘禁他人行为如何定罪问题的解释》(法释〔2000〕19号)

为了正确适用刑法,现就为索取高利贷、赌债等法律不予保护的债务,非法拘禁他人行为如何定罪问题解释如下:

行为人为索取高利贷、赌债等法律不予保护的债务,非法扣押、拘禁他人的,依照刑法第二百三十八条的规定定罪处罚。

7.《保安服务管理条例》(2022年修订)

第45条第1款第1项　保安员有下列行为之一的,由公安机关予以训诫;情节严重的,吊销其保安员证;违反治安管理的,依法给予治安管理处罚;构成犯罪的,依法追究刑事责任:

(一)限制他人人身自由、搜查他人身体或者侮辱、殴打他人的;

84. 非法侵入住宅

现行规定

《治安管理处罚法》

第47条第3项 有下列行为之一的,处十日以上十五日以下拘留,并处一千元以上二千元以下罚款;情节较轻的,处五日以上十日以下拘留,并处一千元以下罚款:

(三)……非法侵入他人住宅……的。

立案与管辖

(一)立案标准

违法嫌疑人未经法定机关批准或者未经居住人同意,强行进入他人住宅,或者经要求退出而拒绝退出,妨害他人居住安全和正常生活,尚不够刑事处罚的行为即达到立案标准。这包括两层含义:首先,未经住宅居住人同意,且没有法定情形或正当理由,强行侵入他人住宅的行为;其次,经住宅居住人要求退出,无法定或正当理由拒不退出,影响居住人正常生活和居住安全的行为,如居住人原同意行为人进入,后又告知其离开,而行为人无法定情形或正当理由拒不退出的。

(二)管辖

非法侵入住宅行为的管辖,一般由违法行为发生地的公安机关管辖。违法行为发生地,包括违法行为发生地和违法结果发生地,通常都是指非法侵入住宅行为发生的地点。如果由违法行为人居住地管辖更为适宜,可以由违法行为人居住地管辖。

证据收集

(一)证据规格

1.违法嫌疑人的陈述和申辩。

(1)违法嫌疑人的基本情况,是否为执法或司法工作人员。(2)违法嫌疑人与被侵害人的关系,侵入行为是否得到被侵害人的同意,同意是否基于自由意志作出。(3)行为发生的时间、地点、侵入方式、起因、次数、侵入的时长;非法侵入住宅的目的、动机;非法侵入住宅后,是否实施了殴打、侮辱、盗窃、抢劫、故意伤害、偷拍偷窥等其他行为。(4)如果是执法或司法工作人员,需查明是否有搜查证、检查证,是否依据法律程序进行搜查、检查,是否明知其搜查、检查的他人住宅与涉嫌的犯罪或违法行为无关。(5)非法侵入住宅的后果,是否导致被侵害人或者其近亲属抑郁、精神失常;是否有财物损毁。(6)非法侵入住宅是否使用工具,工具的来源及下落。

2. 被侵害人陈述。

(1)被侵害人的基本情况,与违法嫌疑人的关系,违法嫌疑人的身份及体貌特征;如果是执法或司法人员的搜查、检查,其在搜查、检查时是否出示工作证、搜查证、检查证等证件。(2)行为发生的时间、地点、侵入方式、起因、次数、每次侵入时长;非法侵入住宅后,是否实施了殴打、侮辱、盗窃、抢劫、故意伤害、偷拍偷窥等其他行为。(3)住宅内是否有监控,是否拍摄了其他视频照片等现场作案痕迹。(4)违法嫌疑人非法侵入住宅的手段,有无作案工具,作案工具的特征、来源、下落。(5)非法侵入住宅的后果,是否导致被侵害人或者其近亲属抑郁、精神失常;是否有财物损毁;是否做伤情鉴定、涉案财物价格鉴定、精神损害鉴定。(6)其他在场人员的身份、体貌特征等。

3. 证人证言。

(1)证人的基本情况;与双方当事人的关系;如果是执法或司法人员的搜查、检查,其在搜查、检查时是否出示工作证、搜查证、检查证等证件。(2)行为发生的时间、地点、侵入方式、起因、次数、每次侵入时长;非法侵入住宅后,是否实施了殴打、侮辱、盗窃、抢劫、故意伤害、偷拍偷窥等其他行为。(3)非法侵入住宅的后果,是否导致被侵害人或者其近亲属抑郁、精神失常;是否有财物损毁。(4)违法嫌疑人非法侵入住宅的手段,作案工具的特征、来源、下落等。(5)证人获得案件情况的来源,证人所处位置及与双方当事人之间的关系等。

4. 物证、书证。

(1)非法侵入住宅所使用的工具;现场痕迹;被损毁的财物。(2)房产证、租赁合同等证明住宅合法占有人的相关文件。(3)被侵害人的就诊记录、病历等。

5. 鉴定意见。

伤情鉴定、精神损害鉴定、价格鉴证等。

6. 视听资料、电子数据。

案件现场及周边视频监控;现场制作的视频资料;提取当事人、证人现场拍摄的视频、照片等。

7. 勘验、检查、辨认笔录,现场笔录。

现场勘查笔录、现场图、现场照片等;被侵害人、证人对违法嫌疑人的辨认笔录;现场辨认笔录、违法嫌疑人辨认笔录。

8. 其他证据材料。

(1)证明违法嫌疑人身份的材料,如户籍证明、身份证、工作证、专业技术登记证书复印件等;有前科劣迹的,应调取法院判决书、行政处罚决定书、释放证明书等有效法律文件,并制作前科查询证明。(2)抓获经过、处警经过、报案材料等。

(二)注意事项

需要着重收集非法侵入行为给被侵害人造成的损害后果,包括身体伤害、财物损失,还有精神损害,不仅要从侵入时间、次数、时长等各方面考量侵入住宅行为对公民的住宅安全、心理安全造成的冲击,更要分析侵入住宅的原因、目的;对于侵入住宅后还实施了偷拍、偷录等严重侵犯个人隐私,并可能会对公民名誉权、荣誉权、肖像权等造成损害,构成犯罪的,依法追究刑事责任,涉及民事侵权的,告知被侵害人有请求民事赔偿的权利。

行为认定

(一)对非法侵入住宅行为的认定

主要从以下四个方面进行认定:

1. 本行为侵害的客体是他人的住宅安宁权。被侵害人既可以是住宅所有权人,也可以是实际居住在住宅中的承租人、借用人、暂住人。

2. 本行为在客观方面表现为非法侵入他人住宅,妨害他人居住安全和正常生活,尚不够刑事处罚的行为。为了紧急避险进入他人住宅的,即使未经同意,也是合法正当行为。

3. 本行为的实施主体,既可以是个人,也可以是单位。

4. 本行为在主观方面为故意。

(二)住宅的界定

住宅,要求有一定的日常生活设备,是指供人生活和居住,与外界相对隔离的房屋。"供人生活和居住"是住宅的功能特征,"与外界相对隔离"是住宅的场所特征。界定"住宅"时,还需要注意:

1. 住宅只是事实上供人日常生活所使用的场所,不要求居住人一直在房屋内,即居住者因上班、旅行等暂时不在住宅内,其住宅权仍受法律保护。而无人居住的空房、仓库等建筑物,不存在住宅权的保护问题。

2. 住宅可以是临时性的场所,不要求必须是永久性的,公民在承租、借住、暂住的住宅内,都享有住宅权。非法侵入尚未分配、出售或者出租,无人居住的住房,是民事侵权行为,不构成本行为。

3. 对于住宅的理解,属于法律层面的规范理解,不要求行为人认识到"住宅"在法律上的含义,只要行为人认识到自己侵入的是他人日常生活所使用的场所即可。比如,对供渔民日常生活的渔船的侵入,即使行为人误以为渔船不是住宅,也不影响本行为的成立。

4. 住宅包括与住宅主体相连,用于家庭生活(如晾晒、休闲)的独立院落、庭院、车库、储藏室等。非法翻墙进入封闭院落、车库、储藏室的,即使未进入室内,也可能构成非法侵入住宅行为。

(三)"住宅"与"户"的区分

"户"的范畴相对于"住宅"而言更窄一点。《宪法》第39条规定中华人民共和国公民的住宅不受侵犯。"住宅"强调的是许诺权、人身权,而"户"强调的是安宁、平和。比如,学生宿舍、宾馆房间可谓"住宅",但不能谓之"户"。非法侵入学生宿舍、宾馆房间的,可以成立非法侵入住宅罪,但进入学生宿舍、宾馆房间盗窃、抢劫的,不能评价为入户盗窃、抢劫。

《最高人民法院关于审理抢劫案件具体应用法律若干问题的解释》第1条第1款规定,刑法规定的"入户抢劫",是指为实施抢劫行为而进入他人生活的与外界相对隔离的住所,包括封闭的院落、牧民的帐篷、渔民作为家庭生活场所的渔船、为生活租用的房屋等进行抢劫的行为。《最高人民法院关于审理抢劫、抢夺刑事案件适用法律若干问题的意见》第1条对"户"的范围作了详细解释:"'户'在这里是指住所,其特征表现为供他人家庭生活和与外界相对隔离两个方面,前者为功能特征,后者为场所特征。一般情况下,集体宿舍、旅店宾馆、临时搭建工棚等不应认定为'户',但在特定情况下,如果确实具有上述两个特征的,也可以认定为'户'。"

(四)以非法侵入住宅的形式,从事其他违法行为的,是分别决定、合并处罚,还是将非法侵入住宅作为手段行为,仅处罚侵入后实施的违法行为

非法侵入他人住宅行为,往往是其他违法犯罪的预备行为或手段行为,如闯入他人住宅盗窃、偷拍他人隐私等,以入户盗窃、偷拍他人隐私等来定性处罚。需要注意的是:

非法侵入住宅往往以侵害住宅内的财产、身体、生命或者其他人格利益为目的,如非法侵入住宅是为了实施盗窃、强奸、抢劫、杀人等犯罪的,属于目的行为吸收手段行为的情形,按照盗窃、强奸、抢劫、杀人等犯罪追究刑事责任,非法侵入住宅视为犯罪的情节。

(五)非法侵入的界定

违法行为的内容是"非法侵入"住宅,所谓非法,即没有法律依据或正当理由。行为是否构成"非法侵入",与治安管理处罚法所保护的法益具有直接联系。本行为保护的法益是他人的住宅安宁权,非法侵入的行为表现为三个层面:(1)行为人未经居住人允许,没有法律依据或者正当理由而侵入;(2)虽有法律依据,但不依照法定程序而强行进入;(3)进入时居住人同意,但在居住人要求其退出时,仍无理而拒不退出。

在依法进入和紧急避险的情况下,有关人员有权未经允许进入他人住宅。公安、司法人员依法执行搜查、拘留、逮捕、检查等任务,未经居住人同意,也有权强行进入住宅。在紧急避险情况下进入他人住宅的,虽未经居住人同意,进入住宅的行为合法、正当。

另外需要注意的是,居住人同意他人进入住宅的,进入住宅的行为合法,但居住人的同意必须是其自由、真实的意思表示,不存在被威胁、欺骗、胁迫等被迫同意的情形。比如,行为人试图抢劫却谎称是物业服务人员,得到了居住人的同意而进入的,该同意无效,构成本条规定的非法侵入他人住宅的行为。

(六)与非法侵入住宅罪的区分

非法侵入住宅罪(《刑法》第245条),是指非法强行闯入他人住宅,或者经要求退出仍拒绝退出,影响他人正常生活和居住安宁的行为。非法侵入他人住宅"罪"与"非罪"的区别主要表现在行为的情节和后果是否达到刑事立案追诉标准。

目前,关于非法侵入住宅罪的刑事立案追诉标准,还没有相关的司法解释。公安机关在办理非法侵入住宅案件时,不仅要从非法侵入时间、次数等各方面考量侵入住宅行为对公民的住宅安全、心理安全造成的冲击,更要分析侵入住宅的原因、目的。对于侵入住宅后还实施

了偷拍、偷录等严重侵犯个人隐私,并可能会对公民名誉权、荣誉权、肖像权等造成损害的,需要综合评定非法侵入住宅行为的危害后果。对于非法强行侵入他人住宅,经反复要求或者教育仍拒不退出,严重影响他人正常生活和居住安全的;非法强行侵入他人住宅,毁损、污损或者搬走他人生活用品,严重影响他人正常生活的;非法强行侵入并封闭他人住宅,致使他人无法居住的,可以认定构成犯罪,依法追究刑事责任。

(七)行为人非法侵入住宅以后,被侵害人能否进行正当防卫

非法侵入住宅的行为,属于继续犯,只要属于上述认定的"非法侵入"情形的,如果行为人未退出"住宅"范围,即可认定为法益侵害一直存在,房屋主人、实际居住人因此实施的防卫行为,只要没有超过必要的限度,即可认定为正当防卫。《最高人民法院、最高人民检察院、公安部关于依法适用正当防卫制度的指导意见》第5条也明确,对于非法限制他人人身自由、非法侵入他人住宅等不法侵害,可以实行防卫。《治安管理处罚法》第19条规定:"为了免受正在进行的不法侵害而采取的制止行为,造成损害的,不属于违反治安管理行为,不受处罚;制止行为明显超过必要限度,造成较大损害的,依法给予处罚,但是应当减轻处罚;情节较轻的,不予处罚。"

🛡 处罚标准

本行为设置了一般情形和情节较轻两个档次,均设置了拘留并处罚款的处罚。对于"情节较轻"情形的认定,应当结合行为人的动机、手段、目的、行为的次数和造成的后果等综合考虑。

表79 非法侵入住宅行为处罚标准

处罚档次	处罚标准	裁量基准
一般情形	处10日以上15日以下拘留,并处1000元以上2000元以下罚款	/
情节较轻	处5日以上10日以下拘留,并处1000元以下罚款	①因债务纠纷、邻里纠纷侵入他人住宅,经劝阻及时退出,且未造成危害后果的 ②非法侵入他人住宅,自行退出,且未造成危害后果的 ③其他情节较轻的情形

🛡 案例及解析

【基本案情】 某日,在某村村民艾某倒车过程中,李某停放在村口路边的摩托车被不慎撞倒,造成车辆受损。事故发生后,李某多次要求艾某为其更换新车,但双方就赔偿金额协商无果。事后,李某越想越气,带其妻子于某日下午前往艾某家中讨要赔偿。趁艾某开门查看之机,李某及其妻子二人未经允许强行进入艾某家中,在客厅沙发上就座,滞留不走,坚持索要赔偿。艾某多次劝说无果后报警,处警民警随后将李某夫妇依法传唤至派出所调查处理。

李某夫妻的行为应当如何定性?

【解析】本案中,李某及其妻子未经允许,趁机闯入他人住宅并滞留不走,虽构成对他人住宅安宁权的侵犯,但系因民事赔偿纠纷引发,时间短、未实施其他侵扰行为或造成重大损害,社会危害性相对较轻,不构成《刑法》非法侵入住宅罪,但仍违反《治安管理处罚法》第47条第3项的规定,应认定为非法侵入他人住宅行为。非法侵入住宅的行为认定难点就在于行刑区分。因为非法侵入住宅罪没有明确的刑事立案追诉标准的解释,所以定性时,需要综合考量非法侵入住宅行为的社会危害性的严重程度,包括对人身伤害情况、财物损失情况、精神损伤情况等的判定。

关联法条

1.《宪法》(2018年修正)

第39条　中华人民共和国公民的住宅不受侵犯。禁止非法搜查或者非法侵入公民的住宅。

2.《刑法》(2023年修正)

第245条第1款　【非法搜查罪】【非法侵入住宅罪】非法搜查他人身体、住宅,或者非法侵入他人住宅的,处三年以下有期徒刑或者拘役。

3.《民法典》(2020年)

第1033条第2项　除法律另有规定或者权利人明确同意外,任何组织或者个人不得实施下列行为:
(二)进入、拍摄、窥视他人的住宅、宾馆房间等私密空间;

4.《最高人民法院关于审理抢劫、抢夺刑事案件适用法律若干问题的意见》(法发〔2005〕8号)

一、关于"入户抢劫"的认定

根据《抢劫解释》第一条规定,认定"入户抢劫"时,应当注意以下三个问题:一是"户"的范围。"户"在这里是指住所,其特征表现为供他人家庭生活和与外界相对隔离两个方面,前者为功能特征,后者为场所特征。一般情况下,集体宿舍、旅店宾馆、临时搭建工棚等不应认定为"户",但在特定情况下,如果确实具有上述两个特征的,也可以认定为"户"。二是"入户"目的的非法性。进入他人住所须以实施抢劫等犯罪为目的。抢劫行为虽然发生在户内,但行为人不以实施抢劫等犯罪为目的进入他人住所,而是在户内临时起意实施抢劫的,不属于"入户抢劫"。三是暴力或者暴力胁迫行为必须发生在户内。入户实施盗窃被发现,行为人为窝藏赃物、抗拒抓捕或者毁灭罪证而当场使用暴力或者以暴力相威胁的,如果暴力或者暴力胁迫行为发生在户内,可以认定为"入户抢劫";如果发生在户外,不能认定为"入户抢劫"。

85.非法搜查身体

现行规定

《治安管理处罚法》

第47条第3项　有下列行为之一的,处十日以上十五日以下拘留,并处一千元以上二千元以下罚款;情节较轻的,处五日以上十日以下拘留,并处一千元以下罚款：

(三)……非法搜查他人身体的。

立案与管辖

(一)立案标准

违法嫌疑人有未经法律授权或者违反法定程序,对他人身体进行搜查,尚不够刑事处罚的行为即达到立案标准。

(二)管辖

非法搜查他人身体行为的管辖,一般由违法行为发生地的公安机关管辖。违法行为发生地,包括违法行为发生地和违法结果发生地,通常都是指非法搜查他人身体行为发生的地点。如果由违法行为人居住地管辖更为适宜,可以由违法嫌疑人的居住地公安机关管辖。

证据收集

(一)证据规格

1. 违法嫌疑人的陈述和申辩。

(1)违法嫌疑人的基本情况,是否为公安机关、人民检察院、国家安全机关、监察机关工作人员,与被侵害人的关系。(2)非法搜查的时间、地点、具体经过、方式、起因;搜查时,是否实施了殴打、侮辱等行为。(3)如果是公安机关、人民检察院、国家安全机关、监察机关工作人员,需查明是否有搜查证,是否依据法律程序进行搜查,是否明知其搜查的他人身体与涉嫌犯罪无关。(4)非法搜查的目的和动机,是否图报复、耍特权、逼取口供、索取债务等。(5)非法搜查人(次)数。(6)非法搜查的后果,是否导致被搜查人身体伤害、财物损毁或严重精神损害。(7)非法搜查是否使用工具;工具的来源、下落。

2. 被侵害人陈述。

(1)被侵害人的基本情况,与违法嫌疑人的关系,违法嫌疑人的身份及体貌特征;如是公安机关、人民检察院、国家安全机关、监察机关工作人员的搜查,其在搜查时是否出示搜查证。(2)非法搜查其身体行为发生的时间、地点、具体经过;搜查的身体部位、持续时间。(3)被非法搜查的人数、次数以及是否有殴打、辱骂的情节。(4)违法嫌疑人非法搜查的手段,有无作案工具,作案工具的特征、来源、下落。(5)非法搜查的后果,是否导致被侵害人身体伤害、财物损毁或严重精神损害。(6)其他在场人员的身份、体貌特征等。

3. 证人证言。

(1)证人的基本情况;与双方当事人的关系;如是公安机关、人民检察院、国家安全机关、监察机关工作人员的搜查,其在搜查时是否出示搜查证。(2)非法搜查他人身体行为发生的时间、地点、具体过程、持续时间;搜查的身体部位。(3)被侵害人的人身损害情况、精神状况。(4)违法嫌疑人非法搜查的手段,作案工具的特征、来源、下落等。(5)证人获得案件情况的来源,证人所处位置等。

4.物证、书证。

(1)非法搜查所使用的工具;现场痕迹物证。(2)搜查证等相关法律文书、批准文件。(3)被侵害人的就诊记录、病历。

5.鉴定意见。

伤情鉴定、精神损害鉴定、价格鉴证等。

6.视听资料、电子数据。

案件现场及周边视频监控;现场制作的视频资料;提取当事人、证人现场拍摄的视频、照片等。

7.勘验、检查、辨认笔录,现场笔录。

现场勘查笔录、现场图、现场照片等;被侵害人、证人对违法嫌疑人的辨认笔录;现场辨认笔录。

8.其他证据材料。

(1)证明违法嫌疑人身份的材料,如户籍证明、身份证、工作证、专业技术登记证书复印件等;有前科劣迹的,应调取法院判决书、行政处罚决定书、释放证明书等有效法律文件,并制作前科查询证明。(2)抓获经过、处警经过、报案材料等。

(二)注意事项

1.主体方面,应当注意违法嫌疑人的身份特征,是否为公安机关、人民检察院、国家安全机关、监察机关工作人员;注意被侵害人的身份特征,是否为人大代表。

2.客观方面,应当注意非法搜查他人身体与非法搜查罪在行为表现上有着较高的相似性。调查取证时,应着重审查非法搜查的行为是否达到刑事案件的立案标准。应当重点收集非法搜查的人数、次数、手段是否恶劣、危害结果是否严重以及是否伴随殴打、辱骂等行为的证据。

行为认定

(一)对非法搜查行为的认定

主要从以下四个方面进行认定:

1.本行为侵害的客体是他人的人身自由权利。

2.本行为的客观方面表现为未经法律授权或者违反法定程序,搜查他人身体,尚不够刑事处罚的行为。根据《刑事诉讼法》《监察法》《反间谍法》《治安管理处罚法》等法律规定,搜查他人身体必须由公安机关、人民检察院、国家安全机关、监察机关依照法定程序进行。非法搜查他人身体主要有两种情形:一是指无权搜查的机关、团体、单位的工作人员或者个人对他人的身体进行搜查,如实践中常见的超市保安因怀疑顾客偷窃超市商品而对顾客身体进行非法搜查;二是有权搜查的人未经法定机关批准,滥用职权,擅自对他人身体进行搜查。

3.本行为的实施主体既可以是个人,也可以是单位。单位实施本行为的,对其直接负责的主管人员和其他直接责任人员按照有关规定处罚,其法律依据应当适用《治安管理处罚法》

第 18 条和第 47 条第 3 项的规定。

4. 本行为的主观方面是故意。

（二）与非法搜查罪的区分

非法搜查罪（《刑法》第 245 条），是指无权搜查的人擅自非法对他人的身体或者住宅进行搜查的行为。本行为与非法搜查罪的区别主要是：

1. 行为的对象。本行为侵害的对象是他人的身体；而非法搜查罪侵犯的对象是他人的身体或者住宅，搜查行为包括搜索、检查、翻阅、挖掘、搜身、抄家等，搜查的范围包括他人的人身与住宅；当车辆、船舶可以评价为住宅时，对车辆、船舶的搜查也成立非法搜查罪。

2. 行为的情节、后果。本行为情节轻微，危害后果较轻；而非法搜查罪情节、后果较为严重。《最高人民检察院关于渎职侵权犯罪案件立案标准的规定》规定，国家机关工作人员利用职权非法搜查，涉嫌下列情形之一的，应予立案：(1)非法搜查他人身体、住宅，并实施殴打、侮辱等行为的；(2)非法搜查，情节严重，导致被搜查人或者其近亲属自杀、自残造成重伤、死亡，或者精神失常的；(3)非法搜查，造成财物严重损坏的；(4)非法搜查 3 人（户）次以上的；(5)司法工作人员对明知是与涉嫌犯罪无关的人身、住宅非法搜查的；(6)其他非法搜查应予追究刑事责任的情形。可见非法搜查罪的情节、后果比本行为要严重很多。

（三）对保安员搜查他人身体行为的认定

《保安服务管理条例》第 45 条第 1 款第 1 项规定，保安员搜查他人身体的，由公安机关予以训诫；情节严重的，吊销其保安员证；违反治安管理的，依法给予治安管理处罚；构成犯罪的，依法追究刑事责任。

对保安员搜查他人身体行为的认定，需要结合保安员的主观过错、认错态度、行为方式、次数、危害后果等综合评价，以满足行为与处罚相适应原则。

(1)对保安员搜查他人身体的行为，尚不够刑事处罚的行为，应当定性为"非法搜查他人身体"，如果行为情节严重，依法应当吊销保安员证；应当依法予以治安管理处罚的，其法律依据应当是《治安管理处罚法》和《保安服务管理条例》。(2)如果对其行为依法应当予以治安管理处罚，但无须吊销保安员证，其法律依据应当是《治安管理处罚法》。(3)如果保安员行为情节显著轻微，不构成违反治安管理行为，仅应当予以训诫，其法律依据应当是《保安服务管理条例》。

（四）对用人单位非法搜查劳动者的定性和法律适用

《劳动法》第 96 条规定，用人单位有侮辱、体罚、殴打、非法搜查和拘禁劳动者行为的，由公安机关对责任人员处以 15 日以下拘留、罚款或者警告；构成犯罪的，对责任人员依法追究刑事责任。其与《治安管理处罚法》第 47 条第 3 项的规定，存在法条竞合，但是考虑到《劳动法》对上述行为除了规定"15 日以下拘留"外，对罚款处罚未明确具体的处罚幅度，可视为指引性条款，且《治安管理处罚法》(2025 年修订)是新法，因此，按照新法优于旧法的法律适用原则，对用人单位非法搜查劳动者，尚不够刑事处罚的，其行为应当定性为非法搜查他人身体的行为。

(五) 与公然侮辱行为、侮辱罪的区分

侮辱罪(《刑法》第 246 条),是指使用暴力或者其他方法,公然败坏他人名誉,情节严重的行为。公然侮辱行为,是以暴力、辱骂或者其他方法公然贬低他人人格、破坏他人名誉,尚不够刑事处罚的行为。

非法搜查他人身体与公然侮辱他人、侮辱罪,在违法后果方面,有一定的相似性,都有可能导致被侵害人名誉受损、社会评价降低。两者的区别在于目的和动机不同,非法搜查他人身体虽然有与侮辱行为一样的客观后果,但行为本身不具有侮辱他人的主观意图。

以超市经营者对消费者的非法搜查为例:经营者在公共场合非法搜查他人身体,必然使被侵害人在众人围观下陷入难堪的境地,客观上使被侵害人的社会评价降低,名誉受损。《消费者权益保护法》第 27 条亦规定,"经营者不得对消费者进行侮辱、诽谤,不得搜查消费者的身体及其携带的物品,不得侵犯消费者的人身自由"。如果经营者违反这一规定,侵害消费者的人格尊严或人身自由,应当承担相应的法律责任,包括但不限于停止侵害、恢复名誉、消除影响、赔礼道歉以及赔偿损失。非法搜查导致被侵害人的名誉受损、社会评价降低等违法后果,是非法搜查的危害后果,虽然与公然侮辱他人的危害后果相近,但非法搜查者主观目的是查清对方是否盗窃超市商品,而不是以侮辱他人为目的。对于非法搜查导致被侵害人的名誉受损、社会评价降低等违法后果,被侵害人有权要求非法搜查主体立即停止违法行为,并赔礼道歉、赔偿精神损失。

需要注意的是,在非法搜查主体非法搜查过程中,伴随侮辱、猥亵的言语和行为的,需要综合考虑非法搜查主体的主观目的和动机、行为方式、违法后果;存在非法搜查身体与侮辱行为、猥亵行为分别认定,合并处罚的可能。

🛡 处罚标准

本行为设置了一般情形和情节较轻两个档次,两罚均设定了拘留并处罚款的处罚。对于"情节较轻"情形的认定,应当结合非法搜查主体的目的和动机、手段以及非法搜查的人数、次数和造成的后果等综合考虑。

表 80 非法搜查身体行为处罚标准

处罚档次	处罚标准	裁量基准
一般情形	处 10 日以上 15 日以下拘留,并处 1000 元以上 2000 元以下罚款	/
情节较轻	处 5 日以上 10 日以下拘留,并处 1000 元以下罚款	①经被侵害人要求或者他人劝阻及时停止,且未造成人身伤害或者其他危害后果的
		②未使用暴力或者未以暴力相威胁的
		③其他情节较轻的情形

案例及解析

【基本案情】 某日,刘某在超市购物结账后离场时,出口防盗报警器突然鸣响。超市保安以涉嫌盗窃为由,强行将刘某带至办公室进行人身搜查,发现牛奶箱里面有其他未交钱的商品,保安要罚款,而且不让刘某离开。刘某电话联系其儿子求助,两小时后,其子赶到现场并报警。民警调取监控发现,刘某结账时因怀抱牛奶箱遮挡视线,未留意箱底遗留商品,全程无藏匿或逃避付款行为。刘某儿子指出,保安在无确凿证据时强行搜查他人身体,涉嫌违法,要求公安机关依法处置。

对超市保安的行为应当如何定性?

【解析】 超市保安发现顾客身上、携带的箱包里可能有属于超市的东西,应当及时报警,等待警察来依法处理,而不能私自搜查消费者身体,自行查找证据,更无权按照超市的规定搜查消费者身体。因而根据《治安管理处罚法》第47条第3项的规定,超市保安的行为应定性为非法搜查身体。

另外,《民法典》第1177条第1款规定:"合法权益受到侵害,情况紧迫且不能及时获得国家机关保护,不立即采取措施将使其合法权益受到难以弥补的损害的,受害人可以在保护自己合法权益的必要范围内采取扣留侵权人的财物等合理措施;但是,应当立即请求有关国家机关处理。"本案中,超市保安搜查他人身体的行为是否属于自助行为呢?自助行为是指民事主体受到不法侵害之后,为了保护自己的合法权利,在情势紧迫而不能及时请求国家机关予以救助的情况下,对他人的人身自由予以拘束或对他人的财产予以扣押或其他相应措施的行为。其核心条件是事后必须及时提请有关部门处理。本案中,保安的行为并不符合自助行为的构成要件。超市有权保护自己的合法权利,情势紧迫来不及请求公力救济时有权进行自助行为,但是,保安对刘某采取的非法搜查的行为手段是不适当的;超市企图用自己的内部规定处理,远远超出自助行为的限度。

关联法条

1.《宪法》(2018年修正)

第37条第3款 禁止非法拘禁和以其他方法非法剥夺或者限制公民的人身自由,禁止非法搜查公民的身体。

2.《刑法》(2023年修正)

第245条第1款 【非法搜查罪】【非法侵入住宅罪】非法搜查他人身体、住宅,或者非法侵入他人住宅的,处三年以下有期徒刑或者拘役。

3.《民法典》(2020年)

第1011条 以非法拘禁等方式剥夺、限制他人的行动自由,或者非法搜查他人身体的,受害人有权依法请求行为人承担民事责任。

4.《保安服务管理条例》(2022年修订)

第45条第1款第1项 保安员有下列行为之一的,由公安机关予以训诫;情节严重的,吊销其保安

员证;违反治安管理的,依法给予治安管理处罚;构成犯罪的,依法追究刑事责任:

(一)限制他人人身自由、搜查他人身体或者侮辱、殴打他人的;

5.《劳动法》(2018年修正)

第96条第2项　用人单位有下列行为之一,由公安机关对责任人员处以十五日以下拘留、罚款或者警告;构成犯罪的,对责任人员依法追究刑事责任:

(二)侮辱、体罚、殴打、非法搜查和拘禁劳动者的。

6.《消费者权益保护法》(2013年修正)

第27条　经营者不得对消费者进行侮辱、诽谤,不得搜查消费者的身体及其携带的物品,不得侵犯消费者的人身自由。

第二十三节 《治安管理处罚法》第48条

86. 组织、胁迫未成年人有偿陪侍

现行规定

《治安管理处罚法》

第48条 组织、胁迫未成年人在不适宜未成年人活动的经营场所从事陪酒、陪唱等有偿陪侍活动的,处十日以上十五日以下拘留,并处五千元以下罚款;情节较轻的,处五日以下拘留或者五千元以下罚款。

立案与管辖

(一)立案标准

违法嫌疑人有组织、胁迫未成年人在不适宜未成年人活动的经营场所从事陪酒、陪唱等有偿陪侍活动,尚不够刑事处罚的行为即达到立案标准。不适宜未成年人活动的场所包括营业性娱乐场所、酒吧、互联网上网服务营业场所等,也包括以"私人会所""俱乐部""茶室""工作坊"或其他名称经营,但经营内容为不适宜未成年人活动的场所。

(二)管辖

本行为由违法行为地的公安机关管辖,违法行为地包括违法行为发生地和违法结果发生地。违法行为发生地,包括组织、胁迫未成年人在不适宜未成年人活动的经营场所从事陪酒、陪唱等有偿陪侍活动行为的实施地以及开始地、途经地、结束地等与违法行为有关的地点。违法结果发生地,包括违法对象被侵害地等。

由违法行为人居住地公安机关管辖更为适宜的,可以由违法行为人居住地公安机关管辖。移交违法行为人居住地公安机关管辖的行政案件,违法行为地公安机关在移交前应当及时收集证据,并配合违法行为人居住地公安机关开展调查取证工作。几个公安机关都有权管辖的行政案件,由最初受理的公安机关管辖。必要时,可以由主要违法行为地公安机关管辖。

证据收集

(一)证据规格

1. 违法嫌疑人的陈述和申辩。

(1)询问违法嫌疑人的基本情况,包括违法嫌疑人的人数、相互关系、分工情况等;行为的主观目的和动机;违法嫌疑人与场所的关系;(2)询问组织、胁迫未成年人有偿陪侍的具体经

过、方式、手段及持续时间;(3)询问被组织、胁迫的未成年人的基本情况,包括人员数量、身份,体貌特征,相互称谓等;(4)询问有偿陪侍的方式,是否提供陪酒、陪唱、陪舞等陪侍"服务"、色情"服务"以及陪侍费用的支付方式、抽取提成比例等;(5)询问场所内是否有威胁、殴打、猥亵、卖淫、嫖娼、赌博、吸毒等其他违法行为;(6)违法所得情况。

2. 被侵害人陈述。

(1)询问被侵害人的基本情况,包括提供有偿陪侍的人员数量、相互称谓、体貌特征等。(2)询问违法嫌疑人的基本情况,包括人员数量、相互关系、分工情况、相互称谓等。(3)违法嫌疑人与场所的关系。(4)询问被组织、胁迫进行有偿陪侍的具体经过、方式、手段及持续时间。(5)询问有偿陪侍的方式,是否提供陪酒、陪唱、陪舞等陪侍"服务",是否提供让客人搂抱等色情"服务",以及陪侍费用的支付方式、抽取提成比例等。(6)询问危害后果,未成年人是否因此辍学,沾染吸烟、酗酒等恶习,是否受到身体伤害或造成心理创伤等情形。(7)询问是否有威胁、殴打、猥亵、卖淫、嫖娼、赌博、吸毒等其他违法行为。(8)获得"报酬"的方式、数额、场所抽取提成比例等。

3. 证人证言。

(1)证人的基本情况,与违法嫌疑人、被侵害人的关系;(2)违法嫌疑人基本情况,包括人员数量、相互关系、分工情况、相互称谓等;(3)违法嫌疑人与有偿陪侍场所及其负责人的关系;(4)被组织、胁迫有偿陪侍的未成年人的数量、穿着、体貌特征、相互称谓等;(5)组织、胁迫未成年人进行有偿陪侍的具体经过、方式、手段及持续时间;(6)有偿陪侍的方式和具体情节,场所是否主动提供陪侍"服务",场所内陪侍"服务"情况,有无色情"服务"等;(7)是否有威胁、殴打、猥亵、卖淫、嫖娼、赌博、吸毒等其他违法行为。

4. 物证、书证。

(1)组织、胁迫的作案工具,涉及有偿陪侍的物品,包括特定服装、酒水单、价目表等;(2)营业场所营业执照,有偿陪侍工作记录,场所的营业流水、账本、消费单据,组织内部的管理规定、奖惩记录等。

5. 鉴定意见。

(1)伤情鉴定。因违法嫌疑人组织、胁迫有偿陪侍,导致被侵害人的身体受伤轻微的,可以不做伤情鉴定,但是,以下情况需要做伤情鉴定:①被侵害人受伤程度较重,可能构成轻伤以上伤害程度的;②被侵害人要求做伤情鉴定的;③违法嫌疑人、被侵害人对伤害程度有争议的。(2)精神损害鉴定等。

6. 勘验、检查笔录,辨认笔录。

涉案场所的现场检查笔录、对违法嫌疑人的辨认笔录、人身检查笔录等。

7. 视听资料、电子数据。

场所监控视频,存储在个人电子设备上的照片、视频等,以及涉及交易、联络的网络通信记录和内容。

8. 其他证据材料。

(1)证明违法嫌疑人身份的材料和违法犯罪记录。如人口信息、户籍证明,以及身份证、工作证、专业或技术等级证复印件等;法院判决书、行政处罚决定书、释放证明书等有效法律文件。(2)抓获经过、处警经过等。

(二)注意事项

在搜集证据过程中应注意:

1. 区分本行为与相关违法犯罪行为。组织、胁迫未成年人有偿陪侍行为,常伴随其他违法犯罪活动,应注意与组织未成年人进行违反治安管理活动罪、强迫劳动罪、猥亵儿童罪、强制猥亵罪、组织卖淫罪、强迫卖淫罪、强奸罪、拐卖儿童罪等犯罪,以及卖淫、嫖娼、吸毒、猥亵、殴打他人、故意伤害、威胁人身安全等治安违法行为的区分。

2. 保护未成年人的隐私,应确保未成年人的人身安全和心理安全,帮助被组织、胁迫的未成年人更好地融入社会。

行为认定

(一)对组织、胁迫未成年人有偿陪侍行为的认定

主要从以下四个方面进行:

1. 行为侵犯的客体是未成年人的人身权利。未成年人是指不满18周岁的人。

2. 行为的客观方面表现为组织、胁迫未成年人在不适宜未成年人活动的经营场所从事陪酒、陪唱等有偿陪侍活动的行为。组织,包括招募、培训、排班、定价、提供场地等主动策划行为;胁迫,是指通过暴力、恐吓、债务逼迫、精神控制、经济控制、扣押身份证等手段迫使未成年人参与。有偿陪侍活动,是指以获取金钱或物质报酬为目的,向客人提供以满足情感陪伴、社交娱乐需求为主的服务,包括但不限于陪酒、陪唱、陪舞、陪玩游戏、陪聊、陪坐、陪浴等具有亲密性或色情内容的活动等。

3. 行为的主体既可以是自然人,也可以是单位。

4. 行为的主观方面是故意。只要经调查发现被组织、胁迫从事有偿陪侍的人员中有未成年人,即构成本行为。也就是说,违法嫌疑人不得以不知情为由,要求免除其违法责任。

(二)本行为与组织未成年人进行违反治安管理活动罪的区别

组织未成年人进行违反治安管理活动罪(《刑法》第262条之二),是指组织未成年人进行盗窃、诈骗、抢夺、敲诈勒索等违反治安管理活动的行为。二者的区别在于:

1. 行为方式。组织未成年人进行违反治安管理活动罪,包括盗窃、诈骗、抢夺、敲诈勒索等多种违反治安管理活动,而本行为的方式仅限于有偿陪侍活动。

2. 违法情节。组织、胁迫未成年人进行有偿陪侍行为与组织未成年人进行违反治安管理活动罪,在违法情节上有轻重之分。至少应从以下四个方面判断情节的轻重:(1)组织未成年人人数是否众多;(2)是否采取欺骗、威胁、暴力等强迫手段;(3)该违法行为持续时间的长短;(4)违法所得的多寡。情节轻微的,可以本行为追究治安违法责任。

(三)本行为与《娱乐场所管理条例》中"提供以营利为目的的陪侍活动"行为的区别

《娱乐场所管理条例》第 14 条规定,娱乐场所及其从业人员不得提供或者从事以营利为目的的陪侍活动。该行为与本行为的区别主要是行为主体和发生的场所不同。

《娱乐场所管理条例》规定的"提供以营利为目的的陪侍活动"行为主体,必须是娱乐场所的经营管理人员、从业人员,且行为须发生在以营利为目的,并向公众开放、消费者自娱自乐的歌舞、游艺等场所。而本行为行为地点不仅包括歌舞、游艺等娱乐场所,还包括互联网上网服务营业场所,以及以"私人会所""俱乐部""茶室""工作坊"或其他名称经营,但经营内容为不适宜未成年人活动的其他场所;行为主体是一般主体,不局限于娱乐场所经营管理人员、从业人员。

处罚标准

本行为设置了一般情形和情节较轻两个层次的处罚。对于"情节较轻"情形的认定,应当结合组织的未成年人人员数量、持续时间、胁迫的方法、未成年人受到的身体和精神伤害等情况综合考虑。

表 81　组织、胁迫未成年人有偿陪侍行为处罚标准

处罚档次	处罚标准	裁量基准
一般情形	处 10 日以上 15 日以下拘留,并处 5000 元以下罚款	/
情节较轻	处 5 日以下拘留或者 5000 元以下罚款	①未使用暴力方法 ②被组织的未成年人人数较少 ③被组织或胁迫的未成年人未进行有偿陪侍活动 ④未成年人未受到"顾客"的肢体碰触、语言挑逗或侮辱,未造成未成年人身体伤害和精神伤害,以及其他情节较轻的情形

案例及解析

【基本案情】某日,社会闲散人员陈某经朋友介绍,结识了 16 岁的职业学校学生马某(女)。在接触过程中,陈某以"工作轻松、薪资优厚"为由,劝说马某前往某歌舞厅工作,但刻意隐瞒了陪酒、陪唱等有偿陪侍内容。马某在歌舞厅短暂工作后感到不适并提出退出,陈某却以"签署协议、提前离职需赔偿"为由施加心理压力,迫使其勉强留下继续陪侍,马某妈妈察觉异常后报警。经查,除马某外,还有 3 名未成年女学生被陈某组织参与陪酒、陪唱。其间,该歌舞厅经理李某见陈某为其带来高额包间费用和高价酒水费用,从而放任上述违法行为发生。

本案中有哪些违法行为,如何定性处罚?

【解析】本案中,陈某为牟利,组织马某等 4 名未成年人,在禁止未成年人活动的歌舞厅

（详见《娱乐场所管理条例》第 23 条和第 24 条的规定）从事陪酒、陪唱服务，严重侵害未成年人身心健康。在马某提出退出时，陈某用"违约赔偿"的手段胁迫马某继续从事有偿陪侍活动，根据《治安管理处罚法》第 48 条的规定，陈某的行为应认定为组织、胁迫未成年人有偿陪侍行为，应处 10 日以上 15 日以下拘留，并处 5000 元以下罚款。

根据《娱乐场所管理条例》第 14 条的规定，娱乐场所不得为实施以营利为目的的陪侍活动提供条件。该歌舞厅经理李某明知陈某组织未成年人在其管理的歌舞厅内从事有偿陪侍活动，不仅未予制止，反而因经济效益显著而变相支持，已构成"提供条件"行为。根据《娱乐场所管理条例》第 43 条的规定，对提供有偿陪侍条件的娱乐场所，可责令停业整顿 3 个月至 6 个月。

关联法条

1.《刑法》(2023 年修正)

第 262 条之二　【组织未成年人进行违反治安管理活动罪】组织未成年人进行盗窃、诈骗、抢夺、敲诈勒索等违反治安管理活动的，处三年以下有期徒刑或者拘役，并处罚金；情节严重的，处三年以上七年以下有期徒刑，并处罚金。

2.《娱乐场所管理条例》(2020 年修订)

第 23 条　歌舞娱乐场所不得接纳未成年人。除国家法定节假日外，游艺娱乐场所设置的电子游戏机不得向未成年人提供。

第 24 条　娱乐场所不得招用未成年人；招用外国人的，应当按照国家有关规定为其办理外国人就业许可证。

3.《未成年人保护法》(2024 年修正)

第 61 条　任何组织或者个人不得招用未满十六周岁未成年人，国家另有规定的除外。

营业性娱乐场所、酒吧、互联网上网服务营业场所等不适宜未成年人活动的场所不得招用已满十六周岁的未成年人。

招用已满十六周岁未成年人的单位和个人应当执行国家在工种、劳动时间、劳动强度和保护措施等方面的规定，不得安排其从事过重、有毒、有害等危害未成年人身心健康的劳动或者危险作业。

任何组织或者个人不得组织未成年人进行危害其身心健康的表演等活动。经未成年人的父母或者其他监护人同意，未成年人参与演出、节目制作等活动，活动组织方应当根据国家有关规定，保障未成年人合法权益。

第二十四节 《治安管理处罚法》第 49 条

87. 胁迫、诱骗、利用他人乞讨

▎现行规定

《治安管理处罚法》

第 49 条第 1 款 胁迫、诱骗或者利用他人乞讨的,处十日以上十五日以下拘留,可以并处二千元以下罚款。

▎立案与管辖

(一)立案标准

违法嫌疑人为非法牟利或获取其他利益,胁迫、诱骗或利用他人乞讨,尚不够刑事处罚的行为即达到立案标准。胁迫、诱骗或者利用他人乞讨的行为系"行为犯",只要行为人实施了胁迫、诱骗或者利用他人乞讨的行为,无论"乞讨人"是否乞讨成功以及乞讨数额的多少,均不影响本违法行为的成立。另外,需要注意违法嫌疑人与被胁迫、诱骗或者利用的乞讨人不构成共同违法,不对乞讨人进行处罚。

(二)管辖

一般由违法行为地公安机关管辖。违法行为地包括违法行为发生地和违法结果发生地。违法行为发生地,一般指的是违法行为的实施地以及开始地、途经地、结束地等与违法行为有关的地点,如乞讨行为发生地。如果由违法行为人居住地管辖更为适宜,可以由违法行为人居住地管辖。

如果违法行为涉及多个地区,几个公安机关都有权管辖,由最初受理的公安机关管辖。必要时,可以由主要违法行为地公安机关管辖。对管辖权发生争议的,报请共同的上级公安机关指定管辖,案件重大、复杂的,上级公安机关可以直接办理或者指定管辖。

▎证据收集

(一)证据规格

1. 违法嫌疑人的陈述和申辩。

(1)违法嫌疑人的基本情况、人员数量、预谋的过程、相互关系及人员分工情况;胁迫、诱骗、利用他人乞讨的起因、主观目的和动机、具体过程;(2)被胁迫、诱骗、利用乞讨的人员数量、身份信息、体貌特征、人身健康、精神状况,与违法嫌疑人的关系;(3)胁迫、诱骗、利用他人

乞讨的地域范围、时间范围、违法所得情况;(4)有无造成被侵害人身体伤害或死亡。

2. 被侵害人陈述。

(1)被侵害人的基本情况,包括身份信息、人员数量、体貌特征、身体健康状况、精神状况;(2)违法嫌疑人的基本情况,包括人员数量、身份、体貌特征、相互关系及分工情况;(3)参与乞讨的原因;(4)被胁迫、诱骗、利用进行乞讨的时间、地点、具体过程;乞讨"收入"的分配情况;(5)有无人员伤亡、财产损失、精神损害等情况,是否做伤情鉴定;(6)被胁迫、诱骗、利用乞讨过程中有无发生殴打、辱骂等其他违法行为;(7)是否还有其他人员知晓案件情况。

3. 证人证言。

(1)证人的基本情况,与违法嫌疑人、被侵害人的关系;(2)胁迫、诱骗、利用他人乞讨行为发生的时间、地点、具体过程;(3)乞讨人的人员数量、体貌特征,包括年龄、身体健康状况、精神状况等,违法嫌疑人的基本情况、人员数量、体貌特征,违法嫌疑人与乞讨人的关系等;(4)有无拍摄相关的视频和照片等。

4. 物证、书证。

(1)违法嫌疑人胁迫、诱骗、利用他人乞讨的作案工具;(2)乞讨人的乞讨工具。

5. 鉴定意见。

精神损害鉴定、伤情鉴定、DNA鉴定。

6. 视听资料、电子数据。

(1)乞讨活动周边视频监控,被侵害人居住生活场所内部视频监控;(2)证明违法行为的聊天信息、短信、照片、视频等;(3)被侵害人、证人提供的照片、音视频资料;(4)现场执法视频。

7. 勘验、检查笔录,现场笔录,辨认笔录。

违法行为聚集地的现场检查笔录及现场图、现场照片等,证人及被侵害人对违法嫌疑人的辨认笔录。

8. 其他证据材料。

(1)证明违法嫌疑人身份的材料和违法犯罪记录。如人口信息、前科查询证明、户籍证明,以及身份证、工作证、专业或技术等级证复印件等;法院判决书、行政处罚决定书、释放证明书等有效法律文件。(2)抓获经过、处警经过等。

(二)注意事项

《治安管理处罚法》第49条第1款中的"胁迫、诱骗或者利用他人乞讨"是三个行为类型,相互之间是选择关系,而非同时具备,只要行为具备其中一个要素即可构成本行为。

胁迫、诱骗、利用他人乞讨行为,常伴随故意伤害、殴打、辱骂等行为,应注意全面搜集证据,考虑行为人的主观恶意、行为方式、造成后果以及对社会秩序的影响。对于情节严重、涉嫌犯罪的,应当依法追究刑事责任。

行为认定

(一) 对胁迫、诱骗、利用他人乞讨行为的认定

主要从以下四个方面进行认定：

1. 本行为侵犯的客体是他人的人身权利。

2. 行为的客观方面表现为行为人胁迫、诱骗或利用他人乞讨，为自己牟取利益，尚不够刑事处罚的行为。胁迫，是指行为人以实施暴力或者其他有损身心健康的行为，如冻饿、体罚等相要挟，逼迫他人进行乞讨的行为。诱骗，是指行为人利用他人的弱点或者利用亲属关系，或者以许诺、诱惑、欺骗等手段，指使他人乞讨的行为。利用，是指行为人使用各种手段让他人自愿地按其要求进行乞讨的行为。例如，给残疾人、未成年人或者老年人的家属、监护人或者其本人支付一定的金钱，使其"自愿"乞讨为行为人牟取非法利益。

3. 本行为的主体是达到责任年龄，具有责任能力的自然人。

4. 本行为的主观方面表现为故意。

(二) 本行为与"组织残疾人、儿童乞讨罪"的区别

组织残疾人、儿童乞讨罪（《刑法》第262条之一），是指以暴力、胁迫手段组织残疾人或者不满14周岁的未成年人乞讨的行为。本行为与组织残疾人、儿童乞讨罪的主要区别是：

1. 行为手段。本行为的手段为胁迫、诱骗或者利用，行为方式比较广泛。而组织残疾人、儿童乞讨罪是以暴力、胁迫手段组织特定人员乞讨。

2. 行为对象。胁迫、诱骗、利用他人乞讨行为中，胁迫、诱骗、利用的行为对象没有限制，可以为任何人。而组织残疾人、儿童乞讨罪的行为对象只有残疾人和不满14周岁的未成年人。

3. 行为主体。构成胁迫、诱骗或者利用他人乞讨行为的主体更为广泛，实施胁迫、诱骗或者利用他人乞讨的行为人都能构成本行为。而构成组织乞讨罪的处罚对象却只限于组织者，对参与看管、"监督"残疾人、儿童乞讨的成员，不认定为组织残疾人、儿童乞讨罪。

处罚标准

表82　胁迫、诱骗、利用他人乞讨行为处罚标准

处罚档次	处罚标准
一般情形	处10日以上15日以下拘留，可以并处2000元以下罚款

案例及解析

【基本案情】某热心市民王某报警反映，早上在上班路上看到一个15岁左右的男孩，在菜市场门口乞讨。经公安机关调查，宫某最近刚失业，为了赚钱，采取打骂、挨饿等方式，让其抚养的15岁男孩坐在自制的木质平板车上唱歌，沿商场、菜市场、步行街等地行乞，乞讨所得由

宫某掌控。

宫某行为如何定性？

【解析】宫某通过打骂、挨饿等方式迫使男童乞讨，并利用男童乞讨获利，宫某行为构成《治安管理处罚法》第49条第1款规定的胁迫他人乞讨行为和利用他人乞讨行为。同时，宫某与该男童属于抚养关系，宫某利用被抚养的未成年人的弱势地位，让其乞讨，主观恶性较大，应在法定处罚幅度内从重处罚。

关联法条

1.《刑法》(2023年修正)

第262条 【拐骗儿童罪】拐骗不满十四周岁的未成年人，脱离家庭或者监护人的，处五年以下有期徒刑或者拘役。

第262条之一 【组织残疾人、儿童乞讨罪】以暴力、胁迫手段组织残疾人或者不满十四周岁的未成年人乞讨的，处三年以下有期徒刑或者拘役，并处罚金；情节严重的，处三年以上七年以下有期徒刑，并处罚金。

2.《未成年人保护法》(2024年修正)

第54条第3款 禁止胁迫、诱骗、利用未成年人乞讨。

第92条第1项 具有下列情形之一的，民政部门应当依法对未成年人进行临时监护：

(一)未成年人流浪乞讨或者身份不明，暂时查找不到父母或者其他监护人的；

3.《最高人民法院关于审理拐卖妇女儿童犯罪案件具体应用法律若干问题的解释》(法释〔2016〕28号)

第6条 收买被拐卖的妇女、儿童后又组织、强迫卖淫或者组织乞讨、进行违反治安管理活动等构成其他犯罪的，依照数罪并罚的规定处罚。

4.《最高人民法院、最高人民检察院、公安部、民政部关于依法处理监护人侵害未成年人权益行为若干问题的意见》(法发〔2014〕24号)

1.本意见所称监护侵害行为，是指父母或者其他监护人(以下简称监护人)性侵害、出卖、遗弃、虐待、暴力伤害未成年人，教唆、利用未成年人实施违法犯罪行为，胁迫、诱骗、利用未成年人乞讨，以及不履行监护职责严重危害未成年人身心健康等行为。

35(五).被申请人有下列情形之一的，人民法院可以判决撤销其监护人资格：

(五)胁迫、诱骗、利用未成年人乞讨，经公安机关和未成年人救助保护机构等部门三次以上批评教育拒不改正，严重影响未成年人正常生活和学习的；

5.《最高人民检察院、国家监察委员会、教育部、公安部、民政部、司法部、国家卫生健康委员会、中国共产主义青年团中央委员会、中华全国妇女联合会关于印发〈关于建立侵害未成年人案件强制报告制度的意见(试行)〉的通知》(高检发〔2020〕9号)

第4条第8项 本意见所称在工作中发现未成年人遭受或者疑似遭受不法侵害以及面临不法侵害危险的情况包括：

(八)发现未成年人被组织乞讨的；

6.《民政部、公安部、财政部、住房城乡建设部、卫生部关于进一步加强城市街头流浪乞讨人员救助管理和流浪未成年人解救保护工作的通知》(2009 年)

二、认真履行部门职责,协调配合做好落实工作

(二)公安机关要强化街头管理和打击解救工作力度,协助民政、卫生部门做好街头救助和站内管理工作。

二是强化立案工作。各级公安机关要本着对人民群众高度负责的态度,强化立案工作。凡是接到举报发现拐卖、拐骗、胁迫、诱骗、利用未成年人乞讨或组织未成年人违法犯罪的,接待民警要认真询问案情,及时出警,对涉嫌犯罪的分别按照拐卖儿童罪、拐骗儿童罪、组织儿童乞讨罪、组织未成年人进行违反治安管理活动罪立案侦查;构成违反治安管理行为的,依法给予治安管理处罚。

88. 以滋扰他人的方式乞讨

现行规定

《治安管理处罚法》

第 49 条第 2 款 反复纠缠、强行讨要或者以其他滋扰他人的方式乞讨的,处五日以下拘留或者警告。

立案与管辖

(一)立案标准

违法嫌疑人通过反复纠缠、制造事端、强行讨要或其他滋扰他人的手段进行乞讨,尚不够刑事处罚的行为即达到立案标准。执法中,要注意将有违法行为的乞讨人员与一般流浪乞讨人员进行区分。对于为生活所迫,且不采取滋扰他人的方式进行乞讨的一般流浪乞讨人员,不认定为违法行为。

(二)管辖

一般由违法行为地公安机关管辖。违法行为地包括违法行为发生地和违法结果发生地。违法行为发生地,一般指的是违法行为的实施地以及开始地、途经地、结束地等与违法行为有关的地点,如滋扰行为发生地。如果由违法行为人居住地管辖更为适宜,可以由违法行为人居住地管辖。

如果违法行为涉及多个地区,几个公安机关都有权管辖,由最初受理的公安机关管辖。必要时,可以由主要违法行为地公安机关管辖。对管辖权发生争议的,报请共同的上级公安机关指定管辖,案件重大、复杂的,上级公安机关可以直接办理或者指定管辖。

证据收集

（一）证据规格

1. 违法嫌疑人的陈述和申辩。

（1）违法嫌疑人的基本情况；（2）滋扰行为发生的时间、地点、具体过程、持续时间，滋扰的方式和手段；（3）以滋扰他人的方式乞讨的起因、主观目的和动机；（4）有无造成被侵害人人身伤害或财物损失；（5）有无携带工具，作案工具的来源及下落；（6）现场有无发生殴打、辱骂等其他违法行为；（7）结伙作案的，询问违法嫌疑人的数量、身份、衣着特征、预谋、结伙聚合的过程、相互关系及各自分工。

2. 被侵害人陈述和其他证人证言。

（1）被侵害人、证人的基本情况；（2）违法嫌疑人的人员数量、身份、体貌特征、相互关系、相互分工情况；（3）以滋扰他人的方式乞讨的行为的时间、地点、具体过程，滋扰的具体方式和手段；有无作案工具，作案工具的来源及下落；（4）人员伤亡、财产损失、时间延误等危害后果情况，是否做伤情鉴定；（5）现场有无发生殴打、辱骂等其他违法行为；（6）是否有摄录相关的视、音频等，现场是否有监控等；（7）现场是否还有其他在场人员。

3. 物证、书证。

用以反复纠缠、强行讨要或者滋扰他人的工具，违法所得。

4. 鉴定意见。

精神损害鉴定、伤情鉴定。

5. 视听资料、电子数据。

（1）现场音视频、视频监控资料；（2）能够证明违法行为的视频、照片等；（3）现场执法记录。

6. 勘验、检查笔录，现场笔录，辨认笔录。

现场勘查笔录、现场图、现场照片、提取的痕迹物证等，证人及被侵害人对违法嫌疑人的辨认笔录。

7. 其他证据材料。

（1）证明违法嫌疑人身份的材料和违法犯罪记录。如人口信息、违法犯罪记录查询证明、户籍证明，以及身份证、工作证、专业或技术等级证复印件等；法院判决书、行政处罚决定书、释放证明书等有效法律文件。（2）抓获经过、处警经过等。

（二）注意事项

调查以滋扰他人的方式乞讨的行为时，应当结合违法行为人的以往违法犯罪记录，考虑是否应定性为寻衅滋事行为。比如，多次反复纠缠、强行讨要或者以其他滋扰他人的方式乞讨的，无事生非甚至借故生非的，以大欺小、以强凌弱的，可以考虑定为寻衅滋事行为。以滋扰他人方式乞讨的行为侵犯的法益为身体健康、人身自由等与人身权利相关的权利，一旦形成风气，对社会管理也会造成障碍，公安机关应及时查处。

> 行为认定

(一)对以滋扰他人的方式乞讨的认定

主要从以下四个方面进行认定：

1. 本行为侵犯的客体是他人的人身权利。

2. 本行为在客观方面表现为采用反复纠缠、强行讨要或者其他滋扰他人的方式乞讨的行为。反复纠缠，通常表现为乞讨人员向他人行乞遭拒绝后，仍采取阻拦、尾随等其他令人反感的方式继续乞讨钱财。强行讨要，通常表现为采用生拉硬拽、辱骂、拦路、抱腿、吐口水、拉扯、干扰他人经营或工作等蛮不讲理、令人厌恶的方式，迫使他人不得不给付钱物的行为。其他滋扰他人的方式，是指以反复纠缠、强行讨要以外的滋扰方式进行乞讨的行为，例如，以磕头、卖唱、表演的形式乞讨，并索要钱物，不给付钱物就继续纠缠的。

3. 行为的实施主体是自然人。

4. 本行为在主观方面表现为故意。

(二)有违法行为的流浪乞讨人员与一般流浪乞讨人员的界限

公安机关人民警察应注意区分一般流浪乞讨人员和有违法行为的流浪乞讨人员，从而选择不同的处置方法。对于因生活窘迫，不采取滋扰他人方式进行乞讨的一般流浪乞讨人员，人民警察应当按照《城市生活无着的流浪乞讨人员救助管理办法》第5条的规定，告知流浪乞讨人员向救助站求助，对其中的残疾人、未成年人、老年人和行动不便的其他人员，还应当引导、护送其到救助站。对于以滋扰他人的方式乞讨的，应根据《治安管理处罚法》的规定予以定性、处罚。

(三)本行为与"寻衅滋事行为中的强拿硬要或者任意损毁、占用公私财物行为"的区别

反复纠缠、强行讨要或者以其他滋扰他人的方式乞讨的行为与寻衅滋事行为中的"强拿硬要或者任意损毁、占用公私财物"相似，两者的区别在于行为动机、目的和危害后果不同。

1. 行为动机、目的。反复纠缠、强行讨要或者以其他滋扰他人的方式乞讨，主要是为了获取财物，通常是由于生活困难、经济窘迫等原因。寻衅滋事行为中的"强拿硬要或者任意损毁、占用公私财物"，通常是为了发泄情绪、满足不良心理需求等，具有较大的随意性，目的是扰乱公共秩序。

2. 危害后果。反复纠缠、强行讨要或者以其他滋扰他人的方式乞讨的行为，导致公民的人身权利和行动自由受到妨碍；而寻衅滋事行为中的"强拿硬要或者任意损毁、占用公私财物"，导致公共秩序和安宁受到破坏。如果反复纠缠、强行讨要或者以其他滋扰他人的方式乞讨，导致被侵害人损失财物价值过高，则应考虑其构成敲诈勒索行为或敲诈勒索罪。

(四)本行为与"敲诈勒索行为"的区别

《治安管理处罚法》第58条规定的敲诈勒索行为，是指以非法占有为目的，以威胁、要挟、恫吓的方法，强行索取他人少量财物的行为。以滋扰他人的方式乞讨的行为与敲诈勒索行为

的区别,主要表现在行为方式上。敲诈勒索行为表现为采用威胁、要挟、恫吓的方法,造成被侵害人精神恐惧,不得已交出财物。而以滋扰他人的方式乞讨的行为表现为反复纠缠、强行讨要。例如,乞讨人员遭拒绝后,仍采取阻拦、尾随的方式反复纠缠,或者以生拉硬拽、辱骂、抱腿、吐口水、拦车、拉扯、干扰他人经营或工作等蛮不讲理的方式强行讨要钱物。

处罚标准

本行为设置了拘留或警告的处罚。对于反复纠缠、强行讨要或者以其他滋扰他人的方式乞讨的,应当结合行为人的动机、手段和造成的危害后果等综合考虑给予拘留还是警告的处罚。

表83 以滋扰他人的方式乞讨行为处罚标准

处罚档次	处罚标准
一般情形	处5日以下拘留或者警告

案例及解析

【基本案情】陈某与朱某是某特殊教育学校的同学,之前曾进厂打工,因嫌工作辛苦、收入低,二人合谋转而从事街头乞讨。为此,两人统一印制了标注"爱心捐赠"的卡片,并配有微信、支付宝收款二维码,挂在脖子上,游走于主城区的街头巷尾、商业街、农贸市场等公共场所,以"献爱心"的名义开展乞讨活动。起初,二人行为较为克制,并未滋扰行人。后因收益不佳,二人总结出"经验",专门针对年轻人,特别是独自行走的年轻女性,采取上前拦路、下跪磕头等方式进行滋扰,强行索要钱财,引发群众报警。

陈某、朱某行为如何定性?

【解析】本案中,起初陈某与朱某以"捐赠"名义,展示收款二维码,未主动滋扰他人,属于正常乞讨范畴,不构成违法。但后续采取上前拦路、下跪磕头等方式索取财物,其行为性质已经超出合法乞讨的范畴,侵犯他人的人身权利,属于典型的反复纠缠、滋扰行为,违反《治安管理处罚法》第49条第2款规定,应认定为以滋扰他人方式乞讨的行为。

关联法条

《刑法》(2023年修正)

第274条 【敲诈勒索罪】敲诈勒索公私财物,数额较大或者多次敲诈勒索的,处三年以下有期徒刑、拘役或者管制,并处或者单处罚金;数额巨大或者有其他严重情节的,处三年以上十年以下有期徒刑,并处罚金;数额特别巨大或者有其他特别严重情节的,处十年以上有期徒刑,并处罚金。

第293条 【寻衅滋事罪】有下列寻衅滋事行为之一,破坏社会秩序的,处五年以下有期徒刑、拘役或者管制:

(一)随意殴打他人,情节恶劣的;

(二)追逐、拦截、辱骂、恐吓他人,情节恶劣的;

(三)强拿硬要或者任意损毁、占用公私财物,情节严重的;
(四)在公共场所起哄闹事,造成公共场所秩序严重混乱的。
纠集他人多次实施前款行为,严重破坏社会秩序的,处五年以上十年以下有期徒刑,可以并处罚金。

第二十五节 《治安管理处罚法》第 50 条

89. 威胁人身安全

▎现行规定▎

《治安管理处罚法》

第 50 条第 1 款第 1 项 有下列行为之一的,处五日以下拘留或者一千元以下罚款;情节较重的,处五日以上十日以下拘留,可以并处一千元以下罚款:

(一)写恐吓信或者以其他方法威胁他人人身安全的;

▎立案与管辖▎

(一)立案标准

违法嫌疑人有写恐吓信或者以其他方法威胁他人人身安全,尚不够刑事处罚的行为即达到立案标准。以其他方法威胁他人人身安全,包括投寄恐吓物(如子弹、匕首等),当面用言语或者打电话直接威胁,或者通过暗示的方法威胁,通过第三人的转告来威胁,往他人房内投掷砖石,在互联网上发布威胁信息等方式。该行为系行为犯,即不要求发生行为人所威胁、恐吓的实质结果,即可构成本行为。

(二)管辖

威胁人身安全案件一般由违法行为发生地公安机关管辖。违法行为发生地,主要是指威胁他人人身安全行为的发生地和违法结果发生地。由违法行为人居住地管辖更为适宜的,可以由违法行为人居住地管辖。违法行为涉及多个地区,如快递邮寄地、违法行为人居住地、被侵害人居住地等多个公安机关具有管辖权,由最先受理地公安机关管辖,对管辖有争议的,可以报请共同的上级机关指定管辖。

▎证据收集▎

(一)证据规格

1.违法嫌疑人的陈述和申辩。

(1)违法嫌疑人的基本情况,与被侵害人的关系;(2)威胁他人人身安全行为发生的时间、地点,威胁的手段和方式;(3)威胁他人人身安全的主观目的和动机,事情起因;(4)人员伤害、财产损失情况;(5)是否实施威胁内容,是否准备作案工具,作案工具的来源及下落;(6)结伙作案的,违法嫌疑人的数量、身份、衣着特征,预谋、结伙聚合的过程、相互关系及各自分工,以及各违法嫌疑人相互关系、相互印证情况。

2.被侵害人陈述和其他证人证言。

(1)被侵害人、证人的基本情况,与违法嫌疑人的相互关系;(2)违法嫌疑人实施威胁他人人身安全行为的主观目的和动机、具体过程,包括具体的威胁内容和威胁方式;(3)有无人员伤害、财产损失、精神损害等;(4)是否有摄录相关的视音频等;(5)现场是否还有其他在场人员。

3.物证、书证。

作案工具,包括刀具、投寄的恐吓物等,威胁的海报等。

4.鉴定意见。

精神损害鉴定等。

5.视听资料、电子数据。

现场音视频、视频监控资料;社交平台聊天信息、短信、图片等。

6.勘验、检查笔录,现场笔录。

现场勘查笔录,现场图、现场照片、提取的痕迹物证等。

7.辨认笔录。

证人及被侵害人对违法嫌疑人的辨认笔录,嫌疑人、证人、被侵害人对作案工具的辨认。

8.其他证据材料。

(1)证明违法嫌疑人身份的材料和违法犯罪记录,如人口信息、户籍证明、身份证、工作证、专业或技术等级证复印件等,法院判决书、行政处罚决定书、释放证明书等有效法律文件。(2)抓获经过、处警经过等。

(二)注意事项

威胁他人人身安全行为的调查与采集工作,应注意:(1)有关"威胁"的内容和方式证据的搜集,应及时取证,防止违法嫌疑人毁灭证据,干扰证人作证。(2)有关危害后果的证明问题。因为威胁他人人身安全行为并未实施"威胁内容"中的有关被侵害人人身安全的违法行为,因此关于行为危害后果证据的搜集,应着重从因"威胁"带来的心理恐慌、失眠、抑郁、精神损害情况等方面展开。

行为认定

(一)对威胁他人人身安全行为的认定

主要从以下四个方面进行认定:

1.行为侵犯的客体是他人的人身安全。本行为侵犯的对象是特定的自然人。

2.行为的客观方面表现为行为人通过写恐吓信或者以其他方法威胁他人人身安全,尚不够刑事处罚。"恐吓信",是指以威胁、恐吓他人健康或人身安全为内容的信件、电子邮件。"以其他方法威胁他人人身安全",包括投寄恐吓物(如子弹、匕首等),当面用言语或者打电话直接威胁,或者通过暗示的方法威胁,通过第三人的转告来威胁,往他人房内投掷砖石,在互联网上发布威胁信息等方式。

3. 行为的实施主体是一般主体,即达到法定责任年龄、具备责任能力的自然人。

4. 行为的主观方面表现为故意。

(二)与侮辱行为的区分

现实中,威胁他人人身安全行为时常与公然侮辱他人行为同时发生。两种行为虽然都属于侵害人身权利类型的违法行为,但侵犯的具体法益不一样,两种行为同时出现的时候,应分别处罚,合并执行。

威胁他人人身安全行为,是采用投寄恐吓物、写恐吓信、利用公开别人的隐私或者以其他方法威胁他人人身安全的行为;侮辱行为,是用语言、文字、暴力等各种方法,公然破坏他人名誉、损害他人人格的行为。两者有很多相似之处,仅从违法行为的客观方面很难作出判断,关键要看违法行为侵犯的客体、主观故意和动机。威胁人身安全行为侵犯的客体是他人的人身安全方面的权利,行为人意图通过威胁他人人身安全的手段达到控制被侵害人行为的目的;而侮辱行为侵犯的客体是他人的人格、名誉方面的权利,行为人意图破坏他人名誉、损害他人人格,降低他人社会评价。

(三)与对证人及其近亲属进行威胁、侮辱、殴打或者打击报复行为的区分

对证人及其近亲属进行威胁、侮辱、殴打或者打击报复行为,是指行为人因对证人在司法活动中的作证行为不满,对证人及其近亲属进行威胁、侮辱、殴打或打击报复,情节轻微,尚不够刑事处罚的行为。

威胁他人人身安全行为与对证人及其近亲属进行威胁、侮辱、殴打或者打击报复行为的区别主要体现在行为对象和行为方式的不同上。在行为对象方面,前者的对象是除证人及其近亲属之外的普通对象;而后者是特殊对象,即证人及其近亲属。在行为方式方面,威胁他人人身安全行为是用写恐吓信、投递恐吓物、当面用语言或者在网络上发布威胁信息威胁他人人身安全的方式,并未直接针对行为对象实施人身伤害的行为;而后者是直接针对特定的人实施了威胁、侮辱、殴打或其他具体的打击报复行动。

🛡 处罚标准

本行为设置"一般情形"和"情节较重"两个层次的处罚,其中一般情形为拘留或者罚款,"情节较重"的处拘留并可以加处罚款。对于"情节较重"情形的认定,应当结合行为人的动机、目的、手段和造成的后果等综合考量。

表84 威胁人身安全行为处罚标准

处罚档次	处罚标准	裁量基准
一般情形	处5日以下拘留或者1000元以下罚款	/

续表

处罚档次	处罚标准	裁量基准
情节较重	处5日以上10日以下拘留,可以并处1000元以下罚款	①给他人正常工作、生活、身心健康造成较大影响的 ②经劝阻仍不停止的 ③针对多人实施的 ④采取多种方式和手段威胁他人人身安全的 ⑤其他情节较重的情形

案例及解析

【基本案情】罗某与闫某是邻居,两家后院的菜园子紧挨着,只有不足1米高的篱笆隔着。某日上午,闫某正在自家园子里除草,隔壁罗某也在园子里劳作,双方因门口堆放杂物问题发生争执,罗某辱骂闫某"你真是个泼妇"。闫某听后情绪激动,一边拿着镰刀割菜除草,一边与罗某高声理论。罗某认为闫某手持镰刀吵架,构成对其人身安全的威胁,于是报警请求公安机关处理。民警到场后,走访调查周边邻居,证实了当日上午确有争吵情况,也证实闫某手持镰刀在现场,但未见其有挥舞、威胁等其他过激行为,现场亦未发生打斗或伤害事件。

闫某的行为应如何定性?

【解析】本案中,闫某因争执情绪激动,手持割菜用镰刀站在自家菜园中与罗某对峙,从调查情况看,闫某手持镰刀割菜除草在先,与罗某争吵在后,闫某主观上不具有持镰刀威胁罗某的意图,也未实施用镰刀威胁罗某的行为,不构成对他人人身安全的现实威胁,无须公安机关立案处罚。至于罗某使用的"泼妇"一词,虽然属于对人格的负面描述,但从语言环境、对象身份及使用场景综合判断,尚未达到"公然贬低人格、损害名誉"的标准,也不构成侮辱,应定性为邻里之间的普通民事纠纷。倘若本案中闫某有挥刀恐吓、追逐等威胁性动作,或明确表达出"杀人""砍人"等恐吓内容,则应当依据《治安管理处罚法》第50条第1款第1项的规定,认定为威胁他人人身安全行为。

关联法条

《刑法》(2023年修正)

第293条第1款第2项 【寻衅滋事罪】有下列寻衅滋事行为之一,破坏社会秩序的,处五年以下有期徒刑、拘役或者管制:

(二)追逐、拦截、辱骂、恐吓他人,情节恶劣的;

90. 侮　　辱

现行规定

《治安管理处罚法》

第50条第1款第2项　有下列行为之一的,处五日以下拘留或者一千元以下罚款;情节较重的,处五日以上十日以下拘留,可以并处一千元以下罚款:

(二)公然侮辱他人……的;

立案与管辖

(一)立案标准

违法嫌疑人有在公开场合或使不特定多数人能够知悉的状态下,使用侮辱性、谩骂性、贬损性的语言、动作、文字、图片等方式,公然贬低他人人格,破坏他人名誉,尚不够刑事处罚的行为即达到立案标准。

(二)管辖

侮辱行为一般由公然侮辱他人行为发生地的公安机关管辖。

利用网络公然侮辱他人行为,用于实施违法行为的网站服务器所在地、网络接入地以及网站建立者或者管理者所在地,被侵害的网络及其运营者所在地,违法过程中违法行为人、被侵害人使用的网络及其运营者所在地,被侵害人被侵害时所在地,以及被侵害人财产遭受损失地公安机关可以管辖。

几个公安机关都有权管辖的行政案件,由最初受理的公安机关管辖。必要时,可以由主要违法行为地公安机关管辖。对管辖权发生争议的,报请共同的上级公安机关指定管辖。

证据收集

(一)证据规格

1.违法嫌疑人的陈述和申辩。

(1)违法嫌疑人的基本情况,与被侵害人的关系。(2)侮辱行为人的主观目的和动机、事件起因、具体过程(包括时间、地点、持续时间、次数、侮辱内容和方式)以及被侮辱的人数。(3)现场是否有其他人在场;利用互联网实施侮辱行为的,需要询问发布侮辱内容的平台、账户信息、群聊人员数量、观看人次及评论数等。(4)参与侮辱行为的人数、姓名、联系方式、体貌特征,相互关系等。(5)侮辱行为发生时,现场其他人员是否有劝阻行为。(6)被侵害人是否有攻击行为或防卫行为,以及行为的方式、发生的时间等。(7)是否有殴打、故意伤害、故意损毁财物等其他违法行为。

2. 被侵害人陈述。

(1)违法嫌疑人的基本情况,与违法嫌疑人的关系。(2)侮辱行为的事件起因、具体过程(包括时间、地点、持续时间、次数、侮辱内容、方式等)。(3)现场是否有其他人在场;侮辱行为发生时,现场其他人员是否有劝阻行为。(4)利用互联网实施侮辱行为的,需要询问发布侮辱内容的平台、账户信息、群聊人员数量、评论数等。(5)被侵害人有无攻击或防卫行为,以及行为的方式、发生的时间等。(6)被侮辱的其他人员及其与违法嫌疑人的关系。(7)是否有殴打、故意伤害、故意损毁财物、威胁等其他违法行为。

3. 证人证言。

(1)证人的基本情况;与违法嫌疑人、被侵害人的关系。(2)侮辱行为的事件起因、具体过程(包括时间、地点、持续时间、次数、侮辱内容和方式);利用互联网实施侮辱行为的,发布侮辱内容的平台、账户信息、群聊人员数量、评论数等。(3)被侵害人是否有攻击或防卫行为、行为方式及发生的时间。(4)是否有殴打、故意伤害、故意损毁财物、威胁等其他违法行为。(5)现场其他人员有无劝阻行为。

4. 物证、书证。

发布侮辱信息的载体、作案工具等。

5. 视听资料、电子数据。

(1)监控视频、手机录像、录音、照片等;(2)利用互联网进行侮辱的,还需要收集侮辱信息的发布平台、发布内容、传播范围、导致的影响等方面的证据。

6. 鉴定意见。

笔迹鉴定意见、精神鉴定意见等。

7. 勘验、检查、辨认笔录,现场笔录。

证人、被侵害人对违法嫌疑人的辨认笔录,现场检查笔录。

8. 其他证据材料。

(1)证明违法嫌疑人身份的材料和违法犯罪记录,如人口信息、户籍证明、身份证、工作证、专业或技术等级证复印件等,法院判决书、行政处罚决定书、释放证明书等有效法律文件。(2)抓获经过、处警经过等。

(二)注意事项

侮辱行为多由民间纠纷引发,公安机关在办理侮辱案件时,要深入细致、辨法析理、化解矛盾,争取让违法嫌疑人和被侵害人心悦诚服地接受处理结果,取得法律效果和社会效果的统一。在准确把握法律界限,严格依法办案的同时,要保持高度的政治敏感性,对可能引起社会炒作的,要提前做好应对准备。舆论引导要注意把握好时机,信息发布要做到准确、权威,避免引发不安定因素,影响案件正确处理。

行为认定

（一）关于侮辱行为的认定

主要从以下四个方面进行认定：

1.行为侵犯的客体是他人的人格尊严和名誉权。人格尊严，是公民基于自己所处的社会环境、地位、声望、工作环境、家庭关系等各种客观条件而对自己或他人的人格价值和社会价值的认识和尊重；名誉，是公民在社会生活中所获得的名望声誉，是一个公民的品德、才干、信誉等所获得的社会评价。名誉权是指以名誉的维护和安全为内容的人格权。侮辱行为侵犯的对象只能是自然人，可以是一人，也可以是多人。侮辱机关、团体、法人组织的，不能构成侮辱行为，应视具体情形判断是否构成寻衅滋事行为；对单位构成名誉侵权行为的，单位有权提起民事诉讼索赔。

2.行为在客观方面表现为在公开场合或使不特定多数人能够知悉的状态下使用侮辱性、谩骂性、贬损性的语言、动作、文字、图片等方式贬低他人人格，破坏他人名誉，尚不够刑事处罚。侮辱的形式既可以是有轻微暴力，如扇耳光、推搡、强迫他人做有损人格的动作等，也可以是文字、图像的形式，如以大字报、小字报、图片、照片等形式攻击被侵害人人格，还可以是言语的形式，如以言语对被侵害人进行嘲笑、辱骂等。对肖像的侮辱也可以构成本行为，如涂划、玷污、践踏、损毁他人肖像，编辑篡改被侵害人照片等。"公开场合"既包括物理性的公共场所，也包括微博、微信群、网络直播间、贴吧等对不特定人开放的网络空间。"不特定多数人"指行为发生时或可能发生时，存在3人以上不特定公众（含潜在围观者）。

3.行为的主体是达到法定责任年龄，具备责任能力的自然人。

4.行为的主观方面表现为故意，过失不构成本行为。行为人实施本行为的目的是贬低、损害他人人格，破坏他人名誉。

（二）与侮辱罪的区分

侮辱罪（《刑法》第246条），是指使用暴力或者其他方法，公然败坏他人名誉，情节严重、构成犯罪的行为。侮辱行为与侮辱罪的区别在于情节和危害后果的严重程度。用暴力手段公然侮辱他人，侮辱的方式、方法恶劣，在人数众多或影响力较大的公开的场合侮辱，以及多次对同一对象实施公然侮辱的行为，属于情节严重的情形，构成侮辱罪；侮辱行为导致被害人身体受到严重伤害、精神失常或者自杀等严重后果的，或者造成其他恶劣的政治影响及社会影响的，属于危害后果严重，构成侮辱罪。侮辱他人但未达到侮辱罪的立案追诉标准的，构成侮辱行为。

（三）与负面性评价的区分

侮辱行为与负面性评价具有以下区别：

1.针对对象不同。负面性评价通常指对某人、某事、某种行为或现象表达不满、批评、指责或否定性看法，侧重于对行为、观点、结果或事物本身的评价。侮辱行为是使用侮辱性、谩骂性、贬损性的语言或动作，公然贬低、丑化他人人格，破坏他人名誉的行为，其指向的是特定个人的人格尊严,而非其行为或观点。

2. 表达方式不同。负面性评价是基于一定事实或观点,采用相对理性的语言进行陈述、分析或质疑,即使措辞严厉、情绪激动,目的在于指出问题所在,而非对他人进行人身攻击。侮辱行为是使用污言秽语、下流词汇、恶意绰号,或者进行人身攻击性质的嘲讽、奚落等,内容缺乏事实依据或逻辑论证,纯粹是为了发泄情绪、羞辱对方。

3. 法律性质不同。负面性评价属于言论自由的范畴,是公民表达意见和行使监督权利的重要方式。只要不是捏造事实或恶意侮辱,即使评价是负面的、尖锐的,甚至可能让对方感到不快,通常也不构成违法,无须承担法律责任。侮辱行为侵犯了他人依法享有的名誉权和人格尊严权,构成治安违法或刑事犯罪,应承担相应的法律责任。

(四)公然侮辱他人,可能构成刑事犯罪的案件的管辖权认定

侮辱罪属于告诉才处理的犯罪。根据《刑法》第246条第2款以及《最高人民法院关于适用〈中华人民共和国刑事诉讼法〉的解释》第1条的规定,侮辱罪是应该由法院受理的刑事案件,但严重危害社会秩序和国家利益的除外。因此关于侮辱行为管辖权的认定分为两种情形:

一是公然侮辱他人"情节严重",但不具备"严重危害社会秩序和国家利益"要件的,不属于公安机关管辖,管辖权归属于法院;

二是公然侮辱他人"情节严重",同时具备"严重危害社会秩序和国家利益"要件的,应由公安机关管辖。

(五)侮辱行为中的"严重危害社会秩序和国家利益"情节的认定

根据《公安部关于严格依法办理侮辱诽谤案件的通知》的规定,公安机关在接到公民对侮辱行为的报案、控告或者举报后,首先要认真审查,判明是否属于公安机关管辖。应当认定为"严重危害社会秩序和国家利益",以侮辱罪立案侦查,作为公诉案件办理的情形包括:(1)因侮辱行为导致群体性事件,严重影响社会秩序的;(2)因侮辱外交使节、来访的外国国家元首、政府首脑等人员,造成恶劣国际影响的;(3)因侮辱行为给国家利益造成严重危害的其他情形。对于符合上述情形,但通过公诉可能对国家利益和国家形象造成更大损害的,可以通过其他方式予以处理。公安机关经过审查,认为具有严重危害社会秩序和国家利益的情形,需要追究刑事责任的,应当报经上一级公安机关同意后立案侦查;立案后需要采取强制措施的,应当在采取强制措施前报经上一级公安机关同意。对于可能引起较大社会影响的侮辱治安案件,在作出行政拘留处罚决定前,应当报经上一级公安机关同意。

🛡 处罚标准

本行为设置"一般情形"和"情节较重"两个层次的处罚,其中一般情形为拘留或者罚款,"情节较重"的处拘留并可以加处罚款。对于"情节较重"情形的认定,应当结合行为人的动机、手段、目的、行为的次数和造成的后果等综合考虑。

表 85 侮辱行为处罚标准

处罚档次	处罚标准	裁量基准
一般情形	处 5 日以下拘留或者 1000 元以下罚款	/
情节较重	处 5 日以上 10 日以下拘留，可以并处 1000 元以下罚款	①使用恶劣手段、方式的 ②给他人正常工作、生活、身心健康、名誉造成较大影响的 ③经劝阻仍不停止的 ④利用信息网络公然侮辱、诽谤、诬告陷害他人的 ⑤针对多人实施的 ⑥其他情节较重的情形

案例及解析

【基本案情】 某日上午 10 时，一辆车停放在某菜市场马路边，长时间占道，影响车辆及行人正常通行，交警在执法过程中发现该车违章停车，便依法对其实施了处罚。驾驶员柯某发现自己车上被贴了违停罚单，认为自己只是去买了个菜，就被交警处罚，所以对交警的执法极度不满，便将罚单拍照发布到自己的微信朋友圈并配上辱骂性文字。

柯某的行为应如何定性？

【解析】 本案中，柯某因违章停车被交警依法处罚后，出于不满情绪，将罚单拍照并配上针对执法人员的辱骂性文字发布到微信朋友圈。微信朋友圈是一个公开的网络社交平台，其内容可被不特定人群浏览、传播，因此该行为具有公然性。柯某的行为虽系冲动之举，但主观上出于故意，客观上造成不良影响，依法应承担治安管理责任。根据《治安管理处罚法》第 50 条第 1 款第 2 项的规定，认定为侮辱行为。交警执法是依法履职，公民应通过合法渠道申诉，而非以辱骂方式发泄不满。

关联法条

1.《宪法》(2018 年修正)

第 38 条　中华人民共和国公民的人格尊严不受侵犯。禁止用任何方法对公民进行侮辱、诽谤和诬告陷害。

2.《刑法》(2023 年修正)

第 246 条　【侮辱罪】【诽谤罪】以暴力或者其他方法公然侮辱他人或者捏造事实诽谤他人，情节严重的，处三年以下有期徒刑、拘役、管制或者剥夺政治权利。

前款罪，告诉的才处理，但是严重危害社会秩序和国家利益的除外。

通过信息网络实施第一款规定的行为，被害人向人民法院告诉，但提供证据确有困难的，人民法院可以要求公安机关提供协助。

3.《公安部关于严格依法办理侮辱诽谤案件的通知》(2009年)

一、切实提高对严格依法办理侮辱、诽谤案件重要意义的认识。一些地方公安机关不能正确办理侮辱、诽谤案件,直接原因是对有关法律理解不当、定性不准,深层次的原因是对新形势下人民内部矛盾缺乏清醒的认识。各级公安机关要清醒地认识到,随着国家民主法制建设的不断推进,人民群众的法制意识和政治参与意识不断增强,一些群众从不同角度提出批评、建议,是行使民主权利的表现。部分群众对一些社会消极现象发牢骚、吐怨气,甚至发表一些偏激言论,在所难免。如果将群众的批评、牢骚以及一些偏激言论视作侮辱、诽谤,使用刑罚或治安处罚的方式解决,不仅于法无据,而且可能激化矛盾,甚至被别有用心的人利用,借机攻击我国的社会制度和司法制度,影响党和政府的形象。各级公安机关要从维护社会和谐稳定的大局出发,深刻认识严格准确、依法办理好侮辱、诽谤案件的重要意义,始终坚持党的事业至上、人民利益至上、宪法法律至上,按照"最大限度地增加和谐因素,最大限度地减少不和谐因素"的要求,切实做到严格、公正、文明执法,努力化解矛盾,避免因执法不当而引发新的不安定因素。

4.《民法典》(2020年)

第109条　自然人的人身自由、人格尊严受法律保护。

第1183条第1款　侵害自然人人身权益造成严重精神损害的,被侵权人有权请求精神损害赔偿。

5.《公安机关治安调解工作规范》(2007年)

第3条第1款　对于因民间纠纷引起的殴打他人、故意伤害、侮辱、诽谤、诬告陷害、故意损毁财物、干扰他人正常生活、侵犯隐私等违反治安管理行为,情节较轻的,经双方当事人同意,公安机关可以治安调解。

6.《最高人民法院关于审理非法出版物刑事案件具体应用法律若干问题的解释》(法释〔1998〕30号)

第6条　在出版物中公然侮辱他人或者捏造事实诽谤他人,情节严重的,依照刑法第二百四十六条的规定,分别以侮辱罪或者诽谤罪定罪处罚。

7.《全国人民代表大会常务委员会关于维护互联网安全的决定》(2009年修正)

四(一)、为了保护个人、法人和其他组织的人身、财产等合法权利,对有下列行为之一,构成犯罪的,依照刑法有关规定追究刑事责任:

(一)利用互联网侮辱他人或者捏造事实诽谤他人;

8.《老年人权益保障法》(2018年修正)

第78条　侮辱、诽谤老年人,构成违反治安管理行为的,依法给予治安管理处罚;构成犯罪的,依法追究刑事责任。

9.《残疾人保障法》(2018年修正)

第3条第3款　禁止基于残疾的歧视。禁止侮辱、侵害残疾人。禁止通过大众传播媒介或者其他方式贬低损害残疾人人格。

91. 诽　　谤

现行规定

《治安管理处罚法》

第 50 条第 1 款第 2 项　有下列行为之一的,处五日以下拘留或者一千元以下罚款;情节较重的,处五日以上十日以下拘留,可以并处一千元以下罚款:

(二)……捏造事实诽谤他人的;

立案与管辖

(一)立案标准

违法嫌疑人有捏造并散布虚构的事实,损害他人人格,破坏他人名誉,尚不够刑事处罚的行为即达到立案标准。诽谤行为的方式包括通过捏造有损他人人格和名誉的语言、文字、图像等,在现实空间和信息网络空间进行散布。捏造包括无中生有、凭空制造虚假事实,也包括将涉及他人的原始信息内容篡改为损害他人名誉的事实。

(二)管辖

诽谤案件一般由违法行为地的公安机关管辖。

利用网络诽谤他人的行为,用于实施违法行为的网站服务器所在地、网络接入地以及网站建立者或者管理者所在地,被侵害的网络及其运营者所在地,违法过程中违法行为人、被侵害人使用的网络及其运营者所在地,被侵害人被侵害时所在地,以及被侵害人财产遭受损失地公安机关可以管辖。

几个公安机关都有权管辖的行政案件,由最初受理的公安机关管辖。必要时,可以由主要违法行为地公安机关管辖。对管辖权发生争议的,报请共同的上级公安机关指定管辖。

证据收集

(一)证据规格

1. 违法嫌疑人的陈述与申辩。

(1)违法嫌疑人的基本情况,与被侵害人的关系。(2)涉嫌诽谤的内容是否属实,诽谤的材料、工具等及其来源、下落。(3)诽谤行为人的主观目的和动机、行为起因和具体过程(包括时间、地点、持续时间、诽谤次数、诽谤人数,捏造事实的内容和散布方式);利用信息网络实施诽谤的,发布诽谤信息的平台、账号信息以及被点击、浏览次数和被转发次数。(4)是否造成被侵害人或者其近亲属精神失常、自残、自杀等严重后果。(5)结伙作案的,违法嫌疑人的数量、身份及体貌特征,预谋、结伙聚合的过程、地位及具体分工,以及各违法嫌疑人相互关系、相互印证情况。(6)两年内是否因诽谤受过行政处罚。

2.被侵害人陈述。

(1)被侵害人基本情况,与违法嫌疑人关系,违法嫌疑人的基本情况、人数、身份及体貌特征等。(2)受诽谤的具体过程,包括时间、地点、持续时间、受诽谤次数、受诽谤人数、捏造事实的内容和散布方式;利用信息网络实施诽谤的,发布诽谤信息的平台、账号信息,被点击、浏览次数,被转发次数。(3)捏造的内容是否属实,涉案材料、工具等。(4)是否有危害后果,如造成被侵害人或者其近亲属精神失常、自残等严重后果。

3.证人证言。

(1)证人的基本情况,违法嫌疑人的基本情况,身份及衣着、体貌特征;与双方当事人的关系。(2)涉嫌诽谤的内容是否属实,涉案材料、工具等。(3)诽谤的具体过程,包括时间、地点、持续时间、诽谤次数、诽谤人数、捏造事实的内容和散布方式;利用信息网络实施诽谤的,发布诽谤信息的平台、账号信息,被点击、浏览次数,被转发次数。(4)有危害后果的情况。

4.物证、书证。

(1)作案工具、照片、大小字报、漫画等实物和照片;(2)字条、书信、病历等。

5.视听资料、电子数据。

(1)录像、录音、照片、聊天记录等;(2)利用信息网络进行诽谤的,需要搜集诽谤的内容、散布方式、信息网络平台、账户信息、评论浏览转发的次数等。

6.鉴定意见。

笔迹鉴定、精神损害鉴定。

7.勘验、检查、辨认笔录,现场笔录。

勘验、检查笔录,证人、被侵害人对违法嫌疑人的辨认,现场笔录。

8.其他证据材料。

(1)违法嫌疑人的身份材料,包括户籍信息、身份证、工作证、与原籍联系的电话记录。有前科的,应调取法院判决书、行政处罚决定书、释放证明书等有效法律文件,以及前科查询证明。(2)抓获经过、处警经过、报案材料等。

(二)注意事项

公安机关办理侮辱、诽谤案件时,应当准确把握法律界限,严格依法办案,同时保持高度的政治敏感性。对可能引起社会炒作的案件,要提前做好应对准备。舆论引导要注意把握好时机,信息发布要做到准确、权威,避免引发不安定因素,影响案件正确处理。

行为认定

(一)对诽谤行为的认定

主要从以下四个方面进行认定:

1.行为侵犯的客体是他人的人格尊严和名誉权。诽谤的对象是特定的个人。

2.行为的客观方面表现为捏造并散布某种虚构的事实,损害他人人格,破坏他人名誉,尚不够刑事处罚。散布方式包括口头言语散布，或者通过散发文字、图像、音频、视频等方法散布。

3.行为的实施主体是一般主体，即达到法定责任年龄，具备责任能力的自然人。侮辱行为侵犯的对象只能是自然人，针对一人或多人实施诽谤的，都构成此行为。

4.行为的主观方面是故意，过失不构成本行为。行为人明知自己散布的是足以损害他人名誉的虚假事实，会发生损害他人名誉的结果，并希望或放任这种危害结果的发生。

（二）与"诽谤罪"的区分

诽谤罪（《刑法》第246条），是指故意捏造并散布虚构的事实，足以贬损他人人格，破坏他人名誉，情节严重、构成犯罪的行为。诽谤行为与诽谤罪的区别在于情节是否严重，关于情节严重，可以参考以下四个方面来认定：

1.多次实施诽谤行为，或者发布诽谤信息的范围广、影响大的；

2.造成被害人或者其近亲属精神失常、自残、自杀等严重后果的；

3.二年内曾因诽谤受过行政处罚，又诽谤他人的；

4.其他情节严重的情形。

（三）诽谤行为与侵犯名誉权行为的区分

诽谤行为与侵犯名誉权行为，在法律性质、构成要件、举证责任以及法律后果等方面均有区别：

1.诽谤行为不仅侵犯他人的人格尊严和名誉权，而且具有社会危害性，构成诽谤罪或者违反治安管理的诽谤行为；侵犯名誉权行为虽然也损害了他人的名誉，但程度相对较轻，属于民事纠纷范畴，受《民法典》等民事法律法规调整。

2.诽谤行为的主体是自然人，行为的对象也是自然人；侵犯名誉权行为的主体和受侵犯的对象，包括自然人、法人或其他组织。

3.诽谤行为在主观方面必须是故意，且具有损害他人名誉的目的；侵犯名誉权行为的主观方面还包括过失。

4.诽谤行为散布的必须是捏造的虚假事实，如果散布的是客观存在的事实，即使有损于他人的人格、名誉，也不构成诽谤行为；而侵犯名誉权行为，即使所述的内容是真实的，只要是法律禁止公开宣扬，公开了将有损于他人人格、名誉的，也可以构成名誉侵权。

5.诽谤行为由国家强力干预，对于违反治安管理的诽谤行为，由公安机关调查并证明行为成立；对于构成犯罪的诽谤罪，由公诉机关承担举证责任，在"告诉才处理"的案件中，被害人需自行收集证据；在民事案件中，遵循"谁主张，谁举证"的原则，受害人需举证证明行为人实施了侵权行为、自己名誉受损以及二者之间的因果关系。

（四）与诬告陷害行为的区分

诬告陷害行为，是行为人故意捏造事实，向国家机关或者有关单位告发，意图陷害他人，使他人受到治安管理处罚或者刑事追究，情节轻微，尚不够刑事处罚的行为。诽谤行为与诬告陷害行为具有以下区别：

1.行为侵犯的客体不同。诽谤行为侵犯的客体是单一客体,即他人的人格尊严和名誉权;而诬告陷害行为侵犯的客体是复杂客体,既侵犯了他人的人身权利,也侵犯了有关机关的正常管理活动。

2.行为目的不同。诽谤行为的目的是损害他人的人格和名誉;而诬告陷害行为的目的是使他人受到刑事追究或者受到治安管理处罚。

3.行为方式不同。诽谤行为捏造有损他人人格和名誉的事实,只是向其他人散布,并没有直接向国家机关或者有关单位检举、控告;而诬告陷害行为必须是捏造他人可能受到刑事追究或者治安管理处罚的事实,并向国家机关或者有关单位进行检举、控告。

(五)在评论中批评或指责他人能否认定为诽谤行为

诽谤行为的表现形式是"捏造并散布某种虚构的事实",虚构的事实指的是一种客观事实层面的信息。而评论是一种主观认识,不是关于客观事实的信息。即使在评论中批评和指责的观点错误,也仅代表评论人的主观认识不同而已。但是,如果在评论中故意捏造事实,并使他人相信其捏造的内容客观存在,从而达到攻击他人人格和名誉的目的,则构成诽谤行为,情节严重的,构成诽谤罪。

(六)诽谤他人,可能构成刑事犯罪的案件管辖权认定

诽谤罪属于告诉才处理的犯罪。根据《刑法》第246条第2款以及《最高人民法院关于适用〈中华人民共和国刑事诉讼法〉的解释》第1条的规定,诽谤罪应由法院受理,但严重危害社会秩序和国家利益的除外。因此,关于诽谤行为管辖权的认定分为两种情形：

一是诽谤行为"情节严重",但不具备"严重危害社会秩序和国家利益"的要件的,不属于公安机关管辖的范围,管辖权归属法院;

二是诽谤行为"情节严重",并且具备"严重危害社会秩序和国家利益"的要件的,应由公安机关管辖。

处罚标准

本行为设置"一般情形"和"情节较重"两个层次的处罚,其中一般情形为拘留或者罚款,"情节较重"的处拘留并可以加处罚款。对于"情节较重"情形的认定,应当结合行为人的动机、手段、目的、行为的次数和造成的后果等综合考虑。

表86 诽谤行为处罚标准

处罚档次	处罚标准	裁量基准
一般情形	处5日以下拘留或者1000元以下罚款	/

续表

处罚档次	处罚标准	裁量基准
情节较重	处5日以上10日以下拘留，可以并处1000元以下罚款	①使用恶劣手段、方式的
		②给他人正常工作、生活、身心健康、名誉造成较大影响的
		③经劝阻仍不停止的
		④利用信息网络诽谤他人的
		⑤针对多人实施的
		⑥其他情节较重的情形

案例及解析

【基本案情】某年10月，吴某因故意损毁财物被某派出所传唤，案件主办民警为卢警官。吴某对卢警官的工作方式不满，为发泄私愤，他制作、复印了几百份"呼吁书"，印有"某派出所干警卢某就是典型，为了满足自己的私欲，利用手中权力横行霸道，为所欲为。比如：……不出示身份证，拘留不开拘传证，询问时单人询问，搜女人身体由卢某一个男人搜……"等内容，并在该派出所门口、某银行分行门口等公共场所张贴。经调查，卢警官未曾实施过搜查女人身体、单人询问等违反程序的执法行为。

吴某的行为应如何认定？

【解析】本案中，吴某在公开场合张贴的"呼吁书"中宣称的卢警官"询问时单人询问，搜女人身体由卢某一个男人搜……"为捏造、虚构的事实。吴某的行为以损坏卢警官人格、名誉为目的，捏造事实并进行散播，严重贬损卢警官的人格和名誉。根据《治安管理处罚法》第50条第1款第2项的规定，吴某的行为应认定为诽谤行为。

关联法条

1.《宪法》(2018年修正)

第38条 中华人民共和国公民的人格尊严不受侵犯。禁止用任何方法对公民进行侮辱、诽谤和诬告陷害。

2.《刑法》(2023年修正)

第246条 【侮辱罪】【诽谤罪】以暴力或者其他方法公然侮辱他人或者捏造事实诽谤他人，情节严重的，处三年以下有期徒刑、拘役、管制或者剥夺政治权利。

前款罪，告诉的才处理，但是严重危害社会秩序和国家利益的除外。

通过信息网络实施第一款规定的行为，被害人向人民法院告诉，但提供证据确有困难的，人民法院可以要求公安机关提供协助。

第299条之一 【侵害英雄烈士名誉、荣誉罪】侮辱、诽谤或者以其他方式侵害英雄烈士的名誉、荣誉，损害社会公共利益，情节严重的，处三年以下有期徒刑、拘役、管制或者剥夺政治权利。

第 309 条第 3 项 【扰乱法庭秩序罪】有下列扰乱法庭秩序情形之一的,处三年以下有期徒刑、拘役、管制或者罚金:

(三)侮辱、诽谤、威胁司法工作人员或者诉讼参与人,不听法庭制止,严重扰乱法庭秩序的;

3.《最高人民法院、最高人民检察院关于办理利用信息网络实施诽谤等刑事案件适用法律若干问题的解释》(法释〔2013〕21 号)

第 1 条 具有下列情形之一的,应当认定为刑法第二百四十六条第一款规定的"捏造事实诽谤他人":

(一)捏造损害他人名誉的事实,在信息网络上散布,或者组织、指使人员在信息网络上散布的;

(二)将信息网络上涉及他人的原始信息内容篡改为损害他人名誉的事实,在信息网络上散布,或者组织、指使人员在信息网络上散布的;

明知是捏造的损害他人名誉的事实,在信息网络上散布,情节恶劣的,以"捏造事实诽谤他人"论。

第 5 条 利用信息网络辱骂、恐吓他人,情节恶劣,破坏社会秩序的,依照刑法第二百九十三条第一款第(二)项的规定,以寻衅滋事罪定罪处罚。

编造虚假信息,或者明知是编造的虚假信息,在信息网络上散布,或者组织、指使人员在信息网络上散布,起哄闹事,造成公共秩序严重混乱的,依照刑法第二百九十三条第一款第(四)项的规定,以寻衅滋事罪定罪处罚。

4.《最高人民法院关于审理非法出版物刑事案件具体应用法律若干问题的解释》(法释〔1998〕30 号)

第 6 条 在出版物中公然侮辱他人或者捏造事实诽谤他人,情节严重的,依照刑法第二百四十六条的规定,分别以侮辱罪或者诽谤罪定罪处罚。

5.《全国人民代表大会常务委员会关于维护互联网安全的决定》(2009 年修正)

第 4 条第 1 项 为了保护个人、法人和其他组织的人身、财产等合法权利,对有下列行为之一,构成犯罪的,依照刑法有关规定追究刑事责任:

(一)利用互联网侮辱他人或者捏造事实诽谤他人;

92. 诬告陷害

现行规定

《治安管理处罚法》

第 50 条第 1 款第 3 项 有下列行为之一的,处五日以下拘留或者一千元以下罚款;情节较重的,处五日以上十日以下拘留,可以并处一千元以下罚款:

(三)捏造事实诬告陷害他人,企图使他人受到刑事追究或者受到治安管理处罚的;

立案与管辖

(一)立案标准

违法嫌疑人有故意捏造事实,向国家机关或者有关单位告发,企图诬告陷害他人,使他人受到刑事追究或者治安管理处罚,情节轻微,尚不够刑事处罚的行为即达到立案标准。诬告陷害行为要求行为人有捏造事实的客观行为和诬告陷害的主观故意,通过向国家机关或有关单位告发的方式,企图使他人受到刑事追究或者受到治安管理处罚,但构成该行为并不要求必然造成被侵害人受到治安管理处罚或被追究刑事责任的后果。

（二）管辖

诬告陷害案件一般由违法行为地公安机关管辖。

利用网络诬告陷害他人,用于实施违法行为的网站服务器所在地、网络接入地以及网站建立者或者管理者所在地,被侵害的网络及其运营者所在地,违法过程中违法行为人、被侵害人使用的网络及其运营者所在地,被侵害人被侵害时所在地,以及被侵害人财产遭受损失地公安机关可以管辖。

几个公安机关都有权管辖的行政案件,由最初受理的公安机关管辖。必要时,可以由主要违法行为地公安机关管辖。对管辖权发生争议的,报请共同的上级公安机关指定管辖。

证据收集

（一）证据规格

1.违法嫌疑人的陈述与申辩。

（1）违法嫌疑人的基本情况,与被侵害人之间的关系。（2）诬告陷害行为的主观目的和动机、起因,企图使被侵害人受到何种追究。（3）诬告陷害行为发生的时间、地点,捏造的事实内容,通过何种方式实施诬告陷害;通过网络发布诬告信息的,发布信息的网络平台,账户信息,阅读、评论、转发数量等。（4）是否受他人指使或者有人劝阻其诬告陷害行为,是否主动停止诬告行为、消除危害后果等。（5）在诬告陷害后,公安、司法机关是否作为治安案件或刑事案件立案;被诬告陷害人是否因此被公安、司法机关采取相应的强制措施或予以处罚。（6）违法后果情况,如被侵害人的工作、生活因此而发生的变故,被侵害人受到的精神损害等。

2.被侵害人陈述。

（1）违法嫌疑人的基本情况,身份及体貌特征,与被侵害人关系;（2）诬告陷害行为发生的时间、地点、起因、经过、手段,给自己带来的名誉损失、精神伤害等危害后果;（3）诬告陷害行为持续时间,违法嫌疑人企图使被侵害人受到何种追究,是否已造成被侵害人被错误调查、起诉或处罚;（4）是否因诬告陷害遭受名誉损失、经济损失或其他损失;（5）询问其是否有相关的书面材料、录音、视频或其他证据。

3.证人证言。

（1）证人的基本情况,与双方当事人的关系。（2）证人知晓诬告陷害行为的途径,违法嫌疑人捏造事实、实施诬告陷害的具体时间、地点、起因、经过、手段等。（3）被侵害人的精神损害、名誉损失情况;公安、司法机关是否立案,是否给予治安处罚或刑事处罚,被诬告人是否因此被采取相应的强制措施。

4. 物证、书证。

（1）诬告材料，如书面诬告信、举报信、投诉信等，社交媒体上的诬告帖子、评论、私信等；被侵害人收到的书面威胁或诬告信件。（2）公安、司法机关立案或不予立案、采取强制措施、处罚决定的相关法律文书。

5. 视听资料、电子数据。

（1）诬告人与他人关于诬告陷害的对话记录，包括录音、录像资料，通讯软件中的聊天记录，社交媒体平台发布的内容；在网上发布诬告信息的电子证据。（2）诬告人电脑、手机等终端存储的与诬告陷害相关的视频、音频文件。（3）诬告人接受询问、调查、笔录制作等环节的录音录像。

6. 辨认笔录。

证人、被侵害人对违法嫌疑人的辨认。

7. 其他证据材料。

（1）违法嫌疑人的身份材料，包括户籍信息、身份证、工作证、与原籍联系的电话记录。有前科的，应调取法院判决书、行政处罚决定书、释放证明书等有效法律文件，以及前科查询证明。（2）抓获经过、处警经过、报案材料等。

（二）注意事项

需要注意的是，错告、检举失实的，不构成诬告陷害。错告、检举失实的行为人在主观上没有诬告陷害他人的故意，而是出于同违法犯罪作斗争的目的。但个人认识能力和条件的限制，向国家机关或有关单位作了错误的告发和检举，导致告发的事实与实际情况不相符的行为。

行为认定

（一）对诬告陷害行为的认定

主要从以下四个方面进行认定：

1. 行为侵犯的客体是复杂客体，即他人的人身权利和行政、司法机关的正常工作秩序。行为侵犯的对象是特定的自然人。

2. 行为在客观方面表现为捏造事实诬告陷害他人，企图使他人受到刑事追究或者受到治安管理处罚，尚不够刑事处罚。捏造事实，即捏造他人违反治安管理的事实或者犯罪事实。如果捏造的不是违反治安管理的事实或者犯罪事实，而是其他的违法行为或者生活作风问题等，则不构成本行为。诬告，即将捏造的事实向国家机关和有关单位控告以达到陷害的目的。诬告的形式多种多样，有口头的，有书面的；有署名的，有匿名的；有直接向司法、公安机关诬告的，也有向有关单位诬告的。无论采取什么形式，只要可能导致司法、公安机关追究被侵害人刑事责任、治安违法责任的，就是实施了诬告行为。同时，诬告必须有特定的对象，该对象必须是自然人,不能是法人或者其他组织。[①]

3. 行为的实施主体是达到责任年龄,具有责任能力的自然人。

4. 行为在主观方面表现为故意。

(二)与"诬告陷害罪"的区分

诬告陷害罪(《刑法》第243条),是指故意向公安、监察、司法机关或有关国家机关告发捏造的犯罪事实,意图使他人受刑事追究,情节严重的行为。

诬告陷害行为,必须是情节严重的才构成犯罪。关于诬告陷害罪中"情节严重"的认定,应当从该罪所保护法益的视角进行审查。本罪规定在"侵犯公民人身权利、民主权利罪"一章中,其所保护的法益是公民人身权利、民主权利,且本罪属于危险犯,本罪的构成并不以被诬告人实际受到刑事追究为必要条件,故"情节严重"可以从被诬告人的权利是否受到实际侵害进行判断,如果受到了实际侵害,则当然属于"情节严重",应当进行刑法评价。但如果没有受到实际侵害,则必然不属于"情节严重"。此种情况下,如果被诬告人被刑事立案,则意味着其已经被刑事追究,后续公安机关可以采取措施进行侦查,侦查过程中必然会影响到被诬告人的人身权利、民主权利,因此可以认定为属于"情节严重"。如果被诬告人没有被刑事立案,此时要根据被诬告人实际受到的影响来判断对行为人是进行行政处罚还是刑事处罚,即只有在被诬告人的人身权利、民主权利没有受到实际侵害时,才有治安管理处罚的空间。如果影响的是人身权利、民主权利以外的权利,如受教育权、劳动权等,则有可能受到行政处罚。如果影响的程度足够深,则有可能构成刑事犯罪。例如,A捏造B强奸的事实,向公安机关告发,经查为诬告,B没有被立案侦查,则A的行为不构成犯罪,应给予治安管理处罚。如果B受到诬告之后心理和精神产生巨大压力,因此自杀,则A构成犯罪,应当追究其诬告陷害罪的刑事责任。

(三)捏造事实诬告陷害他人,企图使他人受到治安管理处罚以外的行政处罚的行为认定

《治安管理处罚法》第50条第1款第3项关于"捏造事实诬告陷害他人,企图使他人受到刑事追究或者受到治安管理处罚"的规定,不包括企图使他人受到其他行政处罚。因此,捏造事实诬告陷害他人,企图使他人受到治安管理处罚以外的行政处罚的,不构成本行为。

处罚标准

本行为设置"一般情形"和"情节较重"两个档次的处罚,其中基础罚为警告或罚款,"情节较重的",处拘留并可加处罚款。对于"情节较重"情形的认定,应当结合行为人的动机、主观恶意程度、手段恶劣程度、行为的次数和造成的后果等综合考虑。

[①] 参见孙茂利主编:《违反公安行政管理行为名称释义与实务指南(2021年版)》,中国民主法制出版社2021年版,第138页。

表87 诬告陷害行为处罚标准

处罚档次	处罚标准	裁量基准
一般情形	处5日以下拘留或者1000元以下罚款	/
情节较重	处5日以上10日以下拘留,可以并处1000元以下罚款	①使用恶劣手段、方式的 ②给他人正常工作、生活、身心健康、名誉造成较大影响的 ③经劝阻仍不停止的 ④利用信息网络公然侮辱、诽谤、诬告陷害他人的 ⑤针对多人实施的 ⑥其他情节较重的情形

案例及解析

【基本案情】 李某因打麻将输钱给赵某,对其心怀不满。李某住处距赵某经营的小超市有8公里,其从没去过赵某经营的小超市。某日,李某听朋友说赵某超市二楼有个麻将桌,赵某经常会在那里打麻将,便匿名报警谎称赵某超市二楼有人聚众赌博。民警接警后赴现场处置仅发现一台麻将桌有使用痕迹,并未发现有人聚众赌博,赵某当日将麻将桌拆除。李某于次日仅凭个人猜测再次匿名报警,谎称该超市二楼有人聚众赌博,经民警调查,发现是李某连续两天虚假报警,李某欲通过虚假报警达到报复赵某的目的。

李某的行为应如何认定?

【解析】 本案中,李某主观上出于报复赵某的目的,先后两次虚假报警,企图使赵某受到刑事追究或者受到治安管理处罚。根据《治安管理处罚法》第50条第1款第3项的规定,李某的行为应认定为诬告陷害行为。

关联法条

1.《宪法》(2018年修正)

第38条 中华人民共和国公民的人格尊严不受侵犯。禁止用任何方法对公民进行侮辱、诽谤和诬告陷害。

2.《刑法》(2023年修正)

第243条 **【诬告陷害罪】** 捏造事实诬告陷害他人,意图使他人受刑事追究,情节严重的,处三年以下有期徒刑、拘役或者管制;造成严重后果的,处三年以上十年以下有期徒刑。

国家机关工作人员犯前款罪的,从重处罚。

不是有意诬陷,而是错告,或者检举失实的,不适用前两款的规定。

3.《公职人员政务处分法》(2020年)

第32条第4项 有下列行为之一的,予以警告、记过或者记大过;情节较重的,予以降级或者撤职;

情节严重的,予以开除;

(四)诬告陷害,意图使他人受到名誉损害或者责任追究等不良影响的;

第62条第4项 有关机关、单位、组织或者人员有下列情形之一的,由其上级机关、主管部门、任免机关、单位或者监察机关责令改正,依法给予处理:

(四)诬告陷害公职人员的;

4.《监察法》(2024年修正)

第73条 监察对象对控告人、检举人、证人或者监察人员进行报复陷害的;控告人、检举人、证人捏造事实诬告陷害监察对象的,依法给予处理。

93. 威胁、侮辱、殴打、打击报复证人及其近亲属

现行规定

《治安管理处罚法》

第50条第1款第4项 有下列行为之一的,处五日以下拘留或者一千元以下罚款;情节较重的,处五日以上十日以下拘留,可以并处一千元以下罚款:

(四)对证人及其近亲属进行威胁、侮辱、殴打或者打击报复的;

立案与管辖

(一)立案标准

案件当事人或其他有利害关系的人对证人及其近亲属进行威胁、侮辱、殴打或者打击报复,尚不够刑事处罚的行为即达到立案标准。本行为系行为犯,行为人实施了威胁、侮辱、殴打、打击报复证人及其近亲属的行为,即可构成本行为。

威胁,是指行为人对他人进行恫吓,造成精神恐惧。威胁的方法,既包括写恐吓信,也包括其他方法;既可以是直接的威胁,也可以是通过暗示的方式威胁;既可以是行为人自己威胁,也可以是通过第三人的转告来威胁。侮辱,是指行为人以暴力、辱骂或者其他方法,公然贬低他人人格,破坏他人名誉。打击报复,既可能表现为直接伤害被侵害人、损坏其财物,也可能表现为利用职务之便对证人及其近亲属实施非法扣除工资、奖金、降级、降职、停薪、调离、解雇、开除等。

(二)管辖

威胁、侮辱、殴打、打击报复证人及其近亲属案件一般由违法行为地的公安机关管辖。

利用网络威胁、侮辱、殴打、打击报复证人及其近亲属的行为的管辖,包括用于实施违法行为的网站服务器所在地、网络接入地以及网站建立者或者管理者所在地,被侵害的网络及其运营者所在地,违法过程中违法行为人、被侵害人使用的网络及其运营者所在地,被侵害人

被侵害时所在地,以及被侵害人财产遭受损失地公安机关可以管辖。

几个公安机关都有权管辖的行政案件,由最初受理的公安机关管辖。必要时,可以由主要违法行为地公安机关管辖。对管辖权发生争议的,报请共同的上级公安机关指定管辖。

证据收集

(一)证据规格

1. 违法嫌疑人的陈述与申辩。

(1)违法嫌疑人的基本情况,与被打击报复的证人及其近亲属的关系。(2)威胁、侮辱、殴打、打击报复证人及其近亲属行为的主观动机和目的,具体过程,包括时间、地点、使用的手段和方式等;被打击报复的人数。(3)被打击报复的证人所参与证明的案件的情况,证人作证的情况。(4)有无受人指使;被打击报复的证人参与案件的身份,如翻译人员、鉴定人员、证人等。(5)被打击报复的证人及其近亲属的人身伤害情况,给正常工作、生活、身心健康、名誉造成的影响情况。(6)是否使用作案工具,工具的来源及下落。

2. 被侵害人陈述。

(1)违法嫌疑人的基本情况,身份及体貌特征,与违法嫌疑人的关系;(2)被打击报复行为发生的时间、地点、起因、经过、手段方式,被打击报复的人数;(3)危害后果情况,包括被侵害人身体伤害情况,给正常工作、生活、身心健康、名誉造成的影响情况,是否需要做伤情鉴定;(4)参与作证的情况,包括案件情况、参与案件的身份等;(5)作案工具及其来源、下落;(6)其他证人的基本情况。

3. 证人证言。

(1)违法嫌疑人的基本情况,身份及衣着、体貌特征,与双方当事人的关系;(2)被打击报复行为发生的时间、地点、起因、经过、手段、危害后果,被打击报复的人数;(3)被打击报复的人的作证情况;(4)是否有身体伤害发生,被打击报复的人的正常生活、工作情况,名誉损失情况等。

4. 物证、书证。

(1)威胁、侮辱的工具或物品,实施殴打所使用的工具或相关物品,打击报复行为损坏的财物,被侵害人收到的威胁物品等。(2)威胁、侮辱的字条、书信,被殴打致伤的检查记录、病历等。

5. 视听资料、电子数据。

(1)威胁、侮辱、殴打或者打击报复行为发生地周边的视频监控,社交媒体上发布的视频及相关打击报复的内容;(2)被侵害人、证人等提供的监控视频及照片;(3)有关威胁、侮辱、殴打或者打击报复的音频、视频、邮件、聊天记录等。

6. 勘验、检查、辨认笔录,现场笔录。

对被侵害人人身检查笔录,证人、被侵害人对违法嫌疑人的辨认笔录,违法行为现场勘验笔录。

7. 鉴定意见。

被侵害人的伤情鉴定、受损财物的价格鉴证等。

8. 其他证据材料。

（1）违法嫌疑人的身份材料，包括：户籍信息、身份证、工作证、与原籍联系的电话记录；有前科的，应调取法院判决书、行政处罚决定书、释放证明书等有效法律文件，以及前科查询证明。（2）抓获经过、处警经过、报案材料等。

（二）注意事项

为泄私愤对证人实施威胁恐吓、暴力伤害等行为，不仅侵犯公民的权利，还影响司法机关的正常履职。收集证据时，应重点关注被威胁、侮辱、殴打或者打击报复的被侵害人，是否为与违法嫌疑人有关违法犯罪行为的证人及其近亲属。如果被侵害人不是证人及其近亲属，则应当按照违法嫌疑人所实施的威胁、侮辱、殴打或者打击报复的具体行为定性处罚。

行为认定

（一）对威胁、侮辱、殴打、打击报复证人及其近亲属行为的认定

主要从以下四个方面进行认定：

1. 行为侵犯的客体是复杂客体，包括司法机关的正常活动和证人及其近亲属的人身、民主、财产权利。侵犯对象是证人及其近亲属。

2. 行为在客观方面表现为对证人及其近亲属进行威胁、侮辱、殴打或者打击报复，尚不够刑事处罚。"证人"不仅包括刑事诉讼中的证人，也包括民事诉讼、行政诉讼中的证人以及行政执法活动中涉及的证人。"近亲属"，是指证人的夫或妻、父母、祖父母、子女、孙子女、兄弟姊妹。行为人的威胁、侮辱、殴打、打击报复行为发生在诉讼调查活动过程中，或者发生在诉讼调查活动之后，均可构成此行为。

3. 行为实施的主体是一般主体，即达到法定责任年龄、具备责任能力的自然人。

4. 行为在主观方面表现为故意。

（二）与"打击报复证人罪"的区分

打击报复证人罪（《刑法》第 308 条），是指对在诉讼过程中依法提供证明的证人进行打击报复的行为。证人是指已经作证的人，包括被害人、目击证人、鉴定人员、翻译人员等。通过加害证人的近亲属来达到报复证人的目的，也属于打击报复证人罪的情形。

打击报复行为情节轻微，没有造成严重后果的，构成违反治安管理行为。

（三）与"报复陷害罪"的区分

报复陷害罪（《刑法》第 254 条），是指国家机关工作人员滥用职权、假公济私，对控告人、申诉人、批评人、举报人实行报复陷害的行为。本行为与报复陷害罪具有以下区别：

1. 行为主体不同。本行为的行为主体是一般主体。报复陷害罪的主体是国家机关工作人员，即必须是国家立法机关、行政机关、司法机关或军事机关等国家机关的工作人员，而且只能是自然人。

2.行为对象不同。本行为的对象包括证人及其近亲属。报复陷害罪的行为对象是控告人、申诉人、批评人、举报人。证人不是报复陷害罪的打击对象,除非该证人同时具备控告人、申诉人、批评人、举报人的身份。

3.行为性质不同。本行为不需要利用其职务或职权,可以是纯粹的私人恩怨或个人暴力。报复陷害罪的行为性质是滥用职权、假公济私,进行报复陷害。

4.危害后果不同。只要违法嫌疑人实施了威胁、侮辱、殴打或者打击报复证人及其近亲属的行为,即使情节轻微,也构成本行为。报复陷害罪要达到情节严重的程度,主要是指多次或对多人进行报复陷害,或报复陷害手段恶劣,或报复陷害造成严重后果等。

(四)与"妨害作证罪"的区分

妨害作证罪(《刑法》第307条),是指以暴力、威胁、贿买等方法阻止证人作证或者指使他人作伪证的行为。本行为与妨害作证罪有相同或相似之处,如两者都是直接故意实施的,都妨害司法机关正常的工作秩序,都是与证据相关的犯罪,等等。两者的主要不同处在于:

1.行为对象不完全相同。本行为对象专指"证人及其近亲属",而妨害作证罪的行为对象为"证人"或"他人"。可见,妨害作证罪的行为对象范围要广。

2.客观方面不同。首先,本行为表现是对证人及其近亲属进行打击报复,而妨害作证罪的行为表现是以暴力、威胁、贿买等方法阻止证人作证或者指使他人作伪证的行为。其次,作为或不作为均可构成本行为,而妨害作证罪只能由作为构成。

3.行为发生的时间不尽相同。就共同涉及的对象"证人"而言,从时间上看,本行为一般发生在证人作证之后,但也可以发生在证人作证之时;而妨害作证罪一般发生在证人作证之前,但也可发生在证人作证之时。

4.行为目的不同。本行为行为人的目的是报复作证的证人,而妨害作证罪行为人的目的是阻止证人作证或指使他人作伪证。

处罚标准

本行为设置"一般情形"和"情节较重"两个层次的处罚,其中基础罚为拘留或罚款,"情节较重的",处拘留并可加处罚款。对于"情节较重"情形的认定,应当结合行为人的动机、手段、目的、行为的次数和造成的后果等综合考虑。

表88 威胁、侮辱、殴打、打击报复证人及其近亲属行为处罚标准

处罚档次	处罚标准	裁量基准
一般情形	处5日以下拘留或者1000元以下罚款	/

续表

处罚档次	处罚标准	裁量基准
情节较重	处5日以上10日以下拘留,可以并处1000元以下罚款	①使用恶劣手段、方式的
		②给他人正常工作、生活、身心健康、名誉造成较大影响的
		③造成人身伤害的
		④针对多人实施的
		⑤其他情节较重的情形

案例及解析

【基本案情】 钟某某与妻子小青因感情破裂,向法院提起离婚诉讼。在诉讼过程中,小青提交了一份由证人小兰(女,化名)出具的《情况说明》作为证据,用于证明钟某某在婚姻期间的过错行为。该证据经过法院开庭质证后,被部分采纳,最终法院判决对钟某某的部分诉讼请求不予支持。钟某某认为,正是小兰提供的证据导致其诉讼请求未能得到法院支持,因此对小兰心存不满,产生了报复心理。某日中午,钟某某在朋友家中吃饭时,偶遇小兰与丈夫驾车前来。小兰刚从副驾驶位置下车,钟某某便上前用拳头击打小兰的头部,随后又拉扯小兰的头发不放。在场人员见状立即上前劝阻,钟某某这才松手,随后离开现场。经司法鉴定,小兰的人体损害程度为轻微伤。

钟某某的行为应如何定性?

【解析】 本案中,小兰在民事诉讼中作为证人提供了关键证言,钟某某因不满而对小兰进行殴打,属于典型的打击报复证人行为,根据《治安管理处罚法》第50条第1款第4项的规定,钟某某的行为应认定为打击报复证人行为。

关联法条

1.《刑法》(2023年修正)

第254条 【报复陷害罪】国家机关工作人员滥用职权、假公济私,对控告人、申诉人、批评人、举报人实行报复陷害的,处二年以下有期徒刑或者拘役;情节严重的,处二年以上七年以下有期徒刑。

第307条第1款 【妨害作证罪】以暴力、威胁、贿买等方法阻止证人作证或者指使他人作伪证的,处三年以下有期徒刑或者拘役;情节严重的,处三年以上七年以下有期徒刑。

第308条 【打击报复证人罪】对证人进行打击报复的,处三年以下有期徒刑或者拘役;情节严重的,处三年以上七年以下有期徒刑。

2.《刑事诉讼法》(2018年修正)

第63条 人民法院、人民检察院和公安机关应当保障证人及其近亲属的安全。

对证人及其近亲属进行威胁、侮辱、殴打或者打击报复,构成犯罪的,依法追究刑事责任;尚不够刑事处罚的,依法给予治安管理处罚。

3.《民事诉讼法》(2023年修正)

第114条第1款第4项　诉讼参与人或者其他人有下列行为之一的,人民法院可以根据情节轻重予以罚款、拘留;构成犯罪的,依法追究刑事责任:

(四)对司法工作人员、诉讼参加人、证人、翻译人员、鉴定人、勘验人、协助执行的人,进行侮辱、诽谤、诬陷、殴打或者打击报复的;

4.《人民检察院刑事诉讼规则》(高检发释字〔2019〕4号)

第79条第5款　对证人及其近亲属进行威胁、侮辱、殴打或者打击报复,构成犯罪或者应当给予治安管理处罚的,人民检察院应当移送公安机关处理;情节轻微的,予以批评教育、训诫。

94. 发送信息干扰正常生活

现行规定

《治安管理处罚法》

第50条第1款第5项　有下列行为之一的,处五日以下拘留或者一千元以下罚款;情节较重的,处五日以上十日以下拘留,可以并处一千元以下罚款:

(五)多次发送淫秽、侮辱、恐吓等信息或者采取滋扰、纠缠、跟踪等方法,干扰他人正常生活的;

立案与管辖

(一)立案标准

违法嫌疑人有多次发送淫秽、侮辱、恐吓等信息,或者采取滋扰、纠缠、跟踪等方法,干扰他人正常生活,尚不够刑事处罚的行为即达到立案标准。信息包括淫秽、侮辱、恐吓信息,既可以是真实信息(如提供服务、商品的信息等),也可以是虚假信息(如虚假广告、虚假中奖信息等)。信息,应作广义理解,包括声音、文字、图像等。电话铃声也属于声音的一种,实践中经常出现的不断拨打电话、多次用电话铃声或拨通不讲话的方式干扰他人正常生活的行为,可构成本行为。

(二)管辖

发送信息干扰正常生活案件一般由违法行为地公安机关管辖。利用网络发送信息干扰正常生活行为,用于实施违法行为的网站服务器所在地、网络接入地以及网站建立者或者管理者所在地,被侵害的网络及其运营者所在地,违法过程中违法行为人、被侵害人使用的网络及其运营者所在地,被侵害人被侵害时所在地,以及被侵害人财产遭受损失地公安机关可以管辖。

几个公安机关都有权管辖的行政案件,由最初受理的公安机关管辖。必要时,可以由主要违法行为地公安机关管辖。对管辖权发生争议的,报请共同的上级公安机关指定管辖。

证据收集

(一)证据规格

1. 违法嫌疑人陈述与申辩。

(1)违法嫌疑人的基本情况。(2)违法嫌疑人的主观目的和动机、起因;发送干扰信息的时间、地点、具体内容,次数,发送方式;是否有滋扰、纠缠、跟踪等行为;利用短信、邮件、快递、社交媒体等发送信息的,还需要查明相关的手机号、账户信息、账户名称等详细信息。(3)被侵害人的人数,与被侵害人的关系。(4)危害后果,包括给他人正常工作、生活、身心健康、名誉造成的影响。(5)被侵害人是否曾制止其发送干扰信息的行为。

2. 被侵害人陈述。

(1)被侵害人的基本情况,与违法嫌疑人的关系;(2)被发送的信息干扰正常生活的过程、表现;(3)危害后果情况,干扰行为对其正常工作、生活、身心健康、名誉造成的影响;(4)是否尝试制止违法嫌疑人的发送干扰信息行为;(5)是否要求公安机关责令违法嫌疑人一定期限内禁止接触被侵害人。

3. 证人证言。

(1)违法嫌疑人的基本情况,与双方当事人的关系;(2)发送信息的时间、地点、起因、经过、手段,以及频次、持续时间,对被侵害人生活的干扰表现及干扰程度;(3)证人获悉案件情况的路径,证人所处位置及证人与双方当事人之间的关系等。

4. 物证、书证。

手机、电脑等用于实施违法行为的设备或交通工具等作案工具,违法行为导致焦虑、失眠的就诊病历、心理评估报告等。

5. 视听资料、电子数据。

当事人、证人等提供的监控视频及照片,违法嫌疑人手机、电脑等电子设备中存储的音频、视频、文字记录,存储在云端的文件、邮件、聊天记录等。

6. 勘验、检查、辨认笔录。

证人、被侵害人对违法嫌疑人的辨认笔录,检查笔录。

7. 鉴定意见。

精神损害鉴定等。

8. 其他证据材料。

(1)证明违法嫌疑人身份的材料和违法犯罪记录。如人口信息、户籍证明、身份证、工作证、专业或技术等级证复印件等;法院判决书、行政处罚决定书、释放证明书等有效法律文件。(2)抓获经过、处警经过等。

(二)注意事项

多次发送淫秽、侮辱、恐吓等信息,或者采取滋扰、纠缠、跟踪等方法,干扰他人正常生活行为的证据收集与调查工作,需要注意与相关违法行为的竞合处理,包括与传播淫秽信息物品行为、侮辱行为、恐吓行为等的竞合。

证据收集与案件处理时还需要注意:必须是多次发送淫秽、侮辱、恐吓等信息,或者采取滋扰、纠缠、跟踪等方法的行为。如果是偶尔为之,情节较轻,社会危害性不大,一般可以予以批评教育,不认为是违反治安管理的行为。

行为认定

(一)对发送信息干扰正常生活行为的认定

主要从以下四个方面进行认定:

1.行为侵犯的客体是他人的正常生活秩序。

2.行为在客观方面表现为多次通过信件、电话、信息网络等途径发送淫秽、侮辱、恐吓等信息,或者采取滋扰、纠缠、跟踪等方法,干扰他人正常生活,尚不够刑事处罚。多次是指3次(含3次)以上。行为方式不限,通过短信、邮件、社交软件、短视频软件等均可。发送的内容包括广告、声音、文字、图像、电话铃声、拨打电话等。

3.行为的实施主体是一般主体,即达到法定责任年龄、具备责任能力的自然人。

4.行为在主观方面表现为故意,即对危害后果的发生持希望或放任的态度。

(二)对于"多次"的界定

根据《公安机关执行〈中华人民共和国治安管理处罚法〉有关问题的解释(二)》第8条的规定,多次是指3次(含3次)以上。跟盗窃行为中的"多次"的理解,不能等同。本行为中的"多次"是构成本行为的要件之一,而对于盗窃行为而言,多次盗窃,可能构成违反治安管理的加重情节或构成刑事犯罪。

对于"次"的理解,也不能简单等同于发送干扰信息的数量。多次,不能简单理解为发送3条及以上干扰信息。对于"次"的理解应当结合发送时间的连续性、发送干扰信息的数量、发送干扰信息的方式等综合判断。"次"与"次"之间应有一定的时间间隔,短时间内持续发送数条干扰信息的,可视为一次。

(三)与"传播淫秽信息行为"的区分

《治安管理处罚法》规定的传播淫秽信息,是指利用计算机信息网络、电话以及其他通信工具传播淫秽信息,尚不够刑事处罚的行为。本行为与传播淫秽信息行为在行为方式上有相同之处,两者的区别在于:(1)行为对象不同。前者必须是针对特定对象实施;而后者是针对不特定人实施。(2)行为侵犯的客体不同。前者侵犯的客体是他人的正常生活秩序;而后者侵犯的客体是社会公共秩序。(3)行为人的主观目的不同。前者的目的是针对特定的信息接收人进行骚扰、侮辱、挑逗,干扰其正常生活;而后者的目的是传播淫秽信息。

处罚标准

本行为设置"一般情形"和"情节较重"两个层次的处罚。对于"情节较重"情形的认定,应当结合行为人的动机、手段、目的、行为的次数和造成的后果等综合考虑。

表89 发送信息干扰正常生活行为处罚标准

处罚档次	处罚标准	裁量基准
一般情形	处5日以下拘留或者1000元以下罚款	/
情节较重	处5日以上10日以下拘留,可以并处1000元以下罚款	①给他人正常工作、生活、身心健康、名誉造成较大影响的 ②向多人发送的 ③经被侵害人制止仍不停止的 ④其他情节较重的情形

案例及解析

【基本案情】某日,公安机关接石某报警称其收到陌生人寄来的两箱包裹,箱内装有仿真生殖器。公安机关接到报警后,受理了该案件。经查,石某称,前几天一陌生手机号给石某发送了辱骂其和王某之间不正当男女关系的短信,以及王某的全裸照片及侮辱文字。此外,石某的家人也收到王某的裸照。经过调查,石某前男友的现任女朋友李某对邮寄仿真生殖器和发送干扰信息的行为供认不讳。[1]

李某的行为应如何定性?

【解析】李某多次以发送信息的方式干扰石某正常生活的行为,根据《治安管理处罚法》第50条第1款第5项的规定,应认定为发送信息干扰他人正常生活的违法行为。且根据《治安管理处罚法》第50条第2款规定,发送信息干扰正常生活,有滋扰、纠缠、跟踪行为的,除依照前款规定给予处罚外,经公安机关负责人批准,可以责令其一定期限内禁止接触被侵害人。对违反禁止接触规定的,处5日以上10日以下拘留,可以并处1000元以下罚款。

关联法条

《民法典》(2020年)

第1033条第1项 除法律另有规定或者权利人明确同意外,任何组织或者个人不得实施下列行为:

(一)以电话、短信、即时通讯工具、电子邮件、传单等方式侵扰他人的私人生活安宁;

---

[1] 参见北京市第三中级人民法院行政判决书,(2020)京03行终301号。

95. 侵犯隐私

现行规定

《治安管理处罚法》

第 50 条第 1 款第 6 项 有下列行为之一的,处五日以下拘留或者一千元以下罚款;情节较重的,处五日以上十日以下拘留,可以并处一千元以下罚款:

(六)偷窥、偷拍、窃听、散布他人隐私的。

立案与管辖

(一)立案标准

违法嫌疑人有实施偷窥、偷拍、窃听、散布他人隐私,尚不够刑事处罚的行为即达到立案标准。本行为包括以下几种情形:(1)直接用眼睛看,用摄像头等设备偷窥;(2)趁人不备,秘密拍摄或窃听他人隐私;(3)将知悉的他人隐私传播于众,散布方式包括用语言、文字、图片、电子信息等形式在电视、报纸、网络等媒介上传播。

(二)管辖

侵犯隐私案件一般由违法行为地公安机关管辖。利用网络散布他人隐私,用于实施违法行为的网站服务器所在地、网络接入地以及网站建立者或者管理者所在地,被侵害的网络及其运营者所在地,违法过程中违法行为人、被侵害人使用的网络及其运营者所在地,被侵害人被侵害时所在地,以及被侵害人财产遭受损失地公安机关可以管辖。

几个公安机关都有权管辖的行政案件,由最初受理的公安机关管辖。必要时,可以由主要违法行为地公安机关管辖。对管辖权发生争议的,报请共同的上级公安机关指定管辖。

证据收集

(一)证据规格

1. 违法嫌疑人的陈述与申辩。

(1)违法嫌疑人的基本情况。

(2)偷窥、偷拍、窃听、散布他人隐私的主观目的和动机、起因;具体过程,包括侵犯隐私行为发生的时间、地点、行为方式、具体隐私内容、持续时间、次数、被侵犯的人员数量。

(3)利用信息网络散布他人隐私的,还需要查明网络平台信息、账户信息、浏览量、评论转发量等。

(4)有无作案工具,如手机、相机、窃听器、监控设备等;来源及下落。

(5)危害后果情况,包括给被侵害人正常工作、生活、身心健康、名誉造成的影响。

2. 被侵害人陈述。

(1)违法嫌疑人的基本情况,与违法嫌疑人的关系。(2)发现偷窥、偷拍、窃听或散布隐私行为的时间、地点、起因、经过、手段方式;是否发生在公共场所;利用信息网络散布他人隐私的,还需要查明网络平台信息、账户信息、浏览量、评论转发量等。(3)询问是否有其他相关的证据,如手机短信、社交媒体平台截图等。(4)有无作案工具及其来源、下落。(5)有无其他证人。

3. 证人证言。

(1)违法嫌疑人的基本情况,与双方当事人的关系。(2)偷窥、偷拍、窃听或散布隐私行为发生的时间、地点、起因、经过、手段,以及频次、持续时间等;侵犯人员数量、侵犯次数。(3)作案工具及来源、下落。(4)证人获得案件情况的来源,证人所处位置及证人与双方当事人之间的关系等。

4. 物证、书证。

拍摄设备,如摄像头、手机、录像机等;监听设备,如录音笔、窃听器等;传播设备,如电脑、手机、存储介质等;生物痕迹,如现场遗留的指纹、DNA 等。

5. 视听资料、电子数据。

(1)行为发生地周边的视频监控;(2)被侵害人、证人等提供的监控视频及照片;(3)购置作案工具的交易记录;(4)社交媒体上发布的内容;(5)违法嫌疑人手机、电脑等电子设备中存储的音频、视频、文字记录,存储在云端的文件、邮件、聊天记录等。

6. 勘验、检查、辨认笔录,现场笔录。

人身检查笔录、现场勘验笔录、手机检查笔录等;证人、被侵害人对违法嫌疑人的辨认。

7. 其他证据材料。

(1)违法嫌疑人的身份材料,包括户籍信息、身份证、工作证、与原籍联系的电话记录;有前科的,应调取法院判决书、行政处罚决定书、释放证明书等有效法律文件,以及前科查询证明。(2)抓获经过、处警经过、报案材料等。

(二)注意事项

偷窥、偷拍、窃听、散布他人隐私行为的调查与证据收集工作,应注意重点认定被侵害的个人信息是否属于隐私的范畴;认定行为时需要结合行为方式和手段、主观目的和动机,以及被侵害人工作、生活、身心健康、名誉等损害情况综合认定。

行为认定

(一)对于侵犯隐私行为的认定

主要从以下四个方面进行认定:

1. 行为侵犯的客体是他人的人格权和隐私权。

2. 行为在客观方面表现为偷窥、偷拍、窃听、散布他人隐私,尚不够刑事处罚。隐私,是指自然人的私人生活安宁和不愿为他人知晓的私密空间、私密活动、私密信息,如两性关系、健康、财产状况等。偷窥，是指行为人在当事人不知道的情况下，秘密偷看他人隐私的行为。有的是在隐私场所直接用眼睛偷窥，有的是通过安装针孔摄像头等设备来偷窥他人隐私。偷拍，是指行为人趁当事人不备，利用照相机、手机、摄像机等器材秘密拍摄他人的隐私，包括他人身体的隐私部位、他人的隐私活动等。窃听，是指行为人通过秘密方式偷听他人隐私的行为。散布，是指行为人用各种方式将知悉的他人隐私传播于众的行为，传播的方式包括用语言、文字、图片、电子信息等形式在广播电视、报纸、网络等媒介上传播。

3. 行为的实施主体是一般主体，即达到法定责任年龄、具备责任能力的自然人。

4. 行为在主观方面表现为故意。

（二）个人隐私与个人信息的区分

隐私是指自然人的私人生活安宁和不愿为他人知晓的私密空间、私密活动、私密信息。个人信息，是指以电子或者其他方式记录的能够单独或者与其他信息结合识别特定自然人身份或者反映特定自然人活动情况的各种信息，包括姓名、出生日期、身份证件号码、婚姻状况、工作单位、学历、履历、个人生物识别信息、住址、电话号码、电子邮箱、健康信息、账号密码、财产状况、行踪轨迹信息等。个人信息中的私密信息，适用有关隐私权的规定；没有规定的，适用有关个人信息保护的规定。

（三）在网络上向不特定多数人散布他人隐私行为的认定

现实中，行为人在网络上散布他人隐私可能出于多种目的，如发泄不满、报复等目的。此类行为可能造成贬损他人人格、损害他人名誉、侵犯隐私等后果，有的造成他人"社会性死亡"，甚至精神失常、自杀等严重后果。因此，在网络上向不特定多数人散布他人隐私行为，根据其危害程度和后果可能构成网络暴力。根据《最高人民法院、最高人民检察院、公安部关于依法惩治网络暴力违法犯罪的指导意见》第3条和第4条相关规定："3. 依法惩治网络侮辱行为。在信息网络上采取肆意谩骂、恶意诋毁、披露隐私等方式，公然侮辱他人，情节严重，符合刑法第二百四十六条规定的，以侮辱罪定罪处罚。4. 依法惩治侵犯公民个人信息行为。组织'人肉搜索'，违法收集并向不特定多数人发布公民个人信息，情节严重，符合刑法第二百五十三条之一规定的，以侵犯公民个人信息罪定罪处罚；依照刑法和司法解释规定，同时构成其他犯罪的，依照处罚较重的规定定罪处罚。"在网络上向不特定多数人散布他人隐私行为根据其行为的目的和具体表现可能与以上两个罪名形成竞合，应当以重罚来处理。

处罚标准

本行为设置"一般情形"和"情节较重"两个层次的处罚，其中基础罚为拘留或罚款，"情节较重的"，处拘留并可加处罚款。对于"情节较重"情形的认定，应当结合行为人的动机、手段、目的、行为的次数和造成的后果等综合考虑。

表 90　侵犯隐私行为处罚标准

处罚档次	处罚标准	裁量基准
一般情形	处 5 日以下拘留或者 1000 元以下罚款	/
情节较重	处 5 日以上 10 日以下拘留，可以并处 1000 元以下罚款	①给他人正常工作、生活、身心健康、名誉造成较大影响的 ②利用信息网络散布他人隐私的 ③多次侵犯他人隐私或者侵犯多人隐私的 ④其他情节较重的情形

案例及解析

【基本案情】某日，杨某在某养生会所按摩时，使用微型摄像头对王某进行偷拍。后杨某从视频中截取身体裸露画面，并于次日通过手机 QQ 聊天软件将图片发送给 QQ 好友涂某、蔡某。当晚 20 时，王某知情后，向当地派出所报案。派出所受案后，传唤杨某到案进行询问，陆续询问了王某，证人涂某、蔡某等人，调取了杨某保存在其电脑中的涉案视频，以及王某、两位证人手机中相关涉案聊天记录截图。

杨某的行为应如何认定？

【解析】本案中，杨某偷拍和散布王某隐私的行为，应根据《治安管理处罚法》第 50 条第 1 款第 6 项的规定，认定为偷拍、散布他人隐私行为，予以"五日以下拘留或者一千元以下罚款"处罚。

关联法条

1.《刑法》(2023 年修正)

第 252 条　【侵犯通信自由罪】隐匿、毁弃或者非法开拆他人信件，侵犯公民通信自由权利，情节严重的，处一年以下有期徒刑或者拘役。

第 253 条之一　【侵犯公民个人信息罪】违反国家有关规定，向他人出售或者提供公民个人信息，情节严重的，处三年以下有期徒刑或者拘役，并处或者单处罚金；情节特别严重的，处三年以上七年以下有期徒刑，并处罚金。

违反国家有关规定，将在履行职责或者提供服务过程中获得的公民个人信息，出售或者提供给他人的，依照前款的规定从重处罚。

窃取或者以其他方法非法获取公民个人信息的，依照第一款的规定处罚。

单位犯前三款罪的，对单位判处罚金，并对其直接负责的主管人员和其他直接责任人员，依照各该款的规定处罚。

2.《民法典》(2020 年)

第 1032 条　自然人享有隐私权。任何组织或者个人不得以刺探、侵扰、泄露、公开等方式侵害他人的隐私权。

隐私是自然人的私人生活安宁和不愿为他人知晓的私密空间、私密活动、私密信息。

第1033条　除法律另有规定或者权利人明确同意外,任何组织或者个人不得实施下列行为:
(一)以电话、短信、即时通讯工具、电子邮件、传单等方式侵扰他人的私人生活安宁;
(二)进入、拍摄、窥视他人的住宅、宾馆房间等私密空间;
(三)拍摄、窥视、窃听、公开他人的私密活动;
(四)拍摄、窥视他人身体的私密部位;
(五)处理他人的私密信息;
(六)以其他方式侵害他人的隐私权。
第1034条　自然人的个人信息受法律保护。
个人信息是以电子或者其他方式记录的能够单独或者与其他信息结合识别特定自然人的各种信息,包括自然人的姓名、出生日期、身份证件号码、生物识别信息、住址、电话号码、电子邮箱、健康信息、行踪信息等。
个人信息中的私密信息,适用有关隐私权的规定;没有规定的,适用有关个人信息保护的规定。

3.《最高人民法院、最高人民检察院、公安部关于依法惩处侵害公民个人信息犯罪活动的通知》(2013年)
一、切实提高认识,坚决打击侵害公民个人信息犯罪活动。当前,一些犯罪分子为追求不法利益,利用互联网大肆倒卖公民个人信息,已逐渐形成庞大"地下产业"和黑色利益链。买卖的公民个人信息包括户籍、银行、电信开户资料等,涉及公民个人生活的方方面面。部分国家机关和金融、电信、交通、教育、医疗以及物业公司、房产中介、保险、快递等企事业单位的一些工作人员,将在履行职责或者提供服务过程中获取的公民个人信息出售、非法提供给他人。获取信息的中间商在互联网上建立数据平台,大肆出售信息谋取暴利。非法调查公司根据这些信息从事非法讨债、诈骗和敲诈勒索等违法犯罪活动。此类犯罪不仅危害公民的信息安全,而且极易引发多种犯罪,成为电信诈骗、网络诈骗以及滋扰型"软暴力"等信息犯罪的根源,甚至与绑架、敲诈勒索、暴力追债等犯罪活动相结合,影响人民群众的安全感,威胁社会和谐稳定。各级公安机关、人民检察院、人民法院务必清醒认识此类犯罪的严重危害,以对党和人民高度负责的精神,统一思想,提高认识,精心组织,周密部署,依法惩处侵害公民个人信息犯罪活动。

4.《保安服务管理条例》(2022年修订)
第43条第1款第2项　保安从业单位有下列情形之一的,责令限期改正,处2万元以上10万元以下的罚款;违反治安管理的,依法给予治安管理处罚;构成犯罪的,依法追究直接负责的主管人员和其他直接责任人员的刑事责任:
(二)使用监控设备侵犯他人合法权益或者个人隐私的;
第45条第1款第6项　保安员有下列行为之一的,由公安机关予以训诫;情节严重的,吊销其保安员证;违反治安管理的,依法给予治安管理处罚;构成犯罪的,依法追究刑事责任:
(六)侵犯个人隐私或者泄露在保安服务中获知的国家秘密、商业秘密以及客户单位明确要求保密的信息的;

5.《最高人民法院、最高人民检察院、公安部关于依法惩治网络暴力违法犯罪的指导意见》(2023年)
3.依法惩治网络侮辱行为。在信息网络上采取肆意谩骂、恶意诋毁、披露隐私等方式,公然侮辱他人,情节严重,符合刑法第二百四十六条规定的,以侮辱罪定罪处罚。

96. 违规接触被侵害人

> **现行规定**

《治安管理处罚法》

第 50 条第 1 款第 5 项、第 2 款 有下列行为之一的，处五日以下拘留或者一千元以下罚款；情节较重的，处五日以上十日以下拘留，可以并处一千元以下罚款：

（五）多次发送淫秽、侮辱、恐吓等信息或者采取滋扰、纠缠、跟踪等方法，干扰他人正常生活的；

有前款第五项规定的滋扰、纠缠、跟踪行为的，除依照前款规定给予处罚外，经公安机关负责人批准，可以责令其一定期限内禁止接触被侵害人。对违反禁止接触规定的，处五日以上十日以下拘留，可以并处一千元以下罚款。

> **立案与管辖**

（一）立案标准

违法嫌疑人采取滋扰、纠缠、跟踪等方法，干扰他人正常生活的，公安机关给予行政处罚，同时经公安机关负责人批准，责令行为人一定期限内禁止接触被侵害人。行为人有违反禁止接触规定接触被侵害人的行为，即达到立案标准。本行为系行为犯，只要实施了接触的行为，即可构成本行为。接触的方式，应仅指面对面的线下接触。

（二）管辖

违规接触被侵害人案件一般由违法行为发生地公安机关管辖。违法行为发生地，主要是违规接触被侵害人行为的发生地和违法结果发生地。如果由违法行为人居住地管辖更为适宜，可以由违法行为人居住地管辖。

几个公安机关都有权管辖的行政案件，由最初受理的公安机关管辖。必要时，可以由主要违法行为地公安机关管辖。对管辖权发生争议的，报请共同的上级公安机关指定管辖。

> **证据收集**

（一）证据规格

1. 违法嫌疑人陈述与申辩。

（1）违法嫌疑人的基本情况。（2）违法嫌疑人接触被侵害人的主观目的和动机、起因；接触被侵害人的时间、地点、次数、方式及具体过程等。（3）以滋扰、纠缠、跟踪等方式干扰正常生活行为的处罚情况，禁止接触被侵害人的时间段。（4）作案工具及其下落。（5）是否有危害情况，包括是否给他人正常工作、生活、身心健康、名誉造成影响。

2. 被侵害人陈述。

(1)被侵害人的基本情况,与违法嫌疑人的关系;(2)以滋扰、纠缠、跟踪等方式干扰正常生活行为的处罚情况,禁止接触被侵害人的时间段;(3)接触被侵害人的时间、地点、次数、方式及具体过程等;(4)危害后果情况,接触行为对其正常工作、生活、身心健康、名誉造成的影响。

3. 证人证言。

(1)违法嫌疑人的基本情况,与双方当事人的关系;(2)接触行为发生的时间、地点、次数、方式及具体过程。

4. 物证、书证。

作案工具,以滋扰、纠缠、跟踪等方式干扰正常生活违法行为的处罚文书,禁止接触的法律文书等。

5. 视听资料、电子数据。

监控视频、相关录音录像等。

6. 勘验、检查、辨认笔录。

证人、被侵害人对违法嫌疑人的辨认笔录,检查笔录。

7. 其他证据材料。

(1)证明违法嫌疑人身份的材料和违法犯罪记录,如人口信息、户籍证明、身份证、工作证、专业或技术等级证复印件等,法院判决书、行政处罚决定书、释放证明书等有效法律文件。(2)抓获经过、处警经过等。

(二)注意事项

违规接触被侵害人行为的证据收集与调查工作,应注意:(1)本行为的成立以发送信息干扰正常生活行为的处罚为实体前提,因此,应注意发送信息干扰正常生活行为的证据及卷宗材料保存。(2)本行为的成立以公安机关责令限期内禁止接触被侵害人为程序前提,因此,应注意制作并留存责令禁止接触被侵害人的相关的制式法律文书。(3)本行为的处罚设定,旨在阻止实施发送信息干扰他人正常生活行为的行为人在行政处罚之后继续实施干扰的行为,因此处罚实施完毕之后,仍继续以滋扰、纠缠、跟踪等方式实施干扰行为的,可视为一种接触行为,以本行为进行处罚。

行为认定

(一)对违规接触被侵害人行为的认定

主要从以下四个方面进行认定:

1. 行为侵犯的客体是他人的正常生活秩序。
2. 行为在客观方面表现为行为人违反禁止接触规定,接触被侵害人。
3. 行为的实施主体是特定主体,即被公安机关责令禁止接触被侵害人的行为人。
4. 行为在主观方面表现为故意,即行为人明知在禁止接触期限内,仍故意接触被侵害人。

(二)违法嫌疑人对公安机关作出的禁止接触被侵害人的禁令,是否可以申请行政复议或提起行政诉讼

根据《治安管理处罚法》第 121 条的规定,被处罚人、被侵害人对公安机关依照本法规定作出的治安管理处罚决定,作出的收缴、追缴决定,或者采取的有关限制性、禁止性措施等不服的,可以依法申请行政复议或者提起行政诉讼。

本行为属于"禁止性措施",行为人不服的,可以依法申请行政复议或提起行政诉讼。

(三)在禁止接触期间,被侵害人主动接触违法嫌疑人的,是否满足本行为的法律规定

被侵害人在禁止接触期间主动联系接触违法嫌疑人的,不成立本行为。如因被侵害人主动接触违法嫌疑人后,违法嫌疑人在限期内主动接触被侵害人,仍可成立本行为。

(四)接触行为样态的界定

从接触行为的表现形式来看,本行为对于禁止接触被侵害人的设定,旨在保护被侵害人的正常生活秩序,以保证其不再遭受行为人继续实施的干扰行为。因此接触的方式仅指采取滋扰、纠缠、跟踪等方法在线下面对面的接触,不包括通过发送信息、打电话、留言等线上试图联络的行为。

(五)日常生活活动半径交叉导致的偶然性的接触,是否成立本行为

本行为的主观方面为故意,日常生活活动半径交叉导致的生活上的偶然碰见,不能认定其主观方面有故意的因素,因而不能认定为本行为。但是,被禁止接触的人在发现偶然碰见后,应立即采取措施积极躲避或回避,如果在偶然碰见之后,实施跟踪行为或者主动接近被侵害人并实施滋扰、纠缠行为,可以认定为本行为并予以处罚。

🛡 处罚标准

本行为设置了拘留且可并处罚款的处罚,没有情节较重或较轻的情形,因此公安机关适用处罚时,应结合行为人的主观目的恶性程度、动机、手段恶劣程度、行为次数和危害后果等综合考虑。

表 91 违规接触被侵害人行为处罚标准

处罚档次	处罚标准
一般情形	处 5 日以上 10 日以下拘留,可以并处 1000 元以下罚款

🛡 案例及解析

【基本案情】沈某与张女士曾是男女朋友,后因性格不合分手。分手后,张女士将其联系方式拉黑,沈某无法接受这一事实,多次前往张女士的住处、工作单位蹲守,并采取尾随、跟踪等方式持续对张女士进行纠缠。张女士无奈报警,并向公安机关申请"责令禁止接触"。公安机关经调查取证,依法对沈某拘留 5 日,并责令 6 个月内禁止接触张女士。拘留期满后,沈某仍不悔改,在禁止接触期内再次尾随、跟踪张女士。

沈某的行为应如何定性?

【解析】本案中,沈某曾多次采用蹲守、尾随、跟踪等方式,干扰张女士正常生活,其行为违反《治安管理处罚法》第50条第1款第5项的规定,构成"采取滋扰、纠缠、跟踪等方法,干扰他人正常生活"的行为。公安机关对其拘留期满后,沈某再次尾随、跟踪张女士,违反了禁止接触规定,应当认定为违规接触被侵害人行为,公安机关应根据《治安管理处罚法》第50条第2款规定,处5日以上10日以下拘留,可以并处1000元以下罚款。

关联法条

1.《民法典》(2020年)

第1033条第1项　除法律另有规定或者权利人明确同意外,任何组织或者个人不得实施下列行为:

(一)以电话、短信、即时通讯工具、电子邮件、传单等方式侵扰他人的私人生活安宁;

2.《反家庭暴力法》(2015年)

第16条　家庭暴力情节较轻,依法不给予治安管理处罚的,由公安机关对加害人给予批评教育或者出具告诫书。

告诫书应当包括加害人的身份信息、家庭暴力的事实陈述、禁止加害人实施家庭暴力等内容。

3.《最高人民法院关于办理人身安全保护令案件适用法律若干问题的规定》(法释〔2022〕17号)

第1条　当事人因遭受家庭暴力或者面临家庭暴力的现实危险,依照反家庭暴力法向人民法院申请人身安全保护令的,人民法院应当受理。

向人民法院申请人身安全保护令,不以提起离婚等民事诉讼为条件。

第二十六节 《治安管理处罚法》第51条

97. 殴打他人

现行规定

《治安管理处罚法》

第51条 殴打他人的……处五日以上十日以下拘留,并处五百元以上一千元以下罚款;情节较轻的,处五日以下拘留或者一千元以下罚款。

有下列情形之一的,处十日以上十五日以下拘留,并处一千元以上二千元以下罚款:
(一)结伙殴打、伤害他人的;
(二)殴打、伤害残疾人、孕妇、不满十四周岁的人或者七十周岁以上的人的;
(三)多次殴打、伤害他人或者一次殴打、伤害多人的。

立案与管辖

(一)立案标准

违法嫌疑人有损害他人身体健康的打人行为,尚不够刑事处罚的即达到立案标准。殴打他人的行为方式主要表现为拳打、脚踢等肢体暴力,也包括使用棍棒等器械实施伤害。此类行为通常仅造成他人身体的疼痛或细微伤痕。殴打他人可以由行为人自己实施,也可以利用第三者或动物实施。殴打残疾人、孕妇、不满14周岁的人或者70周岁以上的人,不要求行为人主观上必须明知殴打的对象为残疾人、孕妇、不满14周岁的人或者70周岁以上的人。

(二)管辖

殴打他人案件由违法行为地公安机关管辖。由违法行为人居住地公安机关管辖更为适宜的,可以由违法行为人居住地公安机关管辖。居住地包括户籍所在地、经常居住地。经常居住地是指公民离开户籍所在地最后连续居住一年以上的地方,但在医院住院就医的除外。移交违法行为人居住地公安机关管辖的行政案件,违法行为地公安机关在移交前应当及时收集证据,并配合违法行为人居住地公安机关开展调查取证工作。

违法行为涉及多个地区的,由最先受理地的公安机关管辖,对管辖有争议的,可以由共同上级机关指定管辖。

证据收集

(一)证据规格

1. 违法行为人陈述与申辩。

(1)违法行为人的基本情况;(2)殴打他人的主观目的和动机、起因、具体过程(包括时间、地点、殴打方式、殴打部位、危害后果等);(3)与被侵害人的关系,被侵害人的年龄、身份、体貌特征及伤害情况;(4)作案工具及其来源、下落;(5)在场人员的身份、体貌特征;(6)是否有侮辱、威胁、故意损毁财物等其他违法行为;(7)结伙作案的,询问违法嫌疑人的数量、身份及体貌特征,人数、预谋、结伙聚合的过程、相互关系、地位,以及各违法行为人相互关系、相互印证情况。

2. 被侵害人陈述。

(1)违法行为人的基本情况、身份及体貌特征;(2)侵害行为发生的时间、地点、起因、经过,殴打伤害的手段、方式、危害后果;(3)受到伤害行为的具体过程(包括致伤方式、部位、伤害的后果);询问是否需要做伤情鉴定;(4)作案工具及来源、下落;(5)在场人员的身份、体貌特征。

3. 证人证言。

(1)询问证人的基本情况,与违法嫌疑人、被侵害人的关系等;(2)询问伤害行为发生的时间、地点、经过,双方当事人人数及各自所处位置、持有的凶器,人身伤害、物品损毁情况,以及违法行为人、被侵害人的数量、身份及衣着、体貌特征。

4. 物证、书证。

(1)作案工具、血迹、毛发等现场提取物;(2)伤情检查记录、病历等;(3)被损坏的物品。

5. 鉴定意见。

伤情鉴定、损坏财物的价格鉴证、嫌疑人的精神病鉴定。

6. 视听资料、电子数据。

(1)殴打行为发生地周边的视频监控;(2)当事人及证人提供的录音录像、照片等。

7. 勘验、检查笔录,现场笔录,辨认笔录。

现场勘查笔录、现场图、现场照片,人身检查笔录,证人、被侵害人对违法行为人的辨认笔录。

8. 其他证据材料。

(1)证明违法嫌疑人身份的材料和违法犯罪记录,如人口信息、违法犯罪记录证明、户籍证明、身份证、工作证、专业或技术等级证复印件等,法院判决书、行政处罚决定书、释放证明书等有效法律文件。(2)抓获经过、处警经过等。

(二)注意事项

殴打他人行为往往因民间纠纷而起。在调查案件时应了解双方有无调解意愿。对于民间纠纷引起的打架斗殴或者损毁他人财物等违反治安管理行为,情节较轻的,公安机关应当查明事实，注重教育和疏导，化解矛盾纠纷。经公安机关调解，当事人达成协议的，不予处罚。

行为认定

（一）对于殴打他人行为的认定

主要从以下四个方面进行认定：

1. 行为侵犯的客体是他人的身体健康权。身体健康权，是指自然人以保持其肢体、器官和其他组织的完整性为内容的人格权，是公民最基本的人身权利之一。

2. 行为的客观方面表现为殴打他人，尚不够刑事处罚。只要有证据证明行为人实施了殴打他人的行为，不论其是否造成被侵害人受伤，即可以依法予以治安管理处罚。殴打他人的行为方式、主观态度、伤情轻重等，应当作为从轻或者从重处罚的情节予以考虑。

3. 行为的实施主体是一般主体，即达到法定责任年龄、具备责任能力的自然人。

4. 行为的主观方面表现为故意，过失不构成本行为。

（二）互殴与正当防卫的区分

《治安管理处罚法》新增的第 19 条规定："为了免受正在进行的不法侵害而采取的制止行为，造成损害的，不属于违反治安管理行为，不受处罚；制止行为明显超过必要限度，造成较大损害的，依法给予处罚，但是应当减轻处罚；情节较轻的，不予处罚。"这一条被认为是正当防卫条款。防卫行为与相互斗殴具有外观上的相似性，公安机关应当坚持主客观相统一的原则，综合考察案发起因、对冲突升级是否有过错、是否使用或者准备使用凶器、是否采用明显不相当的暴力、是否纠集他人参与打斗等客观情节，准确判断违法嫌疑人的主观意图和行为性质。因琐事发生争执，双方均不能保持克制而引发打斗，对于有过错的一方先动手且手段明显过激，或者一方先动手，在对方努力避免冲突的情况下仍继续侵害的，还击一方的行为一般应当认定为正当防卫。双方因琐事发生冲突，冲突结束后，一方又实施不法侵害，对方还击，包括使用工具还击的，一般应当认定为防卫行为。故意挑拨对方实施不法侵害，借机伤害对方的，不认定为正当防卫。

（三）结伙殴打他人与寻衅滋事中结伙斗殴行为的区分

结伙殴打他人是指多人结成团伙同时殴打他人，被殴打的对象是无辜受害者。结伙是指人数在 2 人（含 2 人）以上的情形。

1. 行为目的与动机不同。寻衅滋事中结伙斗殴行为一般是指出于私仇旧怨、争夺地盘、寻欢作乐、耍威风、逞强好胜，或者其他动机而结成团伙打架斗殴，即所谓的无事生非。而结伙殴打他人的目的是侵害特定对象的身体健康权，实施殴打行为。

2. 违法的起因不同。寻衅滋事的起因是寻求刺激、发泄情绪、逞强耍横等。而结伙殴打他人往往是事出有因。区分"无事生非"与"事出有因"应当以正常人的常识而不是行为人的认识为判断标准。

3. 侵犯客体不同。结伙殴打他人侵犯的客体是他人的人身权利；而寻衅滋事中结伙斗殴行为侵犯的是复杂客体，既侵犯了社会的公共秩序，又侵犯了他人的人身权利。

（四）公安民警在执行职务过程中殴打他人，可否给予治安管理处罚

根据《治安管理处罚法》第 139 条的规定，人民警察办理治安案件，刑讯逼供、体罚、打骂、虐待、侮辱他人的，依法给予处分；构成犯罪的，依法追究刑事责任。办理治安案件的公安机关有前款所列行为的，对负有责任的领导人员和直接责任人员，依法给予处分。

同时根据《国务院法制办公室对〈关于对国家行政机关工作人员执行职务过程中的违法行为能否给予治安处罚的请示〉的复函》，行政机关工作人员在执行职务时因故意或者重大过失侵犯公民合法权益造成损害的，一是承担民事责任，即承担部分或者全部的赔偿费用；二是承担行政责任，即由有关行政机关依法给予行政处分。同时，依照《刑法》规定，构成犯罪的，还应当承担刑事责任。行政机关工作人员执行职务时的侵权行为，不属于《治安管理处罚法》规定的违反治安管理的行为，不应当给予治安管理处罚。

🛡 处罚标准

本行为设置"一般情形"、"情节较轻"和"特别情形"三个处罚档次。对于"情节较轻"情形的认定，应当结合行为人的动机、手段、目的、行为的次数和造成的后果等综合考虑。

表 92　殴打他人行为处罚标准

处罚档次	处罚标准	裁量基准
一般情形	处 5 日以上 10 日以下拘留，并处 500 元以上 1000 元以下罚款	/
情节较轻	处 5 日以下拘留或者 1000 元以下罚款	①被侵害方有过错，且伤害后果较轻的 ②亲友、邻里或者同事之间因琐事发生纠纷，双方均有过错，且伤害后果较轻的 ③已满 14 周岁未成年在校学生初次殴打他人，故意伤害他人身体，悔过态度较好且伤害后果较轻的 ④因民间纠纷引发且行为人主动赔偿合理费用，伤害后果较轻的 ⑤其他情节较轻的情形
特别情形	处 10 日以上 15 日以下拘留，并处 1000 元以上 2000 元以下罚款	①结伙殴打、伤害他人的 ②殴打、伤害残疾人、孕妇、不满 14 周岁的人或者 70 周岁以上的人的 ③多次殴打、伤害他人或者 1 次殴打、伤害多人的

🛡 案例及解析

【基本案情】某景区检票口，刘某因未给两名身高超标的儿童购票被检票员陈某拦下。刘某不想补票，争执中刘某对陈某蹬踹，致其右小腿擦伤（经鉴定为轻微伤）。公安机关调解未果。

刘某的行为应如何定性？

【解析】本案中，刘某蹬踹陈某致其轻微伤，根据《治安管理处罚法》第51条的规定，应认定为殴打他人行为，同时刘某需承担民事赔偿责任，包括陈某的医疗费、误工费等费用。

关联法条

1.《刑法》(2023年修正)

第234条 【故意伤害罪】故意伤害他人身体的，处三年以下有期徒刑、拘役或者管制。

犯前款罪，致人重伤的，处三年以上十年以下有期徒刑；致人死亡或者以特别残忍手段致人重伤造成严重残疾的，处十年以上有期徒刑、无期徒刑或者死刑。本法另有规定的，依照规定。

第292条 【聚众斗殴罪】聚众斗殴的，对首要分子和其他积极参加的，处三年以下有期徒刑、拘役或者管制；有下列情形之一的，对首要分子和其他积极参加的，处三年以上十年以下有期徒刑：

(一)多次聚众斗殴的；

(二)聚众斗殴人数多、规模大，社会影响恶劣的；

(三)在公共场所或者交通要道聚众斗殴，造成社会秩序严重混乱的；

(四)持械聚众斗殴的。

【故意伤害罪】【故意杀人罪】聚众斗殴，致人重伤、死亡的，依照本法第二百三十四条、第二百三十二条的规定定罪处罚。

第293条 【寻衅滋事罪】有下列寻衅滋事行为之一，破坏社会秩序的，处五年以下有期徒刑、拘役或者管制：

(一)随意殴打他人，情节恶劣的；

(二)追逐、拦截、辱骂、恐吓他人，情节恶劣的；

(三)强拿硬要或者任意损毁、占用公私财物，情节严重的；

(四)在公共场所起哄闹事，造成公共场所秩序严重混乱的。

纠集他人多次实施前款行为，严重破坏社会秩序的，处五年以上十年以下有期徒刑，可以并处罚金。

2.《最高人民检察院、公安部关于依法妥善办理轻伤害案件的指导意见》(高检发办字〔2022〕167号)

二、依法全面调查取证、审查案件

(七)准确区分罪与非罪。对被害人出现伤害后果的，人民检察院、公安机关判断犯罪嫌疑人是否构成故意伤害罪时，应当在全面审查案件事实、证据的基础上，根据双方的主观方面和客观行为准确认定，避免"唯结果论""谁受伤谁有理"。如果犯罪嫌疑人只是与被害人发生轻微推搡、拉扯的，或者为摆脱被害人拉扯或者控制而实施甩手、后退等应急、防御行为的，不宜认定为刑法意义上的故意伤害行为。

3.《最高人民法院、最高人民检察院关于办理寻衅滋事刑事案件适用法律若干问题的解释》(法释〔2013〕18号)

第1条第3款 行为人因婚恋、家庭、邻里、债务等纠纷，实施殴打、辱骂、恐吓他人或者损毁、占用他人财物等行为的，一般不认定为"寻衅滋事"，但经有关部门批评制止或者处理处罚后，继续实施前列行为，破坏社会秩序的除外。

98. 故意伤害

现行规定

《治安管理处罚法》

第 51 条 ……故意伤害他人身体的,处五日以上十日以下拘留,并处五百元以上一千元以下罚款;情节较轻的,处五日以下拘留或者一千元以下罚款。

有下列情形之一的,处十日以上十五日以下拘留,并处一千元以上二千元以下罚款:
(一)结伙殴打、伤害他人的;
(二)殴打、伤害残疾人、孕妇、不满十四周岁的人或者七十周岁以上的人的;
(三)多次殴打、伤害他人或者一次殴打、伤害多人的。

立案与管辖

(一)立案标准

违法嫌疑人有故意伤害他人身体健康,尚不够刑事处罚的行为即达到立案标准。违法嫌疑人故意伤害他人身体健康行为可以由自己实施,也可以利用第三人或动物实施。故意伤害残疾人、孕妇、不满14周岁的人或者70周岁以上的人,不要求行为人主观上必须明知故意伤害对象的生理特征,均构成此行为。

(二)管辖

故意伤害案件由违法行为地公安机关管辖。由违法行为人居住地公安机关管辖更为适宜的,可以由违法行为人居住地公安机关管辖。居住地包括户籍所在地、经常居住地。经常居住地是指公民离开户籍所在地最后连续居住一年以上的地方,但在医院住院就医的除外。移交违法行为人居住地公安机关管辖的行政案件,违法行为地公安机关在移交前应当及时收集证据,并配合违法行为人居住地公安机关开展调查取证工作。

违法行为涉及多个地区的,由最先受理地公安机关管辖,对管辖有争议的,可以由共同上级机关指定管辖。

证据收集

(一)证据规格

1.违法行为人陈述与申辩。

(1)违法行为人的基本情况。(2)伤害他人的主观故意和动机、具体过程(包括伤害行为发生的具体时间、地点、伤害对象、伤害部位、次数、事情起因、后果、伤害行为预谋、准备、实施的过程等);双方都有伤害行为的,应询问双方行为的先后顺序、起因。(3)被侵害人的基本情况(包括被侵害人的人数、衣帽特征、伤害部位、伤势等情况);被侵害人是否有过错。(4)作案工具及其特征、来源和去向等。(5)在场人员的身份、体貌特征。(6)是否有辱骂、故意毁财、威胁、恐吓等其他违法行为。(7)有多个嫌疑人的,参与人员的数量、身份及体貌特征、共同违法故意的产生、策划、联络、分工、实施等情况,以及每一个人在共同违法中所起的地位和作用。

2. 被侵害人陈述。

(1)被侵害人的基本情况,伤害行为发生的时间、地点、方位、具体过程等。(2)受伤情况,包括受打击侵害的部位、次数、强度;是否要求进行伤情鉴定;是否前往医疗机构医治,主要诊疗项目及医疗机构等;被伤害后的身体、精神状况等情况。(3)自身是否有过错,是否也有伤害对方的行为。(4)现场的目击者、知情者及嫌疑人人数、身份信息、体貌特征等。(5)作案工具及其来源、下落。(6)是否有辱骂、故意毁财、威胁、恐吓等其他违法行为。

3. 证人证言。

(1)证人基本情况;(2)违法嫌疑人、被侵害人的数量、身份及衣着、体貌特征,伤害行为发生的时间、地点、详细经过,双方当事人人数及各自所处位置、持有的作案工具,人身伤害、物品损毁情况;(3)实施伤害行为的先后顺序,作案工具、行为方式、受伤部位及伤害的后果;(4)是否有与案件有关的视音频资料。

4. 物证、书证。

(1)作案工具、现场提取物等实物;(2)伤情检查记录、病历、医疗诊断结论,可能与案件相关的合同、收据、借条、欠条等。

5. 鉴定意见。

伤情鉴定、损坏财物的价格鉴证、嫌疑人的精神病鉴定。

6. 视听资料、电子数据。

(1)伤害行为发生地周边的视频监控;(2)当事人及证人提供的录音录像、照片等。

7. 勘验、检查、辨认笔录,现场笔录。

现场勘查、检查笔录;证人及相关当事人对违法嫌疑人的辨认笔录;嫌疑人之间互相辨认以及对作案工具的辨认笔录;现场笔录。

8. 其他证据材料。

(1)证明违法嫌疑人身份的材料和违法犯罪记录,如人口信息、违法犯罪记录证明、户籍证明、身份证、工作证、专业或技术等级证复印件等,法院判决书、行政处罚决定书、释放证明书等有效法律文件。(2)抓获经过、处警经过等。

(二)注意事项

故意伤害行为的调查与证据收集,需要注意以下几个方面:

1. 注意故意伤害与殴打他人的区分,两者之间有着不同的行为边界,应准确认定。

2. 注意故意伤害行为与故意伤害罪的区分。在通常情况下,故意伤害的行为人对于伤害行为会给被侵害人造成何种程度的伤害,事先不一定有明确认识。因此,一般按照伤害结果来确定是故意伤害行为还是故意伤害罪。

3.注意问清违法嫌疑人的动机、是否有涉黑涉恶或者其他严重情节等。无事生非、借故生非,随意殴打他人的,属于"寻衅滋事",构成犯罪的,应当以寻衅滋事行为依法从严惩处。违法嫌疑人涉黑涉恶的、雇凶伤害他人的、手段恶劣的、伤害多人的、多次伤害他人的、伤害未成年人、老年人、孕妇、残疾人及医护人员等特定职业人员的,以及具有累犯等其他恶劣情节的,应当依法从严惩处。

行为认定

(一)对于故意伤害行为的认定

主要从以下四个方面进行认定:

1.行为侵犯的客体是他人的身体健康权,侵犯对象是他人的身体。

2.行为的客观方面表现为使用除直接殴打以外的方式,故意非法伤害他人身体健康,尚不够刑事处罚。例如,使用石头、棍棒或沉重、锋利的物品、器械伤人,驱使动物伤人,使用有毒、有害的物品伤人,开车、骑车故意碰撞他人,使用激光、电击等方式伤人,设置陷阱使他人受到身体伤害,等等。只要有证据证明行为人故意实施了伤害他人身体的行为,不论其是否造成被侵害人受伤,都应当予以治安管理处罚。伤害行为必须具有非法性,因正当防卫、紧急避险而伤害他人的,不构成本行为。

3.行为的实施主体是一般主体,即达到法定责任年龄、具备责任能力的自然人。

4.行为的主观方面表现为故意,过失伤害他人身体的行为不构成违反治安管理行为。

(二)常见的构成轻伤以上的人体损伤

根据最高人民法院、最高人民检察院、公安部、国家安全部、司法部发布的《人体损伤程度鉴定标准》的规定,常见的构成轻伤以上的人体损伤主要有以下几种:

(1)头皮创口或者瘢痕长度累计8.0cm以上;(2)面部单个创口或者瘢痕长度4.5cm以上、多个创口或者瘢痕长度累计6.0cm以上;(3)颈前部单个创口或者瘢痕长度5.0cm以上、多个创口或者瘢痕长度累计8.0cm以上;(4)体表单个创口或者瘢痕长度10.0cm以上、多个创口或者瘢痕长度累计15.0cm以上;(5)牙齿脱落或者牙折2枚以上;(6)外伤性鼓膜穿孔6周不能自行愈合;(7)颅骨骨折、眶壁骨折(单纯眶内壁骨折除外)、鼻骨粉碎性骨折、双侧鼻骨骨折、肋骨骨折2处以上、胸骨骨折、锁骨骨折、肩胛骨骨折;(8)除拇指外的一个指节离断或者缺失;(9)外伤性难免流产。

(三)与殴打他人的区分

殴打他人和故意伤害行为有很大的相似性,且两行为均是"实行行为",不论行为是否造成被侵害人受伤害的结果,只要行为人实施了殴打他人或故意伤害的实际行为,均应当予以治安管理处罚。两行为的主要区别在于采取的具体行为方式不同:殴打他人的行为方式是直接实施殴打动作,如挥拳、脚踢、扇耳光等;而故意伤害的行为方式是使用除直接殴打之外的方式伤害他人身体的行为,如使用石头、棍棒或沉重、锋利的物品、器械伤人,驱使动物伤人,使用有毒、有害的物品伤人,开车、骑车故意碰撞他人,使用激光、电击等方式伤人,设置陷阱伤人等。

(四)与"故意伤害罪"的区分

故意伤害行为与故意伤害罪(《刑法》第 234 条)的主要区别在于危害后果的轻重,即对他人身体造成损伤的程度是否达到应追究刑事责任的程度。如果没有造成轻伤以上的伤害,则构成违反治安管理行为。如果造成轻伤以上伤害结果,则构成犯罪。轻伤,是指物理、化学及生物等各种外界因素作用于人体,造成组织、器官结构一定程度的损害或者部分功能障碍,尚未构成重伤又不属轻微伤害的损伤。轻伤的鉴定标准参照最高人民法院、最高人民检察院、公安部、国家安全部、司法部联合发布的《人体损伤程度鉴定标准》的规定。

(五)为制止正在进行的侵害而采取的伤害行为的认定

《治安管理处罚法》第 19 条规定,为了免受正在进行的不法侵害而采取的制止行为,造成损害的,不属于违反治安管理行为,不受处罚;制止行为明显超过必要限度,造成较大损害的,依法给予处罚,但是应当减轻处罚;情节较轻的,不予处罚。但对事先挑拨、故意挑逗他人对自己进行侵害,然后以制止违法侵害为名对他人加以侵害的行为,以及互相斗殴的行为,应当予以治安管理处罚。

(六)与寻衅滋事行为的区分

在实践中,寻衅滋事行为与其他相关违法行为的区分具有一定难度,尤其是随意殴打他人的寻衅滋事和故意伤害的区分。具体区别如下:

1. 主观方面不同。故意伤害行为主要是指明知自己的行为会伤害他人的身体健康,并且希望或放任这种结果发生的行为。而寻衅滋事中的殴打是一种随意性的行为,其主观方面是明知自己的行为会发生破坏社会秩序的危害结果,并且希望这种结果发生,其动机就是发泄情绪、无事生非、逞强耍横等。

2. 客观方面不同。故意伤害行为所侵害的对象一般是有矛盾纠纷的人,且在伤害行为发生之前往往有一个准备的过程。而寻衅滋事侵害的对象比较随意,只是为了发泄情绪、逞强耍横而不计后果,大多是临时起意,对他人无缘无故进行殴打。

3. 客体方面不同。故意伤害行为所侵害的是他人身体健康,是单一客体。而随意殴打他人的寻衅滋事所侵害的不仅是他人身体健康权,还扰乱了社会公共秩序。

🛡 **处罚标准**

本行为设置"一般情形"、"情节较轻"和"特别情形"三个处罚档次。对于"情节较轻"情形的认定,应当结合行为人的动机、手段、目的、行为的次数和造成的后果等综合考虑。

表 93　故意伤害行为处罚标准

处罚档次	处罚标准	裁量基准
一般情形	处 5 日以上 10 日以下拘留,并处 500 元以上 1000 元以下罚款	/
情节较轻	处 5 日以下拘留或者 1000 元以下罚款	①被侵害方有过错,且伤害后果较轻的
		②亲友、邻里或者同事之间因琐事发生纠纷,双方均有过错,且伤害后果较轻的
		③已满 14 周岁未成年在校学生初次殴打他人、故意伤害他人身体,悔过态度较好且伤害后果较轻的
		④因民间纠纷引发且行为人主动赔偿合理费用,伤害后果较轻的
		⑤其他情节较轻的情形
特别情形	处 10 日以上 15 日以下拘留,并处 1000 元以上 2000 元以下罚款	①结伙殴打、伤害他人的
		②殴打、伤害残疾人、孕妇、不满 14 周岁的人或者 70 周岁以上的人的
		③多次殴打、伤害他人或者 1 次殴打、伤害多人的

案例及解析

【基本案情】 张某(22 周岁)在公园与陌生人李某因争抢健身器材发生争执。张某掏出背包里的高功率激光笔(原用于天文观测),在相距 3 米处突然照射李某双眼数秒,导致李某瞬间视物模糊、流泪不止。经诊断,李某眼角膜上皮点状脱落,但未达轻微伤标准。

张某的行为应当如何认定?

【解析】 本案中,张某因与李某争执,明知使用高功率激光笔照射人眼会导致身体伤害仍实施此行为,主观上具有明确的伤害故意,客观上实施了使用高功率激光笔照射李某眼睛的行为,侵害了李某的身体健康权,且对李某造成的伤害未达到刑事立案追诉标准,根据《治安管理处罚法》第 51 条规定,应认定为故意伤害行为,应处 5 日以上 10 日以下拘留,并处 500 元以上 1000 元以下罚款。

关联法条

本部分关联法条参见"殴打他人"行为的关联法条。

第二十七节 《治安管理处罚法》第52条

99. 猥　　亵

现行规定

《治安管理处罚法》

第52条第1款　猥亵他人的,处五日以上十日以下拘留;猥亵精神病人、智力残疾人、不满十四周岁的人或者有其他严重情节的,处十日以上十五日以下拘留。

立案与管辖

（一）立案标准

违法嫌疑人以满足性欲或者寻求刺激为目的,违背他人意志,对他人实施引发对方性羞耻感的行为,尚不够刑事处罚的即达到立案标准。猥亵精神病人、智力残疾人、不满14周岁的人或者有其他严重情节的,应当从重处罚。猥亵行为的成立,可以是搂抱、亲吻、舌舔等身体接触的行为,也可以不进行身体接触。

（二）管辖

猥亵行为由违法行为地公安机关管辖。由违法行为人居住地公安机关管辖更为适宜的,可以由违法行为人居住地公安机关管辖。居住地包括户籍所在地、经常居住地。经常居住地是指公民离开户籍所在地最后连续居住1年以上的地方,但在医院住院就医的除外。移交违法行为人居住地公安机关管辖的行政案件,违法行为地公安机关在移交前应当及时收集证据,并配合违法行为人居住地公安机关开展调查取证工作。

如果违法行为涉及多个地区,由最先受理地公安机关管辖,对管辖有争议的,可以由共同上级机关指定管辖。

证据收集

（一）证据规格

1. 违法嫌疑人的陈述和申辩。

（1）违法嫌疑人的基本情况;与被侵害人的关系。（2）主观目的和动机,准备过程;猥亵行为发生的时间、地点、实施过程,包括猥亵的具体方式、持续时间,猥亵的次数,猥亵的身体部位。（3）有无采取威胁、恐吓、胁迫、诱骗等手段。（4）被侵害人的情况,包括人数、年龄、衣着体貌特征;是否有肢体反抗及反抗的激烈程度;是否系残疾人、精神病人、智力残疾人

(5)作案工具及其来源、下落。(6)被侵害人的年龄、身体和精神特征。(7)是否有围观群众或其他证人。

2. 被侵害人陈述。

(1)被侵害人基本信息,包括年龄、精神状况、智力状况。(2)猥亵行为发生的时间和地点,具体过程和行为;猥亵行为发生次数,被侵害的人数,有无被威胁、胁迫、诱骗、恐吓等情形;有无反抗、呼叫等。(3)与嫌疑人之间的关系,如陌生人、熟人、同事、亲属等。(4)违法嫌疑人的特征,包括面貌特征和举止行为等详细特征。(5)是否有其他目击证人。(6)被侵害人的身体受伤害情况、精神损害情况。

3. 证人证言。

(1)证人基本情况,与双方当事人的关系。(2)猥亵行为发生的时间、地点和经过,猥亵的具体方式;持续时间;猥亵的次数;猥亵的身体部位;实施猥亵行为的作案工具等;被侵害人有无反抗。(3)违法嫌疑人的体貌特征;被侵害人的年龄、体貌特征、精神状况。(4)被侵害人的身体伤害情况、精神损害情况。

4. 物证、书证。

(1)被侵害人和嫌疑人的衣物等现场遗留物。(2)实施猥亵行为的作案工具。(3)描述猥亵行为的书信、日记等。(4)体液、毛发、指纹等现场提取物。(5)医院出具的诊断证明、治疗记录等。

5. 勘验、检查笔录,现场笔录,辨认笔录。

现场勘查笔录、现场图、现场照片;人身检查笔录;证人、被侵害人对违法行为人的辨认笔录。

6. 视听资料、电子数据。

(1)猥亵行为发生地周边的视频监控。(2)当事人及证人提供的录音录像、照片等。

7. 鉴定意见。

伤情鉴定、被害人的精神病鉴定意见。

8. 其他证据材料。

(1)证明违法嫌疑人身份的材料和违法犯罪记录,包括户籍证明,前科查询证明等;法院判决书、行政处罚决定书、释放证明书等有效法律文件。(2)抓获经过、处警经过、到案经过等。

(二)注意事项

猥亵行为的调查与证据收集工作,需要注意以下几个方面。

1. 猥亵行为一般较为隐秘,当违法嫌疑人"零口供"时,直接证据往往只有被侵害人陈述。对于被侵害人陈述的审查,尤其是违法嫌疑人提出被侵害人系诬告陷害的辩解时,要注意结合双方当事人之间的关系、报案经过、被侵害人及其家人案发前后反应、被侵害人陈述是否符合其年龄和认知能力、被侵害人陈述与传来证据是否一致等情况综合判断。

2.认定"猥亵"行为,必须综合考虑主观和客观两个方面的因素。从主观方面看,行为人主观上通常具有刺激、满足性欲的动机;从客观方面来看,猥亵行为应当是足以刺激或者满足性欲,并冒犯普通公民性的羞耻心或者引起其厌恶感的行为。判断是否系"猥亵",应当考虑行为所侵害的身体部位是否具有性象征意义。行为侵害具有性象征意义以外的身体部位,比如脸部、背部、胳臂等,认定是否属于"猥亵"时应当慎重。

3.如果被侵害人是未满14周岁的儿童,鉴于其心智尚未发育成熟,对性的认识能力欠缺,性自我保护能力弱,不具有性自主意识或性同意能力,因此要对儿童实施特殊保护,不能与成年人等同。行为人利用网络社交工具隔空非接触式观看儿童的私密部位,诱使儿童发送自己的私密部位照片、视频等,虽无实际身体接触,且儿童有时是自愿甚至主动配合,但相关行为仍会对儿童的身心健康造成危害,具有严重的社会危害性,应当以猥亵儿童罪定罪处罚。基于加强对儿童的保护,隔空猥亵儿童,不论儿童是否自愿,是否造成了实际危害后果,是否有强制情形,均不影响猥亵儿童罪的成立。

行为认定

(一)对猥亵行为的认定

1.行为侵犯的客体是他人的人格尊严。

2.行为在客观方面表现为以满足性欲或者寻求刺激为目的,违背他人意志,对他人实施引发对方性羞耻感,尚不够刑事处罚的行为。猥亵行为的表现形式可以是强行实施或在公共场所公然实施,也可以是趁他人不备实施的。被猥亵的对象既包括女性,也包括男性;同性或异性均可能成为猥亵的对象。如果被猥亵的对象是精神病人、智力残疾人、不满14周岁的人,则构成猥亵他人行为的严重情节。情节和危害后果达到犯罪程度的,应追究行为人的刑事责任。

3.行为的实施主体是一般主体。即达到法定责任年龄、具备责任能力的自然人。

4.行为在主观方面表现为故意。

(二)与强制猥亵罪的区分

强制猥亵罪(《刑法》第237条第1款),是指以暴力、胁迫或者其他方法强制猥亵他人的行为。

猥亵行为与强制猥亵罪的主要区别在于是否构成强制。强制猥亵罪使用的"暴力、胁迫或其他方法"的程度需要达到使被侵害人不能反抗、不敢反抗、不知反抗的程度。其中不能反抗一般构成物理强制,如利用暴力、胁迫或者其他方法让被侵害人事实上失去反抗的可能;不敢反抗一般构成心理强制,如行为人利用职位优势对被侵害人进行职务、薪水等方面威胁,导致被侵害人因害怕失业降薪而不敢反抗;不知反抗通常指的是被害人因为行为人的暴力、胁迫或其他方法而无法反抗或不知应如何反抗的状态。

(三)猥亵儿童行为"罪"与"非罪"的区别

猥亵儿童罪(《刑法》第 237 条第 3 款),是指猥亵不满 14 周岁[①]儿童的行为。

违反治安管理规定的猥亵儿童行为与《刑法》中的猥亵儿童罪,本质区别在于情节和危害后果的严重程度是否达到刑事立案追诉标准。可以从猥亵手段、次数、造成的危害后果,以及行为人身份四个方面来区分。

1. 在行为手段上,构成治安违法的猥亵儿童行为仅限于非侵入性接触,如触摸儿童隐私部位;猥亵儿童的手段恶劣的,构成猥亵儿童罪。猥亵儿童手段恶劣的情形如:采取侵入儿童身体的方式猥亵儿童的;胁迫、诱骗儿童通过网络视频聊天或者发送视频、照片等方式,暴露身体隐私部位或者实施淫秽行为的;胁迫、诱骗儿童通过网络直播方式暴露身体隐私部位的。

2. 在行为次数上,构成治安违法的猥亵儿童行为通常为单次偶发,如公共场所一次不当触碰后终止;如果多次猥亵儿童或持续时间长,或者猥亵多名儿童的,构成猥亵儿童罪。

3. 在危害后果上,构成治安违法的猥亵儿童行为仅造成儿童短暂不适且未遗留身心损伤;如果对儿童身心健康造成伤害后果,构成猥亵儿童罪。

4. 在行为人身份上,构成治安违法的猥亵儿童行为人多为无职责关联的普通主体;若行为人是负有监护、收养、看护、教育、医疗等职责的人员,因其滥用信任关系对儿童实施猥亵行为,即使情节未达恶劣标准,仍可构成猥亵儿童罪。

🛡 处罚标准

本行为设置了"一般情形"和"情节严重"两个处罚档次。

表 94 猥亵行为处罚标准

处罚档次	处罚标准	裁量基准
一般情形	处 5 日以上 10 日以下拘留	/
情节严重	处 10 日以上 15 日以下拘留	①猥亵精神病人、智力残疾人、不满 14 周岁的人
		②在公共场所猥亵他人的
		③猥亵多人的
		④其他情节严重的情形

---

① 目前,尚无法律或司法解释对猥亵儿童罪的儿童年龄作出规定或解释。本书认为,《刑法》第 237 条第 3 款设定的猥亵儿童罪中的儿童,指的是不满 14 周岁的人。理由如下:一是《刑法》第 262 条设定的"拐骗儿童罪"明确规定是指"拐骗不满十四周岁的未成年人";二是目前《刑法》中涉及儿童的犯罪的司法解释中(如拐卖妇女、儿童罪),将儿童年龄界定为不满 14 周岁的人;三是最高人民检察院官网发布的专家解答中,认为《刑法》设定的猥亵儿童罪"体现出法律对十四岁以下儿童的特殊保护"。参见《检答网集萃(三)》,载最高人民检察院网,https://www.spp.gov.cn/llyj/201904/t20190425_416106.shtml.

案例及解析

【基本案情】某日,一辆从外地开往某市的网约车(拼车单)刚进入市区,便直接驶向当地派出所。司机向民警报案,称车上一位女性拼车乘客遭遇同车男子赵某猥亵。民警立即将车内两人传唤至派出所调查。经查,王某与违法行为人赵某作为拼车乘客共同坐在该网约车后排。行驶途中,赵某趁该女子不备,用手抚摸其大腿进行猥亵。女子发觉后,通过手机编辑文字悄悄向司机求助。司机领会情况后,抵达目的地城市后第一时间将车开往派出所报警。

赵某的行为应如何认定?

【解析】本案是一起典型的公共交通空间猥亵事件。违法嫌疑人赵某利用网约车拼车、与陌生女性同坐后排的封闭环境,趁对方不备实施猥亵(抚摸大腿),严重侵犯了他人人格尊严。值得肯定的是,受害女子王某在察觉侵害后保持了冷静,采取编辑手机文字这一隐蔽且有效的方式向司机求助,既保护了自身安全又固定了证据。网约车司机在收到求助信息后反应迅速、处置得当,第一时间将车开往派出所报警,为警方及时介入、控制违法人员提供了关键协助。根据《治安管理处罚法》第52条第1款的规定,赵某的行为应定性为猥亵行为。

关联法条

1.《刑法》(2023年修正)

第237条 【强制猥亵、侮辱罪】以暴力、胁迫或者其他方法强制猥亵他人或者侮辱妇女的,处五年以下有期徒刑或者拘役。

聚众或者在公共场所当众犯前款罪的,或者有其他恶劣情节的,处五年以上有期徒刑。

【猥亵儿童罪】猥亵儿童的,处五年以下有期徒刑;有下列情形之一的,处五年以上有期徒刑:

(一)猥亵儿童多人或者多次的;

(二)聚众猥亵儿童的,或者在公共场所当众猥亵儿童,情节恶劣的;

(三)造成儿童伤害或者其他严重后果的;

(四)猥亵手段恶劣或者有其他恶劣情节的。

2.《民法典》(2020年)

第1010条 违背他人意愿,以言语、文字、图像、肢体行为等方式对他人实施性骚扰的,受害人有权依法请求行为人承担民事责任。

机关、企业、学校等单位应当采取合理的预防、受理投诉、调查处置等措施,防止和制止利用职权、从属关系等实施性骚扰。

100. 在公共场所故意裸露身体隐私部位

现行规定

《治安管理处罚法》

第52条第2款 在公共场所故意裸露身体隐私部位的,处警告或者五百元以下罚款;情节恶劣的,处五日以上十日以下拘留。

立案与管辖

(一)立案标准

违法嫌疑人在公共场所故意裸露身体隐私部位的,即达到立案标准。公共场所,是指公众进行公开活动的场所,如马路边、商店、影剧院、体育场、公共交通工具上、住宅小区内的公共区域等场所。裸露身体,既包括赤裸全身,也包括暴露生殖器官的情形。

(二)管辖

在公共场所故意裸露身体隐私部位行为由违法行为地公安机关管辖。由违法行为人居住地公安机关管辖更为适宜的,可以由违法行为人居住地公安机关管辖。居住地包括户籍所在地、经常居住地。经常居住地是指公民离开户籍所在地最后连续居住1年以上的地方,但在医院住院就医的除外。移交违法行为人居住地公安机关管辖的行政案件,违法行为地公安机关在移交前应当及时收集证据,并配合违法行为人居住地公安机关开展调查取证工作。

如果违法行为涉及多个地区,由最先受理地公安机关管辖,对管辖有争议的,可以由共同上级机关指定管辖。

证据收集

(一)证据规格

1. 违法嫌疑人的陈述和申辩。

(1)违法嫌疑人的基本情况,包括精神状态;(2)违法嫌疑人故意裸露身体的时间、地点、原因、过程;(3)在公共场所故意裸露身体隐私部位的主观目的和动机,是否存在胁迫、诱骗等情形。

2. 证人证言。

(1)证人的基本情况,与当事人的关系等;(2)违法嫌疑人故意裸露身体的时间、地点、具体过程、裸露部位等情况;(3)询问证人是否有拍摄视频或照片。

3. 物证。

违法嫌疑人脱下的衣物。

4. 视听资料、电子数据。

(1)故意裸露身体行为发生地周边的视频监控；(2)调取证人等提供的监控视频及照片。

5. 勘验、检查笔录，现场笔录，辨认笔录。

现场勘查笔录、现场图、现场照片；人身检查笔录；证人对违法嫌疑人的辨认笔录。

6. 鉴定意见。

嫌疑人的精神病鉴定意见。

7. 其他证据材料。

(1)证明违法嫌疑人身份的材料和违法犯罪记录，包括户籍证明，前科查询证明等；法院判决书、行政处罚决定书、释放证明文书等有效法律文件。(2)抓获经过、处警经过、到案经过等。

(二)注意事项

公共场所故意裸露身体行为的调查与证据搜集，应重点注意主观故意方面的证据，过失不构成本行为。注意收集情节是否恶劣的相关证据，例如，是否是多次裸露，是不是在中小学门口裸露等。

行为认定

(一)对公共场所故意裸露身体行为的认定

主要从以下四个方面进行认定：

1. 行为侵犯的客体是良好的社会风俗。
2. 行为在客观方面表现为在公共场所故意裸露身体隐私部位的行为。
3. 行为的实施主体是一般主体。即达到法定责任年龄、具备责任能力的自然人。
4. 行为在主观方面表现为故意。过失不构成本行为。

(二)隐私部位的界定

目前，法律法规没有对隐私部位有明确的界定。《民法典》第1033条第4项规定，除法律另有规定或者权利人明确同意外，任何组织或者个人不得拍摄、窥视他人身体的私密部位，否则构成了侵犯隐私的行为。对于隐私部位的界定可以考虑从以下几个维度进行：(1)具有相当的私密性，不会在公共场合随意展示。这里的私密性以一般人的认知为标准。例如生殖器、女性的乳房、臀部一般被认为具有一定的私密性。(2)公共场所环境。环境要素也是构成本行为的重要考量因素。在某些公共场所，例如，特定的行为艺术展为了进行艺术展示而故意裸露身体隐私部位，这个隐私部位本身是艺术的一部分，可以不认定为本行为。

(三)与猥亵行为的区别

公共场所故意裸露身体，通常是违法嫌疑人在公共场所故意暴露自己的身体，使自己的身体处于不适当暴露的状态。猥亵行为是违法嫌疑人以满足性欲或者寻求刺激为目的，违背他人意志，对他人实施引发对方性羞耻感的行为。两者的主要区别如下。

1. 主观目的。公共场所故意裸露身体的行为人主观上可能有多种目的，如寻求刺激、引起他人注意、发泄情绪等,但不一定具有刺激或满足性欲的特定目的。猥亵行为通常具有刺激、满足性欲的动机。

2. 侵犯客体。公共场所故意裸露身体主要侵犯的是良好的社会风俗,对社会公共秩序和公序良俗造成破坏,影响了公共场所的正常环境和他人的正常生活。猥亵行为侵犯的客体是他人的人格尊严和性自主权。

3. 行为对象。公共场所故意裸露身体的行为对象通常是不特定的公众,主要是对公共场所的环境和在场的不特定人产生影响。猥亵行为的行为对象一般是特定的人,包括女性、男性、儿童等,是针对具体的人实施的侵犯行为。

处罚标准

本行为设定了两个层次的处罚。一般情况下,在公共场所故意裸露身体隐私部位的,处警告或者罚款;如果情节恶劣,将面临拘留的处罚。对于"情节恶劣"情形的认定,应当结合违法嫌疑人的主观目的和动机、手段、次数和造成的后果等综合考虑。

表95 在公共场所故意裸露身体隐私部位行为处罚标准

处罚档次	处罚标准	裁量基准
一般情形	处警告或者500元以下罚款	/
情节恶劣	处5日以上10日以下拘留	①造成现场秩序混乱等危害后果或者较大社会影响的
		②在有多名异性或者未成年人的公共场所故意裸露身体的
		③经制止拒不改正的
		④伴随挑逗性语言或者动作的
		⑤其他情节恶劣的情形

案例及解析

【基本案情】吴某于某日上午从A站进站乘坐地铁一号线,当列车行驶至B站时,发现右前方一名坐在老弱病残专座上的男子(李某)将自己的生殖器拿了出来裸露在外,直到C站准备下车时,该男子才将生殖器放回去。吴某感到恶心,用手机拍摄下该男子的行为,至C站下车后报警。公安机关传唤李某至派出所接受询问,李某承认其裸露生殖器的行为。[1]

李某的行为应如何认定?

【解析】本案中,李某故意暴露其生殖器,应根据《治安管理处罚法》第52条第2款,认定为在公共场所故意裸露身体隐私部位行为,并予以处罚。

---

[1] 改编自上海市第三中级人民法院行政判决书,(2023)沪03行终157号。

关联法条

《刑法》(2023年修正)

第237条 【强制猥亵、侮辱罪】以暴力、胁迫或者其他方法强制猥亵他人或者侮辱妇女的,处五年以下有期徒刑或者拘役。

聚众或者在公共场所当众犯前款罪的,或者有其他恶劣情节的,处五年以上有期徒刑。

【猥亵儿童罪】猥亵儿童的,处五年以下有期徒刑;有下列情形之一的,处五年以上有期徒刑:

(一)猥亵儿童多人或者多次的;

(二)聚众猥亵儿童的,或者在公共场所当众猥亵儿童,情节恶劣的;

(三)造成儿童伤害或者其他严重后果的;

(四)猥亵手段恶劣或者有其他恶劣情节的。

第二十八节 《治安管理处罚法》第 53 条

101. 虐待家庭成员

现行规定

《治安管理处罚法》

第 53 条第 1 项 有下列行为之一的,处五日以下拘留或者警告;情节较重的,处五日以上十日以下拘留,可以并处一千元以下罚款:
(一)虐待家庭成员,被虐待人或者其监护人要求处理的;

立案与管辖

(一)立案标准

违法嫌疑人对家庭成员经常以打骂、冻饿、禁闭、有病不予医治、强迫过度劳动、限制人身自由、凌辱人格等方法,在肉体或精神上进行摧残迫害,尚不够刑事处罚的,即达到立案标准。"被虐待人或者其监护人要求处理"是本行为成立的必要条件,如果被虐待人或者其监护人没有要求处理,公安机关不得以本行为对行为人进行处理,即不告不理。《治安管理处罚法》在 2025 年修订时增加了"监护人要求处理"的规定,主要是考量在某些未成年人被虐待案中,未成年人可能没有提出处理的能力。根据《民法典》第 27 条的规定,"父母是未成年子女的监护人。未成年人的父母已经死亡或者没有监护能力的,由下列有监护能力的人按顺序担任监护人:(一)祖父母、外祖父母;(二)兄、姐;(三)其他愿意担任监护人的个人或者组织,但是须经未成年人住所地的居民委员会、村民委员会或者民政部门同意"。

(二)管辖

虐待行为,由违法行为地公安机关管辖。由违法行为人居住地公安机关管辖更为适宜的,可以由违法嫌疑人居住地公安机关管辖。居住地包括户籍所在地、经常居住地。经常居住地是指公民离开户籍所在地最后连续居住 1 年以上的地方,但在医院住院就医的除外。

如果违法行为涉及多个地区,由最先受理地公安机关管辖,对管辖有争议的,可以由共同上级机关指定管辖。

证据收集

(一)证据规格

1. 违法嫌疑人的陈述与申辩。

(1)违法嫌疑人的基本情况;(2)虐待行为的动机、目的、起因、经过;虐待手段、虐待人数、次数、持续时间等;(3)造成的危害后果情况,包括被虐待人的身体伤害和精神伤害情况等;(4)被虐待人的基本情况,包括年龄、身体健康状况、是否有残疾、精神疾病等;与被侵害人的关系;(5)有无他人劝阻的行为;(6)作案工具及来源、下落。

2. 被侵害人陈述。

(1)违法嫌疑人的基本情况,包括身份、体貌特征等;(2)侵害行为发生的时间、地点、起因、经过(如虐待的手段、持续时间)、对受害人造成的危害后果;(3)是否要求公安机关处理;(4)作案工具及来源、下落;(5)提供的证人情况。

3. 证人证言。

(1)证人的基本情况,包括与虐待人、被虐待人的关系;(2)被虐待人的基本情况,包括年龄、健康状况(如是否有残疾、精神疾病);(3)虐待行为发生的时间、地点、起因、经过(如虐待的手段、次数、持续时间)、危害后果(如是否有重伤、死亡的情况)等;(4)作案工具及来源、下落。

4. 物证、书证。

(1)作案工具,以及用于实施或者能体现虐待行为的其他物品;(2)被虐待人的身体检查证明、就诊记录、病历等。

5. 鉴定意见。

伤情鉴定、损坏财物的价格鉴定、精神病鉴定。

6. 视听资料、电子数据。

(1)虐待行为发生地周边的视频监控;(2)当事人及证人提供的录音录像、照片等。

7. 勘验、检查笔录,现场笔录,辨认笔录。

现场勘查笔录、现场图、现场照片,人身检查笔录,被侵害人、证人等对违法嫌疑人的辨认笔录。

8. 其他证据材料。

(1)证明违法嫌疑人身份的材料,包括户籍证明、身份证、工作证、与原籍联系的电话记录。有前科的,应调取法院判决书、行政处罚决定书、释放证明书等有效法律文件。(2)抓获经过、处警经过、报案材料等。

(二)注意事项

虐待行为的调查与证据收集工作,应当重点关注其造成的危害后果。如果虐待行为导致被害人重伤、死亡,那么案件通常由公安机关立案侦查。如果虐待行为没有导致重伤或死亡,且被虐待人或者其监护人要求处理,经公安机关调查属于治安案件,那么案件由公安机关管辖。如果可能构成刑事案件,没有发生重伤、死亡的危害结果,且被害人能够亲自告诉,那么公安机关应当告知被害人直接向人民法院起诉,并及时移送案件材料和有关证据。在自诉案件中,只有在被害人因受强制、威吓等外力影响而无法告诉,或者出于生理、精神、年龄等自身因素不能亲自告诉的情况下,人民检察院、被害人的法定代理人、近亲属可以代为告诉。

🛡 行为认定

(一)对虐待行为的认定

主要从以下四个方面进行认定:

1.行为侵犯的客体是被侵害人的人身权利以及在家庭成员中的平等权利。本行为侵害的对象是共同生活的家庭成员。家庭成员,是指行为人和被虐待人之间有血亲关系、婚姻关系和收养关系等。未登记结婚但在同一住宅共同生活的,应当认定为家庭成员。虐待非家庭成员,如保姆、徒弟等,不构成本行为。

2.行为在客观方面表现为经常以打骂、冻饿、强迫过度劳动、限制人身自由等方法,对与其共同生活的家庭成员进行肉体、精神上的摧残和折磨,尚不够刑事处罚,被虐待人或者其监护人要求处理的行为。虐待行为既包括肉体上的摧残,也包括精神上的折磨;行为方式既可以是积极的作为方式,如打骂、捆绑等,也可以是消极的不作为方式,如有病不予医治、不让吃饱等。虐待行为是在一定时间内多次连续进行的,具有经常性、连续性的特点。

3.行为的主体是自然人。同时,行为人和被虐待人必须是共同生活在同一家庭的成员,相互之间有一定的亲属关系或者抚养、扶养、赡养关系。

4.行为在主观方面表现为故意。行为人明知自己的虐待行为侵害了被侵害人的人身权利,并且希望或放任这种结果的发生。

(二)与虐待罪的区分

虐待罪(《刑法》第260条),是指以打骂、冻饿、有病不予医治、强迫过度劳动、限制人身自由、凌辱人格等手段,对共同生活的家庭成员从肉体上和精神上进行摧残、折磨,情节恶劣的行为。构成治安违法的虐待行为与虐待罪的区别,主要在于情节是否恶劣。情节恶劣包括如下情形:虐待的动机卑鄙、手段凶狠;虐待年老、年幼、病残的家庭成员;长期虐待家庭成员,屡教不改,如虐待时间长达数月甚至数年,对被害人的身心造成较为严重的伤害;造成被害人伤残、死亡等,如虐待行为致使被害人身体瘫痪、肢体伤残或者患上精神分裂症等疾病,被害人不堪虐待而自杀等。情节轻微,达不到情节恶劣程度的虐待行为,即构成应受治安管理处罚的虐待行为。

(三)与家庭暴力的区分

家庭暴力,是指家庭成员之间以殴打、捆绑、残害、限制人身自由以及经常性谩骂、恐吓等方式实施的身体、精神等侵害行为。家庭暴力和虐待在行为主体、侵犯客体、主观过错、外在表现形式及后果上有重合之处,但是从《民法典》第1042条第3款关于"禁止家庭暴力。禁止家庭成员间的虐待和遗弃"的规定看,家庭暴力和虐待应是两类不同的行为。从现有法律规定看,可以说虐待的性质和危害程度要比一般的家庭暴力更严重,家庭暴力通常是偶发性和间断性的,持续性、经常性的家庭暴力构成虐待行为,情节恶劣的则构成虐待罪。

处罚标准

本行为设置一般情形和情节较重两个层次的处罚。对于一般情形,应处拘留或者警告。虐待家庭成员情节较重的,应单处拘留或者拘留并处罚款。

表96 虐待家庭成员行为处罚标准

处罚档次	处罚标准	裁量基准
一般情形	处5日以下拘留或者警告	/
情节较重	处5日以上10日以下拘留,可以并处1000元以下罚款	①已经产生一定危害后果的
		②虐待行为持续时间较长,经批评教育或者警告处罚后仍实施虐待行为的
		③虐待未成年人、年满60周岁以上的老人、孕妇、残疾人或重病患者
		④有其他情节较重的情形

案例及解析

【基本案情】某日早晨6时许,陈某因家庭纠纷在家里与父亲发生争吵,随后陈某用双手掐父亲的脖子并辱骂父亲,后被人劝开,陈父报警。经调查,58岁的陈父丧妻多年,两年前为儿子陈某筹备婚事,倾尽积蓄修建了一栋三层小楼。陈某婚后对父亲的态度急剧恶化,将其赶出主楼,让其居住在一间狭小简陋的砖瓦房中,不予照料。此后,陈某还频繁借琐事与父亲发生争执,时常因怀疑父亲动用其私人物品,对父亲进行辱骂。陈父忍无可忍,选择报警处理。

陈某的行为应如何定性?

【解析】本案中,陈某不仅没有对父亲履行应尽的赡养义务,还经常辱骂父亲,既侵犯了父亲在家庭成员中的平等权利,又侵犯了父亲的人身权利。根据《治安管理处罚法》第53条第1项的规定,陈某的行为应认定为虐待行为。

关联法条

1.《宪法》(2018年修正)

第49条第1款、第4款 婚姻、家庭、母亲和儿童受国家的保护。

禁止破坏婚姻自由,禁止虐待老人、妇女和儿童。

2.《刑法》(2023年修正)

第260条 【虐待罪】虐待家庭成员,情节恶劣的,处二年以下有期徒刑、拘役或者管制。

犯前款罪,致使被害人重伤、死亡的,处二年以上七年以下有期徒刑。

第一款罪,告诉的才处理,但被害人没有能力告诉,或者因受到强制、威吓无法告诉的除外。

3.《民法典》(2020年)

第1042条第3款　禁止家庭暴力。禁止家庭成员间的虐待和遗弃。

第1079条第3款第2项　有下列情形之一,调解无效的,应当准予离婚:

(二)实施家庭暴力或者虐待、遗弃家庭成员;

第1091条第4项　有下列情形之一,导致离婚的,无过错方有权请求损害赔偿:

(四)虐待、遗弃家庭成员;

4.《反家庭暴力法》(2015年)

第2条　本法所称家庭暴力,是指家庭成员之间以殴打、捆绑、残害、限制人身自由以及经常性谩骂、恐吓等方式实施的身体、精神等侵害行为。

第16条　家庭暴力情节较轻,依法不给予治安管理处罚的,由公安机关对加害人给予批评教育或者出具告诫书。

告诫书应当包括加害人的身份信息、家庭暴力的事实陈述、禁止加害人实施家庭暴力等内容。

5.《最高人民法院关于办理人身安全保护令案件适用法律若干问题的规定》(法释〔2022〕17号)

第3条　家庭成员之间以冻饿或者经常性侮辱、诽谤、威胁、跟踪、骚扰等方式实施的身体或者精神侵害行为,应当认定为反家庭暴力法第二条规定的"家庭暴力"。

第12条　被申请人违反人身安全保护令,符合《中华人民共和国刑法》第三百一十三条规定的,以拒不执行判决、裁定罪定罪处罚;同时构成其他犯罪的,依照刑法有关规定处理。

6.《最高人民法院关于适用〈中华人民共和国民法典〉婚姻家庭编的解释(一)》(法释〔2020〕22号)

第1条　持续性、经常性的家庭暴力,可以认定为民法典第一千零四十二条、第一千零七十九条、第一千零九十一条所称的"虐待"。

7.《未成年人保护法》(2024年修正)

第54条第1款　禁止拐卖、绑架、虐待、非法收养未成年人,禁止对未成年人实施性侵害、性骚扰。

102. 虐待被监护、看护人

> **现行规定**

《治安管理处罚法》

第53条第2项　有下列行为之一的,处五日以下拘留或者警告;情节较重的,处五日以上十日以下拘留,可以并处一千元以下罚款:

(二)对未成年人、老年人、患病的人、残疾人等负有监护、看护职责的人虐待被监护、看护的人的;

立案与管辖

（一）立案标准

对未成年人、老年人、患病的人、残疾人等负有监护、看护职责的人虐待被监护、看护的人，尚不足以进行刑事处罚的，即达到立案标准。本项规定针对的是负有监护、看护职责的人虐待被监护、看护的人的行为。这里的"虐待"包括肉体和精神上的折磨和摧残，具有经常性和连续性的特点，行为方式上包括打骂、冻饿、捆绑、强迫过度劳动、限制人身自由、凌辱人格等。

（二）管辖

虐待被监护、看护人行为，由违法行为地公安机关管辖。由违法行为人居住地公安机关管辖更为适宜的，可以由违法行为人居住地公安机关管辖。居住地包括户籍所在地、经常居住地。经常居住地是指公民离开户籍所在地最后连续居住1年以上的地方，但在医院住院就医的除外。

如果违法行为涉及多个地区，由最先受理地公安机关管辖，对管辖有争议的，可以由共同上级机关指定管辖。

证据收集

（一）证据规格

1.违法嫌疑人的陈述和申辩。

（1）询问违法嫌疑人的基本情况，包括与被侵害人的关系、对被侵害人是否具有监护权或者看护职责等；（2）被侵害人的基本情况，包括年龄、健康状况、独立生活能力等；（3）虐待行为的时间、地点、经过、虐待的方式、频率、是否使用工具等；（4）实施虐待行为的动机和目的；（5）是否采取补救措施，如送医治疗等。

2.被侵害人陈述。

（1）被侵害人的基本情况，包括身体、精神健康状况，是否有独立生活能力；与嫌疑人的关系等；（2）违法嫌疑人是否具有监护权或看护职责；（3）虐待行为的时间、地点、经过，虐待的方式、持续时间、频率，是否使用工具；（4）因虐待受到的身体伤害情况和精神损害情况，以及是否需要进行伤情鉴定、精神损害鉴定；（5）是否有其他人知晓虐待行为。

3.证人证言。

（1）证人基本情况，包括与违法嫌疑人和被虐待人的关系；（2）违法嫌疑人的基本情况，包括是否负有监护、看护职责等；（3）被虐待人的基本情况，包括年龄、健康状况、独立生活能力等；（4）证人获悉案件情况的来源，虐待行为的时间、地点、经过，行为频率、持续时间、具体情节等；（5）作案工具及来源、下落。

4.物证、书证。

（1）作案工具，以及用来实施虐待的其他物品等；（2）被虐待人的伤情检查记录、就诊记录、病历等;(3)有关监护、看护场所的考勤记录、护理记录;(4)被虐待人的笔记、信件、日记等。

5.勘验、检查笔录,现场笔录,辨认笔录。

现场勘查笔录、现场图、现场照片,人身检查笔录,被侵害人、证人对违法行为人的辨认笔录。

6.鉴定意见。

伤情鉴定、精神病鉴定等。

7.视听资料、电子数据。

(1)虐待行为发生地及周边的视频监控;(2)当事人及证人提供的录音录像、照片等。

8.其他证据材料。

(1)证明违法嫌疑人身份的材料和违法犯罪记录。包括户籍证明等;法院判决书、行政处罚决定书、释放证明书等有效法律文件。(2)抓获经过、处警经过、到案经过等。

(二)注意事项

虐待被监护、看护人行为的调查与证据收集,应当在保证调查公正性的同时,最大限度地保护个人隐私,包括被虐待人和其他相关人员的隐私。对于被虐待人,应当避免其身份信息、照片等曝光,防止造成二次伤害。证人的隐私也要注意保护,防止其受到来自外界的干扰或报复。

行为认定

(一)对虐待被监护、看护人行为的认定

主要从以下四个方面进行认定:

1.行为侵犯的客体是被监护、看护的人的人身权利。行为侵害的对象限定于未成年人、老年人、患病的人、残疾人等没有独立生活能力或独立生活能力低下的人。

2.行为的客观方面表现为对未成年人、老年人、患病的人、残疾人等负有监护、看护职责的人虐待被监护、看护的人的行为。

3.行为的实施主体是特殊主体,即对被监护、看护的人有监护、看护职责的人。

负有监护职责的人,是指基于法律规定、司法指定或有效协议(如意定监护协议),对无民事行为能力或限制民事行为能力的未成年人、老年人、患病的人、残疾人等特殊人员,承担全面人身保护、财产管理及法定代理责任的自然人或组织,包括法定监护人(如父母对未成年子女、成年子女对失智父母、配偶对精神障碍伴侣)、指定监护人(当无法定监护人时,由法院、居民委员会等从近亲属或组织中指定)、意定监护人(经被监护人事先书面委托的信任人选)、机构监护人(民政部门、福利院等)。

负有看护职责的人,是指基于亲属关系、合同约定、职业要求或临时委托等原因,对未成年人、老年人、患病的人、残疾人或其他需照护者,在特定场所或期间内承担人身安全照料、生活保障及基本保护义务的自然人或机构,通常包括:家庭照护者,如赡养父母的子女、照顾病患的配偶、受委托照料儿童的亲属或保姆;职业机构人员,如学校教师、幼儿园保育员、养老院护工、医院医护人员、福利院工作者;临时受托人,如有偿或无偿受托看管儿童、病患的邻居、家教、志愿者。

4.行为的主观方面表现为故意,即行为人明知自己的虐待行为会对被监护、看护的人造成身心伤害,仍希望或放任这种结果的发生。过失不构成本行为。

(二)与虐待行为的区分

虐待被监护、看护人行为与虐待行为的主要区别在于:

1.行为侵害的对象。虐待行为侵害的对象排除了具有监护、看护关系的家庭成员,即如果家庭成员之间具有监护与被监护、看护与被看护关系构成虐待被监护、看护人行为,不构成虐待行为。例如,父亲虐待未成年儿子的行为,应当认定为虐待被监护人行为,而丈夫虐待妻子的行为,则应认定为虐待行为。这样规定的目的是对弱势群体,即未成年人、老年人、患病的人、残疾人等,给予更充分的全面保护。

2.公安机关介入的时机。对于虐待行为,公安机关只有在被虐待人或者其监护人要求处理时才介入,可以称之为"不告不理";而虐待被监护、看护人行为不受此限制,公安机关只要发现即可介入,无须被虐待人或者其监护人提出要求。

(三)与虐待被监护、看护人罪的区分

虐待被监护、看护人罪(《刑法》第260条之一),是指对未成年人、老年人、患病的人、残疾人等负有监护、看护职责的人虐待被监护、看护的人,情节恶劣的行为。虐待被监护、看护人行为的罪与非罪的界限主要体现为情节是否恶劣,而这需要结合行为人实施虐待行为的手段、次数、被害人数、持续时间以及虐待行为对被害人身心健康造成的影响等进行综合评定。

(四)看护职责的界定

看护职责源于以下几种情况:

1.根据法律规定负有的看护义务,如医院医护人员对病人负有在医学诊疗、护理范围内的看护职责,托育机构对托育的婴幼儿负有照料、看护的职责,养老机构对收住的老年人负有照料、看护职责;

2.基于社会责任而产生的看护义务,如民间自发组织的救助站、孤儿院等爱心机构的看护义务;

3.基于合同约定而产生的看护义务,如家庭成员聘请的护工或保姆负有的看护职责;

4.基于工作职责或者职务的要求而形成的看护义务,如寄宿学校照护和管理未成年寄宿学生生活的老师或工作人员负有的看护职责;

5.基于事实行为而形成的看护义务,如邻居因主动看护在外玩耍的小孩、将路边的婴儿捡回家照料等而负有看护职责。

🛡 **处罚标准**

本行为设置一般情形和情节较重两个层次的处罚。关于情节较重的情形,需要结合行为人实施虐待行为的手段、次数、被害人数、持续时间以及虐待行为对被害人身心健康造成的影响等进行综合评定。

表97　虐待被监护、看护人行为处罚标准

处罚档次	处罚标准	裁量基准
一般情形	处5日以下拘留或者警告	/
情节较重	处5日以上10日以下拘留，可以并处1000元以下罚款	①导致被监护、看护人遭受人身伤害或精神损害的 ②虐待行为手段恶劣，或持续时间较长的 ③虐待多人的 ④有其他情节较重的情形

案例及解析

【基本案情】马某系高龄老人，患有老年痴呆症，生活不能完全自理。其子为照料方便，通过某家政服务公司聘请谢某担任专职护工，负责马某的日常起居与看护照料。在履行护工职责期间，谢某因对马某频繁流口水、不能正常交流等表现感到厌烦，以多次捶打、拉拽等方式虐待马某。马某家属通过监控录像发现谢某的虐待行为，随即向公安机关报警。

谢某的行为应如何定性？

【解析】本案中，谢某属于受聘护工，与马某之间不具有亲属关系，但基于有偿家政服务合同，谢某已依法承担专职看护职责。在履职过程中，谢某对患病的老年人进行多次捶打、拉拽等行为，违反《治安管理处罚法》第53条第2项的规定，应当认定为虐待被看护人行为。

关联法条

1.《刑法》(2023年修正)

第260条之一　【虐待被监护、看护人罪】对未成年人、老年人、患病的人、残疾人等负有监护、看护职责的人虐待被监护、看护的人，情节恶劣的，处三年以下有期徒刑或者拘役。

单位犯前款罪的，对单位判处罚金，并对其直接负责的主管人员和其他直接责任人员，依照前款的规定处罚。

有第一款行为，同时构成其他犯罪的，依照处罚较重的规定定罪处罚。

2.《民法典》(2020年)

第27条　父母是未成年子女的监护人。

未成年人的父母已经死亡或者没有监护能力的，由下列有监护能力的人按顺序担任监护人：

(一)祖父母、外祖父母；

(二)兄、姐；

(三)其他愿意担任监护人的个人或者组织，但是须经未成年人住所地的居民委员会、村民委员会或者民政部门同意。

第28条　无民事行为能力或者限制民事行为能力的成年人，由下列有监护能力的人按顺序担任监护人：

(一)配偶；

(二)父母、子女；

(三)其他近亲属；

(四)其他愿意担任监护人的个人或者组织,但是须经被监护人住所地的居民委员会、村民委员会或者民政部门同意。

3.《最高人民法院关于审理走私、非法经营、非法使用兴奋剂刑事案件适用法律若干问题的解释》(法释〔2019〕16号)

第3条　对未成年人、残疾人负有监护、看护职责的人组织未成年人、残疾人在体育运动中非法使用兴奋剂,具有下列情形之一的,应当认定为刑法第二百六十条之一规定的"情节恶劣",以虐待被监护、看护人罪定罪处罚：

(一)强迫未成年人、残疾人使用的；

(二)引诱、欺骗未成年人、残疾人长期使用的；

(三)其他严重损害未成年人、残疾人身心健康的情形。

4.《残疾人保障法》(2018年修正)

第9条第4款　禁止对残疾人实施家庭暴力,禁止虐待、遗弃残疾人。

5.《老年人权益保障法》(2018年修正)

第76条　干涉老年人婚姻自由,对老年人负有赡养义务、扶养义务而拒绝赡养、扶养,虐待老年人或者对老年人实施家庭暴力的,由有关单位给予批评教育；构成违反治安管理行为的,依法给予治安管理处罚；构成犯罪的,依法追究刑事责任。

6.《未成年人学校保护规定》(2021年)

第47条　学校和教职工发现学生遭受或疑似遭受家庭暴力、虐待、遗弃、长期无人照料、失踪等不法侵害以及面临不法侵害危险的,应当依照规定及时向公安、民政、教育等有关部门报告。学校应当积极参与、配合有关部门做好侵害学生权利案件的调查处理工作。

103. 遗　　弃

现行规定

《治安管理处罚法》

第53条第3项　有下列行为之一的,处五日以下拘留或者警告；情节较重的,处五日以上十日以下拘留,可以并处一千元以下罚款：

(三)遗弃没有独立生活能力的被扶养人的。

立案与管辖

(一)立案标准

违法嫌疑人对年老、年幼、患病或者其他没有独立生活能力的人,负有扶养义务而拒绝扶养,尚不够刑事处罚的,即达到立案标准。年老、年幼、患病或者其他没有独立生活能力的人,主要包括下列情形:因年老、伤残、疾病等原因,丧失劳动能力,没有生活来源的;虽有生活来源,但因病、老、伤残,生活不能自理的;因年幼或智力低下等原因,没有独立生活能力的。在遗弃行为中:一方面,行为人必须负有扶养义务。"扶养"一词有广义和狭义之分。狭义的扶养,仅指家庭成员平辈之间的相互扶养,如夫妻之间的扶养、兄弟姐妹之间的扶养。广义的扶养,还包括晚辈对长辈的赡养和长辈对晚辈的抚养。结合相关法律规定,《治安管理处罚法》中的扶养是广义的扶养,包括抚养、扶养、赡养三种情况。另一方面,行为人必须能够负担却拒绝扶养。所谓能够负担,是指有独立的经济能力,能够承担起被扶养人的扶养责任。此外,遗弃行为必须是情节轻微,尚不够刑事处罚的行为。

(二)管辖

遗弃行为,由违法行为地公安机关管辖。由违法行为人居住地公安机关管辖更为适宜的,可以由违法嫌疑人居住地公安机关管辖。居住地包括户籍所在地、经常居住地。经常居住地是指公民离开户籍所在地最后连续居住1年以上的地方,但在医院住院就医的除外。对于移交违法行为人居住地公安机关管辖的行政案件,违法行为地公安机关在移交前应当及时收集证据,并配合违法行为人居住地公安机关开展调查取证工作。

如果违法行为涉及多个地区,由最先受理地公安机关管辖,对管辖有争议的,可以由共同上级机关指定管辖。

证据收集

(一)证据规格

1.违法嫌疑人的陈述和申辩。

(1)违法嫌疑人的基本情况,与被扶养人的关系;被扶养人的基本情况,如年龄、健康状况、独立生活能力等;(2)遗弃行为的时间、地点、经过,将被扶养人置于何处、如何离开、是否提供任何生活必需品等;(3)实施遗弃行为的动机和目的;(4)被扶养人被遗弃后的情况,包括是否得到妥善安置或救援、是否有其他家庭成员或社会资源提供帮助等;(5)违法嫌疑人的经济状况、心理状况、健康状况等,是否有能力扶养被扶养人,是否意识到其行为的违法性和可能的法律后果。

2.被侵害人陈述。

(1)被侵害人的基本情况,包括健康状况、独立生活能力、与违法嫌疑人的关系(如父母、子女、配偶)等;(2)遗弃行为的时间、地点、经过,是否提供任何生活必需品等,被遗弃期间的生活状况;(3)遗弃行为导致的身体伤害和心理伤害,在被遗弃期间是否向他人求助;(4)是否有其他人或证据证明被遗弃行为,如照片、视频、书信等。

3.证人证言。

(1)证人的基本身份信息,与案件当事人的关系;(2)目击遗弃行为的时间、地点、经过等,是否有言语交流(如威胁等);(3)被扶养人的身体状况和精神状态;(4)遗弃行为后是否有后续干预等。

4.物证、书证。

(1)被扶养人的生活用品;(2)被扶养人的信件、邮件等;(3)被扶养人的就诊记录、病历等。

5.鉴定意见。

被扶养人的病情鉴定、精神状态鉴定、伤情鉴定。

6.勘验、检查笔录、现场笔录、辨认笔录。

现场勘查笔录、现场图、现场照片,人身检查笔录,被侵害人、证人对违法行为人的辨认笔录。

7.视听资料、电子数据。

(1)遗弃行为发生地周边的视频监控;(2)当事人及证人提供的录音录像、照片等。

8.其他证据材料。

(1)证明违法嫌疑人身份的材料和违法犯罪记录。如人口信息、户籍证明、身份证、工作证、专业或技术等级证复印件等;法院判决书、行政处罚决定书、释放证明书等有效法律文件。(2)抓获经过、处警经过等。

(二)注意事项

遗弃行为的调查与证据收集工作,需要注意尽快寻找遗弃人,并保护被遗弃人的安全,如有必要,应立即报警或将其送至医院接受治疗。另外,需要全面收集证据,不仅要询问当事人、证人,了解遗弃行为的具体细节,还要调取相关证据,如查询遗弃人的经济状况、工作情况等,以确定其是否具有抚养能力。同时,要对被遗弃人的后续生活状况、身心健康等进行跟踪调查,进一步固定遗弃行为造成的后果。

行为认定

(一)对遗弃行为的认定

主要从以下四个方面进行认定:

1.行为侵犯的客体是家庭成员之间相互扶养的权利义务关系。行为侵犯的对象是年老、年幼、患病或者其他没有独立生活能力的家庭成员。

2.行为在客观方面表现为遗弃年老、年幼、患病或者其他没有独立生活能力的人,具有扶养能力而拒绝扶养,尚不够刑事处罚的行为。扶养,是指扶助和养育。扶助主要是通过体力进行生活上的护理和照顾,养育主要是通过物质和经济进行抚养。遗弃的行为方式有两种:一是积极的作为,如行为人将女婴或者病残子女丢弃街头;二是消极的不作为,如对年老、重病而又没有生活来源的父母不提供经济和物质供给。

3.行为的实施主体是特定主体,即对被遗弃人负有法律上扶养义务的人。法律上的扶养义务具体表现为以下情形:(1)夫妻有相互扶养的义务;(2)父母对子女有抚养教育的义务;(3)子女对父母有赡养扶助的义务;(4)非婚生子女享有与婚生子女同等的权利,不直接抚养非婚生子女的生父或生母,应当负担子女的生活费和教育费,直至子女能独立生活为止;(5)养父母和养子女、继父母和受其抚养教育的继子女之间的权利和义务,与生母与其子女之间的权利和义务相同;(6)有负担能力的祖父母、外祖父母,对父母已经死亡或父母无力抚养的未成年的孙子女、外孙子女,有抚养的义务;(7)有负担能力的孙子女、外孙子女,对子女已经死亡或子女无力赡养的祖父母、外祖父母,有赡养的义务;(8)有负担能力的兄、姐,对父母已经死亡或父母无力抚养的未成年的弟、妹,有抚养的义务;(9)由兄、姐抚养长大的有负担能力的弟、妹,对缺乏劳动能力又缺乏生活来源的兄、姐,有扶养的义务。

4. 行为在主观方面表现为故意。过失不构成本行为。

(二)与遗弃罪的区分

遗弃罪(《刑法》第261条),是指负有扶养义务的人,拒绝对年老、年幼、患病或者其他没有独立生活能力的人进行扶养,情节恶劣的行为。情节恶劣,主要包括遗弃造成被害人重伤、死亡等严重后果的,有遗弃行为屡教不改的,遗弃手段恶劣的等情形。

处罚标准

本行为设置一般情形和情节较重两个层次的处罚。对于情节较重的情形,需要综合考虑遗弃行为的持续时间、手段、导致或可能导致的伤亡后果等综合予以认定。

表98 遗弃行为处罚标准

处罚档次	处罚标准	裁量基准
一般情形	处5日以下拘留或者警告	/
情节较重	处5日以上10日以下拘留,可以并处1000元以下罚款	①导致被遗弃人遭受人身伤害或精神损害的 ②遗弃行为手段恶劣,且持续时间较长的 ③有其他情节较重的情形

案例及解析

【基本案情】陈某的父亲陈某富因故意犯罪服刑,后于出狱当晚突发脑梗,失去生活自理能力,被邻居及时送往当地医院救治。医院确诊其需长期护理,遂多次联系家属。派出所民警也多次电话及书面通知其子陈某,要求陈某前往医院履行赡养义务。陈某虽于事发当日到场确认身份,但在此后持续拒绝接回父亲,也未采取任何照护或生活资助措施。

陈某的行为应如何定性?

【解析】本案中,陈某的父亲陈某富因病丧失独立生活能力,陈某理应履行赡养义务,在经济、生活等方面给予必要的照顾和帮助,避免父亲的生命和健康受到更为严重的威胁和损害。但是,陈某拒绝照顾父亲的生活起居,且在公安机关多次通知的情况下仍不履行赡养义务,违反《治安管理处罚法》第53条第3项的规定,应当认定为遗弃行为。

关联法条

1.《刑法》(2023年修正)

第261条 【遗弃罪】对于年老、年幼、患病或者其他没有独立生活能力的人,负有扶养义务而拒绝扶养,情节恶劣的,处五年以下有期徒刑、拘役或者管制。

2.《民法典》(2020年)

第1042条第3款 禁止家庭暴力。禁止家庭成员间的虐待和遗弃。

3.《老年人权益保障法》(2018年修正)

第76条 干涉老年人婚姻自由,对老年人负有赡养义务、扶养义务而拒绝赡养、扶养,虐待老年人或者对老年人实施家庭暴力的,由有关单位给予批评教育;构成违反治安管理行为的,依法给予治安管理处罚;构成犯罪的,依法追究刑事责任。

4.《残疾人保障法》(2018年修正)

第65条 违反本法规定,供养、托养机构及其工作人员侮辱、虐待、遗弃残疾人的,对直接负责的主管人员和其他直接责任人员依法给予处分;构成违反治安管理行为的,依法给予行政处罚。

6.《最高人民法院、最高人民检察院、公安部、司法部关于依法办理家庭暴力犯罪案件的意见》(法发〔2015〕4号)

17.……依法惩处遗弃犯罪。负有扶养义务且有扶养能力的人,拒绝扶养年幼、年老、患病或者其他没有独立生活能力的家庭成员,是危害严重的遗弃性质的家庭暴力。根据司法实践,具有对被害人长期不予照顾、不提供生活来源;驱赶、逼迫被害人离家,致使被害人流离失所或者生存困难;遗弃患严重疾病或者生活不能自理的被害人;遗弃致使被害人身体严重损害或者造成其他严重后果等情形,属于刑法第二百六十一条规定的遗弃"情节恶劣",应当依法以遗弃罪定罪处罚。

第二十九节 《治安管理处罚法》第54条

104. 强 迫 交 易

现行规定

《治安管理处罚法》

第54条 强买强卖商品,强迫他人提供服务或者强迫他人接受服务的,处五日以上十日以下拘留,并处三千元以上五千元以下罚款;情节较轻的,处五日以下拘留或者一千元以下罚款。

立案与管辖

(一)立案标准

违法嫌疑人以暴力、威胁等手段强买强卖商品、强迫他人提供服务或者强迫他人接受服务,尚不够刑事处罚的行为即达到立案标准。

未达到刑事处罚,应参照相关司法解释的具体规定。按照《最高人民检察院、公安部关于公安机关管辖的刑事案件立案追诉标准的规定(一)》第28条的规定,"以暴力、威胁手段强买强卖商品、强迫他人提供服务或者强迫他人接受服务,涉嫌下列情形之一的,应予立案追诉:(一)造成被害人轻微伤或者其他严重后果的;(二)造成直接经济损失二千元以上的;(三)强迫交易三次以上或者强迫三人以上交易的;(四)强迫交易数额一万元以上,或者违法所得数额二千元以上的;(五)强迫他人购买伪劣商品数额五千元以上,或者违法所得数额一千元以上的;(六)其他情节严重的情形"。

(二)管辖

强迫交易案件一般由违法行为地的公安机关管辖。

违法行为地包括违法行为发生地和违法结果发生地。违法行为发生地,一般指的是强迫交易行为的实施地以及开始地、途经地、结束地等与违法行为有关的地点。违法结果发生地,通常指的是机关、团体、企业、事业单位所在地。

强迫交易行为由违法嫌疑人居住地公安机关管辖更为适宜的,可以由违法行为人居住地公安机关管辖。

证据收集

(一)证据规格

在一个完整的强迫交易行为认定中,需要收集的证据规格如下:

1. 违法嫌疑人的陈述和申辩。

(1)违法嫌疑人的基本情况;(2)强迫交易的动机、目的及预谋情况;(3)强迫交易的时间、地点、参与人、经过、结果,以及是否曾受过查处、行政处罚等;(4)使用暴力、威胁是不是为了实现不公平交易;(5)强迫交易的具体内容、正常价格、交易的市场价格。①

2. 被侵害人陈述和其他证人证言。

(1)被侵害人(单位)陈述。违法嫌疑人的强迫手段、交易过程及造成的后果,违法嫌疑人的数量、身份及体貌特征,各违法嫌疑人在违法行为中的地位和作用。(2)被侵害单位出具的报案材料。(3)其他证人证言。强迫交易的时间、地点、经过,违法事实情节,各违法嫌疑人在违法行为中的地位和作用。

3. 物证、书证。

(1)强迫交易的商品原物、产品或服务记录、同期第三方市场询价记录等,证实违法嫌疑人主观明知自己交易的商品或服务明显不符合合理价格;(2)发票、交易凭证、收据、账簿、票据、转账记录、合同等原物、清单及照片;(3)强迫他人买卖的商品、作案工具;(4)非法所得的原物、清单及照片等。

4. 鉴定意见。

被强迫交易的物品的价值鉴定。

5. 视听资料、电子数据。

(1)记录强迫交易的现场音视频、视频监控资料;(2)能够证明强迫交易行为的聊天信息、图片;(3)查获强迫交易行为的现场执法视频。

6. 勘验、检查笔录,现场笔录。

强迫交易现场勘查笔录、现场图、现场照片、提取的痕迹物证等。

7. 辨认笔录。

证人及相关当事人对违法嫌疑人的辨认,嫌疑人之间互相辨认以及对作案工具的辨认、嫌疑人之间犯意提起、联络、分工及共同犯意的情况。

8. 其他证据材料。

(1)证明违法嫌疑人身份的材料和违法犯罪记录,如人口信息、户籍证明、身份证、工作证、专业或技术等级证复印件;法院判决书、行政处罚决定书、释放证明书等有效法律文件。(2)抓获经过、处警经过等。

(二)注意事项

1. 针对主体取证时,应重点关注违法嫌疑人之间以及违法嫌疑人与单位的关系。强迫交易行为有时会是多个人一并实施的,此时需要重点关注违法嫌疑人之间犯意提起、联络、分工及共同犯意情况。若发现单位线索,应收集单位的营业执照、法定代表人身份证明、直接主管

---

① 参见彭东主编:《公诉案件证据参考标准》,法律出版社 2014 年版,第 259-260 页。

人员和其他直接责任人员的供述、单位集体讨论记录、签批文件等,研判是否存在强迫交易行为是否为单位集体决定或由单位负责人等同意、违法所得大部分归单位所有等情况。

2.针对主观方面取证时,通过违法嫌疑人的供述,了解其强迫交易的动机、目的、起因和预谋情况,以及是否明知违背对方意愿、有违市场交易规则仍强迫交易;通过被害人陈述其被强迫交易时的感受、对方的威胁或暴力行为等,证人证言证实违法嫌疑人有强迫交易的故意和相关行为,共同印证违法嫌疑人的主观心态。

3.针对客观方面取证时,需要重点关注以下类型的证据:现场目击证人证言、监控视频、被侵害人受伤照片及病历资料等暴力、威胁行为证据,证明违法嫌疑人实施了暴力、威胁行为,包括殴打、捆绑、言语恐吓、滋扰、纠缠;购物发票、收据、付款凭证、交付货物照片、关于强迫交易行为的视听资料、电子数据等交易相关证据,证明存在交易行为及交易的内容、数量、价格等;商品价格表、证人证言、鉴定意见、市场监管部门出具的证明等违背意愿及市场规则的证据,证明交易价格与市场合理价格存在差距或交易行为违背正常市场交易规则。

4.审查证据时,应重点核查暴力、威胁的持续性及其与交易的关联性,以区别于诈骗罪、敲诈勒索罪、寻衅滋事罪。并且,要区分强迫交易与正常商业纠纷,如果消费者对商品价格不满要求降价,店家拒绝,双方产生争执,但店家并未采取强制手段,不属于强迫交易。交易未达成的,可能是未遂。

行为认定

(一)对强迫交易行为的认定

主要从以下四个方面进行认定:

1.本行为侵犯的客体是复杂客体,包括被强迫人的人身、财产权益和社会主义市场经济秩序。强迫交易的核心是破坏平等、自愿的社会主义市场经济秩序,把交易行为和交易价格由当事人主观自由决定转化为客观被迫接受。

2.本行为的客观方面表现为以暴力、威胁手段强买强卖商品、强迫他人提供服务或者强迫他人接受服务,尚不够刑事处罚。暴力,是指在交易活动中,违法嫌疑人对被强迫人的人身或财产实行强制或打击的行为。威胁,是指在交易活动中,行为人对被强迫人进行恐吓、威胁等精神强制行为,以使被侵害人出于恐惧、无奈而被迫同意交易。强买强卖,是指行为人违背交易相对方意志,强行低价买进或高价卖出的行为。通常来说,强迫交易行为的目的是谋求非市场价格的超额利润,但强迫交易的成立并不以交易价格不公平为必要条件,强迫交易行为侵害的根本是被强迫人的处分自由、交易自由以及以此为根基的社会主义市场经济秩序,在实务中应当以强迫行为导致他人无法出于本人的主观意愿决定是否达成交易为审查的关键和重点。服务,主要是指各种营业性的服务,如住宿、餐饮、维修、娱乐等。

3.本行为主体为一般主体,包括自然人和单位。

4.本行为的主观方面表现为故意,过失不构成本行为。

(二)强迫交易行为的认定

首先,本行为的关键是行为人以暴力、威胁手段违背他人意志进行交易,但该手段尚未达到足以压制被害人反抗的程度——后者成立抢劫罪。所谓违背他人意志,是指强迫他人与自己或第三人进行交易。从公安机关事后介入判断的角度来说,如果没有违背他人意志,只是因为价格的差异产生的争执不构成本行为。其次,交易必须是一般意义上的民商事交易,否则应考虑是否构成敲诈勒索罪。需要特别指出的是,《治安管理处罚法》使用强迫他人买卖"商品"或提供、接受"服务"的表述,相较于《刑法》第226条的列举表述较窄——后者甚至包括"其他资产",此时在解释上,在多大程度上可以适当对"商品"和"服务"进行目的性扩张解释,有待实务界进一步探索,但必须以不违反一般理性人合理预期为前提。最后,本行为中强迫交易的"商品"或"服务"必须是合法的商品或服务。如果是不合法的商品或服务,则不构成本行为,如强迫卖淫等。

(三)与强迫交易罪的区别

强迫交易罪(《刑法》第226条)中行为人实施的强迫交易行为是否构成强迫交易犯罪,主要看其行为是否符合《刑法》第226条规定。《刑法》第226条规定,"以暴力、威胁手段,实施下列行为之一,情节严重的,处三年以下有期徒刑或者拘役,并处或者单处罚金;情节特别严重的,处三年以上七年以下有期徒刑,并处罚金:(一)强买强卖商品的;(二)强迫他人提供或者接受服务的;(三)强迫他人参与或者退出投标、拍卖的;(四)强迫他人转让或者收购公司、企业的股份、债券或者其他资产的;(五)强迫他人参与或者退出特定的经营活动的"。根据2017年《最高人民检察院、公安部关于公安机关管辖的刑事案件立案追诉标准的规定(一)的补充规定》第5条的规定,"以暴力、威胁手段强买强卖商品,强迫他人提供服务或者接受服务,涉嫌下列情形之一的,应予立案追诉:(一)造成被害人轻微伤的;(二)造成直接经济损失2千元以上的;(三)强迫交易3次以上或者强迫3人以上交易的;(四)强迫交易数额1万元以上,或者违法所得数额2千元以上的;(五)强迫他人购买伪劣商品数额5千元以上,或者违法所得数额1千元以上的;(六)其他情节严重的情形。以暴力、威胁手段强迫他人参与或者退出投标、拍卖,强迫他人转让或者收购公司、企业的股份、债券或者其他资产,强迫他人参与或者退出特定的经营活动,具有多次实施、手段恶劣、造成严重后果或者恶劣社会影响等情形之一的,应予立案追诉"。

(四)与敲诈勒索行为的区别

《治安管理处罚法》中的敲诈勒索行为,是指行为人实施的以非法占有为目的,用威胁或要挟的方法,对公私财物的所有人、持有人、保管人强行索要少量财物,情节轻微,尚不够刑事处罚的行为。《刑法》第274条规定:"敲诈勒索公私财物,数额较大或者多次敲诈勒索的,处三年以下有期徒刑、拘役或者管制,并处或者单处罚金;数额巨大或者有其他严重情节的,处三年以上十年以下有期徒刑,并处罚金;数额特别巨大或者有其他特别严重情节的,处十年以上有期徒刑,并处罚金。"

强迫交易行为与敲诈勒索行为的主要区别在于,强迫达成的交易仍然是一般意义上的民商事交易,强迫交易行为人的主观目的仍然是通过交易获取利润,哪怕可能是超额利润,例如以停水、停电、停业、断网相威胁强迫他人接受室内装修、烟道清理、铁架墙安装、网络接入等服务;[①]敲诈勒索达成的"交易",则不一定是一般意义上的民商事交易,例如不付钱就公开裸照——当然,公开裸照可能还构成传播淫秽物品行为——敲诈勒索行为人具有的是非法占有财物的故意,行为人并非从事正常经营,而是以经营活动为幌子或诱饵,追求的主要不是商业利润,而是商业利润环节之外的他人财产,并且是通过暴力或威胁取得。如果行为人追求和获取的经济利益主要源于商业经营活动,基本符合商业利润的发生规律,仅为获取更高经营利润而采取了强迫手段,那么成立强迫交易行为,情节严重的成立强迫交易罪。如果行为人使用的是非暴力的胁迫,或者是非当场兑现的暴力胁迫,则构成敲诈勒索行为,情节严重的成立敲诈勒索罪。如果行为人以当场实施暴力相威胁或者直接实施暴力而劫取财物,则成立抢劫罪。

(五)与寻衅滋事行为中的强拿硬要公私财物行为的区别

强迫交易行为归根结底还是一种交易行为,而寻衅滋事行为中的强拿硬要是指未取得相关人员或者单位的同意,直接取用或者强行索要他人财物的行为,属于非法占有公私财物。《刑法》第293条规定:"有下列寻衅滋事行为之一,破坏社会秩序的,处五年以下有期徒刑、拘役或者管制:(一)随意殴打他人,情节恶劣的;(二)追逐、拦截、辱骂、恐吓他人,情节恶劣的;(三)强拿硬要或者任意损毁、占用公私财物,情节严重的;(四)在公共场所起哄闹事,造成公共场所秩序严重混乱的。纠集他人多次实施前款行为,严重破坏社会秩序的,处五年以上十年以下有期徒刑,可以并处罚金。"

强迫交易行为与强拿硬要公私财物行为在行为上具有一定的相似性,即都通过非自愿手段取得利益,但两者在行为目的、手段等方面具有明显的不同。强迫交易行为虽然采用暴力或威胁手段,但归根结底还是交易行为;强拿硬要行为则不一定有威胁的因素而可以是撒泼打滚,如乘坐出租车后撒泼阻挠司机接单而要求免除车费。如果没有达到足以压制被害人反抗的程度,则不构成抢劫罪;如果行为人的主要目的是获取车费利益,如债务免除,则构成强迫交易行为;如果行为人的主要目的是在他人面前逞强耍威风,则构成强拿硬要型寻衅滋事行为。

处罚标准

本行为分为"一般情形"和"情节较轻"两个处罚档次。

---

① 参见吕某等强迫交易案,北京市第三中级人民法院(2019)京03刑终948号刑事裁定书。

表99 强迫交易行为处罚标准

处罚档次	处罚标准	裁量基准
一般情形	处5日以上10日以下拘留,并处3000元以上5000元以下罚款	/
情节较轻	处5日以下拘留或者1000元以下罚款	①强迫交易造成直接经济损失未达到有关刑事立案追诉标准10%的 ②强迫交易数额或者违法所得未达到有关刑事立案追诉标准10%的 ③强迫他人购买伪劣商品数额或者违法所得未达到有关刑事立案追诉标准10%的 ④事后主动返还财物或者支付有关费用,取得被侵害人谅解的 ⑤其他情节较轻的情形

案例及解析

【基本案情】某日,S省T市B派出所接到H小区业主举报,称孟某(男,40岁)等6人长期盘踞在小区内,通过语言威胁等方式,强迫居民购买其高价水泥、沙子等装修材料。经调查,该团伙已经连续3个月,多次威胁小区业主,强迫其接受高价建材,实施强迫交易数十次。

孟某等人的行为应当如何认定?

【解析】本案中,孟某等人通过威胁手段强行推销高价建材,符合强迫交易的概念,至少应当按《治安管理处罚法》启动查处程序。由于实施次数较多,作为主犯的孟某可能已经达到刑事立案标准。但是其他从犯,如果金额没有达到刑事立案标准,那么可以以强迫交易追究治安违法的责任,应当根据《治安管理处罚法》第54条认定为强迫交易行为。

关联法条

《刑法》(2023年修正)

第226条 【强迫交易罪】以暴力、威胁手段,实施下列行为之一,情节严重的,处三年以下有期徒刑或者拘役,并处或者单处罚金;情节特别严重的,处三年以上七年以下有期徒刑,并处罚金:

(一)强买强卖商品的;

(二)强迫他人提供或者接受服务的;

(三)强迫他人参与或者退出投标、拍卖的;

(四)强迫他人转让或者收购公司、企业的股份、债券或者其他资产的;

(五)强迫他人参与或者退出特定的经营活动的。

第三十节 《治安管理处罚法》第 55 条

105. 煽动民族仇恨、民族歧视

> **现行规定**

《治安管理处罚法》

第 55 条 煽动民族仇恨、民族歧视,……处十日以上十五日以下拘留,可以并处三千元以下罚款;情节较轻的,处五日以下拘留或者三千元以下罚款。

> **立案与管辖**

(一)立案标准

煽动民族仇恨、民族歧视行为是指违法嫌疑人故意用语言、文字或者其他方式煽动民族仇恨、民族歧视,尚不够刑事处罚的行为。立案标准包括:煽动群众人数众多、范围较大、影响较大,煽动数个民族之间的仇恨、歧视的,多次进行煽动的,造成严重后果的,煽动手段特别恶劣的,等等。[①]

立案主要看如下标准:其一,行为人出于故意,且动机恶劣(如意图挑起民族冲突、破坏社会稳定而实施煽动行为),应作为立案的重要情节。例如,某些别有用心之人企图利用民族矛盾达到个人政治目的或经济利益,其主观恶意明显,即便行为尚未造成严重后果,也应考虑立案。其二,若煽动行为在较大范围内传播,如在网络上引起大量关注、转发,或者在人员密集的公共场所进行煽动,导致众多人知晓,影响范围广,应予以立案。比如,在社交媒体平台上发布的煽动性言论,短时间内阅读量、转发量达到一定规模,并对社会秩序和民族关系产生潜在威胁。其三,看危害后果,即使尚未引发大规模的民族冲突,但如果已经导致部分民族成员之间关系紧张,或者使特定民族群体产生不安、恐惧情绪,也应考虑立案。

(二)管辖

煽动民族仇恨、民族歧视案件一般由违法行为地的公安机关管辖。

违法行为地包括违法行为发生地和违法结果发生地。违法行为发生地,一般指的是煽动民族仇恨、民族歧视行为的实施地以及开始地、途经地、结束地等与违法行为有关的地点。违法结果发生地,通常指的是受害人所在地。

[①] 参见孙茂利主编:《违反公安行政管理行为名称释义与实务指南(2021 年版)》,中国民主法制出版社 2021 年版,第 155 页。

煽动民族仇恨、民族歧视行为由违法行为人居住地公安机关管辖更为适宜的，可以由违法行为人居住地公安机关管辖。例如，违法行为人实施了针对多人的煽动、歧视行为，可以由其居住地公安机关管辖。

如果利用互联网煽动民族仇恨、民族歧视，那么用于实施违法行为的网站服务器所在地、网络接入地以及网站建立者或者管理者所在地，被侵害的网络及其运营者所在地，违法过程中违法行为人、被侵害人使用的网络及其运营者所在地，被侵害人被侵害时所在地，以及被侵害人财产遭受损失地公安机关可以管辖。

证据收集

（一）证据规格

在一个完整的煽动民族仇恨、民族歧视行为认定中，需要收集的证据规格如下：

1.违法嫌疑人的陈述和申辩。

（1）违法嫌疑人的基本情况；（2）违法行为的动机和目的，为何目的煽动民族仇恨、民族歧视；（3）问明作案工具及来源、下落；（4）结伙作案的，问明的违法嫌疑人的数量、身份，预谋、结伙聚合的过程、相互关系、地位，以及各违法嫌疑人相互关系情况。

2.被侵害人陈述和其他证人证言。

（1）被侵害人（单位）陈述。问明煽动民族仇恨、民族歧视的时间、地点、经过，违法事实情节，违法嫌疑人的数量、身份及体貌特征，各违法嫌疑人在违法行为中的地位和作用。（2）被侵害单位出具的报案材料。（3）其他证人证言。问明煽动民族仇恨、民族歧视时间、地点、经过，违法事实情节，各违法嫌疑人在违法行为中的地位和作用。

3.物证、书证。

（1）带有煽动、歧视性物品，所使用的广播、喇叭等原物、清单及照片；（2）煽动、歧视内容的标语、横幅、口号等原物、清单及照片。

4.鉴定意见。

利用网络煽动民族仇恨、民族歧视的电子数据的鉴定。

5.视听资料、电子数据。

（1）记录煽动民族仇恨、民族歧视的现场音视频、视频监控资料；（2）能够证明煽动民族仇恨、民族歧视违法行为的聊天信息、图片；（3）查获煽动民族仇恨、民族歧视违法行为的现场执法视频。

6.勘验、检查笔录，现场笔录。

煽动民族仇恨、民族歧视现场勘查笔录、现场图、现场照片、提取的痕迹物证等。

7.辨认笔录。

证人及相关当事人对违法嫌疑人的辨认，嫌疑人之间互相辨认以及对作案工具的辨认。

8.其他证据材料。

（1）证明违法嫌疑人身份的材料和违法犯罪记录，如人口信息、户籍证明、身份证、工作证、专业或技术等级证复印件等,法院判决书、行政处罚决定书、释放证明书等有效法律文件。
(2)抓获经过、处警经过等。

(二)注意事项

注意尽量收集原始证据,如原始传播媒介、煽动现场目击证人的证言等。另外,要及时固定证据。此类案件证据具有时效性,如网络上的煽动性言论、视频等,容易被删除或篡改。因此,发现相关证据后应及时采取截图、录屏、拷贝等方式固定;对于现场证据,也应及时拍照、录像,并妥善保管相关物证。

🛡 行为认定

(一)对煽动民族仇恨、民族歧视行为的认定

主要从以下四个方面进行认定:

1. 本行为侵犯的客体是复杂客体,包括国家的民族政策和公民的民主权利。国家的民族政策,主要是指我国《宪法》第4条第1款的规定:"中华人民共和国各民族一律平等。国家保障各少数民族的合法的权利和利益,维护和发展各民族的平等团结互助和谐关系。禁止对任何民族的歧视和压迫,禁止破坏民族团结和制造民族分裂的行为。"我国是统一的多民族国家,各民族一律平等,任何破坏民族平等、民族团结的行为都是违法的。

2. 行为的客观方面表现为行为人故意用语言、文字或者其他方式煽动民族仇恨、民族歧视,情节轻微,尚不够刑事处罚。煽动,是指以激发、制造民族之间的仇恨或歧视为目的,用语言、文字、图像、视频或其他方式鼓动、挑动他人的行为。民族歧视,是指基于种族、肤色、宗教信仰、世俗观点等原因而对人们进行区别、排斥、限制,意图损害其他民族平等地位以及其他合法权益的现象。民族仇恨,是指基于种族、肤色、宗教信仰、世俗观点等原因而产生的强烈不满或痛恨的民族情绪和民族心理。

3. 本行为的主体是一般主体,即达到法定责任年龄、具备责任能力的自然人。

4. 本行为的主观方面表现为故意,通常以激发、制造民族仇恨、民族矛盾为目的。

(二)行为人实施煽动民族仇恨、民族歧视行为的认定

首先,行为人必须是公然实施了该行为。本行为的方式一般有使用语言、文字、图像、视频或其他手段,公然散发、公开陈列、张贴、放映或其他方式使他人获得。如果行为人只是自己有民族仇恨的观念,并未散发、宣传,不构成本行为。其次,造谣、诽谤的内容是否与民族仇恨、民族歧视有关。如果只是涉及个人之间的理念或思想的争执,不构成本行为。具体行为表现为:书写、张贴、散发民族仇恨、民族歧视的传单、标语、大字报;发表宣扬民族仇恨、民族歧视的讲演或者呼喊有关口号;制造、散布宣扬民族仇恨、民族歧视的谣言。

(三)与煽动民族仇恨、民族歧视罪的区别

煽动民族仇恨、民族歧视罪(《刑法》第249条),指的是煽动民族仇恨、民族歧视,情节严重的行为。煽动民族仇恨、民族歧视行为与煽动民族仇恨、民族歧视罪是同一种违法活动的不同发展阶段,两者之间的主要区别是情节和后果的不同。只有煽动民族仇恨、民族歧视情

节和后果较轻的,才能构成煽动民族仇恨、民族歧视行为,情节和后果较重的应认定为刑事案件。所谓情节和后果严重的情形,包括:动机卑劣的;手段恶劣的;多次进行煽动的;煽动行为造成严重后果或影响恶劣的;煽动人数较多的;等等。

(四)与通过散布谣言的方式故意扰乱公共秩序行为的区别

煽动民族仇恨、民族歧视行为与通过散布谣言的方式故意扰乱公共秩序行为在主观目的和客观表现上有较大的区别:前者以激发、制造民族仇恨、民族矛盾为目的,后者可能只是个人习惯,没有煽动意图;前者的煽动内容主要是民族仇恨和民族歧视,后者的涉及面较广,包括小道消息、绯闻等。

处罚标准

本行为设置一般情形和情节较轻两个层次的处罚。

表100 煽动民族仇恨、民族歧视行为处罚标准

处罚档次	处罚标准	裁量基准
一般情形	处10日至15日拘留,可以并处3000元以下罚款	/
情节较轻	处5日以下拘留或者3000元以下罚款	①初次实施本行为的 ②实施本行为及时停止,没有造成危害后果的 ③实施行为后,有悔改表现,积极赔礼道歉、赔偿损失、消除影响的

案例及解析

【基本案情】某地区网民苏某在短视频平台发布多条含有"异教徒"等歧视性词汇的内容。其视频中不仅使用具有宗教偏见的语言攻击少数民族,还通过拼接历史事件片段,暗示特定民族群体与"落后""危险"等负面标签相关联。该内容在网络上传播后,部分网民对相关民族产生误解,甚至引发线下群体之间的摩擦。某地区公安机关通过网络巡查发现线索后,立即对苏某展开调查。经查,苏某长期关注极端主义信息,并将其扭曲后发布以博取流量。

对苏某的行为应当如何认定?

【解析】苏某具有完全行为能力,利用短视频平台发布信息属于利用计算机信息网络,所发布的信息属于民族歧视内容的信息,有违民族平等和团结的基本法律原则,造成了不良社会影响,其行为出于故意,苏某的言论对民族关系造成实质性损害。根据《治安管理处罚法》第55条的规定,苏某的行为应当认定为煽动民族仇恨、民族歧视行为。其行为已构成"煽动民族歧视",公安机关应依法对其处以拘留和罚款的处罚。此案凸显了网络平台作为信息传播载体的责任,也表明法律对利用宗教议题制造民族矛盾的零容忍态度。

关联法条

1.《刑法》(2023年修正)

第249条 【煽动民族仇恨、民族歧视罪】煽动民族仇恨、民族歧视,情节严重的,处三年以下有期徒刑、拘役、管制或者剥夺政治权利;情节特别严重的,处三年以上十年以下有期徒刑。

2.《电影产业促进法》(2016年)

第16条第3项 电影不得含有下列内容:

(三)诋毁民族优秀文化传统,煽动民族仇恨、民族歧视,侵害民族风俗习惯,歪曲民族历史或者民族历史人物,伤害民族感情,破坏民族团结的;

3.《邮政法》(2015年修正)

第37条第4项 任何单位和个人不得利用邮件寄递含有下列内容的物品:

(四)煽动民族仇恨、民族歧视,破坏民族团结的;

106. 刊载民族歧视、侮辱内容

现行规定

《治安管理处罚法》

第55条 ……在出版物、信息网络中刊载民族歧视、侮辱内容的,处十日以上十五日以下拘留,可以并处三千元以下罚款;情节较轻的,处五日以下拘留或者三千元以下罚款。

立案与管辖

(一)立案标准

刊载民族歧视、侮辱内容行为是指违法嫌疑人在出版物、信息网络中刊载民族歧视、侮辱的内容,尚不够刑事处罚的行为。该行为的立案标准可以结合刑事入罪标准来判断。

《刑法》中规定了出版歧视、侮辱少数民族作品罪,虽无明确司法解释对该罪中的"情节恶劣"作出详细界定,但可从司法实践及相关法学理论进行理解。其一,若刊载内容包含恶意丑化少数民族形象、歪曲其重大历史文化传统、使用极端侮辱性语言等,可认定为情节恶劣。例如,故意编造并刊载某少数民族具有暴力、野蛮等虚假特性的内容,严重伤害民族感情,可能被认定为情节恶劣。其二,刊载行为的主观故意程度也是考量因素。若行为人明知其内容会对少数民族造成严重伤害仍执意刊载,也倾向于认定为情节恶劣。其三,引发严重后果。如引发不同民族之间的群体性冲突、导致少数民族群众大规模的强烈不满并引发社会秩序的不稳定,或者对特定少数民族群体的名誉、形象造成极其严重的负面影响,导致其在社会生活、经济活动等方面遭受重大损失等。

如果实施了刊载民族歧视、侮辱内容行为,但是在内容恶劣程度、主观恶性程度、后果严重程度方面不够入罪标准,那么就可以进行治安管理处罚。

(二)管辖

刊载民族歧视、侮辱内容案件一般由违法行为地的公安机关管辖。

违法行为地包括违法行为发生地和违法结果发生地。违法行为发生地,一般指的是刊载民族歧视、侮辱内容行为的实施地以及开始地、途经地、结束地等与违法行为有关的地点。违法结果发生地,通常是指被歧视、侮辱的受害人所在地。

刊载民族歧视、侮辱内容行为由违法行为人居住地公安机关管辖更为适宜的,可以由违法行为人居住地公安机关管辖。例如,违法行为人刊载了针对多人歧视、侮辱行为,可以由其居住地公安机关管辖。

如果利用互联网刊载民族歧视、侮辱内容,那么用于实施违法行为的网站服务器所在地、网络接入地以及网站建立者或者管理者所在地,被侵害的网络及其运营者所在地,违法过程中违法行为人、被侵害人使用的网络及其运营者所在地,被侵害人被侵害时所在地,以及被侵害人财产遭受损失地公安机关可以管辖。

证据收集

(一)证据规格

在一个完整的刊载民族歧视、侮辱内容行为认定中,需要收集的证据规格如下:

1.违法嫌疑人的陈述和申辩。

(1)违法嫌疑人的基本情况;(2)违法行为的动机和目的,为何目的刊载民族歧视、侮辱内容;(3)问明刊载民族歧视、侮辱内容的印刷品、出版物的内容、去向;(4)问明网页、通讯群等作案工具及来源、下落;(5)结伙作案的,问明违法嫌疑人的数量、身份,预谋、结伙聚合的过程、相互关系、地位,以及各违法嫌疑人相互关系情况。

2.被侵害人陈述和其他证人证言。

(1)被侵害人(单位)陈述。问明刊载民族歧视、侮辱内容的时间、地点、经过,违法事实情节,违法嫌疑人的数量、身份及体貌特征,各违法嫌疑人在违法行为中的地位和作用。(2)被侵害单位出具的报案材料。(3)其他证人证言。问明刊载民族歧视、侮辱内容的时间、地点、经过,违法事实情节,各违法嫌疑人在违法行为中的地位和作用。

3.物证、书证。

刊载民族歧视、侮辱内容的印刷品、出版物等原物、清单及照片。

4.鉴定意见。

利用网络刊载民族歧视、侮辱内容的电子数据的鉴定。

5.视听资料、电子数据。

(1)记录刊载民族歧视、侮辱内容的现场音视频、视频监控资料;(2)能够证明刊载民族歧视、侮辱内容行为的聊天信息、图片;(3)查获刊载民族歧视、侮辱内容行为的现场执法视频。

6.勘验、检查笔录,现场笔录。

刊载民族歧视、侮辱内容现场勘查笔录、现场图、现场照片、提取的痕迹物证等。

7.辨认笔录。

证人及相关当事人对违法嫌疑人的辨认,嫌疑人之间互相辨认以及对作案工具的辨认。

8.其他证据材料。

(1)证明违法嫌疑人身份的材料和违法犯罪记录,如人口信息、户籍证明,身份证、工作证、专业或技术等级证复印件等,法院判决书、行政处罚决定书、释放证明书等有效法律文件。

(2)抓获经过、处警经过等。

(二)注意事项

1.注意证据收集应全面覆盖违法行为构成要素的各个方面,避免遗漏关键证据。例如,应注意搜集违法行为人主观过错方面的证据。

2.注意尽量收集原始证据,如刊载民族歧视、侮辱内容的出版物原件,利用计算机网络刊载该内容的原始网页等。

行为认定

(一)对刊载民族歧视、侮辱内容行为的认定

主要从以下四个方面进行认定:

1.本行为侵犯的客体是各民族的合法权利,包括民族平等、民族尊严和各民族保持或改变自己民族风俗习惯的自由等合法权利。民族团结是国家富强、安宁的重要保障,因此对刊载民族歧视、侮辱内容行为要依法予以处理。

2.本行为的客观表现为在出版物、信息网络中刊载民族歧视、侮辱的内容,尚不够刑事处罚的行为。歧视,是指基于民族的来源、历史、风俗习惯等方面的不同,对其他民族予以贬低、蔑视;侮辱,是指基于民族的来源、历史、风俗习惯等方面的不同,对其他民族予以丑化、嘲讽、辱骂。

3.行为的主体既有一般性,也有特殊性。首先,对于出版物而言,如果出版物是合法出版物,本行为的主体是特殊主体即出版单位;如果是非法出版物,本行为的主体既可以是自然人,也可以是出版单位。其次,对于计算机网络而言,本行为的主体既可以是自然人,也可以是单位。

4.本行为的主观方面为故意,并以激发、制造民族仇恨和民族歧视为目的。

(二)对行为人实施了在出版物、信息网络中刊载民族歧视、侮辱内容行为的认定

首先,行为人必须实施了刊载行为。刊载,是指出版物的出版、印刷、复制或者发行及信息网络中上传、制作、复制、转载、传播等。刊载的表现形式多种多样,可以是文字、图像,也可以是视频、音频等。其次,刊载的必须是有关民族歧视、侮辱的内容。如果是他人的隐私或其他非法内容,也不构成本行为。具体行为主要表现为:印制、散发宣扬民族仇恨、民族歧视的诗刊、书画、非法刊物;利用互联网、手机短信等方式,传播、宣扬民族歧视、民族仇恨。

(三)与出版歧视、侮辱少数民族作品罪的区别

出版歧视、侮辱少数民族作品罪(《刑法》第250条),指的是在出版物中刊载歧视、侮辱少数民族的内容,情节恶劣,造成严重后果的行为。刊载民族歧视、侮辱内容行为,必须情节轻微,尚不够刑事处罚。刊载民族歧视、侮辱内容行为与出版歧视、侮辱少数民族作品罪在侵犯客体、行为主体和目的等方面具有相同或相似之处。在行为表现方面,刊载民族歧视、侮辱内容行为涵盖的更广泛,但两者最主要的区别是情节和后果的不同。只有刊载民族歧视、侮辱内容情节和后果较轻的,才能构成刊载民族歧视、侮辱等内容行为;情节和后果较重的符合出版歧视、侮辱少数民族作品罪构成要件的应认定为刑事案件。所谓情节和后果严重的情形,是指刊载的内容污秽恶毒、多次刊载、造成了恶劣的政治影响、引发了冲突或骚乱等。

(四)与侮辱行为的区别

刊载民族歧视、侮辱内容行为与侮辱行为在主观方面和客观方面有相似之处,区别主要表现在:就侵犯对象而言,前者针对的是民族,不具体到特定的个人,后者主要是对个人人格和名誉的损毁;就行为方式而言,前者主要是在出版物和信息网络中刊载,后者的更广泛,既包括出版物、信息网络,也包括口头传播。

处罚标准

本行为设置了一般情形和情节较轻两个档次的处罚。情节较轻,一般是指没有造成较大社会影响,或者发生后果后,能够及时制止。

表101 刊载民族歧视、侮辱内容行为处罚标准

处罚档次	处罚标准	裁量基准
一般情形	处10日至15日拘留,可以并处3000元以下罚款	/
情节较轻	处5日以下拘留或者3000元以下罚款	①初次实施本行为的 ②实施本行为及时停止,没有造成危害后果的 ③实施行为后,有悔改表现,积极赔礼道歉、赔偿损失、消除影响的

案例及解析

【基本案情】Q省X市务工人员崔某某(男,35岁)在某微信群中发表多条歧视性言论,内容涉及对特定民族群体的侮辱性评价。其言论通过微信群迅速扩散,被截图转发至多个社交平台,引发大量网民关注和谴责。部分少数民族群众表示,此类言论严重伤害了他们的民族感情,破坏了当地和谐的民族关系。

X市公安局C分局接到举报后,通过技术溯源锁定崔某某的账号及身份。经调查,崔某某为吸引他人注意,故意在公共群组中发表极端言论。

崔某某的行为应当如何认定？

【解析】本案中，崔某某具有完全行为能力，利用微信群发布信息属于利用计算机信息网络，所发布信息的内容涉及群体性侮辱，有违民族平等和团结的基本法律原则，破坏了民族感情。崔某某实施行为时意识清醒，出于故意，应当根据《治安管理处罚法》第55条的规定，认定其构成刊载民族歧视、侮辱内容行为。

关联法条

本部分关联法条参见"煽动民族仇恨、民族歧视"行为的关联法条。

第三十一节 《治安管理处罚法》第56条

107. 违规向他人出售或者提供个人信息

> **现行规定**

《治安管理处罚法》

第56条第1款 违反国家有关规定,向他人出售或者提供个人信息的,处十日以上十五日以下拘留;情节较轻的,处五日以下拘留。

> **立案与管辖**

(一)立案标准

违法嫌疑人违反国家有关规定,向他人出售或者提供个人信息,尚不够刑事处罚的,即达到立案标准。"国家有关规定",是指有关法律、行政法规、部门规章等国家层面涉及公民个人信息管理方面的规定。违规向他人出售或者提供个人信息是《治安管理处罚法》在2025年修订时增加的一类治安违法行为类型。将侵犯公民个人信息行为纳入治安管理处罚的范畴,既是继《民法典》《个人信息保护法》等法律法规后将具有法益侵害性的新行为纳入治安管理处罚,为个人信息提供保护,也是与《刑法》第253条之一等条文进行有效衔接。

(二)管辖

违规向他人出售或者提供个人信息行为,一般由违法行为地公安机关管辖。违法行为地包括违法行为发生地和违法结果发生地,一般指的是出售或者提供个人信息的实施地以及开始地、途经地、结束地等与违法行为有关的地点。违规向他人出售或者提供个人信息行为的违法结果发生地通常是指个人信息被泄露、使用或造成不良影响的地点。具体包括:其一,若购买或获取信息者在某地使用了这些个人信息,该地可认定为结果地。比如,不法分子在A市利用购买来的个人信息进行电信诈骗活动,A市就是该违规出售或提供个人信息违法行为的结果地之一。其二,在网络环境下,存储个人信息的服务器所在地、信息传输过程中的关键节点所在地等也可能被视为结果地。其三,如果因违规出售或提供个人信息,导致其他严重后果发生,如引发大规模网络攻击、数据泄露事故等,那么该后果发生地可认定为结果地。

违规向他人出售或者提供个人信息行为由违法嫌疑人居住地公安机关管辖更为适宜的,可以由违法嫌疑人居住地公安机关管辖。

针对或者利用网络实施的违法行为,用于实施违法行为的网站服务器所在地、网络接入地以及网站建立者或者管理者所在地,被侵害的网络及其运营者所在地,违法过程中违法嫌疑人、被侵害人使用的网络及其运营者所在地,被侵害人被侵害时所在地,以及被侵害人财产遭受损失地公安机关可以管辖。

证据收集

(一)证据规格

在一个完整的违规向他人出售或者提供个人信息行为的认定过程中,需要收集的证据规格如下:

1. 违法嫌疑人陈述和申辩。

(1)违法嫌疑人的基本情况;(2)实施违规向他人出售或者提供个人信息行为的动机和目的;(3)问明向他人出售或者提供个人信息的时间、地点、经过、购买、接收个人信息者的情况;(4)问明载有个人信息的介质、通讯工具等作案工具及来源、下落;(5)结伙作案的,问明违法嫌疑人的数量、身份、预谋、结伙聚合的过程,以及各违法嫌疑人的地位、相互关系情况。

2. 被侵害人陈述和其他证人证言。

(1)被侵害人陈述,证实未经被侵害人许可出售或者提供其个人信息,问明个人信息被出售或者提供的时间、地点、经过、违法事实情节、违法嫌疑人的数量、身份及体貌特征,各违法嫌疑人在违规向他人出售或者提供个人信息行为中的地位和作用,违规向他人出售或者提供个人信息行为给被侵害人造成的损失或不良影响。(2)其他证人证言,问明个人信息被出售或者提供的时间、地点、经过、内容、数量等违法事实情节,各违法嫌疑人在违规向他人出售或者提供个人信息行为中的地位和作用。

3. 物证、书证。

(1)载有个人信息的介质、通讯工具等原物、清单及照片;(2)非法所得的赃款等原物、清单及照片;(3)合同、账单、记载出售提供公民个人信息的有关材料等,证明违法嫌疑人出售或者提供公民个人信息的动机、目的、起因等。

4. 鉴定意见。

个人信息的内容、数量,非法所得的数值不明或者难以确定的,可以进行价值鉴定。

5. 视听资料、电子数据。

(1)关于被出售或者提供的个人信息的具体内容、数量、他人获利情况等的电子数据;(2)记录出售或者提供个人信息行为的现场音视频、视频监控资料;(3)能够证明出售或者提供个人信息行为违法的聊天信息、图片;(4)查获出售或者提供个人信息行为的现场执法视频;(5)电信部门、互联网运营商、即时通讯运营商等提供的电话通话记录、短信息、传输数据文件等电子数据。

6. 勘验、检查笔录,现场笔录。

出售或者提供个人信息现场勘查笔录、现场图、现场照片、提取的痕迹物证等。

7. 辨认笔录。

证人及相关当事人对违法嫌疑人的辨认笔录;违法嫌疑人之间互相辨认以及对作案工具

的辨认笔录。

8. 其他证据材料。

（1）证明违法嫌疑人身份的材料和违法犯罪记录，如户籍证明、身份证、工作证、专业或技术等级证复印件等，以及法院判决书、行政处罚决定书、释放证明书等有效法律文件。（2）抓获经过、处警经过等。

（二）注意事项

1. 在违规向他人出售或者提供个人信息行为的证据收集和审核过程中，公安机关需要尤其注意证据的相关性、合法性、全面性和原始性要素。电子数据往往储量巨大，大海捞针容易遗漏，应当采取有效手段全面筛选具有相关性的证据。不得随意实施技术侦查手段，以免证据的合法性受损。尽量收集原始证据，如被出售或者提供的个人信息的纸版原件或者电子数据的原始介质。

2. 对于单位违规向他人出售或者提供个人信息的行为，还需要收集和提取单位的法定代表人、直接主管人员和其他直接负责人员的供述，单位集体讨论记录，有关负责人签署的文件，单位的财务账目等书证及相关证人证言等证据材料，以证明违规出售或者提供个人信息的行为系由单位集体研究决定，或者由单位的负责人或被授权的其他人员决定、同意，且获得的违法所得大部分归单位所有。

3. 办理违规向他人出售或者提供个人信息案件的一大难点，是锁定违法嫌疑人并建立违规向他人出售或者提供个人信息行为与行为后果之间的因果关系。在锁定违法嫌疑人和固定行为证据时，公安机关要重视从相关设备或系统中取证。

行为认定

（一）对违规向他人出售或者提供个人信息行为的认定

主要从以下四个方面进行认定：

1. 行为侵犯的客体是自然人的个人信息权益。《民法典》第 111 条规定："自然人的个人信息受法律保护。任何组织或者个人需要获取他人个人信息的，应当依法取得并确保信息安全，不得非法收集、使用、加工、传输他人个人信息，不得非法买卖、提供或者公开他人个人信息。"《个人信息保护法》第 44 条规定："个人对其个人信息的处理享有知情权、决定权，有权限制或者拒绝他人对其个人信息进行处理；法律、行政法规另有规定的除外。"

2. 行为的客观方面表现为违反国家有关规定，向他人出售或者提供个人信息，尚不够刑事处罚的行为。违反国家有关规定，是指违反法律、行政法规、部门规章有关公民个人信息保护的规定。其中，法律主要包括《民法典》《刑法》《未成年人保护法》《个人信息保护法》等。出售，是指将个人信息交给其他单位或个人，并索取相关对价的行为。提供，是指将个人信息提供给其他单位或个人的行为，包括将个人信息在网络上公布的行为。可以说，出售是最典型的"提供"。出售或者提供的信息既包括非法获取的个人信息，也包括合法获取但未取得被侵害人向第三人提供个人信息的同意的个人信息。

3. 行为的主体包括单位和自然人。

4. 行为的主观方面表现为故意。行为动机可以是多种多样的,如牟利、报复、泄愤、嫉妒、好奇、窥私、非法占有等。

(二)个人信息的界定

行为侵犯的对象是个人信息。参照《个人信息保护法》的规定,个人信息是指以电子或者其他方式记录的与已识别或者可识别的自然人有关的各种信息,不包括匿名化处理后的信息。根据《最高人民法院、最高人民检察院关于办理侵犯公民个人信息刑事案件适用法律若干问题的解释》第1条的规定,公民个人信息是指以电子或者其他方式记录的能够单独或者与其他信息结合识别特定自然人身份或者反映特定自然人活动情况的各种信息,包括姓名、身份证件号码、通信通讯联系方式、住址、账号密码、财产状况、行踪轨迹等。个人信息一般包括如下几类:(1)基本身份信息,包括姓名、出生日期、身份证件号码、生物识别信息、住址、电话号码、电子邮箱等。(2)健康与生理信息,其中健康信息包括疾病史、体检报告、基因信息等,生理信息包括身高、体重等。(3)行踪轨迹信息,包括出行记录、GPS定位信息、住宿信息等,能反映自然人的活动轨迹和所在位置。(4)财产信息,包括银行账户信息、金融交易记录、资产状况、征信信息等,能反映个人的财产状况和交易情况。(5)其他信息,包括宗教信仰、特定身份信息等,以及个人的通信记录、网页浏览记录、兴趣爱好等,这些信息也属于个人信息范畴,能从不同方面反映自然人的特征和活动情况。

需要指出的是,虽然《刑法》未以成文法形式明确个人信息的分类,但从《最高人民法院、最高人民检察院关于办理侵犯公民个人信息刑事案件适用法律若干问题的解释》针对不同类型的个人信息规定不同数量作为起刑点来看,相关规范应视为有意识地考虑了侵犯不同类型个人信息的后果严重程度。公安机关在办理行政案件时,应考虑这一问题。前述司法解释对侵犯不同类型个人信息的后果严重程度的评价大致是:侵犯行踪轨迹信息、通信内容、征信信息、财产信息的后果严重程度最高,侵犯住宿信息、通信记录、健康生理信息、交易信息等其他可能影响人身、财产安全的公民个人信息的后果严重程度次之,侵犯上述信息以外的其他公民个人信息的后果严重程度最低。学界一般将个人信息分为私密信息、敏感信息、公开信息等类型,主张从隐私性、敏感性、可识别性等角度对个人信息进行不同程度的保护。

个人信息归根结底是一个需要法律评价的概念。一般来说,虽然任何信息都可能指向对个人的识别,但并非任何一项信息都能单独构成《治安管理处罚法》和《刑法》意义上的个人信息,甚至"姓名+性别"一类的信息组合也未必可以评价为《治安管理处罚法》和《刑法》意义上的个人信息,但如果是姓名与多项不重要的信息组合在一起,也可能被综合评价为公民个人信息。[①] 类似的问题还出现在个人信息条数的计算中,如一系列行踪轨迹是评价为一条个人信息还是多条个人信息,应当综合对该个人信息的隐私性、敏感性、可识别性等进行认

---

① 参见张明楷:《刑法学》(第6版),法律出版社2021年版,第1200页。

定,即可以较为方便地识别某人的信息、可能泄露他人隐私或导致其他侵害易于发生的信息,就可以评价为一条个人信息。

(三) 个人信息与隐私的关系

关于个人信息和隐私的关系,法学界目前尚无定论。一般认为,个人信息和隐私的范围不尽相同,但关于隐私的争议往往与个人信息权益中敏感信息的保护范围有关。一方面,隐私常表现为自然人的私生活安宁和不愿为他人知晓的私密空间、私密活动、私密信息,个人信息保护至多延展至信息的物理载体,很难拓展到物理空间。另一方面,侵犯个人信息常常表现为泄露姓名、手机号码、住址等,这实质上属于侵犯隐私。需要指明的是,被他人用于指称自己的姓名显然并非隐私,但个人信息泄露事件中出现的姓名与手机号码之间的关联可以构成隐私。公安机关要灵活把握个人信息权益的意涵,在个案中具体进行分析。

(四) 与侵犯公民个人信息罪的区分

侵犯公民个人信息罪(《刑法》第253条之一),是指违反国家有关规定,向他人出售或者提供公民个人信息,情节严重,或者将在履行职责或者提供服务过程中获得的公民个人信息,出售或者提供给他人,或者窃取或者以其他方法非法获取公民个人信息的行为。由此可见,《刑法》中的侵犯公民个人信息行为包含《治安管理处罚法》第56条规定的两个行为:违规向他人出售或者提供个人信息行为和非法获取个人信息行为。侵犯公民个人信息行为的入罪标准已经为司法解释所明确。《最高人民法院、最高人民检察院关于办理侵犯公民个人信息刑事案件适用法律若干问题的解释》第5条第1款规定:"非法获取、出售或者提供公民个人信息,具有下列情形之一的,应当认定为刑法第二百五十三条之一规定的'情节严重':(一)出售或者提供行踪轨迹信息,被他人用于犯罪的;(二)知道或者应当知道他人利用公民个人信息实施犯罪,向其出售或者提供的;(三)非法获取、出售或者提供行踪轨迹信息、通信内容、征信信息、财产信息五十条以上的;(四)非法获取、出售或者提供住宿信息、通信记录、健康生理信息、交易信息等其他可能影响人身、财产安全的公民个人信息五百条以上的;(五)非法获取、出售或者提供第三项、第四项规定以外的公民个人信息五千条以上的;(六)数量未达到第三项至第五项规定标准,但是按相应比例合计达到有关数量标准的;(七)违法所得五千元以上的;(八)将在履行职责或者提供服务过程中获得的公民个人信息出售或者提供给他人,数量或者数额达到第三项至第七项规定标准一半以上的;(九)曾因侵犯公民个人信息受过刑事处罚或者二年内受过行政处罚,又非法获取、出售或者提供公民个人信息的;(十)其他情节严重的情形。"未达到以上标准的侵犯公民个人信息的行为,则按照《治安管理处罚法》第56条的规定给予治安处罚。

(五) 未经授权的个人信息交换行为的认定

我国商业交往中,一些企业(尤其是房产中介公司、物业管理公司、保险公司、婚介公司)或者业务员个人,往往与同行通过QQ、微信等方式互相交换各自掌握的客户信息,未经许可的交换行为构成违规向他人提供个人信息行为。

(六)本行为的处罚与《网络安全法》的衔接

《网络安全法》第 44 条规定:"任何个人和组织不得窃取或者以其他非法方式获取个人信息,不得非法出售或者非法向他人提供个人信息。"同时,《网络安全法》第 64 条第 1 款规定了相应的违法责任:"网络运营者、网络产品或者服务的提供者违反本法第二十二条第三款、第四十一条至第四十三条规定,侵害个人信息依法得到保护的权利的,由有关主管部门责令改正,可以根据情节单处或者并处警告、没收违法所得、处违法所得一倍以上十倍以下罚款,没有违法所得的,处一百万元以下罚款,对直接负责的主管人员和其他直接责任人员处一万元以上十万元以下罚款;情节严重的,并可以责令暂停相关业务、停业整顿、关闭网站、吊销相关业务许可证或者吊销营业执照。"因此,当存在违反《治安管理处罚法》第 56 条规定的行为时,既应该依据《治安管理处罚法》进行治安管理处罚,也应该依据《网络安全法》进行行政处罚。

(七)侵犯公民个人信息的条数的认定

在侵犯公民个人信息的条数的认定上,《最高人民法院、最高人民检察院关于办理侵犯公民个人信息刑事案件适用法律若干问题的解释》第 11 条规定:"非法获取公民个人信息后又出售或者提供的,公民个人信息的条数不重复计算。向不同单位或者个人分别出售、提供同一公民个人信息的,公民个人信息的条数累计计算。对批量公民个人信息的条数,根据查获的数量直接认定,但是有证据证明信息不真实或者重复的除外。"在治安管理处罚中,可以参考以上认定标准。

处罚标准

本行为设置"一般情形"和"情节较轻"两个处罚档次。对于情节较轻的认定,应当结合行为人的动机、手段、目的,行为的次数和造成的后果等综合考虑。

表 102　违规向他人出售或者提供个人信息行为处罚标准

处罚档次	处罚标准	裁量基准
一般情形	处 10 日以上 15 日以下拘留	/
情节较轻	处 5 日以下拘留	①出售或者提供个人信息数量较少的
		②出售个人信息违法所得较少的
		③其他情节较轻的情形

案例及解析

【基本案情】某市公安机关在网络安全巡查中发现,某科技公司运营的一款手机 App 存在异常数据传输行为。经调查,该公司在未经用户明确授权的情况下,将采集到的用户姓名、电话号码、身份证号等个人信息,出售给多家营销公司。这些个人信息被用于电话推销、垃圾短信发送等商业活动,大量用户不堪其扰。经核实,该公司累计出售用户个人信息 300 余条,违法获利 1000 余元。

如何认定某科技公司的行为？

【解析】本案中，某科技公司在未经用户明确授权的情况下，将用户信息售卖给运营公司，导致大量用户遭到骚扰，应当认定为违规向他人出售个人信息行为。公安机关应当根据《治安管理处罚法》第56条第1款的规定，对公司直接负责的主管人员和其他直接责任人员进行治安拘留处罚。履行个人信息保护职责的部门应当依据《个人信息保护法》第66条，对该科技公司处以责令改正、没收违法所得，对直接负责的主管人员和其他直接责任人员分别处以罚款。同时，责令该科技公司删除非法收集和出售的用户个人信息，并对其网络运营行为进行全面整改。

关联法条

1.《刑法》(2023年修正)

第253条之一 【侵犯公民个人信息罪】违反国家有关规定，向他人出售或者提供公民个人信息，情节严重的，处三年以下有期徒刑或者拘役，并处或者单处罚金；情节特别严重的，处三年以上七年以下有期徒刑，并处罚金。

违反国家有关规定，将在履行职责或者提供服务过程中获得的公民个人信息，出售或者提供给他人的，依照前款的规定从重处罚。

窃取或者以其他方法非法获取公民个人信息的，依照第一款的规定处罚。

单位犯前三款罪的，对单位判处罚金，并对其直接负责的主管人员和其他直接责任人员，依照各该款的规定处罚。

2.《网络安全法》(2016年)

第44条 任何个人和组织不得窃取或者以其他非法方式获取个人信息，不得非法出售或者非法向他人提供个人信息。

3.《反不正当竞争法》(2025年修订)

第37条 监督检查部门的工作人员滥用职权、玩忽职守、徇私舞弊或者泄露调查过程中知悉的商业秘密、个人隐私或者个人信息的，依法给予处分。

4.《传染病防治法》(2025年修订)

第16条第2款 任何单位或者个人不得歧视传染病患者、病原携带者和疑似患者，不得泄露个人隐私、个人信息。

5.《反洗钱法》(2024年修订)

第7条第4款 国家有关机关使用反洗钱信息应当依法保护国家秘密、商业秘密和个人隐私、个人信息。

6.《最高人民法院、最高人民检察院关于办理侵犯公民个人信息刑事案件适用法律若干问题的解释》(法释〔2017〕10号)

第3条 向特定人提供公民个人信息，以及通过信息网络或者其他途径发布公民个人信息的，应当认定为刑法第二百五十三条之一规定的"提供公民个人信息"。

未经被收集者同意，将合法收集的公民个人信息向他人提供的，属于刑法第二百五十三条之一规定的"提供公民个人信息",但是经过处理无法识别特定个人且不能复原的除外。

第4条 违反国家有关规定,通过购买、收受、交换等方式获取公民个人信息,或者在履行职责、提供服务过程中收集公民个人信息的,属于刑法第二百五十三条之一第三款规定的"以其他方法非法获取公民个人信息"。

7.《未成年人网络保护条例》(2023年)

第36条 个人信息处理者对其工作人员应当以最小授权为原则,严格设定信息访问权限,控制未成年人个人信息知悉范围。工作人员访问未成年人个人信息的,应当经过相关负责人或者其授权的管理人员审批,记录访问情况,并采取技术措施,避免违法处理未成年人个人信息。

108. 非法获取个人信息

现行规定

《治安管理处罚法》

第56条 违反国家有关规定,向他人出售或者提供个人信息的,处十日以上十五日以下拘留;情节较轻的,处五日以下拘留。

窃取或者以其他方法非法获取个人信息的,依照前款的规定处罚。

立案与管辖

(一)立案标准

违法嫌疑人窃取或者以其他方法非法获取个人信息,尚不够刑事处罚的行为即达到立案标准。窃取,是指未经被收集者知晓和同意,以秘密或其他方式非法收集个人信息。以其他方法,是指通过购买、欺骗、收受、交换等方式非法获取个人信息,或者在履行职责、提供服务过程中收集个人信息。

(二)管辖

非法获取个人信息行为,一般由违法行为地公安机关管辖。违法行为地包括违法行为发生地和违法结果发生地。违法行为发生地,一般指的是非法获取个人信息的实施地以及开始地、途经地、结束地等与违法行为有关的地点。违法结果发生地,通常指的是个人信息被非法获取地或个人信息被侵害的受害人所在地等。

非法获取个人信息行为由违法嫌疑人居住地公安机关管辖更为适宜的,可以由违法嫌疑人居住地公安机关管辖。

针对或者利用网络实施的违法行为,用于实施违法行为的网站服务器所在地、网络接入地以及网站建立者或者管理者所在地,被侵害的网络及其运营者所在地,违法过程中违法嫌疑人、被侵害人使用的网络及其运营者所在地,被侵害人被侵害时所在地,以及被侵害人财产遭受损失地公安机关可以管辖。

证据收集

（一）证据规格

在一个完整的非法获取个人信息行为的认定过程中，需要收集的证据规格如下：

1. 违法嫌疑人陈述和申辩。

（1）违法嫌疑人的基本情况；（2）实施非法获取个人信息行为的动机和目的；（3）问明非法获取个人信息的时间、地点、经过，购买、接受个人信息者的情况；（4）问明载有个人信息的介质、通讯工具等作案工具及来源、下落；（5）结伙作案的，问明违法嫌疑人的数量、身份，预谋、结伙聚合的过程，以及各违法嫌疑人的地位、之间的相互关系情况。

2. 被侵害人陈述和其他证人证言。

（1）被侵害人陈述，问明个人信息被非法获取的时间、地点、经过，违法事实情节，违法嫌疑人的数量、身份及体貌特征，各违法嫌疑人在非法获取个人信息行为中的地位和作用，非法获取个人信息行为给被侵害人造成的损失或不良影响。（2）其他证人证言，问明个人信息被非法获取的时间、地点、经过、内容、数量等违法事实情节，各违法嫌疑人在非法获取个人信息行为中的地位和作用。

3. 物证、书证。

（1）载有个人信息的介质、通讯工具等原物、清单及照片；（2）非法所得的赃款等原物、清单及照片；（3）合同、账单、记载非法获取公民个人信息的有关材料等，证明违法嫌疑人非法获取公民个人信息的起因、动机、目的等。

4. 鉴定意见。

非法所得的数值不明或者难以确定的，可以进行价值鉴定。

5. 视听资料、电子数据。

（1）关于被非法获取的个人信息、具体内容、数量、他人获利情况等的电子数据；（2）记录非法获取个人信息行为的现场音视频、视频监控资料；（3）能够证明非法获取个人信息行为违法的聊天信息、图片；（4）查获非法获取个人信息行为的现场执法视频；（5）电信部门、互联网运营商、即时通讯运营商等提供的电话通话记录、短信息、传输数据文件等电子数据。

6. 勘验、检查笔录，现场笔录。

非法获取个人信息现场勘查笔录、现场图、现场照片、提取的痕迹物证等。

7. 辨认笔录。

证人及相关当事人对违法嫌疑人的辨认笔录；嫌疑人之间互相辨认以及对作案工具的辨认笔录。

8. 其他证据材料。

（1）证明违法嫌疑人身份的材料和违法犯罪记录，如户籍证明、身份证、工作证、专业或技术等级证复印件等，以及法院判决书、行政处罚决定书、释放证明书等有效法律文件。（2）抓获经过、处警经过等。

(二)注意事项

在非法获取个人信息行为的证据收集和审核过程中,公安机关需要尤其注意证据的相关性、合法性、全面性和原始性要素。电子数据往往储量巨大,大海捞针容易遗漏,应当采取有效手段全面筛选具有相关性的证据。不得随意实施技术侦查手段,以免证据的合法性受损。尽可能重视针对个人信息物理载体的硬盘、服务器数据、函件等的取证工作。尽量收集原始证据,如被非法获取的个人信息的纸版原件或者电子数据的原始介质。

🛡 行为认定

(一)对非法获取个人信息行为的认定

主要从以下四个方面进行认定:

1. 本行为侵犯的客体是自然人的个人信息权益。本行为中"个人信息"的界定参考"违规向他人出售或者提供个人信息"中对个人信息的界定。

2. 行为的客观方面表现为窃取或者以其他方法非法获取个人信息,尚不够刑事处罚的行为。窃取,是指未经被收集者知晓和同意,以秘密或其他方式非法收集个人信息,如通过网络技术手段获得他人手机号码。以其他方法,是指通过购买、欺骗、收受、交换等方式非法获取个人信息,或者在履行职责、提供服务过程中收集个人信息的。对本行为基本问题的讨论,如个人信息的界定、条数计算等相关内容详见上一个行为"违规向他人出售或者提供个人信息"行为,本部分不再赘述。

3. 行为的主体包括单位和自然人。

4. 行为的主观方面表现为故意。

(二)与侵犯公民个人信息罪的区别

侵犯公民个人信息罪(《刑法》第253条之一),是指违反国家有关规定,向他人出售或者提供公民个人信息,情节严重,或者将在履行职责或者提供服务过程中获得的公民个人信息,出售或者提供给他人,或者窃取或者以其他方法非法获取公民个人信息的行为。由此可见,《刑法》中的侵犯公民个人信息行为包含《治安管理处罚法》第56条规定的两个行为:违规向他人出售或者提供个人信息行为和非法获取个人信息行为。在《刑法》中,窃取或者以其他方法非法获取公民个人信息,情节严重的,以侵犯公民个人信息罪论处。

侵犯公民个人信息行为的入罪标准已经为司法解释所明确。《最高人民法院、最高人民检察院关于办理侵犯公民个人信息刑事案件适用法律若干问题的解释》第5条第1款规定:"非法获取、出售或者提供公民个人信息,具有下列情形之一的,应当认定为刑法第二百五十三条之一规定的'情节严重':(一)出售或者提供行踪轨迹信息,被他人用于犯罪的;(二)知道或者应当知道他人利用公民个人信息实施犯罪,向其出售或者提供的;(三)非法获取、出售或者提供行踪轨迹信息、通信内容、征信信息、财产信息五十条以上的;(四)非法获取、出售或者提供住宿信息、通信记录、健康生理信息、交易信息等其他可能影响人身、财产安全的公民个人信息五百条以上的;(五)非法获取、出售或者提供第三项、第四项规定以外的公民个人信息五千条以上的;(六)数量未达到第三项至第五项规定标准,但是按相应比例合计达到有关数量标准的;(七)违法所得五千元以上的;(八)将在履行职责或者提供服务过程中获得的公民个人信息出售或者提供给他人,数量或者数额达到第三项至第七项规定标准一半以上的;(九)曾因侵犯公民个人信息受过刑事处罚或者二年内受过行政处罚,又非法获取、出售或者提供公民个人信息的;(十)其他情节严重的情形。"未达到以上标准的侵犯公民个人信息行为,则按照《治安管理处罚法》第 56 条的规定给予治安管理处罚。

（三）与《治安管理处罚法》第 50 条第 1 款第 6 项规定的窃听他人隐私行为的关联

一般认为,隐私是个人信息中保护等级最高的部分。窃听他人隐私的,本质上也属于非法获取个人信息行为。如果行为同时触犯《治安管理处罚法》第 50 条第 1 款第 6 项和第 56 条第 2 款的规定,即构成想象竞合,应当择一重者处罚。

（四）与其他犯罪行为的关联

非法获取个人信息行为,同时触犯《刑法》第 177 条之一第 2 款规定的窃取、收买、非法提供信用卡信息罪的,属于想象竞合,择一重者处罚,应受治安管理处罚行为被犯罪行为所吸收。

违反国家有关规定,采用技术手段非法侵入合法存储公民个人信息的单位数据库窃取公民个人信息,同时符合《治安管理处罚法》第 56 条第 2 款与《刑法》第 285 条第 2 款(非法获取计算机信息系统数据罪)的规定的,属于法条竞合,择一重者处罚,应受治安管理处罚行为被犯罪行为吸收。

处罚标准

本行为设置"一般情形"和"情节较轻"两个处罚档次。根据实践,对于情节较轻的认定,应当结合行为人的动机、手段、目的、行为的次数和造成的后果等综合考虑。

表 103 非法获取个人信息行为处罚标准

处罚档次	处罚标准	裁量基准
一般情形	处 10 日以上 15 日以下拘留	/
情节较轻	处 5 日以下拘留	①非法获取个人信息数量较少的 ②非法获取个人信息违法所得较少的 ③其他情节较轻的情形

案例及解析

【基本案情】某市公安机关侦破一起通过所谓的"行业互助"非法获取公民个人信息的治安案件。经查,某快递公司分拣员甲利用职务便利,在 3 个月内私自截留客户快递面单 400 余张,通过微信 App 将包含姓名、电话、地址的信息打包出售给乙(某房产中介业务员)。乙以每条信息10元的价格收购后,将其中200条转卖给丙(某装修公司市场部负责人)用于电话营销。警方通过物流系统异常数据监测锁定甲的作案轨迹,在其宿舍查获尚未出售的面单150张,并从乙、丙处扣押相关交易记录及通话录音。经调查,快递面单上写明了姓名、住址、手机号码、购买商品信息,足以构成隐私信息。

如何评价甲、乙、丙三人的行为?

【解析】本案中,甲作为快递公司员工,未经授权擅自拍照截留包括姓名、住址、手机号码、购买商品信息在内的客户快递面单的行为,既构成《治安管理处罚法》第50条第1款第6项规定的偷窥、偷拍、窃听、散布他人隐私行为,又构成第56条第2款规定的非法获取个人信息行为,应当择一重者处罚,即按照非法获取个人信息行为处理。除此之外,甲利用职务便利窃取个人信息出售的行为,虽未达到《刑法》规定的情节严重的标准,但已违反《治安管理处罚法》和《个人信息保护法》的规定,构成违规向他人出售个人信息行为。甲非法获取并出售的两个违法行为,应当认定为牵连行为,最终认定为违规向他人出售个人信息行为。乙从甲处收购又转卖个人信息的行为,同样是牵连行为,应当认定为出售个人信息行为。丙从乙处购买个人信息的行为则应当认定为非法获取个人信息行为。

关联法条

本部分关联法条参见"违规向他人出售或者提供个人信息"行为的关联法条。

第三十二节 《治安管理处罚法》第57条

109. 冒领、隐匿、毁弃、倒卖、私自开拆、非法检查他人邮件、快件

现行规定

《治安管理处罚法》

第57条 冒领、隐匿、毁弃、倒卖、私自开拆或者非法检查他人邮件、快件的,处警告或者一千元以下罚款;情节较重的,处五日以上十日以下拘留。

立案与管辖

（一）立案标准

违法嫌疑人未经他人同意,冒领、隐匿、毁弃、倒卖、私自开拆、非法检查他人邮件、快件,尚不够刑事处罚的行为即达到立案标准。本条是落实通信秘密基本权利的体现。《宪法》第40条规定,中华人民共和国公民的通信自由和通信秘密受法律的保护。除因国家安全或者追查刑事犯罪的需要,由公安机关或者检察机关依照法律规定的程序对通信进行检查外,任何组织或者个人不得以任何理由侵犯公民的通信自由和通信秘密。故此,《治安管理处罚法》将冒领、隐匿、毁弃、倒卖、私自开拆、非法检查他人邮件行为作为可以给予治安管理处罚的行为。当然,本条不完全局限于"信件",也包括治安实践中常出现的各类邮件、快件,亦即本条实际上还将特定的、可能导致侵害个人信息发生的预备行为前置作为可以处罚的行为。

（二）管辖

冒领、隐匿、毁弃、倒卖、私自开拆、非法检查他人邮件、快件案件一般由违法行为地的公安机关管辖。

违法行为地包括违法行为发生地和违法结果发生地。违法行为发生地,一般指的是冒领、隐匿、毁弃、倒卖、私自开拆、非法检查邮件、快件的实施地以及开始地、途经地、结束地等与违法行为有关的地点。违法结果发生地,通常指的是个人通信自由被侵害的地点,与上述实施地一般也一致。

冒领、隐匿、毁弃、倒卖、私自开拆、非法检查他人邮件、快件案件由违法嫌疑人居住地公安机关管辖更为适宜的,可以由违法嫌疑人居住地公安机关管辖。

证据收集

(一)证据规格

在完整的冒领、隐匿、毁弃、倒卖、私自开拆、非法检查他人邮件、快件行为认定中,需要收集的证据规格如下:

1.违法嫌疑人的陈述和申辩。

(1)违法嫌疑人的基本情况;(2)违法行为的动机和目的,为何冒领、隐匿、毁弃、倒卖、私自开拆、非法检查他人邮件;(3)问明冒领、隐匿、毁弃、倒卖、私自开拆、非法检查邮件、快件的时间、地点、经过,所伪称的被冒领人的身份,开拆的邮件数量;(4)问明开拆用的小刀、裁纸刀等作案工具及来源、下落;(5)结伙作案的,问明违法嫌疑人的数量、身份,预谋、结伙聚合的过程、相互关系、地位,以及各违法嫌疑人相互关系情况。

2.被侵害人陈述和其他证人证言。

(1)被侵害人(单位)陈述,问明被冒领、隐匿、毁弃、倒卖、私自开拆、非法检查行为的时间、地点、经过,违法事实情节,违法嫌疑人的数量、身份及体貌特征,各违法嫌疑人在违法行为中的地位和作用。(2)其他证人证言,尤其是快递网点工作人员、邻居、同事等人的证人证言,问明冒领、隐匿、毁弃、倒卖、私自开拆、非法检查的时间、地点、经过,违法事实情节,各违法嫌疑人在违法行为中的地位和作用。

3.物证、书证。

(1)开拆用的小刀、裁纸刀等原物、清单及照片;(2)被毁弃、隐匿、倒卖、私自开拆的邮件、快件的原物、清单及照片;(3)违法行为带来非法所得的赃款等原物、清单及照片。

4.鉴定意见。

被冒领、毁弃、隐匿、倒卖的邮件、快件的数量、内容;非法所得的数值不明或者难以确定的,可以进行价格鉴定;损坏、拆封痕迹。

5.视听资料、电子数据。

(1)记录冒领、隐匿、毁弃、倒卖、私自开拆、非法检查的现场音视频、视频监控资料;(2)能够证明冒领、隐匿、毁弃、倒卖、私自开拆、非法检查行为的聊天信息、图片;(3)查获冒领、隐匿、毁弃、倒卖、私自开拆、非法检查的现场执法视频。

6.勘验、检查笔录,现场笔录。

冒领、隐匿、毁弃、倒卖、私自开拆、非法检查现场勘查笔录、现场图、现场照片、提取的痕迹物证等。

7.辨认笔录。

证人及相关当事人对违法嫌疑人的辨认,嫌疑人之间互相辨认以及对作案工具的辨认。

8.其他证据材料。

(1)证明违法嫌疑人身份的材料和违法犯罪记录,如人口信息、户籍证明、身份证、工作证、专业或技术等级证复印件等;法院判决书、行政处罚决定书、释放证明书等有效法律文件。

(2)抓获经过、处警经过等。

(二)注意事项

办理冒领、隐匿、毁弃、倒卖、私自开拆、非法检查他人邮件、快件案件的难点是确定违法嫌疑人。邮件、快件处在邮政、快递企业闭环管理过程中,往往有监控视频等视听资料、电子数据和邮政、快递企业员工提供证人证言,但在中端运输和终端配送过程中,有时就只有司机、快递员在非直接监控环境中个人作业。此时需要注重使用指纹、痕检等刑事科学技术以及周边视频进行综合取证。

行为认定

(一)对冒领、隐匿、毁弃、倒卖、私自开拆、非法检查他人邮件、快件行为的认定

主要从以下四个方面进行认定:

1.本行为侵犯的客体,通说认为是公民的通信自由和通信秘密。通信自由,是指通过书信、电话、电报、电子邮件等方式与他人进行正当通信的自由。通信秘密,是指公民发给他人的信件,其内容不经写信人或者收信人同意不得公开,不受任何组织或者个人非法干涉和侵犯的权利。本行为侵犯的对象是邮件、快件。但考虑到邮件、快件并不限于信件,本条实际上还将特定的、可能导致侵害个人信息发生的预备行为前置作为可以处罚的行为。只有这样解释,治安管理处罚法和刑法才是协调的。《刑法》第252条规定了非身份犯的侵犯通信自由罪。《刑法》第253条第1款规定了身份犯的私自开拆、隐匿、毁弃邮件、电报罪,第2款规定了作为盗窃罪的加重犯"犯前款罪而窃取财物的,依照本法第二百六十四条的规定定罪从重处罚"。据此,《治安管理处罚法》对冒领、隐匿、毁弃、倒卖、私自开拆、非法检查他人邮件、快件行为的打击,并不局限于保护通信自由和通信秘密,尽管保护通信自由和通信秘密是最主要的。

2.本行为的客观表现为未经他人同意,冒领、隐匿、毁弃、倒卖、私自开拆、非法检查他人邮件、快件,尚不够刑事处罚。冒领,是指假冒他人的姓名领取他人邮件,不交还的行为;隐匿,是指将他人的邮件私自隐藏起来;毁弃,是指将他人的邮件故意丢弃、损毁;倒卖,是指以牟利为目的将非法获取的他人邮件、快件进行转手买卖的行为;私自开拆,是指未经他人同意,又无法律依据,擅自拆开他人邮件;非法检查他人邮件,是指无检查权的人且未经合法批准或有检查权的人但不符合法律规定,私自拆开他人邮件进行检查的行为。

3.行为的主体主要是除邮政部门工作人员以外的自然人,邮政部门工作人员私自开拆、隐匿、毁弃邮件、电报,很可能构成《刑法》第253条第1款私自开拆、隐匿、毁弃邮件、电报罪。

4.行为的主观方面表现为故意。动机可以是多种多样,如报复、泄愤、嫉妒、好奇等。

(二)对邮件、快件的认定

根据《邮政法》第84条第4款,邮件,是指邮政企业寄递的信件、包裹、汇款通知、报刊和其他印刷品等。

2005年《治安管理处罚法》仅规定"冒领、隐匿、毁弃、私自开拆或者非法检查他人""邮件"的,未提及"快件"。随着我国物流业的发展,《邮政法》第71条明确,冒领、私自开拆、隐匿、毁弃或者非法检查他人邮件、快件，尚不构成犯罪的，依法给予治安管理处罚。此次《治安管理处罚法》修订明确将冒领、隐匿、毁弃、倒卖、私自开拆、非法检查"快件"也纳入治安管理范畴。依据《邮政法》第84条第5款，快件，是指快递企业递送的信件、包裹、印刷品等。目前，随着搬家、外卖等企业和行业的发展，并未依《快递业务经营许可管理办法》取得快递业务经营许可证的企业开展同城寄递业务，是否属于《邮政法》或《治安管理处罚法》意义上的"快件"寄递？在刑法上，一个总的原则是，扩大解释虽对法律文本的含义作出大于其通常含义的解释，但只要没有超越语义范围即仍然处在法律文本的语义范围内，只要解释作业的过程和结果具有合理性，在刑法上是容许的，把握治安管理处罚法时也可作此理解。因此，未依《快递业务经营许可管理办法》取得快递业务经营许可证的企业开展同城寄递业务也应该属于本条"快件"的范畴。

本条规定的邮件、快件还应当包括通过互联网或者局域网、专用网发送的电子邮件、通过即时通讯软件发送的信息、明信片等生活意义上的"信件"。《全国人民代表大会常务委员会关于维护互联网安全的决定》明确："四、为了保护个人、法人和其他组织的人身、财产等合法权利，对有下列行为之一，构成犯罪的，依照刑法有关规定追究刑事责任……（二）非法截获、篡改、删除他人电子邮件或者其他数据资料，侵犯公民通信自由和通信秘密……"出于相同的规制目的，治安管理处罚法应作相同理解。

（三）对倒卖的认定

2025年修订的《治安管理处罚法》增加了倒卖这一行为。倒卖，一般是指以牟利为目的实施的为卖出而买入的行为。倒卖的概念在解释上可以比较宽泛，例如在先的"买入"不仅包括买入行为，也可能包括定制行为，例如倒卖工艺品的前手交易可能不是买卖关系而是承揽关系，故倒卖的概念要根据具体条文的规范目的来解释。

在倒卖邮件、快件的语境中，倒卖邮件、快件是指以牟利为目的将非法获取的他人邮件、快件进行转手买卖的行为。按权利人指示出卖邮件、快件甚至是代表权利的收件单等凭证的，均不构成此行为。除《治安管理处罚法》第57条外，《快递暂行条例》第52条规定，冒领、私自开拆、隐匿、毁弃、倒卖或者非法检查他人快件，尚不构成犯罪的，依法给予治安管理处罚。行为人盗窃后倒卖的，或者侵占后倒卖的，可以从一重处罚。违法行为人冒名对邮件、快件实施无权处分，第三人是否可以主张善意取得，实务界和理论界存在争议；第三人主张善意取得后，邮件、快件的所有权人能否主张债权人撤销权，也存在争议。实务中，除昂贵物件被盗窃、倒卖外，倒卖邮件、快件行为一般发生在退换货中。

（四）对实施冒领、隐匿、毁弃、倒卖、私自开拆、非法检查他人邮件、快件行为的认定

首先，行为人必须是未经他人同意实施了上述行为。如果获得了他人许可或者由于误收、误拆，情节轻微，不应认定为本行为。其次，行为人只要实施了下述五种行为之一即可认定构成本行为，不需要兼备：(1)冒领他人邮件，即冒充他人的身份而领取他人邮件；(2)隐匿他人邮件，即私自把他人的邮件扣留，并加以隐藏而不交给收件人；(3)毁弃他人邮件，即将他

人的邮件故意撕毁、焚烧或者丢弃等;(4)私自开拆他人邮件,即未经他人许可,擅自打开他人邮件,包括非法查看他人的电子邮件;(5)非法检查他人邮件,即没有合法依据、未经法定程序而扣留他人邮件并检查。

注意本行为与教师、家长的一般教育行为的区别。本行为的主观目的是故意,动机多种多样,而教师、家长的一般教育行为主要是为了关心或保护学生、子女的成长,如果确系出于善意,公安机关可以批评教育为主。如果确实具有一定社会危害性、尚不够刑事处罚,公安机关应当视情况决定适用本条。

(五)与侵犯通信自由罪的区别

侵犯通信自由罪(《刑法》第252条)是指故意隐匿、毁弃或者非法开拆他人信件,侵犯公民通信自由权利,情节严重的行为。本行为与侵犯通信自由罪在侵犯客体、行为主体和目的等方面具有相同或相似之处,但两者在危害情节和后果方面有区别。只有情节和后果较轻,才能构成本行为,情节和后果严重的,应认定为刑事案件。所谓情节和后果严重的情形,是指次数较多,数量较大,致使他人工作、生活受到严重干扰,或者身体、精神受到严重伤害等。

(六)与私自开拆、隐匿、毁弃邮件、电报罪的区别

本行为与私自开拆、隐匿、毁弃邮件、电报罪在侵犯对象、主观故意方面具有相同或相似之处,但两者在行为主体、情节和后果等方面有较大差别。就行为主体而言,前者是除邮政部门工作人员以外的自然人,后者就是邮政工作人员;就情节和后果而言,前者必须是轻微的,后者则造成了他人身体、精神或生活重大损害等情节。

(七)与其他行为的关系

冒领邮件、快件,可能构成盗窃或诈骗。隐匿邮件、快件,可能构成侵占。毁弃邮件、快件,可能构成故意毁坏财物或寻衅滋事中的任意损毁公私财物。非法检查邮件、快件,可能构成侵犯个人信息。以上行为均为想象竞合,按从一重者处罚即可。

处罚标准

本行为分为"一般情形"和"情节较重"两个处罚档次。根据公安实践,对于"情节较轻"的认定,应当结合行为人的动机、手段、目的、行为的次数和造成的后果等综合考虑。

表104 冒领、隐匿、毁弃、倒卖、私自开拆、非法检查他人邮件、快件行为处罚标准

处罚档次	处罚标准	裁量基准
一般情形	处警告或者1000元以下罚款	/
情节较重	处5日以上10日以下拘留	①冒领、隐匿、毁弃、倒卖、私自开拆、非法检查他人邮件、快件,给他人造成一定损失的
		②寄递人员从事上述行为的
		③其他情节较重的情形

案例及解析

【基本案情】某月，P市盛某因与邻居素有积怨，趁快递员在小区快递柜旁暂放包裹、转身忙碌之际，心怀恶意地将邻居的3个快件包裹偷偷撕毁。包裹内包含母婴用品与重要文件资料，价值约800元。事后，盛某还将包裹碎片丢弃在绿化带，试图销毁证据。

如何认定盛某的行为？

【解析】本案中，盛某具有完全行为能力，包裹属于快件，将包裹撕毁属于毁弃他人邮件、快递的行为。盛某实施行为时意识清醒，出于故意，应当认定为毁弃他人快件行为。

关联法条

1.《刑法》(2023年修正)

第252条 【侵犯通信自由罪】隐匿、毁弃或者非法开拆他人信件，侵犯公民通信自由权利，情节严重的，处一年以下有期徒刑或者拘役。

2.《邮政法》(2015年修正)

第71条 冒领、私自开拆、隐匿、毁弃或者非法检查他人邮件、快件，尚不构成犯罪的，依法给予治安管理处罚。

3.《快递暂行条例》(2025年修订)

第52条 冒领、私自开拆、隐匿、毁弃、倒卖或者非法检查他人快件，尚不构成犯罪的，依法给予治安管理处罚。经营快递业务的企业有前款规定行为，或者非法扣留快件的，由邮政管理部门责令改正，没收违法所得，并处5万元以上10万元以下的罚款；情节严重的，并处10万元以上20万元以下的罚款，并可以责令停业整顿直至吊销其快递业务经营许可证。

第三十三节 《治安管理处罚法》第58条

110. 盗　　窃

现行规定

《治安管理处罚法》

第58条　盗窃……的，处五日以上十日以下拘留或者二千元以下罚款；情节较重的，处十日以上十五日以下拘留，可以并处三千元以下罚款。

立案与管辖

（一）立案标准

违法嫌疑人以非法占有为目的，窃取公私财物，尚不够刑事处罚的行为即达到立案标准。

（二）管辖

盗窃案件一般由违法行为地的公安机关管辖。

违法行为地包括违法行为发生地和违法结果发生地。违法行为发生地，一般指的是盗窃的实施地以及开始地、途经地、结束地等与违法行为有关的地点。违法结果发生地，通常指的是被盗窃的受害人所在地。流窜作案、在铁路作案等管辖，从专门规定。

盗窃案件由违法嫌疑人居住地公安机关管辖更为适宜的，可以由违法嫌疑人居住地公安机关管辖。

证据收集

（一）证据规格

在一个完整的盗窃行为认定中，需要收集的证据规格如下：

1. 违法嫌疑人陈述和申辩。

（1）违法嫌疑人的基本情况；（2）违法行为的动机和目的，即为何目的盗窃他人财物；（3）问明盗窃他人财物的时间、地点、经过，窃取财物的数量、品种、规格和型号；（4）问明刀片、镊子等作案工具及来源、下落；（5）问明赃款、赃物的下落，进行销赃、窝赃、用赃的人员、地点；（6）结伙作案的，问明违法嫌疑人的数量、身份、预谋、结伙聚合的过程，以及各违法嫌疑人的地位、相互关系情况。

2. 被侵害人陈述和其他证人证言。

（1）被侵害人（单位）陈述，盗窃行为的时间、地点、经过、钱物存放情况及被盗物品的数量、特征、种类、购买时间及价值,被盗钱款具体金额、面值、张数,其他物品损失情况;违法事实情节,违法嫌疑人的数量、身份及体貌特征,各违法嫌疑人在违法行为中的地位和作用。(2)被侵害单位出具的报案材料。(3)其他证人证言,问明实施盗窃的时间、地点、经过,违法事实情节,各违法嫌疑人在违法行为中的地位和作用。

3. 物证、书证。

(1)刀片、镊子等作案工具的原物、清单及照片;(2)被盗窃物品的原物、清单及照片;(3)违法行为带来非法所得的赃款等原物、清单及照片;(4)购物发票的原件及清单。

4. 鉴定意见。

被盗的财物、赃物价值不明或者难以确定的,应当做物价鉴定;非法所得的数值不明或者难以确定的,可以做价值鉴定。

5. 视听资料、电子数据。

(1)记录盗窃行为的现场音视频、视频监控资料;(2)证明盗窃行为的聊天信息、图片;(3)查获盗窃行为的现场执法视频。

6. 勘验、检查笔录,现场笔录。

盗窃行为现场勘查笔录、现场图、现场照片、指纹脚印等提取的痕迹物证等。

7. 辨认笔录。

证人及相关当事人对违法嫌疑人的辨认;嫌疑人之间的互相辨认以及对作案工具的辨认。

8. 其他证据材料。

(1)证明违法嫌疑人身份的材料和违法犯罪记录。如人口信息、户籍证明,以及身份证、工作证、专业或技术等级证复印件等;法院判决书、行政处罚决定书、释放证明书等有效法律文件。(2)抓获经过、处警经过等。

(二)注意事项

1. 注意全面掌握钱物存放情况及被盗物品的数量、特征、种类、购买时间及价值,是否为文物、毒品、淫秽物品等特殊物品,被盗钱款具体金额、面值、张数等。考虑到盗窃行为可能不止发生一次,要仔细确认案件是治安案件还是可能构成刑事犯罪。

2. 注意赃款、赃物的下落,以及作案工具及来源、下落,从斩断经济收益链条、控制违法手段的角度预防违法行为。

3. 盗窃行为通常具有秘密性,需要注意证据链条的完整性,关注作案动机和目的、预谋踩点情况,以及作案的时间、地点、人员、起因、经过、手段、方式、危害后果等,审查违法嫌疑人的供述、被侵害人的陈述、证人证言、物证、书证等证据之间能否相互印证,形成完整的证据链条。

4. 盗窃行为往往伴随上下游的教唆、销赃等行为,在取证时应注意一并固定证据。

行为认定

（一）对盗窃行为的认定

主要从以下四个方面进行认定：

1. 本行为侵犯的客体是公私财物的所有权[①]，侵犯的对象是公私财物[②]。

2. 本行为在客观方面表现为以非法占有为目的，秘密窃取[③]少量公私财物，情节轻微，尚不够刑事处罚。秘密窃取，是指行为人以非法占有为目的，采取自认为没有被发觉的方法，使公私财物脱离财物所有人、使用人或保管人等的控制或支配范围的行为。少量财物，是指被盗窃的公私财物的数额较小，尚未达到给予刑事处罚的数额。行为人实施了盗窃公私财物行为的认定：首先，必须是以非法占有为目的。如果行为人不是以非法占有为目的，如误将他人的财物当作自己的拿走，不构成本行为。其次，必须是秘密窃取的行为。无论公私财物的所有人、保管人、使用人或其他人员是否在场、是否发现，只要行为人认为自己不会被发觉时把财物取走，就应属于秘密窃取。

3. 本行为的主体是一般主体，即达到法定责任年龄，具备责任能力的自然人。

4. 本行为在主观方面表现为故意，且以非法占有为目的。

（二）本行为与盗窃罪的区别

1. 盗窃数额是区分盗窃行为与盗窃罪的标准之一。治安案件的违法行为人盗窃的必须是少量公私财物。关于盗窃数额的认定，根据《最高人民法院、最高人民检察院关于办理盗窃刑事案件适用法律若干问题的解释》第1条第1款、第2款的规定："盗窃公私财物价值一千元至三千元以上、三万元至十万元以上、三十万元至五十万元以上的，应当分别认定为刑法第二百六十四条规定的'数额较大'、'数额巨大'、'数额特别巨大'。各省、自治区、直辖市高级人民法院、人民检察院可以根据本地区经济发展状况，并考虑社会治安状况，在前款规定的数额幅度内，确定本地区执行的具体数额标准，报最高人民法院、最高人民检察院批准。"也就是说，盗窃少量财物，达不到"数额较大"的标准的，属于治安案件。

2. 盗窃的情节和后果也是区分盗窃行为与盗窃罪的标准之一。盗窃行为必须情节轻微，尚不够犯罪。首先，具有如下法定情形的，盗窃行为即使达不到盗窃数额较大的标准，也构成

[①] 有观点认为，盗窃保护的不只是后位的所有权，还包括前置的、事实状态的占有。参见张明楷：《刑法学》（第6版），法律出版社2021年版，第1229~1235页。但考虑到《治安管理处罚法》未规定侵占行为，《刑事诉讼法》又将侵占罪作为告诉才处理的犯罪，如果对占有脱离解释得过于宽泛，可能导致公安机关难以介入诸如电动车钥匙忘拔、手机遗落在出租车上等案件进而对国民财产利益给予有效保护，故在解释《治安管理处罚法》第58条时，对脱离占有从严解释进而扩张盗窃适用范围的思路，具有一定的合理性。

[②] 有观点认为还包括财产性利益。参见黎宏：《刑法学各论》（第2版），法律出版社2016年版，第320页；张明楷：《刑法学》（第6版），法律出版社2021年版，第1230页。

[③] 关于盗窃行为是否需要秘密性，目前学界有争议。一种观点认为，秘密与公开不是区分盗窃与抢夺的标准，平和与暴力才是，应当突出抢夺行为对物的暴力一面，以实现过罚相当。参见张明楷：《盗窃与抢夺的界限》，载《法学家》2006年第2期。

盗窃罪。根据《刑法》第264条的规定："盗窃公私财物,数额较大的,或者多次盗窃、入户盗窃、携带凶器盗窃、扒窃的,处三年以下有期徒刑、拘役或者管制,并处或者单处罚金……"多次盗窃、入户盗窃、携带凶器盗窃属于《刑法》规范的盗窃罪范畴,不属于治安案件。其次,具有如下法定情形,盗窃行为达到盗窃数额较大标准的50%,也可构成盗窃罪。根据《最高人民法院、最高人民检察院关于办理盗窃刑事案件适用法律若干问题的解释》第2条的规定："盗窃公私财物,具有下列情形之一的,'数额较大'的标准可以按照前条规定标准的百分之五十确定:(一)曾因盗窃受过刑事处罚的;(二)一年内曾因盗窃受过行政处罚的;(三)组织、控制未成年人盗窃的;(四)自然灾害、事故灾害、社会安全事件等突发事件期间,在事件发生地盗窃的;(五)盗窃残疾人、孤寡老人、丧失劳动能力人的财物的;(六)在医院盗窃病人或者其亲友财物的;(七)盗窃救灾、抢险、防汛、优抚、扶贫、移民、救济款物的;(八)因盗窃造成严重后果的。"

3. 盗窃罪降为盗窃行为处理的情形。《最高人民法院、最高人民检察院关于办理盗窃刑事案件适用法律若干问题的解释》第8条规定："偷拿家庭成员或者近亲属的财物,获得谅解的,一般可不认为是犯罪;追究刑事责任的,应当酌情从宽。"如果出现偷拿家庭成员或者近亲属的财物,获得谅解的情形,如需必要可以由公安机关进行治安处罚。

《最高人民法院、最高人民检察院关于办理盗窃刑事案件适用法律若干问题的解释》第7条规定："盗窃公私财物数额较大,行为人认罪、悔罪、退赃、退赔,且具有下列情形之一,情节轻微的,可以不起诉或者免予刑事处罚;必要时,由有关部门予以行政处罚:(一)具有法定从宽处罚情节的;(二)没有参与分赃或者获赃较少且不是主犯的;(三)被害人谅解的;(四)其他情节轻微、危害不大的"。

(三) 盗窃特殊物品的认定

盗窃特定物品,如油气管道设施、电力电信设施、广播电视设施、水利防汛工程设施,水文监测、测量、气象测报、环境监测、地质检测、地震监测等公共设施,或航空设施、铁路相关设施,或井盖、照明等公共设施的,根据《治安管理处罚法》有关盗窃、损毁公共设施,盗窃、损坏、擅自移动航空设施,故意损毁、移动道路施工安全防护设施,盗窃、损毁路面公共设施等危害公共安全的行为进行处罚,构成犯罪的,要及时转为刑事案件办理。

处罚标准

本行为分为"一般情形"和"情节较重"两个处罚档次。根据公安实践,对于"情节较重"情形的认定,应当结合行为人的动机、手段、目的、行为的次数和造成的后果等综合考虑。

表105 盗窃行为处罚标准

处罚档次	处罚标准	裁量基准
一般情形	处5日以上10日以下拘留或者2000元以下罚款	/

续表

处罚档次	处罚标准	裁量基准
情节较重	处10日以上15日以下拘留，可以并处3000元以下罚款	①盗窃财物价值达到有关司法解释认定构成《刑法》第264条规定的"数额较大"标准的50%以上的
		②盗窃防灾、救灾、救济等特定财物的
		③在医院盗窃病人或者其亲友财物的
		④采用破坏性手段盗窃的
		⑤组织、控制未成年人、残疾人、孕妇或者哺乳期妇女盗窃的
		⑥其他情节较重的情形

案例及解析

【基本案情】某县公安局接到辖区群众甲报警称，其在前往某大集购物后，骑行的电动自行车电瓶被盗了。接警后，县公安局情指中心第一时间指令正在附近开展夏季治安打击整治巡逻防控工作的派出所民警前往现场开展案件侦破工作。因案发时段集市人流量较大，且周边交通便利，给案件侦破带来较大困难，民警兵分两路，一组人员以案发现场为中心不断扩大走访调查范围寻找破案线索，一组人员逐帧查看案发现场及周边视频监控。经不懈努力，民警发现，在甲停放车辆并离开后，一男子曾在甲的电动自行车附近多次逗留，趁着人群遮掩将甲的电动自行车电瓶顺利盗走。经分析研判，民警循线追踪，迅速查明盗窃嫌疑人张三身份及其住所，接警当日下午，民警即在张三住所一举将其抓获归案，现场缴获受害人被盗电动自行车电瓶(经鉴定价值600元)。

如何认定张三的行为？

【解析】本案中，张三具有完全行为能力，案发当日其看到甲停放的电动车，便意图盗走。其行为符合盗窃行为的客观构成，实施行为时意识清醒，出于故意，但没有达到刑事处罚标准，应当认定为盗窃。

关联法条

《刑法》(2023年修正)

第264条 【盗窃罪】盗窃公私财物，数额较大的，或者多次盗窃、入户盗窃、携带凶器盗窃、扒窃的，处三年以下有期徒刑、拘役或者管制，并处或者单处罚金；数额巨大或者有其他严重情节的，处三年以上十年以下有期徒刑，并处罚金；数额特别巨大或者有其他特别严重情节的，处十年以上有期徒刑或者无期徒刑，并处罚金或者没收财产。

111. 诈　　骗

现行规定

《治安管理处罚法》

第 58 条　……诈骗……的,处五日以上十日以下拘留或者二千元以下罚款;情节较重的,处十日以上十五日以下拘留,可以并处三千元以下罚款。

立案与管辖

(一)立案标准

违法嫌疑人以非法占有为目的,采用欺骗的方法,骗取少量公私财物,尚不够刑事处罚的行为即达到立案标准。

(二)管辖

诈骗案件一般由违法行为地的公安机关管辖。违法行为地包括违法行为发生地和违法结果发生地。违法行为发生地,一般指的是诈骗的实施地以及开始地、途经地、结束地等与诈骗行为有关的地点。

诈骗行为由违法行为人居住地公安机关管辖更为适宜的,可以由违法行为人居住地公安机关管辖。

证据收集

(一)证据规格

在一个完整的诈骗行为认定中,需要收集的证据规格如下。

1.违法嫌疑人陈述和申辩。

(1)违法嫌疑人的基本情况;(2)违法行为的动机和目的,即为何目的诈骗他人财物;(3)问明诈骗他人财物的时间、地点、经过,诈骗财物的数量、品种、规格和型号;(4)问明手机App、微信等聊天工具等作案工具及来源、下落;(5)问明赃款、赃物的下落,进行销赃、窝赃、用赃的人员、地点;(6)结伙作案的,问明违法嫌疑人的数量、身份、预谋、结伙聚合的过程,以及各违法嫌疑人的地位、相互关系情况。

2.被侵害人陈述和其他证人证言。

(1)被侵害人(单位)陈述,问明被诈骗的时间、地点、经过,被骗物品的数量、特征、种类、购买时间及价值,被骗钱款具体金额,其他物品损失情况;违法事实情节,违法嫌疑人的数量、身份及体貌特征,各违法嫌疑人在违法行为中的地位和作用。(2)被侵害单位出具的报案材料。(3)其他证人证言,问明实施诈骗的时间、地点、经过,违法事实情节,各违法嫌疑人在违法行为中的地位和作用。

3.物证、书证。

(1)作案工具的原物、清单及照片;(2)被诈骗物品的原物、清单及照片;(3)违法行为带来非法所得的赃款等原物、清单及照片;(4)购物发票的原件及清单。

4.鉴定意见。

被诈骗的财物价值不明或者难以确定的,应当做物价鉴定;非法所得的数值不明或者难以确定的,可以做价值鉴定。

5.视听资料、电子数据。

(1)记录诈骗行为的现场音视频、视频监控资料;(2)证明诈骗行为的聊天信息、图片;(3)查获诈骗行为的现场执法视频。

6.勘验、检查笔录,现场笔录。

诈骗行为现场勘查笔录、现场图、现场照片、提取的痕迹物证等。

7.辨认笔录。

证人及相关当事人对违法嫌疑人的辨认;嫌疑人之间的互相辨认以及对作案工具的辨认。

8.其他证据材料。

(1)证明违法嫌疑人身份的材料和违法犯罪记录。如人口信息、户籍证明,以及身份证、工作证、专业或技术等级证复印件等;法院判决书、行政处罚决定书、释放证明书等有效法律文件。(2)抓获经过、处警经过等。

(二)注意事项

在查处诈骗行为时,公安机关应注意:

1.及时固定核心证据。证据收集需注重及时性,避免关键证据灭失。例如,被侵害人手机中的聊天记录应在报案时立即固定,转账记录需在资金未被转移前冻结。需详细记录违法嫌疑人的作案动机、时间地点、诈骗手段、赃款去向及分赃细节。重点记录受骗过程细节,包括接触方式、诈骗话术、财物特征及转账记录。需同步保存聊天记录、通话录音等原始载体。若多人作案,需明确分工、主从关系及各自获利情况,并核实嫌疑人是否有前科劣迹。

2.关注资金流向。若赃物已转卖,需追查交易记录及购买人信息,尽量为被侵害人追赃挽损,斩断违法嫌疑人的经济获益可能。

3.对于结伙作案、网络诈骗等复杂情形,可以绘制资金流向图、人员关系图,辅助案情梳理。

🛡 行为认定

(一)对诈骗行为的认定

主要从以下四个方面进行认定:

1.本行为侵犯的客体是公私财物的所有权。本行为侵犯的对象是公私财物,既包括有形财物,也包括无形财物和财产性利益;既包括动产,也包括不动产。

2.本行为客观方面表现为行为人以欺骗的方法骗取少量公私财物,具有一定的社会危害性,尚不够刑事处罚,应当被公安机关依法给予治安管理处罚的行为。所谓欺骗的方法主要有:虚构事实,是指行为人采用编造客观上并不存在的事实或者虚构部分事实的方式,骗取受害人的信任,从而使受害人违背本人真实意愿,"自愿"交出财物;隐瞒真相,是指行为人掩盖或者扭曲客观事实真相,使被侵害人产生认知上的错觉,从而违背本人真实意愿"自愿"地交出财物。诈骗行为的基本构造为:行为人实施欺骗行为→对方(受骗者)产生(或继续维持)错误认识→对方基于错误认识处分财产→行为人或第三者取得财产→被害人遭受财产损害[①]。

3.本行为的主体为一般主体,即达到法定责任年龄,具备责任能力的自然人。

4.本行为的主观方面表现为直接故意,且以非法占有为目的。

(二)行为人实施诈骗公私财物行为的认定

本行为的认定中应当注意:(1)必须是受害人"自愿"地交出财物。如果行为人以暴力或其他手段威胁、胁迫受害人交出财物,不构成本行为。(2)受害人必须是能正确表述自己意思的人。如果是从没有识别能力的儿童、智力残疾人员、精神病人等手中骗取财物,则不构成本行为,应以盗窃行为论处。

(三)本行为与诈骗罪的区别

诈骗数额是区分诈骗行为与诈骗罪的重要标准。根据《最高人民法院、最高人民检察院关于办理诈骗刑事案件具体应用法律若干问题的解释》第1条的规定:"诈骗公私财物价值三千元至一万元以上、三万元至十万元以上、五十万元以上的,应当分别认定为刑法第二百六十六条规定的'数额较大'、'数额巨大'、'数额特别巨大'。各省、自治区、直辖市高级人民法院、人民检察院可以结合本地区经济社会发展状况,在前款规定的数额幅度内,共同研究确定本地区执行的具体数额标准,报最高人民法院、最高人民检察院备案。"只有诈骗少量财物,达不到诈骗罪"数额较大"标准的,才应认定为本行为。

(四)本行为与招摇撞骗行为的区别

如果行为人是以冒充国家机关工作人员或者其他虚假身份实行的诈骗行为,应认定为招摇撞骗行为。本行为与招摇撞骗行为的主要区别在于:(1)行为侵犯的客体。本行为侵犯的客体是公私财物所有权;而招摇撞骗行为侵犯的客体是社会管理秩序。(2)行为方式。本行为骗取财物的方式多种多样;而招摇撞骗行为,冒充国家机关工作人员或者其他虚假身份行骗是其唯一的行为方式。(3)行为目的。本行为的目的是骗取财物;而招摇撞骗行为骗取的不仅是财物,还包括其他利益,如工作、职务、婚姻等。

(五)本行为与民事纠纷的区别

行为人借贷款物后,因客观原因长期拖欠,确实不能偿还的,只要借款原因正当真实,没

[①] 参见张明楷:《刑法学》(第6版),法律出版社2021年版,第1303页。

有非法占有的目的,也没有随意挥霍,就属于借贷纠纷,不构成诈骗行为。

处罚标准

本行为分为"一般情形"和"情节较重"两个处罚档次。根据公安实践,对于"情节较重"情形的认定,应当结合行为人的动机、手段、目的、行为的次数和造成的后果等综合考虑。

表106 诈骗行为处罚标准

处罚档次	处罚标准	裁量基准
一般情形	处5日以上10日以下拘留或者2000元以下罚款	/
情节较重	处10日以上15日以下拘留,可以并处3000元以下罚款	①诈骗财物价值达到有关司法解释认定构成《刑法》第266条规定的"数额较大"标准的50%以上的
		②诈骗防灾、救灾、救济等特定财物的
		③在公共场所或者公共交通工具上设局行骗的
		④以开展慈善活动名义实施诈骗的
		⑤其他情节较重的情形

案例及解析

【基本案情】 朱某某通过微信公众号发布虚假信息,宣称可为客户在山上寺庙提供"供灯"、"许愿带"及"代写祈福牌位"等服务,并称庙内师父会诵经祈福加持。实际上,朱某某并未与寺庙合作,所有服务均为虚构。多名游客支付费用后,既未收到实物也未获得祈福服务,遂报警求助。

如何认定朱某某的行为?

【解析】 本案中,朱某某具有完全行为能力,他利用公众对宗教祈福的信任,通过网络平台虚构服务项目,伪造寺庙合作关系、虚假宣传,目的是骗取公众财物,符合诈骗行为的客观构成。朱某某实施行为时主观上为故意。经查,朱某某获利3000余元,没有达到该地5000元的刑事处罚标准,应当认定为诈骗行为进行治安管理处罚。

关联法条

1.《刑法》(2023年修正)

第266条 【诈骗罪】诈骗公私财物,数额较大的,处三年以下有期徒刑、拘役或者管制,并处或者单处罚金;数额巨大或者有其他严重情节的,处三年以上十年以下有期徒刑,并处罚金;数额特别巨大或者有其他特别严重情节的,处十年以上有期徒刑或者无期徒刑,并处罚金或者没收财产。本法另有规定的,依照规定。

2.《最高人民法院、最高人民检察院、公安部关于办理跨境电信网络诈骗等刑事案件适用法律若干问题的意见》(2024 年)

14.犯罪嫌疑人、被告人在境外实施电信网络诈骗、敲诈勒索等犯罪,犯罪情节轻微,依照法律规定不起诉或者免予刑事处罚的,由主管部门依法予以行政处罚。

112.哄　　抢

现行规定

《治安管理处罚法》

第 58 条　……哄抢……的,处五日以上十日以下拘留或者二千元以下罚款;情节较重的,处十日以上十五日以下拘留,可以并处三千元以下罚款。

立案与管辖

(一)立案标准

违法嫌疑人以非法占有为目的,用起哄或趁乱的方式夺取少量公私财物,尚不够刑事处罚的行为即达到立案标准。首先,违法嫌疑人实施的是起哄或趁乱夺取公私财物的行为,且参与夺取的人数为三人(含三人)以上。其次,违法嫌疑人的哄抢公私财物行为未使用暴力或者以暴力相威胁。如果使用暴力或者以暴力相威胁,则可能构成抢劫罪。

(二)管辖

哄抢案件一般由违法行为地的公安机关管辖。违法行为地包括违法行为发生地和违法结果发生地。违法行为发生地,一般指的是哄抢的实施地以及开始地、途经地、结束地等与哄抢行为有关的地点。

哄抢行为由违法行为人居住地公安机关管辖更为适宜的,可以由违法行为人居住地公安机关管辖。

证据收集

(一)证据规格

在一个完整的哄抢行为认定中,需要收集的证据规格如下。

1.违法嫌疑人陈述和申辩。

(1)违法嫌疑人的基本情况;(2)违法行为的动机和目的,即为何目的哄抢他人财物;(3)问明哄抢财物的时间、地点、经过,哄抢财物的数量、品种、规格和型号;(4)问明载具等作案工具及来源、下落;(5)问明赃款、赃物的下落,进行销赃、窝赃、用赃的人员、地点;(6)结伙作案的,问明违法嫌疑人的数量、身份、预谋、结伙聚合的过程,以及各违法嫌疑人的地位、相互关系情况。

2. 被侵害人陈述和其他证人证言。

(1)被侵害人(单位)陈述,问明被哄抢的时间、地点、经过,被哄抢物品的数量、特征、种类、购买时间及价值,被哄抢钱款具体金额,其他物品损失情况;违法事实情节,违法嫌疑人的数量、身份及体貌特征,各违法嫌疑人在违法行为中的地位和作用。(2)被侵害单位出具的报案材料。(3)其他证人证言,问明实施哄抢的时间、地点、经过,违法事实情节,各违法嫌疑人在违法行为中的地位和作用。

3. 物证、书证。

(1)作案工具的原物、清单及照片;(2)被哄抢物品的原物、清单及照片;(3)违法行为带来非法所得的赃款等原物、清单及照片。

4. 鉴定意见。

被哄抢的财物价值不明或者难以确定的,应当做物价鉴定;非法所得的数值不明或者难以确定的,可以做价格鉴定。

5. 视听资料、电子数据。

(1)记录哄抢行为的现场音视频、视频监控资料;(2)证明哄抢行为的聊天信息、图片;(3)查获哄抢行为的现场执法视频。

6. 勘验、检查笔录,现场笔录。

哄抢行为现场勘查笔录、现场图、现场照片、提取的痕迹物证等。

7. 辨认笔录。

证人及相关当事人对违法嫌疑人的辨认;嫌疑人之间的互相辨认以及对作案工具的辨认。

8. 其他证据材料。

(1)证明违法嫌疑人身份的材料和违法犯罪记录。如人口信息、户籍证明,以及身份证、工作证、专业或技术等级证复印件等;法院判决书、行政处罚决定书、释放证明书等有效法律文件。(2)抓获经过、处警经过等。

(二)注意事项

公安机关在查处哄抢行为时应当注意:

1. 哄抢行为发生后,人民警察应当尽快到达现场,一则及时控制局面,防止事态扩大;二则进行调查取证,避免证据被破坏、丢失或被哄抢者销毁。例如,及时提取现场的脚印、指纹、遗留物品等,有条件的应当对现场进行拍照或摄像。

2. 哄抢行为有时涉案人数较多,要全面收集与案件有关的各种证据,尤其是作案工具、涉案物品、监控视频、现场目击证人的证言等,重点关注首要分子。

🛡 行为认定

(一)对哄抢行为的认定

主要从以下四个方面进行认定:

1. 本行为侵犯的客体是公私财物的所有权,侵害的对象是公私财物。

2. 本行为的客观方面表现为多人起哄造成混乱或者趁乱夺取少量公私财物。本行为的实质在于多人对少量公私财物的夺取,违法嫌疑人如果只起哄或者制造混乱未夺取财物,则不构成本行为;如果未起哄或者未参与制造混乱,但是参与了夺取财物的行为,则构成本行为。本行为中所说的"多人",根据《公安机关执行〈中华人民共和国治安管理处罚法〉有关问题的解释(二)》的规定,是指3人(含3人)以上。

3. 本行为的主体为一般主体,即达到法定责任年龄,具备责任能力的自然人。

4. 本行人的主观方面表现为故意,且以非法占有为目的,采用起哄或趁乱的方式夺取公私财物为己有。

(二)本行为与抢夺行为的区别

抢夺(《治安管理处罚法》第58条),是指以非法占有为目的,乘人不备,公然夺取少量公私财物,尚不够刑事处罚的行为。本行为与抢夺行为均以非法占有为主观目的,在客观上均实施了夺取少量公私财物的行为。二者的区别主要在于行为人数不同:哄抢行为是多人(三人及以上),表现为多人起哄造成混乱或者趁乱夺取少量公私财物。抢夺行为则无须多人实施,而是乘人不备,公然夺取少量公私财物。

需要注意,共同抢夺行为并非哄抢行为。区分二者的关键在于是否有共同实施抢夺行为的合意,前期是否有商讨联络以及实施过程中是否有分工配合。哄抢行为多为临时起意,具有突发性,不具有事先商讨联络的情形,在实施过程中也不具备掩护、通风报信等分工配合。共同抢夺即二人及以上共同实施抢夺行为,往往存在前期联络,实施过程中具有相互配合。

(三)本行为与聚众哄抢罪的区别

聚众哄抢罪(《刑法》第268条),是指以非法占有为目的,聚众哄抢公私财物,数额较大或者有其他严重情节的行为。本行为与聚众哄抢罪的区别在于:(1)情节后果。本行为一般是哄抢财物数额较小,情节轻微,后果不严重的行为。聚众哄抢罪则必须是哄抢财物数额较大或者有其他严重情节的行为。对于聚众哄抢公私财物数额较小的,或者情节较轻,尚不够刑事处罚的,按照本行为依法给予治安管理处罚。(2)行为主体。本行为的主体是一般主体。聚众哄抢罪的主体是聚众哄抢中的首要分子和积极参加的人。首要分子,是指在聚众哄抢犯罪中起组织、策划、指挥作用的犯罪分子。积极参加的人,是指积极参加聚众哄抢犯罪活动并在其中起主要作用的人员,包括哄抢公私财物数量较大或者带头哄抢的人员。对于参加聚众哄抢的一般人员,可以按照本行为依法给予治安管理处罚。

(四)本行为与抢劫罪的区别

抢劫罪(《刑法》第263条),是指以非法占有为目的,当场使用暴力、胁迫或者其他方法强行劫取公私财物的行为。本行为与抢劫罪均以非法占有为目的,夺取或劫取公私财产。二者区别在于:(1)侵犯客体。哄抢行为侵犯的客体是公私财物的所有权,抢劫罪侵犯的客体是公私财产的所有权和公民的人身权利。(2)客观方面。哄抢行为表现为多人起哄造成混乱或者趁乱夺取少量公私财物。抢劫罪则需要采取暴力、胁迫或者其他方式,使得被害人恐惧或无法反抗后强行劫取财物。(3)行为主体。哄抢行为要求多人实施,抢劫罪的构成并不要求多人。

处罚标准

本行为分为"一般情形"和"情节较重"两个处罚档次。根据公安实践,对于"情节较重"情形的认定,应当结合行为人的动机、手段、目的、行为的次数和造成的后果等综合考虑。

表 107　哄抢行为处罚标准

处罚档次	处罚标准	裁量基准
一般情形	处 5 日以上 10 日以下拘留或者 2000 元以下罚款	/
情节较重	处 10 日以上 15 日以下拘留,可以并处 3000 元以下罚款	①哄抢防灾、救灾、救济、军用等特定财物的 ②在自然灾害、交通事故等现场趁机哄抢,不听劝阻的 ③造成人员受伤或者财物损失较大的 ④其他情节较重的情形

案例及解析

【基本案情】某县公安局接到"有人哄抢自家农作物"的警情。经调查,该县某镇居民 A 在承租的地中种植大葱、红薯、土豆等农作物,丰收季遂用农用三轮电动车将丰收的农作物运输回家。在半路,农用机动车不慎侧翻,附近村民 B、C、D、E、F 看到农产品洒落一地,遂上前哄抢,后鉴定损失价值约为 200 元。

如何认定 B、C、D、E、F 的行为?

【解析】本案中,村民 B 等 5 人具有完全行为能力,居民 A 承租地块上的农作物归 A 所有。B 等 5 人未经许可,公然夺取 A 所种农作物的行为侵犯了 A 的财产所有权,B 等 5 人属于多人,他们之间的具体地位、作用不需要进行区分,符合哄抢行为的客观方面要件。B 等 5 人实施行为时意识清醒,出于故意,但没有达到刑事处罚标准,应当认定为哄抢。

关联法条

1.《刑法》(2023 年修正)

第 268 条　【聚众哄抢罪】聚众哄抢公私财物,数额较大或者有其他严重情节的,对首要分子和积极参加的,处三年以下有期徒刑、拘役或者管制,并处罚金;数额巨大或者有其他特别严重情节的,处三年以上十年以下有期徒刑,并处罚金。

2.《矿产资源法》(2024年修订)

第35条第1款、第2款第3项 矿业权所在地的县级人民政府自然资源主管部门应当公告矿业权人勘查、开采区域范围。矿业权人在勘查、开采区域内勘查、开采矿产资源,可以依法在相邻区域通行,架设供电、供水、通讯等相关设施。

任何单位和个人不得实施下列行为:

(三)侵占、哄抢矿业权人依法开采的矿产品;

第75条 违反本法规定,造成他人人身财产损害或者生态环境损害的,依法承担民事责任;构成违反治安管理行为的,依法给予治安管理处罚;构成犯罪的,依法追究刑事责任。

3.《文物保护法》(2024年修订)

第46条 在建设工程、农业生产等活动中,任何单位或者个人发现文物或者疑似文物的,应当保护现场,立即报告当地文物行政部门;文物行政部门应当在接到报告后二十四小时内赶赴现场,并在七日内提出处理意见。文物行政部门应当采取措施保护现场,必要时可以通知公安机关或者海上执法机关协助;发现重要文物的,应当立即上报国务院文物行政部门,国务院文物行政部门应当在接到报告后十五日内提出处理意见。

依照前款规定发现的文物属于国家所有,任何单位或者个人不得哄抢、私分、藏匿。

第96条 违反本法规定,损害他人民事权益的,依法承担民事责任;构成违反治安管理行为的,由公安机关依法给予治安管理处罚;构成犯罪的,依法追究刑事责任。

4.《农村集体经济组织法》(2024年)

第35条第1款、第2款第1项 农村集体经济组织理事会成员、监事会成员或者监事应当遵守法律法规和农村集体经济组织章程,履行诚实信用、勤勉谨慎的义务,为农村集体经济组织及其成员的利益管理集体财产,处理农村集体经济组织事务。

农村集体经济组织理事会成员、监事会成员或者监事、主要经营管理人员不得有下列行为:

(一)侵占、挪用、截留、哄抢、私分、破坏集体财产;

5.《突发事件应对法》(2024年修订)

第73条第9项 自然灾害、事故灾难或者公共卫生事件发生后,履行统一领导职责的人民政府应当采取下列一项或者多项应急处置措施:

(九)依法从严惩处哄抢财物、干扰破坏应急处置工作等扰乱社会秩序的行为,维护社会治安;

6.《广播电视管理条例》(2024年修订)

第27条 禁止任何单位和个人侵占、哄抢或者以其他方式破坏广播电视传输覆盖网的设施。

7.《渔业法实施细则》(2020年修订)

第39条第2项 有下列行为之一的,由公安机关依照《中华人民共和国治安管理处罚条例》的规定处罚;构成犯罪的,由司法机关依法追究刑事责任:

(二)偷窃、哄抢或者破坏渔具、渔船、渔获物的。

8.《自然灾害救助条例》(2019年修订)

第31条 抢夺或者聚众哄抢自然灾害救助款物或者捐赠款物的,由县级以上人民政府应急管理部门责令停止违法行为;构成违反治安管理行为的,由公安机关依法给予治安管理处罚;构成犯罪的,依法追究刑事责任。

9.《宗教事务条例》(2017年修订)

第50条第2款 任何组织或者个人不得侵占、哄抢、私分、损毁或者非法查封、扣押、冻结、没收、处分宗教团体、宗教院校、宗教活动场所的合法财产,不得损毁宗教团体、宗教院校、宗教活动场所占有、使用的文物。

113. 抢　　夺

现行规定

《治安管理处罚法》

第58条 ……抢夺……的,处五日以上十日以下拘留或者二千元以下罚款;情节较重的,处十日以上十五日以下拘留,可以并处三千元以下罚款。

立案与管辖

(一)立案标准

违法嫌疑人以非法占有为目的,乘人不备,公然夺取少量公私财物,尚不够刑事处罚的行为即达到立案标准。首先,违法嫌疑人是以非法占有为目的实施的抢夺公私财物行为,如果违法嫌疑人不以非法占有为目的则不构成本行为,如寻求刺激(可能构成强拿硬要型寻衅滋事)等。其次,违法嫌疑人实施的抢夺公私财物行为针对的对象是公私财物,未使用暴力或者以暴力威胁受害人,否则也不构成本行为,而可能构成抢劫罪。

(二)管辖

抢夺案件一般由违法行为地的公安机关管辖。违法行为地包括违法行为发生地和违法结果发生地。违法行为发生地,一般指的是抢夺的实施地以及开始地、途经地、结束地等与抢夺行为有关的地点。

抢夺行为由违法行为人居住地公安机关管辖更为适宜的,可以由违法行为人居住地公安机关管辖。

证据收集

(一)证据规格

在一个完整的抢夺行为认定中,需要收集的证据规格如下。

1. 违法嫌疑人陈述和申辩。

(1)违法嫌疑人的基本情况;(2)违法行为的动机和目的,即为何目的的抢夺他人财物;(3)问明抢夺他人财物的时间、地点、经过,抢夺财物的数量、品种、规格和型号;(4)问明摩托车、汽车等作案工具及来源、下落;(5)问明赃款、赃物的下落,进行销赃、窝赃、用赃的人员、地点;(6)结伙作案的,问明违法嫌疑人的数量、身份、预谋、结伙聚合的过程,以及各违法嫌疑人的地位、相互关系情况。

2. 被侵害人陈述和其他证人证言。

(1)被侵害人(单位)陈述,问明被抢夺的时间、地点、经过,被抢夺物品的数量、特征、种类、购买时间及价值,被抢夺钱款具体金额,其他物品损失情况;违法事实情节,违法嫌疑人的数量、身份及体貌特征,各违法嫌疑人在违法行为中的地位和作用。(2)被侵害单位出具的报案材料。(3)其他证人证言,问明实施抢夺的时间、地点、经过,违法事实情节,各违法嫌疑人在违法行为中的地位和作用。

3. 物证、书证。

(1)摩托车、汽车等作案工具的原物、清单及照片;(2)被抢夺物品的原物、清单及照片;(3)违法行为带来非法所得的赃款等原物、清单及照片;(4)购物发票的原件及清单。

4. 鉴定意见。

被抢夺的财物价值不明或者难以确定的,应当做物价鉴定;非法所得的数值不明或者难以确定的,可以做价值鉴定。

5. 视听资料、电子数据。

(1)记录抢夺行为的现场音视频、视频监控资料;(2)证明抢夺行为的聊天信息、图片;(3)查获抢夺行为的现场执法视频。

6. 勘验、检查笔录,现场笔录。

抢夺行为现场勘查笔录、现场图、现场照片、提取的痕迹物证等。

7. 辨认笔录。

证人及相关当事人对违法嫌疑人的辨认;嫌疑人之间的互相辨认以及对作案工具的辨认。

8. 其他证据材料。

(1)证明违法嫌疑人身份的材料和违法犯罪记录。如人口信息、户籍证明,以及身份证、工作证、专业或技术等级证复印件等;法院判决书、行政处罚决定书、释放证明书等有效法律文件。(2)抓获经过、处警经过等。

(二)注意事项

公安机关查处抢夺行为时,应将各种证据进行综合分析,形成完整的证据链,以证明是否有暴力、胁迫的行为,违法嫌疑人的身份,被侵害人的损失等情况。重点关注抢夺行为手段、过程,被抢夺财物的特征、价值、去向,违法嫌疑人逃离现场的情况等。违法嫌疑人如果是未成年人,应关注是否有他人指使、组织。发现行为人携带凶器的,应按《刑法》第267条第2款转为拟制抢劫的刑事案件办理。

> 行为认定

(一)对抢夺行为的认定

主要从以下四个方面进行认定：

1. 本行为侵犯的客体是公私财物的所有权，不是受害人的人身安全。即本行为针对的是财物而不是人，以暴力行为针对人的，则可能成立抢劫罪。由于本行为客观上可能对人身安全造成威胁，抢夺行为发生严重后果的，可能成立抢夺罪。

2. 本行为在客观方面表现为乘人不备，公然夺取少量公私财物。乘人不备，公然夺取，是指行为人在财物的所有人或保管人来不及反应或抗拒时，强行夺取其财物，这是本行为的本质特征。

3. 本行为的主体是一般主体，即达到法定责任年龄，具备责任能力的自然人。

4. 本行为的主观方面表现为故意，是以非法占有公私财物为目的，过失不构成本行为。

(二)本行为与抢夺罪的区别

抢夺罪(《刑法》第267条)，是指以非法占有为目的，当场直接夺取他人紧密占有的数额较大的公私财物，或者多次抢夺的行为。本行为与抢夺罪的区别在于：

1. 抢夺数额是区分抢夺行为与抢夺罪的重要标准。《最高人民法院、最高人民检察院关于办理抢夺刑事案件适用法律若干问题的解释》第1条规定："抢夺公私财物价值一千元至三千元以上、三万元至八万元以上、二十万元至四十万元以上的，应当分别认定为刑法第二百六十七条规定的'数额较大'、'数额巨大'、'数额特别巨大'。各省、自治区、直辖市高级人民法院、人民检察院可以根据本地区经济发展状况，并考虑社会治安状况，在前款规定的数额幅度内，确定本地区执行的具体数额标准，报最高人民法院、最高人民检察院批准。"只有抢夺少量财物，达不到抢夺罪"数额较大"标准的，才应认定为本行为。

《最高人民法院、最高人民检察院关于办理抢夺刑事案件适用法律若干问题的解释》第2条规定："抢夺公私财物，具有下列情形之一的，'数额较大'的标准按照前条规定标准的百分之五十确定：(一)曾因抢劫、抢夺或者聚众哄抢受过刑事处罚的；(二)一年内曾因抢夺或者哄抢受过行政处罚的；(三)一年内抢夺三次以上的；(四)驾驶机动车、非机动车抢夺的；(五)组织、控制未成年人抢夺的；(六)抢夺老年人、未成年人、孕妇、携带婴幼儿的人、残疾人、丧失劳动能力人的财物的；(七)在医院抢夺病人或者其亲友财物的；(八)抢夺救灾、抢险、防汛、优抚、扶贫、移民、救济款物的；(九)自然灾害、事故灾害、社会安全事件等突发事件期间，在事件发生地抢夺的；(十)导致他人轻伤或者精神失常等严重后果的。"

2. 行为人具有其他严重情节的，可能成立抢夺罪。根据《最高人民法院、最高人民检察院关于办理抢夺刑事案件适用法律若干问题的解释》(法释〔2013〕25号)第3条的规定："抢夺公私财物，具有下列情形之一的，应当认定为刑法第二百六十七条规定的'其他严重情节'：(一)导致他人重伤的；(二)导致他人自杀的；(三)具有本解释第二条第三项至第十项规定的情形之一，数额达到本解释第一条规定的'数额巨大'百分之五十的。"

(三)本行为与抢劫罪的区别

抢劫罪(《刑法》第 263 条),是指以非法占有为目的,当场使用暴力、胁迫或者其他方法强行劫取公私财物的行为。本行为与抢劫罪均以非法占有为目的,夺取或劫取公私财产。二者区别在于:(1)侵犯客体。抢夺行为侵犯的客体是公私财物的所有权,抢劫罪侵犯的客体是公私财产的所有权和公民的人身权利。(2)客观方面。抢夺行为表现为乘人不备,公然夺取少量公私财物。抢劫罪则需要采取暴力、胁迫或者其他方式,使得被害人恐惧或无法反抗后强行劫取财物。(3)情节标准。抢夺行为情节较轻的,依据《治安管理处罚法》处罚;情节较重,达到"数额较大"标准才构成《刑法》中的抢夺罪。抢劫罪的构成没有数额限制,只要实施了以暴力、胁迫或其他方法强行劫取公私财物的行为,就构成抢劫罪。

需要注意,抢夺行为在特殊情况下也可被认定为抢劫罪。根据《刑法》第 267 条第 2 款的规定,携带凶器实施抢夺的行为,应当被认定为抢劫罪。《最高人民法院、最高人民检察院关于办理抢夺刑事案件适用法律若干问题的解释》第 6 条规定,驾驶机动车、非机动车夺取他人财物,具有下列情形之一的,应当以抢劫罪定罪处罚:(1)夺取他人财物时因被害人不放手而强行夺取的;(2)驾驶车辆逼挤、撞击或者强行逼倒他人夺取财物的;(3)明知会致人伤亡仍然强行夺取并放任造成财物持有人轻伤以上后果的。

🛡 处罚标准

本行为分为"一般情形"和"情节较重"两个处罚档次。根据公安实践,对于"情节较重"情形的认定,应当结合行为人的动机、手段、目的、行为的次数和造成的后果等综合考虑。

表 108　抢夺行为处罚标准

处罚档次	处罚标准	裁量基准
一般情形	处 5 日以上 10 日以下拘留或者 2000 元以下罚款	/
情节较重	处 10 日以上 15 日以下拘留,可以并处 3000 元以下罚款	①抢夺财物价值达到有关司法解释认定构成《刑法》第 267 条规定的"数额较大"标准的 50% 以上的
		②抢夺防灾、救灾、救济等特定财物的
		③造成人员受伤或者财物损坏的
		④抢夺多人财物的
		⑤驾驶机动车、非机动车或者其他交通工具实施抢夺的
		⑥其他情节较重的情形

🛡 案例及解析

【基本案情】L 某到按摩店内找 Z 某按摩,结束后 Z 某拿出手机打开收款码时,L 某趁机抢夺 Z 某手机并迅速逃离现场。当日 15 时许,A 市公安局民警通过缜密侦查,在 A 市市内将

L某抓获归案,并追回被抢夺手机。

如何认定L某的行为?

【解析】本案中,L某具有完全行为能力,趁被侵害人Z某暴露财物时不备,公然夺取Z某的手机,而不是采取暴力或胁迫,符合抢夺行为的客观方面要件。经鉴定,Z某的手机价值约1500元。L某实施行为时意识清醒,出于故意,以非法占有为目的,但没有达到3000元的刑事处罚标准,应认定为抢夺行为。

关联法条

1.《刑法》(2023年修正)

第267条 【抢夺罪】抢夺公私财物,数额较大的,或者多次抢夺的,处三年以下有期徒刑、拘役或者管制,并处或者单处罚金;数额巨大或者有其他严重情节的,处三年以上十年以下有期徒刑,并处罚金;数额特别巨大或者有其他特别严重情节的,处十年以上有期徒刑或者无期徒刑,并处罚金或者没收财产。

【抢劫罪】携带凶器抢夺的,依照本法第二百六十三条的规定定罪处罚。

2.《军事设施保护法》(2021年修订)

第63条第3项 有下列行为之一,构成犯罪的,依法追究刑事责任:

(三)盗窃、抢夺、抢劫军事设施的装备、物资、器材的;

114.敲诈勒索

现行规定

《治安管理处罚法》

第58条 ……敲诈勒索的,处五日以上十日以下拘留或者二千元以下罚款;情节较重的,处十日以上十五日以下拘留,可以并处三千元以下罚款。

立案与管辖

(一)立案标准

违法嫌疑人实施以非法占有为目的,用威胁或要挟的方法,对公私财物的所有人、持有人、保管人强行索要少量财物,尚不够刑事处罚的行为即可立案。

敲诈勒索公私财物的行为界定时,应该首先,违法嫌疑人必须以非法占有公私财物为目的。对不以非法占有为目的的,如索要欠款,不应认定为本行为。其次,违法嫌疑人是以威胁或者要挟的手段强行索要公私财物。威胁或要挟的方式有多种多样,概括来讲是指违法嫌疑人使被侵害人产生恐惧或者害怕的心理,不敢反抗从而被迫交出公私财物的行为。但是需要注意的是,违法嫌疑人以威胁或要挟的方式索要公私财物时不能使用暴力或者以暴力相威胁,否则可能成立抢劫罪。

(二)管辖

敲诈勒索案件一般由违法行为地的公安机关管辖。违法行为地包括违法行为发生地和违法结果发生地。违法行为发生地,一般指的是敲诈勒索的实施地以及开始地、途经地、结束地等与敲诈勒索行为有关的地点。

敲诈勒索行为由违法行为人居住地公安机关管辖更为适宜的,可以由违法行为人居住地公安机关管辖。

证据收集

(一)证据规格

在一个完整的敲诈勒索行为认定中,需要收集的证据规格如下。

1. 违法嫌疑人陈述和申辩。

(1)违法嫌疑人的基本情况。(2)违法行为的动机和目的,即为何目的敲诈勒索他人财物。(3)问明敲诈勒索他人财物的时间、地点、经过,敲诈勒索财物的数量、品种、规格和型号;作案手段,如语言直接威胁,或者通过书信、电话、手机短信、网络聊天形式恐吓,或者通过第三者转达口信的方法威胁,或者用暗示的方法威胁,或者抓住受害人的某种把柄相要挟,或者制造某种借口进行勒索等。(4)问明手机 App、即时通信工具、信件等作案工具及来源、下落。(5)问明赃款、赃物的下落,进行销赃、窝赃、用赃的人员、地点。(6)结伙作案的,问明违法嫌疑人的数量、身份,预谋、结伙聚合的过程,以及各违法嫌疑人的地位、相互关系情况。

2. 被侵害人陈述和其他证人证言。

(1)被侵害人(单位)陈述,问明被敲诈勒索的时间、地点、经过,被敲诈勒索物品的数量、特征、种类、购买时间及价值,被敲诈勒索钱款具体金额,其他物品损失情况;违法事实情节,违法嫌疑人的数量、身份及体貌特征,各违法嫌疑人在违法行为中的地位和作用。(2)被侵害单位出具的报案材料。(3)其他证人证言,问明实施敲诈勒索的时间、地点、经过,违法事实情节,各违法嫌疑人在违法行为中的地位和作用。

3. 物证、书证。

(1)勒索信等作案工具的原物、清单及照片;(2)被敲诈勒索物品的原物、清单及照片;(3)违法行为带来非法所得的赃款等原物、清单及照片。

4. 鉴定意见。

被敲诈勒索的财物价值不明或者难以确定的,应当做物价鉴定;非法所得的数值不明或者难以确定的,可以做价值鉴定。

5. 视听资料、电子数据。

(1)记录敲诈勒索行为的现场音视频、视频监控资料;(2)证明敲诈勒索行为的聊天信息、图片;(3)查获敲诈勒索行为的现场执法视频。

6. 勘验、检查笔录,现场笔录。

敲诈勒索行为现场勘查笔录、现场图、现场照片、提取的痕迹物证等。

7. 辨认笔录。

证人及相关当事人对违法嫌疑人的辨认;嫌疑人之间的互相辨认以及对作案工具的辨认。

8. 其他证据材料。

(1)证明违法嫌疑人身份的材料和违法犯罪记录。如人口信息、户籍证明,以及身份证、工作证、专业或技术等级证复印件等;法院判决书、行政处罚决定书、释放证明书等有效法律文件。(2)抓获经过、处警经过等。

(二)注意事项

在查处敲诈勒索行为时,公安机关应重点关注实施敲诈勒索行为的时间、地点、环境、参与人、作案过程、次数;实施的手段,如威胁、要挟、造成的后果等;被侵害人的基本情况、是否有过错、对被敲诈的反应、是否反抗及反抗的程度、不反抗的原因,以及双方的关系;作案工具的名称、来源、数量、特征及下落;敲诈勒索的后果,获得财物的时间、地点、方式、数量、种类、特征和去向等。其中,违法嫌疑人实施的威胁是否达到足以压制被侵害人反抗的程度是最关键的问题,如果违法嫌疑人的威胁足以压制被侵害人的反抗,尤其是违法嫌疑人采取了暴力手段,则很可能成立抢劫罪,而非敲诈勒索行为。

行为认定

(一)对敲诈勒索行为的认定

主要从以下四个方面进行认定:

1. 本行为侵犯的客体是复杂客体,在侵犯公私财物所有权的同时,可能又侵犯到公民的人身权利、民主权利或者其他法定权利。侵犯的对象是公私财物。

2. 本行为的客观方面表现为行为人使用威胁或者要挟的方式,向公私财物的所有人、持有人或保管人强行索要财物。用威胁或者要挟的方式强行索要公私财物是本行为的本质特征。威胁、要挟、恫吓,是指以对被侵害人及其近亲属实施伤害相威胁,或者以公开被侵害人的隐私和不正当行为、毁坏被侵害人的名誉相要挟,或者利用被侵害人的困境相要挟等,迫使被侵害人交出财物。即行为人采用威胁、要挟或者恫吓的方法,造成被侵害人精神恐惧,不得已交出财物。威胁、要挟、恫吓的内容不要求是违法的。威胁要挟的方法既可以是明示,也可以是暗示;既可以使用语言文字,也可以使用动作手势;既可以直接通知被侵害人,也可以通过第三者转达被侵害人。

3. 本行为的主体为一般主体,即达到法定责任年龄,具备责任能力的自然人。

4. 本行为的主观方面表现为直接故意,以非法占有为目的。

(二)本行为与敲诈勒索罪的区别

敲诈勒索罪(《刑法》第274条),是指以非法占有为目的,对他人实行威胁(恐吓),索取公私财物数额较大或者多次敲诈勒索的行为。敲诈勒索的数额是区分敲诈勒索行为与敲诈勒索罪的重要标准。《最高人民法院、最高人民检察院关于办理敲诈勒索刑事案件适用法律若干问题的解释》第1条规定:"敲诈勒索公私财物价值二千元至五千元以上、三万元至十万元以上、三十万元至五十万元以上的,应当分别认定为刑法第二百七十四条规定的'数额较大'、'数额巨大'、'数额特别巨大'。各省、自治区、直辖市高级人民法院、人民检察院可以根据本地区经济发展状况和社会治安状况,在前款规定的数额幅度内,共同研究确定本地区执行的具体数额标准,报最高人民法院、最高人民检察院批准。"只有敲诈勒索少量财物,达不到敲诈勒索罪"数额较大"标准的,才应认定为本行为。

《最高人民法院、最高人民检察院关于办理敲诈勒索刑事案件适用法律若干问题的解释》第2条规定:"敲诈勒索公私财物,具有下列情形之一的,'数额较大'的标准可以按照本解释第一条规定标准的百分之五十确定:(一)曾因敲诈勒索受过刑事处罚的;(二)一年内曾因敲诈勒索受过行政处罚的;(三)对未成年人、残疾人、老年人或者丧失劳动能力人敲诈勒索的;(四)以将要实施放火、爆炸等危害公共安全犯罪或者故意杀人、绑架等严重侵犯公民人身权利犯罪相威胁敲诈勒索的;(五)以黑恶势力名义敲诈勒索的;(六)利用或者冒充国家机关工作人员、军人、新闻工作者等特殊身份敲诈勒索的;(七)造成其他严重后果的。"

《最高人民法院、最高人民检察院关于办理敲诈勒索刑事案件适用法律若干问题的解释》第3条规定:"二年内敲诈勒索三次以上的,应当认定为刑法第二百七十四条规定的'多次敲诈勒索'。"

(三)本行为与抢劫罪的区别

敲诈勒索行为与抢劫罪均以非法占有为目的,都可以使用威胁方法,而且都可能使用暴力方法。但是,抢劫罪表现为当场以暴力侵害或相威胁,并且必须达到足以压制他人反抗的程度;敲诈勒索行为的暴力、胁迫只要足以使被侵害人产生恐惧心理即可。

🛡 处罚标准

本行为分为"一般情形"和"情节较重"两个处罚档次。根据公安实践,对于"情节较重"情形的认定,应当结合行为人的动机、手段、目的、行为的次数和造成的后果等综合考虑。

表109 敲诈勒索行为处罚标准

处罚档次	处罚标准	裁量基准
一般情形	处5日以上10日以下拘留或者2000元以下罚款	/
情节较重	处10日以上15日以下拘留,可以并处3000元以下罚款	①敲诈勒索数额达到有关司法解释认定构成《刑法》第274条规定的"数额较大"标准的50%以上的
		②利用或者冒充国家机关工作人员、军人、新闻工作者等特殊身份敲诈勒索的
		③敲诈勒索多人的
		④其他情节较重的情形

案例及解析

【基本案情】Z县"网红"L某、M某以夸大事实方式拍摄视频,在D网络平台发布涉及当地居民W某的不实内容。W某要求删除视频时,二人以舆论压力相要挟,索要1000元"删帖费"。经中间人收取钱款后,L某、M某删除视频。

如何认定L某、M某的行为?

【解析】本案中,L某、M某具有完全行为能力,通过发布不实信息制造舆论压力,以删帖为筹码索取财物,符合以威胁、要挟手段迫使他人交付财物的客观方面要件。L某、M某实施行为时意识清醒,出于故意,以非法占有为目的,但没有达到2000元的刑事处罚标准,应当认定为敲诈勒索行为。

关联法条

1.《刑法》(2023年修正)

第274条 【敲诈勒索罪】敲诈勒索公私财物,数额较大或者多次敲诈勒索的,处三年以下有期徒刑、拘役或者管制,并处或者单处罚金;数额巨大或者有其他严重情节的,处三年以上十年以下有期徒刑,并处罚金;数额特别巨大或者有其他特别严重情节的,处十年以上有期徒刑,并处罚金。

2.《铁路法》(2015年修正)

第65条 在列车内,抢劫旅客财物,伤害旅客的,依照刑法有关规定从重处罚。

在列车内,寻衅滋事,侮辱妇女,情节恶劣的,依照刑法有关规定追究刑事责任;敲诈勒索旅客财物的,依照刑法有关规定追究刑事责任。

3.《消费者权益保护法实施条例》(2024年)

第49条第2款 通过夹带、掉包、造假、篡改商品生产日期、捏造事实等方式骗取经营者的赔偿或者对经营者进行敲诈勒索的,不适用消费者权益保护法第五十五条第一款的规定,依照《中华人民共和国治安管理处罚法》等有关法律、法规处理;构成犯罪的,依法追究刑事责任。

第三十四节 《治安管理处罚法》第 59 条

115. 故意损毁财物

现行规定

《治安管理处罚法》

第 59 条 故意损毁公私财物的,处五日以下拘留或者一千元以下罚款;情节较重的,处五日以上十日以下拘留,可以并处三千元以下罚款。

立案与管辖

(一) 立案标准

违法嫌疑人有故意非法毁灭或者损坏少量公私财物,尚不够刑事处罚的行为即达到立案标准。本行为中,违法嫌疑人必须是以毁灭或损坏公私财物为目的,而不是非法占有公私财物。毁灭,是指使公私财物被彻底破坏或消失;损坏是指使公私财物失去部分结构或丧失部分功能。

(二) 管辖

故意损毁财物案件一般由违法行为地的公安机关管辖。

违法行为地包括违法行为发生地和违法结果发生地。违法行为发生地,一般指的是故意损毁财物的实施地以及开始地、途经地、结束地等与违法行为有关的地点。违法结果发生地,通常指的是被故意损毁财物的受害人所在地。

故意损毁财物案件由违法嫌疑人居住地公安机关管辖更为适宜的,可以由违法嫌疑人居住地公安机关管辖。

证据收集

(一) 证据规格

在一个完整的故意损毁财物行为认定中,需要收集的证据规格如下。

1. 违法嫌疑人陈述和申辩。

(1)违法嫌疑人的基本情况;(2)违法行为的动机和目的,即为何目的故意毁坏财物;(3)问明故意毁坏他人财物的时间、地点、经过,故意毁坏财物的数量、品种、规格和型号等特征;(4)问明铁锤、小刀、木棒等作案工具及来源、下落;(5)被损毁财物的特征、价值、来源、新旧程度、被损毁程度;(6)结伙作案的,问明违法嫌疑人的数量、身份、预谋、结伙聚合的过程、相互关系、地位,以及各违法嫌疑人相互关系情况。

2. 被侵害人陈述和其他证人证言。

(1)被侵害人(单位)陈述,问明财物被损毁的时间、地点、经过,被损毁物品的数量、特征、种类、购买时间及价值;违法事实情节,违法嫌疑人的数量、身份及体貌特征,各违法嫌疑人在违法行为中的地位和作用。(2)被侵害单位出具的报案材料。(3)其他证人证言,问明故意毁坏财物的时间、地点、经过,违法事实情节,各违法嫌疑人在违法行为中的地位和作用。

3. 物证、书证。

(1)铁锤、小刀、木棒等作案工具的原物、清单及照片;(2)被损毁的物品的原物、清单及照片;(3)被损毁的物品的购物发票等。

4. 鉴定意见。

被毁坏的财物价值不明或者难以确定的,应当做物价鉴定;非法所得的数值不明或者难以确定的,可以做价值鉴定。

5. 视听资料、电子数据。

(1)记录故意毁坏财物行为的现场音视频、视频监控资料;(2)证明实施故意毁坏财物行为的聊天信息、图片;(3)查获故意毁坏财物行为的现场执法视频。

6. 勘验、检查笔录,现场笔录。

故意毁坏财物行为现场勘查笔录,现场图、现场照片,提取的痕迹物证等。

7. 辨认笔录。

证人及相关当事人对违法嫌疑人的辨认;嫌疑人之间互相辨认以及对作案工具的辨认。

8. 其他证据材料。

(1)证明违法嫌疑人身份的材料和违法犯罪记录,如人口信息、户籍证明、身份证、工作证、专业或技术等级证书复印件等;法院判决书、行政处罚决定书、释放证明书等有效法律文件。(2)抓获经过、处警经过等。

(二)注意事项

公安机关在查处故意损毁财物行为时,应重点关注被毁坏财物的原物及照片,作案工具的原物及照片等,这些物证可以直观地反映财物被毁坏的情况以及作案工具的特征,相关痕迹、生物学证据也能帮助锁定违法嫌疑人。

行为认定

(一)对故意损毁财物行为的认定

主要从以下四个方面进行认定。

1. 本行为侵犯的客体是公私财物的所有权,侵犯对象是各类公私财物。首先,本行为中侵犯的各类公私财物必须是普通意义上的财物,不是如国家保护的文物、名胜古迹、油气管道设施、电力电信设施等法律规定的特定财物;其次,本行为侵犯的公私财物必须是他人的财物,如果是自己的财物则不构成本行为。

2. 本行为的客观方面表现为行为人实施了非法毁灭或者损坏少量公私财物,情节轻微的行为。首先,必须是非法毁灭或损坏,如果行为人由于紧急避险而损坏财物则不应认定为本行为;其次,如果毁灭或者损坏公私财物的数额较大或者情节严重,应认定为故意毁坏财物罪。

3. 本行为的主体是一般主体,即达到法定责任年龄,具备责任能力的自然人。

4. 本行为的主观方面表现为直接故意,行为的目的是毁灭或损坏财物而不是非法占有财物。

(二)与故意毁坏财物罪的区分

故意毁坏财物罪(《刑法》第 275 条),是指故意毁坏公私财物,数额较大或者有其他严重情节的行为。在故意损毁财物违法行为中,行为人毁灭或者损坏的必须是少量公私财物,且情节较轻。故意损毁公私财物的数额和情节及产生的后果是区分故意损毁公私财物行为与故意毁坏财物罪的重要标准。只故意损毁少量公私财物、且情节较轻的才构成故意损毁公私财物行为;故意损毁公私财物数额较大或情节严重的,则构成故意毁坏财物罪。《最高人民检察院、公安部关于公安机关管辖的刑事案件立案追诉标准的规定(一)》第 33 条规定:"故意毁坏公私财物,涉嫌下列情形之一的,应予立案追诉:(一)造成公私财物损失五千元以上的;(二)毁坏公私财物三次以上的;(三)纠集三人以上公然毁坏公私财物的;(四)其他情节严重的情形。"如果具有上述情形的,应认定为故意毁坏财物罪,不应认定为本行为。对尚未达到上述立案追诉标准的,可以故意损毁公私财物行为予以治安管理处罚。

(三)与第 30 条寻衅滋事中"任意损毁财物"的区别

任意损毁公私财物与故意损毁公私财物的区别。在《治安管理处罚法》中,任意损毁公私财物认定为寻衅滋事行为;故意损毁公私财物是第 59 条独立的违反治安管理规定的行为。二者区别在于:任意损毁的核心在于行为的"任意性"和"滋事性",即行为人出于寻求刺激、发泄情绪、逞强耍横等动机,无特定缘由或针对性地随意破坏财物,这种行为主要扰乱的是社会公共秩序。其本质是对公共规则和社会安全感的公然挑衅与破坏,即使财物损失不大,只要行为情节严重,如在公共场所、手段恶劣、造成恐慌,就可能受到处罚。而故意损毁公私财物的核心在于行为的"目的性",即行为人基于特定原因,如报复、泄愤、解决纠纷等,目标明确地破坏特定权利人的财物。这种行为直接侵害的是特定主体的财产所有权,其本质是对特定财产权利的侵犯,处罚的关键在于被毁坏财物的价值或情节的严重程度。

🛡 **处罚标准**

本行为分为"一般情形"和"情节较重"两个处罚档次。

表 110　故意损毁财物行为处罚标准

处罚档次	处罚标准	裁量基准
一般情形	处 5 日以下拘留或者 1000 元以下罚款	/
情节较重	处 5 日以上 10 日以下拘留，可以并处 3000 元以下罚款	①故意损毁财物价值达到有关刑事立案追诉标准 50% 以上的 ②故意损毁防灾、救灾、救济等特定财物的 ③故意损毁财物，对被侵害人生产、生活影响较大的 ④损毁多人财物的 ⑤其他情节较重的情形

案例及解析

【基本案情】 S 市 P 区居民 A 因与物业产生纠纷心怀不满，踢坏小区旋转门并砸碎宣传栏玻璃。监控显示，A 于凌晨进入小区后，先是猛踹旋转门致其无法关闭，随后对宣传栏拳打脚踢，导致两块玻璃碎裂。警方通过视频追踪锁定嫌疑人，当日下午将 A 抓获。经鉴定，财物损失约 2000 元。A 到案后供述，其因维修意见不合与物业发生口角，故而损毁财物。

对 A 的行为应当如何定性？

【解析】 本案中，A 具有完全行为能力，损坏小区公共财物，符合故意损毁财物的客观方面要件；A 的行为出于故意，应当承担责任。又因为没有达到刑事处罚标准，应当认定为故意损毁财物。

关联法条

《刑法》(2023 年修正)

第 275 条　【故意毁坏财物罪】故意毁坏公私财物，数额较大或者有其他严重情节的，处三年以下有期徒刑、拘役或者罚金；数额巨大或者有其他特别严重情节的，处三年以上七年以下有期徒刑。

第 293 条　【寻衅滋事罪】有下列寻衅滋事行为之一，破坏社会秩序的，处五年以下有期徒刑、拘役或者管制：

(一)随意殴打他人，情节恶劣的；

(二)追逐、拦截、辱骂、恐吓他人，情节恶劣的；

(三)强拿硬要或者任意损毁、占用公私财物，情节严重的；

(四)在公共场所起哄闹事，造成公共场所秩序严重混乱的。

纠集他人多次实施前款行为，严重破坏社会秩序的，处五年以上十年以下有期徒刑，可以并处罚金。

第三十五节 《治安管理处罚法》第 60 条

学生欺凌[①]

现行规定

《治安管理处罚法》

第 60 条第 1 款 以殴打、侮辱、恐吓等方式实施学生欺凌,违反治安管理的,公安机关应当依照本法、《中华人民共和国预防未成年人犯罪法》的规定,给予治安管理处罚、采取相应矫治教育等措施。

立案与管辖

(一)立案标准

中小学生之间以殴打、侮辱、恐吓等方式实施学生欺凌,违反治安管理的,应当依具体的行为表现予以立案。例如,违法嫌疑人有殴打行为,即以殴打他人立案;有侮辱行为,即以侮辱立案。

根据《预防未成年人犯罪法》第 33 条的规定,未成年学生偷窃少量财物,或者有殴打、辱骂、恐吓、强行索要财物等学生欺凌行为,情节轻微的,可以由学校依照本法第 31 条规定采取相应的管理教育措施。该条对学生欺凌进行了较为明确的界定,即未成年学生有盗窃或者殴打、辱骂、恐吓、强行索要等行为即可构成校园欺凌。因此,本条的学生欺凌应界定为发生在未成年学生之间,主要是中小学生之间的欺凌。教育部、中央综治办、最高人民法院、最高人民检察院、公安部等 11 部门《加强中小学生欺凌综合治理方案》(教督〔2017〕10 号)明确对中小学生欺凌进行了界定,即中小学生欺凌是发生在校园(包括中小学校和中等职业学校)内外、学生之间,一方(个体或群体)单次或多次蓄意或恶意通过肢体、语言及网络等手段实施欺负、侮辱,造成另一方(个体或群体)身体伤害、财产损失或精神损害等的事件。因此,《治安管理处罚法》第 60 条的学生欺凌应界定为:发生在未满 18 周岁人之间,发生地在校园内外,一方单次或多次蓄意或恶意通过肢体、语言及网络等手段实施欺负、侮辱,造成另一方身体伤害、财产损失或精神损害等的事件。

本条款是引致条款,即引用其他法条的处理方式进行处理。以殴打、侮辱、恐吓等方式实

---

① 说明:《治安管理处罚法》第 60 条不是独立的违反治安管理行为,是对公安机关处理学生欺凌相关问题的引致条款(第 1 款)和转介条款(第 2 款)。本部分是针对第 1 款的解读。

施学生欺凌,违反治安管理的,公安机关应以治安管理处罚法按照殴打他人、公然侮辱他人等方式给予治安处罚,不能作普通纠纷调解处理,以及根据《预防未成年人犯罪法》的规定,采取相应的矫治教育等措施。

(二)管辖

学生欺凌行为,一般由违法行为发生地,即学校所在地公安机关管辖。

由违法行为人居住地公安机关管辖更为适宜的,可以由违法行为人居住地公安机关管辖。居住地包括户籍所在地、经常居住地。经常居住地,是指公民离开户籍所在地最后连续居住一年以上的地方,但在医院住院就医的除外。移交违法行为人居住地公安机关管辖的行政案件,违法行为地公安机关在移交前应当及时收集证据,并配合违法行为人居住地公安机关开展调查取证工作。

如果违法行为涉及多个地区,由最先受理地的公安机关管辖,对管辖有争议的,可以由共同上级机关指定管辖。

证据收集

(一)证据规格

根据学生欺凌具体行为表现,可以从以下几个方面收集证据。

1.违法嫌疑人的陈述和申辩。

(1)违法嫌疑人的基本情况,在场人员基本情况和具体行为表现、特征,相互之间的关系,多人行为中各自地位、作用;(2)被欺凌学生的基本情况、人数;(3)欺凌行为发生的时间、地点、方式、次数、频率、经过等;(4)嫌疑人行为目的、动机,对欺凌行为和后果的认知,悔改表现;(5)嫌疑人、被(侵)害人及在场人员等的家庭情况、在校日常表现情况;(6)作案工具,来源及下落。

2.被侵害人陈述、证人证言。

(1)被侵害人、证人的基本情况,与嫌疑人的关系;(2)欺凌行为的基本情况,发生的时间、地点、起因、过程、方式、次数、涉及人员等情况;(3)欺凌行为对被侵害人的身体和心理、财产等方面造成的危害后果,对正常学习、生活的影响,以及对校园其他学生的影响;是否需要做伤情鉴定、价格鉴定、精神损害鉴定等;(4)作案工具来源及下落。

3.物证、书证。

(1)作案工具,血迹、毛发等现场提取物;(2)与欺凌有关书信、日记、字条等;(3)伤情检查记录、病历等。

4.勘验、检查笔录,辨认笔录,现场笔录。

现场勘查笔录、现场图、现场照片,人身检查笔录;证人、被侵害人对违法行为人的辨认笔录。

5.鉴定意见。

伤情鉴定、精神损害鉴定、涉案财物价格鉴定等。

6.视听资料、电子数据。

(1)欺凌行为发生地周边的视频监控;(2)当事人及证人提供的录音录像、照片等。

7.其他证据材料。

(1)证明违法嫌疑人身份的材料和违法犯罪记录。如学校信息、人口信息、户籍证明,违法犯罪记录证明、身份证、工作证、营业执照、专业或技术等级证复印件等;法院判决书、行政处罚决定书、释放证明书等有效法律文件。(2)抓获经过、处警经过等。

(二)注意事项

学生欺凌行为的证据收集与调查工作,应注意学生的心理健康保护与程序规范问题。

1.注重根据违法嫌疑人具体行为表现,有重点地收集证据。在一个学生欺凌行为里,可能伴有殴打、侮辱或者恐吓等多种方式,应当各自收集固定证据。

2.对于学生欺凌的违法嫌疑人涉及多人的,应当调查每个人在学生欺凌行为的作用,对于只是一般"凑热闹""看好戏"的违法嫌疑人不应予以处罚。

3.程序规范问题。询问不满18周岁的违法嫌疑人,应当通知其父母或者其他监护人到场;其父母或者其他监护人不能到场的,也可以通知其他成年亲属,所在学校、单位、居住地基层组织或者未成年人保护组织的代表等合适成年人到场,并将有关情况记录在案。确实无法通知或者通知后未到场的,应当在笔录中注明。禁止以"写检讨""公开道歉"等名义变相逼迫学生自证其违法行为。

行为认定

(一)对学生欺凌行为的认定

对于学生欺凌行为,应当根据具体行为表现予以认定。主要从以下四个方面进行:

1.行为侵犯的客体是学生的身体权和健康权。

2.行为的客观方面可能是一个违法行为,也可能是多个违法行为的集合。例如,可以单纯的殴打行为进行欺凌,或者是殴打伴有侮辱和恐吓等方式实施学生欺凌。在行为认定时要根据具体的行为表现逐一认定,但是在处罚上可以择一重处罚。

3.行为的主体为已满14周岁的中小学生。中小学应当做扩大解释,不仅是指普通中小学、中等职业学校,还应当包括特殊教育学校、专门学校等。

4.行为的主观方面表现为故意。故意以殴打、侮辱、恐吓等方式实施学生欺凌,希望或放任危害结果发生的心理态度。

(二)对以殴打、侮辱、恐吓等方式实施学生欺凌,违反治安管理的行为的处理

根据《治安管理处罚法》第60条第1款的规定,以殴打、侮辱、恐吓等方式实施学生欺凌,违反治安管理的,公安机关应当依照本法、《预防未成年人犯罪法》的规定,给予治安管理处罚、采取相应矫治教育等措施。由此可见,有两个方面的处理,即给予治安管理处罚和采取相应矫治教育措施。

1.给予治安管理处罚。

给予治安管理处罚的前提是,符合学生欺凌范围且违反治安管理。注意《治安管理处罚法》第23条规定了几种不执行行政拘留处罚的情形,其中,如果行为人已满14周岁不满16周岁,或者已满16周岁不满18周岁,初次违反治安管理,不执行行政拘留处罚。但是,行为人违反治安管理情节严重、影响恶劣的,或者行为人已满14周岁不满16周岁,一年内二次以上违反治安管理的,依法应当给予行政拘留处罚。

2.相应的矫治教育措施。

矫治教育,是对有严重不良行为的未成年人进行教育和矫治的重要保护处分措施。通过专业的、强制的教育环境和科学方法,对有严重行为问题的未成年人进行干预和矫治,以期帮助他们迷途知返,重新融入社会,同时维护社会秩序。具体包括如下两个层面：

（1）学校的管理教育措施。根据《预防未成年人犯罪法》第31条和第33条的规定,有殴打、辱骂、恐吓、强行索要财物等学生欺凌行为,情节轻微的,学校应当加强管理教育,不得歧视;对拒不改正或者情节严重的,学校可以根据情况予以处分或者采取以下管理教育措施:①予以训导;②要求遵守特定的行为规范;③要求参加特定的专题教育;④要求参加校内服务活动;⑤要求接受社会工作者或者其他专业人员的心理辅导和行为干预;⑥其他适当的管理教育措施。

（2）公安机关能够采取的矫治教育措施。根据《预防未成年人犯罪法》第38条和第41条的规定,殴打、辱骂、恐吓或者故意伤害他人身体属于严重不良行为,公安机关可以根据具体情况,采取以下矫治教育措施:①予以训诫;②责令赔礼道歉、赔偿损失;③责令具结悔过;④责令定期报告活动情况;⑤责令遵守特定的行为规范,不得实施特定行为、接触特定人员或者进入特定场所;⑥责令接受心理辅导、行为矫治;⑦责令参加社会服务活动;⑧责令接受社会观护,由社会组织、有关机构在适当场所对未成年人进行教育、监督和管束;⑨其他适当的矫治教育措施。

公安机关在对未成年人进行矫治教育时,可以根据需要邀请学校、居民委员会、村民委员会以及社会工作服务机构等社会组织参与。未成年人的父母或者其他监护人应当积极配合矫治教育措施的实施,不得妨碍阻挠或者放任不管。

未成年人拒不接受或者配合公安机关的矫治教育措施的,经专门教育指导委员会评估同意,教育行政部门会同公安机关可以决定将其送入专门学校接受专门教育。专门学校应当对接受专门教育的未成年人分级分类进行教育和矫治,有针对性地开展道德教育、法治教育、心理健康教育,并根据实际情况进行职业教育;对没有完成义务教育的未成年人,应当保证其继续接受义务教育。

（三）本行为与中小学生之间嬉戏玩耍、吵架打闹等行为的区别

区分学生欺凌与学生之间普通的嬉戏、争吵或打闹,关键在于行为的性质、力量对比、意图和造成的后果：

1.行为性质。学生欺凌是一种蓄意且持续的伤害行为,具有反复性。普通的吵架或打闹通常是偶发、短暂的冲突,源于具体矛盾或情绪激动,如争抢物品或意见不合等,不具有长期恶意针对和压迫的特性。

2.力量对比。力量对比表现在体力、人数、社交地位等的差别。学生欺凌行为表现为一方处于优势地位,一方处于弱势地位。而学生之间普通的嬉戏、争吵或打闹的行为,双方力量相对均衡,冲突后可能随即和解。

3.行为意图。学生欺凌行为中,一方处于优势地位,并恶意利用这种优势,通过言语侮辱、社交排斥、身体攻击或网络传播等方式,反复施加伤害,使受害者感到恐惧、无助、痛苦且难以反抗或逃脱,其根本目的是支配、羞辱或孤立对方。而学生之间的嬉戏玩耍、吵架打闹中,双方地位平等,行为带有善意或中性的意图,参与者随时可以停止且不会真正感到威胁或羞辱。

4.危害后果。学生欺凌行为是行为人恶意对受害者身心造成伤害的行为,危害后果较重。而学生之间的嬉戏玩耍、吵架打闹,造成的身心伤害往往是极度轻微的。

(四)学校对学生欺凌行为的处置

根据《加强中小学生欺凌综合治理方案》以及教育部办公厅印发的《防范中小学生欺凌专项治理行动工作方案》的相关规定,对经调查认定实施欺凌的学生,学校学生欺凌治理委员会要根据实际情况,制定一定学时的专门教育方案并监督实施欺凌学生按要求接受教育,同时针对欺凌事件的不同情形予以相应惩戒。

1.对于学生实施欺凌,情节轻微的,学校对学生进行严肃的批评教育和警示谈话。引导实施欺凌的学生向被欺凌学生当面或书面道歉,取得谅解。

2.对于反复发生的一般欺凌事件,学校在对实施欺凌的学生开展批评、教育的同时,可视具体情节和危害程度给予其纪律处分。

3.对于实施欺凌情节比较恶劣,对被欺凌学生身体和心理造成明显伤害的严重欺凌事件,学校对实施欺凌的学生开展批评、教育的同时,应立即向上级教育主管部门报告,并迅速联络公安机关介入处置,配合相关部门依法处理。对实施暴力、情节严重、屡教不改的,应将其表现记入学生综合素质评价,必要时依法转入专门学校就读。

4.对于遭受欺凌的学生,学校要给予相应的心理辅导。

5.涉及违反治安管理或者涉嫌犯罪的学生欺凌事件,处置以公安机关、人民法院、人民检察院为主,教育行政部门和学校有责任及时联络公安机关依法处置。

🛡 处罚标准

学生欺凌行为的处罚标准,以实施欺凌,违反治安管理的具体行为方式决定。具体处罚标准可以参照相应的违法行为的处罚标准。

学生欺凌行为处罚参考

行为方式	处罚依据
殴打他人	《治安管理处罚法》第51条
侮辱	《治安管理处罚法》第50条第1款第2项
威胁人身安全	《治安管理处罚法》第50条第1款第1项
寻衅滋事	《治安管理处罚法》第30条

关于公安机关给予相应矫治教育措施的规定中，应注意行为与措施相适应的原则，结合违法嫌疑人实施欺凌行为的主观恶意程度、手段的恶劣程度、次数、危害后果等采取相应的矫治教育措施。

案例及解析

【基本案情】江某某（已满14周岁）系某省中学初中二年级学生，与胡某（已满14周岁）是同班同学，系好友。因李某某与同级邻班同学胡某的女友聊天，江某某便威胁李某某买烟给胡某赔礼道歉，否则将殴打他。李某某买烟后，胡某嫌烟不好，江某某和胡某围追李某某，并扇他耳光。之后，江某某与胡某多次借故围堵李某某，扇他耳光。后李某某不堪其辱，选择报警。①

江某某、胡某的行为如何定性？

【解析】本案中，胡某、江某某以殴打的行为实施校园欺凌，侵害了被欺凌人李某某的人身权和健康权，行为应定性为学生欺凌行为，根据《治安管理处罚法》第51条第2款以结伙殴打他人行为处罚，处10日以上15日以下拘留，并处1000元以上2000元以下罚款。

关联法条

1.《未成年人保护法》(2024年修正)

第130条第3项　本法中下列用语的含义：

（三）学生欺凌，是指发生在学生之间，一方蓄意或者恶意通过肢体、语言及网络等手段实施欺压、侮辱，造成另一方人身伤害、财产损失或者精神损害的行为。

2.《预防未成年人犯罪法》(2020年修订)

第41条　对有严重不良行为的未成年人，公安机关可以根据具体情况，采取以下矫治教育措施：

（一）予以训诫；

（二）责令赔礼道歉、赔偿损失；

（三）责令具结悔过；

（四）责令定期报告活动情况；

---

① 根据最高人民法院指导性案例225号改编。

（五）责令遵守特定的行为规范，不得实施特定行为、接触特定人员或者进入特定场所；

（六）责令接受心理辅导、行为矫治；

（七）责令参加社会服务活动；

（八）责令接受社会观护，由社会组织、有关机构在适当场所对未成年人进行教育、监督和管束；

（九）其他适当的矫治教育措施。

第42条　公安机关在对未成年人进行矫治教育时，可以根据需要邀请学校、居民委员会、村民委员会以及社会工作服务机构等社会组织参与。

未成年人的父母或者其他监护人应当积极配合矫治教育措施的实施，不得妨碍阻挠或者放任不管。

第44条　未成年人有下列情形之一的，经专门教育指导委员会评估同意，教育行政部门会同公安机关可以决定将其送入专门学校接受专门教育：

（一）实施严重危害社会的行为，情节恶劣或者造成严重后果；

（二）多次实施严重危害社会的行为；

（三）拒不接受或者配合本法第四十一条规定的矫治教育措施；

（四）法律、行政法规规定的其他情形。

第45条第1款　未成年人实施刑法规定的行为，因不满法定刑事责任年龄不予刑事处罚的，经专门教育指导委员会评估同意，教育行政部门会同公安机关可以决定对其进行专门矫治教育。

3.《未成年人学校保护规定》（2021年）

第21条第2款　学生之间，在年龄、身体或者人数等方面占优势的一方蓄意或者恶意对另一方实施前款行为，或者以其他方式欺压、侮辱另一方，造成人身伤害、财产损失或者精神损害的，可以认定为构成欺凌。

4.《防范中小学生欺凌专项治理行动工作方案》（2021年）

二、工作任务

（三）依法依规严肃处置。各地教育部门要依据相关政策法规和《中小学教育惩戒规则（试行）》有关要求，指导学校进一步完善校规校纪，健全教育惩戒工作机制。对实施欺凌的学生，情节轻微的，学校和家长要进行严肃的批评教育和警示谈话。情节较重的，学校可给予纪律处分，并邀请公安机关参与警示教育或予以训诫。对实施暴力、情节严重、屡教不改的，应将其表现记入学生综合素质评价，必要时依法转入专门学校就读。涉嫌违法犯罪的，由公安机关、人民法院、人民检察院依法处置。对遭受欺凌的学生，学校要给予相应的心理辅导。

5.《加强中小学生欺凌综合治理方案》（2017年）

三、治理内容及措施

（一）明确学生欺凌的界定

中小学生欺凌是发生在校园（包括中小学校和中等职业学校）内外、学生之间，一方（个体或群体）单次或多次蓄意或恶意通过肢体、语言及网络等手段实施欺负、侮辱，造成另一方（个体或群体）身体伤害、财产损失或精神损害等的事件。

在实际工作中，要严格区分学生欺凌与学生间打闹嬉戏的界定，正确合理处理。

6.《未成年人网络保护条例》(2023年)

第26条第1款 任何组织和个人不得通过网络以文字、图片、音视频等形式,对未成年人实施侮辱、诽谤、威胁或者恶意损害形象等网络欺凌行为。

学校对校园欺凌违规不报告或处置[①]

现行规定

《治安管理处罚法》

第60条第2款 学校违反有关法律法规规定,明知发生严重的学生欺凌或者明知发生其他侵害未成年学生的犯罪,不按规定报告或者处置的,责令改正,对其直接负责的主管人员和其他直接责任人员,建议有关部门依法予以处分。

一、公安机关处理"学校对校园欺凌违规不报告或处置行为"的注意事项

（一）本款是公安机关发现学校未履行校园欺凌报告或处置义务的责令改正和处分建议权,不是处罚权

学校未履行义务的客观表现为学校违反有关法律法规规定,明知发生严重的学生欺凌或者明知发生其他侵害未成年学生的犯罪,不按规定报告或者处置的行为。"有关法律法规规定"主要是指《未成年人保护法》《预防未成年人犯罪法》等法律法规以及由教育部出台或联合相关部委出台的《未成年人学校保护规定》《中小学幼儿园安全管理办法》《关于防治中小学生欺凌和暴力的指导意见》《加强中小学生欺凌综合治理方案》等相关规定。公安机关发现学校未履行如上义务的,可以向学校主管的教育部门或者纪检监察部门建议处分。

公安机关证据搜集与调查工作的重点是证明学校没有报告或处置的行为。公安机关在调查中,应注意：

1.事件发生之后,学校是否已经作了前期的处置和预备工作,学生、家长等对学校不按规定报告或处置行为的反映意愿及强度等。

2.学校不按规定报告或者处置的,被公安机关责令改正的前提是明知发生严重的学生欺凌或者明知发生其他侵害未成年学生的犯罪,其中学生欺凌行为是否严重,不应成为学校没有按规定报告或者处置的挡箭牌,学生欺凌行为是否严重,应以公安机关的判断为依据。

（二）学校明知发生严重的学生欺凌或者明知发生其他侵害未成年学生的犯罪的,应履行报告义务的范围

1.学校向教育主管部门报告的义务。根据《教育部办公厅关于印发〈防范中小学生欺凌

[①] 说明：《治安管理处罚法》第60条不是独立的违反治安管理行为,是对公安机关处理学生欺凌相关问题的引致条款（第1款）和转介条款（第2款）。本部分是针对第2款的解读。

专项治理行动工作方案〉的通知》(教基厅函〔2021〕5号)的规定,对情节严重的欺凌事件,要向上级教育主管部门报告,并迅速联络公安机关介入处置,配合相关部门依法处理。对舆论高度关注、社会影响广泛的欺凌事件,要及时报送教育部业务主管部门。报告主要内容包括事件基本情况(时间、地点、起因、过程、涉及人员等)和已采取的措施等。报告内容要准确、客观、详实,不得迟报、谎报、瞒报和漏报。事件情况发生变化后,要及时续报。

2. 学校向公安机关报告的义务。(1)根据《预防未成年人犯罪法》第35条、第37条、第39条的规定,未成年人无故夜不归宿、离家出走的,学生所在的寄宿制学校应当及时查找,必要时向公安机关报告;学校发现未成年人组织或者参加实施不良行为的团伙,有违法犯罪嫌疑的,应当立即向公安机关报告;学校发现有人教唆、胁迫、引诱未成年人实施严重不良行为的,应当立即向公安机关报告。(2)根据《未成年人学校保护规定》第23条、第30条的规定,对违反治安管理或者涉嫌犯罪等严重欺凌行为,学校不得隐瞒,应当及时向公安机关、教育行政部门报告,并配合相关部门依法处理;发现学生使用兴奋剂或者镇静催眠药、镇痛剂等成瘾性药物的,应当予以制止,向主管部门或者公安机关报告,并应当及时通知家长,但学生因治疗需要并经执业医师诊断同意使用的除外。

3. 学校同时向不同部门报告的义务。根据《未成年人保护法》《未成年人学校保护规定》《中小学幼儿园安全管理办法》的相关规定:(1)对违反治安管理或者涉嫌犯罪等严重欺凌行为,学校不得隐瞒,应当及时向公安机关、教育行政部门报告,并配合相关部门依法处理。(2)学校和教职工发现学生遭受或疑似遭受家庭暴力、虐待、遗弃、长期无人照料、失踪等不法侵害以及面临不法侵害危险的,应当依照规定及时向公安、民政、教育等有关部门报告。(3)对性侵害、性骚扰未成年人等违法犯罪行为,学校、幼儿园不得隐瞒,应当及时向公安机关、教育行政部门报告,并配合相关部门依法处理。(4)学校无力解决或者无法排除的重大安全隐患,应当及时书面报告主管部门和其他相关部门。(5)发生教职工和学生伤亡等安全事故的,学校应当及时报告主管教育行政部门和政府有关部门;属于重大事故的,教育行政部门应当按照有关规定及时逐级上报。

(三)学校明知发生学生欺凌或者明知发生其他侵害未成年学生的行为的,应采取的处置措施

根据教育部、中央综治办、最高人民法院、最高人民检察院、公安部、民政部、司法部、人力资源和社会保障部、共青团中央、全国妇联、中国残联印发的《加强中小学生欺凌综合治理方案》,以及教育部办公厅印发的《防范中小学生欺凌专项治理行动工作方案》的相关规定,对经调查认定实施欺凌的学生,学校学生欺凌治理委员会要根据实际情况,制定一定学时的专门教育方案并监督实施欺凌学生按要求接受教育,同时针对欺凌事件的不同情形予以相应惩戒。

1. 对于学生实施欺凌,情节轻微的,学校对学生进行严肃的批评教育和警示谈话。引导实施欺凌的学生向被欺凌学生当面或书面道歉,取得谅解。

2.对于反复发生的一般欺凌事件,学校在对实施欺凌的学生开展批评、教育的同时,可视具体情节和危害程度给予其纪律处分。

3.对于实施欺凌情节比较恶劣,对被欺凌学生身体和心理造成明显伤害的严重欺凌事件,学校对实施欺凌的学生开展批评、教育的同时,应立即向上级教育主管部门报告,并迅速联络公安机关介入处置,配合相关部门依法处理。对实施暴力、情节严重、屡教不改的,应将其表现记入学生综合素质评价,必要时依法转入专门学校就读。

4.对于遭受欺凌的学生,学校要给予相应的心理辅导。

5.涉及违反治安管理或者涉嫌犯罪的学生欺凌事件,处置以公安机关、人民法院、人民检察院为主,教育行政部门和学校有责任及时联络公安机关依法处置。

(四)对学校"不按规定报告"的行为的认定

学校违反有关法律法规规定,明知发生严重的学生欺凌或者明知发生其他侵害未成年学生的犯罪,不按规定报告或者处置的行为的认定中,"如何处置"在上述中已有明确的规范,但对于不按规定报告的行为,关于"报告"的时间和方式在《未成年人保护法》《预防未成年人犯罪法》《未成年人学校保护规定》《中小学幼儿园安全管理办法》《关于防治中小学生欺凌和暴力的指导意见》《加强中小学生欺凌综合治理方案》等相关规定中没有作具体规定。

基于实践办案经验,可以从两个方面来认定学校"不按规定报告"的行为:一是学校对于严重的学生欺凌或其他侵害未成年学生犯罪的行为,采取了积极的掩饰、隐瞒、包庇等行为,视为不按规定报告;二是学校采取了消极不作为的方式,拖延怠慢,直至公安机关发现为止尚未收到学校相关人员的报告的,视为不按规定报告。

(五)对"严重的学生欺凌"的认定

根据教育部、中央综治办、最高人民法院、最高人民检察院、公安部、民政部、司法部、人力资源和社会保障部、共青团中央、全国妇联、中国残联印发的《加强中小学生欺凌综合治理方案》的规定,"涉及违反治安管理或者涉嫌犯罪的学生欺凌事件,处置以公安机关、人民法院、人民检察院为主。教育行政部门和学校要及时联络公安机关依法处置"。即面对违反治安管理或涉嫌犯罪的学生欺凌事件,学校有义务及时联络公安机关依法处置,而未及时联络公安机关,向公安机关报告的,公安机关应依据本条款的规定进行处置。其中,违反治安管理或者涉嫌犯罪的情形,具体可以参照《预防未成年人犯罪法》第38条规定的"严重不良行为"。

因此,构成本条款规定的"严重的学生欺凌"的最低标准,是违反治安管理行为。对于情节比较恶劣,对被欺凌学生身体和心理造成明显伤害的,以及屡教不改或者情节恶劣的情况,当然属于"严重的学生欺凌"应有之义。

(六)对"其他侵害未成年学生的犯罪"的认定

"其他侵害未成年学生的犯罪",仅从表述上看,法条只设定了行为对象和行为性质,即行为对象为在校的未成年学生,行为性质为犯罪行为,非行政违法行为。对行为主体、危害行为方式没有限定,即应包括学校及其教职工、学生父母、校外其他社会人员以及在校学生针对在校学生实施,导致未成年学生人身、财产、精神等遭受损失的任何犯罪行为。包括但不限于违反《未成年人保护法》第54条规定,对未成年人实施的拐卖、绑架、虐待、非法收养、性侵害、性骚扰;胁迫、引诱、教唆未成年人参加黑社会性质组织或者从事违法犯罪活动;胁迫、诱骗、利用未成年人乞讨等行为。其他包括传统刑事犯罪,如盗窃、抢劫、抢夺、敲诈勒索、故意伤害、故意杀人、寻衅滋事、聚众斗殴、赌博、传播淫秽物品、非法携带管制刀具等犯罪行为。

(七)违反本款可以依法给予处分的类型

这里的"处分",应当进行广义界定,既包括政务处分、党内纪律处分,也包括单位内部规定的处分等。根据《公职人员政务处分法》第7条的规定,处分分为警告、记过、记大过、降级、撤职、开除六种形式。《中国共产党纪律处分条例》第8条规定,由党组织给予党内纪律处分,包括警告、严重警告、撤销党内职务、留党察看、开除党籍五种。教育主管部门和纪检监察部门根据责任人员及其违法违规情况,依法依规给予政务处分、党内纪律处分、单位内部规定的处分等。

二、案例及解析

【基本案情】某日晚,小强(化名)父亲得知上小学的儿子小强在校内遭遇同班两位男生凌辱,行为非常恶劣,还得知小强自小学二年级起便常遭同班同学赵某某凌辱,在小强读到四年级时,又有一位同班同学晋某某加入凌辱小强的行列,凌辱方式涉及辱骂、殴打、身体侮辱等。小强父亲根据儿子口述愤而写下事件经过,并于当晚将此事告知校方。校方不仅不积极处理,还试图隐瞒、掩盖此事。随后,小强父亲向公安机关报案,公安机关和教育部门介入调查。经查,某双语学校小学生赵某某(男,9岁)、晋某某(男,9岁)对同寝室同学小强(男,10岁)多次实施辱骂、殴打、欺凌等严重不良行为。因赵某某、晋某某均系未成年人,公安机关依据《预防未成年人犯罪法》对赵某某、晋某某依法予以训诫,责令其接受心理辅导、行为矫治;依据《家庭教育促进法》对赵某某、晋某某的监护人予以训诫,责令其接受家庭教育指导。

对于学校的责任应如何认定?

【解析】校园欺凌事件中,学校既是危险的"吹哨者",也是保护受欺凌学生的责任人,学校有义务也有条件守好反校园欺凌第一关。在校园欺凌事前预防措施上,学校可以开展常态化防范学生欺凌摸查,对有欺凌苗头的行为进行及时干预、控制。欺凌事件发生后,学校应及时组织对受欺凌者进行救治,对欺凌者作出处理决定,及时报告教育主管部门、公安机关。在欺凌事件的事后处理上,学校可安排心理咨询师或专业人员开展对欺凌者和被欺凌者的心理辅导,组织双方家长见面协调解决问题,化解彼此矛盾。如果学校失声,监管失灵,无疑就是纵容,成为帮凶。

本案中的校园欺凌事件,造成恶劣社会影响,应定性为严重的学生欺凌,学校应按规定报告或者处置。而该双语学校在管理上严重失职失责,根据《治安管理处罚法》第60条第2款的规定,公安机关应当限期责令改正,对其直接负责的主管人员和其他直接责任人员,建议教育行政部门依法予以处分。

> **关联法条**

1.《未成年人保护法》(2024年修正)

第11条第2款 国家机关、居民委员会、村民委员会、密切接触未成年人的单位及其工作人员,在工作中发现未成年人身心健康受到侵害、疑似受到侵害或者面临其他危险情形的,应当立即向公安、民政、教育等有关部门报告。

第39条第3款 对实施欺凌的未成年学生,学校应当根据欺凌行为的性质和程度,依法加强管教。对严重的欺凌行为,学校不得隐瞒,应当及时向公安机关、教育行政部门报告,并配合相关部门依法处理。

第40条第1款 学校、幼儿园应当建立预防性侵害、性骚扰未成年人工作制度。对性侵害、性骚扰未成年人等违法犯罪行为,学校、幼儿园不得隐瞒,应当及时向公安机关、教育行政部门报告,并配合相关部门依法处理。

2.《预防未成年人犯罪法》(2020年修订)

第35条 未成年人无故夜不归宿、离家出走的,父母或者其他监护人、所在的寄宿制学校应当及时查找,必要时向公安机关报告。

收留夜不归宿、离家出走未成年人的,应当及时联系其父母或者其他监护人、所在学校;无法取得联系的,应当及时向公安机关报告。

第37条 未成年人的父母或者其他监护人、学校发现未成年人组织或者参加实施不良行为的团伙,应当及时制止;发现该团伙有违法犯罪嫌疑的,应当立即向公安机关报告。

第39条 未成年人的父母或者其他监护人、学校、居民委员会、村民委员会发现有人教唆、胁迫、引诱未成年人实施严重不良行为的,应当立即向公安机关报告。公安机关接到报告或者发现有上述情形的,应当及时依法查处;对人身安全受到威胁的未成年人,应当立即采取有效保护措施。

3.《未成年人学校保护规定》(2021年)

第7条第2款 学生在校内或者本校组织的校外活动中发生人身伤害事故的,学校应当依据有关规定妥善处理,及时通知学生家长;情形严重的,应当按规定向有关部门报告。

第23条 学校接到关于学生欺凌报告的,应当立即开展调查,认为可能构成欺凌的,应当及时提交学生欺凌治理组织认定和处置,并通知相关学生的家长参与欺凌行为的认定和处理。认定构成欺凌的,应当对实施或者参与欺凌行为的学生作出教育惩戒或者纪律处分,并对其家长提出加强管教的要求,必要时,可以由法治副校长、辅导员对学生及其家长进行训导、教育。

对违反治安管理或者涉嫌犯罪等严重欺凌行为,学校不得隐瞒,应当及时向公安机关、教育行政部门报告,并配合相关部门依法处理。

不同学校学生之间发生的学生欺凌事件,应当在主管教育行政部门的指导下建立联合调查机制,进行认定和处理。

第47条 学校和教职工发现学生遭受或疑似遭受家庭暴力、虐待、遗弃、长期无人照料、失踪等不法侵害以及面临不法侵害危险的,应当依照规定及时向公安、民政、教育等有关部门报告。学校应当积极参与、配合有关部门做好侵害学生权利案件的调查处理工作。

4.《防范中小学生欺凌专项治理行动工作方案》(2021 年)

二、工作任务

(四)规范欺凌报告制度。各地教育部门和学校要建立健全学生欺凌报告制度。学校全体教师、员工要进一步增强责任感,一旦发现学生遭受欺凌,都应主动予以制止,并及时向学校报告;学校和家长要相互通知,及时进行调查处理。对情节严重的欺凌事件,要向上级教育主管部门报告,并迅速联络公安机关介入处置,配合相关部门依法处理。对舆论高度关注、社会影响广泛的欺凌事件,要及时报送教育部业务主管部门。报告的主要内容包括事件基本情况(时间、地点、起因、过程、涉及人员等)和已采取的措施等。报告内容要准确、客观、详实,不得迟报、谎报、瞒报和漏报。事件情况发生变化后,要及时续报。

5.《教育部、中央综治办、最高人民法院、最高人民检察院、公安部、民政部、司法部、共青团中央、全国妇联关于防治中小学生欺凌和暴力的指导意见》(2016 年)

5.保护遭受欺凌和暴力学生身心安全。各地要建立中小学生欺凌和暴力事件及时报告制度,一旦发现学生遭受欺凌和暴力,学校和家长要及时相互通知,对严重的欺凌和暴力事件,要向上级教育主管部门报告,并迅速联络公安机关介入处置。报告时相关人员有义务保护未成年人合法权益,学校、家长、公安机关及媒体应保护遭受欺凌和暴力学生以及知情学生的身心安全,严格保护学生隐私,防止泄露有关学生个人及其家庭的信息。特别要防止网络传播等因素导致事态蔓延,造成恶劣社会影响,使受害学生再次受到伤害。

第四章
妨害社会管理的行为

第三十六节 《治安管理处罚法》第 61 条

116. 拒不执行紧急状态下的决定、命令

> 现行规定

《治安管理处罚法》

第 61 条第 1 款第 1 项、第 2 款 有下列行为之一的,处警告或者五百元以下罚款;情节严重的,处五日以上十日以下拘留,可以并处一千元以下罚款:

(一)拒不执行人民政府在紧急状态情况下依法发布的决定、命令的;

阻碍人民警察依法执行职务的,从重处罚。

> 立案与管辖

(一)立案标准

在紧急状态下,违法嫌疑人采取非暴力的方式拒绝执行各级人民政府有关决定和命令即达到立案标准。拒不执行的行为导致政府在紧急状态下为维护社会秩序、保护人民生命财产安全而发布的决定和命令无法得到有效贯彻实施,从而对公共利益产生影响。虽然法律条文并未明确规定拒不执行行为必须造成严重后果才构成违法,但在实践中,行为所造成的后果或影响的程度往往会影响立案或者处罚的轻重。如果拒不执行的行为导致公共安全风险的增加、疫情的传播扩散、紧急救援行动的受阻等不良后果,或者在社会上造成了恶劣的影响,将会更容易立案或者面临更为严厉的处罚。例如,在传染病防控紧急状态下,某人拒不执行隔离规定,导致病毒传播给多人,这种行为因其造成的严重后果,应该予以立案或者给予相对较重的处罚。

(二)管辖

拒不执行紧急状态下的决定、命令案件一般由违法行为地的公安机关管辖。

违法行为地包括违法行为发生地和违法结果发生地。违法行为发生地,一般指的是拒不执行紧急状态下的决定、命令违法行为的实施地以及开始地、途经地、结束地等与违法行为有关的地点。违法结果发生地,通常指的是拒不执行紧急状态下的决定、命令的政府所在地等。

拒不执行紧急状态下的决定、命令案件由违法行为人居住地公安机关管辖更为适宜的,可以由违法行为人居住地公安机关管辖。例如,违法行为人在多地拒不执行紧急状态下的决定、命令,又回到居住地的,可以请求其居住地公安机关管辖此案,有助于统一处罚标准,也便利管辖。

证据收集

（一）证据规格

在完整的拒不执行紧急状态下的决定、命令行为认定中，需要收集的证据规格如下：

1. 违法嫌疑人的陈述和申辩。

（1）违法嫌疑人的基本情况；（2）违法行为的动机和目的，为何拒不执行紧急状态下的决定、命令；（3）问明拒不执行紧急状态下的决定、命令的时间、地点、经过，紧急命令的发布情况，拒绝执行的言语、行为表示；（4）问明木棒、砖头、瓦片等作案工具及来源、下落；（5）结伙作案的，问明违法嫌疑人的数量、身份，预谋、结伙聚合的过程、相互关系、地位，以及各违法嫌疑人相互关系情况。

2. 被侵害人陈述和其他证人证言。

（1）被侵害人（单位）陈述，问明拒不执行紧急状态下的决定、命令的时间、地点、经过；违法事实情节，违法嫌疑人的数量、身份及体貌特征，各违法嫌疑人在违法行为中的地位和作用。（2）被侵害单位出具的报案材料。（3）其他证人证言，问明拒不执行紧急状态下的决定、命令的时间、地点、经过，违法事实情节，各违法嫌疑人在违法行为中的地位和作用。

3. 物证、书证。

（1）木棒、砖头、瓦片等作案工具的原物、清单及照片；（2）进入紧急状态的证件、证明文件，政府命令的原件、清单及照片。

4. 鉴定意见。

紧急状态下的决定、命令被拒不执行期间，被损坏的财物、赃物价值不明或者难以确定的，应当进行物价鉴定；对造成人身伤害，伤情不明或者难以确定的，应当作人体损伤程度鉴定。

5. 视听资料、电子数据。

（1）记录拒不执行紧急状态下的决定、命令的现场音视频、视频监控资料；（2）能够实施拒不执行紧急状态下的决定、命令行为的聊天信息、图片；（3）查获拒不执行紧急状态下的决定、命令行为的现场执法视频。

6. 勘验、检查笔录，现场笔录。

拒不执行紧急状态下的决定、命令行为现场勘查笔录、现场图、现场照片、提取的痕迹物证等。

7. 辨认笔录。

证人及相关当事人对违法嫌疑人的辨认，嫌疑人之间互相辨认以及对作案工具的辨认。

8. 其他证据材料。

（1）证明违法嫌疑人身份的材料和违法犯罪记录，如人口信息、户籍证明、身份证、工作证、专业或技术等级证复印件等；法院判决书、行政处罚决定书、释放证明书等有效法律文件。（2）抓获经过、处警经过等。

(二)注意事项

在证据收集和审核过程中,公安机关需注意以下证据规格要素:

1. 收集人民政府在紧急状态下发布的决定、命令的原件或复印件,如政府公告、文件等。这些书证是证明行为人应当执行相关规定的基础证据。应注意紧急状态命令发布的时间、方式等,拒不执行命令的行为方式等方面的证据。同时,要注意收集行为人知晓该决定、命令的相关书证,如通知签收记录、宣传资料等,以证明行为人对应当执行的内容是明知的。

2. 与案件相关的物证可能包括行为人拒不执行决定、命令所涉及的物品等。例如,在疫情防控期间,针对政府发布的禁止聚集性活动的命令,行为人仍组织聚会,此时聚会场所的相关物品,如桌椅摆放、食品饮料等,可作为证明其组织聚会行为的物证,用以证明其违反紧急状态下禁止聚集性活动规定的事实。

3. 充分利用执法记录仪、监控摄像头等设备获取视听资料。如执法人员在现场执法过程中,通过执法记录仪记录下行为人拒不执行决定、命令的全过程,包括其言语、行为等。又如,公共场所的监控视频若能记录到行为人违反紧急状态下相关规定的行为,也可作为重要证据。在收集视听资料时,要注意其完整性和清晰度,确保能够准确反映案件事实。同时,要按照法定程序进行提取和保存,确保证据来源合法。

🛡 行为认定

(一)对拒不执行紧急状态下的决定、命令行为的认定

主要从以下四个方面进行认定:

1. 该行为侵犯的客体是人民政府在紧急状态下发布的决定、命令的实施秩序。

2. 行为的客观方面表现为非暴力性的拒不执行。所谓"拒不执行"是指故意以不作为的方式,不服从管理,消极抵抗、抵制,不接受命令,不配合履行政府发布的决定、命令。如,对政府要求的疫情防控措施(如核酸检测、信息登记等)置若罔闻,不配合、不执行。又如,在抗洪救灾紧急状态下,政府要求某区域居民进行撤离,部分居民拒绝撤离,这种消极不配合的行为就属于客观方面的拒不执行表现。

3. 行为的主体是一般主体,即年满14周岁,具有责任能力的自然人。一般来说,拒不执行紧急状态下决定、命令行为的主体为一般主体,即达到责任年龄、具有责任能力的自然人都可能构成该行为主体。在实践中,涵盖了社会各个阶层、不同身份的人员。无论是普通公民,还是具有一定社会职务的人员,只要实施了拒不执行的行为,都可能符合该行为构成的主体要件。

4. 行为的主观方面是故意,表现为行为人明知人民政府依法发布的决定、命令的内容,而执意不执行。该行为在主观方面表现为故意,即行为人明知人民政府在紧急状态下依法发布了决定、命令,而仍然执意拒不执行。这种故意的心态可能基于多种原因,如对政府决策的不满、自身利益的考量、法律意识淡薄等。例如,在疫情防控紧急状态下,部分人明知政府发布了居家隔离的命令,却出于对自由的过度追求或对疫情危害的轻视,故意违反规定外出活动,

这便是典型的主观故意拒不执行的心态。

(二) 本条中"紧急状态"的界定

鉴于2003年我国处置非典疫情的经验,2004年全国人民代表大会通过的《宪法修正案》,将"戒严"改为"紧急状态",并规定了紧急状态宣布和实施的程序。所谓紧急状态,是一种重大社会突发性事件在一定范围和时间所形成的危机状态,这种危机状态对社会秩序与生命安全构成极大威胁和损害,阻止国家政权机关正常行使权力,必须采取特殊措施才能遏制威胁,恢复秩序。[①]

导致紧急状态出现的情况主要有严重自然灾害、重大事故灾难、突发公共卫生事件、局部动乱骚乱等。《突发事件应对法》第103条规定:"发生特别重大突发事件,对人民生命财产安全、国家安全、公共安全、生态环境安全或者社会秩序构成重大威胁,采取本法和其他有关法律、法规、规章规定的应急处置措施不能消除或者有效控制、减轻其严重社会危害,需要进入紧急状态的,由全国人民代表大会常务委员会或者国务院依照宪法和其他有关法律规定的权限和程序决定。紧急状态期间采取的非常措施,依照有关法律规定执行或者由全国人民代表大会常务委员会另行规定。"依据宪法相关条款,全国人大常委会决定全国或者个别省、自治区、直辖市进入紧急状态;国务院依照法律规定决定省、自治区、直辖市的范围内部分地区进入紧急状态。由此可见,在发生突发事件时,进入紧急状态的决定机关级别非常高,所采取的措施限制也很严格。

本条规定的紧急状态不限于戒严或者不能有效消除突发事件之后所进入的状态,适用范围更广。在发生四类突发事件之后,政府会调度应急、公安或者卫健等部门进行应急处置,应急处置现场需要保持良好的秩序,以保障处置的顺利进行,这种状态就属于一种紧急状态。在这种状态下,政府、公安机关、相关部门通常会采取交通管制或者现场管制措施,需要向现场的人群发布停止活动、疏散、撤离等命令,可以认为是紧急状态下发布的决定或命令。

(三) 与妨害公务罪的区别

妨害公务罪(《刑法》第277条),是指以暴力、威胁的方法,阻碍国家机关工作人员、人大代表等依法执行职务、履行职责,以及虽然没有使用暴力、威胁方法,但阻碍国家安全机关、公安机关依法执行国家安全工作,造成严重后果的行为。在治安管理处罚中还要注意区别拒不执行紧急状态下政府发布的决定、命令行为与妨害公务罪。两者的区别,除行为的危害后果的轻重不同外,还表现在:

1. 行为侵犯的客体。妨害公务罪侵犯的客体是复杂客体,包括国家机关的正常管理秩序和国家机关工作人员的人身权利。本行为侵犯的客体是人民政府在紧急状态下通过发布的决定、命令形成的特定社会管理秩序,对国家机关工作人员的人身权利不构成危害。

2. 具体的行为方式。本行为外在表现是"拒不执行",即为非暴力的方式,以故意不作为,

[①] 参见莫纪宏、徐高:《紧急状态法学》,中国人民公安大学出版社1992年版,第211页。

不服从管理,消极抵抗、抵制,不接受命令,不配合实施政府发布的决定、命令等方式出现;妨害公务罪是以暴力、威胁的方法,阻碍国家机关工作人员等执行职务的人员依法执行职务、履行职责,以及虽然没有使用暴力、威胁方法,但阻碍国家安全机关、公安机关依法执行国家安全工作,造成严重后果的行为。

3.行为侵犯的对象。本行为侵犯的对象是人民政府在紧急状态下通过依法发布的决定、命令所实施的特殊的社会管理活动;而妨害公务罪侵犯的对象国家机关正常的社会管理工作,以及依法正在执行职务的国家机关工作人员。

4.行为实施的时间条件。本行为必须是在"紧急状态"下发生的,妨害公务罪可能发生在各类公务活动的过程中。

处罚标准

本行为分为"一般情形"和"情节严重"两个处罚档次。

表111 拒不执行紧急状态下的决定、命令行为处罚标准

处罚档次	处罚标准	裁量基准
一般情形	处警告或者500元以下罚款	/
情节严重	处5日以上10日以下拘留,可以并处1000元以下罚款	①不听执法人员劝阻的 ②造成人员受伤、财产损失等危害后果的 ③其他情节严重的情形

案例及解析

【基本案情】在春季防火期期间,W区人民政府发布了《W区人民政府森林防火禁火令》。W区X乡村民李某某在自家田地违规焚烧田埂草,被森林防火巡查人员发现并及时制止,将燃烧的杂草火堆扑灭,消除森林火灾隐患。随后,X派出所民警立即展开现场勘验和走访排查工作,经查,村民李某某在田间地头焚烧田埂草情况属实。

对李某某的行为该如何定性?

【解析】本案中,李某某具有完全行为能力,在春季防火期,政府发布了有关森林防火的禁令,李某某无视政府对防火期间禁止动火的禁令,极易造成林区成片火灾,潜在危害性较大,符合拒不执行紧急状态下决定、命令的客观方面要件。李某某实施行为时出于故意,仍应当承担责任。对李某某的行为应当认定为拒不执行紧急状态下决定、命令行为。

关联法条

1.《刑法》(2023年修正)

第277条 【妨害公务罪】以暴力、威胁方法阻碍国家机关工作人员依法执行职务的,处三年以下有期徒刑、拘役、管制或者罚金。

以暴力、威胁方法阻碍全国人民代表大会和地方各级人民代表大会代表依法执行代表职务的,依照前款的规定处罚。

在自然灾害和突发事件中,以暴力、威胁方法阻碍红十字会工作人员依法履行职责的,依照第一款的规定处罚。

故意阻碍国家安全机关、公安机关依法执行国家安全工作任务,未使用暴力、威胁方法,造成严重后果的,依照第一款的规定处罚。

【袭警罪】暴力袭击正在依法执行职务的人民警察的,处三年以下有期徒刑、拘役或者管制;使用枪支、管制刀具,或者以驾驶机动车撞击等手段,严重危及其人身安全的,处三年以上七年以下有期徒刑。

2.《最高人民法院、最高人民检察院、公安部、司法部印发〈关于依法惩治妨害新型冠状病毒感染肺炎疫情防控违法犯罪的意见〉的通知》(法发〔2020〕7号)

二、准确适用法律,依法严惩妨害疫情防控的各类违法犯罪

(一)依法严惩抗拒疫情防控措施犯罪。故意传播新型冠状病毒感染肺炎病原体,具有下列情形之一,危害公共安全的,依照刑法第一百一十四条、第一百一十五条第一款的规定,以以危险方法危害公共安全罪定罪处罚:

1.已经确诊的新型冠状病毒感染肺炎病人、病原携带者,拒绝隔离治疗或者隔离期未满擅自脱离隔离治疗,并进入公共场所或者公共交通工具的……

实施上述(一)至(九)规定的行为,不构成犯罪的,由公安机关根据治安管理处罚法有关虚构事实扰乱公共秩序,扰乱单位秩序、公共场所秩序,寻衅滋事,拒不执行紧急状态下的决定、命令,阻碍执行职务,冲闯警戒带、警戒区,殴打他人,故意伤害,侮辱他人,诈骗,在铁路沿线非法挖掘坑穴、采石取沙,盗窃、损毁路面公共设施,损毁铁路设施设备,故意损毁财物,哄抢公私财物等规定,予以治安管理处罚,或者由有关部门予以其他行政处罚……

117. 阻碍执行职务

现行规定

《治安管理处罚法》

第61条第1款第2项、第2款 有下列行为之一的,处警告或者五百元以下罚款;情节严重的,处五日以上十日以下拘留,可以并处一千元以下罚款:

(二)阻碍国家机关工作人员依法执行职务的;

阻碍人民警察依法执行职务的,从重处罚。

立案与管辖

(一)立案标准

违法嫌疑人实施了阻碍国家机关工作人员依法执行职务、尚不构成刑事处罚的行为,即

达到立案标准。"阻碍"是指采用吵闹、谩骂和无理纠缠等非暴力的行为方式来阻碍国家机关工作人员依法执行职务。例如,在人民警察检查娱乐场所等公共复杂场所时,相关负责人通过关闭照明电源、锁闭门窗等方式,造成民警长时间等待无法履行工作职责。"国家机关工作人员依法执行职务"是指国家立法机关、行政机关以及司法等机关的工作人员,依照法律法规执行职务,如人民警察维护道路交通秩序、市场监管部门对产品质量进行监督检查等。这类行为的发生主要是群众对国家机关的社会管理活动存在不满,有的是对管理规定缺乏理解,有的是情绪缺乏控制,对执行职务的国家机关工作人员发泄不满。在处理此类警情时,民警应理性平和面对有阻碍行为的群众,做好说服教育,避免情绪激动,从而引发更为剧烈的冲突。

(二)管辖

阻碍执行职务案件一般由违法行为地的公安机关管辖。

违法行为地包括违法行为发生地和违法结果发生地。违法行为发生地,一般指的是阻碍执行职务违法行为的实施地以及开始地、途经地、结束地等与违法行为有关的地点。违法结果发生地,通常指的是受阻碍执行职务的执法人员所在地等。

阻碍执行职务案件由违法行为人居住地公安机关管辖更为适宜的,可以由违法行为人居住地公安机关管辖。例如,违法行为人在多地阻碍执行职务,又回到居住地的,可以请求其居住地公安机关管辖此案,有助于统一处罚标准,也便利管辖。

证据收集

(一)证据规格

在完整的阻碍执行职务行为认定中,需要收集的证据规格如下:

1.违法嫌疑人的陈述和申辩。

(1)违法嫌疑人的基本情况;(2)违法行为的动机和目的,为何阻碍执行职务;(3)问明阻碍执行职务的时间、地点、经过,拒绝执行的言语、行为表示,对国家工作人员执行职务,制造困难,使其工作不能顺利进行,或导致正在执行的职务发生困难、无法进行;(4)问明木棒、砖头、瓦片等作案工具及来源、下落;(5)结伙作案的,问明违法嫌疑人的数量、身份,预谋、结伙聚合的过程、相互关系、地位,以及各违法嫌疑人相互关系情况。

2.被侵害人陈述和其他证人证言。

(1)被侵害人(单位)陈述,问明阻碍执行职务的时间、地点、经过;违法事实情节,违法嫌疑人的数量、身份及体貌特征,各违法嫌疑人在违法行为中的地位和作用。(2)被侵害单位出具的报案材料。(3)其他证人证言,问明阻碍执行职务的时间、地点、经过,违法事实情节,各违法嫌疑人在违法行为中的地位和作用。

3.物证、书证。

(1)木棒、砖头、瓦片等作案工具的原物、清单及照片;(2)依法执行职务的证件、证明文件的原件、清单及照片。

4. 鉴定意见。

执行职务被阻碍期间，被损坏的财物、赃物价值不明或者难以确定的，应当进行物价鉴定；对造成人身伤害，伤情不明或者难以确定的，应当进行人体损伤程度鉴定。

5. 视听资料、电子数据。

(1)记录阻碍执行职务的现场音视频、视频监控资料；(2)能够实施阻碍执行职务行为的聊天信息、图片；(3)查获阻碍执行职务行为的现场执法视频。

6. 勘验、检查笔录，现场笔录。

阻碍执行职务行为现场勘查笔录、现场图、现场照片、提取的痕迹物证等。

7. 辨认笔录。

证人及相关当事人对违法嫌疑人的辨认，嫌疑人之间互相辨认以及对作案工具的辨认。

8. 其他证据材料。

(1)证明违法嫌疑人身份的材料和违法犯罪记录，如人口信息、户籍证明、身份证、工作证、专业或技术等级证复印件等；法院判决书、行政处罚决定书、释放证明书等有效法律文件。(2)抓获经过、处警经过等。

（二）注意事项

在证据收集和审核过程中，公安机关需注意以下证据规格要素：

1. 在阻碍执行职务案件中，行为人处于醉酒状态的情况较为常见。对于此类情况，一方面，要及时固定证据，如拍摄行为人醉酒状态下的言行举止等。另一方面，要注意在其酒醒后及时进行询问，核实案件相关情况。同时，要对其醉酒状态进行医学鉴定，以确定其当时的行为能力，为案件的定性提供依据。

2. 所有证据必须依法取得，严禁使用非法手段获取证据。若案件涉及女性当事人，在调查取证过程中要注意保护其隐私和合法权益。例如，在询问女性当事人时，尽量安排女性执法人员进行询问；在对女性当事人进行人身检查等操作时，要严格按照法定程序进行，避免侵犯其合法权益。

3. 证据收集应全面覆盖违法行为构成要素的各个方面，避免遗漏关键证据。例如，应注意阻碍执行职务的行为方式等方面的证据。若行为人在阻碍执法时声称"就是不让你们执法"，此类言语就可作为证明其主观故意阻碍执行职务的证据。同时，对于涉及聚众阻碍执行职务的案件，还需收集各参与人员之间的关系、分工等证据，以准确认定案件性质。

4. 尽量收集原始证据。对于与案件相关的物证，要确保收集的完整性。例如在一些阻碍执法过程中，行为人可能使用了工具，如棍棒等，这些物证不仅要及时收集，还需记录其来源、特征等信息，为案件的进一步调查和定性提供有力依据。同时，对于现场被损坏的财物等物证，也应进行详细的勘查和记录，包括财物的种类、价值、损坏程度等。执法记录仪等设备记录的音视频资料也应及时保存，确保其完整性和真实性，这是最直接反映案件发生时真实情况的证据。

行为认定

（一）对阻碍执行职务行为的认定

主要从以下四个方面进行认定：

1. 该行为侵害的直接客体是国家机关正常的管理活动。行为侵害的对象值得注意，即专指国家机关工作人员，包括国家权力机关、行政机关、司法机关以及军事机关、中国共产党各级机关、政治协商会议各级机关中依法正在执行职务的人员。《治安管理处罚法》第61条第2款规定该行为侵害对象是人民警察的应从重处罚。值得注意的是，对于阻碍公安机关的警务辅助人员（辅警）辅助管理和执法的行为，能否认定为此类违反治安管理行为。2016年国务院办公厅印发《关于规范公安机关警务辅助人员管理工作的意见》，明确了警务辅助人员协助人民警察依法履行职责的行为受法律保护，履行职责行为后果由所在公安机关承担。因此，对于阻碍辅警执行职务的行为应认定为本行为。至于是否属于阻碍人民警察执行职务而应从重处罚则需要根据案情区分。有法院判决认为，公民在辅警单独执法的情况下实施阻碍执行职务行为的，不应视为阻碍人民警察执行职务而被从重处罚。[①]

2. 行为的客观方面表现为阻碍且未使用暴力、威胁的方法。可以是作为的方式，也可以是不作为的方式。作为方式表现为积极主动地实施阻碍行为，如通过暴力手段直接攻击执法人员，使其无法正常履行职务；或者以威胁的方式，如言语威胁执法人员，迫使其放弃执行职务。例如，在交警对违章车辆进行处罚时，车主对交警进行推搡、拉扯等暴力行为，或者威胁交警称若开罚单就对其进行报复等，都属于以作为方式阻碍执行职务。不作为的方式主要是相对人负有配合执法人员执行职务的法定义务，却消极不履行，也可构成阻碍执行职务行为。比如，在卫生防疫部门要求相关人员配合进行疫情防控检查时，相关人员拒不提供必要信息或拒绝接受检查，以不作为的方式阻碍了防疫工作的执行，也符合行为方式的构成要件。

3. 行为的主体为是一般主体，即年满14周岁，具有责任能力的自然人。这意味着并非所有实施阻碍行为的人都能构成此行为，需具备相应的认知和控制能力。例如，未成年人或因精神疾病等不具备责任能力的人，即便实施了类似阻碍行为，也不能认定为阻碍执行职务行为。在一些案例中，若有未成年人在不明事理的情况下参与阻碍执法人员执行职务，由于其未达到责任年龄，不构成该行为主体。该行为主体不需要特定身份，如在市场监管部门执法过程中，普通摊贩和市场管理人员都可能成为阻碍执行职务行为的主体。

4. 行为的主观方面是故意，即明知对方是依法执行职务的国家机关工作人员而故意阻碍。行为人必须明知对方是国家机关工作人员正在依法执行职务，并且明知自己的行为会阻碍该职务的正常执行。例如，在城管执法人员对违规摆摊进行清理时，摊主明知对方是城管且在执行公务，仍故意用物品阻拦城管执法车辆，这种明知的主观状态符合阻碍执行职务行为的主观故意要件。

---

① 参见贵州省黔南布依族苗族自治州中级人民法院二审行政判决书，(2019)黔27行终170号。

(二) 与妨害公务罪的区别

妨害公务罪(《刑法》第277条),是指以暴力、威胁的方法,阻碍国家机关工作人员、人大代表等依法执行职务、履行职责,以及虽然没有使用暴力、威胁方法,但阻碍国家安全机关、公安机关依法执行国家安全工作,造成严重后果的行为。在实际案件中阻碍国家机关工作人员依法执行职务的行为与妨害公务行为具有相似性,因此要注意二者的区别。根据《刑法》第277条的规定,妨害公务罪有以下几种情形:以暴力或者威胁的方法阻碍国家机关工作人员依法执行职务;以暴力、威胁方法阻碍各级人民代表大会代表执行代表职务;在自然灾害和突发事件中,以暴力、威胁方法阻碍红十字会工作人员依法履行职责;故意阻碍国家安全机关、公安机关依法执行国家安全工作任务,未使用暴力、威胁方法,但造成严重后果的。

阻碍国家机关工作人员依法执行职务行为与妨害公务罪的区别除了在危害后果上有轻重不同之分外,还表现在以下几个方面:

1. 行为侵犯的客体和对象。妨害公务罪侵犯的客体是复杂客体,包括国家机关的正常管理活动和国家机关工作人员的人身权利,侵犯的对象不仅包括国家机关工作人员,还包括人大代表、红十字会工作人员等。本行为侵犯的客体是国家机关的正常管理活动,对相关人员的人身权利不构成危害,行为侵犯的对象只是国家机关工作人员,不包括其他国家工作人员,如国有企业中从事公务的人员。

2. 具体的行为方式不同。妨害公务罪一般是以暴力、威胁的方法,阻碍国家机关工作人员依法执行职务。如果是故意阻碍国家安全机关、公安机关依法执行国家安全工作任务,可以不使用暴力、威胁方法,但必须以造成严重后果为前提。本行为是以非暴力的方式实施的。

(三) 与拒不执行紧急状态下政府发布的决定、命令行为的区别

1. 行为发生的时间地域条件。本行为发生在国家机关工作人员依法执行职务的任何时候和区域,后者只发生于国家在特定区域实施"紧急状态"的时间条件下。

2. 行为侵犯的对象。本行为侵犯的对象是依法执行职务的国家机关工作人员,后者侵犯的对象是人民政府在紧急状态下发布决定、命令的实施秩序。

3. 行为方式。本行为表现为以非暴力的方式,"阻碍"国家机关工作人员依法执行职务,一般是行为人积极实施一定的行为,如谩骂、吵闹、纠缠,给国家机关工作人员执行职务制造困难,尚未使用暴力威胁手段的;后者表现为"拒不执行"的方式,一般是以不作为方式实施,如不履行紧急状态下政府发布命令和决定中规定的责任和义务。

◆ 处罚标准

本行为分为"一般情形"和"情节严重"两个处罚档次。

表 112　阻碍执行职务行为处罚标准

处罚档次	处罚标准	裁量基准
一般情形	处警告或者 500 元以下罚款	/
情节严重	处 5 日以上 10 日以下拘留，可以并处 1000 元以下罚款	①不听执法人员劝阻的 ②造成人员受伤、财产损失等危害后果的 ③在公共场所或者公共交通工具上阻碍执行职务的 ④以驾驶机动车冲闯检查卡点等危险方法阻碍执行任务的 ⑤其他情节严重的情形

案例及解析

【基本案情】L 县公安局交警大队事故中队在对肇事司机宋某进行酒精检测时，宋某的亲友高某某、韩某某上前阻拦。他们不仅妨碍民警依法执行职务，还对民警及辅警进行辱骂、纠缠，现场情形十分恶劣。

对高某某、韩某某的行为应当如何认定？

【解析】本案中，高某某、韩某某具有完全行为能力，交警对肇事司机酒精检测属于依法执行职务的行为，高某某、韩某某上前阻拦、辱骂执法人员，严重干扰了执法活动的正常开展，破坏了执法秩序，符合阻碍执行职务客观方面要件。高某某、韩某某实施行为时明知交警的执法行为，对其阻拦、辱骂出于故意。又因为没有造成实际的人身伤害，应当认定为阻碍执行职务行为。且两人阻碍人民警察依法执行职务，应当从重处罚。

关联法条

1.《刑法》(2023 年修正)

第 277 条　【妨害公务罪】以暴力、威胁方法阻碍国家机关工作人员依法执行职务的，处三年以下有期徒刑、拘役、管制或者罚金。

以暴力、威胁方法阻碍全国人民代表大会和地方各级人民代表大会代表依法执行代表职务的，依照前款的规定处罚。

在自然灾害和突发事件中，以暴力、威胁方法阻碍红十字会工作人员依法履行职责的，依照第一款的规定处罚。

故意阻碍国家安全机关、公安机关依法执行国家安全工作任务，未使用暴力、威胁方法，造成严重后果的，依照第一款的规定处罚。

【袭警罪】暴力袭击正在依法执行职务的人民警察的，处三年以下有期徒刑、拘役或者管制；使用枪支、管制刀具，或者以驾驶机动车撞击等手段，严重危及其人身安全的，处三年以上七年以下有期徒刑。

2.《关于依法处理信访活动中违法犯罪行为的指导意见》(2019年)

一、依法打击违法犯罪行为,明确法律底线

(四)阻碍执行职务。在信访活动中或者以信访为名,以暴力、威胁方法阻碍国家机关工作人员依法执行职务的,依照刑法第二百七十七条的规定,以妨害公务罪定罪处罚;暴力袭击正在依法执行职务的人民警察的,依法从重处罚。

118. 阻碍特种车辆、专用船舶通行

现行规定

《治安管理处罚法》

第61条第1款第3项、第2款 有下列行为之一的,处警告或者五百元以下罚款;情节严重的,处五日以上十日以下拘留,可以并处一千元以下罚款:

(三)阻碍执行紧急任务的消防车、救护车、工程抢险车、警车或者执行上述紧急任务的专用船舶通行的;

阻碍人民警察依法执行职务的,从重处罚。

立案与管辖

(一)立案标准

违法嫌疑人有故意设置障碍,阻碍执行紧急任务的消防车、救护车、工程抢险车、警车或者执行上述紧急任务的专用船舶通行的行为,即达到立案标准。《道路交通安全法》第53条第1款规定:"警车、消防车、救护车、工程救险车执行紧急任务时,可以使用报警器、标志灯具;在确保安全的前提下,不受行驶路线、行驶方向、行驶速度和信号灯的限制,其他车辆和行人应当让行。"法律赋予特种任务车辆在执行紧急任务的过程中享有优先通行权,其目的是最大限度地保障人民生命财产安全,维护公共利益。

(二)管辖

阻碍特种车辆通行案件一般由违法行为地的公安机关管辖。

违法行为地包括违法行为发生地和违法结果发生地。违法行为发生地,一般指的是阻碍特种车辆通行的实施地以及开始地、途经地、结束地等与违法行为有关的地点。违法结果发生地,通常指的是受阻碍通行的特种车辆所在地等。

阻碍特种车辆通行案件由违法行为人居住地公安机关管辖更为适宜的,可以由违法行为人居住地公安机关管辖。例如,违法行为人在多地阻碍特种车辆通行,又回到居住地的,可以请求其居住地公安机关管辖此案,有助于统一处罚标准,也便利管辖。

证据收集

(一)证据规格

在完整的阻碍特种车辆、专用船舶通行行为认定中,需要收集的证据规格如下:

1. 违法嫌疑人的陈述和申辩。

(1)违法嫌疑人的基本情况;(2)违法行为的动机和目的,为何阻碍特种车辆、专用船舶通行;(3)问明阻碍特种车辆、专用船舶通行的时间、地点、经过,阻碍的方式方法;(4)问明木棍、阻车器、锥形桶等作案工具及来源、下落;(5)结伙作案的,问明违法嫌疑人的数量、身份,预谋、结伙聚合的过程、相互关系、地位,以及各违法嫌疑人相互关系情况。

2. 被侵害人陈述和其他证人证言。

(1)被侵害人(单位)陈述,问明阻碍特种车辆、专用船舶通行的时间、地点、经过;违法事实情节,违法嫌疑人的数量、身份及体貌特征,各违法嫌疑人在违法行为中的地位和作用。(2)被侵害单位出具的报案材料。(3)其他证人证言,问明阻碍特种车辆、专用船舶通行的时间、地点、经过,违法事实情节,各违法嫌疑人在违法行为中的地位和作用。

3. 物证、书证。

(1)木棍、阻车器、锥形桶等作案工具的原物、清单及照片;(2)特种车辆或者依法执行特种任务的证件、证明文件的原件、清单及照片。

4. 鉴定意见。

特种交通工具通行被阻碍期间,被损坏的财物、赃物价值不明或者难以确定的,应当进行物价鉴定;对造成人身伤害,伤情不明或者难以确定的,应当进行人体损伤程度鉴定。

5. 视听资料、电子数据。

(1)记录阻碍特种车辆、专用船舶通行的现场音视频、视频监控资料;(2)能够实施阻碍特种车辆、专用船舶通行行为的聊天信息、图片;(3)查获阻碍特种车辆、专用船舶通行的现场执法视频。

6. 勘验、检查笔录,现场笔录。

阻碍特种车辆、专用船舶通行现场勘查笔录、现场图、现场照片、提取的痕迹物证等。

7. 辨认笔录。

证人及相关当事人对违法嫌疑人的辨认;嫌疑人之间互相辨认以及对作案工具的辨认。

8. 其他证据材料。

(1)证明违法嫌疑人身份的材料和违法犯罪记录,如人口信息、户籍证明、身份证、工作证、专业或技术等级证复印件等;法院判决书、行政处罚决定书、释放证明书等有效法律文件。(2)抓获经过、处警经过等。

(二)注意事项

在证据收集和审核过程中,公安机关需注意以下证据规格要素:

1. 所有证据必须依法取得,严禁使用非法手段获取证据。例如,不得使用未经合法程序调取的记载阻碍特种车辆通行行为的视频记录。在询问证人时,要告知证人如实作证的义务和作伪证的法律后果;在进行现场勘查时,勘查人员需具备相应的资质,按照规定的勘查流程进行操作,确保勘查结果的合法性与有效性。若违反法定程序收集证据,可能导致证据在后续的司法程序中不被采信。

2.证据收集应全面覆盖违法行为构成要素的各个方面,避免遗漏关键证据。例如,应注意特种车辆的资质证明等,阻碍特种车辆通行等方面的证据。注意收集特种车辆执行任务的相关文件、指令或记录,如救护车的出诊记录、消防车的火警任务单等。这些文件能证明特种车辆当时处于执行紧急任务状态,突出阻碍行为的严重性。例如,在调查阻碍救护车通行案件时,出诊记录可明确救护车前往救治的患者病情紧急程度,以及阻碍行为可能对患者救治造成的延误后果。

3.确认特种车辆是否配备了符合规定的警示灯具、警报器等优先通行标识,并收集相关证据,如车辆外观照片显示警示灯具的安装情况、警报器开启的记录等。这些标识是特种车辆在道路上享有优先通行权的重要依据,证明其在执行任务时具备法定的优先通行条件。

4.尽量收集原始证据。注意特种车辆被阻碍通行现场的碰撞痕迹、刹车痕迹等物证。许多特种车辆和船舶都配备了行车记录仪、船载监控设备等。这些设备记录的视频、音频资料是重要的证据来源。要及时提取并妥善保存这些记录,确保数据的完整性和真实性。例如,特种车辆的行车记录仪可能记录下了阻碍车辆的车牌号码、阻碍过程中的司机行为等关键信息;船舶的船载监控设备能记录下阻碍船舶的外观、阻碍行为发生的具体位置等内容。

行为认定

(一)对阻碍特种车辆、专用船舶通行行为的认定

主要从以下四个方面进行认定:

1.该行为侵害的客体是国家赋予特种车辆在执行紧急任务时的优先通行权。侵害的对象是正在执行紧急任务的特种车辆,如果对象是非正在执行紧急任务的特种车辆,则不构成本行为。特种车辆、专用船舶通常执行着与公共安全密切相关的任务,阻碍它们通行,直接威胁到公共安全;阻碍其通行,会破坏特定的通行规则和工作秩序。

2.本行为的客观方面表现为行为人设置障碍,阻碍执行紧急任务的消防车等特种车辆、专用船舶通行。在实践中,有的行为人在特种车辆通行的路面上挖掘壕沟,摆设障碍物。积极阻碍是较为常见的表现形式,即行为人通过主动实施行为来阻碍特种车辆、专用船舶通行。例如,在道路上设置障碍物、堆放杂物、设置路障等,使特种车辆无法正常行驶;或者驾驶车辆故意别停特种车辆,如在消防车前往火灾现场途中,私家车恶意穿插、阻挡其前行路线。在水域方面,船舶故意横亘在专用船舶的航道上,阻止其通行。在实际案例中,曾有不法分子为达到个人目的,在消防通道上堆砌建筑材料,致使消防车无法靠近火灾现场,延误救援,这种积极的阻碍行为对公共安全造成了极大危害。消极不作为也可能构成阻碍行为。例如,行为人虽未主动设置障碍,但在有能力且有义务为特种车辆、专用船舶提供通行便利的情况下,拒不履行义务。如在港口区域，工作人员明知有执行紧急任务的专用船舶需要靠岸，却故意拖延安排泊位，致使船舶无法及时停靠开展工作，同样属于消极阻碍行为。

3.本行为主体是一般主体。从多数法律法规及司法实践来看，阻碍特种车辆、专用船舶通行行为的主体通常为一般主体，即达到法定责任年龄、具有责任能力的自然人都可能构成此行为主体，即年满14周岁，具有责任能力的自然人。例如，在一些案例中，普通民众因个人情绪、误解等，采取行动阻碍消防车、救护车等特种车辆通行。在特定情况下，特殊主体也可能构成此类行为主体。比如国家机关工作人员，若在执行职务过程中，利用职权或职务便利阻碍特种车辆、专用船舶通行，可能构成滥用职权等更严重的违法犯罪行为。

4.行为的主观方面是故意，即行为人明知（包括确定知道和可能知道）其所侵犯的对象是正在执行紧急任务的特种车辆，且明知本人的行为会影响到特种车辆执行紧急任务，希望或放任这种危害结果的发生。这种故意包括直接故意和间接故意。直接故意是指行为人明知自己的行为会阻碍特种车辆、专用船舶通行，并且积极追求这种结果的发生。例如，某人因与他人发生纠纷，为了阻止对方乘坐救护车就医，故意驾车堵在救护车前方，不让其通行，这就是典型的直接故意阻碍行为。间接故意则是指行为人明知自己的行为可能会阻碍特种车辆、专用船舶通行，却对这种结果的发生持放任态度。比如，在道路上随意停车，虽主观并非专门针对特种车辆阻碍，但当看到消防车鸣笛示意通行时，仍不采取措施挪车，放任消防车无法顺利通过。

（二）与妨害公务罪的区别

妨害公务罪（《刑法》第277条），是指以暴力、威胁的方法，阻碍国家机关工作人员、人大代表等依法执行职务、履行职责，以及虽然没有使用暴力、威胁方法，但阻碍国家安全机关、公安机关依法执行国家安全工作，造成严重后果的行为。两者有以下区别：(1)客观表现。本行为的表现方式较为单一，即故意阻碍执行紧急任务的消防车、救护车、工程抢险车、警车等车辆通行。而妨害公务罪的行为表现方式是使用暴力、威胁的方法，阻碍国家机关工作人员、人大代表、红十字会等工作人员依法执行职务、履行职责，以及虽然没有使用暴力、威胁方法，但阻碍国家安全机关、公安机关依法执行国家安全工作任务，造成严重后果的行为。从表现形式看，本行为是妨害公务行为的一种形态。(2)行为的后果。本行为造成的后果必须是情节轻微，如果情节严重，则构成妨害公务罪。

（三）与阻碍国家机关工作人员依法执行职务行为的关系

二行为属于一般与特殊的关系，即在行为人阻碍国家机关工作人员驾驶特种车辆执行紧急任务时，行为人故意阻碍的行为同时构成了本行为和阻碍执行职务行为，两者存在法条竞合关系，按照特殊优于一般的处理原则，应以本行为论处。所谓的紧急任务主要包括执行灭火、救护（伤员、病人）、救灾、抢险、抓捕（犯罪嫌疑人）、执行军事任务等具有紧迫性、时效性的任务。

处罚标准

本行为分为"一般情形"和"情节严重"两个处罚档次。

表113 阻碍特种车辆、专用船舶通行行为处罚标准

处罚档次	处罚标准	裁量基准
一般情形	处警告或者500元以下罚款	/
情节严重	处5日以上10日以下拘留,可以并处1000元以下罚款	①不听执法人员劝阻的 ②造成人员受伤、财产损失等危害后果的 ③其他情节严重的情形

案例及解析

【基本案情】在W市某路段,一辆消防车正疾驰赶往起火现场救援。梁某驾驶的小车行驶在前方,消防车多次鸣笛示意让路,梁某却无动于衷。消防车尝试向左变道超车,梁某竟也跟着向左变道,甚至猛踩刹车,致使消防车一度被逼停,严重阻碍了救援车辆的正常行进。消防人员完成救援任务后,迅速向当地交管部门报案。警方通过调查,很快锁定了梁某。经询问,梁某对自己的行为供认不讳。

对梁某的行为应当如何认定?

【解析】本案中,梁某具有完全行为能力,梁某明知后方是执行紧急救援任务的消防车,却故意不避让,甚至采取不当行为阻碍其通行,符合阻碍特种车辆通行的客观方面要件。梁某实施阻碍通行行为出于故意,又因为没有造成实际严重后果,应当认定为阻碍特种车辆通行行为。

关联法条

1.《刑法》(2023年修正)

第277条 【妨害公务罪】以暴力、威胁方法阻碍国家机关工作人员依法执行职务的,处三年以下有期徒刑、拘役、管制或者罚金。

以暴力、威胁方法阻碍全国人民代表大会和地方各级人民代表大会代表依法执行代表职务的,依照前款的规定处罚。

在自然灾害和突发事件中,以暴力、威胁方法阻碍红十字会工作人员依法履行职责的,依照第一款的规定处罚。

故意阻碍国家安全机关、公安机关依法执行国家安全工作任务,未使用暴力、威胁方法,造成严重后果的,依照第一款的规定处罚。

【袭警罪】暴力袭击正在依法执行职务的人民警察的,处三年以下有期徒刑、拘役或者管制;使用枪支、管制刀具,或者以驾驶机动车撞击等手段,严重危及其人身安全的,处三年以上七年以下有期徒刑。

2.《道路交通安全法》(2021年修正)

第53条第1款　警车、消防车、救护车、工程救险车执行紧急任务时，可以使用警报器、标志灯具；在确保安全的前提下，不受行驶路线、行驶方向、行驶速度和信号灯的限制，其他车辆和行人应当让行。

第90条　机动车驾驶人违反道路交通安全法律、法规关于道路通行规定的，处警告或者二十元以上二百元以下罚款。本法另有规定的，依照规定处罚。

119. 冲闯警戒带、警戒区、检查点

现行规定

《治安管理处罚法》

第61条第1款第4项、第2款　有下列行为之一的，处警告或者五百元以下罚款；情节严重的，处五日以上十日以下拘留，可以并处一千元以下罚款：

(四)强行冲闯公安机关设置的警戒带、警戒区或者检查点的。

阻碍人民警察依法执行职务的，从重处罚。

立案与管辖

(一)立案标准

违法嫌疑人有故意强行冲闯人民警察在依法执行职务时设置的警戒带、警戒区、检查点的行为即达到立案标准。《公安机关警戒带使用管理办法》第7条规定：公安机关及其人民警察在使用警戒带设置警戒区时，在场人员应当服从人民警察的指令，无关人员应当及时退出警戒区；未经允许任何人不得跨越警戒带、进入警戒区。公安机关执行某些特定职务的过程中，为确保有效管控公共场所，妥善处理事件、案件或者大型活动的安全管理的需要，设置警戒带、警戒区、检查点。实际中，有行为人为了实现特定目的，故意冲闯警戒带、警戒区、检查点，造成现场秩序混乱，甚至发生公共安全事件。

(二)管辖

冲闯警戒带、警戒区、检查点案件一般由违法行为地的公安机关管辖。

违法行为地包括违法行为发生地和违法结果发生地。违法行为发生地，一般指的是冲闯警戒带、警戒区、检查点的实施地以及开始地、途经地、结束地等与违法行为有关的地点。违法结果发生地，通常指的是被冲闯的警戒带、警戒区、检查点等。

冲闯警戒带、警戒区、检查点案件由违法行为人居住地公安机关管辖更为适宜的，可以由违法行为人居住地公安机关管辖。例如，违法行为人在多地冲闯警戒带、警戒区、检查点，又回到居住地的，可以请求其居住地公安机关管辖此案，有助于统一处罚标准，也便利管辖。

证据收集

(一)证据规格

在完整的冲闯警戒区、警戒带、检查点行为的认定中,需要收集的证据规格如下:

1. 违法嫌疑人的陈述和申辩。

(1)违法嫌疑人的基本情况;(2)违法行为的动机和目的,为何冲闯警戒区、警戒带、检查点;(3)问明冲闯警戒区、警戒带、检查点的时间、地点、经过,冲闯的方式方法;(4)问明木棍、车辆等作案工具及来源、下落;(5)结伙作案的,问明违法嫌疑人的数量、身份,预谋、结伙聚合的过程、相互关系、地位,以及各违法嫌疑人相互关系情况。

2. 被侵害人陈述和其他证人证言。

(1)被侵害人(单位)陈述,问明冲闯警戒区、警戒带、检查点的时间、地点、经过;违法事实情节,违法嫌疑人的数量、身份及体貌特征,各违法嫌疑人在违法行为中的地位和作用。(2)被侵害单位出具的报案材料。(3)其他证人证言,问明冲闯警戒区、警戒带、检查点的时间、地点、经过,违法事实情节,各违法嫌疑人在违法行为中的地位和作用。

3. 物证、书证。

(1)木棍、车辆等作案工具的原物、清单及照片;(2)设置警戒带、警戒区、检查点的决定或命令的原件、清单及照片。

4. 鉴定意见。

警戒区、警戒带、检查点被冲闯期间,被损坏的财物、赃物价值不明或者难以确定的,应当进行物价鉴定;对造成人身伤害,伤情不明或者难以确定的,应当进行人体损伤程度鉴定。

5. 视听资料、电子数据。

(1)记录冲闯警戒区、警戒带、检查点的现场音视频、视频监控资料;(2)能够实施冲闯警戒区、警戒带、检查点行为的聊天信息、图片;(3)查获冲闯警戒区、警戒带、检查点的现场执法视频。

6. 勘验、检查笔录,现场笔录。

冲闯警戒区、警戒带、检查点现场勘查笔录、现场图、现场照片、提取的痕迹物证等。

7. 辨认笔录。

证人及相关当事人对违法嫌疑人的辨认、嫌疑人之间互相辨认以及对作案工具的辨认。

8. 其他证据材料。

(1)证明违法嫌疑人身份的材料和违法犯罪记录,如人口信息、户籍证明、身份证、工作证、专业或技术等级证复印件等;法院判决书、行政处罚决定书、释放证明书等有效法律文件。(2)抓获经过、处警经过等。

(二)注意事项

在证据收集和审核过程中,公安机关需注意以下证据规格要素:

1. 应当注意围绕行为构成的主客观要素收集证据,避免收集到不具有相关性的证据。对当事人的陈述进行详细记录,包括当事人冲闯警戒带、警戒区、检查点的原因、目的、行为过程等。当事人的陈述可能包含对案件定性和处理有重要影响的信息,如是否存在紧急避险等特殊情况。同时,要注意记录当事人陈述时的表情、语气等细节,以便综合判断其陈述的真实性。

2. 所有证据必须依法取得,严禁使用非法手段获取证据。例如,不得未经合法程序调取记载冲闯警戒区警戒带、检查点的视频记录。

3. 证据收集应全面覆盖违法行为构成要素的各个方面,避免遗漏关键证据。例如,应注意警戒带设置的范围,冲闯警戒带的行为等方面的证据。现场可能存在与案件相关的实物证据,如车辆碰撞警戒带后留下的碎片、当事人丢弃的物品等。这些实物证据对于还原案件经过具有重要作用。执法人员应小心收集,避免对证据造成二次损坏,并做好详细的登记和保管工作,注明证据的发现地点、时间、特征等信息。

4. 尽量收集原始证据。执法人员到达现场后,应第一时间对现场的整体状况进行记录。包括警戒带、警戒区、检查点的设置位置、范围,是否有被破坏的痕迹,如警戒带是否被扯断、移位,警戒区内是否有异常物品或人员活动迹象等。可以采用拍照、录像、绘图等多种方式,全面记录现场的原始状态。例如,通过拍摄多角度的照片,清晰展示警戒带与周边环境的关系,以及冲闯行为造成的影响。

🛡 行为认定

(一)对冲闯警戒带、警戒区、检查点行为的认定

主要从以下四个方面进行认定:

1. 行为侵害的客体是公安机关人民警察依法执行职务时的现场管制权。行为侵犯的具体对象是公安机关人民警察设置的警戒区域。警戒带、警戒区、检查点的设置通常是为了维护特定场所的秩序,保障公众安全、执法活动顺利进行或处理突发事件等。例如,在重大活动现场设置警戒带,是为了保障活动的正常进行以及参与者的安全,冲闯行为会破坏这种秩序,对公共安全构成威胁。

2. 行为客观方面表现为行为人强行冲闯公安机关设置的警戒带、警戒区、检查点。首先,存在警戒或检查标识。客观上必须存在明确的警戒带、检查标识、警戒区标识。警戒带一般为黄黑相间的带状物,上面可能印有警示字样;警戒区则可能通过设置警示标识牌、路障等方式进行明确界定。例如,在施工现场周围拉起了警戒带,并设置了"施工重地,请勿靠近"的标识牌,这就构成了明确的警戒标识。其次,行为人实施了冲闯警戒带、警戒区、检查点的行为,即跨越、穿越或强行进入已设置的警戒带、警戒区、检查点范围。这种行为可以是徒步冲闯,也可以是驾驶车辆冲闯等。例如,在地震灾害现场设置了警戒区,有人不顾现场工作人员劝阻,驾驶车辆强行过警戒区,这就属于典型的冲闯行为。

3. 行为的主体是一般主体。只要达到责任年龄、具有责任能力的自然人,都可能构成此行为主体。无论是普通公民、企业员工,还是其他社会成员,都有可能实施冲闯警戒带、警戒区、检查点的行为。例如,在发生交通事故后设置了警戒带,路过的行人或车辆驾驶者都有可能成为潜在的行为主体。

4.行为的主观方面是故意,即行为人明知是公安机关设置的警戒带、警戒区、检查点,不听从现场警察的劝阻和制止,强行冲闯。因为警戒带、警戒区、检查点一般都有明显标志,且现场有警察执勤,所以行为人一般是明知。行为人主观上通常表现为故意,即明知是警戒带、警戒区、检查点而故意冲闯。这种故意可能基于多种动机,如好奇心驱使、急于通过而忽视警示、对执法权威的蔑视等。例如,在火灾现场设置了警戒区,有人明知是警戒区域,却因好奇里面的情况而强行冲闯,这种行为就是基于故意的心理状态。

(二)与妨害公务罪的区别

妨害公务罪(《刑法》第277条),是指以暴力、威胁的方法,阻碍国家机关工作人员、人大代表等依法执行职务、履行职责,以及虽然没有使用暴力、威胁方法,但阻碍国家安全机关、公安机关依法执行国家安全工作,造成严重后果的行为。办理此类案件时,需要把握冲闯警戒带、警戒区、检查点行为与妨害公务罪的界限。两者的区别除行为危害后果的轻重不同外,在行为的客观表现上也有细微区别。本行为在客观方面表现为强行冲闯公安机关设置的警戒带、警戒区、检查点,行为方式较为单一。妨害公务罪的行为方式多种多样。从理论上讲,两者是一般和特殊的关系,本行为是妨害公务行为的特殊情形,在情节、后果严重的情形下,需要追究行为人的刑事责任的,应当以妨害公务罪论处。

■ 处罚标准

本行为分为"一般情形"和"情节严重"两个处罚档次。

表114 冲闯警戒带、警戒区、检查点行为处罚标准

处罚档次	处罚标准	裁量基准
一般情形	处警告或者500元以下罚款	/
情节严重	处5日以上10日以下拘留,可以并处1000元以下罚款	①不听执法人员劝阻的 ②造成人员受伤、财产损失等危害后果的 ③其他情节严重的情形

■ 案例及解析

【基本案情】G县公安局执行"X市大峡谷杯"环X市国际公路自行车赛第三赛段全要素安保演练任务。9时许,在G县某交叉路口处,徐某驾驶电动三轮车进入警戒区域,试图穿越路口。执勤民警多次上前劝阻,明确告知其此区域已设为警戒区,禁止无关车辆通行,然而徐某对此置若罔闻,在民警的再三阻拦下,仍执意驾驶电动三轮车强行冲闯警戒带、闯入警戒区。其行为严重影响了安保民警的正常工作秩序,对赛道的安全保障工作也造成了干扰,致使现场秩序一度混乱。执勤民警迅速行动,依法将徐某强制带离现场。

对徐某的行为应当如何定性？

【解析】本案中，徐某具有完全行为能力，明知该区域已被公安机关设置为警戒区，且民警多次劝阻，依旧强行冲闯，不仅无视法律规定，还严重干扰了执法人员的正常工作，对赛事公共秩序造成破坏，符合冲闯警戒带、警戒区的客观方面要件。梁某实施违法行为出于故意。又因为没有造成实际严重后果，应当认定为冲闯警戒带、警戒区行为。

关联法条

1.《刑法》(2023年修正)

第277条 【妨害公务罪】以暴力、威胁方法阻碍国家机关工作人员依法执行职务的，处三年以下有期徒刑、拘役、管制或者罚金。

以暴力、威胁方法阻碍全国人民代表大会和地方各级人民代表大会代表依法执行代表职务的，依照前款的规定处罚。

在自然灾害和突发事件中，以暴力、威胁方法阻碍红十字会工作人员依法履行职责的，依照第一款的规定处罚。

故意阻碍国家安全机关、公安机关依法执行国家安全工作任务，未使用暴力、威胁方法，造成严重后果的，依照第一款的规定处罚。

【袭警罪】暴力袭击正在依法执行职务的人民警察的，处三年以下有期徒刑、拘役或者管制；使用枪支、管制刀具，或者以驾驶机动车撞击等手段，严重危及其人身安全的，处三年以上七年以下有期徒刑。

2.《道路交通安全法》(2021年修正)

第40条 遇有自然灾害、恶劣气象条件或者重大交通事故等严重影响交通安全的情形，采取其他措施难以保证交通安全时，公安机关交通管理部门可以实行交通管制。

3.《消防法》(2021年修正)

第45条第1款、第2款第3项 消防救援机构统一组织和指挥火灾现场扑救，应当优先保障遇险人员的生命安全。

火灾现场总指挥根据扑救火灾的需要，有权决定下列事项：

(三)划定警戒区，实行局部交通管制；

第三十七节 《治安管理处罚法》第62条

120.冒充国家机关工作人员招摇撞骗

现行规定

《治安管理处罚法》

第62条第1款、第2款 冒充国家机关工作人员招摇撞骗的,处十日以上十五日以下拘留,可以并处一千元以下罚款;情节较轻的,处五日以上十日以下拘留。

冒充军警人员招摇撞骗的,从重处罚。

立案与管辖

（一）立案标准

违法嫌疑人冒充国家机关工作人员的身份牟取非法利益,尚未达到刑事处罚的行为即达到本款规定的立案标准。冒充军警人员招摇撞骗的,从重处罚。

（二）管辖

招摇撞骗案件一般由违法行为地的公安机关管辖。

违法行为地包括违法行为发生地和违法结果发生地。违法行为发生地,一般指的是招摇撞骗的实施地以及开始地、途经地、结束地等与违法行为有关的地点。违法结果发生地,通常指的是招摇撞骗受害者所在地等。

招摇撞骗案件由违法嫌疑人居住地公安机关管辖更为适宜的,可以由违法嫌疑人居住地公安机关管辖。

证据收集

（一）证据规格

在一个完整的招摇撞骗行为的认定中,需要收集的证据规格如下:

1.违法嫌疑人陈述和申辩。

（1）违法嫌疑人的基本情况;（2）违法行为的动机和目的,为何目的招摇撞骗,如骗取财物、荣誉、吃喝或其他目的;（3）问明招摇撞骗的时间、地点、经过,冲闯的方式方法;（4）问明假工作证、身份证、介绍信等作案工具及来源、下落;（5）结伙作案的,问明违法嫌疑人的数量、身份,预谋、结伙聚合的过程,以及各违法嫌疑人之间的关系、在团伙中的地位情况。

2. 被侵害人陈述和其他证人证言。

（1）被侵害人（单位）陈述，包括招摇撞骗的时间、地点、经过、违法事实情节、违法嫌疑人的数量、身份及体貌特征，各违法嫌疑人在违法行为中的地位和作用；（2）被侵害人（单位）出具的报案材料；（3）其他证人证言，包括招摇撞骗的时间、地点、经过、违法事实情节，各违法嫌疑人在违法行为中的地位和作用。

3. 物证、书证。

（1）假工作证、身份证、介绍信等作案工具的原物、清单及照片；（2）被骗取财物的数量、品种、规格和型号。

4. 鉴定意见。

被骗取的财物、赃物价值不明或者难以确定的，应当做物价鉴定。

5. 视听资料、电子数据。

（1）记录招摇撞骗的现场音频、视频监控资料；（2）记录实施招摇撞骗行为的聊天信息、图片；（3）查获招摇撞骗的现场执法视频。

6. 勘验、检查笔录，现场笔录。

招摇撞骗现场的勘查笔录、现场照片、提取的痕迹物证等。

7. 辨认笔录。

证人及相关当事人对违法嫌疑人的辨认；嫌疑人之间互相辨认以及对作案工具的辨认。

8. 其他证据材料。

（1）证明违法嫌疑人身份的材料和违法犯罪记录，如人口信息、户籍证明、身份证、工作证、专业或技术等级证复印件等；法院判决书、行政处罚决定书、释放证明书等有效法律文件。（2）抓获经过、处警经过等。

（二）注意事项

公安机关在查处招摇撞骗治安案件时，应注意：

1. 通过各类证据查明违法嫌疑人的作案手段、危害后果，包括采用的具体招摇撞骗方式，如是否冒充了国家机关工作人员，是否给单位或个人造成了损失，以及骗取财物的数额、对他人名誉的影响等，用以判断其是否还构成其他类型的违法行为。

2. 关注违法嫌疑人的作案动机和目的，了解其是为了骗取财物、荣誉、吃喝还是出于其他目的而实施的违法行为，明确其主观意图，判断其是否还构成其他类型的违法行为。

3. 查明假工作证、身份证、介绍信等作案工具的来源，强化办理案件的证据链条，同时做好违法犯罪预防。

🛡 行为认定

（一）对招摇撞骗行为的认定

主要从以下四个方面进行认定：

1. 本行为侵害的客体是国家机关的威信和形象，同时可能侵犯公民的合法权益。

2. 本行为的客观方面表现为冒充国家机关工作人员。国家机关工作人员,是指在国家机关中从事公务的人员。其中国家机关包括国家权力机关、行政机关、司法机关、军事机关。考虑到我国的政治生活实际情况,一般认为中国共产党的各级机关、政治协商会议各级机关也属于国家机关的范围。① 根据《刑法》第93条第2款的规定,国有公司、企业、事业单位、人民团体中从事公务的人员和国家机关、国有公司、企业、事业单位委派到非国有公司、企业、事业单位、社会团体从事公务的人员,以国家机关工作人员论。冒充,不仅包括非国家机关工作人员冒充国家机关工作人员,还包括此国家机关工作人员冒充彼国家机关工作人员、同一国家机关职位低的工作人员冒充职位高的工作人员或相反、从国家机关离退休的人员冒充国家机关工作人员、以上情形的混合等。军警人员,是指《人民警察法》意义上的警察和《军人地位和权益保障法》意义上的军人。《人民警察法》第2条第2款规定:"人民警察包括公安机关、国家安全机关、监狱、劳动教养管理机关的人民警察和人民法院、人民检察院的司法警察。"《国防法》第71条规定:"本法所称军人,是指在中国人民解放军服现役的军官、军士、义务兵等人员。本法关于军人的规定,适用于人民武装警察。"由于警务辅助人员(辅警)不是警察,冒充辅警的,不适用本条第2款的规定。

3. 本行为的主体是一般自然人主体。这意味着只要是年满14周岁,且精神正常、能够辨认和控制自己行为的人,都可能成为此行为的实施主体。无论是普通公民还是原本具有一定身份但并非国家机关工作人员的人,都有可能成为该违法行为的主体。例如,无业人员张某冒充警察,在街头向路人炫耀并试图获取非法利益,张某就是作为一般主体实施了该行为。

4. 本行为的主观方面是故意。是否实际骗取利益,不影响本条规定的违法行为的成立,但可以作为处罚时考量的情节。故意的内容包括两方面:一是故意冒充国家机关工作人员,即明知自己的行为是冒充国家机关工作人员而为之;二是故意以冒充的身份进行撞骗。构成本条规定的违法行为必须具备谋求不正当利益的要素,有的是骗取物质利益,如骗取财物、吃喝等,也有的为骗取名誉、地位,或者以恋爱为由玩弄异性等。如果行为人实施行为是为了实现合法目的,一般不认为存在违法行为。例如某人发现有小偷正在实施盗窃行为,便自称是警察,将小偷控制住,制止了违法犯罪行为,类似这样为了实现合法目的并且无损于社会利益和国家机关形象的行为,不构成本条规定的违法行为。

(二)冒充国家机关工作人员招摇撞骗行为的认定

1. 冒充国家机关工作人员与实施招摇撞骗的行为必须是同时具备的,才能构成本行为。如果行为人为了满足心理上的需求,谎称自己是国家机关工作人员或者一般工作人员,谎称自己是领导干部,使别人对其尊敬、尊重,但并不以此进行诈骗财物或者谋取其他不法利益,只是满足其虚荣心,这就属于思想作风问题。因其没有造成社会危害后果,没有获取非法利益,所以不以招摇撞骗违法行为论处,对此可以由有关部门予以批评教育或纪律处分。更进

---

① 参见陈兴良、刘树德、王芳凯编:《注释刑法全书》,北京大学出版社2022年版,第1538页。

一步,如果行为人冒充国家机关工作人员而单纯是为了给予他人好处,因欠缺撞骗行为,也不构成冒充国家机关工作人员招摇撞骗行为。

2. 如果行为人冒充国家机关工作人员进行招摇撞骗的行为,即使索取钱财等行为未遂,只要对国家机关的信誉和管理秩序造成了损害,招摇撞骗行为就已经既遂。这是本行为与诈骗行为的一个重要区别。即本行为侵害的法益主要是国家机关的威信和形象,本行为在性质上属于行为犯而非结果犯,行为人招摇撞骗的目的除骗取财物外,还包括各类宽泛意义上的骗取非法利益,如地位、荣誉、待遇等。而诈骗行为侵害的法益主要是财产权益,招摇撞骗行为与诈骗行为之间存在竞合的可能性。

(三)与招摇撞骗罪的区别

本行为与招摇撞骗行为存在对应关系的刑事犯罪是《刑法》第279条规定的招摇撞骗罪、第372条规定的冒充军人招摇撞骗罪。罪与非罪的区别主要体现在行为的客观方面,主要是违法事实的情节,可以参照下列标准进行区分:

1. 次数。行为人多次实施招摇撞骗的,可以认定为情节严重;对于偶发性实施并且后果不严重的,可以不认为是犯罪。

2. 骗取非法利益的性质。仅对本违法行为而言,骗取政治待遇、荣誉待遇的社会危害性一般要比骗取物质利益的社会危害性严重,实行前行为更容易入罪。

3. 后果。招摇撞骗罪要求不法行为后果严重,例如行为人冒充国家机关工作人员多次实施招摇撞骗,给国家、社会或者他人造成严重财产损失的。有时"后果严重"的认定不仅要考虑行为有形的结果,如骗取财物的多少、骗吃骗喝的总价金、骗取娱乐消费的总价款等,还要考虑无形的结果,如对国家机关的威信和正常活动的影响、破坏程度,冒充的领导干部的地位高低、社会影响大小等。

4. 是否有冒用职权的行为。如果行为人同时冒用职权,则其危害性要严重于仅有冒充行为的招摇撞骗。

上述标准要结合案情事实综合把握。

(四)与诈骗行为的区别

本行为与诈骗(骗取公私财物)行为在客观上都实施了欺骗的行为,骗取别人的信任,使他人"自愿"从事某种行为,主观上后者必然是为了骗取财物而前者很可能也是为了骗取财物,这是两者的共同之处。它们的区别是:

1. 行为手段。招摇撞骗行为手段较为单一,必须是假冒国家机关工作人员,利用人民群众对国家机关工作人员的信任,骗取非法利益;而骗取公私财物行为则可以利用多种方法诈骗,如编造谎言,假冒身份,伪造、涂改单据,冒领财物,等等。

2. 主观目的。招摇撞骗行为的目的可能是骗取财物,也可能是骗取某种职位或职务、政治待遇,或者其他权利和利益;骗取公私财物行为的目的只是获取物质利益,非法占有公私财产。

3. 侵害的客体。 招摇撞骗行为侵害的客体主要是国家机关的威信及其正常活动；骗取公私财物行为侵犯的客体仅限于公私财物产权。

尽管二者存在很大的区别，但在行为人冒充国家机关工作人员骗取财物的情况下，招摇撞骗行为与诈骗行为之间存在竞合关系，应当依据"重法优于轻法"的原则依照处罚较重的规定定罪或者处罚。①

🛡 处罚标准

本行为分为"一般情形""情节较轻"两个处罚档次。冒充军警人员招摇撞骗的，从重处罚。根据公安实践，对于"情节较轻"情形的认定，应当结合行为人的动机、手段、目的，行为的次数和造成的后果等综合考虑。

表115　冒充国家机关工作人员招摇撞骗行为处罚标准

处罚档次	处罚标准	裁量基准
一般情形	处10日以上15日以下拘留，可以并处1000元以下罚款	/
情节较轻	处5日以上10日以下拘留	①社会影响较大，取得实际利益的 ②造成当事人较大财物损失或者其他危害后果的 ③其他情节较重的情形

🛡 案例及解析

【基本案情】甲身着橙色卫衣，独自来到某市一台球室，自称是治安大队民警，称要检查棋牌室规范经营情况，还表示队长在楼下。交谈中，甲拒绝店主提供的饮品，并索要一包香烟。店主察觉异常，一边给其香烟，一边远程查看监控，发现甲既穿便衣又无执法证，且楼下并无巡逻警车，遂报警。辖区派出所民警通过监控分析确定甲冒充民警，遂将其抓获。

对甲的行为应如何认定？

【解析】本案中，甲具有完全行为能力，他利用公众对警察的信任，冒用警察身份，妄图索要香烟，具有骗取公众财物的目的，符合招摇撞骗行为的客观构成。甲实施行为时意识清醒，出于故意，且行为没有达到刑事处罚标准，故其行为应当认定为招摇撞骗行为。由于其冒充警察招摇撞骗，应当从重处罚。

🛡 关联法条

《刑法》(2023年修正)

第279条　【招摇撞骗罪】冒充国家机关工作人员招摇撞骗的，处三年以下有期徒刑、拘役、管制或

---

① 参见王志祥：《招摇撞骗罪与诈骗罪关系新论》，载《法商研究》2023年第3期。

者剥夺政治权利;情节严重的,处三年以上十年以下有期徒刑。

冒充人民警察招摇撞骗的,依照前款的规定从重处罚。

第372条 【冒充军人招摇撞骗罪】冒充军人招摇撞骗的,处三年以下有期徒刑、拘役、管制或者剥夺政治权利;情节严重的,处三年以上十年以下有期徒刑。

121. 以其他虚假身份招摇撞骗

现行规定

《治安管理处罚法》

第62条第3款 盗用、冒用个人、组织的身份、名义或者以其他虚假身份招摇撞骗的,处五日以下拘留或者一千元以下罚款;情节较重的,处五日以上十日以下拘留,可以并处一千元以下罚款。

立案与管辖

(一)立案标准

违法嫌疑人盗用、冒用个人、组织的身份、名义或者使用其他虚假身份,以牟取非法利益,尚不构成刑事处罚的即达到本款规定的立案标准。这里的其他虚假身份指的是国家机关工作人员以外的身份。

(二)管辖

以其他虚假身份招摇撞骗案件一般由违法行为地的公安机关管辖。

违法行为地包括违法行为发生地和违法结果发生地。违法行为发生地,一般指的是招摇撞骗的实施地以及开始地、途经地、结束地等与违法行为有关的地点。违法结果发生地,通常指的是招摇撞骗受害者所在地等。

以其他虚假身份招摇撞骗案件由违法嫌疑人居住地公安机关管辖更为适宜的,可以由违法嫌疑人居住地公安机关管辖。

证据收集

(一)证据规格

在一个完整的以其他虚假身份招摇撞骗行为的认定中,需要收集的证据规格如下:

1.违法嫌疑人陈述和申辩。

(1)违法嫌疑人的基本情况;(2)违法行为的动机和目的,为何目的招摇撞骗,如骗取财物、荣誉、吃喝或其他目的;(3)问明招摇撞骗的时间、地点、经过、方式方法;(4)问明假工作证、身份证、介绍信等作案工具及来源、下落;(5)结伙作案的,问明违法嫌疑人的数量、身份、预谋、结伙聚合的过程,以及各违法嫌疑人之间的关系、在团伙中的地位情况。

2. 被侵害人陈述和其他证人证言。

(1)被侵害人(单位)陈述,包括招摇撞骗的时间、地点、经过、违法事实情节、违法嫌疑人的数量、身份及体貌特征,各违法嫌疑人在违法行为中的地位和作用;(2)被侵害单位出具的报案材料;(3)其他证人证言,包括招摇撞骗的时间、地点、经过、违法事实情节,各违法嫌疑人在违法行为中的地位和作用。

3. 物证、书证。

(1)假工作证、身份证、介绍信等作案工具的原物、清单及照片;(2)被骗取财物的数量、品种、规格和型号。

4. 鉴定意见。

被骗取的财物、赃物价值不明或者难以确定的,应当做物价鉴定。

5. 视听资料、电子数据。

(1)记录招摇撞骗的现场音频、视频监控资料;(2)记录实施招摇撞骗行为的聊天信息、图片;(3)查获招摇撞骗的现场执法视频。

6. 勘验、检查笔录,现场笔录。

招摇撞骗现场的勘查笔录、现场照片、提取的痕迹物证等。

7. 辨认笔录。

证人及相关当事人对违法嫌疑人的辨认;嫌疑人之间互相辨认以及对作案工具的辨认。

8. 其他证据材料。

(1)证明违法嫌疑人身份的材料和违法犯罪记录,如人口信息、户籍证明、身份证、工作证、专业或技术等级证复印件等;法院判决书、行政处罚决定书、释放证明书等有效法律文件。(2)抓获经过、处警经过等。

(二)注意事项

1. 通过各类证据查明违法嫌疑人的作案手段、危害后果,包括采用的具体招摇撞骗方式,如是否给单位或个人造成了损失,以及骗取财物的数额、对他人名誉的影响等,以此判断其是否还构成其他类型的违法行为。

2. 关注违法嫌疑人的作案动机和目的,了解其是为了骗取财物、荣誉、吃喝还是其他目的,明确其主观意图,判断其是否还构成其他类型的违法行为。

3. 查明假工作证、身份证、介绍信等作案工具的来源,判断其是否还构成其他类型的违法行为,做好预防工作。

🛡 行为认定

(一)对以其他虚假身份招摇撞骗的认定

1. 本行为侵害的客体是一般社会管理秩序和社会主体的正常活动秩序,同时,该行为可能侵犯公民的合法权益。

2. 本行为的客观方面表现为盗用、冒用个人、组织的身份、名义或者以其他虚假身份招摇撞骗。盗用，主要是指利用他人身份、名义。冒用，主要是指直接冒充他人。身份，主要是指自然人稳定的法律地位，例如公民身份、监护人身份、亲属身份、无行为能力身份等。名义，主要是指法律对主体外在标识或授权资格的确认，例如自然人的姓名、职务、笔名和法人的名称、商标、标识等。组织，包括法人和非法人组织。法人和非法人组织是否有"身份"，存在争议，但法人的名称等毫无疑问地受法律保护。以其他虚假身份招摇撞骗，常见的有冒充高级知识分子、企业高管、英烈子弟、高干子女、律师、医生、教师、运动员、记者等其他虚假身份招摇撞骗。招摇，主要是指假冒国家机关工作人员身份以外的其他身份、名义。撞骗，主要是指违法行为人冒充他人身份骗取非法利益。

3. 本行为的主体是一般自然人主体。

4. 本行为的主观方面是故意。

（二）与招摇撞骗罪的区别

《治安管理处罚法》第62条第3款是2025年修法新增的规则，治安管理意义上的招摇撞骗行为与刑法意义上的招摇撞骗罪（《刑法》第279条、第372条）由此区别开来。《刑法》第279条规定了冒充国家机关工作人员招摇撞骗和冒充人民警察招摇撞骗行为的入刑规则，《刑法》第372条规定了冒充军人招摇撞骗行为的入刑规则，《刑法》并未对"盗用、冒用个人、组织的身份、名义或者以其他虚假身份招摇撞骗"的行为作出规定，根据罪刑法定原则，盗用、冒用一般个人、组织的身份、名义，不构成招摇撞骗罪，但是，不排除成立诈骗罪、敲诈勒索罪[①]等其他罪名的可能。

2025年修订的《治安管理处罚法》新增第62条第3款，明确地针对招摇撞骗行为的可冒充对象采取了较为宽泛的立法取向。与《刑法》主要关注个体法益即要求把集体法益还原为个体法益不同，[②]《治安管理处罚法》侧重对治安秩序本身的维护。如果任由他人盗用、冒用个人、组织的身份、名义或者以其他虚假身份招摇撞骗，一般社会管理秩序和社会主体的正常活动秩序都会受到影响。在这个意义上，盗用、冒用个人、组织的身份、名义或者以其他虚假身份招摇撞骗行为具有实质可罚性。

《刑法》第279条规定的招摇撞骗罪、第372条规定的冒充军人招摇撞骗罪所处罚的行为限于冒充包括军警人员在内的国家机关工作人员，不包括冒充其他人员的行为。冒充非国家机关工作人员招摇撞骗的，构成以其他虚假身份招摇撞骗违法行为，但不构成招摇撞骗罪或冒充军人招摇撞骗罪。实践中，冒充非国家机关工作人员骗取公私财物，情节严重的，构成诈

---

① 《最高人民法院关于审理抢劫、抢夺刑事案件适用法律若干问题的意见》第9条第1款规定："行为人冒充正在执行公务的人民警察'抓赌'、'抓嫖'，没收赌资或者罚款的行为，构成犯罪的，以招摇撞骗罪从重处罚；在实施上述行为中使用暴力或者暴力威胁的，以抢劫罪定罪处罚。行为人冒充治安联防队员'抓赌'、'抓嫖'、没收赌资或者罚款的行为，构成犯罪的，以敲诈勒索罪定罪处罚；在实施上述行为中使用暴力或者暴力威胁的，以抢劫罪定罪处罚。"

② 参见张明楷：《刑法学》（第5版），法律出版社2016年版，第81-82页。

骗罪;冒充非国家机关工作人员威胁他人取得财物,情节严重的,构成敲诈勒索罪或抢劫罪。

(三)针对特定身份招摇撞骗的协同查处

招摇撞骗行为的构成以冒充特定身份为要件,对于受到主管部门管理的特殊行业,法律法规对此另有规定的,应当优先适用特别规定。以"前律师"问题举例。张三曾是司法行政部门法律援助中心中持有律师工作证的工作人员,但现在既不在法律援助中心工作,又未在社会律师事务所执业。此时张三如果以律师名义从事有偿法律服务,应当由司法行政部门根据《律师法》第55条"没有取得律师执业证书的人员以律师名义从事法律服务业务的,由所在地的县级以上地方人民政府司法行政部门责令停止非法执业,没收违法所得,处违法所得一倍以上五倍以下的罚款"的规定责令其停止非法执业并予以处罚。但如果张三并未从事有偿法律服务,而是以律师名义设立微信公众号发表文章,从而获取"打赏",尚不构成犯罪,应认定其行为构成招摇撞骗的违反治安管理行为,公安机关应当对其处以治安管理处罚。

处罚标准

本行为分为"一般情形""情节较重"两个处罚档次。根据公安实践,对于"情节较重"情形的认定,应当结合行为人的动机、手段、目的,行为的次数和造成的后果等综合考虑。

表116 以其他虚假身份招摇撞骗行为处罚标准

处罚档次	处罚标准	裁量基准
一般情形	处5日以下拘留,或者1000元以下罚款	/
情节较重	处5日以上10日以下拘留,可以并处1000元以下罚款	①社会影响较大,取得实际利益的
		②造成当事人较大财物损失或者其他危害后果的
		③其他情节较重的情形

案例及解析

【基本案情】甲某通过非法渠道获取乙某的身份证复印件和工作单位信息,伪造乙某的签名后,冒充乙某向丙大学提交学术研讨会参会申请。甲某谎称自己是乙某,代表乙某单位参与教育政策研讨。凭借冒用的虚假身份,甲某顺利通过会务组审核并获得参会资格。在研讨会现场,甲某以"教育专家"身份发言,传播未经证实的教育理念,骗取了2000元专家费。会务组工作人员发现异常,遂报警。警方通过身份核验和笔迹比对,发现甲某冒用他人身份,将其当场抓获。

对甲某的行为应如何认定?

【解析】本案中,甲某盗用乙某身份信息的行为构成了非法获取个人信息行为;而后其虚构职业关系骗取信任,冒用乙某身份参与学术活动、享受专家待遇、传播误导性言论的行为侵害了一般社会管理秩序和社会主体的正常活动秩序,并成功骗取专家费,行为构成以其他虚假身份招摇撞骗行为。由于两个行为之间存在牵连关系,甲某的行为只认定为一行为,即认定为以其他虚假身份招摇撞骗行为。

此外,甲某冒用他人居民身份证的行为,还违反《居民身份证法》第17条的规定,成立冒用他人居民身份证的违法行为,需另案处理。

关联法条

《刑法》(2023年修正)

第279条 【招摇撞骗罪】冒充国家机关工作人员招摇撞骗的,处三年以下有期徒刑、拘役、管制或者剥夺政治权利;情节严重的,处三年以上十年以下有期徒刑。

冒充人民警察招摇撞骗的,依照前款的规定从重处罚。

第372条 【冒充军人招摇撞骗罪】冒充军人招摇撞骗的,处三年以下有期徒刑、拘役、管制或者剥夺政治权利;情节严重的,处三年以上十年以下有期徒刑。

第三十八节 《治安管理处罚法》第63条

122. 伪造、变造、买卖公文、证件、证明文件、印章

现行规定

《治安管理处罚法》

第63条第1项 有下列行为之一的,处十日以上十五日以下拘留,可以并处五千元以下罚款;情节较轻的,处五日以上十日以下拘留,可以并处三千元以下罚款:

（一）伪造、变造或者买卖国家机关、人民团体、企业、事业单位或者其他组织的公文、证件、证明文件、印章的;

立案与管辖

（一）立案标准

违法嫌疑人有故意伪造、变造、买卖国家机关、人民团体、企业、事业单位或者其他组织公文、证件、证明文件、印章,妨害社会管理秩序的行为即达到立案标准。伪造,是指无制作权的人冒用国家机关、人民团体、企事业单位或者其他组织的名义,对它们的公文、证件、证明文件、印章等进行伪造的行为,包括伪造不存在的和存在的文件、印章等材料。变造,是指无权更改材料者利用改写、更换、拼凑、销抹、加刻等手法,非法对真实的材料进行加工改制,以便形成与原制作内容不一致的虚假内容。伪造是企图以假充真的行为,变造是以真实材料为底加工制假的行为。买卖,是指以金钱为代价买进或者卖出国家机关、人民团体、企业事业单位或者其他组织的公文、证件、证明文件、印章的行为。需要注意的是,虽然买卖的公文、证件等物品形式上为真,但是其出具的程序违法,且社会诚信、个人诚信被作为商品买卖,实际具有违法性。

（二）管辖

伪造、变造、买卖公文、证件、证明文件、印章案件一般由违法行为地的公安机关管辖。

违法行为地包括违法行为发生地和违法结果发生地。违法行为发生地,一般指的是伪造、变造、买卖的实施地以及开始地、途经地、结束地等与违法行为有关的地点。违法结果发生地,通常是指被伪造、变造、买卖的公文、证件、证明文件、印章的发现地等。

伪造、变造、买卖公文、证件、证明文件、印章案件由违法行为人居住地公安机关管辖更为适宜的,可以由违法行为人居住地公安机关管辖。例如,违法行为人在多地伪造、变造、买卖公文、证件、证明文件、印章,又回到居住地的,可以请求其居住地公安机关管辖此案,有助于

统一处罚标准,便利管辖。

证据收集

(一)证据规格

在一个完整的伪造、变造、买卖公文、证件、证明文件、印章的行为认定中,需要收集的证据规格如下:

1. 违法嫌疑人的陈述和申辩。

(1)违法嫌疑人的基本情况;(2)违法行为的动机和目的,为何目的伪造、变造证件、证明文件;(3)问明伪造、变造、买卖的公文、证件、印章的特征、内容、用途、去向;(4)问明作案工具及来源、下落,如电脑、打印机、复印机、刻刀等,应当及时扣押并制作照片附卷;(5)结伙作案的,问明违法嫌疑人的数量、身份、当天穿着、预谋、结伙聚合的过程、相互关系、地位,以及各违法嫌疑人相互关系、相互印证情况。

2. 被侵害人陈述和其他证人证言。

(1)被侵害人(单位)陈述,问明伪造、变造、买卖的公文、证件、证明文件、印章的时间、地点、经过、违法事实情节、违法嫌疑人的数量、身份及体貌特征,各违法嫌疑人在违法行为中的地位和作用。(2)被侵害单位出具的报案材料。(3)其他证人证言,问明伪造、变造、买卖国家的公文、证件、印章的时间、地点、经过、违法事实情节,各违法嫌疑人在违法行为中的地位和作用。

3. 物证、书证。

(1)伪造、变造、买卖的公文、证件、印章原物、清单及照片;(2)电脑、打印机、复印机、刻刀等作案工具原物、清单及照片;(3)公文样式、证件样式、印章样式等原物、清单及照片;(4)赃款、赃物的下落,进行销赃、窝赃、用赃的人员、地点相关情况的照片、记录等;(5)收据、发票、账簿、记账凭证、非法所得的原物、清单及照片等。

4. 鉴定意见。

伪造性质鉴定、变造性质鉴定、估价鉴定等。

5. 视听资料、电子数据。

(1)记录伪造、变造公文、证件、证明文件等的现场音视频、视频监控资料;(2)能够证明违法行为的聊天信息、图片;(3)现场执法视频。

6. 勘验、检查笔录,现场笔录。

现场勘查笔录、现场图、现场照片、提取的痕迹物证等。

7. 辨认笔录。

证人及相关当事人对违法嫌疑人的辨认;嫌疑人之间互相辨认以及对作案工具的辨认。

8. 其他证据材料。

(1)证明违法嫌疑人身份的材料和违法犯罪记录。如人口信息、户籍证明,以及身份证、工作证、专业或技术等级证复印件等;若有违法前科,应调取法院判决书、行政处罚决定书、释放证明书等有效法律文件。(2)抓获经过、处警经过等。

(二)注意事项

在证据收集和审核过程中,公安机关需注意以下证据规格要素:

1. 所有证据必须依法取得,严禁使用非法手段获取证据。例如,不得委托无资质的人对涉嫌伪造、变造的公章进行鉴定。对于证人证言,要确保证人是自愿、真实地提供信息,不存在威胁、引诱等非法获取证言的情况。对于物证,如伪造的公文、印章等,要清晰记录其发现、提取的地点和过程,保证其来源的可追溯性,避免因来源不明导致证据在法庭上不被采信。

2. 证据收集应全面覆盖违法行为构成要素的各个方面,避免遗漏关键证据。例如,应注意被伪造、变造公文、证件、印章所涉及的单位类型,买卖伪造、变造公文、证件、印章的数量等方面的证据。在调查伪造公司印章案件时,不仅要获取伪造的印章实物,还要收集与该印章使用相关的文件,如用伪造印章签署的合同、文件等书证,以及知晓该印章使用情况的证人证言等。

3. 所收集的证据之间应相互关联、相互印证。每一项证据都应能够与其他证据共同指向伪造、变造、买卖行为这一核心事实。例如,证人关于看到嫌疑人使用伪造印章的证言,应与在相关文件上发现的伪造印章印文以及嫌疑人持有该伪造印章的物证相互印证,形成紧密的逻辑联系,增强证据的证明力。

🛡 行为认定

(一)对伪造、变造、买卖公文、证件、证明文件、印章行为的认定

主要从以下四个方面进行认定:

1. 本行为侵害的客体是国家机关、人民团体、企事业单位或者其他组织的信誉及其正常活动。诚信是中华民族传统美德,是做人的基础,也是社会和谐稳定发展的必要条件。然而,制造、买卖假证件等行为严重扰乱社会管理秩序,破坏社会公平公正。个人购买假证件、假公文的行为,看似占了便宜,实际给个人诚信记录留下污点,也给个人发展带来无穷的隐患。因此,公安机关要依法主动承担维护社会诚信和社会管理秩序的责任,持续打击制假售假买假的违法行为,开展专项整治。

2. 在客观方面,行为针对国家机关、人民团体、企事业单位或者其他组织的公文、证件、证明文件、印章,实施了伪造、变造、买卖三种行为。行为人实施这三种行为中任意一行为,即构成该行为的客观方面要件。"伪造"是指无权制作的人冒用名义制造假公文、证件等;"变造"是对真实的公文等通过涂改、拼接等手段改变内容;"买卖"即有偿转让或购买。例如,伪造国家机关公文,可能是模仿公文格式、内容制作假公文;变造证件可能是涂改证件上的信息;买卖行为如在市场上交易假毕业证等。这些行为无论是否造成实际危害后果,只要实施就构成违法。若伪造的公文被用于诈骗且造成严重损失,可能同时触犯刑法,转化为刑事犯罪。

3. 本行为的主体为一般主体。该治安违法行为的主体为一般主体,即达到责任年龄(《治安管理处罚法》规定为已满14周岁),具有责任能力的自然人。在一些案例中,部分年轻人为图便利或获取利益,参与伪造证件行为,只要其达到相应年龄且精神正常,就可能构成该行为主体。单位通常不能成为此类治安违法行为的主体,但单位人员若以个人名义实施伪造、变造、买卖行为,则可适用相关规定。如某公司员工为谋取私利,私自伪造公司印章用于业务往来,此时该员工个人构成违法主体。

4.主观方面属于故意,包括直接故意和间接故意。即行为人明知自己的行为是伪造、变造、买卖公文、证件、证明文件、印章,且希望或放任这种行为对社会管理秩序造成危害。例如,有人为获取不正当工作机会,明知伪造学历证明是违法的,仍积极找人制作,这属于直接故意;某人在明知他人可能利用自己提供的技术或设备去伪造印章,但为了获取经济利益,对这种可能发生的危害结果持放任态度,就属于间接故意。过失不构成此治安违法行为,若因误解、疏忽等原因对公文等进行错误修改,且无主观故意,则不应认定为此类违法。

(二)本行为四类对象的范围

一般所说的公文,专指《党政机关公文处理工作条例》中所规定的15种法定公文,如决议、决定、命令(令)、公报、公告、通告、意见、通知、通报、报告、请示、批复、议案、函、纪要。不同类型的公文有特定内容和格式要求。行政公文有严格的行文格式,包括标题、文号、主送机关、正文、落款等。立法机关的公文可能涉及法律法规草案、决议等内容,其格式也遵循相应立法程序规定。司法机关公文如判决书、裁定书等,有特定的法律文书格式和内容要素。伪造公文时,内容上可能存在事实错误、法律依据错误等,格式上可能缺失关键要素或排版不规范。例如,伪造的行政公文文号可能不符合规定编码规则,落款印章与发文机关名称不符等。通过对公文内容和格式的细致审查,可以区分是否属于伪造公文以及伪的是何种类型公文。

证件是指用来证明身份、经历等的文件,是由有权机关颁发的,用以证明特定事实或资格的书面凭证。如身份证用于证明公民身份,驾驶证用于证明具备驾驶相应车辆的资格,营业执照用于证明企业具有合法经营的资格等。不同类型的证件由不同的法律法规进行规范。以身份证为例,《居民身份证法》对身份证的申领、发放、使用和查验等方面作出规定。对于驾驶证,《道路交通安全法》规定,驾驶机动车,应当依法取得机动车驾驶证。

证明文件是指由单位或个人出具的,用以证实特定事实或情况的书面材料。它与证件有所不同,证件通常由专门的行政机关等权威机构颁发,具有相对固定的格式和规范;而证明文件的出具主体更为广泛,可以是各类单位、组织甚至个人,内容和格式也较为灵活,根据具体证明事项而定。例如,工作证明由工作单位出具,用以证明员工的工作情况;居住证明可以由社区、居委会等出具,证明个人的居住状况。对于特定领域的证明文件,可能有专门的规定。例如,在建筑工程领域,一些证明工程质量、进度等方面的文件,需按照相关建设法规和行业标准出具,以确保工程建设的规范和安全。

印章是印于文件上表示鉴定或签署的文具,在民事主体对外发生法律关系的过程中,印章起着在形式上代表单位意志的作用。常见的印章有公章、合同专用章、财务专用章等。公章是机关、团体、企事业单位等行使职权的象征;合同专用章专门用于签订合同;财务专用章主要用于财务往来的结算等。

(三)本行为与"伪造、变造、买卖国家机关公文、证件、印章罪"和"伪造公司、企业、事业单位、人民团体印章罪"的区别

本行为与《刑法》第280条的规定有对应关系。两者的区别表现在:

1. 客观要件中行为的手段、情节与后果严重程度等。要看行为的手段是否特殊、情节是否恶劣、后果是否严重。例如,多次伪造、变造、买卖国家机关公文、证件、证明文件、印章,伪造、变造、买卖的公文等流向地区范围较大,造成财产损失较大等,反映出行为的社会危害性程度高。一般来说,手段存在特殊情况的,情节不是"较轻"的,造成严重后果的,是犯罪行为,属于刑事法律制裁的对象。否则,是一般治安违法行为,属于治安处罚对象。

2. 违法犯罪行为对象和行为方式。其一,对于国家机关的印章来说,伪造、变造、买卖等行为都可能构成一般违法,也可能构成犯罪(伪造、变造、买卖国家机关公文、证件、印章罪)。对于公司、企业、事业单位、人民团体等组织的印章来说,只有伪造行为才可能构成犯罪;而变造、买卖等行为,即使情节恶劣,后果严重,也不构成犯罪,因为刑法只规定了伪造公司、企业、事业单位、人民团体印章罪。其二,对于国家机关公文、证件来说,伪造、变造、买卖等行为都可能构成一般违法,也可能构成犯罪(伪造、变造、买卖国家机关公文、证件、印章罪)。对于公司、企业、事业单位、人民团体等组织的公文、证件来说,伪造、变造、买卖等行为,即使情节恶劣,后果严重,也不构成犯罪,因为刑法没有规定,只能进行治安处罚。其三,对于国家机关或者公司、企业、事业单位、人民团体等组织的证明文件,伪造、变造、买卖等行为只能进行治安处罚,不能追究刑事责任,因为刑法没有规定相应犯罪。

处罚标准

本行为分为"一般情形"和"情节较轻"两个处罚档次。

表117　伪造、变造、买卖公文、证件、证明文件、印章行为处罚标准

处罚档次	处罚标准	裁量基准
一般情形	处10日以上15日以下拘留,可以并处5000元以下罚款	/
情节较轻	处5日以上10日以下拘留,可以并处3000元以下罚款	①尚未造成危害后果,且获利较少的 ②尚未造成危害后果,且能够及时纠正或者弥补的 ③其他情节较轻的情形

案例及解析

【基本案情】 Y县张某某为获得出租车从业资格,前往打印店将Y县H出租汽车有限公司协议上的印章扫描到出租车驾驶员从业资格登记表上,并拿至政务大厅备案。政务大厅工作人员发现可疑后报案。民警传唤张某某调查。

张某某的行为应当如何认定？

【解析】本案中，张某某具有完全行为能力，张某某为获取出租车驾驶员从业资格，伪造公司印章，可能因自身能力不足给乘客带来安全隐患，扰乱了出租车驾驶员管理秩序，侵害了公司印章的公信力，符合伪造印章行为的客观构成。张某某实施行为时意识清醒，出于故意，又因为没有达到刑事处罚标准，应当认定为伪造印章的行为。

关联法条

《刑法》（2023年修正）

第280条第1款、第2款 【伪造、变造、买卖国家机关公文、证件、印章罪】【盗窃、抢夺、毁灭国家机关公文、证件、印章罪】伪造、变造、买卖或者盗窃、抢夺、毁灭国家机关的公文、证件、印章的，处三年以下有期徒刑、拘役、管制或者剥夺政治权利，并处罚金；情节严重的，处三年以上十年以下有期徒刑，并处罚金。

【伪造公司、企业、事业单位、人民团体印章罪】伪造公司、企业、事业单位、人民团体的印章的，处三年以下有期徒刑、拘役、管制或者剥夺政治权利，并处罚金。

123. 出租、出借公文、证件、证明文件、印章供他人非法使用

现行规定

《治安管理处罚法》

第63条第2项 有下列行为之一的，处十日以上十五日以下拘留，可以并处五千元以下罚款；情节较轻的，处五日以上十日以下拘留，可以并处三千元以下罚款：

（二）出租、出借国家机关、人民团体、企业、事业单位或者其他组织的公文、证件、证明文件、印章供他人非法使用的；

立案与管辖

（一）立案标准

违法嫌疑人有出租、出借国家机关、人民团体、企业、事业单位或者其他组织的公文、证件、证明文件、印章，供他人非法使用，妨害社会管理的行为即达到立案标准。

（二）管辖

出租、出借公文、证件、证明文件、印章案件一般由违法行为地的公安机关管辖。

违法行为地包括违法行为发生地和违法结果发生地。违法行为发生地，一般指的是出租、出借的实施地以及开始地、途经地、结束地等与违法行为有关的地点。违法结果发生地，

通常是指被出租、出借的公文、证件、证明文件、印章的发现地等。

出租、出借公文、证件、证明文件、印章案件由违法行为人居住地公安机关管辖更为适宜的，可以由违法行为人居住地公安机关管辖。例如，违法行为人在多地出租、出借公文、证件、证明文件、印章，又回到居住地的，可以请求其居住地公安机关管辖此案，有助于统一处罚标准，便利管辖。

证据收集

（一）证据规格

在一个完整的出租、出借公文、证件、证明文件、印章的行为认定中，需要收集的证据规格如下：

1. 违法嫌疑人的陈述和申辩。

（1）违法嫌疑人的基本情况；（2）违法行为的动机和目的；（3）问明被出租、出借的公文、证件、印章的特征、内容、用途、去向；（4）问明作案工具及来源、下落；（5）结伙作案的，问明违法嫌疑人的数量、身份，预谋、结伙聚合的过程、相互关系、地位，以及各违法嫌疑人相互关系情况。

2. 被侵害人陈述和其他证人证言。

（1）被侵害人（单位）陈述，问明出租、出借的公文、证件、证明文件、印章的时间、地点、经过，违法事实情节，违法嫌疑人的数量、身份及体貌特征，各违法嫌疑人在违法行为中的地位和作用。（2）被侵害单位出具的报案材料。（3）其他证人证言，问明出租、出借公文、证件、印章的时间、地点、经过，违法事实情节，各违法嫌疑人在违法行为中的地位和作用。

3. 物证、书证。

（1）被出租、出借的公文、证件、印章原物、清单及照片；（2）公文样式、证件样式、印章样式等原物、清单及照片；（3）非法所得的原物、清单及照片等。

4. 鉴定意见。

被出租、出借的公文、证件、证明文件、印章等的真伪鉴定。

5. 视听资料、电子数据。

（1）记录出租、出借公文、证件、证明文件行为的现场音视频、视频监控资料；（2）证明出租、出借违法行为的聊天信息、图片；（3）查获出租、出借违法行为的现场执法视频。

6. 勘验、检查笔录，现场笔录。

现场勘查笔录、现场图、现场照片、提取的痕迹物证等。

7. 辨认笔录。

证人及相关当事人对违法嫌疑人的辨认；嫌疑人之间互相辨认以及对作案工具的辨认。

8. 其他证据材料。

（1）证明违法嫌疑人身份的材料和违法犯罪记录。如人口信息、户籍证明，以及身份证、工作证、专业或技术等级证复印件等；法院判决书、行政处罚决定书、释放证明书等有效法律文件。(2)抓获经过、处警经过等。

(二)注意事项

在证据收集和审核过程中,公安机关需注意以下证据规格要素:

1. 相关性:应当注意围绕行为构成的主客观要素收集证据,避免收集到不具有相关性的证据。

2. 合法性:所有证据必须依法取得,严禁使用非法手段获取证据。例如,不得通过身体强制迫使违法行为人承认其违法行为,委托无资质的人对涉嫌被出租、出借的公文、证件、证明文件、印章进行鉴定。

3. 全面性:证据收集应全面覆盖违法行为构成要素的各个方面,避免遗漏关键证据。例如,应注意被出租、出借公文、证件、印章所涉及的单位类型,出租、出借公文、证件、印章的数量等方面的证据。

4. 原始性:尽量收集原始证据,如现场目击群众的证人证言,被出租、出借的公文、证件、印章被发现的经过记录。

行为认定

(一)对出租、出借公文、证件、证明文件、印章供他人非法使用行为的认定

主要从以下四个方面进行认定:

1. 本行为侵犯的客体是社会管理秩序和公安机关对公文、证件、证明文件、印章的管理秩序。

2. 本行为在客观方面表现为出租、出借公文、证件、证明文件、印章供他人非法使用的行为。出租公文、证件、证明文件、印章,是将公文、证件、证明文件、印章的使用权暂时性地有偿转让给他人,由他人支付使用费并到期归还的行为。出借公文、证件、证明文件、印章,是将公文、证件、证明文件、印章的使用权暂时性地无偿转让给他人,并到期归还的行为。例如,将自己的机动车行驶证出租给他人,或把单位的工作证明文件出借给不具备相应资质的个人等行为。

租赁、借入人应当出于非法目的,使用出租、出借的公文、证件、证明文件、印章,如利用所借印章伪造国家机关公文进行诈骗活动,利用所借证件从事非法经营等。若他人使用行为合法,即使出租、出借行为本身存在违规,也不构成本治安违法行为。例如,某人将自己的电工证出借给朋友用于临时顶替工作,但朋友在工作中依规操作,未从事任何非法活动,此时出借电工证行为虽可能违反其他规定,但不构成本治安违法行为。

3. 本行为的主体是一般主体,即出租、出借国家机关、人民团体、企事业单位或者其他组织的公文、证件、证明文件、印章的,可以是单位,也可以是个人,个人应当达到法定责任年龄、具备责任能力。例如,在实际案例中,一些个体为谋取私利,将自己持有的相关公文、证件等出租、出借给他人;部分企业出于不正当目的,违规将公司印章出租给其他主体。无论是自然人还是组织,只要实施了相关行为,都可能构成本治安违法行为。

4.本行为在主观方面表现为故意,而且只能是直接故意。即明知是国家机关、人民团体、企事业单位或者其他组织的公文、证件、证明文件、印章而进行出租或者出借。例如,明知对方欲用所借印章伪造合同以骗取他人财物,仍将印章出借,这种故意心态是构成本治安违法行为的重要主观要素。实践中,一些人虽声称不知对方用途,但根据客观情况及常理判断,应当知晓其非法用途的,也可认定为具有故意。

(二)出租、出借行为与买卖公文、证件、证明文件、印章的区别

买卖公文、证件、证明文件、印章,是指将公文、证件、证明文件、印章的所有权永久性地有偿转让给他人,由他人支付对价的行为。出租公文、证件、证明文件、印章,是将公文、证件、证明文件、印章的使用权暂时性地有偿转让给他人,由他人支付使用费并到期归还的行为。出借公文、证件、证明文件、印章,是将公文、证件、证明文件、印章的使用权暂时性地无偿转让给他人,并到期归还的行为。区分出租、出借、买卖行为的关键在于,是所有权转让还是使用权转让,是有偿还是无偿。另外,应注意假借出租、出借名义,实际上属于将所有权长期性地有偿转让给他人,仍应认定为买卖行为。买卖、出租、出借公文、证件、证明文件、印章的对象都是真的公文、证件、证明文件、印章,如果涉及伪造、变造的公文、证件、证明文件、印章,伪造行为有另外对应的治安违法,而出租、出借伪造、变造的公文、证件、证明文件、印章行为没有对应的治安违法行为。

处罚标准

本行为分为"一般情形"和"情节较轻"两个处罚档次。对于"情节较轻"情形的认定,应当结合行为人的动机、手段、目的、行为的次数和造成的后果等综合考虑。[①]

表118 出租、出借公文、证件、证明文件、印章供他人非法使用行为处罚标准

处罚档次	处罚标准	裁量基准
一般情形	处10日以上15日以下拘留,可以并处5000元以下罚款	/
情节较轻	处5日以上10日以下拘留,可以并处3000元以下罚款	①尚未造成危害后果的 ②及时停止实施本行为,没有造成危害后果的 ③其他情节较轻的情形

案例及解析

【基本案情】经营印章店的张某,为谋取额外利益,在明知客户李某意图非法的情况下,仍将店内留存的某公司印章出租给李某使用。李某拿着该印章,与多家企业签订了虚假的合作

[①] 参见柯良栋主编:《治安管理处罚法释义与实务指南(2014年版)》,中国人民公安大学出版社2014年版,第258页。

合同,以收取定金为由实施诈骗。在签订合同过程中,李某凭借盖有真实印章的合同,骗取了合作方的信任,成功获取了大量定金。然而,李某在收到定金后便失联,合作方发现被骗后立即报警。警方通过侦查,追踪到印章来源,锁定张某和李某。经调查,张某长期从事印章制作业务,为增加收入,不惜违反法律规定出租印章。最终,李某因诈骗罪被依法判处有期徒刑,张某则因出租公司印章供他人实施诈骗,其行为构成帮助犯罪,根据《刑法》,被依法判处有期徒刑并处罚金。

【解析】张某具有完全行为能力,以谋取私利为目的,将店内留存的某公司印章出租给李某使用,致使李某能够谎称获得合法授权,与多家企业签订了虚假的合作合同,诈骗大量定金。张某的出租印章的行为构成了诈骗行为的共犯。张某实施行为时意识清醒,出于故意。达到刑事处罚标准,以诈骗罪共犯予以刑事追责是适当的。

2025年修订后的《治安管理处罚法》实施后,将印章非法出借的行为纳入治安管理处罚范围,情节尚不构成犯罪的,可以被认定为治安违法行为。

关联法条

1.《刑法》(2023年修正)

第280条第1款、第2款 【伪造、变造、买卖国家机关公文、证件、印章罪】【盗窃、抢夺、毁灭国家机关公文、证件、印章罪】伪造、变造、买卖或者盗窃、抢夺、毁灭国家机关的公文、证件、印章的,处三年以下有期徒刑、拘役、管制或者剥夺政治权利,并处罚金;情节严重的,处三年以上十年以下有期徒刑,并处罚金。

【伪造公司、企业、事业单位、人民团体印章罪】伪造公司、企业、事业单位、人民团体的印章的,处三年以下有期徒刑、拘役、管制或者剥夺政治权利,并处罚金。

第280条之一 【使用虚假身份证件、盗用身份证件罪】在依照国家规定应当提供身份证明的活动中,使用伪造、变造的或者盗用他人的居民身份证、护照、社会保障卡、驾驶证等依法可以用于证明身份的证件,情节严重的,处拘役或者管制,并处或者单处罚金。

有前款行为,同时构成其他犯罪的,依照处罚较重的规定定罪处罚。

2.《居民身份证法》(2011年修正)

第17条 有下列行为之一的,由公安机关处二百元以上一千元以下罚款,或者处十日以下拘留,有违法所得的,没收违法所得:

(一)冒用他人居民身份证或者使用骗领的居民身份证的;

(二)购买、出售、使用伪造、变造的居民身份证的。

伪造、变造的居民身份证和骗领的居民身份证,由公安机关予以收缴。

124. 买卖、使用伪造、变造的公文、证件、证明文件、印章

现行规定

《治安管理处罚法》

第63条第3项 有下列行为之一的,处十日以上十五日以下拘留,可以并处五千元以下罚款;情节较轻的,处五日以上十日以下拘留,可以并处三千元以下罚款:

(三)买卖或者使用伪造、变造的国家机关、人民团体、企业、事业单位或者其他组织的公文、证件、证明文件、印章的;

立案与管辖

(一)立案标准

违法嫌疑人有故意买卖伪造、变造的国家机关、人民团体、企业、事业单位的公文、证件、证明文件,或者使用伪造、变造的国家机关、人民团体、企业、事业单位的公文、证件、证明文件,妨害社会管理的行为即达到立案标准。"买卖"是指明知是伪造的、变造的而买入或者卖出的行为。"使用"是指明知是伪造、变造的材料而使用的行为。社会生活中,有些人为贪图便宜,或者规避相关的管理规定,购买、使用伪造、变造的证件、证明文件的情况较多。例如,景区购票处使用伪造、变造的学生证、残疾人证件等。公安机关在处罚相关违法行为人的同时,也应开展线索追踪,对制造、售卖假证件的行为实施打击整治。

(二)管辖

买卖、使用伪造、变造的公文、证件、证明文件案件一般由违法行为地的公安机关管辖。

违法行为地包括违法行为发生地和违法结果发生地。违法行为发生地,一般指的是买卖、使用行为的实施地以及开始地、途经地、结束地等与违法行为有关的地点。违法结果发生地,通常是指被买卖、使用伪造、变造的公文、证件、证明文件的发现地等。

买卖、使用伪造、变造的公文、证件、证明文件案件由违法行为人居住地公安机关管辖更为适宜的,可以由违法行为人居住地公安机关管辖。例如,违法行为人在多地买卖、使用伪造、变造的公文、证件、证明文件,又回到居住地的,可以请求其居住地公安机关管辖此案,有助于统一处罚标准,便利管辖。

证据收集

(一)证据规格

在一个完整的买卖、使用伪造、变造的公文、证件、证明文件、印章的行为认定中,需要收集的证据规格如下:

1.违法嫌疑人的陈述和申辩。

(1)违法嫌疑人的基本情况;(2)违法行为的动机和目的,为何目的伪造、变造证件、证明文件;(3)问明被买卖、使用的伪造、变造的公文、证件、印章的特征、内容、用途、去向;(4)问明伪造、变造作案工具及来源、下落;(5)结伙作案的,问明违法嫌疑人的数量、身份,预谋、结伙聚合的过程、相互关系、地位,以及各违法嫌疑人相互关系情况。

2.被侵害人陈述和其他证人证言。

(1)被侵害人(单位)陈述,问明买卖、使用伪造、变造的公文、证件、印章的时间、地点、经过,违法事实情节,违法嫌疑人的数量、身份及体貌特征,各违法嫌疑人在违法行为中的地位和作用。(2)被侵害单位出具的报案材料。(3)其他证人证言,问明买卖、使用伪造、变造的公文、证件、印章的时间、地点、经过,违法事实情节,各违法嫌疑人在违法行为中的地位和作用。

3.物证、书证。

(1)买卖、使用伪造、变造的公文、证件、印章原物、清单及照片;(2)电脑、打印机、复印机、刻刀等作案工具原物、清单及照片;(3)公文样式、证件样式、印章样式等原物、清单及照片;(4)收据、发票、账簿、记账凭证、非法所得的原物、清单及照片等。

4.鉴定意见。

伪造性质鉴定、变造性质鉴定、估价鉴定等。

5.视听资料、电子数据。

(1)记录买卖、使用伪造、变造的公文、证件、证明文件的现场音视频、视频监控资料;(2)证明违法行为的聊天信息、图片;(3)查获伪造、变造的公文、证件、证明文件、印章的现场执法视频。

6.勘验、检查笔录,现场笔录。

现场勘查笔录、现场图、现场照片、提取的痕迹物证等。

7.辨认笔录。

证人及相关当事人对违法嫌疑人的辨认;嫌疑人之间互相辨认以及对作案工具的辨认。

8.其他证据材料。

(1)证明违法嫌疑人身份的材料和违法犯罪记录:如人口信息、户籍证明、身份证、工作证、专业或技术等级证复印件等;法院判决书、行政处罚决定书、释放证明书等有效法律文件。(2)抓获经过、处警经过等。

(二)注意事项

在证据收集和审核过程中,公安机关需注意以下证据规格要素:

1.所有证据必须依法取得,严禁使用非法手段获取证据。例如,不得委托无资质的人对涉嫌伪造、变造的公章进行鉴定。

2.证据收集应全面覆盖违法行为构成要素的各个方面,避免遗漏关键证据。例如,应注意被伪造、变造公文、证件、印章所涉及的单位类型，买卖伪造、变造公文、证件、印章的数量等方面的证据。

3.注意书证的调查收集。比如在涉及出租、出借医疗机构执业许可证的案件中，相关的合同、协议等书证，能够直接证明出租、出借行为的存在以及双方的约定内容。在实际调查中，要注意收集原始书证，确保证据的真实性和完整性。

4.尽量收集原始证据。如被伪造、变造的公文、证件、印章被发现的经过记录。当事人之间关于买卖使用行为的微信聊天记录、电子邮件等电子数据，能够清晰地反映出行为的意图和过程，在收集此类证据时，要严格遵循法定程序，确保电子数据的真实性、完整性和合法性。例如，通过专业技术手段进行提取和固定，避免数据被篡改或丢失。同时，对于视听资料，要注意录制的时间、地点、人物等信息的完整性，以增强证据的证明力。

行为认定

（一）对买卖、使用伪造、变造的公文、证件、证明文件行为的认定

主要从以下四个方面进行认定：

1.本行为侵害的客体是国家机关、人民团体、企事业单位的正常管理活动和信誉。

2.行为的客观方面是行为人实施了买卖或者使用伪造、变造的国家机关、人民团体、企业、事业单位的公文、证件、证明文件的行为。实际中有些行为，如买卖或者使用伪造、变造的私人文书、证件、名章的行为，买卖或者使用虚构的国家机关、人民团体和企事业单位的公文、证件、证明文件的行为，不构成本行为。

3.行为的主体是一般主体，可以是个人也可以是单位。

4.行为的主观方面是故意，而且只能是直接故意。即明知是伪造、变造的国家机关、人民团体、企事业单位的公文、证件、证明文件，而进行买卖或者使用。

（二）本行为与"伪造、变造、买卖国家机关公文、证件、印章罪""伪造公司、企业、事业单位、人民团体印章罪""提供虚假证明文件罪"的关系

与本行为相对应，《刑法》第280条规定了伪造、变造、买卖国家机关公文、证件、印章罪和伪造公司、企业、事业单位、人民团体印章罪，第229条规定了提供虚假证明文件罪。由于《刑法》没有将使用伪造、变造的国家机关公文、证件等行为与伪造、变造、买卖的行为一起在法条中规定，所以，实践中对于使用伪造、变造的国家机关公文、证件的行为，一般不按犯罪处理。但是，如果行为人意图使用伪造、变造的国家机关公文、证件，事前有通谋的，根据刑法理论，按共犯原则处理，情节严重的，以伪造、变造、买卖国家机关公文、证件罪的共犯论处。

区分一般违法与犯罪，要正确考查行为的社会危害性程度及情节是否轻微。对于一般情节来说，虽然已经具备主观与客观的要件，但如果一概认为构成犯罪，就会使刑法的打击面过宽。因而，情节显著轻微危害不大的，不认为是犯罪，以治安处罚即可。

处罚标准

本行为分为"一般情形"和"情节较轻"两个处罚档次。

表119 买卖、使用伪造、变造的公文、证件、证明文件、印章行为处罚标准

处罚档次	处罚标准	裁量基准
一般情形	处10日以上15日以下拘留,可以并处5000元以下罚款	/
情节较轻	处5日以上10日以下拘留,可以并处3000元以下罚款	①尚未造成危害后果,且获利较少的
		②尚未造成危害后果,且能够及时纠正或者弥补的
		③其他情节较轻的情形

案例及解析

【基本案情】储某为隐瞒自己房屋已办理抵押贷款的事实,通过微信联系到办理假证人员。他将不动产权证扫描照片及收货地址发送给对方,并通过微信转账支付了办证费用。交易完成后,储某删除了与售假人员的微信联系方式。之后,储某把这本伪造的不动产权证书放置在家中。储某未告知其母亲不动产权证书系伪造,让其母亲毛某携带该伪造证书前往N市不动产登记中心,在使用伪造证书前咨询相关业务时,工作人员凭借专业经验和技术手段,发现此证为伪造。案发后,储某主动投案,并如实向公安机关陈述了自己的违法行为。最终,N市公安局依据《治安管理处罚法》第63条第3项之规定,给予储某行政拘留3日的处罚,并收缴其持有的伪造不动产权证书一本。

对储某及其母亲毛某的行为应当如何认定?

【解析】本案中,储某具有完全行为能力,委托售假人员伪造不动产证书,其行为直接破坏了社会信用体系,严重干扰了房地产管理机构的正常审核流程,符合买卖、使用伪造证件行为的客观构成。储某实施行为时意识清醒,目的是掩盖自身房产抵押情况,出于故意,又没有达到刑事处罚标准,应当认定为买卖、伪造证件行为。储某之母毛某在主观上不知道产权证书系伪造,因此不具有"明知"的故意,应当不予处罚。

关联法条

《刑法》(2023年修正)

第280条第1款、第2款 【伪造、变造、买卖国家机关公文、证件、印章罪】【盗窃、抢夺、毁灭国家机关公文、证件、印章罪】伪造、变造、买卖或者盗窃、抢夺、毁灭国家机关的公文、证件、印章的,处三年以下有期徒刑、拘役、管制或者剥夺政治权利,并处罚金;情节严重的,处三年以上十年以下有期徒刑,并处罚金。

【伪造公司、企业、事业单位、人民团体印章罪】伪造公司、企业、事业单位、人民团体的印章的,处三年以下有期徒刑、拘役、管制或者剥夺政治权利,并处罚金。

125. 伪造、变造、倒卖有价票证、凭证

现行规定

《治安管理处罚法》

第63条第4项 有下列行为之一的,处十日以上十五日以下拘留,可以并处五千元以下罚款;情节较轻的,处五日以上十日以下拘留,可以并处三千元以下罚款:

(四)伪造、变造或者倒卖车票、船票、航空客票、文艺演出票、体育比赛入场券或者其他有价票证、凭证的;

立案与管辖

(一)立案标准

违法嫌疑人实施伪造、变造、倒卖由国家有关主管部门或者企事业单位发行和管理的标有票面价值的票证或者书面凭证行为即达到立案标准。伪造、变造、倒卖的对象主要是车票、船票、航空客票、文艺演出票、体育比赛入场券或者其他有价票证、凭证等。凭证,是指有关国家机关、企事业单位或者其他组织依法印制或发放的,不具有票面价额,本身无价值而有一定使用价值,可以作为某项社会活动的资格凭证的票证,如医院挂号单、售楼号、中签号等。

(二)管辖

伪造、变造、倒卖有价票证、凭证案件一般由违法行为地的公安机关管辖。

违法行为地包括违法行为发生地和违法结果发生地。违法行为发生地,一般指的是伪造、变造、倒卖的实施地以及开始地、途经地、结束地等与违法行为有关的地点。违法结果发生地,通常是指被伪造、变造、倒卖的有价票证、凭证的发现地等。

伪造、变造、倒卖有价票证、凭证案件由违法行为人居住地公安机关管辖更为适宜的,可以由违法行为人居住地公安机关管辖。例如,违法行为人在多地伪造、变造、倒卖有价票证、凭证,又回到居住地的,可以请求其居住地公安机关管辖此案,有助于统一处罚标准,便利管辖。

证据收集

(一)证据规格

在一个完整的伪造、变造、倒卖有价票证、凭证的行为认定中,需要收集的证据规格如下:

1. 违法嫌疑人的陈述和申辩。

(1)违法嫌疑人的基本情况;(2)违法行为的动机和目的,为何目的伪造、变造、倒卖有价票证;(3)问明被伪造、变造、倒卖的有价票证、凭证的特征、编号、去向;(4)问明抢票软件、脚

本等作案工具及来源、下落;(5)结伙作案的,问明违法嫌疑人的数量、身份、预谋、结伙聚合的过程、相互关系、地位,以及各违法嫌疑人相互关系情况。

2. 被侵害人陈述和其他证人证言。

(1)被侵害人(单位)陈述,问明伪造、变造、倒卖有价票证、凭证的时间、地点、经过、违法事实情节;违法嫌疑人的数量、身份及体貌特征,各违法嫌疑人在违法行为中的地位和作用。(2)被侵害单位出具的报案材料。(3)其他证人证言,问明伪造、变造、倒卖有价票证、凭证的时间、地点、经过、违法事实情节,各违法嫌疑人在违法行为中的地位和作用。

3. 物证、书证。

(1)被伪造、变造、倒卖的有价票证、凭证的原物、清单及照片;(2)非法所得的金额、款项、清单及照片等。

4. 鉴定意见。

被伪造、变造的有价票证、凭证的鉴定,倒卖金额的价格鉴定。

5. 视听资料、电子数据。

(1)记录伪造、变造、倒卖有价票证、凭证的现场音视频、视频监控资料;(2)证明伪造、变造、倒卖违法行为的聊天信息、图片;(3)查获伪造、变造、倒卖违法行为的现场执法视频。

6. 勘验、检查笔录,现场笔录。

现场勘查笔录、现场图、现场照片、提取的痕迹物证等。

7. 辨认笔录。

证人及相关当事人对违法嫌疑人的辨认;嫌疑人之间互相辨认以及对作案工具的辨认。

8. 其他证据材料。

(1)证明违法嫌疑人身份的材料和违法犯罪记录。如人口信息、户籍证明,以及身份证、工作证、专业或技术等级证复印件等;法院判决书、行政处罚决定书、释放证明书等有效法律文件。(2)抓获经过、处警经过等。

(二)注意事项

在证据收集和审核过程中,公安机关需注意以下证据规格要素:

1. 相关性:应当注意围绕行为构成的主客观要素收集证据,避免收集到不具有相关性的证据。

2. 合法性:所有证据必须依法取得,严禁使用非法手段获取证据。例如,不得通过身体强制迫使违法行为人承认其违法行为,委托无资质的人对涉嫌伪造、变造的有价票证、凭证进行鉴定。

3. 全面性:证据收集应全面覆盖违法行为构成要素的各个方面,避免遗漏关键证据。例如,应注意被伪造、变造的有价票证、凭证涉及的单位或活动类型,倒卖有价票证、凭证的数量等方面的证据。

4. 原始性:尽量收集原始证据,如现场目击群众的证人证言,倒卖行为被发现的经过记录。

行为认定

（一）对伪造、变造、倒卖有价票证、凭证行为的认定

主要从以下四个方面进行认定：

1. 本行为侵害的客体是有价票证、凭证的公共信用以及国家对有价票证、凭证的管理秩序。

2. 行为的客观方面表现为伪造、变造和倒卖有价票证、凭证的行为。行为包括伪造、变造和倒卖三种形式。"倒卖"，是从投机倒把行为中分解出的一种行为，包括"倒"和"卖"两个阶段的行为，具体表现为以获利为目的，对有价票证、凭证购进后加价或变相加价卖出。

3. 行为的主体是一般主体，可以是个人也可以是单位。

4. 行为的主观方面是故意，而且只能是直接故意。行为人的动机一般是牟利，但是否从伪造、变造、倒卖有价票证、凭证行为中获利，不影响本行为的成立。

（二）本行为与伪造、倒卖伪造的有价票证罪和倒卖车票、船票罪的区别

本行为与《刑法》第 227 条第 1 款规定的伪造、倒卖伪造的有价票证罪和第 2 款规定的倒卖车票、船票罪有对应关系。但是《刑法》只规定了这些行为的犯罪对象是有价票证，不包括有价票证之外的其他凭证，所以，伪造、变造、倒卖其他凭证的不构成犯罪。此外，伪造、倒卖伪造的有价票证罪的行为方式不包括变造行为，变造有价票证的不构成犯罪。按《刑法》规定，对于伪造、倒卖伪造的有价票证的，必须达到"数额较大"，对于倒卖车票、船票的，必须达到"情节严重"，才能构成犯罪。这里，"数额较大""情节严重"就是本行为与刑事犯罪的界限。情节严重是指倒卖车票、船票的数额较大，或者倒卖车票、船票获利数额较大，或者倒卖车票、船票经多次处理屡教不改。根据《最高人民法院关于审理倒卖车票刑事案件有关问题的解释》，高价、变价、变相加价倒卖车票或者倒卖座席、卧铺签字号及订购车票凭证，票面数额在 5000 元以上，或者非法获利数额在 2000 元以上的，属于"倒卖车票情节严重"。

处罚标准

本行为分为"一般情形"和"情节较轻"两个处罚档次。

表 120　伪造、变造、倒卖有价票证、凭证行为处罚标准

处罚档次	处罚标准	裁量基准
一般情形	处 10 日以上 15 日以下拘留，可以并处 5000 元以下罚款	/

续表

处罚档次	处罚标准	裁量基准
情节较轻	处5日以上10日以下拘留，可以并处3000元以下罚款	①伪造有价票证、凭证的票面数额、数量或者非法获利未达到有关刑事立案追诉标准10%的
		②倒卖车票、船票票面数额或者非法获利未达到有关刑事立案追诉标准10%的
		③其他情节较轻的情形

案例及解析

【基本案情】 Y市的王某某在一微信群内收到抢明星演唱会门票的兼职任务信息，随后他将此信息转发到其他微信抢票群，让群内人员帮忙抢票，并约定每抢到一张演唱会门票抽取佣金50元。在这次操作中，王某某共抢到门票8张，获利400元。Y市公安局网安大队在打击"黄牛"黑中介行动中发现线索，经调查核实后将王某某抓获。经询问，王某某对自己的违法行为供认不讳。

对王某某的行为应当如何认定？

【解析】 本案中，王某某具有完全行为能力，通过微信群，委托群内人员帮忙抢明星演唱会门票，破坏了公平的购票环境，损害了其他消费者的权益，符合伪造、变造、倒卖有价票证、凭证行为的客观构成。王某某实施行为时意识清醒，目的是获取非法利益，出于故意，又没有达到刑事处罚标准，应当认定为倒卖有价票证、凭证行为。

关联法条

《刑法》（2023年修正）

第227条 **【伪造、倒卖伪造的有价票证罪】** 伪造或者倒卖伪造的车票、船票、邮票或者其他有价票证，数额较大的，处二年以下有期徒刑、拘役或者管制，并处或者单处票证价额一倍以上五倍以下罚金；数额巨大的，处二年以上七年以下有期徒刑，并处票证价额一倍以上五倍以下罚金。

【倒卖车票、船票罪】 倒卖车票、船票，情节严重的，处三年以下有期徒刑、拘役或者管制，并处或者单处票证价额一倍以上五倍以下罚金。

126. 伪造、变造船舶户牌

现行规定

《治安管理处罚法》

第63条第5项 有下列行为之一的，处十日以上十五日以下拘留，可以并处五千元以下

罚款;情节较轻的,处五日以上十日以下拘留,可以并处三千元以下罚款:

(五)伪造、变造船舶户牌……的。

立案与管辖

(一)立案标准

违法嫌疑人有伪造、变造船舶户牌,是指伪造、变造船舶户牌,尚不够刑事处罚的行为即达到立案标准。根据《船舶登记条例》第56条第1项的规定,船舶,是指各类机动、非机动船舶以及其他水上移动装置,但是船舶上装备的救生艇筏和长度小于5米的艇筏除外。船舶户牌,是指船舶登记管理机关依法统一制作、颁发,悬挂在船舶指定位置,载明船籍港名称、船舶名称、船舶性质用途简称、编号等内容的牌证。

(二)管辖

伪造、变造船舶户牌案件一般由违法行为地的公安机关管辖。

违法行为地包括违法行为发生地和违法结果发生地。违法行为发生地,一般指的是伪造、变造的实施地以及开始地、途经地、结束地等与违法行为有关的地点。违法结果发生地,通常是指被伪造、变造的船舶户牌的发现地等。

伪造、变造船舶户牌案件由违法行为人居住地公安机关管辖更为适宜的,可以由违法行为人居住地公安机关管辖。例如,违法行为人在多地伪造、变造船舶户牌,又回到居住地的,可以请求其居住地公安机关管辖此案,有助于统一处罚标准,便利管辖。

证据收集

(一)证据规格

在一个完整的伪造、变造船舶户牌的行为认定中,需要收集的证据规格如下:

1.违法嫌疑人的陈述和申辩。

(1)违法嫌疑人的基本情况;(2)违法行为的动机和目的,为何目的伪造、变造船舶户牌;(3)问明被伪造、变造的船舶户牌的特征、编号、去向;(4)问明复印机、刻刀等作案工具及来源、下落;(5)结伙作案的,问明违法嫌疑人的数量、身份,预谋、结伙聚合的过程、相互关系、地位,以及各违法嫌疑人相互关系情况。

2.被侵害人陈述和其他证人证言。

(1)被侵害人(单位)陈述,问明伪造、变造船舶户牌的时间、地点、经过、违法事实情节;违法嫌疑人的数量、身份及体貌特征,各违法嫌疑人在违法行为中的地位和作用。(2)被侵害单位出具的报案材料。(3)其他证人证言,问明伪造、变造船舶户牌的时间、地点、经过、违法事实情节,各违法嫌疑人在违法行为中的地位和作用。

3.物证、书证。

(1)被伪造、变造的船舶户牌的原物、清单及照片;(2)电脑、打印机、复印机、刻刀等作案工具原物、清单及照片;(3)非法所得的金额、款项,清单及照片等。

4. 鉴定意见。

被伪造、变造的船舶户牌的鉴定。

5. 视听资料、电子数据。

(1) 记录伪造、变造船舶户牌的现场音视频、视频监控资料;(2) 证明伪造、变造违法行为的聊天信息、图片;(3) 查获伪造、变造违法行为的现场执法视频。

6. 勘验、检查笔录,现场笔录。

现场勘查笔录、现场图、现场照片、提取的痕迹物证等。

7. 辨认笔录。

证人及相关当事人对违法嫌疑人的辨认;嫌疑人之间互相辨认以及对作案工具的辨认。

8. 其他证据材料。

(1) 证明违法嫌疑人身份的材料和违法犯罪记录。如人口信息、户籍证明,以及身份证、工作证、专业或技术等级证复印件等;法院判决书、行政处罚决定书、释放证明书等有效法律文件。(2) 抓获经过、处警经过等。

(二) 注意事项

在证据收集和审核过程中,公安机关需注意以下证据规格要素:

1. 相关性:应当注意围绕行为构成的主客观要素收集证据,避免收集到不具有相关性的证据。

2. 所有证据必须依法取得,严禁使用非法手段获取证据。不得委托无资质的人对涉嫌伪造、变造的船舶户牌进行鉴定。将获取的船舶户牌送专业鉴定机构,鉴定其真伪、是否变造及制作方法等。鉴定机构可从户牌材质、制作工艺、防伪特征等方面分析,出具专业鉴定报告,作为关键证据。

3. 证据收集应全面覆盖违法行为构成要素的各个方面,避免遗漏关键证据。例如,应注意被伪造、变造的船舶户牌的类型、数量等方面的证据。查看户牌外观,包括材质、颜色、字体、图案等是否与标准户牌一致。注意是否有涂改、挖补、拼接痕迹,如户牌表面是否有不平整、颜色差异、字迹模糊或与正常字体不同等情况。例如,变造户牌可能存在涂抹修改数字、字母的痕迹,伪造户牌可能材质与真品不同。

4. 尽量收集原始证据,如现场目击群众的证人证言,伪造、变造行为被发现的经过记录。对现场发现的船舶户牌、工具材料及相关痕迹等,通过拍照、录像、绘图等方式进行固定。详细记录物品位置、状态及相互关系,确保证据的完整性和真实性,为后续鉴定和法庭质证提供可靠依据。

行为认定

(一) 对伪造、变造船舶户牌行为的认定

主要从以下四个方面进行认定:

1. 本行为侵犯的客体是国家对船舶的正常管理秩序。船舶户牌作为船舶身份识别及管理的重要凭证,承载着船舶的基本信息,如船名、船籍港、船舶编号等。这些信息对于船舶航行安全监管、港口管理、海事执法等工作至关重要。一旦船舶户牌被伪造、变造,会导致船舶信息失真,干扰正常的船舶管理流程。

本行为侵犯的对象是船舶户牌。根据有关规定,趸船、挂桨机船、小型农船和登记机关认为适当的其他船舶必须统一使用船名牌。其中,大型挂桨机船经登记机关批准,可以不使用船名牌,其他船舶可以不使用船名牌。

2.本行为在客观方面表现为违反有关规定,伪造、变造船舶户牌,尚不够刑事处罚的行为。《沿海船舶边防治安管理规定》第11条规定:"各类船舶应当依照船舶主管部门的规定编刷船名、船号;未编刷船名、船号或者船名、船号模糊不清的,禁止出海。船名、船号不得擅自拆换、遮盖、涂改、伪造。禁止悬挂活动船牌号。"伪造是指无权限制作船舶户牌的人,冒用相关部门名义制作假的船舶户牌。比如,一些制假窝点私自刻制相关船舶管理部门的印章,制作假的船舶户牌出售给不法船舶运营者。变造则是指用涂改、挖补、拼接等手段,改变真实船舶户牌的内容。例如,将船舶户牌上的船舶建造年份进行涂改,以隐瞒船舶老旧的实际情况,使其看起来更符合某些运输业务的要求。无论是伪造还是变造行为,只要实施了其中一种,就满足了本行为的客观要件。

3.本行为的主体包括个人和单位。实施伪造、变造船舶户牌行为的主体通常为一般主体,即达到法定责任年龄,具有责任能力的自然人都可能构成本行为主体。例如,一些不法分子为了逃避监管、谋取非法利益,可能会进行此类行为。在某些案例中,船舶运营者为降低运营成本,逃避相关税费缴纳,通过伪造船舶户牌隐瞒真实船舶信息,他们就成为本行为的主体。

4.本行为在主观方面表现为故意。伪造、变造船舶户牌行为主观上必须是故意的,即行为人明知自己的行为是伪造、变造船舶户牌,且清楚这种行为会对船舶管理秩序造成破坏,仍然积极追求这种结果的发生。例如,行为人明知真实的船舶户牌信息不能随意更改,却为了达到骗保的目的,故意变造船舶户牌上的船舶吨位等信息,以获取更高的保险赔偿,这种主观故意的心态就满足了本行为的主观要件。过失行为不构成伪造、变造船舶户牌行为,比如,因对船舶户牌信息填写规范不熟悉,无意间写错某些信息,就不属于伪造、变造行为。

(二)本行为的情节要素的认定

本行为通常需要达到一定的危害程度才会被认定为违法犯罪。比如,伪造、变造的船舶户牌投入使用,对船舶管理秩序造成了实质性干扰,或者导致了一定的经济损失等后果。如果只是伪造、变造船舶户牌,尚未使用,且未造成任何实际危害后果,在法律认定上可能会从轻处理,但依然构成伪造、变造船舶户牌的行为。同时,对于伪造、变造船舶户牌行为的认定,还需结合相关法律法规以及具体的司法实践来综合判断。不同地区可能会根据当地船舶管理的实际情况和法律执行标准,对行为的构成要件及认定标准进行细化和调整。

处罚标准

本行为分为"一般情形"和"情节较轻"两个处罚档次。

表 121　伪造、变造船舶户牌行为处罚标准

处罚档次	处罚标准	裁量基准
一般情形	处 10 日以上 15 日以下拘留,可以并处 5000 元以下罚款	/
情节较轻	处 5 日以上 10 日以下拘留,可以并处 3000 元以下罚款	①伪造、变造船舶户牌数量较少的
		②伪造、变造船舶户牌,尚未出售或者未投入使用的
		③因船舶户牌丢失,伪造、变造或者购买、使用伪造、变造的船舶户牌的
		④其他情节较轻的情形

案例及解析

【基本案情】H 市海防办组织的海上执法联合小组在周边海域执行执法任务时,对过往渔船进行常规检查。当检查到一艘渔船时,执法人员发现其船舶户牌存在诸多疑点,无论是材质、印刷工艺还是编码格式,都与正规船舶户牌有明显差异。执法人员凭借丰富的经验,初步判断该船舶户牌为伪造,随后依法将该渔船及相关人员移交 H 海岸派出所进一步处理。

经派出所深入调查,锁定了违法嫌疑人李甲和李乙(二人系兄弟关系)。面对警方的询问,二人很快承认了伪造船舶户牌以及使用伪造船舶户牌的违法事实。原来,他们的渔船因存在一些手续问题,无法正常出海作业,为了能继续出海捕鱼维持生计,便动起了歪脑筋,通过非法渠道伪造了船舶户牌。到案后,二人对自己的行为后悔不已。

对李氏兄弟二人的行为该如何认定?

【解析】本案中,李氏兄弟具有完全行为能力,伪造船舶户牌以出海作业,不仅使自身船舶处于监管之外,增加了海上作业的安全隐患,还破坏了正常的渔业生产和海上管理秩序,符合伪造、变造船舶户牌行为的客观构成。李氏兄弟实施行为时意识清醒,目的是获取非法利益,出于故意,又没有达到刑事处罚标准,应当认定为伪造、变造船舶户牌行为。

关联法条

《刑法》(2023 年修正)

第 280 条第 1 款、第 2 款　【伪造、变造、买卖国家机关公文、证件、印章罪】【盗窃、抢夺、毁灭国家机关公文、证件、印章罪】伪造、变造、买卖或者盗窃、抢夺、毁灭国家机关的公文、证件、印章的,处三年以下有期徒刑、拘役、管制或者剥夺政治权利,并处罚金;情节严重的,处三年以上十年以下有期徒刑,并处罚金。

【伪造公司、企业、事业单位、人民团体印章罪】伪造公司、企业、事业单位、人民团体的印章的,处三年以下有期徒刑、拘役、管制或者剥夺政治权利,并处罚金。

127. 买卖、使用伪造、变造的船舶户牌

现行规定

《治安管理处罚法》

第63条第5项 有下列行为之一的,处十日以上十五日以下拘留,可以并处五千元以下罚款;情节较轻的,处五日以上十日以下拘留,可以并处三千元以下罚款:

(五)……买卖或者使用伪造、变造的船舶户牌……的。

立案与管辖

(一)立案标准

违法嫌疑人有买卖、使用伪造、变造的船舶户牌,是指买卖或者使用伪造、变造的船舶户牌,尚不够刑事处罚的行为即达到立案标准。

(二)管辖

买卖、使用伪造、变造的船舶户牌案件一般由违法行为地的公安机关管辖。

违法行为地包括违法行为发生地和违法结果发生地。违法行为发生地,一般指的是买卖、使用的实施地以及开始地、途经地、结束地等与违法行为有关的地点。违法结果发生地,通常是指被买卖、使用的伪造、变造的船舶户牌的发现地等。

买卖、使用伪造、变造的船舶户牌案件由违法行为人居住地公安机关管辖更为适宜的,可以由违法行为人居住地公安机关管辖。例如,违法行为人在多地买卖、使用伪造、变造的船舶户牌,又回到居住地的,可以请求其居住地公安机关管辖此案,有助于统一处罚标准,便利管辖。

证据收集

(一)证据规格

在一个完整的买卖、使用伪造、变造船舶户牌的行为认定中,需要收集的证据规格如下:

1.违法嫌疑人陈述和申辩。

(1)违法嫌疑人的基本情况;(2)违法行为的动机和目的,为何目的买卖、使用伪造、变造船舶户牌;(3)问明被买卖、使用的伪造、变造的船舶户牌的特征、编号、去向;(4)问明复印机、刻刀等作案工具及来源、下落;(5)结伙作案的,问明违法嫌疑人的数量、身份、预谋、结伙聚合的过程、相互关系、地位,以及各违法嫌疑人相互关系情况。

2.被侵害人陈述和其他证人证言。

(1)被侵害人(单位)陈述,问明买卖、使用伪造、变造船舶户牌的时间、地点、经过,违法

事实情节;违法嫌疑人的数量、身份及体貌特征,各违法嫌疑人在违法行为中的地位和作用。(2)被侵害单位出具的报案材料。(3)其他证人证言,问明买卖、使用伪造、变造船舶户牌的时间、地点、经过,违法事实情节,各违法嫌疑人在违法行为中的地位和作用。

3. 物证、书证。

(1)被买卖、使用的伪造、变造的船舶户牌的原物、清单及照片;(2)电脑、打印机、复印机、刻刀等作案工具原物、清单及照片;(3)非法所得的金额、款项,清单及照片等。

4. 鉴定意见。

被伪造、变造的船舶户牌的鉴定。

5. 视听资料、电子数据。

(1)记录买卖、使用伪造、变造船舶户牌的现场音视频、视频监控资料;(2)证明买卖、使用违法行为的聊天信息、图片;(3)查获买卖、使用违法行为的现场执法视频。

6. 勘验、检查笔录,现场笔录。

查获被买卖、使用的伪造、变造船舶户牌现场的勘查笔录、现场图、现场照片、提取的痕迹物证等。

7. 辨认笔录。

证人及相关当事人对违法嫌疑人的辨认;嫌疑人之间互相辨认以及对作案工具的辨认。

8. 其他证据材料。

(1)证明违法嫌疑人身份的材料和违法犯罪记录。如人口信息、户籍证明、身份证、工作证、专业或技术等级证复印件等;法院判决书、行政处罚决定书、释放证明书等有效法律文件。(2)抓获经过、处警经过等。

(二)注意事项

在证据收集和审核过程中,公安机关需注意以下证据规格要素:

1. 应当注意围绕行为构成的主客观要素收集证据,避免收集到不具有相关性的证据。对于船舶户牌相关文件资料,要明确其是来自伪造者、使用者,还是其他相关渠道。对于船舶户牌实物,可与真实的船舶户牌样本进行比对,从材质、字体、图案、防伪标识等方面进行细致甄别。

2. 所有证据必须依法取得,严禁使用非法手段获取证据。例如,进行船舶现场检查时,执法人员应当依法出示执法证件,表明执法身份和检查依据,确保检查行为合法合规。

3. 证据收集应全面覆盖违法行为构成要素的各个方面,避免遗漏关键证据。例如,应注意被伪造、变造的船舶户牌的类型,买卖伪造、变造的船舶户牌的数量等方面的证据。

行为认定

(一)对买卖、使用伪造、变造的船舶户牌行为的认定

主要从以下四个方面进行认定:

1. 本行为侵犯的客体是船舶管理秩序以及国家机关对船舶户牌管理的正常活动。船舶管理秩序是保障水上交通安全、维护水上运输行业正常运转的重要基础。伪造、变造的船舶

户牌流入市场,会导致船舶信息混乱,使得监管部门难以准确掌握船舶真实情况,进而影响船舶检验、登记、安全监管等一系列管理活动的正常开展。

2. 本行为在客观方面表现为买卖或者使用伪造、变造的船舶户牌,尚不够刑事处罚的行为。具体的行为方式包括两种:一是买卖伪造、变造的船舶户牌;二是使用伪造、变造的船舶户牌。如果行为人买卖、使用的船舶户牌是真实的,则不构成本行为。买卖真实的船舶户牌,尚不够刑事处罚的,可以买卖证件行为予以治安管理处罚;构成犯罪的,以买卖国家机关证件罪追究刑事责任。无论是作为买方获取伪造、变造的船舶户牌,还是作为卖方将此类非法户牌进行交易,都属于本违法行为的范畴。例如,一些不法商贩专门从事伪造船舶户牌的交易,向有需求的人出售以牟取暴利;而一些船舶运营者为了自身利益,从这些商贩处购买伪造的户牌。"使用"行为则是指将伪造、变造的船舶户牌实际应用于船舶相关活动中,如在船舶航行、停靠港口接受检查时出示虚假户牌,企图蒙混过关。此外,即使没有实际使用,持有伪造、变造的船舶户牌且有使用意图,也可能被认定为符合客观要件。

3. 本行为的主体包括个人和单位。本违法行为主体为一般主体,即凡是达到法定责任年龄,具有责任能力的自然人均可构成本行为主体。这意味着无论是普通公民、船舶从业者,还是与船舶管理相关的人员等,只要符合上述条件,都可能成为违法行为的主体。例如,一些不法分子为了逃避监管、获取非法利益,可能会买卖伪造的船舶户牌,他们就满足主体要件。在某些情况下,船舶所有人或经营人为了掩盖船舶真实情况,使用变造的船舶户牌,同样也符合主体要件。

4. 本行为在主观方面表现为故意。即行为人明知自己的行为是买卖、使用伪造、变造的船舶户牌,并且希望或者放任这种行为所带来的危害后果发生。例如,有人为了降低船舶运营成本,逃避相关税费或监管,明知购买的船舶户牌是伪造的,仍选择购买并使用,这就体现了其主观故意。而如果行为人确实不知道自己所使用的船舶户牌是伪造、变造的,如因他人欺骗而误拿误用,那么就不构成本违法行为的主观要件。这种故意的心理状态,是判定本违法行为的重要依据之一。

(二)本行为与伪造、变造、买卖国家机关公文、证件、印章罪的关联

伪造、变造、买卖国家机关公文、证件、印章罪(《刑法》第 280 条第 1 款)与本行为的关系是:船舶户牌,是船舶登记管理机关依法发给船舶的载有名称、编号等内容的牌证,属于国家机关证件。伪造、变造船舶户牌,情节严重的,应当根据《刑法》第 280 条第 1 款以伪造、变造国家机关证件罪追究刑事责任。买卖或者使用伪造、变造的船舶户牌,又利用其实施其他犯罪的,一般从一重处罚(牵连犯),不实行数行为并罚。

处罚标准

本行为分为"一般情形"和"情节较轻"两个处罚档次。单位实施上述行为的,对其直接负责的主管人员和其他直接责任人员依照上述规定处罚。

表 122　买卖、使用伪造、变造的船舶户牌行为处罚标准

处罚档次	处罚标准	裁量基准
一般情形	处 10 日以上 15 日以下拘留，可以并处 5000 元以下罚款	/
情节较轻	处 5 日以上 10 日以下拘留，可以并处 3000 元以下罚款	①以营利为目的买卖伪造、变造的船舶户牌，获利较少的
		②因船舶户牌丢失，购买、使用伪造、变造的船舶户牌的
		③其他情节较轻的情形

案例及解析

【基本案情】某沿海城市的海事执法人员在日常港口巡查工作中，对停靠在码头的一艘小型货船进行检查。当执法人员要求船主赵某出示船舶相关证件时，赵某神色慌张，言辞闪烁。执法人员凭借丰富经验，敏锐察觉到赵某可能存在问题，便对船舶户牌进行仔细查验。经专业手段鉴定，确认该船舶户牌为伪造。

面对确凿证据，赵某最终交代，其货船因部分手续不齐全，在业务承接上受到诸多限制。为解决这一问题，他在网上结识了一名声称能提供各类船舶证件的不法分子。赵某在明知对方提供的是伪造船舶户牌的情况下，仍以 5000 元的价格购买，并将其安装在自己的货船上，企图蒙混过关，继续开展货运业务。

对赵某的行为应当如何认定？

【解析】本案中，赵某具有完全行为能力，为追求经济利益，明知是伪造的船舶户牌仍选择购买并使用，这种行为严重破坏了海上管理秩序，使船舶实际情况脱离监管视线，增加了海上作业风险，符合购买、使用伪造、变造船舶户牌行为的客观构成。赵某实施行为时意识清醒，出于故意，又没有达到刑事处罚标准，应当认定为购买、使用伪造、变造船舶户牌行为。

关联法条

《刑法》(2023 年修正)

第 280 条第 1 款、第 2 款　【伪造、变造、买卖国家机关公文、证件、印章罪】【盗窃、抢夺、毁灭国家机关公文、证件、印章罪】伪造、变造、买卖或者盗窃、抢夺、毁灭国家机关的公文、证件、印章的，处三年以下有期徒刑、拘役、管制或者剥夺政治权利，并处罚金；情节严重的，处三年以上十年以下有期徒刑，并处罚金。

【伪造公司、企业、事业单位、人民团体印章罪】伪造公司、企业、事业单位、人民团体的印章的，处三年以下有期徒刑、拘役、管制或者剥夺政治权利，并处罚金。

128. 涂改船舶发动机号码

现行规定

《治安管理处罚法》

第 63 条第 5 项 有下列行为之一的,处十日以上十五日以下拘留,可以并处五千元以下罚款;情节较轻的,处五日以上十日以下拘留,可以并处三千元以下罚款:

(五)……涂改船舶发动机号码的。

立案与管辖

(一)立案标准

违法嫌疑人有涂改船舶发动机号码的行为,尚不够刑事处罚的即达到立案标准。涂改船舶发动机号码行为若符合特定情形,可能触犯刑法中伪造、变造国家机关公文、证件、印章罪,或掩饰、隐瞒犯罪所得、犯罪所得收益罪等罪名。例如,若涂改行为是为了掩盖船舶发动机的非法来源,且该发动机系盗窃、抢劫等犯罪所得,根据《刑法》第 312 条规定,明知是犯罪所得及其产生的收益而予以窝藏、转移、收购、代为销售或者以其他方法掩饰、隐瞒的,可能达到立案标准。

实施了涂改船舶发动机号码的行为,危害船舶登记管理制度和船舶安全,未达到上述入罪标准,可以按照治安违法予以立案。

(二)管辖

涂改船舶发动机号码案件一般由违法行为地的公安机关管辖。

违法行为地包括违法行为发生地和违法结果发生地。违法行为发生地,一般指的是涂改的实施地以及开始地、途经地、结束地等与违法行为有关的地点。违法结果发生地,通常是指被涂改的船舶发动机号码的发现地等。

涂改船舶发动机号码案件由违法行为人居住地公安机关管辖更为适宜的,可以由违法行为人居住地公安机关管辖。例如,违法行为人在多地涂改船舶发动机号码,又回到居住地的,可以请求其居住地公安机关管辖此案,有助于统一处罚标准,便利管辖。

证据收集

(一)证据规格

在一个完整的涂改船舶发动机号码的行为认定中,需要收集的证据规格如下:

1. 违法嫌疑人陈述和申辩。

(1)违法嫌疑人的基本情况;(2)违法行为的动机和目的,为何目的涂改船舶发动机号码;(3)问明被涂改的船舶户牌的特征、编号、去向;(4)问明涂改笔、染料等作案工具及来源、下落;(5)结伙作案的,问明违法嫌疑人的数量、身份、预谋、结伙聚合的过程、相互关系、地位,以及各违法嫌疑人相互关系情况。

2. 被侵害人陈述和其他证人证言。

(1)被侵害人(单位)陈述,问明涂改船舶发动机号码的时间、地点、经过,违法事实情节;违法嫌疑人的数量、身份及体貌特征,各违法嫌疑人在违法行为中的地位和作用。(2)被侵害单位出具的报案材料。(3)其他证人证言,问明涂改船舶发动机号码的时间、地点、经过,违法事实情节,各违法嫌疑人在违法行为中的地位和作用。

3. 物证、书证。

(1)被涂改的船舶发动机号码的原物、清单及照片;(2)涂改笔、染料等作案工具原物、清单及照片;(3)非法所得的金额、款项,清单及照片等。

4. 鉴定意见。

被涂改的船舶发动机号码的鉴定。

5. 视听资料、电子数据。

(1)记录被涂改的船舶发动机号码的现场音视频、视频监控资料;(2)证明涂改违法行为的聊天信息、图片;(3)查获涂改违法行为的现场执法视频。

6. 勘验、检查笔录,现场笔录。

查获被涂改船舶发动机号码现场的勘查笔录、现场图、现场照片、提取的痕迹物证等。

7. 辨认笔录。

证人及相关当事人对违法嫌疑人的辨认;嫌疑人之间互相辨认以及对作案工具的辨认。

8. 其他证据材料。

(1)证明违法嫌疑人身份的材料和违法犯罪记录。如人口信息、户籍证明、身份证、工作证、专业或技术等级证复印件等;法院判决书、行政处罚决定书、释放证明书等有效法律文件。(2)抓获经过、处警经过等。

(二)注意事项

在证据收集和审核过程中,公安机关需注意以下证据规格要素:

1. 所有证据必须依法取得,严禁使用非法手段获取证据。由于发动机号码的涂改可能涉及专业的技术手段和复杂的痕迹分析,因此需要委托具备专业资质和丰富经验的检验鉴定机构进行鉴定。在选择鉴定机构时,要考察其是否具备相关的鉴定资质,如是否通过国家认证认可监督管理部门的认可,其鉴定范围是否涵盖发动机号码的检验鉴定。

2. 证据收集应全面覆盖违法行为构成要素的各个方面,避免遗漏关键证据。例如,应注意被涂改的船舶发动机号的具体数字,涂改所用的工具、技术方法等方面的证据。在发动机周边区域仔细搜寻可能与涂改行为相关的痕迹物证。例如,查找是否有遗留的涂改工具,如砂纸、油漆、刻刀等,这些工具上可能残留与涂改行为相关的微量物证,如油漆屑、金属屑等,对确定涂改手段和工具来源具有重要意义。

3.尽量收集原始证据。留意现场是否存在带有发动机原始号码信息的标签、铭牌碎片等，这些物品可能为还原原始号码提供关键线索。此外，对现场发现的各类痕迹物证，要严格按照物证收集规范进行操作，确保其原始状态不受破坏，以便后续的检验鉴定。

行为认定

（一）对涂改船舶发动机号码行为的认定

主要从以下四个方面进行认定：

1.本行为侵犯的客体是国家对船舶的正常管理秩序。本行为侵犯的对象是船舶发动机号码。涂改船舶发动机号码的治安违法行为侵犯的客体是船舶管理秩序和海上治安管理秩序。船舶管理秩序要求船舶的各项标识清晰、准确，以保障船舶合法运营、安全监管等工作顺利进行。而涂改船舶发动机号码破坏了这种秩序，使得船舶信息失真。海上治安管理秩序旨在维护海上作业、运输等活动的安全与稳定。

2.本行为在客观方面表现为涂改船舶发动机号码的行为。行为方式具有多样性，常见的包括物理涂改，如使用工具刮擦、打磨发动机号码标识部位，试图使原号码模糊不清，再重新刻写或喷涂虚假号码；化学涂改，即利用化学试剂腐蚀号码，使其难以辨认，之后进行伪造。这些行为与机动车标识号码常见的物理方法和化学方法对应的涂改方式类似，在船舶领域同样适用。行为人采用这些手段，试图破坏发动机号码的原始性和真实性，以达到混淆船舶身份的目的。

3.本行为的主体包括个人和单位。渔船民由于其生产作业的特殊性，部分人可能为逃避监管、从事非法活动等目的而涂改船舶发动机号码。如在一些涉及非法捕捞、非法运输等案件中，违法人员为掩盖船舶真实身份，会选择涂改发动机号码。此外，一些小型船舶、三无船舶、异地船舶的所有者或使用者，因管理不善或企图逃避责任，也可能成为实施主体。像有的边防总队在沿海船舶治安管理中所面临的管理问题，使部分这类船舶的相关人员存在涂改号码的可能。

4.本行为在主观方面表现为故意。即行为人明知发动机号码是船舶重要标识，涂改行为会对船舶管理秩序、执法监管等造成干扰，仍积极实施该行为。例如，非法涉海运输内河船和非法入境船通过篡改套用其他船舶信息，甚至涂改船舶名称等违法手段逃避监管，其中涂改船舶发动机号码也是常见手段。

（二）本行为与掩饰、隐瞒犯罪所得、犯罪所得收益罪的关系

掩饰、隐瞒犯罪所得、犯罪所得收益罪（《刑法》第312条）是指明知是犯罪所得及其产生的收益，而予以窝藏、转移、收购、代为销售或者以其他方法掩饰、隐瞒的行为。被涂改发动机号码的船舶，可能有赃物嫌疑，如果购买时不注意甄别，可能会构成收购有赃物嫌疑的物品。"收购有赃物嫌疑的物品"，不以"公安机关通报寻查"为前提条件：如何判断收购者是明知有赃物嫌疑而收购呢？

参照《最高人民法院、最高人民检察院、公安部、国家工商行政管理局关于依法查处盗窃、抢劫机动车案件的规定》第17条的规定,"'明知',是指知道或者应当知道。有下列情形之一的,可视为应当知道,但有证据证明属被蒙骗的除外:(一)在非法的机动车交易场所和销售单位购买的;(二)机动车证件手续不全或者明显违反规定的;(三)机动车发动机号或者车架号有更改痕迹,没有合法证明的;(四)以明显低于市场价格购买机动车的"。

处罚标准

本行为分为"一般情形"和"情节较轻"两个处罚档次。单位实施上述行为的,对其直接负责的主管人员和其他直接责任人员依照上述规定处罚。

表123 涂改船舶发动机号码行为处罚标准

处罚档次	处罚标准	裁量基准
一般情形	处10日以上15日以下拘留,可以并处5000元以下罚款	/
情节较轻	处5日以上10日以下拘留,可以并处3000元以下罚款	①以营利为目的涂改船舶发动机号码,获利较少的 ②涂改船舶发动机号码的船舶,尚未出售或者未投入使用的 ③其他情节较轻的情形

案例及解析

【基本案情】某地海事部门在进行日常海上巡查工作时,对一艘正在作业的渔船进行登船检查。按照既定检查流程,执法人员仔细核查渔船的各项设备及相关证件信息。当检查到船舶发动机时,凭借丰富的经验和专业的眼光,执法人员发现发动机号码存在明显涂改痕迹,号码数字的色泽、字体与周边正常区域存在差异,疑似被人为修改。执法人员立即对该渔船船长陈某进行询问。

起初,陈某试图以各种借口推脱责任,声称对发动机号码的情况并不知晓,可能是发动机在使用过程中因磨损等原因导致号码模糊不清。但在执法人员的进一步追问以及专业技术手段的鉴定下,陈某最终承认了涂改船舶发动机号码的违法事实。原来,陈某的渔船发动机因老旧出现故障,维修成本较高,他便从别处购买了一台二手发动机进行替换。然而,该二手发动机的相关手续并不齐全,为了能够继续合法出海作业,逃避海事部门的检查,陈某心存侥幸,自行涂改了发动机号码,企图蒙混过关。

对陈某的行为应当如何认定?

【解析】本案中,陈某具有完全行为能力,未办齐手续而替换二手船舶发动机,并涂改船舶发动机号码,使得船舶的真实身份和来源难以追溯,增加了海上交通安全风险,符合涂改船舶发动机号码行为的客观构成。陈某实施行为时意识清醒,出于故意,又没有达到刑事处罚标准,应当认定为涂改船舶发动机号码行为。

关联法条

《刑法》(2023年修正)

第312条 【掩饰、隐瞒犯罪所得、犯罪所得收益罪】明知是犯罪所得及其产生的收益而予以窝藏、转移、收购、代为销售或者以其他方法掩饰、隐瞒的,处三年以下有期徒刑、拘役或者管制,并处或者单处罚金;情节严重的,处三年以上七年以下有期徒刑,并处罚金。

单位犯前款罪的,对单位判处罚金,并对其直接负责的主管人员和其他直接责任人员,依照前款的规定处罚。

第三十九节 《治安管理处罚法》第 64 条

129. 驾船擅自进入、停靠国家管制的水域、岛屿

> 现行规定

《治安管理处罚法》

第 64 条 船舶擅自进入、停靠国家禁止、限制进入的水域或者岛屿的,对船舶负责人及有关责任人员处一千元以上二千元以下罚款;情节严重的,处五日以下拘留,可以并处二千元以下罚款。

> 立案与管辖

（一）立案标准

违法嫌疑人违反有关规定,驾驶船舶擅自进入、停靠国家禁止、限制进入的水域或者岛屿,尚不够刑事处罚的行为即达到立案标准。这里的有关规定泛指法律、法规、自治条例和单行条例、规章以及各级人民政府和政府工作部门的有关规定。管制水域、岛屿通常因涉及国家安全、军事战略、资源保护或生态敏感等因素而受到管制。擅自驾船进入这些区域,可能干扰正常的管理秩序,对公共安全构成威胁。例如,军事管制水域、岛屿若被擅自闯入,可能导致军事机密泄露、军事行动受扰,直接危及国家安全,严重破坏社会秩序与危害公共安全。造成这样危害后果的,可以按照本条立案处罚。

（二）管辖

驾船擅自进入、停靠国家管制的水域、岛屿案件一般由违法行为地的公安机关管辖。

违法行为地包括违法行为发生地和违法结果发生地。违法行为发生地,一般是指擅自进入、停靠行为的实施地以及开始地、途经地、结束地等与违法行为有关的地点。违法结果发生地,通常是指被擅自进入、停靠的国家管制水域、岛屿等区域。

驾船擅自进入、停靠国家管制的水域、岛屿案件由违法行为人居住地公安机关管辖更为适宜的,可以由违法行为人居住地公安机关管辖。例如,违法行为人驾船擅自进入、停靠多个国家管制的水域、岛屿,又回到居住地的,可以请求其居住地公安机关管辖此案,有助于统一处罚标准,也便利管辖。

证据收集

（一）证据规格

在一个驾船擅自进入、停靠国家管制的水域、岛屿行为的认定中，需要收集的证据规格如下：

1. 违法嫌疑人的陈述和申辩。

（1）违法嫌疑人的基本情况；（2）违法行为的动机和目的，为何目的驾船擅自进入、停靠国家管制的水域、岛屿；（3）问明驾船擅自进入、停靠的地点、路径，有无其他违法行为；（4）问明所驾船舶的来源、下落；（5）结伙作案的，问明违法嫌疑人的数量、身份，预谋、结伙聚合的过程、相互关系、地位，以及各违法嫌疑人相互关系情况。

2. 被侵害人陈述和其他证人证言。

（1）被侵害人（单位）陈述，问明驾船擅自进入、停靠的时间、地点、经过，违法事实情节；违法嫌疑人的数量、身份及体貌特征，各违法嫌疑人在违法行为中的地位和作用。（2）被侵害单位出具的报案材料。（3）其他证人证言，问明驾船擅自进入、停靠的时间、地点、经过，违法事实情节，各违法嫌疑人在违法行为中的地位和作用。

3. 物证、书证。

（1）非法闯入船舶航行路径的记录、照片；（2）驾驶的船舶的原物、照片；（3）对管制区域的水域、岛屿环境造成的污染、破坏等危害结果。

4. 鉴定意见。

对管制区域的水域、岛屿环境造成的污染、破坏等危害结果的鉴定意见。

5. 视听资料、电子数据。

（1）记录闯入船舶航行情况的现场音视频、视频监控资料；（2）能够证明擅自闯入违法行为的聊天信息、图片；（3）查获擅自闯入违法行为的现场执法视频。

6. 勘验、检查笔录，现场笔录。

查获擅自闯入船舶的现场勘查笔录、现场图、现场照片、提取的痕迹物证等。

7. 辨认笔录。

证人及相关当事人对违法嫌疑人的辨认；嫌疑人之间互相辨认以及对作案工具的辨认。

8. 其他证据材料。

（1）证明违法嫌疑人身份的材料和违法犯罪记录，如人口信息、户籍证明、身份证、工作证、专业或技术等级证书复印件等；法院判决书、行政处罚决定书、释放证明书等有效法律文件。（2）抓获经过、处警经过等。

（二）注意事项

在证据收集和审核过程中，公安机关需注意以下证据规格要素：

1. 所有证据必须依法取得，严禁使用非法手段获取证据。例如，不得无调查证件即对涉案船舶进行登临调查等。对涉案船只进行检查时，需出示合法有效的执法证件，并记录检查的时间、地点、参与人员等详细信息,确保整个检查过程合法。

2. 证据收集应全面覆盖违法行为构成要素的各个方面,避免遗漏关键证据。例如,应注意船舶闯入的经过、所经停的禁止停靠区域等。确定涉案船只进入或停靠的具体地理位置十分关键。

3. 尽量收集原始证据,调取擅自闯入的船只被发现的原始经过记录。对涉案船只的状态进行全面记录,包括船只外观是否有改装痕迹、船上设备的配备与使用情况、是否装载违禁物品等。例如,若发现船只擅自改装以适应特殊的非法作业需求,这一证据可进一步证明其存在主观上故意违法的可能性。同时,对船上的航海日志、航行轨迹记录设备等进行检查,获取其航行轨迹信息,确定其进入管制区域的路线与时间。

🛡 行为认定

(一)对驾船擅自进入、停靠国家管制的水域、岛屿行为的认定

主要从以下四个方面进行认定:

1. 本行为侵犯的客体是国家对特定水域、岛屿的管理秩序。本行为侵犯的对象是国家禁止、限制进入的水域或者岛屿。国家对特定水域和岛屿进行管制,首要目的是维护国家主权和安全。管制区域可能涉及军事战略要地、边境地区等,擅自进入、停靠此类区域,可能威胁到国家的军事安全、边境稳定等。国家对海洋资源开发、环境保护等方面有整体规划,通过对部分水域、岛屿的管制来实现合理管理。擅自进入、停靠会破坏这种管理秩序,影响资源的合理开发和保护。

2. 本行为在客观方面表现为违反有关规定,驾驶船舶擅自进入、停靠国家禁止、限制进入的水域或者岛屿,尚不够刑事处罚的行为。国家禁止、限制进入的水域或者岛屿,是指军事目标、军事重地、军事隔离区,未开放的水域、港口、水库。

禁止进入、停靠,是指未经批准,一律不得进入、停靠。限制进入、停靠,是指在特定时期或者特定条件下,符合条件的可以进入、停靠,最常见的限制是对船舶吨位、船舶类型、船舶载货的限制,或者禁渔期的限制等。《沿海船舶边防治安管理规定》第17条第1款规定,出海船舶和人员不得擅自进入国家禁止或者限制进入的海域或岛屿。《内河交通安全管理条例》第20条规定,船舶进出港口和通过交通管制区、通航密集区或者航行条件受限制的区域,应当遵守海事管理机构发布的有关通航规定。任何船舶不得擅自进入或者穿越海事管理机构公布的禁航区。船舶,是指在我国领海海域内或者内水水域停泊、航行和从事生产作业的各类船舶。我国军用船舶、公务执法船舶及国家另有规定的除外。

擅自进入、停靠国家禁止、限制进入的水域或者岛屿,是指违反国家有关管理规定,没有获得批准和许可而擅自驶入或者停泊在国家禁止、限制进入的水域或者岛屿的行为。首先,行为人必须是在未获得国家相关部门合法许可的情况下驾船进入或停靠。许可的形式多样,包括颁发的许可证、批准文件等。例如,在某些特定的科研用岛,需要科研团队提前向相关海洋管理部门申请,获得许可后才能驾船前往,若未申请或申请未获批就前往,即符合此要素。

其次,行为人实施了实际的驾船行为进入管制水域范围,或在管制岛屿停靠的行为。进入不仅指船只完全驶入管制区域,还包括部分船体进入等情况。停靠则指船只在管制岛屿周边进行停泊、系靠等动作。例如,一艘船只虽未完全驶入管制水域,但船头部分进入了管制边界,也构成进入行为;在管制岛屿岸边短暂停留,放下人员或物资,也属于停靠行为。最后,虽然擅自进入、停靠行为不要求必须造成严重的实际危害后果,但通常需要对国家管制秩序造成一定影响。这种影响可能是潜在的安全威胁,如引起军事监控部门的警戒;也可能是对管制区域的正常活动造成干扰,如擅自进入管制的渔业资源保护区内,干扰了正常的渔业资源调查工作。

3. 本行为的主体一般是船舶的负责人和其他负责具体驾驶船舶的操作人员,如大副、轮机长等。单位也可以构成本行为的主体。该行为的主体通常为一般主体,即达到法定责任年龄、具有责任能力的自然人,以及法人或其他组织。无论是个人出于某种目的,还是单位组织的相关行动,只要实施了驾船擅自进入、停靠国家管制水域、岛屿的行为,都可能构成该行为主体。例如,一些海上资源开发企业,若未获得许可擅自派遣船只进入管制海域进行勘探等活动,企业作为主体就可能构成此类行为。

4. 本行为在主观方面表现为故意。行为人主观上必须明知该水域或岛屿处于国家管制状态,仍然有意驾船进入或停靠。这种明知既包括确切知道相关区域的管制规定,也包括应当知道却因疏忽大意而未知道的情况。例如,某渔民长期在某海域作业,该海域部分岛屿已明确公告为管制区域,且周边渔民都知晓,但该渔民以自己未看到公告为由,仍驾船停靠该岛屿,此行为可认定为故意。因为其作为长期在该海域作业的人员,应当知道该区域的管制情况。

(二)《治安管理处罚法》和《沿海船舶边防治安管理规定》对船舶非法进入国家禁止或者限制进入的海域或者岛屿的法律责任均有规定,两者如何适用

《沿海船舶边防治安管理规定》第28条第1项与《治安管理处罚法》第64条竞合。对沿海船舶非法进入国家禁止或者限制进入的海域或者岛屿的,违法行为名称表述为"驾船擅自进入国家管制的水域、岛屿",法律依据适用《治安管理处罚法》第64条。

(三)因避险及其他不可抗力因素而进入或者停靠国家禁止、限制进入的水域或者岛屿行为的认定

根据《沿海船舶边防治安管理规定》第17条第2款的规定,因避险及其他不可抗力的原因而进入或者停靠国家禁止、限制进入的海域或者岛屿,应当在原因消除后立即离开,抵港后及时向公安边防部门报告的,不构成本行为。

处罚标准

本行为分为"一般情形"和"情节严重"两个处罚档次。单位实施上述行为的,对其直接负责的主管人员和其他直接责任人员依照上述规定处罚。

表 124　驾船擅自进入、停靠国家管制的水域、岛屿行为处罚标准

处罚档次	处罚标准	裁量基准
一般情形	对船舶负责人及有关责任人员处 1000 元以上 2000 元以下罚款	/
情节严重	处 5 日以下拘留,可以并处 2000 元以下罚款	①不听制止,强行进入、停靠的
		②经责令离开而拒不驶离的
		③其他情节严重的情形

案例及解析

【基本案情】某跨境大桥海事局执法人员在日常巡航中发现 Q 航道 54 号桥墩处有异样,该桥墩防撞钢箱内竟有多根鱼竿伸出,箱内还有人。执法人员立即对周边桥墩展开巡查,又在另外两个桥墩处发现类似情况。经调查,这 11 名垂钓人员分两批乘船到达上述水域并登上桥墩,而运送垂钓人员的船只为黄某所有。黄某在明知该跨境大桥水域是海事部门重点监管区,进入一级警戒区桥墩钓鱼属于禁止行为的情况下,仍为获取每人 50 元的运送报酬,驾船将垂钓人员送至桥墩处。

黄某和 11 名垂钓人员的行为应该如何定性?

【解析】本案中,黄某具有完全行为能力,为私利驾船擅自进入管制水域并停靠在桥墩,不仅扰乱了海上交通管理秩序,还使垂钓人员及大桥面临安全风险,如遇船舶碰撞等意外,后果不堪设想,符合驾船擅自进入、停靠国家管制区域行为的客观构成。黄某实施行为时意识清醒,出于故意,又没有达到刑事处罚标准,应当认定为驾船擅自进入、停靠国家管制区域行为。而 11 名登墩垂钓人员因态度端正,配合调查且系初犯,公安机关可以不予处罚,对他们予以警示教育处理。

关联法条

1.《领海及毗连区法》

第 6 条　外国非军用船舶,享有依法无害通过中华人民共和国领海的权利。

外国军用船舶进入中华人民共和国领海,须经中华人民共和国政府批准。

第 11 条　任何国际组织、外国的组织或者个人,在中华人民共和国领海内进行科学研究、海洋作业等活动,须经中华人民共和国政府或者其有关主管部门批准,遵守中华人民共和国法律、法规。

违反前款规定,非法进入中华人民共和国领海进行科学研究、海洋作业等活动的,由中华人民共和国有关机关依法处理。

2.《专属经济区和大陆架法》

第 5 条第 1 款　任何国际组织、外国的组织或者个人进入中华人民共和国的专属经济区从事渔业活动,必须经中华人民共和国主管机关批准,并遵守中华人民共和国的法律、法规及中华人民共和国与有关国家签订的条约、协定。

第7条　任何国际组织、外国的组织或者个人对中华人民共和国的专属经济区和大陆架的自然资源进行勘查、开发活动或者在中华人民共和国的大陆架上为任何目的进行钻探，必须经中华人民共和国主管机关批准，并遵守中华人民共和国的法律、法规。

第9条　任何国际组织、外国的组织或者个人在中华人民共和国的专属经济区和大陆架进行海洋科学研究，必须经中华人民共和国主管机关批准，并遵守中华人民共和国的法律、法规。

第四十节 《治安管理处罚法》第65条

130. 非法以社会组织名义活动

现行规定

《治安管理处罚法》

第65条第1款第1项 有下列行为之一的,处十日以上十五日以下拘留,可以并处五千元以下罚款;情节较轻的,处五日以上十日以下拘留或者一千元以上三千元以下罚款:

(一)违反国家规定,未经注册登记,以社会团体、基金会、社会服务机构等社会组织名义进行活动,被取缔后,仍进行活动的;

立案与管辖

(一)立案标准

违反社会团体登记管理的国家规定,未经注册登记以社会组织名义进行活动,被取缔后,仍进行活动,妨害国家对社会组织管理秩序的行为即达到立案标准。这里的国家规定是指全国人民代表大会及其常务委员会制定的法律和决定,国务院制定的行政法规、规定的行政措施、发布的决定和命令。

(二)管辖

非法以社会组织名义活动案件一般由违法行为地的公安机关管辖。

违法行为地包括违法行为发生地和违法结果发生地。违法行为发生地,一般指的是非法以社会组织名义活动的实施地以及开始地、途经地、结束地等与违法行为有关的地点。违法结果发生地,通常指的是非法以社会组织名义活动的区域。

由违法行为人居住地公安机关管辖更为适宜的,可以由违法行为人居住地公安机关管辖。

证据收集

(一)证据规格

在非法以社会组织名义活动行为的认定中,需要收集的证据规格如下:

1.违法嫌疑人陈述和申辩。

(1)违法嫌疑人的基本情况。(2)为何目的以社会组织名义活动。(3)问明社会组织的名称;非法以社会组织名义参加的具体活动,有无其他违法行为。(4)问明所使用的社会组织标志、服装、宣传品的来源、下落。(5)问明取缔情况。(6)问明非法社会组织中各违法嫌疑人的数量、身份、预谋、结伙聚合的过程、相互关系、地位。

2. 被侵害人陈述和其他证人证言。

(1)被侵害人(单位)陈述,问明非法以社会组织名义活动的具体经过、违法情节;违法嫌疑人的数量、身份及体貌特征,各违法嫌疑人在违法行为中的地位和作用。(2)被侵害单位出具的报案材料。(3)其他证人证言,问明非法以社会组织名义活动的时间、地点、经过,违法情节,各违法嫌疑人在违法行为中的地位和作用。

3. 物证、书证。

(1)民政部门取缔非法社会组织时固定的各类证据;(2)非法以社会组织名义活动的记录、照片;(3)社会组织标志、服装的原物、照片;(4)非法以社会组织名义制作的宣传品的原件。

4. 鉴定意见。

非法以社会组织名义活动所得金额的价值鉴定。

5. 视听资料、电子数据。

(1)记录非法以社会组织名义活动的音视频、视频监控资料;(2)能够证明非法活动违法行为的聊天信息、图片;(3)查获非法活动违法行为的现场执法视频。

6. 勘验、检查笔录,现场笔录。

查获非法以社会组织名义活动的现场勘查笔录、现场图、现场照片、提取的痕迹物证等。

7. 辨认笔录。

证人及相关当事人对违法嫌疑人的辨认;嫌疑人之间互相辨认以及对作案工具的辨认。

8. 其他证据材料。

(1)证明违法嫌疑人身份的材料和违法犯罪记录,如人口信息、户籍证明、身份证、工作证、专业或技术等级证书复印件等;法院判决书、行政处罚决定书、释放证明书等有效法律文件。(2)抓获经过、处警经过等。

(二)注意事项

1.《治安管理处罚法》第65条第1款第1项非法以社会组织名义活动行为需要以相关活动被取缔为前提,而第65条第1款第2项被撤销登记的社会组织继续活动行为则需要以被依法撤销登记或者吊销登记证书为前提。据此,公安机关在查处相关案件时,一是要查明民政部门是否已经作出了取缔决定;二是要积极与民政部门沟通,使用民政部门固定的证据。

2. 取证时,公安机关应重点关注以下类型的证据:一是非法活动的相关记录。收集与非法社会组织活动相关的文件、资料、会议记录、活动策划书、宣传资料等,以证明其以社会组织名义进行活动的事实。二是参与人员证言。公安机关要认真询问参与非法社会组织的人员,了解其参与活动的情况、活动的内容和目的、社会组织的组织和运作方式等,制作详细的询问笔录,研判是否存在更严重的违法犯罪行为。三是资金往来记录。公安机关应调查非法社会组织的资金来源、去向和使用情况，包括会员缴纳的会费、捐赠款、活动经费等，可通过银行流水、账本、收据等证据证实。这既是研判是否存在更严重的违法犯罪行为，也是配合民政部门没收违法所得。

🛡 行为认定

（一）对非法以社会组织名义活动行为的认定

主要从以下四个方面进行认定：

1. 本行为侵害的客体是国家对社会组织的管理秩序。我国《宪法》第35条规定，中华人民共和国公民有言论、出版、集会、结社、游行、示威的自由。而为了维护社会秩序和公共利益，我国又制定了《社会团体登记管理条例》《民法典》等法律法规，要求公民在结社时遵守法律法规要求。非法组织容易成为滋生违法犯罪的温床，故治安管理处罚法赋予了公安机关查处非法以社会组织名义活动行为的权力。

2. 本行为在客观方面的要件有三。一是社会组织未经注册登记，以社会组织的名义进行活动，被取缔后仍然进行活动。如果被取缔后不再进行活动，不构成本行为。二是以社会组织名义进行活动。三是被取缔后，仍以社会组织名义进行活动。

3. 本行为主体通常是非法社会组织的负责人或者其某种活动的主持人。

4. 本行为的主观方面是故意。

（二）实施本行为又同时构成其他违法犯罪的处理

行为人在实施本行为时，如果同时有其他违法犯罪活动，则应当追究其他法律责任。例如，如果进行活动的社会组织，其宗旨和目的是进行分裂国家、破坏国家统一、颠覆国家政权、推翻社会主义制度，勾结境外机构、组织从事间谍活动，从事恐怖活动或者其他犯罪活动，则应当依据《刑法》的相关规定定罪处罚。

"取缔"是本条的构成要件。"取缔"本身的行政法意义有行政强制说、行政处罚说等不同认识，但"取缔"在成文法上的概念是比较清晰的。针对社会团体的"取缔"由《社会团体登记管理条例》规定的登记管理机关即国务院民政部门和县级以上地方各级人民政府民政部门（《社会团体登记管理条例》第6条第1款）作出（《社会团体登记管理条例》第32条），针对筹备期间开展筹备以外的活动，或者未经登记，擅自以社会团体名义进行活动，以及被撤销登记的社会团体继续以社会团体名义进行活动的行为。

《取缔非法社会组织办法》第16条规定："登记管理机关决定对非法社会组织予以取缔的，应当制作取缔决定书。取缔决定书应当载明下列事项：（一）非法社会组织的名称；（二）违反法律、法规、规章的事实和依据；（三）作出取缔决定的登记管理机关名称和作出决定的日期。取缔决定书应当加盖作出取缔决定的登记管理机关的印章。"除由公安机关处以治安管理处罚外，登记管理机关还有权没收非法财产（《社会团体登记管理条例》第32条）。公安机关可能还需要配合登记管理机关执法。《取缔非法社会组织办法》第20条规定："当事人或者其他有关人员有下列行为的，由登记管理机关依据《中华人民共和国治安管理处罚法》的规定移交公安机关处理:(一)伪造、隐匿、毁灭证据或者提供虚假证言,影响登记管理机关依法办案的;(二)阻碍登记管理机关执法人员依法执行职务的;(三)非法社会组织被取缔后,仍以该组织名义进行活动的;(四)其他违反《中华人民共和国治安管理处罚法》的行为。"

(三)与招摇撞骗行为的区别

1.行为侵犯的客体。本行为侵害的客体是国家对社会组织的管理秩序,招摇撞骗行为侵犯的客体是国家机关和其他身份的威信及正常社会活动。

2.行为方式。本行为表现为未经登记的社会组织被取缔后仍然以社会组织的名义活动,或被依法撤销登记的,仍然以原社会组织的名义活动;招摇撞骗行为表现为冒充国家机关工作人员或者其他虚假身份,进行招摇撞骗。当然,在实践中,也存在行为人以社会组织的名义,进行招摇撞骗的行为,根据实际情况处理即可。

处罚标准

本行为分为"一般情形"和"情节较轻"两个处罚档次。根据公安实践,对于"情节较轻"情形的认定,应当结合行为人的动机、手段、目的、行为的次数和造成的后果等综合考虑。

表 125 非法以社会组织名义活动行为处罚标准

处罚档次	处罚标准	裁量基准
一般情形	处 10 日以上 15 日以下拘留,可以并处 5000 元以下罚款	/
情节较轻	处 5 日以上 10 日以下拘留或者 1000 元以上 3000 元以下罚款	①尚未造成危害后果或者较大社会影响的 ②以营利为目的,但获利较少的 ③其他情节较轻的情形

案例及解析

【基本案情】H 未依法注册登记,便擅自以某社团名义开展一系列活动。他通过线上线下宣传,吸引了不少群众关注,并组织各类讲座、聚会等活动。H 对外宣称该社团致力于文化交流,实则借活动名义扩大社会影响,推广自己的产品,意图向参与者售卖。随后群众向有关部门举报。

如何认定 H 的行为?

【解析】H 具有完全行为能力,在未取得合法登记的情况下,以社团名义活动,并借机推销产品,破坏了正常的社会经济秩序,符合非法以社会组织名义活动行为的客观构成。H 实施行为时意识清醒,出于故意。又因为 H 所涉的其他行为没有达到刑事处罚标准,尤其是在诈骗认定方面存在证据欠缺,最终 S 市公安局 X 分局决定以非法以社会组织名义活动为由对其进行治安处罚。

关联法条

1.《社会团体登记管理条例》(2016年修订)

第32条　筹备期间开展筹备以外的活动,或者未经登记,擅自以社会团体名义进行活动,以及被撤销登记的社会团体继续以社会团体名义进行活动的,由登记管理机关予以取缔,没收非法财产;构成犯罪的,依法追究刑事责任;尚不构成犯罪的,依法给予治安管理处罚。

2.《民办非企业单位登记管理暂行条例》(1998年)

第27条　未经登记,擅自以民办非企业单位名义进行活动的,或者被撤销登记的民办非企业单位继续以民办非企业单位名义进行活动的,由登记管理机关予以取缔,没收非法财产;构成犯罪的,依法追究刑事责任;尚不构成犯罪的,依法给予治安管理处罚。

3.《取缔非法社会组织办法》(2025年)

第3条第1款　具有下列情形之一的,属于非法社会组织:

(一)未经登记,擅自以社会团体、基金会、民办非企业单位名义进行活动;

(二)社会团体筹备期间开展筹备以外活动;

(三)被撤销登记、吊销登记证书后继续以社会团体、基金会、民办非企业单位名义进行活动。

131. 被撤销登记的社会组织继续活动

现行规定

《治安管理处罚法》

第65条第1款第2项　有下列行为之一的,处十日以上十五日以下拘留,可以并处五千元以下罚款;情节较轻的,处五日以上十日以下拘留或者一千元以上三千元以下罚款:

(二)被依法撤销登记或者吊销登记证书的社会团体、基金会、社会服务机构等社会组织,仍以原社会组织名义进行活动的;

立案与管辖

(一)立案标准

被主管部门依法撤销登记或者吊销登记证书的社会组织,仍以社会组织名义进行活动的行为即可立案。

(二)管辖

被撤销登记的社会组织继续活动案件一般由违法行为地的公安机关管辖。

违法行为地包括违法行为发生地和违法结果发生地。违法行为发生地,一般指的是被撤销登记的社会组织继续活动的实施地以及开始地、途经地、结束地等与违法行为有关的地点。违法结果发生地,通常指的是被撤销登记的社会组织继续活动的区域。

由违法行为人居住地公安机关管辖更为适宜的,可以由违法行为人居住地公安机关管辖。

证据收集

(一)证据规格

在被撤销登记的社会组织继续活动行为的认定中,需要收集的证据规格如下:

1. 违法嫌疑人陈述和申辩。

(1)违法嫌疑人的基本情况。(2)违法行为的动机和目的。(3)问明社会组织的名称;以被撤销登记的社会组织名义参加具体活动时,有无其他违法行为。(4)问明所使用的社会组织标志、服装、宣传品的来源、下落。(5)结伙作案的,问明违法嫌疑人的数量、身份、预谋、结伙聚合的过程、相互关系、地位。

2. 被侵害人陈述和证人证言。

(1)被侵害人(单位)陈述,问明以被撤销登记的社会组织名义活动的具体经过、违法情节;违法嫌疑人的数量、身份及体貌特征,各违法嫌疑人在违法行为中的地位和作用。(2)被侵害单位出具的报案材料。(3)证人证言,问明以被撤销登记的社会组织名义活动的时间、地点、经过,违法情节,各违法嫌疑人在违法行为中的地位和作用。

3. 物证、书证。

(1)被撤销登记或者吊销登记证书时有关部门固定的证据;(2)以被撤销登记的社会组织名义活动的记录、照片;(3)社会组织标志、服装的原物、照片;(4)以被撤销登记的社会组织名义制作的宣传品、邀请函等的原件。

4. 鉴定意见。

以被撤销登记的社会组织名义活动所得金额的价值鉴定。

5. 视听资料、电子数据。

(1)记录以被撤销登记的社会组织名义活动的音频、视频监控资料;(2)能够证明非法活动违法行为的聊天信息、图片;(3)查获非法活动违法行为的现场执法视频。

6. 勘验、检查笔录,现场笔录。

查获以被撤销登记的社会组织名义活动的现场勘查笔录、现场图、现场照片、提取的痕迹物证等。

7. 辨认笔录。

证人及相关当事人对违法嫌疑人的辨认;违法嫌疑人之间互相辨认以及对作案工具的辨认。

8. 其他证据材料。

(1)证明违法嫌疑人身份的材料和违法犯罪记录,如人口信息、户籍证明、身份证、工作证、专业或技术等级证书复印件等;法院判决书、行政处罚决定书、释放证明书等有效法律文件。(2)抓获经过、处警经过等。

(二)注意事项

《治安管理处罚法》第 65 条第 1 款第 2 项被撤销登记的社会组织继续活动行为需要以被依法撤销登记或者吊销登记证书为前提。据此,公安机关在查处相关案件时,一是要查明是否已被依法撤销登记或者吊销登记证书;二是要积极使用有关部门固定的证据。

行为认定

(一)对被撤销登记的社会组织继续活动行为的认定

主要从以下四个方面进行认定：

1. 本行为侵害的客体是国家对社会组织的管理秩序。

2. 本行为在客观方面表现为被主管部门依法撤销登记的社会组织,仍以原社会组织名义进行活动的行为。本行为在客观方面包括以下两个要件:其一,社会组织被登记管理机关依法撤销登记。《社会团体登记管理条例》第 31 条规定:"社会团体的活动违反其他法律、法规的,由有关国家机关依法处理;有关国家机关认为应当撤销登记的,由登记管理机关撤销登记。"其二,行为人仍以原社会组织名义进行活动。被撤销登记后仍以原社会组织名义进行活动的,才构成本行为。如果以未经登记注册的新的社会组织的名义进行活动,则不构成本行为,而应考虑本条本款第 1 项的适用。

3. 本行为的主体包括个人和单位,主要是被主管部门依法撤销登记后的社会组织的工作人员或者已被依法撤销登记的原社会组织。

4. 本行为在主观方面为故意。

(二)与非法以社会组织名义活动行为的区别

二者的区别是:(1)行为主体。本行为的主体主要是被主管部门依法撤销登记的社会组织的工作人员或者已被依法撤销登记的原社会组织;而非法以社会组织名义活动行为的主体可以是任何单位或者个人。(2)行为方式。本行为的行为方式是被依法撤销登记后,仍以原社会组织名义进行活动;而非法以社会组织名义活动行为则表现为以未经注册登记且被依法取缔的社会组织名义进行活动。

处罚标准

本行为分为"一般情形"和"情节较轻"两个处罚档次。根据公安实践,对于"情节较轻"情形的认定,应当结合行为人的动机、手段、目的、行为的次数和造成的后果等综合考虑。

表 126　被撤销登记的社会组织继续活动行为处罚标准

处罚档次	处罚标准	裁量基准
一般情形	处 10 日以上 15 日以下拘留,可以并处 5000 元以下罚款	/

续表

处罚档次	处罚标准	裁量基准
情节较轻	处5日以上10日以下拘留或者1000元以上3000元以下罚款	①尚未造成危害后果或者较大社会影响的
		②以营利为目的,但获利较少的
		③其他情节较轻的情形

案例及解析

【基本案情】某市的"文化交流促进会"因违规操作、财务管理混乱等问题,严重违反《社会团体登记管理条例》相关规定,被当地民政部门依法撤销登记。该社团在被撤销登记后,负责人L等人并未就此收手。他们认为前期投入诸多心血,不甘心社团就此解散,便私下商议继续以"文化交流促进会"的名义开展活动。L等人通过线上渠道,向原社团成员及一些新招募人员宣称,社团只是暂时遇到一些手续问题,并未真正解散,后续活动仍将继续。随后,他们组织了多场所谓的"文化交流讲座",在讲座现场向参与者收取"活动费用"与"会员费"。这些活动不仅没有起到积极的文化交流作用,反而因组织混乱、内容空洞,引起不少参与者的不满。有参与者察觉情况异常,向相关部门举报。

L的行为如何定性?

【解析】本案中,L具有完全行为能力,在明知某社团被撤销的情况下,继续以某社团名义活动,不仅严重扰乱社会组织管理秩序,破坏了合法社团的公信力,还侵害了参与者的财产权益,符合被撤销登记社会组织继续活动行为的客观构成。L实施行为时意识清醒,出于故意。又因为所涉的其他行为没有达到刑事处罚标准,应当认定为被撤销登记社会组织继续活动行为。

关联法条

《基金会管理条例》(2004年)

第40条 未经登记或者被撤销登记后以基金会、基金会分支机构、基金会代表机构或者境外基金会代表机构名义开展活动的,由登记管理机关予以取缔,没收非法财产并向社会公告。

132. 擅自经营需公安机关许可的行业

现行规定

《治安管理处罚法》

第65条第1款第3项、第2款 有下列行为之一的,处十日以上十五日以下拘留,可以并

处五千元以下罚款;情节较轻的,处五日以上十日以下拘留或者一千元以上三千元以下罚款:

(三)未经许可,擅自经营按照国家规定需要由公安机关许可的行业的。

有前款第三项行为的,予以取缔……

立案与管辖

(一)立案标准

违法嫌疑人未经公安机关审批,从事依据国家规定应当经公安机关许可的经营行为即可立案。可以设定行政许可的一般为国家法律法规或者规章。为保障国家安全、公共安全和社会秩序稳定,国家依法设定禁止一般人从事的,而只有具备一定条件和资格,经公安机关审查批准才能从事的行业,如作为特种行业管理的旅馆业等。此外,《治安管理处罚法》第65条第3款还规定,"取得公安机关许可的经营者,违反国家有关管理规定,情节严重的,公安机关可以吊销许可证"。

(二)管辖

擅自经营需公安机关许可行业的案件一般由违法行为地的公安机关管辖。

违法行为地包括违法行为发生地和违法结果发生地。违法行为发生地,一般指的是擅自经营行为的实施地以及开始地、途经地、结束地等与违法行为有关的地点。违法结果发生地,通常指的是擅自经营的场所所在地。

擅自经营需公安机关许可行业的案件由违法嫌疑人居住地公安机关管辖更为适宜的,可以由违法嫌疑人居住地公安机关管辖。

证据收集

(一)证据规格

在擅自经营需公安机关许可行业行为的认定中,需要收集的证据规格如下:

1.违法嫌疑人陈述和申辩。

(1)违法嫌疑人的基本情况;(2)违法行为的动机和目的;(3)问明擅自经营需公安机关许可行业的具体活动,有无其他违法行为;(4)问明擅自经营所使用的场地、设施设备及其来源、下落;(5)结伙作案的,问明违法嫌疑人的数量、身份、预谋、结伙聚合的过程、相互关系、地位。

2.被侵害人陈述和其他证人证言。

(1)被侵害人(单位)陈述,问明擅自经营需公安机关许可行业的具体经过、违法情节;违法嫌疑人的数量、身份及体貌特征,各违法嫌疑人在违法行为中的地位和作用。(2)其他证人证言,问明擅自经营需公安机关许可行业的时间、地点、经过,违法情节,各违法嫌疑人在违法行为中的地位和作用。

3.物证、书证。

(1)擅自经营需公安机关许可行业活动的记录、照片;(2)擅自经营所使用的场地、设施设备的原物、照片。

4. 鉴定意见。

擅自经营需公安机关许可行业所得金额的价值鉴定。

5. 视听资料、电子数据。

(1)记录擅自经营需公安机关许可行业的音频、视频监控资料;(2)能够证明擅自经营违法行为的聊天信息、图片;(3)查获擅自经营违法行为的现场执法视频。

6. 勘验、检查笔录,现场笔录。

查获擅自经营活动的现场勘查笔录、现场图、现场照片、提取的痕迹物证等。

7. 辨认笔录。

证人及相关当事人对违法嫌疑人的辨认;嫌疑人之间互相辨认以及对作案工具的辨认。

8. 其他证据材料。

(1)证明违法嫌疑人身份的材料和违法犯罪记录,如人口信息、户籍证明、身份证、工作证、专业或技术等级证书复印件等;法院判决书、行政处罚决定书、释放证明书等有效法律文件。(2)抓获经过、处警经过等。

(二)注意事项

除违法嫌疑人身份等常见证据外,查处擅自经营需公安机关许可的行业行为时,应重点注意:

1. 违法嫌疑人供述和辩解:通过询问违法经营者,了解其对经营行为性质的认知,是否明知该行业需要公安机关许可,以及其经营的动机、目的等,如是否为了获取经济利益等。证人证言方面,收集单位财务人员、经手员工等的证人证言,证实违法经营行为的策划、实施过程,以及单位或个人的主观故意和牟利动机。

2. 固定违法嫌疑人实施非法经营行为的证据。这包括:物证,如被查获的用于经营的物品、设备等;书证,如合同、收据、借条、欠条、发票、转账记录、银行流水、相关的账册、汇票等,用以证实经营的销售数额、价格、金额、获利情况等;现场勘查笔录及照片、搜查笔录、扣押物品清单及照片,证实查获的作案工具、经营现场的情况。

3. 由于本行为涉及的"公安机关许可行业"构成要件可能存在争议,公安机关在查处本类案件时应谨慎采取人身强制措施,积极听取当事人陈述、申辩,慎重作出决定。

行为认定

(一)对擅自经营需公安机关许可的行业行为的认定

主要从以下四个方面进行认定:

1. 本行为侵害的客体是公安机关对需要重点管理的行业所保障的治安管理秩序。公安机关对这些行业实施事前许可、事中管理、事后查处的完整的治安管理体制。

2. 本行为的客观方面表现为未经公安机关审查批准,从事依照国家法律、法规、规章规定,应当经公安机关许可的经营行为。违法行为表现为:一是未取得公安机关许可而从事经营,二是超越公安机关许可的经营范围,擅自从事经营范围以外的、应当经公安机关许可的行为。

3. 本行为的主体是一般主体,既可以是个人也可以是单位。

4. 本行为主观方面是故意。

(二)与非法经营罪的区别

非法经营罪(《刑法》第225条)是指违反国家规定,扰乱市场秩序,情节严重的下列行为:未经许可经营法律、行政法规规定的专营、专卖物品或者其他限制买卖的物品;买卖进出口许可证、进出口原产地证明以及其他法律、行政法规规定的经营许可证或者批准文件;未经国家有关主管部门批准非法经营证券、期货、保险业务,或者非法从事资金支付结算业务;其他严重扰乱市场秩序的非法经营行为。本行为与非法经营罪有明显的区别。

1. 擅自经营需公安机关许可的行业违法行为是一般主体,既可以是个人,也可以是单位。只要未获得公安机关许可而经营特定行业,均可构成本违法行为。例如,个体工商户张某未经许可擅自开设旅馆,或者某公司未经许可经营典当业务,都属于此类违法行为主体。非法经营罪的主体同样是一般主体,包括个人和单位。但在实践中,由于非法经营行为涉及领域广泛,一些非法经营行为可能要求主体具备特定的经营背景或专业知识等条件。例如,在非法经营证券业务中,行为人往往需要对证券市场有一定了解并具备相应操作能力等。

2. 擅自经营需公安机关许可的行业违法行为主观上表现为故意,即明知从事的行业需要公安机关许可,仍然未经许可而擅自经营。其目的通常是获取经营利益。例如,李某明知开办印章刻制店需经公安机关许可,为了盈利仍擅自开业经营。非法经营罪在主观方面也是故意,并且具有牟取非法利益的目的。但非法经营罪的主观故意往往更为复杂,其对行为违反国家规定以及可能扰乱市场秩序的认知程度可能更高。例如,某些不法分子为牟取暴利,在明知未经许可经营烟草专卖品严重违反国家规定且会严重扰乱市场秩序的情况下,仍大规模非法经营

3. 擅自经营需公安机关许可的行业违法行为主要侵犯的是国家对特定行业的许可管理制度,以及社会治安管理秩序。因为这些行业与公共安全、社会稳定密切相关,未经许可经营会对社会治安造成潜在威胁。如未经许可经营旅馆业,可能无法对住宿人员进行有效登记和管理,从而影响社会治安。非法经营罪侵犯的客体是国家对市场的管理秩序。非法经营行为破坏了国家通过法律、法规对市场进行有序管理的制度,干扰了正常的市场竞争和交易秩序。例如,非法经营成品油,会导致市场价格混乱,影响正规经营者的利益,破坏整个成品油市场的管理秩序。

4. 擅自经营需公安机关许可的行业违法行为客观上表现为未经公安机关许可,擅自经营特定行业的行为。只要存在未经许可经营的事实,即构成该违法行为,不要求达到情节严重的程度。例如,王某未经许可开办了一家小型网吧,即使其经营规模较小、获利较少,也构成本行为。非法经营罪客观方面表现为违反国家规定,实施了《刑法》第225条规定的非法经营

行为,并且达到情节严重的程度。"情节严重"一般根据非法经营数额、违法所得数额、经营行为的持续时间、对市场秩序的破坏程度等因素综合判断。例如,在非法经营烟草案件中,非法经营数额达到 5 万元以上,或者违法所得数额达到 2 万元以上等,一般会被认定为情节严重,构成非法经营罪。

(三)由公安机关许可的行业范围

公安机关许可的行业范围广泛,主要涵盖一些对社会治安和公共安全具有重要影响的行业。这些行业若管理不善可能引发各类安全问题,因此需要公安机关进行严格的许可管理,以维护社会秩序与公共安全。主要包括如下一些行业:

1. 旅馆业。旅馆作为人员流动和聚集的场所,人员构成复杂,存在诸多治安隐患。为加强管理,公安机关一直将行政前置许可作为重要手段。例如,旅馆需满足一定的安全条件,如具备必要的安全防范设施(监控设备、消防器材等),以保障住客的人身和财产安全;同时,要建立旅客信息登记制度,以便公安机关能够及时掌握人员流动情况,预防和打击违法犯罪活动。

2. 民用爆炸物品行业。民用爆炸物品具有极大的危险性,一旦管理不善,可能引发严重的安全事故,威胁公共安全和人民生命、财产。我国对民用爆炸物品主要通过行政许可进行管理,民用爆炸物品行业的多个阶段都设置了公安机关的许可管理。例如,在生产环节,企业需获得生产许可,要满足严格的生产条件和安全标准,包括生产场地的选址、设施设备的安全性等;在销售环节,同样需取得销售许可,对销售渠道、购买方资质审核等都有严格规定;运输环节也不例外,运输单位必须具备相应的运输许可,确保运输过程中的安全。

3. 保安服务业和保安培训。根据《保安服务管理条例》,保安服务行业实行许可制度,旨在确保保安服务的专业性、规范性以及安全性。未经许可擅自提供保安服务属于违法行为,这一规定旨在维护保安服务市场的正常秩序,保障社会公共安全。保安培训对于培养合格的保安人员至关重要,关乎保安服务的质量和社会安全。为规范保安培训市场,国家对保安培训实行许可制度。未经许可从事保安培训活动,即违反了相关法规要求,扰乱了培训市场的正常秩序。

🛡 处罚标准

本行为分为"一般情形""情节较轻"两个处罚档次。根据公安实践,对于情节的认定,应当结合行为人的动机、手段、目的、行为的次数和造成的后果等综合考虑。

表127 擅自经营需公安机关许可的行业行为处罚标准

处罚档次	处罚标准	裁量基准
一般情形	处 10 日以上 15 日以下拘留,可以并处 5000 元以下罚款	/

续表

处罚档次	处罚标准	裁量基准
情节较轻	处5日以上10日以下拘留或者1000元以上3000元以下罚款,予以取缔	①经营时间较短且规模较小的 ②主动停止经营且获利较少的 ③其他情节较轻的情形

案例及解析

【基本案情】B市T区公安分局L派出所民警在日常工作中发现,违法嫌疑人M在T区Z小区租用数层楼房的房间,统一装修,设置前台,提供住宿服务。M通过某网络服务平台,宣称所经营的房间为正规旅馆,并以旅馆名义招揽旅客。旅客只需在网上下单,获取房屋门锁密码后,无须登记身份信息便可直接入住房间。

如何认定M的行为?

【解析】M具有完全行为能力,明知旅馆属于公安机关许可经营行业,仍擅自以"旅馆"名义经营住宿业务,破坏了合法旅馆经营者的公平竞争环境;不要求旅客实名登记,更威胁到旅客的生命、财产安全,符合擅自经营按照国家规定需要由公安机关许可行业行为的客观构成。M实施行为时意识清醒,出于故意。以擅自经营按照国家规定需要由公安机关许可行业为由进行治安处罚是适当的。T区分局治安支队会同L派出所迅速行动,当场取缔了该场所。最终,经营人M因擅自经营按照国家规定需要由公安机关许可的行业,被T区警方依法处以行政拘留5日的处罚。

关联法条

《刑法》(2023年修正)

第225条 【非法经营罪】违反国家规定,有下列非法经营行为之一,扰乱市场秩序,情节严重的,处五年以下有期徒刑或者拘役,并处或者单处违法所得一倍以上五倍以下罚金;情节特别严重的,处五年以上有期徒刑,并处违法所得一倍以上五倍以下罚金或者没收财产:

(一)未经许可经营法律、行政法规规定的专营、专卖物品或者其他限制买卖的物品的;

(二)买卖进出口许可证、进出口原产地证明以及其他法律、行政法规规定的经营许可证或者批准文件的;

(三)未经国家有关主管部门批准非法经营证券、期货、保险业务的,或者非法从事资金支付结算业务的;

(四)其他严重扰乱市场秩序的非法经营行为。

133. 被取缔后又擅自经营需公安机关许可的行业

现行规定

《治安管理处罚法》

第 65 条第 1 款第 3 项、第 2 款 有下列行为之一的,处十日以上十五日以下拘留,可以并处五千元以下罚款;情节较轻的,处五日以上十日以下拘留或者一千元以上三千元以下罚款:

(三)未经许可,擅自经营按照国家规定需要由公安机关许可的行业的。

有前款第三项行为的,予以取缔。被取缔一年以内又实施的,处十日以上十五日以下拘留,并处三千元以上五千元以下罚款。

立案与管辖

(一)立案标准

违法嫌疑人未经公安机关审批,从事依据国家规定应当经公安机关许可的经营行为,在被取缔后一年内又有继续经营行为的即达到立案标准。

(二)管辖

被取缔后又擅自经营需公安机关许可行业的案件一般由违法行为地的公安机关管辖。

违法行为地包括违法行为发生地和违法结果发生地。违法行为发生地,一般指的是指被取缔后又擅自经营行为的实施地以及开始地、结束地等与违法行为有关的地点。违法结果发生地,通常是指被取缔后又擅自经营的场所所在地。

被取缔后又擅自经营需公安机关许可行业的案件由违法嫌疑人居住地公安机关管辖更为适宜的,可以由违法嫌疑人居住地公安机关管辖。

证据收集

(一)证据规格

在擅自经营需公安机关许可行业行为的认定中,需要收集的证据规格如下:

1. 违法嫌疑人陈述和申辩。

(1)违法嫌疑人的基本情况;(2)违法行为的动机和目的;(3)问明被取缔后又擅自经营需公安机关许可行业的具体活动,有无其他违法行为;(4)问明被取缔后又擅自经营所使用的场地、设施设备及其来源、下落;(5)结伙作案的,问明违法嫌疑人的数量、身份,预谋、结伙聚合的过程、相互关系、地位。

2. 被侵害人陈述和其他证人证言。

(1)被侵害人(单位)陈述,问明被取缔后又擅自经营需公安机关许可行业的具体经过、违法情节;违法嫌疑人的数量、身份及体貌特征,各违法嫌疑人在违法行为中的地位和作用。

(2)其他证人证言,问明被取缔后又擅自经营需公安机关许可行业的时间、地点、经过、违法情节,各违法嫌疑人在违法行为中的地位和作用。

3. 物证、书证。

(1)被取缔后又擅自经营需公安机关许可行业活动的记录、照片;(2)被取缔后又擅自经营所使用的场地、设施设备的原物、照片。

4. 鉴定意见。

被取缔后又擅自经营需公安机关许可行业所得金额的价值鉴定。

5. 视听资料、电子数据。

(1)记录被取缔后又擅自经营需公安机关许可行业的音频、视频监控资料;(2)能够证明被取缔后又擅自经营违法行为的聊天信息、图片;(3)查获被取缔后又擅自经营违法行为的现场执法视频。

6. 勘验、检查笔录,现场笔录。

查获被取缔后又擅自经营活动的现场勘查笔录、现场图、现场照片、提取的痕迹物证等。

7. 辨认笔录。

证人及相关当事人对违法嫌疑人的辨认;嫌疑人之间互相辨认以及对作案工具的辨认。

8. 其他证据材料。

(1)证明违法嫌疑人身份的材料和违法犯罪记录,如人口信息、户籍证明、身份证、工作证、专业或技术等级证书复印件等;法院判决书、行政处罚决定书、释放证明书等有效法律文件。(2)抓获经过、处警经过等。

(二)注意事项

除违法嫌疑人身份等常见证据外,查处被取缔后又擅自经营需公安机关许可的行业行为时,应重点注意:

1. 全面收集能够证明案件事实的各类证据,包括但不限于书证、物证、视听资料、电子数据、证人证言、当事人陈述等。书证方面,要收集与经营活动相关的合同、票据、账本等,这些书证能够反映经营活动的规模、交易对象、资金流向等重要信息。

2. 收集能够证明擅自经营行为从被取缔后持续进行的证据。可以通过监控视频、交易记录、证人证言等多种方式来收集。例如,获取周边监控视频,查看在被取缔后该场所是否仍有人员频繁进出,从事经营相关活动;调取交易平台的记录,查看是否有在被取缔后的交易信息,且这些交易信息能够指向该擅自经营的主体。对于一些长期经营的场所,还可以通过收集不同时间段的证据,如不同日期的销售票据、顾客的消费记录等,证明其经营行为的持续性。

3. 对于当事人,重点询问其擅自经营的原因、过程、经营情况等;对于证人,要根据其掌握的信息,有针对性地询问相关事实。例如,在询问非法经营案件中的证人时,如果证人是交易的一方,要重点询问交易的时间、地点、数量、价格等具体交易细节。

行为认定

对被取缔后又擅自经营需公安机关许可的行业行为主要从以下四个方面进行认定：

1. 本行为侵害的客体是公安机关对需要重点管理的行业所保障的治安管理秩序。公安机关对这些行业实施事前许可、事中管理、事后查处的完整的治安管理体制。

2. 本行为的客观方面表现为行为人在被取缔后,又实施了经营需公安机关许可的行业的行为。这包括两个关键要素,一是"被取缔",二是"一年以内又实施"。"被取缔"意味着相关部门已经明确认定其经营行为违法,并采取了相应的行政措施禁止其继续经营。而"又实施"则表明行为人在被取缔后,无视相关规定,又重新开展经营活动。例如,"黑旅馆"经营者在被公安机关认定为擅自经营,被取缔后,又私自重新经营"黑旅馆",就满足了客观要件中的再次擅自经营行为。

3. 本行为的主体通常为一般主体,即达到行政责任年龄、具有行政责任能力的个人或单位均可构成。在实际经营活动中,无论是个人独资经营、合伙经营还是单位组织经营,只要涉及未经许可擅自经营特定行业,且在被取缔后再次经营,都可能成为本行为的主体。

4. 本行为的主观方面是故意。主观方面表现为故意,即行为人明知自己的经营行为需要公安机关许可,且在已被取缔的情况下,仍然积极主动地再次开展经营活动。这种故意体现了行为人对法律规定的漠视以及对自身行为违法性的认知。例如,在某些地区的无证旅馆经营案例中,经营者在被公安机关多次查处取缔后,为了获取经济利益,依然选择继续经营,这种行为明显是故意为之。

处罚标准

本行为只有"一般情形"一个处罚档次。

表128　被取缔后又擅自经营需公安机关许可的行业行为处罚标准

处罚档次	处罚标准
一般情形	处10日以上15日以下拘留,并处3000元以上5000元以下罚款

案例及解析

【基本案情】某年10月,A市B区公安分局治安科联合S派出所对辖区内营业场所进行清查,在某街道市场水果铺位二楼发现名叫"XW旅馆"的住宿场所既无营业执照也无特种行业经营许可证,系擅自经营旅馆行业。经调查,该旅馆老板李某在未办理营业执照和特种行业经营许可证的情况下,利用出租屋非法经营"XW旅馆"长达9个月,且在其他区因擅自经营旅馆被公安机关于上一年12月取缔。

对李某的行为应当如何认定?

【解析】本案中,李某具有完全行为能力,明知旅馆属于公安机关许可经营行业,仍擅自以"旅馆"名义经营住宿业,破坏了合法旅馆经营者的公平竞争环境,在所开"旅馆"被取缔后不满一年,又擅自经营"旅馆",符合被取缔后又擅自经营按照国家规定需要由公安机关许可行业的客观构成。李某实施行为时意识清醒,出于故意,应当认定为被取缔后又擅自经营需公安机关许可行业的行为。

关联法条

《刑法》(2023年修正)

第225条 【非法经营罪】违反国家规定,有下列非法经营行为之一,扰乱市场秩序,情节严重的,处五年以下有期徒刑或者拘役,并处或者单处违法所得一倍以上五倍以下罚金;情节特别严重的,处五年以上有期徒刑,并处违法所得一倍以上五倍以下罚金或者没收财产:

(一)未经许可经营法律、行政法规规定的专营、专卖物品或者其他限制买卖的物品的;

(二)买卖进出口许可证、进出口原产地证明以及其他法律、行政法规规定的经营许可证或者批准文件的;

(三)未经国家有关主管部门批准非法经营证券、期货、保险业务的,或者非法从事资金支付结算业务的;

(四)其他严重扰乱市场秩序的非法经营行为。

第四十一节 《治安管理处罚法》第66条

134. 煽动、策划非法集会、游行、示威

现行规定

《治安管理处罚法》

第66条 煽动、策划非法集会、游行、示威,不听劝阻的,处十日以上十五日以下拘留。

立案与管辖

(一)立案标准

违法嫌疑人有未依照法律规定申请或者申请未获得许可或者未按照主管机关许可的起止时间、地点、路线进行,又拒不听从劝阻,扰乱、破坏公共秩序的行为即达到立案标准。

(二)管辖

煽动、策划非法集会、游行、示威案件一般由违法行为地的公安机关管辖。

违法行为地包括违法行为发生地和违法结果发生地。违法行为发生地,一般是指煽动、策划非法集会、游行、示威的实施地以及开始地、途经地、结束地等与违法行为有关的地点。违法结果发生地,通常是指受到煽动、策划影响的地点。

煽动、策划非法集会、游行、示威案件由违法行为人居住地公安机关管辖更为适宜的,可以由违法行为人居住地公安机关管辖。例如,违法行为人在多地煽动、策划非法集会、游行、示威,又回到居住地的,可以请求其居住地公安机关管辖此案。这有助于统一处罚标准,也便利管辖。

证据收集

(一)证据规格

在煽动、策划非法集会、游行、示威行为的认定中,需要收集的证据规格如下:

1. 违法嫌疑人的陈述和申辩。

(1)违法嫌疑人的基本情况;(2)违法行为人为何目的煽动、策划非法集会、游行、示威行为;(3)问明煽动、策划非法集会、游行、示威行为的时间、地点、经过,有无其他违法行为;(4)问明煽动、策划非法集会、游行、示威行为所用通讯、联络工具,标语横幅等物品的来源、下落;(5)结伙作案的,问明违法嫌疑人的数量、身份,预谋、结伙聚合的过程、相互关系、地位,以及各违法嫌疑人相互关系。

2. 被侵害人陈述和其他证人证言。

(1)被侵害人(单位)陈述。问明煽动、策划非法集会、游行、示威的具体经过,违法情节;违法嫌疑人的数量、身份及体貌特征,各违法嫌疑人在违法行为中的地位和作用。(2)被侵害单位出具的报案材料。(3)其他证人证言。问明煽动、策划非法集会、游行、示威的时间、地点、经过、违法情节,各违法嫌疑人在违法行为中的地位和作用。

3. 物证、书证。

(1)煽动、策划非法集会、游行、示威的记录、照片;(2)煽动、策划非法集会、游行、示威行为所用通讯、联络工具、标语横幅等物品的原物、照片;(3)煽动、策划非法集会、游行、示威行为所用的传单、宣传品的原件。

4. 鉴定意见。

资助煽动、策划非法集会、游行、示威行为的金额、来源、流向鉴定。

5. 视听资料、电子数据。

(1)记录煽动、策划非法集会、游行、示威行为的音视频、视频监控资料;(2)能够证明煽动、策划违法行为的聊天信息、图片;(3)查获煽动、策划违法行为的现场执法视频。

6. 勘验、检查笔录,现场笔录。

查获煽动、策划的现场勘查笔录、现场图、现场照片、提取的痕迹物证等。

7. 辨认笔录。

证人及相关当事人对违法嫌疑人的辨认,嫌疑人之间互相辨认以及对作案工具的辨认。

8. 其他证据材料。

(1)证明违法嫌疑人身份的材料和违法犯罪记录,如人口信息、户籍证明、身份证、工作证、专业或技术等级证复印件等,法院判决书、行政处罚决定书、释放证明书等有效法律文件。(2)抓获经过、处警经过等。

(二)注意事项

在证据收集和审核过程中,公安机关需注意以下证据规格要素:

1. 应当注意围绕行为构成的主客观要素收集证据,避免收集到不具有相关性的证据。要获取煽动、策划行为的具体证据,如书面材料,包括传单、海报、信件等,这些书面材料可能明确表达了煽动的意图和内容。若有人在传单上号召民众参与非法集会,提出反对政府某项政策等内容,此传单就是有力证据。同时,电子数据证据也不容忽视。随着互联网的发展,许多煽动行为通过网络进行,像微信信息、电子邮件、博客等,这些电子数据需依法收集、提取和转移,并审查其真实性、合法性和相关性,明确其与案件事实的关系,在刑事诉讼中充分发挥作用。

2. 所有证据必须依法取得,严禁使用非法手段获取证据。例如,不得无调查授权即对涉嫌煽动、策划非法集会、游行、示威的网络通信进行调查等。

3. 证据收集应全面覆盖违法行为构成要素的各个方面,避免遗漏关键证据。例如,应注意煽动、策划非法集会、游行、示威的时间、地点、经过,参加煽动、策划的各类人员等。对于煽动、策划者,要详细收集其个人身份信息,包括姓名、年龄、住址、职业等,这有助于了解其背景,分析煽动、策划的动机。例如,若策划者是某利益集团的代表,其动机可能与集团利益诉求相关。同时,收集其社会关系信息也很关键,调查其与哪些组织、个人有密切联系,是否存在幕后指使或协同策划的情况。

4.尽量收集原始证据。在非法集会、游行、示威现场,要收集现场照片、视频,记录现场的场景、参与人数、人员行为等,如是否有暴力行为、是否冲击特定场所等。收集现场遗留的与煽动、策划相关的物品,如带有特定标语的旗帜、横幅等,这些物品可作为证明集会非法性及煽动策划内容的证据。

🛡 行为认定

(一)对煽动、策划非法集会、游行、示威行为的认定

主要从以下四个方面进行认定:

第一,该行为侵害的客体是国家对集会、游行、示威的管理制度和社会公共秩序。社会公共秩序是社会正常运转的基础,包括公共场所的秩序、交通秩序以及社会的稳定和谐等多个方面。非法集会、游行、示威往往会吸引大量人员聚集,造成交通堵塞,影响正常的生产生活秩序,对社会公共秩序造成严重破坏。此外,此类行为还可能对公共安全构成威胁。大量人员聚集且处于无序状态,容易引发冲突、暴力事件,危及参与者以及周边群众的生命财产安全。

第二,行为在客观方面表现为行为人实施煽动、策划非法集会、游行、示威,又不听从劝阻。煽动表现为通过书面、口头或者网络的方式劝说怂恿、鼓动他人。策划表现为组织、计划、安排实施非法集会、游行、示威。此外,该行为以行为人"不听劝阻"为前提,如果经公安机关劝阻后立即停止煽动、策划,则不构成该行为。煽动行为表现为通过语言、文字、图像、网络等方式,向不特定多数人或特定群体传播非法集会、游行、示威的意图,激发他们参与的热情。例如:在社交媒体上发布煽动性言论,号召大家在某一特定时间、地点进行未经许可的游行;或者在公共场所张贴传单,鼓动民众加入非法集会。这些煽动行为具有公开性和鼓动性,目的在于促使他人产生参加非法集会等活动的意愿。策划行为包括对非法集会、游行、示威的时间、地点、路线、规模、方式等进行具体的规划和安排。例如,确定集会的起始时间、选择在政府机关附近等敏感地点进行集会,规划游行的路线,组织人员分工等。策划行为体现了行为人对非法活动的组织性和计划性,其目的是使非法集会、游行、示威能够有序(从组织者角度)进行,从而对社会秩序造成更大的冲击。

第三,行为的主体是一般主体,即凡是达到责任年龄、具有责任能力的自然人均能构成。这意味着无论是普通民众,还是具有特定身份者,只要符合上述条件,都可能成为该行为的主体。例如,在某些因民生问题引发的非法集会策划中,可能是普通居民出于对自身利益的诉求,在不了解相关法律规定或故意无视法律的情况下,进行煽动、策划活动。对于非法举行的集会、游行、示威一般参加者,不构成治安违法行为。责任年龄通常依据相关法律规定,如我国法律对不同年龄段的人的责任能力有明确界定,达到相应年龄且具备正常认知和控制能力的人,就可能因实施此类行为而承担法律责任。

第四,主观方面只能是故意。行为人在主观方面必须出于故意,即明知自己的行为是在煽动、策划非法集会、游行、示威,并且希望或放任这种行为的发生以及由此可能产生的危害社会秩序的后果。这种故意心理可以通过行为人的言语、行为表现以及相关的策划活动等方面得以体现。例如,某人在公开场合发表激烈言论,鼓动他人在未获许可的情况下进行大规模游行,从其言辞的煽动性、对游行活动的具体策划安排等,可以推断其具有故意的主观心理。

(二)对非法集会、游行、示威的认定

根据《集会游行示威法》相关规定,非法集会、游行、示威的核心表现可概括如下:(1)未依照本法规定申请或者申请未获许可的;(2)未按照主管机关许可的目的、方式、标语、口号、起止时间、地点、路线进行的;(3)在进行中出现危害公共安全或者严重破坏社会秩序情况的。危害公共安全与社会秩序,如堵塞交通、破坏设施、携带武器或爆炸物、暴力冲击机关单位、占据公共场所拒不疏散;侵害他人权益,如诽谤、侮辱他人,干扰企事业单位正常活动,或围堵、骚扰他人住宅;被依法制止后拒不服从,包括在公安机关明令解散后仍持续活动等。

在集会、游行、示威中具体的参与人有其他违反治安管理的行为,应当按照其行为具体构成的违法行为进行治安管理处罚。

(三)与"非法集会、游行、示威罪"的区别

非法集会、游行、示威罪(《刑法》第296条),是指未依照法律规定申请或者申请未获许可,而举行集会、游行、示威,或者未按照主管机关许可的起止时间、地点、路线举行集会、游行、示威,又拒不服从解散命令,严重破坏社会秩序的行为。[1] 两者的区别:

1. 行为主体不同。非法集会、游行、示威罪的主体是举行集会、游行、示威的负责人和直接责任人员,而煽动、策划非法集会、游行、示威行为的主体不一定是集会、游行、示威的负责人,其甚至不参加集会、游行、示威。

2. 行为后果不同。非法集会、游行、示威罪的后果是严重破坏社会秩序,其社会危害性较大,达到犯罪的程度。而煽动、策划非法集会、游行、示威行为并不要求后果,只要有煽动、策划行为,且不听劝阻,即可构成治安违法行为。

处罚标准

本行为仅设定了"一般情形"。

---

[1] 参见张明楷:《刑法学》(下册)(第6版),法律出版社2021年版,第1409页。

表 129　煽动、策划非法集会、游行、示威行为处罚标准

处罚档次	处罚标准
一般情形	处 10 日以上 15 日以下拘留

案例及解析

【基本案情】某小区因物业收费标准调整引发部分业主不满。王某作为小区业主，在未向相关部门申请报备的情况下，通过业主微信群发布煽动性言论，称"物业乱收费侵害业主权益，大家一起到市政府门口聚集抗议，人越多越能解决问题"。他还积极组织部分情绪激动的业主，约定具体的聚集时间和地点，并在群内不断鼓动更多业主参与。在王某的煽动下，约50名业主前往市政府门口聚集，现场秩序一度混乱，吸引大量路人围观，严重影响了周边的交通秩序和政府机关的正常办公秩序。当地公安机关接到报警后迅速出警，对现场进行处置，并依法将王某传唤至派出所调查。经调查，王某对自己煽动业主非法聚集的行为供认不讳。

王某的行为应当如何定性？

【解析】本案中，王某具有完全行为能力，未遵循法定程序申请的情况下，通过网络社交平台煽动业主非法聚集，其行为严重违反了社会管理秩序，符合煽动、策划非法集会、游行、示威的客观构成。王某实施行为时意识清醒，出于故意，应当认定为煽动、策划非法集会、游行、示威行为。

关联法条

《刑法》（2023 年修正）

第 296 条　【非法集会、游行、示威罪】举行集会、游行、示威，未依照法律规定申请或者申请未获许可，或者未按照主管机关许可的起止时间、地点、路线进行，又拒不服从解散命令，严重破坏社会秩序的，对集会、游行、示威的负责人和直接责任人员，处五年以下有期徒刑、拘役、管制或者剥夺政治权利。

第四十二节 《治安管理处罚法》第 67 条

135. 不按规定登记住宿人员信息

现行规定

《治安管理处罚法》

第 67 条第 1 款、第 2 款 从事旅馆业经营活动不按规定登记住宿人员姓名、有效身份证件种类和号码等信息的……对其直接负责的主管人员和其他直接责任人员处五百元以上一千元以下罚款;情节较轻的,处警告或者五百元以下罚款。

实施前款行为,妨害反恐怖主义工作进行,违反《中华人民共和国反恐怖主义法》规定的,依照其规定处罚。

立案与管辖

(一) 立案标准

旅馆业工作人员不按规定登记住宿人员姓名、有效身份证件种类和号码等信息的,构成不按规定登记住宿人员信息的违法行为,公安机关应立案调查。公安机关将旅馆业旅客住宿登记制度的具体要求总结为"四实",即实名、实数、实时、实情。不按规定登记住宿人员信息表现为住宿人与登记身份信息不符、登记人数少于入住人数、未将住宿信息及时上传公安信息系统、登记房号或者住宿时间虚假等情况。公安机关在工作中发现旅馆业工作人员存在上述不按规定登记住宿人员信息的情况应立案。

(二) 管辖

不按规定登记住宿人员信息的治安案件由违法行为地的公安机关管辖。违法行为地包括违法行为发生地和违法结果发生地。违法行为发生地是不按规定登记住宿人员信息违法行为的实施地,有连续、持续或者继续状态的,连续、持续或者继续实施的地方都属于违法行为发生地。违法结果发生地是不按规定登记住宿人员信息违法所得实际取得地、藏匿地、转移地、使用地和销售地。不按规定登记住宿人员信息的治安案件由违法行为人居住地管辖更为适宜的,由违法行为人居住地公安机关管辖。

实践中,旅馆所在地公安派出所在日常工作中对发现的违法行为进行查处,县级公安机关治安部门也可以牵头开展专项行动,对发现的不按规定登记住宿人员信息的违法行为进行查处。

证据收集

（一）证据规格

1. 违法嫌疑人的陈述和申辩。

（1）问明违法嫌疑人基本情况，包括有无违法犯罪前科；（2）实施违法行为的动机、目的；（3）实施违法行为的时间、地点、起因、手段、经过、后果等。

2. 证人证言。

（1）问明旅客或其他工作人员违法行为发生的时间、地点、过程，证明未按规定登记住宿人员信息；（2）违法嫌疑人（旅馆工作人员）的基本情况，姓名、体貌、工作岗位等。

3. 物证、书证。

（1）违法嫌疑人工作证、工作职责、工作要求及规章制度等；（2）旅馆的营业执照、特种行业许可证、单位性质证明、单位代码；（3）旅客的房费支付凭证、房间使用记录，未登记或未如实登记旅客的身份证件照片等。

4. 鉴定意见。

对涉案事实材料可能涉及的技术性问题进行分析、鉴别后得到的结论。

5. 勘验、检查、辨认笔录，现场笔录。

检查笔录记录检查时间、地点、参与人员及发现的违法事实，由执法人员及旅馆负责人签字确认；辨认笔录记录证人对违法嫌疑人的辨认过程。

6. 视听资料、电子数据。

旅客入住的视频图像，现场拍摄的登记簿、监控录像等。

7. 其他证据材料。

（1）违法嫌疑人（自然人）的身份材料，包括户籍证明、身份证、工作证、与原籍联系的电话记录；如有前科，调取法院判决书、行政处罚决定书、释放证明书等有效法律文件。

违法嫌疑人（单位）的身份材料，包括企业法人的营业执照、法人工商注册登记证明、法人单位性质证明、税务登记证明、单位代码等；法定代表人、直接负责的主管人员、其他直接责任人员在单位的任职、职责、权限等证明材料。

（2）抓获经过、处警经过、报案材料等。

（二）注意事项

1. 询问笔录中要体现违法嫌疑人的故意或者过失。对违法嫌疑人展开询问并制作询问笔录时，要通过问话体现违法嫌疑人在违法行为主观方面上的故意或者过失。例如，旅馆业工作人员承认明知未登记或疏忽登记的陈述，或者违法嫌疑人接受过住宿登记的业务和法律培训。

2. 对于较重的处罚，应有作为支撑的证据材料。对于违法情节较重的违法嫌疑人，应给予较重的处罚。一是对于屡教不改多次违规的违法嫌疑人，应收集调取公安机关检查的记录，证明存在违法嫌疑人多次未按规定登记旅客身份的情况，需要收集调取的证据还包括公安机关处罚的记录、整改通知等。二是对于造成严重危害后果的违法行为,在证据中应体现未按规定登记导致的严重后果,以及未按规定登记与严重后果之间存在因果联系。例如,未登记旅客信息,导致在逃犯罪嫌疑人藏匿,或者恐怖活动等其他公共安全事件发生的,证据中应包括公安机关协查函、事件发生的调查报告等。

行为认定

（一）行为构成

1. 本行为侵犯的客体是国家对旅馆业经营活动的治安管理秩序。旅馆业是指为旅客提供住宿条件及其他生活服务的行业。

2. 本行为客观方面表现为旅馆业工作人员在经营活动中对住宿的旅客不按规定登记姓名、有效身份证件种类和号码等信息。这里的规定主要是指《旅馆业治安管理办法》等治安管理法规中有关旅馆旅客住宿登记的行为,也包括有关旅馆业管理的地方性法规和规章的规定。违法行为的具体情形包括未登记旅客姓名、有效身份证件种类及号码,登记信息与证件不符等。实践中,公安机关主要通过"四实"登记制度来认定不按规定登记旅客住宿信息行为：实名,登记人与实际入住人身份是否相符；实数,登记人数是否少于实际入住人数；实情,住宿房间号、入住离店时间信息是否属实；实时,入住登记信息是否及时上传至公安信息系统。旅客住宿登记的信息主要是姓名、性别、年龄、入住和离店时间等。旅客入住时用于登记信息的证件包括居民身份证、户口簿、护照、港澳通行证、军官证、士兵证等。

3. 本行为的责任主体是特殊主体,即旅馆业工作人员。

4. 本行为主观方面表现为故意或者过失。本行为的发生既可能是由于旅馆工作人员明知应登记而未登记,或在旅客身份不明或拒绝登记的情况下为招揽生意故意不登记,也可能是由于重大过失未登记或者未如实登记信息。例如,旅馆业工作人员未认真核对住宿人员信息、未及时上传住宿信息等。

（二）与《反恐怖主义法》规定的违法行为的联系与区别

《反恐怖主义法》第21条规定,包括住宿在内的六种行业应对客户的身份进行查验,对身份不明或者拒绝查验的客户,不得提供服务。违反上述规定的,应当依据该法第86条第2款的规定,对业务经营者、服务提供者处10万元以上50万元以下的罚款,对直接负责的主管人员和其他直接责任人员处10万元以下罚款。本行为与《反恐怖主义法》规定的违法行为有区别和关联。

首先,两种行为认定所依据的法律的立法目的不同。公安机关依据《治安管理处罚法》对不按规定登记旅客住宿信息行为的查处,主要是从一般治安秩序的维护出发,强调通过一定程度的处罚和教育警示来督促旅馆从业人员履行治安管理责任。《反恐怖主义法》对住宿行业不验明客户身份而提供服务行为的查处,旨在消除恐怖主义分子藏匿的空间,预防恐怖主义活动风险。

其次,认定两种行为的条件不同。本行为的认定从客观方面看是初次违规,没有造成严重后果;《反恐怖主义法》规定的违法行为的客观方面涉及恐怖主义活动风险,尤其是存在在公安机关之前查处后责令改正仍拒不整改的情况。也就是说,后者主观上具有较强的主观恶性,客观方面的风险层级更高,从一般的治安风险隐患上升到恐怖主义活动的风险层级。此外,《反恐怖主义法》规定的住宿行业的范围更广,不仅包括旅馆业,还包括房屋租赁行业。

最后,关联性表现在本行为如果妨害反恐怖主义工作的进行,则转化为《反恐怖主义法》规定的违法行为。本行为的客观方面一般是违反旅馆业治安管理规定,没有妨害反恐怖主义工作。但是如果本行为客观上妨害了反恐怖主义工作进行,例如行为的客观方面导致恐怖主义活动风险上升,甚至造成恐怖主义活动的严重后果的,本行为转化为《反恐怖主义法》规定的违法行为。为此,《治安管理处罚法》第67条第2款作出了专门规定。

🛡 处罚标准

本行为设置一般情形和情节较轻两个层次的处罚,处罚的对象明确规定为直接负责的主管人员和其他直接责任人员。与原《治安管理处罚法》相比,本行为的罚款处罚额度大幅增加,从200元至500元增加到500元至1000元,并增设了对情节较轻行为的处罚,即警告或者500元以下罚款。

表130　不按规定登记住宿人员信息行为处罚标准

处罚档次	处罚标准	裁量基准
一般情形	处500元以上1000元以下罚款	①旅馆业工作人员未登记多位住宿人员姓名、有效身份证件种类和号码信息的
		②旅馆业工作人员因不按规定登记住宿人员姓名、有效身份证件种类和号码信息,不接受公安机关检查的
		③旅馆业工作人员因不按规定登记住宿人员姓名、有效身份证件种类和号码信息,造成上网逃犯逃避了公安机关追捕的
情节较轻	处警告或者500元以下罚款	①配合调查,主动整改的
		②初次实施本违法行为,未造成严重后果的
		上述两种情形都要求住宿人员无违法犯罪记录,也未涉及治安、刑事案件

🛡 案例及解析

【基本案情】某公安派出所在辖区内开展治安清查时发现,某洗浴中心未按规定登记过夜住宿人员信息。某位客人未提供有效身份证件,自行申报居民身份证号码后过夜住宿。另一位带未成年人过夜住宿的客人提出未成年人是自己的孩子,因年纪较小未办理居民身份证。针对上述情况,工作人员认为自己已经履行住宿登记责任,公安机关不应对其处罚。

公安机关是否应对上述行为进行处罚?

第四章　妨害社会管理的行为　——　675

【解析】首先,洗浴中心为旅客提供过夜住宿服务,也是经营旅馆业的一种形式,属于公安机关旅馆业治安管理范围。根据《旅馆业治安管理办法》第2条的规定,凡经营接待旅客住宿的旅馆、饭店、宾馆、招待所、客货栈、车马店、浴池等(统称旅馆),不论是国营、集体经营,还是合伙经营、个体经营、外商投资经营,不论是专营还是兼营,不论是常年经营,还是季节性经营,都必须作为旅馆业加以管理。① 公安部通过发布《关于将接待旅客住宿的洗浴单位作为旅馆业进行治安管理的批复》将提供住宿的洗浴单位纳入旅馆业管理范围。各地公安机关根据《旅馆业治安管理办法》及前述公安部批复的精神,结合具体情况对符合条件的洗浴场所实施旅馆业治安管理。例如,江苏省苏州市公安机关制定《关于加强留客过夜洗浴按摩场所治安管理工作的意见》,规定"超过凌晨2时,仍有浴客滞留休息,接待浴客洗浴的场所视为留客过夜洗浴按摩场所","经公安机关审核同意的留客过夜洗浴按摩场所必须纳入旅馆业治安管理,对过夜的浴客参照旅馆业住宿登记要求,由经营单位对过夜浴客查验有效身份证件后进行登记,并及时将信息输入旅馆业治安管理信息系统"。因此,对提供过夜住宿服务的洗浴类场所应纳入旅馆业治安管理。

其次,登记旅客住宿信息应核验旅客的身份。本案中,客人通过自行申报居民身份证号码完成登记不符合住宿登记要求。《旅馆业治安管理办法》第6条不仅规定旅馆接待旅客住宿登记,还规定登记时应查验旅客的身份证件,按规定的项目如实登记。也就是说,按规定登记住宿人员信息的治安管理责任包含查验旅客身份信息,不能仅凭旅客自行申报信息完成住宿登记,否则旅馆业治安管理登记住宿的制度措施就被架空了。根据《公安部治安管理局关于对旅馆业旅客身份证件认定问题的批复》的规定,中国公民、外国人持以下有效身份证件可以在宾馆、饭店办理住宿登记:(1)中国公民(含港澳台居民中的中国公民)的身份证件主要包括:中华人民共和国居民户口簿、居民身份证、临时居民身份证、护照、海员证、中华人民共和国往来港澳通行证、因公往来香港澳门特别行政区通行证;中国人民解放军、中国人民武装警察部队制发的军官证、警官证、文职干部证、士兵证、学员证;港澳居民来往内地通行证;台湾居民来往大陆通行证、中华人民共和国旅行证。(2)外国人的身份证件主要包括:护照、外国人永久居留证、外国人出入境证、海员证、外国人护照遗失证明。住宿登记时,旅馆业工作人员需要对证件真伪、旅客本人和证件相片是否相符、旅客年龄与证件年龄是否相符、证件印章和使用年限是否有效进行核对。

最后,对于未成年人旅馆住宿,应落实法律特别保护规定,即执行公安部"五必须"的规定。2020年修订《未成年人保护法》时对住宿经营者的义务有新的规定。公安部为落实《未成年人保护法》有关规定,提出了"五必须"要求。具体包括:旅店经营者接待未成年人入住,必须查验入住未成年人身份,并如实登记报送相关信息;必须询问未成年人父母或者其他监

---

① 参见孙茂利主编:《违反公安行政管理行为名称释义与实务指南(2021年版)》,中国民主法制出版社2021年版,第196、197页。

护人的联系方式,并记录备查;必须询问同住人员身份关系等情况,并记录备查;必须加强安全巡查和访客管理,预防针对未成年人的不法侵害;必须立即向公安机关报告可疑情况,并及时联系未成年人的父母或其他监护人,同时采取相应安全保护措施。此外,有些地方的旅馆业治安管理规定对未成年人旅馆住宿的情况做了进一步的规定。

综上,本案中,洗浴中心仅根据过夜住宿顾客自行申报的信息进行登记,没有核实身份信息,不符合旅馆住宿登记要求。而且,对于入住的未成年人,洗浴中心没有登记查验其身份信息,违反了公安部关于未成年人入住旅馆的"五必须"规定。因此,公安机关应对该洗浴中心相关工作人员进行治安管理处罚。

关联法条

1.《未成年人保护法》(2024年修正)

第57条 旅馆、宾馆、酒店等住宿经营者接待未成年人入住,或者接待未成年人和成年人共同入住时,应当询问父母或者其他监护人的联系方式、入住人员的身份关系等有关情况;发现有违法犯罪嫌疑的,应当立即向公安机关报告,并及时联系未成年人的父母或者其他监护人。

第122条 场所运营单位违反本法第五十六条第二款规定、住宿经营者违反本法第五十七条规定的,由市场监督管理、应急管理、公安等部门按照职责分工责令限期改正,给予警告;拒不改正或者造成严重后果的,责令停业整顿或者吊销营业执照、吊销相关许可证,并处一万元以上十万元以下罚款。

2.《反恐怖主义法》(2018年修正)

第21条 电信、互联网、金融、住宿、长途客运、机动车租赁等业务经营者、服务提供者,应当对客户身份进行查验。对身份不明或者拒绝身份查验的,不得提供服务。

第86条第2款 住宿、长途客运、机动车租赁等业务经营者、服务提供者有前款规定情形的,由主管部门处十万元以上五十万元以下罚款,并对其直接负责的主管人员和其他直接责任人员处十万元以下罚款。

136. 为身份不明、拒绝登记身份信息的人提供住宿服务

现行规定

《治安管理处罚法》

第67条第1款、第2款 从事旅馆业经营活动……为身份不明、拒绝登记身份信息的人提供住宿服务的,对其直接负责的主管人员和其他直接责任人员处五百元以上一千元以下罚款;情节较轻的,处警告或者五百元以下罚款。

实施前款行为,妨害反恐怖主义工作进行,违反《中华人民共和国反恐怖主义法》规定的,依照其规定处罚。

立案与管辖

(一)立案标准

旅馆业工作人员为身份不明或者拒绝登记身份信息的人提供住宿服务的即达到立案标准。《旅馆业治安管理办法》第6条规定,"旅馆接待旅客住宿必须登记。登记时,应当查验旅客的身份证件,按规定的项目如实登记"。对于身份不明、拒绝登记身份信息的人,旅馆应当拒绝为其提供住宿服务。如果提供住宿服务,该行为违反旅馆业治安管理法规,给社会治安带来风险隐患,公安机关应立案调查。

(二)管辖

为身份不明或者拒绝登记身份信息的人提供住宿服务的违反治安管理行为由违法行为地的公安机关管辖。违法行为地包括违法行为发生地和违法结果发生地。违法行为发生地是本违法行为的实施地,有连续、持续或者继续状态的,连续、持续或者继续实施的地方都属于违法行为发生地。违法结果发生地是本违法行为的违法所得实际取得地、藏匿地、转移地、使用地。

为身份不明或者拒绝登记身份信息的人提供住宿服务的治安案件由违法嫌疑人居住地管辖更为适宜的,由违法嫌疑人居住地公安机关管辖。查处为身份不明或者拒绝登记身份信息的人提供住宿服务的违法行为一般由违法行为发生地公安机关负责管辖。实践中,公安派出所在旅馆业治安管理工作中对发现的违法行为进行查处,县级公安机关治安部门也可以牵头开展专项行动,对发现的违法行为进行查处。

证据收集

(一)证据规格

1. 违法嫌疑人陈述与申辩。

(1)问明违法嫌疑人基本情况,包括有无违法犯罪前科;(2)实施违法行为的动机、目的;(3)实施违法行为时间、地点、起因、手段、经过、后果等。

2. 证人证言。

(1)问明住宿人员或其他工作人员违法行为发生的时间、地点、过程;(2)住宿人员办理住宿时嫌疑人是否要求住宿人员提供身份信息;(3)住宿人员办理住宿时是否提供了身份信息,以及提供身份信息的具体内容;(4)违法嫌疑人(旅馆工作人员)的基本情况,姓名、体貌、工作岗位等。

3. 物证、书证。

(1)违法嫌疑人工作证、工作职责、工作要求及规章制度等;(2)旅馆的营业执照、特种行业经营许可证、单位性质证明、单位代码;(3)住宿人员房费支付凭证、房间使用记录,住宿人员的身份证件照片等。

4. 鉴定意见。

对涉案事实材料可能涉及的技术性问题进行分析、鉴别后的结论。

5. 勘验、检查、辨认笔录，现场笔录。

检查笔录记录检查时间、地点、参与人员及发现的违法事实，由执法人员及旅馆负责人签字确认；辨认记录证人对违法嫌疑人的辨认过程。

6. 视听资料和电子数据。

住宿人员入住的视频图像，现场拍摄的登记簿、监控录像等。

7. 其他证据材料。

（1）违法嫌疑人（自然人）的身份材料，包括户籍证明、身份证、工作证、与原籍联系的电话记录。有前科的，调取法院判决书、行政处罚决定书、释放证明书等有效法律文件。

违法嫌疑人（单位）的身份材料，包括企业法人的营业执照、法人工商注册登记证明、法人单位性质证明、单位代码等；法定代表人、直接负责的主管人员、其他直接责任人员在单位的任职、职责、权限等证明材料。

（2）住宿人员的身份证明材料，包括身份证、户口信息等。

（3）抓获经过、处警经过、报案材料等。

（二）注意事项

1. 注意收集证明住宿人员属于身份不明的人的相关证据。本行为的客观方面表现之一是旅馆业工作人员为身份不明的人提供住宿服务。要证明住宿人员属于身份不明，应查明旅馆业工作人员为其办理入住时是否登记了身份信息、登记的具体内容，以及住宿人员真实的身份信息。

2. 注意收集证明存在拒绝登记身份信息的法律事实的相关证据。拒绝登记身份信息主要表现为，经旅馆业工作人员的明确要求，住宿人员办理入住时拒绝登记身份信息，包括入住时拒不提供身份信息，或者向旅馆业工作人员提出入住但不登记身份信息等情况。要证明存在上述情况的，应注意查明住宿人员办理入住过程中登记身份信息的过程，嫌疑人的供述和辩解、证人证言在关键信息上要互相印证。

3. 注意收集违法嫌疑人"明知"主观故意的证据。即证明旅馆业工作人员明知住宿人员身份不明或者拒绝登记身份信息，仍然为其提供住宿服务。

🛡 行为认定

（一）行为构成

1. 本行为侵害的客体是公安机关对旅馆业的治安管理秩序。旅馆业是指为旅客提供住宿条件及其他生活服务的行业。

2. 本行为客观方面表现为在旅馆经营过程中，旅馆业工作人员为身份不明、拒绝登记身份信息的人提供住宿服务。

身份不明，是指作为自然人的住宿人员无合法有效身份证件、不提供身份信息、谎报身份信息，以及其他难以查明其真实身份的情形。身份不明的核心特征是公安机关无法通过现有的身份信息有效锁定、追踪唯一的主体。

拒绝登记身份信息,是指住宿人员在旅馆办理住宿时拒绝按规定完成身份信息登记,包括拒不提供身份信息,或者虽然提供了身份信息却拒绝按规定进行身份信息登记。

提供住宿服务,是指旅馆以有偿的方式提供客房等居住条件,满足住宿人员临时性的居住需求。

3. 本行为主体是特殊主体,即旅馆业工作人员。

4. 本行为的主观方面是故意。

（二）身份不明的认定

此处的身份不明是指作为自然人的旅馆住宿人员无合法有效身份证件、不提供身份信息、谎报身份信息,以及其他难以查明其真实身份的情形。身份不明的核心特征是无法通过现有的信息有效锁定、追踪唯一的主体,造成旅馆业治安管理中的住宿人员身份信息缺失,或者与实际情况不符,具体表现为住宿人员提供的身份信息无法通过公安机关人口信息系统的核验。

（三）本行为与《反恐怖主义法》第 21 条规定的违法行为的区别

《反恐怖主义法》第 21 条规定包括住宿在内的六种行业应对客户的身份进行查验,对身份不明或者拒绝查验的,不得提供服务。违反上述规定的,应当依据该法第 86 条第 2 款的规定,对业务经营者、服务提供者处 10 万元以上 50 万元以下的罚款,对直接负责的主管人员和其他直接责任人员处 10 万元以下罚款。

本行为与《反恐怖主义法》第 21 条规定的违法行为之间存在区别和联系,具体内容参见"不按规定登记住宿人员信息"行为认定部分的内容。

处罚标准

本行为设置一般情形和情节较轻两个层次的处罚,处罚的对象明确规定为直接负责的主管人员和其他直接责任人员。基础罚为处 500 元以上 1000 元以下罚款,减轻罚为处警告或者 500 元以下罚款。"情节较轻"的情形认定可以结合下表,并参考各地公安机关对违反出租房屋登记的行为处罚的裁量的指导意见。

表 131　为身份不明、拒绝登记身份信息的人提供住宿服务行为处罚标准

处罚档次	处罚标准	裁量基准
一般情形	处 500 元以上 1000 元以下罚款	/
情节较轻	处警告或者 500 元以下罚款	①配合调查,主动整改的 ②初次实施本违法行为,未造成严重后果的 上述两种情形都要求旅馆住宿人员无违法犯罪记录,也未涉及治安、刑事案件

案例及解析

【基本案情】国庆假期,某旅馆经营者王某为增加客源,在未向公安机关备案的情况下,私自将旅馆后院闲置房屋改造为5间"新增客房"。同年10月5日,李某来到该旅馆要求住宿,在登记住宿信息时称"忘带身份证,愿意多付200元现金",王某未核实身份即同意,将其安排在新增的302房间,并未登记任何身份信息。10月7日,李某外出至附近小区实施入室盗窃,盗得现金1万元及首饰若干,次日被公安机关抓获。审讯中,李某供述其住宿于王某的旅馆,公安机关随即对旅馆进行检查,发现王某未登记李某身份信息,且新增房间未向公安机关备案。

王某的行为应如何认定和处罚?

【解析】首先,王某在李某不提供身份信息、未登记的情况下安排李某入住旅馆的行为,违反了《旅馆业治安管理办法》第6条旅馆接待旅客住宿必须登记和查验住宿人员身份信息的规定。根据《治安管理处罚法》第67条第1款的规定,应认定为为身份不明、拒绝登记身份信息的人提供住宿服务行为。由于李某在旅馆住宿期间,外出实施盗窃犯罪,王某的行为应认定为一般情形,应对王某和其他直接责任人员处以500元以上1000元以下的罚款。

其次,经营期间王某未向公安机关备案,擅自增加旅馆客房数量,客观上为规避登记提供了便利条件,带来治安管理的风险隐患。擅自增加客房数量属于旅馆备案项目发生变更后未及时向公安机关备案的行为,应根据《旅馆业治安管理办法》给予处罚。

综上,本案中王某的行为构成了违反治安管理行为,包括为身份不明、拒绝登记身份信息的人提供住宿服务和旅馆变更登记未备案。

关联法条

本部分关联法条参见"不按规定登记住宿人员信息"行为的关联法条。

137. 不制止住宿人员带入危险物质

现行规定

《治安管理处罚法》

第67条第3款第1项 从事旅馆业经营活动有下列行为之一的,对其直接负责的主管人员和其他直接责任人员处一千元以上三千元以下罚款;情节严重的,处五日以下拘留,可以并处三千元以上五千元以下罚款:

(一)明知住宿人员违反规定将危险物质带入住宿区域,不予制止的;

立案与管辖

(一)立案标准

旅馆业直接负责的主管人员和直接责任人员明知住宿人员违反规定将危险物质带入住宿区域,却不予以制止的,公安机关应立案调查。在社会生活中,旅馆业工作人员承担着治安管理的一系列责任。除了按规定登记旅客住宿信息外,旅馆业工作人员还承担发现并制止危险行为和及时向公安机关报告的义务。同时,旅馆业治安管理法规也规定,住宿人员不得将危险物质带入旅馆住宿区域,否则其将承担一定的法律责任。对于住宿人员将危险物质违法带入住宿区的情况,如果旅馆业相关责任人员不制止,就会给旅馆住宿场所带来安全风险,但是该类案件的立案并不要求一定发生实际的危害。

(二)管辖

不制止住宿人员带入危险物质的治安案件由违法行为地的公安机关管辖。违法行为地包括违法行为发生地和违法结果发生地。违法行为发生地是不制止住宿人员带入危险物质违法行为的实施地,有连续、持续或者继续状态的,连续、持续或者继续实施的地方都属于违法行为发生地。违法结果发生地是不制止住宿人员带入危险物质行为的违法对象被侵害地、违法所得实际取得地、藏匿地、转移地、使用地和销售地。不制止住宿人员带入危险物质的治安案件由违法行为人居住地公安机关管辖更为适宜的,由违法行为人居住地公安机关管辖。不制止住宿人员带入危险物质的违法行为一般由旅馆所在地公安机关管辖。

实践中,公安派出所在日常工作中对发现的不制止住宿人员带入危险物质行为进行查处,县级公安机关治安部门也可以根据信息排查、群众举报和相关案件线索,对发现不制止住宿人员带入危险物质行为进行查处。

证据收集

(一)证据规格

1.违法嫌疑人的陈述和申辩。

(1)违法嫌疑人基本情况,包括有无违法犯罪前科;(2)实施违法行为的动机、目的;(3)实施违法行为的时间、地点、起因、手段、经过、后果等;(4)违法嫌疑人是否明知住宿人员将危险物质带入旅馆住宿区域却不制止。

2.证人证言。

(1)问明住宿人员或其他工作人员违法行为发生的时间、地点、过程;(2)住宿人员带入的危险物质具体种类,危害特性等;(3)住宿人员将危险物质带入旅馆住宿区域的原因;(4)违法嫌疑人是否明知住宿人员将危险物质带入旅馆住宿区,是否采取措施制止;(5)违法嫌疑人的基本情况,姓名、体貌、工作岗位等。

3.物证、书证。

(1)住宿人员带入危险物质的原物、清单和照片;(2)旅馆的营业执照、特种行业许可证、单位代码等;(3)违法嫌疑人(自然人)的身份材料,既包括户籍证明、身份证,也包括工作证或者其他在单位的任职、职责、权限等证明材料,证明其在旅馆经营中是直接负责的主管人员或者其他直接责任人员的职务身份。

4. 鉴定意见。

对涉案危险物质的鉴定意见等。

5. 勘验、检查、辨认笔录、现场笔录。

在检查中发现的违法行为,应记录检查时间、地点、参与人员及发现的违法事实,由执法人员及旅馆负责人签字确认;辨认笔录记录证人和违法嫌疑人对危险物质的辨认过程;现场笔录记录对危险物质的扣押过程。

6. 视听资料、电子数据。

住宿人员入住的视频图像,记录住宿人员将危险物质带入旅馆住宿区域,旅馆直接负责的主管人员或者直接责任人员明知上述情况发生,没有制止的有关情况。

7. 其他证据材料。

抓获经过、处警经过、报案材料等。

(二)注意事项

1. 利用询问笔录和视频监控等提供的证据,证明违法嫌疑人"明知"情节。

在违法嫌疑人和证人的询问笔录中,应通过问话内容体现违法嫌疑人对住宿人员带入危险物质情况是明知的。这种明知可以通过证人证言证明违法嫌疑人实际上知道情况,如证人证言中体现住宿人员带入危险物质时将情况告诉违法嫌疑人。另一种证明违法嫌疑人明知的方式是违法嫌疑人基于常理应当知道,如视频监控提供的视听资料反映出住宿人员将有标志或者明显外观的危险物品(如汽油桶)在违法嫌疑人面前带入旅馆住宿区域。

2. 注意证明违法嫌疑人是否存在"不予制止"的情节。

"不予制止"是在"明知"的前提下的主观不作为情节。该情节的证明应通过调取视听资料,认定违法嫌疑人是否发现危险物质,以及是否采取了应对措施。住宿人员、其他工作人员的证人证言也能证明是否存在"不予制止"的情节。制止行为不仅是指制止住宿人员将危险物品带入旅馆住宿区域这一行为本身,如口头劝阻,还包括在制止无效的情况下,工作人员是否采取其他相关措施,如及时报告、物品登记。相关行为是否与制止有关,可以作为是否处罚,以及处罚裁量考虑的因素。

行为认定

(一)行为构成

1. 本行为侵犯的客体是社会管理秩序以及公安机关对旅馆业的治安管理制度。

2. 本行为的客观方面表现为旅馆业工作人员明知住宿人员将危险物质带入旅馆住宿区域违反旅馆业治安管理规定,却不予制止的行为。依据《旅馆业治安管理办法》第11条的规定,旅馆住宿人员不得带入住宿区域的危险物质主要是指易燃、易爆、剧毒、腐蚀性和放射性等危险物品。有的地方性政府规章如《湖南省旅馆业治安管理办法》规定,危险物质还包括传染病病原体,同时也禁止将匕首、三棱刮刀、弹簧跳刀等管制器具带入旅馆。

首先,"明知"是指旅馆业工作人员应当知道住宿人员将危险物质带入旅馆住宿区域的情况,主要体现在旅馆业工作人员在住宿人员登记入住、日常巡查等工作中,通过一般性的目视观察、言语交流能判断识别发现危险物质。由于旅馆业工作人员无权检查住宿人员携带的行李物品,如果住宿人员将危险物质隐藏于行李物品中带入旅馆住宿区域,则不属于明知的范围。其次,"不予制止"表现为旅馆业工作人员在发现住宿人员带入危险物质时,没有采取劝阻、阻拦等干预性的制止行为,而是放任住宿人员将危险物质带入旅馆住宿区域。制止不能仅仅在口头上告知和劝说,还要有实质性的具体行为。因此,该违法行为的构成必须同时具备"明知"和"不予制止"两个条件。

旅馆的住宿区通常是指旅馆内专门为旅客提供住宿服务的客房区,主要包括客房及直接相关的公共区域。

3. 本行为的责任主体是特殊主体,即旅馆业工作人员中的直接负责的主管人员和其他直接责任人员。具体包括旅馆的经营管理人员(如值班经理)、前台登记人员、专门安全管理人员等工作人员。

4. 本行为的主观方面是故意。本行为表现为明知住宿人员带危险物质进入旅馆住宿区域而不予制止,这反映了违法嫌疑人消极不作为的心态,即故意不履行制止住宿人员将危险物质带入旅馆住宿区域的治安管理责任。所谓明知,是指行为人已经存在的一种认识,即行为人已经知道住宿人员将危险物质带入旅馆住宿区域的事实存在或者可能存在,但不包括应当知道却不知道住宿人员将危险物质带入旅馆住宿区域的事实存在。也就是说,明知表示对事实的已知而不是应知,从而排除了主观方面过失的可能性。

(二)与《刑法》规定的重大责任事故罪的联系与区别

《刑法》第134条规定的重大责任事故罪,是指在生产、作业中违反有关安全管理的规定,因而发生重大伤亡事故或者造成其他严重后果的,处3年以下有期徒刑或者拘役;情节特别恶劣的,处3年以上7年以下有期徒刑。

本行为与重大责任事故罪的联系在于二者都涉及违反安全管理规定,出现安全管理责任缺失的法律事实。具体来看,根据《旅馆业治安管理办法》第11条的规定,旅馆业工作人员有义务制止旅客带入危险物质。若旅馆业工作人员不履行该义务,造成旅馆发生火灾、爆炸等重大伤亡事故,则其可能构成重大责任事故罪。也就是说,旅馆业工作人员对住宿人员将危险物质带入旅馆住宿区域不予制止,导致重大伤亡事故或者其他严重后果发生的,则因为"不予制止"属于违反安全管理规定的行为,如果其与重大伤亡事故或者其他严重后果之间具有因果关系,就与重大责任事故罪产生关联。

二者的区别主要体现在法律性质、构成要件和法律后果等方面。在法律性质方面,本行为是违反治安管理行为,属于行政违法行为。重大责任事故罪属于刑事犯罪,需要追究刑事责任。在构成要件方面,第一,本行为的客观方面是存在明知住宿人员将危险物质带入旅馆住宿区域而不予制止,重大责任事故罪在客观方面需要满足在生产、作业中违反安全管理规定,并且造成重大伤亡事故或者其他严重后果(死亡 1 人以上、重伤 3 人以上或者直接经济损失 100 万元以上)。第二,本行为的主观方面是故意构成,重大责任事故罪的主观方面是过失。在法律后果方面,本行为应进行治安管理处罚,具体包括罚款、拘留,重大责任事故罪的刑罚是 3 年以下有期徒刑或拘役,情节特别恶劣的,处 3 年以上 7 年以下有期徒刑。

(三) 与《消防法》规定的不履行消防安全管理职责行为的联系与区别

《消防法》第 16 条规定了机关、团体、企业、事业等单位应当履行的消防安全职责,包括落实消防安全责任制,消防设施维护、防火检查、消除火灾隐患等。不履行这些职责可能导致火灾风险,如未维护消防设施、未组织防火检查等,属于不履行消防安全管理职责行为。

本行为与不履行消防安全管理职责行为之间的联系,体现在二者都是相关责任人员不履行安全管理责任,导致安全管理责任缺失。如果涉及易燃易爆类的危险物质,两个违法行为都可能产生火灾风险。实践中,旅馆业工作人员在防火检查中发现有住宿人员将危险物质带入旅馆住宿区域的,如果不予制止,应依据《治安管理处罚法》的规定认定违法行为和予以处罚。

本行为与不履行消防安全管理职责行为之间的区别,主要体现在安全管理的责任内容、责任主体和处罚机制等方面。

1. 在责任内容方面,制止住宿人员带入危险物质是针对住宿人员行为的特别干预措施,是对具体危险行为的制止,体现了旅馆业工作人员安全管理的即时责任。《消防法》第 16 条规定的是单位在消防管理中的整体性、系统性的安全管理责任,强调的是一般性、持续性的火灾风险管控,体现出《消防法》预防和减少火灾风险的立法目的。虽然《消防法》第 16 条第 5 项规定了组织防火检查的职责,但是该检查是对单位自身一般预防性的安全检查,而不是对住宿人员携带物品的检查。如前文所述,实际上旅馆工作人员无权对住宿人员携带物品实施检查。

2. 在责任主体方面,本行为的责任主体是具体的旅馆业工作人员,如前台值班人员、保洁服务人员等。不履行消防安全管理职责行为的责任主体包括单位和主要责任人。《消防法》第 16 条第 2 款明确规定了单位的主要负责人是本单位的消防安全责任人。

3. 在处罚机制方面,本行为的处罚由公安机关治安管理部门依据《治安管理处罚法》实施,处罚的种类是罚款或者拘留。不履行消防安全管理职责行为的处罚由消防应急部门依据《消防法》第 60 条的规定责令改正,并给予单位 5000 元以上 5 万元以下罚款处罚。

(四) 与《反恐怖主义法》规定的拒不配合有关部门开展反恐怖主义工作行为的联系与区别

《反恐怖主义法》第 91 条规定,拒不配合有关部门开展反恐怖主义安全防范、情报信息、调查、应对处置工作的,由主管部门处 2000 元以下罚款;造成严重后果的,处 5 日以上 15 日以下拘留,可以并处 1 万元以下罚款。

本行为与拒不配合有关部门开展反恐怖主义工作行为之间存在的联系,体现在《治安管理处罚法》和《反恐怖主义法》对两个违法行为追究违法责任,都是为了防范公共安全风险,包括防止危险物质被用于恐怖活动或其他危害公共安全的行为。如果住宿人员带入的危险物质是用于恐怖主义活动,而旅馆业工作人员没有采取措施制止的,那么旅馆业工作人员的行为可能同时触犯两部法律的规定,在行为性质认定和处罚上应按照法条竞合的原则,认定为违反《反恐怖主义法》第 91 条第 1 款的规定,属于拒不配合有关部门开展反恐怖主义工作行为。

本行为与拒不配合有关部门开展反恐怖主义工作行为的区别有二。一是违法行为法律事实不同。本行为规定的是住宿人员将危险物质带入旅馆住宿区域,旅馆业工作人员不予制止的情形,主要针对危险物质的安全管理。拒不配合有关部门开展反恐怖主义工作是对安全防范、情报信息、调查、应对处置工作不予配合。虽然本行为可能涉及拒不配合开展安全防范工作,但《反恐怖主义法》规定的配合相关部门开展安全防范工作的范围较为宽泛,不制止住宿人员携带危险物质的行为只是其中一种情形。如果住宿人员携带的物品并非危险物质,而是其他用于恐怖活动的物品、设备器材,旅馆业工作人员对恐怖活动的线索没有进行举报,那么旅馆工作人员的行为属于拒不配合有关部门开展反恐怖主义工作行为。

二是处罚针对的违法行为不同。对本行为的处罚针对的是明知住宿人员将危险物质带入旅馆住宿区域而不予制止的情形,可以说处罚的是一种具体行为。《反恐怖主义法》规定的拒不配合有关部门开展反恐怖主义工作行为是针对一系列行为所反映的状态,即在反恐怖主义工作的要求下,对安全防范、情报信息、调查、应对处置等各项工作消极逃避、不予配合的情形。相比之下,适用《反恐怖主义法》更倾向于认定存在一贯性的、不配合的违法行为,尤其是在恐怖主义活动较多、反恐怖主义形势严峻的情况下,经公安机关多次指出存在的问题后,单位或者个人仍然不配合工作的情形。相应地,拒不配合有关部门开展反恐怖主义工作行为的处罚在罚款金额、拘留天数方面要高于(多于)不制止住宿人员带入危险物质的行为。

处罚标准

本行为设置一般情形和情节严重两个层次的处罚,处罚的对象明确规定为直接负责的主管人员和其他直接责任人员。

表 132 不制止住宿人员带入危险物质行为处罚标准

处罚档次	处罚标准	裁量基准
一般情形	1000 元以上 3000 元以下罚款	初次明知住宿人员将危险物质带入旅馆,不予制止的

续表

处罚档次	处罚标准	裁量基准
情节严重	处5日以下拘留，可以并处3000元以上5000以下罚款	①明知住宿人员将危险物质带入旅馆，不予制止，造成危险物质扩散等后果的
		②初次不制止住宿人员带入危险物质，经教育和处罚后，再次违反规定的

值得注意的是，当前旅馆业属于取得公安机关许可经营的特种行业，如果违反国家有关管理规定，情节严重，公安机关可以吊销特种行业许可证。

案例及解析

【基本案情】D县公安局W派出所接到某宾馆工作人员报警，该宾馆内有人存放了一桶汽油。接到报警后，民警迅速前往该宾馆。在该宾馆的一名住宿人员的房间内，一股浓浓的汽油味扑面而来。民警随后在房间的角落处发现一个铁桶，经检查，确认桶内存放的液体为汽油，共有10升。发现该情况后，民警迅速将违法携带危险物质的贾某传唤至派出所进一步调查。经查，贾某承认该汽油为其所有。11月1日，贾某从外地骑摩托车来到本县。当他前往加油站想为摩托车加油时，加油站工作人员发现贾某的摩托车没有牌照，出于安全考虑，拒绝为摩托车加油。贾某不甘心就此放弃，便让朋友为其购买了20升汽油。在为摩托车加完油后，贾某将剩下的10升汽油偷偷带入宾馆的房间。宾馆的工作人员闻到有汽油味从其住宿的房间中散发出来，随即报警。

本案中，宾馆工作人员是否履行了制止住宿人员将危险物质带入旅馆住宿区域的职责？如果宾馆工作人员不履行这一职责，将承担什么样的法律责任？

【解析】公安机关治安管理部门对旅馆业实施特种行业管理，宾馆工作人员承担特定的治安管理职责。对于入住人员携带物品产生的安全风险，法律法规制定了相关制度，明确了旅馆业工作人员的治安管理义务。

首先是发现和识别安全风险的义务。《旅馆业治安管理办法》第5条规定："经营旅馆，必须遵守国家的法律，建立各项安全管理制度，设置治安保卫组织或者指定安全保卫人员。"安全管理制度对应的安全管理责任应在工作人员为旅客办理入住、提供客房服务、进行日常巡查等工作中具体落实。宾馆工作人员应注意观察异常情况（如可疑人员、物品），发现安全风险。

其次是报告危险的义务。若发现住宿人员携带危险物质（如汽油），旅馆工作人员需立即制止并报告公安机关，否则可能被处罚。《旅馆业治安管理办法》第9条规定："旅馆工作人员发现违法犯罪分子、行迹可疑的人员和被公安机关通缉的罪犯，应当立即向当地公安机关报告，不得知情不报或隐瞒包庇。"

最后是协助公安机关调查的义务。旅馆工作人员须协助配合公安机关调查，提供线索或证据。《旅馆业治安管理办法》第14条第2款规定,公安人员到旅馆执行公务时,旅馆工作人员应当予以协助。有的地方政府规章,如《浙江省旅馆业治安管理办法实施细则》规定,旅馆应当建立治安保卫组织或者配备专职、兼职的治安保卫人员,协助公安部门调查处理治安、刑事案件。

对于本案而言,宾馆工作人员对贾某将汽油带入宾馆住宿区域的行为采取了积极的制止行为,主要表现在以下几个方面:一是通过嗅觉发现贾某房间内的异常情况,初步判断有可能是汽油这一危险物质。二是发现异常情况后及时报警,履行报告义务。贾某将危险物质带入宾馆住宿区域的行为本身违反《治安管理处罚法》,须由公安机关查处。三是协助公安机关对贾某的行为进行查处。

综上所述,本案属于危险物质已经被住宿人员带入宾馆住宿区域,宾馆工作人员通过发现异常、报告危险协助调查来履行制止义务的情形。因此,本案中,公安机关应认定宾馆工作人员履行了制止住宿人员将危险物质带入旅馆住宿区域的职责。如果宾馆工作人员不履行这一职责,则构成不制止住宿人员带入危险物质行为。

关联法条

《旅馆业治安管理办法》(2022年修订)

第8条 旅馆对旅客遗留的物品,应当妥为保管,设法归还原主或揭示招领;经招领3个月后无人认领的,要登记造册,送当地公安机关按拾遗物品处理。对违禁物品和可疑物品,应当及时报告公安机关处理。

第11条 严禁旅客将易燃、易爆、剧毒、腐蚀性和放射性等危险物品带入旅馆。

138. 明知住宿人员是犯罪嫌疑人不报

现行规定

《治安管理处罚法》

第67条第3款第2项 从事旅馆业经营活动有下列行为之一的,对其直接负责的主管人员和其他直接责任人员处一千元以上三千元以下罚款;情节严重的,处五日以下拘留,可以并处三千元以上五千元以下罚款:

(二)明知住宿人员是犯罪嫌疑人员或者被公安机关通缉的人员,不向公安机关报告的;

立案与管辖

(一)立案标准

旅馆业直接负责的主管人员和直接责任人员明知住宿人员是犯罪嫌疑人员或者被公安

机关通缉的人员的,不向公安机关报告的,公安机关应立案。举报违法犯罪人员是每个单位或公民的义务。《刑事诉讼法》第110条第1款规定,任何单位和个人发现有犯罪事实或者犯罪嫌疑人,有权利也有义务向公安机关、人民检察院或者人民法院报案或者举报。旅馆业治安管理是公安工作的重要阵地,公安机关通过发布协查通报等形式,将犯罪嫌疑人员和被公安机关通缉的人员的信息发送至旅馆业单位。旅馆业工作人员按规定执行旅客住宿登记制度,较为容易发现住宿人员是犯罪嫌疑人员或者被公安机关通缉的人员。

值得注意的是,《旅馆业治安管理办法》第9条规定,旅馆工作人员发现违法犯罪分子、行迹可疑的人员和被公安机关通缉的罪犯,应当立即向当地公安机关报告,不得知情不报或隐瞒包庇。而《治安管理处罚法》中,本行为涉及的人员限于犯罪嫌疑人员和被公安机关通缉的人员,不包括一般治安违法和行迹可疑人员。

实践中,不按规定登记住宿人员信息行为与明知住宿人员是犯罪嫌疑人员不报告行为,在行为方式上存在交叉。明知住宿人员是犯罪嫌疑人员或者被公安机关通缉的人员,而不按规定登记住宿人员信息的,应当以明知住宿人员是犯罪嫌疑人员或被公安机关通缉的人员不报告行为定性处罚。

(二)管辖

明知住宿人员是犯罪嫌疑人不报的违反治安管理行为由违法行为地的公安机关管辖。违法行为地包括违法行为发生地和违法结果发生地。违法行为发生地是明知住宿人员是犯罪嫌疑人不报行为的实施地,有连续、继续或者持续状态的,连续、持续或者继续实施的地方都属于违法行为发生地。违法结果发生地是明知住宿人员是犯罪嫌疑人不报行为的违法对象被侵害地、违法所得实际取得地、藏匿地、转移地、使用地和销售地。明知住宿人员是犯罪嫌疑人不报的治安案件由违法行为人居住地公安机关管辖更为适宜的,由违法行为人居住他公安机关管辖。

实践中,公安派出所在日常工作中对发现的明知住宿人员是犯罪嫌疑人不报行为进行查处,县级公安机关治安部门也可以根据信息排查、群众举报和相关案件线索,对发现明知住宿人员是犯罪嫌疑人不报行为进行查处。

证据收集

(一)证据规格

1.违法嫌疑人的陈述和申辩。

(1)违法嫌疑人基本情况,包括有无违法犯罪前科;(2)实施违法行为的动机、目的;(3)实施违法行为的时间、地点、起因、手段、经过、后果等;(4)违法行为人是否明知旅客是犯罪嫌疑人员或者被公安机关通缉的人员。

2.证人证言。

(1)问明住宿人员或其他工作人员违法行为发生的时间、地点、过程;(2)住宿人员在旅馆住宿的法律事实;(3)违法嫌疑人如何知道住宿人员为犯罪嫌疑人或者被公安机关通缉人员的身份;(4)违法嫌疑人的基本情况,姓名、体貌、工作岗位等。

3. 物证、书证。

(1)住宿人员是犯罪嫌疑人员或者被公安机关通缉的人员的相关证明材料,如通缉令、协查通报等;(2)违法嫌疑人(自然人)的身份材料,既包括户籍证明、身份证,也包括工作证或者其他单位的任职、职责、权限等证明材料,证明其在旅馆经营中是直接负责的主管人员或者其他直接责任人员的职务身份,可能的违法犯罪前科材料等;(3)旅馆的规章制度等;(4)旅馆的营业执照、特种行业许可证、单位代码等。

4. 视听资料、电子数据。

证明犯罪嫌疑人员或者被公安机关通缉的人员在旅馆住宿,或者显示其住宿过程中的异常可疑行为的监控录像。

5. 鉴定意见。

对涉案事实材料可能涉及的技术性问题进行分析、鉴别后得到的结论。

6. 勘验、检查、辨认笔录,现场笔录。

对违法嫌疑人的检查笔录、证人(旅客、其他工作人员)对违法嫌疑人的辨认笔录,对违法嫌疑人采取强制措施时的现场笔录。

7. 其他证据材料。

抓获经过、处警经过、报案材料等。

(二)注意事项

1. 通过询问笔录,证明违法行为的"明知"情节。

"明知"情节是指违法嫌疑人基于常情和常理,已经知道或者应当已经知道。虽然明知是一种主观的认识状态,但是对明知的证明需要收集客观证据。具体而言,可以从三个方面来证明违法嫌疑人是明知。

一是在违法嫌疑人和证人的询问笔录中,应通过问话内容体现违法嫌疑人对住宿人员利用旅馆实施犯罪是明知。例如,违法嫌疑人在询问笔录中承认,自己通过观察已经发现旅馆内的住宿人员通过住宿登记等途径已经知晓住宿人员是犯罪嫌疑人或被公安机关通缉的人员的身份;或者通过其他工作人员的证人证言,证明违法嫌疑人已经知道。

二是通过旅馆业治安管理信息系统的电子数据证明违法嫌疑人知道或者应当知道。如,旅馆治安管理信息系统里发送的通缉令、协查通报、预警信息等,旅馆业从业单位在信息系统中应有签收记录、系统接收日志等。通过收集信息系统签收记录,公安机关能证明违法嫌疑人已经知道或者应当知道发送的通缉令、协查通报等材料中有住宿人员的信息。

三是通过提取旅馆业治安管理系统里的登记入住信息、登记系统后台日志,或者在未登记情况下入住的视听资料等证据,证明旅馆业工作人员与入住的犯罪嫌疑人员、被公安机关通缉的人员有过直接接触,并知道该人员的身份信息。例如,视听资料显示嫌疑人有查看证件、通过语言交流知晓该人员身份的情况。

2.通过接报警记录和询问笔录,证明违法行为的"不报告"情节。

如要证明负有责任的旅馆业工作人员存在不向公安机关报告犯罪嫌疑人员、被公安机关通缉的人员的情节,需要收集证据来证明报告的行为不存在。公安机关可以调取该人入住旅馆时间前后的接报警记录,包括110指挥中心、辖区派出所和旅馆业治安管理系统中的接报警情况,证明不存在工作人员"报告"的记录;也可以调取旅馆工作日志、报警登记等记录,证明"无报告"情节,以排除旅馆工作人员已经报告而公安机关未记录、未处理的情况。此外,调查取证工作还可以在询问笔录中通过嫌疑人承认知情不报,或者证人证言证明当班人员未按规定上报来证明。

行为认定

(一)行为认定

1. 本行为侵犯的客体是公安机关对旅馆业的治安管理制度。

2. 本行为的客观方面表现为旅馆业工作人员违反有关规定,明知住宿人员是犯罪嫌疑人员或者被公安机关通缉的人员,不向公安机关报告。这种发现后报告的义务是建立在法律义务和现实条件的基础上。《刑事诉讼法》第110条第1款规定:"任何单位和个人发现有犯罪事实或者犯罪嫌疑人,有权利也有义务向公安机关、人民检察院或者人民法院报案或者举报。"

本行为中的犯罪嫌疑人员主要是指公安机关、检察机关等侦查机关通过调查、取证等活动,初步认定其涉嫌犯罪的自然人。被公安机关通缉的人员是指逃跑的应当逮捕的犯罪嫌疑人。根据《刑事诉讼法》的规定,如果应当逮捕的犯罪嫌疑人在逃,公安机关可以发布通缉令,采取有效措施,追捕归案。《公安机关办理刑事案件程序规定》第274条第1款、第3款规定,应当逮捕的犯罪嫌疑人在逃的,经县级以上公安机关负责人批准,可以发布通缉令,采取有效措施,追捕归案。通缉令的发送范围,由签发通缉令的公安机关负责人决定。

《旅馆业治安管理办法》第9条规定:"旅馆工作人员发现违法犯罪分子,行迹可疑的人员和被公安机关通缉的罪犯,应当立即向当地公安机关报告,不得知情不报或隐瞒包庇。"旅馆业工作人员由于特殊的工作性质,比较容易发现犯罪嫌疑人员或者被公安机关通缉的人员。客观方面包括两个条件:明知住宿人员是犯罪嫌疑人员或者被公安机关通缉的人员;不向公安机关报告。两个条件缺一不可。实践中,有的违法行为人不履行登记的义务,有的违法行为人登记犯罪嫌疑人、被公安机关通缉的人员的虚假身份,再办理住宿。

3. 本行为的责任主体是特殊主体,即旅馆业工作人员中的直接负责的主管人员和其他直接责任人员。具体包括旅馆的经营管理人员(如值班经理)、前台登记人员、专门的安全管理人员等工作人员。

4. 本行为的主观方面是故意,表现为明知住宿人员是犯罪嫌疑人员、被公安机关通缉的人员,不向公安机关报告。明知是指违法行为人已经知道住宿人员是犯罪嫌疑人员或者被公安机关通缉的人员。明知不包括应当知道而不知道,所以过失不构成本行为。至于违法行为人因何种动机不报告,不论是出于营利的目的,还是担心遭到打击报复,都不影响本行为的认定。

(二) 与《刑法》第 310 条规定的窝藏、包庇罪的区别

《刑法》第 310 条规定的窝藏、包庇罪,是指明知是犯罪的人而为其提供隐藏处所、财物,帮助其逃匿或者作假证明包庇的行为。与《刑法》中的窝藏、包庇罪相比,本行为在危害后果和情节轻重方面有较大的区别。除此之外,二者的区别还体现在两个方面。一是行为方式不同。明知住宿人员是犯罪嫌疑人员不报告是一种单纯的知情不报的行为,没有其他积极的隐藏、隐匿行为。而窝藏、包庇罪在行为方式上除了知情不报外,更表现为积极的作为方式,包括主动为犯罪嫌疑人员提供隐藏处所、财物,帮助其逃匿或者作假证明包庇的行为。仅有知情不报,不构成窝藏、包庇罪。二是行为主体不同。本行为的主体是特殊主体,即旅馆业工作人员,而窝藏、包庇罪的主体是一般主体,即所有达到刑事责任年龄并具有刑事责任能力的自然人。

(三) 与旅馆业容留卖淫行为的区别

本行为与旅馆业工作人员明知旅馆内存在违法犯罪行为而放任不管的有所区别。《旅馆业治安管理办法》第 9 条规定,旅馆工作人员发现违法犯罪分子,行迹可疑的人员和被公安机关通缉的罪犯,应当立即向当地公安机关报告,不得知情不报或隐瞒包庇。同时,该办法第 12 条规定,旅馆内,严禁卖淫、嫖宿、赌博、吸毒、传播淫秽物品等违法犯罪活动。这对旅馆业工作人员治安管理义务有较高的要求。例如,有的旅馆工作人员发现有人在散发"按摩服务"的招嫖小卡片,并且经常有行迹可疑的女性在旅馆出现。旅馆工作人员为了生意更好,装作没看见,对散发小卡片的人员和可疑女性不予阻拦,也没有向公安机关报告情况。旅馆工作人员的上述行为可能构成容留卖淫嫖娼或者对卖淫嫖娼放任不管的行为。根据《全国人民代表大会常务委员会关于严禁卖淫嫖娼的决定》第 3 条、第 7 条的规定,公安机关应对旅馆业工作人员进行治安管理处罚,构成容留卖淫罪的,应立案侦查。《治安管理处罚法》第 79 条对容留卖淫的行为的处罚作出了相应的规定。

该行为与本行为的区别在于客观方面。一是行为的表现不同。该行为的主要表现是对卖淫嫖娼行为的容留、放任不管,既有不报告的消极不作为,也有在明知的情况下为其提供房间,默认违法行为的放任积极态度。而本行为的表现是明知住宿人员的犯罪嫌疑人员或者被公安机关通缉的人员身份却不报告,仅是一种消极不作为。二是违法行为涉及的对象不同。该行为涉及的对象是实施了卖淫嫖娼违法行为的住宿人员,但一般不是犯罪嫌疑人员或者被公安机关通缉的人员。本行为涉及的对象是犯罪嫌疑人员和被公安机关通缉的人员。

🛡 处罚标准

本行为设置一般情形和情节严重两个层次的处罚。

表 133　明知住宿人员是犯罪嫌疑人不报行为处罚标准

处罚档次	处罚标准	裁量基准
一般情形	处 1000 元以上 3000 元以下罚款	初次明知住宿人员是犯罪嫌疑人员或者被公安机关通缉的人员,不向公安机关报告的
情节严重	处 5 日以下拘留,可以并处 3000 元以上 5000 元以下罚款	①发现多名犯罪嫌疑人员、被公安机关通缉的人员不报告的
		②明知住宿人员是严重暴力犯罪嫌疑人不报告的
		③阻挠他人报告或者在公安机关调查时故意隐瞒的
		④不报告行为导致犯罪嫌疑人员、被公安机关通缉的人员逃跑,或者妨碍公安机关侦查破案的
		⑤一段时期内(1～2年)因违反规定被公安机关处理,又实施违反规定的行为的

● 案例及解析

【基本案情】盗窃犯罪嫌疑人李某持伪造的身份证到阳光旅馆办理入住。前台工作人员张某在登记时,按规定核对身份证件信息,发现李某身份不明。在通过旅馆治安管理信息系统核查时,张某发现李某因涉嫌盗窃被公安机关通缉。张某发现后情况后,李某谎称"只是小事情,公安那边搞错了,自己住一天就走,不会有问题的"。张某担心报告后影响旅馆生意,且贪图小利,所以为李某安排了入住,但未按规定登记住宿信息,也未按规定向公安机关报告。次日,公安机关在视频监控中发现李某的行踪,并追踪到阳光旅馆。民警立即前往核查,并在旅馆内将李某抓获。在讯问中,李某交代了自己的罪行以及入住阳光旅馆的过程。

对张某的行为如何定性？针对李某入住阳光旅馆的案情,公安机关应如何开展调查？

【解析】1. 本案中,旅馆工作人员张某的行为属于明知住宿人员是犯罪嫌疑人员或者被公安机关通缉的人员不向公安机关报告的违反治安管理行为。

2. 对案件的调查工作应该从以下四个方面开展：

一是查明张某是否明知李某是犯罪嫌疑人员、被公安机关通缉的人员。通过调取公安机关发布的对李某的通缉令、对李某立案侦查的法律文书,旅馆业治安管理系统中有关李某涉嫌犯罪的信息,以及李某的证言,证明张某对李某是犯罪嫌疑人员、被公安机关通缉的人员的身份是明知。

二是调查李某实际是否入住阳光旅馆。通过调取李某的证言、李某入住房间的当天登记信息,李某入住时间段内的旅馆视频监控,证明李某当天实际入住阳光旅馆。

三是调查取证证明张某没有向公安机关报告李某的情况。通过查询公安机关报警记录和旅馆的信息报告情况,证明张某或者阳光旅馆其他工作人员没有向公安机关报告李某在旅馆入住的情况。

四是查明张某的违反治安管理行为情节是否严重。应调取李某犯罪情况材料,对张某和阳光旅馆工作人员开展询问,通过询问笔录等证据材料证明张某的行为是否存在严重情节。例如,李某是否属于重大犯罪嫌疑人,张某是否在 1~2 年内有过违反旅馆业治安管理规定被公安机关处理的情况,张某是否存在阻挠他人报告或者在公安机关调查时故意隐瞒的行为,张某不报告的行为是否妨碍公安机关侦查破案。

综上,开展案件的调查,既要查明主要的违法事实,也要查明违法事实的相关情节。

关联法条

《旅馆业治安管理办法》(2022 年修订)

第 9 条　旅馆工作人员发现违法犯罪分子、行迹可疑的人员和被公安机关通缉的罪犯,应当立即向当地公安机关报告,不得知情不报或隐瞒包庇。

第 16 条第 1 款　旅馆工作人员违反本办法第九条规定的,公安机关可以酌情给予警告或者处 200 元以下罚款;情节严重构成犯罪的,依法追究刑事责任。

139. 明知住宿人员利用旅馆犯罪不报

现行规定

《治安管理处罚法》

第 67 条第 3 款第 3 项　从事旅馆业经营活动有下列行为之一的,对其直接负责的主管人员和其他直接责任人员处一千元以上三千元以下罚款;情节严重的,处五日以下拘留,可以并处三千元以上五千元以下罚款:

(三)明知住宿人员利用旅馆实施犯罪活动,不向公安机关报告的。

立案与管辖

(一)立案标准

旅馆业直接负责的主管人员和直接责任人员明知住宿人员利用旅馆实施犯罪活动,不向公安机关报告的,构成本行为。与前述三个行为类似,本行为也是旅馆业工作人员在明知的前提下应履行向公安机关报告的义务。立案标准可以从三个方面来把握。

一是明知是指作为旅馆业工作人员基于常情和常理,其应当知道住宿人员利用旅馆实施了犯罪行为。与前述明知住宿人员是犯罪嫌疑人员或者被公安机关通缉的人员不同,这里的明知的内容不是指通过公安机关下发的通缉令、协查通报知道住宿人员是犯罪嫌疑人员或者被公安机关通缉的人员的特定身份,而是指通过对住宿人员行为的观察、识别,在常理下应当知道住宿人员利用旅馆实施犯罪活动。与出租房屋行为类似,住宿人员和旅馆之间是合同关系,旅馆经营活动是对住宿人员提供服务并对住宿活动进行管理,双方联系密切。旅馆经营管理人员具备了解和掌握住宿人员活动情况的条件。

二是犯罪活动的实施者是旅馆的住宿人员。住宿人员是指在旅馆住宿区域实际登记入住的人员,不包括访客、未登记而实际入住的人员等进入旅馆住宿区域的其他人员。

三是犯罪活动是利用旅馆实施的。提供住宿服务是旅馆的核心功能,也容易被违法犯罪活动所利用。这种"利用"可以体现为借助旅馆住宿区域相对封闭的环境实施犯罪,如开设赌场、组织卖淫等,也可以体现为借助旅馆的住宿条件和设施设备实施犯罪,如使用旅馆电信系统、互联网上网系统实施电信网络诈骗。如果有犯罪行为的住宿人员只是将旅馆作为住宿空间,并未利用旅馆实施犯罪,则不构成本行为。

(二)管辖

明知住宿人员利用旅馆实施犯罪不报告的治安案件由违法行为地的公安机关管辖。违法行为地包括违法行为发生地和违法结果发生地。违法行为发生地是明知住宿人员利用旅馆实施犯罪不报告行为的实施地,有连续、继续或者持续状态的,连续、继续或者持续实施的地方都属于违法行为发生地。违法结果发生地是明知住宿人员利用旅馆实施犯罪不报告行为的违法对象被侵害地、违法所得实际取得地、藏匿地、转移地、使用地和销售地。明知住宿人员利用旅馆实施犯罪不报告的治安案件由违法行为人居住地公安机关管辖更为适宜的,由违法行为人居住地公安机关管辖。

查处明知住宿人员利用旅馆实施犯罪不报告的,一般由旅馆所在地属地公安机关负责管辖。实践中,公安派出所在日常工作中对发现的本违法行为进行查处,县级公安机关治安部门也可以根据信息排查、群众举报和已经查办的案件线索,对本违法行为进行查处。

证据收集

(一)证据规格

1.违法嫌疑人的陈述和申辩。

(1)违法嫌疑人基本情况,包括有无违法犯罪前科;(2)实施违法行为的动机、目的;(3)实施违法行为的时间、地点、起因、手段、经过、后果等;(4)违法行为人是否明知住宿人员利用旅馆实施犯罪活动。

2.证人证言。

(1)问明住宿人员或其他工作人员违法行为发生的时间、地点、过程;(2)住宿人员在旅馆登记住宿的情况;(3)住宿人员利用旅馆的住宿服务等条件实施犯罪的法律事实;(4)旅馆工作人员如何知道住宿人员利用旅馆实施犯罪的;(5)旅馆工作人员是否报警;(6)应报警而没有报警的旅馆工作人员的情况,如姓名、体貌、工作岗位等。

3.物证、书证。

(1)住宿人员实施犯罪所利用的旅馆提供的条件、设施设备等;住宿人员因在旅馆实施犯罪行为被侦查机关立案侦查,或者被公诉机关审查起诉,或者被司法机关依法判决的法律文件,或者其他证明住宿人员利用旅馆实施犯罪的证明材料。(2)违法嫌疑人(自然人)的身份材料,既包括户籍证明、身份证,也包括工作证或者其他单位的任职、职责、权限等证明材料,证明其在旅馆经营中是直接负责的主管人员或者其他直接责任人员的职务身份,可能的违法犯罪前科材料等。(3)旅馆的经营管理规章制度等。(4)旅馆的营业执照、特种行业许可证、单位代码等。

4. 勘验、检查、辨认笔录,现场笔录。

证人(旅客、其他工作人员)对违法嫌疑人的辨认笔录。

5. 鉴定意见。

对涉案事实材料可能涉及的技术性问题进行分析、鉴别后得到的结论。

6. 视听资料、电子数据。

监控录像、录音、电子数据等,证明实施犯罪的人员在旅馆住宿登记的情况,并利用旅馆住宿条件实施犯罪。

7. 其他证据材料。

抓获经过、处警经过、报案材料、旅馆未主动报告或报警的电子数据证据等。

(二)注意事项

1. 对"明知"情节的证明。

"明知"情节是指违法嫌疑人基于常情和常理,已经知道或者应当知道。虽然明知是一种主观的认识状态,但是需要通过收集各类证据来证明。调查取证需要注意两个问题。

一是应采用较高的证明标准。旅馆住宿人员流动频率较高,虽然旅馆工作人员与住宿人员有一定的接触和交流,但住宿人员在旅馆内的活动空间具有一定隐蔽性,观察、识别、发现住宿人员利用旅馆实施犯罪的机会并不充分。因此,对于本行为的"明知"情节,应采取较高的证明标准。从证据与待证事实(明知)关系的角度看,调查收集的证据应在法律上足以认定嫌疑人应当知道住宿人员利用旅馆实施犯罪,并且排除合理怀疑。对此,要坚持重证据、不轻信口供的原则,注意审查全案证据,尤其是关注违法嫌疑人的供述和相关证人之间的言词证据是否可以互相印证。

二是应从证明直接明知和推定明知两个方向收集取证。

证明直接明知是通过直接证据证明违法嫌疑人的"明知"情节。对于违法嫌疑人的直接明知,应通过询问笔录中对违法嫌疑人、证人的问话内容证明,即违法嫌疑人在询问笔录中承认自己通过观察识别,知道住宿人员利用旅馆实施犯罪;实施犯罪的住宿人员承认将犯罪情况告诉违法嫌疑人。也可以通过其他证据证明违法嫌疑人知道住宿人员利用旅馆实施犯罪行为。例如,有视听资料证明违法嫌疑人直接目睹了犯罪活动,或者违法嫌疑人清楚发现和知道与犯罪有关的物品、设备器材等。

证明推定明知是在无法直接证明违法嫌疑人明知的情况下,通过其他证据推定其应当知道住宿人员利用旅馆实施犯罪的情况。本条第3款规定的三种违法行为均以"明知"为主观构成要件。借鉴刑法学的理论,明知包括知道和应当知道,应当知道是指嫌疑人已经知道某种事实的存在或可能存在,而不包括应当知道某种事实的存在(不包括应当知道而不知道)①。也就是说,本条第3款规定的三种违法行为不包括应知而未知的情形。所以,要证明应当知道,必须通过证据断定嫌疑人不可能不知道,如有证据证明住宿登记的异常情况,有人曾向旅馆工作人员举报住宿人员实施犯罪行为的证人证言,异常的水、电和电信网络使用情况以及其他较为明显的与犯罪有关的可疑情况。证明推定明知应综合多项证据,采用与证明对象关联性较高的证据,形成完整证据链。

2. 通过询问查证,证明违法行为的"不报告"情节。

如要证明负有责任的旅馆业工作人员存在不向公安机关报告住宿人员利用旅馆实施犯罪活动的情节,需要收集证据证明报告的行为不存在。公安机关可以调取该人入住旅馆时间前后的接报警记录,包括110指挥中心、辖区派出所和旅馆业治安管理系统中的接报警情况,证明不存在工作人员"报告"的记录;也可以调取旅馆工作日志、报警登记等记录,证明"无报告"情节,以排除旅馆工作人员已经报告而公安机关未记录、未处理的情况。此外,调查取证工作还可以在询问笔录中通过嫌疑人承认知情不报,或者证人证言证明当班人员未按规定上报来证明。

行为认定

(一)行为认定

1. 本行为侵犯的客体是公安机关对旅馆业的治安管理制度。

2. 本行为在客观方面表现为旅馆业工作人员违反国家有关规定,明知住宿人员利用旅馆实施犯罪活动,不向公安机关报告。旅馆业工作人员有义务举报违法犯罪行为,协助公安机关打击违法犯罪。《旅馆业治安管理办法》第9条规定了旅馆工作人员发现违法犯罪分子的报告义务,第16条规定了对旅馆工作人员知情不报和旅馆成为犯罪活动场所的处罚。本行为涉及的是住宿人员在旅馆内实施犯罪行为,不包括实施违反治安管理行为。例如,有的人在旅馆房间内布置设备,利用旅馆的电信和互联网实施电信网络诈骗,旅馆工作人员明知却不报告的,构成本行为。而利用旅馆实施卖淫、嫖娼不属于犯罪行为,旅馆工作人员知情不报不属于本行为。

3. 本行为的责任主体是特殊主体,即旅馆业工作人员中的直接负责的主管人员和其他直接责任人员。具体包括旅馆的经营管理人员(如值班经理)、前台登记人员、专门的安全管理人员等工作人员。

4. 本行为主观方面是故意,表现为明知住宿人员利用旅馆实施犯罪活动,不向公安机关报告。明知是指违法行为人知道或者应当知道,这里的"应当知道"是行为人已经存在的认识,而不是应知而未知,所以过失不构成本行为。至于违法行为人因何种动机不报告,不论是出于营利的目的,还是担心遭到打击报复,都不影响本行为的认定。明知的内容是旅馆业工

---

① 参见张明楷:《刑法学》,法律出版社2021年版,第347页。

作人员对住宿人员利用旅馆实施犯罪活动的认识,这种认识包括存在犯罪活动或者可能存在犯罪活动。

(二)与《刑法》第310条规定的窝藏、包庇罪的区别

《刑法》第310条规定的窝藏、包庇罪,是指明知是犯罪的人而为其提供隐藏处所、财物,帮助其逃匿或者作假证明包庇的行为。与《刑法》中的窝藏、包庇罪相比,本行为在危害后果和情节轻重方面有较大的区别。除此之外,二者的区别还体现在两个方面。一是行为方式不同。明知住宿人员利用旅馆实施犯罪不报告,是一种单纯的知情不报的不作为行为,没有其他积极的隐藏、隐匿行为。而窝藏、包庇罪在行为方式上表现为积极的作为方式,包括主动为其提供隐藏处所、财物,帮助其逃匿或者作假证明包庇等行为。《刑法》第362条专门规定旅馆业等单位的人员在公安机关查处卖淫、嫖娼活动时,为违法犯罪分子通风报信,情节严重的,依照《刑法》第310条规定的窝藏、包庇罪定罪处罚。仅有知情不报,不构成窝藏、包庇罪。二是行为主体不同。本行为的主体是特殊主体,即旅馆业工作人员,而窝藏、包庇罪的主体是一般主体,即所有达到刑事责任年龄并具有刑事责任能力的自然人。

(三)与容留他人吸毒罪、容留卖淫罪的区别

《刑法》第354条、第359条分别规定了容留他人吸毒罪和容留卖淫罪,第361条规定了旅馆业等单位的人员,利用本单位的条件组织、强迫、引诱、容留、介绍他人卖淫的,按照组织卖淫、强迫卖淫和引诱、容留、介绍卖淫罪处罚。容留他人吸毒罪是指允许他人在自己管理的场所吸食、注射毒品,或者为他人吸食、注射毒品提供场所的行为。容留卖淫是指允许他人在自己支配的场所卖淫或者为他人卖淫提供场所的行为。其中,容留卖淫的情节和后果未达到《最高人民检察院、公安部关于公安机关管辖的刑事案件立案追诉标准的规定(一)》规定的标准的,可对容留卖淫行为给予治安管理处罚。

旅馆业治安管理实践中,公安机关查处的吸毒和卖淫行为发生在旅馆中的,可能构成上述犯罪行为。本行为与上述犯罪行为的区别较为明显。一是吸毒和卖淫行为是妨害社会管理秩序的违反治安管理行为,并不是犯罪行为。二是本行为是明知犯罪不报的消极不作为行为,而上述犯罪的容留行为表现为提供场所的积极作为或者放任犯罪的行为。容留行为以"提供场所便利"为核心,强调行为人对场所的控制和对违法犯罪的明知放任。本行为的核心是旅馆工作人员对旅馆内的住宿人员实施犯罪知情不报。

🛡 处罚标准

本行为设置一般情形和情节严重两个层次的处罚,处罚的对象明确规定为直接负责的主管人员和其他直接负责人员。

表 134　明知住宿人员利用旅馆犯罪不报行为处罚标准

处罚档次	处罚标准	裁量基准
一般情形	处1000元以上3000元以下罚款	初次明知住宿人员利用旅馆实施犯罪,不向公安机关报告的
情节严重	处5日以下拘留,可以并处3000元以上5000元以下罚款	①明知住宿人员利用旅馆实施犯罪,造成较严重后果的
		②明知住宿人员利用旅馆实施故意杀人、故意伤害致人重伤或者死亡、强奸、抢劫、贩卖毒品、放火、爆炸、投放危险物质、绑架等严重暴力犯罪,不向公安机关报告的
		③阻挠他人报告或者在公安机关调查时故意隐瞒的
		④不报告行为导致犯罪嫌疑人员、被通缉的人员逃跑的,或者妨碍公安机关侦查破案的
		⑤一段时期内(1~2年)因违反规定被公安机关处理,又实施违反规定的行为的

案例及解析

【基本案情】小力是某中职院校的学生,于假期某日应同学小天之邀来到某县游玩。次日凌晨,小力与同学小天等三人共同入住某旅馆。小天等三人在房间内对小力进行殴打,抢走小力的手机等电子设备,并逼迫小力打电话给家人以进一步勒索财物。其间,小力趁小天等人购买烟酒和取外卖的两次机会逃出房间,找到旅馆前台工作人员请求报警,都被小力等人强行拉回。值班人员因害怕而未报警,致使小力被小天等人殴打、轮流看守非法限制人身自由近16小时。后小力被当地公安机关找到并解救。

旅馆值班人员未报警的行为是否违反治安管理规定?

【解析】2025年修订的《治安管理处罚法》在第67条中新增了旅馆工作人员明知住宿人员利用旅馆实施犯罪不报告的违反治安管理行为。本案中,旅馆的值班工作人员没有报警的行为属于本行为。

首先,小力和小天等人正常入住旅馆,属于旅馆的住宿人员。其次,由于小力在遭到殴打、抢劫后两次逃出房间,找到前台值班人员请求帮助报警,因此,值班工作人员应明知旅馆房间内发生了犯罪行为。最后,旅馆工作人员没有报警,造成小力遭受小天等人的犯罪行为的进一步侵害。虽然旅馆工作人员可能受小天等人威胁而没有报警,但是仍然要对此承担违法责任。

综上,本案中,旅馆前台值班人员的行为违反治安管理规定,在小力多次求助请求报警的情况下仍然不向公安机关报告,属于明知住宿人员利用旅馆实施犯罪不报告的行为。

关联法条

1.《刑法》(2023年修正)

第310条 【窝藏、包庇罪】明知是犯罪的人而为其提供隐藏处所、财物,帮助其逃匿或者作假证明包庇的,处三年以下有期徒刑、拘役或者管制;情节严重的,处三年以上十年以下有期徒刑。

犯前款罪,事前通谋的,以共同犯罪论处。

第362条 【窝藏、包庇罪】旅馆业、饮食服务业、文化娱乐业、出租汽车业等单位的人员,在公安机关查处卖淫、嫖娼活动时,为违法犯罪分子通风报信,情节严重的,依照本法第三百一十条的规定定罪处罚。

2.《旅馆业治安管理办法》(2022年修订)

第9条 旅馆工作人员发现违法犯罪分子、行迹可疑的人员和被公安机关通缉的罪犯,应当立即向当地公安机关报告,不得知情不报或隐瞒包庇。

第16条 旅馆工作人员违反本办法第九条规定的,公安机关可以酌情给予警告或者处以200元以下罚款;情节严重构成犯罪的,依法追究刑事责任。

旅馆负责人参与违法犯罪活动,其所经营的旅馆已成为犯罪活动场所的,公安机关除依法追究其责任外,对该旅馆还应当会同工商行政管理部门依法处理。

第四十三节 《治安管理处罚法》第68条

140. 将房屋出租给身份不明、拒绝登记身份信息的人

> 现行规定

《治安管理处罚法》

第68条第1款 房屋出租人将房屋出租给身份不明、拒绝登记身份信息的人的,……处五百元以上一千元以下罚款;情节较轻的,处警告或者五百元以下罚款。

> 立案与管辖

(一)立案标准

房屋出租人有将房屋出租给身份不明或者拒绝登记身份信息的人的行为即达到立案标准。《租赁房屋治安管理规定》第7条第1项、第3项规定,"不准将房屋出租给无合法有效证件的承租人……对承租人的姓名、性别、年龄、常住户口所在地、职业或者主要经济来源、服务处所等基本情况进行登记并向公安派出所备案"。房屋出租人将房屋出租给身份不明、拒绝登记身份信息的人,违反了上述规定,给社会治安带来风险隐患,公安机关应对本违法行为立案调查。

(二)管辖

房屋出租人将房屋出租给身份不明或者拒绝登记身份信息的人,违反治安管理规定,由违法行为地的公安机关管辖。违法行为地包括违法行为发生地和违法结果发生地。违法行为发生地是本房屋违法出租行为的实施地,有连续、持续或者继续状态的,连续、继续或者持续实施的地方都属于违法行为发生地。违法结果发生地是本房屋违法出租行为的违法所得实际取得地、藏匿地、转移地、使用地。

将房屋出租给身份不明或者拒绝登记身份信息的人的治安案件由违法行为人居住地管辖更为适宜的,由违法行为人居住地公安机关管辖。一般由违法行为发生地公安机关负责查处将房屋出租给身份不明、拒绝登记身份信息的人的违法行为。实践中,公安派出所在出租房屋治安管理工作中对发现的违法行为进行查处,县级公安机关治安部门也可以牵头开展专项行动,对发现的违法行为进行查处。

证据收集

（一）证据规格

1. 违法嫌疑人陈述和申辩。

（1）问明违法嫌疑人基本情况,包括有无违法犯罪前科;（2）实施违法行为的动机、目的;（3）违法行为基本情况,包括房屋出租的时间、房屋的位置、承租人基本情况、租赁合同内容、日常管理等。

2. 证人证言。

（1）询问承租人租赁房屋的情况和出租人的情况,证实承租房屋的事实,以及本违法行为发生的时间、地点、过程;（2）询问承租人身份信息,以及租赁房屋时出租人是否要求承租人登记身份信息,承租人登记时使用的身份信息的具体内容;（3）询问邻居、物业工作人员等知情人,证明房屋出租的情况。

3. 物证、书证。

（1）房产证、出租协议、出租人和承租人身份证件等;对于经营房屋出租业务的企业,还应调取营业执照、工商注册登记等证件。（2）承租人的房租支付凭证,反映承租人实际入住房屋情况的照片。

4. 鉴定意见。

对涉案事实材料可能涉及的技术性问题进行分析、鉴定后的结论。

5. 勘验、检查、辨认笔录,现场笔录。

检查笔录记录检查时间、地点、参与人员及发现的违法事实,由执法人员及房屋出租人、承租人签字确认;辨认笔录记录证人对违法嫌疑人的辨认过程。

6. 视听资料、电子数据。

证明承租人入住租赁房屋的视频图像等;房屋租金支付电子凭证;记录身份信息的电子数据。

7. 其他证据材料。

（1）违法嫌疑人（自然人）的身份材料,包括户籍证明、身份证、工作证,与原籍联系的电话记录。有前科的调取法院判决书、行政处罚决定书、释放证明书等有效法律文件。

违法嫌疑人（单位）的身份材料,包括法定代表人、直接负责的主管人员、其他直接责任人员在单位的任职情况、职责、权限等证明材料。

（2）承租人的身份证明材料,包括身份证、户口信息等。

（3）抓获经过、处警经过、报案材料等。

（二）注意事项

1. 注意收集证明房屋承租人属于身份不明的人的相关证据。本行为的客观方面表现之一是出租人将房屋出租给身份不明的人,如果要证明出租人的行为违法,必须要证明承租人身份不明的法律事实。承租人是房屋租赁合同的当事人,是根据租赁合同使用房屋的人。

2.注意收集证明存在承租人拒绝登记身份信息的法律事实的相关证据。拒绝登记身份信息主要表现为,出租房屋时经出租人明确要求,承租人拒绝登记身份信息。要证明承租人存在拒绝登记身份信息的行为,应注意查明出租房屋过程中身份信息登记的环节。

3.注意收集违法嫌疑人"明知"主观故意的证据。即证明房屋出租人明知承租人身份不明或者拒绝登记身份信息,仍然继续出租的行为。

行为认定

(一)行为构成

1.本行为侵害的客体是公安机关对出租房屋的治安管理秩序。出租房屋是指旅馆业以外以营利为目的,公民私有和单位所有并用于出租供他人居住的房屋。

2.本行为客观方面表现为在租赁房屋过程中,出租人将房屋出租给身份不明、拒绝登记身份信息的人。首先,违法行为的前提是存在房屋租赁的法律事实,即房屋租赁双方存在租赁关系,并不要求承租人一定实际入住。其次,承租人的身份信息在出租房屋登记中属于身份不明的情形,包括无合法有效身份证件、提供虚假身份信息等,以及拒绝登记身份信息。最后,出租人在承租人身份不明、拒绝登记身份信息的情况下仍然将房屋出租给对方。

3.本行为主体是特殊主体,即房屋的出租人,包括自然人和单位。具体是指房屋所有人、实际占有人、委托代管人、单位房屋管理人等。承租人将房屋转租、转借他人的,经与原出租人达成协议,报当地公安机关备案后,也可以成为本行为的主体。如果是单位作为违法主体,应对其直接负责的主管人员和直接责任人员给予处罚。

4.本行为的主观方面是故意。

(二)对身份不明的认定

本法条中的身份不明是指作为自然人的承租人无合法有效身份证件、不提供身份信息、谎报身份信息,以及其他难以查明其真实身份的情形。身份不明的核心特征是无法通过现有的信息有效锁定、追踪唯一的主体,造成出租房屋治安管理中的承租人身份信息与实际情况不符,具体表现为承租人提供的身份信息无法通过公安机关人口信息系统的核验。

(三)本行为与将房屋出租给无合法有效证件的承租人的行为的联系与区别

《租赁房屋治安管理规定》第7条第1项规定,不得将房屋出租给无合法有效身份证件的承租人;第9条第2项规定了对此行为处警告、月租金3倍以下的罚款。本行为与此行为存在一定的联系和区别。

本行为在客观方面表现之一是将房屋出租给身份不明的人。身份不明的情形包括承租人提供的证件并非合法有效。这种情况下承租人证件的合法性、有效性存在疑问,需要出租人鉴别并核实其身份信息,核实的结果可以分为两种情况:(1)如果经调查核实,承租人身份信息是真实的,但证件并非合法有效,将房屋出租给承租人则构成了《租赁房屋治安管理规定》中将房屋出租给无合法有效身份证件的人的行为。例如,承租人未提供有效期内的身份证件,使用护照而非身份证租房(地方性法规规定公民必须用身份证的情形)。(2)如果承租人提供的是伪造的身份证件,出租人能一眼辨别出是伪造的身份证件,依然继续出租的,这种情况下则构成了本行为。总结来说,将房屋出租给无合法有效身份证件的人,并不必然构成本行为,也可能仅构成违反《租赁房屋治安管理规定》第7条第1项规定的行为。

(四)本行为与《反恐怖主义法》第 21 条规定的行为的区别

《反恐怖主义法》第21条规定包括住宿在内的六种行业应对客户的身份进行查验,对身份不明或者拒绝身份查验的,不得提供服务。该规定的违法行为与本行为之间存在区别。

1. 对违法行为处罚的立法目的。公安机关依据《治安管理处罚法》对出租房屋违法行为的处罚,主要从维护一般治安秩序出发,强调通过一定程度的处罚和教育警示来督促房屋出租人履行治安管理责任。《反恐怖主义法》对住宿行业不验明客户身份而提供服务行为的处罚,目的是消除恐怖主义分子藏匿的空间,预防恐怖主义活动风险。

2. 认定两种行为的条件。本行为的认定从客观方面看是违反《租赁房屋治安管理规定》,没有造成严重后果,不具备恐怖主义活动风险。违反《反恐怖主义法》的行为的客观方面存在涉及恐怖主义活动风险,尤其是在公安机关查处后责令改正仍拒不整改的情况。在行为的认定方面,一是调查核实违法行为发生的时间、地域是否存在恐怖主义活动因素;二是综合判断违法行为是否明显妨害反恐怖主义工作开展。

3. 对于难以区别的情况适用哪部法律来处罚,应衡量手段和目的的相称性。即处罚为了维护治安秩序或开展反恐怖主义工作,与对违法行为人造成的负担之间是否符合比例原则。

处罚标准

针对本行为的处罚分为"一般情形"和"情节较轻"。

表 135 将房屋出租给身份不明、拒绝登记身份信息的人行为处罚标准

处罚档次	处罚标准	裁量基准
一般情形	处 500 元以上 1000 元以下罚款	/
情节较轻	处警告或者 500 元以下罚款	①配合调查主动整改的
		②初次实施本违法行为,未造成严重后果的
		上述两种情形都要求承租人无违法犯罪记录,也未涉及治安、刑事案件

案例及解析

【基本案情】某市公安机关开展流动人口清查,发现房东张某一个月前将其房屋出租给自称"王某"的男子,但仅登记了姓名和手机号,未记录身份证件类型及号码。民警现场核查时,"王某"拒绝出示证件并辩称"证件丢失,正在补办",经公安系统查询显示其姓名与手机号无匹配身份信息,确认其为身份不明人员。张某承认签订租约时已知租客无法提供证件,但因

急于出租未核验"王某"身份。经调查,民警收集调取了如下证据:租赁合同身份证栏空白、张某手写《情况说明》承认未履行身份核验而失职、微信记录证明张某多次索要证件遭拒。

对张某的行为应当如何认定?

【解析】本案中,房东张某将房屋出租给身份不明的"王某",涉嫌将房屋出租给身份不明、拒绝登记身份信息的人的行为。但是本案中,微信记录证明张某多次索要"王某"证件遭拒,证明其主观上知道其行为的违法性,并积极试图予以解决,可以考虑以"情节较轻"予以处罚。

关联法条

1.《租赁房屋治安管理规定》(1995年)

第7条第1项、第2项、第3项　房屋出租人的治安责任:

(一)不准将房屋出租给无合法有效证件的承租人;

(二)与承租人签订租赁合同,承租人是外来暂住人员的,应当带领其到公安派出所申报暂住户口登记,并办理暂住证;

(三)对承租人的姓名、性别、年龄、常住户口所在地、职业或者主要经济来源、服务处所等基本情况进行登记并向公安派出所备案;

2.《反恐怖主义法》(2018年修正)

第21条　电信、互联网、金融、住宿、长途客运、机动车租赁等业务经营者、服务提供者,应当对客户身份进行查验。对身份不明或者拒绝身份查验的,不得提供服务。

第86条第2款　住宿、长途客运、机动车租赁等业务经营者、服务提供者有前款规定情形的,由主管部门处十万元以上五十万元以下罚款,并对其直接负责的主管人员和其他直接责任人员处十万元以下罚款。

141. 不按规定登记承租人信息

现行规定

《治安管理处罚法》

第68条第1款　……不按规定登记承租人姓名、有效身份证件种类和号码等信息的,处五百元以上一千元以下罚款;情节较轻的,处警告或者五百元以下罚款。

立案与管辖

(一)立案标准

房屋出租人有不按规定登记承租人姓名、有效身份证件种类和号码等信息的行为,即达到立案标准。《租赁房屋治安管理规定》第7条规定了房屋出租人的治安责任,其中第3项规定,"对承租人的姓名、性别、年龄、常住户口所在地、职业或者主要经济来源、服务处所等基本情况进行登记并向公安派出所备案"。房屋出租人如果不按规定登记有关信息,出现信息登记缺失、遗漏或者错误的情形,或者未在规定的出租房屋管理系统中完成登记的,妨害出租房屋治安管理秩序,公安机关应立案调查。

(二)管辖

房屋出租人不按规定登记承租人信息的行为,违反治安管理规定,由违法行为地的公安机关管辖。违法行为地包括违法行为发生地和违法结果发生地。违法行为发生地是本房屋违法出租行为的实施地,有连续、持续或者继续状态的,连续、继续或者持续实施的地方都属于违法行为发生地。违法结果发生地是本房屋违法出租行为的违法所得实际取得地、藏匿地、转移地、使用地。

不按规定登记承租人信息的违反治安管理规定的行为由违法行为人居住地管辖更为适宜的,由违法行为人居住地公安机关管辖。查处不按规定登记承租人信息的违法行为一般由违法行为发生地公安机关负责管辖。实践中,公安派出所在出租房屋治安管理工作中对发现的违法行为进行查处,县级公安机关治安部门也可以牵头开展专项行动,对发现的违法行为进行查处。

证据收集

(一)证据规格

1. 违法嫌疑人陈述和申辩。

(1)问明违法嫌疑人基本情况,包括有无违法犯罪前科。(2)房屋租赁的基本情况,包括房屋出租的时间、房屋的位置、承租人基本情况、租赁合同内容、日常管理等。(3)违法行为基本情况,是否登记了承租人的信息,登记信息的项目和内容,是否按照规定的项目和程序完成登记。(4)不按规定登记信息的动机、目的。

2. 证人证言。

(1)询问承租人租赁房屋的情况,证实承租房屋的事实,是否签订了租赁合同,是否交付租金或约定交付租金,以及本违法行为发生的时间、地点、过程。(2)询问承租人身份信息,以及租赁房屋时是否登记身份等信息,登记的身份等信息的具体项目和内容。(3)询问邻居、物业工作人员等知情人,证明房屋出租的情况。

3. 物证、书证。

(1)房产证、出租合同协议、出租人和承租人身份证件等;对于经营房屋出租业务的企业,还应调取营业执照、工商注册登记等证件。(2)出租人登记承租人信息的登记册等记录承租人信息的资料。(3)承租人的房租支付凭证,反映承租人实际入住房屋情况的照片。

4. 鉴定意见。

对涉案事实材料可能涉及的技术性问题进行分析、鉴别后的结论。

5. 勘验、检查、辨认笔录,现场笔录。

检查笔录记录检查时间、地点、参与人员及发现的违法事实,由执法人员及房屋出租人、承租人签字确认;辨认笔录记录证人对违法嫌疑人的辨认过程。

6. 视听资料、电子数据。

证明承租人入住租赁房屋的视频图像等;房屋租金支付电子凭证;记录承租人身份等信息的电子数据。

7. 其他证据材料。

(1)违法嫌疑人(自然人)的身份材料,包括户籍证明、身份证、工作证,与原籍联系的电话记录。有前科的调取法院判决书、行政处罚决定书、释放证明书等有效法律文件。

违法嫌疑人(单位)的身份材料,包括企业法人的营业执照、法人工商注册登记证明、法人单位性质证明、单位代码等;法定代表人、直接负责的主管人员、其他直接责任人员在单位的任职情况、职责、权限等证明材料。

(2)承租人的身份证明材料,包括身份证、户口信息等。

(3)抓获经过、处警经过、报案材料等。

(二)注意事项

1. 调查取证中要证明嫌疑人是房屋出租人。本违反治安管理规定行为的主体是特殊主体,即必须是房屋出租人,其他人员不能成为本违法行为主体。房屋出租人除了作为自然人的房主之外,还包括依法注册的房屋租赁公司、运营商。此外,房屋租赁过程中的转租人,在与原房东签订转租协议后获得出租权,经公安机关备案后,也可以成为本违法行为的主体。调查取证中应通过房屋产权证明、租房协议、房屋租赁企业证照等材料证明违法行为人的特殊主体身份。

2. 证据固定的核心要求。本行为涉及信息登记问题,书证和电子数据是证明违法行为的关键证据,注意收集此类证据的合法性。

行为认定

(一)行为构成

1. 本行为侵害的客体是公安机关对出租房屋的治安管理秩序。出租房屋是指旅馆业以外以营利为目的,公民私有和单位所有用于出租供他人居住的房屋。

2. 本行为客观方面表现为在租赁房屋过程中,出租人不按规定登记承租人身份等信息。不按规定登记信息表现为违法行为人未按规定登记承租人的身份信息等项目,具体登记项目是承租人姓名、有效身份证件种类和号码等信息。未按规定登记承租人信息包括登记事项缺失、登记内容错误、信息缺漏等情形。客观方面还可以表现为违法行为人未按规定的登记程序登记,或者是未完成登记。《租赁房屋治安管理规定》第7条第3项关于承租人信息登记的规定包含向公安派出所备案的要求。如果出租人只是自行在房屋租赁的材料上留存了承租人信息,但未在租赁房屋治安管理系统或者未直接到公安机关登记信息完成备案的,属于未完成登记,也是本违法行为客观方面的表现。

3. 本行为的主体是特殊主体,即房屋的出租人,包括了自然人和单位。具体是指房屋所有人、实际占有人、委托代管人、单位房屋管理人等。承租人将房屋转租、转借他人的,经与原出租人达成协议,报当地公安机关备案后,也可以成为本行为的主体。如果是单位作为违法主体,应对其直接负责的主管人员和直接责任人员给予处罚。

4.本行为的主观方面是故意。

(二)对房屋被转租时违法责任承担主体的认定

实践中,有的承租人将房屋再次出租,成为二房东,出现租赁房屋的次承租人不按规定登记身份信息的情况。租赁房屋转租的,出租人是否为违法行为人需要根据具体情况来确定。当原房屋出租人和承租人就转租达成协议写入合同的,原房东对转租情况是应当知道的,对于二房东没有依法登记次承租人身份信息的违法行为,原房东应承担连带责任。如果原房东没有和承租人达成转租的协议,原房东对转租的情况可能不知情,对于二房东的违法行为不用承担连带责任,公安机关仅处罚二房东。但是,当有证据证明原房东对房屋被转租的情况是知情的,例如重新分摊租金、租金变化、次承租人告知原房东入住的情况,应视为原房东对转租知情,应完成次承租人信息登记。总之,原房东在明知转租的情况下不督促登记次承租人信息要承担连带违法责任。

(三)承租人有效身份证件种类的认定

与2012年修正的《治安管理处罚法》的规定相比,本法条将"身份证件种类"修改为"有效身份证件种类",在行为构成要件的内容表述上更为规范严谨。依据《户口登记条例》《居民身份证法》《护照法》等法律法规,中国公民、外国人持以下有效身份证件在租赁房屋登记时应认定为有效身份证件。

1.中国公民的有效身份证件:

(1)主要包括中华人民共和国居民户口簿、居民身份证、临时居民身份证、护照、海员证,往来港澳通行证,因公往来香港、澳门特别行政区通行证;(2)中国人民解放军、中国人民武装警察部队制发的军官证、警官证、文职干部证、士兵证、学员证;(3)港澳居民来往内地通行证;(4)台湾居民来往大陆通行证、中华人民共和国旅行证。

2.外国人的有效身份证件主要包括:护照、中华人民共和国外国人永久居留证、中华人民共和国外国人出入境证、海员证、外国人护照遗失证明。

(四)本行为所涉及应登记的承租人信息种类

与2012年修正的《治安管理处罚法》相比,本法条在不按规定登记信息的范围上增加了"等信息"表述。本书认为此处的"等"字应理解为扩展了不按规定登记信息的范围。因此,本违法行为涉及信息不登记范围不仅是承租人的姓名、有效身份证件种类和号码三项,还应包括有关规定中承租人的其他信息。这里的规定包括法律、法规、自治条例和单行条例、规章以及各级人民政府和政府工作部门的有关规定。

目前,出租房屋治安管理中登记承租人信息的规定主要来自《租赁房屋治安管理规定》第7条第3项规定的"承租人的姓名、性别、年龄、常住户口所在地、职业或者主要经济来源、服务处所等基本情况"。租赁房屋的地方性法律法规、政府规章对应登记的信息作出了进一步的规定。出现违反当地租赁房屋登记信息规定的情形,也视为违反规定构成本违法行为,应予以治安管理处罚。

🛡 处罚标准

针对本行为的处罚分为一般情形和情节较轻。

表136 不按规定登记承租人信息行为处罚标准

处罚档次	处罚标准	裁量基准
一般情形	处500元以上1000元以下罚款	/
情节较轻	处警告或者500元以下罚款	①配合调查主动整改的
		②初次实施本违法行为,未造成严重后果的
		上述两种情形都要求承租人无违法犯罪记录,也未涉及治安、刑事案件

🛡 案例及解析

【基本案情】房东周某与朱某、张某夫妇签订房屋租赁协议,将一套住房出租给二人,租期1年,朱某夫妇已依法办理居住登记。同年7月15日,二人三名未成年子女张某1、张某2、张某3暑假来该房屋同住,未办理居住登记。7月26日,某派出所检查时发现该情况,认定周某未按规定登记承租人信息。

公安机关能否依据《治安管理处罚法》第68条第1款对其作出不按规定登记承租人信息的处罚?房东周某是否需要承担对承租人未成年子女居住信息的登记义务?

【解析】本案争议焦点是房东周某是否需对承租人未成年子女的居住信息承担登记义务。本案中,公安派出所主张,根据《Z省居住房屋出租登记管理办法》《H市居住房屋出租安全管理若干规定》,房屋出租人需在3个工作日内登记所有实际居住人员信息,包括承租人的家庭成员(如未成年子女),且该义务与承租人的告知义务并存,即使承租人未主动告知新增人员,房东仍需承担管理责任。因此应当对周某进行治安管理处罚。但实际上,《治安管理处罚法》第68条第1款仅要求房东登记"承租人"信息。而本案中周某已依法登记承租人朱某、张某夫妇的信息,三名未成年人系短期来当地与父母团聚,未与周某建立新的租赁关系,且无证据证明承租人已告知周某新增居住人员,或周某"知道或应当知道"该情况,故周某无登记义务。

虽然公安机关认为依据《Z省流动人口居住登记条例》第7条、第9条,流动人口与房东对居住登记负有"双重义务",未成年人的监护人申报义务不能排除房东的报送义务。但是根据《Z省流动人口居住登记条例》第7条第3款明确规定"未满十六周岁的未成年人,由其监护人申报登记",且《H市居住房屋出租安全管理若干规定》第21条仅要求承租人"留宿他人时 24 小时内告知出租人",但本案中承租人未履行告知义务,该责任不应转嫁给房东周某。因此,未成年人的登记责任在监护人朱某、张某夫妇,房东周某无过错。

关联法条

本部分关联法条参见"将房屋出租给身份不明、拒绝登记身份信息的人"行为的关联法条。

142. 明知承租人利用房屋犯罪不报告

现行规定

《治安管理处罚法》

第 68 条第 2 款 房屋出租人明知承租人利用出租房屋实施犯罪活动,不向公安机关报告的,处一千元以上三千元以下罚款;情节严重的,处五日以下拘留,可以并处三千元以上五千元以下罚款。

立案与管辖

(一)立案标准

房屋出租人有明知承租人利用出租房屋实施犯罪活动,不向公安机关报告的行为即达到立案标准。《租赁房屋治安管理规定》第 7 条规定了房屋出租人的治安责任,其中第 4 项明确要求出租人"发现承租人有违法犯罪活动或者有违法犯罪嫌疑的,应当及时报告公安机关"。本项违反治安管理规定行为是违反上述出租人治安管理义务中的部分行为,也就是只限于出租人明知承租人利用房屋实施犯罪活动的情形,不包括违反治安管理规定或者其他违法行为。

(二)管辖

明知承租人利用房屋犯罪不报告的行为违反治安管理规定,由违法行为地的公安机关管辖。违法行为地包括违法行为发生地和违法结果发生地。违法行为发生地是本违法行为的实施地,有连续、持续或者继续状态的,连续、继续或者持续实施的地方都属于违法行为发生地。违法结果发生地是本违法行为的违法所得实际取得地、藏匿地、转移地、使用地。

明知承租人利用房屋犯罪不报告的行为违反治安管理规定,由违法行为人居住地管辖更为适宜的,由违法行为人居住地公安机关管辖。一般由违法行为发生地公安机关负责查处出租人明知承租人利用房屋犯罪不报告的违法行为。实践中,公安派出所在出租房屋治安管理工作中对发现的违法行为进行查处,县级公安机关治安部门也可以根据侦查部门反馈的犯罪案件线索,对本违法行为进行查处。

证据收集

（一）证据规格

1. 违法嫌疑人陈述和申辩。

（1）问明违法嫌疑人基本情况，包括有无违法犯罪前科；（2）房屋租赁的基本情况，包括房屋出租的时间、房屋的位置、承租人基本情况、租赁合同内容、日常管理等；（3）是否以及如何发现、知道承租人利用房屋犯罪，是否向公安机关报告承租人利用房屋实施犯罪的情况，没有报告的要问明原因。

2. 证人证言。

（1）询问承租人身份信息、租赁房屋的情况，证实承租房屋的事实，是否签订了租赁合同，是否交付租金或约定交付租金；（2）询问承租人利用房屋犯罪的时间、原因、经过和犯罪结果、出租人的情况，出租人是否发觉、知道承租人利用出租房屋犯罪，出租人是否向公安机关报告；（3）询问邻居、物业工作人员等知情人，证明房屋的出租情况，是否发现房屋被利用实施犯罪的情况，出租人是否发觉、知道承租人利用房屋实施犯罪，出租人是否向公安机关报告。

3. 物证、书证。

（1）房产证、出租合同协议、出租人和承租人身份证件等；对于经营房屋出租业务的企业，还应调取营业执照、工商注册登记等证件。（2）出租人登记承租人信息的登记册等记录承租人信息的资料。（3）承租人的房租支付凭证，反映承租人实际入住房屋情况的照片。

4. 鉴定意见。

对涉案事实材料可能涉及的技术性问题进行分析、鉴别后的结论。

5. 勘验、检查、辨认笔录，现场笔录。

检查笔录记录检查时间、地点、参与人员及发现的违法事实，由执法人员及房屋出租人、承租人签字确认；辨认笔录记录证人对违法嫌疑人的辨认过程。

6. 视听资料、电子数据。

证明承租人租赁房屋的视频图像、利用房屋实施犯罪的视频图像、电子数据等；房屋租金支付电子凭证；登记承租人身份信息的电子数据。

7. 其他证据材料。

（1）违法嫌疑人（自然人）的身份材料，包括户籍证明、身份证、工作证，与原籍联系的电话记录。有前科的调取法院判决书、行政处罚决定书、释放证明书等有效法律文件。

违法嫌疑人（单位）的身份材料，包括企业法人的营业执照、法人工商注册登记证明、法人单位性质证明、单位代码等；法定代表人、直接负责的主管人员、其他直接责任人员在单位的任职情况、职责、权限等证明材料。

（2）承租人的身份证明材料，包括身份证、户口信息等，承租人实施犯罪的证据材料。

（3）抓获经过、处警经过、报案材料，房屋出租人未向公安机关报告、报警的书证、电子数据证据等。

(二)注意事项

1. 注意收集对"明知"情节的证明材料。"明知"情节是指违法行为人基于常情和常理已经知道或者应当知道违法行为的存在。虽然"明知"是一种主观的认识状态,但是需要通过收集各类证据来证明"明知"。

2. 注意通过询问查证,证明违法行为中的"不报告"情节。如要证明出租人存在不向公安机关报告承租人利用出租房屋实施犯罪的情节,需要收集证据证明报告的行为不存在。公安机关可以调取房屋出租后与出租人有关的接报警记录,包括"110"指挥中心、辖区派出所和出租房屋治安管理系统中的接报警情况,证明不存在房屋出租人"报告"而公安机关未记录、未处理的情况。此外,调查取证工作还可以在询问笔录中通过嫌疑人承认知情不报,或者证人证言证明出租人表示自己不会报告来证明"不报告"的情节。

🛡 行为认定

(一)行为构成

1. 本行为侵害的客体是公安机关对出租房屋的治安管理秩序。出租房屋是指旅馆业以外以营利为目的,公民私有和单位所有用于出租供他人居住的房屋。

2. 本行为在客观方面表现为房屋出租人在房屋租赁过程中,明知承租人利用房屋实施犯罪,不向公安机关报告的行为。《刑事诉讼法》第84条规定了公民有举报犯罪的义务,《租赁房屋治安管理规定》也规定出租人发现承租人有违法犯罪活动或者有违法犯罪嫌疑的,应当及时报告公安机关。本违法行为客观方面表现为知情不报,是违反法定义务的消极不作为。客观方面事实要件包括:必须是承租人,不包括其他人员;必须利用出租房屋实施犯罪,不包括违反治安管理规定行为或者其他行政违法行为,房屋仅作为实施犯罪的承租人居住空间的不构成该行为;必须是不向公安机关报告。

3. 本行为的主体是特殊主体,即房屋的出租人,包括自然人和单位。具体是指房屋所有人、实际占有人、委托代管人、单位房屋管理人等。承租人将房屋转租、转借他人的,经与原出租人达成协议,报当地公安机关备案后,也可以成为本行为的主体。如果是单位作为违法主体,应对其直接负责的主管人员和直接责任人员给予处罚。

4. 本行为主观方面是故意。行为表现为明知承租人利用租赁房屋实施犯罪不向公安机关报告。明知是指违法行为人知道或者应当知道,这里的"应当知道"是行为人已经存在的认识,而不是应知而未知,所以过失不构成本行为。至于违法行为人因何种动机不报告,不论是出于营利的目的,还是担心遭到打击报复,都不影响该行为的认定。明知的内容是出租人对承租人利用出租房屋实施犯罪的认识,这种认识包括存在犯罪活动或者可能存在犯罪活动。

(二)本行为中房屋出租人"明知实施犯罪活动"主观故意的认定

明知情节是指违法行为人基于常情和常理已经知道或者应当知道违法行为的存在。现实中,违法行为人常常声称"自己不知道",这时要综合全案的证据进行考察,只要有证据证明房屋出租人有知道的高度盖然性,即可认定为"明知"。明知是一种主观的认识状态,但是需要通过收集各类证据来证明"明知"。认定时需要注意两个问题。

1. 应做到证明标准较高,证据互相印证。由于房屋租赁中房屋一旦交付承租人使用,房屋内部空间占有、使用权归于承租人,承租人有权支配房屋内的空间。出租人虽然有权监督承租人按约定使用房屋,以及履行保障房屋内活动合法的义务,但是承租人在租住房屋空间内实施犯罪活动一般具有隐蔽性,观察、识别、发现犯罪存在一定难度。因此,要证明本行为中的"明知"应采取较高的证明标准,考虑出租人对犯罪的发现识别能力。从证据与待证事实(明知)关系的角度看,调查收集的证据应在法律上足以认定行为人已经知道或者应当知道承租人利用出租房屋实施犯罪,并且排除合理怀疑。对此,还要坚持重证据、不轻信口供的原则,避免使用单一证据,注意审查全案证据。尤其是违法嫌疑人供述自己明知的,相关证人的言词证据应与违法嫌疑人供述互相印证。

2. 应从证明"直接明知"和"推定明知"两个方向收集取证。

（1）证明"直接明知"是通过直接证据证明违法行为人的明知情节。要证明违法行为人直接明知,可以在询问笔录中通过对违法行为人、证人的问话内容体现:违法行为人承认自己通过观察识别,知晓住宿人员利用房屋实施犯罪;实施犯罪的住宿人员承认将犯罪情况告诉违法行为人;也可以通过其他证据证明违法行为人知道承租人利用房屋实施犯罪。例如有视听资料证明违法行为人直接目睹了犯罪活动,或者违法行为人清楚发现和知道与犯罪有关的物品、设备器材等。

（2）证明"推定明知"是在无法直接证明违法行为人明知的情况下,通过其他证据推定其应当知道承租人利用房屋实施犯罪。借鉴刑法学的理论,明知包括知道和应当知道,"应当知道"也是指行为人已经知道某种事实存在和可能存在。所以,要证明"应当知道"就是通过证据断定行为人不可能不知道。例如有证据证明租赁房屋的异常情况,如异常人员进出、水、电和电信网络使用异常;有人向出租人反映承租人实施犯罪的证人证言;物业工作人员或者邻居的证人证言证明出租人进入房间发现异常。推定证明明知情节应综合多项证据,采用与证明对象关联性较高的证据,证据之间能相互佐证,形成完整证据链。实际中,不要求出租人明确知道承租人利用出租房从事何种具体的违法犯罪活动,以及从事的是治安违法行为抑或刑事犯罪行为,只要出租人发现承租人有违法犯罪嫌疑,出租人即有义务向公安机关报告。若不报告,一旦承租人的犯罪行为查实,出租人即构成了本行为。

（三）出租人对承租人利用出租房屋实施违反治安管理规定行为明知不报的行为认定

本违法行为的客观方面构成要件是承租人利用房屋实施犯罪行为。如果承租人利用出租房屋实施违反治安管理规定行为,则不属于本违法行为。实践中,承租人利用房屋实施卖淫、赌博等违反治安管理规定行为,而出租人知情不报的案件较多。对于承租人利用出租房屋实施违反治安管理规定行为的,应根据相关的法律规范进行认定和处罚。例如,承租人利用出租房屋卖淫的,出租人明知不报,涉嫌容留卖淫,依据《治安管理处罚法》第79条的规定处罚;承租人利用出租房屋赌博,出租人明知不报的,涉嫌为赌博提供条件,依据《治安管理处罚法》第 82 条的规定处罚。

（四）出租人对承租人利用出租房屋非法生产、销售、储存爆炸性、易燃性、放射性、毒害性、腐蚀性等危险物品明知不报的行为认定

根据《公安部、中央社会治安综合治理委员会办公室、民政部等关于进一步加强和改进出租房屋管理工作有关问题的通知》第 3 条第 5 项的明确规定，对房主违反出租房屋管理规定，明知承租人违反爆炸、剧毒、易燃、放射性等危险物品管理规定，利用出租房屋生产、销售、储存、使用危险物品，不及时制止、报告，尚未造成严重后果的，由公安部门依照《租赁房屋治安管理规定》第 9 条第 3 项的规定予以处罚。在实践中，对这一行为的处罚自 2005 年《治安管理处罚法》出台后，均以第 57 条第 2 款（2025 年《治安管理处罚法》第 68 条第 2 款）明知承租人利用出租屋犯罪不报告行为的规定进行处罚。构成犯罪的，依照《刑法》第 136 条的规定以危险物品肇事罪追究刑事责任。

（五）与窝藏、包庇罪的区别与联系

窝藏、包庇罪（《刑法》第 310 条），是指明知是犯罪的人而为其提供隐藏处所、财物，帮助其逃匿或者作假证明包庇的行为。与《刑法》中的窝藏、包庇罪相比，二者的区别体现在两个方面。

1. 行为方式。明知承租人利用出租房屋实施犯罪不向公安机关报告，是一种单纯的知情不报的不作为行为，没有其他积极的隐藏、隐匿行为。而窝藏、包庇罪是在行为方式上除了知情不报外，更表现为积极的作为方式，包括主动为犯罪的人提供隐藏处所、财物，帮助其逃匿或者作假证明、包庇等行为。房屋出租人仅有知情不报的行为，不构成窝藏、包庇罪。

2. 行为主体。本行为的主体是特殊主体，即房屋出租人；而窝藏、包庇罪的主体是一般主体，即所有达到刑事责任年龄并具有刑事责任能力的自然人。

本行为与窝藏、包庇罪也存在一定的联系，即在出租人对承租人利用房屋实施犯罪明知不报的前提下，又采取了帮助实施犯罪、逃避打击的积极作为时，涉嫌构成窝藏、包庇罪。《公安部、中央社会治安综合治理委员会办公室、民政部等关于进一步加强和改进出租房屋管理工作有关问题的通知》第 3 条第 13 项规定，对房主违反出租房屋管理规定，明知是有犯罪行为的人而为其提供出租房屋，帮助其逃避或者为其作假证明的，由公安部门依照《刑法》第 310 条的规定以窝藏、包庇罪追究刑事责任。

🛡 处罚标准

本行为的处罚分为"一般情形"和"情节严重"两个处罚档次。

表 137　明知承租人利用房屋犯罪不报告行为处罚标准

处罚档次	处罚标准	裁量基准
一般情形	处 1000 元以上 3000 元以下罚款	/
情节严重	处 5 日以下拘留,可以并处 3000 元以上 5000 元以下罚款	①房屋承租人利用出租房屋进行犯罪活动,造成较为严重后果的 ②阻挠他人报告或者在公安机关调查时故意隐瞒的 ③其他情节严重的情形

案例及解析

【基本案情】李某将位于某市郊区的一处闲置房屋出租给自称"做废品回收生意"的王某居住使用,双方未签订书面合同,仅口头约定月租金 5000 元,租金显著高于周边市场价。李某未核实王某身份证件,亦未登记备案。同年 4 月起,李某多次发现王某深夜用卡车运输带有明显油污的金属管道碎片,且房屋内频繁传出电钻和挖掘声。某次李某借口检修电路进入出租房屋,当场看到墙角堆放大量标有"中石化"标识的无缝钢管及钻孔工具,王某见状塞给其 2000 元现金并低声说"帮忙保密,租金再加一成",李某收下钱后未再追问。公安机关在侦破系列原油盗窃案时,发现王某团伙利用该房屋切割钢管、中转从附近输油管道盗掘的原油,遂将其抓获。根据王某的交代,公安机关依法对李某进行调查。

对李某的违法行为应如何认定?

【解析】本案中,李某有两个违法行为。第一个违法行为是不按规定登记承租人信息行为;第二个违法行为是明知承租人利用出租房屋实施犯罪活动,不向公安机关报告的行为。对于这两个行为可以分别处罚,合并执行。

关联法条

1.《刑法》(2023 年修正)

第 310 条　【窝藏、包庇罪】明知是犯罪的人而为其提供隐藏处所、财物,帮助其逃匿或者作假证明包庇的,处三年以下有期徒刑、拘役或者管制;情节严重的,处三年以上十年以下有期徒刑。

犯前款罪,事前通谋的,以共同犯罪论处。

2.《租赁房屋治安管理规定》(1995 年)

第 7 条第 4 项　房屋出租人的治安责任:

(四)发现承租人有违法犯罪活动或者有违法犯罪嫌疑的,应当及时报告公安机关;

第 9 条第 3 项　违反本规定的行为,由县(市)公安局或者城市公安分局予以处罚:

(三)出租人不履行治安责任,发现承租人利用所租房屋进行违法犯罪活动或者有违法犯罪嫌疑不制止、不报告,或者发生案件、治安灾害事故的,责令停止出租,可以并处月租金十倍以下的罚款;

3.《反恐怖主义法》(2018 年修正)

第 21 条　电信、互联网、金融、住宿、长途客运、机动车租赁等业务经营者、服务提供者,应当对客户身份进行查验。对身份不明或者拒绝身份查验的,不得提供服务。

第86条第2款　住宿、长途客运、机动车租赁等业务经营者、服务提供者有前款规定情形的,由主管部门处十万元以上五十万元以下罚款,并对其直接负责的主管人员和其他直接责任人员处十万元以下罚款。

第四十四节 《治安管理处罚法》第 69 条

143. 娱乐场所和特种行业经营者不依法登记信息

现行规定

《治安管理处罚法》

第 69 条 娱乐场所和公章刻制、机动车修理、报废机动车回收行业经营者违反法律法规关于要求登记信息的规定，不登记信息的，处警告；拒不改正或者造成后果的，对其直接负责的主管人员和其他直接责任人员处五日以下拘留或者三千元以下罚款。

立案与管辖

（一）立案标准

娱乐场所和公章刻制、机动车修理、报废机动车回收行业的经营者未履行法律法规要求履行的信息登记义务，如娱乐场所未登记员工身份信息、机动车修理或者报废机动车回收企业未登记车辆信息和车主身份等法定信息，即达到立案标准。本行为不要求有实际危害结果，只要存在不依法登记信息的事实即可立案。若存在经公安机关责令改正后仍不登记的拒不改正情节或因未登记造成违法犯罪、安全事故等后果，则构成处罚加重情节。公安机关在娱乐场所和公章刻制、机动车修理和报废机动车回收行业的治安管理工作中发现存在上述不登记信息情况的，应立案调查。

（二）管辖

娱乐场所和特种行业经营者不依法登记信息案件一般由违法行为发生地公安机关负责管辖。违法行为地包括违法行为发生地和违法结果发生地。违法行为发生地是不依法登记信息违法行为的实施地，有连续、持续或者继续状态的，连续、继续或者持续实施的地方都属于违法行为发生地。违法结果发生地是不依法登记信息行为的违法对象被侵害地、违法所得实际取得地、藏匿地、转移地、使用地和销售地。

娱乐场所和特种行业经营者不依法登记信息案件由违法行为人居住地管辖更为适宜的，由违法行为人居住地公安机关管辖。不依法登记信息违法行为一般由娱乐场所、特种行业所在地公安机关负责管辖。实践中，公安派出所对在娱乐场所和特种行业的日常监督检查中发现的本行为进行治安管理处罚，县级公安机关治安部门也可以根据信息排查、群众举报和相关案件线索，对本行为进行治安管理处罚。

证据收集

(一)证据规格

1.违法嫌疑人的陈述和申辩。

(1)问明违法嫌疑人基本情况,包括有无违法犯罪前科;(2)实施违法行为的动机、目的;(3)违法行为基本情况,包括与不依法登记信息有关的经营活动的时间、场所、内容、经营活动涉及的物品等。

2.证人证言。

(1)询问相关证人不依法登记有关的经营活动的过程,证实违法行为发生的时间、地点、过程;(2)询问经营中涉及服务对象的,证实存在相关的经营活动,如机动车修理业务的时间、地点、维修内容和过程等。

3.物证、书证。

(1)娱乐场所、特种行业的经营所需证件,如特种行业、文化娱乐场所经营许可证、注册登记证等证件;(2)经营活动中的合同、消费支付凭证、机动车维修工单等,涉及违反治安管理行为物品的照片;(3)娱乐场所、特种行业的经营活动纸质登记台账。

4.鉴定意见。

对涉案事实材料可能涉及的技术性问题进行分析、鉴别后的意见。

5.勘验、检查、辨认笔录、现场笔录。

(1)检查时间、地点、参与人员及发现的违法事实,由执法人员及违法嫌疑人签字确认;(2)对违法嫌疑人、公章、机动车等物品的辨认过程。

6.视听资料、电子数据。

(1)证明民警在工作中发现本违反治安管理行为的视频图像;(2)治安管理社会信息采集系统中信息登记平台的涉案电子数据。

7.其他证据材料。

(1)违法嫌疑人(自然人)的身份信息,包括户籍证明、身份证、工作证、与电话记录等。违法嫌疑人(单位)的企业信息,包括企业法人的营业执照、法人注册登记证明、法人单位性质证明、单位代码等;法定代表人、直接负责的主管人员、其他直接责任人员在单位的任职、职责、权限等证明材料。(2)经营活动中涉及人员的身份、公章和机动车车辆的信息等证明材料,包括身份证、户口信息、公章的印模、车辆行驶证、机动车登记证等。(3)到案经过、处警经过、报案材料等。

(二)注意事项

1.重点查明不登记信息的客观事实。娱乐场所和特种行业经营者不依法登记信息行为的主要违法事实是应登记信息而未登记。因此,调查取证应围绕经营人员未登记的事实展开。主要的调查方向和思路包括以下几个方面:(1)纸质登记的,可以提取登记台账,比对依法登记的要求,锁定"应登未登"的法律事实。办案民警应在梳理应登记的法定项目的基础上，对比实际登记信息的情况，发现应登记而未登记的信息。例如，有的登记台账关键字段或者项目不全，出现漏登事项；有的台账中出现时间记录断档，证明缺失登记信息。(2)通过调取营业记录，与社会信息采集系统中的登记信息进行比对，证明登记信息与营业情况不符。例如，调取机动车维修工单与登记信息进行比对，发现维修车辆数量存在差额。(3)收集证人证言，证明未登记的客观行为。证人可以是消费者、车辆送修人员、企业员工等。例如，调查询问消费者是否填写登记表格，是否提供人员、车辆登记信息，或者经营人员是否向其提出不用登记的原因等。也可以询问员工登记的操作程序，以证明存在未登记的情况和原因。相关的各类证据应相互交叉印证，形成逻辑闭环。

2.注意发现可能存在的"拒不改正"或者"造成后果"的案件情节。《治安管理处罚法》对娱乐场所和特种行业经营者不依法登记信息行为规定了加重处罚的情节，民警在案件调查中应注意发现是否存在拒不改正、造成后果的情况。所谓拒不改正，是指经公安机关指出存在不依法登记信息的违法行为后，仍然继续不依法登记信息。证明存在拒不改正情节的，应调取之前公安机关检查记录、处罚记录或者责令改正的决定通知书。造成后果是指不依法登记信息，导致发生违法犯罪、安全责任事故等。收集到的证据应能证明不依法登记信息行为与所发生后果之间存在直接的、实质的因果联系。例如，机动车修理企业不登记送修车辆信息就对违法车辆进行改装，情节认定时公安机关应调取车辆涉及违法行为的相关证据。又如，娱乐场所未实名登记从业人员信息，导致有违法犯罪前科的人员在娱乐场所从业并实施违法犯罪行为，认定情节时应收集涉案工作人员的前科信息。

行为认定

（一）行为认定

1.行为侵害的客体是公安机关对娱乐场所和公章刻制业、机动车修理业和报废机动车回收业的治安管理秩序，造成娱乐场所和特种行业的治安风险防控漏洞和公安机关对违法犯罪追踪信息链中断。

2.本行为的客观方面表现为违反娱乐场所、公章刻制业、机动车修理业和报废机动车回收业管理法律法规，对经营活动中应登记的信息不做登记。不登记的行为的表现：一是完全不做任何信息的记录；二是登记完全虚假的信息以掩盖真实情况；三是虽然登记了信息，但违反关于信息登记保存时限的规定，提前销毁、改动已经登记的信息。例如，《娱乐场所治安管理办法》第23条规定，娱乐场所营业日志应当留存60日备查，不得删改。

3.本行为的主体是特殊主体，即娱乐场所和公章刻制、机动车修理、报废机动车回收业经营者。经营者的主体类型包括个体工商户或者个人独资企业的自然人，有限责任公司、合伙企业的法人或非法人组织。

4.本行为的主观方面是故意或者过失。不依法登记信息行为既可能是工作人员明知应登记而未登记，如为了招揽生意在消费者、服务对象的要求下不登记信息，也可能是过失而未登记信息，如工作人员缺乏培训导致未登记信息，或者将登记的信息删除。

(二)与机动车维修、报废机动车回收业中不按规定如实登记信息处罚的区别

在机动车维修、报废机动车回收业的治安管理法规中规定了经营活动中应如实登记信息的义务,并规定了相应罚则。公安部《机动车修理业、报废机动车回收业治安管理办法》第7条规定了机动车修理企业和个体工商户承修机动车应如实登记的项目。第8条规定了报废机动车回收企业回收报废机动车应如实登记的项目。第14条规定承修机动车或回收报废机动车不按规定如实登记的,对机动车修理企业和个体工商户处500元以上3000元以下罚款;对报废机动车回收企业按照《废旧金属收购业治安管理办法》第13条第5项的规定处以2000元以上5000元以下的罚款。

娱乐场所和特种行业经营者不依法登记信息行为与上述未如实登记信息的行为在违法情节上有所区别。未如实登记信息的行为也属于违反治安管理行为,但是信息未如实登记比不依法登记的情形更复杂。未如实登记信息从广义上不仅包括不依法登记,或者说完全未登记、完全虚假登记,还包括了信息登记不完全,如应登记的事项有缺漏以及部分信息虚假登记、错误登记的情形。而娱乐场所和特种行业经营者不依法登记信息行为客观方面主要情节是不依法登记信息,也就是应登记的信息没有登记,或者说本应登记的信息在现实中完全不存在。

在治安管理工作中,公安机关对机动车维修、报废机动车回收业存在的不按规定如实登记的行为应依据《机动车修理业、报废机动车回收业治安管理办法》的规定进行处罚,对于不按规定依法登记的应依据《治安管理处罚法》的规定处罚。

(三)与掩饰、隐瞒犯罪所得、犯罪所得收益罪的区别与联系

掩饰、隐瞒犯罪所得、犯罪所得收益罪(《刑法》第312条规定的"掩隐罪"),即明知是犯罪所得及其产生的收益而予以窝藏、转移、收购、代为销售或者以其他方法掩饰、隐瞒的行为。在机动车维修、报废机动车回收行业中,不按规定登记信息的行为有可能构成掩隐罪。当维修、回收的车辆属于盗抢车辆、走私车辆,经营者未登记信息,导致案件调查无法追踪证据,不依法登记信息的行为构成掩隐罪的共犯。娱乐场所和特种行业经营者不依法登记信息行为与"掩隐罪"的区别主要是主观方面和客观方面。

1. 主观方面。娱乐场所和特种行业经营者不依法登记信息行为的主观方面通常为故意或过失,即经营者可能因嫌麻烦而故意不登记信息,或因疏忽大意未履行登记义务,但无帮助掩饰犯罪的直接故意;而"掩隐罪"要求主观上必须为故意,即经营者明知涉案车辆为犯罪所得(如盗抢车、走私车),仍通过维修、回收等行为主动帮助掩饰其来源。这里的明知指的是行为人已经知道或者应当已经知道车辆是犯罪所得、犯罪所得收益。明知的内容既包括车辆是犯罪所得、犯罪所得收益,也包括了可能是犯罪所得、犯罪收益。

2. 客观方面。不依法登记信息是消极的不作为,核心是未按规定登记法定信息,导致治安管理信息链条缺失,给社会治安带来风险;而"掩隐罪"是积极的作为,不仅是不依法登记信息,还可能表现为通过改装车辆外观、更换车架号、发动机号、拆解零部件伪装销售、伪造维修

记录等行为，直接帮助掩饰犯罪所得的性质或来源，主动参与犯罪链条的隐匿。

值得注意的是，娱乐场所和特种行业经营者不依法登记信息行为与"掩隐罪"之间也存在一定的联系。机动车维修、废旧机动车回收业不依法登记信息的行为可能为"掩隐罪"提供信息屏障，成为其实施的辅助条件。例如，长期不依法登记信息，为盗抢、走私车辆"洗白"提供便利。所以公安机关在查处娱乐场所和特种行业经营者不依法登记信息行为时应注意深挖可能存在的犯罪行为。

处罚标准

针对本行为，《治安管理处罚法》规定了一般情形和加重处罚的情节。对于一般情形，公安机关给予经营者警告处罚，没有处罚裁量的空间。对于处拘留或者罚款处罚的，法律在情节认定上存在处罚的要件裁量，在处罚种类的使用时也有选择裁量的空间。情节认定方面的要件裁量可以参考各地公安机关对娱乐场所和特种行业治安管理中信息登记不实行为的要件裁量标准。对于处以拘留还是罚款处罚的选择裁量，应根据行为与处罚相适应的过罚相当原则作出裁量。

表138 娱乐场所和特种行业经营者不依法登记信息行为处罚标准

处罚档次	处罚标准	裁量基准
一般情形	处警告	/
拒不改正；造成后果	对其直接负责的主管人员和其他直接责任人员处五日以下拘留或者三千元以下罚款	①两年内因不依法登记信息，或者登记信息不实被公安机关处罚并责令改正，仍不依法登记信息的 ②不依法登记信息造成治安案件、刑事案件、事故灾难发生的 ③不依法登记信息导致司法机关无法调查取证的 ④不依法登记信息导致藏匿违法犯罪人员的

案例及解析

【基本案情】某县公安局治安大队联合县文化市场综合执法队开展娱乐场所专项检查行动。检查中，执法人员发现"金乐迪KTV"存在以下异常：从业人员名簿缺失，场所仅提供一份手写的"员工名单"，仅记录了姓名和联系电话，未按《娱乐场所管理条例》第25条要求登记从业人员居民身份证、外国人就业许可证（该场所1名外籍员工未提供就业许可证件信息）；营业日志记录不全，经理声称"每日有记录"，但现场调取近1个月的纸质营业日志时，发现多日未记录营业时间、在场人数、异常情况，且未按《娱乐场所治安管理办法》规定将日志实时录入公安机关治安管理信息系统。

公安机关如何调查和处罚"金乐迪KTV"存在的违反治安管理行为？

【解析】根据检查"金乐迪KTV"中发现的情况，该娱乐场所涉嫌不依法登记信息的行为，公安机关应立案调查。调查工作应围绕该娱乐场所从业人员名簿和营业日志的信息登记与保存存在的问题开展,收集证据证明不登记信息的具体情节和是否存在处罚的加重情节。

首先,依据《娱乐场所管理条例》第25条、《娱乐场所治安管理办法》第20条、第22条的规定逐项核对工作人员名簿(实际为"员工名单")中缺失的信息项目,通过比对经营日期,固定对应的营业日志中缺失的记录,还应检查营业日志是否及时上传公安机关治安管理信息系统的情况,证据要通过拍照、电子数据的提取来取得。其次,对负直接责任的主管人员和主要直接责任人员实施询问,在询问笔录中问明信息登记缺失的主要原因。例如,是否是因为图省事未登记信息,没有专人负责信息登记和保管工作等。再次,询问娱乐场所工作人员。通过调取工作人员的证人证言,证明工作人员在该娱乐场所工作的事实。例如,询问外籍员工在本场所工作的情况,证明其没有将就业许可证复印件送交工作场所存留的法律事实。最后,检查对该场所治安管理和执法检查的记录,证明是否存在不依法登记信息或者不如实登记信息的违法行为记录。

在处罚时,公安机关应根据调查证据的情况进行处罚。如果该场所是初次不依法登记信息,公安机关应对其进行警告处罚,并责令改正。有证据表明公安机关在一段时间(一般是2年)内对其不依法登记信息的行为实施了处罚,责令其改正的,那么本次违反治安管理行为属于违法情节加重,应对该娱乐场所直接负责的主管人员和其他直接责任人员处拘留或者3000元以下罚款处罚。

关联法条

1.《刑法》(2023年修正)

第312条 【掩饰、隐瞒犯罪所得、犯罪所得收益罪】明知是犯罪所得及其产生的收益而予以窝藏、转移、收购、代为销售或者以其他方法掩饰、隐瞒的,处三年以下有期徒刑、拘役或者管制,并处或者单处罚金;情节严重的,处三年以上七年以下有期徒刑,并处罚金。

单位犯前款罪的,对单位判处罚金,并对其直接负责的主管人员和其他直接责任人员,依照前款的规定处罚。

2.《娱乐场所管理条例》(2020年修订)

第50条 娱乐场所未按照本条例规定建立从业人员名簿、营业日志,或者发现违法犯罪行为未按照本条例规定报告的,由县级人民政府文化主管部门、县级公安部门依据法定职权责令改正,给予警告;情节严重的,责令停业整顿1个月至3个月。

3.《娱乐场所治安管理办法》(2008年)

第19条 娱乐场所对从业人员应当实行实名登记制度,建立从业人员名簿,统一建档管理。

第26条 娱乐场所应当按照国家有关信息化标准规定,配合公安机关建立娱乐场所治安管理信息系统,实时、如实将从业人员、营业日志、安全巡查等信息录入系统,传输报送公安机关。

本办法规定娱乐场所配合公安机关在治安管理方面所作的工作,能够通过娱乐场所治安管理信息系统录入传输完成的,应当通过系统完成。

4.《印铸刻字业暂行管理规则》(2024 年修订)

第 5 条第 1 项　凡经营印铸刻字业者,均须遵守下列事项:

(一)公章刻制经营者应当核验刻制公章的证明材料,采集用章单位、公章刻制申请人的基本信息,并应当在刻制公章后 1 日内,将用章单位、公章刻制申请人等基本信息及印模、刻制公章的证明材料报所在地县级人民政府公安机关备案。

第 7 条　违反本规则第三条第一款、第三款规定的,由公安机关责令限期改正,予以警告;逾期不改正的,对公章刻制经营者处 3000 元以上 3 万元以下罚款。公章刻制经营者备案时提供虚假信息的,由公安机关责令限期改正,并处 5000 元以上 1 万元以下罚款;逾期不改正的,处 1 万元以上 5 万元以下罚款。

违反本规则第五条第一项规定的,由公安机关责令限期改正,予以警告;逾期不改正的,责令停业整顿 1 个月至 3 个月,对公章刻制经营者并处 5000 元以上 5 万元以下罚款,对直接负责的主管人员和其他直接责任人员处 500 元以上 5000 元以下罚款;情节较重的,由市场监管部门吊销营业执照。

5.《机动车修理业、报废机动车回收业治安管理办法》(1999 年)

第 14 条　承修机动车或回收报废机动车不按规定如实登记的,对机动车修理企业和个体工商户处 500 元以上 3000 元以下罚款;对报废机动车回收企业按照《废旧金属收购业治安管理办法》第十三条第五项规定处罚。

对前款机动车修理企业和报废机动车回收企业直接负责的主管人员和其他直接责任人员处警告或 500 元以下罚款。

6.《废旧金属收购业治安管理办法》(2023 年修订)

第 7 条　收购废旧金属的企业在收购生产性废旧金属时,应当查验出售单位开具的证明,对出售单位的名称和经办人的姓名、住址、身份证号码以及物品的名称、数量、规格、新旧程度等如实进行登记。

第 11 条第 1 款第 4 项　有下列情形之一的,由公安机关给予相应处罚:

(四)违反本办法第七条规定,收购生产性废旧金属时未如实登记的,视情节轻重,处以 2000 元以上 5000 元以下的罚款或者责令停业整顿;

第四十五节 《治安管理处罚法》第70条

144. 非法安装、使用、提供窃听、窃照专用器材

> **现行规定**

《治安管理处罚法》

第70条 非法安装、使用、提供窃听、窃照专用器材的,处五日以下拘留或者一千元以上三千元以下罚款;情节较重的,处五日以上十日以下拘留,并处三千元以上五千元以下罚款。

> **立案与管辖**

(一) 立案标准

违法嫌疑人实施了非法安装、使用、提供窃听、窃照专用器材的行为,即达到立案标准。根据《禁止非法生产销售使用窃听窃照专用器材和"伪基站"设备的规定》第3条、第4条的规定,所谓窃听专用器材,是指以伪装或者隐蔽方式使用,经公安机关依法进行技术检测后作出认定性结论,具有无线发射、接收语音信号功能的发射、接收器材等七种情形之一的器材;所谓窃照专用器材,是指以伪装或者隐蔽方式使用,经公安机关依法进行技术检测后作出认定性结论,具有无线发射功能的照相、摄像器材等六种情形之一的器材。"非法"指的是安装、使用、提供窃听、窃照专用器材的行为在形式上违反国家法律法规等有关的禁止性规定,实质上妨害国家对窃听、窃照专用器材的专门管理秩序,核心特征是行为人法定无权实施本行为。非法安装、使用、提供窃听、窃照专用器材妨害社会管理,易对公众隐私、国家安全和公共秩序造成严重侵害,公安机关应对本违法行为立案调查。

(二) 管辖

非法安装、使用、提供窃听、窃照专用器材的违反治安管理行为由违法行为地的公安机关管辖。违法行为地包括了违法行为发生地和违法结果发生地。违法行为发生地是非法安装、使用、提供窃听、窃照专用器材违法行为的实施地,有连续、持续或者继续状态的,连续、持续或者继续实施的地方都属于违法行为发生地。违法结果发生地是非法安装、使用、提供窃听、窃照专用器材违法行为的违法所得实际取得地、藏匿地、转移地、使用地。

本违法行为的治安案件由违法行为人居住地管辖更为适宜的,由违法行为人居住地公安机关管辖。非法安装、使用、提供窃听、窃照专用器材违法行为一般由违法行为发生地公安机关负责管辖。实践中,公安派出所对群众报案、举报或者工作中发现的本违法行为进行查处,县级公安机关治安部门也可以从有关案件线索中发现的本违法行为进行查处。

证据收集

（一）证据规格

1. 违法嫌疑人陈述与申辩。

（1）问明违法嫌疑人基本情况，包括有无违法犯罪前科；（2）实施违法行为的动机、目的；（3）违法行为的基本情况，包括器材的品牌、型号、来源，非法安装、使用、提供窃听、窃照专用器材的时间、地点、过程；（4）问明违法嫌疑人是否知道器材的窃听、窃照功能；（5）问明违法嫌疑人是否知道自己的行为有社会危害性。

2. 证人证言。

（1）询问证人是否知道本违法行为，或者发现窃听、窃照专用器材的时间、地点和过程，以及自身的合法权利是否受到侵害；（2）对于提供窃听、窃照专用器材的行为，证人证言应陈述获得器材的时间、地点和过程；（3）询问证人的身份信息，以及与违法嫌疑人的关系。

3. 物证、书证。

（1）窃听、窃照专用器材实物和照片，器材安装位置的照片；（2）违法行为人购买或者其他方式取得器材的凭证；（3）提取器材安装、使用和功能的说明。

4. 鉴定意见。

由公安机关对涉违法行为的器材是否属于窃听、窃照专用器材作出认定的结论。

5. 勘验、检查、辨认笔录，现场笔录。

检查笔录记录检查时间、地点、参与人员及发现违法行为的过程，由执法人员及违法嫌疑人、证人签字确认；辨认笔录记录违法行为人对窃听、窃照专用器材的辨认过程，以及获得器材的证人对提供器材的违法嫌疑人的辨认过程。

6. 视听资料、电子数据。

证明窃听、窃照专用器材安装、使用的视频图像；安装、使用过程中生成的电子数据信息，如窃照专用器材拍摄的视频，窃听专用器材录制的声音；购买或者向他人提供器材的电子数据。

7. 其他证据材料。

（1）违法嫌疑人的身份材料，包括户籍证明、身份证、工作证、与原籍联系的电话记录。有前科的，应调取法院判决书、行政处罚决定书、释放证明书等有效法律文件。（2）抓获经过、处警经过、报案材料等。

（二）注意事项

1. 对核心证据的固定。证明本违法行为的核心证据是窃听、窃照专用器材，以及器材使用中形成的视听资料和电子数据。调查中应及时扣押涉案器材，保证器材的完整性，相关部件不能出现遗漏、丢失。在查获、扣押证据过程中应全程录音录像，对于安装和使用的违法行为，应记录窃听、窃照专用器材安装的位置、已经开机工作的情况，并制作现场笔录。对于器材中的存储信息的原始存储介质应当封存，避免被删除、修改。

2.证据链闭合。准确定性本违法行为,应保证证据确实充分,证据链完整闭合。首先,通过公安机关的鉴定意见,证明查获的器材属于窃听、窃照专用器材。通过违法嫌疑人的供述,证明其对器材的功能作用有充分的认识。其次,对于安装和使用器材的违法行为,应让违法嫌疑人供述器材安装的时间、位置和安装过程,以及器材开机工作情况,证明器材已经被安装,或处在被使用的工作状态。收集证人的证言,证明其发现的器材和违法嫌疑人安装、使用的器材的同一性。最后,对于提供器材的行为,应收集违法嫌疑人的陈述和证人证言,不仅要保证提供者和取得人所描述的器材的同一性,还要保证其与通过赠送、出借、供给或者非法批准的方式取得的过程相吻合。

行为认定

(一)行为构成

1.本行为侵害的客体是国家对于窃听、窃照专用器材的管理秩序。

2.本行为的客观方面表现为违法行为人实施了非法安装、使用、提供窃听、窃照专用器材的行为。"非法"是指依据法律法规和管理规定,行为人无权或者不按规定安装、使用和提供窃听、窃照专用器材。窃听、窃照专用器材本来是国家安全机关、公安机关等国家机关以及人民解放军,在打击犯罪、保卫国家安全的工作中使用的专门工具,公民一般无权安装使用或者向他人提供。即使有权使用的国家机关工作人员违反规定安装、使用,或者向无权使用的人提供的,也就是滥用的也构成本违法行为。安装是指行为人将器材安放、固定到特定的位置,从而为实现器材的窃听、窃照功能提供外部条件。使用是指行为人启用器材的窃听、窃照功能,意图窃取声音、图像等信息。提供是指使他人取得窃听、窃照专用器材,如通过赠送、出借、出租、转让等方式,提供可以是无偿的也可以是有偿的。如果行为人只是持有窃听、窃照专用器材,尚未安装、使用或者提供他人,则不构成本行为。

3.本行为的主体是一般主体,即自然人。

4.本行为的主观方面是故意。

(二)专用器材的认定及与其他器材的区别

本违法行为中的窃听、窃照专用器材,较多以"三无"产品形式出现,有非常规和非通用的特点。相关的认定由公安机关具有技术鉴定资质的单位负责。

此外,还应注意其与具有相似功能的器材以及间谍器材的区别。

1.与具有相似功能的器材相比较,本违法行为涉及的器材是窃听、窃照专用器材。所谓专用器材,意思是器材只能用于窃听、窃照用途。根据《禁止非法生产销售使用窃听窃照专用器材和"伪基站"设备的规定》第3条、第4条规定,窃听功能不仅是能发射、接收语音信号,而且能够获取无线通信信息;窃照功能是指能够获取图像信息。生活中有很多器材也有类似记录和发送信息的功能,如多功能的运动手表、录音笔、智能眼镜等。虽然有的也能隐藏和伪装用来拍照或录音,但不是窃听、窃照专用器材,不能认定为本行为。

2.与间谍器材相比较,本违法行为主要是从是否属于间谍活动特殊需要的角度区分。

《反间谍法实施细则》第18条规定,专用间谍器材,是指进行间谍活动特殊需要的器材,其中包括"暗藏式窃听、窃照器材"。此外,二者认定的主体不同。依据《反间谍法》第25条规定,对于专用间谍器材由国务院国家安全主管部门依照国家有关规定确认;依据《禁止非法生产销售使用窃听窃照专用器材和"伪基站"设备的规定》规定,窃听、窃照专用器材由公安机关来认定。

(三)使用窃听、窃照专用器材实施了其他违法行为的认定

违法行为人如果安装、使用窃听、窃照专用器材实施了其他违反治安管理行为,安装、使用行为与其他违反治安管理行为构成想象竞合行为,处罚时从一重处罚。例如,违法行为人安装、使用针孔摄像头偷拍他人隐私的,同时构成本违法行为和《治安管理处罚法》第50条第1款第6项侵犯隐私行为,属于想象竞合行为,从一重处罚。

(四)涉及窃听、窃照专用器材生产销售行为的处罚

与本行为相关的其他违法行为是非法生产和销售窃听、窃照专用器材。《刑法》第283条规定了对非法生产和销售窃听、窃照专用器材的予以刑事处罚。对于情节显著轻微不构成犯罪的,依据《禁止非法生产销售使用窃听窃照专用器材和"伪基站"设备的规定》第8条、第9条的规定由质量技术监督部门和工商行政管理部门(2018年国务院机构改革后,由市场监管部门行使相关职权)责令停止生产、销售,处以3万元以下罚款。

本违法行为客观方面中的"提供"行为包括了有偿提供的销售行为,如果涉及销售窃听、窃照专用器材应由市场监管部门立案查处。

(五)本行为与非法使用窃听、窃照专用器材罪的区别

《刑法》第284条规定,非法使用窃听、窃照专用器材,造成严重后果的,处2年以下有期徒刑、拘役或者管制。本行为与相关罪名的区别主要是行为的后果是否严重。非法使用窃听、窃照专用器材罪中的"造成严重后果",主要包括严重侵犯他人隐私、贬损他人人格,造成重大经济损失,严重扰乱社会秩序,以及其他造成恶劣社会影响等情形。此外,本违法行为客观表现除了使用,还有安装、提供行为,刑法中的罪名只有使用行为。

🛡 处罚标准

针对本行为的处罚分为"一般情形"和"情节较重"两个档次。

表139 非法安装、使用、提供窃听、窃照专用器材行为处罚标准

处罚档次	处罚标准	裁量基准
一般情形	处5日以下拘留或者1000元以上3000元以下罚款	/

处罚档次	处罚标准	裁量基准
情节较重	处5日以上10日以下拘留,并处3000元以上5000元以下罚款	①一年内因实施本违反治安管理行为被公安机关处罚后又实施的
		②刑罚执行完毕6个月内,或者在缓刑、假释期间,实施本违反治安管理行为的
		③组织、领导实施违反治安管理行为,或者在共同违反治安管理行为中起主要作用的
		④被侵害人为精神病人、残疾人、老年人、未成年人、孕妇的
		⑤在突发事件和重大活动期间,突发事件和重大活动发生地、举行地实施违反治安管理行为的
		⑥达到刑事追诉标准,但因犯罪情节轻微,人民检察院作出不起诉决定或者人民法院判决免除刑事处罚的
		⑦长期、多次实施本违法行为的
		⑧在政府机关、商业机密场所、个人私密空间等重要敏感场所实施的
		⑨较强的主观恶性,以非法获利为目的,为其他违法犯罪活动做准备
		⑩其他情节较重的情形

案例及解析

【基本案情】张某因怀疑女友李某与其他人有暧昧关系,于是从赵某处购买了具有GPS定位和无线传输功能录音设备,并安装在李某私家车座椅夹层中隐蔽放置。张某通过手机App远程启动录音功能3次,累计录制车内对话约30分钟,内容均为日常闲聊,未涉及隐私敏感信息。一周后,李某发现张某安装在车内的设备并报警。经公安机关调查,张某承认自己的违法行为,删除录音数据并向李某赔礼道歉。

本案中的违法行为应如何认定?

【解析】本案中,张某和赵某违法行为的认定,需要公安机关技术鉴定部门对赵某销售给张某的具有GPS定位和无线传输与录音功能设备的认定结论。如果该设备被认定为窃听、窃照专用器材,张某构成非法安装、使用窃听、窃照专用器材和窃听他人隐私的想象竞合行为,从一重处罚。对于赵某的非法销售行为,如果达到刑事案件立案标准,应由公安机关立案侦查;如果不够刑事犯罪,应根据《禁止非法生产销售使用窃听窃照专用器材和"伪基站"设备的规定》第9条的规定,移交给市场监管部门处罚。如果认定结论认定该设备并非窃听、窃照专用器材,张某的行为构成窃听他人隐私行为,赵某的销售行为则不违法。

关联法条

1.《刑法》(2023年修正)

第283条 【非法生产、销售专用间谍器材、窃听、窃照专用器材罪】非法生产、销售专用间谍器材或者窃听、窃照专用器材的,处三年以下有期徒刑、拘役或者管制,并处或者单处罚金;情节严重的,处三年以上七年以下有期徒刑,并处罚金。

单位犯前款罪的,对单位判处罚金,并对其直接负责的主管人员和其他直接责任人员,依照前款的规定处罚。

第284条 【非法使用窃听、窃照专用器材罪】非法使用窃听、窃照专用器材,造成严重后果的,处二年以下有期徒刑、拘役或者管制。

2.《禁止非法生产销售使用窃听窃照专用器材和"伪基站"设备的规定》(2014年)

第3条 本规定所称窃听专用器材,是指以伪装或者隐蔽方式使用,经公安机关依法进行技术检测后作出认定性结论,有以下情形之一的:

(一)具有无线发射、接收语音信号功能的发射、接收器材;

(二)微型语音信号拾取或者录制设备;

(三)能够获取无线通信信息的电子接收器材;

(四)利用搭接、感应等方式获取通讯线路信息的器材;

(五)利用固体传声、光纤、微波、激光、红外线等技术获取语音信息的器材;

(六)可遥控语音接收器件或者电子设备中的语音接收功能,获取相关语音信息,且无明显提示的器材(含软件);

(七)其他具有窃听功能的器材。

第4条 本规定所称窃照专用器材,是指以伪装或者隐蔽方式使用,经公安机关依法进行技术检测后作出认定性结论,有以下情形之一的:

(一)具有无线发射功能的照相、摄像器材;

(二)微型针孔式摄像装置以及使用微型针孔式摄像装置的照相、摄像器材;

(三)取消正常取景器和回放显示器的微小相机和摄像机;

(四)利用搭接、感应等方式获取图像信息的器材;

(五)可遥控照相、摄像器件或者电子设备中的照相、摄像功能,获取相关图像信息,且无明显提示的器材(含软件);

(六)其他具有窃照功能的器材。

第7条第1款 公安机关负责对窃听窃照专用器材、"伪基站"设备的认定工作。

第11条 对非法使用窃听窃照专用器材、"伪基站"设备行为,不构成犯罪的,由公安机关责令停止使用。对从事非经营活动的,处1000元以下罚款。对从事经营活动,有违法所得的,处违法所得3倍以下罚款,最高不得超过3万元;没有违法所得的,处1万元以下罚款。

第15条 在查处涉嫌非法生产、销售、使用窃听窃照专用器材和"伪基站"设备的违法犯罪行为时,对以暴力、威胁等方法阻碍国家机关工作人员执行公务的,由公安机关依法予以查处;构成犯罪的,依法追究刑事责任。

第四十六节 《治安管理处罚法》第71条

145. 违法承接典当物品

现行规定

《治安管理处罚法》

第71条第1项 有下列行为之一的,处一千元以上三千元以下罚款;情节严重的,处五日以上十日以下拘留,并处一千元以上三千元以下罚款:

(一)典当业工作人员承接典当的物品,不查验有关证明、不履行登记手续的……

立案与管辖

(一)立案标准

典当业工作人员承接典当的物品,不查验有关证明、不履行登记手续即达到立案标准。《典当管理办法》规定典当业工作人员在承接典当物品时,应当首先查验当户的各种有效证件、证明,并严格履行登记手续,否则容易被违法犯罪分子利用,影响社会治安。

(二)管辖

违法承接典当物品的违反治安管理行为由违法行为地的公安机关管辖。违法行为地包括违法行为发生地和违法结果发生地。违法行为发生地是违法承接典当物品行为的实施地,有连续、持续或者继续状态的,连续、持续或者继续实施的地方都属于违法行为发生地。违法结果发生地是违法承接典当物品行为的违法所得实际取得地、藏匿地、转移地、使用地。

违法承接典当物品治安案件由违法行为人居住地管辖更为适宜的,由违法行为人居住地公安机关管辖。查处违法承接典当物品的行为一般由违法行为发生地公安机关负责管辖。实践中,公安派出所在典当业治安管理工作中对发现的违法行为进行查处,县级公安机关治安部门也可以牵头开展专项行动,对发现的违法行为进行查处。

证据收集

(一)证据规格

1.违法嫌疑人陈述与申辩。

(1)违法承接典当物品行为的时间、地点、动机、目的;(2)违法承接典当物品行为实施过程,典当物品的名称、数量、规格;(3)支付给当户的金额;(4)当户的情况,如身份、年龄、体貌等;(5)违法承接典当物品具体行为的体现,是否查验证明、不履行登记手续等;(6)是否具有经营典当业的资格。

2. 证人证言。

(1)出当物品的时间、地点、动机和目的;(2)物品出当的过程;(3)典当物品的名称、数量和规格;(4)出当物品所获的收益、款项;(5)典当业工作人员是否要求提供证明、查验证明、履行登记手续;(6)承接典当的商铺的名称、所在的位置,是否有经营典当的资格。

3. 物证、书证。

(1)当票或者支付、收取款项的单据凭证;(2)典当物品的实物或照片;(3)典当商铺经营中的信息登记记录本、典当行的营业执照;(4)典当物品来源的证明材料,如发票、产权证书、鉴定文件等。

4. 鉴定意见。

对涉案事实材料可能涉及的技术性问题进行分析、鉴别后的结论。

5. 勘验、检查、辨认笔录,现场笔录。

对违法嫌疑人的检查笔录;辨认笔录记录典当业工作人员、当户之间互相辨认,对涉典当的赃物的辨认过程。

6. 视听资料、电子数据。

证明典当行承接典当物品的视频图像等;支付或者收取款项的电子凭证;登记或者核验信息过程中生成的电子数据等。

7. 其他证据材料。

(1)违法嫌疑人(自然人)的身份材料,包括户籍证明、身份证、工作证、与原籍联系的电话记录。有前科的,调取法院判决书、行政处罚决定书、释放证明书等有效法律文件。(2)当户的身份证明材料,包括身份证、户口信息等。(3)抓获经过、处警经过、报案材料等。

(二)注意事项

1. 询问笔录中要体现违法行为人的主观故意。

作为典当业工作人员应当知道本行为违反《典当管理办法》的相关规定。在询问笔录中,要问明违法嫌疑人是否知道承接典当物品的规定,以及对违反相关规定的行为给典当业治安管理带来的治安隐患。通过证明违法嫌疑人知道自己行为的违法性以及社会危害性,说明其主观方面是故意为之。

2. 对于情节严重的处罚应取得相关证据作为支撑。

一是对于违法承接典当物品较多的,应收集调取公安机关检查的记录、证人证言,证明存在违法行为人在一次承接典当物品的过程中对多个物品未依法查验证明或者履行登记手续。二是对于违法承接典当物品价值较大的,通过证人证言、出当支付凭证等,证明出当所获的收益较大。此外,其他较重情节还包括造成严重后果的。取证时,应证明本违法行为与后果之间具有相关性、关联性。例如,因未登记质押当物、当户信息,公安机关追踪赃物线索信息终断的,其证据中应包括公安机关对关联案件的调查情况报告等。

🛡 行为认定

(一)行为构成

1. 本行为侵害的客体是公安机关对典当业的治安管理秩序。

2. 本行为的客观方面表现为典当业工作人员在承接典当物品时,不查验有关证明、不履行登记手续的不作为行为。

办理出当和赎当时应查验的有关证明包括:(1)身份证明。主要查看和核验当户本人的身份证件是不是有效身份证件。当户是单位的,经办人应出具单位证明和经办人的有效身份证明。委托典当的,被委托人应当出具典当委托书、本人和委托人的有效身份证件。(2)典当物品来源证明。出当时,当户应当向典当行提供当物来源的证明材料(发票、产权证书、鉴定文件等),用于证明当物的合法性;赎当时,当户应当出示当票。不查验有关证明,是指不按照上述规定要求查看当户应出具的有效身份证明和物品来源、当票等证明材料。

不履行登记手续,主要是指典当行对质押当物和当户信息不如实记录、统计,或者不按照县级以上人民政府公安机关的要求报送被查的行为。

不查验有关证明和不履行登记手续的违法行为,具备其中一种情形即构成本违法行为的客观方面要件。

3. 本行为的主体是特殊主体,即具有合法经营资格的典当业的工作人员。

4. 本行为的主观方面是故意。

(二)行为人应是具有合法经营资格的典当行工作人员

《典当管理办法》规定了典当行设立、运营的资格条件,典当必须取得地方金融管理部门颁发的典当经营许可证才能经营。本违法行为只有具有合法经营资格的典当业工作人员实施了不查验有关证明、不履行登记手续的行为才构成。如果不具有合法经营资格的单位或者个人承接典当物品,则构成非法经营的行为,不认定为本行为。

(三)违法承接典当行为处罚的法律适用问题

《典当管理办法》第35条规定典当行工作人员在承接典当物品时应查验的身份证件、单位证明、委托书、物品来源合法证明等材料,第51条规定了典当行应如实记录、统计质押当物、当户信息并按要求报送被查。作为罚则,《典当管理办法》在第65条规定典当行违法承接典当物品的,由县级以上公安机关责令改正,并处200元以上1000元以下罚款。《治安管理处罚法》与《典当管理办法》对违法承接典当物品的处罚分别作出了规定,此种情况属于法条竞合。根据上位法优于下位法、新法优于旧法的法律适用原则,处罚应当依据《治安管理处罚法》第71条第1项。

🛡 处罚标准

针对本行为的处罚分为"一般情形"和"情节严重"。

表 140　违法承接典当物品行为处罚标准

处罚档次	处罚标准	裁量基准
一般情形	处 1000 元以上 3000 元以下罚款	/
情节严重	处 5 日以上 10 日以下拘留，并处 1000 元以上 3000 元以下罚款	①违法承接典当物品较多的 ②违法承接典当物品价值较大的 ③违法承接典当物品造成较严重后果的 ④多次实施的 ⑤其他情节严重的情形

案例及解析

【基本案情】某市公安局治安支队在对辖区典当行开展"合规经营专项检查"时，发现"恒信典当行"某笔典当业务存在可疑情况：当户张某以一条足金项链，重 20 克，评估价值 8000 元，典当借款 5000 元。典当足金项链时，工作人员赵某未要求张某出具项链的购买凭证、发票或其他权属证明，仅口头询问"是否为本人所有"，在张某答复"是自己购买的，发票丢失"后，未进一步核实即收当。收当后，赵某未按《典当管理办法》，在"典当业务登记簿"中登记当物的品牌、重量、特征、典当时间等信息，也未留存张某的身份证复印件，仅肉眼查看了身份证，未复印或扫描存档。

赵某的行为是否构成违反治安管理行为？如构成，应如何处罚？

【解析】赵某的行为构成违反治安管理行为，一是未要求当户张某提供足金项链的购买凭证、发票或权属证明，仅以其口头答复作为收当依据，违反了"查验有关证明"的法定义务；二是未登记当物品牌、重量、典当时间等信息，也未留存当户身份证复印件，违反了"履行登记手续"的义务。根据《典当管理办法》规定，登记内容需包括当物信息、当户身份信息并按照公安机关的要求完成信息报送。

依据《治安管理处罚法》第 71 条第 1 项，由于本案中赵某的行为既违反了查验证明的规定，又违反履行登记手续的规定，属于情节严重，应对赵某处以行政拘留 5 日，并处罚款 1000 元。

关联法条

《刑法》（2023 年修正）

第 312 条　【掩饰、隐瞒犯罪所得、犯罪所得收益罪】明知是犯罪所得及其产生的收益而予以窝藏、转移、收购、代为销售或者以其他方法掩饰、隐瞒的，处三年以下有期徒刑、拘役或者管制，并处或者单处罚金；情节严重的，处三年以上七年以下有期徒刑，并处罚金。

单位犯前款罪的，对单位判处罚金，并对其直接负责的主管人员和其他直接责任人员，依照前款的规定处罚。

146. 典当发现违法犯罪嫌疑人、赃物不报

现行规定

《治安管理处罚法》

第71条第1项 有下列行为之一的,处一千元以上三千元以下罚款;情节严重的,处五日以上十日以下拘留,并处一千元以上三千元以下罚款:

(一)典当业工作人员……违反国家规定对明知是违法犯罪嫌疑人、赃物而不向公安机关报告的;

立案与管辖

(一)立案标准

典当业工作人员违反国家规定对明知是违法犯罪嫌疑人、赃物而不向公安机关报告即达到立案标准。典当业工作人员对于工作中发现的违法犯罪嫌疑人、赃物,应当向公安机关报告;对于明知不报的,公安机关应立案调查。

(二)管辖

典当发现违法犯罪嫌疑人、赃物不报的违反治安管理行为一般由违法行为地的公安机关管辖。违法行为地包括违法行为发生地和违法结果发生地。违法行为发生地是典当发现违法犯罪嫌疑人、赃物不报行为的实施地,有连续、持续或者继续状态的,连续、持续或者继续实施的地方都属于违法行为发生地。违法结果发生地是典当发现违法犯罪嫌疑人、赃物不报行为的违法所得实际取得地、藏匿地、转移地、使用地。典当发现违法犯罪嫌疑人、赃物不报的治安案件由违法行为人居住地管辖更为适宜的,由违法行为人居住地公安机关管辖。实践中,公安派出所在典当业治安管理工作中对发现的本违法行为进行查处,县级公安机关治安部门也可以根据侦查部门发现的案件线索,对本违法行为进行查处。

证据收集

(一)证据规格

1.违法嫌疑人陈述与申辩。

(1)典当工作中发现违法犯罪嫌疑人、赃物的时间、地点和过程;(2)明知是违法犯罪嫌疑人、赃物不报告的原因;(3)典当工作中发现违法犯罪嫌疑人、赃物的判断理由、依据;(4)违法犯罪嫌疑人情况(姓名、相貌、衣着)、赃物(名称、数量、规格)情况;(5)是否已经完成了典当业务,是否具有经营典当业的经营资格。

2.证人(涉案违法犯罪嫌疑人、赃物持有人、见证人等)证言。

(1)与典当业工作人员接触的时间、地点、动机和目的;(2)与典当业工作人员接触的过程;(3)典当业工作人员是否发现违法犯罪嫌疑人身份或者典当物品是赃物;(4)典当业工作人员发现后的反应,是否报告公安机关;(5)如果是赃物,要问明物品的情况(名称、数量、规格);(6)典当业工作人员的基本情况(姓名、相貌、衣着等);(7)是否完成典当业务(收取款项)。

3.物证、书证。

(1)违法犯罪嫌疑人的身份登记材料;(2)赃物的实物或照片;(3)典当商铺经营中的信息登记记录本、典当行的营业执照;(4)当票或者支付或收取款项的单据凭证。

4.鉴定意见。

对涉案事实材料可能涉及的技术性问题进行分析、鉴别后的结论。

5.勘验、检查、辨认笔录,现场笔录。

对违法犯罪嫌疑人的检查笔录;辨认笔录记录典当业工作人员、违法犯罪嫌疑人之间互相辨认,对违法行为涉及的典当物品的辨认过程。

6.视听资料、电子数据。

证明典当业工作人员与涉案违法犯罪嫌疑人在典当活动中接触的视频图像等;支付或者收取款项的电子凭证;登记或者核验信息过程中生成的电子数据等。

7.其他证据材料。

(1)违法犯罪嫌疑人(自然人)的身份材料,包括户籍证明、身份证、工作证、与原籍联系的电话记录。有前科的,调取法院判决书、行政处罚决定书、释放证明书等有效法律文件。(2)涉案违法犯罪嫌疑人的身份证明材料,包括身份证、户口信息等。(3)涉案违法犯罪嫌疑人实施违法犯罪情况的说明,物品属于赃物的证明。(4)抓获经过、处警经过、报案材料等。(5)与典当业工作人员有关的报警记录,证明其未向公安机关报告。

(二)注意事项

1.注意收集对"明知"情节的证明。明知情节是指违法嫌疑人基于常情和常理对于涉案的人、物,知道肯定是或者知道可能是违法嫌疑人、赃物。虽然明知是一种主观的认识状态,但是需要通过收集各类证据来证明明知。以赃物为例,明知是赃物,包括明知肯定是赃物与明知可能是赃物。[1] 对于"明知肯定"而言,通过相关证据如证人证言,明确本违法行为的嫌疑人已经知道物品是违法犯罪所得的。对于"明知可能"而言,应通过证据推定其知道物品可能是赃物,包括物品的来源并非合法,但并不要求知道一定确切是赃物。例如,当户对物品的要价过低、物品与协查通报物品高度相似等。

2.注意通过询问查证违法行为中"不报告"情节。如要证明典当业工作人员存在不向公

---

[1] 参见张明楷:《刑法学》(第6版)(下册),法律出版社2021年版,第1449页。

安机关报告违法犯罪嫌疑人、赃物的情节,需要收集证据证明报告的行为不存在。公安机关可以调取与典当行、典当业工作人员有关的接报警记录的查询结果,包括110指挥中心、辖区派出所和典当业治安管理系统中的接报警情况,证明不存在典当业工作人员"报告"而公安机关未记录、未处理的情况。此外,调查取证工作还可以在询问笔录中通过嫌疑人承认知情不报,或者证人证言证明典当业工作人表示自己不会报告来证明"不报告"的情节。

🛡 行为认定

(一)行为构成

1. 本行为侵害的客体是公安机关对典当业的治安管理秩序。

2. 本行为的客观方面表现为典当业工作人员在工作中发现违法犯罪嫌疑人、赃物,违反国家规定不向公安机关报告的不作为行为。违法犯罪嫌疑人包括违法嫌疑人和犯罪嫌疑人。赃物,是指违法犯罪行为所得财物及其收益,既包括一般违法行为的赃物,也包括犯罪行为的赃物。把握本行为的客观方面时,需要注意的是以下三点:

一是本违法行为应发生在典当业经营过程中,不要求一定完成典当行为。不论当户是否完成出当或者赎当,只要确定典当业工作人员在经营活动中发现违法犯罪嫌疑人或者典当物品是赃物,都应报告公安机关。

二是这里的不报告行为是一种消极、明知不报的不作为行为。在违法行为查处中,如果违法行为人提出理由拖延报告也应认定为本行为。也就是说,没有正当理由,只要典当业工作人员在工作中发现违法犯罪嫌疑人、赃物,不论典当活动是否完成,或者违法犯罪嫌疑人是否离开,都应该在第一时间报告公安机关。

三是报告的对象必须是公安机关,而不是其他机关。如果只向其他机关报告而没有向公安机关报告,也构成本违法行为。

3. 本行为的主体是特殊主体,即典当业工作人员。

4. 本行为的主观方面是故意。

(二)"违反国家规定"的界定

《治安管理处罚法》第71条关于典当业工作人员典当发现违法犯罪嫌疑人、赃物不报的行为的规定,相比旧法条增加了"违反国家规定",这表示本行为的认定必须建立在违反国家规定的基础上。对"国家规定"的理解应参照《刑法》第96条,以及《最高人民法院关于准确理解和适用刑法中"国家规定"的有关问题的通知》(法发〔2011〕155号)第1条的相关表述,即"国家规定"是指全国人民代表大会及其常务委员会制定的法律和决定,国务院制定的行政法规、规定的行政措施、发布的决定和命令。其中,"国务院规定的行政措施"应当由国务院决定,通常以行政法规或者国务院制发文件的形式加以规定。以国务院办公厅名义制发的文件,符合以下条件的,亦应视为刑法中的"国家规定":(1)有明确的法律依据或者同相关行政法规不相抵触;(2)经国务院常务会议讨论通过或者经国务院批准;(3)在国务院公报上公开发布。对于违反地方性法规、部门规章的行为,不得认定为"违反国家规定"。

（三）对典当行发现公安机关协查通报人员或者赃物不向公安机关报告的，如何定性和处罚

《治安管理处罚法》第71条第1项和《典当管理办法》第66条第1款之间是法条竞合关系。对典当行发现公安机关协查通报人员或者赃物不向公安机关报告的违法行为，与本行为在客观方面有交叉，如有的协查通报人员就是违法犯罪嫌疑人。本条中的违法犯罪嫌疑人主要是指公安机关、检察机关等通过调查、取证等活动，初步认定其涉嫌违法犯罪的自然人。协查通报人员的范围更宽泛，除了犯罪嫌疑人，还包括与案件关联人员、失踪人员、行为是否违法犯罪待核实的人员等。

如果典当行明知不报的对象是犯罪嫌疑人、赃物，应直接适用《治安管理处罚法》第71条第1项处罚直接负责的主管人员和其他直接责任人员，对典当行单位应适用《典当管理办法》第27条和第52条及第66条第1款实施处罚。如果典当行明知不报的是公安机关的协查人员，不是违法犯罪嫌疑人，则应适用《典当管理办法》第52条及第66条第1款认定、处罚。

（四）本行为与窝藏、包庇罪的区别

《刑法》第310条规定的窝藏、包庇罪，是指明知是犯罪的人而为其提供隐藏处所、财物，帮助其逃匿或者作假证明包庇的行为。本行为与窝藏、包庇罪的区别主要是：

1. 行为主体。本行为的主体是特殊主体，即典当业工作人员；而窝藏、包庇罪的主体是一般主体，即任何达到刑事责任年龄、具有刑事责任能力的自然人。

2. 行为方式。本行为表现为典当业工作人员在承接典当物品时发现违法犯罪嫌疑人、赃物不向公安机关报告，只是一种明知不报的消极不作为；而窝藏、包庇罪则表现为明知是犯罪的人而为其提供隐藏处所、财物，帮助其逃匿或者作假证明包庇的行为，是一种积极的作为行为。行为人只是明知不报，不构成窝藏、包庇罪。如果典当业工作人员明知是赃物而窝藏、销毁、转移，属于本法第72条第3项规定的违反治安管理行为，情节严重的构成刑事犯罪。

3. 行为对象。除了犯罪嫌疑人和犯罪行为的赃物，本行为不报的对象还包括违法行为人和一般违法行为的赃物；而窝藏、包庇罪窝藏、包庇的对象只限于犯罪的人，不包括一般违法行为人。窝藏赃物的行为构成"掩隐罪"。

处罚标准

针对本行为的处罚分为"一般情形"和"情节严重"。

表141　典当发现违法犯罪嫌疑人、赃物不报行为处罚标准

处罚档次	处罚标准	裁量基准
一般情形	处1000元以上3000元以下罚款	/

续表

处罚档次	处罚标准	裁量基准
情节严重	处5日以上10日以下拘留,并处1000元以上3000元以下罚款	①涉及赃物数量较多或者价值较大,不报告的 ②发现严重暴力犯罪嫌疑人不报告的 ③阻挠他人报告或者在公安机关调查时故意隐瞒的 ④致使违法犯罪嫌疑人逃脱等严重影响公安机关侦查案件的情形发生的 ⑤屡次发现违法犯罪嫌疑人或者赃物而不向公安机关报告的 ⑥其他情节严重的情形

案例及解析

【基本案情】史某是某市一家典当行老板。某日晚,典当行马上要闭店时,一男子到店内要求典当几件白金镶钻首饰。店员觉得男子提供的首饰与最近电视新闻中展示的珠宝行特大盗窃案中的被盗首饰十分相似,于是向史某报告。史某虽然也有所怀疑,但因男子开价很低,史某在高额利润的诱惑下未报告公安机关,而将首饰收下,后被公安机关查获。公安机关对史某处以5日拘留并处1000元罚款。公安机关认为证据确凿,史某的违法事实成立。史某以自己当时确实不知是赃物为理由提起复议。

公安机关对史某的行为认定和处罚是否正确?

【解析】1.行为认定正确。史某作为典当行负责人,在店员报告首饰与盗窃案赃物高度相似后,主观上已明知物品可能为赃物。史某应对男子低价典当的异常行为有所怀疑,在男子无合理解释的情况下应立即向公安机关报告。史某却因高额利润诱惑未报告,属于《治安管理处罚法》第71条第1项规定的"明知是赃物而不报告"的情形,构成违反治安管理行为。

此外,史某实际收下疑似赃物的行为,同时违反了《典当管理办法》第27条"典当行不得收当赃物和来源不明的物品"的禁止性规定,构成单位违反治安管理行为。

2.处罚正确。依据《治安管理处罚法》第71条,对违反国家规定对明知是违法犯罪嫌疑人、赃物而不向公安机关报告的,处1000元以上3000元以下罚款;情节严重的,处5日以上10日以下拘留,并处1000元以上3000元以下罚款。

此外,依据《典当管理办法》第63条,典当行违反本办法第27条规定(收当赃物)的,由县级以上人民政府公安机关责令改正,并处5000元以上3万元以下罚款;构成犯罪的,依法追究刑事责任。

关联法条

1.《刑法》(2023年修正)

第310条 【窝藏、包庇罪】明知是犯罪的人而为其提供隐藏处所、财物,帮助其逃匿或者作假证明包庇的,处三年以下有期徒刑、拘役或者管制;情节严重的,处三年以上十年以下有期徒刑。

犯前款罪,事前通谋的,以共同犯罪论处。

第312条 【掩饰、隐瞒犯罪所得、犯罪所得收益罪】明知是犯罪所得及其产生的收益而予以窝藏、转移、收购、代为销售或者以其他方法掩饰、隐瞒的,处三年以下有期徒刑、拘役或者管制,并处或者单处罚金;情节严重的,处三年以上七年以下有期徒刑,并处罚金。

单位犯前款罪的,对单位判处罚金,并对其直接负责的主管人员和其他直接责任人员,依照前款的规定处罚。

2.《典当管理办法》(2005年)

第52条 典当行发现公安机关通报协查的人员或者赃物以及本办法第二十七条所列其他财物的,应当立即向公安机关报告有关情况。

第63条 典当行违反本办法第二十七条规定的,由县级以上人民政府公安机关责令改正,并处5000元以上3万元以下罚款;构成犯罪的,依法追究刑事责任。

第66条 典当行违反本办法第五十二条规定的,由县级以上人民政府公安机关责令改正,并处2000元以上1万元以下罚款;造成严重后果或者屡教不改的,处5000元以上3万元以下罚款。

对明知是赃物而窝藏、销毁、转移的,依法给予治安管理处罚;构成犯罪的,依法追究刑事责任。

147. 违法收购废旧专用器材

现行规定

《治安管理处罚法》

第71条第2项 有下列行为之一的,处一千元以上三千元以下罚款;情节严重的,处五日以上十日以下拘留,并处一千元以上三千元以下罚款:

(二)违反国家规定,收购铁路、油田、供电、电信、矿山、水利、测量和城市公用设施等废旧专用器材的;

立案与管辖

(一)立案标准

违法嫌疑人违反国家规定,收购铁路、油田、供电、电信、矿山、水利、测量和城市公用设施等废旧专用器材即达到立案标准。本法条主要是处罚废旧金属收购业违反国家规定收购废旧专用器材的行为。《废旧金属收购业治安管理办法》第8条规定收购废旧金属的企业和个体工商户不得收购铁路、油田、供电、电信通讯、矿山、水利、测量和城市公用设施等专用器材。废旧金属收购业的经营活动具有以物兑现的特点,容易成为违法犯罪分子销赃的渠道。违法行为人只要收购上述废旧专用器材即构成本违反治安管理行为,其造成社会治安的风险隐患,公安机关应立案调查。

（二）管辖

违法收购废旧专用器材行为由违法行为地的公安机关管辖。违法行为地包括违法行为发生地和违法结果发生地。违法行为发生地是违法收购废旧专用器材违法行为的实施地,有连续、持续或者继续状态的,连续、持续或者继续实施的地方都属于违法行为发生地。违法结果发生地是违法收购废旧专用器材行为的违法所得实际取得地、藏匿地、转移地、使用地。违法收购废旧专用器材的治安案件由违法行为人居住地管辖更为适宜的,由违法行为人居住地公安机关管辖。查处违法收购废旧专用器材的行为一般由违法行为发生地公安机关负责管辖。实践中,公安派出所在废旧金属收购业治安管理中对发现的违法行为进行查处,县级公安机关治安部门也可以在开展专项行动中对本违法行为进行查处。

证据收集

（一）证据规格

1. 违法嫌疑人陈述与申辩。

（1）问明违法嫌疑人基本情况,包括有无违法犯罪前科;（2）收购废旧专用器材的违法行为的时间、地点、过程、动机、目的;（3）收购的器材的基本情况,包括器材的名称、型号、数量;（4）问明是否知道收购的器材属于国家规定的禁止收购的废旧专用器材;（5）问明卖方的情况,支付的款项是多少;（6）问明违法嫌疑人是否具有合法经营收购器材的资格。

2. 证人（器材出卖方、目击证人）证言。

（1）出售废旧专用器材的时间、地点,收购点的名称;（2）出售的废旧专用器材的来源、名称、型号、数量,有没有合法手续;（3）收购器材的工作人员情况,姓名、体貌、衣着等;（4）出售器材的获利情况;（5）出售器材的过程;（6）收购器材的人员是否具有合法经营收购器材的资格。

3. 物证、书证。

（1）废旧专用器材实物及其照片;（2）发票、收据等交易证明材料;（3）器材使用和功能的说明。

4. 鉴定意见。

对涉案器材是否属于废旧专用器材有争议的,应委托专门机构作出鉴定,给出结论。

5. 勘验、检查、辨认笔录,现场笔录。

检查笔录记录检查时间、地点、参与人员及发现违法行为的过程,由执法人员及违法嫌疑人、证人签字确认;辨认笔录记录违法行为人对废旧专用器材的辨认过程,证人应辨认收购废旧专用器材的违法嫌疑人;扣押废旧专用器材时制作现场笔录。

6. 视听资料、电子数据。

证明违法嫌疑人收购废旧专用器材的视频图像等。

7. 其他证据材料。

（1）违法嫌疑人的身份材料,包括户籍证明、身份证、工作证、与原籍联系的电话记录。有前科的,调取法院判决书、行政处罚决定书、释放证明书等有效法律文件。(2)抓获经过、处警经过、报案材料等。

(二)注意事项

1. 收集证据证明违法嫌疑人明知是国家规定的禁止收购的废旧专用器材。本法条没有规定违法嫌疑人必须明知收购的器材是废旧专用器材,公安机关认定违法行为时是直接推定违法嫌疑人知道收购的器材是废旧专用器材而故意收购,但是这种直接推定应建立在充分的证据基础上。相关证据有违法嫌疑人的供述,其承认知道器材是国家禁止收购的专用器材,了解行业的禁止性规定;器材上的明显专用标识,如铁路、电信标志;收购场所人员的治安宣传教育情况;异常的交易时间、地点。

2. 案件中物证要优先收集,妥善保管,及时鉴定。调查中应扣押涉案废旧专用器材,通过拍照、录像、称重等方式固定证据。尤其是器材带有特殊标识或编号的,应拍照,避免物品损毁或混淆。扣押、检查、询问等调查措施应依法出具法律文书,全程同步录音录像,避免程序违法导致证据无效。对涉案物品认定有争议的,应委托有资质的机构,如行业主管部门、技术检测中心,出具书面鉴定意见,明确物品是否属于"国家规定禁止收购的专用器材"。

行为认定

(一)行为构成

1. 本行为侵犯的客体是社会管理秩序和国家对废旧专用器材的管理制度。

2. 本行为的客观方面表现为违反国家规定,收购铁路、油田、供电、电信、矿山、水利、测量和城市公用设施等废旧专用器材,尚不够刑事处罚。

收购是收购者以营利或自用为目的的商品交易行为,即持有人把其所持有的废旧专用器材交付收购者并取得一定的现金。如果只是询价、讨价还价,没有实际完成交易,不认定为本行为。

收购的对象是国家禁止一般企业和个人收购的废旧专用器材。废旧专用器材有一定范围,来自特定的行业领域,主要依据是《废旧金属收购业治安管理办法》第8条第3项规定,收购废旧金属的企业和个体工商户不得收购的金属物品包括铁路、油田、供电、电信通讯、矿山、水利、测量和城市公用设施等专用器材。这些行业和领域内的废旧专用器材也有配套的规定。例如,《铁道部、公安部、国家工商行政管理总局关于严禁拆卸偷盗和收购铁路器材的通告》第2条规定,"铁路行车设备、设施属专用器材,由铁路管理部门指定有关企业生产、销售和回收。严禁其他单位和个人擅自销售、收购铁路器材"。

3. 本行为的主体是一般主体,包括个人和单位。

4. 本行为的主观方面是故意。

(二)对违反国家规定的理解

本行为的认定必须建立在违反国家规定的基础上。对"国家规定"的理解应参照《刑法》第96条,以及《最高人民法院关于准确理解和适用刑法中"国家规定"的有关问题的通知》

(法发〔2011〕155号)第1条的相关表述,即"国家规定"是指全国人民代表大会及其常务委员会制定的法律和决定,国务院制定的行政法规、规定的行政措施、发布的决定和命令。其中,"国务院规定的行政措施"应当由国务院决定,通常以行政法规或者国务院制发文件的形式加以规定。以国务院办公厅名义制发的文件,符合以下条件的,亦应视为刑法中的"国家规定":(1)有明确的法律依据或者同相关行政法规不相抵触的;(2)经国务院常务会议讨论通过或者经国务院批准;(3)在国务院公报上公开发布。对于违反地方性法规、部门规章的行为,不得认定为"违反国家规定"。

本行为违反的国家规定主要是《废旧金属收购业治安管理办法》,其以国务院令的形式发布,属于行政法规。在铁路、油田、供电、电信通讯、矿山、水利、测量和城市公用设施等领域,也有配套的法律法规作为国家规定的依据。

(三)与掩饰、隐瞒犯罪所得、犯罪所得收益罪的区别和联系

《刑法》第312条规定的掩饰、隐瞒犯罪所得、犯罪所得收益罪(即赃物罪或掩隐罪),即明知是犯罪所得及其产生的收益而予以窝藏、转移、收购、代为销售或者以其他方法掩饰、隐瞒的行为,处3年以下有期徒刑、拘役或者管制,并处或者单处罚金;情节严重的,处3年以上7年以下有期徒刑,并处罚金。本行为与该犯罪之间的区别主要是在客观方面的行为表现和涉案物品的范围。(1)行为表现。本行为表现为收购,赃物罪的行为表现更多,包括窝藏、转移、收购、代为销售或者其他方式掩饰、隐瞒。(2)涉案物品的范围。本行为是收购特定的几种废旧专用器材,不要求废旧专业器材是犯罪所得或者犯罪所得收益。赃物罪涉案物品没有限定,但必须是犯罪所得或者犯罪所得收益。二者相比较,本行为的涉案物品范围较小,赃物罪涉案件的物品没有限制,只要是犯罪所得或者犯罪所得收益即可。

二者也存在联系,满足一定的条件,本行为可转化为赃物罪。若收购的废旧专用器材属于他人犯罪所得,且情节达刑事案件立案标准的,可能从违反治安管理行为升级为刑事犯罪。

处罚标准

针对本行为的处罚分为"一般情形"和"情节严重"。

表142 违法收购废旧专用器材行为处罚标准

处罚档次	处罚标准	裁量基准
一般情形	处1000元以上3000元以下罚款	/
情节严重	处5日以上10日以下拘留,并处1000元以上3000元以下罚款	①违法收购数量较大或者价值较高的
		②造成较重危害后果的
		③多次实施的
		④其他情节严重的情形

案例及解析

【基本案情】某公安分局民警在对一废旧物品收购站检查时,当场查获供电专用器材铜芯电缆 50 公斤。经审查,该废旧物品收购站的经营者赵某在 1 周前收购该宗供电专用器材。公安机关对赵某的违反管理行为处以 3000 元罚款。

公安机关对赵某的处罚的法律依据是什么?

【解析】公安机关认定赵某的行为属于违反国家规定收购废旧专用器材的违反治安管理行为。赵某的收购行为违法性主要体现在其收购 50 公斤铜芯电缆的行为违反国家规定。

这里的国家规定,首先是国务院制定的行政法规。《电力设施保护条例》第 9 条规定,电力电缆属于电力路线设施的保护范围。第 19 条规定,"未经有关部门依照国家有关规定批准,任何单位和个人不得收购电力设施器材"。其次,根据行政法规《废旧金属收购业治安管理办法》第 8 条第 3 项,收购废旧金属的企业和个体工商户不得收购铁路、油田、供电、电信通讯、矿山、水利、测量和城市公用设施等专用器材。最后,依据《治安管理处罚法》第 71 条第 2 项的规定,对赵某实施处罚。

综上,赵某收购铜芯电缆 50 公斤的行为应受到治安管理处罚。

关联法条

1.《刑法》(2023 年修正)

第 312 条 【掩饰、隐瞒犯罪所得、犯罪所得收益罪】明知是犯罪所得及其产生的收益而予以窝藏、转移、收购、代为销售或者以其他方法掩饰、隐瞒的,处三年以下有期徒刑、拘役或者管制,并处或者单处罚金;情节严重的,处三年以上七年以下有期徒刑,并处罚金。

单位犯前款罪的,对单位判处罚金,并对其直接负责的主管人员和其他直接责任人员,依照前款的规定处罚。

2.《废旧金属收购业治安管理办法》(2023 年修订)

第 8 条第 3 项、第 4 项 收购废旧金属的企业和个体工商户不得收购下列金属物品:

(三)铁路、油田、供电、电信通讯、矿山、水利、测量和城市公用设施等专用器材;

(四)公安机关通报寻查的赃物或者有赃物嫌疑的物品。

3.《电力设施保护条例》(2011 年修订)

第 19 条 未经有关部门依照国家有关规定批准,任何单位和个人不得收购电力设施器材。

148. 收购赃物、有赃物嫌疑的物品

现行规定

《治安管理处罚法》

第71条第3项 有下列行为之一的,处一千元以上三千元以下罚款;情节严重的,处五日以上十日以下拘留,并处一千元以上三千元以下罚款:

(三)收购公安机关通报寻查的赃物或者有赃物嫌疑的物品的;

立案与管辖

(一)立案标准

违法嫌疑人实施了收购公安机关通报寻查的赃物或者有赃物嫌疑的物品的,公安机关应立案调查。收购赃物或者有赃物嫌疑的物品的行为是法律明确禁止的行为,《刑法》第312条规定了掩饰、隐瞒犯罪所得、犯罪所得收益罪(即赃物罪或掩隐罪),《治安管理处罚法》也对此类行为作出类似的处罚规定。收购赃物或者有赃物嫌疑的物品的行为严重影响公安机关对违法犯罪行为的追查和打击,公安机关发现违法行为人实施了本行为,应立案调查。

(二)管辖

本行为由违法行为地的公安机关管辖。违法行为地包括违法行为发生地和违法结果发生地。违法行为发生地是本行为的实施地,有连续、持续或者继续状态的,连续、持续或者继续实施的地方都属于违法行为发生地。违法结果发生地是本行为的违法所得实际取得地、藏匿地、转移地、使用地。收购赃物、有赃物嫌疑的物品的治安案件由违法行为人居住地管辖更为适宜的,由违法行为人居住地公安机关管辖。查处收购赃物、有赃物嫌疑的物品的违法行为一般由违法行为发生地公安机关负责管辖。实践中,公安派出所在治安管理工作中对发现的本行为进行查处,县级公安机关治安部门也可以牵头开展专项行动,对发现的本行为进行查处。

证据收集

(一)证据规格

1. 违法嫌疑人陈述与申辩。

(1)违法嫌疑人基本情况,包括有无违法犯罪前科;(2)收购赃物或者有赃物嫌疑的物品的时间、地点、过程、动机、目的;(3)收购赃物或者有赃物嫌疑的物品的基本情况,包括物品的名称、特征、规格、数量;(4)是否知道收购的物品是公安机关通报寻查的赃物或者有赃物嫌疑的物品;(5)卖方的情况,包括姓名、相貌、衣着,以及支付的款项;(6)所收购赃物或者有赃物

嫌疑的物品的处置情况。

2.证人(卖方、见证人)证言。

(1)出售物品的时间、地点、收购点的名称;(2)所出售物品的来源、名称、特征、规格、数量;(3)收购物品的工作人员情况,姓名、体貌、衣着等;(4)出售物品的获利情况;(5)出售物品的过程;(6)所出售物品处置的情况。

3.物证、书证。

(1)收购的被公安机关通报寻查的赃物或者有赃物嫌疑的物品的实物和照片;(2)发票、收据等交易证明材料;(3)公安机关有关赃物或者有赃物嫌疑的物品的协查通报。

4.鉴定意见。

对涉案事实材料可能涉及的技术性问题进行分析、鉴别后的结论。

5.勘验、检查、辨认笔录,现场笔录。

检查笔录记录检查时间、地点、参与人员及发现违法行为的过程,由执法人员及违法嫌疑人、证人签字确认;辨认笔录记录违法行为人辨认赃物、有赃物嫌疑的物品过程,证人应辨认违法嫌疑人;扣押赃物、有赃物嫌疑的物品时制作现场笔录。

6.视听资料、电子数据。

证明违法嫌疑人收购赃物、有赃物嫌疑的物品的视频图像;收购赃物、有赃物嫌疑的物品支付价款的电子数据凭证。

7.其他证据材料。

(1)违法嫌疑人的身份材料,包括户籍证明、身份证、工作证、与原籍联系的电话记录。有前科的,调取法院判决书、行政处罚决定书、释放证明书等有效法律文件。(2)抓获经过、处警经过、报案材料等。

(二)注意事项

1.及时固定涉案物证,避免证据丢失。案件调查中及时扣押涉案物品并制作《扣押清单》,注明特征、数量、来源,并应拍照或录像固定原始状态;调取收购台账、交易凭证,包括收据、转账记录等;提取保存收购中买卖双方通信记录,微信或支付宝支付记录、聊天记录等信息,证明交易时间、价格的双方交易信息。

2.用证据证明涉案物品是公安机关通报寻查的赃物或者有赃物嫌疑的物品。本行为涉案的物品应是公安机关通报寻查的赃物或者有赃物嫌疑的物品。赃物是指违法嫌疑人通过违法行为或者犯罪行为直接获取的财物(包括财产性利益)及其孳息等收益。要证明涉案物品是公安机关通报寻查的赃物,应收集有关案件材料和公安机关的协查通报,与涉案物品的情况进行比对。要证明物品是有赃物嫌疑的,应收集证据证明物品的收购过程、价格、手续材料有较大的异常情况。例如,收集交易金额的证据,证明价格明显偏低;调取物品来源的证据材料,证明物品来源不明。

行为认定

(一)行为构成

1. 本行为侵犯的客体是收购行业的治安管理秩序。

2. 本行为的客观方面表现为违法行为人收购公安机关通报寻查的赃物或者有赃物嫌疑的物品,尚不够刑事处罚。收购是收购者以营利或自用为目的的商品交易行为,收购,既可能是以金钱为代价的购买行为,也可能是"以物易物"的物品交换行为。通报寻查的赃物主要是指因涉及违法犯罪行为,被公安机关列入协查通报、赃物清单的物品。有赃物嫌疑的物品是指不以"公安机关通报寻查"为条件,根据其他条件应判断为赃物或者可能为赃物的物品,主要是通过收购行为和物品的客观特征来判断。例如,在非法交易场所收购的;明显低于市场价格收购的;没有依法应当具有的合法票据、证件、牌照等证明材料的;出售人与违法犯罪有关的;物品外在特征(如表面痕迹、损伤)与违法犯罪行为高度相关的。

3. 本行为的主体是一般主体,包括个人和单位。

4. 本行为的主观方面是故意。

(二)收购赃物自用的如何处罚

本行为建立在收购行为基础上,并不要求是为了出售、出租、赠与他人而收购赃物。因此,收购赃物自用的也构成本行为。对个人明知是公安机关通报寻查的赃物或者有赃物嫌疑的物品而少量购买自用的,可以依据《治安管理处罚法》第71条第3项的规定,从轻处罚;情节特别轻微的,可以根据《治安管理处罚法》第20条第1项的规定,减轻处罚或者不予处罚。

(三)与赃物罪(掩隐罪)的联系和区别

《刑法》第312条掩饰、隐瞒犯罪所得、犯罪所得收益罪(即赃物罪或掩隐罪),明知是犯罪所得及其产生的收益而予以窝藏、转移、收购、代为销售或者以其他方法掩饰、隐瞒的行为,处3年以下有期徒刑、拘役或者管制,并处或者单处罚金;情节严重的,处3年以上7年以下有期徒刑,并处罚金。本行为与赃物罪之间有一定的衔接关系。

本行为与赃物罪的衔接表现在两个方面。一是对于有的收购通报寻查的赃物数量不多,情节轻微的,不按照赃物罪处罚,而是按照本法给予治安管理处罚。虽然赃物罪对于情节没有要求,对于明知是犯罪所得及其收益,一旦收购即构成犯罪,但是如果都按照赃物罪处罚并不现实。二是本行为被治安管理处罚后再收购赃物的,可能被认定赃物罪。《最高人民法院关于审理掩饰、隐瞒犯罪所得、犯罪所得收益刑事案件适用法律若干问题的解释》第1条第1款第1项规定,一年内曾因掩饰、隐瞒犯罪所得及其产生的收益行为受过行政处罚,又实施掩饰、隐瞒犯罪所得及其产生的收益行为的,应认定赃物罪。

本行为与赃物罪主要有以下区别:

1. 赃物的范围。本行为所称的赃物,既包括违法所得的赃物,也包括犯罪所得的赃物;而掩饰、隐瞒犯罪所得、犯罪所得收益罪中的赃物仅指犯罪所得的赃物,不包括违法所得的赃物。

2. 行为的情节后果。 司法实践中,收购赃物的行为必须是情节后果较为严重的才能构成赃物罪。对于购买特定数量赃物自用的,一般不宜认定为犯罪,但对购买他人犯罪所得的机动车等重大财物的,应认定为赃物罪。根据《最高人民法院关于审理掩饰、隐瞒犯罪所得、犯罪所得收益刑事案件适用法律若干问题的解释》第1条规定,具有下列情形之一的,应当依照《刑法》第312条第1款的规定,以掩饰、隐瞒犯罪所得、犯罪所得收益罪定罪处罚:(1)一年内曾因掩饰、隐瞒犯罪所得及其产生的收益行为受过行政处罚,又实施掩饰、隐瞒犯罪所得及其产生的收益行为的;(2)掩饰、隐瞒的犯罪所得系电力设备、交通设施、广播电视设施、公用电信设施、军事设施或者救灾、抢险、防汛、优抚、扶贫、移民、救济款物的;(3)掩饰、隐瞒行为致使上游犯罪无法及时查处,并造成公私财物损失无法挽回的;(4)实施其他掩饰、隐瞒犯罪所得及其产生的收益行为,妨害司法机关对上游犯罪进行追究的;(5)明知是非法狩猎的野生动物而收购,数量达到50只以上的。司法机关在认定赃物罪时,并非根据获利或者金额多少,而是综合考虑上游犯罪的性质、赃物罪所得及其收益情节、后果和社会危害程度。

处罚标准

针对本行为的处罚分为"一般情形"和"情节严重"。

表143 收购赃物、有赃物嫌疑的物品行为处罚标准

处罚档次	处罚标准	裁量基准
一般情形	处1000元以上3000元以下罚款	/
情节严重	处5日以上10日以下拘留,并处1000元以上3000元以下罚款	①影响公安机关办案或者造成其他较重危害后果的 ②造成收购的赃物或者有赃物嫌疑的物品损毁、无法追回的 ③物品属于公共设施或者救灾、抢险、防汛等物资的 ④其他情节严重的情形

案例及解析

【基本案情】王某系某市郊区废品回收站经营者。某天,王某在未核实出售人身份、未索要车辆合法凭证的情况下,以明显低于市场价的价格600元收购了1辆几乎全新的电动自行车,市场价约2000元。交易时,出售人神色慌张,称"车辆是工地抵债来的,急用钱低价处理",王某未进一步追问。

近期,公安机关发布"系列电动车被盗案"的协查通报,通报中附有被盗车辆的品牌、型号及车架号。民警在王某的回收站查获上述1辆电动车,经核实为该系列电动车被盗案件的被盗赃物之一,价值2000元。

王某的行为应如何认定,公安机关如何处罚王某?

【解析】王某作为废品回收从业者,应当知晓"低价收购无凭证的全新电动车"存在收购

赃物嫌疑。被收购的电动车被公安机关通报为被盗赃物，且交易价格显著低于市场价，无合法来源凭证，可推定王某"应当知道车辆具有赃物嫌疑"。

王某的行为违反了《治安管理处罚法》第71条第3项"收购公安机关通报寻查的赃物或者有赃物嫌疑的物品"之规定，属于违反治安管理行为。

由于王某收购的有赃物嫌疑的物品影响公安机关对系列盗窃电动车案件的调查，属于情节严重。公安机关应对王某处5日以上10日以下拘留，并处1000元以上3000元以下罚款。

关联法条

1.《刑法》(2023年修正)

第312条 【掩饰、隐瞒犯罪所得、犯罪所得收益罪】明知是犯罪所得及其产生的收益而予以窝藏、转移、收购、代为销售或者以其他方法掩饰、隐瞒的，处三年以下有期徒刑、拘役或者管制，并处或者单处罚金；情节严重的，处三年以上七年以下有期徒刑，并处罚金。

单位犯前款罪的，对单位判处罚金，并对其直接负责的主管人员和其他直接责任人员，依照前款的规定处罚。

2.《最高人民法院关于审理掩饰、隐瞒犯罪所得、犯罪所得收益刑事案件适用法律若干问题的解释》(法释〔2021〕8号修正)

第1条第1款第2项 明知是犯罪所得及其产生的收益而予以窝藏、转移、收购、代为销售或者以其他方法掩饰、隐瞒，具有下列情形之一的，应当依照刑法第三百一十二条第一款的规定，以掩饰、隐瞒犯罪所得、犯罪所得收益罪定罪处罚：

(二)掩饰、隐瞒的犯罪所得系电力设备、交通设施、广播电视设施、公用电信设施、军事设施或者救灾、抢险、防汛、优抚、扶贫、移民、救济款物的；

149. 收购国家禁止收购的其他物品

现行规定

《治安管理处罚法》

第71条第4项 有下列行为之一的，处一千元以上三千元以下罚款；情节严重的，处五日以上十日以下拘留，并处一千元以上三千元以下罚款：

(四)收购国家禁止收购的其他物品的。

立案与管辖

(一)立案标准

违法嫌疑人收购国家禁止收购的其他物品即达到立案标准。国家禁止收购的其他物品，是指除了铁路、油田、供电、电信、矿山、水利、测量和城市公用设施等废旧专用器材以及公安机关通报寻查的赃物或者有赃物嫌疑的物品以外的国家禁止收购的物品,如枪支、弹药和爆炸物品。如果收购国家禁止收购的其他物品构成犯罪,应依法追究刑事责任;行为尚不够刑事处罚的,公安机关应作为违反治安管理行为立案调查。

(二)管辖

收购国家禁止收购的其他物品的行为由违法行为地的公安机关管辖。违法行为地包括违法行为发生地和违法结果发生地。违法行为发生地是本违法行为的实施地,有连续、继续或者持续状态的,连续、持续或者继续实施的地方都属于违法行为发生地。违法结果发生地是本违法行为的违法所得实际取得地、藏匿地、转移地、使用地。收购国家禁止收购的其他物品的治安案件由违法行为人居住地管辖更为适宜的,由违法行为人居住地公安机关管辖。查处收购国家禁止收购的其他物品的行为一般由违法行为发生地公安机关负责管辖。实践中,公安派出所在治安管理工作中对发现的违法行为进行查处,县级公安机关治安部门也可以牵头开展专项行动,对发现的本违法行为进行查处。

证据收集

(一)证据规格

1. 违法嫌疑人陈述与申辩。

(1)违法嫌疑人基本情况,包括有无违法犯罪前科;(2)收购国家禁止收购的其他物品的行为的时间、地点、过程、动机、目的;(3)收购国家禁止收购的其他物品的基本情况,包括物品的名称、特征、规格、数量;(4)是否知道收购的物品是国家禁止收购的其他物品;(5)卖方的情况,包括姓名、相貌、衣着,支付的款项是多少;(6)所收购的国家禁止收购的其他物品的处置情况。

2. 证人(卖方、见证人)证言。

(1)出售涉案物品的时间、地点,收购点的名称;(2)所出售涉案物品的来源、名称、特征、规格、数量;(3)收购涉案物品的工作人员情况,姓名、体貌、衣着等;(4)出售涉案物品的获利情况;(5)出售涉案物品的过程;(6)所出售涉案物品处置的情况。

3. 物证、书证。

(1)国家禁止收购的其他物品的实物和照片;(2)发票、收据等交易证明材料。

4. 鉴定意见。

对涉案物品是否属于国家禁止收购的物品可能涉及的技术性问题进行分析、鉴别后的结论。

5. 勘验、检查、辨认笔录,现场笔录。

检查笔录记录检查时间、地点、参与人员以及发现违法行为的过程,由执法人员及违法嫌疑人、证人签字确认;辨认笔录记录违法行为人对国家禁止收购的其他物品的辨认过程,证人应辨认收购国家禁止收购的其他物品的违法嫌疑人;扣押国家禁止收购的其他物品时制作现场笔录。

6. 视听资料、电子数据。

证明违法嫌疑人收购国家禁止收购的其他物品的视频图像;收购物品支付价款的电子支付凭证。

7. 其他证据材料。

(1)违法嫌疑人的身份材料,包括户籍证明、身份证、工作证、与原籍联系的电话记录。有前科的,调取法院判决书、行政处罚决定书、释放证明书等有效法律文件。(2)抓获经过、处警经过、报案材料等。

(二)注意事项

1. 及时固定涉案物证,避免证据丢失

案件调查中,及时扣押涉案物品并制作《扣押清单》,注明特征、数量、来源,并应拍照或录像固定原始状态;调取收购台账、交易凭证,包括收据、转账记录等。提取保存收购中买卖双方通信记录,微信或支付宝支付记录、聊天记录等信息,证明交易时间、价格的双方交易信息。

2. 用证据证明违法嫌疑人明知涉案物品是国家禁止收购的其他物品。

本法条没有规定违法嫌疑人必须明知收购的物品是国家禁止收购的其他物品,公安机关认定违法行为时是直接推定违法行为人知道收购的物品是国家禁止收购的其他物品而故意收购,但是这种直接推定应建立在充分的证据基础上。相关证据:违法嫌疑人的供述,应明确承认知道物品是国家禁止收购的其他物品,知道国家法律法规禁止收购此类物品;作为物证的物品具备国家禁止收购的物品的特征;对收购人员开展的禁止收购相关物品的治安宣传教育情况;异常的交易时间、地点和价格等。相关证据并不要求一定能证明行为人明知物品肯定属于国家禁止收购的其他物品,只要能证明行为人收购时已经知道物品具有属于国家禁止收购的其他物品的可能性就足够。

行为认定

(一)行为构成

1. 本行为侵害的客体是国家对禁止收购物品的管理制度。

2. 本行为的客观方面表现为收购除铁路、油田、供电、电信、矿山、水利、测量和城市公用设施等废旧专用器材以及公安机关通报寻查的赃物或者有赃物嫌疑的物品以外的国家禁止收购的其他物品,尚不够刑事处罚。

收购是收购者以营利或自用为目的的商品交易行为。收购,既可能是以金钱为代价的购买行为,也可能是"以物易物"的物品交换行为。国家禁止收购的其他物品,是指国家通过法律、行政法规规定禁止一般个人和单位收购的物品。例如,《废旧金属收购业治安管理办法》第 8 条规定:"收购废旧金属的企业和个体工商户不得收购下列金属物品:(一)枪支、弹药和爆炸物品;(二)剧毒、放射性物品及其容器;(三)铁路、油田、供电、电信通讯、矿山、水利、测量和城市公用设施等专用器材;(四)公安机关通报寻查的赃物或者有赃物嫌疑的物品。"由于本法条第 2、3 项已经列出了禁止收购的一些物品,因而第 4 项作出有关"国家禁止收购的其他物品"的兜底性规定。除了已经列举的废旧专用器材和赃物、有赃物嫌疑的物品之外，国家禁止收购的其他物品是本行为涉及的物品范围。

3. 本行为的主体是一般主体，包括个人和单位。

4. 本行为的主观方面是故意。

（二）与本行为有一定关联的犯罪行为

本行为涉及的是国家法律法规明令禁止收购的物品。这些物品本身具有一定的危险性、危害性，或者是国家明令管制的，收购这些物品的行为有可能构成相关刑事犯罪。因此，在行为认定时，应把握违反治安管理和刑事犯罪的界限。与本行为有一定关联的犯罪罪名有：掩饰、隐瞒犯罪所得、犯罪所得收益罪；非法经营罪；非法买卖危险物质罪；非法储存爆炸物罪；倒卖文物罪；非法买卖枪支罪；等等。

处罚标准

针对本行为的处罚分为"一般情形"和"情节严重"。

表144　收购国家禁止收购的其他物品行为处罚标准

处罚档次	处罚标准	裁量基准
一般情形	处1000元以上3000元以下罚款	/
情节严重	处5日以上10日以下拘留，并处1000元以上3000元以下罚款	①违法收购数量较大或者价值较高的 ②造成较重危害后果的 ③其他情节严重的情形

案例及解析

【基本案情】 张某在某市郊区经营一家无证废品回收站，通过微信联系到自称"医院后勤人员"的男子赵某，对方称有一批"废弃塑料输液瓶"出售，重量约200公斤，总价240元。张某未要求对方提供医疗废物处置资质证明或物品来源文件，仅通过转账付款后将物品运回站内，堆放于露天场地。同年4月，市生态环境局联合公安机关开展"医疗废物专项整治"时，发现张某回收站内的"塑料输液瓶"中混有带血的注射器、污染性敷料等医疗废物，经鉴定属于《医疗废物分类目录》（2021年版）中的"感染性废物"。经查，该批物品系赵某从医疗卫生机构非法拆解后倒卖，张某对此知情但仍然收购。

张某主张"收购的是普通塑料瓶，仅混有少量医疗废物"，能否不处罚？

【解析】 张某收购的废弃输液瓶虽然是普通塑料瓶，但是来自医疗卫生机构，其中还混有带血的注射器，未消毒、未作无害化处理，属于《医疗废物分类目录》（2021年版）中的"感染性废物"。医疗废物属于国家禁止流通物品，《医疗废物管理条例》第14条明确禁止任何单位和个人转让、买卖医疗废物，且张某收购的感染性废物可能传播传染病，危害公共卫生安全。张某作为废品回收从业者,应当知晓医疗废物需由有资质单位处置;且交易价格低于市场价、物品混有明显污染物,可推定其知道或应当知道物品是国家禁止收购的。

所以,张某的主张不成立,其收购混有医疗废物的物品已构成"收购国家禁止收购的其他物品"行为,公安机关应对其作出治安管理处罚。

关联法条

1.《刑法》(2023年修正)

第312条 【掩饰、隐瞒犯罪所得、犯罪所得收益罪】明知是犯罪所得及其产生的收益而予以窝藏、转移、收购、代为销售或者以其他方法掩饰、隐瞒的,处三年以下有期徒刑、拘役或者管制,并处或者单处罚金;情节严重的,处三年以上七年以下有期徒刑,并处罚金。

单位犯前款罪的,对单位判处罚金,并对其直接负责的主管人员和其他直接责任人员,依照前款的规定处罚。

2.《废旧金属收购业治安管理办法》(2023年修订)

第8条第4项 收购废旧金属的企业和个体工商户不得收购下列金属物品:

(四)公安机关通报寻查的赃物或者有赃物嫌疑的物品。

3.《医疗废物管理条例》(2011年修订)

第14条 禁止任何单位和个人转让、买卖医疗废物。

禁止在运送过程中丢弃医疗废物;禁止在非贮存地点倾倒、堆放医疗废物或者将医疗废物混入其他废物和生活垃圾。

第四十七节 《治安管理处罚法》第72条

150. 隐藏、转移、变卖、擅自使用、损毁依法扣押、查封、冻结、扣留、先行登记保存的财物

现行规定

《治安管理处罚法》

第72条第1项 有下列行为之一的,处五日以上十日以下拘留,可以并处一千元以下罚款;情节较轻的,处警告或者一千元以下罚款:

(一)隐藏、转移、变卖、擅自使用或者损毁行政执法机关依法扣押、查封、冻结、扣留、先行登记保存的财物的;

立案与管辖

(一)立案标准

有事实或者相关材料表明,行为人实施了隐藏、转移、变卖、擅自使用或者损毁行政执法机关依法扣押、查封、冻结、扣留、先行登记保存的财物行为的,公安机关应立案调查。行为人对行政执法机关依法扣押、查封、冻结、扣留、先行登记保存的财物实施隐藏、转移、变卖、擅自使用、损毁其中一种或几种行为的,即破坏扰乱了行政执法机关的执法活动。本行为属于选择性的行为,行为人实施了上述活动的一种或多种,公安机关应依法立案查处。

(二)管辖

隐藏、转移、变卖、擅自使用、损毁依法扣押、查封、冻结、扣留、先行登记保存的财物的违反治安管理行为由违法行为地的公安机关管辖。违法行为地包括违法行为发生地和违法结果发生地。违法行为发生地是本行为的实施地,有连续、持续或者继续状态的,连续、持续或者继续实施的地方都属于违法行为发生地。违法结果发生地是本行为的违法所得实际取得地、藏匿地、转移地、使用地。隐藏、转移、变卖、擅自使用、损毁依法扣押、查封、冻结、扣留、先行登记保存的财物的治安案件由违法行为人居住地管辖更为适宜的,由违法行为人居住地公安机关管辖。查处本行为一般由违法行为发生地公安机关负责管辖。实践中,公安派出所执法办案中对发现的本行为进行查处,县级公安机关治安部门通过接受行政执法机关移交的案件线索对本行为进行查处。

证据收集

(一)证据规格

1. 违法嫌疑人的陈述与申辩。

(1)问明违法嫌疑人基本情况,包括有无违法犯罪前科;(2)违法行为的基本情况,包括时间、地点、过程;(3)本违法行为的动机、目的、方法和手段;(4)依法扣押、查封、冻结、扣留、先行登记保存的财物的名称、数量、规格、特征;(5)依法扣押、查封、冻结、扣留、先行登记保存的财物的行政机关的名称以及所依据的事实、理由;(6)实施违法行为对依法扣押、查封、冻结、扣留、先行登记保存的财物造成的结果。

2. 证人证言。

(1)询问证人(对财物依法扣押、查封、冻结、扣留、先行登记保存的行政执法机关的工作人员、其他证人)违法行为发生的时间、地点和过程;(2)违法行为发生的原因;(3)依法扣押、查封、冻结、扣留、先行登记保存的财物的名称、数量、规格和特征;(4)依法扣押、查封、冻结、扣留、先行登记保存财物所依据的事实、理由和法律依据;(5)违法嫌疑人实施违法行为的方法、手段和措施;(6)违法嫌疑人的情况,包括姓名、性别、体貌特征等;(7)违法嫌疑人隐藏、转移、变卖、擅自使用、损毁依法扣押、查封、冻结、扣留、先行登记保存的财物造成的危害或者影响后果。

3. 物证、书证。

(1)依法扣押、查封、冻结、扣留、先行登记保存的财物的实物和照片;(2)有关财物依法扣押、查封、冻结、扣留、先行登记保存的法律文件;(3)违法嫌疑人变卖财物的,应收集买卖中的收据、发票等支付交易凭证。

4. 鉴定意见。

对涉案事实材料可能涉及的技术性问题进行分析、鉴别后的结论,如对财物被损毁、使用情况作出鉴定。

5. 勘验、检查、辨认笔录,现场笔录。

检查笔录记录检查时间、地点、参与人员及发现违法行为的过程,由执法人员及违法嫌疑人、证人签字确认;辨认笔录记录违法行为人对财物的辨认过程、证人对违法嫌疑人的辨认过程;现场笔录记录扣押物品的过程。

6. 视听资料、电子数据。

证明违法嫌疑人实施隐藏、转移、变卖、擅自使用、损毁依法扣押、查封、冻结、扣留、先行登记保存的财物的视频图像;财物被变卖、擅自使用的过程中产生的电子数据等。

7. 其他证据材料。

(1)违法嫌疑人的身份材料,包括户籍证明、身份证、工作证、与原籍联系的电话记录。有前科的,调取法院判决书、行政处罚决定书、释放证明书等有效法律文件。

(2)抓获经过、处警经过、报案材料等。

(二)注意事项

1. 及时调取涉案财物被依法扣押、查封、冻结、扣留、先行登记保存的行政执法凭证。本行为主要是破坏行政执法中被依法扣押、查封、冻结、扣留、先行登记保存的财物的管理秩序，影响行政执法案件办理。因而，调查本行为时，要证明财物已经被行政执法机关依法扣押、查封、冻结、扣留、先行登记保存，需要该行政执法机关对财物采取依法扣押等措施的法律凭证。相关的法律凭证既能证明涉案财物的法律状态，也能通过其送达情况及其上签名证明违法行为人对涉案财物被依法扣押、查封、冻结、扣留、先行登记保存的情况是明知的。

2. 提取财物保管场所的视频资料、电子证据证明违法行为人实施了违法行为。

本行为是多种手段情形的选择，除了损毁以外，并不要求对财物产生实际的损害。也就是说，一般只要行为人实施了相关行为之一就构成本行为。实践中，有的行为人转移、擅自使用涉案财物，从外观上看难以证明违法行为存在，必须通过视频证据作为客观证据证明行为人实施了违法行为。例如，行为人擅自使用行政执法机关扣押的车辆后又返还的，调查取证应提取车辆停放场所的视频资料、车辆行车记录仪中的电子数据等证据。

行为认定

（一）行为构成

1. 本行为侵害的客体是社会管理秩序和国家行政执法机关的执法办案活动。

2. 本行为的客观方面表现为行为人隐藏、转移、变卖、擅自使用或者损毁行政执法机关依法扣押、查封、冻结、扣留、先行登记保存的财物，尚不够刑事处罚。

隐藏，是指秘密地将财物隐蔽藏匿起来，使行政执法机关不能或者难以发现的行为。转移，是指将财物移往他处，脱离行政执法机关的掌握、控制，或者将已经冻结的资金私自取出或转移到其他账户。变卖，是指将财物有偿转让给他人的行为。擅自使用，是指违反法律禁止性规定或者未获有权机关批准而使用财物。损毁是指使用破坏性的手段将财物损坏、毁灭，使物品效用减少或丧失，失去原有的价值及使用价值的行为。

行政执法机关，是指依据法律法规规定具有行政执法权的机关，如公安机关、市场监督管理机关、税务机关、海关等。这里行政机关执法办案活动，是指行政执法办案。

扣押，是指行政执法机关依法采取的将与案件有关的物品予以暂时扣留，不允许当事人占用、使用、转移、处分的行为。查封，是指行政执法机关依法采取的对与案件有关的、需要采取财产保全措施的财物进行清点、登记、加贴封条；就地封存的强制性措施。物品一经查封，未经查封机关批准不得私自去封、使用或者变卖。冻结，是指行政执法机关依法采取的对有关涉案人员在银行或者其他金融机构的存款、资金等，向有关银行等金融机构发出协助执行通知书，不准提取或者转移相关存款的强制性措施。扣留与扣押的内涵相同，在有的行政执法中对特定物品的扣押使用扣留一词，如《道路交通安全法》中的"扣留机动车辆""扣留机动车驾驶证"。先行登记保存，是指行政执法中，在证据可能灭失或者以后难以取得的情况下，经行政机关负责人批准，采取的证据保全措施，具体包括清点保存财物、制作保存证据清单、原地封存物品等。先行登记保存的期限是 7 日,行政机关应当及时作出处理决定,若证据需要进一步固定,可以依法转为扣押、查封等行政强制措施。

3. 本行为的主体是一般主体,即自然人。

4. 本行为的主观方面是故意,而且是直接故意。

(二)本行为与非法处置查封、扣押、冻结的财产罪的区别

《刑法》第 314 条规定:"隐藏、转移、变卖、故意毁损已被司法机关查封、扣押、冻结的财产,情节严重的,处三年以下有期徒刑、拘役或者罚金。"本行为与非法处置查封、扣押、冻结的财产罪在主观方面都是故意,在客观方面表现基本相同,违法行为主要是隐藏、转移、变卖、故意毁损四类行为,本行为的客观方面增加了"擅自使用";违法行为侵害的对象法律状态也基本相同,都是被查封、扣押、冻结的财物、财产,本行为增加两种法律状态(扣留和先行登记保存)。

二者的主要区别是非法处置的对象不同。本行为非法处置的对象限于行政执法机关依法扣押、查封、冻结、扣留、先行登记保存的财物,不包括司法机关扣押、查封、冻结的财产。非法处置查封、扣押、冻结的财产罪处置的对象限于司法机关查封、扣押、冻结的财产,不包括行政执法机关依法扣押、查封、冻结、扣留、先行登记保存的财物。

(三)本行为的侵害对象是否包括公安机关在刑事侦查中扣押、查封、冻结的财物

本行为的事实要件中,侵害的对象是行政执法机关依法扣押、查封、冻结、扣留、先行登记保存的财物。在我国,公安机关的法律地位较为特殊,既是行政执法机关,又是刑事犯罪的侦查机关。在刑事犯罪的侦查中,公安机关应视为司法机关的角色。在刑事案件侦查中,公安机关扣押、查封、冻结的财物被隐藏、转移、变卖、故意毁损的不构成本行为,应构成《刑法》第 314 条的非法处置查封、扣押、冻结的财产罪。

🛡 处罚标准

针对本行为的处罚分为"一般情形"和"情节较轻"。

表 145　隐藏、转移、变卖、擅自使用、损毁依法扣押、查封、冻结、
扣留、先行登记保存的财物行为处罚标准

处罚档次	处罚标准	裁量基准
一般情形	处 5 日以上 10 日以下拘留,可以并处 1000 元以下罚款	/
情节较轻	处警告或者 1000 元以下罚款	①实施违反治安管理行为危害较小,且积极配合公安机关查处的
		②在共同违反治安管理行为中起次要或者辅助作用的
		③其他情节较轻的情形

案例及解析

【基本案情】杨某驾驶半挂车超载40吨，被公安机关某交警大队依法扣留于某超限检测站，杨某接受处罚后即可将车开走。某日8时，超限检测站工作人员检查被扣车辆时，发现该车失踪，经查看监控，发现该车于当日0时许被人开走，遂报警。经查，杨某于当日凌晨到该超限检测站将被扣车辆开走，并将交警大队和超限检测站登记了其手机号码的手机关机。民警通过其家人联系到杨某，经教育，杨某将车开回并对自己转移依法被扣车辆的行为供认不讳。公安机关根据《治安管理处罚法》第72条第1项的规定，对杨某作出了罚款1000元的处罚。

公安机关对杨某作出罚款1000元处罚的法律依据是否正确？

【解析】杨某驾驶的半挂车因超载被交警大队依法扣留，该扣留措施属于《行政强制法》《道路交通安全法》规定的行政强制措施，是行政执法机关为制止违法行为、固定证据而实施的对涉案财物的暂时性控制。杨某在接受处罚前，擅自将被扣车辆开走并关机逃避联系，其行为构成隐藏、转移、变卖、擅自使用、损毁依法扣押、查封、冻结、扣留、先行登记保存的财物的行为。

对杨某的处罚方面，公安机关根据杨某在实施违法行为后，主动将被扣车辆开回的情节，对其按照违法情节较轻来处罚，符合处罚裁量基准的规定，即危害较小，且积极配合公安机关查处。因此，对杨某处以1000元罚款是合法合理的。

关联法条

1.《刑法》（2023年修正）

第314条 【非法处置查封、扣押、冻结的财产罪】隐藏、转移、变卖、故意毁损已被司法机关查封、扣押、冻结的财产，情节严重的，处三年以下有期徒刑、拘役或者罚金。

2.《海关法》（2021年修正）

第92条 海关依法扣留的货物、物品、运输工具，在人民法院判决或者海关处罚决定作出之前，不得处理。但是，危险品或者鲜活、易腐、易失效等不宜长期保存的货物、物品以及所有人申请先行变卖的货物、物品、运输工具，经直属海关关长或者其授权的隶属海关关长批准，可以先行依法变卖，变卖所得价款由海关保存，并通知其所有人。

人民法院判决没收或者海关决定没收的走私货物、物品、违法所得、走私运输工具、特制设备，由海关依法统一处理，所得价款和海关决定处以的罚款，全部上缴中央国库。

3.《税收征收管理法》（2015年修正）

第37条 对未按照规定办理税务登记的从事生产、经营的纳税人以及临时从事经营的纳税人，由税务机关核定其应纳税额，责令缴纳；不缴纳的，税务机关可以扣押其价值相当于应纳税款的商品、货物。扣押后缴纳应纳税款的，税务机关必须立即解除扣押，并归还所扣押的商品、货物；扣押后仍不缴纳应纳税款的，经县以上税务局（分局）局长批准，依法拍卖或者变卖所扣押的商品、货物，以拍卖或者变卖所得抵缴税款。

151. 伪造、隐匿、毁灭证据

🛡 现行规定

《治安管理处罚法》

第72条第2项 有下列行为之一的,处五日以上十日以下拘留,可以并处一千元以下罚款;情节较轻的,处警告或者一千元以下罚款:

(二)伪造、隐匿、毁灭证据……,影响行政执法机关依法办案的;

🛡 立案与管辖

(一)立案标准

有事实或者相关材料表明,行为人实施伪造、隐匿、毁灭证据,影响行政执法机关依法办案的,公安机关应立案调查。任何知道案件真实情况的人,都有作证的义务。故意伪造、隐匿、毁灭证据的行为造成行政执法机关取证难、无法取证或者取得的是假证,难以查清案件真相,影响案件办理。

(二)管辖

伪造、隐匿、毁灭证据的违反治安管理行为由违法行为地的公安机关管辖。违法行为地包括违法行为发生地和违法结果发生地。违法行为发生地是本行为的实施地,有连续、持续或者继续状态的,连续、持续或者继续实施的地方都属于违法行为发生地。违法结果发生地是伪造、隐匿、毁灭证据违法行为的违法所得实际取得地、藏匿地、转移地、使用地。伪造、隐匿、毁灭证据的治安案件由违法行为人居住地管辖更为适宜的,由违法行为人居住地公安机关管辖。查处伪造、隐匿、毁灭证据的违法行为,一般由违法行为发生地公安机关负责管辖。实践中,公安派出所在行政执法中对发现的违法行为进行查处,县级公安机关治安部门根据行政执法机关移送的案件对本违法行为进行查处。

🛡 证据收集

(一)证据规格

1. 违法嫌疑人的陈述与申辩。

(1)问明违法嫌疑人基本情况,包括有无违法犯罪前科;(2)实施本违法行为的时间、地点、目的和动机;(3)实施本违法行为的过程,包括伪造、隐匿、毁灭证据的手段、方式;(4)伪造、隐匿、毁灭证据造成的后果。

2. 证人证言。

(1)询问(行政执法机关工作人员、目击证人)伪造、隐匿、毁灭证据违法行为发生的时间、地点;(2)违法行为人实施本违法行为的过程,包括伪造、隐匿、毁灭证据的手段、方式、目的和动机;(3)伪造、隐匿、毁灭的证据的具体内容;(4)伪造、隐匿、毁灭证据违法行为对行政执法机关依法办案造成的影响;(5)本违法行为人的姓名、性别、体貌特征。

3. 物证、书证。

(1)伪造、隐匿、毁灭的证据实物、照片或其他形式的记录;(2)行政执法机关正在依法办案的证明材料。

4. 鉴定意见。

对伪造、隐匿、毁灭证据行为可能涉及的技术性问题进行分析、鉴别后的结论。

5. 勘验、检查、辨认笔录,现场笔录。

检查笔录记录检查时间、地点、参与人员及发现违法行为的过程,由执法人员及违法嫌疑人、证人签字确认;辨认笔录记录证人对违法行为人的辨认过程;现场笔录记录扣押物品的过程。

6. 视听资料、电子数据。

证明违法嫌疑人伪造、隐匿、毁灭证据的视频图像;伪造、隐匿、毁灭证据过程中形成的电子数据。

7. 其他证据材料。

(1)违法嫌疑人的身份材料,包括户籍证明、身份证、工作证、与原籍联系的电话记录。有前科的,调取法院判决书、行政处罚决定书、释放证明书等有效法律文件。(2)抓获经过、处警经过、报案材料等。

(二)注意事项

1. 收集证明违法行为人伪造、隐匿、毁灭证据是故意的证据。

违法行为人伪造、隐匿、毁灭证据应是故意为之,调查中应注意收集相关证据。例如,违法行为人的陈述和申辩中要体现其明知作为证据的财物、文档与案件办理相关,而有意伪造、隐匿、毁灭证据;在证人证言中,核实违法行为人是否有意规避调查行为而隐匿证据。

2. 收集证据证明伪造、隐匿、毁灭证据的行为对行政执法机关办案造成影响。

本行为成立要求对行政执法机关依法办案造成影响,所以调查取证应能证明行为人实施的伪造、隐匿、毁灭证据行为与行政执法受阻存在直接因果关系。例如,通过视听资料的监控录像证明行为人在收到《调查通知书》后立即转移、销毁证据,而该证据是案件定性的唯一依据。

行为认定

(一)行为构成

1. 本行为侵害的客体是社会管理秩序和行政执法机关的行政执法活动。

2. 本行为的客观方面表现为伪造、隐匿、毁灭证据,影响行政执法机关依法办案,尚不够刑事处罚。

证据包括对违法嫌疑人有利的证据,如主动交代违法行为、检举揭发他人违法犯罪的证据。证据的种类参考《公安机关办理行政案件程序规定》(2020年修正)第26条,包括:物证;书证;被侵害人陈述和其他证人证言;违法嫌疑人的陈述和申辩;鉴定意见;勘验、检查、辨认笔录,现场笔录;视听资料、电子数据7种。本行为中的伪造证据是指证言以外的其他证据种类,如物证、书证、鉴定意见等。

伪造证据是指制作不真实的证据的行为,既包括制作完全虚假不存在的证据,也包括对既存的证据进行加工篡改,从而变更证据效力的行为,也就是变造证据。隐匿证据是指将证据隐藏起来,使他人难以发现的行为。毁灭证据是指故意销毁案件证据,使证据难以显现或者使证据的效力减少、丧失的行为。

本行为对行政执法机关依法办案造成影响,表现为给行政执法机关的调查取证过程、案件事实和违法责任认定带来直接的不利后果。例如,伪造、隐匿、毁灭证据造成证据链不完整,主要证据的证明力丧失或者严重下降,证据提取工作难以推进;导致办案期限延长甚至调查中断,行政执法机关作出的决定错误等。

3. 本行为的主体是一般主体,即个人。主体既可以是行政执法机关办理案件的当事人,也可以是其他人。

4. 本行为的主观方面是故意。

（二）行为人不交出证据的情形能否认定为本行为

当事人配合行政执法机关的调查是法定义务,《行政处罚法》第55条第2款规定,当事人或者有关人员应当如实回答询问,并协助调查或者检查,不得拒绝或者阻挠。在行政机关调查中,当事人或者有关人员不交出证据的情形是否能认定本行为需要根据相关案情综合考量。

一是行政执法机关调查中是否通过书面形式告知当事人提供证据。如果经行政机关书面告知,当事人无正当理由不提供证据,即构成本行为。如果行为人只是一般性的不愿提供,不属于伪造、隐匿、毁灭证据。

二是行为人是否有积极隐匿证据的作为行为。本行为要求行为人隐匿、伪造和毁灭证据,都是积极的作为行为。如果不交出证据的行为人还提出证据找不到、丢失的种种理由来拖延或拒绝提供,则构成本行为。

三是看是否对行政执法机关依法办理案件产生不利的影响。如果不提供证据的行为,导致执法机关调查受阻、事实无法查清或办案效率降低,造成影响,才能构成本行为。

（三）本行为与伪证罪等刑事犯罪的区别

《刑法》规定的伪证罪,辩护人、诉讼代理人毁灭证据、伪造证据、妨害作证罪,帮助毁灭、伪造证据罪是典型的三种妨害司法犯罪。本行为与上述三种刑事犯罪的区别如下。

一是证据范围不同。本行为中的证据范围是行政执法机关办理的行政案件中的证据。伪证罪和辩护人、诉讼代理人毁灭证据、伪造证据、妨害作证罪的证据是刑事诉讼过程中的证据。帮助毁灭、伪造证据罪中的证据则包括刑事诉讼和其他诉讼过程中的证据。

二是行为的主体不同。本行为的主体是一般主体,包括行政执法案件中的当事人、证人等。伪证罪的主体是刑事案件的证人、鉴定人、记录人、翻译人;辩护人、诉讼代理人毁灭证据、伪造证据、妨害作证罪的主体是辩护人、诉讼代理人;帮助毁灭、伪造证据罪的主体是一般主体,即除了刑事诉讼辩护人、诉讼代理人之外的其他人。

三是行为发生的时间不同。本行为发生在行政执法过程中。伪证罪和辩护人、诉讼代理人毁灭证据、伪造证据、妨害作证罪主要发生在刑事诉讼过程中;帮助毁灭、伪造证据罪发生在刑事案件办理过程中,包括刑事诉讼阶段前的公安机关立案侦查阶段,也可以发生在民事诉讼等其他类型的诉讼活动中。

处罚标准

针对本行为的处罚分为"一般情形"和"情节较轻"。

表146 伪造、隐匿、毁灭证据行为处罚标准

处罚档次	处罚标准	裁量基准
一般情形	处5日以上10日以下拘留,可以并处1000元以下罚款	/
情节较轻	处警告或者1000元以下罚款	①实施违反治安管理行为危害较小,且积极配合公安机关查处的
		②在共同违反治安管理行为中起次要或者辅助作用的
		③其他情节较轻的情形

案例及解析

【基本案情】9月9日,陈某在某酒吧内因琐事与林某发生口角,陈某伙同朋友王某对林某实施殴打(扇耳光、推搡),导致林某面部轻微红肿、手臂表皮擦伤(经鉴定为轻微伤)。酒吧经理于某目睹全过程,陈某当场以"给你2000元"为条件,指使于某删除案发时段的监控视频,并要求其向公安机关谎称"监控设备故障,无法调取视频"。

林某报警后,民警到酒吧调取监控时,于某按陈某要求,出具了手写的《监控设备维修说明》,内容为"9月9日监控主机故障,视频监控未开机工作",并坚称视频无法提取。后经检验鉴定,民警发现于某管理的监控设备和电脑中有视频删除操作记录,删除时间与案发时间不足1小时,且其微信转账记录显示陈某向其支付2000元。于某最终承认受指使删除视频并提供虚假证明,导致公安机关无法在48小时内固定殴打行为的直接视频证据,案件调查延误多日。

于某的行为该如何认定和处罚?

【解析】于某通过删除监控视频,使原始录像永久灭失,属于以技术手段使证据无法恢复

的毁灭行为。于某的行为严重影响公安机关对陈某伙同他人殴打林某的治安案件的办理。本案中酒吧监控设备拍摄到的监控视频属于治安案件中的视听资料证据,对于违法行为事实认定和责任认定具有关键作用。因此,于某的行为构成伪造、隐匿、毁灭证据的违反治安管理行为。

于某违反治安管理的行为造成较为恶劣的影响,且不存在情节较轻的情形,应对其处以拘留并处罚款的治安管理处罚。

关联法条

《刑法》(2023年修正)

第305条 【伪证罪】在刑事诉讼中,证人、鉴定人、记录人、翻译人对与案件有重要关系的情节,故意作虚假证明、鉴定、记录、翻译,意图陷害他人或者隐匿罪证的,处三年以下有期徒刑或者拘役;情节严重的,处三年以上七年以下有期徒刑。

第306条 【辩护人、诉讼代理人毁灭证据、伪造证据、妨害作证罪】在刑事诉讼中,辩护人、诉讼代理人毁灭、伪造证据,帮助当事人毁灭、伪造证据,威胁、引诱证人违背事实改变证言或者作伪证的,处三年以下有期徒刑或者拘役;情节严重的,处三年以上七年以下有期徒刑。

辩护人、诉讼代理人提供、出示、引用的证人证言或者其他证据失实,不是有意伪造的,不属于伪造证据。

第307条 【妨害作证罪】以暴力、威胁、贿买等方法阻止证人作证或者指使他人作伪证的,处三年以下有期徒刑或者拘役;情节严重的,处三年以上七年以下有期徒刑。

【帮助毁灭、伪造证据罪】帮助当事人毁灭、伪造证据,情节严重的,处三年以下有期徒刑或者拘役。

司法工作人员犯前两款罪的,从重处罚。

152. 提供虚假证言

现行规定

《治安管理处罚法》

第72条第2项 有下列行为之一的,处五日以上十日以下拘留,可以并处一千元以下罚款;情节较轻的,处警告或者一千元以下罚款:

(二)……提供虚假证言……,影响行政执法机关依法办案的;

立案与管辖

(一)立案标准

有事实或者相关材料表明,行为人提供虚假证言,影响行政执法机关依法办案的,公安机关应立案调查。提供虚假证言的行为干扰行政执法机关对案件事实的认定。无论行为人提供虚假证言是主动虚构还是隐瞒真相,只要客观上造成阻碍行政执法机关依法办案、难以查清案件真相的影响,都属于公安机关应立案查处的行为。

(二)管辖

提供虚假证言的违反治安管理行为由违法行为地的公安机关管辖。违法行为地包括违法行为发生地和违法结果发生地。违法行为发生地是本违法行为的实施地,有连续、持续或者继续状态的,连续、持续或者继续实施的地方都属于违法行为发生地。违法结果发生地是提供虚假证言违法行为的违法所得实际取得地、藏匿地、转移地、使用地。提供虚假证言的治安案件由违法行为人居住地管辖更为适宜的,由违法行为人居住地公安机关管辖。查处提供虚假证言的违法行为一般由违法行为发生地公安机关负责管辖。实践中,公安派出所在行政执法办案中对发现的本违法行为进行查处,县级公安机关治安部门根据行政执法机关移送的案件对本违法行为进行查处。

证据收集

(一)证据规格

1. 违法嫌疑人的陈述与申辩。

(1)问明违法嫌疑人基本情况,包括有无违法犯罪前科;(2)实施本违法行为的时间、地点、目的和动机;(3)实施本违法行为的过程,包括背景、方式;(4)提供虚假证言的具体内容;(5)提供的虚假证言与真实情况之间的差别,证言的虚假程度;(6)提供虚假证言造成的后果。

2. 证人证言。

(1)询问(行政执法机关工作人员、目击证人)提供虚假证言违法行为发生的时间、地点;(2)违法嫌疑人提供虚假证言的过程,包括提供虚假证言的具体内容、方式、目的和动机;(3)提供虚假证言对行政执法机关依法办案造成的影响;(4)虚假证言与真实情况的差别,证言的虚假程度;(5)违法嫌疑人的姓名、性别、体貌特征。

3. 物证、书证。

(1)提供虚假证言的相关记录;(2)行政执法机关正在依法办案的证明材料。

4. 鉴定意见。

对虚假证言可能涉及的技术性问题进行分析、鉴别后的结论。

5. 勘验、检查、辨认笔录,现场笔录。

辨认笔录记录证人对违法嫌疑人的辨认过程;现场笔录记录扣押物品的过程。

6. 视听资料、电子数据。

证明违法嫌疑人提供虚假证言的视频图像;提供虚假证言过程中形成的电子数据。

7. 其他证据材料。

(1)违法嫌疑人的身份材料,包括户籍证明、身份证、工作证、与原籍联系的电话记录。有前科的,调取法院判决书、行政处罚决定书、释放证明书等有效法律文件。(2)抓获经过、处警经过、报案材料等。

（二）注意事项

1. 证明违法嫌疑人在主观上是明知证言的虚假性而故意提供。调查取证必须排除违法嫌疑人因事实认识错误而提供虚假证言的情形。借鉴刑法学中认定虚假证言的折中说，只有当证人证言内容与自己的体验和认识是不一致的，且与客观事实不符，才能成立提供虚假证言的行为。一方面，应通过调取证据证明真实情况，证明违法嫌疑人提供的证言具有客观上的虚假性。另一方面，调查取证不能只证明其提供证言的客观虚假性，还应通过违法嫌疑人的陈述和证人证言，证明其有意提供虚假的证言，具有主观上的故意。如果嫌疑人提供的证言与自己的认识和体验一致，但是出现事实认识错误，导致提供的证言内容与事实不符，其不具有主观上的故意，则不成立本行为。

2. 证明虚假证言对行政机关依法办案的影响。本违法行为成立要求行为对行政执法机关依法办案造成影响，所以调查取证应能证明嫌疑人提供虚假证言的行为与行政执法受阻存在直接因果关系，而且这种影响具有相当程度，足以对行政执法办案产生较严重的不利后果。例如，调取证据证明虚假证言导致行政执法机关调查案件的方向错误，调查期限被拖延，关键的证据被转移、销毁，违法嫌疑人逃跑等。

🛡 行为认定

（一）行为构成

1. 本行为侵害的客体是行政执法机关的行政执法活动秩序。

2. 本行为的客观方面表现为提供虚假证言，影响行政执法机关依法办案。提供，是指作为行政执法案件中被侵害人、证人和其他相关知情人在案件调查中以一定的方式向行政执法机关传送与案件有关的信息的行为，包括信息传递和接受的过程。提供证言的方式有口头、书面、电子等多种。证言又称证人证言，是指了解案件情况的人就其所了解的案件情况所作的口头或者书面的陈述。证言通常的形式是书面的询问笔录。虚假证言必须在主客观方面有一致的虚假性，即证人证言内容与证人主观体验和认识的内容不符，并且与客观事实也不符。虚假证言的内容一种是捏造或者夸大事实，另一种是掩盖或者缩小事实。不论哪种虚假证言，目的都是向行政执法机关掩盖事实，制造假象，影响依法办理案件。

3. 本行为的主体是一般主体，即个人，包括被侵害人、证人和其他相关知情人。

4. 本行为的主观方面是故意。

（二）如果证人不提供证言是否成立本行为

提供虚假证言一般是积极作为行为，所以证人单纯保持沉默，不向行政执法机关作任何陈述的行为不构成本行为。但是，也存在证人在提供证言过程中，在自己对案件事实有认识和体验的前提下，却有选择性地对某些询问内容保持沉默，从而使得证言在整体上成为虚假的证言的情形，这成立提供虚假证言的行为。

(三)本行为与伪证罪的区别

《刑法》第 305 条的伪证罪与本行为的区别,除了在法律性质上不同之外,还有以下区别。

一是行为主体不同。伪证罪的主体限 4 类特殊人员,即刑事诉讼中的证人、鉴定人、记录人、翻译人,且需具备"依法作证或参与诉讼"的身份。本行为的主体是所有向行政执法机关提供虚假证言的人,如证人、被侵害人、知情人等。

二是行为所在的程序阶段不同。伪证罪主要是在刑事诉讼程序中,一般是在立案侦查后到审判终结前的阶段。本行为是在行政执法机关的办案程序中。

三是行为的目的不同。伪证罪主观上必须是"意图陷害他人或者隐匿罪证"。本行为的主观意图没有明确规定,客观上要求影响行政执法机关依法办案。

处罚标准

针对本行为的处罚分为"一般情形"和"情节较轻"。

表 147　提供虚假证言行为处罚标准

处罚档次	处罚标准	裁量基准
一般情形	处 5 日以上 10 日以下拘留,可以并处 1000 元以下罚款	/
情节较轻	处警告或者 1000 元以下罚款	①实施违反治安管理行为危害较小,且积极配合公安机关查处的
		②在共同违反治安管理行为中起次要或者辅助作用的
		③其他情节较轻的情形

案例及解析

【基本案情】驾驶员何某因多次交通违法,驾驶证累计记分即将达 12 分,需重新学习考试。为逃避记分后的学习考试,何某联系到徐某,约定由徐某冒充自己,向交警部门请求"代扣分"处理闯红灯违法记录。在交通违法行为处罚程序的办理过程中,徐某向交警虚构了"驾驶何某车辆闯红灯"的详细过程。民警通过调取路口监控比对车辆实际驾驶人特征,发现徐某与监控中驾驶员不符,最终识破二人的违法行为。

何某和徐某的行为如何认定与处罚?

【解析】何某作为实际违法驾驶人,通过他人"代扣分"逃避记分,属于教唆他人提供虚假证言,其行为本质是通过虚构事实干扰交警部门对交通违法行为的查处,符合《治安管理处罚法》第 72 条第 2 项"提供虚假证言,影响行政执法机关依法办案"的规定,构成教唆提供虚假证言的行为。

徐某直接向交警虚构驾驶过程、提供虚假证言,是"提供虚假证言"的直接实施者,违反《治安管理处罚法》第 72 条第 2 项的规定,构成提供虚假证言的行为。

处罚方面,何某应依据《治安管理处罚法》第17条、第22条和第72条规定,以提供虚假证言行为从重处罚;徐某应依据《治安管理处罚法》第72条规定,按照一般情形处罚。

关联法条

1.《刑法》(2023年修正)

第305条 【伪证罪】在刑事诉讼中,证人、鉴定人、记录人、翻译人对与案件有重要关系的情节,故意作虚假证明、鉴定、记录、翻译,意图陷害他人或者隐匿罪证的,处三年以下有期徒刑或者拘役;情节严重的,处三年以上七年以下有期徒刑。

2.《行政诉讼法》(2017年修正)

第59条第1款第1项、第2项、第3项、第4项、第5项 诉讼参与人或者其他人有下列行为之一的,人民法院可以根据情节轻重,予以训诫、责令具结悔过或者处一万元以下的罚款、十五日以下的拘留;构成犯罪的,依法追究刑事责任:

(一)有义务协助调查、执行的人,对人民法院的协助调查决定、协助执行通知书,无故推拖、拒绝或者妨碍调查、执行的;

(二)伪造、隐藏、毁灭证据或者提供虚假证明材料,妨碍人民法院审理案件的;

(三)指使、贿买、胁迫他人作伪证或者威胁、阻止证人作证的;

(四)隐藏、转移、变卖、毁损已被查封、扣押、冻结的财产的;

(五)以欺骗、胁迫等非法手段使原告撤诉的。

3.《民事诉讼法》(2023年修正)

第114条第1款第1项 诉讼参与人或者其他人有下列行为之一的,人民法院可以根据情节轻重予以罚款、拘留;构成犯罪的,依法追究刑事责任:

(一)伪造、毁灭重要证据,妨碍人民法院审理案件的;

4.《刑事诉讼法》(2018年修正)

第54条第4款 凡是伪造证据、隐匿证据或者毁灭证据的,无论属于何方,必须受法律追究。

153.谎 报 案 情

现行规定

《治安管理处罚法》

第72条第2项 有下列行为之一的,处五日以上十日以下拘留,可以并处一千元以下罚款;情节较轻的,处警告或者一千元以下罚款:

(二)……谎报案情,影响行政执法机关依法办案的;

立案与管辖

(一)立案标准

有事实或者相关材料表明,行为人谎报案情,影响行政执法机关依法办案的,公安机关应立案调查。行为人故意编造虚假的案件情况,向行政执法机关报告的,扰乱了正常的执法办案活动,浪费了行政机关执法资源。因而,公安机关对谎报案情的行为应立案查处,以维护正常的行政执法和社会管理秩序。

(二)管辖

谎报案情的违反治安管理行为由违法行为地的公安机关管辖。违法行为地包括违法行为发生地和违法结果发生地。违法行为发生地是谎报案情违法行为的实施地,有连续、持续或者继续状态的,连续、持续或者继续实施的地方都属于违法行为发生地。违法结果发生地是谎报案情违法行为的违法所得实际取得地、藏匿地、转移地、使用地。谎报案情违法行为人居住地管辖更为适宜的,由违法行为人居住地公安机关管辖。查处谎报案情的违法行为一般由违法行为发生地公安机关负责管辖。实践中,公安派出所在接处警和案件办理中对发现的违法行为进行查处,县级公安机关治安部门对工作中发现的本违法行为进行查处。

证据收集

(一)证据规格

1.违法嫌疑人的陈述与申辩。

(1)问明违法嫌疑人基本情况,包括有无违法犯罪前科;(2)实施本违法行为的时间、地点、目的和动机;(3)实施本违法行为的过程,包括背景、方式;(4)谎报的案情具体内容;(5)向哪个行政机关谎报案情;(6)与谎报案情有关的真实情况;(7)谎报案情造成的后果。

2.证人证言。

(1)询问(行政执法机关工作人员、目击证人)谎报案情违法行为发生的时间、地点;(2)谎报案情的具体内容、方式、目的和动机;(3)谎报案情对行政执法机关依法办案造成的影响;(4)与谎报案情有关的真实情况;(5)谎报案情的人的姓名、性别、体貌特征。

3.物证、书证。

(1)谎报案情的相关记录;(2)证明影响行政执法机关依法办案的证明材料。

4.鉴定意见。

对与谎报案情有关的可能涉及的技术性问题进行分析、鉴别后的结论。

5.勘验、检查、辨认笔录,现场笔录。

检查笔录记录检查时间、地点、参与人员及发现违法行为的过程,由执法人员及违法嫌疑人、证人签字确认;辨认笔录记证人对违法嫌疑人的辨认过程;现场笔录记录扣押物品的过程。

6.视听资料、电子数据。

证明违法嫌疑人谎报案情的视频图像;谎报案情过程中形成的电子数据。

7. 其他证据材料。

（1）违法嫌疑人的身份材料，包括户籍证明、身份证、工作证、与原籍联系的电话记录。有前科的，调取法院判决书、行政处罚决定书、释放证明书等有效法律文件。

（2）抓获经过、处警经过、报案材料等。

(二)注意事项

1. 及时固定报案的原始信息。需要证明嫌疑人谎报的案情内容和主要的实际情况有较大的差别。调查中应调取报案记录，如"110"接警录音、书面报案材料、报案人陈述笔录等，明确其声称的"时间、地点、人物、事件、后果"等核心要素，作为后续比对依据。

2. 细致调查、核实案件的真实情况。谎报案情的行为一般在行政执法机关对案件的调查过程中被发现。案件真实情况应通过现场勘查、调取视频监控、走访证人等调查、核实，进而逐步确认报案内容是否存在客观依据。首先，通过客观证据来判断所报案情是否真实存在。其次，通过信息比对证明所报案情和关键事实存在较大差异，这主要体现在谎报案情对案件的定性、调查方向等有实质性影响。

3. 证明谎报案情给行政执法机关依法办案带来影响。本违法行为成立要求对行政执法机关依法办案造成影响，所以调查取证应能证明嫌疑人谎报案情的行为与行政执法受阻存在直接因果关系，而且这种影响具有相当程度，足以对行政执法办案产生较严重的不利后果。例如，调取证据证明虚假证言导致行政执法机关调查案件的方向错误，调查期限被拖延，调查手段和措施被误用。

行为认定

(一)行为构成

1. 本行为侵害的客体是国家行政执法机关的正常执法办案秩序。

2. 本行为的客观方面表现为行为人谎报案情，影响行政执法机关依法办案。本行为中的谎报是指行为人为了某种目的，故意编造或者歪曲事实，向行政执法机关报告、举报、投诉并不存在的、没有发生的事实。谎报的形式既可以是无中生有、凭空捏造，也可以是篡改事实、夸大案情。

案情是指向行政执法机关报告的案件事实。本行为谎报的案情必须是案件中关键情况、重要事实，直接影响行政执法机关办理案件中的核心问题，如影响案件定性、调查方向等方面的信息。

谎报案情的行为必须是自发向公安机关报告、举报、投诉的行为。如果在公安机关调查过程中编造、歪曲事实，提供虚假信息，不成立本行为，而成立提供虚假证言的行为。如果谎报的案情明显荒谬不可信，不可能影响行政执法机关依法办案的也不构成本行为。

3. 本行为的主体是一般主体，即个人。

4. 本行为的主观方面是故意。行为人由于对事实认识错误而误报案的，不构成本行为。

（二）本行为与"谎报警情"的区别

《治安管理处罚法》第29条第1项规定的虚构事实扰乱公共秩序的行为，包括故意散布谣言，谎报险情、疫情、灾情、警情或者以其他方法故意扰乱公共秩序的行为。其中，谎报警情的行为与本行为较为相似，应注意二者在行为对象、紧迫性及侵害客体上存在差异。

行为对象方面，"谎报案情"的谎报对象是行政执法机关，不仅包括公安机关，还包括其他行政执法机关，如市场监管、综合执法等行政机关。"谎报警情"的主要对象是公安机关，还有消防救援机关。

紧迫性方面，"谎报案情"的案情通常不具有紧迫性，侧重于影响行政执法机关对具体案件的正常查处，如夸大纠纷损失、虚构违法事实。而"谎报警情"的内容多为可能引发公众恐慌的紧迫案（事）件，如谎报有爆炸物品、劫持人质等。

侵害客体方面，"谎报案情"侵害的是行政执法机关依法执法办案秩序。"谎报警情"侵害的是正常的社会公共秩序。当然，故意散布谣言，谎报险情、疫情、灾情、警情的行为客观上会影响行政机关社会管理工作，但主要是造成社会公共秩序的混乱，不直接影响行政执法机关依法办案。

（三）本行为与诬告陷害罪的区别

《刑法》第243条诬告陷害罪，是指故意向公安、监察、司法机关或有关国家机关告发捏造的犯罪事实，意图使他人受刑事追究，情节严重的行为。本行为与诬告陷害罪存在区别。

一是行为人主观意图不同。本行为主观上是故意提供虚假信息，通过干扰行政执法机关的调查活动实现自己目的。例如，编造违法行为的恶劣情节，希望获得更多的执法资源。诬告陷害罪主观上必须具有意图使他人受刑事追究的直接目的，即通过捏造犯罪事实，促使司法机关对无辜者启动刑事侦查、起诉或审判。

二是侵害的客体不同。本行为侵害的客体是行政执法机关正常的依法办案秩序，诬告陷害罪侵害的是他人的人身权利。

三是危害后果不同。本行为的后果客观上影响行政执法机关办案，造成如延误调查、增加执法成本等危害后果。诬告陷害罪要求情节严重才构成，从危害后果上看，其告发的虚假内容应足以引起公安、监察、司法等机关的刑事追究活动。

🛡 处罚标准

针对本行为的处罚分为"一般情形"和"情节较轻"。

表148 谎报案情行为处罚标准

处罚档次	处罚标准	裁量基准
一般情形	处5日以上10日以下拘留，可以并处1000元以下罚款	/

续表

处罚档次	处罚标准	裁量基准
情节较轻	处警告或者1000元以下罚款	①实施违反治安管理行为危害较小,且积极配合公安机关查处的
		②在共同违反治安管理行为中起次要或者辅助作用的
		③其他情节较轻的情形

案例及解析

【基本案情】姜某借用关某的电动车,电瓶被盗后,因担心承担赔偿责任,与关某合谋虚构"有毒物质随电瓶被盗"的情节。二人向公安机关报案称,被盗电瓶的坐垫下有两包(500克)浸泡过毒药的黄豆一同失窃,意图通过夸大案情促使警方快速破案。

公安机关接到报案后高度重视,立即成立专案组,投入40余名警力开展调查,调取40余处监控,耗时12小时查看视频,并发布紧急提示寻找"毒黄豆"以防误食。当日晚,警方抓获盗窃电瓶的嫌疑人张某,但张某供述未发现"毒黄豆"。经调查,姜某、关某承认虚构"毒黄豆失窃"的事实。

姜某和关某的行为应认定为谎报案情还是谎报警情?

【解析】姜某、关某编造"毒黄豆失窃"的虚假案情,属于"谎报案情",其动机是通过捏造虚假案件事实,企图获得公安机关执法办案更多资源,实现其快速找回被盗电瓶的目的。该行为直接导致公安机关投入大量警力资源,干扰了正常执法秩序,符合谎报案情的构成要件。

姜某、关某的行为不成立谎报警情。谎报警情行为侵害的客体是正常的社会公共秩序,造成社会公共秩序混乱。本案中,姜某、关某的行为从主观目的和客观危害方面都不符合谎报警情的构成要件。

关联法条

《刑法》(2023年修正)

第243条 **【诬告陷害罪】**捏造事实诬告陷害他人,意图使他人受刑事追究,情节严重的,处三年以下有期徒刑、拘役或者管制;造成严重后果的,处三年以上十年以下有期徒刑。

国家机关工作人员犯前款罪的,从重处罚。

不是有意诬陷,而是错告,或者检举失实的,不适用前两款的规定。

154. 窝藏、转移、代销赃物

现行规定

《治安管理处罚法》
第 72 条第 3 项　有下列行为之一的,处五日以上十日以下拘留,可以并处一千元以下罚款;情节较轻的,处警告或者一千元以下罚款:
(三)明知是赃物而窝藏、转移或者代为销售的;

立案与管辖

(一)立案标准

有事实或者相关材料表明,行为人明知是赃物而窝藏、转移或代销赃物的,公安机关应立案调查。窝藏、转移、代销赃物的行为为违法犯罪人员提供了处理赃物的便利,危害司法机关和行政执法机关对违法犯罪行为的追查。

(二)管辖

窝藏、转移、代销赃物的违反治安管理行为由违法行为地的公安机关管辖。违法行为地包括违法行为发生地和违法结果发生地。违法行为发生地是窝藏、转移、代销赃物行为的实施地,有连续、持续或者继续状态的,连续、持续或者继续实施的地方都属于违法行为发生地。违法结果发生地是窝藏、转移、代销赃物违法行为的违法所得实际取得地、藏匿地、转移地、使用地。窝藏、转移、代销赃物的治安案件由违法行为人居住地管辖更为适宜的,由违法行为人居住地公安机关管辖。查处窝藏、转移、代销赃物的违法行为一般由违法行为发生地公安机关负责管辖。实践中,公安派出所在治安管理工作中对发现的违法行为进行查处,县级公安机关治安部门也可以根据违法犯罪案件线索对发现的违法行为进行查处。

证据收集

(一)证据规格

1.违法嫌疑人的陈述与申辩。

(1)问明违法嫌疑人基本情况,包括有无违法犯罪前科;(2)实施本违法行为的时间、地点、目的和动机;(3)窝藏、转移、代销的赃物的名称、数量、规格、特征等具体内容;(4)实施本违法行为的过程,包括方法、手段和赃物的所在位置、下落情况;(5)是否明知物品是赃物;(6)窝藏、转移、代销赃物造成的后果;(7)如果是代销赃物,问清楚购买人的情况(姓名、性别、身份、体貌特征等)。

2.证人证言。

(1)询问(以代销中的购买人为例)购买赃物的时间、地点;(2)购买赃物的过程,包括销售信息获得以及购买方式、目的和动机;(3)购买的赃物的名称、数量、规格、特征等情况;(4)购买赃物的途径、支付金额和支付方式;(5)是否知道购买的物品是赃物;(6)询问出售赃物的人员的情况(姓名、性别、身份、体貌特征等);(7)所购买赃物的处置和下落情况。

3.物证、书证。

(1)窝藏、转移、代销的赃物及赃物照片;(2)发票、收据等交易证明材料;(3)与赃物有关的上游违法犯罪的案件材料。

4.鉴定意见。

对窝藏、转移、代销赃物可能涉及的技术性问题进行分析、鉴别后的结论。

5.勘验、检查、辨认笔录,现场笔录。

检查笔录记录检查时间、地点、参与人员及发现违法行为的过程,由执法人员及违法嫌疑人、证人签字确认;辨认笔录记录证人对违法行为人的辨认过程;现场笔录记录扣押物品的过程。

6.视听资料、电子数据。

证明违法嫌疑人窝藏、转移、代销赃物的视频图像;窝藏、转移、代销赃物过程中形成的电子数据。

7.其他证据材料。

(1)违法嫌疑人的身份材料,包括户籍证明、身份证、工作证、与原籍联系的电话记录。有前科的,调取法院判决书、行政处罚决定书、释放证明书等有效法律文件。(2)抓获经过、处警经过、报案材料等。

(二)注意事项

1.调取证据证明违法嫌疑人对赃物是明知的。

本法条明确要求违法嫌疑人是明知赃物而窝藏、转移、代销。明知情节是指违法行为人基于常情和常理已经知道或者应当知道。虽然明知是一种主观的认识状态,但是不能仅凭违法嫌疑人的陈述来认定,还需要通过收集各类证据来证明明知。明知是赃物的,包括嫌疑人知道或者应当知道物品是赃物。对于"知道"而言,相关证据应证明违法嫌疑人对赃物性质的知道是"概括性"的,即物品的来源涉及违法犯罪,并不要求违法嫌疑人确切知道何时、何地、何人违法犯罪的赃物。对于"应当知道"而言,应通过证据推定其知道物品是赃物。例如,物品要价过低、物品与公安机关通报协查的高度相似。

2.通过证据链证明违法嫌疑人的违法行为。

窝藏、转移、代销行为的认定需证明违法嫌疑人实施了具体操作,可以收集多种证据形成完整链条来完成证明。

(1)言词证据方面的证据链。上游违法犯罪嫌疑人的证言证明"委托嫌疑人窝藏、转移、销售赃物",下游购买者的证言证明"从嫌疑人处购买物品,价格异常且无凭证",可与嫌疑人供述中的"帮朋友处理""代为销售"相互印证。

(2)电子数据方面的证据链。违法嫌疑人微信、支付宝转账记录显示收到"销售款"并向上游支付"好处费",结合交易时间可以证明代销行为与上游违法犯罪在时间上的关联性。

行为认定

(一)行为构成

1. 本行为侵害的客体是司法机关、行政执法机关依法办案的正常活动。

2. 本行为的客观方面表现为明知是赃物而窝藏、转移或者代为销售,尚不够刑事处罚。

窝藏是指将赃物隐藏起来,不让他人发现或者替违法犯罪人员保存赃物,使司法机关、行政执法机关不能获得的行为。转移是指行为人将赃物由一个地方通过搬运、携带、邮寄等方式运送到另一个地方的行为。代为销售,简称代销,是指替违法犯罪人员有偿转让赃物的行为,包括向他人推销、介绍买卖赃物。例如收取佣金,在违法犯罪人员和购买人之间牵线搭桥。赃物是指通过盗窃、抢劫等违法犯罪活动所取得的财物。本行为是选择性的,只要行为人实施了窝藏、转移、代销其中的一种行为即构成本行为。如果行为人只是购买了赃物,不成立本行为,而成立收购赃物、有赃物嫌疑的物品行为。

3. 本行为的主体是一般主体,即个人。

4. 本行为的主观方面是故意。法律明确规定明知是赃物的,才能构成本行为。认定本行为时,应排除行为人受到欺骗的确不知道是赃物的情况。

(二)窝藏自己的赃物是否构成本行为

违法犯罪嫌疑人获取赃物后窝藏、转移、代销的行为不构成本行为。本行为窝藏、转移、代销的赃物必须是他人违法犯罪所得的物品,不包括行为人自己违法犯罪所得的财物。如果窝藏、转移、销售的是自己违法犯罪所得的物品,应视为违法犯罪的后续行为,被先违法犯罪行为吸收,不构成本行为。

(三)赃物的认定

1. 本行为的赃物一般表现为财物,即可以通过交换变成金钱的物品;既包括合法流通的物品,也包括违禁物品。违禁物品是国家规定禁止私自制造、销售、购买、使用、持有、储存、运输的物品,如武器弹药、爆炸物品、剧毒物品、放射性物品、病原体等。违禁物品如果是通过违法犯罪所得也是赃物,但是法律有特别规定的,成立其他违法犯罪行为。例如,私藏他人盗窃的枪支弹药的行为构成独立的犯罪行为。

2. 赃物必须是通过违法犯罪活动所得的财物。上游违法犯罪人员通过违法犯罪所直接获得的财物,不包括违法犯罪工具。这里的违法犯罪不一定必须满足违法犯罪的全部构成要件,也不要求上游违法犯罪人员必须受到治安管理或者刑事处罚。例如,未满14周岁的人实施盗窃所得的财物仍然是赃物。

(四)与赃物罪的区别与联系

《刑法》第312条的掩饰、隐瞒犯罪所得、犯罪所得收益罪(即赃物罪或掩隐罪)与本行为的区别如下：

1. 赃物的范围不同。本行为中的赃物包括违法所得和犯罪所得的赃物。赃物罪中的赃物仅指犯罪所得的赃物。

2. 行为方式不同。本行为不包括收购行为，赃物罪的行为方式包括收购赃物。

3. 情节和危害后果不同。相关行为涉及的赃物数量不大，没有造成严重后果的，不够刑事处罚的，构成本行为，否则构成赃物罪。

依据《最高人民法院关于审理掩饰、隐瞒犯罪所得、犯罪所得收益刑事案件适用法律若干问题的解释》第1条的规定，二者之间的联系表现为一年内二次实施窝藏、转移、代销犯罪所得赃物的，第一次即使不够刑事处罚而给予治安管理处罚的，第二次实施的也应认定为赃物罪。

处罚标准

针对本行为的处罚分为"一般情形"和"情节较轻"。

表149　窝藏、转移、代销赃物行为处罚标准

处罚档次	处罚标准	裁量基准
一般情形	处5日以上10日以下拘留，可以并处1000元以下罚款	/
情节较轻	处警告或者1000元以下罚款	①实施违反治安管理行为危害较小，且积极配合公安机关查处的 ②在共同违反治安管理行为中起次要或者辅助作用的 ③其他情节较轻的情形

案例及解析

【基本案情】王某盗窃一辆价值4000元的电动车后联系朋友张某称："我这有辆'黑车'，未上牌，无购车发票，你帮我卖掉，不低于1500元就行，卖得的钱咱俩平分。"张某明知车辆无合法凭证且价格远低于市场价，仍同意代销。

张某通过微信朋友圈发布售车信息："个人闲置电动车，9成新，1500元急出，不议价，自提。"次日，李某联系张某，以1500元现金购买该电动车。张某收到钱后，通过微信转账1000元给王某，自留500元"好处费"。

案发后，公安机关抓获王某，王某供述了委托张某代销的事实。张某辩称"不知道是赃车，只是帮朋友忙"，但李某证实"买车时张某说'来源特殊，别问太多'"。公安机关调取张某与王某的微信聊天记录（含"黑车""平分"等关键词），以及张某的售车朋友圈截图。因电动车已被李某转卖至外地无法追回，公安机关未扣押到赃物实物。

本案中无赃物实物，哪些证据可证明张某实施了"代销"行为？

【解析】本案虽未追回电动车,但通过以下证据可认定"代销"行为:

首先,证明张某明知车辆是赃物的证据。通过张某和王某联系的记录、张某微信朋友圈售车截图较低价格、"急出"、"不议价"等反常描述,可推定张某明知车辆是赃物。

其次,证明张某代销车辆的证据。张某向王某支付1000元"分成"微信转账记录,时间与售车时间吻合;王某供述"委托张某代销",与张某供述中"帮王某卖车"的内容相互印证;李某证言证明"从张某处购得电动车,无发票"。

最后,张某无法提供电动车购车发票等合法凭证,且售车时选择"现金交易""自提",其规避监管的行为进一步证明张某代销赃物的隐蔽性特征。

综上,虽然本案没有扣押赃物电动车,但证据足以证明张某实施了代销赃物的行为。

关联法条

1.《刑法》(2023年修正)

第312条 【掩饰、隐瞒犯罪所得、犯罪所得收益罪】明知是犯罪所得及其产生的收益而予以窝藏、转移、收购、代为销售或者以其他方法掩饰、隐瞒的,处三年以下有期徒刑、拘役或者管制,并处或者单处罚金;情节严重的,处三年以上七年以下有期徒刑,并处罚金。

单位犯前款罪的,对单位判处罚金,并对其直接负责的主管人员和其他直接责任人员,依照前款的规定处罚。

2.《最高人民法院关于审理掩饰、隐瞒犯罪所得、犯罪所得收益刑事案件适用法律若干问题的解释》(法释〔2021〕8号修正)

第1条第1款 明知是犯罪所得及其产生的收益而予以窝藏、转移、收购、代为销售或者以其他方法掩饰、隐瞒,具有下列情形之一的,应当依照刑法第三百一十二条第一款的规定,以掩饰、隐瞒犯罪所得、犯罪所得收益罪定罪处罚:

(一)一年内曾因掩饰、隐瞒犯罪所得及其产生的收益行为受过行政处罚,又实施掩饰、隐瞒犯罪所得及其产生的收益行为的;

(二)掩饰、隐瞒的犯罪所得系电力设备、交通设施、广播电视设施、公用电信设施、军事设施或者救灾、抢险、防汛、优抚、扶贫、移民、救济款物的;

(三)掩饰、隐瞒行为致使上游犯罪无法及时查处,并造成公私财物损失无法挽回的;

(四)实施其他掩饰、隐瞒犯罪所得及其产生的收益行为,妨害司法机关对上游犯罪进行追究的。

155. 违反监督管理规定

现行规定

《治安管理处罚法》

第72条第4项 有下列行为之一的,处五日以上十日以下拘留,可以并处一千元以下罚

款;情节较轻的,处警告或者一千元以下罚款:

（四）被依法执行管制、剥夺政治权利或者在缓刑、暂予监外执行中的罪犯或者被依法采取刑事强制措施的人,有违反法律、行政法规或者国务院有关部门的监督管理规定的行为的。

立案与管辖

（一）立案标准

有事实或者相关材料表明,被依法执行管制、剥夺政治权利或者在缓刑、暂予监外执行中的罪犯或者被依法采取刑事强制措施的人,有违反法律、行政法规或者国务院有关部门的监督管理规定的行为的,公安机关应立案调查。

（二）管辖

违反监督管理规定的违反治安管理行为由违法行为地的公安机关管辖。违法行为地包括违法行为发生地和违法结果发生地。违法行为发生地是违反监督管理规定的违法行为的实施地,有连续、持续或者继续状态的,连续、持续或者继续实施的地方都属于违法行为发生地。违法结果发生地是违反监督管理规定的违法行为的违法所得实际取得地、藏匿地、转移地、使用地。违反监督管理规定的违法行为人居住地管辖更为适宜的,由违法行为人居住地公安机关管辖。查处违反监督管理规定的违法行为一般由违法行为发生地公安机关负责管辖。实践中,被依法执行管制、剥夺政治权利或者在缓刑、暂予监外执行中的罪犯违反监督管理规定的,由执行刑罚的县级矫正机构所在地的县级公安机关负责查处。被依法采取取保候审、监视居住强制措施的人违反监督管理规定的,均由负责执行的县级以上公安机关管辖,具体由居住地派出所开展相关工作。

证据收集

（一）证据规格

1.违法嫌疑人的陈述与申辩。

(1)问明违法嫌疑人基本情况,包括有无违法犯罪前科;(2)实施本违法行为的时间、地点、目的和动机;(3)实施本违法行为的过程,包括方法、手段;(4)实施的行为违反监督管理规定的具体内容;(5)违反监督管理规定造成的后果。

2.证人证言。

(1)询问(监管机关的工作人员)违法嫌疑人违反监督管理规定的时间、地点;(2)违法嫌疑人违反监督管理规定的过程、方式、目的和动机;(3)违法嫌疑人违反的监督管理规定具体内容;(4)违法嫌疑人违反监督管理规定造成的影响;(5)违法嫌疑人被采取监督管理的原因;(6)违法嫌疑人的姓名、性别、身份和体貌特征等。

3.物证、书证。

(1)违法嫌疑人的判决书、正在社区矫正的材料或者被采取强制措施的证明材料;(2)违法嫌疑人违反监督管理规定的其他证明材料。

4. 鉴定意见。

对违反监督管理规定可能涉及的技术性问题进行分析、鉴别后的结论。

5. 勘验、检查、辨认笔录，现场笔录。

检查笔录记录检查时间、地点、参与人员及发现违法行为的过程，由执法人员及违法嫌疑人、证人签字确认；辨认笔录记录证人对违法行为人的辨认过程；现场笔录记录扣押物品的过程。

6. 视听资料、电子数据。

证明违法嫌疑人违反监督管理规定的视频图像；违反监督管理规定所形成的电子数据。

7. 其他证据材料。

（1）违法嫌疑人的身份材料，包括户籍证明、身份证、工作证、与原籍联系的电话记录。
（2）抓获经过、处警经过、报案材料等。

（二）注意事项

1. 调查中要与社区矫正机构做好协调

对于监外执行犯违反监督管理规定的，执行地县级社区矫正机构向公安机关提起治安管理处罚建议书，提请同级公安机关依法予以处罚。在提起治安管理处罚建议书前，社区矫正机构须先调查取证，经司法所合议、评议审核后再提请同级公安机关审批。公安机关应对执行地县级社区矫正机构提交的建议书及相关证据进行严格审查，根据证据调查的情况作出相关处罚决定。

2. 证据收集应针对不同类型的违反监督管理规定行为

常见的违反监督管理规定的行为包括擅自离开居住地、传讯不到案、接触特定人员等。针对不同违规类型，需收集相关证据。对于擅自外出的，应调取交通出行记录、车票、住宿登记、GPS 轨迹、监控录像、证人证言等；对于传讯不到案的，应提取传唤通知书回执、通信记录（证明已通知到本人）、被监管人未到案的书面说明等；对于干扰证人作证的，应及时询问被干扰的证人，记录干扰行为的时间、地点、方式及具体内容，并由证人签字确认。

行为认定

（一）行为构成

1. 本行为侵害的客体是公安、司法机关的监督管理活动。

2. 本行为的客观方面表现为现为监外执行中的罪犯或者被依法采取刑事强制措施的人违反法律、行政法规或者国务院有关部门的监督管理规定，尚不构成新的犯罪的行为。监督管理规定是国家通过法律、行政法规和国务院有关部门专门规定的形式，规范监外执行人员和被采取刑事强制措施人员的行为的法律规范和规定。这些规定对于监外执行人员而言，是为了监督、引导、规制他们的行为，使之不再重新犯罪，尽早重归社会；对于被采取取保候审、监视居住的嫌疑人而言，是通过法律强制性监督管理要求，旨在保障刑事诉讼活动正常进行，防止证据被干扰或司法程序受阻。

3. 本行为的主体是特殊主体,即被依法执行管制、剥夺政治权利或者在缓刑、暂予监外执行中的罪犯或者被依法采取刑事强制措施的人。

4. 本行为的主观方面是故意。

(二) 相关的监督管理规定

本行为的客观方面表现为违反相关监督管理规定。这些监督管理规定有的是法律、行政法规,如《刑事诉讼法》《监狱法》《社区矫正法》;有的则是部门规范性文件,如《社区矫正法实施办法》。监督管理规定的具体内容参见本节关联法条部分。

处罚标准

针对本行为的处罚分为"一般情形"和"情节较轻"。

表 150 违反监督管理规定行为处罚标准

处罚档次	处罚标准	裁量基准
一般情形	处 5 日以上 10 日以下拘留,可以并处 1000 元以下罚款	/
情节较轻	处警告或者 1000 元以下罚款	①实施违反治安管理行为危害较小,且积极配合公安机关查处的
		②在共同违反治安管理行为中起次要或者辅助作用的
		③其他情节较轻的

案例及解析

【基本案情】L 县的王某因犯罪被法院判处有期徒刑三年,缓刑四年。王某在 L 县社区矫正期间多次在没有请假的情况下私自外出,去济南、济宁、临沂、泰安、北京等地。L 县公安局对王某违法行为立案调查,在履行了受案、传唤、询问、调查、告知、送达等法定程序后,对王某行政拘留 7 日并处罚款 300 元的治安管理处罚。

公安机关处罚王某的法律依据是什么?

【解析】王某是缓刑人员,应接受社区矫正。根据《社区矫正法》第 27 条的规定,"社区矫正对象离开所居住的市、县或者迁居,应当报经社区矫正机构批准"。王某多次离开 L 县没有请假,私自外出到其他城市。王某的不请假私自外出的行为违反了关于社区矫正人员外出要请假的监督管理规定。依据《社区矫正法》第 59 条的规定,"社区矫正对象在社区矫正期间有违反监督管理规定行为的,由公安机关依照《中华人民共和国治安管理处罚法》的规定给予处罚"。《治安管理处罚法》第 72 条第 4 项规定了对缓刑人员违反监督管理规定的处罚。

综上,公安机关对王某处罚的法律依据是《社区矫正法》和《治安管理处罚法》的相关条款。

关联法条

1.《刑法》(2023年修正)

第39条 【被管制罪犯的义务与权利】被判处管制的犯罪分子,在执行期间,应当遵守下列规定:

(一)遵守法律、行政法规,服从监督;

(二)未经执行机关批准,不得行使言论、出版、集会、结社、游行、示威自由的权利;

(三)按照执行机关规定报告自己的活动情况;

(四)遵守执行机关关于会客的规定;

(五)离开所居住的市、县或者迁居,应当报经执行机关批准。

对于被判处管制的犯罪分子,在劳动中应当同工同酬。

第75条 【缓刑犯应遵守的规定】被宣告缓刑的犯罪分子,应当遵守下列规定:

(一)遵守法律、行政法规,服从监督;

(二)按照考察机关的规定报告自己的活动情况;

(三)遵守考察机关关于会客的规定;

(四)离开所居住的市、县或者迁居,应当报经考察机关批准。

2.《刑事诉讼法》(2018年修正)

第71条第1款 被取保候审的犯罪嫌疑人、被告人应当遵守以下规定:

(一)未经执行机关批准不得离开所居住的市、县;

(二)住址、工作单位和联系方式发生变动的,在二十四小时以内向执行机关报告;

(三)在传讯的时候及时到案;

(四)不得以任何形式干扰证人作证;

(五)不得毁灭、伪造证据或者串供。

第77条 被监视居住的犯罪嫌疑人、被告人应当遵守以下规定:

(一)未经执行机关批准不得离开执行监视居住的处所;

(二)未经执行机关批准不得会见他人或者通信;

(三)在传讯的时候及时到案;

(四)不得以任何形式干扰证人作证;

(五)不得毁灭、伪造证据或者串供;

(六)将护照等出入境证件、身份证件、驾驶证件交执行机关保存。

被监视居住的犯罪嫌疑人、被告人违反前款规定,情节严重的,可以予以逮捕;需要予以逮捕的,可以对犯罪嫌疑人、被告人先行拘留。

3.《社区矫正法》(2019年)

第27条第1款 社区矫正对象离开所居住的市、县或者迁居,应当报经社区矫正机构批准。社区矫正机构对于有正当理由的,应当批准;对于因正常工作和生活需要经常性跨市、县活动的,可以根据情况,简化批准程序和方式。

第59条 社区矫正对象在社区矫正期间有违反监督管理规定行为的,由公安机关依照《中华人民共和国治安管理处罚法》的规定给予处罚;具有撤销缓刑、假释或者暂予监外执行收监情形的,应当依

4.《社区矫正法实施办法》(2020 年)

第36条　社区矫正对象违反监督管理规定或者人民法院禁止令,依法应予治安管理处罚的,执行地县级社区矫正机构应当及时提请同级公安机关依法给予处罚,并向执行地同级人民检察院抄送治安管理处罚建议书副本,及时通知处理结果。

5.《关于取保候审若干问题的规定》(2022 年)

第19条第1款　被取保候审人未经批准不得离开所居住的市、县。

第28条　被取保候审人构成《中华人民共和国治安管理处罚法》第六十条第四项[①]行为的,依法给予治安管理处罚。

[①] 对应2025年《治安管理处罚法》第72条第4项。

第四十八节 《治安管理处罚法》第73条

156.违反禁止令或者职业禁止决定

> **现行规定**

《治安管理处罚法》

第73条第1项 有下列行为之一的,处警告或者一千元以下罚款;情节较重的,处五日以上十日以下拘留,可以并处一千元以下罚款:

(一)违反人民法院刑事判决中的禁止令或者职业禁止决定的;

> **立案与管辖**

(一)立案标准

有事实或者相关材料表明违法行为人实施了违反人民法院刑事判决中的禁止令或者职业禁止决定的,公安机关应立案调查。该行为包含了两个立案条件:一是行为人已被人民法院刑事判决禁止令或职业禁止决定;二是行为人在禁止令或职业禁止决定生效期间,实施了被明确禁止的行为,如进入特定区域、接触特定人员、从事被禁止职业等。公安机关在工作中发现或接到社区矫正机构、被害人、群众举报等线索,经初查存在违反禁止令或职业禁止决定的客观事实,即可立案。

(二)管辖

违反禁止令案件由违法行为地的公安机关管辖。违法行为地包括违法行为发生地和违法结果发生地。违法行为发生地是指违法行为的实施地,有连续、持续或者继续状态的,连续、持续或者继续实施的地方都属于违法行为发生地。违法结果发生地是违反禁止令的违法所得实际取得地、藏匿地、转移地、使用地。违反禁止令的治安案件由违法行为人居住地管辖更为适宜的,由违法行为人居住地公安机关管辖。查处违反禁止令的行为一般由行为发生地公安机关管辖。对于违反禁止令的行为,由负责执行禁止令的社区矫正机构所在地的县级公安机关查处。对于违反职业禁止决定的,由违法行为发生地的县级公安机关查处。

> **证据收集**

(一)证据规格

1.违法嫌疑人陈述与申辩。

(1)问明违法嫌疑人基本情况,包括有无违法犯罪前科;(2)违反禁止令、职业禁止决定的动机、时间、地点、方式;(3)违反禁止令、职业禁止决定的过程;(4)违反禁止令、职业禁止决定侵害的对象;(5)违反禁止令、职业禁止决定造成的后果;(6)是否知悉禁止令、职业禁止决定内容。

2.证人证言。

(1)违反禁止令、职业禁止决定的嫌疑人的情况;(2)违反禁止令、职业禁止决定的动机、时间、地点、方式;(3)违反禁止令、职业禁止决定的过程;(4)违反禁止令、职业禁止决定侵害的对象;(5)违反禁止令、职业禁止决定造成的后果;(6)禁止令、职业禁止决定的内容。

3.物证、书证。

(1)人民法院出具的刑事判决书原件或复印件,其中应包含对行为人的具体禁止令或职业禁止决定的内容;(2)社区矫正机构出具的违规书面报告;(3)职业资格管理部门提供的从业记录。

4.鉴定意见。

对违反禁止令、职业禁止决定行为可能涉及的技术性问题进行分析、鉴别后的意见。

5.勘验、检查、辨认笔录,现场笔录。

检查笔录记录检查时间、地点、参与人员及发现违法行为的过程,由执法人员及违法嫌疑人、证人签字确认;辨认笔录记录证人对违法行为人的辨认过程;现场笔录记录扣押物品的过程。

6.视听资料、电子数据。

(1)行为人进入禁止区域的监控录像;(2)从事被禁职业的工作记录、合同等;(3)通讯记录、定位数据等证明接触特定人员或进入特定区域的电子痕迹。

7.其他证据材料。

(1)违法嫌疑人的身份材料,包括户籍证明、身份证、工作证、与原籍联系的电话记录;(2)抓获经过、处警经过、报案材料等。

(二)注意事项

1.关于"主观明知"的证明。

需收集行为人签收刑事判决书的回执、社区矫正告知书等,证明其知晓禁止令、职业禁止决定的内容;通过询问笔录固定其"明知故犯"或"重大疏忽"的陈述。

2.关于"情节严重"的认定。

多次违规、造成人身财产损害、对抗社区矫正监管等情形,需调取多次处罚记录、损害鉴定书等证据支撑。

行为认定

(一)行为构成

1.行为侵害的客体是刑事判决执行的监督管理秩序。

2.行为的客观方面表现为违反刑事判决明确的禁止令或职业禁止决定。

禁止令的适用对象是被判处管制和宣告缓刑的罪犯,是一种保安处分。根据《刑法》第38条、第72条的规定,禁止令是法院对犯罪人特定行为的限制,主要包括禁止从事特定活动、进入特定区域或接触特定人员(如被害人、同案犯)。禁止令通过隔离诱发犯罪的环境,降低再犯风险,因而具有特殊预防功能。违反禁止令的行为表现为行为人实施了法院判决中明确禁止的事项,包括从事被禁止的特定活动、进入不得进入的特定区域,或者接触不得接触的特定人员。

职业禁止决定适用对象是因利用职业便利实施犯罪,或者实施违背职业要求的特定义务的犯罪被判处刑罚的罪犯。职业禁止决定也是一种保安处分,在主刑执行完毕后生效,本质是对犯罪人职业权利的剥夺,具有社会防卫功能,防止犯罪人利用职业资格再犯同类罪。违反职业禁止决定的行为表现为行为人直接从事或者间接参与职业禁止决定中禁止其在一定时期内从事的行业和行业相关活动。

3.本行为的责任主体是特殊主体,即被法院判决决定适用禁止令或职业禁止决定的罪犯。

4.主观方面表现为故意或者过失。本行为既可能表现为行为人已通过法定途径(如签收判决书、社区矫正告知书)明确知悉禁令具体内容,理解被禁止行为的性质及法律后果,但仍积极追求违反禁令的结果(如为报复被害人故意进入其居住小区),或放任违规结果发生(如明知酒吧属禁止区域仍以"朋友聚会"为由进入),也可能表现为行为人虽未主动追求违规结果,但未履行注意义务导致违反禁令,即社区矫正机构已明确告知行动限制范围,或行为人具有避免违规的客观能力(如具备阅读禁令文字能力、知晓地理边界),但未履行基本核查义务或未采取合理规避措施。

(二)与拒不执行判决、裁定罪的区别

拒不执行判决、裁定罪(《刑法》第313条),是指对人民法院的判决、裁定有能力执行而拒不执行,情节严重的行为,如拒不归还借款、拒绝腾退房屋。本行为与拒不执行判决、裁定罪有以下区别:

首先,行为侵害的客体不同。拒不执行判决、裁定罪直接侵害司法权威和诉讼秩序,拒不执行的对象不仅是刑事判决和裁定,还包括民事、行政判决和裁定。违反禁止令或者职业禁止决定的行为违反的只是刑事判决中附随的行为限制或职业资格剥夺措施,破坏的是刑事判决执行的监督管理秩序。

其次,行为性质不同。拒不执行判决、裁定罪是刑事犯罪,侵害裁判的核心给付义务如支付赔偿金、返还财产,直接导致权利人权益无法实现。违反禁止令、职业禁止决定的行为是行政违法,违反的是刑事判决中的辅助性约束措施,如禁止进入特定场所、不得从事特定职业,旨在防范再犯风险。

最后,法律后果不同。拒不执行判决、裁定罪可判处3年以下有期徒刑、拘役或者罚金,情节特别严重的,处3年以上7年以下有期徒刑,并处罚金;违反禁令、职业禁止决定的,处以警告或罚款,情节较重的处以治安拘留 5 至 10 日的处罚,可以并处罚款。

此外,拒不执行判决、裁定的行为必须达到情节严重的才构成犯罪。违反禁止令或者职业禁止决定行为没有情节方面的要求,一旦违反即构成。

(三)违反职业禁止决定与违反限制从业的区别

《行政处罚法》第 9 条第 4 项将"限制从业"列为独立的行政处罚种类,区别于警告、罚款、拘留等传统的处罚种类,其本质是对公民、法人"从业资格"的剥夺或限制,具有较强的惩戒性和预防性。"限制从业"主要适用于食品药品、金融、安全生产等特定行业,以及未成年人相关领域行业。违反职业禁止决定行为与违反限制从业有以下区别:

1. 违法行为发生的时间不同。限制从业的时效自行政处罚决定生效之日起算,职业禁止决定自刑罚执行完毕之日或假释之日起算。对于处以管制和宣告缓刑的罪犯,一般适用禁止令。

2. 处罚的适用法律不同。行为人违反职业禁止决定的,适用《治安管理处罚法》第 73 条第 1 项的规定处罚;违反限制从业处罚决定的,一般依据相关行政管理法律法规。例如,违反《食品安全法》第 135 条规定的行业从业限制规定,食品生产经营者雇佣被限制从业处罚的人的,由食品安全监督管理部门吊销许可证。

🛡 处罚标准

针对本行为的处罚分为"一般情形"和"情节较重"两种情形。本行为是 2025 年《治安管理处罚法》新增的违反治安管理行为,相关处罚裁量"情节较重"的情形应结合本违法行为的特点予以认定。

表 151 违反禁止令或者职业禁止决定行为处罚标准

处罚档次	处罚标准	裁量基准
一般情形	处警告或者 1000 元以下罚款	/
情节较重	处 5 日以上 10 日以下拘留,可以并处 1000 元以下罚款	①1 年内因实施本违反治安管理行为被公安机关处罚后又实施的
		②刑罚执行完毕 6 个月内,或者在缓刑、假释期间,实施违反治安管理行为的
		③组织、领导实施违反治安管理行为的,或者在共同违反治安管理行为中起主要作用的
		④被侵害人为精神病人、残疾人、老年人、未成年人、孕妇的
		⑤在突发事件和重大活动期间、突发事件和重大活动发生地、举行地实施违反治安管理行为的
		⑥达到刑事追诉标准,但因犯罪情节轻微,人民检察院作出不起诉决定或者人民法院判决免除刑事处罚的

案例及解析

【基本案情】 王某因为在从事儿童教育过程中对学生进行猥亵,被判有期徒刑3年,缓刑4年,同时判处禁止从事儿童教育、接触儿童及相关活动。在社区服刑期间,王某继续从事儿童教育,且开展一对一辅导,违反了法院的禁止令要求。根据《治安管理处罚法》第73条第1项的规定,王某的行为被确认为违反了禁止令,最终由相关部门对其进行了处罚。

王某在缓刑期间违反法院禁止令继续从事儿童教育,公安机关应如何定性其行为?作出处罚裁量时需重点考量哪些因素?

【解析】 本案中,王某的行为构成违反禁止令的治安违法行为。

首先,王某因猥亵儿童罪被判处有期徒刑,宣告缓刑,同时法院明确禁止其从事儿童教育及接触儿童。该禁止令是刑事判决的组成部分,缓刑期间具有强制约束力。其次,王某在社区服刑期间开展"一对一辅导",实质是持续从事儿童教育行为,直接违反判决中"禁止从事儿童教育"的核心义务。根据《治安管理处罚法》第73条第1项的规定,违反人民法院刑事判决中的禁止令,应受治安管理处罚。

公安机关应综合以下情节作出处罚裁量:

主观上,王某系故意规避监管(如选择隐蔽的一对一辅导模式),反映其明知故犯的主观恶意。危害风险等级上,王某的行为直接接触未成年人,且其前科为性侵儿童犯罪,极易导致再犯,社会危害性显著高于普通违规。情节严重性认定上,应考虑以下因素:一是职业关联性,王某利用教育职业便利再犯同类高危行为;二是受害群体特殊性,侵害对象为法律重点保护的未成年人;三是规避监管手段,王某刻意采取隐蔽形式对抗禁止令执行。因此王某的行为符合"情节较重"标准。

关联法条

1.《刑法》(2023年修正)

第37条之一 【禁业规定】因利用职业便利实施犯罪,或者实施违背职业要求的特定义务的犯罪被判处刑罚的,人民法院可以根据犯罪情况和预防再犯罪的需要,禁止其自刑罚执行完毕之日或者假释之日起从事相关职业,期限为三年至五年。

被禁止从事相关职业的人违反人民法院依照前款规定作出的决定的,由公安机关依法给予处罚;情节严重的,依照本法第三百一十三条的规定定罪处罚。

其他法律、行政法规对其从事相关职业另有禁止或者限制性规定的,从其规定。

第38条 【管制的期限与执行机关】管制的期限,为三个月以上二年以下。

判处管制,可以根据犯罪情况,同时禁止犯罪分子在执行期间从事特定活动,进入特定区域、场所,接触特定的人。

对判处管制的犯罪分子,依法实行社区矫正。

违反第二款规定的禁止令的,由公安机关依照《中华人民共和国治安管理处罚法》的规定处罚。

第72条第2款 宣告缓刑,可以根据犯罪情况,同时禁止犯罪分子在缓刑考验期限内从事特定活动、进入特定区域、场所,接触特定的人。

2.《食品安全法》(2021年修正)

第135条 被吊销许可证的食品生产经营者及其法定代表人、直接负责的主管人员和其他直接责任人员自处罚决定作出之日起五年内不得申请食品生产经营许可,或者从事食品生产经营管理工作、担任食品生产经营企业食品安全管理人员。

因食品安全犯罪被判处有期徒刑以上刑罚的,终身不得从事食品生产经营管理工作,也不得担任食品生产经营企业食品安全管理人员。

食品生产经营者聘用人员违反前两款规定的,由县级以上人民政府食品安全监督管理部门吊销许可证。

157. 拒不执行告诫书

现行规定

《治安管理处罚法》

第73条第2项 有下列行为之一的,处警告或者一千元以下罚款;情节较重的,处五日以上十日以下拘留,可以并处一千元以下罚款:

(二)拒不执行公安机关依照《中华人民共和国反家庭暴力法》《中华人民共和国妇女权益保障法》出具的禁止家庭暴力告诫书、禁止性骚扰告诫书的;

立案与管辖

(一)立案标准

有事实或者相关材料表明,行为人拒不执行公安机关依照《反家庭暴力法》《妇女权益保障法》出具的禁止家庭暴力告诫书、禁止性骚扰告诫书的,公安机关应立案调查。

具体来看,公安机关立案调查,需同时满足以下条件:一是以告诫书生效为前提。公安机关已依法出具生效告诫书,明确载明禁止行为、对象及法律后果。告诫书已送达行为人,以签收回执、见证人证明或公告送达记录为凭。二是存在客观违法事实,即行为人实施与告诫书禁止内容直接冲突的行为,如实施家庭暴力、性骚扰等。

(二)管辖

拒不执行告诫书案件由违法行为地的公安机关管辖。违法行为地包括违法行为发生地和违法结果发生地。违法行为发生地是拒不执行告诫书的行为的实施地,有连续、持续或者继续状态的,连续、持续或者继续实施的地方都属于违法行为发生地。违法结果发生地是拒不执行告诫书的违法所得实际取得地、藏匿地、转移地、使用地。拒不执行告诫书的治安案件由违法行为人居住地管辖更为适宜的,由违法行为人居住地公安机关管辖。拒不执行告诫书的违法行为一般由违法行为发生地公安机关负责管辖。实践中,公安派出所在日常工作和接报警中对发现的违法行为进行查处。

证据收集

(一)证据规格

1. 违法嫌疑人陈述与申辩。

(1)问明违法嫌疑人基本情况,包括有无违法犯罪前科;(2)实施违法行为的时间、地点、目的和动机;(3)实施违法行为的过程,包括方法、手段;(4)实施拒不执行告诫书行为的具体内容;(5)实施拒不执行告诫书行为造成的后果;(6)被侵害对象的情况,行为人与被侵害对象的关系;(7)是否知道公安机关出具告诫书的内容以及拒不执行告诫书的法律后果。

2. 证人证言。

(1)嫌疑人实施拒不执行告诫书行为的时间、地点;(2)嫌疑人拒不执行告诫书行为的过程、方式、目的和动机;(3)嫌疑人拒不执行告诫书具体内容;(4)嫌疑人拒不执行告诫书行为造成的后果;(5)公安机关向嫌疑人出具告诫书的原因;(6)嫌疑人是否知道公安机关出具告诫书的内容;(7)嫌疑人的姓名、性别、身份和体貌特征,本人与嫌疑人的关系等。

3. 物证、书证。

(1)公安机关出具告诫书;(2)告诫书的送达证明材料;(3)行为人发送的性骚扰内容的信息等其他证明材料。

4. 鉴定意见。

对拒不执行告诫书行为可能涉及的技术性问题进行分析、鉴别后的意见,伤情鉴定、医疗诊断记录等。

5. 勘验、检查、辨认笔录,现场笔录。

检查笔录记录检查时间、地点、参与人员及发现的违法行为的过程,由执法人员及违法嫌疑人、证人签字确认;辨认笔录记录证人对违法行为人的辨认过程;现场笔录记录扣押物品的过程。

6. 视听资料、电子数据。

证明嫌疑人实施拒不执行告诫书行为的视频图像;拒不执行告诫书过程中形成的电子数据,如记录嫌疑人活动轨迹的电子数据、社交媒体图文等网络骚扰证据。

7. 其他证据材料。

(1)违法嫌疑人的身份材料,包括户籍证明、身份证、工作证、与原籍联系的电话记录。(2)抓获经过、处警经过、报案材料等。

(二)注意事项

1. 及时固定家庭暴力或者性骚扰行为的证据。

对于拒不执行禁止家庭暴力告诫书的,调查时需重点收集加害人违反告诫书的证据,包括但不限于公安机关出警记录、讯问笔录、报警回执、受害人陈述、证人证言、视听资料、电子数据、医疗机构诊断证明及伤情鉴定意见等。若加害人曾出具悔过书或保证书,也可作证明其拒不执行的证据。

对于拒不执行禁止性骚扰告诫书的,调查中要详细记录受害人对再次骚扰行为的描述,如言语侮辱、肢体触碰、发送淫秽信息等,同步制作辨认笔录并注明是否与告诫书禁止的行为模式一致。当事人对性骚扰行为认定有异议的,公安机关可以通过模拟实验来确定与违法行为有关的事实或者现象是否可能发生,以及行为是否产生性骚扰的危害后果等争议问题。

2. 调查中应注意保护个人隐私和合法权利。

本行为调查中涉及较多的个人隐私,影响到家庭和工作领域,对当事人产生的影响较为敏感。调查中应注意保护当事人隐私,通过合法程序收集证据,保障当事人合法权利,避免泄露个人隐私或激化矛盾。例如,对涉及受害人个人信息(如住址、病历、敏感内容)的证据应注意妥善保管,避免扩散产生二次伤害。调查中对电子证据需通过合法程序提取,严禁通过非法监听、偷拍等方式获取证据。调查询问性骚扰受害人时,有条件的应安排同性别民警开展工作。调查家暴案件涉及未成年人时需监护人在场,且不应重复询问创伤细节。

🛡 行为认定

(一)行为构成

1. 行为侵害的客体是社会管理秩序。公安机关依法出具的告诫书具有行政命令效力,拒不执行的行为直接破坏公权力机关的执法权威与社会管理秩序。

2. 行为的客观方面表现为拒不执行公安机关依照《反家庭暴力法》《妇女权益保障法》出具的禁止家庭暴力告诫书、禁止性骚扰告诫书。

拒不执行是指明知应当履行告诫书中的法律义务,且具备履行能力,却故意以作为或不作为方式拒绝履行。本行为中拒不执行的表现形态分为作为形态和不作为形态。作为形态即主动实施告诫书禁止的行为,如殴打、猥亵、发送骚扰信息;不作为形态即拒不履行告诫书要求的积极义务,如未搬离共有住房、未停止经济控制。本行为不要求实际损害发生,行为本身已形成危险状态,如半夜敲受害人房门;若造成轻微伤、精神损害等后果,则行为升级为"情节较重"。

出具是指公安机关作为法定主体,依照法定程序,依据事实和法律规定制作并发出具有法律效力或法律意义的文书的行为。出具生效告诫书是本违法行为成立的前提。也就是说,公安机关已依法对行为人的禁止行为实施告诫,如"禁止实施家暴""禁止接近受害人",由此形成对于特定行为人危害状态的防范和管控的秩序。

家庭暴力是指家庭成员之间以殴打、捆绑、残害、限制人身自由以及经常性谩骂、恐吓等方式实施的身体、精神等侵害行为。

性骚扰是指违背他人意愿,以言语、文字、图像、肢体行为等方式对他人实施与性有关的侵扰或羞辱行为,导致对方感到不悦、不适或精神损害。《民法典》第1010条明确规定,性骚扰行为方式包括言语、文字、图像、肢体行为等,受害人有权依法请求行为人承担民事责任。

3. 行为的责任主体是一般主体,即具有责任能力的自然人。

4. 主观方面表现为故意。

（二）家庭暴力与家庭纠纷的区别

家庭暴力,是指家庭成员之间以殴打、捆绑、残害、限制人身自由以及经常性谩骂、恐吓等方式实施的身体、精神等侵害行为。家庭纠纷,是指日常生活琐事引发的普通矛盾,双方地位平等,目的是解决问题或表达情绪,不具有违法性。二者有较为明显的区别。

一是行为人目的不同。家庭暴力是侵犯人权的违法甚至犯罪行为,核心特征是通过暴力、威胁等手段建立控制与被控制的不平等关系,具有持续性、严重性。家庭纠纷是家庭成员对生活中的问题未达成一致意见,行为偶然发生,多表现为口角或轻微争执,缺乏持续控制意图。

二是法律对二者的处理方式不同。家庭纠纷以调解疏导为主,优先通过协商或第三方调解修复关系,不涉及法律制裁。家庭暴力情节较轻,依法不给予治安管理处罚的,由公安机关对加害人给予批评教育或者出具告诫书。拒不执行禁止家庭暴力告诫书的,公安机关对行为人给予治安管理处罚。家庭暴力情节严重,构成刑事犯罪的,应追究刑事责任。

（三）性骚扰与猥亵行为的区别

性骚扰是指违背他人意愿,以言语、文字、图像、肢体行为等方式对他人实施与性有关的侵扰或羞辱行为,导致对方感到不悦、不适或精神损害。猥亵行为是指以性交以外的一切满足自己性欲,或者足以引起他人性欲的淫秽行为。二者的区别如下：

一是行为目的不同。性骚扰的目的多为满足个人性欲或实施性别歧视,通过言语、动作等对他人进行不必要的干扰,如言语挑逗、发送淫秽信息等。而猥亵的目的更直接指向追求性刺激,以满足行为人变态性欲,如通过肢体接触获取性快感。

二是行为方式不同。性骚扰的行为方式多样,涵盖言语、文字、肢体接触等,但通常不涉及性器官接触,如职场中频繁对同事发送性暗示信息等。猥亵则表现为对他人身体隐私部位（如胸部、臀部）的直接抠摸、搂抱等淫秽行为,且可能涉及性器官接触,具有更强的侵犯性。

三是法律后果不同。实施性骚扰的,公安机关应对行为人进行批评教育,也可以出具告诫书。性骚扰构成违反治安管理的,例如,发送淫秽信息被认定为性骚扰、拒不执行禁止性骚扰告诫书的,公安机关对行为人予以治安管理处罚。猥亵行为违反治安管理的,给予治安管理处罚。猥亵若情节严重,则可能构成《刑法》中的强制猥亵、侮辱罪。

处罚标准

针对本行为的处罚分为"一般情形"和"情节较重"两种情形。本行为是 2025 年《治安管理处罚法》新增违反治安管理行为,相关处罚裁量"情节较重"的情形应结合本违法行为的特点予以认定。

表152　拒不执行告诫书行为处罚标准

处罚档次	处罚标准	裁量基准
一般情形	处警告或者1000元以下罚款	/
情节较重	处5日以上10日以下拘留,可以并处1000元以下罚款	①一年内因实施本违反治安管理行为被公安机关处罚后又实施的
		②刑罚执行完毕6个月内,或者在缓刑、假释期间,实施违反治安管理行为的
		③组织、领导实施违反治安管理行为的,或者在共同违反治安管理行为中起主要作用的
		④被侵害人为精神病人、残疾人、老年人、未成年人、孕妇的
		⑤在突发事件和重大活动期间、突发事件和重大活动发生地、举行地实施违反治安管理行为的
		⑥达到刑事追诉标准,但因犯罪情节轻微,人民检察院作出不起诉决定或者人民法院判决免除刑事处罚的

案例及解析

【基本案情】魏某因家庭琐事在商业街附近对妻子实施殴打。警方接到报警后,迅速出警并制止了暴力行为。随后,公安机关向魏某发出《家庭暴力告诫书》,警告其不得再次实施家庭暴力。然而,10日后魏某拒不执行告诫书,继续对妻子施暴。最终,公安机关依法对魏某处以行政拘留10日,并罚款500元。魏某成为当地首个因拒不执行《家庭暴力告诫书》而被行政拘留的人。

魏某在收到公安机关出具的《家庭暴力告诫书》后继续对妻子施暴,公安机关对其处以行政拘留10日并罚款500元是否合法?

【解析】对魏某的行为处罚且符合法律规定,主要依据是其行为已构成《治安管理处罚法》第73条第2项的拒不执行告诫书的违反治安管理行为,且情节较重。首先,魏某的违法性要件充分成立。公安机关首次处置魏某当街殴打妻子时,依据《反家庭暴力法》第16条出具《家庭暴力告诫书》,其明确禁止魏某再次实施家暴,且经合法送达,魏某签收即视为知悉义务,该文书具有法定约束力。其次,魏某在告诫书送达后10日内继续施暴,其行为直接违反告诫书载明的禁止性要求,符合"拒不执行"的核心要件。最后,公安机关对魏某的处罚基于三重"情节较重"要素:一是行为公然性。魏某首次施暴发生在公共场所,侵害行为暴露于公共视野,加剧社会秩序破坏。二是对抗监管的连续性。在公安机关明确警示后短期内(10日)再犯,反映出其对公权力监管的蓄意漠视。三是受害关系的特殊性。针对妻子这一亲密关系人反复施暴,凸显对家庭伦理与社会基础秩序的破坏。

如果魏某的再次施暴行为构成殴打、故意伤害他人,公安机关应同时对其殴打、故意伤害他人行为调查处罚。

关联法条

1.《反家庭暴力法》(2015年)

第16条 家庭暴力情节较轻,依法不给予治安管理处罚的,由公安机关对加害人给予批评教育或者出具告诫书。

告诫书应当包括加害人的身份信息、家庭暴力的事实陈述、禁止加害人实施家庭暴力等内容。

2.《妇女权益保障法》(2022年修订)

第80条第1款 违反本法规定,对妇女实施性骚扰的,由公安机关给予批评教育或者出具告诫书,并由所在单位依法给予处分。

158. 违反禁止接触措施

现行规定

《治安管理处罚法》

第73条第3项 有下列行为之一的,处警告或者一千元以下罚款;情节较重的,处五日以上十日以下拘留,可以并处一千元以下罚款:

(三)违反监察机关在监察工作中、司法机关在刑事诉讼中依法采取的禁止接触证人、鉴定人、被害人及其近亲属保护措施的。

立案与管辖

(一)立案标准

有事实或者相关材料表明,行为人实施违反监察机关在监察工作中、司法机关在刑事诉讼中依法采取的禁止接触证人、鉴定人、被害人及其近亲属保护措施的,公安机关应立案调查。立案应满足两个条件:一是监察机关或司法机关已依法作出生效禁止接触决定,采取了保护措施,明确了禁止接触的范围及期限等内容。二是行为人实施了直接或变相接触行为。

(二)管辖

违反禁止接触措施案件由违法行为地公安机关管辖。违法行为地包括违法行为发生地和违法结果发生地。违法行为发生地是违反禁止接触措施行为的实施地,有连续、持续或者继续状态的,连续、持续或者继续实施的地方都属于违法行为发生地。违法结果发生地是违反禁止接触措施的行为违法所得实际取得地、藏匿地、转移地、使用地。违反禁止接触措施的治安案件由违法行为人居住地管辖更为适宜的,由违法行为人居住地公安机关管辖。违反禁止接触措施的违法行为一般由违法行为发生地公安机关负责管辖。实践中,县级公安机关在刑事案件侦查中对发现违反禁止接触措施行为进行查处，也应配合监察机关、人民法院、人民检察院，对发现的违反禁止接触措施行为进行查处。

证据收集

(一)证据规格

1. 违法嫌疑人陈述与申辩。

(1)问明违法嫌疑人基本情况，包括有无违法犯罪前科；(2)实施违反禁止接触措施行为的时间、地点、目的和动机；(3)实施违反禁止接触措施行为的过程，包括方法、手段；(4)实施违反禁止接触规定措施的具体内容；(5)违反禁止接触措施行为中接触对象的情况，包括姓名、性别、身份、体貌特征等；(6)违反禁止接触措施造成的后果。

2. 证人证言。

(1)嫌疑人实施违反禁止接触措施的时间、地点；(2)嫌疑人违反禁止接触措施的过程、方式、目的和动机；(3)嫌疑人违反禁止接触措施的具体内容；(4)嫌疑人违反禁止接触措施造成的影响；(5)嫌疑人被采取禁止接触措施的原因；(6)嫌疑人的姓名、性别、身份和体貌特征等。

3. 物证、书证。

(1)监察机关、司法机关作出的采取禁止接触措施的证明材料；(2)违法嫌疑人收到的禁止接触措施的告知书等证明材料。

4. 鉴定意见。

对违反禁止接触规定的行为中可能涉及的技术性问题进行分析、鉴别后的意见。

5. 勘验、检查、辨认笔录，现场笔录。

检查笔录记录检查时间、地点、参与人员及发现的违法行为的过程，由执法人员及违法嫌疑人、证人签字确认；辨认笔录记录证人对违法行为人的辨认过程；现场笔录记录扣押物品的过程。

6. 视听资料、电子数据。

证明违反禁止接触措施过程中生成的音视频，违反禁止接触措施形成的电子数据。

7. 其他证据材料。

(1)违法嫌疑人的身份材料，包括户籍证明、身份证、工作证、与原籍联系的电话记录。(2)抓获经过、处警经过、报案材料等。

(二)注意事项

1. 调查取证证明禁止接触措施的告知书已送达嫌疑人。

本行为是嫌疑人明知监察机关、司法机关采取禁止接触的措施而故意违反，所以调查取证中应证明嫌疑人明知自己是禁止接触被采取禁止接触措施的人员。证明嫌疑人明知的情节，不能只依靠违法嫌疑人的供述，还应提取嫌疑人收到的禁止接触措施的告知书，以及告知书送达的证明材料。此外，通过相关证人证言，证明嫌疑人知道自己属于禁止接触证人、鉴定人、被害人及其近亲属的特定人员。

2.注意收集证明违法情节较重的证据。

禁止接触措施旨在将证人、鉴定人、被害人及其近亲属置于特殊保护之下,以有利于监察调查和刑事诉讼活动的开展。本行为如果严重影响到对上述人员的保护,危害监察调查和刑事诉讼活动开展,应认定为情节较重。调查应收集接触的过程、方法手段等方面证据,证明嫌疑人对抗禁止接触措施的主观恶性。还应收集接触行为对证人等人员的影响,以及接触行为对监察调查和刑事诉讼活动带来的不利后果,以证明其违法情节较重。

行为认定

(一)行为构成

1.行为侵害的客体是监察活动和司法程序的正常秩序。

2.行为的客观方面表现为违反监察机关在监察工作中、司法机关在刑事诉讼中依法采取的禁止接触证人、鉴定人、被害人及其近亲属的保护措施。

接触是指通过见面、电话、网络通讯等方式联系被禁止接触对象,或通过第三人转达信息、在特定区域活动等间接方式接触,干扰其正常工作生活,从而影响监察工作和刑事诉讼活动。行为具体表现为以作为形式主动实施的接触行为,既包括直接接触,如当面威胁、电话骚扰、利用社交媒体通信留言等,也包括间接的接触,如委托他人传达信息、有意让对方看到自己在社交媒体、网络平台发布的信息等。接触既可以是秘密的,也可以是在公开场合接触。

实践中,接触不仅包括直接接触转递信息,还有在特定场所"偶遇"、利用公开信息暗示等间接方式。接触的形式如当面威胁、寄送信件物品、委托第三人传话,或实施干扰行为,如跟踪、在住所周边蹲守、拦截人员车辆等。

3.行为的主体是特殊主体,即必须是被列为禁止与证人、鉴定人、被害人及其近亲属接触的特定人员。

4.行为的主观方面为故意。

(二)与妨害作证罪的区别与联系

妨害作证罪(《刑法》第307条第1款),是指以暴力、威胁、贿买等方法阻止证人作证或者指使他人作伪证的行为。本行为与妨害作证罪之间存在以下区别。

首先,行为性质上,违反禁止接触措施是《治安管理处罚法》设定的违反治安管理行为,侵害的是司法机关为保障诉讼参与人安全而设置的"程序隔离带",本行为侧重对司法防护秩序的危害。《刑法》规定的妨害作证罪,目的是惩罚对证人作证内容的实质性干扰。

其次,行为表现上,违反禁止接触措施的是行为人采取直接或者间接的方式试图突破司法机关设置的物理或通讯隔离措施,如靠近被保护人住所、发送信息,无须证实是否影响证人作证。妨害作证罪是行为人以暴力、威胁、贿买等方法阻止证人作证或者指使他人作伪证。

最后,结果归责上,违反禁止接触措施行为只需产生程序风险即构成违法,如证人因被接触而心理不安,公安机关可对首次违规独立处罚。妨害作证罪则要求行为达到一定的结果,即只有客观上阻止了证人作证或者使他人作出了伪证,才成立妨害作证罪的既遂。

🛡 处罚标准

针对本行为的处罚分为"一般情形"和"情节较重"两种情形。本行为是 2025 年《治安管理处罚法》新增的违反治安管理行为,相关处罚裁量"情节较重"的情形应结合本违法行为的特点予以认定。

表 153 违反禁止接触措施行为处罚标准

处罚档次	处罚标准	裁量基准
一般情形	处警告或者 1000 元以下罚款	/
情节较重	处 5 日以上 10 日以下拘留,可以并处 1000 元以下罚款	①一年内因同种违法行为被公安机关处罚后又实施的
		②刑罚执行完毕 6 个月内,或者在缓刑、假释期间,实施违反治安管理行为的
		③组织、领导实施违反治安管理行为的,或者在共同违反治安管理行为中起主要作用的
		④被侵害人为精神病人、残疾人、老年人、未成年人、孕妇的
		⑤在突发事件和重大活动期间,突发事件和重大活动发生地、举行地实施违反治安管理行为的
		⑥达到刑事追诉标准,但因犯罪情节轻微,人民检察院作出不起诉决定或者人民法院判决免除刑事处罚的

🛡 案例及解析

【基本案情】李某因涉嫌单位行贿罪被监察机关立案调查,关键证人张某(某国有企业采购部主任)向监察机关提供了李某通过虚增采购金额行贿的证言。为保障张某安全及作证真实性,监察机关依法对李某作出禁止接触张某及其近亲属的保护措施,明确禁止李某通过当面、电话、网络通讯、委托第三人等任何方式接触张某。

调查期间,李某多次尝试联系张某未果后,指使公司员工王某(与张某相识)以"协调工作"名义约张某在某咖啡馆见面,王某转达李某"希望张某顾全大局,不要提供对其不利的证言"的要求,并暗示可给予"经济补偿"。张某当场拒绝并向监察机关报告,监察机关通过王某的通话记录、咖啡馆监控录像及张某的陈述,证实李某实施了违反禁止接触措施的行为。

李某的行为能否被认定违反治安管理行为?

【解析】《监察法实施条例》规定,监察机关在调查职务违法犯罪案件时,可以对被调查人采取禁止接触特定人员的保护措施,以防止证人受到干扰或威胁。李某作为被调查人,明知监察机关已明确禁止其接触证人张某,仍通过委托第三人王某转达信息并试图影响证人证言的行为,属于间接接触被禁止接触的证人的行为。

根据《治安管理处罚法》第73条第3项的规定，李某委托王某接触证人张某的行为构成了违反治安管理。如果李某的行为进一步构成《刑法》第307条第1款"妨害作证罪"，即以暴力、威胁、贿买等方法阻止证人作证或者指使他人作伪证的，则需移送司法机关追究刑事责任。

> **关联法条**

1.《刑法》(2023年修正)

第307条第1款　【妨害作证罪】以暴力、威胁、贿买等方法阻止证人作证或者指使他人作伪证的，处三年以下有期徒刑或者拘役；情节严重的，处三年以上七年以下有期徒刑。

2.《刑事诉讼法》(2018年修正)

第64条第1款第3项、第4项，第2款　对于危害国家安全犯罪、恐怖活动犯罪、黑社会性质的组织犯罪、毒品犯罪等案件，证人、鉴定人、被害人因在诉讼中作证，本人或者其近亲属的人身安全面临危险的，人民法院、人民检察院和公安机关应当采取以下一项或者多项保护措施：

（三）禁止特定的人员接触证人、鉴定人、被害人及其近亲属；

（四）对人身和住宅采取专门性保护措施；

证人、鉴定人、被害人认为因在诉讼中作证，本人或者其近亲属的人身安全面临危险的，可以向人民法院、人民检察院、公安机关请求予以保护。

3.《监察法实施条例》(2025年修订)

第97条第1款，第2款第2项、第3项　证人、鉴定人、被害人因作证，本人或者近亲属人身安全面临危险，向监察机关请求保护的，监察机关应当受理并及时进行审查；对于确实存在人身安全危险的，监察机关应当采取必要的保护措施。监察机关发现存在上述情形的，应当主动采取保护措施。

监察机关可以采取下列一项或者多项保护措施：

（二）禁止特定的人员接触证人、鉴定人、被害人及其近亲属；

（三）对人身和住宅采取专门性保护措施；

第四十九节 《治安管理处罚法》第 74 条

159. 脱　　逃

现行规定

《治安管理处罚法》

第 74 条　依法被关押的违法行为人脱逃的,处十日以上十五日以下拘留;情节较轻的,处五日以上十日以下拘留。

立案与管辖

（一）立案标准

有事实材料证明,依法被关押的违法行为人为逃避执行行政拘留、强制戒毒,采用暴力或非暴力的手段从被关押场所脱逃的违法行为存在,公安机关应立案查处。如果行为人正在实施脱逃行为,没有逃出关押场所的,被发现后停止脱逃或者被制止的,不应立案,而应依据《拘留所条例》《公安机关强制隔离戒毒所管理办法》等法规的规定对行为人予以训诫、责令具结悔过。

（二）管辖

脱逃案件一般由违法行为地的公安机关管辖。违法行为地包括了违法行为发生地和违法结果发生地。违法行为发生地是脱逃行为的实施地,违法行为具有连续、持续或者继续状态的,连续、持续或者继续实施的地方都属于违法行为发生地。违法结果发生地是脱逃关押行为实施后,违法行为人的藏匿地、转移地。实践中,一般应由关押行为人场所所在地公安机关管辖。如果由查处前违法行为的原办案公安机关管辖更为适宜,也可以由原办案公安机关管辖。

证据收集

（一）证据规格

1. 违法嫌疑人的陈述和申辩。

（1）问明违法嫌疑人基本情况,包括有无违法犯罪前科。（2）实施违法行为的动机、目的。例如,是否是因为害怕受到更严厉的处罚、想要逃避监管等心理因素。（3）实施违法行为时间、地点、起因、手段、经过、后果等。要求违法嫌疑人详细陈述其脱逃的具体过程,包括脱逃的时间、地点、方式、逃跑路线等。例如,是通过何种手段（如攀爬监围起栏、破坏门窗等）脱逃,脱逃后去了哪里,以及如何躲避追踪等。

2.证人证言。

(1)看押人员的证言:收集拘留所等关押场所民警的证言,证实违法嫌疑人在关押期间的表现、日常监管情况以及发现其脱逃时的具体情形,如是否有异常举动、是否遵守监规等。

(2)同监室在押人员的证言:询问与违法嫌疑人同监室的其他在押人员,了解其是否有脱逃的预谋、谋划过程,以及在脱逃前后的言行表现,是否存在与其他人员勾结或传递信息等情况。

(3)其他知情人的证言:包括可能目击到违法嫌疑人脱逃过程的其他人员,如在关押场所周边的工作人员、过往的行人等,他们的证言可以补充和完善对脱逃行为的完整还原。

3.物证、书证。

(1)脱逃使用的工具及相关物品:收集违法嫌疑人在脱逃过程中使用的工具,如工具刀、绳索、伪造的证件等。

(2)反映关押场所设施损坏情况的照片:展示因脱逃行为造成的关押场所设施损坏,如破损的门窗、围栏、监控设备等。

(3)关押记录及相关文书:调取违法嫌疑人的关押登记表、入所健康检查表、行政处罚决定书、责令强制戒毒决定书等。

4.鉴定意见。

(1)痕迹鉴定:在脱逃现场留下的指纹、足迹、工具痕迹等。(2)生物物证鉴定:现场提取到的毛发、血液、唾液等生物样本。

5.勘验、检查、辨认笔录,现场笔录。

(1)现场勘验笔录:脱逃现场的方位、环境、设施状况以及与脱逃行为有关的痕迹、物品等。

(2)人身检查笔录:对违法嫌疑人进行人身检查,查看其身体上是否有在脱逃过程中受伤的痕迹,检查其随身携带的物品是否与脱逃行为有关。

(3)辨认笔录:组织监管人员、同监室在押人员等对违法嫌疑人进行辨认,确认实施脱逃行为的人是否为该违法嫌疑人;同时,也可以让违法嫌疑人对脱逃现场、脱逃工具等进行辨认。

6.视听资料和电子数据。

(1)监控录像:调取关押场所内部及周边的监控录像,查看违法嫌疑人在脱逃前后的活动轨迹和行为表现,如其在监舍内的异常举动、脱逃时的具体过程以及逃跑后的路线等,监控录像可以直观地反映脱逃行为的全过程。

(2)电子轨迹数据:收集违法嫌疑人使用的手机、定位手环等电子设备的定位信息和通讯记录,分析其脱逃后的活动范围和联系对象,为追踪和调查提供线索。

7.其他证据材料。

(1)抓捕记录:记录抓捕违法嫌疑人的过程和情况,包括抓捕的时间、抓捕的地点、抓捕时其身体状况及反抗情况等,这可以反映其归案的经过,以及是否存在再次危害社会的可能性。

(2)医院检查证明:如果违法嫌疑人在脱逃过程中受伤,收集其就医治疗的相关证明,如病历、诊断报告等,一方面是对其身体状况的记录,另一方面也可以从侧面印证其脱逃行为的发生。

(二)注意事项

询问笔录中要体现违法行为人的主观恶性程度。对违法行为人展开询问并制作询问笔录时,要通过问话了解违法嫌疑人对自己脱逃行为的认识和态度,是否有悔过表现,是否愿意主动交代问题并接受处罚。

🛡 行为认定

(一)行为构成

1. 该行为侵害的客体是社会管理秩序中关押场所的管理秩序。

2. 行为的客观方面表现为采用暴力或非暴力的手段脱逃的,包括行为人为脱逃关押采用暴力、欺骗、隐藏手段,脱离关押场所和关押机关的实力支配的行为。关押场所主要是拘留所、强制戒毒所等场所。需要注意的是,在依法将违法行为人从办案机构转移至关押场所的押解途中,如从公安派出所送往拘留所或从拘留所转送至其他监管机构等押解过程中的交通工具(如警车)及沿途路段等,也可视为"关押"状态下的延伸场所,若违法行为人在此过程中伺机脱逃,也应属于该条所规定的情形。违法行为人在接受调查、询问或检查期间,尚未正式送至看守所或拘留所等专门关押场所时,从公安机关、检察院、法院等办案机关内用于询问、讯问、检查等工作的办案区域,如公安机关的办案中心和派出所内的询问室、讯问室"脱逃"的不应认定为本行为。

《拘留所条例实施办法》第56条规定了关于被执行拘留的违法行为人在特定情况下可以申请出所,《治安管理处罚法》(2025年修订)在第126条第2款也新增了相关内容。违法行为人出所后逃避拘留处罚继续执行的,应认定为脱逃关押行为。同样,拘留期间因病出所治疗的违法行为人伺机脱逃的,也应认定为本行为。

3. 本违法行为的责任主体是特殊主体,即依法被关押的违法行为人。

4. 主观方面表现为故意,即违法行为人具有逃避执行行政拘留或强制戒毒等关押行为的故意。

(二)与脱逃罪的区别

根据《治安管理处罚法》第74条的规定,依法被关押的违法行为人脱逃的,处10日以上15日以下拘留;情节较轻的,处5日以上10日以下拘留。而脱逃罪(《刑法》第316条第1款)则是指依法被关押的罪犯、被告人、犯罪嫌疑人,从羁押和改造场所逃走的行为,侵犯的客体是司法机关的正常管理秩序。两者的区别在于:

1. 法律性质。本行为是违法治安管理行为,是违法行为人逃脱公安机关关押,侵害的是关押场所的管理秩序。脱逃罪属于刑事犯罪,其危害性表现为妨害司法秩序。对于罪犯、被告人、犯罪嫌疑人在法院判决或者司法程序中实施的脱逃行为,如果其正在实施脱逃行为,没有逃出关押场所,被发现后停止脱逃或者被制止的,不应立案,而应依据《拘留所条例》《公安机关强制隔离戒毒所管理办法》等法规的规定对行为人予以训诫、责令具结悔过。

2.行为主体。本行为主体是实施了违反治安管理行为而被关押的行为人,主要是被执行行政拘留、强制戒毒的人。脱逃罪的主体是特殊主体,即必须是依照刑法与刑事诉讼法被关押的罪犯、被告人、犯罪嫌疑人。综上所述,依法被关押的违法行为人及犯罪嫌疑人脱逃的,在行政与刑事层面存在显著差异。在实际操作中,应根据具体案情和法律规定来准确判断和处理。

处罚标准

本行为设置一般情形和情节较轻两个层次的处罚。

表154 依法被关押的违法行为人脱逃行为处罚标准

处罚档次	处罚标准	裁量基准
一般情形	处10日以上15日以下拘留	①行为人脱逃出关押场所,破坏关押场所物品和秩序,需要投入额外的警力和资源进行追捕的
		②脱逃过程中有对抗行为但未造成严重后果的
		③脱逃后拒不归案的
情节较轻	处5日以上10日以下拘留	①脱逃后主动投案的
		②脱逃后主动返回关押场所的
		③因特殊情况引发的脱逃,如因突发疾病、受到不公正对待等

案例及解析

【基本案情】某市公安局派出所在日常巡逻中发现一名形迹可疑的男子。经盘查,该男子为李某,其在8月1日因殴打他人被处以行政拘留10日的处罚,本应在某拘留所内执行拘留,但据拘留所管理人员反映,李某于8月5日晚,趁监管人员换岗、监管力度暂时减弱之际,破坏了拘留所窗户的防护栏,从窗户逃离拘留所。

对李某的行为应当如何认定?公安机关对该案的调查取证应如何开展?

【解析】1.李某的行为符合《治安管理处罚法》第74条所规定的"依法被关押的违法行为人脱逃"的构成要件,侵犯了拘留所的正常监管秩序,应依法进行治安管理处罚。

2.公安机关应当进行如下的调查取证:

一是收集李某的供述和辩解。问清其脱逃的原因、时间、过程和去向。

二是收集关押场所负责人员的证言,了解其被关押的情况,并对李某进行辨认。收集同监室关押人员的证言,问清楚李某关押中的情况,并对李某进行辨认。

三是对其破坏的防护栏进行拍照取证,收集李某使用的脱逃工具和李某脱逃过程中可能留下的痕迹,如指纹、鞋印等,形成现场勘查笔录。

四是调取作出行政拘留的《行政处罚决定书》,需包含被处罚人李某的信息、违法事实(殴打他人)、处罚依据、拘留期限 10 日等内容;拘留所出具的《收押回执》《在押人员登记表》,证明李某于 8 月 1 日被实际收押执行拘留。

五是提取李某脱逃过程中和脱逃后的视频资料,证明其实施了脱逃行为。

六是收集公安机关追捕李某的相关记录,如处警记录、协查通报等。

对李某的询问和证人询问过程进行全程录音录像,特别是涉及其脱逃的过程的关键事实的环节,确保李某和证人的笔录内容与实际陈述一致。

关联法条

1.《刑法》(2023 年修正)

第 316 条第 1 款 【脱逃罪】依法被关押的罪犯、被告人、犯罪嫌疑人脱逃的,处五年以下有期徒刑或者拘役。

2.《拘留所条例》(2012 年)

第 23 条第 1 款第 4 项 被拘留人有下列违法行为之一的,拘留所可以予以训诫、责令具结悔过或者使用警械:

(四)预谋或者实施逃跑的;

3.《拘留所条例实施办法》(2012 年)

第 35 条第 1 款第 4 项 被拘留人有下列行为之一的,拘留所应当根据不同情节依法分别予以训诫、责令具结悔过:

(四)预谋或者实施脱逃、行凶、自杀、自伤、自残、吞食异物以及隐藏违禁品的;

4.《公安机关强制隔离戒毒所管理办法》(2011 年)

第 25 条第 3 款 请假出所时间最长不得超过十天,离所和回所当日均计算在内。对请假出所不归的,视作脱逃行为处理。

第 36 条第 1 款 对有下列情形之一的戒毒人员,应当根据不同情节分别给予警告、训诫、责令具结悔过或者禁闭;构成犯罪的,依法追究刑事责任:

(一)违反戒毒人员行为规范、不遵守强制隔离戒毒所纪律,经教育不改正的;

(二)私藏或者吸食、注射毒品,隐匿违禁物品的;

(三)欺侮、殴打、虐待其他戒毒人员,占用他人财物等侵犯他人权利的;

(四)交流吸毒信息、传授犯罪方法或者教唆他人违法犯罪的;

(五)预谋或者实施自杀、脱逃、行凶的。

第五十节 《治安管理处罚法》第 75 条

160. 故意损坏文物、名胜古迹

现行规定

《治安管理处罚法》

第 75 条第 1 项 有下列行为之一的,处警告或者五百元以下罚款;情节较重的,处五日以上十日以下拘留,并处五百元以上一千元以下罚款:
(一)刻划、涂污或者以其他方式故意损坏国家保护的文物、名胜古迹的;

立案与管辖

(一)立案标准

立案标准为违法行为人刻划、涂污或者以其他方式故意损坏国家保护的文物、名胜古迹。国家保护的文物包括珍贵文物、一般文物和被确定为全国重点文物保护单位、省级文物保护单位的文物,市、县级文物保护单位的文物。《文物保护法》第 2 条列举了国家保护的文物的范围。根据《最高人民法院、最高人民检察院关于办理妨害文物管理等刑事案件适用法律若干问题的解释》的规定,风景名胜区的核心景区以及未被确定为全国重点文物保护单位、省级文物保护单位的古文化遗址、古墓葬、古建筑、石窟寺、石刻、壁画、近代现代重要史迹和代表性建筑等不可移动文物的本体,应当认定为"国家保护的名胜古迹"。违法行为人对上述的文物、名胜古迹实施了刻划、涂污或者以其他方式故意毁坏的,公安机关应依法立案查处。

(二)管辖

故意损坏文物、名胜古迹的违反治安管理行为由违法行为地的公安机关管辖。违法行为地包括违法行为发生地和违法结果发生地。违法行为发生地是故意损坏文物、名胜古迹的实施地,有连续、持续或者继续状态的,连续、继续或者持续实施的地方都属于违法行为发生地。违法结果发生地是故意损坏文物、名胜古迹的违法行为的违法所得实际取得地、藏匿地、转移地、使用地。故意损坏文物、名胜古迹的治安案件由违法行为人居住地管辖更为适宜,由违法行为人居住地公安机关管辖。查处故意损坏文物、名胜古迹的违法行为一般由违法行为发生地公安机关负责管辖。实践中,派出所在治安管理工作中对发现的违法行为进行查处,县级公安机关治安部门配合各级文物保护部门的工作,对发现的违法行为进行查处。

证据收集

(一) 证据规格

1. 违法嫌疑人陈述与申辩。

(1) 问明违法嫌疑人基本情况,包括有无违法犯罪前科;(2) 故意损坏文物、名胜古迹违法行为的时间、地点、动机、目的;(3) 损坏的文物、名胜古迹的具体名称、所处位置、等级;(4) 违法行为的实施过程、方法、手段等;(5) 违法行为造成的结果和危害;(6) 问明违法嫌疑人是否知道自己损坏的是受国家保护的文物、名胜古迹。

2. 证人证言。

(1) 问明(目击证人)的违法行为实施时间、地点、动机、目的;(2) 损坏的文物、名胜古迹的具体名称、所处位置、等级;(3) 违法行为的实施过程、方法、手段等;(4) 违法行为造成的文物、名胜古迹损害程度;(5) 故意损坏文物、名胜古迹违法行为的嫌疑人的姓名、性别、身份、体貌特征等;(6) 嫌疑人是否知道自己损坏的是受国家保护的文物、名胜古迹。

3. 物证、书证。

(1) 损坏的文物、名胜古迹的实物或照片;(2) 违法行为人损坏文物、名胜古迹使用的工具;(3) 文物、名胜古迹被损坏之处的说明材料;(4) 关于文物、名胜古迹保护级别的文件、保护标志。

4. 鉴定意见。

对文物、名胜古迹损坏情况的技术性问题进行分析、鉴别后的意见。

5. 勘验、检查、辨认笔录,现场笔录。

检查笔录记录检查时间、地点、参与人员及发现的违法行为的过程,由执法人员及违法嫌疑人、证人签字确认;辨认笔录记录违法行为人对被损坏文物的辨认过程、证人对违法行为人的辨认过程;现场笔录记录扣押工具的过程。

6. 视听资料、电子数据。

证明违法嫌疑人损坏的文物、名胜古迹的视频图像;有关电子数据。

7. 其他证据材料。

(1) 违法嫌疑人的身份材料,包括户籍证明、身份证、工作证、与原籍联系的电话记录。有前科的,调取法院判决书、行政处罚决定书、释放证明书等有效法律文件。(2) 抓获经过、处警经过、报案材料等。

(3) 证人资质证明。对于出具证言的鉴定专家、专业人士等,收集其资质证明材料,以确保其证言的权威性和可信度。

(4) 损坏的文物、名胜古迹的修复方案、修复费用发票等证据。

(二) 注意事项

1. 通过收集证据证明违法嫌疑人的"明知"情节。

这里的明知情节需要证明嫌疑人知道损坏物品是受国家保护的文物、名胜古迹。为了避免嫌疑人以不知是受保护文物和名胜古迹为由,逃避处罚,应通过文物、名胜古迹所处景区、博物馆设置明显文物、名胜古迹保护标识来证明行为人不存在事实认识错误。

2.及时固定文物、名胜古迹损坏处的相关证据。

文物、名胜古迹被损坏后应立即划定警戒区域,如使用警戒线、隔离墩,禁止无关人员、车辆进入,尤其避免触碰损坏部位,如壁画脱落碎片、石刻裂痕处。若损毁处位于不稳定结构,如古建筑坍塌构件,需先采取临时加固措施,如用支架支撑、防水布遮盖,防止震动、风雨导致证据灭失。

行为认定

(一)行为构成

1.本行为侵害的客体是国家对文物、名胜古迹的管理秩序。

2.本行为的客观方面表现为刻划、涂污或者以其他方式故意损坏国家保护的文物、名胜古迹,尚不够刑事处罚的行为。

刻划,是指违反国家文物保护规定使用器具在文物、名胜古迹上面进行刻字、留名等。涂污,是指违反国家文物保护规定,使用油漆、涂料等物品玷污、弄脏文物和名胜古迹的行为。以其他方式故意损坏国家保护的文物、名胜古迹,既包括砸毁、拆除、挖掘、焚烧国家保护的文物、名胜古迹,也包括故意攀爬导致损坏等使文物的价值贬损或丧失的行为。如果损坏的物品不是文物、名胜古迹,不构成本行为,应按照故意损毁财物的行为处罚。

3.本行为的主体是一般主体,即自然人。

4.本行为的主观方面是故意。

(二)对"法不责众"的损坏行为的认定

实际中有的行为的损坏效果不明显,但长期、大量的损坏行为会对文物、名胜古迹造成不可逆的后果。行为人往往以"法不责众"为理由企图逃避处罚。例如,行为人打开相机的曝光功能对国家保护的壁画文物进行拍照,大量长期实施此行为产生的累积损坏,会导致珍贵壁画不可逆褪色,文物本体结构被破坏。

这种案例中,嫌疑人会认为大家都在拍照,法不责众,或者提出"看不出损坏,以为不违法"的理由。因为壁画文物场所有明显相关提示和标记,不仅提示文物、名胜古迹受保护,而且提示不允许游客用闪光灯拍照。所以,这种损坏行为不存在行为人主观上的事实认识错误,排除过失的可能。这种情况下行为人往往以"法不责众"为理由逃避处罚,该理由是不成立的。在设有禁止提示的情况下,行为人如果有认识错误,那也只能是法律认识错误,即知道这样做是损坏文物的行为,但损坏的力度微小,不会违法,更不会被追究责任。其行为主观方面仍然是故意。所以,其依旧成立本违法行为。

(三)与故意损毁文物罪、故意损毁名胜古迹罪的区别

《刑法》第324条的故意损毁文物罪、故意损毁名胜古迹罪,与本行为之间的区别如下。

一是行为侵害的对象不同。故意损毁文物罪针对国家保护的珍贵文物(一、二、三级文物)或全国重点文物保护单位、省级文物保护单位的文物;故意损毁名胜古迹罪针对国家保护的名胜古迹,如著名风景区、具有历史意义的古建筑群等,且需达到"情节严重"标准。本违法行为侵害对象不区分文物等级(包括一般文物、名胜古迹),只要实施了故意损坏行为,即使未造成严重后果,也构成本行为。

二是损毁的程度不同。例如,损毁名胜古迹的,根据《刑法》第324条第2款的规定,故意损毁国家保护的名胜古迹,只有情节严重的,才构成犯罪;情节轻微,危害不大的,构成违反治安管理行为。

总之,对于损坏、损毁文物而言,是否涉及珍贵文物或国家级、省级文物保护单位,是区分刑事犯罪与行政违法的核心要素之一。

处罚标准

本行为的处罚分为"一般情形"和"情节较重"。

表155 故意损坏文物、名胜古迹行为处罚标准

处罚档次	处罚标准	裁量基准
一般情形	处警告或者500元以下罚款	/
情节较重	处5日以上10日以下拘留,并处500元以上1000元以下罚款	①拒不听从管理人员或者执法人员制止的 ②造成文物、名胜古迹较重损害后果的 ③两次以上损坏或者损坏两处以上文物、名胜古迹的 ④一年内实施故意损坏文物、名胜古迹行为被治安管理处罚后又实施的 ⑤在共同实施故意损坏文物、名胜古迹行为中起主要作用的 ⑥其他情节较重的情形

案例及解析

【基本案情】聂某某(女)在金山岭长城内墙上用石子刻划父母名字,因力气不足,同行赵某某(男)用钥匙串协助刻划两处墙砖。文物管理处接到报警后联合警方调查,认定二人构成"刻划、损坏文物"行为。依据《文物保护法》、《河北省长城保护条例》及《治安管理处罚法》第75条第1项,聂某某被罚款200元,赵某某被行政拘留10日并罚款500元。

认定聂某某和赵某某的行为违反治安管理的依据是什么?

【解析】首先,《文物保护法》第2条是长城被认定为国家保护文物的法律规范基础。

其次,《河北省长城保护条例》第2条规定长城的保护范围,包括长城的墙体、壕堑、界壕、单体建筑、关堡及其相关设施等各类遗存;第28条规定了禁止的活动,其中第3项是刻划、涂污。聂某某、赵某某在长城内墙刻划,刻划位置属于长城的文物保护范围,二人的行为属于违

反长城保护规定的行为。

最后,《治安管理处罚法》第75条第1项的规定是认定二人违反治安管理的主要依据。也就是说二人在长城内墙上刻划的行为不仅是违反保护长城法律法规的行为,而且是违反治安管理的行为。

总之,《文物保护法》《河北省长城保护条例》《治安管理处罚法》共同组成认定二人违反治安管理的法律依据。

关联法条

《刑法》(2023年修正)

第324条 【故意损毁文物罪】故意损毁国家保护的珍贵文物或者被确定为全国重点文物保护单位、省级文物保护单位的文物的,处三年以下有期徒刑或者拘役,并处或者单处罚金;情节严重的,处三年以上十年以下有期徒刑,并处罚金。

【故意损毁名胜古迹罪】故意损毁国家保护的名胜古迹,情节严重的,处五年以下有期徒刑或者拘役,并处或者单处罚金。

【过失损毁文物罪】过失损毁国家保护的珍贵文物或者被确定为全国重点文物保护单位、省级文物保护单位的文物,造成严重后果的,处三年以下有期徒刑或者拘役。

161. 违法实施危及文物安全的活动

现行规定

《治安管理处罚法》

第75条第2项 有下列行为之一的,处警告或者五百元以下罚款;情节较重的,处五日以上十日以下拘留,并处五百元以上一千元以下罚款:

(二)违反国家规定,在文物保护单位附近进行爆破、钻探、挖掘等活动,危及文物安全的。

立案与管辖

(一)立案标准

有事实或者相关材料表明,行为人违反国家规定,在文物保护单位附近进行爆破、挖掘等活动,危及文物安全的,公安机关应立案调查。文物保护单位主要是不可移动文物,包括古文化遗址、古墓葬、古建筑、石窟寺和古石刻、古壁画、近代现代重要史迹和代表性建筑等。根据它们的历史、艺术、科学价值,可以分别将其确定为全国重点文物保护单位、省级文物保护单位、市县级文物保护单位。文物保护单位是国家重要的文化遗产,具有不可再生性和不可替代性。国家通过制定严格的法律法规和保护制度,确保文物的安全和完整。在文物保护单位附近进行爆破、钻探、挖掘等活动,危及文物安全,公安机关应立案调查。

(二)管辖

违法实施危及文物安全的活动,该违反治安管理行为由违法行为地的公安机关管辖。违法行为地包括违法行为发生地和违法结果发生地。违法行为发生地是危及文物安全的违法行为的实施地,有连续、持续或者继续状态的,连续、继续或者持续实施的地方都属于违法行为发生地。违法结果发生地是实施危及文物安全行为的违法所得实际取得地、藏匿地、转移地、使用地。危及文物安全的治安案件由违法行为人居住地管辖更为适宜的,由违法行为人居住地公安机关管辖。危及文物安全违法行为一般由违法行为发生地公安机关负责管辖。实践中,派出所在治安管理中对发现的本违法行为进行查处,县级公安机关治安部门可以配合文物保护部门对本违法行为进行查处。

证据收集

(一)证据规格

1. 违法嫌疑人陈述与申辩。

(1)问明违法嫌疑人基本情况,包括有无违法犯罪前科;(2)实施危及文物安全违法行为的时间、地点、过程、动机、目的;(3)违法实施危及文物安全行为的基本情况,包括使用的人员、方法手段和设备器材;(4)是否知道爆破、钻探、挖掘等活动在文物保护单位附近;(5)违法实施危及文物安全的行为造成的后果;(6)实施危及文物安全违法行为有没有合法批准手续。

2. 证人证言。

(1)询问(目击证人)实施危及文物安全违法行为的时间、地点、过程、动机、目的;(2)实施危及文物安全违法行为有没有合法手续;(3)实施危及文物安全违法行为的具体过程,使用的设备器材,方法和手段等;(4)实施危及文物安全违法行为人员情况,姓名、体貌、衣着等;(5)违法实施危及文物安全的行为造成的后果。

3. 物证、书证。

(1)违法实施危及文物安全的行为的照片;(2)违法实施危及文物安全的行为使用的设备器材;(3)违法实施危及文物安全的行为的相应手续材料;(4)文物保护单位的证明材料。

4. 鉴定意见。

对违法实施危及文物安全行为事实材料可能涉及的技术性问题进行分析、鉴别后的意见。

5. 勘验、检查、辨认笔录,现场笔录。

检查笔录记录检查时间、地点、参与人员及发现的违法行为的过程,由执法人员及违法嫌疑人、证人签字确认;证人应辨认违法实施危及文物安全行为的违法嫌疑人;扣押设备器材时制作现场笔录。

6. 视听资料、电子数据。

证明违法实施危及文物安全行为的视频图像。

7. 其他证据材料。

（1）违法嫌疑人的身份材料,包括户籍证明、身份证、工作证、与原籍联系的电话记录。有前科的,调取法院判决书、行政处罚决定书、释放证明书等有效法律文件。(2)抓获经过、处警经过、报案材料等。

（二）注意事项

1. 要证明违法行为人是"明知"。本违法行为以故意为成立要件,因此要通过调查取证证明违法嫌疑人明知在文物保护单位附近实施爆破、钻探、挖掘等活动,明知该行为是危及文物安全的行为。首先要证明嫌疑人明知是在文物保护单位附近。除了通过违法嫌疑人的陈述外,还应收集相关活动的资料,证明行为人知道是在文物保护单位附近。其次要证明行为人认识到行为可能危及文物安全。调查应通过收集违法实施危及文物安全行为过程中使用的工具、行为实施的方案等,证明对文物保护单位的潜在的危害。

2. 要证明违法行为是在文物保护单位附近实施。文物保护单位附近是指文物保护单位的保护范围。文物保护单位的保护范围,是指对文物保护单位本体及周围一定范围实施重点保护的区域。各级文物保护单位,分别由省、自治区、直辖市人民政府和设区的市级、县级人民政府划定公布必要的保护范围,作出标志说明,建立记录档案,并区别情况分别设置专门机构或者专人负责管理。调查要证明实施爆破、钻探、挖掘等活动,危及文物安全的行为在文物保护单位的"保护范围"内。调查中要提取相关划定"保护范围"的材料,如相应级别的政府公布保护范围的文件;再通过地图、照片和测绘资料等证明违法行为实施地在文物保护单位保护范围内。

行为认定

（一）行为构成

1. 本行为侵害的客体是国家对文物的保护管理制度和文物的安全。

2. 本行为的客观方面表现为行为人未经批准,在文物保护单位附近进行建设工程或者实施爆破、钻探、挖掘等可能危及文物安全的作业。

行为人进行上述活动必须违反了关于文物保护单位周边活动的禁止性或限制性的国家规定。国家规定明确了在文物保护单位及其周边一定范围内划定必要的保护范围,禁止或限制进行可能危及文物安全的各类活动,包括爆破、钻探、挖掘等。例如,《文物保护法》明确规定了在文物保护单位的保护范围内不得进行文物保护工程以外的其他建设工程或者爆破、钻探、挖掘等作业;因特殊情况需要进行的,必须保证文物保护单位的安全。

行为人的活动是爆破、钻探、挖掘等作业内容,应当已经实际危及文物的安全。这可以根据活动的性质、距离文物的远近、活动的强度以及文物本身的脆弱程度等因素综合判断。

危及文物安全,是指行为人违反国家规定在文物保护单位附近进行爆破、挖掘等活动,已经危及文物保护单位保护的文物的安全,如可能导致古建筑的倒塌、古文化遗址的破坏等。例如,在距离珍贵古建筑很近的地方进行高强度的爆破作业,且未采取任何有效的安全防护措施,那么这种行为很可能已经对文物的安全构成了实质性的威胁。

3. 本违法行为的责任主体是一般主体,单位或个人都可能构成。

4. 该行为主观方面是故意。

(二)对"国家规定"的理解

本行为的认定以违反国家规定为前提,这里对"国家规定"的理解应参照《刑法》第96条,以及《最高人民法院关于准确理解和适用刑法中"国家规定"的有关问题的通知》的相关表述,即"国家规定"是指全国人民代表大会及其常务委员会制定的法律和决定,国务院制定的行政法规、规定的行政措施、发布的决定和命令。其中,"国务院规定的行政措施"应当由国务院决定,通常以行政法规或者国务院制发文件的形式加以规定。以国务院办公厅名义制发的文件,符合以下条件的,亦应视为刑法中的"国家规定":(1)有明确的法律依据或者同相关行政法规不相抵触;(2)经国务院常务会议讨论通过或者经国务院批准;(3)在国务院公报上公开发布。违反地方性法规、部门规章的行为,不得认定为"违反国家规定"。本违法行为违反的国家规定主要是《文物保护法》的相关规定。

(三)与故意损毁文物罪的区别

《刑法》第324条的故意损毁文物罪与本行为应有所区别。

本违法行为是通过实施爆破等行为,对文物保护单位周边造成安全威胁,强调在文物保护单位附近进行的爆破、钻探、挖掘等活动违反了国家规定,具有一定的危险性,可能危及文物安全,但尚未造成严重后果。

故意损毁文物罪更侧重于对文物本身造成实际损害,如故意损毁国家保护的珍贵文物及被确定为全国重点文物保护单位、省级文物保护单位的文物。如果行为人擅自在全国重点文物保护单位、省级文物保护单位的保护范围内进行爆破、钻探、挖掘等作业,造成文物灭失、损毁,成立故意损毁文物罪,应依法承担刑事责任。

处罚标准

本行为的处罚分为"一般情形"和"情节较重"。

表156 违法实施危及文物安全的活动行为处罚标准

处罚档次	处罚标准	裁量基准
一般情形	处警告或者500元以下罚款	/
情节较重	处5日以上10日以下拘留,并处500元以上1000元以下罚款	①不听管理人员或者执法人员制止的
		②造成文物、名胜古迹较重损害后果的
		③一年内违法实施危及文物安全的活动被治安管理处罚后又实施的
		④在共同违法实施危及文物安全的活动中起主要作用的
		⑤其他情节较重的情形

案例及解析

【基本案情】某市政工程公司施工队在未取得文物行政部门审批的情况下,在县级文物保护单位"清溪古桥遗址"保护范围内进行污水管道挖掘作业。施工队使用小型挖掘机开挖沟槽,深度约2米,距离古桥基础仅5米。文物巡查人员发现后,立即制止并报警。经文物专家现场评估,挖掘行为导致古桥地基土壤松动,存在"结构失稳风险",但未造成桥梁本体损毁。

公安机关对施工队负责人王某作出行政拘留5日,并处500元罚款的处罚决定。公安机关的处罚有事实和法律依据。

【解析】首先,施工队的挖掘行为违反国家规定,未取得文物部门审批,在文物保护单位的保护范围内进行文物保护工程以外的其他建设工程或者爆破、钻探、挖掘等作业。其次,施工队作业危及文物安全,挖掘导致古桥地基土壤松动,经评估存在"结构失稳风险"。最后,行为情节较重。施工位置距离古桥基础仅5米,且使用机械作业,属于可能引发严重后果的行为,故对单位的负责人适用情节较重的处罚。因此,公安机关对王某的处罚是有事实和法律依据的。

关联法条

1.《刑法》(2023年修正)

第324条 【故意损毁文物罪】故意损毁国家保护的珍贵文物或者被确定为全国重点文物保护单位、省级文物保护单位的文物的,处三年以下有期徒刑或者拘役,并处或者单处罚金;情节严重的,处三年以上十年以下有期徒刑,并处罚金。

【故意损毁名胜古迹罪】故意损毁国家保护的名胜古迹,情节严重的,处五年以下有期徒刑或者拘役,并处或者单处罚金。

【过失损毁文物罪】过失损毁国家保护的珍贵文物或者被确定为全国重点文物保护单位、省级文物保护单位的文物,造成严重后果的,处三年以下有期徒刑或者拘役。

2.《文物保护法》(2024年修订)

第28条 在文物保护单位的保护范围内不得进行文物保护工程以外的其他建设工程或者爆破、钻探、挖掘等作业;因特殊情况需要进行的,必须保证文物保护单位的安全。

因特殊情况需要在省级或者设区的市级、县级文物保护单位的保护范围内进行前款规定的建设工程或者作业的,必须经核定公布该文物保护单位的人民政府批准,在批准前应当征得上一级人民政府文物行政部门同意;在全国重点文物保护单位的保护范围内进行前款规定的建设工程或者作业的,必须经省、自治区、直辖市人民政府批准,在批准前应当征得国务院文物行政部门同意。

第五十一节 《治安管理处罚法》第 76 条

162. 偷开他人机动车

现行规定

《治安管理处罚法》

第 76 条第 1 项 有下列行为之一的,处一千元以上二千元以下罚款;情节严重的,处十日以上十五日以下拘留,可以并处二千元以下罚款:

(一)偷开他人机动车的;

立案与管辖

(一)立案标准

有事实或者相关材料表明行为人实施偷开他人机动车的行为,公安机关应立案调查。偷开他人机动车,是行为人未经机动车所有人或机动车保管人或者其他人同意,秘密开动他人机动车,事后放回原地或者告知车主所在位置,尚不够刑事处罚的行为。

(二)管辖

偷开他人机动车违反治安管理规定,由违法行为地的公安机关管辖。违法行为地包括违法行为发生地和违法结果发生地。违法行为发生地是偷开他人机动车行为的实施地,有连续、持续或者继续状态的,连续、持续或者继续实施的地方都属于违法行为发生地。违法结果发生地是偷开他人机动车违法所得实际取得地、藏匿地、转移地、使用地。偷开机动车行为的"违法行为地"包括车辆被偷开的地点(行为发生地)和车辆被停放或发现的地点(行为结果地),两地公安机关均有权管辖。若案件涉及多个违法行为地,由最初受理的县级公安机关管辖;必要时,可由主要违法行为地县级公安机关管辖。

证据收集

(一)证据规格

1.违法嫌疑人陈述与申辩。

(1)问明违法嫌疑人基本情况,包括有无违法犯罪前科;(2)实施违法行为的动机、目的、时间、地点、起因、手段;(3)偷开机动车行为的过程、行驶路线;(4)偷开的机动车情况,车辆类型、车辆牌照号码、品牌、外观特征;(5)是否知道偷开的机动车车主或保管人的信息,具体内容;(6)偷开的机动车现在的情况,所处的位置、车况,有无事故等;(7)偷开机动车过程中是否得到车主或保管人的同意。

2. 证人证言。

（1）询问证人（机动车车主或保管人）发现机动车被偷开的时间、地点和经过；（2）被偷开的车辆的种类、品牌、型号、车辆牌照号码、外观特征；（3）违法嫌疑人偷开机动车的目的；(4)违法嫌疑人偷开机动车是否得到车主或车辆保管人的同意；(5)机动车被偷开造成的后果；(6)机动车现在情况，是否交还，车辆车况和所在位置；(7)询问（目击证人）偷开车辆人员的情况，姓名、性别、体貌特征。

3. 物证、书证。

（1）被偷开的车辆实物及照片；（2）车辆行驶轨迹记录，道路监控抓拍照片等书证，车辆的 GPS 定位数据、电子违章记录；（3）车辆维修保养记录；（4）车辆所有权证明，调取车辆的登记证书、行驶证等书证、保险单等。

4. 鉴定意见。

如果车辆在偷开过程中受到损坏，应作车辆损坏鉴定。

5. 勘验、检查、辨认笔录，现场笔录。

检查笔录记录检查时间、地点、参与人员及发现违法行为的过程，由执法人员及违法嫌疑人、证人签字确认；辨认笔录记录目击证人对违法行为人的辨认过程，违法嫌疑人和证人对车辆的辨认过程；现场笔录记录扣押物品的过程。

6. 视听资料和电子数据。

被偷开车辆行驶中的路面监控录像，电子设备记录车辆行驶的电子数据。

7. 其他证据材料。

（1）违法嫌疑人的身份材料，包括户籍证明、身份证、工作证，与原籍联系的电话记录。有前科的，调取法院判决书、行政处罚决定书、释放证明书等有效法律文件。（2）抓获经过、处警经过、报案材料等。

（二）注意事项

1. 提取证据证明被偷开的车辆必须为机动车。根据《道路交通安全法》第 119 条第 3 项的规定，机动车是指以动力装置驱动或者牵引，上道路行驶的供人员乘用或者用于运送物品以及进行工程专项作业的轮式车辆。只有擅自驾驶他人的机动车才构成本行为，偷开他人非机动车的，不构成本行为，调查中应提取机动车登记证等证件，以证明被偷开的车辆为机动车。

2. 证据应能证明嫌疑人有偷开的故意。偷开机动车，应不具有非法占有的目的，否则可能构成盗窃机动车的行为。所以要成立本行为，证据必须证明嫌疑人是偷开的故意。可以通过收集嫌疑人的供述，从嫌疑人主观方面的动机来证明偷开的故意，如嫌疑人打算偷开机动车练习驾驶，临时处理紧急情况等。

3. 应证明嫌疑人明知是他人车辆而偷开。本行为的客观方面是偷开。这里的偷开意味着行为人未经车主、车辆保管人等允许,在自认为车辆车主、保管人不知情的情况下将车开走,行为具有一定的秘密性、隐藏性,否则,该行为则具有公然夺取车辆的性质。通过违法嫌疑人的陈述,可以证明其本人实施偷开的行为并非公然的行为,而是在车主、车辆保管人不知情的情况下实施的。车主、车辆保管人的证言证明车辆是在其不知情的情况下被嫌疑人开走的,可以印证嫌疑人的偷开行为成立。

🛡 行为认定

(一)行为构成

1. 本行为侵犯的客体是国家对交通运输的管理秩序。

2. 本行为在客观方面表现为行为人未经车辆所有人、管理人许可,擅自驾驶他人机动车。

偷开是指行为人未经机动车所有人、管理人、驾驶人或者其他占有人许可或者同意,并在上述人员不知晓的情况下,擅自驾驶他人所有或者占有的机动车的行为。偷开行为有一定的隐蔽性,是在车辆所有人、占有人、管理人不知情的情况下实施的,至少是行为人本人认为是秘密的,而非公然实施的行为。

他人,是指机动车的所有人、管理人、驾驶人或者其他占有人。也就是说,只要不是行为人自己合法占有的机动车,都属于他人的机动车。

偷开行为包括将车辆开出一定距离,可能在道路上行驶或短暂停留。只要行为人通过非法手段获取车辆钥匙或利用车辆未上锁等情况,启动并驾驶车辆,无论驾驶时间长短,均构成偷开行为。

3. 本违法行为的责任主体为一般主体。

4. 该行为主观方面是故意。目的是非法使用机动车,而非非法占有机动车。

(二)本行为向犯罪转化的几种情形

本行为与有关犯罪行为有关,特定情形下会转化为犯罪行为。

一是偷开他人机动车,导致车辆丢失的,转化为盗窃罪。

二是为盗窃其他财物,偷开机动车作为实施其他犯罪的工具,使用后非法占用或者将车辆遗弃的,被盗的车辆计入盗窃数额。

三是为实施其他犯罪,偷开机动车作为犯罪工具使用后非法占有车辆,或者将车辆遗弃导致丢失的,以盗窃罪和其他犯罪数罪并罚;将车辆送回未造成丢失后果的,按照其所实施的其他犯罪从重处罚。

(三)本行为与盗窃罪的区别

《刑法》第264条的盗窃罪与本行为存在区别。为了区别盗窃机动车和偷开机动车的行为,可以从下面几个方面来区分。

一是看行为人与机动车占有人的关系,偷开机动车的行为人都与机动车占有人认识。二是偷开的手段、方式。偷开机动车的行为人一般使用机动车占有人遗忘或者让其保管的车钥匙,或者使用备用钥匙等;而盗窃机动车的犯罪嫌疑人一般使用比较专业的工具和手段。三是看机动车是否造成损坏。偷开机动车的行为人比较小心,会积极避免造成机动车的损坏,也不会主动损坏机动车;而盗窃机动车的犯罪嫌疑人往往会造成机动车的损坏,特别是为了能将车盗走,采取损坏车锁、门窗等方式。四是否改装、变卖或者遗弃机动车。盗窃机动车的,多将车辆改装、变卖。机动车价值较大的,构成盗窃罪。五是车辆最后的去向。偷开车辆的,偷开结束后将车辆停回原处。

处罚标准

针对本行为的处罚分为"一般情形"和"情节严重"。

表157 偷开他人机动车行为处罚标准

处罚档次	处罚标准	裁量基准
一般情形	处1000元以上2000元以下罚款	/
情节严重	处10日以上15日以下拘留,可以并处2000元以下罚款	①偷开特种车辆、军车的
		②偷开机动车从事违法活动的
		③发生安全事故或者造成机动车损坏、人员受伤的
		④对他人的工作生活造成较大影响的
		⑤其他情节严重的情形

案例及解析

【基本案情】赵某与范某在下班路上发现路边停放着一辆黑色轿车,赵某告诉范某该车辆是同事王某刚刚购买的新车。二人凑近后发现车门未锁,车钥匙也在车上,便萌生了"开车去兜风"的想法,于是赵某载着范某将车开走。在兜风的过程中,范某想练习车辆驾驶,赵某就让范某开车,自己坐副驾驶指挥。因范某驾驶不当,将车撞在路边树上,造成车辆前保险杠损坏。事后二人将车开回,并停放至原停车位。第二天,车主王某发现车辆损坏且有被人驾驶过的痕迹,立即报警。接警后,民警迅速调取了事发当晚周边的路面监控,很快锁定了嫌疑人赵某与范某的身份,将二人抓获,二人对偷开他人机动车的事实供认不讳。

赵某与范某偷开他人机动车并造成车辆损坏的行为,公安机关应如何处罚?

【解析】赵某与范某两人未经车主王某的同意,擅自开走机动车,已构成"偷开他人机动车"的违反治安管理规定的行为。范某驾驶不当导致车辆前保险杠损坏,属于"情节严重"情形。偷开机动车造成车辆损坏、人员受伤、引发交通事故的,均视为"情节严重"。根据处罚裁量基准,公安机关应按照情节严重对二人实施处罚。公安机关在作出治安处罚的同时,应告知车主可通过民事诉讼向赵某、范某主张车辆维修费等民事赔偿。

关联法条

1.《刑法》(2023年修正)

第264条 【盗窃罪】盗窃公私财物,数额较大的,或者多次盗窃、入户盗窃、携带凶器盗窃、扒窃的,处三年以下有期徒刑、拘役或者管制,并处或者单处罚金;数额巨大或者有其他严重情节的,处三年以上十年以下有期徒刑,并处罚金;数额特别巨大或者有其他特别严重情节的,处十年以上有期徒刑或者无期徒刑,并处罚金或者没收财产。

2.《最高人民法院、最高人民检察院关于办理盗窃刑事案件适用法律若干问题的解释》(法释〔2013〕8号)

第10条 偷开他人机动车的,按照下列规定处理:

(一)偷开机动车,导致车辆丢失的,以盗窃罪定罪处罚;

(二)为盗窃其他财物,偷开机动车作为犯罪工具使用后非法占有车辆,或者将车辆遗弃导致丢失的,被盗车辆的价值计入盗窃数额;

(三)为实施其他犯罪,偷开机动车作为犯罪工具使用后非法占有车辆,或者将车辆遗弃导致丢失的,以盗窃罪和其他犯罪数罪并罚;将车辆送回未造成丢失的,按照其所实施的其他犯罪从重处罚。

163. 无证驾驶、偷开航空器、机动船舶

现行规定

《治安管理处罚法》

第76条第2项 有下列行为之一的,处一千元以上二千元以下罚款;情节严重的,处十日以上十五日以下拘留,可以并处二千元以下罚款:

(二)未取得驾驶证驾驶或者偷开他人航空器、机动船舶的。

立案与管辖

(一)立案标准

有事实或者相关材料表明,行为人未取得驾驶证驾驶或者偷开他人航空器、机动船舶的,公安机关应立案调查。未取得驾驶证驾驶航空器、机动船舶的,是指没有经过专门训练,没有合法的航空器、机动船舶的驾驶资格而从事驾驶行为。偷开他人航空器、机动船舶,是行为人未经航空器、机动船舶机动车所有人、保管人或者其他人同意,秘密开动他人航空器、机动船舶,事后放回原地或者告知航空器、机动船舶所有人或保管人航空器、机动船舶所在位置的行为。这种无证驾驶、偷开他人航空器、机动船舶的行为危害空中、水上的交通安全秩序,进一步危害社会管理秩序,公安机关应立案调查。

（二）管辖

无证驾驶、偷开航空器、机动船舶违反治安管理规定，由违法行为地的公安机关管辖。违法行为地包括违法行为发生地和违法结果发生地。违法行为发生地是无证驾驶、偷开航空器、机动船舶行为的实施地，有连续、持续或者继续状态的，连续、持续或者继续实施的地方都属于违法行为发生地。违法结果发生地是无证驾驶、偷开航空器、机动船舶违法所得实际取得地、藏匿地、转移地、使用地。无证驾驶、偷开航空器、机动船舶行为的"违法行为地"包括航空器、机动船舶被驾驶、被偷开的地点（行为发生地）和航空器、机动船舶被停放或被发现的地点（行为结果地），两地公安机关均有权管辖。若案件涉及多个违法行为地，由最初受理的县级公安机关管辖；必要时，可由主要违法行为地县级公安机关管辖。

证据收集

（一）证据规格

1. 违法嫌疑人陈述与申辩。

（1）问明违法嫌疑人基本情况，包括有无违法犯罪前科；（2）实施违法行为的动机、目的、时间、地点、起因、手段；（3）无证驾驶、偷开航空器、机动船舶行为的过程、行驶路线；（4）无证驾驶、偷开航空器、机动船舶的情况，类型、牌照号码、品牌、外观特征；（5）是否知道航空器、机动船舶所有人或保管人的信息，具体内容；（6）无证驾驶、偷开航空器、机动船舶现在的情况，所处的位置、运行工作状况，有无事故等；（7）无证驾驶、偷开航空器、机动船舶过程中是否得到所有人或保管人的同意。

2. 证人证言。

（1）询问证人（航空器、机动船舶所有人或保管人）发现航空器、机动船舶被嫌疑人驾驶脱离自己控制的时间、地点和经过；（2）航空器、机动船舶的种类、品牌、型号、牌照号码、外观特征；（3）违法嫌疑人无证驾驶、偷开航空器、机动船舶的目的；（4）违法嫌疑人无证驾驶、偷开航空器、机动船舶是否得到所有人或保管人的同意；（5）航空器、机动船舶被偷开、无证驾驶所造成的后果；（6）航空器、机动船舶现在情况，是否交还，工作运行状况以及所在位置；（7）询问（目击证人）无证驾驶、偷开航空器、机动船舶的嫌疑人的情况，姓名、性别、身份、体貌特征等。

3. 物证、书证。

（1）航空器、机动船舶实物及照片；（2）航空器、机动船舶行驶轨迹记录，GPS定位数据；（3）航空器、机动船舶维修保养记录；（4）航空器、机动船舶所有权证明，调取登记证书、行驶证等书证、保险单等；（5）无证驾驶人员在驾驶航空器、机动船舶方面无资质的证明。

4. 鉴定意见。

如果航空器、机动船舶在被偷开、无证驾驶的过程中受到损坏，应作车辆损坏鉴定。

5. 勘验、检查、辨认笔录，现场笔录。

检查笔录记录检查时间、地点、参与人员及发现违法行为的过程，由执法人员及违法嫌疑人、证人签字确认;辨认笔录记录目击证人对违法行为人的辨认过程,违法嫌疑人和证人对航空器、机动船舶的辨认过程;现场笔录记录扣押物品的过程。

6.视听资料和电子数据。

航空器、机动船舶在运行中的监控录像;电子设备记录航空器、机动船舶的电子数据,导航信息,飞行、行驶轨迹等。

7.其他证据材料。

(1)违法嫌疑人的身份材料,包括户籍证明、身份证、工作证,与原籍联系的电话记录。有前科的调取法院判决书、行政处罚决定书、释放证明书等有效法律文件。(2)抓获经过、处警经过、报案材料等。

(二)注意事项

1.注意从社交网络收集嫌疑人偷开、无证驾驶的证据。实施本行为的嫌疑人通常有好奇、取乐、炫耀的心理动机,实施了本违法行为后,嫌疑人通常要把偷开、驾驶的视频、照片发布到网络平台,或者向身边人发送,以达到炫耀、博取关注的目的。所以,有关社交网络平台中往往存有大量的信息,有的可提取作为证据使用。调查工作应搜集违法嫌疑人在社交媒体平台上发布的与违法行为相关的内容,如炫耀偷开或无证驾驶经历的动态、照片或视频等,这些记录可以作为其实施违法行为的证据,同时反映其主观心态。

2.发挥电子数据证据在认定违法行为方面的优势。本违法行为涉及的航空器、机动船舶一般都配有电子设备,如导航和通讯系统。航空器、机动船舶上的电子设备记录,如飞行数据记录仪、船舶航行定位系统、通讯设备存储记录的电子数据。这些设备在飞行和行驶过程中能记录航空器、船舶的运行轨迹,如速度、航向、操作指令等,为证明存在驾驶行为提供技术依据。调查中应及时提取这些电子数据,通过固定证据,防止信息被篡改。电子数据形成的客观证据不但较为稳定,而且可以和嫌疑人的陈述、证人证言相印证,起到证据补强的作用。

行为认定

(一)行为构成

1.本行为侵犯的客体是水上和空中交通的管理秩序。

2.本行为的客观方面表现为未取得驾驶证驾驶或者偷开他人的航空器、机动船舶,尚不够刑事处罚的行为。

航空器,是依靠空气动力学原理实现升空和飞行的器具,包括各种飞机、飞艇、热气球、无人机等能在空中飞行的器具。机动船舶,是指通过动力装置驱动的船舶。本行为的表现形式分为两种:一种是没有取得驾驶资格证书而驾驶航空器、机动船舶的行为。即使航空器、机动船舶的占有人同意无资格证书的人驾驶,也成立本行为。另一种是偷开他人的航空器、机动船舶。偷开是指未经航空器、机动船舶所有人、管理人、驾驶人或者其他占有人许可或者同意,并在上述人员不知晓的情况下,擅自驾驶他人所有或者占有的航空器、机动船舶的行为。偷开有一定的行为隐蔽性,是在所有人、占有人、管理人不知情的情况下实施的,至少行为人本人认为是秘密的,而非公然实施的行为。

本行为是选择性行为,行为人实施了其中一种行为就构成了本行为。

3. 本行为的主体是一般主体,即自然人。

4. 本行为的主观方面是故意。

(二)本行为与盗窃罪的区别

《刑法》第265条的盗窃罪与本行为存在区别。为了区别盗窃机动车和偷开航空器、机动船舶的行为,可以从主客观两个方面来区分。

从主观方面来看,盗窃罪的主观目的是非法占有公私财物;而偷开他人航空器、机动船舶的行为人主观上多为暂时使用,没有将航空器、机动船舶据为己有的意图,一般使用后会将航空器、机动船舶归还或遗弃,只是非法剥夺他人对航空器、机动船舶的暂时使用权。

从客观方面来看,盗窃罪表现为以秘密手段窃取公私财物;偷开他人航空器、机动船舶的行为虽然也具有一定的秘密性,但其核心特征在于未经允许擅自驾驶,重点在于对航空器、机动船舶的非法操作和使用,而不是单纯地将航空器、机动船舶转移至自己控制之下作为财物占有。

🛡 处罚标准

针对本行为的处罚分为"一般情形"和"情节严重"。

表158 无证驾驶、偷开航空器、机动船舶行为处罚标准

处罚档次	处罚标准	裁量基准
一般情形	处1000元以上2000元以下罚款	/
情节严重	处10日以上15日以下拘留,可以并处2000元以下罚款	①偷开警用、军用航空器、机动船舶的
		②无证驾驶载有乘客、危险品的机动船舶或者驾驶机动船舶总吨位在500吨位以上的
		③酒后无证驾驶或者偷开他人航空器、机动船舶的
		④发生安全事故或者造成航空器、机动船舶损坏、人员受伤的
		⑤对他人的工作生活造成较大影响的
		⑥其他情节严重的情形

🛡 案例及解析

【基本案情】由于天气炎热,杨某和3名好友经常在河边游泳,看到码头停放着一条快艇,出于好奇心想开快艇玩一下。杨某趁四周无人便使用自己的电动车钥匙将快艇发动,无证偷开快艇搭乘3名好友在汉沙河兜风,3分钟后杨某将快艇停回原处。出于炫耀目的,杨某的朋友将该段视频发布在某短视频平台。

杨某出于好奇心理,无证偷开快艇在河上玩,却忽略了安全隐患,由于无船舶驾照,加上不熟悉机动快艇的性能,很容易造成人员伤亡的悲剧。民警对杨某依据《治安管理处罚法》处以行政拘留10日、罚款1000元的处罚。

杨某具体违反了治安管理规定的哪一种行为?

【解析】杨某的行为构成"无证驾驶、偷开航空器、机动船舶"行为。杨某的行为既构成未取得驾驶证驾驶机动船舶,同时又构成偷开他人机动船舶,构成了法条竞合行为。但是根据《违反公安行政管理行为的名称及其适用意见》,本违法行为只有一个行为名称定性,即无证驾驶、偷开航空器、机动船舶的行为。

关联法条

1.《海上交通安全法》(2021年修订)

第95条 船舶、海上设施未持有有效的证书、文书的,由海事管理机构责令改正,对违法船舶或者海上设施的所有人、经营人或者管理人处三万元以上三十万元以下的罚款,对船长和有关责任人员处三千元以上三万元以下的罚款;情节严重的,暂扣船长、责任船员的船员适任证书十八个月至三十个月,直至吊销船员适任证书;对船舶持有的伪造、变造证书、文书,予以没收;对存在严重安全隐患的船舶,可以依法予以没收。

2.《内河交通安全管理条例》(2019年修订)

第66条 违反本条例的规定,未经考试合格并取得适任证书或者其他适任证件的人员擅自从事船舶航行的,由海事管理机构责令其立即离岗,对直接责任人员处2000元以上2万元以下的罚款,并对聘用单位处1万元以上10万元以下的罚款。

3.《无人驾驶航空器飞行管理暂行条例》(2023年)

第16条第2款 从事常规农用无人驾驶航空器作业飞行活动的人员无需取得操控员执照,但应当由农用无人驾驶航空器系统生产者按照国务院民用航空、农业农村主管部门规定的内容进行培训和考核,合格后取得操作证书。

第五十二节 《治安管理处罚法》第77条

164. 破坏、污损坟墓

现行规定

《治安管理处罚法》

第77条第1项 有下列行为之一的,处五日以上十日以下拘留;情节严重的,处十日以上十五日以下拘留,可以并处二千元以下罚款:

(一)故意破坏、污损他人坟墓……的;

立案与管辖

(一)立案标准

违法嫌疑人有故意采取挖掘、毁坏或泼洒污秽物等手段,对他人坟墓、墓碑及其附属设施造成污染或损害,尚不够刑事处罚的行为即达到立案标准。

(二)管辖

破坏、污损坟墓案件一般由违法行为地的公安机关管辖。

违法行为地包括违法行为发生地和违法结果发生地。违法行为发生地是破坏、污损坟墓行为发生的地点。违法结果发生地是破坏、污损坟墓导致危害结果发生的地点。如果违法行为涉及多个地区,根据案件具体情况,可以由最初受理的公安机关或者主要违法行为发生地的公安机关管辖。由违法行为人居住地公安机关管辖更为适宜的,可以由违法行为人居住地公安机关管辖。

证据收集

(一)证据规格

破坏、污损坟墓行为的调查和证据收集重点在于证明行为人存在主观故意,以及破坏、污损坟墓是否具有特殊性或造成严重后果,用于区分一般情形和加重情形。在破坏、污损坟墓行为事实和损害结果认定中,需要收集的证据规格如下:

1.违法嫌疑人的陈述和申辩。

(1)违法嫌疑人的基本情况;(2)破坏、污损坟墓的时间、地点、具体过程、主观目的和动机、起因;(3)破坏、污损坟墓的次数、数量,所采用的方式方法;(4)破坏、污损坟墓时的地点周边有无人员经过,有无其他人员劝阻;(5)之前是否因破坏、污损坟墓受过刑事处罚或者行政处罚;(6)破坏、污损坟墓行为有无造成人员伤亡、财物损失,人员伤亡和财物损毁情况;(7)破坏、污损坟墓行为有无引发民族矛盾、宗教矛盾或者群体性事件;(8)如果破坏、污损英雄烈士坟墓或具有公共教育、特殊纪念意义坟墓,需询问违法嫌疑人是否明知。

2.被侵害人陈述和证人证言。

(1)被侵害人、证人的基本情况,被侵害人与墓主的关系,案发时所处的位置。(2)被侵害人、证人受到的实际侵害和损失;如果被侵害人的身体受到伤害或者财物受损,应继续询问受伤情况和受损财物价值。(3)破坏、污损坟墓的时间、地点、具体过程;破坏、污损坟墓的基本情况,是否属于英雄烈士或具有公共教育、纪念意义的坟墓。(4)破坏、污损坟墓的次数、数量,所采用的方式方法。(5)是否看到破坏、污损坟墓的嫌疑人以及其体貌特征;嫌疑人破坏、污损坟墓,是否有人员劝阻。(6)是否引发了民族矛盾、宗教矛盾或者群体性事件。(7)是否在民族矛盾、宗教矛盾或者群体性事件中造成他人身体受到伤害或者财物受损。(8)周边是否有监控,现场是否还有其他人员。

询问目击者、知情人等,了解破坏、污损行为发生的时间、地点、经过以及行为人的特征等。证人证言有助于还原案件事实,为案件定性提供依据。

3.物证、书证。

(1)破坏、污损过程中使用的工具,被破坏、污损的坟墓、墓碑及其附属设施,现场其他痕迹物证;(2)受破坏、污损坟墓属于英雄烈士坟墓或具有公共教育、特殊纪念意义的纪念碑或其他证明;(3)投诉记录、警方出警记录,陵园保障措施采取记录,破坏、污损过程中使用工具的购置记录及支付记录。

4.鉴定意见。

(1)对于坟墓破坏、污损程度及其他物品受损情况难以直接判断的情况,可以委托专业机构进行鉴定,出具鉴定意见,明确破坏、污损的具体程度和性质;(2)如果在破坏、污损坟墓过程中造成他人身体受伤,应当委托专业机构进行伤情鉴定。

5.视听资料、电子数据。

破坏、污损的坟墓现场监控视频,破坏、污损的坟墓现场照片、录像等。

6.勘验、检查笔录,现场笔录。

进行现场勘验、检查,制作辨认笔录、现场笔录等。

7.辨认笔录。

相关当事人对违法嫌疑人的辨认,以及对物证书证、视听资料、电子数据的辨认。

8.其他证据材料。

(1)证明违法嫌疑人身份的材料和违法犯罪记录,如人口信息、户籍证明、身份证、工作证、专业或技术等级证复印件等,法院判决书、行政处罚决定书、释放证明书等有效法律文件。

(2)抓获经过、处警经过等。

(二)注意事项

1.查明违法嫌疑人是否具有主观故意。破坏、污损坟墓行为的重要认定条件是违法行为人存在主观故意,因此主观故意的查明影响是否构成此违法行为。应通过嫌疑人的供述、目击证人证言、现场行为痕迹,如工具使用、破坏方式,及前后行为关联性等综合判断,以准确查明违法行为人的主观故意。

2.查明破坏、污损的坟墓是否具有特殊性。破坏、污损英雄烈士坟墓或者具有公共教育、纪念意义的坟墓属于"情节严重"的情形,因此还应当在案件调查的过程中通过专业机构鉴定、相关历史档案、产权证明或亲属陈述等材料确认坟墓是否具有特殊意义。

行为认定

(一)对破坏、污损坟墓行为的认定

主要从以下四方面进行认定:

1.行为侵害的客体是社会管理秩序和社会公序良俗。

2.行为的客观方面表现为采取挖掘、毁坏或泼洒污秽物等手段,对他人坟墓、墓碑及其附属设施造成污染或损害的行为。具体而言,可以分为以下两类:(1)行为人采取挖掘、毁坏手段,对他人坟墓、墓碑及其附属设施进行物理性破坏的行为。通常表现为行为人使用工具挖掘、砸毁坟墓,导致坟墓结构被破坏,甚至可能暴露出坟墓内的尸骨或骨灰;此外,墓碑是坟墓的标志性建筑,也是坟墓的组成部分,行为人通过撞击、敲打等方式,导致墓碑破损或断裂,也属于破坏他人坟墓的行为。(2)行为人泼洒、堆积污秽物品或采用涂鸦、刻画等手段,对他人坟墓及墓碑等附属设施进行污染或损害的行为。通常表现为行为人将污秽物,如污水、垃圾等泼洒在坟墓上,导致坟墓表面被污染;使用颜料、油漆等在墓碑上涂抹或刻画,张贴具有诽谤、侮辱等不良信息且难以清理的内容,导致墓碑表面被污损或破坏。

3.行为的实施主体为符合法律规定、能够承担违反治安管理责任的自然人。

4.行为的主观方面为故意。即行为人明知自己的行为会破坏、污损他人坟墓,仍然实施该行为。例如,行为人明知会对他人坟墓、墓碑及附属设施造成破坏、污损,或者出于报复、泄愤等目的而故意实施破坏、污损行为。

(二)对破坏、污损坟墓行为之"坟墓"的理解

本行为中的"坟墓"不能仅理解为地面上呈拱起状的封土和地面下呈凹陷状的墓室,坟墓附近相对应的墓碑、墓基、围挡等附属设施也应当被视为坟墓的一部分。需要强调的是,墓碑作为坟墓的标志性建筑和重要组成部分,具有记录死者信息和标识坟墓位置的重要功能。因此,从整体性角度来看,对墓碑及其他附属设施实施的破坏、污损行为理应被视为对坟墓实施的行为。

(三)对破坏、污损坟墓行为"情节严重"的认定

本行为的处罚设置了两个幅度,即一般情形和情节严重。两种情形的前提都是行为人实施了破坏、污损他人坟墓的行为,但与一般情形相比,情节严重的情形造成的危害后果更为广

泛和严重。

"情节严重"主要包括四类:(1)破坏、污损程度较严重。体现为行为人的主观恶性较大或手段较为暴力,对他人坟墓造成严重破坏、污损,导致原有坟墓结构难以复原。(2)破坏、污损英雄烈士坟墓或者具有公共教育、纪念意义的坟墓。体现为对具有特殊意义的对象实施破坏和污损行为,破坏、污损英雄烈士坟墓及其他具有教育、纪念意义的坟墓更有可能损伤民族感情,对公序良俗的冲击更为猛烈,因此具有较大的主观恶性和危害后果。(3)引发民族矛盾、宗教矛盾或者群体性事件。体现为行为人所实施的破坏、污损他人坟墓行为严重破坏了民族感情或公序良俗,进而引发民族矛盾、宗教矛盾或者群体性事件,对社会管理秩序造成冲击。(4)其他情节严重的情形。包括手段方法过于暴力、主观恶性较大、造成严重社会影响等。例如,行为人多次破坏、污损同一坟墓或者对多个坟墓进行破坏、污损。

(四)与侵占、破坏、污损英雄烈士纪念设施行为的区分

侵占、破坏、污损英雄烈士纪念设施行为(《治安管理处罚法》第35条第2项),是指在英雄烈士纪念设施保护范围内侵占、破坏、污损英雄烈士纪念设施,损害社会公共利益的行为。二者在侵害客体、行为客观方面等方面仍存在不同。主要区分在:

1. 客体方面。破坏、污损坟墓的行为侵害的法益是社会管理秩序和社会公序良俗,而侵占、破坏、污损英雄烈士纪念设施行为侵犯的是弘扬和传承英烈精神的社会公共利益。

2. 客观方面。(1)实施对象的范围。破坏、污损坟墓行为的实施对象为坟墓、墓碑及坟墓附属设施,这里的坟墓指的是除英雄烈士坟墓之外的普通人坟墓。破坏、污损英雄烈士坟墓应由第35条第2项进行处罚。侵占、破坏、污损英雄烈士纪念设施行为的实施对象为烈士纪念设施,除烈士陵园、烈士墓、烈士骨灰堂、烈士英名墙外,还包括纪念堂馆、纪念碑亭、纪念塔祠、纪念塑像、纪念广场等纪念设施。(2)行为实施手段。破坏、污损坟墓行为的实施手段仅包括破坏、污损;扰乱英雄烈士纪念设施保护秩序行为的实施手段还包括侵占英雄烈士纪念设施。

(五)与盗掘古文化遗址、古墓葬罪的区分

盗掘古文化遗址、古墓葬罪(《刑法》第328条)是指以出卖或者非法占有为目的,私自秘密发掘古文化遗址、古墓葬的行为。尽管二者都可能对他人坟墓实施了挖掘的破坏行为,但是二者的区别在于是否以出卖或者非法占有为目的,实施行为的对象是否具有历史、艺术、科学价值,以及侵犯客体的不同。主要区分在:

1. 客体方面。盗掘古文化遗址、古墓葬罪侵犯的客体是国家对古文化遗址、古墓葬的管理制度。破坏、污损坟墓行为侵犯的客体为社会管理秩序和社会公序良俗、死者的人格尊严和死者家属的名誉。在通常情况下,与古墓葬相比,一般的坟墓并不具备历史、艺术、科学价值,也不属于国家文物保护的范围。因此破坏、污损坟墓行为并不一定侵犯国家对古墓葬的管理制度,二者所侵犯的客体存在较大差异。

2. 客观方面。二者在实施对象、实施手段上均存在差异。在实施对象上,盗掘古墓葬罪表现为盗掘具有历史、艺术、科学价值的古墓葬的行为；破坏、污损坟墓行为的实施对象并不一定是具有历史、艺术、科学价值的古墓葬。在实施手段上，盗掘古墓葬罪的手段主要为"盗掘"，即未经国家文物主管部门批准私自挖掘的行为，集盗窃与损毁于一体；①破坏、污损坟墓行为包含挖掘、砸毁、泼洒和堆积污秽物、张贴、刻画等多种手段。

3. 主观方面。二者虽均存在主观故意，但是二者目的存在差异。盗掘古墓葬罪一般以出卖或者非法占有古墓葬中的文物为目的，企图通过盗掘古墓葬获取经济利益。而破坏、污损坟墓行为一般以毁坏他人坟墓、墓碑及附属设施为主要目的，通常伴有报复、泄愤的主观色彩。

（六）与故意毁坏财物罪及破坏文物罪的衔接及区分

故意毁坏财物罪（《刑法》第275条）是指故意实施毁灭或者损坏公私财物，数额较大或者有其他严重情节的行为。故意损毁文物罪（《刑法》第324条第1款）是指损毁国家保护的珍贵文物或者被确定为全国重点文物保护单位、省级文物保护单位的文物。墓碑及坟墓附属设施（如石雕）作为一种特殊的财产，在破坏、污损坟墓的同时对墓碑及坟墓附属设施等财产的破坏如达到刑事立案标准，则可能构成故意毁坏财物罪。此外，如果破坏、污损坟墓的坟墓属于国家保护的文物（如具有文物属性的墓碑），在破坏、污损坟墓的过程中造成文物的破坏，则可能构成故意损毁文物罪。

处罚标准

本行为设置一般情形和情节严重两个层次的处罚。其中，情节严重的罚款金额上限在2025年修订的《治安管理处罚法》中有所增加，罚款金额从1000元增加到2000元。

表159　破坏、污损坟墓行为处罚标准

处罚档次	处罚标准	裁量基准
一般情形	处5日以上10日以下拘留	/
情节严重	处10日以上15日以下拘留，可以并处2000元以下罚款	①破坏、污损程度较严重的
		②破坏、污损英雄烈士坟墓或具有公共教育、纪念意义的坟墓的
		③引发民族矛盾、宗教矛盾或者群体性事件的
		④其他情节严重的情形

案例及解析

【基本案情】村民吴某因家族旧怨，深夜潜入同村周家祖坟地，用油漆在周某祖父墓碑上涂写侮辱性文字，并推倒坟前石制香炉，致墓碑表面污损、祭祀设施损坏。周某次日扫墓时发

---

① 参见陈兴良、刘树德、王芳凯编：《注释刑法全书》，北京大学出版社2022年版，第1824页。

现并报警。

吴某的行为应当如何定性?

【解析】吴某为泄私愤故意污损周家祖墓碑文、破坏坟墓附属设施,其行为侵害坟墓庄重性及家属祭祀权益,构成"故意破坏、污损坟墓"的治安违法行为。虽未损及尸骨,但主观恶意明显、造成实质破坏,故应给予处罚。

关联法条

1.《刑法》(2023 年修正)

第 275 条 【故意毁坏财物罪】故意毁坏公私财物,数额较大或者有其他严重情节的,处三年以下有期徒刑、拘役或者罚金;数额巨大或者有其他特别严重情节的,处三年以上七年以下有期徒刑。

第 324 条第 1 款、第 3 款 【故意损毁文物罪】故意损毁国家保护的珍贵文物或者被确定为全国重点文物保护单位、省级文物保护单位的文物的,处三年以下有期徒刑或者拘役,并处或者单处罚金;情节严重的,处三年以上十年以下有期徒刑,并处罚金。

【过失损毁文物罪】过失损毁国家保护的珍贵文物或者被确定为全国重点文物保护单位、省级文物保护单位的文物,造成严重后果的,处三年以下有期徒刑或者拘役。

第 328 条第 1 款 【盗掘古文化遗址、古墓葬罪】盗掘具有历史、艺术、科学价值的古文化遗址、古墓葬的,处三年以上十年以下有期徒刑,并处罚金;情节较轻的,处三年以下有期徒刑、拘役或者管制,并处罚金……

2.《民法典》(2020 年)

第 994 条 死者的姓名、肖像、名誉、荣誉、隐私、遗体等受到侵害的,其配偶、子女、父母有权依法请求行为人承担民事责任;死者没有配偶、子女且父母已经死亡的,其他近亲属有权依法请求行为人承担民事责任。

3.《英雄烈士保护法》(2018 年)

第 10 条第 2 款 任何组织和个人不得在英雄烈士纪念设施保护范围内从事有损纪念英雄烈士环境和氛围的活动,不得侵占英雄烈士纪念设施保护范围内的土地和设施,不得破坏、污损英雄烈士纪念设施。

165. 毁坏、丢弃尸骨、骨灰

现行规定

《治安管理处罚法》

第 77 条第 1 项 有下列行为之一的,处五日以上十日以下拘留;情节严重的,处十日以上十五日以下拘留,可以并处二千元以下罚款:

(一)……毁坏、丢弃他人尸骨、骨灰的;

立案与管辖

(一)立案标准

违法嫌疑人有故意对他人的遗体(尸骨)或遗体火化后遗留的骨灰进行破坏、损毁或随意丢弃的行为即达到立案标准。

(二)管辖

毁坏、丢弃他人尸骨、骨灰案件一般由违法行为地的公安机关管辖。

违法行为地包括违法行为发生地和违法结果发生地。违法行为发生地,一般指的是毁坏、丢弃尸骨、骨灰行为的实施地以及开始地、途经地、结束地等与毁坏、丢弃尸骨、骨灰行为有关的地点;毁坏、丢弃尸骨、骨灰行为有连续、持续或者继续状态的,连续、持续或者继续实施的地方都属于违法行为发生地。违法结果发生地,通常指的是尸骨、骨灰受到毁坏、丢弃所在地。

由违法行为人居住地公安机关管辖更为适宜的,可以由违法行为人居住地公安机关管辖。证据收集毁坏、丢弃他人尸骨、骨灰案件包括他人尸骨、骨灰的存放地、丢弃地、途经地、破坏行为的实施地、受害人家属或知情人报案地;对于跨区域的案件,可能涉及多个地方公安机关的协作。通常由主要违法行为发生地的公安机关负责,其他地区的公安机关予以配合。

证据收集

(一)证据规格

毁坏、丢弃他人尸骨、骨灰行为的调查和证据收集重点在于证明行为人存在主观故意,以及毁坏、丢弃他人尸骨、骨灰是否造成严重后果,用于区分一般情形和加重情形。在毁坏、丢弃他人尸骨、骨灰行为事实和损害结果认定中,需要收集的证据规格如下:

1.违法嫌疑人的陈述和申辩。

(1)违法嫌疑人的基本情况;(2)毁坏、丢弃尸骨、骨灰的时间、地点、具体过程、主观目的和动机、起因;(3)毁坏、丢弃尸骨、骨灰的次数、数量,所采用的方式方法;(4)毁坏、丢弃尸骨、骨灰时的地点周边有无人员经过,有无其他人员劝阻;(5)之前是否因毁坏、丢弃尸骨、骨灰受过刑事处罚或者行政处罚;(6)毁坏、丢弃尸骨、骨灰行为有无造成人员伤亡、财物损失,人员伤亡和财物损毁情况;(7)毁坏、丢弃尸骨、骨灰行为有无引发民族矛盾、宗教矛盾或者群体性事件。

2.被侵害人陈述和证人证言。

(1)被侵害人、证人的基本情况,被侵害人与死者的关系,案发时所处的位置。(2)被侵害人、证人受到的实际侵害和损失;如果被侵害人的身体受到伤害或者财物受损,应继续询问受伤情况和受损财物价值。(3)毁坏、丢弃尸骨、骨灰的时间、地点、具体过程。(4)毁坏、丢弃尸骨、骨灰的次数、数量,所采用的方式方法及工具。(5)是否看到毁坏、丢弃尸骨、骨灰的嫌疑人以及其体貌特征;嫌疑人毁坏、丢弃尸骨、骨灰,是否有人员劝阻。(6)是否引发了民族矛盾、宗教矛盾或者群体性事件。(7)是否在民族矛盾、宗教矛盾或者群体性事件中造成他人身体受到伤害或者财物受损。(8)周边是否有监控,现场是否还有其他人员。

询问目击者、知情人等,了解毁坏、丢弃行为发生的时间、地点、经过以及行为人的特征等。证人证言有助于还原案件事实,为案件定性提供依据。

3. 物证、书证。

(1)毁坏、丢弃尸骨、骨灰过程中使用的工具,被毁坏、丢弃的尸骨、骨灰,现场其他痕迹物证;(2)殡葬服务合同、家属同意书等,证明尸骨、骨灰的合法处置权和处理流程。

4. 鉴定意见。

(1)法医鉴定:对尸骨、骨灰的鉴定,确定其是否遭受人为毁坏。(2)物证技术鉴定:对现场痕迹、遗留物等进行技术鉴定,确定行为方式。

5. 视听资料、电子数据。

(1)监控录像:若有监控设备,可以提供行为发生过程的视频资料。(2)通信记录:行为人与他人通信中涉及案件的信息,如短信、邮件等。

6. 勘验、检查笔录,现场笔录。

进行现场勘验、检查,制作辨认笔录、现场笔录等。

7. 辨认笔录。

相关当事人对违法嫌疑人的辨认,以及对物证书证、视听资料、电子数据的辨认。

8. 其他证据材料。

(1)证明违法嫌疑人身份的材料和违法犯罪记录,如人口信息、户籍证明、身份证、工作证、专业或技术等级证复印件等,法院判决书、行政处罚决定书、释放证明书等有效法律文件。(2)抓获经过、处警经过等。

(二)注意事项

1. 需精准锁定行为主体与主观故意证据。收集能证明行为人身份的身份证件、户籍材料等,明确责任主体。对于主观故意的认定,需结合行为人供述、证人证言及行为背景综合判断,如行为人是否知晓对象为尸骨、骨灰,是否存在报复、侮辱等动机,相关通讯记录、社交媒体内容中若有体现其故意的言论,可作为佐证。

2. 全面收集行为实施现场物证。现场勘查需详细记录尸骨、骨灰的损坏或丢弃状态,包括位置、损毁程度、残留物分布等,拍摄清晰的现场照片与视频。提取与行为相关的工具,如用于毁坏的器械、运输丢弃的容器等,通过痕迹鉴定确认其与行为的关联。同时,收集证人对行为过程的描述、监控录像中行为人的行动轨迹等,构建行为实施的完整证据链。

3. 严格保障证据合法性与关联性。证据收集需遵循法定程序,现场勘查、物品扣押需制作规范笔录,由相关人员签字确认。对尸骨、骨灰等特殊物证,需妥善保管并记录流转过程,避免污染或损坏。确保所有证据均能指向行为与损害结果的直接关联,如通过DNA鉴定确认尸骨身份,结合行为人轨迹证明其与现场的联系。

行为认定

(一)对毁坏、丢弃尸骨、骨灰行为的认定

主要从以下四个方面进行认定：

1. 行为侵害的客体是社会管理秩序和社会公序良俗。

2. 行为的客观方面表现为对尸骨或骨灰进行物理性或化学性的破坏,使其失去原有的形态和完整性。例如砸碎、碾压、折断尸骨,将骨灰撒散、倾倒等,使用酸、碱等化学物质对尸骨进行腐蚀、溶解等;或将尸骨或骨灰随意丢弃在不适当的地方,使其无法得到妥善安置和保护。

3. 行为的实施主体为符合法律规定、能够承担违反治安管理责任的自然人。

4. 行为的主观方面为故意。即行为人明知自己的行为会毁坏、丢弃尸骨、骨灰,仍然实施该行为。

(二)与盗窃、侮辱、故意毁坏尸体、尸骨、骨灰罪的区分

盗窃、侮辱、故意毁坏尸体、尸骨、骨灰罪(《刑法》第 302 条),是指盗窃、侮辱、故意毁坏尸体、尸骨、骨灰的行为。二者在行为危害性、行为构成要件、实施对象方面具有不同。

1. 行为性质与危害程度。丢弃尸骨、骨灰的行为,属于违反治安管理秩序的范畴,其危害程度相对较轻,尚未达到严重破坏社会秩序与触犯刑法的地步。盗窃、侮辱、故意毁坏尸体、尸骨、骨灰罪,属于刑事犯罪,具有严重的社会危害性。犯罪行为严重损害了社会伦理道德和风尚,极大伤害了死者亲属的情感,对社会公共秩序造成恶劣影响,破坏了社会公众对死者应有的尊重和安宁环境,需动用刑罚手段进行严厉制裁。例如,多次盗窃尸体用于非法交易,或者以极其恶劣手段侮辱、故意毁坏尸骨、骨灰,引发社会恐慌与公愤。

2. 行为构成要件。在行为主体与主观方面,毁坏、丢弃尸骨、骨灰行为的主体为一般主体,涵盖达到责任年龄、具有责任能力的自然人。主观上表现为故意,包括直接故意和间接故意。但这种故意的恶性程度相较于刑法犯罪相对较低,可能是出于泄愤、报复等动机。例如,因邻里纠纷,一方出于泄愤故意丢弃对方祖先骨灰,但未造成广泛恶劣影响,此行为属于治安违法范畴。盗窃、侮辱、故意毁坏尸体、尸骨、骨灰罪的主体同样为一般主体。主观方面只能是故意,过失不构成此罪。并且,行为人主观恶性较大,往往存在明确的犯罪目的,如为了牟利盗窃尸体、尸骨,或者出于仇恨对尸体、尸骨、骨灰进行残忍侮辱、毁坏,以达到严重伤害死者亲属感情或扰乱社会秩序的目的。从行为客观表现来看,毁坏、丢弃尸骨、骨灰行为,通常是较为简单、直接的毁坏或丢弃行为。比如,行为人直接将他人尸骨从墓地挖出丢弃,或者简单毁坏骨灰盒致使骨灰洒落,尚未达到刑法所要求的严重情节程度。盗窃、侮辱、故意毁坏尸体、尸骨、骨灰罪中的盗窃行为,是指秘密窃取尸体、尸骨、骨灰,将其置于自己实际控制之下;侮辱行为包括对尸体、尸骨、骨灰进行奸淫、猥亵、鞭打、遗弃等凌辱行为;故意毁坏则是对尸体、尸骨、骨灰予以物理或化学性的损伤破坏,如砸毁、肢解、非法解剖尸体,抛撒骨灰等,行为手段更为多样、情节更为严重。

3. 实施对象。丢弃尸骨、骨灰的行为,其实施对象为尸骨和骨灰。盗窃、侮辱、故意毁坏尸体、尸骨、骨灰罪,其实施对象除尸骨和骨灰外,还包括尸体。尸体,是指已经死亡的人的身体的全部或者一部分,尸骨是指尸体腐烂后剩下的骨头;骨灰是指尸体火化后骨骼烧成的灰。[1]

(三)对毁坏、丢弃尸骨、骨灰行为情节严重的认定

本行为的处罚设置了两个幅度,即一般情形和情节严重。两种情形的前提都是行为人实施了毁坏、丢弃尸骨、骨灰的行为,但与一般情形相比,情节严重的情形造成的危害后果更为广泛和严重。

"情节严重"主要包括三类:(1)毁坏程度较重。体现为行为人的主观恶性较大或手段较为暴力,对尸骨、骨灰造成严重毁坏。(2)引发民族矛盾、宗教矛盾或者群体性事件。体现为行为人所实施的毁坏、丢弃尸骨、骨灰行为严重破坏了民族感情或公序良俗,进而引发民族矛盾、宗教矛盾或者群体性事件,对社会管理秩序造成冲击。(3)其他情节严重的情形。包括手段方法过于暴力、主观恶性较大、造成严重社会影响等。例如,行为人多次毁坏、丢弃尸骨、骨灰或者对多具尸骨、骨灰进行毁坏、丢弃。

🛡 处罚标准

本行为设置一般情形和情节严重两个层次的处罚。其中,情节严重的罚款的金额上限在新修订的《治安管理处罚法》中有所增加,罚款金额从1000元增加到2000元。

表160 毁坏、丢弃尸骨、骨灰行为处罚标准

处罚档次	处罚标准	裁量基准
一般情形	处5日以上10日以下拘留	/
情节严重	处10日以上15日以下拘留,可以并处2000元以下罚款	①毁坏程度较重
		②引发民族矛盾、宗教矛盾或者群体性事件
		③其他情节严重的情形

🛡 案例及解析

【基本案情】郑某因与邻居王某长期积怨,趁王某全家外出祭祖时,潜入王某家中盗取其子(未成年病逝)的骨灰盒,行至郊外荒地后将骨灰倒出丢弃,并将空盒砸碎。王某归家发现骨灰失踪后报警,警方通过监控锁定郑某。

郑某的行为应当如何定性?

【解析】郑某为报复泄愤,故意盗取、丢弃他人骨灰并毁坏骨灰盒,其行为直接侵害逝者尊严及家属情感,构成"毁坏、丢弃他人骨灰"的治安违法行为。

---

[1] 参见张明楷:《刑法学》,法律出版社2021年版,第1414页。

关联法条

1.《刑法》(2023年修正)

第302条 【盗窃、侮辱、故意毁坏尸体、尸骨、骨灰罪】盗窃、侮辱、故意毁坏尸体、尸骨、骨灰的,处三年以下有期徒刑、拘役或者管制。

2.《民法典》(2020年)

第994条 死者的姓名、肖像、名誉、荣誉、隐私、遗体等受到侵害的,其配偶、子女、父母有权依法请求行为人承担民事责任;死者没有配偶、子女且父母已经死亡的,其他近亲属有权依法请求行为人承担民事责任。

166. 违法停放尸体

现行规定

《治安管理处罚法》

第77条第2项 有下列行为之一的,处五日以上十日以下拘留;情节严重的,处十日以上十五日以下拘留,可以并处二千元以下罚款:

(二)在公共场所停放尸体或者因停放尸体影响他人正常生活、工作秩序,不听劝阻的。

立案与管辖

(一)立案标准

违法嫌疑人在公共场所停放尸体或者因停放尸体影响他人正常生活、工作秩序,无视他人劝阻继续该行为,尚不够刑事处罚的即达到立案标准。此处的公共场所,包含如街道、广场、公园、医院、单位、交通工具等供公众活动的场所。只有在违法嫌疑人不听相关公共场所、单位或者社区等负有管理职责人员劝阻的前提下才构成本行为。

(二)管辖

违法停放尸体案件一般由违法行为地的公安机关管辖。

违法行为地包括违法行为发生地和违法结果发生地。违法行为发生地,一般指的是违法停放尸体行为的实施地以及开始地、途经地、结束地等与违法停放尸体行为有关的地点;违法停放尸体行为有连续、持续或者继续状态的,连续、持续或者继续实施的地方都属于违法行为发生地。违法结果发生地,通常指的是违法停放尸体的公共场所或影响他人正常生活、工作秩序所在地。

如果涉及多个地区,根据案件具体情况,可以由最初受理的公安机关或者主要违法行为发生地的公安机关管辖。由违法行为人居住地公安机关管辖更为适宜的,可以由违法行为人居住地公安机关管辖。

证据收集

（一）证据规格

违法停放尸体行为的调查和证据收集重点在于证明行为人存在主观故意，以及违法停放尸体是否严重影响他人正常生活、工作秩序且不听劝阻，用于区分一般情形和加重情形。同时，在处理此类案件时应当注意方式方法，避免进一步激化冲突。在违法停放尸体行为事实和损害结果认定中，需要收集的证据规格如下：

1. 违法嫌疑人的陈述和申辩。

（1）违法嫌疑人的基本情况；（2）违法嫌疑人违法停放尸体的时间、地点、具体过程、主观目的和动机、起因；（3）违法嫌疑人违法停放尸体的状态以及对劝阻的反应的描述；（4）违法停放尸体行为有无造成交通拥堵、秩序混乱等危害后果，或较大社会影响。

2. 被侵害人陈述和证人证言。

（1）受影响个人或单位的基本情况。（2）违法停放尸体的时间、地点、具体过程。（3）是否看到违法停放尸体的嫌疑人以及其体貌特征；嫌疑人违法停放尸体，是否有人员劝阻。（4）周边是否有监控，现场是否还有其他人员。

3. 物证、书证。

（1）现场照片和视频：记录尸体停放的地点、状态、停放尸体的人、停放尸体的工具、停放尸体周围环境以及对周围环境的影响。（2）尸体状态：尸体的具体情况，包括是否有遮盖、是否有明显的标识等。（3）报警记录：记录报警的时间、内容以及报警人的信息。（4）劝阻记录：记录劝阻行为人的过程，包括劝阻的时间、方式和结果。

4. 鉴定意见。

法医鉴定：如果需要，可以对尸体进行法医鉴定，以确定死因等相关信息以及评估尸体停放对周围环境的具体影响。

5. 视听资料、电子数据。

（1）监控录像：如果现场有监控设备，可以获取监控录像作为证据。（2）通讯记录：行为人与他人的通讯记录，可能包含有关停放尸体的计划或讨论。

6. 勘验、检查笔录，现场笔录。

进行现场勘验、检查，制作辨认笔录、现场笔录等。详细记录现场勘查的结果，包括尸体停放的具体位置、现场环境等。

7. 辨认笔录。

相关当事人对违法嫌疑人的辨认，以及对物证书证、视听资料、电子数据的辨认。

8. 其他证据材料。

（1）证明违法嫌疑人身份的材料和违法犯罪记录，如人口信息、户籍证明、身份证、工作证、专业或技术等级证复印件等，法院判决书、行政处罚决定书、释放证明书等有效法律文件。（2）抓获经过、处警经过等。

(二)注意事项

1. 注重调查工作的严谨性和工作方法。在收集证据的过程中,需要确保证据的合法性、真实性、关联性,并全面、客观地收集与案件有关的所有证据,以便为案件的调查和审理提供坚实的基础。同时,要特别注意保护相关人员的隐私和情感,避免造成不必要的伤害。

2. 注重查明违法嫌疑人是否不听劝阻。违法停放尸体行为不听劝阻的才具有可罚性,因此需要特别注意收集他人或单位进行劝阻的监控录像、证人证言等证据,以证明违法嫌疑人不顾劝阻仍执意实施此行为。

3. 注重查明加重情形。违法停放尸体行为是否造成交通拥堵、秩序混乱等危害后果,是否较长时间影响他人正常工作、生活秩序以及其他情节严重的情形。

▎行为认定

(一)对违法停放尸体行为的认定

主要从以下四方面进行认定:

1. 行为侵害的客体是社会公共秩序和他人的合法权益。

2. 行为的客观方面表现为:(1)在公共场所,如街道、广场、公园、商场、学校、医院、交通工具等地方,故意停放尸体,且不听劝阻的。(2)停放尸体的行为导致周围居民或特定区域的人群生活受到干扰,如造成居民恐慌、妨碍日常生活或导致工作场所的正常工作流程受阻,如影响商店营业、工厂生产、办公室工作等,且不听劝阻的。不听劝阻既包括行政执法人员的劝阻,也包括相关公共场所、单位或者社区等管理人员或工作人员的劝阻。

3. 本行为的主体为符合法律规定、能够承担违反治安管理责任的自然人。

4. 行为的主观方面为故意。即行为人明知自己的行为会影响他人正常生活、工作秩序,仍然实施该行为。

(二)对违法停放尸体行为之"公共场所"的理解

公共场所,是指供不特定多数人随时出入、停留、使用的场所,或承载公共服务职能的场所。其具有开放性和公共性,不特定的人员可以自由进出,不受特定身份或条件限制。需要注意的是,违法停放尸体行为里的"公共场所"包括党政国家机关门口、政务服务中心等政府及社会服务设施,车站、港口、码头、民用航空站等交通设施,医院、商场、公园、运动场、展览馆、学校、银行、餐厅等企事业单位,寺庙、教堂等宗教活动场所,广场、公共绿地、海滩、公共厕所等其他开放性场所。

(三)与聚众扰乱单位秩序和聚众扰乱社会秩序罪的区分

聚众扰乱单位秩序(《治安管理处罚法》第26条),是指扰乱机关、团体、企业、事业单位秩序,致使工作、生产、营业、医疗、教学、科研不能正常进行,尚未造成严重损失的行为。[1] 聚

---

[1] 参见孙茂利主编:《违反公安行政管理行为名称释义与实务指南(2021年版)》,中国民主法制出版社2021年版,第35页。

众扰乱社会秩序罪(《刑法》第 290 条),是指聚众扰乱社会秩序,情节严重,致使工作、生产、营业和教学、科研、医疗无法进行,造成严重损失的行为。[①] 违法停放尸体与这几个行为在认定条件方面仍存在不同。

1. 客观方面。违法停放尸体行为,其核心特征是行为对特定场所或群体的正常生活、工作秩序造成干扰,但尚未达到致使工作、生产、营业、医疗、教学、科研不能正常进行的程度。聚众扰乱单位秩序行为,则要求行为达到致使工作、生产等无法进行但尚未造成严重损失的程度。

2. 主体方面。违法停放尸体行为,主体通常为个人或少数人,行为方式以直接停放尸体为主,未形成组织化、规模化的扰乱活动;聚众扰乱社会秩序行为,则要求三人以上。

3. 主观方面。违法停放尸体行为,主观上多为表达诉求或宣泄情绪,如因对赔偿不满而停尸施压,其故意内容限于扰乱特定场所秩序,无广泛破坏社会公共秩序的意图。

此外,还需要在实际操作中准确区分罪与非罪的界限。例如,在医疗机构聚众停放尸体,致使医疗活动无法进行,导致危重病人无法及时救治而死亡或残疾,或在公共场所长期停放尸体并引发大规模围观,造成交通瘫痪、公共服务停滞等后果,可以被认定为聚众扰乱社会秩序罪。

(四)与聚众扰乱公共场所秩序、交通秩序罪的区分

聚众扰乱公共场所秩序、交通秩序罪(《刑法》第 291 条),是指聚众扰乱车站、码头、民用航空站、商场、公园、影剧院、展览会、运动场或者其他公共场所秩序,聚众堵塞交通或者破坏交通秩序,抗拒、阻碍国家治安管理人员依法执行职务,情节严重的行为。[②] 二者均对公共场所秩序造成了影响,但是二者在行为性质、构成要件方面仍存在不同。

1. 行为性质与危害程度的本质差异。违法停放尸体行为,属于违反社会管理秩序的行政违法行为。其核心特征是行为对特定公共场所或交通秩序的局部干扰。聚众扰乱公共场所秩序、交通秩序罪,则属于严重危害社会公共秩序的刑事犯罪。该罪要求行为达到"情节严重"。

2. 构成要件存在关键区别。(1)客观方面。违法停放尸体行为,限于不听劝阻且未导致公共场所或交通秩序完全瘫痪;聚众扰乱公共场所秩序、交通秩序罪,要求行为情节严重,且必须存在抗拒、阻碍国家治安管理工作人员依法执行职务。(2)主体方面。违法停放尸体行为,主体通常为个人或少数人,行为方式以直接停放尸体为主,未形成组织化、规模化的扰乱活动;聚众扰乱公共场所秩序、交通秩序罪,要求"聚众"(3 人以上),且存在明确的组织、策划、指挥行为。(3)主观方面。违法停放尸体行为,主观上多为表达诉求或宣泄情绪,如因对赔偿不满而停尸施压,其故意内容限于扰乱特定场所秩序,无广泛破坏社会公共秩序的意图。

[①] 参见张明楷:《刑法学》,法律出版社 2021 年版,第 1387 页。
[②] 参见张明楷:《刑法学》,法律出版社 2021 年版,第 1389 页。

(五)对违法停放尸体行为情节严重的认定

本行为的处罚设置了两个幅度,即一般情形和情节严重。两种情形的前提都是行为人实施了违法停放尸体的行为,但与一般情形相比,情节严重的情形造成的危害后果更为广泛和严重。

"情节严重"主要包括四类:(1)造成交通拥堵、秩序混乱等危害后果。体现为行为人的主观恶性较大且对他人正常生活、工作及社会秩序造成较大影响;(2)影响他人正常工作、生活持续时间较长。体现为行为人所实施的行为持续时间较长、对他人的影响较大;(3)造成较大社会影响;(4)其他情节严重的情形。包括行为人多次违法停放尸体、辱骂劝阻人员等。

处罚标准

本行为设置一般情形和情节严重两个层次的处罚。其中,情节严重的罚款的金额上限在2025年修订的《治安管理处罚法》中有所增加,罚款金额从1000元增加到2000元。

表161 违法停放尸体行为处罚标准

处罚档次	处罚标准	裁量基准
一般情形	处5日以上10日以下拘留	/
情节严重	处10日以上15日以下拘留,可以并处2000元以下罚款	①造成交通拥堵、秩序混乱等危害后果的 ②影响他人正常工作、生活持续时间较长的 ③造成较大社会影响的 ④其他情节严重的情形

案例及解析

【基本案情】居民赵某因父亲在家中病逝,为向开发商索要小区物业补偿款,将遗体未经任何包裹停放于单元楼入口处。邻居多次投诉,物业及民警先后三次劝其移走遗体依法处理,赵某拒不搬离,持续停放逾数小时。

赵某的行为应当如何定性?

【解析】赵某为施压维权在公共场所违法停放尸体,导致住户无法正常出行且生活环境受污染,经多次明确劝阻仍拒不改正,其行为构成治安违法行为,应当认定为违法停放尸体行为。

关联法条

1.《刑法》(2023年修正)

第302条 【盗窃、侮辱、故意毁坏尸体、尸骨、骨灰罪】盗窃、侮辱、故意毁坏尸体、尸骨、骨灰的,处三年以下有期徒刑、拘役或者管制。

第290条第1款 【聚众扰乱社会秩序罪】聚众扰乱社会秩序,情节严重,致使工作、生产、营业和教学、科研、医疗无法进行,造成严重损失的,对首要分子,处三年以上七年以下有期徒刑;对其他积极参加的,处三年以下有期徒刑、拘役、管制或者剥夺政治权利。

第291条 【聚众扰乱公共场所秩序、交通秩序罪】聚众扰乱车站、码头、民用航空站、商场、公园、影剧院、展览会、运动场或者其他公共场所秩序,聚众堵塞交通或者破坏交通秩序,抗拒、阻碍国家治安管理工作人员依法执行职务,情节严重的,对首要分子,处五年以下有期徒刑、拘役或者管制。

2.《殡葬管理条例》(2012年修订)

第21条 办理丧事活动妨害公共秩序、危害公共安全、侵害他人合法权益的,由民政部门予以制止;构成违反治安管理行为的,由公安机关依法给予治安管理处罚;构成犯罪的,依法追究刑事责任。

3.《最高人民法院、最高人民检察院、公安部、司法部、国家卫生和计划生育委员会印发〈关于依法惩处涉医违法犯罪维护正常医疗秩序的意见〉的通知》(法发〔2014〕5号)

(二)在医疗机构私设灵堂、摆放花圈、焚烧纸钱、悬挂横幅、堵塞大门或者以其他方式扰乱医疗秩序,尚未造成严重损失,经劝说、警告无效的,要依法驱散,对拒不服从的人员要依法带离现场,依照治安管理处罚法第二十三条①的规定处罚;聚众实施的,对首要分子和其他积极参加者依法予以治安处罚;造成严重损失或者扰乱其他公共秩序情节严重,构成寻衅滋事罪、聚众扰乱社会秩序罪、聚众扰乱公共场所秩序、交通秩序罪的,依照刑法的有关规定定罪处罚。

在医疗机构的病房、抢救室、重症监护室等场所及医疗机构的公共开放区域违规停放尸体,影响医疗秩序,经劝说、警告无效的,依照治安管理处罚法第六十五条的规定处罚;严重扰乱医疗秩序或者其他公共秩序,构成犯罪的,依照前款的规定定罪处罚。

---

① 对应2025年《治安管理处罚法》第26条。

第五十三节 《治安管理处罚法》第 78 条

167～168. 卖淫、嫖娼*

▎现行规定

《治安管理处罚法》

第 78 条第 1 款 卖淫、嫖娼的,处十日以上十五日以下拘留,可以并处五千元以下罚款;情节较轻的,处五日以下拘留或者一千元以下罚款。

▎立案与管辖

(一)立案标准

违法嫌疑人有卖淫行为或嫖娼行为,即达到卖淫、嫖娼的立案标准。卖淫,是指经双方约定,以获取金钱、物质或者其他非物质利益为目的,与不特定的异性或同性发生性关系的行为。嫖娼,是指经双方约定,通过给付一定的金钱、物质或者其他非物质利益,与不特定的异性或同性发生性关系的行为。这里的"性关系",既包括双方通过生殖器官的性交合行为,也包括任何一方性器官与另一方的身体直接接触的行为。需注意的是,卖淫者、嫖娼者,均可以是男性或女性。

(二)管辖

卖淫、嫖娼案件一般由违法行为地的公安机关管辖。

违法行为地包括违法行为发生地和违法结果发生地。违法行为发生地,包括卖淫、嫖娼行为的实施地以及开始地、结束地等与卖淫、嫖娼行为有关的地点。在卖淫、嫖娼案件中,上述地点包括双方达成卖淫、嫖娼意思的地点、发生性行为的地点、支付嫖资的地点。违法结果发生地指的是卖淫违法所得的实际取得地、藏匿地、转移地、使用地。卖淫、嫖娼案件一般不由违法行为人居住地的公安机关管辖。

▎证据收集

(一)证据规格

1.违法嫌疑人陈述和申辩。

(1)违法嫌疑人的基本情况。(2)卖淫、嫖娼人员搭识的途径,卖淫、嫖娼行为是否为初

---

* 此处包含卖淫和嫖娼两个违反治安管理行为,故行为编号为 167、168 两个编号。

次,如何就卖淫、嫖娼行为达成一致,谈好的价格,支付方式,是否已支付,支付的实际数额等。(3)是否已发生性关系,是否已经着手实施发生性关系的行为。

2. 物证、书证。

(1)赃款,性用品、用具;(2)交易记录;(3)住宾馆、民宿或网约房的订房和入住记录;(4)招嫖宣传卡片。

3. 鉴定意见。

涉案的有关争议物品的鉴定意见。

4. 视听资料、电子数据。

(1)短信、微信聊天记录,电话通话记录;(2)电子转账记录;(3)网络宣传资料等;(4)现场执法记录,酒店监控视频等。

5. 勘验、检查笔录,现场笔录。

实施卖淫、嫖娼行为的场所的勘验、检查笔录,现场笔录等。

6. 辨认笔录。

卖淫嫖娼双方进行辨认,及相关当事人对违法嫌疑人的辨认;以及对物证、书证、视听资料、电子数据的辨认。

7. 其他证据材料。

(1)证明违法嫌疑人身份的材料和违法犯罪记录,如人口信息、户籍证明,身份证、工作证、专业或技术等级证书复印件等;法院判决书、行政处罚决定书、释放证明书等有效法律文件。(2)抓获经过、处警经过等。

(二)注意事项

1. 注意收集双方有给付一定的金钱、物质或者其他非物质利益合意的相关证据。

2. 对违法嫌疑人采取性病检测措施。在确认卖淫、嫖娼行为后,必须对涉案人员实施强制性的性病检测,旨在查明并区分是否涉及故意传播性病犯罪行为。

3. 注意是否存在引诱、容留、介绍他人卖淫的情况,在出租房屋或他人家中卖淫的,应问明出租人或房主是否明知。

4. 注意查明是否存在旅馆业、饮食服务业、文化娱乐业、出租汽车业等单位的人员为违法犯罪行为人通风报信的行为。

🛡 行为认定

(一)对卖淫、嫖娼行为的认定

主要从以下四个方面进行认定。

1. 行为侵犯的客体是良好的社会风尚和社会管理秩序。

2. 行为在客观上表现为一方以获取金钱或者财物为目的,一方以给付或约定给付金钱、物质或者以其他非物质利益为手段,与不特定的他人发生性关系的行为。卖淫、嫖娼行为既可以发生在异性之间,也可以发生在同性之间。发生性关系的方式也包括多种,如口交、手淫、肛交等,至少有一方的性器官与另一方身体直接接触的行为。

3. 行为的实施主体是自然人,既可以是男性,也可以是女性。

4. 行为的主观方面是故意,即不特定的异性或同性之间都存在以金钱、财物为媒介发生性关系的主观故意。

(二)卖淫、嫖娼是否以性行为的实际进行或完成为必要条件

卖淫、嫖娼并不以性行为的实际进行或完成为必要条件。2003年9月24日《公安部关于以钱财为媒介尚未发生性行为或发生性行为尚未给付钱财如何定性问题的批复》中规定,卖淫、嫖娼是指不特定的异性之间或同性之间以金钱、财物为媒介发生性关系的行为。行为主体之间主观上已经就卖淫、嫖娼达成一致,已经谈好价格或者已经给付金钱、财物,并且已经着手实施,但由于其本人主观意志以外的原因,尚未发生性关系的;或者已经发生性关系,但尚未给付金钱、财物的,都可以按卖淫、嫖娼行为依法处理。对前一种行为,应当从轻予以处罚。着手实施,是指为卖淫、嫖娼行为准备实施的条件,如共同前往卖淫、嫖娼场所等。

(三)对卖淫、嫖娼的主体认定

无论男性、女性,均可以构成卖淫、嫖娼的主体;同性间以金钱、物质或者其他非物质利益为媒介发生性关系的,同样认定为卖淫、嫖娼行为。

(四)卖淫者与嫖娼者发生性关系的不特定性

对卖淫、嫖娼行为的认定,除了判断是否以金钱、物质或者其他非物质利益为目的发生性关系外,还要注意卖淫者与嫖娼者之间发生性关系的不特定性,即双方没有感情基础,并且经常变换发生性关系的对象。有的案件中卖淫者通过"包月"的形式招揽嫖娼者,双方建立所谓的"熟客关系"伪装,也应认定是卖淫、嫖娼行为。

(五)本行为与有偿陪侍服务的界限

有偿陪侍服务是指"以营利为目的的陪侍"行为(《娱乐场所管理条例》第14条第1款第4项),指行为人以出卖色相为手段,提供除发生性关系以外的一般色情服务。比如一些娱乐场所为前来消费的顾客提供陪坐、陪酒、陪唱、陪舞等陪侍服务,陪侍服务人员除陪坐、陪酒、陪唱、陪舞外,还供顾客观看、抚摸、搂抱等,其与卖淫、嫖娼的区别关键在于是否发生了性关系。如果在陪侍过程中发生了性关系,应认定为卖淫、嫖娼行为。发生在娱乐场所的有偿陪侍行为,公安机关应根据《娱乐场所管理条例》第43条的规定,没收违法所得和非法财物,责令娱乐场所停业整顿3个月至6个月;情节严重的,由原发证机关吊销娱乐经营许可证,对直接负责的主管人员和其他直接责任人员处1万元以上2万元以下的罚款。

(六)与传播性病罪的界限

传播性病罪(《刑法》第360条),是指明知自己患有梅毒、淋病等严重性病而进行卖淫、嫖娼的行为。卖淫、嫖娼行为与传播性病罪的区别在于行为人是否在明知自己患有严重性病的情况下,实施卖淫、嫖娼的行为。严重性病,是指传染性强、危害大、发病率高的性病,如梅毒、淋病等。具有下列情形之一的,应当认定为《刑法》第360条规定的"明知":(1)有证据证

明行为人曾到医院或者其他医疗机构就医或者检查,被诊断为患有严重性病的;(2)根据本人的知识和经验,能够知道自己患有严重性病的;(3)通过其他方法能够证明行为人是"明知"的。传播性病行为是否实际造成他人患上严重性病的后果,不影响本罪的成立。

(七)嫖娼过程中存在的强奸现象

卖淫、嫖娼行为中,双方发生性关系是主观自愿的行为。如果在卖淫、嫖娼过程中出现其他原因,女方不愿继续发生性关系,并明确表示中止发生性关系,但另一方强行与其发生性关系的,另一方涉嫌强奸犯罪。

处罚标准

本行为设置"一般情形"和"情节较轻"两个层次的处罚。对于"情节较轻"情形的认定,应当结合行为人的动机、卖淫嫖娼行为是否发生、行为人是否为初次等综合考虑。[①] 需注意的是对以卖淫为主要生活来源、有固定住所专门从事卖淫活动的行为人,不适用"情节较轻"的处罚。

表 162 卖淫、嫖娼行为处罚标准

处罚档次	处罚标准	裁量基准
一般情形	处 10 日以上 15 日以下拘留,可以并处 5000 元以下罚款	/
情节较轻	处 5 日以下拘留或者 1000 元以下罚款	①已商讨好价钱或者嫖客已给付金钱、财物,但尚未实施性行为的
		②以手淫方式卖淫、嫖娼的
		③其他情节较轻的情形

案例及解析

【基本案情】 某市派出所接到报警称,某小区×房间有卖淫嫖娼活动。经查,韩某在微信上和一个叫李某的人聊有偿陪侍的事,微信里确定的是"一次不包夜"价格 1000~2000 元,韩某把地址发给李某,让李某过来。0 时左右李某到了韩某住处,李某让韩某先付 1200 元。韩某让李某先去洗个澡,李某洗澡出来后韩某已经脱光衣服,李某让韩某先交钱,韩某表示要先发生性关系,二人吵了起来,后李某报警。

韩某是否构成嫖娼?应如何处罚?

【解析】 韩某的行为构成嫖娼行为,李某构成卖淫行为。根据本案查明的事实,韩某与李某已经讲好价钱,并已经着手发生性关系(李某到达韩某住处,两人脱衣、洗澡),可以认定韩

[①] 参见柯良栋主编:《治安管理处罚法释义与实务指南(2014 年版)》,中国人民公安大学出版社 2014 年版,第 546 页。

某的行为已经构成嫖娼，李某行为构成卖淫。参照《公安部关于以钱财为媒介尚未发生性行为或发生性行为尚未给付钱财如何定性问题的批复》，行为主体之间主观上已经就卖淫嫖娼达成一致，但由于其本人主观意志以外的原因，尚未发生性关系的，应当从轻处罚。本案中，对李某、韩某应认定卖淫、嫖娼行为，可以从轻处罚。

关联法条

1.《刑法》(2023年修正)

第360条　【传播性病罪】明知自己患有梅毒、淋病等严重性病卖淫、嫖娼的，处五年以下有期徒刑、拘役或者管制，并处罚金。

第359条　【引诱、容留、介绍卖淫罪】引诱、容留、介绍他人卖淫的，处五年以下有期徒刑、拘役或者管制，并处罚金；情节严重的，处五年以上有期徒刑，并处罚金。

【引诱幼女卖淫罪】引诱不满十四周岁的幼女卖淫的，处五年以上有期徒刑，并处罚金。

2.《全国人民代表大会常务委员会关于严禁卖淫嫖娼的决定》(2009年修正)

为了严禁卖淫、嫖娼，严惩组织、强迫、引诱、容留、介绍他人卖淫的犯罪分子，维护社会治安秩序和良好的社会风气，对刑法有关规定作如下补充修改：

四、卖淫、嫖娼的，依照《中华人民共和国治安管理处罚法》的规定处罚。

3.《娱乐场所管理条例》(2020年修订)

第14条第2款　娱乐场所的从业人员不得吸食、注射毒品，不得卖淫、嫖娼；娱乐场所及其从业人员不得为进入娱乐场所的人员实施上述行为提供条件。

4.《公安部关于对同性之间以钱财为媒介的性行为定性处理问题的批复》(2001年)

根据《中华人民共和国治安管理处罚条例》和全国人大常委会《关于严禁卖淫嫖娼的决定》的规定，不特定的异性之间或者同性之间以金钱、财物为媒介发生不正当性关系的行为，包括口淫、手淫、鸡奸等行为，都属于卖淫嫖娼行为，对行为人应当依法处理。

5.《公安部关于以钱财为媒介尚未发生性行为或发生性行为尚未给付钱财如何定性问题的批复》(2003年)

卖淫嫖娼是指不特定的异性之间或同性之间以金钱、财物为媒介发生性关系的行为。行为主体之间主观上已经就卖淫嫖娼达成一致，已经谈好价格或者已经给付金钱、财物，并且已经着手实施，但由于其本人主观意志以外的原因，尚未发生性关系的；或者已经发生性关系，但尚未给付金钱、财物的，都可以按卖淫嫖娼行为依法处理。对前一种行为，应当从轻处罚。

169. 拉 客 招 嫖

现行规定

《治安管理处罚法》

第78条第2款 在公共场所拉客招嫖的,处五日以下拘留或者一千元以下罚款。

立案与管辖

(一)立案标准

违法嫌疑人在公共场所实施拉客招嫖行为,采取引诱、拉拢、招揽等方式意图卖淫,尚不够刑事处罚,即达到立案标准。

(二)管辖

拉客招嫖案件由违法行为地的公安机关管辖。

违法行为地包括违法行为发生地和违法结果发生地。违法行为发生地,包括违法行为的实施地以及开始地、途经地、结束地等与违法行为有关的地点;违法行为有连续、持续或者继续状态的,违法行为连续、持续或者继续实施的地方都属于违法行为发生地。违法结果发生地,包括违法对象被侵害地,违法所得的实际取得地、藏匿地、转移地、使用地、销售地。如拉客招嫖案件中卖淫者进行拉客的公共场所、发放小广告的地点、与嫖娼者谈价的地点、发生性行为的地点,以及卖淫违法所得的实际取得地、藏匿地、转移地等。

拉客招嫖行为由违法行为人居住地公安机关管辖更为适宜的,可以由违法行为人居住地公安机关管辖。

拉客招嫖行为发生在网络上的,用于实施拉客招嫖行为的网站服务器所在地、网络接入地以及网站建立者或者管理者所在地,违法过程中违法行为人使用的网络及其运营者所在地公安机关可以管辖。

证据收集

(一)证据规格

1.违法嫌疑人陈述和申辩。

(1)违法嫌疑人的基本情况:身份信息、是否有前科劣迹等。

(2)拉客招嫖行为的时间、地点、行为过程、拉客对象、目的和动机、拉客招嫖的次数和频率;是否有同伙;违法所得情况,包括金额、来源、去向等;违法嫌疑人是否有性病等传染病,以及是否采取了相关的卫生防护措施等。

2. 物证、书证。

(1)赃款、性用品、用具;(2)拉客招嫖的广告,如卡片、传单等;(3)收费记录、账本等;(4)宾馆、民宿或网约房的订房和入住记录。

3. 视听资料、电子数据。

(1)短信、微信聊天记录,电话记录;(2)电子转账记录;(3)网络宣传资料等;(4)抓获现场执法视频、酒店监控视频等。

4. 勘验、检查笔录,现场笔录。

拉客招嫖现场勘验、检查笔录,现场笔录等。

5. 辨认笔录。

相关当事人对违法嫌疑人的辨认;以及对物证书证、视听资料、电子数据的辨认。

6. 其他证据材料。

(1)证明违法嫌疑人身份的材料和违法犯罪记录,如人口信息、户籍证明、身份证、工作证、专业或技术等级证书复印件等;法院判决书、行政处罚决定书、释放证明书等有效法律文件。(2)抓获经过、处警经过等。

(二)注意事项

1. 注意拉客招嫖行为既有在公共场所拉客招嫖的方式,也有利用互联网线上招嫖的方式,应注意收集线上、线下的证据。

2. 注意对违法嫌疑人进行性病检查。在确认拉客招嫖行为后,必须对涉案人员实施强制性的性病检查,旨在查明并区分是否涉嫌构成传播性病罪。

3. 注意发现有无组织、介绍、引诱、容留、强迫卖淫的违法犯罪团体、代聊群体等。

4. 注意互联网淫秽信息散播的情况,加强对不良用户、不良信息的发现、控制能力,督促网络运营商、移动通讯运营商切实做好网络聊天账号、网络聊天信息的清理,抑制招嫖信息的扩散。

行为认定

(一)拉客招嫖行为的认定

主要从以下四个方面进行认定。

1. 本行为侵犯的客体是社会管理秩序和良好的社会风尚。

2. 本行为的客观方面表现为行为人在公共场所如酒店周边、背街小巷、车站等,主动采取言语招揽,如主动搭讪路人;或用肢体动作暗示,如拉扯衣物、挑逗手势等;或派发招嫖资料,如塞入露骨广告卡片、张贴二维码贴纸等;或穿着明显暴露"站街"等方式,向不特定对象传递性交易意向;或依托互联网平台,通过社交平台引流,如在微信群、QQ空间发布"可上门""深夜陪伴"等暗示性动态,或利用直播暗示"线下可约"等;或伪装成生活服务类信息,如在网络平台注册虚假"SPA会所",或以"陪游"为名标注"仅接男宾"等;或者通过即时通讯社交软件发布招嫖信息等行为。

3. 本行为主体是自然人,行为人是意图卖淫者,男性和女性都可以构成本行为的主体。

4. 本行为在主观方面表现为故意。

(二)拉客招嫖行为和卖淫、嫖娼行为的区分

二者主要区别表现在以下几个方面。

1. 行为主体。拉客招嫖的行为主体是意图卖淫者,包括男性和女性;卖淫、嫖娼是两项行为,涉及两个行为主体,即卖淫者和嫖娼者。

2. 行为结果。拉客招嫖处于卖淫、嫖娼行为的前期阶段,是行为人单方面在公共场所通过引诱、拉拢、招揽等方式实施卖淫行为,行为人只是表达了卖淫的意愿,即可构成拉客招嫖行为。通过拉客招嫖方式与嫖客发生性关系的,认定为卖淫、嫖娼行为并予以处罚。卖淫、嫖娼行为必须是双方主观上已经就卖淫、嫖娼达成一致,已经谈好价钱或者已经给付金钱、财物,并且已经着手发生性关系的行为。以拉客招嫖的方式谈好价钱,已经着手实施卖淫、嫖娼行为,如已经进入出租房屋开始脱衣服,但由于意志以外的原因,如被人举报,公安民警检查发现,尚未发生性关系的,属于情节较轻的卖淫、嫖娼行为。如果谈价未成功,就符合拉客招嫖行为的构成要件。

3. 行为场所。拉客招嫖行为发生在公共场所或互联网的公共空间;实施卖淫、嫖娼的场所既可以是私人住宅,也可能在歌舞娱乐、洗浴按摩等场所的包间内。

(三)到宾馆、酒店的客房招嫖是否可以认定为拉客招嫖行为

打电话或主动到宾馆、酒店、民宿的客房,或到娱乐场所拉客的,应按拉客招嫖行为定性处罚。

(四)与介绍卖淫行为的区别

介绍卖淫行为,是指为卖淫者和嫖客进行居间介绍,尚不够刑事处罚的行为。拉客招嫖和介绍卖淫行为的区别在于行为主体不同。介绍卖淫的行为人并不参与卖淫活动,而拉客招嫖行为人自己是欲从事卖淫活动的人员。

处罚标准

本行为设置只设置了"一般情形"的处罚,即"在公共场所拉客招嫖的,处 5 日以下拘留或者 1000 元以下罚款"。

表163 拉客招嫖行为处罚标准

处罚档次	处罚标准
一般情形	处 5 日以下拘留或者 1000 元以下罚款

案例及解析

【基本案情】孙某在市中心公园内频繁搭讪独行男性,向对方暗示提供"特殊服务"并展示手机中的价目表,称"500 元包满意"。便衣民警目睹其连续招揽 3 名路人后将其控制。

孙某的行为应当如何定性？

【解析】本案中，孙某在公共场所主动招揽不特定人员，通过明示性服务内容、展示价目等方式公开推销卖淫服务，即使孙某没有与不特定人员实际发生性关系，但通过拉客的方式，与他人搭识、谈价，表达卖淫的意图，其行为直接扰乱公共秩序，符合拉客招嫖的构成要件，区别于私下协商的卖淫嫖娼行为。

关联法条

1.《刑法》(2023年修正)

第359条 【引诱、容留、介绍卖淫罪】引诱、容留、介绍他人卖淫的，处五年以下有期徒刑、拘役或者管制，并处罚金；情节严重的，处五年以上有期徒刑，并处罚金。

【引诱幼女卖淫罪】引诱不满十四周岁的幼女卖淫的，处五年以上有期徒刑，并处罚金。

第360条 【传播性病罪】明知自己患有梅毒、淋病等严重性病卖淫、嫖娼的，处五年以下有期徒刑、拘役或者管制，并处罚金。

2.《最高人民法院、最高人民检察院关于办理组织、强迫、引诱、容留、介绍卖淫刑事案件适用法律若干问题的解释》(法释〔2017〕13号)

第8条第1款、第2款 引诱、容留、介绍他人卖淫，具有下列情形之一的，应当依照刑法第三百五十九条第一款的规定定罪处罚：

（一）引诱他人卖淫的；

（二）容留、介绍二人以上卖淫的；

（三）容留、介绍未成年人、孕妇、智障人员、患有严重性病的人卖淫的；

（四）一年内曾因引诱、容留、介绍卖淫行为被行政处罚，又实施容留、介绍卖淫行为的；

（五）非法获利人民币一万元以上的。

利用信息网络发布招嫖违法信息，情节严重的，依照刑法第二百八十七条之一的规定，以非法利用信息网络罪定罪处罚。同时构成介绍卖淫罪的，依照处罚较重的规定定罪处罚。

3.《全国人民代表大会常务委员会关于严禁卖淫嫖娼的决定》(2009年修正)

三、引诱、容留、介绍他人卖淫的，处五年以下有期徒刑或者拘役，并处五千元以下罚金；情节严重的，处五年以上有期徒刑，并处一万元以下罚金；情节较轻的，依照《中华人民共和国治安管理处罚法》的规定处罚。

引诱不满十四岁的幼女卖淫的，依照本决定第二条关于强迫不满十四岁的幼女卖淫的规定处罚。

六、旅馆业、饮食服务业、文化娱乐业、出租汽车业等单位的人员，利用本单位的条件，组织、强迫、引诱、容留、介绍他人卖淫的，依照本决定第一条、第二条、第三条的规定处罚。

前款所列单位的主要负责人，有前款规定的行为的，从重处罚。

十、组织、强迫、引诱、容留、介绍他人卖淫以及卖淫的非法所得予以没收。

罚没收入一律上缴国库。

第五十四节 《治安管理处罚法》第 79 条

170. 引诱、容留、介绍卖淫

现行规定

《治安管理处罚法》

第 79 条 引诱、容留、介绍他人卖淫的,处十日以上十五日以下拘留,可以并处五千元以下罚款;情节较轻的,处五日以下拘留或者一千元以上二千元以下罚款。

立案与管辖

(一)立案标准

违法嫌疑人以金钱、物质或其他利益诱使他人卖淫,或者为他人卖淫提供场所,或者在卖淫者和嫖客之间进行居间介绍、沟通、撮合,促使卖淫行为得以实施,尚不够刑事处罚的即达到立案标准。

(二)管辖

引诱、容留、介绍他人卖淫案件一般由违法行为地的公安机关管辖。违法行为地包括违法行为发生地和违法结果发生地。违法行为发生地,包括违法行为的实施地以及开始地、途经地、结束地等与违法行为有关的地点;违法行为有连续、持续或者继续状态的,违法行为连续、持续或者继续实施的地方都属于违法行为发生地。违法结果发生地,包括违法对象被侵害地,违法所得的实际取得地、藏匿地、转移地、使用地、销售地。

根据相关规定,涉及卖淫案件一般由违法行为地公安机关管辖,违法行为人居住地公安机关无权管辖,但是,违法嫌疑人居住地同时也是违法行为地的,居住地公安机关可基于违法行为地行使管辖权。

证据收集

(一)证据规格

引诱、容留、介绍他人卖淫行为的调查和证据收集重点在于证明客观行为存在及其表现,以及对社会管理秩序和良好风尚造成破坏的后果。应注意,该行为尚未造成严重损失或存在其他严重情节,尚不够刑事处罚,因而对违法行为要素及后果的认定尤为重要。在一个完整的引诱、容留、介绍他人卖淫行为事实和损害结果认定中,需要收集的证据规格如下:

1. 违法嫌疑人陈述和申辩。

(1)违法嫌疑人的基本情况:身份信息、是否有前科劣迹等;(2)引诱、介绍他人的人次、方式;(3)容留他人卖淫的地点、为他人提供卖淫的具体条件;(4)引诱、介绍、容留卖淫的人是否患有艾滋病或者患有梅毒、淋病等严重性病,是否不满14周岁,是否为未成年人等;(5)对卖淫活动的组织、介绍、容留等行为的承认或否认。

2. 证人证言。

场所工作人员、周边居民等的证言,证明卖淫活动的存在以及行为人的参与。

3. 物证和书证。

(1)场所相关证据,如租赁合同、营业执照、经营许可证等,证明行为人对卖淫场所的控制和管理;(2)卖淫记录,包括收费记录、记账本、电脑记录等,证明卖淫活动的次数和获利情况;(3)其他书证,如卖淫人员的入职承诺书、签到表、收入记录等,证明卖淫活动的组织和管理。

4. 视听资料和电子数据。

(1)通信记录,如手机短信、微信聊天记录、通话记录等,证明行为人与卖淫人员、嫖客之间的联络情况。(2)支付记录,如银行转账记录、微信或支付宝支付记录,证明卖淫活动的收费情况。

5. 鉴定意见。

如果卖淫人员患有性病,需通过医疗机构进行性病检查并出具诊断报告,作为传播性病罪的证据。

6. 勘验、检查笔录,现场笔录。

对卖淫场所进行勘查,记录场所布局、设施等情况,为案件事实提供直观证据;进行现场勘验、检查,制作现场笔录等。

7. 辨认笔录。

相关当事人对违法嫌疑人的辨认;对物证书证、视听资料、电子数据的辨认。

8. 其他证据材料。

(1)证明违法嫌疑人身份的材料和违法犯罪记录。如人口信息、户籍证明,以及身份证、工作证、专业或技术等级证复印件等;法院判决书、行政处罚决定书、释放证明书等有效法律文件。(2)抓获经过、处警经过等。

(二)注意事项

1. 及时扣押关键证据。对现场发现的与卖淫嫖娼或用于引诱、介绍卖淫活动直接相关的物品进行扣押,例如,记录有嫖资、联系方式、交易记录的笔记本、纸条,用于联络的手机、电脑等电子设备,现金,宣传招嫖的小卡片、广告等。

2. 注重对调查对象隐私与安全的保护。在对卖淫行为进行调查和询问时,应确保询问环境的私密、安全,由同性别执法办案人员(如女警)进行询问更为适宜。

行为认定

(一)对引诱、容留、介绍他人卖淫行为的认定

主要从以下四个方面进行认定:

1.行为侵犯的客体是社会管理秩序和良好的社会风尚。

2.行为的客观方面表现为行为人利用金钱、物质利益或非物质利益作诱饵,或者采取其他手段,拉拢、勾引、劝导、怂恿、诱惑、唆使他人从事卖淫活动,为他人卖淫提供场所或者其他便利条件,或者在卖淫者与嫖客之间牵线搭桥、居间介绍。

具体表现为:(1)引诱他人卖淫。即行为人利用金钱、物质利益或非物质利益作诱饵,或者采取其他手段,拉拢、勾引、劝导、怂恿、诱惑、唆使他人从事卖淫活动。物质利益,是指除金钱以外的具有财产价值的物品,如房产、金银珠宝首饰等;非物质利益,是指不具有财产价值的其他利益,如提供工作机会、职务晋升、安排城市户口等。行为人的引诱行为可以以言语、文字、举动、图画或者其他方式实施,至于引诱者允诺的内容有无实现,由谁实现,不影响本行为的成立。

(2)容留他人卖淫。即允许他人在自己支配的场所卖淫或者为他人卖淫提供场所的行为。场所是指专供的处所或者其他指定的地方,不仅包括传统的房屋,而且包括交通工具,如提供给他人作卖淫场所之用的汽车、船舶等。容留行为无论是主动实施,还是应卖淫者或嫖客之请实施,以及容留的时限长短、有无获利,都不影响本行为的成立。

(3)介绍他人卖淫。即行为人在卖淫者与嫖客之间牵线搭桥,通过引见、沟通、撮合等方式,使卖淫者与嫖客建立联系,促成卖淫嫖娼行为的发生。介绍的方式多表现为双向介绍,如将卖淫者引见给嫖客,或将嫖客领到卖淫者住处当面撮合,但也不排除单向介绍,如单纯地向卖淫者提供信息,由卖淫者自行去勾搭嫖客。

行为人只要实施了上述行为之一,就可以构成本行为。

3.行为实施的主体包括单位和个人。

4.行为的主观方面是故意。目的是否以营利为目的,不影响本行为的成立。

(二)本行为与"引诱、容留、介绍卖淫罪"的区分

引诱、容留、介绍卖淫罪(《刑法》第359条第1款),是指以金钱、物质或者其他利益为手段,诱使他人卖淫,或者为他人卖淫提供场所或条件,或者为卖淫的人与嫖客牵线搭桥的行为。

行为人实施引诱、容留、介绍卖淫行为是否构成犯罪,要根据《最高人民法院、最高人民检察院关于办理组织、强迫、引诱、容留、介绍卖淫刑事案件适用法律若干问题的解释》第8条的相关规定:引诱、容留、介绍他人卖淫,具有下列情形之一的,应当依照《刑法》第359条第1款的规定定罪处罚:(1)引诱他人卖淫的;(2)容留、介绍二人以上卖淫的;(3)容留、介绍未成年人、孕妇、智障人员、患有严重性病的人卖淫的;(4)一年内曾因引诱、容留、介绍卖淫行为被行政处罚,又实施容留、介绍卖淫行为的;(5)非法获利人民币1万元以上的。未达到刑事案件入罪标准的,可以予以治安管理处罚。

(三)本行为与"引诱幼女卖淫罪"的区分

引诱幼女卖淫罪(《刑法》第 359 条第 2 款)是指引诱不满 14 周岁的幼女卖淫的行为。引诱幼女卖淫,同时又容留、介绍其卖淫的,应分别认定为引诱幼女卖淫罪与容留、介绍卖淫罪,实行数罪并罚。本行为与引诱幼女卖淫罪的区别在于,引诱卖淫行为的对象已满 14 周岁;引诱不满 14 周岁幼女卖淫的直接入罪。在实践中,嫖客是否明知对方未满 14 周岁是定罪量刑的关键。对嫖客主观上是否明知的认定可以参考《关于办理性侵害未成年人刑事案件的意见》的相关规定:性侵害 12 周岁以下被害人的一律认定行为人"明知"对方为幼女。对于行为人对已满 12 周岁不满 14 周岁幼女实施奸淫等性侵害行为的,如无极其特殊的例外情况,一般均应认定行为人明知被害人为幼女,除非确有证据或者合理依据证明行为人根本不可能知道被害人是幼女。对于行为人根本不考虑被害人是否为幼女,而甘冒风险对被害人进行奸淫等性侵害的,一般都应当认定行为人明知被害人为幼女。

(四)利用信息网络发布招嫖违法信息的认定

根据《最高人民法院、最高人民检察院关于办理组织、强迫、引诱、容留、介绍卖淫刑事案件适用法律若干问题的解释》的规定:利用信息网络发布招嫖违法信息,情节严重的,依照《刑法》第 287 条之一的规定,以非法利用信息网络罪定罪处罚。同时构成介绍卖淫罪的,依照处罚较重的规定定罪处罚。如果情节不严重,达不到刑事案件立案标准的,可以根据具体的行为,可以认定为拉客招嫖行为或者介绍卖淫行为。

处罚标准

本行为设置"一般情形"和"情节较轻"两个层次的处罚。其中,罚款的金额上限在 2025 年修订《治安管理处罚法》时有所增加,从轻处罚罚款金额从 500 元以下增加到 1000 元以上 2000 元以下。

对于"情节较轻"情形的认定,应当结合行为人的动机、卖淫嫖娼行为是否发生、行为人是否为初次等综合考虑。①

单位实施上述行为的,对其直接负责的主管人员和其他直接责任人员按照上述规定处罚。

表 164　引诱、容留、介绍卖淫行为处罚标准

处罚档次	处罚标准	裁量基准
一般情形	处 10 日以上 15 日以下拘留,可以并处 5000 元以下罚款	/

---

① 参见柯良栋主编:《治安管理处罚法释义与实务指南(2014 年版)》,中国人民公安大学出版社 2014 年版,第 552 页。

续表

处罚档次	处罚标准	裁量基准
情节较轻	处 5 日以下拘留或者 1000 元以上 2000 元以下罚款	①容留、介绍 1 人次卖淫,且尚未发生性行为 ②容留、介绍 1 人次以手淫等方式卖淫的 ③其他情节较轻的情形

案例及解析

【基本案情】谢某与卢某使用美团 App 搜索附近足浴店,通过网上联系电话使用微信与老板"村哥"联系,经"村哥"介绍,二人驾车至某小区,由钟某某将二人带至某单元某室内进行卖淫嫖娼活动,后被民警现场抓获。后续查处中,钟某某称,其工作就是根据卖淫组织老板的指示将嫖客从小区门口带至固定房间内进行卖淫嫖娼活动。

对"村哥"与钟某某的行为应该如何定性?

【解析】本案查处的关键在于界分"引诱、容留、介绍卖淫行为"与"引诱、容留、介绍卖淫罪"。涉嫌下列情形之一的,应当予以刑事立案追诉:引诱他人卖淫的;容留、介绍二人以上卖淫的;容留、介绍未成年人、孕妇、智障人员、患有严重性病的人卖淫的;一年内曾因引诱、容留、介绍卖淫行为被行政处罚,又实施容留、介绍卖淫行为的;非法获利人民币 1 万元以上的。

本案中,"村哥"通过网络向嫖客介绍卖淫女,并提供专门场所进行卖淫嫖娼活动,其容留、介绍卖淫已达二人次以上,涉嫌容留、介绍卖淫罪。钟某某明知"村哥"实施容留、介绍卖淫违法行为,仍然积极引导嫖客至固定场所,为卖淫嫖娼活动顺利进行提供便利条件,构成容留、介绍卖淫嫖娼罪共犯。

关联法条

1.《刑法》(2023 年修正)

第 359 条 **【引诱、容留、介绍卖淫罪】【引诱幼女卖淫罪】**引诱、容留、介绍他人卖淫的,处五年以下有期徒刑、拘役或者管制,并处罚金;情节严重的,处五年以上有期徒刑,并处罚金。

引诱不满十四周岁的幼女卖淫的,处五年以上有期徒刑,并处罚金。

2.《全国人民代表大会常务委员会关于严禁卖淫嫖娼的决定》(2009 年修正)

第 3 条第 1 款 引诱、容留、介绍他人卖淫的,处五年以下有期徒刑或者拘役,并处五千元以下罚金;情节严重的,处五年以上有期徒刑,并处一万元以下罚金;情节较轻的,依照《中华人民共和国治安管理处罚法》的规定处罚。

第五十五节 《治安管理处罚法》第80条

171. 制作、运输、复制、出售、出租淫秽物品

现行规定

《治安管理处罚法》

第80条 制作、运输、复制、出售、出租淫秽的书刊、图片、影片、音像制品等淫秽物品……，处十日以上十五日以下拘留，可以并处五千元以下罚款；情节较轻的，处五日以下拘留或者一千元以上三千元以下罚款。

前款规定的淫秽物品或者淫秽信息中涉及未成年人的，从重处罚。

立案与管辖

（一）立案标准

违法嫌疑人有制作、运输、复制、出售、出租淫秽的书刊、图片、影片、音像制品等淫秽物品，尚不够刑事处罚的行为，即达到立案标准。

（二）管辖

制作、运输、复制、出售、出租淫秽物品案件通常由违法行为地的公安机关进行管辖。

违法行为地包括违法行为发生地和违法结果发生地。违法行为发生地，包括制作、运输、复制、出售、出租淫秽物品的实施地以及开始地、途经地、结束地等与违法行为有关的地点；制作、运输、复制、出售、出租淫秽物品行为有连续、持续或者继续状态的，违法行为连续、持续或者继续实施的地方都属于违法行为发生地。违法结果发生地，包括实施上述行为违法所得的实际取得地、藏匿地、转移地、使用地、销售地。

制作、运输、复制、出售、出租淫秽物品行为由违法行为人居住地公安机关管辖更为适宜的，可以由违法行为人居住地公安机关管辖。

利用网络实施制作、运输、复制、出售、出租淫秽物品的违法行为，用于实施违法行为的网站服务器所在地、网络接入地以及网站建立者或者管理者所在地，违法过程中违法行为人使用的网络及其运营者所在地的公安机关可以管辖。

证据收集

（一）证据规格

1. 违法嫌疑人的陈述和申辩。

（1）违法嫌疑人的基本情况；（2）违法嫌疑人对行为动机、目的、过程的详细陈述，是否以牟利为目的；（3）对案涉淫秽物品的认识；（4）制作、运输、复制、出售、出租淫秽物品的过程。

2. 被害人陈述和证人证言。

（1）被侵害人陈述：何时、何地、以何种方式接触到淫秽物品；（2）证人证言：交易时间、地点、传播方式以及涉案物品具体内容情节等，违法所得数额等。

3. 物证、书证。

（1）现场查获的淫秽书刊、杂志、报纸等纸质物品；（2）淫秽的录像带、影碟、唱片、音碟等音像制品；（3）电脑硬盘、U盘、移动硬盘、手机等存储有淫秽电子信息的电子设备及存储介质；（4）记载有淫秽内容的绘画、照片、幻灯片等载体；（5）用于制作淫秽物品的工具，如打印机、复印机、刻录机、摄影摄像设备等；（6）用于编辑、处理淫秽电子信息的电脑及相关软件；（7）用于运输淫秽物品的交通工具；（8）运输单据、物流记录等；（9）淫秽物品的销售清单等，网络平台销售的交易记录等。

4. 鉴定意见。

淫秽物品鉴定意见。

5. 视听资料、电子数据。

（1）从电脑、手机、服务器等设备中提取的淫秽视频、音频、图片、文字等文件；（2）通过网络平台传播的淫秽信息，包括聊天记录、论坛帖子、电子邮件等；（3）网络服务器中的日志文件，记录淫秽信息的传播路径、点击量、传播时间等。

6. 勘验、检查笔录。

（1）对制作、复制淫秽物品的场所的勘验笔录，提取制作工具、原材料、半成品等物证；（2）对运输、出售、出租淫秽物品的交通工具或场所的检查笔录，提取销售记录、库存物品等。

7. 辨认笔录。

（1）证人对违法嫌疑人的辨认笔录；（2）对涉案淫秽物品的辨认笔录。

8. 其他证据材料。

（1）证明违法嫌疑人身份的材料和违法犯罪记录，包括：人口信息、户籍证明、身份证、工作证、专业或技术等级证复印件等；法院判决书、行政处罚决定书、释放证明书等。（2）抓获经过、处警经过等。

（二）注意事项

1. 注意对淫秽物品的鉴定。在实践中，对是否属于淫秽物品应当经过相关单位鉴定，因此应当及时收集保存证据提交鉴定。

2. 注意搜集违法嫌疑人主观故意相关证据。本行为中违法嫌疑人应当明知其制作、运输、复制、出售、出租的是淫秽的书刊、图片、影片、音像制品等淫秽物品。

3. 由于案件涉及淫秽内容,在证据收集过程中需注意妥善保管涉案物品,避免涉案物品被复制或传播,避免淫秽内容扩散对社会公序良俗造成二次侵害。

行为认定

(一)对制作、运输、复制、出售、出租淫秽物品行为的认定

主要从以下四个方面进行认定:

1. 行为侵害的客体是社会管理秩序。

2. 行为的客观方面表现为制作、运输、复制、出售、出租淫秽的书刊、图片、影片、音像制品等淫秽物品,尚不够刑事处罚。具体表现为:(1)制作淫秽物品,指通过编写、摄制、绘制、雕刻、研制、设计等创作手段,利用文字、绘画、音像、摄影、实物等载体,将具体描绘性行为或者露骨宣扬色情的淫秽内容以一定载体呈现出来。(2)运输淫秽物品,指行为人通过各种交通运输工具或其他方式,将淫秽物品从一个地点转移到另一个地点的行为,包括船舶水上运输、飞机空中运输、车辆陆地运输,以及邮寄、携带等运输方式。(3)复制淫秽物品,指以印刷、复印、临摹、拓印、录像、翻录、翻拍等方式将已有的淫秽物品进行仿造或重复制作,使之再现的行为。该行为无原创性或创作性,包括同一载体的复制和不同载体的复制。(4)出售淫秽物品,指以获取经济利益为目的,将淫秽物品有偿转让给他人的行为。(5)出租淫秽物品,指以牟利为目的,将淫秽物品提供给他人使用并收取租金的行为。行为人具有以上五种行为中的一种,就构成本行为。

3. 行为的实施主体既可以是自然人,也可以是单位。

4. 行为的主观方面为故意。

(二)淫秽物品的认定

根据《刑法》第367条的规定:淫秽物品,是指具体描绘性行为或者露骨宣扬色情的诲淫性的书刊、影片、录像带、录音带、图片及其他淫秽物品。有关人体生理、医学知识的科学著作不是淫秽物品。包含有色情内容的有艺术价值的文学、艺术作品不视为淫秽物品。

(三)淫秽物品的鉴定问题

根据《公安部对〈关于鉴定淫秽物品有关问题的请示〉的批复》的规定,淫秽物品的鉴定主体是县级以上公安机关治安部门,治安部门应指定两名政治、业务素质过硬的同志共同进行鉴定工作,其他人员一律不得参加。当事人提出不同意见需重新鉴定的,由上一级公安机关治安部门会同同级新闻出版、音像归口管理等部门重新鉴定。

(四)对出售带有淫秽内容的文物的行为的认定

《公安部关于对出售带有淫秽内容的文物的行为可否予以治安管理处罚问题的批复》规定:"公安机关查获的带有淫秽内容的物品可能是文物的,应当依照《中华人民共和国文物保护法》等有关规定进行文物认定。经文物行政部门认定为文物的,不得对合法出售文物的行为予以治安管理处罚。"

(五)与"制作、复制、出版、贩卖、传播淫秽物品牟利罪"的区分

制作、复制、出版、贩卖、传播淫秽物品牟利罪(《刑法》第363条第1款),是指以牟利为目的,制作、复制、出版、贩卖、传播淫秽物品的行为。二者主要有以下几方面区别:

1. 主观目的不同。制作、运输、复制、出售、出租淫秽物品行为不以牟利为目的。而制作、复制、出版、贩卖、传播淫秽物品牟利罪是以牟利为目的的犯罪行为。行为人通过制作、复制、出版、贩卖或传播淫秽物品获取经济利益,该罪的成立必须证明行为人主观上有牟利意图。

2. 行为方式不同。制作、运输、复制、出售、出租淫秽物品行为的具体方式包括制作、运输、复制、出售、出租5种;而后者的行为方式包括制作、复制、出版、贩卖、传播5种。

3. 情节的严重程度及产生的后果不同。达到立案追诉标准的,才构成制作、复制、出版、贩卖、传播淫秽物品牟利罪;未达到立案追诉标准的,可以制作、运输、复制、出售、出租淫秽物品行为进行治安管理处罚。

《最高人民检察院、公安部关于公安机关管辖的刑事案件立案追诉标准的规定(一)》第82条对制作、复制、出版、贩卖、传播淫秽物品牟利案的立案追诉标准为:"以牟利为目的,制作、复制、出版、贩卖、传播淫秽物品,涉嫌下列情形之一的,应予立案追诉:(一)制作、复制、出版淫秽影碟、软件、录像带五十至一百张(盒)以上,淫秽音碟、录音带一百至二百张(盒)以上,淫秽扑克、书刊、画册一百至二百副(册)以上,淫秽照片、画片五百至一千张以上的;(二)贩卖淫秽影碟、软件、录像带一百至二百张(盒)以上,淫秽音碟、录音带二百至四百张(盒)以上,淫秽扑克、书刊、画册二百至四百副(册)以上,淫秽照片、画片一千至二千张以上的;(三)向他人传播淫秽物品达二百至五百人次以上,或者组织播放淫秽影、像达十至二十场次以上的;(四)制作、复制、出版、贩卖、传播淫秽物品,获利五千至一万元以上的。以牟利为目的,利用互联网、移动通讯终端制作、复制、出版、贩卖、传播淫秽电子信息,涉嫌下列情形之一的,应予立案追诉:(一)制作、复制、出版、贩卖、传播淫秽电影、表演、动画等视频文件二十个以上的;(二)制作、复制、出版、贩卖、传播淫秽音频文件一百个以上的;(三)制作、复制、出版、贩卖、传播淫秽电子刊物、图片、文章、短信息等二百件以上的;(四)制作、复制、出版、贩卖、传播的淫秽电子信息,实际被点击数达到一万次以上的;(五)以会员制方式出版、贩卖、传播淫秽电子信息,注册会员达二百人以上的;(六)利用淫秽电子信息收取广告费、会员注册费或者其他费用,违法所得一万元以上的;(七)数量或者数额虽未达到本款第(一)项至第(六)项规定标准,但分别达到其中两项以上标准的百分之五十以上的;(八)造成严重后果的。利用聊天室、论坛、即时通信软件、电子邮件等方式,实施本条第二款规定行为的,应予立案追诉。以牟利为目的,通过声讯台传播淫秽语音信息,涉嫌下列情形之一的,应予立案追诉:(一)向一百人次以上传播的;(二)违法所得一万元以上的;(三)造成严重后果的。明知他人用于出版淫秽书刊而提供书号、刊号的,应予立案追诉。"

(六)制作、运输、复制、出售、出租淫秽物品行为应从重处罚的情形

制作、运输、复制、出售、出租的淫秽物品的内容含有未成年人的,或者向未成年人出售、

出租淫秽物品,但未达到刑事立案追诉标准的,应按《治安管理处罚法》第85条第2款的规定,从重处罚。

处罚标准

本行为设置"一般情形"、"情节较轻"和"从重处罚"三个处罚层次,其中对一般情形的处罚为"拘留可以并处罚款",情节较轻的处罚为"拘留或罚款"。

表165　制作、运输、复制、出售、出租淫秽物品行为处罚标准

处罚档次	处罚标准	裁量基准
一般情形	处10日以上15日以下拘留,可以并处5000元以下罚款	/
情节较轻	处5日以下拘留或者1000元以上3000元以下罚款	①制作、复制、出售淫秽书刊、图片、影片、音像制品,传播淫秽信息数量、获利未达到有关刑事立案追诉标准10%的;运输、出租淫秽物品的"情节较轻"数量基准参照上述规定执行
		②传播范围较小,且影响较小的,不以牟利为目的
		③其他情节较轻的情形
从重处罚	在一般情形或情节较轻中选择较重处罚或顶格处罚	淫秽物品或淫秽信息中涉及未成年人的

案例及解析

【基本案情】顾某(已满18周岁)为某校大学生,电脑中存储了95部"黄片"。某日,顾某邀请三名好友(均已满18周岁)在宿舍里观看其中一部"黄片"。警方接到举报后进行调查,发现95部"黄片"均是顾某从网络下载而得,后鉴定为淫秽物品。

顾某的行为应当如何定性?

【解析】本案认定的关键在于对"复制淫秽物品"的理解。复制淫秽物品,即通过复印、临摹、拓印、翻印、复录、翻拍等方式对已有的淫秽物品进行仿造或者重复制作的行为,通常是将数据或内容从一个介质复制到另一个介质。从技术角度看,下载不涉及对原始内容的物理转移或复制,而是一种信息获取方式,"下载"不应认定为"复制"行为。因此,不能认定为复制淫秽物品行为。关于顾某邀请三位好友在宿舍观看"黄片"的行为是否具有可处罚性,根据《刑法》第364条的规定,传播淫秽物品罪需达到"情节严重"方可构成。而"情节严重"应从传播的数量、次数、后果、社会影响等方面进行判断。本案中,顾某组织三人在宿舍观看"黄片"不能构成传播淫秽物品罪。顾某的行为也不具有治安管理的可罚性,应当不予处罚。

关联法条

《关于认定淫秽及色情出版物的暂行规定》(1988年)

第2条 淫秽出版物是指在整体上宣扬淫秽行为,具有下列内容之一,挑动人们的性欲,足以导致普通人腐化堕落,而又没有艺术价值或者科学价值的出版物:

(一)淫亵性地具体描写性行为、性交及其心理感受;

(二)公然宣扬色情淫荡形象;

(三)淫亵性地描述或者传授性技巧;

(四)具体描写乱伦、强奸或者其他性犯罪的手段、过程或者细节,足以诱发犯罪的;

(五)具体描写少年儿童的性行为;

(六)淫亵性地具体描写同性恋的性行为或者其他性变态行为,或者具体描写与性变态有关的暴力、虐待、侮辱行为;

(七)其他令普通人不能容忍的对性行为的淫亵性描写。

172. 传播淫秽信息

现行规定

《治安管理处罚法》

第80条 ……利用信息网络、电话以及其他通讯工具传播淫秽信息的,处十日以上十五日以下拘留,可以并处五千元以下罚款;情节较轻的,处五日以下拘留或者一千元以上三千元以下罚款。

前款规定的淫秽物品或者淫秽信息中涉及未成年人的,从重处罚。

立案与管辖

(一)立案标准

违法嫌疑人有利用信息网络、电话以及其他通讯工具传播淫秽信息,尚不够刑事处罚的行为,即达到立案标准。

(二)管辖

传播淫秽信息案件通常由违法行为地公安机关管辖。

违法行为地包括违法行为发生地和违法结果发生地。违法行为发生地,包括传播淫秽信息的实施地以及开始地、途经地、结束地等与违法行为有关的地点;传播淫秽信息行为有连续、持续或者继续状态的,违法行为连续、持续或者继续实施的地方都属于违法行为发生地。违法结果发生地,包括实施上述行为违法所得的实际取得地、藏匿地、转移地、使用地、销售地。

传播淫秽信息行为由违法行为人居住地公安机关管辖更为适宜的,可以由违法行为人居住地公安机关管辖。

利用网络实施传播淫秽信息的违法行为,一般由用于实施传播淫秽信息行为的网站服务器所在地、网络接入地以及网站建立者或者管理者所在地,被侵害的网络及其运营者所在地,违法过程中违法行为人、被侵害人使用的网络及其运营者所在地,被侵害人被侵害时所在地公安机关管辖。

证据收集

(一)证据规格

1.违法嫌疑人陈述和申辩。

(1)违法嫌疑人的基本情况;(2)违法行为的动机和目的,如是否为谋取利益、寻求刺激等;(3)传播淫秽信息的时间、地点、涉及人员、传播的淫秽信息内容、传播经过、手段、传播范围;(4)传播的淫秽信息来源、传播工具及来源、下落。

2.被侵害人陈述和证人证言。

(1)被侵害人陈述:接触到淫秽信息的时间、地点、方式;淫秽信息的内容;传播者的数量、身份及体貌特征;传播行为对自身造成的影响,如是否造成心理不适等;(2)有关运营单位受到侵害,单位相关人员说明淫秽信息传播对其正常运营等造成的影响;(3)其他证人证言:所知晓的传播淫秽信息的事实、情节、传播范围、造成的影响,各违法嫌疑人在传播行为中的地位和作用。

3.物证、书证。

传播淫秽信息所用的手机、电脑、U盘等工具及照片,涉及传播淫秽信息的纸质材料,与传播行为相关的交易记录等。

4.鉴定意见。

对传播的信息是否属于淫秽信息的鉴定意见。

5.视听资料、电子数据。

(1)传播的淫秽视频、音频、图片等资料;(2)传播淫秽信息的聊天记录、邮件往来、发布记录、转发记录、下载记录等;(3)现场监控视频、执法记录仪记录的现场情况等。

6.勘验、检查笔录。

对传播淫秽信息的现场进行勘验的笔录、现场图、现场照片,对涉案电子设备进行检查的笔录等。

7.辨认笔录。

证人、被侵害人对违法嫌疑人的辨认,违法嫌疑人之间相互辨认以及对传播工具、传播的淫秽信息载体的辨认。

8.其他证据材料。

(1)证明违法嫌疑人身份的材料和违法犯罪记录,如人口信息、户籍证明、身份证复印件等,法院判决书、行政处罚决定书等有效法律文件。(2)抓获经过、处警经过等。

(二)注意事项

1.注重对传播范围和影响的取证。传播淫秽信息行为的危害程度与传播范围紧密相关,需收集证据证明淫秽信息被多少人接触到、在多大范围内扩散等,这是认定行为情节的重要依据。

2.确保电子数据的完整性和有效性。传播淫秽信息多依赖电子设备和网络,电子数据易被篡改、删除,在收集时需严格按照法定程序进行。

3.准确界定淫秽信息的性质。并非所有涉及低俗内容的信息都属于淫秽信息,对涉嫌淫秽的信息内容应依法进行鉴定。

行为认定

(一)对传播淫秽信息行为的认定

主要从以下四个方面进行认定:

1.行为侵害的客体是社会管理秩序和良好的社会风尚。

2.行为的客观方面表现为行为人以利用信息网络、电话以及其他通讯工具的方式传播淫秽信息,尚不够刑事处罚。其中,信息网络主要包括国际互联网、局域网、远程网、移动网络等;电话包括固定电话、移动电话、其他具有通话功能的电话设备等;其他通讯工具包括传真机、无线寻呼机、对讲机、其他具有传递信息功能的设备。淫秽信息通常指具有淫秽内容的视频文件、音频文件,电子刊物、图片、文章、短信息等。

3.行为的主体可以是自然人或单位。

4.行为的主观方面为故意。

(二)对淫秽信息的认定及其与淫秽物品的区别

淫秽信息,是指具体描绘性行为或者露骨宣扬色情的诲淫性的文字、图片、音频、视频等电子信息。包含有关人体生理、医学知识的科学著作的电子信息不是淫秽信息。包含有色情内容的有艺术价值的文学、艺术作品的电子信息不视为淫秽信息。

淫秽信息与淫秽物品的区别在于:淫秽物品一般是有物理载体的,比如具有淫秽内容的光盘、书刊、图片、影片等;淫秽信息通常以电子信息的方式存在。两者都需要鉴定才能予以认定。

(三)与"传播淫秽物品罪"的区分

传播淫秽信息行为是指利用信息网络、电话以及其他通讯工具传播淫秽信息,尚不构成刑事处罚的行为。传播淫秽物品罪(《刑法》第364条第1款),是指传播淫秽的书刊、影片、音像、图片或者其他淫秽物品,或者利用互联网、移动通讯终端传播淫秽电子信息,情节严重的行为。二者区别主要表现在以下几方面:

1.所传播的物质形式不同。传播淫秽信息行为所传播的是以电子数据形式存在的淫秽信息,这些信息通过特定的媒介进行传播,如信息网络、电话及其他通信工具等。传播淫秽物品罪所传播的物质,除淫秽信息外,还包括淫秽的书刊、报纸、画片、影片、录像带、录音带、淫秽玩具、娱乐用品以及印刷、雕刻有淫秽文字、图案的生活用品等实体物质。

2. 传播的方式不同。传播淫秽信息行为的传播方式仅限于利用信息网络、电话及其他通信工具等。传播淫秽物品罪的传播方式则更加广泛,除利用信息网络、电话及其他通信工具传播外,还包括以播放、展览、发表方式传播。

3. 危害后果不同。这是两者的根本区别。传播淫秽信息行为是否构成传播淫秽物品罪,主要看其行为情节和后果是否达到传播淫秽物品罪的立案追诉标准。传播淫秽物品罪的立案追诉标准见《最高人民检察院、公安部关于公安机关管辖的刑事案件立案追诉标准的规定(一)》《最高人民法院、最高人民检察院关于办理利用互联网、移动通讯终端、声讯台制作、复制、出版、贩卖、传播淫秽电子信息刑事案件具体应用法律若干问题的解释(二)》的相关规定。

(四)传播淫秽信息行为应从重处罚的情形

利用信息网络、电话以及其他通讯工具传播内容含未成年人的淫秽电子信息,但未达到刑事立案追诉标准的(《最高人民法院、最高人民检察院关于办理利用互联网、移动通讯终端、声讯台制作、复制、出版、贩卖、传播淫秽电子信息刑事案件具体应用法律若干问题的解释(二)》第2条第2款),应按《治安管理处罚法》第80条第2款的规定从重处罚。

处罚标准

本行为设置"一般情形"、"情节较轻"和"从重处罚"三个处罚档次,其中对一般情形的处罚为拘留可以并处罚款,情节较轻的处罚为拘留或罚款。对于"情节较轻"情形的认定,应当结合淫秽信息传播范围、传播数量、获利数额和造成的影响等因素综合考虑。需注意的是,淫秽物品或者淫秽信息中涉及未成年人的,从重处罚;因传播淫秽信息,造成较大社会影响或者其他危害后果的,不适用"情节较轻"的处罚。

表166 传播淫秽信息行为处罚标准

处罚档次	处罚标准	裁量基准
一般情形	处10日以上15日以下拘留,可以并处5000元以下罚款	/
情节较轻	处5日以下拘留或者1000元以上3000元以下罚款	①传播范围小,未造成社会重大影响的 ②不以牟利为目的的 ③主动承认错误,及时纠正错误的 ④积极配合调查,有悔过态度的 ⑤其他情节较轻的情形

续表

处罚档次	处罚标准	裁量基准
从重处罚	在一般情形或情节较轻的处罚中选择较重处罚或顶格处罚	淫秽物品或者淫秽信息中涉及未成年人的

案例及解析

【基本案情】某日,吴某准备通过微信单独向蒋某发送两部视频,结果不小心发错,发到了自己的一个微信群,被人举报。经警方鉴定,该两部视频为淫秽视频。

吴某的行为应当如何定性?

【解析】吴某利用手机微信向他人发送淫秽信息的行为,已经构成传播淫秽信息行为。虽然其主观上对发送至微信群这一行为存在过失,但不影响本行为的成立。传播视频的行为妨害社会管理、败坏社会风气,因其传播淫秽视频数量较少,且传播对象并非社会大众,也未在公开的网站或论坛上传视频供不特定对象点击查看,对社会风气所造成的不良影响范围有限,可以认定吴某传播淫秽信息行为情节较轻。

关联法条

1.《刑法》(2023年修正)

第364条 【传播淫秽物品罪】传播淫秽的书刊、影片、音像、图片或者其他淫秽物品,情节严重的,处二年以下有期徒刑、拘役或者管制。

【组织播放淫秽音像制品罪】组织播放淫秽的电影、录像等音像制品的,处三年以下有期徒刑、拘役或者管制,并处罚金;情节严重的,处三年以上十年以下有期徒刑,并处罚金。

制作、复制淫秽的电影、录像等音像制品组织播放的,依照第二款的规定从重处罚。

向不满十八周岁的未成年人传播淫秽物品的,从重处罚。

2.《最高人民法院、最高人民检察院关于办理利用互联网、移动通讯终端、声讯台制作、复制、出版、贩卖、传播淫秽电子信息刑事案件具体应用法律若干问题的解释(二)》(法释〔2010〕3号)

第1条第1款、第2款 以牟利为目的,利用互联网、移动通讯终端制作、复制、出版、贩卖、传播淫秽电子信息的,依照《最高人民法院、最高人民检察院关于办理利用互联网、移动通讯终端、声讯台制作、复制、出版、贩卖、传播淫秽电子信息刑事案件具体应用法律若干问题的解释》第一条、第二条的规定定罪处罚。

以牟利为目的,利用互联网、移动通讯终端制作、复制、出版、贩卖、传播内容含有不满十四周岁未成年人的淫秽电子信息,具有下列情形之一的,依照刑法第三百六十三条第一款的规定,以制作、复制、出版、贩卖、传播淫秽物品牟利罪定罪处罚:

(一)制作、复制、出版、贩卖、传播淫秽电影、表演、动画等视频文件十个以上的;

(二)制作、复制、出版、贩卖、传播淫秽音频文件五十个以上的;

(三)制作、复制、出版、贩卖、传播淫秽电子刊物、图片、文章等一百件以上的;

(四)制作、复制、出版、贩卖、传播的淫秽电子信息,实际被点击数达到五千次以上的;

(五)以会员制方式出版、贩卖、传播淫秽电子信息,注册会员达一百人以上的;

(六)利用淫秽电子信息收取广告费、会员注册费或者其他费用,违法所得五千元以上的;

(七)数量或者数额虽未达到第(一)项至第(六)项规定标准,但分别达到其中两项以上标准一半以上的;

(八)造成严重后果的。

3.《最高人民检察院、公安部关于公安机关管辖的刑事案件立案追诉标准的规定(一)》(2008年)

第82条第2款、第3款、第4款、第5款　以牟利为目的,利用互联网、移动通讯终端制作、复制、出版、贩卖、传播淫秽电子信息,涉嫌下列情形之一的,应予立案追诉:

(一)制作、复制、出版、贩卖、传播淫秽电影、表演、动画等视频文件二十个以上的;

(二)制作、复制、出版、贩卖、传播淫秽音频文件一百个以上的;

(三)制作、复制、出版、贩卖、传播淫秽电子刊物、图片、文章、短信息等二百件以上的;

(四)制作、复制、出版、贩卖、传播的淫秽电子信息,实际被点击数达到一万次以上的;

(五)以会员制方式出版、贩卖、传播淫秽电子信息,注册会员达二百人以上的;

(六)利用淫秽电子信息收取广告费、会员注册费或者其他费用,违法所得一万元以上的;

(七)数量或者数额虽未达到本款第(一)项至第(六)项规定标准,但分别达到其中两项以上标准的百分之五十以上的;

(八)造成严重后果的。

利用聊天室、论坛、即时通信软件、电子邮件等方式,实施本条第二款规定行为的,应予立案追诉。

以牟利为目的,通过声讯台传播淫秽语音信息,涉嫌下列情形之一的,应予立案追诉:

(一)向一百人次以上传播的;

(二)违法所得一万元以上的;

(三)造成严重后果的。

明知他人用于出版淫秽书刊而提供书号、刊号的,应予立案追诉。

第五十六节 《治安管理处罚法》第81条

173. 组织播放淫秽音像

现行规定

《治安管理处罚法》
第81条第1款第1项、第3款 有下列行为之一的,处十日以上十五日以下拘留,并处一千元以上二千元以下罚款:
(一)组织播放淫秽音像的;
组织未成年人从事第一款活动的,从重处罚。

立案与管辖

(一)立案标准
违法嫌疑人有组织召集多人观看、收听并播映淫秽的电影、录像等音像制品,尚不够刑事处罚的行为,即达到立案标准。

(二)管辖
组织播放淫秽音像制品行为一般由违法行为地的公安机关管辖。

违法行为地包括违法行为发生地和违法结果发生地。违法行为发生地,一般指的是与组织播放淫秽音像行为有关的地点;组织播放淫秽音像行为有连续、持续或者继续状态的,连续、持续或者继续实施的地方都属于违法行为发生地。违法结果发生地,通常指的是组织播放淫秽音像行为地。

在必要时,如果由违法嫌疑人居住地公安机关管辖更为适宜,可由违法嫌疑人居住地公安机关进行管辖。

若违法行为人在网络上组织召集多人观看、收听并播映淫秽电影、录像等音像制品,则实施违法行为的网站服务器所在地、网络接入地以及网站建立者或者管理者所在地,被侵害的网络及其运营者所在地,违法过程中违法行为人、被侵害人使用的网络及其运营者所在地,被侵害人被侵害时所在地,以及被侵害人财产遭受损失地公安机关可以管辖。

证据收集

(一)证据规格
组织播放淫秽音像行为的调查和证据收集重点在于证明组织播放行为的存在、组织形式,以及该行为对社会风气等造成的不良影响,应注意该行为尚未构成严重犯罪,尚不够刑事处罚,因而对组织播放行为的情节及影响的认定尤为重要。在完整的组织播放淫秽音像行为事实和影响认定中,需要收集的证据规格如下:

1. 违法嫌疑人陈述和申辩。

(1)违法嫌疑人的基本情况;(2)违法行为的动机和目的;(3)问明组织播放的时间、地点、参与人员、起因、经过、组织播放的手段、方式、危害后果;(4)问明播放的淫秽音像来源、播放工具及来源、下落。

2. 被侵害人陈述和其他证人证言。

(1)被侵害人陈述,问明行为人实施组织播放淫秽音像行为的时间、地点、经过、起因、目的、手段、后果,是否对自身正常生活、工作等造成影响,违法嫌疑人的数量、身份及体貌特征,各违法嫌疑人在违法行为中的地位和作用。(2)被侵害单位出具的报案材料。(3)其他证人证言,问明违法事实、情节、造成的影响,各违法嫌疑人在违法行为中的地位和作用。

3. 物证、书证。

组织播放所用的投影仪、DVD 播放机、音响、存储淫秽音像的 U 盘、光盘等工具及照片,与组织播放行为相关的收费凭证、场地租赁协议等书证。

4. 鉴定意见。

对播放的音像是否属于淫秽音像的鉴定意见。

5. 视听资料、电子数据。

(1)现场播放淫秽音像的音视频资料;(2)能够证明组织播放行为的聊天记录、转账记录、现场监控资料;(3)现场执法视频。

6. 勘验、检查笔录,现场笔录。

对组织播放淫秽音像的现场进行勘查的笔录、现场图、现场照片,对播放设备、存储介质等进行检查的笔录等。

7. 辨认笔录。

证人及相关当事人对违法嫌疑人的辨认,嫌疑人之间互相辨认以及对播放工具、存储淫秽音像的介质等的辨认。

8. 其他证据材料。

(1)证明违法嫌疑人身份的材料和违法犯罪记录,如人口信息、户籍证明、身份证复印件等,法院判决书、行政处罚决定书等有效法律文件。(2)抓获经过、处警经过等。

(二)注意事项

1. 注重对组织行为的取证。组织播放淫秽音像行为的核心在于"组织",需收集证据证明行为人存在召集人员、提供场地、安排播放等组织行为。

2. 及时固定现场证据。组织播放淫秽音像行为现场可能存在较多参与人员,现场情况易发生变动,需及时对现场进行勘查,固定播放设备、淫秽音像存储介质等物证,拍摄现场照片、视频,制作现场笔录,避免证据因现场破坏而丢失。

3.明确播放内容的性质。播放的音像是否为淫秽音像直接关系到案件的定性,需注重对该证据的收集与认定。要妥善保存播放的音像资料,及时委托法定鉴定机构进行鉴定,确保鉴定意见的合法性和准确性,为案件办理提供有力依据。

行为认定

(一)对组织播放淫秽音像行为的认定

主要从以下四个方面进行认定:

1. 行为侵害的客体是社会管理秩序和良好的社会风尚。

2. 行为的客观方面表现为组织播放淫秽音像制品行为是指组织召集多人观看、收听并播映淫秽的电影、录像等音像制品,尚不够刑事处罚的行为,具体表现为以下几个方面:一是存在"组织"行为。为播放淫秽音像制品进行策划、指挥,例如确定播放的时间、地点、人员等;召集观众,如通过口头通知、网络消息、张贴广告等方式邀请多人前来观看;提供淫秽音像制品、播放设备、播放场所等资源,比如准备淫秽的影碟、租赁场地、提供播放用的投影仪等。二是实施"播放"行为。通过放映机、放录机、录音机、电脑、手机等设备将淫秽的电影、录像、录音等音像制品的内容展现出来,使多数人或者不特定人可视可闻。三是播放内容为淫秽音像制品。所播放的必须是具有淫秽内容的电影、录像、幻灯片、录音带、激光唱片、激光视盘等音像制品,即整体上宣扬淫秽行为,具体包括淫亵性地描写性行为、性交及其心理感受,宣扬色情淫荡形象等内容。

需注意的是组织者可以是多人,也可以是一人,但观看、收听的人员应当是多人。公民个人播放淫秽音像给自己看,而没有组织他人观看的,不构成本行为。

3. 行为的主体包括单位和个人。

4. 行为的主观方面是故意。

(二)与"组织播放淫秽音像制品罪"的区分

组织播放淫秽音像制品罪(《刑法》第364条第2款)是指组织召集多人观看、收听并播映淫秽的电影、录像等音像制品的行为。两者的区别在于:

1. 情节与结果的严重程度。根据《最高人民检察院、公安部关于公安机关管辖的刑事案件立案追诉标准的规定(一)》,组织播放淫秽的电影、录像等音像制品,涉嫌下列情形之一的,应予立案追诉:一是组织播放15~30场次以上的。这里的"场次"是指组织播放淫秽音像制品的独立播放活动,每次播放活动无论观众人数多少,均计为1场次。达到数量标准,即可视为情节严重,应予立案追诉。二是造成恶劣社会影响的。这一标准较为抽象,但通常可以理解为组织播放淫秽音像制品的行为已经引起了公众的广泛关注或强烈反感,对社会的道德、公共秩序或未成年人的身心健康等造成了不良影响。具体是否造成恶劣社会影响,需要结合案件的具体情况进行综合判断。尚未达到上述立案追诉标准的,可以组织播放淫秽音像行为予以治安管理处罚。

2. 是否以牟利为目的。组织播放淫秽音像制品罪不以牟利为目的,行为人以牟利为目的播放淫秽音像制品的,则构成传播淫秽物品牟利罪。组织播放淫秽音像行为对行为人是否以牟利为目的没有要求,是否以牟利为目的不影响本行为的成立。①

🛡 处罚标准

本行为规定了"一般情形"和从重处罚。单位实施上述行为的,对其直接负责的主管人员和其他直接责任人员依照《治安管理处罚法》第 81 条第 1 款第 1 项规定处罚,组织未成年人从事组织播放淫秽音像活动的,从重处罚。

表167　组织播放淫秽音像行为处罚标准

处罚档次	处罚标准	裁量基准
一般情形	处 10 日以上 15 日以下拘留,并处 1000 元以上 2000 元以下罚款	/
从重处罚	在一般情形的处罚中选择较重处罚或顶格处罚	组织未成年人从事组织播放淫秽音像活动的

🛡 案例及解析

【基本案情】张某在 A 市经营茶铺,按照每个人 5 元标准收取茶钱,并通过播放淫秽录像供客人免费观看的方式吸引客源,组织播放场次 3 场。随后,A 市民警在张某经营的茶铺内将其挡获,并查获光盘 80 张、播放淫秽视频的 DVD 两台,张某对其播放淫秽物品的行为供认不讳。经鉴定,上述查获的光盘中 60 张属于淫秽物品。

张某的行为应如何定性?②

【解析】本案中,张某在其经营的茶铺内为达到吸引客源的目的,向不特定对象播放淫秽音像制品 3 场,尚未达到"组织播放淫秽音像制品罪"立案追诉标准(15～30 场次以上),故应当依据《治安管理处罚法》以"组织播放淫秽音像"违法行为处罚。

🛡 关联法条

1.《最高人民法院关于审理非法出版物刑事案件具体应用法律若干问题的解释》(法释〔1998〕30 号)

第 10 条第 2 款　组织播放淫秽的电影、录像等音像制品达十五至三十场次以上或者造成恶劣社会影响的,依照刑法第三百六十四条第二款的规定,以组织播放淫秽音像制品罪定罪处罚。

2.《刑法》(2023 年修正)

第 364 条第 2 款　【组织播放淫秽音像制品罪】组织播放淫秽的电影、录像等音像制品的,处三年

---

① 参见柯良栋主编:《治安管理处罚法释义与实务指南(2014 年版)》,中国人民公安大学出版社 2014 年版,第 564 页。
② 参见四川省成都市郫都区人民法院刑事判决书,(2019)川 0124 刑初 829 号。

以下有期徒刑、拘役或者管制,并处罚金;情节严重的,处三年以上十年以下有期徒刑,并处罚金。

3.《最高人民检察院、公安部关于公安机关管辖的刑事案件立案追诉标准的规定(一)》(2008年)

第85条 [组织播放淫秽音像制品案(刑法第三百六十四条第二款)]组织播放淫秽的电影、录像等音像制品,涉嫌下列情形之一的,应予立案追诉:

(一)组织播放十五至三十场次以上的;

(二)造成恶劣社会影响的。

174. 组织淫秽表演

现行规定

《治安管理处罚法》

第81条第1款第2项、第3款 有下列行为之一的,处十日以上十五日以下拘留,并处一千元以上二千元以下罚款:

(二)组织或者进行淫秽表演的;

组织未成年人从事第一款活动的从重处罚。

立案与管辖

(一)立案标准

违法嫌疑人有组织他人进行淫秽表演、尚不够刑事处罚的行为,即达到立案标准。

(二)管辖

组织淫秽表演案件一般由违法行为地的公安机关管辖。

违法行为地包括违法行为发生地和违法结果发生地。违法行为发生地,一般指的是组织淫秽表演的实施地以及开始地、途经地、结束地等相关地点;组织淫秽表演行为有连续、持续或者继续状态的,连续、持续或者继续实施的地方都属于违法行为发生地。违法结果发生地,通常指的是淫秽表演所在地。

由违法行为人居住地公安机关管辖更为适宜的,可以由违法行为人居住地公安机关管辖。

证据收集

(一)证据规格

组织淫秽表演行为的调查和证据收集重点在于证明存在组织行为、表演内容属于淫秽表演,以及对社会管理秩序和良好社会风尚造成的危害后果。由于组织淫秽表演行为可能涉及《刑法》中的组织淫秽表演罪,在证据收集过程中应特别注意对组织者、表演者、场地提供者等不同角色的行为区分,并重点收集证明组织行为、表演内容及社会危害后果的证据。

1. 违法嫌疑人陈述和申辩。

(1)违法嫌疑人的基本情况,包括姓名、性别、年龄、职业、住址、联系方式等;(2)组织淫秽表演的动机和目的,例如牟利、招揽顾客等;(3)组织淫秽表演的时间、地点、参与人员、具体经过、表演内容、收费情况等;(4)用于组织淫秽表演的工具、设备及其来源、下落,例如场地、音响、灯光、服装、道具等。

2. 被害人陈述及其他证人证言。

其他证人证言,例如场所工作人员、周边群众等,问明组织淫秽表演的相关情况,以及对社会秩序和良好社会风尚造成的影响等。

3. 物证、书证。

(1)用于组织淫秽表演的工具、设备等物证,例如场地、音响、灯光、服装、道具等;(2)与组织淫秽表演相关的书证,例如表演节目单、收费记录、宣传资料、聊天记录、转账记录等;(3)表演现场的照片、视频等。

4. 鉴定意见。

对表演内容是否属于淫秽表演的鉴定意见。

5. 视听资料、电子数据。

(1)表演现场的音视频资料,例如监控录像、执法记录仪拍摄的视频等;(2)与组织淫秽表演相关的电子数据,例如聊天记录、转账记录、网络直播记录等。

6. 勘验、检查笔录,现场笔录。

(1)对表演现场进行勘验、检查的笔录,包括现场图、现场照片、提取的痕迹物证等;(2)对违法嫌疑人住所、办公场所等进行搜查的笔录,扣押与案件相关的物品。

7. 辨认笔录。

(1)证人及相关当事人对违法嫌疑人的辨认;(2)违法嫌疑人之间互相辨认。

8. 其他证据材料。

(1)证明违法嫌疑人身份的材料和违法犯罪记录,法院判决书、行政处罚决定书、释放证明书等有效法律文件;(2)抓获经过、处警经过等。

(二)注意事项

1. 注重对表演内容是否属于淫秽表演的认定。组织淫秽表演行为的认定关键在于表演内容是否属于淫秽表演。在案件办理过程中,执法人员应严格按照相关法律法规对表演内容进行认定。

2. 注重及时收集、固定电子证据。组织淫秽表演行为往往涉及网络传播、电子支付等,相关电子证据容易灭失。在案件办理过程中,执法人员应及时收集、固定相关电子证据,例如聊天记录、转账记录、网络直播记录等。

3. 注重对组织者、参与者行为的区分。组织淫秽表演行为可能涉及组织者、表演者、观众等多种角色,在案件办理过程中,执法人员应注重区分不同角色的行为性质,依法追究相应的法律责任。

🛡 行为认定

(一) 对组织淫秽表演行为的认定

主要从以下四个方面进行认定：

1. 行为侵害的客体是社会管理秩序和良好的社会风尚。

2. 行为的客观方面表现为组织他人进行淫秽表演，尚不够刑事处罚。"淫秽表演"是指当众进行脱衣舞、裸体舞或者性交动作等败坏社会风尚、有伤风化的表演。其中，当众进行，一般是指在有3人以上观众观看的场合表演，仅对个别人表演淫秽节目，不构成淫秽表演。"组织淫秽表演"，是指组织他人当众进行色情淫荡、挑动观众性欲的形体或者动作表演等淫秽性演出，包括脱衣舞、裸体舞或者表演人与人、人与动物的各种自然或者非自然的性交动作等。"组织他人"，是指策划表演，编排动作节目，招揽、雇用表演人员，安排时间、地点、场次等。当众进行，一般是指在有3人以上观众观看的场合表演，仅对个别人表演淫秽节目，不构成本行为。在表演中，为调节气氛，偶尔穿插一些"黄色"笑话的，不能视为淫秽表演。

3. 行为的实施主体是淫秽表演的组织者，即在组织淫秽表演过程中起策划、指挥、安排等主要作用的人，包括单位和个人。

4. 行为的主观方面是故意，且不要求以营利为目的。

(二) 与"组织淫秽表演罪"的区分

组织淫秽表演罪（《刑法》第365条）是指以招募、雇佣、强迫、引诱、容留等手段控制他人从事淫秽表演的行为。

两者的区别主要在于行为情节的严重程度不同。《最高人民检察院、公安部关于公安机关管辖的刑事案件立案追诉标准的规定（一）》第86条对组织淫秽表演案的立案追诉标准作了明确规定："以策划、招募、强迫、雇用、引诱、提供场地、提供资金等手段，组织进行淫秽表演，涉嫌下列情形之一的，应予立案追诉：（一）组织表演者进行裸体表演的；（二）组织表演者利用性器官进行诲淫性表演的；（三）组织表演者半裸体或者变相裸体表演并通过语言、动作具体描绘性行为的；（四）其他组织进行淫秽表演应予追究刑事责任的情形。"对尚未达到上述立案追诉标准，组织淫秽表演情节显著轻微，社会危害不大的，如组织的次数很少或者观看的人数少，可以组织淫秽表演行为予以治安管理处罚。

🛡 处罚标准

本行为规定了"一般情形"和"从重处罚"。单位实施上述行为的，对其直接负责的主管人员和其他直接责任人员依照《治安管理处罚法》第81条规定处罚，组织未成年人进行淫秽表演的，从重处罚。

表 168　组织淫秽表演行为处罚标准

处罚档次	处罚标准	裁量基准
一般情形	处 10 日以上 15 日以下拘留，并处 1000 元以上 2000 元以下罚款	/
从重处罚	在一般情形的处罚中选择较重处罚或顶格处罚	组织未成年人从事组织淫秽表演的

案例及解析

【基本案情】某地公安局治安大队接群众举报后对某酒吧进行检查，发现两名模特正在进行低俗淫秽表演。经调查，酒吧负责人邓某为了招揽顾客，雇用两名模特进行脱衣舞表演。经询问，邓某对自己组织淫秽表演、两名模特对进行淫秽表演的违法事实供认不讳。

对邓某及两名模特的行为应当如何定性？

【解析】邓某作为酒吧负责人，为招揽顾客，招揽、雇用淫秽表演人员进行低俗表演，其行为符合《治安管理处罚法》第 81 条第 1 款第 2 项组织淫秽表演行为的构成要件。两名模特在酒吧内当众进行脱衣舞低俗表演，其行为符合进行淫秽表演的构成要件，也应受治安管理处罚。

关联法条

《刑法》(2023 年修正)

第 365 条　【组织淫秽表演罪】组织进行淫秽表演的，处三年以下有期徒刑、拘役或者管制，并处罚金；情节严重的，处三年以上十年以下有期徒刑，并处罚金。

175. 进行淫秽表演

现行规定

《治安管理处罚法》

第 81 条第 1 款第 2 项、第 3 款　有下列行为之一的，处十日以上十五日以下拘留，并处一千元以上二千元以下罚款：

(二)组织或者进行淫秽表演的；

组织未成年人从事第一款活动的，从重处罚。

立案与管辖

(一)立案标准

违法嫌疑人有亲自进行淫秽表演，尚不够刑事处罚的行为，即达到立案标准。

(二)管辖

进行淫秽表演案件一般由违法行为地的公安机关管辖。

违法行为地包括违法行为发生地和违法结果发生地。违法行为发生地,一般指的是淫秽表演的实施地以及开始地、途经地、结束地等相关地点;淫秽表演行为有连续、持续或者继续状态的,连续、持续或者继续实施的地方都属于违法行为发生地。违法结果发生地,通常指的是淫秽表演所在地。

由违法行为人居住地公安机关管辖更为适宜的,可以由违法行为人居住地公安机关管辖。

若违法行为人在网络上以直播等形式进行淫秽表演,则实施违法行为的网站服务器所在地、网络接入地以及网站建立者或者管理者所在地,被侵害的网络及其运营者所在地,违法过程中违法行为人、被侵害人使用的网络及其运营者所在地,被侵害人被侵害时所在地,以及被侵害人财产遭受损失地公安机关可以管辖。

证据收集

(一)证据规格

进行淫秽表演行为的调查和证据收集重点在于证明存在表演行为、表演内容属于淫秽表演,以及对社会管理秩序和良好社会风尚造成的危害后果。由于进行淫秽表演行为可能涉及《刑法》中的传播淫秽物品牟利罪或组织淫秽表演罪,在证据收集过程中应特别注意对表演内容是否属于淫秽表演的认定,并收集证明表演行为、参与人员及社会危害后果的证据。

1. 违法嫌疑人陈述和申辩。

(1)违法嫌疑人的基本情况,包括姓名、性别、年龄、职业、住址、联系方式等;(2)进行淫秽表演的动机和目的,例如牟利、招揽顾客等;(3)进行淫秽表演的时间、地点、参与人员、具体经过、表演内容、收费情况等;(4)用于进行淫秽表演的工具、设备及其来源、下落,例如服装、道具等。

2. 被害人陈述及其他证人证言。

其他证人证言,例如场所工作人员、周边群众等,问明进行淫秽表演的相关情况,以及对社会秩序和良好社会风尚造成的影响等。

3. 物证、书证。

(1)用于进行淫秽表演的工具、设备等物证,例如服装、道具等;(2)与进行淫秽表演相关的书证,例如表演节目单、收费记录、宣传资料、聊天记录、转账记录等;(3)表演现场的照片、视频等。

4. 鉴定意见。

对表演内容是否属于淫秽表演的鉴定意见。

5. 视听资料、电子数据。

(1)表演现场的音视频资料,例如监控录像、执法记录仪拍摄的视频等;(2)与进行淫秽表演相关的电子数据,例如聊天记录、转账记录、网络直播记录等。

6.勘验、检查笔录,现场笔录。

(1)对表演现场进行勘验、检查的笔录,包括现场图、现场照片、提取的痕迹物证等;(2)对违法嫌疑人住所、办公场所等进行搜查的笔录,扣押与案件相关的物品。

7.辨认笔录。

(1)证人及相关当事人对违法嫌疑人的辨认;(2)违法嫌疑人之间互相辨认以及对作案工具、表演内容的辨认。

8.其他证据材料。

(1)证明违法嫌疑人身份的材料和违法犯罪记录,例如人口信息、户籍证明、身份证、工作证等,法院判决书、行政处罚决定书、释放证明书等有效法律文件;(2)抓获经过、处警经过等。

(二)注意事项

1.注重对表演内容是否属于淫秽表演的认定。进行淫秽表演行为的认定关键在于表演内容是否属于淫秽表演。在案件办理过程中,执法人员应严格按照相关法律法规对表演内容进行认定,必要时可以委托专业机构进行鉴定。

2.注重及时收集、固定电子证据。进行淫秽表演行为往往涉及网络传播、电子支付等,相关电子证据容易灭失。在案件办理过程中,执法人员应及时收集、固定相关电子证据,例如聊天记录、转账记录、网络直播记录等。

3.注重对表演者、观众的区分。进行淫秽表演行为可能涉及表演者、观众等多种角色,在案件办理过程中,执法人员应注重区分不同角色的行为性质,依法追究相应的法律责任。

4.注重对表演场所的查处。进行淫秽表演行为往往发生在特定场所,例如娱乐场所、酒店等。在案件办理过程中,执法人员应注重对表演场所的查处,依法追究场所经营者的法律责任。

行为认定

(一)对进行淫秽表演行为的认定

主要从以下四个方面进行认定:

1.行为侵害的客体是社会管理秩序和良好的社会风尚。

2.行为的客观方面表现为行为人亲自进行淫秽表演,尚不够刑事处罚。进行淫秽表演,是指表演人员被组织者纠集、招募、雇用或者未经组织而独立当众进行脱衣舞、裸体舞或者性交动作等败坏社会风尚、有伤风化的表演。当众进行,一般是指在有3人以上观众观看的场合表演,仅对个别人表演淫秽节目,不构成本行为。表演者既可以是女性,也可以是男性(包括变性人等)。淫秽表演一般发生在剧场、影院、酒店、夜总会、娱乐城、酒吧等地方。

3.行为的实施主体只能是个人。

4.本行为在主观方面表现为故意,不要求以营利为目的。

(二)与组织淫秽表演行为的区分

两者的区别主要是主体不同。进行淫秽表演行为的主体是表演者;而组织淫秽表演行为的主体是组织者。若行为人既组织淫秽表演,又亲自进行淫秽表演,一般来说不并罚,应处罚在整个违法活动中起主导和支配作用的主行为。

(三)对"人妖"表演活动的定性

在娱乐场所及其他场所出现的"人妖"和"假人妖"表演活动,应当属于非法演出活动,应当按照《营业性演出管理条例》的规定,由文化和旅游部门负责查处。但是,利用"人妖"进行淫秽表演,构成犯罪的,可以组织淫秽表演罪追究其刑事责任。尚不够刑事处罚的,对组织者可以组织淫秽表演行为,对演出者可以进行淫秽表演行为,予以治安管理处罚。

处罚标准

本行为规定了一般情形和从重情形处罚。单位实施上述行为的,对其直接负责的主管人员和其他直接责任人员依照《治安管理处罚法》第81条规定处罚,组织未成年人进行淫秽表演的,从重处罚。

表169 进行淫秽表演行为处罚标准

处罚档次	处罚标准	裁量基准
一般情形	处10日以上15日以下拘留,并处1000元以上2000元以下罚款	/
从重处罚	在一般情形的处罚中选择较重处罚或顶格处罚	组织未成年人进行淫秽表演的

案例及解析

【基本案情】某日晚间,在某市某娱乐场所的封闭包间内,表演者张某在部分顾客的要求和鼓动下,开始进行性挑逗性质的表演。其行为逐渐升级,包括主动暴露隐私部位,并在震耳欲聋的音乐伴奏下,与多位围观顾客做出模拟性行为动作、反复抚摸自身性敏感区域、以极度诱惑姿态和眼神直接对顾客进行性暗示等露骨行为。

张某的行为应如何定性?

【解析】本案中,张某在公共场所主动暴露隐私部位,并在震耳欲聋的音乐伴奏下,与多位围观顾客做出模拟性行为动作,构成淫秽表演,其行为符合《治安管理处罚法》第81条关于"进行淫秽表演"的规定,扰乱了社会管理秩序,应予以行政拘留并处罚款。

关联法条

《刑法》(2023年修正)

第365条 【组织淫秽表演罪】组织进行淫秽表演的,处三年以下有期徒刑、拘役或者管制,并处罚金;情节严重的,处三年以上十年以下有期徒刑,并处罚金。

176. 参与聚众淫乱

现行规定

《治安管理处罚法》

第 81 条第 1 款第 3 项、第 3 款 有下列行为之一的，处十日以上十五日以下拘留，并处一千元以上二千元以下罚款：

（三）参与聚众淫乱活动的。

组织未成年人从事第一款活动的，从重处罚。

立案与管辖

（一）立案标准

违法嫌疑人有参与聚众淫乱活动、尚不够刑事处罚的行为，即达到立案标准。

（二）管辖

参与聚众淫乱案件一般由违法行为地的公安机关管辖。参与聚众淫乱案件由违法行为人居住地公安机关管辖更为适宜的，可以由违法行为人居住地公安机关管辖。

根据《公安机关办理行政案件程序规定》第 10 条，行政案件由违法行为地的公安机关管辖。由违法行为人居住地公安机关管辖更为适宜的，可以由违法行为人居住地公安机关管辖，但是涉及卖淫、嫖娼、赌博、毒品的案件除外。参与聚众淫乱行为涉及卖淫嫖娼的，即不特定的同性之间或者异性之间以金钱、财物为媒介发生卖淫嫖娼行为的，不得由违法嫌疑人居住地公安机关管辖。

证据收集

（一）证据规格

参与聚众淫乱行为的调查和证据收集重点在于证明存在聚众淫乱行为、参与者的具体行为，以及对社会管理秩序和良好社会风尚造成的危害后果。由于参与聚众淫乱行为可能涉及《刑法》中的聚众淫乱罪，在证据收集过程中应特别注意对聚众行为的具体情节、参与人员的角色区分，以及对社会风尚造成的实际危害后果的证据收集。

1. 违法嫌疑人陈述和申辩。

（1）违法嫌疑人的基本情况，包括姓名、性别、年龄、职业、住址、联系方式等；（2）参与聚众淫乱的动机和目的，例如寻求刺激、满足性欲等；（3）参与聚众淫乱的时间、地点、参与人员、具体经过、行为方式等；（4）参与聚众淫乱所使用的物品及其来源、下落，例如性用品、药物等。

2. 被害人陈述和其他证人证言。

其他证人证言,例如场所工作人员、周边群众等,问明参与聚众淫乱的相关情况,以及对社会秩序和良好社会风尚造成的影响等。

3. 物证、书证。

(1)参与聚众淫乱所使用的物品等物证,例如性用品、药物等;(2)与参与聚众淫乱相关的书证,例如聊天记录、转账记录、住宿登记等;(3)聚众淫乱现场的照片、视频等。

4. 鉴定意见。

(1)对参与聚众淫乱所使用的物品进行鉴定,例如药物成分鉴定等;(2)对聚众淫乱现场提取的痕迹物证进行鉴定,例如指纹等。

5. 视听资料、电子数据。

(1)聚众淫乱现场的音视频资料,例如监控录像、执法记录仪拍摄的视频等;(2)与参与聚众淫乱相关的电子数据,例如聊天记录、转账记录、网络直播记录等。

6. 勘验、检查笔录,现场笔录。

(1)对聚众淫乱现场进行勘验、检查的笔录,包括现场图、现场照片、提取的痕迹物证等;(2)对违法嫌疑人住所、办公场所等进行搜查的笔录,扣押与案件相关的物品。

7. 辨认笔录。

(1)证人及相关当事人对违法嫌疑人的辨认;(2)违法嫌疑人之间互相辨认以及对作案工具、行为方式的辨认。

8. 其他证据材料。

(1)证明违法嫌疑人身份的材料和违法犯罪记录,例如人口信息、户籍证明、身份证、工作证、专业或技术等级证复印件等,法院判决书、行政处罚决定书、释放证明书等有效法律文件;(2)抓获经过、处警经过等。

(二)注意事项

1. 注重对聚众淫乱行为的认定。参与聚众淫乱行为的认定关键在于是否存在聚众淫乱行为。在案件办理过程中,执法人员应严格按照相关法律法规对行为性质进行认定。

2. 注重及时收集、固定电子证据。参与聚众淫乱行为如果涉及网络传播、电子支付等,相关电子证据容易灭失。在案件办理过程中,执法人员应及时收集、固定相关电子证据,例如聊天记录等。

3. 注重对参与者行为的区分。参与聚众淫乱行为可能涉及组织者、参与者等多种角色,在案件办理过程中,执法人员应注重区分不同角色的行为性质,依法追究相应的法律责任。

4. 注重保护未成年人合法权益。参与聚众淫乱行为可能对未成年人身心健康造成严重危害。在案件办理过程中,执法人员应注重保护未成年人合法权益,避免对未成年人造成二次伤害。

5. 注重对聚众淫乱场所的查处。参与聚众淫乱行为往往发生在特定场所,例如酒店、出租屋等。在案件办理过程中,执法人员应注重对聚众淫乱场所的查处,依法追究场所经营者的法律责任。

🛡 行为认定

(一)对参与聚众淫乱行为的认定

主要从以下四个方面进行认定:

1. 本行为侵犯的客体是社会管理秩序和良好的社会风尚。

2. 本行为在客观方面表现为参与聚众淫乱活动,尚不够刑事处罚。参与聚众淫乱活动,是指参加在同一地点同时由多人进行的性交、猥亵等淫乱活动。聚众淫乱,是指在首要分子的组织、纠集下,特定或者不特定3名或者3名以上男女同时聚集在一起进行淫乱活动。淫乱行为除了指自然性交以外,还包括其他刺激、兴奋、满足性欲的行为,如从事手淫、口交、肛交等行为。① 淫乱的对象既包括异性,也包括同性。本行为处罚的对象是聚众淫乱活动的参加者,行为人参与聚众淫乱活动的次数不能超过3次,如果超过了3次,则构成犯罪。对于组织者,只要组织了一次聚众淫乱活动就构成犯罪。

3. 行为的实施主体是个人。

4. 本行为在主观方面表现为故意。

(二)与"聚众淫乱罪"的区分

聚众淫乱罪(《刑法》第301条第1款)中的"聚众",是指在首要分子的组织、纠集下,多人聚集在一起进行淫乱活动。在男女性别上,既可以是男性多人,也可以是女性多人,还可以是男女混杂多人。"淫乱活动",主要是指违反道德规范的性行为,即群宿群奸,但不限于男女性交行为,也包括手淫、口淫、鸡奸等淫乱行为。

两者的区别主要在于主体不同。参与聚众淫乱行为的主体是参与聚众淫乱活动的人,即首要分子和参与聚众淫乱活动者不满3次的人;而聚众淫乱罪的主体是聚众进行淫乱活动的首要分子或者多次参加聚众淫乱活动的人。根据《最高人民检察院、公安部关于公安机关管辖的刑事案件立案追诉标准的规定(一)》第41条,组织、策划、指挥3人以上进行淫乱活动或者参加聚众淫乱活动3次以上的,应予立案追诉。这里所称的"多次",是指3次以上。

🛡 处罚标准

本行为规定了一般情形和从重处罚。组织未成年人参与聚众淫乱的,从重处罚。

---

① 参见张明楷:《刑法学》(下册)(第6版),法律出版社2021年版,第1412页。

表 170　参与聚众淫乱行为处罚标准

处罚档次	处罚标准	裁量基准
一般情形	处 10 日以上 15 日以下拘留,并处 1000 元以上 2000 元以下罚款	/
从重处罚	在一般情形的处罚中选择较重处罚或顶格处罚	组织未成年人参与聚众淫乱活动的

案例及解析

【基本案情】某日晚上至次日凌晨,吴某某在杭州市西湖区某某新村某幢某室内,参加由他人组织、召集的同性恋聚会,进行"口交""肛交"等淫乱活动。

吴某某的行为应如何定性?

【解析】吴某某参加由他人组织的同性恋聚会,并进行淫乱活动,该行为符合《治安管理处罚法》中关于聚众淫乱的规定,应予以拘留并处罚款。

关联法条

《刑法》(2023 年修正)

第 301 条　【聚众淫乱罪】聚众进行淫乱活动的,对首要分子或者多次参加的,处五年以下有期徒刑、拘役或者管制。

【引诱未成年人聚众淫乱罪】引诱未成年人参加聚众淫乱活动的,依照前款的规定从重处罚。

177. 为淫秽活动提供条件

现行规定

《治安管理处罚法》

第 81 条第 1 款、第 2 款　有下列行为之一的,处十日以上十五日以下拘留,并处一千元以上二千元以下罚款:

(一)组织播放淫秽音像的;

(二)组织或者进行淫秽表演的;

(三)参与聚众淫乱活动的。

明知他人从事前款活动,为其提供条件的,依照前款的规定处罚。

立案与管辖

(一)立案标准

违法嫌疑人有为组织播放淫秽音像、组织或者进行淫秽表演、参与聚众淫乱活动提供条件，尚不够刑事处罚的行为，即达到立案标准。

(二)管辖

为淫秽活动提供条件的案件一般由违法行为地的公安机关管辖。

违法行为地包括违法行为发生地和违法结果发生地。违法行为发生地，包括违法行为的实施地以及开始地、途经地、结束地等与违法行为有关的地点；违法行为有连续、持续或者继续状态的，违法行为连续、持续或者继续实施的地方都属于违法行为发生地。

由违法行为人居住地公安机关管辖更为适宜的，可以由违法行为人居住地公安机关管辖。

证据收集

(一)证据规格

为淫秽活动提供条件行为的调查和证据收集重点在于证明存在为淫秽活动提供条件的行为、提供的具体条件，以及对社会管理秩序和良好社会风尚造成的危害后果。由于为淫秽活动提供条件行为可能涉及《刑法》中的组织淫秽表演罪的共犯或传播淫秽物品罪，在证据收集过程中应特别注意对提供条件的具体行为(如场地、设备、资金等)及其与淫秽活动之间关联性的证明。

1. 违法嫌疑人陈述和申辩。

(1)违法嫌疑人的基本情况，包括姓名、性别、年龄、职业、住址、联系方式等；(2)为淫秽活动提供条件的动机和目的，例如牟利、招揽顾客等；(3)为淫秽活动提供条件的时间、地点、参与人员、具体经过、提供条件的方式等；(4)为淫秽活动提供条件所使用的物品及其来源、下落，例如场地、设备、资金等；(5)结伙作案的，问明违法嫌疑人的数量、身份、当天穿着，预谋、结伙聚合的过程、相互关系、地位，以及各违法嫌疑人相互关系、相互印证情况。

2. 其他违法嫌疑人陈述及其他证人证言。

(1)相关人员(如淫秽活动组织者、参与者等)陈述，问明为淫秽活动提供条件的时间、地点、经过、参与人员、提供条件的方式、对社会秩序和良好社会风尚造成的影响等；(2)其他证人证言，例如场所工作人员、周边群众等，问明为淫秽活动提供条件的相关情况，以及对社会秩序和良好社会风尚造成的影响等。

3. 物证、书证。

(1)为淫秽活动提供条件所使用的物品等物证，例如场地、设备、资金等；(2)与为淫秽活动提供条件相关的书证，例如租赁合同、设备购买凭证、资金流水、聊天记录、转账记录等；(3)为淫秽活动提供条件现场的照片、视频等。

4. 鉴定意见。

(1)对为淫秽活动提供条件所使用的物品进行鉴定，例如设备鉴定等；(2)对为淫秽活动提供条件现场提取的痕迹物证进行鉴定，例如指纹、DNA 等。

5. 视听资料、电子数据。

（1）为淫秽活动提供条件现场的音视频资料，例如监控录像、执法记录仪拍摄的视频等；（2）与为淫秽活动提供条件相关的电子数据，例如聊天记录、转账记录等。

6. 勘验、检查笔录，现场笔录。

（1）对为淫秽活动提供条件现场进行勘验、检查的笔录，包括现场图、现场照片、提取的痕迹物证等；（2）对违法嫌疑人住所、办公场所等进行搜查的笔录，扣押与案件相关的物品。

7. 辨认笔录。

（1）证人及相关当事人对违法嫌疑人的辨认；（2）违法嫌疑人之间互相辨认以及对作案工具、提供条件方式的辨认。

8. 其他证据材料。

（1）证明违法嫌疑人身份的材料和违法犯罪记录，例如人口信息、户籍证明、身份证、工作证、专业或技术等级证复印件等，法院判决书、行政处罚决定书、释放证明书等有效法律文件；（2）抓获经过、处警经过等。

（二）注意事项

1. 注重对为淫秽活动提供条件行为的认定。为淫秽活动提供条件行为的认定关键在于是否存在为淫秽活动提供条件的行为。

2. 注重及时收集、固定电子证据。为淫秽活动提供条件行为可能涉及网络传播、电子支付等，相关电子证据容易灭失。在案件办理过程中，执法人员应及时收集、固定相关电子证据，例如聊天记录、转账记录等。

3. 注重对提供条件者行为的区分。为淫秽活动提供条件行为可能涉及组织者、提供者等多种角色，在案件办理过程中，执法人员应注重区分不同角色的行为性质，依法追究相应的法律责任。

4. 注重对为淫秽活动提供条件场所的查处。为淫秽活动提供条件行为往往发生在特定场所，例如娱乐场所、酒店等。在案件办理过程中，执法人员应注重对为淫秽活动提供条件场所的查处，依法追究场所经营者的法律责任。

行为认定

（一）对为淫秽活动提供条件行为的认定

主要从以下四个方面进行认定：

1. 行为侵害的客体是社会管理秩序和良好的社会风尚。

2. 行为的客观方面表现为，为组织播放淫秽音像、组织或者进行淫秽表演、参与聚众淫乱活动提供条件，尚不够刑事处罚。"提供条件"涵盖多种具体情形，比如为他人组织播放淫秽音像提供场地、设备、资金支持，或为他人组织淫秽表演介绍场地、协助招募参与人员，为他人进行淫秽表演提供服装道具、化妆帮助，为他人参与聚众淫乱提供场所并望风等，既可以是有偿的,也可以是无偿的。

3. 本行为的主体包括单位和个人。

4. 本行为在主观方面表现为故意,不要求以营利为目的。

(二) 与容留卖淫行为的区分

容留卖淫是《治安管理处罚法》第79条的规定,即为他人卖淫提供场所。场所,不限于房屋,其他诸如汽车、船舶等交通工具亦可作为提供的场所。

两者的区别主要在于客观方面不同。"为淫秽活动提供条件"涉及的淫秽活动范围较为宽泛,包含组织播放淫秽音像、淫秽表演等多种形式。而"容留卖淫"聚焦于"卖淫"这一特定行为,表现为行为人主动为卖淫活动提供场所。如果淫秽活动中掺杂了卖淫行为,则从一重进行处罚。

(三) 与本条中其他行为的区分

本条中"其他行为"指组织播放淫秽音像、组织淫秽表演、进行淫秽表演、参与聚众淫乱。其区别主要是行为人是为他人从事上述违法行为提供条件,还是为自己从事上述违法行为准备条件。如果行为人是为自己组织播放淫秽音像、组织淫秽表演、进行淫秽表演、参与聚众淫乱准备条件,则应当以组织播放淫秽音像、组织淫秽表演、进行淫秽表演、参与聚众淫乱论处。

当行为人既有组织行为,又有提供条件的行为时,在治安管理处罚中,应遵循主行为吸收原则,只以主行为定性处罚。因为组织行为通常是整个违法活动的核心与主导,提供条件的行为多是为组织行为服务的辅助性举动,二者存在紧密关联,按主行为处罚更能准确反映行为的本质和危害程度。

(四) 在"组织播放淫秽音像制品罪""组织淫秽表演罪""聚众淫乱罪"中有提供条件行为的认定

"组织播放淫秽音像制品罪"(《刑法》第364条第2款)是指组织召集多人观看、收听并播映淫秽的电影、录像等音像制品的行为。"组织淫秽表演罪"(《刑法》第365条)是指以招募、雇用、强迫、引诱、容留等手段控制他人从事淫秽表演的行为。"聚众淫乱罪"(《刑法》第301条)中的"聚众",是指在首要分子的组织、纠集下,多人聚集在一起进行淫乱活动。在男女性别上,既可以是男性多人,也可以是女性多人,还可以是男女混杂多人。"淫乱活动",主要是指违反道德规范的性交行为,即群宿群奸,但不限于男女性交行为,也包括手淫、口淫、鸡奸等淫乱行为。

如果行为人明知他人从事组织播放淫秽音像制品、组织淫秽表演、聚众淫乱等犯罪行为而为其提供条件,则构成相关犯罪的共犯。

🛡 **处罚标准**

本行为只规定了"一般情形"的处罚。

表 171　为淫秽活动提供条件行为处罚标准

处罚档次	处罚标准
一般情形	处 10 日以上 15 日以下拘留,并处 1000 元以上 2000 元以下罚款

案例及解析

【基本案情】 某市派出所接到群众举报,称在某小区某房间内有多人进行淫乱活动。经调查,房主张某(男,35 岁)的朋友王某(男,32 岁)计划组织一场私人聚会,张某在知情的情况下,主动无偿提供自己的房间供王某等人使用。当晚,王某召集三名朋友(两男一女)在张某房间内进行聚众淫乱活动(多人发生不当性行为)。张某本人未参与活动,也未收取任何费用,仅提供房间后离开现场。警方在行动中查获现场,并控制相关人员。

张某的行为是否构成"为淫秽活动提供条件"的治安违法行为？应如何处罚？

【解析】 张某的行为构成"为淫秽活动提供条件"的治安违法行为。理由如下:为淫秽活动提供场所、工具等便利条件,即使无偿且未直接参与,也独立构成违法行为。本案中,张某明知王某计划进行聚众淫乱(三人以上进行淫乱活动),仍主动提供房间,该房间成为活动实施的必要条件,符合"为淫秽活动提供条件"的构成要件。与容留卖淫的区别:容留卖淫要求为卖淫嫖娼提供场所并通常涉及金钱交易。本案中,张某未收取任何费用,且活动性质为聚众淫乱(非交易性),故不构成容留卖淫。与参与聚众淫乱的区别:参与聚众淫乱要求行为人直接加入淫乱活动。张某仅提供房间后离开,未参与任何性行为,故不构成参与聚众淫乱。

关联法条

《刑法》(2023 年修正)

第 363 条第 2 款　【为他人提供书号出版淫秽书刊罪】为他人提供书号,出版淫秽书刊的,处三年以下有期徒刑、拘役或者管制,并处或者单处罚金;明知他人用于出版淫秽书刊而提供书号的,依照前款的规定处罚。

第五十七节 《治安管理处罚法》第82条

178. 为赌博提供条件

现行规定

《治安管理处罚法》

第82条 以营利为目的,为赌博提供条件的,……处五日以下拘留或者一千元以下罚款;情节严重的,处十日以上十五日以下拘留,并处一千元以上五千元以下罚款。

立案与管辖

(一)立案标准

违法嫌疑人有以营利为目的、为参与赌博人员提供条件、尚不够刑事处罚的行为即达到立案标准。不以营利为目的,亲属之间进行带有财物输赢的打麻将、玩扑克等娱乐活动,不予处罚;亲属之外的其他人之间进行带有少量财物输赢的打麻将、玩扑克等娱乐活动,不予处罚。

(二)管辖

为赌博提供条件案件一般由违法行为地的公安机关管辖。违法行为地包括违法行为发生地和违法结果发生地。违法行为发生地,一般指的是为赌博提供条件的实施地以及开始地、途经地、结束地等与扰序行为有关的地点;针对或者利用网络实施的为赌博提供条件行为,用于实施违法行为的网站服务器所在地、网络接入地以及网站建立者或者管理者所在地公安机关可以管辖。

为赌博提供条件行为不适宜由违法行为人居住地公安机关管辖。

证据收集

(一)证据规格

为赌博提供条件行为的调查和证据收集重点在于证明存在为赌博提供条件的行为、提供的具体条件,以及对社会管理秩序和良好社会风尚造成的危害后果。由于为赌博提供条件行为可能涉及《刑法》中的开设赌场罪或赌博罪,在证据收集过程中应特别注意对提供条件的具体行为,如提供场地、赌具、资金等,及其与赌博活动之间关联性的证明,并区分提供条件者与参赌人员的法律责任。

1. 违法嫌疑人陈述和申辩。

(1)违法嫌疑人的基本情况,包括姓名、性别、年龄、职业、住址、联系方式等;(2)为赌博提供条件的动机和目的,例如牟利、招揽顾客等;(3)为赌博提供条件的时间、地点、参与人员、具体经过、提供条件的方式等;(4)为赌博提供条件所使用的物品及其来源、下落,例如赌具、资金等;(5)结伙作案的,问明违法嫌疑人的数量、身份、当天穿着,预谋、结伙聚合的过程、相互关系、地位,以及各违法嫌疑人相互关系、相互印证情况。

2.其他违法嫌疑人陈述及证人证言。

(1)相关人员(如参赌人员、场所负责人等)陈述,问明为赌博提供条件的时间、地点、经过、参与人员、提供条件的方式、对社会秩序和良好社会风尚造成的影响等;(2)其他证人证言,例如场所工作人员、周边群众等,问明为赌博提供条件的相关情况,以及对社会秩序和良好社会风尚造成的影响等。

3.物证、书证。

(1)为赌博提供条件所使用的物品等物证,例如赌具、资金等;(2)与为赌博提供条件相关的书证,例如赌资流水、账本、聊天记录、转账记录等;(3)为赌博提供条件现场的照片、视频等。

4.鉴定意见。

(1)对为赌博提供条件所使用的物品进行鉴定;(2)对为赌博提供条件现场提取的痕迹物证进行鉴定,例如指纹等。

5.视听资料、电子数据。

(1)为赌博提供条件现场的音视频资料,例如监控录像、执法记录仪拍摄的视频等;(2)与为赌博提供条件相关的电子数据,例如聊天记录、转账记录、网络直播记录等。

6.勘验、检查笔录,现场笔录。

(1)对为赌博提供条件现场进行勘验、检查的笔录,包括现场图、现场照片、提取的痕迹物证等;(2)对违法嫌疑人住所、办公场所等进行搜查的笔录,扣押与案件相关的物品。

7.辨认笔录。

(1)证人及相关当事人对违法嫌疑人的辨认;(2)违法嫌疑人之间互相辨认以及对作案工具、提供条件方式的辨认。

8.其他证据材料。

(1)证明违法嫌疑人身份的材料和违法犯罪记录,例如人口信息、户籍证明、身份证、工作证、专业或技术等级证复印件等,法院判决书、行政处罚决定书、释放证明书等有效法律文件;(2)抓获经过、处警经过等。

(二)注意事项

1.注重及时收集、固定电子证据。为赌博提供条件行为往往涉及网络传播、电子支付等,相关电子证据容易灭失。在案件办理过程中,执法人员应注意收集"以营利为目的"的主观证据、固定相关电子证据,例如聊天记录、转账记录、网络直播记录等。

2.注重对提供条件者行为的区分。为赌博提供条件行为可能涉及组织者、提供者等多种角色,在案件办理过程中,执法人员应注重区分不同角色的行为性质,依法追究相应的法律责任。

3. 注重对为赌博提供条件场所的查处。为赌博提供条件行为往往发生在特定场所,例如棋牌室、游戏厅等。在案件办理过程中,执法人员应注重对为赌博提供条件场所的查处,依法追究场所经营者的法律责任。

4. 注重对赌资、赌具的收缴。为赌博提供条件行为往往涉及赌资、赌具,在案件办理过程中,执法人员应注重对赌资、赌具的收缴,依法进行处理。

行为认定

(一)对为赌博提供条件行为的认定

主要从以下四个方面进行认定:

1. 本行为侵犯的客体是社会管理秩序和良好的社会风尚。

2. 本行为在客观方面表现为以营利为目的,为参与赌博人员提供条件,尚不够刑事处罚。根据《公安部关于办理赌博违法案件适用法律若干问题的通知》第1条第3～5项的规定:为赌博提供条件,是指采取不报经国家批准,擅自发行、销售彩票的方式,为赌博提供条件,尚不够刑事处罚的;或者明知他人实施赌博违法犯罪活动,而为其提供资金、场所、交通工具、通讯工具、赌博工具、经营管理、网络接入、服务器托管、网络存储空间、通讯传输通道、费用结算等条件,或者为赌博场所、赌博人员充当保镖、为赌博放哨、通风报信,尚不够刑事处罚的;或者明知他人从事赌博活动而向其销售具有赌博功能的游戏机,尚不够刑事处罚的行为。以营利为目的,既包括以为赌博提供条件的行为人自己营利为目的,也包括以他人营利为目的,但他人仅指共同为赌博提供条件的人,不包括参赌人员。在实践中,对于尚不构成赌博罪、开设赌场罪的,也应以为赌博提供条件行为予以治安管理处罚。

3. 本行为的主体包括单位和个人。

4. 本行为在主观方面表现为故意,且必须以营利为目的。

(二)为赌博提供交通、通讯工具的处理

根据《公安部关于办理赌博违法案件适用法律若干问题的通知》第7条第2款的规定,对参与赌博人员使用的交通、通讯工具未作为赌注的,不得没收。在以营利为目的,聚众赌博、开设赌场,或者采取不报经国家批准,擅自发行、销售彩票的方式为赌博提供条件,尚不够刑事处罚的案件中,违法行为人本人所有的用于纠集、联络、运送参赌人员以及用于望风护赌的交通、通讯工具,应当依法没收。应当注意,由于该通知公布日期为2005年,以上条款中的"没收"在《治安管理处罚法》中对应的是"收缴"这一法律措施。

(三)为赌博提供条件可以从轻或者免予处罚的情形

根据《公安部关于办理赌博违法案件适用法律若干问题的通知》第4条的规定,为赌博提供条件,具有下列情形之一的,可以从轻或者免予处罚:(1)主动交代,表示悔改的;(2)检举、揭发他人为赌博提供条件的行为,并经查证属实的;(3)被胁迫、诱骗为赌博提供条件的;

(4)协助查禁赌博活动,有立功表现的;(5)其他可以依法从轻或者免予处罚的情形。对免予处罚的,由公安机关给予批评教育,并责令具结悔过。

(四)未经批准擅自发行、销售彩票的行为的认定

根据《公安部关于办理赌博违法案件适用法律若干问题的通知》第1条第3项和《最高人民法院、最高人民检察院关于办理赌博刑事案件具体应用法律若干问题的解释》第6条的规定,采取不报经国家批准,擅自发行、销售彩票的方式,为赌博提供条件,尚不够刑事处罚的,应当以为赌博提供条件行为定性处罚;构成犯罪的,应当以非法经营罪定罪处罚。

(五)为赌博场所打扫卫生或者为参与赌博人员提供服务的服务生行为认定

根据《公安部关于办理赌博违法案件适用法律若干问题的通知》第1条第4项的规定,在赌博场所从事一般服务、领取固定工资报酬、不从赌博行为中抽取利润的工作人员,不应当认定为"为赌博提供条件"。但是,明知他人实施赌博违法犯罪活动,而为其提供资金、场所、交通工具、通讯工具、赌博工具、经营管理、网络接入、服务器托管、网络存储空间、通讯传输通道、费用结算等条件,或者为赌博场所、赌博人员充当保镖,为赌博放哨、通风报信的人员除外。

(六)与棋牌室等娱乐场所正常经营活动的界限

《最高人民法院、最高人民检察院关于办理赌博刑事案件具体应用法律若干问题的解释》第9条规定:"不以营利为目的,进行带有少量财物输赢的娱乐活动,以及提供棋牌室等娱乐场所只收取正常的场所和服务费用的经营行为等,不以赌博论处。"结合这一规定,"提供棋牌室等娱乐场所只收取正常的场所和服务费用的经营行为",不能认定为开设赌场行为,也不能认定"为赌博提供条件行为"。在实践中,可考虑以下因素综合认定:一是看是否收取服务费、采取何种方式收取服务费。棋牌室的正常经营活动应当是收取固定费用。而为赌博提供条件中的提供场所和赌具等并不一定收取服务费,也可能按照参赌人员人数的多少收取费用或者按照获利金额抽头。二是看收取服务费的金额。棋牌室正常经营活动的收费标准一般是经过物价部门核定的,以维持正常经营活动。如果收取的服务费超过核定的标准及维持正常经营活动所需,并与参赌人员的获利金额挂钩,则具有非正常经营活动之嫌。三是提供的娱乐用具的种类。棋牌室的正常经营活动一般只提供扑克、象棋、麻将等常规的娱乐用具,不提供兑换筹码服务。如果提供赌博机具或者具有赌博功能的游戏机等,或者要求兑换筹码才能入场的,就可能构成为赌博提供条件行为,甚至构成开设赌场罪。[①]

(七)与开设赌场罪的区分

开设赌场罪(《刑法》第303条第2款)指以营利为目的,为他人赌博提供固定场所、设定规则、组织管理等行为。两者的区别主要是行为方式有差异。开设赌场罪的开设赌场行为是

[①] 参见孙茂利主编:《违反公安行政管理行为名称释义与实务指南(2021年版)》,中国民主法制出版社2021年版,第255页。

一种组织赌博的行为；而为赌博提供条件行为是明知他人实施赌博违法犯罪活动，为其提供资金、场所、交通工具、通讯工具、赌博工具、经营管理、网络接入、服务器托管、网络存储空间、通讯传输通道、费用结算等条件，或者为赌博场所、赌博人员充当保镖，为赌博放哨、通风报信的行为，既包括组织赌博的行为，也包括不属于组织赌博的行为。

赌场，是指为行为人控制，具有一定的连续性和稳定性，专门用以赌博活动，并且在一定范围内为人知晓的地方。如果具有一定的连续性和稳定性，为赌博提供固定场所、赌具、筹码、资金等，并设定赌博方式，就构成开设赌场罪；如果只是偶尔为赌博提供场所、赌具、筹码、资金等，则属于为赌博提供条件行为。根据《最高人民法院、最高人民检察院、公安部关于办理网络赌博犯罪案件适用法律若干问题的意见》第1条的规定，利用互联网、移动通讯终端等传输赌博视频、数据，组织赌博活动，具有下列情形之一的，属于《刑法》第303条第2款规定的"开设赌场"行为：(1)建立赌博网站并接受投注的；(2)建立赌博网站并提供给他人组织赌博的；(3)为赌博网站担任代理并接受投注的；(4)参与赌博网站利润分成的。实施上述行为，具有下列情形之一的，应当认定为《刑法》第303条第2款规定的"情节严重"：(1)抽头渔利数额累计达到3万元以上的；(2)赌资数额累计达到30万元以上的；(3)参赌人数累计达到120人以上的；(4)建立赌博网站后通过提供给他人组织赌博，违法所得数额在3万元以上的；(5)参与赌博网站利润分成，违法所得数额在3万元以上的；(6)为赌博网站招募下级代理，由下级代理接受投注的；(7)招揽未成年人参与网络赌博的；(8)其他情节严重的情形。

（八）与《刑法》赌博罪共犯的区分

赌博罪（《刑法》第303条第1款）是指以营利为目的，聚众赌博或以赌博为业的行为。赌博罪共犯是指二人以上共同故意实施赌博犯罪的行为人或为他人赌博犯罪提供直接帮助者。两者的区别主要是行为人提供条件的对象不同。如果为赌博犯罪行为提供条件，则构成赌博罪的共犯；如果只为违反治安管理的赌博行为提供条件，则可以为赌博提供条件行为论处。

（九）设置赌博机的为赌博提供条件行为与《刑法》第303条第2款规定的开设赌场罪的区分

开设赌场罪（《刑法》第303条第2款）指以营利为目的，为他人赌博提供固定场所、设定规则、组织管理等行为。根据《最高人民法院、最高人民检察院、公安部关于办理利用赌博机开设赌场案件适用法律若干问题的意见》第1条和第2条第1款的规定，设置赌博机组织赌博活动，具有下列情形之一的，应当按照《刑法》第303条第2款规定的开设赌场罪定罪处罚：(1)设置赌博机10台以上的；(2)设置赌博机2台以上，容留未成年人赌博的；(3)在中小学校附近设置赌博机2台以上的；(4)违法所得累计达到5000元以上的；(5)赌资数额累计达到5万元以上的；(6)参赌人数累计达到20人以上的；(7)因设置赌博机被行政处罚后，2年内再设置赌博机5台以上的；(8)因赌博、开设赌场犯罪被刑事处罚后，5年内再设置赌博机5台以上的；(9)其他应当追究刑事责任的情形。其中，设置赌博机组织赌博活动，是指设置具有退币、退分、退钢珠等赌博功能的电子游戏设施设备，并以现金、有价证券等贵重款物作为奖品,或者以回购奖品方式给予他人现金、有价证券等贵重款物组织赌博活动的行为。如果未达到开设赌场罪的定罪标准,可以为赌博提供条件行为进行治安管理处罚。

处罚标准

本行为设有"一般情形"与"情节严重"两个处罚档次。对于"情节严重"的认定,应当结合赌博方式、场所等情节予以综合认定。

表172 为赌博提供条件行为处罚标准

处罚档次	处罚标准	裁量基准
一般情形	处5日以下拘留或者1000元以下罚款	/
情节严重	处10日以上15日以下拘留,并处1000元以上5000元以下罚款	①在公共场所或者公共交通工具上赌博的
		②利用互联网、移动终端设备等投注赌博的
		③国家工作人员参与赌博的
		④设置赌博机的数量或者为他人提供场所放置的赌博机量达到有关规范性文件认定构成开设赌场罪标准的50%上的
		⑤为未成年人赌博提供条件的
		⑥明知他人从事赌博活动而向其销售赌博机的
		⑦发行、销售"六合彩"等其他私彩的
		⑧组织、协助他人出境赌博的
		⑨为赌场接送参赌人员、望风看场、发牌做庄、兑换筹的
		⑩其他情节严重的情形

案例及解析

【基本案情】某日,辖区派出所接到市民举报,某宾馆有人包房赌博。民警出警后,现场抓获4人在包房里打纸牌麻将,查获纸牌麻将一副,每人座位上有20张扑克牌。经调查了解,此包房由张某长期承租,用于招待朋友,有时会有朋友在房间赌博,由张某提供赌具。张某长期安排宾馆服务人员小赵为包房内赌博放哨,如果有公安机关检查,由小赵进行通风报信。经调查,现场发现赌资2000元。根据当地的规定,人均赌资200元则构成治安管理处罚中的参与赌博赌资较大的行为。

张某和小赵的行为应当如何认定?

【解析】本案中,张某明知包房内进行赌博,还为此提供场地与赌具,并安排专门人员为包房内赌博放哨,逃避监管,此行为构成为赌博提供条件行为。放哨人员小赵受张某指使,为赌博活动通风报信,帮助逃避查处,构成《治安管理处罚法》第87条"旅馆业、饮食服务业、文化娱乐业、出租汽车业等单位的人员，在公安机关查处吸毒、赌博、卖淫、嫖娼活动时，为违法犯罪行为人通风报信的"行为，此行为是特殊主体，小赵是宾馆的工作人员，因此不以为赌博提供条件论处，而是认定为赌博通风报信行为。

关联法条

1.《刑法》（2023年修正）

第303条　【赌博罪】以营利为目的，聚众赌博或者以赌博为业的，处三年以下有期徒刑、拘役或者管制，并处罚金。

【开设赌场罪】开设赌场的，处五年以下有期徒刑、拘役或者管制，并处罚金；情节严重的，处五年以上十年以下有期徒刑，并处罚金。

【组织参与国（境）外赌博罪】组织中华人民共和国公民参与国（境）外赌博，数额巨大或者有其他严重情节的，依照前款的规定处罚。

2.《娱乐场所管理条例》（2020年修订）

第14条第1款第5项　娱乐场所及其从业人员不得实施下列行为，不得为进入娱乐场所的人员实施下列行为提供条件：

（五）赌博；

179. 赌　　博

现行规定

《治安管理处罚法》

第82条　……参与赌博赌资较大的，处五日以下拘留或者一千元以下罚款；情节严重的，处十日以上十五日以下拘留，并处一千元以上五千元以下罚款。

立案与管辖

（一）立案标准

违法嫌疑人有参与赌博赌资较大、尚不够刑事处罚的行为，即达到立案标准。

（二）管辖

赌博案件一般由违法行为地的公安机关管辖。违法行为地包括违法行为发生地和违法结果发生地。违法行为发生地，包括赌博行为的实施地以及开始地、途经地、结束地等与违法行为有关的地点；针对或者利用网络实施的赌博行为，用于实施赌博行为的网站服务器所在地、网络接入地以及网站建立者或者管理者所在地公安机关可以管辖。

赌博行为不适宜由违法行为人居住地公安机关管辖。

证据收集

(一)证据规格

赌博行为的调查和证据收集重点在于证明存在赌博行为、赌博方式、参与赌博的具体人员,以及对社会管理秩序和良好社会风尚造成的危害后果。由于赌博行为可能涉及《刑法》中的赌博罪或开设赌场罪,在证据收集过程中应特别注意对赌博行为的具体情节,如赌资数额、参与人数、组织者与参与者的区分,及其对社会管理秩序造成的实际危害后果的证据收集。

1.违法嫌疑人陈述和申辩。

(1)违法嫌疑人的基本情况,包括姓名、性别、年龄、职业、住址、联系方式等;(2)参与赌博的动机和目的,例如寻求刺激、牟利等;(3)参与赌博的时间、地点、参与人员、具体经过、赌博方式、赌资数额等;(4)参与赌博所使用的物品及其来源、下落,例如赌具、资金等;(5)结伙作案的,问明违法嫌疑人的数量、身份、当天穿着、预谋、结伙聚合的过程、相互关系、地位,以及各违法嫌疑人相互关系、相互印证情况。

2.其他违法嫌疑人陈述及证人证言。

(1)相关人员(如其他参赌人员、场所负责人等)陈述,问明参与赌博的时间、地点、经过、参与人员、赌博方式、赌资数额、对社会秩序和良好社会风尚造成的影响等;(2)其他证人证言,例如场所工作人员、周边群众等,问明参与赌博的相关情况,以及对社会秩序和良好社会风尚造成的影响等。

3.物证、书证。

(1)参与赌博所使用的物品等物证,例如赌具、资金等;(2)与参与赌博相关的书证,例如赌资流水、账本、聊天记录、转账记录等;(3)赌博现场的照片、视频等。

4.鉴定意见。

(1)对参与赌博所使用的物品进行鉴定,例如赌具鉴定等;(2)对赌博现场提取的痕迹物证进行鉴定,例如指纹、DNA等。

5.视听资料、电子数据。

(1)赌博现场的音视频资料,例如监控录像、执法记录仪拍摄的视频等;(2)与参与赌博相关的电子数据,例如聊天记录、转账记录、网络直播记录等。

6.勘验、检查笔录,现场笔录。

(1)对赌博现场进行勘验、检查的笔录,包括现场图、现场照片、提取的痕迹物证等;(2)对违法嫌疑人住所、办公场所等进行搜查的笔录,扣押与案件相关的物品。

7.辨认笔录。

(1)证人及相关当事人对违法嫌疑人的辨认;(2)违法嫌疑人之间互相辨认以及对作案工具、赌博方式的辨认。

8.其他证据材料。

(1)证明违法嫌疑人身份的材料和违法犯罪记录,例如人口信息、户籍证明、身份证、工作

证、专业或技术等级证复印件等,法院判决书、行政处罚决定书、释放证明书等有效法律文件;
(2)抓获经过、处警经过等。

(二)注意事项

1. 注重及时收集、固定电子证据。注意及时收集赌资证据、证明其主观"以营利为目的"的证据。赌博行为往往涉及网络传播、电子支付等,相关电子证据容易灭失。在案件办理过程中,执法人员应及时收集、固定相关电子证据,例如聊天记录、转账记录、网络直播记录等。

2. 注重对参赌人员行为的区分。赌博行为可能涉及组织者、参与者等多种角色,在案件办理过程中,执法人员应注重区分不同角色的行为性质,依法追究相应的法律责任。

3. 注重对赌博场所的查处。赌博行为往往发生在特定场所,例如棋牌室、游戏厅等。在案件办理过程中,执法人员应注重对赌博场所的查处,依法追究场所经营者的法律责任。

行为认定

(一)对赌博行为的认定

主要从以下四个方面进行认定:

1. 本行为侵犯的客体是社会管理秩序和良好的社会风尚。

2. 本行为在客观方面表现为参与赌博赌资较大,尚不够刑事处罚。根据《公安部关于办理赌博违法案件适用法律若干问题的通知》第5条的规定,赌资,是指赌博活动中用作赌注的款物、换取筹码的款物和通过赌博赢取的款物。在利用计算机网络进行的赌博活动中,分赌场、下级庄家或者赌博参与者在组织或者参与赌博前向赌博组织者、上级庄家或者赌博公司交付的押金,应当视为赌资。用作赌资的财物可以是纸币、有价证券,也可以是其他动产或者不动产。赌博财物的交付一般为当场交付,有的是事后交付,行为人采取哪种方式赌博或者交付财物不影响赌博行为的成立。

参与赌博赌资较大,主要指两种情形:一是参赌人员人均赌资较大,二是参赌人员个人的赌资较大。何为"赌资较大",需要根据地区经济状况、风俗习惯和当地公众接受的数额来确定。

3. 本行为的实施主体为一般主体,不包括单位。

4. 本行为在主观方面表现为故意。

(二)赌资的认定

根据《公安部关于办理赌博违法案件适用法律若干问题的通知》第5、6条的规定,赌博活动中用作赌注的款物、换取筹码的款物和通过赌博赢取的款物属于赌资。在利用计算机网络进行的赌博活动中,分赌场、下级庄家或者赌博参与者在组织或者参与赌博前向赌博组织者、上级庄家或者赌博公司交付的押金,应当视为赌资。赌博现场没有赌资,而是以筹码或者事先约定事后交割等方式代替的,赌资数额经调查属实后予以认定。个人投注的财物数额无法确定时,按照参赌财物的价值总额除以参赌人数的平均值计算。通过计算机网络实施赌博活动的赌资数额,可以按照在计算机网络上投注或者赢取的总点数乘以每个点数实际代表的金额认定。赌博的次数,可以按照在计算机网络上投注的总次数认定。参与赌博人员随身携带的、尚未用作赌注或者换取筹码的现金、财物、信用卡内的资金等,不能视为赌资。

(三)赌博行为与娱乐活动的界限

根据《公安部关于办理赌博违法案件适用法律若干问题的通知》第9条的规定:不以营利为目的,亲属之间进行带有财物输赢的打麻将、玩扑克等娱乐活动,不予处罚;亲属之外的其他人之间进行带有少量财物输赢的打麻将、玩扑克等娱乐活动,不予处罚。

(四)赌博行为可以从轻或者免予处罚的情形

根据《公安部关于办理赌博违法案件适用法律若干问题的通知》第4条的规定,具有下列情形的赌博行为,如尚不够刑事处罚,依法应当予以治安管理处罚的,可以从轻或者免予处罚:(1)主动交代,表示悔改的;(2)检举、揭发他人赌博的行为,并经查证属实的;(3)被胁迫、诱骗赌博的;(4)未成年人赌博的;(5)协助查禁赌博活动,有立功表现的;(6)其他可以依法从轻或者免予处罚的情形。对免予处罚的,由公安机关给予批评教育,并责令具结悔过。未成年人有赌博违法行为的,应当责令其父母或者其他监护人严加管教。

(五)本行为与为赌博提供条件行为的界限

两者的区别主要是行为人是否参与了赌博。如果行为人参与赌博且赌资较大,则构成赌博行为。行为人为赌博提供便利条件,但并没有参与赌博,也不符合《刑法》规定的聚众赌博、开设赌场犯罪行为构成要件的,应当以为赌博提供条件论处。如果行为人明知他人实施赌博犯罪,而为其提供资金、计算机网络、通信、费用结算等直接帮助,以赌博罪的共犯论处。如果行为人为赌博提供条件的行为符合聚众赌博、开设赌场犯罪行为构成要件,应当以赌博罪、开设赌场罪定性处罚。

(六)与赌博罪的界限

赌博罪(《刑法》第303条第1款)是指以营利为目的,聚众赌博或以赌博为业的行为。两者的区别在于以下三个方面:

1.行为方式。赌博行为在客观方面表现为以营利为目的,参与赌博赌资较大;而赌博罪则表现为以营利为目的,聚众赌博或者以赌博为业的行为。聚众赌博,是指为赌博提供赌场、赌具,组织、招引多人进行赌博,本人进行抽头渔利的行为,本人不一定参加赌博。《最高人民法院、最高人民检察院关于办理赌博刑事案件具体应用法律若干问题的解释》第1条明确规定:"以营利为目的,有下列情形之一的,属于刑法第三百零三条规定的'聚众赌博':(一)组织3人以上赌博,抽头渔利数额累计达到5000元以上的;(二)组织3人以上赌博,赌资数额累计达到5万元以上的;(三)组织3人以上赌博,参赌人数累计达到20人以上的;(四)组织中华人民共和国公民10人以上赴境外赌博,从中收取回扣、介绍费的。"以赌博为业,是指嗜赌成性,经常赌博,或者以赌博所得为生活或挥霍的主要来源。以赌博为业的人,俗称"赌棍"。

2.行为主体。赌博行为的主体必须是参与赌博的人;而赌博罪的主体则不一定直接参与赌博。依据目前的法律规定,参加赌博的人除以赌博为业的情形外,无论其赌资数额多大,均不构成赌博罪,但可按赌博行为给予治安管理处罚。

3. 情节和赌资。赌博行为必须是参与赌博赌资较大的行为;而赌博罪并未要求赌资较大。聚众赌博、以赌博为业的,只要达到《最高人民检察院、公安部关于公安机关管辖的刑事案件立案追诉标准的规定(一)》第43条规定的立案追诉标准,即可构成赌博罪。赌博犯罪中用作赌注的款物、换取筹码的款物和通过赌博赢取的款物属于赌资。通过计算机网络实施赌博犯罪的,赌资数额可以按照在计算机网络上投注或者赢取的点数乘以每一点实际代表的金额认定。对聚众赌博,尚不够刑事处罚的,可以赌博或为赌博提供条件予以治安管理处罚。①

处罚标准

本行为设有"一般情形"与"情节严重"两个处罚档次。对于"情节严重"情形的认定,应当结合行为人的动机、手段、目的、行为的次数和造成的后果等综合考虑。

表173　赌博行为处罚标准

处罚档次	处罚标准	裁量基准
一般情形	处5日以下拘留或者1000元以下罚款	/
情节严重	处10日以上15日以下拘留,并处1000元以上5000元以下罚款	①在公共场所或公共交通工具上赌博的 ②利用互联网、移动终端设备等投注赌博的 ③国家工作人员参与赌博的 ④其他情节严重的情形

案例及解析

【基本案情】某日派出所接到报警称,某超市有人赌博。民警到达现场检查发现白某、徐某、王某、何某以打麻将的形式进行赌博。经查,白某为超市老板,麻将为白某个人私有,白某、徐某、王某、何某因在家无聊,以打麻将的形式赌博,以扑克牌当筹码计算输赢,每张扑克牌代表10元,四人的赌资分别为白某200元、徐某300元、王某400元、何某300元,现场输赢情况为白某输100元、徐某赢100元、王某赢270元、何某输270元。根据该地的规定,人均赌资在200元以上可以认定为参与赌博赌资较大的行为。

对各个行为人的违法行为如何认定?

【解析】本案查处的难点在于如何界定赌博治安案件中"赌资较大"标准。各地公安机关在界定赌博案件中的"赌资较大"标准时,通常会参考当地的实际情况和相关法律法规,在认

---

① 参见孙茂利主编:《违反公安行政管理行为名称释义与实务指南(2021年版)》,中国民主法制出版社2021年版,第259页。

定上存在差异。公安机关在界定"赌资较大"时,主要考虑个人赌资数额、输赢金额或累计输赢金额等因素。具体标准因地区而异,但通常个人赌资在200元以上、400元以上或500元以上,以及输赢金额在200元以上、500元以上或2000元以上的情况,会被认定为"赌资较大"。

本案中,白某既有提供私有麻将作为赌具和提供赌博场所的行为,又有参与赌博的行为,对白某的行为在实践中一般不会认定为两个行为,而是将提供赌具和场所的行为作为手段行为,对白某的行为只认定为赌博行为。对其他人认定为赌博行为。

关联法条

1.《刑法》(2023年修正)

第303条 【赌博罪】以营利为目的,聚众赌博或者以赌博为业的,处三年以下有期徒刑、拘役或者管制,并处罚金。

【开设赌场罪】开设赌场的,处五年以下有期徒刑、拘役或者管制,并处罚金;情节严重的,处五年以上十年以下有期徒刑,并处罚金。

【组织参与国(境)外赌博罪】组织中华人民共和国公民参与国(境)外赌博,数额巨大或者有其他严重情节的,依照前款的规定处罚。

2.《体育法》(2022年修订)

第112条第2款 利用体育赛事从事赌博活动的,由公安机关依法查处。

3.《旅馆业治安管理办法》(2022年修订)

第12条 旅馆内,严禁卖淫、嫖宿、赌博、吸毒、传播淫秽物品等违法犯罪活动。

第五十八节 《治安管理处罚法》第83条

180. 非法种植毒品原植物

现行规定

《治安管理处罚法》

第83条第1款第1项、第2款 有下列行为之一的,处十日以上十五日以下拘留,可以并处五千元以下罚款;情节较轻的,处五日以下拘留或者一千元以下罚款:

(一)非法种植罂粟不满五百株或者其他少量毒品原植物的;

有前款第一项行为,在成熟前自行铲除的,不予处罚。

立案与管辖

(一)立案标准

违法嫌疑人有非法种植毒品原植物,尚不够刑事处罚的行为即达到立案标准。本行为的立案标准是非法种植罂粟的数量不超过500株或者其他少量毒品原植物。需要注意的是,违法嫌疑人在毒品原植物成熟前自行铲除的,则不予处罚。

(二)管辖

非法种植毒品原植物案件一般由违法行为地的公安机关管辖。违法行为地包括违法行为发生地和违法结果发生地。非法种植毒品原植物行为发生地与结果发生地一般指的是毒品原植物的播种、移栽、灌溉或收获地。相关违禁的罂粟或其他毒品原植物可以当场收缴,但不适用当场处罚。

根据相关规定,涉毒案件一般由违法行为地公安机关管辖,违法行为人居住公安机关无权管辖。但是,违法嫌疑人居住地同时也是违法行为地的,居住地公安机关可基于违法行为地行使管辖权。

证据收集

(一)证据规格

非法种植毒品原植物行为的调查和证据收集重点在于证明存在非法种植毒品原植物的行为,种植的具体种类、数量、面积,以及毒品原植物是否成熟、种植人是否铲除。非法种植毒品原植物行为可能涉及《刑法》中的非法种植毒品原植物罪,在证据收集过程中应特别注意对种植的毒品原植物种类、数量的证据收集。

1. 违法嫌疑人陈述和申辩。

(1)违法嫌疑人的基本情况,包括姓名、性别、年龄、职业、住址、联系方式等;(2)非法种植毒品原植物的动机和目的,如牟利、自用等;(3)非法种植毒品原植物的时间、地点、种植面积、种植方式、毒品原植物种类、数量等;(4)非法种植毒品原植物所使用的工具、种子、肥料等物品及其来源、下落、是否成熟等;(5)结伙种植的,问明违法嫌疑人的数量、身份,结伙聚合的过程,以及各违法嫌疑人的地位、相互关系、相互印证情况。

2. 其他违法嫌疑人陈述及证人证言。

(1)相关人员(如土地所有者、周边群众等)陈述,问明非法种植毒品原植物的时间、地点、经过、种植面积、种植方式、毒品原植物种类、数量,以及对社会秩序和公共安全造成的影响等;(2)其他证人证言,如村干部、邻居等,问明非法种植毒品原植物的相关情况,以及对社会秩序和公共安全造成的影响等。

3. 物证、书证。

(1)非法种植的毒品原植物等物证;(2)与非法种植毒品原植物相关的书证,如土地承包合同、租赁协议,购买种子、肥料等物品的凭证等;(3)非法种植毒品原植物现场的照片、视频等。

4. 鉴定意见。

(1)对非法种植的毒品原植物进行鉴定,确定其种类、数量等;(2)对非法种植毒品原植物现场提取的痕迹物证进行鉴定,如指纹、DNA等。

5. 视听资料、电子数据。

(1)非法种植毒品原植物现场的音视频资料,如监控录像、执法记录仪拍摄的视频等;(2)与非法种植毒品原植物相关的电子数据,如聊天记录、转账记录等。

6. 勘验、检查笔录,现场笔录。

(1)对非法种植毒品原植物现场进行勘验、检查的笔录,包括现场图、现场照片、提取的痕迹物证等;(2)对违法嫌疑人住所、办公场所等进行搜查的笔录,扣押与案件相关的物品。

7. 辨认笔录。

(1)证人及相关当事人对违法嫌疑人的辨认;(2)违法嫌疑人之间的互相辨认,以及对作案工具、毒品原植物种类的辨认。

8. 其他证据材料。

(1)证明违法嫌疑人身份的材料和违法犯罪记录。如人口信息、户籍证明,以及身份证、工作证、专业或技术等级证复印件等;法院判决书、行政处罚决定书、释放证明书等有效法律文件。(2)违法嫌疑人(单位)的身份材料,包括企业法人的营业执照、法人工商注册登记证明、法人单位性质证明、单位代码等;法定代表人、直接负责的主管人员、其他直接责任人员在单位的任职、职责、权限等证明材料。(3)处警经过、报案材料等。

(二)注意事项

1. 注重对非法种植毒品原植物的认定。非法种植毒品原植物行为的认定关键在于是否存在毒品原植物,执法人员应严格按照相关法律法规对毒品原植物的性质、种类进行认定,必要时可以委托专业机构进行鉴定。

2. 注重对非法种植毒品原植物数量的认定。非法种植毒品原植物的数量是认定是否构成违法行为及其情节轻重的重要依据,执法人员应注重对非法种植毒品原植物数量的认定,依法进行处罚。

3. 注重及时收集、固定相关电子证据。非法种植毒品原植物行为可能涉及网络传播、电子支付等,相关电子证据容易灭失。执法人员应及时收集、固定电子证据,如聊天记录、转账记录等。

4. 注重对非法种植毒品原植物现场的勘查。非法种植毒品原植物现场是收集证据的重要场所,执法人员应注重对非法种植毒品原植物现场的勘查,提取相关痕迹物证。

行为认定

(一)对非法种植毒品原植物行为的认定

1. 本行为侵犯的客体是国家的社会管理,重点是对毒品原植物种植的管理制度。本行为的对象是毒品原植物。毒品原植物,是指含麻醉性生物碱较高,可以用于制造、提炼鸦片、海洛因、可卡因等毒品的植物。国际禁毒公约,如《联合国禁止非法贩运麻醉药品和精神药物公约》等,和各国国内法予以管制的主要是罂粟、大麻和古柯三种毒品原植物。只有能从中提炼出一定量毒品的,才称作毒品原植物。如果不能提炼出毒品,就算名称里有"罂粟""大麻"等字样,也不能认定为毒品原植物。作为毒品原植物的罂粟,是指催眠性罂粟科的植物。大麻,是指大麻属的任何一种植物。古柯,是指红木属的任何一种植物。①

2. 本行为在客观方面表现为非法种植罂粟不满500株或者其他少量毒品原植物,尚不够刑事处罚的行为。非法种植,是指违反国家有关毒品原植物管理的规定,私自种植罂粟等毒品原植物。种植,是指播种、育苗、移栽、插苗、施肥、灌溉、割取津液或者收取种子等行为。只要有证据证明行为人确实有种植的行为,即使没有成苗,从面积上估算达到法律所规定的数量的,也构成本行为。

3. 本行为的主体包括单位和个人。

4. 本行为在主观方面表现为故意。

(二)本行为与"非法种植毒品原植物罪"的区别

非法种植毒品原植物罪(《刑法》第351条),是指种植罂粟500株以上或者其他毒品原植物数量较大的,经公安机关处理后又种植的,抗拒铲除的行为。区分本行为与非法种植毒品原植物罪,主要在于非法种植毒品原植物的数量、是否有非法种植毒品原植物前科。《最高人民检察院、公安部关于公安机关管辖的刑事案件立案追诉标准的规定(三)》第7条第1款规

---

① 参见孙茂利主编:《违反公安行政管理行为名称释义与实务指南(2021年版)》,中国民主法制出版社2021年版,第259页。

定,非法种植罂粟、大麻等毒品原植物,涉嫌下列情形之一的,应予立案追诉:(1)非法种植罂粟500株以上的;(2)非法种植大麻5000株以上的;(3)非法种植其他毒品原植物数量较大的;(4)非法种植罂粟200平方米以上、大麻2000平方米以上或者其他毒品原植物面积较大,尚未出苗的;(5)经公安机关处理后又种植的;(6)抗拒铲除的。《最高人民法院关于审理毒品犯罪案件适用法律若干问题的解释》第9条第1款规定,非法种植毒品原植物,具有下列情形之一的,应当认定为《刑法》第351条第1款第1项规定的"数量较大":(1)非法种植大麻5000株以上不满3万株的;(2)非法种植罂粟200平方米以上不满1200平方米、大麻2000平方米以上不满12000平方米,尚未出苗的;(3)非法种植其他毒品原植物数量较大的。达到上述立案追诉标准即构成非法种植毒品原植物罪,反之则构成本行为。

(三)本行为与制造毒品罪的关联

制造毒品,无论数量多少,都构成制造毒品罪(《刑法》第347条),应当追究刑事责任,予以刑事处罚。非法种植毒品原植物后,利用自己种植的原植物制造毒品的,认定为制造毒品罪,不实行数罪并罚。

🛡 处罚标准

本行为设置"一般情形""情节较轻""不予处罚"三个层次的处罚。罚款的金额上限在2025年修订《治安管理处罚法》时有所增加,一般情形下的罚款金额上限从3000元增加到5000元,情节较轻的罚款金额上限从500元增加到1000元。此外,在成熟前自行铲除的,不予处罚。

表174 非法种植毒品原植物行为处罚标准

处罚档次	处罚标准	裁量基准
一般情形	处10以上15日以下拘留,可以并处5000元以下罚款	/
情节较轻	处5日以下拘留或者1000元以下罚款	①非法种植罂粟不满50株,大麻不满500株的
		②非法种植罂粟不满20平方米,大麻不满200平方米,尚未出苗的
		③其他情节较轻的情形
不予处罚	不予处罚	在成熟前自行铲除的

🛡 案例及解析

【基本案情】S县禁毒大队联合X派出所在S县某农场境内踏查时,发现一户人家田内种植了448株罂粟。X派出所民警通过当地居委会联系到户主祁某(女,49岁,S县人),经现场询问,祁某承认这是2019年种麦子季节时,她在自家田内撒的"大烟种"。民警拔除幼苗后,将祁某传唤至派出所进行询问,通过查询记录后发现祁某无种植前科。祁某称自己肠胃不好,听别人说吃点"大烟壳"能缓解胃痛,所以才种点罂粟来食用。禁毒大队接到派出所送来的幼苗后,第一时间将其送至J省研究所进行鉴定,经鉴定该448株确为罂粟幼苗。

对祁某的行为应该如何定性?

【解析】在本案中,涉及的要素事实即种植罂粟幼苗448株。根据法律规定,这一数量尚未达到刑事立案的标准,即少于500株。虽然种植者的动机是治疗胃痛而自用,但这并不改变其行为的违法性质,应当认定为非法种植毒品原植物行为。鉴于该种植者以往并无相关被处罚的记录,且目前这些罂粟幼苗已被拔除并销毁,潜在的社会危害已消除,在祁某无其他非法目的且对铲除幼苗无异议的情况下,综合考虑可对其处以行政拘留10日的处罚。

本类案件公安机关应注意以下几点:(1)秉持执法"零容忍"态度。非法种植毒品原植物治安案件的核心在于数量未达到刑事标准,但在执法中应坚持"露头就打"原则。即使种植1株也要依法查处,以遏制侥幸心理。(2)注重宣传与执法相融合。大多数种植此类植物的人,其主观意图存在认知盲区,即部分群众认为少量种植用于"治病"和"观赏"并不违法。对于轻微案件,民警在严格执法的同时要注重宣传教育的力度,在田间踏查、违法处置、入户宣传中提高群众法律意识,减少误种现象。

关联法条

1.《刑法》(2023年修正)

第351条 【非法种植毒品原植物罪】非法种植罂粟、大麻等毒品原植物的,一律强制铲除。有下列情形之一的,处五年以下有期徒刑、拘役或者管制,并处罚金:

(一)种植罂粟五百株以上不满三千株或者其他毒品原植物数量较大的;

(二)经公安机关处理后又种植的;

(三)抗拒铲除的。

非法种植罂粟三千株以上或者其他毒品原植物数量大的,处五年以上有期徒刑,并处罚金或者没收财产。

非法种植罂粟或者其他毒品原植物,在收获前自动铲除的,可以免除处罚。

2.《禁毒法》(2007年)

第59条第3项 有下列行为之一,构成犯罪的,依法追究刑事责任;尚不构成犯罪的,依法给予治安管理处罚:

(三)非法种植毒品原植物的;

181. 非法买卖、运输、携带、持有毒品原植物种苗

🛡 现行规定

《治安管理处罚法》

第83条第1款第2项 有下列行为之一的,处十日以上十五日以下拘留,可以并处五千元以下罚款;情节较轻的,处五日以下拘留或者一千元以下罚款:

(二)非法买卖、运输、携带、持有少量未经灭活的罂粟等毒品原植物种子或者幼苗的;

🛡 立案与管辖

(一)立案标准

违法嫌疑人有非法买卖、运输、携带、持有少量未经灭活的罂粟等毒品原植物种子或者幼苗,尚不够刑事处罚的行为即达到立案标准。

(二)管辖

非法买卖、运输、携带、持有毒品原植物种苗案件一般由违法行为地的公安机关管辖。违法行为地包括买卖地、运输地(包括起运地和目的地)、携带经过地、持有毒品原植物种苗地等。相关违禁的罂粟等毒品原植物种子或者幼苗可以当场收缴,但不适用当场处罚。

根据相关规定,涉毒案件一般由违法行为地公安机关管辖,违法行为人居住地公安机关无权管辖。但是,违法嫌疑人居住地同时也是违法行为地的,居住地公安机关可基于违法行为地行使管辖权。

🛡 证据收集

(一)证据规格

非法买卖、运输、携带、持有毒品原植物种苗行为的调查和证据收集重点在于证明存在非法买卖、运输、携带、持有毒品原植物种苗的行为,种苗的具体种类、数量,是否灭活。由于非法买卖、运输、携带、持有毒品原植物种苗行为可能涉及《刑法》第352条中的非法买卖、运输、携带、持有毒品原植物种子、幼苗罪,在证据收集过程中应特别注意对种苗的种类、数量及其来源、去向的证明,并区分不同行为人的法律责任。

1. 违法嫌疑人陈述和申辩。

(1)违法嫌疑人的基本情况,包括姓名、性别、年龄、职业、住址、联系方式等;(2)非法买卖、运输、携带、持有毒品原植物种苗的动机和目的,如牟利、自用等;(3)非法买卖、运输、携带、持有毒品原植物种苗的时间、地点、参与人员、具体经过、种苗种类及数量等;(4)非法买卖、运输、携带、持有毒品原植物种苗所使用的工具、包装物等物品及其来源、下落;(5)结伙作

案的,问明违法嫌疑人的数量、身份、当天穿着、预谋、结伙聚合的过程,以及各违法嫌疑人的地位相互关系、相互印证情况。

2. 其他违法嫌疑人陈述及证人证言。

(1)相关人员(如种苗出售者、购买者、运输者等)陈述,问明非法买卖、运输、携带、持有毒品原植物种苗的时间、地点、经过、参与人员、种苗种类及数量、对社会秩序和公共安全造成的影响等;(2)其他证人证言,如目击者、知情人等,问明非法买卖、运输、携带、持有毒品原植物种苗的相关情况,以及对社会秩序和公共安全造成的影响等。

3. 物证、书证。

(1)非法买卖、运输、携带、持有毒品原植物种苗等物证;(2)与非法买卖、运输、携带、持有毒品原植物种苗相关的书证,如交易凭证、运输单据、聊天记录、转账记录等;(3)非法买卖、运输、携带、持有毒品原植物种苗现场的照片、视频等。

4. 鉴定意见。

(1)对非法买卖、运输、携带、持有毒品原植物种苗进行鉴定,确定其种类、数量等;(2)对非法买卖、运输、携带、持有毒品原植物种苗现场提取的痕迹物证进行鉴定,如指纹、DNA等。

5. 视听资料、电子数据。

(1)非法买卖、运输、携带、持有毒品原植物种苗现场的音视频资料,如监控录像、执法记录仪拍摄的视频等;(2)与非法买卖、运输、携带、持有毒品原植物种苗相关的电子数据,如聊天记录、转账记录等。

6. 勘验、检查笔录,现场笔录。

(1)对非法买卖、运输、携带、持有毒品原植物种苗现场进行勘验、检查的笔录,包括现场照片、提取的痕迹物证等;(2)对违法嫌疑人住所、办公场所等进行搜查的笔录,扣押与案件相关的物品。

7. 辨认笔录。

(1)证人及相关当事人对违法嫌疑人的辨认;(2)违法嫌疑人之间的互相辨认,以及对作案工具、毒品原植物种苗及种类的辨认。

8. 其他证据材料。

(1)证明违法嫌疑人身份的材料和违法犯罪记录。如人口信息、户籍证明,以及身份证、工作证、专业或技术等级证复印件等;法院判决书、行政处罚决定书、释放证明书等有效法律文件。(2)抓获经过、处警经过等。

(二)注意事项

1. 注重对非法买卖、运输、携带、持有毒品原植物种苗的认定。非法买卖、运输、携带、持有毒品原植物种苗行为的认定关键在于,是否存在非法买卖、运输、携带、持有毒品原植物种苗。鉴定人根据检验结果,综合分析,得出明确的鉴定意见并出具鉴定书。

2. 注重对毒品原植物种苗数量的认定。毒品原植物种苗的数量是认定违法行为情节轻重的重要依据,在案件办理过程中,执法人员应注重对毒品原植物种苗数量的认定,依法进行处罚。

3. 注重及时收集、固定电子证据。非法买卖、运输、携带、持有毒品原植物种苗行为可能涉及网络传播、电子支付等,相关电子证据容易灭失。在案件办理过程中,执法人员应及时收集、固定相关电子证据,如聊天记录、转账记录等。

4. 注重对非法买卖、运输、携带、持有毒品原植物种苗现场的勘查。非法买卖、运输、携带、持有毒品原植物种苗现场是收集证据的重要场所,在案件办理过程中,执法人员应注重对非法买卖、运输、携带、持有毒品原植物种苗现场的勘查,提取相关痕迹物证。

行为认定

(一)对非法买卖、运输、携带、持有毒品原植物种苗行为的认定

1. 本行为侵犯的客体是国家对毒品原植物种子及其幼苗的管理制度。本行为的对象必须是未经灭活的毒品原植物种子或者幼苗。未经灭活,是指没有经过烘烤、放射线照射、高温蒸煮等方法,使毒品原植物种子或者幼苗不能再生长或者发芽的行为。为了防止罂粟种子非法流出,根据有关规定,承担药用罂粟种植任务的国有农场,对罂粟壳内残留的种子一律进行钴60放射灭活处理。

2. 本行为在客观方面表现为非法买卖、运输、携带、持有少量未经灭活的罂粟等毒品原植物种子或者幼苗,尚不够刑事处罚的行为。买卖,包括购买或者销售,可以是自产自销,也可以是购买他人的毒品原植物种子、幼苗后销售。运输,是指用交通工具将毒品原植物种子、幼苗从一地运往另一地的行为,可以是境内运输,也可以是由境外向境内运输或者由境内向境外运输。携带,是指随身携带毒品原植物种子、幼苗,或者将毒品原植物种子、幼苗放在随行行李物品内的行为。持有,是指对于毒品原植物种子、幼苗的实际控制和支配,既包括行为人随身携带,也包括存放在特定的地点。只要行为人可以实际控制和支配,就应当认定为持有。

3. 本行为的主体包括单位和个人。

4. 本行为在主观方面表现为故意。[①]

(二)本行为与"非法买卖、运输、携带、持有毒品原植物种子、幼苗罪"的区别

非法买卖、运输、携带、持有毒品原植物种子、幼苗罪,是指非法买卖、运输、携带、持有未经灭活的罂粟等毒品原植物种子或者幼苗,数量较大进而构成刑事犯罪的行为。其与本行为的区别主要在于数量要求不同。非法买卖、运输、携带、持有少量毒品原植物种苗构成本行为,应受到治安管理处罚。根据《最高人民法院关于审理毒品犯罪案件适用法律若干问题的解释》第10条的规定,非法买卖、运输、携带、持有未经灭活的毒品原植物种子或者幼苗,具有

---

① 参见孙茂利主编:《违反公安行政管理行为名称释义与实务指南(2021年版)》,中国民主法制出版社2021年版,第261页。

下列情形之一的,应当认定为《刑法》第 352 条规定的"数量较大":(1)罂粟种子 50 克以上、罂粟幼苗 5000 株以上的;(2)大麻种子 50 千克以上、大麻幼苗 5 万株以上的;(3)其他毒品原植物种子或者幼苗数量较大的。

🛡 处罚标准

本行为设置"一般情形"和"情节较轻"两个层次的处罚。其中,罚款的金额上限在 2025 年修订《治安管理处罚法》时有所增加,一般情形下罚款金额从 3000 元以下增加到 5000 元以下,情节较轻情况下的罚款金额从 500 元以下增加到 1000 元以下。

表 175 非法买卖、运输、携带、持有毒品原植物种苗行为处罚标准

处罚档次	处罚标准	裁量基准
一般情形	处 10 以上 15 日以下拘留,可以并处 5000 元以下罚款	/
情节较轻	处 5 日以下拘留或者 1000 元以下罚款	①非法买卖、运输、携带、持有未经灭活的罂粟种子不满 5 克、罂粟幼苗不满 500 株的 ②非法买卖、运输、携带、持有未经灭活的大麻幼苗不满 5000 株、大麻种子不满 5000 克的 ③其他情节较轻的情形

🛡 案例及解析

【基本案情】在某电商平台的搜索结果页深处,一家挂着"园艺种子专营店"招牌的店铺悄然更新了商品列表。业余园艺爱好者王某刷到该电商平台的推荐页面时,手指在一款标注为"稀有观赏植物种子"的商品详情页上停了下来。省公安厅网安支队的智能监测系统突然发出红色预警。在对某电商平台"稀有花卉种子"类目进行大数据筛查时,一组频繁交易记录引起侦查员的高度警觉——标注为"稀有观赏植物种子"的商品详情页,竟出现多组用暗语沟通的交易对话。通过 IP 地址溯源、电子支付链路追踪和物流信息交叉比对,警方仅用 48 小时便锁定了位于西南某县城的卖家李某和北方某市的买家王某。经现场勘查,这批伪装成草籽的罂粟种子净重 40 克。

对王某和李某的行为应该如何定性?

【解析】根据《禁毒法》,罂粟是制取毒品的主要原植物,我国法律明确禁止任何单位和个人非法种植、买卖罂粟种子。虽然查获的罂粟种子为 40 克,未达到刑事立案标准中罂粟 50 克以上的规定,但买卖双方的行为已违反了《治安管理处罚法》。公安机关依据该法相关条款,对卖家李某和买家王某分别处以行政拘留的处罚,并依法没收了查获的罂粟种子。

本案中,网络卖家隐瞒种苗属性,构成非法买卖未经灭活的毒品原植物种子,进而导致了网络违法交易的产生。网络化违法行为隐蔽性强,证据容易灭失,且线上买家容易以"误购"

"不知情"等理由来抗辩。公安机关在侦办此类线上案件时要加强跨部门协作,提升对网络交易和物流渠道的监管力度。同时,通过普法宣传消除"药用""观赏"等错误认知,从源头上遏制毒品原植物的流通。

关联法条

1.《刑法》(2023 年修正)

第 352 条 【非法买卖、运输、携带、持有毒品原植物种子、幼苗罪】非法买卖、运输、携带、持有未经灭活的罂粟等毒品原植物种子或者幼苗,数量较大的,处三年以下有期徒刑、拘役或者管制,并处或者单处罚金。

2.《禁毒法》(2007 年)

第 59 条第 4 项 有下列行为之一,构成犯罪的,依法追究刑事责任;尚不构成犯罪的,依法给予治安管理处罚:

(四)非法买卖、运输、携带、持有未经灭活的毒品原植物种子或者幼苗的;

182. 非法运输、买卖、储存、使用罂粟壳

现行规定

《治安管理处罚法》

第 83 条第 1 款第 3 项 有下列行为之一的,处十日以上十五日以下拘留,可以并处五千元以下罚款;情节较轻的,处五日以下拘留或者一千元以下罚款:

(三)非法运输、买卖、储存、使用少量罂粟壳的。

立案与管辖

(一)立案标准

违法嫌疑人有非法运输、买卖、储存、使用少量罂粟壳,尚不够刑事处罚的行为即达到立案标准。

(二)管辖

非法运输、买卖、储存、使用罂粟壳案件,一般由违法行为地的公安机关管辖。违法行为地包括运输地、买卖地、储存地、使用地。非法运输、买卖、储存、使用罂粟壳行为不适宜由违法嫌疑人居住地公安机关管辖。相关违法罂粟壳可以当场收缴,但不适用当场处罚。

根据相关规定,涉毒案件一般由违法行为地公安机关管辖,违法嫌疑人居住地公安机关无权管辖。但是,违法嫌疑人居住地同时也是违法行为地的,居住地公安机关可基于违法行为地行使管辖权。

证据收集

(一)证据规格

非法运输、买卖、储存、使用罂粟壳行为的调查和证据收集重点在于,证明存在非法运输、买卖、储存、使用罂粟壳的行为,以及罂粟壳的具体数量。由于非法运输、买卖、储存、使用罂粟壳行为可能涉及《刑法》中的非法运输、买卖、储存、使用毒品原植物罪,在证据收集过程中应特别注意对罂粟壳的数量、用途以及社会危害性的证明。

1.违法嫌疑人陈述和申辩。

(1)违法嫌疑人的基本情况,包括姓名、性别、年龄、职业、住址、联系方式等;(2)非法运输、买卖、储存、使用罂粟壳的动机和目的,如牟利、自用等;(3)非法运输、买卖、储存、使用罂粟壳的时间、地点、参与人员、具体经过、罂粟壳数量等;(4)非法运输、买卖、储存、使用罂粟壳所使用的工具、包装物等物品及其来源、下落;(5)结伙作案的,问明违法嫌疑人的数量、身份、当天穿着,预谋、结伙聚合的过程,以及各违法嫌疑人的地位、相互关系、相互印证情况。

2.其他违法嫌疑人陈述及证人证言。

(1)相关人员(如罂粟壳出售者、购买者、运输者等)陈述,问明非法运输、买卖、储存、使用罂粟壳的时间、地点、经过、参与人员、罂粟壳数量、对社会秩序和公共安全造成的影响等;(2)其他证人证言,如目击者、知情人等,问明非法运输、买卖、储存、使用罂粟壳的相关情况,以及对社会秩序和公共安全造成的影响等。

3.物证、书证。

(1)非法运输、买卖、储存、使用的罂粟壳等物证;(2)与非法运输、买卖、储存、使用罂粟壳相关的书证,如交易凭证、运输单据、聊天记录、转账记录等;(3)非法运输、买卖、储存、使用罂粟壳现场的照片、视频等。

4.鉴定意见。

(1)对非法运输、买卖、储存、使用的罂粟壳进行鉴定,确定其成分、数量等;(2)对非法运输、买卖、储存、使用罂粟壳现场提取的痕迹物证进行鉴定,如指纹、DNA等。

5.视听资料、电子数据。

(1)非法运输、买卖、储存、使用罂粟壳现场的音视频资料,如监控录像、执法记录仪拍摄的视频等;(2)与非法运输、买卖、储存、使用罂粟壳相关的电子数据,如聊天记录、转账记录等。

6.勘验、检查笔录,现场笔录。

(1)对非法运输、买卖、储存、使用罂粟壳现场进行勘验、检查的笔录,包括现场图、现场照片、提取的痕迹物证等;(2)对违法嫌疑人住所、办公场所等进行搜查的笔录,扣押与案件相关的物品。

7.辨认笔录。

(1)证人及相关当事人对违法嫌疑人的辨认;(2)违法嫌疑人之间的互相辨认,以及对作案工具、罂粟壳的辨认。

8. 其他证据材料。

(1)证明违法嫌疑人身份的材料和违法犯罪记录。如人口信息、户籍证明,以及身份证、工作证、专业或技术等级证复印件等;法院判决书、行政处罚决定书、释放证明书等有效法律文件。(2)抓获经过、处警经过等。

(二)注意事项

1. 强化对非法运输、买卖、储存、使用罂粟壳行为的精准认定。罂粟壳作为特殊管制物品,其非法流通行为具有隐蔽性强、易与普通食材混淆的特性。认定时需紧扣"非法性"核心,严格依据法律法规区分合法药用与非法滥用的界限。鉴于罂粟壳外观形态可能因加工而改变,必要时必须委托专业鉴定机构通过成分检测等技术手段,精准确认涉案物品属性,确保行为定性无偏差。

2. 突出对电子证据的即时性与关联性固定。此类行为常借助网络交易平台、社交软件完成沟通与支付,电子证据呈现碎片化、易篡改、时效性强的特点。执法过程中需第一时间锁定聊天记录、交易快照、转账流水等关键数据,通过区块链存证、电子数据鉴定等专业方式,完整还原交易链条,避免因证据灭失导致案件事实不清。

3. 细化对罂粟壳数量的阶梯式认定标准。罂粟壳的数量直接关联行为危害性层级,其计量需兼顾"物理重量"与"折算效力"的特殊性。认定时应严格按照相关司法解释及量化标准,结合其加工形态(如整壳、粉末、浸膏等)进行科学折算,精准划分"少量""较大""巨大"等情节档次,为差异化处罚提供精准依据。

行为认定

(一)对非法运输、买卖、储存、使用罂粟壳行为的认定

主要从以下四个方面进行认定:

1. 本行为侵犯的客体是国家对麻醉药品的管理制度。本行为的对象是罂粟壳。

2. 本行为在客观方面表现为非法运输、买卖、储存、使用少量罂粟壳,尚不够刑事处罚的行为。储存,是指将罂粟壳存放在一定的场所。使用,是指将罂粟壳添加在食品里或者用作其他用途。

3. 本行为的主体包括单位和个人。

4. 本行为在主观方面表现为故意。如果行为人不是以营利为目的,而是自用,虽然也构成违反治安管理行为,但在适用法律时,可以从轻或者不予处罚。[①]

(二)本行为与"非法持有毒品罪""贩卖、运输毒品罪"等的界限

根据《最高人民法院关于审理毒品犯罪案件适用法律若干问题的解释》的规定,贩卖、运

[①] 参见孙茂利主编:《违反公安行政管理行为名称释义与实务指南(2021年版)》,中国民主法制出版社2021年版,第263页。

输罂粟壳达到 40 千克以上的,应予刑事处罚。贩卖、运输罂粟壳低于 40 千克的,构成本行为。对非法储存、使用罂粟壳 40 千克以上的,可以非法持有毒品罪依法追究刑事责任。其中,贩卖、运输毒品罪是选择性罪名,对同一宗毒品实施了两种以上犯罪行为,并有相应确凿证据的,应当按照所实施的犯罪行为的性质并列适用罪名,毒品数量不重复计算。对同一宗毒品可能实施了两种以上犯罪行为,但相应证据只能认定其中一种或者几种行为,认定其他行为的证据不够确实、充分的,只按照依法能够认定的行为的性质适用罪名。对不同宗毒品分别实施了不同种犯罪行为的,应对不同行为并列适用罪名,累计计算毒品数量。

处罚标准

本行为设置"一般情形"和"情节较轻"两个层次的处罚。其中,罚款的金额上限在 2025 年修订《治安管理处罚法》时有所增加,一般情形下罚款金额从 3000 元以下增加到 5000 元以下,情节较轻情况下的罚款金额从 500 元以下增加到 1000 元以下。

表 176　非法运输、买卖、储存、使用罂粟壳行为处罚标准

处罚档次	处罚标准	裁量基准
一般情形	处 10 以上 15 日以下拘留,可以并处 5000 元以下罚款	/
情节较轻	处 5 日以下拘留或者 1000 元以下罚款	①非法运输、买卖、储存、使用罂粟壳不满 5000 克的 ②社会危害性不大的 ③其他情节较轻的情形

案例及解析

【基本案情】兰某是一位美食爱好者,喜欢亲手下厨,遂每天去菜市场买菜。某天在批发市场买菜时,偶然听到两个摊主闲聊,说有人在汤里加"特殊料",能提鲜,让食物变得更加美味。兰某凑过去打听,才知道所谓的"特殊料"竟然是罂粟壳。没过几天,兰某通过一个不认识的小贩,偷偷摸摸地以高价买了一些罂粟壳。回到家里,兰某把罂粟壳清洗干净,掰成小块,经常用罂粟壳、香料一起放进大锅里熬汤。一天,当地公安机关接到群众匿名举报,称小区某住户家做饭的气味不正常。民警出警后,对兰某进行询问,了解到其在饭菜中加入了罂粟壳,经查,兰某共购买了 3000 克罂粟壳。

对兰某的行为应如何认定?

【解析】本案中,兰某购买 3000 克罂粟壳用于烹饪提鲜。他明知这是违禁品,但为追求美食效果仍故意使用,属于《治安管理处罚法》第 83 条第 1 款第 3 项非法运输、买卖、储存、使用少量罂粟壳情形,因不满 5000 克,属情节较轻,可对兰某处以 5 日以下行政拘留或 1000 元以下罚款。

> 关联法条

《刑法》(2023年修正)

第352条 【非法买卖、运输、携带、持有毒品原植物种子、幼苗罪】非法买卖、运输、携带、持有未经灭活的罂粟等毒品原植物种子或者幼苗,数量较大的,处三年以下有期徒刑、拘役或者管制,并处或者单处罚金。

第五十九节 《治安管理处罚法》第 84 条

183. 非法持有毒品

现行规定

《治安管理处罚法》

第 84 条第 1 款第 1 项 有下列行为之一的,处十日以上十五日以下拘留,可以并处三千元以下罚款;情节较轻的,处五日以下拘留或者一千元以下罚款:

(一)非法持有鸦片不满二百克、海洛因或者甲基苯丙胺不满十克或者其他少量毒品的;

立案与管辖

(一)立案标准

违法嫌疑人非法持有鸦片不满 200 克、海洛因或者甲基苯丙胺(即冰毒)不满 10 克或者其他少量毒品,尚不够刑事处罚的行为即达到立案标准。

(二)管辖

非法持有毒品案件一般由违法行为地的公安机关管辖。违法行为地包括违法行为发生地和违法结果发生地。违法行为发生地,即实际支配或控制毒品的所在地;若持有行为有连续、持续状态,其连续、持续实施的地方也属于违法行为发生地。违法结果发生地,即与非法持有毒品产生直接关联的地点,如毒品实际藏匿地(与持有状态直接相关的藏匿)、使用地(若在该地使用且与持有行为衔接)等。

根据相关规定,涉毒案件一般由违法行为地公安机关管辖,违法行为人居住地公安机关无权管辖。但是,违法嫌疑人居住地同时也是违法行为地的,则居住地公安机关可基于违法行为地行使管辖权。

证据收集

(一)证据规格

非法持有毒品行为的调查和证据收集重点在于证明存在非法持有毒品的行为、毒品的具体种类和数量。由于非法持有毒品行为可能涉及《刑法》中的非法持有毒品罪,在证据收集过程中应特别注意对毒品的种类、数量及其来源、用途的证明,并区分持有者的主观故意及其对社会公共安全造成的实际危害后果。

1. 违法嫌疑人陈述和申辩。

(1)违法嫌疑人的基本情况,包括姓名、性别、年龄、职业、住址、联系方式等;(2)持有毒品的次数、时间、地点,持有毒品的种类、数量(剂量)、方法、器具等;(3)主观过错,即是否明知是毒品而持有、吸食或注射;(4)毒资来源,是否有其他违法犯罪行为;(5)吸毒史,有无成瘾;(6)结伙作案的,问明违法嫌疑人的数量、身份、当天穿着、预谋、结伙聚合的过程、相互关系、地位,以及各违法嫌疑人相互关系、相互印证情况。

2. 其他违法嫌疑人陈述及证人证言。

(1)相关人员(如毒品提供者、共同持有者等)陈述,问明非法持有毒品的时间、地点、经过、毒品来源、毒品种类、数量、成瘾的表现,对社会秩序和公共安全造成的影响等;(2)其他证人证言,例如目击者、知情人等,问明非法持有毒品的相关情况,以及对社会秩序和公共安全造成的影响等。

3. 物证、书证。

(1)扣押的毒品、清单、照片;(2)吸食、注射、装储毒品的工具等;(3)与非法持有毒品相关的书证,例如交易凭证、聊天记录、转账记录等;(4)非法持有毒品现场的照片、视频等。

4. 鉴定意见。

(1)对非法持有的毒品进行鉴定,确定其种类、数量等;(2)对非法持有毒品现场提取的痕迹物证进行鉴定,例如指纹、DNA 等;(3)尿样检测结果;(4)血液检测结果。

5. 视听资料、电子数据。

(1)非法持有毒品现场的音视频资料,例如监控录像、执法记录仪拍摄的视频等;(2)与非法持有毒品相关的电子数据,例如聊天记录、转账记录等。

6. 勘验、检查笔录,现场笔录。

(1)对非法持有毒品现场进行勘验、检查的笔录,包括现场图、现场照片、提取的痕迹物证等;(2)对违法嫌疑人住所、办公场所等进行搜查的笔录,扣押与案件相关的物品。

7. 辨认笔录。

(1)证人及相关当事人对违法嫌疑人的辨认;(2)违法嫌疑人之间互相辨认以及对作案工具、毒品的辨认。

8. 他证据材料。

(1)证明违法嫌疑人身份的材料和违法犯罪记录,例如人口信息、户籍证明、身份证、工作证、专业或技术等级证书复印件等;法院判决书、行政处罚决定书、释放证明书等有效法律文件。(2)抓获经过、处警经过等。

(二)注意事项

1. 注重对毒品种类和数量的认定。毒品的种类和数量是影响违法行为认定和情节轻重的重要依据。在案件办理过程中,执法人员应注重对毒品种类和数量的认定,必要时可委托专业机构进行鉴定并出具鉴定意见。

2. 注重对非法持有毒品现场的勘查。非法持有毒品现场是收集证据的重要场所。在案件办理过程中,执法人员应注重对非法持有毒品现场的勘查,提取相关痕迹物证。

🛡 行为认定

(一)对非法持有毒品行为的认定

主要从以下四个方面进行认定。

1. 行为侵犯的客体是国家对毒品的管理制度。本行为的对象是毒品。麻醉药品,一般是指连续使用后易产生依赖性、形成瘾癖的药品;精神药品,一般是指直接作用于中枢神经系统,使其兴奋或者抑制,连续使用可能产生依赖性的药品。

根据《麻醉药品和精神药品管理条例》第3条第1、2款的规定,麻醉药品和精神药品,是指列入麻醉药品目录、精神药品目录的药品和其他物质。麻醉药品和精神药品按照药用类和非药用类分类列管。药用类麻醉药品和精神药品目录由国务院药品监督管理部门会同国务院公安部门、国务院卫生主管部门制定、调整并公布。其中,药用类精神药品分为第一类精神药品和第二类精神药品。非药用类麻醉药品和精神药品目录由国务院公安部门会同国务院药品监督管理部门、国务院卫生主管部门制定、调整并公布。非药用类麻醉药品和精神药品发现药用用途的,调整列入药用类麻醉药品和精神药品目录,不再列入非药用类麻醉药品和精神药品目录。

2. 行为的客观方面表现为非法持有鸦片不满200克、海洛因或者甲基苯丙胺(冰毒)不满10克或者其他少量毒品,尚不够刑事处罚的行为。非法,是指行为人违反国家法律和国家主管部门的规定,如违反《禁毒法》等关于个人禁止持有毒品的规定。持有,是指占有、携带、藏有或者以其他方式持有毒品的行为。行为人持有毒品,可以是将毒品带在自己身上,也可以是将毒品藏在某处,还可以是将毒品委托他人代为保管。行为人非法持有的毒品必须是少量的,否则构成非法持有毒品罪。

3. 行为的实施主体既可以是个人,也可以是单位。单位违反本行为规定的,根据《治安管理处罚法》第18条的规定,对其直接负责的主管人员和其他直接责任人员依照本法的规定处罚。

4. 行为在主观方面表现为故意,即行为人明知是毒品而故意持有。这里的明知指的是行为人知道或者应当知道。如果行为人持有毒品是为了实施其他毒品违法行为,则按照其他毒品违法行为或毒品犯罪来处理。

(二)非法持有的认定

提供毒品或吸毒的人,都会非法持有毒品。如果是有提供毒品或者吸毒等违法行为,只能认定为提供毒品行为或者吸毒行为,不能数行为并罚。吸毒者在购买、运输、存储毒品过程中被查获的,如没有证据证明其是为了实施贩卖等其他毒品犯罪行为,毒品数量未超过《刑法》第348条规定的最低数量标准的,可以认定为非法持有毒品行为。

(三)与"非法持有毒品罪"的区分

两者的区别主要在于非法持有毒品数量的大小不同。根据《刑法》第348条的规定,非法持有鸦片 200 克以上、海洛因或者甲基苯丙胺 10 克以上或者其他毒品数量大的,构成非法持有毒品罪。

根据《最高人民检察院、公安部关于公安机关管辖的刑事案件立案追诉标准的规定(三)》第 2 条规定,明知是毒品而非法持有,涉嫌下列情形之一的,应予立案追诉:①鸦片 200 克以上,海洛因、可卡因或者甲基苯丙胺 10 克以上;②二亚甲基双氧安非他明(MDMA)等苯丙胺类毒品(甲基苯丙胺除外)、吗啡 20 克以上;③度冷丁(杜冷丁)50 克以上(针剂 100mg/支规格的 500 支以上,50mg/支规格的 1000 支以上;片剂 25mg/片规格的 2000 片以上,50mg/片规格的 1000 片以上);④盐酸二氢埃托啡 2 毫克以上(针剂或者片剂 20mg/支、片规格的 100 支、片以上);⑤氯胺酮、美沙酮 200 克以上;⑥三唑仑、安眠酮 10 千克以上;⑦咖啡因 50 千克以上;⑧氯氮䓬、艾司唑仑、地西泮、溴西泮 100 千克以上;⑨大麻油 1000 克以上,大麻脂 2000 克以上,大麻叶及大麻烟 30 千克以上;⑩罂粟壳 50 千克以上;⑪上述毒品以外的其他毒品数量较大的。非法持有两种以上毒品,每种毒品均没有达到本条上述规定的数量标准,但按上述规定的立案追诉数量比例折算成海洛因后累计相加达到 10 克以上的,应予立案追诉。

此外,根据《最高人民法院关于审理毒品犯罪案件适用法律若干问题的解释》第 1 条,非法持有下列毒品,应当认定为《刑法》第 348 条规定的"其他毒品数量大":①可卡因 50 克以上;②3,4-亚甲二氧基甲基苯丙胺(MDMA)等苯丙胺类毒品(甲基苯丙胺除外)、吗啡 100 克以上;③芬太尼 125 克以上;④甲卡西酮 200 克以上;⑤二氢埃托啡 10 毫克以上;⑥哌替啶(度冷丁)250 克以上;⑦氯胺酮 500 克以上;⑧美沙酮 1000 克以上;⑨曲马多、γ-羟丁酸 2000 克以上;⑩大麻油 5000 克、大麻脂 10 千克、大麻叶及大麻烟 150 千克以上;⑪可待因、丁丙诺啡 5000 克以上;⑫三唑仑、安眠酮 50 千克以上;⑬阿普唑仑、恰特草 100 千克以上;⑭咖啡因、罂粟壳 200 千克以上;⑮巴比妥、苯巴比妥、安钠咖、尼美西泮 250 千克以上;⑯氯氮䓬、艾司唑仑、地西泮、溴西泮 500 千克以上;⑰上述毒品以外的其他毒品数量大的。国家定点生产企业按照标准规格生产的麻醉药品或者精神药品被用于毒品犯罪的,根据药品中毒品成分的含量认定涉案毒品数量。

处罚标准

本行为设置"一般情形"和"情节较轻"两个层次的处罚,其中"一般情形"下的处罚为拘留且可以并处罚款,"情节较轻"则为拘留或罚款。其中,罚款的金额上限在 2025 年修订《治安管理处罚法》时有所增加,"一般情形"下的罚款金额从 2000 元以下修改为 3000 元以下,"情节较轻"下的罚款金额从 500 元以下修改为 1000 元以下。

对于"情节较轻"情形的认定,应当结合行为人的动机、手段、目的、行为的次数和造成的后果等综合考虑。[①]

---

① 参见柯良栋主编:《治安管理处罚法释义与实务指南(2014 年版)》,中国人民公安大学出版社 2014 年版,第 258 页。

表177　非法持有毒品行为处罚标准

处罚档次	处罚标准	裁量基准
一般情形	处10日以上15日以下拘留，可以并处3000元以下罚款	/
情节较轻	处5日以下拘留或者1000元以下罚款	①非法持有鸦片不满20克的
		②非法持有海洛因、甲基苯丙胺不满1克或者其他数量未达到刑事立案追溯标准10%的
		③其他情节较轻的情形

案例及解析

【基本案情】W派出所民警接到群众举报，对辖区居民杨某所居住的平房进行了检查。检查中从屋内抽屉里发现疑似安钠咖的物品，遂将其传唤至执法办案管理中心。经对杨某进行现场尿液检测，结果为咖啡因阴性，对该疑似安钠咖物品进行鉴定，重80克，检测出咖啡因和苯甲酸成分，确定为安钠咖。杨某也对自己非法持有毒品的违法事实供认不讳。

对杨某的行为应该如何定性？

【解析】本案中，警方从杨某居住地发现少量安钠咖，经组织鉴定检测出咖啡因和苯甲酸成分，杨某的毒品检测结果为阴性，说明其并未使用安钠咖，故应对杨某非法持有的行为予以处罚。上述毒品数量尚未达到《最高人民检察院、公安部关于公安机关管辖的刑事案件立案追诉标准的规定（三）》规定的刑事立案标准，故可依据《治安管理处罚法》对杨某非法持有毒品的行为予以治安管理处罚。

关联法条

1.《刑法》(2023年修正)

第348条　【非法持有毒品罪】非法持有鸦片一千克以上、海洛因或者甲基苯丙胺五十克以上或者其他毒品数量大的，处七年以上有期徒刑或者无期徒刑，并处罚金；非法持有鸦片二百克以上不满一千克、海洛因或者甲基苯丙胺十克以上不满五十克或者其他毒品数量较大的，处三年以下有期徒刑、拘役或者管制，并处罚金；情节严重的，处三年以上七年以下有期徒刑，并处罚金。

第357条第2款　毒品的数量以查证属实的走私、贩卖、运输、制造、非法持有毒品的数量计算，不以纯度折算。

2.《禁毒法》(2007年)

第2条第1款　本法所称毒品，是指鸦片、海洛因、甲基苯丙胺（冰毒）、吗啡、大麻、可卡因，以及国家规定管制的其他能够使人形成瘾癖的麻醉药品和精神药品。

184. 提供毒品

现行规定

《治安管理处罚法》

第 84 条第 1 款第 2 项 有下列行为之一的,处十日以上十五日以下拘留,可以并处三千元以下罚款;情节较轻的,处五日以下拘留或者一千元以下罚款:

(二)向他人提供毒品的;

立案与管辖

(一)立案标准

违法嫌疑人有以赠送、免费供给等无偿方式非法供应毒品给吸毒人员或非吸毒人员的行为,尚不够刑事处罚的,即达到立案标准。

(二)管辖

提供毒品的案件一般由违法行为地的公安机关管辖。违法行为地包括违法行为发生地和违法结果发生地。违法行为发生地,指提供毒品行为的实施地;若行为呈连续、持续状态,其连续、持续实施的地方也属于违法行为发生地。违法结果发生地,指与提供行为产生直接关联的地点,如毒品交付后的实际藏匿地、使用地。

根据相关规定,涉毒案件一般由违法行为地公安机关管辖,违法行为人居住地公安机关无权管辖。但是,违法嫌疑人居住地同时也是违法行为地的,则居住地公安机关可基于违法行为地行使管辖权。

证据收集

(一)证据规格

提供毒品行为证据收集重点在于证实行为人存在无偿提供毒品的客观行为及具体表现。在完整的事实认定与损害结果评估过程中,应收集以下证据。

1. 违法嫌疑人陈述和申辩。

(1)违法嫌疑人的基本情况;(2)违法行为的动机和目的,是否明知是毒品而向他人无偿提供;(3)提供毒品的时间、地点、数量、种类、对象,是否为无偿提供,是否无偿提供后引诱他人吸毒等。

2. 被侵害人陈述和其他证人证言。

(1)被侵害人陈述,详细说明接受毒品经过,提供毒品违法行为人特征,毒品数量、种类、包装以及是否无偿接受毒品,违法行为人是否有引诱吸毒行为。(2)其他证人证言,问明违法行为人提供毒品的时间、地点、对象、是否获得报酬、是否有引诱吸毒行为等。

3. 物证、书证。

毒品、毒品包装物、交易工具、吸毒工具以及毒品交易短信记录、聊天记录、转账凭证等。

4. 鉴定意见。

毒品种类鉴定、违法嫌疑人精神病鉴定等、尿检或者血液检测结论。

5. 视听资料、电子数据。

（1）提供毒品行为现场监控录像、音视频资料；（2）手机聊天记录、转账记录、社交媒体信息等；（3）现场执法视频。

6. 勘验、检查笔录，现场笔录。

现场环境、毒品种类、毒品数量以及查获时间、地点、数量等。

7. 辨认笔录。

证人及相关当事人对违法嫌疑人的辨认；嫌疑人之间互相辨认；证人及相关当事人、违法嫌疑人对涉案毒品的辨认。

8. 其他证据材料。

（1）证明违法嫌疑人身份的材料和违法犯罪记录，如人口信息、户籍证明、身份证、工作证、专业或技术等级证书复印件等；法院判决书、行政处罚决定书、释放证明书等有效法律文件。（2）抓获经过、处警经过等。

（二）注意事项

1. 注重及时收集、固定电子证据。提供毒品行为可能涉及网络传播、电子支付等，相关电子证据容易灭失。在案件办理过程中，执法人员应及时收集、固定相关电子证据，例如聊天记录、转账记录等。

2. 注重对毒品种类和数量的认定。毒品的种类和数量是影响违法行为认定和情节轻重的重要依据。在案件办理过程中，执法人员应注重对毒品种类和数量的认定，必要时可委托专业机构进行鉴定并出具鉴定意见。

3. 注重对现场的勘查。提供毒品现场是收集证据的重要场所。在案件办理过程中，执法人员应注重对非法持有毒品现场的勘查，提取相关痕迹物证。

行为认定

（一）对提供毒品行为的认定

1. 行为侵犯的客体是国家对毒品的管理制度和他人的身心健康。本行为的对象是毒品。

2. 行为的客观方面表现为提供毒品，尚不够刑事处罚的行为。提供毒品，是指违反国家规定，明知是毒品而向他人提供的行为。提供是指无偿提供，即以免费赠送、供给等方式向他人提供。提供的对象只能是走私、贩卖毒品的犯罪分子以外的人，包括吸毒人员和非吸毒人员。如果行为人将毒品提供给走私、贩卖毒品的犯罪分子，应当以走私毒品罪或者贩卖毒品罪的共犯论处。注意,如果行为人以提供毒品的方式引诱他人吸毒,则构成引诱吸毒行为。[①]

3. 行为的实施主体既可以是个人,也可以是单位。单位违反本行为规定的,根据《治安管理处罚法》第 18 条的规定,对其直接负责的主管人员和其他直接责任人员依照本法的规定处罚。

4. 行为的主观方面是故意。即行为人明知是毒品而非法提供。

(二) 与"贩卖毒品罪"的区分

提供毒品行为与贩卖毒品罪(《刑法》第 347 条)的主要区别在于行为人提供毒品是有偿提供还是无偿提供。如果行为人无偿提供毒品,如以赠送、免费供给等方式提供毒品,构成提供毒品行为;如果行为人有偿提供毒品,无论是附条件的等价交换行为(如换取劳务等)还是出售行为,则不论数量多少,均应以贩卖毒品罪论处。

(三) 与"非法提供麻醉药品、精神药品罪"的区分

非法提供麻醉药品、精神药品罪(《刑法》第 355 条)是指依法从事生产、运输、管理、使用国家管制的麻醉药品、精神药品的人员,违反国家规定,向吸食、注射毒品的人提供国家规定管制的能够使人形成瘾癖的麻醉药品、精神药品。提供毒品行为与非法提供麻醉药品、精神药品罪的主要区别在于以下几个方面。

1. 行为主体。提供毒品行为的主体为一般主体;非法提供麻醉药品、精神药品罪的主体是特殊主体,只能是依法从事生产、运输、管理、使用国家管制的麻醉药品、精神药品的个人或者单位。

2. 提供对象。提供毒品行为的对象包括吸毒人员和非吸毒人员;非法提供麻醉药品、精神药品罪的对象必须是吸毒人员。

3. 提供方式。提供毒品行为无特殊要求,只要为他人无偿提供毒品即可;非法提供麻醉药品、精神药品罪的提供行为必须是利用职务和工作上的便利,即利用自己从事生产、运输、管理、使用国家管制的麻醉药品、精神药品的职务和工作之便。

4. 情节与后果。依法从事生产、运输、管理、使用国家管制的能够使人成瘾的麻醉药品、精神药品的个人或者单位,明知他人是吸毒者,而向其提供国家管制的能够使人成瘾的麻醉药品、精神药品的,是否构成犯罪,要结合行为的次数、数量,提供毒品的危害性,造成的影响、后果,行为人的目的、动机等因素综合判断。

根据《最高人民法院关于审理毒品犯罪案件适用法律若干问题的解释》第 13 条第 1 款的规定,依法从事生产、运输、管理、使用国家管制的麻醉药品、精神药品的人员,违反国家规定,向吸食、注射毒品的人提供国家规定管制的能够使人形成瘾癖的麻醉药品、精神药品,具有下列情形之一的,应当依照《刑法》第 355 条第 1 款的规定,以非法提供麻醉药品、精神药品罪定

[①] 参见孙茂利主编:《违反公安行政管理行为名称释义与实务指南(2021 年版)》,中国民主法制出版社 2021 年版,第 266 页。

罪处罚:①非法提供麻醉药品、精神药品达到《刑法》第347条第3款或者本解释第2条规定的"数量较大"标准最低值的50%,不满"数量较大"标准的;②2年内曾因非法提供麻醉药品、精神药品受过行政处罚的;③向多人或者多次非法提供麻醉药品、精神药品的;④向吸食、注射毒品的未成年人非法提供麻醉药品、精神药品的;⑤非法提供麻醉药品、精神药品造成严重后果的;⑥其他应当追究刑事责任的情形。

非法提供麻醉药品、精神药品罪具体刑事立案标准,参照《最高人民检察院、公安部关于公安机关管辖的刑事案件立案追诉标准的规定(三)》第12条的规定,依法从事生产、运输、管理、使用国家管制的麻醉药品、精神药品的个人或者单位,违反国家规定,向吸食、注射毒品的人员提供国家规定管制的能够使人形成瘾癖的麻醉药品、精神药品,涉嫌下列情形之一的,应予立案追诉:①非法提供鸦片20克以上、吗啡2克以上、度冷丁(杜冷丁)5克以上(针剂100mg/支规格的50支以上,50mg/支规格的100支以上;片剂25mg/片规格的200片以上,50mg/片规格的100片以上)、盐酸二氢埃托啡0.2毫克以上(针剂或者片剂20mg/支、片规格的10支、片以上)、氯胺酮、美沙酮20克以上、三唑仑、安眠酮1000克以上、咖啡因5000克以上、氯氮卓、艾司唑仑、地西泮、溴西泮10千克以上,以及其他麻醉药品和精神药品数量较大的。②虽未达到上述数量标准,但非法提供麻醉药品、精神药品2次以上,数量累计达到前项规定的数量标准80%以上的。③因非法提供麻醉药品、精神药品被行政处罚,又非法提供麻醉药品、精神药品的。④向吸食、注射毒品的未成年人提供麻醉药品、精神药品的。⑤造成严重后果或者其他情节严重的。依法从事生产、运输、管理、使用国家管制的麻醉药品、精神药品的人员或者单位,违反国家规定,向走私、贩卖毒品的犯罪分子提供国家规定管制的能够使人形成瘾癖的麻醉药品、精神药品的,或者以牟利为目的,向吸食、注射毒品的人提供国家规定管制的能够使人形成瘾癖的麻醉药品、精神药品的,以走私、贩卖毒品罪立案追诉。

处罚标准

本行为设置"一般情形"和"情节较轻"两个层次的处罚,其中"一般情形"为拘留并可加处罚款,"情节较轻"为拘留或者罚款。其中,罚款金额上限在2025年新修订的《治安管理处罚法》中有所增加,基础罚款金额从2000元调整为3000元,减轻罚罚款金额从500元调整为1000元。

对于"情节较轻"情形的认定应当综合行为危害后果、社会危害性考虑。

表178 提供毒品行为处罚标准

处罚档次	处罚标准	裁量基准
一般情形	处10日以上15日以下拘留,可以并处3000元以下罚款	/

续表

处罚档次	处罚标准	裁量基准
情节较轻	处5日以下拘留或者1000元以下罚款	①向他人提供毒品后及时收回且未造成危害后果的
		②其他社会危害性不大的情形

案例及解析

【基本案情】张某(男,30岁)在其生日宴上无偿向其两名朋友李某、沈某提供冰毒,跟他们一起吸食。其声称,他提供毒品是为了"联络感情",让他们也一起高兴一下。

张某、李某和沈某的行为应如何认定?

【解析】本案的焦点在于对张某的行为应认定为提供毒品行为还是聚众吸食毒品行为。本案中,张某声称其提供毒品的目的在于"联络感情"且未牟利,但这并不能作为将其行为合法化的理由。主观上,张某明知冰毒系国家管制的毒品,仍故意向两名朋友无偿提供,具有促使毒品非法流通的直接故意;客观上,其主动实施毒品交付行为,虽未牟利,但已实际造成毒品脱离管制进入流通领域。其提供毒品后与另外两人一起吸食的行为不仅破坏了国家对毒品的管理制度和公民的身心健康,还涉及聚众吸毒加重情节。

因此,本案中张某同时构成提供毒品和聚众吸食毒品的违法行为,其中提供毒品的行为可以被聚众吸食毒品行为吸收,故应根据《治安管理处罚法》第84条第2款,作为聚众吸食毒品的首要分子,依据《治安管理处罚法》第84条第1款的规定予以从重处罚。李某和沈某参与聚众吸毒活动但并非首要分子,可以根据《治安管理处罚法》第84条第1款第3项的规定,以吸食毒品的违法行为予以处罚。

关联法条

1.《刑法》(2023年修正)

第355条 **【非法提供麻醉药品、精神药品罪】**依法从事生产、运输、管理、使用国家管制的麻醉药品、精神药品的人员,违反国家规定,向吸食、注射毒品的人提供国家规定管制的能够使人形成瘾癖的麻醉药品、精神药品的,处三年以下有期徒刑或者拘役,并处罚金;情节严重的,处三年以上七年以下有期徒刑,并处罚金。向走私、贩卖毒品的犯罪分子或者以牟利为目的,向吸食、注射毒品的人提供国家规定管制的能够使人形成瘾癖的麻醉药品、精神药品的,依照本法第三百四十七条的规定定罪处罚。

单位犯前款罪的,对单位判处罚金,并对其直接负责的主管人员和其他直接责任人员,依照前款的规定处罚。

2.《娱乐场所管理条例》(2020年修订)

第14条第1款第1项 娱乐场所及其从业人员不得实施下列行为,不得为进入娱乐场所的人员实施下列行为提供条件:

(一)贩卖、提供毒品,或者组织、强迫、教唆、引诱、欺骗、容留他人吸食、注射毒品;

185. 吸　　毒

> **现行规定**

《治安管理处罚法》

第84条第1款第3项、第2款　有下列行为之一的,处十日以上十五日以下拘留,可以并处三千元以下罚款;情节较轻的,处五日以下拘留或者一千元以下罚款:

(三)吸食、注射毒品的;

聚众、组织吸食、注射毒品的,对首要分子、组织者依照前款的规定从重处罚。

> **立案与管辖**

(一)立案标准

有证据证明违法嫌疑人吸食或注射鸦片、海洛因、甲基苯丙胺、吗啡、大麻、可卡因以及国家规定管制的其他能够使人形成瘾癖的麻醉药品和精神药品,可能损害行为人健康或影响社会治安秩序,即达到立案标准。这里的"国家规定"是指全国人民代表大会及其常务委员会制定的法律和决定,国务院制定的行政法规、规定的行政措施、发布的决定和命令。

(二)管辖

吸食、注射毒品的案件一般由违法行为地的公安机关管辖。违法行为地包括违法行为发生地和违法结果发生地。违法行为发生地,指吸食、注射毒品行为的实施地;若行为呈连续、持续状态(如长期在多地零星吸毒),其连续、持续实施的地方也属于违法行为发生地。违法结果发生地,限定为与吸食、注射毒品产生直接关联的影响地,如毒品摄入后,因吸毒引发身体损害的就医地(与吸毒行为具有直接因果关联)。

根据相关规定,涉毒案件一般由违法行为地公安机关管辖,违法行为人居住地公安机关无权管辖。但是,违法嫌疑人居住地同时也是违法行为地的,则居住地公安机关可基于违法行为地行使管辖权。

> **证据收集**

(一)证据规格

在一个完整的吸毒行为的认定中,需要收集的基本证据规格如下。

1.违法嫌疑人陈述和申辩。

(1)违法嫌疑人的基本情况,包括姓名、性别、年龄、职业、住址、联系方式等;(2)吸食、注射毒品的次数、时间、地点、种类、数量(剂量)、方法、器具等;(3)主观过错,即是否明知是毒品而持有、吸食或注射;(4)毒资来源,是否有其他违法犯罪行为;(5)吸毒史,有无成瘾;

(6)结伙作案的,问明违法嫌疑人的数量、身份、当天穿着、预谋、结伙聚合的过程、相互关系、地位,以及各违法嫌疑人相互关系、相互印证情况。

2.其他违法嫌疑人陈述及证人证言。

(1)相关人员(如毒品提供者、共同持有者等)陈述,问明非法持有毒品的时间、地点、经过、毒品来源、毒品种类、数量、成瘾的表现、对社会秩序和公共安全造成的影响等;(2)其他证人证言,例如目击者、知情人等,问明非法持有毒品的相关情况,以及对社会秩序和公共安全造成的影响等。

3.物证、书证。

(1)扣押的毒品、清单、照片;(2)吸食、注射、装储毒品的工具等;(3)与非法持有毒品相关的书证,例如交易凭证、聊天记录、转账记录等;(4)非法持有毒品现场的照片、视频等。

4.鉴定意见。

(1)对非法持有的毒品进行鉴定,确定其种类、数量等;(2)对非法持有毒品现场提取的痕迹物证进行鉴定,例如指纹、DNA等;(3)尿样检测结果;(4)血液检测结果。

5.视听资料、电子数据。

(1)非法持有毒品现场的音视频资料,例如监控录像、执法记录仪拍摄的视频等;(2)与非法持有毒品相关的电子数据,例如聊天记录、转账记录等。

6.勘验、检查笔录,现场笔录。

(1)对非法持有毒品现场进行勘验、检查的笔录,包括现场图、现场照片、提取的痕迹物证等;(2)对违法嫌疑人住所、办公场所等进行搜查的笔录,扣押与案件相关的物品。

7.辨认笔录。

(1)证人及相关当事人对违法嫌疑人的辨认;(2)违法嫌疑人之间互相辨认以及对作案工具、毒品的辨认。

8.其他证据材料。

(1)证明违法嫌疑人身份的材料和违法犯罪记录,例如人口信息、户籍证明、身份证、工作证、专业或技术等级证复印件等;法院判决书、行政处罚决定书、释放证明书等有效法律文件。(2)抓获经过、处警经过等。

(二)注意事项

1.注重对吸食、注射毒品行为的认定。吸食、注射毒品行为的认定关键在于是否存在吸食、注射毒品的行为。在案件办理过程中,执法人员应严格按照相关法律法规对行为性质进行认定,必要时可以委托专业机构进行检测和鉴定。

2.注重对吸食甲基苯丙胺违法行为的认定。根据《公安部关于根据实验室检测结论认定吸食甲基苯丙胺违法行为有关意见的批复》,第一,目前,原国家食品药品监督管理总局未批准甲基苯丙胺作为药品上市,通过实验室检测特定目标物认定吸食甲基苯丙胺是科学的、可行的。第二,甲基苯丙胺摄入人体后,部分以原体形式从尿液中排出,吸食甲基苯丙胺的人员尿液中可检出甲基苯丙胺,但由于个别药物在人体中代谢也可产生甲基苯丙胺,因此,在排除被检测人服用相关药物(如治疗帕金森病的处方药司来吉兰)的前提下,方可认定其摄入甲基苯丙胺。第三,实验室检测结果只能确认被检测人体内摄入了毒品,其主动吸食行为是否成立,还应当结合实际查处情况,排除诱骗、强迫等被动摄入现象。第四,实验室检测机构和人员应具备相关鉴定资质,其机构和人员均应当在公安或司法机关核准登记,同时其机构登记开展的鉴定项目应当包括对人体生物样本(如尿液、血液、唾液、毛发或其他体液中至少一种)中甲基苯丙胺的定性检验。检测机构和人员在对特定目标物甲基苯丙胺进行检测时,应当严格遵守行业或部门技术标准、技术规范或者已获国家实验室认可的方法,以保证检测结果的科学性和合法性。

3. 注意收集是否有聚众或者组织吸毒的行为。根据《治安管理处罚法》第84条第2款的规定,聚众、组织吸食、注射毒品的,对首要分子、组织者依照前款的规定从重处罚。

🛡 行为认定

(一)对吸毒行为的认定

1. 行为侵犯的客体是国家对毒品的管理制度。本行为的对象是毒品。

2. 行为的客观方面表现为吸食、注射毒品的行为。吸食、注射毒品的行为具有非法性。如果出于医疗上的需要,在治疗某种疾病过程中,行为人按照国家的规定,在医生的指导下,合理使用部分麻醉药品或者精神药品,如吗啡(在医疗上可以作为麻醉药品)等,则不构成本行为。

3. 行为主体仅限自然人。

4. 行为的主观方面是故意,即明知是毒品而吸食、注射。[①]

(二)聚众、组织吸食、注射毒品行为的认定

本行为是吸食、注射毒品行为的特殊情形,即对聚众、组织吸食、注射毒品的首要分子、组织者予以加重处罚。"聚众"一般指纠集3人以上(含3人)实施的行为,强调在同一时间段、同一地点共同实施吸食、注射毒品的行为,但不要求所有人必须同时开始并同时结束,但吸毒行为的发生在时间上应有重叠,空间上处于同一控制区域。聚众的方式既包括事先的纠集行为,也包括临时的纠集行为。"组织"是指主动发起、策划、建立架构、指挥协调、持续管理一个团体或一项活动的行为。"聚众"和"组织"的主要区别在于吸食、注射毒品是否是有组织的行为,组织应当有架构,有分工合作等。聚众、组织吸食、注射毒品行为的首要分子和组织者是在行为中发挥主导、控制和指挥作用的人员。吸食、注射毒品数量的多少通常不影响对首要分子和组织者的认定,而对于仅为吸食、注射毒品提供场所但不参与吸毒行为的人员可能构成容留他人吸食、注射毒品的行为,应根据《治安管理处罚法》第85条第2款的规定予以

[①] 参见孙茂利主编:《违反公安行政管理行为名称释义与实务指南(2021年版)》,中国民主法制出版社2021年版,第267-268页。

认定。

(三)本行为对吸食、注射毒品是否成瘾的要求

根据《禁毒法》第62条和《治安管理处罚法》第84条第1款第3项的规定,吸食、注射毒品,无论是否成瘾,都应当依法给予治安管理处罚。但是,吸毒人员主动到公安机关登记或者到有资质的医疗机构接受戒毒治疗的,不予处罚。

根据《吸毒成瘾认定办法》第7条的规定,吸毒人员同时具备以下情形的公安机关认定其吸毒成瘾:①经人体生物样本检测证明其体内含有毒品成分;②有证据证明其有使用毒品行为;③有戒断症状或者有证据证明吸毒史,包括曾经因使用毒品被公安机关查处或者曾经进行自愿戒毒等情形。戒断症状的具体情形,参照原卫生部制定的《阿片类药物依赖诊断治疗指导原则》和《苯丙胺类药物依赖诊断治疗指导原则》确定。

根据《吸毒成瘾认定办法》第8条的规定,吸毒成瘾人员具有下列情形之一的,公安机关认定其吸毒成瘾严重:①曾经被责令社区戒毒、强制隔离戒毒(含《禁毒法》实施以前被强制戒毒或者劳教戒毒)、社区康复或者参加过戒毒药物维持治疗,再次吸食、注射毒品的;②有证据证明其采取注射方式使用毒品或者至少三次使用两类以上毒品的;③有证据证明其使用毒品后伴有聚众淫乱、自伤自残或者暴力侵犯他人人身、财产安全等行为的。

(四)吸毒人员主动到公安机关登记投案处理办法

《禁毒法》第62条规定:"吸食、注射毒品的,依法给予治安管理处罚。吸毒人员主动到公安机关登记或者到有资质的医疗机构接受戒毒治疗的,不予处罚。"主动到公安机关登记,是指吸毒人员在公安机关未掌握其为吸毒人员的事实的情况下主动到公安机关登记吸毒人员资料的行为。对主动到公安机关登记的吸毒人员,公安机关应当将其信息录入"吸毒人员动态库";对吸毒成瘾的,公安机关可以根据具体情况依法责令其进行社区戒毒或者依法作出强制隔离戒毒决定,并根据《禁毒法》第62条的规定,不再予以治安管理处罚;对吸毒未成瘾的,根据《禁毒法》第62条和《公安部关于执行〈中华人民共和国禁毒法〉有关问题的批复》的规定,公安机关应当对其进行教育,但不予治安管理处罚;随后再吸毒的,依法进行处理。

🛡️ 处罚标准

本行为设置"一般情形"和"情节较轻"两个层次的处罚,其中"一般情形"为拘留并可加处罚款,"情节较轻"为拘留或者罚款。其中,罚款金额上限在2025年新修订的《治安管理处罚法》中有所增加,基础罚款金额从2000元调整为3000元,减轻罚款金额从500元调整为1000元。此外,聚众、组织吸食、注射毒品的,对首要分子、组织者从重处罚。

表 179　吸毒行为处罚标准

处罚档次	处罚标准	裁量基准
一般情形	处10日以上15日以下拘留，可以并处3000元以下罚款	/
情节较轻	处5日以下拘留或者1000元以下罚款	①未成年人、在校学生吸食毒品且无戒毒史或者无戒断症状的 ②其他社会危害性不大的情形

案例及解析

【基本案情】派出所民警临检某娱乐场所，发现在一包厢内，曹某目光涣散，说话口齿不清，高度疑似吸毒。民警将其传唤至派出所进行现场检测，咖啡因尿检结果阳性，曹某也对自己吸食毒品安钠咖的违法事实供认不讳。

曹某的行为应如何定性？

【解析】本案中，安钠咖作为兴奋型的精神药品，临床上用于治疗中枢神经抑制以及麻醉药引起的呼吸衰竭和循环衰竭等病症，它通过兴奋中枢神经调节大脑皮层的活动。长期滥用安钠咖除了会使人成瘾，刺激大脑皮层，影响大脑活动，还会诱发多种身体疾病，对机体造成多方面的损害。在《公安部禁毒局关于非法制造贩卖安钠咖立案问题的答复》中明确，安钠咖属于《刑法》规定的毒品。本案中，曹某明知安钠咖是毒品而吸食，构成《治安管理处罚法》第84条第1款第3项规定的吸毒的行为。又因曹某吸食安钠咖的行为社会危害性不大，属于"情节较轻"的情形。

关联法条

《娱乐场所管理条例》（2020年修订）

第14条第2款　娱乐场所的从业人员不得吸食、注射毒品，不得卖淫、嫖娼；娱乐场所及其从业人员不得为进入娱乐场所的人员实施上述行为提供条件。

186. 胁迫、欺骗开具麻醉药品、精神药品

现行规定

《治安管理处罚法》

第84条第1款第4项　有下列行为之一的，处十日以上十五日以下拘留，可以并处三千元以下罚款；情节较轻的，处五日以下拘留或者一千元以下罚款：

（四）胁迫、欺骗医务人员开具麻醉药品、精神药品的。

🛡 立案与管辖

(一)立案标准

违法嫌疑人有胁迫、欺骗医务人员开具麻醉药品、精神药品的行为,尚未达到刑事处罚标准的,即达到立案标准。

(二)管辖

胁迫、欺骗开具麻醉药品、精神药品的案件一般由违法行为地的公安机关管辖。违法行为地包括违法行为发生地和违法结果发生地。违法行为发生地,指胁迫、欺骗医务人员开具麻醉药品、精神药品行为的实施地,若行为有连续、持续状态,其连续、持续实施的地方也属于违法行为发生地。违法结果发生地,是与胁迫、欺骗开具麻醉药品、精神药品行为产生直接关联的结果地,如被胁迫、欺骗开具的药品实际交付地以及后续非法使用地。

根据相关规定,涉毒案件一般由违法行为地公安机关管辖,违法行为人居住地公安机关无权管辖。但是,违法嫌疑人居住地同时也是违法行为地的,则居住地公安机关可基于违法行为地行使管辖权。

🛡 证据收集

(一)证据规格

在一个完整的胁迫、欺骗开具麻醉药品、精神药品行为的认定中,需要收集的基本证据规格如下。

1. 违法嫌疑人陈述和申辩。

(1)违法嫌疑人的基本情况;(2)违法行为的动机和目的;(3)实施胁迫、欺骗行为的具体内容及时间、地点、药品种类、数量等。

2. 被侵害人陈述和其他证人证言。

问明被胁迫或欺骗开具药品的医务人员违法行为人的身份特征以及实施胁迫或欺骗行为的具体方式,开具麻醉药品、精神药品的具体种类、数量等。

3. 物证、书证。

开具麻醉药品、精神药品实物或其照片、处方单、病历记录等。

4. 鉴定意见。

国家管制麻醉药品或精神药品鉴定、违法嫌疑人精神病鉴定。

5. 视听资料、电子数据。

医院监控录像、违法嫌疑人与医务人员通讯记录、医院药品收支电子存档等。

6. 勘验、检查笔录,现场笔录。

固定现场药品存放、处方开具情况等证据。

7. 辨认笔录。

组织证人及相关当事人对违法嫌疑人、涉案药品进行辨认。

8. 其他证据材料。

（1）证明违法嫌疑人身份的材料和违法犯罪记录，如人口信息、户籍证明、身份证、工作证、专业或技术等级证书复印件等；法院判决书、行政处罚决定书、释放证明书等有效法律文件。（2）抓获经过、处警经过等。

（二）注意事项

1. 注重及时收集、固定胁迫、欺骗行为的相关证据。

2. 注重对麻醉药品、精神药品种类和数量的认定。麻醉药品、精神药品的种类和数量是影响违法行为认定和情节轻重的重要依据。在案件办理过程中，执法人员应注重对麻醉药品、精神药品种类和数量的认定，必要时可委托专业机构进行鉴定并出具鉴定意见。

行为认定

（一）对胁迫、欺骗开具麻醉药品、精神药品行为的认定

1. 行为侵犯的客体是国家对麻醉药品、精神药品的管理制度和医务人员的人身权利。本行为的对象是麻醉药品、精神药品。根据《麻醉药品和精神药品管理条例》第3条第1、2款的规定，麻醉药品和精神药品，是指列入麻醉药品目录、精神药品目录的药品和其他物质。精神药品分为第一类精神药品和第二类精神药品。目录由国务院药品监督管理部门会同国务院公安部门、国务院卫生主管部门制定、调整并公布。其中，麻醉药品，一般是指连续使用后易产生依赖性、形成瘾癖的药品；精神药品，一般是指直接作用于中枢神经系统，使其兴奋或者抑制，连续使用可能产生依赖性的药品。

2. 行为的客观方面表现为胁迫、欺骗医务人员开具麻醉药品、精神药品，尚不够刑事处罚的行为。胁迫，是指采用暴力或者非暴力的恫吓、威胁、揭发隐私等方法，对他人进行精神上的强制，迫使医务人员开具麻醉药品、精神药品。欺骗，是指采用隐瞒真相、虚构事实、伪造相关证明材料等方法，骗取医务人员的信任，使医务人员误认为行为人是合法使用，而为其开具麻醉药品、精神药品。

3. 行为的实施主体一般是自然人，单位不构成本行为主体。

4. 行为的主观方面是故意。[①]

（二）受胁迫、欺骗的医务人员开具麻醉药品、精神药品的行为是否构成提供毒品行为

受胁迫、欺骗的医务人员开具麻醉药品、精神药品的行为，不属于提供毒品的违反治安管理规定的行为。但是，如果医务人员是在自愿情况下开具麻醉药品、精神药品，并无偿提供给他人的，则可以按照提供毒品行为予以治安管理处罚。

---

① 参见孙茂利主编：《违反公安行政管理行为名称释义与实务指南（2021年版）》，中国民主法制出版社2021年版，第270页。

处罚标准

本行为设置"一般情形"和"情节较轻"两个层次的处罚,其中"一般情形"为拘留并可加处罚款,"情节较轻"为拘留或者罚款。其中,罚款金额上限在2025年修订《治安管理处罚法》时有所增加,基础罚款金额从2000元调整为3000元,减轻罚罚款金额从500元调整为1000元。

表180 胁迫、欺骗开具麻醉药品、精神药品行为处罚标准

处罚档次	处罚标准	裁量基准
一般情形	处10日以上15日以下拘留,可以并处3000元以下罚款	/
情节较轻	处5日以下拘留或者1000元以下罚款	①欺骗医务人员开具少量麻醉药品、精神药品尚未吸食注射的 ②其他社会危害性不大的情形

案例及解析

【基本案情】张某(男,40岁,无业)因长期吸毒,对医院处方麻醉药品产生依赖,意图通过非法手段获取药品。一日,张某来到市人民医院,以"慢性疼痛患者"身份挂号就诊。就诊时,张某谎称自己患有严重腰椎间盘突出,需要长期服用麻醉药品"杜冷丁"缓解疼痛。医生李某根据其提供的虚假病史和症状,初步诊断为慢性疼痛,准备开具适量麻醉药品。张某见李某开具药品数量不足,便威胁李某称:"如果不给我多开点药,我就去卫生部门举报你失职渎职!"李某因害怕被举报,被迫按照张某要求开具了远超正常治疗用量的杜冷丁。

张某和李某的行为应如何认定?

【解析】本案中,主观上,张某明知麻醉药品需依法开具,仍故意虚构病情并威胁医生,具有明显的故意;客观上,其通过欺骗和胁迫手段实际获取了麻醉药品,并用于非法用途,侵犯了国家对麻醉药品的管理秩序;主体上,张某作为具备完全刑事责任能力的自然人,符合违法主体要求。综上,张某的行为构成胁迫、欺骗医务人员开具麻醉药品的治安违法行为,应依法予以处罚。如果查明李某对张某的吸毒行为并不知情,且系受欺骗后又被胁迫开具麻醉药品,则李某不存在违法行为。

关联法条

《刑法》(2023年修正)

第355条 【非法提供麻醉药品、精神药品罪】依法从事生产、运输、管理、使用国家管制的麻醉药品、精神药品的人员,违反国家规定,向吸食、注射毒品的人提供国家规定管制的能够使人形成瘾癖的麻醉药品、精神药品的,处三年以下有期徒刑或者拘役,并处罚金;情节严重的,处三年以上七年以下有期徒刑,并处罚金。向走私、贩卖毒品的犯罪分子或者以牟利为目的,向吸食、注射毒品的人提供国家规定

管制的能够使人形成瘾癖的麻醉药品、精神药品的,依照本法第三百四十七条的规定定罪处罚。

单位犯前款罪的,对单位判处罚金,并对其直接负责的主管人员和其他直接责任人员,依照前款的规定处罚。

187. 违规进入娱乐场所、接触涉及毒品违法犯罪人员

现行规定

《治安管理处罚法》

第 84 条第 3 款 吸食、注射毒品的,可以同时责令其六个月至一年以内不得进入娱乐场所、不得擅自接触涉及毒品违法犯罪人员。违反规定的,处五日以下拘留或者一千元以下罚款。

立案与管辖

(一)立案标准

因吸食、注射毒品而被处罚的违法行为人违反禁止令擅自进入娱乐场所、接触涉毒违法犯罪人员的构成本行为,违反禁止令即达到立案标准。

(二)管辖

违规进入娱乐场所、接触涉及毒品违法犯罪人员一般由违法行为地公安机关管辖。根据相关规定,涉毒案件一般由违法行为地公安机关管辖,违法行为人居住地公安机关无权管辖。但是,违法嫌疑人居住地同时也是违法行为地的,则居住地公安机关可基于违法行为地行使管辖权。

证据收集

(一)证据规格

违规进入娱乐场所、接触涉及毒品违法犯罪人员行为的调查和证据收集重点在于证明违规进入行为的发生、接触行为的存在,以及该行为可能带来的潜在风险和不良影响。在一个完整的违规进入娱乐场所、接触涉及毒品违法犯罪人员行为事实认定中,需要收集的证据规格如下。

1. 违法嫌疑人陈述和申辩。

(1)违法嫌疑人的基本情况;(2)违法行为的动机和目的;(3)问明违规进入娱乐场所的时间、地点、同行人员、进入的方式;接触涉及毒品违法犯罪人员的时间、地点、起因、经过,接触的手段、方式(如当面交流、线上联系等),可能造成的危害后果。

2. 被侵害人陈述和其他证人证言。

(1)如娱乐场所管理方出具的报案材料,说明违法嫌疑人违规进入行为对场所管理造成

的影响等。(2)其他证人证言,问明违法事实、情节、可能造成的危害,各违法嫌疑人在违法行为中的地位和作用等。

3.物证、书证。

与涉及毒品违法犯罪人员接触时的通讯记录凭证等。

4.视听资料、电子数据。

(1)娱乐场所的监控视频中记录的违法嫌疑人违规进入画面、与涉及毒品违法犯罪人员接触的画面;(2)能够证明违规进入和接触行为的聊天记录、通话记录、定位信息等;(3)现场执法视频。

5.勘验、检查笔录,现场笔录。

对违规进入的娱乐场所现场进行勘查的笔录、现场图、现场照片,对违法嫌疑人携带的物品等进行检查的笔录等。

6.辨认笔录。

证人及相关当事人对违法嫌疑人的辨认;嫌疑人之间互相辨认。

7.其他证据材料。

(1)证明违法嫌疑人身份的材料和违法犯罪记录,如人口信息、户籍证明、身份证复印件等;法院判决书、行政处罚决定书等有效法律文件。(2)抓获经过、处警经过等。

(二)注意事项

1.注重对违规性的取证。违规进入娱乐场所的核心在于"违规"。需收集证据证明该娱乐场所的准入规定以及行为人不符合准入条件却进入的事实,这是区分违规进入行为与合法进入行为的关键。

2.及时固定接触事实的证据。接触涉及毒品违法犯罪人员的事实具有一定的隐蔽性,证据易消失。在收集时需及时对通讯记录、监控视频等进行固定,询问相关人员了解接触的具体情况,确保接触事实能够被清晰证明。

3.关注行为的潜在风险。该行为虽未造成严重后果,但可能存在潜在的毒品相关违法犯罪风险。在取证过程中要注意收集可能反映这种风险的证据,如涉及毒品违法犯罪人员的过往违法记录、双方交流中可能涉及毒品的内容等,为准确认定行为的性质和影响提供依据。

行为认定

(一)对违规进入娱乐场所、接触涉及毒品违法犯罪人员行为的认定

主要从以下四个方面进行认定。

1.行为侵害的客体是社会管理秩序,即对涉毒违法犯罪人员的管控秩序。

2.行为的客观方面表现为违反公安机关禁止令进入娱乐场所,以及与涉及毒品违法犯罪人员进行接触的行为。违规进入娱乐场所的行为手段包括:(1)通过伪造、变造证件,冒用他人证件等方式蒙混进入;(2)未经允许擅自翻越围墙、栅栏等物理隔离设施进入;

(3)规避娱乐场所的安检、登记等管理流程进入等。接触涉及毒品违法犯罪人员的行为手段包括:(1)在娱乐场所内或其他场所与涉及毒品违法犯罪人员进行当面交流、同行活动;(2)通过电话、社交软件等通讯方式与涉及毒品违法犯罪人员进行联系,且联系内容与毒品相关违法犯罪活动存在关联可能;(3)为涉及毒品违法犯罪人员提供信息、协助其在娱乐场所内活动等。

3.行为的实施主体为特殊主体,即因吸食、注射毒品而被处罚的违法行为人。

4.行为的主观方面为故意。行为人明知公安机关禁止令规定而刻意违反,明知对方是涉及毒品违法犯罪人员而主动或放任接触。

(二)对"娱乐场所"的认定

根据《娱乐场所管理条例》第2条的规定,娱乐场所是指以营利为目的,并向公众开放、消费者自娱自乐的歌舞、游艺等场所。

(三)对"涉及毒品违法犯罪人员"的认定

涉及毒品违法犯罪人员包括以下几个方面。

1.有明确违法犯罪记录的人员。包括因走私、贩卖、运输、制造毒品,非法持有毒品,非法种植毒品原植物等行为被人民法院判处刑罚,或被公安机关依法给予治安管理处罚的人员。

2.正在被查处的毒品违法犯罪嫌疑人。即虽尚未做出最终处罚判决,但因涉嫌毒品违法犯罪被公安机关立案侦查、采取强制措施的人员。

3.其他与毒品违法犯罪活动密切相关的人员。这类人员虽未直接实施毒品违法犯罪行为,但为毒品违法犯罪活动提供帮助,如提供资金支持、场地支持等。

处罚标准

本行为仅设置一个层级的处罚。

表181 违规进入娱乐场所、接触涉及毒品违法犯罪人员行为处罚标准

处罚档次	处罚标准
一般情形	处5日以下拘留或者1000元以下罚款

案例及解析

【基本案情】某年3月,张某因吸食冰毒被公安机关查获,公安机关依据《治安管理处罚法》第84条第3款规定,责令张某在6个月内不得进入娱乐场所,不得擅自接触涉及毒品违法犯罪人员。该年5月,张某明知其朋友李某曾因贩卖毒品被判处有期徒刑,仍在某KTV与李某碰面。其间,张某与李某在包厢内交谈约1小时,被公安机关巡逻检查时当场查获。经调查,张某承认其知晓禁止令内容,但因"朋友义气"仍选择违规进入KTV并与李某接触,且无法提供接触的合理理由。

张某的行为应如何定性?

【解析】本案中,张某曾因吸食毒品被公安机关处罚,并被责令在一定期限内不得进入娱乐场所且不得与涉及毒品犯罪的人员接触。但张某未遵守禁止令,仍在娱乐场所与具有贩毒前科的李某会面,其行为直接违反了《治安管理处罚法》第84条第3款关于吸食、注射毒品后被责令不得进入娱乐场所,不得擅自接触涉毒违法犯罪人员的规定,其行为应当认定为违规进入娱乐场所、接触涉及毒品违法犯罪人员。

第六十节 《治安管理处罚法》第 85 条

188. 引诱、教唆、欺骗、强迫他人吸毒

现行规定

《治安管理处罚法》

第 85 条第 1 款 引诱、教唆、欺骗或者强迫他人吸食、注射毒品的,处十日以上十五日以下拘留,并处一千元以上五千元以下罚款。

立案与管辖

(一)立案标准

违法嫌疑人有故意使用各种手段,引诱、教唆、欺骗或者强迫他人吸食、注射毒品,尚不够刑事处罚的行为即可达到立案标准。

(二)管辖

引诱、教唆、欺骗、强迫他人吸毒案件一般由违法行为地的公安机关管辖。违法行为地包括违法行为发生地和违法结果发生地。违法行为发生地,包括违法行为的实施地以及开始地、途经地、结束地等与违法行为有关的地点;违法行为有连续、持续或者继续状态的,违法行为连续、持续或者继续实施的地方都属于违法行为发生地。违法结果发生地,包括违法对象被侵害地、违法所得的实际取得地、藏匿地、转移地、使用地、销售地。

根据相关规定,涉毒案件一般由违法行为地公安机关管辖,违法行为人居住公安机关无权管辖,但是,违法嫌疑人居住地同时也是违法行为地的,则居住地公安机关可基于违法行为地行使管辖权。

证据收集

(一)证据规格

引诱、教唆、欺骗、强迫他人吸毒行为的调查和证据收集重点在于证明客观行为存在及其表现。在一个引诱、教唆、欺骗、强迫他人吸毒行为事实和损害结果认定中,需要收集的证据规格如下:

1. 违法嫌疑人陈述和申辩。

(1)违法嫌疑人的基本情况;(2)违法行为的动机和目的;(3)引诱、教唆、欺骗或者强迫他人吸食、注射毒品的具体地点、时间、手段、过程等。

2. 被侵害人陈述和其他证人证言。

违法行为人引诱、教唆、欺骗或者强迫被侵害人吸食毒品的具体过程,包括时间、地点、方式等。

3. 物证、书证。

毒品实物、吸食工具、混入毒品的食物及其照片等。

4. 鉴定意见。

毛发、尿液或血液毒品成分鉴定、毒品鉴定、违法嫌疑人精神病鉴定等。

5. 视听资料、电子数据。

(1)现场音频、视频监控资料;(2)能够证明违法行为的聊天信息、图片;(3)现场执法视频。

6. 勘验、检查笔录,现场笔录。

吸食、注射毒品场所的现场勘验笔录,对吸毒人员及其物品的检查笔录。

7. 辨认笔录。

证人及相关当事人对违法嫌疑人的辨认,对吸食、注射毒品工具及毒品实物辨认。

8. 其他证据材料。

(1)证明违法嫌疑人身份的材料和违法犯罪记录,如人口信息、户籍证明、身份证、工作证、专业或技术等级证复印件等,法院判决书、行政处罚决定书、释放证明书等有效法律文件。

(2)抓获经过、处警经过等。

(二)注意事项

1. 在主观故意的证明上,应注重收集行为人自身对实施行为动机、目的的供述,以及被侵害人、证人对行为人行为时语言、表情、神态等细节的描述。此外,电子通讯记录中若存在诱导、威胁性内容,也可作为证明主观故意的证据。

2. 针对强迫他人吸毒行为,应着重收集证明暴力手段与威胁行为的证据。对被侵害人的伤情进行专业鉴定,勘查现场打斗痕迹,查明是否留存行为人威胁行为的语音、文字记录以及证人证言等。

🛡 行为认定

(一)对引诱、教唆、欺骗、强迫他人吸毒行为的认定

主要从以下四个方面进行认定:

1. 行为侵害的客体是他人的身心健康和国家对毒品的管理制度。

2. 行为的客观方面表现为引诱、教唆、欺骗、强迫他人吸食、注射毒品,尚不够刑事处罚。引诱,是指以金钱、物质或者含有毒品成分的物品诱使他人吸食、注射毒品,或者以对他人进行鼓动等方法,勾引、诱使、拉拢本无吸毒意愿的人吸食、注射毒品。教唆,是指示范吸毒方法或者以劝说、怂恿、授意等方法,唆使原本没有吸毒意愿的人产生吸毒的意图并进而吸食、注射毒品的行为。欺骗,是指采用隐瞒事实真相或者制造假象的方法,使他人在不知道是毒品的情况下吸食、注射毒品,如谎称是保健药丸或治疗头痛的药物,或将毒品放入卷烟中欺骗他人吸食。强迫,是违背他人真实意愿,通过施加精神压力或肉体暴力的方式,迫使他人吸食毒品。他人,是指没有吸毒意愿的人,既包括从未吸毒的人,也包括曾经吸过毒但本次没有吸食意愿的人。①

本行为是选择性行为,行为人只要实施上述行为之一,就可以构成本行为。被引诱、教唆、欺骗、强迫的人是否吸食、注射毒品,不影响本行为的成立。②

3. 行为的实施主体通常为自然人。

4. 行为的主观方面为故意,即明知是引诱、教唆、欺骗、强迫他人吸毒的行为而有意实施的心理状态。

(二)与"引诱、教唆、欺骗他人吸毒罪"的区别

本行为与引诱、教唆、欺骗他人吸毒罪(《刑法》第353条)的区别主要在于情节和后果的严重程度不同,可从以下几个方面综合判断:(1)行为人引诱、教唆、欺骗、强迫的次数和人数。(2)行为人引诱、教唆、欺骗的目的、动机和具体手段。(3)行为人引诱、教唆、欺骗、强迫的对象是否为未成年人。根据《刑法》第353条第3款的规定,引诱、教唆、欺骗或者强迫未成年人吸食、注射毒品的,应以引诱、教唆、欺骗他人吸毒罪从重处罚。(4)被引诱、教唆、欺骗、强迫吸毒的人吸食、注射毒品的数量。(5)所造成的后果及社会影响等。需要注意的是,根据《最高人民检察院、公安部关于公安机关管辖的刑事案件立案追诉标准的规定(三)》第9条的规定,引诱、教唆、欺骗他人吸食、注射毒品的,应予立案追诉。经立案侦查,依法不追究刑事责任的,作为治安案件处理。

处罚标准

本行为仅设置"一般情形"处罚档次。

表182 引诱、教唆、欺骗、强迫他人吸毒行为处罚标准

处罚档次	处罚标准
一般情形	处10日以上15日以下拘留,并处1000元以上5000元以下罚款

案例及解析

【基本案情】贾某某(男,25岁,无业)与李某某(女,22岁,学生)系男女朋友关系。因情感纠纷,贾某某故意在李某某饮料中投入毒品,意图使李某某对毒品产生依赖,阻止其分手。李某某发现异常,未将饮料喝下,并及时报警。经警方调查,这是贾某某第一次实施此行为。

---

① 参见孙茂利主编:《违反公安行政管理行为名称释义与实务指南(2021年版)》,中国民主法制出版社2021年版,第271页。

② 参见柯良栋主编:《治安管理处罚法释义与实务指南(2014年版)》,中国人民公安大学出版社2014年版,第597页。

贾某某的行为应当如何定性？

【解析】本案中，贾某某将毒品溶于饮料中，意图使李某某在不知情的情况下吸食毒品，构成欺骗他人吸毒的行为。鉴于本案中李某某并未误食毒品，未造成实际危害后果，社会危害性较低，应当认定为《治安管理处罚法》第85条中的欺骗他人吸毒行为，予以治安管理处罚。在本行为中公安机关应当同时调查贾某某的毒品来源，调查贾某某是否有其他涉毒违法犯罪行为。

关联法条

《刑法》(2023年修正)

第353条 【引诱、教唆、欺骗他人吸毒罪】引诱、教唆、欺骗他人吸食、注射毒品的，处三年以下有期徒刑、拘役或者管制，并处罚金；情节严重的，处三年以上七年以下有期徒刑，并处罚金。

【强迫他人吸毒罪】强迫他人吸食、注射毒品的，处三年以上十年以下有期徒刑，并处罚金。

引诱、教唆、欺骗或者强迫未成年人吸食、注射毒品的，从重处罚。

189. 容留他人吸毒

现行规定

《治安管理处罚法》

第85条第2款 容留他人吸食、注射毒品……的，处十日以上十五日以下拘留，可以并处三千元以下罚款；情节较轻的，处五日以下拘留或者一千元以下罚款。

立案与管辖

（一）立案标准

违法嫌疑人允许他人在自己居住、使用或管理的场所吸食、注射毒品，尚不够刑事处罚的行为即可达到立案标准。

（二）管辖

容留他人吸毒案件一般由违法行为地的公安机关管辖。违法行为地包括违法行为发生地和违法结果发生地。违法行为发生地，包括违法行为的实施地以及开始地、途经地、结束地等与违法行为有关的地点；违法行为有连续、持续或者继续状态的，违法行为连续、持续或者继续实施的地方都属于违法行为发生地。违法结果发生地，包括违法对象被侵害地、违法所得的实际取得地、藏匿地、转移地、使用地、销售地。

根据相关规定，涉毒案件一般由违法行为地公安机关管辖，违法嫌疑人居住地公安机关无权管辖，但是，违法嫌疑人居住地同时也是违法行为地的，则居住地公安机关可基于违法行为地行使管辖权。

证据收集

（一）证据规格

1. 违法嫌疑人陈述。

(1)违法嫌疑人的基本情况;(2)违法嫌疑人和容留吸毒的场所的关系;(3)违法嫌疑人容留他人吸毒的时间、地点、具体过程;(4)违法嫌疑人容留他人吸毒的主观目的和动机、起因,是否以牟利为目的;(5)违法嫌疑人容留他人吸毒的次数,单次容留吸毒的人数;(6)违法嫌疑人容留吸毒的人员数量及具体情况,是否容留未成年人吸毒;(7)违法嫌疑人是否向他人贩卖毒品后又容留其吸食、注射毒品,或者容留他人吸食、注射毒品并向其贩卖毒品;(8)违法嫌疑人容留他人吸毒造成的危害后果。

2. 被容留者及证人证言。

(1)被容留者的基本情况;(2)被容留者是否向违法嫌疑人支付容留的费用;(3)违法嫌疑人是否有提供毒品或贩卖毒品的行为;(4)容留吸毒的具体过程、毒品来源及吸食情况。

3. 物证、书证。

(1)现场毒品残留、吸食毒品工具;(2)容留场所的租赁合同、产权证明。

4. 检验、检测报告。

毒品成分检测报告、生物样本(尿液、毛发)检测结果。

5. 视听资料、电子数据。

(1)聊天记录(如约定容留的电子证据);(2)监控录像、执法记录仪拍摄的容留现场证据。

6. 勘验、检查笔录,现场笔录。

对容留吸毒场所的勘验、检查笔录,对吸毒人员及其物品的检查笔录。

7. 辨认笔录。

证人及相关当事人对违法嫌疑人的辨认,嫌疑人对吸食、注射毒品工具的辨认。

8. 其他证据材料。

(1)证明违法嫌疑人身份的材料和违法犯罪记录,如人口信息、户籍证明、身份证、工作证、专业或技术等级证复印件等,法院判决书、行政处罚决定书、释放证明书等有效法律文件;(2)抓获经过、处警经过等。

（二）注意事项

1. 调查容留他人吸毒行为时,重点收集证明行为人有"明知"他人正在吸毒或者即将发生吸毒行为仍允许他人在自己居住、使用或管理的场所吸毒的主观故意的证据。能够直接证明主观故意的证据,如嫌疑人和被容留人之间的聊天内容,吸毒人员、证人证明容留人员看到正在吸毒的场景;能够间接证明主观故意的证据,如收取费用、多次容留等。需要注意的是,行为人虽未积极提供场所,但长期默许他人在其控制场所内吸毒,如房东发现后不驱逐,通常认定具有间接故意,满足"明知"要件。

2.重点收集违法嫌疑人是否构成容留他人吸毒罪的证据。《刑法》第 354 条规定了容留他人吸毒罪,在调查的过程中要注重收集区分罪与非罪的证据。《最高人民法院关于审理毒品犯罪案件适用法律若干问题的解释》第 12 条第 1 款规定了容留他人吸毒罪的认定标准,因此要重点调查违法嫌疑人是否具有以下情形:(1)一次容留多人吸食、注射毒品的;(2)二年内多次容留他人吸食、注射毒品的;(3)二年内曾因容留他人吸食、注射毒品受过行政处罚的;(4)容留未成年人吸食、注射毒品的;(5)以牟利为目的容留他人吸食、注射毒品的;(6)容留他人吸食、注射毒品造成严重后果的;(7)其他应当追究刑事责任的情形。如果满足以上要求之一,便应当按照刑事案件办理而不能按照治安案件办理。

行为认定

(一)对容留他人吸毒行为的认定

主要从以下四方面进行认定:

1.行为侵害的客体是国家对毒品的管制秩序和社会管理秩序。一方面,容留行为为吸毒活动提供了场所便利,侵害国家对毒品的管制秩序;另一方面,容留行为助长了吸毒行为的蔓延,对社会管理秩序造成侵害。

2.行为的客观方面表现为允许、接纳他人在自己居住、使用或管理的场所内吸食、注射毒品,尚不够刑事处罚。场所,既可以是自己居住、使用的住所,也可以临时借用的亲戚、朋友的住所,或者自己租住的出租屋、入住的宾馆、酒店、网约房等场所,还可以是饭店、宾馆、咖啡馆、酒吧、歌舞厅等从业人员利用该营业场所容留他人吸毒,航空器、轮船、火车、汽车的驾驶、管理人员利用该交通工具容留他人吸毒,等等。

3.行为的主体既可以是达到法定责任年龄、具备刑事责任能力的自然人,也可以是单位。例如,娱乐场所、餐饮场所容留他人吸食注射毒品的,应处罚其直接负责的主管人员和其他直接责任人员;其他法律、行政法规对同一行为规定给予单位处罚的,依照其规定处罚。

4.行为的主观方面为故意,即行为人明知他人将要或正在实施吸毒行为,对他人在其控制场所内吸毒的事实持纵容、放任态度。这里的"明知"既包括行为人明确知晓他人吸毒的具体意图或行为,也包括根据当时的客观情境如闻到毒品气味、看见吸毒人员不正常的反应等应当知晓他人已经实施吸毒行为的情形。值得强调的是,"放任不管"属于间接故意的表现形式,即行为人虽未主动促成吸毒行为,但在明知他人吸毒的情况下,未采取任何阻止措施,默认该行为在其控制的场所内发生,其主观上对危害结果的发生持容忍态度,同样符合主观故意的构成要求。

(二)对"明知他人吸毒"的认定

对容留他人吸毒行为中"明知他人吸毒"的界定,直接关乎行为性质的判定与法律责任的归结,其认定需综合多维度因素审慎考量。

"明知"是指行为人明确知道他人吸毒或他人准备吸毒,如吸毒者告知行为人要吸毒、监控显示行为人目睹吸毒过程等。实践中,本行为不存在盖然性较低的"推定明知"。所谓的推定明知,指的是依据客观事实与情境合理推断行为人应当知晓。例如,在某些服务场所,若"顾客"采取反锁门窗、遮挡监控等隐蔽措施而经营者不予打扰的,这些行为即便具有高度违法犯罪嫌疑,但因无法明确指向吸毒行为,其盖然性低因此不能认定行为人明知。但是如果行为人明确闻到毒品气味、看见吸毒人员不正常的反应等,因这些表现具有高度盖然性,则应当认定行为人明知。

(三)对容留他人吸毒行为之"容留"的认定

容留他人吸毒行为的"容留",既可以主动实施,也可以被动实施。所谓主动实施,是指明确表示同意他人在自己居住、使用或管理的场所内吸毒;被动实施,是指发现他人在自己居住、使用或管理的场所内吸毒,不加制止且放任其继续吸毒。此处需要注意,如果是娱乐、餐饮等公共场所的普通服务员发现顾客在场所内吸毒不加制止,放任其继续吸毒,一般不宜认定为容留他人吸毒,因为服务人员对该娱乐场所不具有经营管理权。

(四)与《禁毒法》第61条的衔接

《禁毒法》第61条和《治安管理处罚法》第85条第2款均对容留他人吸毒行为作了规定,在实际操作中应当优先适用《治安管理处罚法》第85条第2款。根据"新法优于旧法"的规则,当新的法律与旧的法律对同一事项的规定不一致时,应当优先适用新的法律。考虑到本款规定的处罚幅度不同于《禁毒法》第61条的规定,在2025年修订后的《治安管理处罚法》施行后,如果出现行为人实施了该类违法行为,公安机关应适用本款规定予以处罚,不能再依据《禁毒法》第61条的规定作出处罚。

(五)与"为吸毒、赌博、卖淫、嫖娼人员提供条件行为"的区分

为吸毒、赌博、卖淫、嫖娼人员提供条件行为(《治安管理处罚法》第87条),是指旅馆业、饮食服务业、文化娱乐业、出租汽车业等单位的人员,在公安机关查处吸毒、赌博、卖淫、嫖娼活动时,为违法犯罪行为人提供条件的。二者在客观方面均为他人实施吸毒行为提供了一定条件,但二者仍在认定标准上存在不同。区分如下:

1. 客观方面不同。容留他人吸毒行为主要是允许他人在自己居住、使用或管理的场所吸食、注射毒品,包括主动提供和被动提供,场所可以是自己的住所、租用的房屋和具有经营管理权限的宾馆房间等。为吸毒、赌博、卖淫、嫖娼人员提供条件行为包括提供了场所,但是不限于提供场所。

2. 实施主体不同。容留他人吸毒行为的实施主体包括自然人和单位。为吸毒、赌博、卖淫、嫖娼人员通风报信或提供条件行为的实施主体为特殊主体,主要是旅馆业、饮食服务业、文化娱乐业、出租汽车业等单位的人员,不包含个体工商户。

3. 主观方面不同。容留他人吸毒行为的主观心理是明知他人将要或正在实施吸毒行为,对他人在其控制场所内吸毒的事实持纵容、放任态度。为吸毒、赌博、卖淫、嫖娼人员通风报信或提供条件行为,其主观心理是在公安机关查处违法活动时明知自己提供条件的行为会助

长违法犯罪活动,仍积极追求该结果。

现实中,旅馆业、饮食服务业、文化娱乐业、出租汽车业等单位的责任人为吸毒提供场所的,应当是"容留吸毒行为"和"为吸毒、赌博、卖淫、嫖娼人员提供条件行为"中从一重处罚。

(六)对承租人在出租房屋内吸毒,出租人是否构成容留他人吸毒行为的理解

承租人在出租房屋内吸食、注射毒品,出租人是否构成容留他人吸毒行为的关键在于出租人出租房屋时是否知晓承租人用于吸毒使用。如出租人出租房屋时不知道承租人承租房屋后用于吸毒,则出租人不构成容留他人吸毒行为。原因在于出租人将房屋出租后,对房屋已经不具有绝对的控制权,因此法律也没有规定其对该行为有报告义务,故房东不构成该行为。但是,房东事后知晓且没有及时报告的,则可以按照《治安管理处罚法》第68条进行处罚。

因此,是否构成容留他人吸毒行为应当坚持主客观一致的原则,即主观上,行为人是否明知他人吸毒仍提供场所;客观上,行为人对其所提供的场所是否有绝对的控制权、是否有制止或报告义务。

(七)与"容留他人吸毒罪"的区分

容留他人吸毒罪(《刑法》第354条),是指允许他人在自己居住、使用或管理的场所吸食、注射毒品,情节严重或造成严重后果,依法应追究刑事责任的犯罪。容留他人吸毒行为与容留他人吸毒罪的区别在于情节和危害后果是否严重。《最高人民法院关于审理毒品犯罪案件适用法律若干问题的解释》第12条第1款规定了构成犯罪的情形:(1)容留吸毒的人数:一次容留多人吸食、注射毒品的;(2)容留吸毒的次数:二年内多次容留他人吸食、注射毒品的;(3)是否有违法记录:二年内曾因容留他人吸食、注射毒品受过行政处罚的;(4)容留对象是否为未成年人:容留未成年人吸食、注射毒品的;(5)容留吸毒的目的:以牟利为目的容留他人吸食、注射毒品的;(6)是否造成严重后果:容留他人吸食、注射毒品造成严重后果的;(7)其他应当追究刑事责任的情形。违法行为人如果没有达到上述容留他人吸毒罪的犯罪标准,即可进行治安管理处罚。

(八)与"娱乐场所容留他人吸食、注射毒品行为"的区分

娱乐场所容留他人吸食、注射毒品行为(《娱乐场所管理条例》第14条),是指娱乐场所及其从业人员容留他人吸食、注射毒品,尚不够刑事处罚的行为。在2025年修订后的《治安管理处罚法》生效后,娱乐场所容留他人吸食、注射毒品的行为,对直接负责的主管人员和其他直接责任人员按《治安管理处罚法》第85条第2款的规定"处十日以上十五日以下拘留,可以并处三千元以下罚款;情节较轻的,处五日以下拘留或者一千元以下罚款";对娱乐场所,按《娱乐场所管理条例》第43条的规定,"由县级公安部门没收违法所得和非法财物,责令停业整顿3个月至6个月;情节严重的,由原发证机关吊销娱乐经营许可证"。

(九)对容留他人吸毒行为"情节较轻"的理解

认定容留他人吸毒行为的"情节较轻",需综合考量行为的社会危害性、行为人主观恶性及悔过表现等方面，予以认定：

1. 行为危害性较小。表现为容留吸毒仅涉及单人次且吸食极少量的毒品的。

2. 主观恶性较小。行为人主观上不愿意容留吸毒，劝说无效后被动容留且仅容留一次的。例如，行为人与吸毒人系亲密关系或近亲属关系，吸毒人在行为人居住、使用或管理的场所偷偷吸毒被行为人发现，行为人劝说无效后放弃，但未报警的。

3. 行为人采取积极行为尝试阻止或及时纠偏的。例如，行为人积极制止、劝阻吸毒人员吸食、注射毒品，或者藏匿毒品及其用具，但未能成功制止的；行为人主动终止容留行为，或在案发后主动自首并配合调查，积极举报、指认吸毒人员的。

此外，有充分证据证明行为人容留他人吸毒行为是被胁迫或完全不知情时，应当属于免责情形。

处罚标准

本行为设置了"一般情形"和"情节较轻"两个层次的处罚。对于"情节较轻"情形的认定，应当结合行为人的动机、手段、目的、行为的次数和造成的后果等综合考虑。

表183 容留他人吸毒行为处罚标准

处罚档次	处罚标准	裁量基准
一般情形	处10日以上15日以下拘留，可以并处3000元以下罚款	/
情节较轻	处5日以下拘留或者1000元以下罚款	①容留吸毒仅涉及单人次且吸食极少量的毒品的
		②行为人主观上不愿意容留吸毒，劝说无效后被动容留一次的
		③行为人主动终止容留行为的
		④其他情节较轻的情形

案例及解析

【基本案情】王某、赵某（已成年）入住李某经营的民宿。李某在送毛巾等物品到上述人员入住的房间时，看见二人正在吸食、注射毒品，李某未予制止也未报警。接群众举报，民警检查时查获王某、赵某吸毒工具及残留毒品。

李某的行为应当如何定性？

【解析】本案中，李某在王某、赵某入住自己经营的民宿后发现两人有吸食、注射毒品行为，李某未予制止且未报告公安机关，构成容留他人吸毒行为，尚未构成容留他人吸毒罪。

关联法条

1.《刑法》(2023年修正)

第354条 【容留他人吸毒罪】容留他人吸食、注射毒品的,处三年以下有期徒刑、拘役或者管制,并处罚金。

2.《禁毒法》(2007年)

第61条 容留他人吸食、注射毒品或者介绍买卖毒品,构成犯罪的,依法追究刑事责任;尚不构成犯罪的,由公安机关处十日以上十五日以下拘留,可以并处三千元以下罚款;情节较轻的,处五日以下拘留或者五百元以下罚款。

3.《娱乐场所管理条例》(2020年修订)

第14条第1款第1项 娱乐场所及其从业人员不得实施下列行为,不得为进入娱乐场所的人员实施下列行为提供条件:

(一)贩卖、提供毒品,或者组织、强迫、教唆、引诱、欺骗、容留他人吸食、注射毒品;

190. 介绍买卖毒品

现行规定

《治安管理处罚法》

第85条第2款 ……介绍买卖毒品的,处十日以上十五日以下拘留,可以并处三千元以下罚款;情节较轻的,处五日以下拘留或者一千元以下罚款。

立案与管辖

(一)立案标准

违法嫌疑人有向他人介绍购买毒品的场所、人员等信息,促成毒品交易,尚不够刑事处罚的行为即达到立案标准。

(二)管辖

介绍买卖毒品案件一般由违法行为地的公安机关管辖。违法行为发生地,包括违法行为的实施地以及开始地、途经地、结束地等与违法行为有关的地点;违法行为有连续、持续或者继续状态的,违法行为连续、持续或者继续实施的地方都属于违法行为发生地。违法结果发生地,包括违法对象被侵害地、违法所得的实际取得地、藏匿地、转移地、使用地、销售地。

根据相关规定,涉毒案件一般由违法行为地公安机关管辖,违法嫌疑人居住地公安机关无权管辖,但是,违法嫌疑人居住地同时也是违法行为地的,则居住地公安机关可基于违法行为地行使管辖权。

证据收集

（一）证据规格

1. 违法嫌疑人陈述。

(1)违法嫌疑人的基本情况；(2)违法嫌疑人介绍他人买卖毒品的时间、地点、具体过程；(3)违法嫌疑人介绍他人买卖毒品的主观目的和动机、起因，是否以牟利为目的；(4)违法嫌疑人介绍他人买卖毒品的次数；(5)交易双方信息、毒品种类及数量；(6)违法嫌疑人是否明知买卖物品是毒品仍参与介绍。

2. 买卖双方及证人证言。

(1)买卖双方的基本情况；(2)证实介绍行为的具体过程、交易细节及毒品流向。

3. 物证、书证。

(1)交易的毒品实物；(2)交易资金；(3)通讯工具(手机、电脑)。

4. 鉴定意见。

毒品成分检测报告、聊天记录等电子数据真实性鉴定。

5. 视听资料、电子数据。

(1)监控录像、执法记录仪拍摄的交易现场或通讯记录；(2)社交软件上的聊天记录、转账凭证等证据。

6. 勘验、检查笔录，现场笔录。

对毒品交易场所的勘验、检查笔录。

7. 辨认笔录。

证人、毒品买卖双方对违法嫌疑人的辨认。

8. 其他证据材料。

(1)证明违法嫌疑人身份的材料和违法犯罪记录，如人口信息、户籍证明、身份证、工作证、专业或技术等级证复印件等，法院判决书、行政处罚决定书、释放证明书等有效法律文件。(2)抓获经过、处警经过等。

（二）注意事项

1. 重点收集证明行为人"明知"是毒品仍参与介绍买卖的证据。包括行为人对毒品性质的供述、与交易双方的沟通记录，使用涉毒暗语的沟通记录，涉毒违法犯罪的记录，以及异常交易情况等。

2. 通过网络介绍买卖毒品的行为，应注意提取电子数据证据。

行为认定

（一）对介绍买卖毒品行为的认定

主要从以下四个方面进行认定：

1. 行为侵害的客体是国家对毒品的管制秩序和社会管理秩序。

2. 行为的客观方面表现为向他人介绍购买毒品的场所、人员、价格、品质等信息,促成毒品交易,尚不够刑事处罚。这些行为无论是否有偿,只要客观上为毒品交易的达成提供了帮助,即符合该行为客观方面的认定条件,且行为的完成不以毒品交易成功为必要,只要实施了上述介绍行为即可认定。

3. 行为的主体只能是自然人,单位不能构成此行为。

4. 行为的主观方面为故意,即行为人明知介绍行为会为吸毒者获得毒品带来便利,仍然积极促成,实施介绍的行为。行为人主观上并不以牟利为目的,只要实施了相关行为就可以予以处罚。

(二)对介绍买卖毒品行为之"介绍"的认定

介绍,一般是指向吸毒人员透露购买毒品的场所、人员、价格、品质等情况,或者在双方买卖毒品之间进行撮合、搭桥。① 从行为指向来看,"介绍"的内容既包括向购毒者透露购买毒品的信息,如告知其可供交易的场所、潜在的卖方人员或买方人员的联系方式、交易习惯等信息,也涵盖在毒品买方与卖方之间进行撮合与搭桥。"介绍"的方式具有多样性,既可以是直接的言语告知,也可以是通过传递纸条、电子信息等方式提供线索。无论形式如何,只要行为客观上为毒品交易的达成创造了条件,就符合"介绍"在法律层面的界定。

(三)与"贩卖毒品罪"的区别

贩卖毒品罪(《刑法》第 347 条),是指明知是毒品而非法销售或者以贩卖为目的而非法收买的行为。介绍买卖毒品行为与贩卖毒品罪的区别主要在于行为人的动机和目的。介绍买卖毒品行为是居间行为,为毒品交易主体提供交易信息、介绍交易对象等,发挥介绍联络的作用,介绍人并无共同贩卖毒品或者共同购买毒品的意图;而贩卖毒品罪的行为人直接参与毒品交易并从中获利。最高人民法院 2023 年《全国法院毒品案件审判工作会议纪要》对有些看似介绍,但实质是贩卖毒品的情形作了解释:(1)行为人受吸毒者委托,为其介绍联络购毒者的,与贩毒者构成贩卖毒品罪的共同犯罪。(2)明知购毒者以贩卖为目的购买毒品,行为人受委托为其介绍联络贩毒者的,行为人与购毒者构成贩卖毒品的共同犯罪。(3)同时与贩毒者、购毒者共谋,联络促成双方交易的,通常认定与贩毒者构成贩卖毒品罪的共同犯罪。

(四)与"非法持有毒品罪"的关联

非法持有毒品罪(《刑法》第 348 条),是指除依照国家有关规定生产、管理、运输、使用麻醉药品、精神药品以外而持有毒品的行为。② 最高人民法院 2023 年《全国法院毒品案件审判工作会议纪要》对此作了解释:受以吸食为目的的购毒者委托,为其提供购毒信息或者介绍认识贩毒者,毒品数量达到《刑法》第 348 条规定的最低数量标准的,一般与购毒者构成非法持有毒品共同犯罪。例如,购毒者毒品数量达到《刑法》第 348 条规定的最低数量标准的,介绍

---

① 参见孙茂利主编:《违反公安行政管理行为名称释义与实务指南(2021 年版)》,中国民主法制出版社 2021 年版,第 821 页。

② 参见陈兴良、刘树德、王芳凯编:《注释刑法全书》,北京大学出版社 2022 年版,第 1972 页。

行为人一般与购毒者构成非法持有毒品罪的共同犯罪。

（五）对介绍买卖毒品行为"情节较轻"的认定

认定介绍买卖毒品行为"情节较轻"需综合考量行为的社会危害性、行为人主观恶性、悔过态度等方面：

1. 危害后果轻微或者未造成实际危害结果的。例如，介绍购买少量毒品，且仅提供单方信息未跟踪或促成交易的，如仅向买方提供卖方信息或者仅向卖方提供买方信息，未实际促成毒品交易的。

2. 主观恶性较小的。行为人迫于压力和威胁，被迫提供买方或卖方信息的；在案发前主动采取行动阻止双方联络和交易的。

3. 主动报告公安机关、真诚悔过的。行为人事后自首，真诚悔过，积极配合公安机关调查的。

处罚标准

本行为设置了"一般情形"和"情节较轻"两个处罚档次。对于"情节较轻"情形的认定，应当结合行为的社会危害性、行为人主观恶性、悔过态度等方面综合考虑。

表184　介绍买卖毒品行为处罚标准

处罚档次	处罚标准	裁量基准
一般情形	处10日以上15日以下拘留，可以并处3000元以下罚款	/
情节较轻	处5日以下拘留或者1000元以下罚款	①未实际促成毒品交易的 ②在案发前主动采取行动阻止双方联络和交易的 ③其他情节较轻的情形

案例及解析

【基本案情】吸毒人员李某（买家）为满足自己吸毒需要，向朋友张某打探是否有购买毒品的渠道。张某将王某（卖家）的联系方式、居住地点等信息告知李某，同时将李某的情况也告诉了王某，但未收取任何费用，此后张某并未介入双方交易毒品的过程。李某及王某二人经线上联系后，双方约定交易地点后被捕。现场查获冰毒5克。

张某的行为应当如何定性？

【解析】本案中，张某明知是购毒者有购买毒品供自身吸食的需要仍介绍，买卖双方因张某的介绍而进行毒品交易，张某行为虽不构成刑事处罚，但构成《治安管理处罚法》第85条第2款的介绍买卖毒品行为。

关联法条

1.《刑法》(2023年修正)

第347条第1款 【走私、贩卖、运输、制造毒品罪】走私、贩卖、运输、制造毒品，无论数量多少，都应当追究刑事责任，予以刑事处罚。

第348条 【非法持有毒品罪】非法持有鸦片一千克以上、海洛因或者甲基苯丙胺五十克以上或者其他毒品数量大的，处七年以上有期徒刑或者无期徒刑，并处罚金；非法持有鸦片二百克以上不满一千克、海洛因或者甲基苯丙胺十克以上不满五十克或者其他毒品数量较大的，处三年以下有期徒刑、拘役或者管制，并处罚金；情节严重的，处三年以上七年以下有期徒刑，并处罚金。

2.《禁毒法》(2007年)

第61条 容留他人吸食、注射毒品或者介绍买卖毒品，构成犯罪的，依法追究刑事责任；尚不构成犯罪的，由公安机关处十日以上十五日以下拘留，可以并处三千元以下罚款；情节较轻的，处五日以下拘留或者五百元以下罚款。

3.《全国法院毒品案件审判工作会议纪要》(2023年)

四、共同犯罪问题

(二)关于居间介绍买卖毒品

对于居间介绍买卖毒品行为，应当准确认定，并与居中倒卖毒品行为相区别。居间介绍者在毒品交易中处于中间人地位，发挥介绍联络作用，通常与交易一方构成共同犯罪，但不以牟利为要件。受购毒者或者贩毒者委托，为其提供交易信息、介绍交易对象、居中协调交易数量、价格，或者提供其他帮助，促成毒品交易的，属于居间介绍买卖毒品。居中倒卖者则属于毒品交易主体，与前后环节的交易对象是上下家关系，直接与上家、下家联系，自主决定交易毒品的数量、价格并赚取差价。

第六十一节 《治安管理处罚法》第86条

191. 非法生产、经营、购买、运输用于制毒物品

> **现行规定**

《治安管理处罚法》

第86条 违反国家规定,非法生产、经营、购买、运输用于制造毒品的原料、配剂的,处十日以上十五日以下拘留;情节较轻的,处五日以上十日以下拘留。

> **立案与管辖**

(一)立案标准

违法嫌疑人有违反国家规定,非法生产、经营、购买、运输醋酸酐、乙醚、三氯甲烷或者其他用于制造毒品的原料、配剂,数量尚未达到《刑法》第350条"非法生产、买卖、运输制毒物品、走私制毒物品罪"要求的"情节较重"标准的,即达到本条规定的立案标准。这里的"国家规定"是指全国人大及其常委会制定的法律和决定,国务院制定的行政法规、规定的行政措施、发布的决定和命令。根据《禁毒法》第21条的相关规定,国家对易制毒化学品的生产、经营、购买、运输实行许可制度。没有经过许可非法生产、经营、购买、运输用于制造毒品的原料、配剂的行为,均属于本条规定的违法行为。

(二)管辖

非法生产、经营、购买、运输用于制毒物品案件一般由违法行为地的公安机关管辖。

违法行为地包括违法行为发生地和违法结果发生地。违法行为发生地,包括非法生产、经营、购买、运输的实施地以及开始地、途经地、结束地等与非法生产、经营、购买、运输行为有关的地点;非法生产、经营、购买、运输行为有连续、持续或者继续状态的,违法行为连续、持续或者继续实施的地点都属于违法行为发生地。违法结果发生地,包括违法对象被侵害地,违法所得的实际取得地、藏匿地、转移地、使用地、销售地。

根据相关规定,涉毒案件一般由违法行为地公安机关管辖,违法嫌疑人居住地公安机关无权管辖。但是,违法嫌疑人居住地同时也是违法行为地的,则居住地公安机关可基于违法行为地行使管辖权。

证据收集

（一）证据规格

1. 违法嫌疑人陈述和申辩。

（1）违法嫌疑人的基本情况；（2）违法行为的动机和目的；（3）问明毒品原料、配剂的种类、来源、运输目的地。

2. 被侵害人陈述和其他证人证言。

问明非法生产、经营、购买、运输用于制毒物品行为的参与者身份特征、人数、地点、时间、数量等。

3. 物证、书证。

（1）对于非法生产、经营行为：收集毒品原料、配剂生产工具、实物、包装物等物证，以及生产记录、分工记录、配方等书证；（2）对于非法购买、运输行为：收集毒品原料、配剂实物、包装物等物证，以及收据、合同、交易记录等书证。

4. 鉴定意见。

毒品原料、配剂成分的鉴定意见。

5. 视听资料、电子数据。

收集现场监控录像、运输行车记录、通话记录、社交软件聊天记录、银行交易记录等。

6. 勘验、检查笔录，现场笔录。

生产、经营场所现场勘查笔录、现场照片、提取的痕迹物证等。

7. 辨认笔录。

证人及相关当事人对违法嫌疑人的辨认；嫌疑人之间互相辨认以及对非法生产等作案工具的辨认。

8. 其他证据材料。

（1）证明违法嫌疑人身份的材料和违法犯罪记录，如人口信息、户籍证明、身份证、工作证、专业或技术等级证复印件等；法院判决书、行政处罚决定书、释放证明书等有效法律文件。（2）抓获经过、处警经过等。

（二）注意事项

1. 注重对"非法"生产、经营、购买、运输用于制毒物品行为的认定。非法生产、经营、购买、运输用于制毒物品认定的关键在于是否存在违反国家规定的行为。

2. 注重对非法生产、经营、购买、运输用于制毒物品的鉴定。不同制毒物品可能涉及不同的法律责任，在治安管理处罚中，执法人员应注重对制毒物品种类的鉴定，依法追究相应的法律责任。

3. 注重对非法生产、经营、购买、运输用于制毒物品数量的认定。毒品的数量是认定违法行为情节轻重的重要依据，在治安管理处罚中，执法人员应注重对毒品数量的认定，针对不同情节依法进行处罚。

4. 注重对非法生产、经营、购买、运输用于制毒物品现场的勘查。非法生产、经营、购买、运输用于制毒物品现场是收集证据的重要场所,在治安管理处罚中,执法人员应注重对非法生产、经营、购买、运输用于制毒物品现场的勘查,提取相关痕迹物证。

行为认定

(一)对非法生产、经营、购买、运输用于制毒物品行为的认定

1. 本行为侵犯的客体是社会管理秩序,尤其是国家对毒品相关原料、配剂的生产、经营、运输管理秩序。

2. 本行为的客观方面表现为违反国家规定非法生产、经营、购买、运输用于制毒物品的行为。(1)非法生产,即行为人明知是毒品原料或配剂,未经许可生产或者违反国家规定加工、提炼、制造制毒物品的行为。(2)非法经营,是指未经许可经营专营、专卖制造毒品的原料、配剂,买卖进出口许可证等经营许可证或批准文件,以及从事其他非法经营活动,扰乱市场秩序的行为。(3)非法购买,指违反国家规定,未经许可购买或者违法获取制毒物品的行为。表现形式包括向非法经营者或个人购买、伪造资质文件购买等。(4)非法运输,是指采用未经许可携带、邮寄、利用他人或者使用交通工具等方法在我国领域内转移制造毒品的原料、配剂的行为;如果非法跨境运输则构成走私行为。

3. 本行为实施主体既可以是个人,也可以是单位。单位违反本行为规定的,根据《治安管理处罚法》第18条的规定,对其直接负责的主管人员和其他直接责任人员依照本法的规定处罚。

4. 本行为的主观方面是故意,即行为人明知所生产、经营、购买、运输的物品属于制毒原料、配剂,仍积极非法施行。

(二)非法购买行为的认定

根据2009年6月23日《最高人民法院、最高人民检察院、公安部关于办理制毒物品犯罪案件适用法律若干问题的意见》的规定,违反国家规定实施以下行为的可以认定为非法购买制毒物品行为:(1)未经许可或者备案,擅自购买易制毒化学品的;(2)超出许可证明或者备案证明的品种、数量范围购买易制毒化学品的;(3)使用他人的或者伪造、变造、失效的许可证明或者备案证明购买易制毒化学品的;(4)经营单位违反规定,明知购买者使用他人的或者伪造、变造、失效的购买许可证明、备案证明,向其销售易制毒化学品的。本行为的非法购买行为的认定可以参考上述规定。

(三)与"非法生产、买卖、运输制毒物品、走私制毒物品罪"的区别

非法生产、买卖、运输制毒物品、走私制毒物品罪(《刑法》第350条)是指违反国家规定,非法生产、买卖、运输醋酸酐、乙醚、三氯甲烷或者其他用于制造毒品的原料、配剂,或者携带上述物品进出境,情节较重的行为。[1] 区分二者的主要依据在于情节严重程度。2016年《最

---

[1] 参见张明楷:《刑法学》(第6版)(下册),法律出版社2021年版,第1982页。

高人民法院关于审理毒品犯罪案件适用法律若干问题的解释》对"情节较重"作了具体规定，即达到以下数量标准的，属于"情节较重"：（1）麻黄碱（麻黄素）、伪麻黄碱（伪麻黄素）、消旋麻黄碱（消旋麻黄素）1千克以上不满5千克；（2）1-苯基-2-丙酮、1-苯基-2-溴-1-丙酮、3,4-亚甲基二氧苯基-2-丙酮、羟亚胺2千克以上不满10千克；（3）3-氧-2-苯基丁腈、邻氯苯基环戊酮、去甲麻黄碱（去甲麻黄素）、甲基麻黄碱（甲基麻黄素）4千克以上不满20千克；（4）醋酸酐10千克以上不满50千克；（5）麻黄浸膏、麻黄浸膏粉、胡椒醛、黄樟素、黄樟油、异黄樟素、麦角酸、麦角胺、麦角新碱、苯乙酸20千克以上不满100千克；（6）N-乙酰邻氨基苯酸、邻氨基苯甲酸、三氯甲烷、乙醚、哌啶50千克以上不满250千克；（7）甲苯、丙酮、甲基乙基酮、高锰酸钾、硫酸、盐酸100千克以上不满500千克；（8）其他制毒物品数量相当的。未达到以上数量标准的，应当依据《治安管理处罚法》以本行为进行治安管理处罚。

（四）走私制毒物品后在境内销售行为的认定

走私制毒物品后在境内销售的行为不能被认定为本行为中的非法经营行为。根据《刑法》第350条的规定，违反国家规定，非法运输、携带醋酸酐、乙醚、三氯甲烷或者其他用于制造毒品的原料、配剂进出境，情节较重的，构成走私制毒物品罪。而在境内销售制毒物品的行为，可视为走私制毒物品罪后续的一个环节，不另行定罪，仍以走私制毒物品罪论处。如果行为人明知他人制造毒品，而将走私的制毒物品销售给他人，则应以制造毒品罪的共犯论处。

（五）是否构成其他刑事犯罪的共犯

违法行为人违反国家规定，非法生产、经营、购买、运输用于制造毒品的原料、配剂时，若主观上"明知他人制造毒品"，则不构成违反《治安管理处罚法》的违法行为，而应以制造毒品罪的共犯论处。

🛡 处罚标准

本行为分为"一般情形"和"情节较轻"两个处罚档次。

表185 非法生产、经营、购买、运输用于制毒物品行为处罚标准

处罚档次	处罚标准	裁量基准
一般情形	处10日以上15日以下拘留	/
情节较轻	处5日以上10日以下拘留	①非法生产、经营、购买、运输用于制毒物品未能实际实施的 ②非法生产、经营、购买、运输用于制毒物品极为少量的 ③其他情节较轻的行为

🛡 案例及解析

【基本案情】 化工贸易公司实际控制人张某为牟利，伪造"工业清洗剂"品名，从山东非法购入50公斤丙酮，指使货车司机李某绕行检查站运往福建。在途经某地时，遇到公安机关设

置的临时检查站遭查获,李某并不知道自己运输的是制毒物品。

对张某和李某的行为应当如何认定?

【解析】 本案中,张某明知丙酮是制毒物品,其购买应当经过许可,但仍伪造品名,进行违法购买,构成非法购买用于制毒物品行为。而后张某指挥李某运输该制毒物品的行为又涉及非法运输用于制毒物品行为,但是两个行为之间有牵连关系,可以只认定为一个行为,即非法购买用于制毒物品行为。由于司机李某对于非法运输的行为不知情,不具有主观故意,应当不予处罚。

关联法条

1.《刑法》(2023年修正)

第350条 【非法生产、买卖、运输制毒物品、走私制毒物品罪】违反国家规定,非法生产、买卖、运输醋酸酐、乙醚、三氯甲烷或者其他用于制造毒品的原料、配剂,或者携带上述物品进出境,情节较重的,处三年以下有期徒刑、拘役或者管制,并处罚金;情节严重的,处三年以上七年以下有期徒刑,并处罚金;情节特别严重的,处七年以上有期徒刑,并处罚金或者没收财产。

明知他人制造毒品而为其生产、买卖、运输前款规定的物品的,以制造毒品罪的共犯论处。

单位犯前两款罪的,对单位判处罚金,并对其直接负责的主管人员和其他直接责任人员,依照前两款的规定处罚。

2.《禁毒法》(2007年)

第64条 在易制毒化学品的生产、经营、购买、运输或者进口、出口活动中,违反国家规定,致使易制毒化学品流入非法渠道,构成犯罪的,依法追究刑事责任;尚不构成犯罪的,依照有关法律、行政法规的规定给予处罚。

第六十二节 《治安管理处罚法》第 87 条

192. 为吸毒、赌博、卖淫、嫖娼人员通风报信

现行规定

《治安管理处罚法》

第87条 旅馆业、饮食服务业、文化娱乐业、出租汽车业等单位的人员,在公安机关查处吸毒、赌博、卖淫、嫖娼活动时,为违法犯罪行为人通风报信的……处十日以上十五日以下拘留;情节较轻的,处五日以下拘留或者一千元以上二千元以下罚款。

立案与管辖

（一）立案标准

违法嫌疑人是旅馆业、饮食服务业、文化娱乐业、出租汽车业等单位的人员,在公安机关查处吸毒、赌博、卖淫、嫖娼活动时,有为违法行为人通风报信,尚不够刑事处罚的行为即达到立案标准。

（二）管辖

为吸毒、赌博、卖淫、嫖娼人员通风报信案件一般由违法行为地公安机关管辖。违法行为地包括违法行为发生地和违法结果发生地。违法行为发生地,主要包括违法行为的实施地以及开始地、途经地、结束地等与违法行为有关的地点;违法行为有连续、持续或者继续状态的,违法行为连续、持续或者继续实施的地方都属于违法行为发生地。违法结果发生地,包括违法对象被侵害地,违法所得的实际取得地、藏匿地、转移地、使用地、销售地。在为吸毒、赌博、卖淫、嫖娼人员通风报信案件中,违法行为发生地包括通风报信相关信息的编辑地、发出地,以及接收通风报信的吸毒、赌博、卖淫、嫖娼活动所在地。

根据相关规定,涉毒案件一般由违法行为地公安机关管辖,违法行为人居住地公安机关无权管辖,但是,违法嫌疑人居住地同时也是违法行为地的,则居住地公安机关可基于违法行为地行使管辖权。实践中,公安机关根据日常管理中发现的相关线索,对满足管辖条件的案件均应及时、有效行使管辖权。

证据收集

（一）证据规格

为吸毒、赌博、卖淫、嫖娼人员通风报信行为的调查和证据收集重点在于,证明客观行为

存在及其表现。在一个完整的为吸毒、赌博、卖淫、嫖娼人员通风报信行为事实认定中,需要收集的证据规格如下。

1. 违法嫌疑人陈述和申辩。

(1)违法嫌疑人的基本情况;(2)为吸毒、赌博、卖淫、嫖娼人员通风报信的时间、地点、方式、内容,通风报信的对象和次数;(3)违法嫌疑人实施通风报信的主观目的、动机以及是否有获利情况;(4)违法嫌疑人通风报信的具体行为过程及其他涉案违法行为人;(5)之前是否因通风报信受过刑事处罚或者行政处罚。

2. 其他证人证言。

(1)吸毒、赌博、卖淫、嫖娼人员的基本情况和违法事实,以及接到通风报信的时间、地点、方式、具体过程等;(2)被通风报信人收到信息后是否逃避查处,以及是否向违法嫌疑人支付报酬或与其存在利益关系;(3)违法嫌疑人可疑行动、身份特征等。

3. 物证、书证。

违法嫌疑人用于通风报信的通信设备、暗语本等其他工具。

4. 鉴定意见。

违法嫌疑人精神病鉴定。

5. 视听资料、电子数据。

(1)违法嫌疑人通风报信通话记录、短信记录、微信聊天记录等;(2)现场音视频、视频监控资料;(3)现场执法视频。

6. 勘验、检查笔录,现场笔录。

现场勘查笔录、现场图、现场照片、提取的痕迹物证等。

7. 辨认笔录。

被侵害人或证人对违法嫌疑人的辨认;嫌疑人之间的相互辨认以及对作案工具的辨认。

8. 其他证据材料。

(1)证明违法嫌疑人身份的材料和违法犯罪记录。如人口信息、户籍证明,以及身份证、工作证、专业或技术等级证复印件等;法院判决书、行政处罚决定书、释放证明书等有效法律文件。(2)抓获经过、处警经过等。

(二)注意事项

1. 注意该类行为特殊主体义务。此类行为针对的是特殊场所的从业人员和管理人员,而非所有的场所或者活动和服务。

2. 注意该类行为的发生时间。注意区分制止与通风报信的区别,在公安机关查处违法犯罪活动时,实施通风报信行为的属于违法,而非查处期间的提醒与制止则不属于通风报信。

为吸毒、赌博、卖淫、嫖娼人员通风报信行为的本质是故意阻碍公安机关依法查处违法行为。须证明在公安机关依法执行职务的过程中,行为人明知对方是吸毒、赌博、卖淫、嫖娼违法嫌疑人,故意通风报信,意图使其逃避查处。

> 行为认定

(一)对为吸毒、赌博、卖淫、嫖娼人员通风报信行为的认定

主要从以下四个方面进行认定:

1. 行为侵害的客体是公安机关的执法活动。即为吸毒、赌博、卖淫、嫖娼人员通风报信行为,妨碍公安机关合法查处活动。

2. 行为的客观方面表现为在公安机关查处吸毒、赌博、卖淫、嫖娼活动时,为违法犯罪行为人通风报信,尚不够刑事处罚的行为。本行为在客观方面必须同时具备下列要件:(1)为违法犯罪行为人通风报信时间是在公安机关查处吸毒、赌博、卖淫、嫖娼活动时。不仅包括公安机关相关查处活动的实施过程中,还包括公安机关拟开展行动的准备阶段。如果是在公安机关查处吸毒、赌博、卖淫、嫖娼以外的其他违法犯罪时,为从事此类违法犯罪的行为人通风报信,则不构成本行为。(2)通风报信的对象是吸毒、赌博、卖淫、嫖娼的违法犯罪行为人。如果是为其他违法犯罪行为人通风报信,则不构成本行为。(3)通风报信的内容是公安机关将要查处或者正在查处的信息。(4)通风报信的形式不限,只要可以使吸毒、赌博、卖淫、嫖娼的违法犯罪行为人知悉相关信息,就可构成本行为。①

3. 本行为的主体是特殊主体。即旅馆业、饮食服务业、文化娱乐业、出租汽车业等单位的人员。个体户不属于本条所称的单位。

4. 行为的主观方面是故意。即明知通风报信行为会帮助他人规避法律后果,仍然积极施行。

(二)本行为与"窝藏、包庇罪"(《刑法》第 362 条)的区别

根据《刑法》第 362 条规定,旅馆业、饮食服务业、文化娱乐业、出租汽车业等单位的人员,在公安机关查处卖淫、嫖娼活动时,为违法犯罪分子通风报信,情节严重的行为构成窝藏、包庇罪。为吸毒、赌博、卖淫、嫖娼人员通风报信的行为与包庇、窝藏罪的主要区别是:

1. 行为的情节和后果。为卖淫、嫖娼活动通风报信的行为,只有情节严重的才构成窝藏、包庇罪。根据《最高人民法院、最高人民检察院关于办理组织、强迫、引诱、容留、介绍卖淫刑事案件适用法律若干问题的解释》的规定,具有下列情形之一的,应当认定为《刑法》第 362 条规定的"情节严重":(1)向组织、强迫卖淫犯罪集团通风报信的;(2)两年内通风报信 3 次以上的;(3)一年内因通风报信被行政处罚,又实施通风报信行为的;(4)致使犯罪集团的首要分子或者其他共同犯罪的主犯未能及时归案的;(5)造成卖淫嫖娼人员逃跑,致使公安机关查处犯罪行为因取证困难而撤销刑事案件的;(6)非法获利 1 万元以上的;(7)其他情节严重的情形。

2. 发生的场合。《刑法》第 362 条规定的窝藏、包庇罪仅限于在公安机关查处卖淫、嫖娼

---

① 参见孙茂利主编:《违反公安行政管理行为名称释义与实务指南(2021 年版)》,中国民主法制出版社 2021 年版,第 272 页。

活动时,为违法犯罪分子通风报信,情节严重的,才构成窝藏、包庇罪。在公安机关查处吸毒、赌博活动时,为违法犯罪分子通风报信,即使情节严重也只能以本行为给予治安管理处罚。

处罚标准

本行为设置"一般情形"和"情节较轻"两个层次的处罚。应当注意,在2025年修订的《治安管理处罚法》中,增加了"情节较轻"这一处罚层次。

表186 为吸毒、赌博、卖淫、嫖娼人员通风报信行为处罚标准

处罚档次	处罚标准	裁量基准
一般情形	处10日以上15日以下拘留	/
情节较轻	处5日以下拘留或者1000元以上2000元以下罚款	①以通风报信行为未导致违法行为人逃避公安机关查处的
		②违法行为人行为危害性低,如传递信息模糊隐晦,未直接指明执法内容的
		③违法行为人主观恶性较小,如受请求、胁迫等非主动通风报信的
		④其他情节较轻的情形

案例及解析

【基本案情】警方在查处某洗浴中心时,该场所工作人员郭某某欲使用吧台报警钥匙向正在从事卖淫嫖娼活动的技师通风报信,后被民警及时控制。

郭某某的行为应如何定性?

【解析】本案中,郭某某作为洗浴中心工作人员,明知场所内存在违法活动,仍积极通风报信帮助违法人员逃避执法,已经构成为卖淫、嫖娼人员通风报信行为,应当受到治安管理处罚。

关联法条

1.《刑法》(2023年修正)

第310条 【窝藏、包庇罪】明知是犯罪的人而为其提供隐藏处所、财物,帮助其逃匿或者作假证明包庇的,处三年以下有期徒刑、拘役或者管制;情节严重的,处三年以上十年以下有期徒刑。

犯前款罪,事前通谋的,以共同犯罪论处。

第362条 【窝藏、包庇罪】旅馆业、饮食服务业、文化娱乐业、出租汽车业等单位的人员,在公安机关查处卖淫、嫖娼活动时,为违法犯罪分子通风报信,情节严重的,依照本法第三百一十条的规定定罪处罚。

2.《最高人民法院、最高人民检察院关于办理组织、强迫、引诱、容留、介绍卖淫刑事案件适用法律若干问题的解释》(法释〔2017〕13号)

第14条第1款 根据刑法第三百六十二条、第三百一十条的规定,旅馆业、饮食服务业、文化娱乐

业、出租汽车业等单位的人员,在公安机关查处卖淫、嫖娼活动时,为违法犯罪分子通风报信,情节严重的,以包庇罪定罪处罚。事前与犯罪分子通谋的,以共同犯罪论处。

193. 为吸毒、赌博、卖淫、嫖娼人员提供条件

现行规定

《治安管理处罚法》

第 87 条 旅馆业、饮食服务业、文化娱乐业、出租汽车业等单位的人员,在公安机关查处吸毒、赌博、卖淫、嫖娼活动时……以其他方式为上述活动提供条件的,处十日以上十五日以下拘留;情节较轻的,处五日以下拘留或者一千元以上二千元以下罚款。

立案与管辖

(一)立案标准

违法嫌疑人是旅馆业、饮食服务业、文化娱乐业、出租汽车业等单位的人员,在公安机关查处卖淫、嫖娼活动时,有以提供场所等其他方式为上述活动提供条件的行为,尚不够刑事处罚即达到立案标准。

(二)管辖

为吸毒、赌博、卖淫、嫖娼人员提供条件案件一般由违法行为地公安机关管辖。违法行为地包括违法行为发生地和违法结果发生地。违法行为发生地主要包括违法行为的实施地以及开始地、途经地、结束地等与违法行为有关的地点;违法行为有连续、持续或者继续状态的,违法行为连续、持续或者继续实施的地方都属于违法行为发生地。违法结果发生地,包括违法对象被侵害地,违法所得的实际取得地、藏匿地、转移地、使用地、销售地。在为吸毒、赌博、卖淫、嫖娼人员提供条件案件中,违法行为发生地包括为吸毒、赌博、卖淫、嫖娼活动提供场所、工具或其他便利条件的提供地、准备地,以及接受所提供的相关条件开展吸毒、赌博、卖淫、嫖娼活动的实际发生地。

根据相关规定,涉毒案件一般由违法行为地公安机关管辖,违法行为人居住地公安机关无权管辖。但是,违法嫌疑人居住地同时也是违法行为地的,居住地公安机关可基于违法行为地行使管辖权。实践中,公安机关根据日常管理中发现的相关线索,对满足上述管辖条件的案件均应及时、有效行使管辖权。

证据收集

(一)证据规格

为吸毒、赌博、卖淫、嫖娼人员提供条件行为的调查和证据收集重点在于,证明客观行为

存在及其表现。在一个完整的为吸毒、赌博、卖淫、嫖娼人员提供条件行为事实认定中,需要收集的证据规格如下。

1. 违法嫌疑人陈述和申辩。

(1)违法嫌疑人的基本情况;(2)违法行为的动机和目的;(3)违法嫌疑人是否因提供条件受过刑事处罚或者行政处罚;(4)违法嫌疑人提供条件的具体行为过程及其他涉案违法嫌疑人。

2. 被侵害人陈述和其他证人证言。

(1)吸毒、赌博、卖淫、嫖娼人员的基本情况和违法事实,以及提供条件的时间、地点、方式、具体过程等;(2)与违法嫌疑人是否存在支付报酬的情形或利益关系;(3)违法嫌疑人可疑行动、身份特征等。

3. 物证、书证。

涉案单位的营业许可证明;住宿登记记录;吸毒、卖淫、嫖娼、赌博相关违法犯罪物证、书证。

4. 鉴定意见。

违法嫌疑人精神病鉴定。

5. 视听资料、电子数据。

(1)违法嫌疑人提供条件的相关通话记录、短信记录、微信聊天记录等;(2)现场音视频、视频监控资料;(3)现场执法视频。

6. 勘验、检查笔录,现场笔录。

现场勘查笔录、现场图、现场照片、提取的痕迹物证等。

7. 辨认笔录。

被侵害人或证人对违法嫌疑人的辨认;嫌疑人之间的相互辨认以及对作案工具的辨认。

8. 其他证据材料。

(1)证明违法嫌疑人身份的材料和违法犯罪记录。如人口信息、户籍证明,以及身份证、工作证、专业或技术等级证复印件等;法院判决书、行政处罚决定书、释放证明书等有效法律文件。(2)抓获经过、处警经过等。

(二)注意事项

在为吸毒、赌博、卖淫、嫖娼人员提供条件案件中,执法人员应注意收集能证明相关行业从业人员存在"主观故意"和"行业主体责任"的关键证据,如服务员、司机等承认为留住客源而"默许违法活动"的陈述;若同一场所因同类行为被警告或处罚后再次发生违法行为,可以证明其为明知故犯;若有其他消费者的举报或投诉记录,多次反映经营场所涉黄赌毒而未处理,可以佐证其有放任故意;若其行业内部管理制度有相关规定、培训记录等内容,可以证明其未尽注意、报告义务。

🛡 行为认定

（一）对为吸毒、赌博、卖淫、嫖娼人员提供条件行为的认定

主要从以下四个方面进行认定：

1. 行为侵犯的客体是社会管理秩序。即为吸毒、赌博、卖淫、嫖娼人员提供条件行为，妨碍公安机关查处违法行为的执法活动。

2. 行为的客观方面表现为为吸毒、赌博、卖淫、嫖娼活动提供工具、场所、运输、餐饮等条件，尚不够刑事处罚的行为。如旅馆管理人员明知房客在吸毒，为其放风；出租车司机明知对方是卖淫女，常年为其提供接送服务等。提供条件的行为有无获利，并不影响违法行为的成立。但若其违法情节及后果达到相关法律规定的刑事案件立案追诉标准，则应予追究有关责任人员的刑事责任。

3. 行为的实施主体是特殊主体，即旅馆业、饮食服务业、文化娱乐业、出租汽车业等单位的主管人员和其他直接责任人员。这些行业的经营人员对吸毒、赌博、卖淫、嫖娼等违法犯罪有报告公安机关的义务。若此类人员消极履行义务，并且为吸毒、赌博、卖淫、嫖娼人员提供条件，侵害社会管理秩序，应受治安管理处罚。个体户不属于本条所称的单位。

4. 行为的主观方面是故意，包含直接故意和间接故意两种形态。直接故意，是指违法行为人明知自己提供条件的行为会助长违法犯罪活动，仍积极追求该结果，如旅馆前台故意不登记涉毒人员身份信息以逃避检查；间接故意，是指违法行为人明知可能发生违法犯罪活动，但为牟利或维系客户关系而放任结果发生，如餐厅老板发现顾客在包间赌博，未报告公安机关而是默许其继续赌博行为。在认定主观方面时应参考行业经验与常识、经营场所是否曾被处罚或警告、是否有逃避监管行为以及客观的综合证据等事实来全面认定。

（二）对"以其他方式提供条件"的界定

旅馆业、饮食服务业、文化娱乐业、出租汽车业这些行业，人员流动性较大，治安问题复杂，此类单位的经营人员对吸毒、赌博、卖淫、嫖娼等违法犯罪有报告公安机关的义务。其消极履行报告义务，放任对经营场所中吸毒、赌博、卖淫、嫖娼行为的发生，甚至积极为吸毒、赌博、卖淫、嫖娼行为提供场所、工具、资金等支持。

此外，需要注意的是，《治安管理处罚法》第81条、第82条、第85条中也有关于容留卖淫、为赌博提供条件、容留他人吸毒等条款，区别主要在于主体的不同，为吸毒、赌博、卖淫、嫖娼人员提供条件行为主要处罚的是特殊主体，即旅馆业、饮食服务业、文化娱乐业、出租汽车业等单位的人员。

（三）本行为与赌博行为中"为赌博提供条件"的区别

根据《治安管理处罚法》第82条，以营利为目的，为赌博提供条件的，或者参与赌博赌资较大的为赌博行为。本行为中为赌博提供条件与赌博行为中为赌博提供条件的区别在于主体不同。本行为是特殊主体，即旅馆业、饮食服务业、文化娱乐业、出租汽车业等单位的人员；赌博行为中为赌博提供条件行为对主体没有特殊要求。

处罚标准

本行为设置"一般情形"和"情节较轻"两个层次的处罚。其中,"情节较轻"这一处罚层次为 2025 年修订的《治安管理处罚法》新增加的内容。

表 187　为吸毒、赌博、卖淫、嫖娼人员提供条件行为处罚标准

处罚档次	处罚标准	裁量基准
一般情形	处 10 日以上 15 日以下拘留	/
情节较轻	处 5 日以下拘留或 1000 元以上 2000 元以下罚款	①积极补救,向公安机关报告线索的
		②违法行为人行为危害性低,如初次提供条件或为 1 人提供条件等
		③违法行为人主观恶性较小,如受请求、胁迫等非主动提供条件的
		④其他情节较轻的情形

案例及解析

【基本案情】个体餐厅老板张某招待了一群陌生顾客,在为他们上菜时发现顾客 A 正在包间内吸毒,但张某担心得罪顾客和影响生意,故意装作没看到,未向公安机关报告,而是继续提供餐饮服务。后其他客人举报 A 吸毒,派出所出警。

对张某的行为应该如何定性?

【解析】本案的焦点在于,张某的行为是容留吸毒行为还是为吸毒人员提供条件行为?本案中,张某的餐厅是个体经营,不属于第 87 条"单位"的范畴。第 87 条规定的是特殊主体的违法,因此张某的行为不符合第 87 条为吸毒行为提供条件的构成要件。张某在其控制的场所,明知他人吸毒而放任其吸毒,应当构成容留他人吸毒行为。

关联法条

《刑法》(2023 年修正)

第 303 条　【赌博罪】以营利为目的,聚众赌博或者以赌博为业的,处三年以下有期徒刑、拘役或者管制,并处罚金。

【开设赌场罪】开设赌场的,处五年以下有期徒刑、拘役或者管制,并处罚金;情节严重的,处五年以上十年以下有期徒刑,并处罚金。

【组织参与国(境)外赌博罪】组织中华人民共和国公民参与国(境)外赌博,数额巨大或者有其他严重情节的,依照前款的规定处罚。

第 310 条　【窝藏、包庇罪】明知是犯罪的人而为其提供隐藏处所、财物,帮助其逃匿或者作假证明包庇的,处三年以下有期徒刑、拘役或者管制;情节严重的,处三年以上十年以下有期徒刑。

犯前款罪,事前通谋的,以共同犯罪论处。

第362条 【窝藏、包庇罪】旅馆业、饮食服务业、文化娱乐业、出租汽车业等单位的人员,在公安机关查处卖淫、嫖娼活动时,为违法犯罪分子通风报信,情节严重的,依照本法第三百一十条的规定定罪处罚。

第六十三节 《治安管理处罚法》第 88 条

194. 制造噪声干扰正常生活

现行规定

《治安管理处罚法》

第 88 条 违反关于社会生活噪声污染防治的法律法规规定,产生社会生活噪声,经基层群众性自治组织、业主委员会、物业服务人、有关部门依法劝阻、调解和处理未能制止,继续干扰他人正常生活、工作和学习的,处五日以下拘留或者一千元以下罚款;情节严重的,处五日以上十日以下拘留,可以并处一千元以下罚款。

立案与管辖

(一)立案标准

违法嫌疑人有违反社会生活噪声污染防治法律法规规定,产生生活噪声,经基层群众性自治组织、业主委员会、物业服务人、有关部门依法劝阻、调解和处理未能制止,继续干扰他人正常生活、工作和学习的行为即达到立案标准。

(二)管辖

产生噪声干扰正常生活案件一般由违法行为地的公安机关管辖。

违法行为地包括违法行为发生地和违法结果发生地。违法行为发生地是产生社会生活噪声行为发生的地点。违法结果发生地是产生社会生活噪声导致干扰他人正常生活、工作和学习的地点。

如果由违法行为人居住地公安机关管辖更为适宜,可以由违法行为人居住地公安机关管辖。

证据收集

(一)证据规格

制造噪声干扰正常生活行为的调查和证据收集重点在于证明行为人实施了制造噪声的行为且经有关组织、部门依法劝阻、调解和处理未能制止,继续干扰他人正常生活、工作和学习。在制造噪声干扰正常生活行为事实和损害结果认定中,需要收集的证据规格如下。

1. 违法嫌疑人的陈述和申辩。

(1)违法嫌疑人的基本情况;(2)违法行为的动机和目的;(3)违法嫌疑人产生生活噪声的手段、时间、地点、持续时间;(4)是否受到有关部门、组织劝阻、调解或处理,如果受到有关部门、组织劝阻、调解或处理,需要继续询问未能制止的原因;(5)制造噪声干扰正常生活的行为是否引发了现场聚集冲突、群体性事件以及其他违法行为,如有,则还需询问是否造成了他人身体受伤或财物受损。

2. 被侵害人陈述和其他证人证言。

(1)违法嫌疑人产生生活噪声的时间、地点、原因;(2)是否有相关部门或组织前来劝阻、调解或处理,违法嫌疑人改正态度、改正结果等;(3)违法嫌疑人是否产生社会生活噪音致使本人正常生活、工作和学习受到干扰,受到干扰的具体表现;(4)制造噪声干扰正常生活的行为是否引发了现场聚集冲突、群体性事件以及其他违法行为,如有,则还需询问是否造成了他人身体受伤或财物受损。

3. 物证、书证。

(1)违法嫌疑人产生生活噪声的工具、器械等;(2)有关部门及组织投诉记录、警方出警记录,有关部门及组织制止措施记录,产生生活噪声工具的购置记录及支付记录。

4. 鉴定意见。

噪声分贝值鉴定、违法嫌疑人精神病鉴定。

5. 视听资料、电子数据。

(1)现场音视频、视频监控资料;(2)能够证明违法行为的聊天信息、图片;(3)现场执法视频。

6. 勘验、检查笔录,现场笔录。

现场勘查笔录、现场图、现场照片、提取的痕迹物证等。

7. 辨认笔录。

证人及相关当事人对违法嫌疑人的辨认;嫌疑人之间的互相辨认以及对作案工具的辨认。

8. 其他证据材料。

(1)证明违法嫌疑人身份的材料和违法犯罪记录,如人口信息、户籍证明、身份证、工作证、专业或技术等级证复印件等;法院判决书、行政处罚决定书、释放证明书等有效法律文件。(2)抓获经过、处警经过等。

(二)注意事项

1. 准确查明并固定证明噪声存在的来源。通过现场勘验笔录详细记录感知到的噪声状况,如类型、强度、时段、持续时间。声源位置及关联物品,如音响、设备,结合同步录音录像、视频监控等视听资料及电子数据进行固定,并尽可能获取由具备资质的检测机构依据国家标准出具的噪声监测报告,以科学数据量化噪声水平。

2. 注重确定噪声对他人正常生活的干扰程度。评估噪声是否导致居民睡眠障碍、工作学习受阻或身心健康受损,并收集受影响人员的证言或调查报告。需要重点收集受干扰人的详细陈述,具体描述其生活安宁,如休息、学习、工作,如何受到何种实质性影响,如无法入睡、精神烦躁、注意力无法集中等,并辅以其他证人,如邻居、社区工作人员的证言印证干扰的普遍性或严重性。同时,噪声检测报告的结果以及噪声发生在夜间、休息日或长时间持续等加重情节的记录,是支撑"干扰正常生活"认定的关键客观依据。

3. 注重查明有关部门及组织已对违法嫌疑人进行劝阻、调解和处理但未能制止违法嫌疑人继续制造噪音的证据。如调取调解记录、处理通知书或证人证词,以证明干预无效。如调取载明劝阻时间、内容及行为人反应的书面记录,正式的整改通知书及送达凭证,未能履行的调解协议以及同一受害人多次投诉的登记材料等,这些证据对于证明行为人的主观恶性、违法行为的持续性以及处罚的必要性至关重要。

🛡 行为认定

(一)对制造噪声干扰正常生活行为的认定

主要从以下四个方面进行认定:

1. 行为侵害的客体是他人正常的生活秩序和国家对噪声污染防治的管理制度。即他人享有在居住环境中免受不当噪声侵扰、维持正常生活节奏的合法权益。

2. 行为的客观方面表现为违反关于社会生活噪声污染防治的法律规定制造噪声干扰他人正常生活的行为,且劝阻、调解和处理未能制止,继续有干扰行为的。噪声,是指社会生活噪声,而不包括工业噪声、建筑施工噪声以及交通运输噪声。根据《噪声污染防治法》第59条的规定,社会生活噪声,是指人为活动所产生的除工业噪声、建筑施工噪声和交通运输噪声之外的干扰周围生活环境的声音。社会生活噪声主要包括商业经营活动、娱乐场所、家庭使用的各种音响器材,如音箱、高音喇叭、乐器等,音量过大,或者在休息时间装修房屋噪音过大,影响他人的正常休息等。

违反关于社会生活噪声污染防治法律规定的具体行为主要表现为:①在居民区内停放的机动车防盗报警器长时间鸣响,经告知后不及时纠正的;②在街道广场、公园等公共场所使用音响器材,干扰周围生活环境的;③在医院、学校机关、科研单位、住宅等需要保持安静的建筑物(即城市噪声敏感建筑物集中区域)内使用音响器材或者高音广播,干扰周围生活环境的;④文化娱乐场所的边界噪声超过国家规定的环境噪声排放标准的;⑤为招揽顾客,在经营场所外使用喇叭长时间叫卖或者播放音乐,干扰周围生活环境的;⑥使用家用电器、乐器或者进行其他家庭室内娱乐活动,影响周围居民生活环境的;⑦在他人午休、夜晚休息时间,在已竣工交付使用的住宅楼进行室内装修,影响他人休息的。

3. 行为的实施主体既包括自然人,也包括单位。自然人主体是指具有相应行为能力的个人;单位主体则涵盖法人、非法人组织等,其行为由单位负责人或直接责任人员承担责任。

4. 行为的主观方面为故意。即违法行为人明知其制造噪声的行为会干扰他人正常生活、工作和学习,经相关部门或组织劝阻,仍然积极实施的主观心理。

(二)本行为"干扰"的认定

根据环境保护部、国家质量监督检验检疫总局发布的《社会生活环境噪声排放标准》的有关规定,社会生活噪声排放源边界噪声排放限值:昼间为50dB(A),夜间为40dB(A)。结构传播固定设备室内噪声排放限值为：以睡眠为主要目的，需要保证夜间安静的房间，包括住宅卧室、医院病房、宾馆客房等，其噪声敏感建筑物室内等效声级昼间不得超过40dB(A)，夜间不得超过30dB(A)；主要在昼间使用，需要保证思考与精神集中、正常讲话不被干扰的房间，包括学校教室、会议室、办公室、住宅中卧室以外的其他房间等，其噪声敏感建筑物室内等效声级同样是昼间不得超过40dB(A)，夜间不得超过30dB(A)。

但是，噪声是否构成"干扰"，主要在于他人的感受，看噪声是否对他人生活、工作或者休息造成影响。如果超过标准但周围居民不在家或者不认为是有影响的，也不构成"干扰"。查处此类案件时，一般不需要进行噪声检测。一般来说，有3户以上的居民证实，或者有其他证据证明行为人制造的噪声干扰他人正常生活的，即可以认定为制造噪声干扰正常生活行为。[①] 如果查办案件的公安机关认为不构成制造噪声干扰正常生活行为，但是报案人对公安机关的认定有异议，公安机关可以使用噪声检测仪进行检测，或者委托环境检测机构进行噪声检测。

(三) 对制造噪声干扰正常生活行为"情节严重"的认定

2025年修订后的《治安管理处罚法》对制造噪声干扰正常生活行为新增了"情节严重"的情形。由此，本行为的处罚设置了一般情形和情节严重两个幅度。两种情形的前提都有制造噪声干扰正常生活行为且不顾有关部门和组织的劝阻、调解和处理。但是，可以从客观危害、主观恶性及危害后果等方面对"情节严重"进行认定。

1. 噪声长期持续处于较高超标水平。若噪声排放超过国家规定的环境噪声排放标准，且长期持续处于较高超标水平，可被认定为情节严重。如连续数天不断制造高分贝噪声且不顾劝阻继续实施，严重影响他人正常休息和生活。

2. 多次实施该行为，经多次劝阻、警告后，依然拒不改正，或曾因制造噪声干扰正常生活行为受到过处罚，又实施该行为。若行为人明知其行为会产生噪声干扰他人，仍故意为之，且经多次劝阻、警告后，依然拒不改正，甚至变本加厉或采取辱骂、威胁等方式阻碍执法人员或投诉人，体现出较大的主观恶性，可认定为情节严重。

3. 噪声影响范围较大，或者特殊时间节点故意制造噪声造成不良影响。(1) 噪声影响范围大。噪声干扰涉及多个居民楼或大量居民，或者对特殊人群(如病人、孕妇、老人等)造成严重干扰，导致众多人正常生活、工作和学习受到较大影响。(2) 在特殊时间节点故意制造噪声造成不良影响。如在高考、中考及其他法律规定的国家考试期间故意制造噪声，影响众多学生备考和考试，可以被认定为情节严重。

(四) 饲养动物产生噪声干扰他人正常生活的，适用"制造噪声干扰正常生活"还是"饲养动物干扰正常生活"

饲养动物产生噪声干扰他人正常生活的，同时符合"制造噪声干扰正常生活"和"饲养动

---

① 参见孙茂利主编：《违反公安行政管理行为名称释义与实务指南(2021年版)》，中国民主法制出版社2021年版，第206页。

物干扰正常生活"行为的构成,属于法条竞合关系,根据特别规定优于一般规定的法律适用原则,可以适用《治安管理处罚法》第 89 条的规定,以饲养动物干扰正常生活行为定性处罚。

处罚标准

本行为设置一般情形和情节严重两个处罚档次。2025 年《治安管理处罚法》对制造噪声干扰正常生活行为增加了拘留的处罚,罚款金额的上限从 500 元增加至 1000 元。应当注意,只有经相关组织或部门依法劝阻、调解和处理但未能制止违法行为人产生生活噪声时方可予以处罚。对"情节严重"的认定需从客观危害、主观恶性及危害后果等方面进行认定。

表 188　制造噪声干扰正常生活行为处罚标准

处罚档次	处罚标准	裁量基准
一般情形	处 5 日以下拘留或者 1000 元以下罚款	/
情节严重	处 5 日以上 10 日以下拘留,可以并处 1000 元以下罚款	①噪声长期持续处于较高超标水平的 ②多次实施该行为,经多次劝阻、警告后,依然拒不改正的 ③噪声影响范围广,涉及多个居民楼或大量居民,对特殊人群(如病人、孕妇、老人等)造成严重干扰,或者在高考等特殊时间节点故意制造噪声造成不良影响的 ④其他情节严重的情形

案例及解析

【基本案情】张某居住在某小区 10 楼,与居住在 9 楼的王某是上下楼的邻居关系。某日,王某向该小区物业公司投诉反映称,时常听到楼上住户在晚上大声说话、拖凳子来回走动等噪声。物业公司收到投诉后立即进行巡查并告知张某降低音量。对此,张某为家里的凳子安装静音脚垫并在客厅垫上了地毯,且此后该小区未接到类似投诉。但王某仍认为楼上张某产生了噪声,意图报复。一周后,张某向物业公司、社区反映家里受到楼下震楼器噪声影响,同时向公安机关报案。民警经调查,发现张某家的声音为走动、搬动桌凳发出的,属于正常生活声音,且王某确实使用震楼器制造噪声干扰他人正常生活,便要求王某拆除震楼器,王某表示同意并保证不再使用。两个月后,张某再次向社区、物业投诉王某长期使用震楼器,社区、物业介入均未解决双方矛盾。此外,王某还上门恐吓、辱骂张某,张某经医院诊断,因长期受噪声影响患轻度抑郁。①

王某的行为应如何定性?

---

① 改编自四川省乐山市市中区人民法院(2025)川 1102 民初 3542 号民事判决书。

【解析】王某使用"震楼器"对张某进行反击,不仅没有解决问题,反而加剧了矛盾,侵犯了其他居民的合法权益。"震楼器"噪声污染巨大,显然超过《社会生活环境噪声排放标准》要求,且王某拒绝听从社区、物业相关部门劝阻,其行为违反《治安管理处罚法》第88条规定,应当认定为制造噪声干扰正常生活行为。

关联法条

1.《民法典》(2020年)

第286条第2款 业主大会或者业主委员会,对任意弃置垃圾、排放污染物或者噪声、违反规定饲养动物、违章搭建、侵占通道、拒付物业费等损害他人合法权益的行为,有权依照法律、法规以及管理规约,请求行为人停止侵害、排除妨碍、消除危险、恢复原状、赔偿损失。

2.《噪声污染防治法》(2021年)

第70条 对噪声敏感建筑物集中区域的社会生活噪声扰民行为,基层群众性自治组织、业主委员会、物业服务人应当及时劝阻、调解;劝阻、调解无效的,可以向负有社会生活噪声污染防治监督管理职责的部门或者地方人民政府指定的部门报告或者投诉,接到报告或者投诉的部门应当依法处理。

第87条 违反本法规定,产生社会生活噪声,经劝阻、调解和处理未能制止,持续干扰他人正常生活、工作和学习,或者有其他扰乱公共秩序、妨害社会管理等违反治安管理行为的,由公安机关依法给予治安管理处罚。

违反本法规定,构成犯罪的,依法追究刑事责任。

3.《国家环境保护总局、公安部、国家工商行政管理局关于加强社会生活噪声污染管理的通知》(1999年)

三、禁止任何单位和个人在城市市区噪声敏感建筑物集中区域内使用高音喇叭;禁止在商业经营活动中使用高音喇叭或其他发出高噪声的方法招揽顾客;禁止在城市市区街道、广场、公园等公共场所组织的娱乐、集会等活动中,使用音量过大、严重干扰周围生活环境的音响器材;在已交付使用的住宅楼进行室内装修活动时,严禁施工人员在夜间和午间休息时间进行噪声扰民作业。

对违反上述规定的,由当地公安机关依据《中华人民共和国环境噪声污染防治法》予以处罚,构成违反治安管理行为的,依照《中华人民共和国治安管理处罚条例》予以处罚。

第六十四节 《治安管理处罚法》第 89 条

195. 饲养动物干扰他人正常生活

> **现行规定**

《治安管理处罚法》
第 89 条第 1 款 饲养动物,干扰他人正常生活的,处警告;警告后不改正的……处一千元以下罚款。

> **立案与管辖**

(一)立案标准

违法嫌疑人有饲养动物的行为,干扰他人正常生活的,即可达到立案标准。此处认定是否干扰他人正常生活,应当以"他人"感受为主要判断标准,并结合干扰事由与一般理性人的判断进行综合考量。实践中,对此类案件的查处应优先考虑调解和说服教育,避免行政处罚的滥用。[①]

(二)管辖

饲养动物干扰他人正常生活的案件一般由违法行为地的公安机关管辖。违法行为地包括违法行为发生地和违法结果发生地。违法行为发生地是饲养动物行为以及干扰他人正常生活行为发生的地点。违法结果发生地是干扰行为影响他人正常生活的危害结果发生的地点。此外,由违法行为人居住地公安机关管辖更为适宜的,可以由违法行为人居住地公安机关管辖。

> **证据收集**

(一)证据规格

饲养动物干扰他人正常生活行为的调查和证据收集重点在于证明动物干扰行为存在及其表现,以及对他人正常生活造成的干扰和负面影响。对于警告后仍不改正的干扰行为,应当收集证据证明公安机关对动物饲养者、管理者作出警告处罚后,干扰现象仍未消除或改善的情况。因此,在饲养动物干扰他人正常生活的行为事实和损害结果认定中,需要收集的证

---

① 参见孙茂利主编:《违反公安行政管理行为名称释义与实务指南(2021 年版)》,中国民主法制出版社 2021 年版,第 273 页。

据规格如下。

1. 违法嫌疑人陈述和申辩。

(1)违法嫌疑人的基本情况。(2)违法嫌疑人近期是否因相同原因被处以警告,处罚后是否采取有效措施消除饲养动物对他人正常生活产生的干扰。(3)违法嫌疑人饲养动物的种类、饲养方式、饲养地点以及对周围环境造成的噪声、异味等基本情况。(4)违法嫌疑人的主观目的和动机,干扰他人正常生活的起因、具体行为及过程。

2. 被侵害人陈述和其他证人证言。

(1)被侵害人和其他证人的基本情况。(2)干扰的具体方式(如动物的噪声、异味、攻击等情形)、时间、地点及影响范围,以及饲养动物是否对居民人身、财产造成损害。(3)违法嫌疑人若此前因相同原因被处以警告,是否采取有效措施消除干扰。

3. 物证、书证。

(1)饲养动物的种类、地点,饲养记录等物证和照片。(2)如动物曾有侵害居民人身、财产安全行为,还应收集被破坏的财物物证或照片。(3)被侵害人伤情照片、就诊记录等物证、书证。

4. 鉴定意见。

(1)损害结果鉴定,如环境污染鉴定、噪声鉴定、伤情鉴定、损坏财物的价格认定等。(2)动物鉴定,如确定动物品种是否属于禁养类。

5. 视听资料、电子数据。

(1)动物活动范围、活动轨迹、具体干扰方式等音视频、视频监控资料。(2)能够证明违法行为的聊天信息、图片。(3)现场执法视频。

6. 勘验、检查笔录,现场笔录。

(1)现场勘查笔录,可记录动物饲养环境、设施、卫生状况等。(2)现场具体图示和照片,可包括动物饲养区域、邻里环境、受侵害人的住所等。(3)痕迹物证,如有动物的毛发、粪便、抓痕等痕迹,可作为物证提取并登记。

7. 辨认笔录。

证人及相关当事人对违法嫌疑人、涉案动物进行辨认。

8. 其他证据材料。

(1)证明违法嫌疑人身份的材料和违法犯罪记录,如人口信息、户籍证明、身份证、工作证、专业或技术等级证复印件等;法院判决书、行政处罚决定书、释放证明书等有效法律文件。(2)抓获经过、处警经过等。

(二)注意事项

证据收集的核心目标是查明实施干扰行为的动物饲养人或管理人,确定其行为与他人正常生活受到干扰之间的因果关系,并为后续的治安处罚、民事赔偿或刑事追究提供充分依据。根据《治安管理处罚法》《民法典》等相关法律法规的规定,饲养动物干扰他人正常生活的行为不仅可能涉及治安违法,还可能构成民事侵权甚至刑事犯罪,因此证据收集需要全面且细致。

🛡 行为认定

(一)对饲养动物干扰他人正常生活的认定

主要从以下四个方面进行认定:

1. 行为侵害的客体是社会管理秩序和公民的人身权利。包括饲养动物干扰他人正常生活,破坏他人正常的生活安宁,或侵害公民的生命、健康和公私财产以及扰乱社会生产、工作和公共生活的秩序。

2. 行为的客观方面表现为饲养动物,干扰他人正常生活的行为。饲养的动物,既包括各种宠物,如狗、猫、鸟等,也包括所有能够人工饲养的动物,如牛、羊、马、鸡、鸭等动物。干扰他人正常生活,是指行为人所饲养的动物干扰了他人的正常生活,比如声音干扰、环境卫生破坏等。

3. 行为的实施主体是特殊主体,即动物饲养人员、管理人员,既包括个人也包括单位。

4. 本行为的主观方面包括故意和过失。既包含干扰他人正常生活的直接故意和间接故意,如对饲养的动物不加约束,放任动物干扰他人正常生活,也包括疏忽大意或者过于自信的过失,不采取或采取了错误的管理措施,致使动物干扰他人正常生活。

(二)对"干扰他人正常生活"的认定

干扰他人正常生活,是指行为人所饲养的动物,违反圈养或饲养的规定,给他人的正常生活带来一定影响,干扰了他人的正常生活。例如,行为人饲养的动物缺乏管教,经常发出噪声影响他人休息,扰乱他人生活;行为人饲养的动物随地大小便,干扰他人正常生活;等等。在实践中,行为人饲养动物的行为是否构成本行为,关键在于其饲养动物的行为是否造成了"干扰他人正常生活"的后果。公安机关在具体适用时,应当以"他人"感受为判断标准。并结合干扰事由与一般理性人的判断进行综合考量。实践中,对此类案件的查处应优先考虑调解和说服教育,避免行政处罚的滥用。[1]

(三)对"警告后不改正"的认定

饲养动物干扰他人正常生活,经警告后不改正,是指公安机关对行为人饲养动物干扰他人正常生活的行为进行警告处罚后,干扰现象仍未消除或改善的情况。对饲养动物干扰他人正常生活的,执法人员应当先予警告,[2]只有经警告后仍不改正的,才可以处以罚款。这里所称的"警告"是指作出警告的处罚决定,而不是口头警告。

---

[1] 参见孙茂利主编:《违反公安行政管理行为名称释义与实务指南(2021年版)》,中国民主法制出版社2021年版,第273页。

[2] 参见孙茂利主编:《违反公安行政管理行为名称释义与实务指南(2021年版)》,中国民主法制出版社2021年版,第273、274页。

处罚标准

本行为设置"一般情形"和"情节较重"两个层次的处罚,其中"一般情形"是处警告;"情节较重"是在警告后拒不改正,处罚款。根据本条第 1 款的规定,饲养动物,干扰他人正常生活的,处警告;警告后不改正的,处 1000 元以下罚款。对警告后不改正进行罚款,罚款的金额上限在 2025 年修订的《治安管理处罚法》中有所增加,罚款金额上限从 500 元增加到 1000元。

应当注意,对饲养动物干扰他人正常生活的,应当先予警告,只有经警告后还不改正的,才可以处以罚款。这里所称的"警告",是指作出警告的处罚决定,而不是口头警告。

值得注意的是,在处理时,执法人员应当注意树立调解优先的理念,进行说服教育。根据公安部 2006 年颁布的《公安机关执行〈中华人民共和国治安管理处罚法〉有关问题的解释》,对于因家庭、邻里、同事之间纠纷引起的违反治安管理行为,情节较轻,双方当事人愿意和解的,饲养动物干扰他人正常生活,放任动物恐吓他人等治安案件,公安机关可以调解处理。

表 189　饲养动物干扰他人正常生活行为处罚标准

处罚档次	处罚标准	裁量基准
一般情形	警告	/
情节较重	处 1000 元以下罚款	警告后,仍不采取措施,拒不改正的

案例及解析

【基本案情】某小区居民刘某向派出所报案,称其左胳膊被小区东门处蜜蜂食杂店的店家徐某饲养的蜜蜂蜇伤。警方对小区东门现场进行了勘验,对蜜蜂飞行停留的小区公共设施、蜜蜂蜇伤人员胳膊和手指部位进行拍照,并调查询问相关居民。经调查发现,此前徐某曾因饲养蜜蜂干扰小区居民正常生活,被公安机关警告处罚过一次。

对徐某的行为应该如何定性?

【解析】本案涉及《治安管理处罚法》第 89 条第 1 款关于饲养动物干扰他人正常生活的处罚。本行为的被处罚对象是动物的饲养者或管理者,既包括个人也包括单位。徐某饲养的蜜蜂经常聚集在小区公用设施处,导致居民因害怕蜜蜂,不敢在附近娱乐和通行,严重影响小区居民生活,且多次发生蜜蜂伤人事件。徐某受到公安机关警告处罚后,仍未采取有效措施消除蜜蜂对小区居民生活造成的不便影响。综合全案证据,足以认定徐某饲养动物干扰他人正常生活。综合案情及案件证据,警方对徐某作出罚款 200 元的行政处罚,处罚决定依法同时送达报案人刘某。[①]

[①] 改编自黑龙江省齐齐哈尔市中级人民法院行政判决书,(2020)黑 02 行终 139 号。

关联法条

《民法典》(2020年)

第1245条　饲养的动物造成他人损害的,动物饲养人或者管理人应当承担侵权责任;但是,能够证明损害是因被侵权人故意或者重大过失造成的,可以不承担或者减轻责任。

第1246条　违反管理规定,未对动物采取安全措施造成他人损害的,动物饲养人或者管理人应当承担侵权责任;但是,能够证明损害是因被侵权人故意造成的,可以减轻责任。

第1247条　禁止饲养的烈性犬等危险动物造成他人损害的,动物饲养人或者管理人应当承担侵权责任。

第1249条　遗弃、逃逸的动物在遗弃、逃逸期间造成他人损害的,由动物原饲养人或者管理人承担侵权责任。

第1250条　因第三人的过错致使动物造成他人损害的,被侵权人可以向动物饲养人或者管理人请求赔偿,也可以向第三人请求赔偿。动物饲养人或者管理人赔偿后,有权向第三人追偿。

第1251条　饲养动物应当遵守法律法规,尊重社会公德,不得妨碍他人生活。

196. 放任动物恐吓他人

现行规定

《治安管理处罚法》

第89条第1款　……放任动物恐吓他人的,处一千元以下罚款。

立案与管辖

(一)立案标准

违法嫌疑人对自己饲养或管理的动物恐吓他人的行为不加以约束、管教,使他人感到人身或财产安全受到威胁即达到立案标准。

(二)管辖

放任动物恐吓他人案件一般由违法行为地的公安机关管辖。违法行为地包括违法行为发生地和违法结果发生地。违法行为发生地是放任动物恐吓他人行为发生的地点。违法结果发生地是恐吓他人导致危害结果发生的地点。如果由违法行为人居住地公安机关管辖更为适宜,可以由违法行为人居住地公安机关管辖。

证据收集

(一)证据规格

放任动物恐吓他人行为的调查和证据收集重点在于证明动物恐吓行为存在及其表现,并且动物饲养者、管理者未对动物加以管教约束,使被侵害人遭受精神、人身、财产等层面损害。因此,在放任动物恐吓他人的行为事实和损害结果认定中,需要收集的证据规格如下。

1. 违法嫌疑人陈述和申辩。

(1)违法嫌疑人的基本情况。(2)动物种类、饲养或管理方式、饲养或管理地点以及动物追逐、扑咬、吠叫等使他人感到恐惧、不安的具体表现。(3)违法嫌疑人对动物恐吓他人行为是否采取干预措施。

2. 被侵害人陈述和其他证人证言。

(1)被侵害人:问明事件发生的时间、地点、详细经过,动物的种类、具体行为(如追逐、扑咬、吠叫等),饲养者、管理者是否采取干预措施,以及被侵害人的心理感受、具体损失等。(2)其他证人证言:问明目击事件具体情况,包括事件发生的时间、地点,动物的具体行为以及被侵害人的反应,是否注意到动物饲养者或管理者积极采取干预措施,以及案件相关的其他事件细节、背景信息。

3. 物证、书证。

(1)饲养动物的种类、体型等物证和照片。(2)动物扑咬、抓挠等行为产生的痕迹。(3)动物恐吓行为造成财物损坏的物证或照片。(4)被侵害人伤情、就诊记录等物证、书证。

4. 鉴定意见。

伤情鉴定、损坏财物价格认定等。

5. 视听资料、电子数据。

(1)动物对被侵害人实施恐吓的具体过程等音视频、视频监控资料。(2)能够证明违法行为的聊天信息、图片。(3)现场执法视频。

6. 勘验、检查笔录,现场笔录。

现场勘查笔录,包括动物饲养环境、安全措施、追逐扑咬等恐吓行为产生的现场痕迹等。

7. 辨认笔录。

证人及相关当事人对违法嫌疑人、涉案动物进行辨认。

8. 其他证据材料。

(1)证明违法嫌疑人身份的材料和违法犯罪记录,如人口信息、户籍证明、身份证、工作证、专业或技术等级证复印件等;法院判决书、行政处罚决定书、释放证明书等有效法律文件。(2)抓获经过、处警经过等。

(二)注意事项

放任动物恐吓行为是《民法典》和《治安管理处罚法》共同规制的行为,除了公安机关追究行为人治安违法的责任外,被侵害人还可能起诉要求违法嫌疑人承担民事侵权责任。根据《民法典》第1245条的规定,饲养的动物造成他人损害的,动物饲养人或者管理人应当承担侵权责任;但是,能够证明损害是因被侵权人故意或者重大过失造成的,可以不承担或者减轻责任。所以公安机关在案件初始阶段应重点搜集证据,尽量查明动物饲养和管理责任人未采取措施约束动物且动物恐吓他人行为的事实。

🛡 行为认定

（一）放任动物恐吓他人行为的认定

主要从以下四个方面认定：

(1)行为侵害的客体是社会管理秩序和公民的人身权利。放任动物恐吓他人的行为，妨害社会秩序、他人正常生活的安宁和他人的身心健康。(2)行为的客观方面表现为放任自己饲养或者管理的动物恐吓他人的行为。放任动物恐吓他人，具体是指行为人对其饲养或者管理的动物发生或者可能发生的恐吓他人的行为不加管束，而采取放纵、默许、不管不问的态度，对他人造成精神上的惊吓。(3)行为的主体是特殊主体。既包括动物的饲养者，也包括临时帮助照顾、看管动物的管理人员。(4)行为的主观方面是故意。动物饲养者、管理者对于动物恐吓行为所导致的不良后果，虽然没有希望、积极追求，但也没有反对、阻止，而是默许其继续或允许其发生，持间接故意的主观态度。

（二）与驱使动物伤害他人行为的区分

1. 行为人主观态度。本行为是一种间接故意的心理态度；而驱使动物伤害他人是一种直接故意，动物的主人或者饲养人员利用各种方式唆使动物伤害他人，并希望伤害他人的结果发生，此时动物成为行为人违法行为的工具。

2. 行为后果。本行为只是造成被侵害人精神上的惊吓；而驱使动物伤害他人造成了他人肉体上的伤害，也包括精神伤害，如果伤害达到轻伤以上的结果，则可依法追究当事人的刑事责任。[①]

🛡 处罚标准

本行为仅设置一个层级的处罚。放任动物恐吓他人罚款金额的上限在2025年修订的《治安管理处罚法》中有所增加，罚款金额上限从500元增加到1000元。

值得注意的是，根据公安部2006年颁布的《公安机关执行〈中华人民共和国治安管理处罚法〉有关问题的解释》，对于因家庭、邻里、同事之间纠纷引起的违反治安管理行为，情节较轻，双方当事人愿意和解的，饲养动物干扰他人正常生活，放任动物恐吓他人等治安案件，公安机关可以调解处理。

表190　放任动物恐吓他人行为处罚标准

处罚档次	处罚标准
一般情形	处1000元以下罚款

[①] 参见孙茂利主编：《违反公安行政管理行为名称释义与实务指南(2021年版)》，中国民主法制出版社2021年版，第274页。

案例及解析

【基本案情】 洪某遛狗时遇到王某及其5岁的孩子,孩子对两条狗感到害怕,吓得转头就跑,其中一条狗追赶孩子,将孩子吓哭。洪某手中虽持有拴狗绳,但未对两条狗进行约束,而是放任两条狗在街面追赶孩子。王某报警后,派出所民警到场调查。

对于洪某的行为应该如何定性?

【解析】 根据《治安管理处罚法》第89条第1款的规定,执法人员对洪某放任动物恐吓他人的违法行为,作出了罚款200元的处罚。在本案中,洪某未能履行《治安管理处罚法》第89条第1款要求的作为动物饲养人、管理人的注意义务,放任其所饲养的犬只追赶儿童,导致儿童精神上感到恐惧。洪某的行为属于不作为侵权,即在能够预见犬只可能对他人造成伤害的情况下,未采取必要的干预措施,从而构成放任动物恐吓他人的违法行为。根据法律规定,派出所民警对洪某作出罚款200元的处罚,对其他动物饲养者、管理者具有警示作用。

关联法条

本部分关联法条参见"饲养动物干扰他人正常生活"行为的关联法条。

197. 违规出售、饲养危险动物

现行规定

《治安管理处罚法》

第89条第2款 违反有关法律、法规、规章规定,出售、饲养烈性犬等危险动物的,处警告;警告后不改正的……处五日以下拘留或者一千元以下罚款;情节较重的,处五日以上十日以下拘留。

立案与管辖

(一)立案标准

违法嫌疑人违反法律、法规、规章规定,有出售、饲养烈性犬等危险动物的行为,尚未构成刑事犯罪即达到立案标准。本行为所称的法律、法规、规章,是指调整烈性犬等危险动物买卖和饲养活动的全国人大及其常委会制定的法律、国务院制定的行政法规、部门规章、地方人大及其常委会制定的地方性法规、自治条例和单行条例,以及地方政府规章。

(二)管辖

违规出售、饲养危险动物案件一般由违法行为地的公安机关管辖。违法行为地包括违法行为发生地和违法结果发生地。违法行为发生地是指危险动物的交易地、发货地、饲养地等。违规出售、饲养危险动物伤害他人行为是连续、持续或者继续状态的,连续、持续或者继续实施的地方都属于违法行为发生地。违法结果发生地是指危险动物的收货地等。

利用网络实施的危险动物交易活动，卖家用于实施违法行为的网站服务器所在地、网络接入地以及网站建立者或者管理者所在地，违法过程中违法行为人使用的网络及其运营者所在地的公安机关均可以管辖。

此外，由违法行为人居住地公安机关管辖更为适宜的，可以由违法行为人居住地公安机关管辖。

证据收集

（一）证据规格

违规出售、饲养危险动物案件的调查和证据收集重在证明出售、饲养的动物系法律、法规、规章禁止出售、饲养的危险动物，出售行动或饲养活动持续存在，或行为人缺乏出售、饲养危险动物的合法经营许可或资质、环境、设施等。因此，在违规出售、饲养危险动物行为事实和损害结果的认定中，需要收集的证据规格如下。

1. 违法嫌疑人陈述和申辩。

（1）违法嫌疑人的基本情况，包括性别、年龄、职业、住址等基本信息，以及是否有相关饲养、销售烈性犬等危险动物的经营许可或资质。（2）违法行为的动机和目的。（3）违法行为的具体情况，包括违法饲养、出售烈性犬等危险动物的时间、地点、方式、途径等。（4）动物来源及处置情况，如查明危险动物是否为合法来源，是否向不具备相关资质的买家出售等。（5）结伙出售、饲养的，问明违法嫌疑人的数量、身份、结伙聚合的过程、相互关系、地位，以及各违法嫌疑人陈述相互印证的情况。

2. 被侵害人陈述和其他证人证言。

（1）被侵害人陈述，包括违法饲养、出售烈性犬等危险动物对其人身、财产安全或正常生活秩序造成的损害，违法嫌疑人出售危险动物是否具备相关资质，经营管理是否严格等。（2）其他证人证言，问明饲养危险动物的活动频率、管理情况、是否对其正常生活秩序造成干扰等信息，出售危险动物是否具备相关资质，经营管理是否严格等。

3. 物证、书证。

涉案动物种类、经营管理设施等物证或照片，购销合同、饲养许可证或相关执照、动物疫苗接种记录、相关宣传材料等书证。

4. 鉴定意见。

动物品种鉴定、动物危险性鉴定、动物健康和疫苗接种情况等。

5. 视听资料、电子数据。

（1）出售、饲养危险动物的音视频、监控资料。（2）能够证明违法行为的网络交易记录、聊天信息、图片。（3）现场执法视频。

6. 勘验、检查笔录，现场笔录。

现场对危险动物饲养、出售的场所环境，危险动物种类、数量与健康状况，危险动物饲养条件,违规合同,广告宣传等进行勘验调查。

7. 辨认笔录。

证人及相关当事人对涉案危险动物、违法嫌疑人进行辨认;违法嫌疑人对涉案动物进行辨认等。

8. 其他证据材料。

(1)证明违法嫌疑人身份的材料和违法犯罪记录,如人口信息、户籍证明、身份证、工作证、专业或技术等级证复印件等;法院判决书、行政处罚决定书、释放证明书等有效法律文件。(2)抓获经过、处警经过等。

(二)注意事项

1. 注重对违法嫌疑人经营资质和动物来源的确认。应注重核实经营主体(个人、宠物店、犬舍、网络卖家等)的营业执照、身份信息,固定其经营场所地址、照片、视频等相关信息。对于通过网络平台进行的交易,须固定卖家账号信息、交易记录、沟通记录等,并依法要求平台提供相关信息。

2. 注意调查取证过程中可能发生的安全风险。烈性犬具有攻击性,接近和捕捉过程存在高度危险性。在对相关行为开展调查取证时务必制定安全预案,配备专业装备和人员,疏散无关群众,防止犬只伤人事件发生。

3. 做好违法违规犬只的后续处置工作。公安机关在依法扣留或收缴违法违规烈性犬后,应做好其长期安置、饲养、防疫乃至最终的处置工作,必须严格依照法律、法规、规章规定的程序和条件执行,并与指定的动物保护机构紧密合作,做好记录。

行为认定

(一)对违规出售、饲养危险动物行为的认定

主要从以下四个方面进行认定:

1. 行为侵害的客体:社会管理秩序与公民人身权利。包括国家法律、法规、规章对烈性犬等危险动物买卖和饲养的管理秩序,以及饲养烈性犬等危险动物干扰他人正常生活,破坏他人正常的生活安宁,甚至侵害公民的生命、健康和公私财产以及扰乱社会生产、工作和公共生活的秩序。

2. 行为客观方面:违反动物管理法律、法规、规章,出售、饲养烈性犬等危险动物。当前尚不存在专门调整烈性犬等危险动物买卖和饲养的全国性法律、法规、规章,实践中可以参考《动物防疫法》《传染病防治法》,或依据部门规章、地方性法规和地方政府规章,如特定城市的养犬管理条例所确定的标准,认定本行为违反的法律、法规、规章的具体内容。

3. 行为的主体:特殊主体,既可以是个人,也可以是单位,即烈性犬等危险动物的销售者、饲养者、管理者。单位违反本行为规定的,根据《治安管理处罚法》第18条的规定,对其直接负责的主管人员和其他直接责任人员依照本法的规定处罚。

4. 行为的主观方面:故意。如果销售者、饲养者、管理者明知销售或饲养烈性犬等危险动物违反法律、法规、规章,可能发生致人损害的危害结果,仍然销售、饲养烈性犬等危险动物,放任危害结果的发生或轻信能够逃避法律监管,均构成主观故意。违法行为人辩称其对销售或饲养烈性犬等危险动物的违法性不知情的,不构成免除违法行为责任的理由,但公安机关可主要以警告并释明相关规定的方式予以处理。如果违法行为人经警告后仍不改正,继续出售或饲养此类动物,则存在明显的主观故意。

(二)烈性犬等危险动物范围的认定

由于当前我国法律法规尚未制定全国统一标准,实践中主要通过部门规章、地方性法规、自治条例和单行条例、地方政府规章进行认定。对于未在相关规定中明确列举的动物,可从动物的攻击性、行为特点、是否曾有攻击行为等角度综合认定。

(三)与"饲养动物干扰他人正常生活"行为的区分

饲养动物干扰他人正常生活行为与本行为侵害的客体均为社会管理秩序和公民人身权利,但两者在行为的客观表现、危害后果等方面存在差异。饲养动物干扰他人正常生活系指饲养动物的活动及其危害后果,即饲养行为对他人正常生活的干扰,只要存在干扰即构成该行为。违规出售、饲养烈性犬等危险动物系指违反法律、法规、规章规定,出售、饲养烈性犬等危险动物,该行为的成立不要求造成危害后果,只要存在出售、饲养的行为即可。但该行为只适用于法律、法规、规章规定的烈性犬等危险动物的出售和饲养活动。

(四)与"未对动物采取安全措施,致使动物伤害他人"行为的区分

未对动物采取安全措施,致使动物伤害他人行为与本行为侵害的客体均为社会管理秩序和公民人身权利,但两者在行为的客观表现上存在差异。未对动物采取安全措施,致使动物伤害他人,只有造成危害后果才予以处罚,且动物饲养者或管理者应当对动物采取安全措施而不采取措施是动物伤害他人的前提条件;而违规出售、饲养烈性犬等危险动物的行为只要实施出售或饲养行为之一即可处罚,不要求造成实际伤害。

■ 处罚标准

本行为设置"一般情形""拒不改正""情节较重"三个层次的处罚。本款是2025年修订的《治安管理处罚法》的新增条款。

应当注意,对违规出售、饲养烈性犬等危险动物的行为,应当先予警告,只有经警告后仍不改正的,才可以处以罚款或者拘留。这里所称的"警告",是指作出警告的处罚决定,而不是口头警告。

表191 违规出售、饲养危险动物行为处罚标准

处罚档次	处罚标准	裁量基准
一般情形	警告	/
拒不改正	处5日以下拘留或者1000元以下罚款	警告后仍违规出售、饲养的

续表

处罚档次	处罚标准	裁量基准
情节较重	处5日以上10日以下拘留	①多次出售的
		②出售、饲养数量较大的
		③携带危险动物到公共场所、公共交通工具等人员密集地方的
		④造成社会秩序混乱等危害后果或者有较大社会影响的
		⑤其他情节较重的情形

案例及解析

【基本案情】张某在网络上发文称其在市中心某居民小区饲养3只藏獒,并多次在网络上发布藏獒在小区内活动的照片和视频,导致与他同住一个小区的居民心理恐惧和出行受影响。张某所在市的人大颁布了城市养犬管理条例,并将藏獒列入烈性犬名录。

对张某的行为应当如何认定?

【解析】如果经当地公安机关查证属实,张某饲养的动物属于当地养犬管理条例禁止饲养的动物,张某的行为不仅违反当地养犬管理条例,而且在网络上公然发布视频,扰乱公共秩序,造成不良社会影响,存在情节较重的情形,公安机关可依法对张某处以5日以上10日以下拘留的处罚。此外,公安机关还应采取行政强制措施对禁养犬只进行处置,有效维护行政法律规范的严肃性,尽快恢复城市养犬秩序和社区稳定。

关联法条

1.《动物防疫法》(2021年修订)

第7条 从事动物饲养、屠宰、经营、隔离、运输以及动物产品生产、经营、加工、贮藏等活动的单位和个人,依照本法和国务院农业农村主管部门的规定,做好免疫、消毒、检测、隔离、净化、消灭、无害化处理等动物防疫工作,承担动物防疫相关责任。

第30条 单位和个人饲养犬只,应当按照规定定期免疫接种狂犬病疫苗,凭动物诊疗机构出具的免疫证明向所在地养犬登记机关申请登记。

携带犬只出户的,应当按照规定佩戴犬牌并采取系犬绳等措施,防止犬只伤人、疫病传播。

街道办事处、乡级人民政府组织协调居民委员会、村民委员会,做好本辖区流浪犬、猫的控制和处置,防止疫病传播。

县级人民政府和乡级人民政府、街道办事处应当结合本地实际,做好农村地区饲养犬只的防疫管理工作。

饲养犬只防疫管理的具体办法,由省、自治区、直辖市制定。

2.《民法典》(2020年)

第1247条 禁止饲养的烈性犬等危险动物造成他人损害的,动物饲养人或者管理人应当承担侵权责任。

198. 违规出售、饲养危险动物伤害他人

现行规定

《治安管理处罚法》

第 89 条第 2 款 违反有关法律、法规、规章规定，出售、饲养烈性犬等危险动物的……致使动物伤害他人的，处五日以下拘留或者一千元以下罚款；情节较重的，处五日以上十日以下拘留。

立案与管辖

（一）立案标准

违法嫌疑人违反法律、法规、规章规定，出售、饲养烈性犬等危险动物，造成动物伤害他人的，尚未构成刑事犯罪即达到立案标准。本行为所称的法律、法规、规章，是指调整烈性犬等危险动物买卖和饲养活动的全国人大及其常委会制定的法律、国务院制定的行政法规、部门规章、地方人大及其常委会制定的地方性法规、自治条例和单行条例，以及地方政府规章。

（二）管辖

违规出售、饲养危险动物案件一般由违法行为地公安机关管辖。违法行为地包括违法行为发生地和违法结果发生地。违法行为发生地是指危险动物的交易地、发货地、饲养地等。违规出售、饲养危险动物伤害他人行为是连续、持续或者继续状态的，连续、持续或者继续实施的地方都属于违法行为发生地。违法结果发生地是指危险动物的收货地、损害结果发生地等。

此外，由违法行为人居住地公安机关管辖更为适宜的，可以由违法行为人居住地公安机关管辖。例如违规饲养烈性犬，在携犬旅游时烈性犬咬伤他人，后返回居住地，则由违法行为人居住地的公安机关管辖更为适宜。

证据收集

（一）证据规格

违规出售、饲养危险动物伤害他人案件的调查和证据收集重在证明出售、饲养的动物系法律、法规、规章禁止出售、饲养的危险动物，出售行动或饲养活动持续存在，或行为人缺乏出售、饲养危险动物的合法经营许可或资质、环境、设施，以及对他人造成的伤害后果。应注意该行为造成的伤害尚不够刑事处罚，因而对违法行为后果的认定尤为重要。因此，在违规出售、饲养危险动物伤害他人行为事实和损害结果的认定中，需要收集的证据规格如下：

1. 违法嫌疑人陈述和申辩。

（1）违法嫌疑人的基本情况，包括性别、年龄、职业、住址等基本信息，以及是否有相关饲

养、销售烈性犬等危险动物的经营许可或资质。(2)违法行为的动机和目的。(3)违法行为的具体情况,包括违法饲养、出售烈性犬等危险动物的时间、地点、方式、途径等。(4)动物来源及处置情况,如查明危险动物是否为合法来源,是否向不具备相关资质的买家出售等。(5)结伙出售、饲养的,问明违法嫌疑人的数量、身份、结伙聚合的过程、相互关系、地位,以及各违法嫌疑人陈述相互印证的情况。

2.被侵害人陈述和其他证人证言。

(1)向被侵害人问明动物伤害被侵害人的时间、地点、起因、经过、目的、手段,违法行为人违规饲养、出售烈性犬等危险动物对其人身、财产安全或正常生活秩序造成的损害,违法嫌疑人的数量、身份及体貌特征,各违法嫌疑人在违法行为中的地位和作用,违法嫌疑人出售危险动物是否具备相关资质,经营管理是否严格等。(2)其他证人证言,问明违法事实、情节、物品损失、人员受伤情况及其他后果,各违法嫌疑人在违法行为中的地位和作用,饲养危险动物的活动频率、管理情况、出售危险动物是否具备相关资质,经营管理是否严格等。

3.物证、书证。

涉案动物种类、经营管理设施等物证或照片,购销合同、饲养许可证或相关执照、动物疫苗接种记录、相关宣传材料等书证。

4.鉴定意见。

伤情鉴定、动物品种鉴定、动物危险性鉴定、动物健康和疫苗接种情况等。

5.视听资料、电子数据。

(1)烈性犬等危险动物伤害他人的音视频、监控资料。(2)能够证明违法行为的网络交易记录、聊天信息、图片。(3)现场执法视频。

6.勘验、检查笔录,现场笔录。

现场勘验笔录、现场图、现场照片、提取的痕迹物证等,如现场有关危险动物饲养、出售的场所环境,伤害他人的现场,危险动物种类、数量与健康状况,危险动物饲养条件,违规合同,广告宣传等情况的勘验笔录。

7.辨认笔录。

被侵害人、证人及相关当事人对涉案危险动物、违法嫌疑人进行辨认,违法嫌疑人对涉案动物进行辨认等。

8.其他证据材料。

(1)证明违法嫌疑人身份的材料和违法犯罪记录,如人口信息、户籍证明、身份证、工作证、专业或技术等级证复印件等;法院判决书、行政处罚决定书、释放证明书等有效法律文件。(2)抓获经过、处警经过等。

(二)注意事项

1.注重对伤害发生地的取证。实践中一般以相关地方性法规、规章,如各地养犬管理条例或管理办法为标准进行烈性犬等危险动物的认定。但各地具体名录不尽相同,当饲养地与伤害地对烈性犬的规定冲突时，以伤害发生地的禁止性规定为责任认定基准，即使由居住地管辖，也须服从此标准。饲养地的合法性仅作为主观过错程度的参考。

2. 注重对伤害后果的取证。本行为造成的伤害尚不够刑事处罚，伤情鉴定等相关证据成为本行为认定的关键，也是区别罪与非罪的关键，因而对被侵害人人身伤害程度的认定尤为重要。

🛡️ 行为认定

（一）对违规出售、饲养危险动物伤害他人行为的认定

主要从以下四个方面进行认定：

1. 行为侵害的客体是社会管理秩序与公民人身权利。包括国家法律、法规、规章对烈性犬等危险动物买卖和饲养的管理秩序，以及饲养烈性犬等危险动物干扰他人正常生活，破坏他人正常的生活安宁，或侵害公民的生命、健康和公私财产以及扰乱社会生产、工作和公共生活的秩序。

2. 本行为客观方面表现为违反动物管理法律、法规、规章，出售、饲养烈性犬等危险动物致使动物伤害他人的，并且造成了实际的损害后果，包括精神损害。当前尚不存在专门调整烈性犬等危险动物买卖和饲养的全国性法律法规，实践中可以参考《动物防疫法》《传染病防治法》，或依据地方性法规、部门规章和地方政府规章，如特定城市的养犬管理条例所确定的标准，认定本行为违反的法律、法规、规章的具体内容。

对于"烈性犬等危险动物的范围"，由于当前我国法律法规尚未制定全国统一标准，实践中主要通过部门规章、地方性法规、自治条例和单行条例、地方政府规章进行认定。对于未在相关规定中明确列举的动物，可从动物的攻击性、行为特点、是否曾有攻击行为等角度综合认定。

3. 行为的主体是特殊主体，既可以是个人，也可以是单位，即烈性犬等危险动物的销售者、饲养者、管理者。单位违反本行为规定的，根据《治安管理处罚法》第18条的规定，对其直接负责的主管人员和其他直接责任人员依照本法的规定处罚。

4. 行为的主观方面包括故意。如果销售者、饲养者、管理者明知销售或饲养烈性犬等危险动物违反法律、法规、规章，可能发生致人损害的危害结果，仍然销售、饲养烈性犬等危险动物，放任危害结果的发生，构成主观故意。违法行为人辩称其对销售或饲养烈性犬等危险动物的违法性不知情的，不构成免除违法行为责任的理由。

（二）与"过失致人死亡罪""故意伤害罪""过失致人重伤罪"的区分

违反有关法律、法规、规章规定，出售、饲养烈性犬等危险动物致人伤害的，构成犯罪的立案标准在于行为人的主观态度与行为造成的伤害程度。致使动物伤害他人，出于过失致人重伤或死亡，或出于故意构成轻伤以上后果的，应依法追究相应的刑事责任。

（三）与"未对动物采取安全措施，致使动物伤害他人"行为的区分

未对动物采取安全措施，致使动物伤害他人行为与本行为侵害的客体均为社会管理秩序和公民人身权利,两者在危害后果上存在一致性,即均造成了他人的人身或精神损失。但两者在行为的客观表现上存在差异,未对动物采取安全措施,致使动物伤害他人,只有造成危害后果才予以处罚,且动物饲养者或管理者应当对动物采取安全措施而不采取措施是动物伤害他人的前提条件;而违规出售、饲养烈性犬等危险动物伤害他人行为的前提条件是出售或饲养行为,不要求是在未对动物采取安全保护措施的情况下造成的伤害。

(四)与"驱使动物伤害他人"行为的区别

驱使动物伤害他人行为,是指驱使动物伤害他人的行为。违规出售、饲养危险动物伤害他人行为与驱使动物伤害他人行为的主要区别在于:

1. 行为的客观方面。违规出售、饲养危险动物伤害他人行为的客观方面表现为违反有关法律、法规、规章规定,出售、饲养烈性犬等危险动物,致使动物伤害他人;驱使动物伤害他人行为在客观方面表现为驱使动物以撕咬、冲撞等方式伤害他人。

2. 行为人的主观态度。违规出售、饲养危险动物伤害他人行为的违法行为人对于伤害结果的发生是一种过失或者间接故意的心理态度。驱使动物伤害他人是一种直接故意,动物的主人或者饲养人员利用各种方式唆使动物伤害他人,并希望伤害他人的结果发生。此时,动物成为行为人违法行为的工具。[1]

3. 行为所指向的动物。违规出售、饲养危险动物伤害他人行为所指向的动物特指烈性犬等危险动物;而驱使动物伤害他人行为中的动物指向包括危险动物在内的所有动物,既包括各种宠物,如狗、猫、鸟等,也包括其他能够由人工饲养的动物,如牛、羊、马、鸡、鸭等动物。[2]

处罚标准

本行为设置"一般情形"和"情节较重"两个层次的处罚。本款是2025年修订的《治安管理处罚法》中新增条款。

表192 违规出售、饲养危险动物伤害他人行为处罚标准

处罚档次	处罚标准	裁量基准
一般情形	处5日以下拘留或者1000元以下罚款	/
情节较重	处5日以上10日以下拘留	①造成多人受伤等危害后果的 ②造成现场秩序混乱等危害后果或者较大社会影响的 ③其他情节较重的情形

---

[1] 参见柯良栋主编:《治安管理处罚法释义与实务指南(2014年版)》,中国人民公安大学出版社2014年版,第258页。

[2] 参见柯良栋主编:《治安管理处罚法释义与实务指南(2014年版)》,中国人民公安大学出版社2014年版,第258页。

案例及解析

【基本案情】 刘某在家中饲养一只马犬,某天刘某在路上遛狗时,以为周边无人,便解开绳索。后该马犬向前奔跑、横冲直撞并将多名路人咬伤,损坏周边私家花丛、草坪。依据当地地方性法规,该马犬属于大型犬,具有较大危险性。[①]

对刘某的行为应当如何认定?

【解析】 本案的焦点在于刘某的行为是构成违规饲养危险动物伤害他人行为,还是构成未对动物采取安全措施致使动物伤害他人行为。本案中,刘某违反当地地方性法规饲养烈性犬,扰乱社会管理秩序并造成他人受伤,侵犯了他人人身权利,造成了不良的社会影响。该行为并不要求刘某对该马犬采取安全措施。因此,刘某的行为构成违规饲养危险动物伤害他人的违法行为,因该行为发生于公共场所且造成多名路人受伤,应适用情节较重的处罚。针对该马犬对私人财产造成的损害,应通过民事救济途径予以赔偿。

关联法条

本部分关联法条参见"违规出售、饲养危险动物"行为的关联法条。

199. 未对动物采取安全措施,致使动物伤害他人

现行规定

《治安管理处罚法》

第89条第3款 未对动物采取安全措施,致使动物伤害他人的,处一千元以下罚款;情节较重的,处五日以上十日以下拘留。

立案与管辖

(一)立案标准

违法嫌疑人在饲养、管理动物时未对动物采取佩戴牵引绳、佩戴嘴套、限制活动范围等防止动物伤人的安全措施,致使动物伤害他人,即可达到立案标准。若伤害程度达到轻伤以上,则达到刑事案件立案标准。

(二)管辖

未对动物采取安全措施致人损害案件一般由违法行为地的公安机关管辖。违法行为地包括违法行为发生地和违法结果发生地。违法行为发生地是未采取安全措施行为发生的地点。违法结果发生地是未采取安全措施致使动物伤害他人的危害结果发生的地点,本行为要

---

① 改编自北京市公安局海淀分局行政处罚决定书,京公海行罚决字〔2021〕57382号。

求有实害结果的发生。如果由违法行为人居住地公安机关管辖更为适宜,可以由违法行为人居住地公安机关管辖。

证据收集

(一)证据规格

未对动物采取安全措施致人损害行为的调查和证据收集重点在于查明动物的饲养人或管理人未采取必要的安全措施,且未对动物采取安全措施的行为与被侵害人损害结果之间有因果关系。在未对动物采取安全措施致人损害行为事实和损害结果认定中,需要收集的证据规格如下。

1. 违法嫌疑人陈述和申辩。

(1)违法嫌疑人的基本情况。(2)违法嫌疑人的主观态度、违法动机和目的。(3)违法嫌疑人是否事先对涉案动物采取安全措施。(4)侵害行为发生的时间、地点、人员、起因、经过、方式、危害后果。(5)涉案动物种类、体型、年龄、性别等基本信息以及来源、下落。(6)是否对被侵害人进行救助或赔偿。(7)是否因此类行为受到过处罚。

2. 被侵害人陈述和其他证人证言。

(1)被侵害人基本情况。(2)动物饲养者、管理者是否事先对动物采取安全措施,安全措施是否有效。(3)损害过程及损害结果,遭受动物伤害的经过,伤害方式以及伤情等。(4)其他证人证言,问明动物饲养者、管理者是否事先对伤人动物采取安全措施,安全措施是否有效,以及事件发生的具体情境等信息。

3. 物证、书证。

(1)涉案动物的种类。(2)痕迹物证,如现场遗留的爪印、毛发等痕迹,以及与伤害行为直接相关的物品,包括被侵害人身上的衣物、伤痕、血迹、伤口等照片或物证。(3)养犬登记证、动物防疫条件合格证、被侵害人就诊记录等。(4)有关动物、宠物管理的公告、规定等。

4. 鉴定意见。

伤情鉴定、损坏财物价格鉴定、嫌疑人精神病鉴定等。

5. 视听资料、电子数据。

(1)记录动物致害和违法嫌疑人未采取安全措施的现场音视频、视频监控资料。(2)能够证明违法行为的聊天信息、图片。(3)现场执法视频。

6. 勘验、检查笔录,现场笔录。

现场勘查笔录、现场图、现场照片、现场提取痕迹物证等。

7. 辨认笔录。

证人及相关当事人对违法嫌疑人及涉案动物进行辨认。

8. 其他证据材料。

(1)证明违法嫌疑人身份的材料和违法犯罪记录,如人口信息、户籍证明、身份证、工作证、专业或技术等级证复印件等;法院判决书、行政处罚决定书、释放证明书等有效法律文件。

(2)抓获经过、处警经过等。

(二)注意事项

1.注重对行为危害后果的取证。构成未对动物采取安全措施致人损害行为,要有实害后果存在,这是《治安管理处罚法》第89条第3款与一般的未对动物采取安全措施行为的主要区别,也是行为人是否应受处罚的关键。在案件办理过程中,执法人员可以对现场群众以及物业、保安等管理人员进行调查询问,取得造成危害后果的证据。

2.关注受侵害对象的受侵害情况。未对动物采取安全措施致人损害是《民法典》《刑法》《治安管理处罚法》共同规制的行为,除了追究行为人治安违法、刑事犯罪的责任外,还可能追究行为主体的民事侵权责任,办案中应注意相关证据的留存。

行为认定

(一)对未对动物采取安全措施,致使动物伤害他人行为的认定

主要从以下四个方面进行认定:

1.行为侵害的客体是社会管理秩序和公民人身权利。

2.行为的客观方面表现为违法嫌疑人饲养、管理动物,未对动物采取必要的安全措施,如圈养、拴绳、佩戴防咬装置等方式,防止动物伤害他人,以不作为的方式导致动物对他人造成实际损害,包括精神伤害。

3.行为的实施主体是特殊主体。即动物饲养者、管理者。

4.行为的主观方面是间接故意或过失。若动物饲养者、管理者持明知未对饲养、管理的动物采取安全措施的行为可能对他人造成伤害但仍然放任这种危害结果发生的主观态度,其主观方面为间接故意;若动物饲养者、管理者应当预见未对饲养、管理的动物采取安全措施的行为会对他人造成伤害,因疏忽大意未能预见或已经预见但轻信能够避免,以致发生动物伤人的危害结果,其主观方面为过失。

(二)与"驱使动物伤害他人"的区分

驱使动物伤害他人身体,是指行为人明知自己的行为会导致他人身体受到伤害,而故意利用动物实施攻击的行为。两者的区别在于违法行为人的主观过错、行为表现等方面。可以结合动物的看管措施、安全措施,违法行为人的赔偿补救措施及态度,行为人与被侵害人过往是否有矛盾纠纷,行为人的主观动机、造成的实际危害程度等因素综合判断。

处罚标准

本行为设置了"一般情形"和"情节较重"两个处罚层次。

表 193　未对动物采取安全措施,致使动物伤害他人行为处罚标准

处罚档级	处罚标准	裁量基准
一般情形	处 1000 元以下罚款	/
情节较重	处 5 日以上 10 日以下拘留	①造成人员轻微受伤等危害后果的 ②造成现场秩序混乱等危害后果或者有较大社会影响的 ③多次实施未对动物采取安全措施,致使动物伤害他人行为的 ④其他情节严重的情形

案例及解析

【基本案情】4 岁儿童刘某和其姥爷外出,打开单元楼一楼楼栋大门后,突然被张某未拴绳、未办狗证的狗扑咬。民警要求张某陪同刘某前往医院治疗,遭到张某拒绝,且张某拒绝赔偿医疗费,调解无果。①

应当如何认定张某的行为?

【解析】张某未办理养犬登记,且携犬出户时未使用牵引绳,放任犬只在公共区域活动。犬只在单元楼门口扑咬 4 岁儿童,违反《治安管理处罚法》第 89 条第 3 款的规定,虽未构成轻微伤,但已造成实际人身伤害,符合未对动物采取安全措施,致使动物伤害他人行为。民警到场后,张某拒绝陪同就医、拒绝赔偿,属于拒不改正违法行为,可作为从重处罚情节。

关联法条

本部分关联法条参见"饲养动物干扰他人正常生活"行为的关联法条。

200. 驱使动物伤害他人

现行规定

《治安管理处罚法》

第 89 条第 4 款　驱使动物伤害他人的,依照本法第五十一条的规定处罚。

立案与管辖

(一)立案标准

违法嫌疑人在饲养、管理动物时主动命令或者以诱导、刺激等方式唆使动物伤害他人,造

---

① 改编自上海市奉贤区人民法院民事判决书,(2024)沪 0120 民初 10469 号。

成他人人身伤害，即可达到立案标准。伤害程度达到轻伤以上的，则达到刑事案件立案标准。

（二）管辖

驱使动物伤害他人案件一般由违法行为地的公安机关管辖。违法行为发生地，一般指的是伤害行为的实施地以及开始地、途经地、结束地等与伤害行为有关的地点；伤害行为是连续、持续或者继续状态的，连续、持续或者继续实施的地方都属于违法行为发生地。违法结果发生地，通常指咬伤、抓伤现场。

驱使动物伤害他人行为由违法嫌疑人居住地公安机关管辖更为适宜的，可以由违法嫌疑人居住地公安机关管辖。例如违法嫌疑人在居住地 A 市训练犬只后，在 B 市驱使该犬伤害他人，而 B 市仅能证明伤害结果却无证据证明"驱使故意"，若 A 市有目击证人或监控证明违法嫌疑人的训练行为，则由违法嫌疑人居住地 A 市的公安机关管辖更为适宜。

证据收集

（一）证据规格

驱使动物伤害他人行为的调查和证据收集重点在于查明动物的饲养人或管理人存在伤害他人的故意，且唆使动物伤害他人的行为与被侵害人的损害结果之间存在因果关系。在驱使动物伤害他人行为事实和损害结果的认定中，需要收集的证据规格如下。

1. 违法嫌疑人陈述和申辩。

（1）违法嫌疑人的基本情况。（2）违法嫌疑人的主观态度、违法动机和目的。（3）问明是否以命令、诱导或刺激等方式唆使涉案动物伤害他人。（4）问明侵害行为发生的时间、地点、人员、起因、经过、方式、危害后果。（5）问明涉案动物种类、体型、年龄、性别等基本信息以及饲养或管理方式、地点。

2. 被侵害人陈述和证人证言。

（1）向被侵害人问明是否听到或看到动物饲养者、管理者以命令、诱导或刺激等方式唆使涉案动物伤害他人，以及遭受动物伤害的经过、伤害方式、伤情、是否有财物损失等信息。（2）向证人问明动物饲养者、管理者是否利用各种方式唆使涉案动物伤害他人以及案件相关的其他事件细节、背景信息。

3. 物证、书证。

涉案动物的种类，现场遗留的爪印、毛发等痕迹，以及与伤害行为直接相关的物品，包括被侵害人身上的衣物、伤痕、血迹、伤口等照片或物证。收集养犬登记证、动物防疫条件合格证、被侵害人就诊记录等书证。

4. 鉴定意见。

伤情鉴定、违法嫌疑人精神病鉴定等。

5. 视听资料、电子数据。

（1）现场音视频、视频监控资料，如小区、街道、公园等地的摄像头记录的行为人发出指令、故意松开牵引绳等驱使动物的过程，或目击者、被侵害人用手机等设备拍摄的攻击画面。

(2)能够证明违法行为的聊天信息、图片,如违法嫌疑人此前在社交媒体发布的训练动物攻击的视频。(3)现场执法视频。

6.勘验、检查笔录。

对动物攻击行为的现场、饲养动物的场所和相关物品进行勘验、检查的笔录;对被侵害人进行人身检查以确定其伤害情况、生理状态等所形成的检查笔录。

7.辨认笔录。

证人及相关当事人对违法嫌疑人及涉案动物进行辨认的笔录。

8.其他证据材料。

(1)证明违法嫌疑人身份的材料和违法犯罪记录,如人口信息、户籍证明、身份证、工作证、专业或技术等级证复印件等;法院判决书、行政处罚决定书、释放证明书等有效法律文件。(2)抓获经过、处警经过等。

(二)注意事项

1.注重及时收集、制作视听资料。动物伤人行为突发性强、现场易失控,在案件办理过程中,执法人员应及时收集公共场所监控和私人视听证据,捕捉行为人主动驱使动物的关键动作,如手势指令、语言刺激等,同时在出警时运用执法记录仪固定现场证据,聚焦动物状态、行为人言行、伤情与痕迹,客观反映案件事实经过和后果。

2.注重对重点证据的收集。在驱使动物伤害他人案件中,违法嫌疑人与动物的互动细节较难发现,如果不精准聚焦核心证据,易导致驱使故意认定模糊或因果关系断裂。在案件办理过程中,执法人员应针对不同主体进行有针对性的询问,如对违法嫌疑人重点询问驱使动机;对目击者重点询问违法嫌疑人和动物的互动细节;对被侵害人重点了解受伤情况、财物损失;等等。此外,应注意收集动物是否受过攻击训练、是否有历史伤人记录等证据,通过证据间相互印证等方式形成完整的证据链。

行为认定

(一)对驱使动物伤害他人行为的认定

主要从以下四个方面进行认定:

1.行为侵害的客体是社会管理秩序和公民的人身权利。驱使动物伤害他人的行为必然会破坏公众对公园、街道等公共空间中安全性的心理预期,激化"养宠群体"与"非养宠群体"的矛盾,瓦解社区信任环境;在一定程度上也会迫使相关部门对区域内的动物管理投入更多人力、物力资源,如强化巡查、增设警示设施等。同时,对公民人身权利也会造成侵害,如动物撕咬导致创伤、感染等风险,甚至造成残疾或死亡后果。

2.行为的客观方面表现为违法行为人故意激发动物攻击性,致使他人人身安全受损。行为的具体类型有多种,如语言指令、手势指挥等明示命令型、拍打动物激发其攻击欲、突然解开牵引绳、向被侵害人投掷物品引导动物扑咬等间接诱导型,以及长期在公共区域训练动物扑咬假人,使动物形成条件反射等创设危险情境型。应注意,若饲养人或管理人故意利用动物实施伤害他人身体的行为,由于其具有驱使动物伤人的主观恶性,行为较为恶劣,即使并未产生被侵害人受伤等实害结果,仍可构成驱使动物伤害他人的违法行为。此处的实害结果既可以是物理性伤害结果,如他人遭到动物攻击而身体受伤等,也可以是被侵害人过度惊吓、长期恐惧动物等精神伤害。

3. 行为的实施主体是特殊主体,即动物饲养者、管理者。动物饲养者即对动物享有所有权、支配权或长期收益权的人,包括动物登记证、芯片信息所有人,实际喂养人,繁殖或交易获利者等。动物管理者通常指案发时直接控制动物行为的人,如动物寄养的宠物店等委托照管人、饲养者的亲友等临时牵遛人等。需要注意的是,在饲养人与管理人分离时饲养动物致人损害的责任承担规则,例如,饲养者已尽合理注意义务,告知管理者动物习性、提供嘴套等,管理者擅自驱使动物伤害他人,则管理者负全责。

4. 行为的主观方面是故意。动物饲养者、管理者明知唆使动物伤害他人的行为可能对他人造成伤害,仍希望或放任这种危害结果发生。驱使动物伤害他人的行为一般有两种情况:一种是为了报复,故意驱使动物伤害他人;另一种是出于好奇取乐。不管动机如何,只要驱使动物伤害他人,就构成违反治安管理的行为。

(二) 本行为与"放任动物恐吓他人"行为的区分

放任动物恐吓他人是指行为人对其饲养或者管理的动物发生或者可能发生的恐吓他人的行为不加管束,而采取放纵、默许、不管不问的态度,对他人造成精神上的惊吓。两者的区别主要包括:

1. 主观方面。驱使动物伤害他人行为既包括直接故意也包括间接故意,动物的饲养者或管理者利用各种方式唆使动物伤害他人,希望或放任伤害他人的结果发生,此时,动物成为行为人的违法工具;而放任动物恐吓他人行为中动物饲养者、管理者对于动物导致的恐吓后果,既没有主动、积极地追求,也没有反对和阻止,而是默许其继续或允许其发生,行为人持间接故意的主观态度。

2. 行为后果。驱使动物伤害他人行为造成了实际损害后果,包括精神损害后果;而放任动物恐吓他人行为是使他人受到惊吓放任不管,主要是精神损害后果。

3. 情节和手段。驱使动物伤害他人行为中违法行为人具有主动命令、刺激、诱导动物攻击的行为,伤害结果由行为人直接操控引发;放任动物恐吓他人行为中违法行为人是未履行管束义务,危害结果是行为人未阻止风险所导致。

处罚标准

本行为依据《治安管理处罚法》第51条的规定进行处罚。该条对违法行为设置了"一般情形"和"情节较轻"两个层次的处罚。其中,对于"情节较轻"的认定,应当结合行为人的动机、目的、行为次数、侵害对象、社会影响和造成的后果等综合考虑。

表 194　驱使动物伤害他人行为处罚标准

处罚档级	处罚标准	裁量基准
一般情形	处 5 日以上 10 日以下拘留,并处 500 元以上 1000 元以下罚款	/
情节较轻	处 5 日以下拘留或者 1000 元以下罚款	①被侵害方有过错,且伤害后果较轻的
		②亲友、邻里或者同事之间因琐事发生纠纷,双方均有过错,且伤害后果较轻的
		③已满 14 周岁未成年在校学生初次驱使动物伤害他人,悔过态度较好且伤害后果较轻的
		④因民间纠纷引发且行为人主动赔偿合理费用,伤害后果较轻的
		⑤其他情节较轻的情形

案例及解析

【基本案情】 张某牵着绳子准备下楼遛狗,在电梯间与初某发生碰撞,遂怀恨在心。张某看见初某行至一块无人草地,遂放开狗绳,用言语驱使狗咬初某。幸亏初某警觉,及时躲避到附近的保安室。后初某报警。警察调取监控,证实了张某放狗咬人的行为。

对张某的行为应该如何定性?

【解析】 本案中,张某唆使其所饲养的犬只伤害他人,致使他人的人身权利遭到损害,经派出所民警调查,根据张某、初某的陈述和申辩、证人证言、现场照片等事实依据,认定张某驱使动物伤害他人的违法行为成立。张某的行为与《治安管理处罚法》第 51 条故意伤害行为构成竞合,实践中驱使动物伤害他人的应当以《治安管理处罚法》第 89 条第 4 款论处,而不以故意伤害行为论处。

关联法条

1.《刑法》(2023 年修正)

第 234 条　【故意伤害罪】故意伤害他人身体的,处三年以下有期徒刑、拘役或者管制。

犯前款罪,致人重伤的,处三年以上十年以下有期徒刑;致人死亡或者以特别残忍手段致人重伤造成严重残疾的,处十年以上有期徒刑、无期徒刑或者死刑。本法另有规定的,依照规定。

2.《民法典》(2020 年)

第 1245 条　饲养的动物造成他人损害的,动物饲养人或者管理人应当承担侵权责任;但是,能够证明损害是因被侵权人故意或者重大过失造成的,可以不承担或者减轻责任。

附 录
文书范本

常用治安凭证式法律文书范本与制作规范

　　治安凭证是公安机关的执法办案人员在依据《治安管理处罚法》查处治安案件的工作中，依照法定程序制作的，履行某项法定规定并且对执法对象出示的，要求对方配合实施某项法律程序的法律文书。凭证式治安法律文书是绝对格式化的法律文书，由于绝对格式化的法律文书在制作过程中制作方法大同小异，本书收录部分查处治安案件常用凭证式法律文书，并针对其制作方法予以讨论和介绍，供读者借鉴参考，融会贯通。

　　目前，随着科技手段的介入，公安法律文书制作日趋电子化。凭证式治安法律文书制作基本上是通过计算机操作打印完成。计算机打印凭证式法律文书不涉及存根制作，法律文书名称也由相关执法单位或由所在公安机关统一设置模板固定内容，或由制作者根据所在单位统一规定操作计算机完成制作。

　　科技手段的支撑有助于监督程序法在执法过程中的准确、高效实施。与此同时，还应从执法者综合能力提升、法律应用与实际结合、法律文书文字应用、法言法语的表述、表述的复杂和个性等方面的综合提升，系统推进规范执法的落实，认识治安案件法律文书制作的改革与完善。由于目前凭证式法律文书电子化程度较高，存根部分的应用就趋于萎缩。基于对治安案件法律文书历史发展的梳理，本节在介绍凭证式治安法律文书制作过程中，保留了部分凭证式法律文书对存根部分制作方法与相关注意事项的介绍，以期举一反三，避免重复。重点对附卷联从首部、正文、尾部三个角度进行阐述供读者参阅。

I 《接受证据清单》

一、文书范本

接受证据清单

编号	名称	数量	特征	备注
1	光盘	壹	CD光盘(无包装)	无
2	×××亲笔证词	壹	打印材料,有×××签字字样	未核实

提交人	保管人	受案民警
年 月 日	年 月 日	受案单位(印) 年 月 日

一式三份,一份交提交人,一份交保管人,一份附卷。

二、制作规范

《接受证据清单》与《行政案件立案登记表》配合使用,用于登记报案者提供的证据,以及对证据种类、名称、特征等具体表象予以表述说明的法律文书。《接受证据清单》一式三份:一份交物品提交人、一份入卷备查、一份交保管人。制作方法如下:

(一)首部

即文书具体名称(已印制)。

(二)正文

1.编号:按照报案人提供的证据数量由制作者分类依次编写号码。注意:该号码应当与装载该证据的包装上编写的号码,在书写、文字运用等细节上严格保持一致。

2. 名称:即证物的具体名称。制作时注意以下问题:

(1)严格按照物品生产国家或厂家的统一标准予以登记表述。

(2)没有统一标准的,尽量采用能为大众熟识或广泛应用的称谓。

(3)对于特殊或没有明确称谓的物品,要求制作者对该物品用简洁的字样予以尽量精确的涵盖性表述。该项目涉及客观媒介①所形成证据的具体表现,直接影响到问话笔录"七要素"②中有关核心内容的制作与表述,制作者必须对七要素应用严格把握以下问题:

第一,在相关问话笔录中做到《接受证据清单》中登记的物品名称与问话笔录中对该物品的表述绝对一致。

第二,案件进入其他法定程序或移送其他执法单位,在制作问话笔录时,制作者做到引用和重复引用该物品的表述时,要与《接受证据清单》上的登记内容,以及与前一法定程序的执法办案人员,在相关问话笔录中保持绝对一致,否则,一旦出现称谓的变化,很可能影响案件查处,出现执法过错而承担责任。

第三,涉案物品需要以相对标准的名称予以表述。如在后续的案件调查工作中,由于办案工作需要对该物品名称表述字样作出调整或改变的,办案人员必须出具详细的说明变化的原因的工作说明,并且就该变化细节在相关问话笔录中予以详实的表述。

3. 数量:按实际情况填写,必须使用中文大写。例如:壹、贰。不得使用阿拉伯数字。

4. 特征:与名称相配合,使用简明扼要的文字予以叙述,并与对应办案周期内相应的法律文书中物品名称的表述一致。注意:如在后续的案件调查工作中,由于办案工作需要对该物品名称表述字样作出调整或改变,需要对该物品名称表述字样作出调整或改变的原因,在出现变化对应的法律程序周期内,及时制作专用的工作记录予以说明,并在相关的问话笔录中进行重点表述。物品名称表述字样作出调整或改变的,原始的《接受证据清单》与其他法律文书中应保持原始状态,不得予以更改。

5. 备注:需要说明的其他问题。

6. 在紧邻填注表格最后一行,以斜划线将未予填注的所有空格予以划线标注,防止可能出现的失误。

(三)尾部

1. 提交人:即报案人,也可以是随报案人前来的证人或其他亲友。遇此情况应当及时针对证人制作《询问笔录》签名。制作时应注意以下问题:

(1)必须由本人签名,该签名字样应当同对应的问话笔录上本人签名字样做到绝对一致。

(2)本人不能签字时,可参照下列方式处理:

---

① 参见段钢:《公安问话笔录制作与实例分析》,中国人民公安大学出版社2024年版,第90页。
② 参见段钢:《公安问话笔录制作与实例分析》,中国人民公安大学出版社2024年版,第4页。

①由制作相关笔录的工作人员注明"以上登记内容已向本人宣读,经本人确认无误"字样,并签制作之作者姓名、注明日期。相关情节应当在相关笔录中予以表述。

②如提供者有随行家属或亲友,再由他们签字并注明"我与×××是××关系,以上登记内容已有民警向本人宣读,本人确认无误"字样,并签署姓名、注明日期。相关情节应当在对应的问话笔录中予以表述。

2. 保管人:接受案件的执法办案单位负责证物管理人员签字、注明日期。应注意以下问题:

(1)该日期的填写应当与提交人、受案民警注明的日期一致。其目的在于落实赃证物管理规定,做到赃证物移交的即时性,防止赃证物被非法挪用使其证据功能受到影响,确保执法工作中的公正、廉洁。

(2)做到赃证物的专业保管,防止赃证物变质、遗失,杜绝出现执法过错责任。

3. 受案民警:指接受报案的民警(问话笔录的制作者),受案民警的签字绝不能由他人代签。

Ⅱ 《行政案件立案登记表》

一、文书范本(略)
二、制作规范

《行政案件立案登记表》与《接受证据清单》《行政案件立案/不予立案告知书》配合使用。如果案件涉及移交,则一份由原受理单位留存,另一份附入案卷。本法律文书为格式化法律文书,由以下三大部分组成。制作的重点在正文部分。

(一)首部
1. 法律文书名称:已固定设置,无须制作。
2. 办案单位名称(加盖公章):需要执法人员填写后加盖公章(或电子印章)。
3. 文书编号:按照上级单位要求与案件受理时间、顺序填写。

(二)正文
1. 案件来源。包括:110指令、工作中发现、报案、投案、移送、扭送、其他。每一项前均有设定好的对应方框,制作电子文书时,按实际情况点击方框即可完成勾选。
2. 报案人。本项目包括:
(1)姓名、性别、出生日期:按照报案人身份证上字样和登记信息填写。实际工作中注意核实报案人身份。
(2)身份证件种类、号码:注意区别护照、身份证。填写时号码不能错误。
(3)工作单位、联系方式:按照已核实的信息填写。注意联系方式应填写正确,以免给今后的工作带来影响。
(4)现住址:按要求应填写报案人目前住所详细地址。在实际工作中应注意记录报案人户籍所在地。
3. 移送单位、移送人、联系方式:用于移交案件。如果受理的案件不属于本单位管辖,需要执行移交程序时,填写接受移交的单位名称、工作人员姓名及联系方式。
4. 接报民警、接报时间、接报地点:
(1)接报民警:填注主办案民警姓名。
(2)接报时间:接110指令时间,或是报案人到公安机关的报案时间。
(3)接报地点:一般填写办案单位名称。
5. 简要案情或者报案记录与是否接受证据。本项目是本法律文书的核心。制作时应注意以下事项:
(1)依照七要素内容制作简要案情或者报案人、举报人、控告人、扭送人报称的基本情况。由于法律文书格式限制,涉及案件具体内容可根据要求在对应的询问笔录中予以详细表述。
(2)内容重点包括:发案时间、地点、简要过程、后果和现状、违法犯罪嫌疑人的姓名;涉及被侵害人,适当表明人身伤害、财物损失及数量、特征等情况。

(3)涉及嫌疑人与被害人其他的基本具体情况与涉及案件的事实经过,可据需要在对应的问话笔录中适当详细表述。

(4)涉及接报案时,举报人或被侵害人等提供涉案证据的情况,应制作《接受证据清单》,并且在"是□否□接受证据"处勾画对应的方框,制作电子文书时,按实际情况点击方框即可完成勾选。

(5)注意,对于涉案证据名称的表述,在简要案情、《接受证据清单》、相关询问笔录中的表述应当一致,不得出现矛盾或一物多个表述名称的问题。

6.接报案办理意见:即填写承办人意见。制作时注意下列事项:

(1)承办人受理举报或出警等,根据实际情况和现有证据材料,并依据相关法律法规规章初步判断案件性质以及管辖适用。

(2)提出对受理举报内容件是否立案或移送,或延长受理期限等意见。

(3)注明适用的相关法律法规规章名称与条款。由于是在受理的程序环节,受理案件时一般引用公安部《公安机关办理行政案件程序规定》第61条第1款第1项的规定。其他情况,依据相关的具体事实引用对应的法律法规规章的具体规定。

(4)由经办民警在相应的"□"内画"√"选定。制作电子文书时,按实际情况点击方框即可完成勾选。

(5)选择"其他"情形的,应当注明具体情况。必要时出具较为具体的工作说明,报主管领导审批附卷。

(6)填写该案件主办人员姓名和对应的日期。

7.立案审批。承办人所在办案部门负责人,对涉及上述事项的材料进行审核后,签署审批意见、姓名、日期。

(三)附注

法律文书设置的固定栏目,起提示作用。注明该法律文书用途。

Ⅲ 《行政案件立案/不予立案告知书》

一、文书范本

```
                    ××公安局××派出所
                    行政案件立案/不予立案告知书

                            ×公(×所)立/不立字〔20××〕第××号

___×××___:
    你(单位)于××××年××月××日报称的××××年××月以来受到他人公然侮辱以及人
身威胁案,
    ☑我单位已立案。你(单位)可通过××公安局网站(标明具体查询方式)查询案件进展情况。
    □不属于公安机关管辖范围。公安机关依法不予立案,请向其他有关主管机关报案、投诉或投
案。
    对不予立案不服的,可以在受到本告知书之日起六十日内,向_____申请行政复
议。对行政复议不服的,可以依法向人民法院提起诉讼。
    联系人及联系方式 ××公安分局××派出所×××

  互联网                                              公安机关(印)
  信息公开                                            ××××年××月××日
  二维码

报案人/控告人/举报人/扭送人/投案人      ×××
                                                    ××××年××月××日
```

一式两份,一份交报案人、控告人、举报人、扭送人、投案人,一份附卷。

二、制作规范

该凭证式法律文书与《行政案件立案登记表》配合使用,对内附入案卷用于说明案件相关工作情况,对外交付报案人,作为说明立案或不予立案原因的法律文书。报案人(或其他当事人)可以据此为凭向有关部门提出复议,或采取其他法律救济方式。

(一)首部

1.制作单位名称:在上方空白处填写本办案单位的名称。

2.法律文书名称:这是法律文书设置的固定栏目。注意根据实际工作的立案或不予立案,将文书名称中不用的部分予以划除。在制作电子版的法律文书时,建议直接将文书名称中不用的部分删除。

3.法律文书编号:按照上级单位与本单位要求填写。注意结合实际工作的立案或是不予

立案,将不用的部分予以划除。在制作电子版的法律文书时,建议将不用的部分删除。

(二)正文

1.接收人姓名:填写报案人、举报人、控告人、扭送人或投案人姓名或者移送单位名称。涉及个人的应当注意对身份信息进行核实。

2.接受举报的时间、举报内容的简要表述。如果决定立案,宜注明涉及案由的名称。

3.决定立案时制作此项内容:

(1)在方框内点击勾选,表示已决定立案。

(2)在随后横线部分填写查询案件进展情况的方式,包括电话、网址、二维码等。

4.决定不予立案时制作此项内容:

(1)在方框内点击勾选,表示已决定不予立案。

(2)对其他部门移送的案件,公安机关决定不予立案的,应当将《行政案件不予立案告知书》送达移送案件的部门。

5.法律救济说明:

(1)法律救济告知。对公安办案部门作出的立案或不予立案的决定有异议的,可以依法向有关部门申请行政复议或行政诉讼。制作时在横线上填注办案部门上级单位所在行政区划区政府名称。

(2)填注时间。该时间与《行政案件立案登记表》立案审批项目办案部门负责人签批时间相一致。

6.办案人与联系方式:方便群众联系办案人。在横线上填注办案人姓名与联系电话。

(三)尾部

1.办案单位名称,加盖公章。

2.填注作出立案或不予立案决定的日期。注意在规定时间内在作出决定,不得超时作出决定。

3.接收人姓名、签字、接收日期。注意:

(1)"报案人/控告人/举报人/扭送人/投案人"选项,是法律文书中设置的接收人项目。制作时根据实际情况将不用的部分划除。制作电子版法律文书时,将不用的部分直接删除。

(2)接收人签字、日期:"报案人/控告人/举报人/扭送人/投案人"在接受法律文书时应在此处签字。

①如接收人不能签字应注明原因,并配合执法记录仪说明。

②接收人签注收到本法律文书的日期。注意:书面送达的应将涉及完成送达工作相关材料附卷。

③必须在规定时间内送达接收人。

(四)附注

起提示作用,一式两份,一份交报案人、控告人、举报人、扭送人、投案人,一份附卷。

Ⅳ 《传唤证》

一、文书范本

××公安局××分局××派出所
传 唤 证

×公(×所)行传字〔20××〕第××号

　孙××：
　　因你(单位)涉嫌___殴打他人___，根据《中华人民共和国治安管理处罚法》第九十六条之规定，现传唤你于20××年7月22日14时0分前到××公安局××分局××派出所接受询问。
　　无正当理由拒不接受传唤或者逃避传唤的，依法强制传唤。

公安机关(印)
20××年7月20日

　　被传唤人到达时间　　20××年7月22日13时10分
　　被传唤人　孙××
　　被传唤人离开时间　　20××年7月22日20时15分
　　被传唤人　孙××

一式两份，一份交被传唤人，一份附卷。

二、制作规范

与《__传唤__审批表》配合使用，是责令(强制)违反治安管理当事人接受问话，对内附入案卷用于说明案件相关工作情况，对外交付被传唤人作为法律凭证使用的法律文书。本法律文书分为：存根(一联)、使用凭证(两联)两大部分。使用凭证部分一式两份：一份交被传唤人，一份入卷备查。

（一）存根部分(略)

（二）使用凭证部分

1. 首部。包括：

（1）公安机关名称。

（2）文书名称。

（3）文书编号：按照所在公安机关统一要求和案件顺序编号填写。

2. 正文。

（1）被传唤人：参照《受案回执》相关内容制作。

(2)传唤理由。被传唤人所触犯的《治安管理处罚法》的具体条款(客体)名称。制作本项内容,请严格按照公安部印发的《违反公安行政管理行为的名称及其适用意见》的内容的具体规定填写。

(3)指定接收传唤的时间:与《　传唤　审批表》中所在单位领导批示时间一致。如执行即时传唤,则应注明"随证"字样,或即时指定的时间。

(4)与《　传唤　审批表》指定被传唤人接受问话的地点相一致。

3.尾部。

(1)加盖受理案件单位公章,并由制作者注明日期。该日期应与《　传唤　审批表》中承办单位意见栏相一致。

(2)被传唤人到达时间:由被传唤人亲笔填写被传唤人实际到达时间。此项内容应当与相关问话笔录首页时间相对应。

(3)被传唤人离开时间:由被传唤人亲笔填写离开时间。此项内容应当与相关问话笔录首页时间相对应。

(4)被传唤人签字:参照《接受证据清单》制作方法中有关签字部分的内容。

V 《检查证》

一、文书范本

```
××市公安局××分局
    检 查 证

                          ×公(×)检字[××××]第××号

根据
□《中华人民共和国行政处罚法》第五十四条和第五十五条
□《中华人民共和国治安管理处罚法》第一百零三条第一款、第二款
□其他_____无_____之规定,兹派我局民警_____×××、×××_____
对_____××区××洗浴城_____依法进行检查。

                                  公安机关(印)
                                  ××××年××月××日


被检查人或见证人  ×××
××××年××月××日××时
```

检查完毕后附卷。

二、制作规范

与《__检查__审批表》配合使用,是公安机关对与违法行为有关的场所、物品、人身进行检查时对外公示的凭证式法律文书,由存根、附卷联组成。

(一)存根(略)

(二)附卷联

项目设置及制作方法如下:

1.首部。包括:

(1)执行检查公安机关名称。

(2)文书名称。

(3)文书编号:按照所在公安机关统一要求和案件顺序编号填写。

2.正文。

(1)检查所依据的法律条款:《行政处罚法》和《治安管理处罚法》内容,按照文书设定的前两个选项的内容,在相应的方框中画"√"即可。涉及其他行政法律的相关内容,由制作者引用相关法律具体条款;不涉及其他法律相关内容的,在横线上写"(无)"。

（2）依照法律有关规定，填写具体执行人的姓名。

（3）检查对象的名称与《__检查__审批表》相关内容表述一致。

3.尾部。

（1）加盖受理案件单位公章，并由制作者注明日期，该日期应与《__检查__审批表》中相关批准检查的日期栏相一致。

（2）被检查人或证人签字和日期：

①在实际执法工作中，适宜由被检查人和证人落实双签字；

②实施检查的日期应当在批准后立即执行，不宜拖延。

Ⅵ 《 检查 笔录》

一、文书范本

×× 市公安局 ×× 分局
检查 笔录

（本文书可用于制作勘验笔录、检查笔录、辨认笔录和现场笔录）

时间 20××年7月20日19时20分至20××年7月20日22时50分
地点 ××区××大街127号××洗浴城 办案民警或者勘验、检查人姓名及工作单位 房××、姜××、刘×，××市公安局××分局
检查对象 ××区××大街127号××洗浴城
当事人基本情况（姓名、性别、身份证件种类及号码）王××，男，身份证号码（略）见证人基本情况（姓名、性别、身份证件种类及号码）金××，男，身份证号码（略），仉××，男，身份证号码（略）
事由和目的 检查××洗浴城是否涉嫌为赌博提供条件
过程和结果 在被检查的××洗浴城法人施××和见证人（所在街道居委会主任）金××、仉××在场全程见证的情况下，检查人员依法检查了王××涉嫌为他人提供赌博场所和赌博工作的地点××洗浴城二层201房间，查获自动麻将机14台。
检查过程中，被检查人配合检查工作，检查时未损坏任何物品。

办案民警或者勘验、检查人 房××、姜××、刘×
20××年7月20日

当事人、辨认人或者见证人 金××、仉××、施××
20××年7月20日
20××年7月20日

二、制作规范

与《 检查 审批表》《检查证》配合使用，用于记录检查过程的法律文书，是执行检查这一法定程序的具体体现。如果在检查中发现了与案件有关的线索或证据，需要予以提取作为证据使用，还要与《调取证据通知书》和《调取证据清单》配合使用。该类法律文书由" 笔录"模式转化而成，其设置类似于"万能表"，但与"万能表"有所不同，属于公安执法过程中说

明性质的法律文书。《　检查　笔录》由以下部分组成:

(一)首部

1.在上方空白处填写执行检查公安机关的名称。

2.通过执行具体法定程序的名称,填写完成法律文书的命名。文书范本中已将可适用各项内容予以列举,制作者可选择使用。

(二)正文

1.检查的起止时间:指具体执行检查的起、止时间。

2.检查地点:与《检查证》相关项目相一致。应注意的是:如果是执行其他法定程序,应填写该项工作实施的实际地点。例如:在执行辨认程序时,辨认地点是执行地;辨认对象则是特指的人、物或环境、地点等。

3.办案民警或者勘验、检查人姓名及工作单位:

(1)填写执行检查办案人员姓名。

(2)如果执行此项工作的执法人员是专业技术工作人员,并非案件承办人,则填写实际执行人。

(3)工作单位填写实际执行人所在单位。

4.检查或者辨认对象。执行检查时,检查对象应当与检查地点表述一致。执行辨认时,表述辨认对象应与涉及的工作内容相一致。制作时用斜划线划去不用的部分。制作法律文书在电脑上操作时,应删除不用部分。

5.当事人/辨认人基本情况(姓名、性别、身份证件种类及号码):

(1)用斜划线划去不用的部分。制作法律文书在电脑上操作时,应删除不用部分。

(2)在适用检查程序时,填写被检查人的基本情况;检查单位时,可填写被检查单位或场所的具体名称。

6.见证人基本情况(姓名、性别、身份证件种类及号码):依照见证人的实际情况填写。

7.事由和目的:填写适用或执行相关法定程序的理由,或要完成任务的具体指向。

8.过程和结果:表明执行相关法定程序的具体过程,或完成任务具体指向的表现结果。例如:经过检查发现了哪些与案件有关的证据,以及证据提取的具体情况,本法律文书要与《调取证据通知书》和《调取证据清单》相关内容表述一致。

记录检查的具体过程时,注明在检查过程中未对被检查对象造成侵害。

(三)尾部

按照项目设置要求,由相关人员亲笔签署姓名、日期,不得代签。

Ⅶ 《治安案件调解笔录》

一、文书范本(略)

二、制作规范

《治安案件调解笔录》是公安机关执法办案人员在查处治安案件过程中,依据《治安管理处罚法》第九条之规定,在公开进行治安调解工作时,记载调解内容的法律文书。如该治安案件在调解时不适用公开调解程序,则不制作该笔录。治安案件的调解是公安机关最基础的执法工作环节,是化解矛盾和维护稳定的有效执法手段。

调解工作应在案件执行一般程序的调查后,确定双方责任且当事人双方对案件事实无争议的基础上,本着公平、公正、公开的原则进行。当事人双方应同时在场,允许旁听。

执行治安调解的执法人员,可参考以下方式设定《治安案件调解笔录》模式,并参考下述制作方法进行记录。《治安案件调解笔录》应包括以下部分:

(一)首部

1. 文书名称。

2. 调解地点。(公安机关或发案地居民委员会办公地点)

3. 调解的起止时间。

4. 调解人(案件的主要承办人姓名)、记录人。

5. 被调解人。

6. 甲方(姓名)、乙方(姓名)。出于为当事人保密的原则,可不必将当事人住址、单位予以表明。

7. 旁听人姓名。(旁听人数量由调解人根据实际情况酌定)

(二)正文

通过记录问话和回答内容,表述调解工作过程和相关内容。可参照问话笔录制作有关内容。

(三)尾部

1. 本次调解结束后,应向在场人员宣读调解记录的内容,或由在场人员阅读。经确认无误后另起一行注明"以上×页记录,已经在场人员确认无误"字样。

2. 被调解人签字,注明日期。

3. 旁听人员签字,注明日期。

4. 调解人、记录人签字,注明日期。

Ⅷ 《治安调解协议书》

一、文书范本

××市公安局××分局××派出所
治安调解协议书

×公（×）调解字〔××××〕××号

主持人姓名 房×× 工作单位 ××派出所 调解地点 ××区××街道××居委会 当事人基本情况（姓名、性别、年龄、出生日期、身份证件种类及号码、工作单位、现住址） 甲方：季×× （余略）
乙方：秦×× （余略）
其他在场人员基本情况（姓名、性别、年龄、出生日期、身份证件种类及号码、工作单位、现住址）富××、师××、刘×，均系居委会工作人员
主要事实（包括案发时间、地点、人员、起因、经过、情节、结果等）：20××年11月25日11时许，季××在××小区19号楼附近，因琐事与秦××发生口角并将秦××打伤（经法医鉴定为轻微伤）。 上述事实双方均无异议。

经调解，双方自愿达成如下协议（包括协议内容、履行期限和方式等）：
1. 由甲方向乙方赔礼道歉，保证今后遵纪守法。
2. 由甲方一次性向乙方赔偿经济损失共计人民币三千五百元（已交付乙方）。
3. 本次调解为一次性调解。
4. 双方当事人签署协议后，乙方不再追究甲方的其他法律责任。
5. 协议签署后，双方当事人不得因此再发生任何争执。

本协议自双方签字之时起生效。对已履行协议的，公安机关对违反治安管理行为人不再处罚。不履行协议的，公安机关依法对违反治安管理行为人予以处罚；当事人可以就民事争议依法向人民法院提起民事诉讼。
本协议书一式三份，双方当事人各执一份，调解机关留存一份。

主持人　房××　　　　　　　　　　　　　20××年12月10日

见证人　富××、师××、刘×　　　　　　20××年12月10日

当事人　甲方:季××　　　　　　　　　　20××年12月10日

　　　　乙方:秦××　　　　　　　　　　20××年12月10日

调解机关(印)

20××年12月10日

二、制作规范

本调解协议书与《　治安调解　审批表》配合使用,在案件执行一般程序的调查后,确定双方责任且当事人双方对案件事实无争议的基础上,记录双方在自愿基础上达成协议的具体条款、履行方式等相关内容,并经双方确认无误后签字生效。所达成的协议,由双方自觉遵守执行。在适用公开调解时,还应当与《治安案件调解笔录》配合使用。协议书一式三份,双方当事人各留一份,执行治安调解的执法人员所在单位留存一份。《治安调解协议书》项目设置及制作方法如下:

(一)首部

1. 制作单位名称。

2. 文书名称。

3. 编号:按照所在公安机关统一要求和案件顺序编号填写。

(二)正文

1. 主持人姓名、工作单位。

(1)主持人姓名填注案件承办人姓名,治安案件的调解主体即是公安机关执法办案的工作人员,治安调解是公安机关执法工作的组成部分,其他人员不能作为治安案件调解人。

(2)工作单位:填注调解人所在办案单位名称。

2. 调解地点:注意选择能够为双方所接受,适宜进行调解工作的地点。特别是进行执行治安案件公开调解,更要注意地点的选择和对调解工作适用方法、现场氛围、工作进度等因素的把握与调控,否则会造成功败垂成。执行调解的工作地点可以在派出所专用调解室、所在地司法局的司法调解室、街道办事处的专设地点、居委会所在地等。

3. 当事人基本情况(姓名、性别、年龄、出生日期、身份证件种类及号码、工作单位、现住址)。

这一项目要按照相关问话笔录已核实的内容填写。注意保密工作的细节,如双方不愿意在此处涉姓名以外的住址和有关基本信息,可在此填注"详见案卷"字样。

4. 其他在场人员基本情况(姓名、性别、年龄、出生日期、身份证件种类及号码、工作单位、现住址)。

此项填注参与调解的第三方人员。制作此项内容时不建议填注有关人员全部详细信息,

原则上只记录姓名、性别、年龄、工作单位即可。

5. 主要事实(包括案发时间、地点、人员、起因、经过、情节、结果等)。填注《　治安调解审批表》简要案情部分。制作时要在原基础上进一步修正,明确伤情或相关财产损失具体数字,注明做到简洁明了,切忌繁杂冗长。

特别要注意的是:需要由制作者在紧邻案件事实最后一行的下方填注"上述事实双方均无异议"字样。建议有关单位在制作模板时,将此内容列入模板制作的固定内容。

6. 经调解,双方自愿达成如下协议(包括协议内容、履行期限和方式等)。以条款列项的方式制作,每一项目内容力争简单,高度概括,条款不宜过多,突出重点。

(三)尾部

1. 主持人签字、注明日期。由公安机关执法办案人员亲笔签字,不得代签。日期填注执行调解的实际日期。

2. 见证人签字、注明日期。制作方法同上。如协助调解人员为多名,则要求参与人逐人分别签字,注明日期。

3. 当事人签字、注明日期。填注时注意以下问题:

(1)由双方当事人分别签字、注明日期,签字时使用姓名字样,要与相关笔录相一致。

(2)执行治安调解时尽量做到双方当事人亲自到场。不能亲自到场的,应由当事人出具全权委托书。

(3)当事人不能亲笔书写姓名的,应予以注明原因。

4. 调解机关、日期:

(1)此处加盖执行调解人所在单位公章印;

(2)填注日期为执行调解的实际时间。

IX 《行政处罚告知笔录》

一、文书范本

××市公安局××分局
行政处罚告知笔录

执行告知单位 __××分局__ 告知人 __师××、刘×__
被告知人 __孙×__ 单位法定代表人 _____ 告知内容：
☐处罚前告知
　　根据《中华人民共和国治安管理处罚法》第一百一十二条之规定，现将拟作出行政处罚决定的事实、理由、依据告知如下：__现已查明，20××年5月6日14时许，李××在××区__ __××小区8号楼1门附近，借故琐事与武××发生争执，李××用砖头将武××打伤。经鉴__ __定为轻微伤。上述事实有李××陈述、被侵害人武××陈述、证人王××等人证言及伤情鉴__ __定意见等证据。__
　　__公安机关将依据《中华人民共和国治安管理处罚法》第三十条第四项之规定，决定对你予__ __以治安处罚。__
　　问：对上述告知事项，你(单位)是否提出陈述和申辩？（对被告知人的陈述和申辩可附页记录，被告知人提供书面陈述、申辩材料的，应当附上，并在本告知笔录中注明）
　　答：我觉得我冤枉，并且我不认为我的行为是酒后打人，我是正当防卫，我要求陈述、申辩。
　　问：公安机关对你的处罚是依据事实依据证据，依法申辩是你的权力，对你的问题你要正确认识（讲法律、教育）。
　　答：我这是正当防卫行为。
　　问：对你的问题要端正态度，认识错误。公安机关是依法充分调查取证基础上，给予你治安处罚（讲法律、教育）。
　　答：我再考虑考虑。
　　问：请看记录并签字。
　　答：行。
　　对你提出的陈述和申辩，公安机关将进行复核。
　　以上记录我已看过，情况属实。

被告知人：孙×（指纹）
20××年12月31日

二、制作规范

《行政处罚告知笔录》是在对违反治安管理人作出行政处罚决定前,用于告知被处罚人依法应享有相关权利的说明性质的法律文书。该法律文书应当与《治安管理处罚审批表》《行政处罚决定书》配合使用。该笔录实际上是问话笔录专用固定模式的体现,组成部分与制作方法如下:

(一)首部

1.办案单位名称、文书名称。

2.执行告知单位、告知人:填注办案人员所在单位名称,告知人姓名必须填写两名工作人员姓名,首先填写案件主办人员姓名。

3.被告知人、单位法定代表人:与《治安管理处罚审批表》相关内容保持一致。

(二)正文(处罚前告知)

1.表述简要案情部分。注意:

(1)与《治安管理处罚审批表》相关内容保持一致,制作此项内容时切忌繁琐,叙述案件事实时简明扼要。

(2)引用、填写相关法律条款要做到适当、正确。

(3)明确注明给予的治安处罚的种类、处罚幅度。

(4)对于不涉及较大数额治安罚款的案件,不必填注相关告知部分。

(5)鉴于告知时间应前置于处罚决定时间,因此,在结尾处被处罚人签字时,应由其写明时间,不得出现时间上的逻辑错误。要求告知书中记载的时间要与对应的询问笔录相一致。

2.记录问话部分:

(1)首项问话内容已在模板中固定体现(或是事先已经印制完成),由执法人员向被处罚人宣读有关内容作为问话方式,记录被处罚人回答问话的内容。

(2)如被处罚人有相关表述,则按照问话笔录的制作方法进行记录。注意问话中一些特殊情况的处置方式。

(3)制作者按照要求履行第一项问话中要求执法人员履行的相关要求,并在笔录中予以表述。

(三)尾部

由被告知人(被处罚人)签名(捺指纹)、写明日期。如果被告知人不能签字,应说明原因。

X 《当场处罚决定书》

一、文书范本

×× 市公安局 ×× 分局 ×× 派出所
当场处罚决定书

编号：

违法行为人姓名或者单位名称　　张××　　　　　　　　　　
性别 男 年龄 32 出生日期 19××年1月12日 身份证件种类及号码 ××× 法定代表人　　　　（无）　　
现住址或者单位地址　　××市××区××街9号楼7门117号　　
现查明　张××于20××年10月11日12时许，因饲养动物干扰他人正常生活　　　　　　　　　　　　　　　　　　　　　　　　　　　　　　　　，以上事实有　　何××、秦××、刘××等人证词　　　　　　　　　　　　等证据证实。
根据《中华人民共和国治安管理处罚法》第八十九、一百一十九条第　　款第　　项之规定，决定给予　　　治安警告　　　　　　　　　的处罚。
执行方式：□当场训诫　□当场收缴罚款　□被处罚人持本决定书在十五日内到　　　　银行缴纳罚款。逾期不缴纳的，每日按罚款数额的百分之三加处罚款，加处罚款的数额不超过罚款本数。
如不服本决定，可以在收到本决定书之日起六十日内向　×××区政府　申请行政复议或者在三个月内依法向　×××区　人民法院提起行政诉讼。
处罚地点　　××区××街9号楼7门　　　　　　　　　
办案人民警察　　金××　　　　　　　　　　　　　　
□附：收缴物品清单

公安机关（印）
20××年10月11日

处罚前已口头告知违法行为人拟作出处罚的事实、理由和依据，并告知违法行为人依法享有陈述权和申辩权。
被处罚人　　　张××
20××年10月11日

一式两份，一份交被处罚人，一份交所属公安机关备案。治安案件有被侵害人的，复印送达被侵害人。

二、制作规范

《治安管理处罚法》第一百一十九条规定："违反治安管理行为事实清楚，证据确凿，处警告或者五百元以下罚款的，可以当场作出治安管理处罚决定。"

《当场处罚决定书》是公安机关的执法办案人员适用简易程序，对当场发现的违反治安管理行为，确定并记载行为性质、适用的法律条款、给予处罚的种类、处罚幅度及有关事项，对行为人给予当场作出处罚决定的凭证式治安法律文书。本法律文书一式两份,被处罚人和执法人员所在单位各留存一份备查。治安案件有被侵害人的,复印送达被侵害人。实施上述工作要注意以下问题:

第一,由于当场处罚不执行调查取证无执法案卷,执法人员应及时将法律文书留存备查交回所在单位档案室,防止法律文书遗失。

第二,依照《治安管理处罚法》有关规定,对有被侵害人的案件,应当将处罚结果告知被侵害人。根据这一规定,案件承办人应当将《当场处罚决定书》复印后,以书面送达的方式交予被侵害人,并将法律文书连同送达回执单一并及时交回所在单位存档备查。被侵害人对处罚结果有异议的,可以依法申请法律救济。

《当场处罚决定书》项目设置及制作方法包括以下内容:

(一)首部

1. 制作单位名称。

2. 文书名称。

3. 编号:按照所在单位执行当场处罚案件当年案件量总顺序号依次编写。

(二)正文

1. 违反治安管理行为人基本情况,包括:姓名、性别、年龄、出生日期、身份证件种类及号码、法定代表人、现住址、工作单位。

(1)制作时按照行为人所持身份证件登记予以填注。

(2)执行处罚时应当首先核查当事人主体身份,然后再执行处罚。对身份不明的人或短时间内无法予以核实身份的人员,不宜执行当场处罚。

2. 正文中"现查明"部分,简要表述行为人违反治安管理的事实,书面语言运用要简洁明了。

3. 正文中"以上事实有"部分,填注现场掌握的证据种类、名称。

4. 按照要求填注相关的法律条款、处罚种类与处罚幅度。要求引用法律条文准确,使用处罚种类、幅度适当。

5. 执行方式:

(1)按照文书设定项目,在选用的项目前的方框中画"√"。

(2)注明被处罚人缴纳罚款的银行名称。

(3)如依据法律规定执行当场处罚,遇有符合当场收缴罚款规定的情况,在当场收缴罚款后应当及时上交所在单位。

6. 法律救济形式的说明。注明实现法律救济的法定时限和接收单位。制作者按照所在执法单位上级管辖机关、本单位所在地县级人民政府的具体名称,以及属地法院的名称予以填注。

7. 处罚地点:填注执行当场处罚地点的名称。

8.办案人民警察:填注执行当场处罚工作人员姓名。

9.附件内容:收缴物品清单应当按要求随附,交予本人,以及随同留存备查部分一并交回所在单位存档。

(三)尾部

1.加盖执法单位公章。

2.时间:填注实际制作法律文书时间,即执行当场处罚的时间。

3.被处罚人签署姓名、注明日期。

XI 《行政处罚决定书》

一、文书范本

××市公安局××分局
行政处罚决定书

×公(×)行罚决字[20××]××号

违法行为人(姓名、性别、年龄、出生日期、身份证件种类及号码、户籍所在地、现住址、工作单位、违法经历以及被处罚单位的名称、地址和法定代表人)孙××,男,19××年9月6日出生,现住址：××市××小区9号楼67门7号,户籍所在地(同住址),身份证号码××××××××,工作单位：××市×××公司副经理。违法犯罪经历：无。

现查明20××年8月19日22时许,该人向卖淫妇女王××赠送一枚金戒指(已缴获)后,在×× ××饭店704房间进行嫖宿 ,以上事实有 卖淫妇女王××供述并有缴获金戒指在案佐证 等证据证实。

根据 《中华人民共和国治安管理处罚法》第七十八条 之规定,现决定 对孙×× 治安拘留15日,并处罚款3000元 。

执行方式和期限20××年××月××日前,到建设银行××区分理处缴纳罚款;自收到被决定书之日起,由××分局拘留所执行拘留处罚 。

逾期不交纳罚款的,每日按罚款数额的百分之三加处罚款,加处罚款的数额不超过罚款本数。

如不服本决定,可以在收到本决定书之日起六十日内向 ××区政府 申请行政复议或者在三个月内依法向 ××区 人民法院提起行政诉讼。

附： 无 清单共 无 份

公安机关(印)
20××年8月20日

行政处罚决定书已向我宣告并送达。
被处罚人 孙××
20××年8月20日

一式三份,被处罚人和执行单位各一份,一份附卷。治安案件有被侵害人的,复印送达被侵害人。

二、制作规范

《行政处罚决定书》与《行政处罚告知笔录》《治安管理处罚审批表》配合使用,是记载违反治安管理的当事人,违反治安管理的性质及违反的条款、给予处罚的种类、处罚幅度及有关事项且对外公示的凭证式法律文书。

本法律文书一式三份,被处罚人和执行单位各一份,一份附卷。治安案件有被侵害人的,复印送达被侵害人。在实际执法工作中,执行上述工作要注意以下问题：

第一,对被处罚人执行治安拘留的具体执行单位。该执行单位在接受本法律文书后应当出具对应的凭证式法律文书,即回执。该回执应当附入本案卷。

第二,依照《治安管理处罚法》有关规定,对有被侵害人的案件,应当将处罚结果告知被侵害人。根据这一规定,案件承办人应当将《行政处罚决定书》复印后,以书面送达的方式交予被侵害人,并将送达回执单附入案卷备查。被侵害人对处罚结果有异议的,依法可以申请法律救济。

《行政处罚决定书》项目设置及制作方法包括以下内容:

(一)首部

1. 制作单位名称。

2. 文书名称。

3. 编号:按照所在公安机关统一要求和案件顺序编号填写。

(二)正文

1. 违法行为人基本情况,包括:姓名、性别、年龄、出生日期、身份证件种类及号码、户籍所在地、现住址、工作单位、违法经历以及被处罚单位的名称、地址和法定代表人。上述内容与《治安管理处罚审批表》《行政处罚告知笔录》,以及相关问话笔录等内容保持一致。

2. 正文中"现查明"部分,应对照《治安管理处罚审批表》正文当中的"违法事实"部分内容,表述时做到精炼、准确,切忌冗长。

3. 正文中"以上事实有"部分,应对照《治安管理处罚审批表》正文当中的"证据"部分内容,表述时做到叙述内容一致。

4. 正文中"根据"部分,填注《行政处罚告知笔录》选择的法律依据项目条款。

5. 正文中"现决定"部分,填注《行政处罚告知笔录》《治安管理处罚审批表》所引用的法律条款,并说明处罚的种类与幅度。

6. 执行方式和期限:

(1)执行方式:是指被处罚人在何处被执行治安拘留,注明执行场所名称。

(2)期限:填注执行拘留的具体天数。要注意的是:必须要与治安传唤的法定时间进行自然衔接,时间衔接不得出现断档,否则即构成违法。治安传唤的时间不应计算在执行治安拘留的时间之内。

7. 告知内容已由模板固定设置。

8. 实现法律救济的法定时限和接收单位。制作者按照所在执法单位上属管辖机关、本单位所在地县级人民政府的具体名称,以及属地法院的名称予以填注。

9. 附注项目:填注《没收违法所得、非法财物清单》名称,以及具体份数。

(三)尾部

1. 加盖执法单位公章。注意以下问题:

(1)如果是派出所以本单位的名义对违反治安管理行为人处以治安罚款(500元以下)或治安警告,此处应当加盖派出所公章;相对应的《治安管理处罚审批表》,填注到"承办单位意见",由承办单位主管领导签署意见即可。

(2)如果是以县级或县级以上公安机关名义作出的治安处罚,则应当加盖县级或县级以上公安机关公章;相对应的《治安管理处罚审批表》应当填注至"领导审批意见"栏。

2.时间:填注实际制作法律文书的时间。与《治安管理处罚审批表》"领导审批意见"栏相一致。

3.被处罚人签字、注明日期。

(1)被处罚人亲笔填注。如本人不能书写自己名字,应注明原因。

(2)与法律文书制作时间一致。

XII 《收缴/追缴物品清单》

一、文书范本

×××市公安局××区分局
收缴/追缴物品清单

×公(×)缴字〔20××〕××号

根据
□《中华人民共和国治安管理处罚法》第十一条第一款
☑《中华人民共和国治安管理处罚法》第十一条第二款
□《公安机关办理行政案件程序规定》第一百九十四条第一款
□《公安机关办理行政案件程序规定》第一百九十四条第三款
之规定,对物品持有人 王×× 的下列物品予以 收缴/追缴。
　　如不服本决定,可以在收到本清单之日起六十日内向 ××区政府 申请行政复议或者在三个月内依法向 ××区 人民法院提起行政诉讼。

编号	名称	数量	特征	物品处理情况 (发还的,由接收人签名)
1	金戒指	壹	黄色(未鉴定)	追缴

物品持有人、见证人
王××
20××年8月20日

保管人
成××
20××年8月20日

办案民警
金××

公安机关(印)
20××年8月20日

一式三份,一份交物品持有人,一份交保管人,一份附卷。

二、制作规范

《收缴/追缴物品清单》与《治安管理处罚审批表》《行政处罚决定书》配合使用,是记载依法没收或追缴违反治安管理当事人用于实施违反治安管理行为的工具,或违法所得赃物等物品的说明性质的法律文书。

《收缴/追缴物品清单》一式三份,一份交物品持有人,一份交保管人,一份附卷。法律文书组成部分及制作方法如下:

（一）首部

1. 制作单位名称。

2. 文书名称。文书该栏目设置采用了选择形式,预先设定收缴和追缴两种执法方式的名称,制作者根据实际执法需要以斜线划去不用的部分即可。

3. 编号:按照所在公安机关统一要求和案件顺序编号填写。

（二）正文

1. 法律文书预先设定了四项法律和规章的相关程序规定,制作者可根据实际执法工作的使用需要,在选用的项目方框中标注"√"即可。制作时注意以下问题:

(1)填注被收缴或被追缴物品持有人姓名。该持有人不一定为涉嫌违法行为的当事人,在实际执法工作中应当注意工作方式。

(2)按照身份证件上登记使用的字样,填注物品持有人姓名。

(3)不涉及的项目用斜线划去。

2. 规定了法律救济途径和相关时效。制作者参照《行政处罚决定书》填注受理单位名称。

3. 按照栏目设置登记物品。

(1)制作时参照《接受证据清单》填注物品的具体特征和有关内容。

(2)对于经过调查核实确认不属于违法使用工具和违法所得的财物,经报请上级批准应及时发还。

(3)对于经过调查核实确认确系违法使用工具和违法所得的财物,经报请上级批准应依法予以没收,执行没收时应另附清单并与保管人做好清单的交接。

（三）尾部

1. 物品持有人、见证人签署姓名及日期。

2. 保管人签署姓名及日期。

3. 办案民警签署姓名及日期,加盖办案民警所在单位公章。

上述项目的制作方法,可参照《接受证据清单》尾部的制作方法与应注意的事项。

XIII 《治安拘留执行回执》

一、文书范本

```
                  ××市公安局××区分局
                   治安拘留  执行回执

  ××区分局   公安(分)局：
      根据你(分)局×公(×)行罚决字〔20××〕××号决定书,被执行人 孙×× 已于 20×× 年
 8 月 20 日入所。
      执行期限 15 天 (自 20×× 年 8 月 20 日至 2019 年 9 月 4 日)。

      投送人   金××   毕××     经办人  吴××
      20××年8月20日              20××年8月20日

                                                  执行单位(印)
                                                  20××年8月20日
```

此文书交办案单位附卷。

二、制作规范

与《行政处罚决定书》配合使用,是用于记录和确认被裁决治安拘留的违反治安管理行为人(被处罚人)已在执行场所被执行治安拘留的凭证式法律文书。该类法律文书参照了"＿＿笔录"的模式,其法律文书名称根据具体适用的执法环节而定,这一设置方式适用于多种需要答复相关单位说明具体工作情况的情形,并附入案卷备查具体执法环节。现根据本部分法律文书制作方法中涉及的法律文书种类,选择执行治安拘留的回执形式说明该法律文书的制作方法。请读者参照此制作方法,类比其他执法环节类似法律文书的制作。由于以执行治安拘留为例,该法律文书专属于决定执行单位与负责执行单位之间,就被执行治安拘留人履行交接工作的凭证。法律文书名称设定为《 治安拘留(或行政拘留) 执行回执》,该法律文书项目设置和制作方法如下：

(一)首部

1. 制作单位名称。

2. 文书名称。

(二)正文

1. 与《行政处罚决定书》相对应,填注决定处罚委托执行单位的名称。

2. 填注《行政处罚决定书》编号和被处罚人姓名。要求与相应的法律凭证相一致。

3. 填注被处罚人实际进入执行场所时间。与《行政处罚决定书》相关时间做到法定的自然衔接。通过处罚单位与执行单位之间的交接,实现执法监督。

4.填注被处罚人执行拘留的具体天数,以及起止时间。本法律文书应当由执行场所执法工作人员制作,要对限制人身自由的处罚时限再次核算,确保执法的公正和法律适用的准确。

(三)尾部

1.投送人签名:负责送被处罚人到达执行场所的执法人员签字,注明日期。

2.经办人签名:执行场所负责接收被处罚人的执法人员签字,注明日期。

3.本法律文书加盖执行场所单位公章,并由制作者填注日期。

填注上述栏目必须由本人签字,不得代签。必须保持相关时间的一致。

XIV 《担保人保证书》

一、文书范本

担保人保证书

担保人　__历××__　性别　__男__　出生日期19××年9月6日工作单位　__××市重型机床厂__　职业　__退休__　现住址__××区××小区9号楼67门7号__　联系电话_____　与被担保人关系　__父子_____

我愿担任违法行为人(被担保人)_____历×_____的担保人,保证履行以下义务:
(一)保证被担保人
1. 未经决定机关批准不得离开所居住的市、县;
2. 住址、工作单位和联系方式发生变动的,在二十四小时以内向决定机关报告;
3. 在行政复议和行政诉讼中不得干扰证人作证、伪造证据或者串供;
4. 不得逃避、拒绝或者阻碍处罚的执行。
(二)发现被担保人伪造证据、串供或者逃跑的,及时向公安机关报告。
本人知晓、理解并愿意承担担保人的义务和相应的法律责任。
此致
____××____公安(分)局

被担保人　历×　　　　　担保人　历××
20××年11月21日　　　20××年11月21日

此文书附卷。

二、制作规范

《担保人保证书》是依法对被裁决治安拘留的被处罚人暂缓执行拘留处罚时,由其本人或家属提供担保,由担保人签署的,用于保证被担保人在暂缓执行拘留处罚(申诉期间)严格遵守法律规定的法律文书。制作方法如下:

(一)首部
文书名称。
(二)正文
1. 担保人基本情况与被担保人姓名。包括:担保人姓名、性别、出生日期、工作单位、职业、现住址、联系电话、与被担保人关系、被担保人姓名。制作要求:
(1)上述项目已由模板设定栏目或已事先印制,原则上由担保人亲笔填写相关内容;
(2)如担保人不具备书写能力,可由执法人员代为填注。
2. 说明担保人应履行的法定义务和承担的法律责任。共两项,该内容已由模板设定并事先印制完成。必要时可由执法人员向担保人宣读。

3.由担保人在预先设定的横线处,填写作出处罚的公安机关名称。

(三)尾部

1.被担保人签名、注明日期。即被处罚人亲笔签名。

2.担保人签名、注明日期。如果担保人不能签名,则应由执法人员向其宣读有关内容,并将宣读和本人确认无误的情况在此处予以表述。例如:"以上担保书中有关内容已向担保人宣读,其本人确认全部了解有关内容,并严格遵守有关法律规定。"在下方由执法人员签字。